Vorwort

Das bewährte **Programm »Versicherungen und Finanzen«** besteht aus umfassenden Lehr- und Lernbüchern, die sich am aktuellen Rahmenlehrplan und der gültigen teil-novellierten Ausbildungsordnung für den Ausbildungsberuf Kaufmann/Kauffrau für Versicherungen und Finanzen orientieren.

Das Programm der 7. Auflage ist auf das bei der schriftlichen Prüfung zur Anwendung kommende Bedingungswerk **»Proximus 4«** ausgerichtet.

Es ist geeignet für den Einsatz

- in der **Ausbildung zum Kaufmann/zur Kauffrau für Versicherungen und Finanzen,**
- im **Studium an Berufsakademien und Fachhochschulen** (aufgrund der vielen Zusatzinformationen),
- als umfassendes **Nachschlagewerk in der Praxis.**

Der vorliegende **Band 3** (7. Auflage) deckt die **Lernfelder 10, 11, 13, 14, 15** ab.

Die in diesem Band behandelten **Lernfelder sind unter folgenden Kapitelüberschriften** dargestellt:

- **Haftpflichtversicherung**
- **Rechtsschutzversicherung**
- **Kraftfahrtversicherung**
- **Schaden- und Leistungsbearbeitung**
- **Finanzprodukte, Anlage in Finanzprodukten**
- **Versicherungsmarkt**

Folgende Merkmale kennzeichnen das Programm »Versicherungen und Finanzen«:

- **Lernsituationen** am Ende jedes Hauptabschnitts
- **Zusätzliche Aufgaben** innerhalb der Lernfelder
- **Hinweise auf Gesetze und Paragrafen** am Rand des Textes
- **Zusatzinformationen im Kleindruck**
- **Lernfeldkompass im vorderen Buchdeckel**
- Band 3 stellt sich zugleich als **Fachbuch und Nachschlagewerk** dar.

Neu in dieser Auflage.

- Die Lernfelder Schaden- und Leistungsbearbeitung sowie Anlage in Finanzpro-dukten wurden durch Beispielfälle (mit Lösungen) erweitert, die sich an den Anfor-derungen in der Abschlussprüfung orientieren.
- Die im Rahmen der Teilnovellierung in den aktuellen Rahmenlehrplan eingefügten Lernfelder Finanzprodukte und Anlage in Finanzprodukten wurden aufgrund der zwischenzeitlich damit gemachten Erfahrungen für die 7. Auflage vollständig neu bearbeitet.
- Änderungen wirtschaftlicher Daten und gesetzlicher Rahmenbedingungen bis Ende Juli 2019 wurden eingearbeitet.

Ihr Feedback ist uns wichtig. Für Anregungen und konstruktive Kritik sind wir jederzeit dankbar. Bitte senden Sie uns diese unter lektorat@europa-lehrmittel.de.

Düsseldorf, August 2019   Autoren und Verlag

Inhaltsverzeichnis

C   Kraftfahrtversicherung

D   Schaden- und Leistungsbearbeitung

G Versicherungsmarkt

Haftpflichtversicherung

1 Haftpflichtbestimmungen im Überblick

1.1 Rechtsquellen

Haftpflicht bedeutet Verpflichtung zum Schadenersatz, d.h., der Schädiger haftet unter bestimmten Voraussetzungen mit seinem Vermögen und Einkommen für einen Schaden, den er einem anderen **(Fremdschädigung)** zugefügt hat.

Sind Schädiger und Geschädigter identisch **(Eigenschaden)**, so können keine Haftpflichtansprüche gestellt werden.

Ob und in welchem Umfang in einzelnen Schadenfällen zu haften ist, richtet sich nach dem **Haftpflichtrecht**. Die **Haftpflichtbestimmungen des Bürgerlichen Gesetzbuches** (BGB) bilden die **Grundlage des deutschen Haftpflichtrechts**. Weitere Haftpflichtbestimmungen finden sich in **Spezialgesetzen**, wie z.B. dem Straßenverkehrsgesetz (StVG), dem Umwelthaftungsgesetz (UmwHaftG); dem Wasserhaushaltsgesetz (WHG), dem Produkthaftungsgesetz (ProdHaftG).

1.2 Haftungsarten

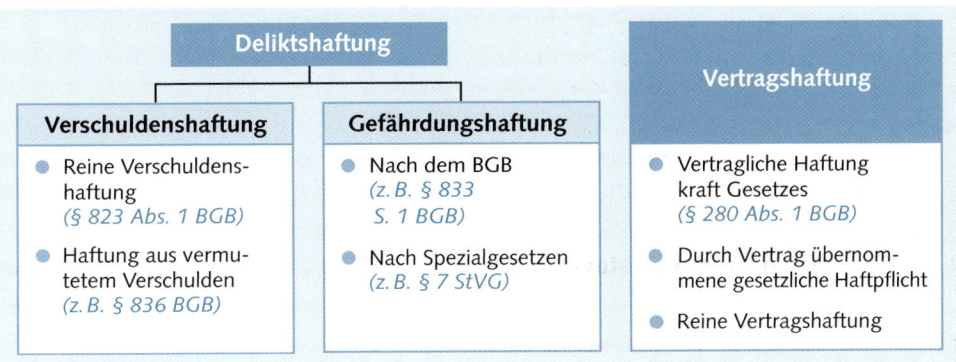

Deliktshaftung		Vertragshaftung
Verschuldenshaftung	**Gefährdungshaftung**	
● Reine Verschuldenshaftung (§ 823 Abs. 1 BGB)	● Nach dem BGB (z.B. § 833 S. 1 BGB)	● Vertragliche Haftung kraft Gesetzes (§ 280 Abs. 1 BGB)
● Haftung aus vermutetem Verschulden (z.B. § 836 BGB)	● Nach Spezialgesetzen (z.B. § 7 StVG)	● Durch Vertrag übernommene gesetzliche Haftpflicht
		● Reine Vertragshaftung

Beispiel:

Heinz Berger ist mit seinem Pkw auf dem Weg von der Werkstatt, wo eine neue Auspuffanlage montiert wurde, nach Hause. Nach ca. drei Kilometer Fahrt fällt der Endschalldämpfer der neuen Auspuffanlage vom Wagen auf die Straße. Ein nachfolgender Pkw kann nicht mehr rechtzeitig abbremsen und fährt gegen das Teil. Die vordere Schürze unter der Stoßstange sowie der Unterboden werden beschädigt. Der Eigentümer des Fahrzeuges verlangt Schadenersatz von Herrn Berger.

Grundsätzlich lassen sich die **gesetzlich geregelten Schadenersatzansprüche** wie folgt voneinander abgrenzen:

- Schadenersatz aus **Deliktshaftung** (außervertragliche Haftung)
- Schadenersatz aus **Vertragshaftung** bei Vertragsverletzungen

Unabhängig von den gesetzlichen Bestimmungen kann ein **Haftpflichtanspruch auch aufgrund vertraglicher Vereinbarung** gegeben sein (sog. **reine Vertragshaftung** bzw. rein vertragliche Haftpflicht).

Im Beispielsfall werden die Geschädigten ihre Schadenersatzansprüche mit folgenden Rechtsgrundlagen begründen:

Deliktshaftung

- Der Eigentümer des beschädigten Fahrzeugs hat einen Schadenersatzanspruch gegen Heinz Berger aus der **Gefährdungshaftung** nach § 7 StVG (vgl. A 2.2); denn der Betrieb eines Kraftfahrzeuges stellt einen Gefährdungstatbestand dar, der zur Schadenersatzverpflichtung führen kann, auch wenn kein Verschulden vorliegt.

- Kann der Eigentümer des beschädigten Fahrzeugs Herrn Berger nachweisen, dass er den Mangel an seinem Fahrzeug, z.B. durch erhebliche Klopfgeräusche, bemerkt hat und trotzdem weiter gefahren ist, kommt ferner die **reine Verschuldenshaftung** nach § 823 (1) BGB infrage (vgl. A 2.1).

- Hat ein Geselle der Werkstatt die Auspuffanlage montiert, kann der Werkstattbesitzer evtl. auch aus der **Haftung für vermutetes Verschulden** nach § 831 BGB (Haftung für den Verrichtungsgehilfen) in Anspruch genommen werden (vgl. A 2.3.4.2).

Vertragshaftung

- Heinz Berger kann wegen des schlecht erfüllten Werkvertrages vom Werkstattbesitzer Schadenersatz nach den Bestimmungen über die **vertragliche Haftung kraft Gesetzes** verlangen; wobei der Werkstattbesitzer nicht nur für eigenes Verschulden sondern auch für das Verschulden seiner Mitarbeiter bei der Vertragserfüllung einstehen muss (Haftung für den Erfüllungsgehilfen).

- Sofern die Werkstatt eine Garantie auf die ausgeführte Reparatur übernommen hat, kommt auch noch eine reine Vertragshaftung in Betracht.

Das Beispiel zeigt, dass deliktische und vertragliche Haftungsansprüche nebeneinander bestehen können. Der Haftpflichtige hat den Schaden zwar nur einmal zu ersetzen, insbesondere für die Beweisführung ist es aber nicht unerheblich, ob der Anspruch aus Delikts- oder Vertragshaftung geltend gemacht wird.

2 Grundlegende Haftpflichtbestimmungen

2.1 Reine Verschuldenshaftung (Haftung aus unerlaubter Handlung) und Deliktsfähigkeit

2.1.1 Voraussetzungen der Verschuldenshaftung

Die grundlegende Bestimmung der **Verschuldenshaftung** enthält § 823 Abs. 1 BGB:

> »Wer vorsätzlich oder fahrlässig das Leben, den Körper, die Gesundheit, die Freiheit, das Eigentum oder ein sonstiges Recht eines anderen widerrechtlich verletzt, ist dem anderen zum Ersatz des daraus entstehenden Schadens verpflichtet.«

BGB
§ 823 (1)

Der Ersatzanspruch eines Geschädigten setzt folgende Tatbestände voraus:

- Der Schädiger hat **schuldhaft** (vorsätzlich/fahrlässig) gehandelt. Verschulden setzt auch »Deliktsfähigkeit« voraus (vgl. A 2.1.6).
- Ein **geschütztes Rechtsgut** wurde verletzt (Personen-/Sachschaden).
- Die schädigende Handlung muss **rechtswidrig** gewesen sein.
- Die Verletzungshandlung war **ursächlich** für den Schaden.

➤ Der Geschädigte hat nachzuweisen, dass die Voraussetzungen der Verschuldenshaftung gegeben sind (**Beweislast**).

Eine **umgekehrte Beweislast** im Rahmen der Verschuldenshaftung gilt bei der Verletzung von Schutzgesetzen nach § 823 Abs. 2 BGB (vgl. A 2.1.7.3) und der Haftung aus vermutetem Verschulden (vgl. A 2.3).

2.1.2 Verschuldensarten

Schadenersatzpflichten wegen unerlaubter Handlung treten nur ein, wenn der Verantwortliche **schuldhaft**, d. h. vorsätzlich oder fahrlässig, gehandelt hat.

➤ **Vorsatz**

Vorsätzlich handelt,

- wer bewusst und gewollt schädigt **(bewusster Vorsatz)** bzw.
- wer bei seinem rechtswidrigen Tun oder Unterlassen zumindest irgendeinen Schaden voraussieht und diesen billigend in Kauf nimmt **(bedingter Vorsatz)**.

> **Beispiel:**
>
> Ein auf dem Hause beschäftigter Dachdecker wirft einen unbrauchbaren Dachziegel vom Dach,
>
> - um seinen Kollegen, mit dem er Streit hat, zu treffen
>   = **bewusster Vorsatz** (»er will schädigen!«).
>
> - obwohl er einen anderen Kollegen auf der Straße sieht. Er hat zwar nicht die Absicht, ihn zu verletzen, nimmt aber die Möglichkeit seiner Verletzung in Kauf
>   = **bedingter Vorsatz** (»na, wenn schon!«).

➤ **Fahrlässigkeit**

● **Leichte Fahrlässigkeit**

Wer die im Verkehr **erforderliche** (nicht die übliche) **Sorgfalt außer Acht lässt**, handelt fahrlässig, weil er das Verhalten eines gewissenhaften Durchschnittsmenschen vermissen lässt.

Manchmal sind auch die Fähigkeiten eines bestimmten Berufsstandes entscheidend. So hat z.B. der Kaufmann im Rahmen seines Handelsgewerbes eine strengere Sorgfaltspflicht zu beachten als eine beliebige Privatperson.

> **Beispiel: Fahrlässigkeit** (»leichte Fahrlässigkeit«)
>
> Dem Dachdecker fällt ein Dachziegel aus der Hand, weil er ihn nicht fest genug angefasst hat.

● **Grobe Fahrlässigkeit**

Wer die im Verkehr **erforderliche** (nicht die übliche) **Sorgfalt in ungewöhnlich hohem Maße verletzt**, handelt grob fahrlässig, weil er einfachste, in der gegebenen Situation jedermann ohne weiteres einleuchtende Überlegungen und Sicherheitsvorkehrungen missachtet.

> **Beispiel: Grobe Fahrlässigkeit** (»rücksichtsloses Verhalten«)
>
> Der Dachdecker wirft die alten Dachziegel in den Vorgarten des Hauses, ohne den Garten zuvor für diesen Zweck abgesperrt zu haben.

➤ **Bedeutung des Verschuldensgrades im Haftpflichtrecht**

Lediglich bei der Festsetzung eines Schmerzensgeldes und in den Fällen des Mitverschuldens des Geschädigten berücksichtigt die Rechtsprechung den Verschuldensgrad (vgl. A 4.2.1, A 4.3.2). Sonst haben Vorsatz und Fahrlässigkeit im Deliktshaftungsrecht (unerlaubte Handlung) die gleichen Folgen. Der Schädiger haftet, und zwar unbegrenzt (Verschuldenshaftung).

Im Rahmen der Haftung aus Gefälligkeiten und der Vertragshaftung sind im Zusammenhang mit dem Verschuldensgrad gewisse **Haftungserleichterungen** vorgesehen (vgl. A 2.1.7.1 und A 3.1.3).

2.1.3 Rechtsgutverletzung gemäß § 823 Abs. 1 BGB

Für die Anwendung der o. a. Vorschrift ist ferner erforderlich, dass ein **Persönlichkeitsrecht** (Leben, Körper, Gesundheit, Freiheit), das **Eigentumsrecht** oder ein **sonstiges Recht** von der Schädigung betroffen ist. Man bezeichnet diese Rechte als **absolute Rechte**.

a) Verletzung von Persönlichkeitsrechten

> **Beispiele:**
> - Tötung eines Menschen bei einem Verkehrsunfall (Leben)
> - Verletzung eines Menschen (Körper, Gesundheit)
> - Fesseln, Einsperren, Bewachen durch bissigen Hund (Freiheit)

Darüber hinaus wurde durch die Rechtsprechung in Anlehnung an die Verfassungs-grundsätze der Menschenwürde und des Rechts auf freie Entfaltung der Persönlichkeit ein **Allgemeines Persönlichkeitsrecht** herausgebildet.

BGH
1958
05. März
1963

Bei der Verletzung des »Allgemeinen Persönlichkeitsrechts« handelt es sich im Wesentlichen um Ehrverletzungen (z. B. Verwendung der Fotografie einer Sängerin für Zahnprothesen) bzw. um ein unbefugtes Eindringen in die Privatsphäre (heimliche Bild- oder Tonaufzeichnungen). Soweit durch derartige Handlungen **Vermögensschäden** hervorgerufen werden, besteht u. U. auch für diese ein Schadenersatzanspruch in Geld. Daneben kann auch ein angemessenes Schmerzens-geld verlangt werden (vgl. A 4.2.1).

b) Verletzung des Eigentumsrechts

Das Eigentumsrecht kann

- durch Beschädigung, Zerstörung, Eigentumsentzug (z. B. Veräußerung durch den Nichteigentümer) oder
- durch eine sonstige Störung des Sachgebrauchs/Beeinträchtigung der Nutzungs-fähigkeit (z. B. Belästigung durch einen benachbarten Gewerbebetrieb, Luft aus dem Reifen lassen) verletzt werden.

c) Verletzung von sonstigen Rechten

Dazu zählen neben dem Namensrecht (Diplom, Wappen, Firma) auch das Besitz-, Pa-tent- und Urheberrecht.

Schließlich hat die Rechtsprechung als sonstiges Recht das »**Recht am eingerichteten und ausgeübten Gewerbebetrieb**« anerkannt. Verletzt wird dieses Recht durch einen unmittelbaren, betriebsbezogenen Eingriff (z. B. Versperren der freien Zufahrt zum Betrieb durch Falschparken oder durch Demonstration/wilden Streik).

OLG
Düsseldorf
1961

Das **Vermögen** einer Person **als solches** ist kein »sonstiges Recht«. Fällt beispielsweise in einem Betrieb der Strom aus, weil ein Bagger bei Straßenarbeiten das Hauptstromkabel durchtrennt hat, entsteht ein Schaden durch Produktionsausfall. Nach dem BGB würde es sich um einen **reinen Vermögensschaden** (vgl. A 4.2.3) handeln, denn der Betrieb hat keinen Sachschaden erlitten, und es wurde auch **nicht unmittelbar** und betriebsbezogen in das Recht am Gewerbebetrieb eingegriffen.

> ➤ Vermögensschäden sind nur dann nach § 823 Abs. 1 BGB ersatzpflichtig, wenn sie sich als **unmittelbare Folge** der Verletzung eines absoluten Rechtsgutes ergeben **(Vermögensfolgeschäden)**.

2.1.4 Rechtswidrigkeit der Handlung

Entscheidend für die Schadenersatzpflicht aus einer unerlaubten Handlung ist auch, dass der Schädiger den Schaden **widerrechtlich** verursacht hat. Grundsätzlich ist jede Schädigung eines anderen widerrechtlich.

Ausnahmen (Rechtfertigungsgründe):

BGH
NJW 1978

➤ **Einwilligung des Verletzten (Rechtsprechung)**

Beispiel: Ärztlicher Eingriff

Ein Patient unterzieht sich einer Magenoperation. Der Arzt hat ihn aber zuvor über die typischen Gefahren des Eingriffs ausreichend aufgeklärt, weil die Einwilligungserklärung auf zutreffenden Vorstellungen des Patienten beruhen muss.

LG
Marburg
1988

Beispiel: Sportverletzungen

Der Fußballspieler oder Boxer begibt sich freiwillig in Gefahr. Er hat deshalb auch mögliche Folgen selbst zu tragen, soweit nicht ein schwerwiegender Regelverstoß (vorsätzliches oder grob fahrlässiges Foul des Dritten) vorliegt.

BGB
§§ 677/683

➤ **Handeln im Interesse eines Dritten (Geschäftsführung ohne Auftrag)**

Wer z. B. das Türschloss zur Nachbarwohnung aufbricht, weil dort ein Wasserrohr geplatzt ist und der Nachbar sich in Urlaub befindet, muss das Türschloss nicht ersetzen.

Richter mit Herz für Lärmgeschädigten

KARLSRUHE (dpa). Gegen lautstarke Rockmusik, die vom Nachbargrundstück herüberdröhnt, darf ein lärmgestresster Anlieger als letztes Mittel zum Messer greifen und die Kabel der Verstärkeranlage durchtrennen. Dieses Recht bescheinigte das Oberlandesgericht Karlsruhe einem Mann, der in einem an sein Grundstück angrenzenden Biergarten im Wege der Selbsthilfe für Ruhe gesorgt hatte. In dem Urteil wiesen die Richter die Schadenersatzklage des verantwortlichen Gastwirts ab. Trotz behördlicher Genehmigung für die Musik habe der Nachbarschutz Vorrang.

§ 227

➤ **Notwehr**

Das ist diejenige Verteidigung, welche erforderlich ist, um einen gegenwärtigen, rechtswidrigen Angriff von sich oder einem anderen abzuwehren.

§ 228

➤ **Verteidigungsnotstand**

Eine fremde Sache wird beschädigt oder zerstört, weil von ihr eine drohende Gefahr ausgeht.

Beispiel:

Wehrt ein Radfahrer einen Hund durch Fußtritt ab, der ihn kläffend angreift, so handelt der Radfahrer nicht rechtswidrig. Wird der Hund dabei verletzt, ist der Radfahrer nicht schadenersatzpflichtig.

Der Hund wird in diesem Zusammenhang als Sache behandelt.

Trotz aller Rechtfertigungsgründe muss grundsätzlich die Verhältnismäßigkeit der Mittel gewahrt bleiben. Beim Angriff eines kleinen Hundes, der mit einem Fußtritt abgewehrt werden könnte, wäre der Einsatz einer Schusswaffe beispielsweise unverhältnismäßig **(Notwehrexzess)**.

Abgrenzung

Angriffsnotstand liegt vor, wenn auf eine Sache zugegriffen wurde, von der selbst keine Gefahr ausgeht, die aber zur Abwehr einer Gefahr benötigt wird.

BGB
§ 904

Reißt jemand z. B. eine Latte von einem Zaun, um einen Hund abzuwehren, so hat der Betreffende nicht rechtswidrig gehandelt. Dennoch ist er gegenüber dem Eigentümer des Zaunes schadenersatzpflichtig, zwar nicht nach § 823 BGB, wohl aber nach § 904 BGB.

➤ Selbsthilfe

Hierzu gehört auch die Vereitelung eines Fluchtversuchs (z. B. des Zechprellers) mit Schadenfolge. Selbsthilfe ist allerdings nur ausnahmsweise zulässig, wenn ein Anspruch sonst nicht mehr durchgesetzt werden könnte.

§§ 229, 230

Besonderheit: Zurechenbare Handlung

Eine Person kann ein **absolutes Recht** eines anderen durch eine Handlung verletzen.

Wird jemand bei einem Streit durch einen unerwarteten Stoß derart gegen eine Schaufensterscheibe gestoßen, dass diese bricht, so hat nicht er bewusst und damit zurechenbar gehandelt, sondern derjenige, der ihn gestoßen hat.

Als **zurechenbare** (schadenersatzpflichtige) **Handlung** kommt aber nicht nur ein aktives **Tun** des Schädigers in Betracht. Auch Nichtstun **(Unterlassen)** kann Schaden verursachen und zum Schadenersatz verpflichten, wenn jemand ein an sich gebotenes Handeln zur Schadenabwendung unterlässt (vgl. A 2.1.7.2).

Wer Freunde zu einer Gartenparty eingeladen hat, kann u. U. aus diesem vorangegangenen Tun gehalten sein, sie am anschließenden Autofahren unter Alkoholeinfluss zu hindern.

BGH
NJW 1980

2.1.5 Ursächlichkeit der Handlung für eingetretene Schäden

Voraussetzung des Schadenersatzanspruchs ist weiter, dass zwischen dem Haftungsgrund (z. B. Handlung des Schädigers) und dem entstandenen Schaden ein ursächlicher (kausaler) Zusammenhang besteht.

Die Voraussetzung der Ursächlichkeit besteht im Übrigen für das gesamte Haftpflichtrecht.

> **Beispiele:**
> 1. Wegen mangelhafter Instandhaltung löst sich von einem Balkon eines Gebäudes ein Geländerprofil **(Einwirkung einer Sache)**. Der Fußgänger B blickt nach oben, erkennt die Gefahr und springt vor Schreck auf die Straße. Er gerät unter ein Auto und wird schwer verletzt **(Folgeschaden)**.
> 2. Weil sein Pkw von X beschädigt wurde, fährt Y mit der Bahn und wird bei einem Zugunglück schwer verletzt **(Folgeschaden)**.

➤ **Kausalität**

Sowohl in Beispiel 1 als auch in Beispiel 2 besteht zwischen dem Schaden und der Schadenursache ein ursächlicher Zusammenhang. Das eine hätte sich ohne das andere nicht ereignet **(naturwissenschaftliche Kausalität)**.

➤ **Adäquate Kausalität**

Trotzdem besteht wohl nur im Beispiel 1 eine Schadenersatzpflicht des Schädigers, da im Zivilrecht nur für **adäquat** verursachte Schäden gehaftet wird **(juristische Kausalität)**.

Viele Fußgänger würden beim Herabfallen von Gebäudeteilen, ohne sich umzuschauen, erschreckt auf die Fahrbahn ausweichen. Dieser Zusammenhang liegt innerhalb der Lebenserfahrung; er ist adäquat-ursächlich.

Nach der juristischen Kausalität ist ein ursächlicher Zusammenhang nur gegeben, wenn die vom Schädiger vollzogene Handlung nach der allgemeinen Lebenserfahrung generell geeignet war, den infrage stehenden Schaden herbeizuführen **(adäquate Kausalität)**.

BGH
NJW 1986

Besonders eigenartige und nach der Lebenserfahrung ganz unwahrscheinliche Umstände bleiben außer Betracht.

Im Beispiel 2 dürfte die Schadenfolge außerhalb aller Lebenserfahrung liegen.

Wenn jemand mit einem Zug statt mit einem Auto ein Ziel zu erreichen versucht, so ist es nach menschlichem Ermessen oder dem »gewöhnlichen Lauf der Dinge« keine mögliche Folge, dass er dann ausgerechnet mit dem Zug verunglückt.

2.1.6 Deliktsfähigkeit

Verschulden setzt Deliktsfähigkeit (= Schuldfähigkeit) voraus. Erst mit Vollendung des 18. Lebensjahres haftet grundsätzlich jeder für seine Handlungen.

➤ **Deliktsunfähigkeit**

BGB
§§ 827, 828
(1)

Generell deliktsunfähig, also nicht schadenersatzpflichtig, sind **Kinder unter 7 Jahren.** Das Gleiche gilt für **Geisteskranke** und **Bewusstlose**, aber nicht, wenn der Zustand durch Alkohol/Drogen verschuldet herbeigeführt wurde.

> **Beispiel:**
> A wird bewusstlos, stürzt auf die Fahrbahn und zwingt einen Autofahrer zum Ausweichen. Der stößt mit einem entgegenkommenden Pkw zusammen.

§ 827 (3)

A ist hier genauso wenig schadenersatzpflichtig wie ein noch nicht 7-jähriges Kind, vorausgesetzt, die Bewusstlosigkeit ist hier nicht auf (selbst verschuldete) Trunkenheit zurückzuführen, andernfalls wäre A »in gleicher Weise verantwortlich, wie wenn ihm Fahrlässigkeit zur Last fiele«.

➤ **Bedingte Deliktsfähigkeit**

§ 828 (3)

Bedingt deliktsfähig sind **Minderjährige vom 7. bis zum 18. Lebensjahr,** d.h., der Minderjährige haftet nur dann für einen angerichteten Schaden, wenn er bei Begehung der schädigenden Handlung **die zur Erkenntnis der Verantwortlichkeit erforderliche Einsicht** hat. Die Frage der erforderlichen Einsicht muss allerdings im Einzelfall geprüft werden, wobei individuelle Beurteilung und Erfahrungssätze zugrunde gelegt werden.

> **Beispiel:**
>
> Zwei Minderjährige (8 und 15 Jahre) verbrannten in der Nähe eines Sägewerks in einem selbst angelegten Feuer herumliegende Baumrinden. Bevor der 15-jährige die Feuerstelle später verließ, der 8-jährige war inzwischen nach Hause gegangen, trat er das Feuer aus, das jedoch weiterglomm. Ein Windstoß entfachte einen folgenschweren Brand. Es kam zu einem Schaden von mehreren hunderttausend Euro, da das Sägewerk total niederbrannte. Der Feuer-VR entschädigte und verlangte von den Minderjährigen Ersatz.

Ob hier der 8-Jährige das Einsichtsvermögen in sein fehlerhaftes Verhalten besaß, ist fraglich. Bei normaler geistiger Entwicklung ist das aber auch in diesem Alter durchaus zu bejahen. Dagegen wusste der 15-Jährige – altersbedingt mit seiner höheren Verstandesreife – zweifellos von der Gefährlichkeit seines Tuns. Er hat auch mögliche schlimme Folgen erkannt, schließlich hat er versucht, das Feuer auszutreten. Es wird also kaum mangelnde Einsichtsfähigkeit unterstellt werden können. Der Minderjährige haftet deshalb in voller Höhe (unbegrenzte Verschuldenshaftung). Besitzt er keine Vermögenswerte und ist er nicht haftpflichtversichert (über die Eltern), so ist der Schadenersatz aus künftigen Verdienst- und Vermögenswerten zu erbringen.

Das Beispiel zeigt, dass die unbegrenzte Haftung zu einer Existenzvernichtung des Minderjährigen führen kann. Das OLG Celle sah sich deshalb in einem ähnlichen Fall, in dem keine Haftpflichtversicherung schützte, der Geschädigte aber feuerversichert war, dazu veranlasst, eine Haftung des Minderjährigen dann als zu hart zu erachten, wenn dem Minderjährigen lediglich »leichte Fahrlässigkeit« vorzuwerfen ist. Ein Erwachsener könnte sich schließlich gegen Haftpflicht versichern, Minderjährigen fehlten die Mittel und die Einsicht dazu. Da das BGB in § 828 (2) eine solche Differenzierung nicht vorsieht, steht es nach Ansicht des OLG im Widerspruch zu wesentlichen Grundrechten. Deshalb wurde das Bundesverfassungsgericht angerufen.

OLG Celle 1989

➤ Deliktsfähigkeit für Kinderunfälle im Straßen- und Bahnverkehr

Kinder sind erst ab dem vollendeten 10. Lebensjahr für Schäden verantwortlich, die sie bei der Teilnahme am motorisierten Straßen- und Bahnverkehr verursachen. Hier gilt auch für die Sieben- bis Zehnjährigen ein grundsätzlicher Ausschluss der Eigenhaftung und des Mitverschuldens (vgl. A 4.3.2), soweit sie nicht vorsätzlich gehandelt haben.

BGB § 828 (2) § 254

Damit wird neueren Erkenntnissen der Entwicklungspsychologie Rechnung getragen, nach denen Kinder frühestens ab Vollendung des 10. Lebensjahres imstande sind, die besonderen Gefahren des motorisierten Straßenverkehrs zu erkennen oder sich den Erkenntnissen entsprechend zu verhalten, insbesondere weil die Fähigkeit zur richtigen Einschätzung von Entfernungen und Geschwindigkeiten fehlt sowie kindliche Eigenheiten einem verkehrsgerechten Verhalten entgegenstehen.

Vorsatztaten sind aber bewusst in der Haftung belassen worden, weil sie nichts damit zu tun haben, dass das Kind im Straßenverkehr überfordert sein könnte. Deshalb ist der Neunjährige, der z. B. von einer Autobahnbrücke Steine auf fahrende Autos wirft, nicht Opfer eines altersbedingten Defizits bei der Teilnahme am Straßenverkehr.

➤ Billigkeitshaftung

Hat ein nicht Deliktsfähiger eine unerlaubte Handlung begangen, so haftet er u. U. auf Schadenersatz aus Billigkeit. Voraussetzung ist.

§ 829

- dass der Geschädigte keinen Ersatzanspruch gegen einen aufsichtspflichtigen Dritten hat (vgl. A 2.3.4.1) und
- dass dem Schadenstifter nicht die Mittel entzogen werden, deren er zu seinem angemessenen Unterhalt bedarf.

> **Beispiel:**
> Verletzt ein 5-jähriges vermögendes Kind beim Spielen ein anderes Kind so schwer, dass dieses Kind einseitig erblindet, so muss der Fünfjährige aus seinem Vermögen eine Entschädigung leisten, wenn kein Ersatz von einem aufsichtspflichtigen Dritten erlangt werden kann und das verletzte Kind selbst mittellos ist.

BGH 1958

Vermögen bedeutet hier nicht: Vermögen der Eltern; auch eine bestehende Haftpflichtversicherung ist nicht entscheidend für den Anspruch an sich, höchstens für die Frage der Bewertung der Anspruchshöhe.

Exkurs: Abgrenzung der Deliktsfähigkeit von der Straffähigkeit

Die Deliktsfähigkeit befasst sich nur mit den zivilrechtlichen Folgen einer Schädigung (Wiedergutmachung des Schadens z.B. durch Geldersatz). Die Bestrafung für die widerrechtliche Handlung ist dagegen eine Frage der Straffähigkeit. Strafrechtliche Folgen sind z.B. Freiheitsstrafe/Geldbuße.

- **Straffähigkeit** setzt das 18. Lebensjahr voraus.

JGG § 1 ff.

- **Bedingt straffähig** ist, wer zur Tatzeit über 14 Jahre, aber noch nicht 18 Jahre alt ist. Der bedingt Straffähige ist dann strafrechtlich verantwortlich und wird nach dem Jugendstrafrecht bestraft, wenn er fähig ist, das Unrecht seiner Tat einzusehen.

- **Strafunfähig** ist, wer zur Tatzeit noch keine 14 Jahre alt war.

Eine fahrlässige Sachbeschädigung, wie im obigen Beispiel des total abgebrannten Sägewerks, ist jedoch generell nicht strafbar.

2.1.7   Besonderheiten im Rahmen der reinen Verschuldenshaftung

2.1.7.1 Haftung bei Gefälligkeitshandlungen

Keine Haftung bei bloßer Gefälligkeit

HANDELSBLATT, 4. Juni 2002
dpa KOBLENZ. Wer aus Gefälligkeit in einem unbewohnten Haus gelegentlich Reinigungsarbeiten vornimmt und dabei vergisst, den Hauptwasserhahn wieder zu schließen, haftet nicht bei einem Wasserschaden. Nach einem am Montag bekannt gewordenen Urteil des Oberlandesgerichts (OLG) Koblenz, muss auch in einem vorübergehend leer stehenden Haus nicht mit defekten Wasserleitungen gerechnet werden. Eine zwingende Veranlassung, den Haupthahn regelmäßig bei Verlassen des Hauses wieder zu schließen, bestehe daher nicht (Az.: 5 U 570 / 01).

Das Gericht wies die Schadensersatzklage zweier Hauseigentümerinnen ab. Die beiden Frauen hatten ihre Mutter verklagt, die in dem leer stehenden Haus gelegentlich Reinigungsarbeiten vornahm. Bei einem der Besuche vergaß die Mutter, im Anschluss an die Reinigung den Hauptwasserhahn wieder zu schließen. Auf Grund eines Leitungsdefektes entstand im Haus ein Schaden von rund 83 000 DM (42 437,23 €).

Durch diverse Gerichtsurteile sind Haftungserleichterungen »aufgrund eines **stillschweigenden Haftungsverzichts bei Gefälligkeiten**« bestätigt worden.

Unter **Gefälligkeiten** versteht man die unentgeltliche Gewährung von Dienstleistungen oder sonstigen Vorteilen, auf die der Leistungsempfänger keinen Anspruch hat. Dazu gehört beispielsweise die Mithilfe des Freundes bei einem Umzug oder eines Verwandten bei häuslichen Arbeiten, das Beaufsichtigen von Nachbarskindern oder die Mitnahme eines Fahrgastes im Auto. Da es hier an einem Rechtsbindungswillen fehlt, entfällt eine Vertragshaftpflicht, und **die Deliktshaftung beschränkt sich auf Vorsatz und grobe Fahrlässigkeit**. Schließlich wäre es auch unbillig, dass denjenigen ein Haftpflichtrisiko schon bei jeder Art von Fahrlässigkeit trifft, der unentgeltlich und unter Inkaufnahme von Unannehmlichkeiten jemandem einen Gefallen erweist.

BGH
NJW 1980

2.1.7.2 Verletzung der Verkehrssicherungspflicht

Besondere Bedeutung hat die in der Rechtssprechung – in Verbindung mit § 823 Abs. 1 BGB – entwickelte **Allgemeine Verkehrssicherungspflicht**, die heute als **Gewohnheitsrecht** allgemein anerkannt wird.

> ➤ Jeder, der durch sein **Tun** oder **Unterlassen** eine **Gefahrenquelle geschaffen hat**, ist dazu verpflichtet, **Sicherungsvorkehrungen** zu treffen, die zur Abwendung eines Schadens von Personen und Sachen erforderlich sind.

Verkehrssicherungspflichtig sind insbesondere alle, die Straßen, Verkehrsmittel, Grundstücke oder Räume dem Verkehr eröffnen, also z. B. die Inhaber gewerblicher oder landwirtschaftlicher Betriebe, Hausbesitzer, Wohnungs- und Ladenmieter, politische Gemeinden. Verkehrssicherungspflichtig ist darüber hinaus jeder Teilnehmer am Straßenverkehr.

Gemeinde haftet für Schlaglöcher

ap MÜNCHEN. Ein Autofahrer, dessen Fahrzeug durch ein Schlagloch beschädigt wird, kann die Gemeinde wegen Verletzung der Verkehrssicherungspflicht haftbar machen. Wie der ADAC unter Berufung auf das Landgericht Augsburg mitteilte, tritt dieser Fall ein, wenn die Gemeinde keine Warnschilder an einer verkehrsreichen Straße mit erheblichen Frostaufbrüchen aufgestellt hatte (AZ: LG Augsburg 1 0 5288/90 Zfs 12/91, 404).

Was der Pflichtige im Einzelfall zu tun hat, um Schäden von Dritten fernzuhalten, regelt sich danach, was nach den jeweiligen Umständen vernünftigerweise zumutbar ist, wobei der typische Verkehr an der konkreten Örtlichkeit maßgebend ist.

> **Beispiele:**
> - Der Bauunternehmer muss Baugruben absichern, z. B. durch Umzäunung und Aufstellung von Warnschildern.
> - Der Mietshausbesitzer hat für eine ordentliche Treppenhausbeleuchtung, für ausreichende Treppengeländer, in schneereichen Gebieten für Schneefanggitter (zumindest Warnschilder) und grundsätzlich für die Reinigung der Geh- und Zugangswege zu den Wohnungen (winterliche Streupflicht) zu sorgen.
> - Die Gemeindeverwaltung hat Ortsstraßen, Wege, Brücken und sonstige Einrichtungen in verkehrssicherem Zustand zu halten (u. a. winterlicher Streu- und Räumungspflicht, Beseitigung von bzw. Warnungen vor Schlaglöchern usw.)

Erforderliche Sicherheitsvorkehrungen sind teilweise durch Schutzgesetze (vgl. nachstehend) auferlegt, wie z. B. die winterliche Streu- und Räumungspflicht durch örtliche Polizeivorschriften. Der Schadenersatzanspruch kann dann auch mit der Verletzung eines Schutzgesetzes begründet werden.

2.1.7.3 Verletzung eines Schutzgesetzes gemäß § 823 Abs. 2 BGB

BGB
§ 823 (2)

Diese Vorschrift dehnt die Schadenersatzpflicht auf eine **rechtswidrige** und **schuldhafte** Verletzung von Schutzgesetzen aus. Schutzgesetze sind alle geschriebenen oder ungeschriebenen Rechtsnormen – Gesetz, Verordnung, Satzung u. a. – des privaten oder öffentlichen Rechts, die zum Schutz des Einzelnen oder eines Personenkreises erlassen worden sind.

a) Als solche Schutzgesetze sind u. a. anzusehen:

- Bestimmungen des StGB (Strafgesetzbuch), wie § 223 StGB (Körperverletzungen) und § 309 StGB (fahrlässige Brandstiftung),
- Bestimmungen der StVO und des StVG (Straßenverkehrsverordnung bzw. -gesetz), wie z. B. § 21 StVG »Fahren ohne Führerschein«,
- Bestimmungen zum Verbraucherschutz (Nahrungsmittel-, Arzneimittel-, Gerätesicherungsgesetz),
- Gemeindesatzungen bzw. Polizeiverordnung über das Streuen bei Glatteis, die Reinigung der Bürgersteige bzw. Straßen oder z. B. das Fahrverbot für Radfahrer in der städtischen Fußgängerzone.

> **Beispiel:**
>
> A, dem ein entsprechendes Fahrverbot bekannt ist, fährt in der Fußgängerzone von Freiburg Fahrrad. Obwohl er äußerst vorsichtig gefahren ist, wird er dem Fußgänger B Schadenersatz leisten müssen, wenn er diesen in der Fußgängerzone verletzt.

b) Abgrenzung zur Verletzung eines Rechtsgutes nach § 823 Abs. 1 BGB

§ 823 Abs. 2 BGB schreibt zwar vor, dass auch bei einem Schutzgesetzverstoß der Schädiger nur dann schadenersatzpflichtig ist, wenn er zumindest fahrlässig gehandelt hat.

BGH
VersR85

Wie das o. a. Beispiel aber zeigt, genügt es, wenn sich die Fahrlässigkeit nur auf die Übertretung des Schutzgesetzes bezieht. Außerdem ist das Verschulden bei einem objektiv vorliegenden Verstoß nach Richterrecht zugunsten des Geschädigten vermutbar, d. h., hier muss der Schädiger seine Schuldlosigkeit nachweisen (**umgekehrte Beweislast**), um von einer Schadenersatzpflicht freizukommen.

Von § 823 (2) BGB werden auch reine Vermögensschäden erfasst (vgl. A 4.2.3).

Lernkontrollen zu A 2.1

Reine Verschuldenshaftung

1 Die Verschuldenshaftung ist durch bestimmte Merkmale gekennzeichnet.

    a) Nennen Sie die Voraussetzungen der Verschuldenshaftung nach § 823 Abs. 1 BGB.

    b) Worin liegt der Unterschied zwischen
- Vorsatz und bedingtem Vorsatz,
- grober Fahrlässigkeit und leichter Fahrlässigkeit?

    c) Welche Rechtsgüter fallen unter die in § 823 Abs. 1 BGB genannten sonstigen Rechte?

    d) Was kann die Widerrechtlichkeit einer Handlung ausschließen?

    e) In welchen Fällen kann die Notwehrlage zu einer Schadenersatzpflicht führen?

    f) Wann kann man von einem adäquaten Kausalzusammenhang sprechen?

2 Frau Edelgard Burgener ist leidenschaftliche Blumenliebhaberin. Für den Balkon ihrer Mietwohnung hat sie Blumenkästen mit Halterungen gekauft und nach beiliegender Montageanleitung angebracht. Da sie handwerklich weniger geschickt ist, unterläuft ihr ein Montagefehler, den sie aber nicht bemerkt.

Beim nächsten Sturm löst sich ein Blumenkasten und fällt auf das vor dem Haus geparkte Auto des Herrn Zurbriggen.

Prüfen Sie, ob die Voraussetzungen der Verschuldenshaftung gegeben sind und Herr Zurbriggen seinen Schaden von Frau Burgener ersetzt verlangen kann.

3 A stürzt bei Schneeglätte vor dem Grundstück des B so schwer, dass er sich einen Oberschenkelhalsbruch zuzieht.

Mit welcher Begründung bzw. mit welcher Rechtsgrundlage (zwei alternative Rechtsgrundlagen nennen und erläutern) kann A den B haftpflichtig machen?

Deliktsfähigkeit

4 Grenzen Sie die Deliktsfähigkeit von der Straffähigkeit ab.

5 Prüfen Sie für die folgenden Fälle, ob der Schädiger (das Kind) haftbar gemacht werden kann. Eine mögliche Haftung der Eltern ist erst später zu prüfen.

    a) Die 5-jährige Tochter von Herrn Müller ist zum Geburtstag ihrer Freundin eingeladen. Bei einem Spiel ist sie etwas zu ausgelassen und beschädigt eine Stehlampe.

    b) Ein 14-Jähriger, der seinen Eltern als Rüpel bekannt ist, verbringt jeden Nachmittag allein. Bei einem seiner Streifzüge wirft er Scheiben eines Hauses ein.

    c) Wie wäre der Fall b) zu beurteilen, wenn es sich um einen Sechsjährigen handeln würde?

6 Der 4-jährige Heiner nimmt während eines Hotelaufenthaltes mit seinen Eltern an der Hotelrezeption unbemerkt eine Schachtel Streichhölzer an sich, die dort aus Werbezwecken zur Mitnahme ausliegen. An die Streichhölzer konnte er nur durch ein unbeobachtet gebliebenes Klettern auf die Theke der Rezeption gelangen. Nachdem er von seinen Eltern zu Bett gebracht worden ist, zündet er die Hölzer. Dabei gerät das Bettzeug in Brand. Das Feuer breitet sich aus und Heiner rennt schreiend aus dem Hotelzimmer. Andere Hotelgäste und die von der Hotelbar herbeigeeilten Eltern von Heiner können das Feuer mit den bereitstehenden Hotelfeuerlöschern unter Kontrolle bringen.

a) Trifft Heiner ein Verschulden und kann er für diesen Fall vom Hotelier für den entstandenen Schaden in Anspruch genommen werden?

b) Wie würden Sie die Haftungsfrage beurteilen, wenn Heiner aufgrund einer Vorwegschenkung bereits einen Anteil am elterlichen Betrieb besitzt?

Anmerkung: Eine mögliche Haftung der Eltern ist erst später zu prüfen.

7 Der betrunkene A gerät auf nächtlichem Heimweg ins Wanken und fällt in eine Schaufensterscheibe.

Ist A schadenersatzpflichtig?

8 Hans hat zu seinem Geburtstag endlich den lang ersehnten Fußball geschenkt bekommen. Sofort läuft er los, um ihn seinem Freund im Nachbarhaus zu zeigen. Vor der Haustür rutscht ihm der Ball aus den Händen und rollt zwischen zwei parkenden Autos auf die Strasse. Hans läuft hinterher um ihn zu holen. Herr Krause, der seinen Pkw nicht mehr rechtzeitig bremsen kann, weicht aus, um Hans nicht zu überfahren. Bei dem Ausweichmanöver wird ein parkendes Autos beschädigt.

Muss der 8-jährige Hans für den Schaden aufkommen (mit Begründung)?

2.2 Gefährdungshaftung (Haftung ohne Verschulden)

2.2.1 Grundgedanke und Merkmale der Gefährdungshaftung

Als eine der wichtigsten Ausnahmen vom Prinzip der Verschuldenshaftung kennt das deutsche Zivilrecht die Gefährdungshaftung.

➤ Die Gefährdungshaftung basiert auf der Überlegung, dass derjenige, der für die Allgemeinheit eine besondere, wenn auch erlaubte, Gefahrenlage schafft und daraus seinen Nutzen zieht, einer verschärften – d.h. hier verschuldensunabhängigen – Haftung unterliegt.

Beispiele:
1. Franz Müller hält schon seit Jahren einen Hund, den die Nachbarskinder häufig spazieren führen. Beim ungeschickten Anleinen beißt der Hund ein Kind in die Hand.
2. Bei einer Autofahrt verliert Franz Müller von seinem Auto eine Radkappe. Sie prallt gegen eine Hauswand und beschädigt diese.
3. Der Öltank im Einfamilienhaus von Franz Müller ist undicht geworden, so dass Öl ins Grundwasser gelangen konnte.

In allen drei Fällen haftet Franz Müller aus der geschaffenen Gefahrenlage, da die Haftung ausdrücklich gesetzlich vorgesehen ist.

➤ **Merkmale der Gefährdungshaftung**

● Die Gefährdungshaftung tritt nur bei Bestehen einer **besonderen gesetzlichen Regelung** ein. Es besteht also kein allgemeines Prinzip des Einstehenmüssens für »gefährliche Anlagen und Tätigkeiten«.

● Die Haftung ist unabhängig von rechtswidrig-schuldhafter Schadenverursachung.

Durch die Gefährdungshaftung wird für den Geschädigten das finanzielle Risiko im Schadenersatzprozess erheblich geringer; man denke nur an die Beweisschwierigkeiten bei Kfz-Unfällen bzw. bei Gesundheitsschäden durch Arzneimittel (»Contergan-Fall«). Contergan war ein Schlafmittel, das zu Missbildungen bei Neugeborenen geführt hat.

● Zurechnungsgrund ist allein die **Verwirklichung des typischen Risikos** beim Betreiben einer »gefährlichen Anlage«, beim Ausüben einer »gefährlichen Tätigkeit« oder beim Vertrieb »gefährlicher Produkte«.

● Es liegt ein nachgewiesener **Personen- und/oder Sachschaden** (Rechtsgutverletzung) vor.

● Es muss ein **ursächlicher Zusammenhang** zwischen Gefährdungstatbestand und Schaden bestehen.

● Die **Verantwortlichkeit** trifft denjenigen, in dessen Interesse die Gefährdung zugelassen wurde und der in der Regel auch die Gefahr beherrscht. Dieser kann sich nur **bei höherer Gewalt**, z. B. Naturereignissen, Sabotage durch Betriebsfremde **entlasten**, z. B. nach dem Straßenverkehrsgesetz (StVG) oder im Rahmen der Anlagehaftung nach dem Wasserhaushaltsgesetz (WHG).

Bei Unfällen zwischen motorisierten Verkehrsteilnehmern besteht die Verpflichtung zum Schadenersatz aber nach § 17 StVG nicht, wenn der Nachweis eines unabwendbaren Ereignisses geführt werden kann (vgl. C 4.1.2 c). Sieht das Gesetz dagegen keine Entlastungsmöglichkeit vor (Atomgesetz, Einwirkungshaftung nach Wasserhaushaltsgesetz, Arzneimittelgesetz), spricht man von der sog. **Erfolgs- bzw. Verursachungshaftung.** Der Verantwortliche kann sich dann nicht einmal durch den Nachweis, der Schaden sei auf **höhere Gewalt** zurückzuführen, entlasten.

➤ Im Gegensatz zur Verschuldenshaftung haftet der Verantwortliche im Rahmen der Gefährdungshaftung aber häufig nur begrenzt.

➤ **Umfang der Haftung**

● **Schmerzensgeldansprüche** (immaterielle Schäden) können grundsätzlich bei einem nachgewiesenen Personenschaden – auch im Rahmen der Gefährdungshaftung nach Sondergesetzen – geltend gemacht werden (vgl. A 4.2.1).   BGB § 253 (2)

● **Reine Vermögensschäden** werden dagegen ausnahmslos nicht ersetzt (vgl. A 4.2.3), wohl aber Vermögensschäden als Folge von Personen- bzw. Sachschäden.

● **Höchsthaftungssummen** sind häufig in den gesetzlichen Regelungen vorgesehen.

Dies gilt nicht für das Tierhalter- und das Gewässerschadenrisiko. Hier ist die Haftung wie im Bereich der Verschuldenshaftung unbegrenzt.

2.2.2   Gesetzliche Anspruchsgrundlagen

2.2.2.1 Gefährdungshaftung nach dem BGB

➤ **Haftung des Tierhalters für Luxustiere**

Die Haftung des Tierhalters ist zunächst eine reine **Gefährdungshaftung.** Danach haftet der Tierhalter für sog. **Luxustiere**   § 833 S. 1

● verschuldensunabhängig für Personen- und Sachschäden,

● die durch spezifische Tiergefahren entstehen, namentlich durch Scheuen, Durchgehen, Ausschlagen und Beißen, auch wenn dies durch äußere Reize veranlasst ist.

Als Luxustier bezeichnet man ein wildes Tier oder Haustier, das nicht als Nutztier (vgl. A 2.3.3) gehalten wird.

> **Beispiel:**
> Herr Höfler ist Hundeliebhaber und besitzt einen Bernhardiner, der häufig mit den Kindern spielt. Als der Hund auf ein fremdes Kind zuläuft, weicht dieses erschrocken zurück, stürzt und verletzt sich erheblich.

Der Schaden beruht auf einem spezifischen (unberechenbaren) Tierverhalten, wofür der Tierhalter schadenersatzpflichtig ist, unabhängig von einem Verschulden. Ihn befreit auch nicht der Nachweis, dass das Tier absolut ungefährlich ist. Es kommt hier allein darauf an, dass der Sturz die Folge des durch den Hund verursachten Zurückweichens war.

OLG
Nürnberg
1991

Die Angst und das Verhalten des Kindes im Beispielsfall beruht auf der Lebenserfahrung, dass frei herumlaufende große Hunde Menschen gefährlich werden können und deshalb keine Gewähr besteht, unbehelligt und ungefährdet weitergehen zu können.

Nicht in Betracht kommt das Tier als mechanisches Hindernis. Stürzt ein Radfahrer über einen auf der Straße liegenden überfahrenen Hund, bleibt es bei der reinen Verschuldenshaftung gemäß § 823 BGB.

Bei der Tierhaltereigenschaft kommt es im Übrigen nicht auf die Eigentumsverhältnisse an. **Tierhalter** ist vielmehr, wer das Tier im eigenen Interesse, nicht nur vorübergehend, unterhält.

Wer die Aufsicht über ein Tier für den Tierhalter durch Vertrag übernimmt, ist **Tierhüter** (z.B. der Mieter, Entleiher und Verwahrer, nicht der Angestellte). Der Tierhüter haftet grundsätzlich nur nach dem vermuteten Verschulden (vgl. A 2.3).

➤ Haftung des Beherbergungsgastwirts (Hoteliers)

BGB
§ 701 ff.

Der Hotelier haftet für Verlust, Zerstörung oder Beschädigung der von den Gästen eingebrachten Sachen. Voraussetzung ist aber die gewerbsmäßige Beherbergung.

Es besteht also keine verschuldensunabhängige Haftung des Gastwirts für das Abhandenkommen der Garderobe, wenn der Gast nur die Schank- und Speiselokalität in Anspruch nimmt. Die Ersatzpflicht erstreckt sich auch nicht auf das eingebrachte Fahrzeug und auf die darin befindlichen Sachen oder auf lebende Tiere; wohl aber auf Sachen, die dem Gast nicht gehören (z.B. der Musterkoffer des Vertreters).

- Der Hotelier haftet nicht, soweit der Schaden auf einem Verhalten des Gastes/einer Begleitperson bzw. auf einem Fehler in der Beschaffenheit der eingebrachten Sachen beruht.

§§ 702,
702a

Haftungsausschluss auch bei »höherer Gewalt«.

- Es wird bis zum Hundertfachen des Übernachtungspreises gehaftet, mindestens aber bis 600,00 € und höchstens bis 3 500,00 €.

Für Bargeld, Wertpapiere und Schmuck wird bis max. 800,00 € gehaftet.

2.2.2.2 Gefährdungshaftung nach Sondergesetzen

➤ Straßenverkehrsgesetz (StVG)

StVG
§ 7 f.

Haftung des Kraftfahrzeughalters für alle Schäden beim **Betrieb des Kraftfahrzeugs** (vgl. C 4.1.2).

➤ Wasserhaushaltsgesetz (WHG)

WHG
§ 22

Haftung für Schäden durch Verseuchung (Abwässer, Heizöl, Treibstoff und andere Chemikalien) von natürlichen Gewässern einschließlich des Grundwassers.

Es sind hier zwei Formen der Haftung zu unterscheiden:

- **Einwirkungshaftung:** Sie hat besondere Bedeutung für die Ableitung industrieller Abwässer.

  Selbst bei erlaubter Einleitung von Abwässern in ein natürliches Gewässer haftet derjenige, der die Ableitung vornimmt, ohne Rücksicht auf etwaiges Verschulden für dadurch entstehende Schäden.

- **Anlagenhaftung:** Sie betrifft die Grundwasserschädigung insbesondere durch Inhaber von Tankanlagen, -wagen, -schiffen und Pipelines für den Fall der Leckage (Entweichen gewässerschädlicher Stoffe).

  Dazu gehört auch die Heizölanlage des Privatmannes.

➤ Umwelthaftungsgesetz (UmwHaftG)

Die Ersatzpflicht gilt für

- Betreiber (Eigentümer, Pächter, Leasingnehmer) bestimmter Anlagen (aufgelistet in Anhang I des Gesetzes),

  UmwHaftG § 1

> **Beispiele:**
> - Anlagen zur Wärmeerzeugung, Bergbau
> - Anlagen zur Herstellung von Kunstharzen
> - Anlagen zur fabrikmäßigen Herstellung von Arzneimitteln

- Umwelteinwirkung aus diesen Anlagen (Boden-, Luft-, Wasserverschmutzung). Die **Haftung** gilt nicht nur für Störfälle sondern auch **für Schäden des genehmigten Normalbetriebes.**

  Das UmwHaftG ist also nicht wie das WHG allein auf Gewässerschäden begrenzt.

Der nach BGB erforderliche Kausalitätsbeweis ist bei Umweltschäden praktisch kaum führbar. Nach dem UmwHaftG wird deshalb zugunsten des Geschädigten vermutet, dass der Betreiber einer Anlage der Schadenverursacher ist, wenn diese geeignet ist, den nachgewiesenen Personen- bzw. Sachschaden zu verursachen **(Verursachungsvermutung)**.

§ 6

- Es besteht aber keine Haftung für Sachschäden, die unwesentlich sind oder nach den örtlichen Verhältnissen zumutbare Beeinträchtigungen darstellen, sofern die Anlage bestimmungsmäßig betrieben wurde. Das Gleiche gilt für Schäden, die keinem individualisierbaren Schädiger zugeordnet werden können (z. B. Waldsterben).
- Die Ersatzpflicht beträgt maximal 85 Mio. € jeweils für Personen- und Sachschäden.

§ 15

Exkurs: Umweltschadensgesetz

Während das Umwelthaftungsgesetz **privatrechtliche** Schadenersatzansprüche Dritter (z. B. Schadenersatzansprüche für einen erlittenen Gesundheitsschaden) regelt, befasst sich das Umweltschadensgesetz mit **öffentlich-rechtlichen** Ansprüchen bei Schädigung von geschützten Tier- und Pflanzenarten, von Gewässern oder von Böden (ökologischer Schaden).

USchadG §§ 2, 3

Im Gegensatz zum Umwelthaftungsgesetz muss die Behörde allerdings den vollen Beweis für einen Umweltschaden erbringen, da keine Ursachenvermutung zu Lasten des Betreibers erfolgt.

§ 3 (4)

> **Beispiele:**
> Infolge von Lötarbeiten gerät der Dachstuhl eines alten Gebäudes in Brand. Dadurch wird eine dort lebende, geschützte Fledermausart vertrieben. Die Behörde verlangt vom Verursacher die Wiederansiedlung der Fledermausart.

§§ 5, 6

Das Umweltschadensgesetz dient der Vermeidung von drohenden Umweltschäden und der Sanierung von erfolgten Umweltschäden. Nur die **berufliche Tätigkeit** (vgl. Anlage 1 zu § 3 USchadG) wird vom Umweltschadensgesetz erfasst. Dabei haftet derjenige **verschuldensunabhängig**, der durch Betrieb bestimmter genehmigungspflichtiger Anlagen (z.B. Anlagen für die Bearbeitung von Metallen) Umweltschäden verursacht hat. Alle anderen, die keine berufliche Tätigkeit mit diesen bestimmten Anlagen ausüben, haften nur bei Verschulden.

USchadG
§ 3 (1)

Hinweis: In Abschnitt C 4.4 ist die **Kfz-Umweltschadenversicherung** dargestellt, die öffentlich-rechtliche Ansprüche nach dem Umweltschadensgesetz (USchadG) deckt, wenn mit dem Fahrzeug durch Unfall, Panne oder Betriebsstörung ein Umweltschaden entsteht.

➤ **Produkthaftungsgesetz (ProdHaftG) aufgrund einer EU-Richtlinie**

ProdHaftG
§ 1

Gegenstand ist die **verschuldensunabhängige Haftung** des Herstellers für Sicherheitsmängel (nicht nur für Gewährleistungsmängel im Rahmen der Herstellergarantie), wenn fehlerhafte Produkte, die dem privaten Gebrauch bzw. Verbrauch dienen, nach dem 01. Januar 1990 in den Verkehr gebracht wurden.

> **Beispiel:**
>
> Wegen eines Materialfehlers platzt ein Autoreifen bei hoher Geschwindigkeit und es entsteht ein Sach- und Personenschaden. Der Reifenhersteller muss nicht nur für die Gewährleistungsmängel im Rahmen der Herstellergarantie eintreten (dieses Recht nach dem BGB kann beim Verkäufer des Reifens geltend gemacht werden) sondern ist für den gesamten Schaden wegen des Sicherheitsmangels nach dem ProdHaftG ersatzpflichtig.

Dem Hersteller sind gleichgestellt: Zulieferer von Teilprodukten, Importeure von Waren aus Nicht-EU-Ländern und jeder Lieferant von anonymen Produkten. Das ProdHaftG bezieht sich nicht auf unverarbeitete landwirtschaftliche Naturprodukte und auf Arzneimittel für den Menschen. Jeder Einzelne aus der Haftungskette haftet auf Ersatz des gesamten Schadens.

Besonderheiten

- Der Geschädigte muss nur den Fehler (Sicherheitsmängel), den Schaden und den ursächlichen Zusammenhang zwischen beiden beweisen. Der Hersteller muss dagegen nachweisen, dass der Fehler nicht bei der Herstellung entstanden ist (Beweislastumkehr für den Fehlerbereich).

- Es besteht keine Haftung für sog. **Entwicklungsrisiken**, also für Fehler, die nach dem Stand der Wissenschaft und der Technik in dem Zeitpunkt, in dem der Hersteller das Produkt in den Verkehr brachte, nicht erkannt werden konnten.

    Mit dieser Regelung sollte eine Beeinträchtigung der Innovationsbereitschaft der Wirtschaft verhindert werden. Dagegen besteht eine Einstandspflicht für Konstruktionsfehler (mangelhafte Bremsen eines Kfz), Fabrikationsfehler (sog. Produktionsausreißer), Instruktionsfehler (unzureichende Belehrung über die Benutzung eines Haushaltsgeräts in der Gebrauchsanweisung) und Produktbeobachtungsfehler (Unterlassung der ständigen Kontrolle von Kfz auf ihre Verkehrssicherheit).

§ 10

- Im Hinblick auf mögliche Serienschäden beträgt die Höchsthaftungssumme für Personenschäden (inkl. Schmerzensgeld) immerhin 85 Mio. €.

§ 11

- Soweit eine (»andere«) Sache – als das fehlerhafte Produkt selbst – beschädigt wurde, wird auch ein Sachschaden ersetzt. Bis zu einer Höhe von 500,00 € hat der Geschädigte den Schaden selbst zu tragen, darüber hinaus haftet der Verursacher unbegrenzt.

§ 13

- Generell erlischt der Anspruch 10 Jahre nach dem Zeitpunkt, in dem der Hersteller das Produkt, das den Schaden verursacht hat, in Verkehr gebracht hat.
    (Abgrenzung: Verjährung des Anspruchs; vgl. A 4.3.4)

➤ **Haftung beim Betrieb anderer Fahrzeuge und von gefährlichen Anlagen**

Dies gilt für

- Schienen- und Schwebebahnunfälle sowie für Elektrizitäts- und Gasanlagen nach dem Haftpflichtgesetz (HaftPflG), — HaftPflG §§ 1,2
- Luftfahrzeughalter nach dem Luftverkehrsgesetz (LuftVG), — LuftVG § 33
- Atomanlagen und Besitzer radioaktiven Materials nach Atomgesetz (AtG), z. B. in Bestrahlungs- und Messgeräten (Krankenhäuser, Industrie). — AtG § 25 ff.

2.2.3 Reine Verschuldenshaftung und Gefährdungshaftung im Vergleich

Vergleich	Reine Verschuldenshaftung	Gefährdungshaftung
Haftungs-vorausset-zung	– Rechtsgut- oder Schutzgesetz-verletzung (Schaden) – widerrechtliches Tun oder Unterlassen – adäquater Kausalzusammenhang – Verschulden/Deliktsfähigkeit	– Gefährdungstatbestand (Besitz, Betrieb, Gebrauch) – Rechtsgutverletzung (Schaden) – adäquater Kausalzusammenhang
Beweislast	– Geschädigter muss alle Haftungs-voraussetzungen nachweisen, § 823 (1) BGB – Beweislastumkehr bei Schutz-gesetzverletzung, § 823 (2) BGB. Der Schädiger muss beweisen, dass sein Verhalten nicht schuld-haft bzw. ursächlich für den Schaden war (Richterrecht).	– Da unabhängig vom Verschul-den gehaftet wird, besteht nur in wenigen Fällen (bei höherer Gewalt) eine Entlastungsmög-lichkeit für den Haftpflichtigen: § 7 (2) StVG, § 701 (3) BGB § 22 (2) WHG, § 4 UmwHaftG. – Geschädigter muss nur »Beteili-gung und Rechtsgutverletzung« nachweisen, »Ursachenvermu-tung« nach WHG.
Haftungs-höhe	unbegrenzte Haftung, § 249 BGB	in einigen Fällen begrenzte Haftung, z. B. § 12 StVG, §§ 10, 11 ProdHaftG
Schaden-arten	– Personenschäden (inkl. Schmerzensgeld) – Sachschäden – »reine Vermögensschäden« nur im Rahmen von § 823 (2) und § 826 BGB	– Personenschäden (inkl. Schmerzensgeld) – Sachschäden

Lernkontrollen zu A 2.2

Gefährdungshaftung

1 Welche Merkmale kennzeichnen die Gefährdungshaftung und wie sieht die Beweislastregelung im Gegensatz zur Verschuldenshaftung aus?

2 A kauft für seine 6-jährige Tochter Elke beim Spielzeughändler B eine Wipp-Wopp-Schaukel des Herstellers C. Nach 9 Monaten verletzt sich Elke schwer, als sie infolge des Bruchs der Schaukelsitzhalterung zu Boden fällt. Sie muss für mehrere Wochen stationär behandelt werden. Ein von A beauftragter Sachverständiger stellt fest, dass die Haltbolzen des Schaukelsitzes auch für eine Kinderschaukel zu schwach dimensioniert waren und es daher zwangsläufig zum Bruch der Bolzen kommen musste. Der Hersteller zweifelt die Feststellungen des Sachverständigen an und verweigert jede Schadenersatzleistung.

Prüfen Sie die Erfolgsaussichten einer Klage Elkes auf Schadenersatz (Krankenhauskosten und Schmerzensgeld) gegen den Hersteller.

Anmerkung: Die möglichen Schadenersatzansprüche gegen B aus Vertrag sind erst später zu prüfen.

3 Entscheiden Sie jeweils die Frage der Haftung in den folgenden beiden Fällen:

a) Herr Fritz ist Liebhaber russischer Windhunde. Eines Tages will er mit seinem Hund Boris ausgehen. Als er gerade die Gartentür öffnet, stürzt der Hund auf die Straße und bringt einen Radfahrer zu Fall, der sich schwere Kopfverletzungen zuzieht.

b) Trotz aller Vorsicht entflieht ein Löwe eines umherziehenden Zirkus aus dem gut gesicherten Käfig und richtet Schaden an.

4 Im Rahmen des Umwelthaftungsgesetzes spielt der Begriff »Verursachungsvermutung« eine Rolle. Erläutern Sie diesen Begriff anhand eines Beispiels.

5 Ein Hotelier wird von einem Feriengast schadenersatzpflichtig gemacht. Prüfen Sie die Rechtslage in folgenden Fällen:

a) Diebstahl einer wertvollen Lederjacke aus dem Hotelzimmer. Das Zimmer war nach der Tagesreinigung nicht mehr vom Personal abgeschlossen worden.

b) Beschädigung eines im Hotelhof abgestellten Pkw. Der Schaden war offensichtlich von einem anderen Gast, der aber nicht zu ermitteln ist, verursacht worden.

6 Herr Krause, Besitzer eines Einfamilienhauses, ist der Meinung, dass er auf eine Gewässerschaden- HV verzichten könne. Sein Öltank werde laufend durch die zuverlässige Lieferfirma überprüft, sodass er schuldlos wäre, wenn es im Zusammenhang mit dem Öltank zu einem Gewässerschaden käme.

Nehmen Sie zu dieser Ansicht Stellung.

2.3 Außervertragliche Haftung aus vermutetem Verschulden

2.3.1 Begriff und gesetzliche Grundlagen

a) Begriff des »vermuteten Verschuldens«

Grundsätzlich hat der Geschädigte alle Voraussetzungen seines Anspruchs – eben auch das Verschulden – zu beweisen. Aber gerade der subjektive Tatbestand des Verschuldens ist häufig nur schwer zu beweisen. Deshalb hat der Gesetzgeber in einer Reihe von Fällen, in denen es ihm richtiger erschien, dem Geschädigten die Durchsetzung seiner Ansprüche zu erleichtern bzw. die Haftung des Verantwortlichen zu verschärfen, die **Beweislast** anders verteilt. Durch entsprechende Formulierungen in diesen Vorschriften hat der Gesetzgeber bestimmt, dass es nicht Sache des Geschädigten ist, das Verschulden des Schädigers zu beweisen, sondern dass dieses Verschulden, wenn die übrigen Voraussetzungen eines Schadenersatzanspruchs vorliegen, bis zum Beweis des Gegenteils vermutet wird, d. h., der **Schädiger** selbst **muss** haftungsbefreiend beweisen, dass sein Verhalten **nicht schuldhaft** (sorgfaltswidrig) bzw. nicht ursächlich für den Schaden war.

b) Rechtsgrundlagen des vermuteten Verschuldens

Für die Haftpflichtversicherung bedeutsam sind die Vorschriften über die	
● Haftung des **Gebäudebesitzers** und des **Nutztierhalters** (Haftung für eigenes Handeln)	BGB § 836
● Haftung des **Aufsichtspflichtigen** (insbesondere der Eltern) und des **Geschäftsherrn** für seinen Verrichtungsgehilfen (Haftung für fremdes Handeln)	§§ 832, 831
● Haftung des Führers eines Kfz oder Anhängers	StVG § 18

2.3.2 Haftung des Gebäudebesitzers

Nach § 836 BGB haftet der Besitzer eines Bauwerkes für Personen- und Sachschäden, die durch Einsturz oder Ablösung von Bauteilen entstehen. Sein Verschulden wird vermutet, soweit der Geschädigte nachgewiesen hat, dass der Bau mangelhaft errichtet bzw. unterhalten wurde.

BGB §§ 836,837 § 838 BGH NJW 1977

Bauwerke i. S. dieser Vorschrift sind u. a. auch Baugerüste, Grabsteine, Zäune, Mauern.

In gleicher Weise haftpflichtig sind u. a. auch der frühere Gebäudebesitzer sowie der Gebäudeunterhaltungspflichtige (z. B. der Hausverwalter).

> **Beispiel:**
> Während eines Sturms löst sich ein Dachziegel eines Gebäudes und fällt auf den Pkw eines Nachbarn.

War hier das Dach des Hauses mangelhaft errichtet bzw. unterhalten worden, sodass es dem heftigen Sturm nicht standhielt, kann der Nachbar Ersatz des ursächlich an seinem Pkw entstandenen Schadens verlangen **(vermutetes Verschulden)**.

Kann jedoch der Hausbesitzer nachweisen, dass er regelmäßig oder z. B. kurz vor dem Schadenereignis das Dach durch einen zuverlässigen Fachmann überprüfen und ausbessern ließ und dass der Mangel dennoch unbemerkt blieb, tritt keine Ersatzpflicht ein **(Beweis des mangelnden Verschuldens)**.

LG Offenburg 2001

Gebäudeteile sind u. a. auch: Fensterläden, Dachziegel, Fernsehantennen; nicht dagegen Dachlawinen, von der Dachrinne abbrechende Eiszapfen bzw. herabstürzende Blumentöpfe. Es bleibt hier bei der allgemeinen Verschuldenshaftung wegen der Verletzung von Verkehrssicherungspflichten gemäß § 823 (1) BGB (vgl. A 2.1.7.2).

2.3.3 Haftung für Haustiere als Nutztiere

➤ Haftung für Nutztiere

Die Gefährdungshaftung des § 833 S. 1 BGB für Luxustiere wird abgemildert in eine Haftung für **vermutetes Verschulden**, wenn der Schaden durch ein Haustier verursacht wird, das dem Berufe, der Erwerbstätigkeit oder dem Unterhalte des Tierhalters zu dienen bestimmt ist.

BGB
§ 833 S. 2

Man spricht dann von so genannten Nutztieren.

Zu den Nutztieren gehören nach der Rechtsprechung u. a. das Zuchtvieh (Kühe, Schweine usw.), die Tiere des Viehhändlers und des gewerbsmäßigen Pferdezüchters, das Pferd des Jockeys, der Jagdhund des Försters (nicht des Privatjägers), der Blindenhund, der Wachhund, soweit letzterer nicht nur dem persönlichen Schutz bzw. der Bewachung eines Privathauses dient.

Gezähmte wilde Tiere, auch wenn sie dem Unterhalt des Tierhalters dienen, z. B. dressierte Affen, sind keine Haustiere, sondern Luxustiere i. S. des § 833 Satz 1 BGB.

Beispiel:

Das Pferd eines gewerblichen Züchters scheut aufgrund der Alarmsignale mehrerer Feuerwehrautos und überrennt einen Radfahrer. Es entsteht erheblicher Personen- und Sachschaden.

Da es sich hier um ein Haustier handelt, das gleichzeitig als Nutztier dient, haftet der Tierhalter nur nach dem vermutbaren Verschulden, d. h., er haftet, soweit er nicht nachweisen kann,

- dass er die im Verkehr erforderliche Sorgfalt beobachtet hat
  (vereinfacht ausgedrückt: Er haftet nicht, wenn er seine Aufsichtspflicht erfüllt hat.)

- oder dass der Schaden auch bei Anwendung dieser Sorgfalt entstanden wäre.

2.3.4 Vermutetes Verschulden des Haftpflichtigen für fremdes Handeln

	Zum Vergleich:
Haftung für fremdes Handeln	**Haftung für eigenes Handeln**
im Rahmen der **Deliktshaftung**	
• Haftung für **eigenes vermutbares Verschulden** – bei der Auswahl von Verrichtungsgehilfen (§ 831 BGB) – bei der Beaufsichtigung von Schutzbefohlenen (§ 832 BGB)	• Haftung für *eigene unerlaubte Handlung* (§ 823 BGB)
im Rahmen der **vertraglichen Haftung kraft Gesetzes** (vgl. A 3.1)	
• Haftung für **fremdes Verschulden**, und zwar das des **Erfüllungsgehilfen (§ 278 BGB)**	• Haftung für *eigenes schuldhaftes Handeln* (§ 276 BGB)

Grundsätzlich ist jeder nur für sein eigenes Handeln verantwortlich. Ausnahmsweise kommt jedoch auch eine Haftung für Schäden in Betracht, die von anderen Personen (fremdes Handeln) verursacht wurden.

Dabei wird vermutet, dass den Haftpflichtigen auch ein Verschulden trifft, sodass es zur Schädigung durch eine andere Person kommen konnte.

2.3.4.1 Haftung des Aufsichtspflichtigen für Minderjährige und sonstige Schutzbefohlene

Wer seine Aufsichtspflicht über einen Aufsichtsbedürftigen verletzt, haftet für den Schaden, den diese Person einem Dritten widerrechtlich zufügt.

BGB
§ 832

Aufsichtsbedürftig ist der Minderjährige sowie geistig oder körperlich Gebrechliche.

➤ Entstehung der Aufsichtspflicht

Die Aufsichtspflicht beruht auf

● **Gesetz:** Eltern, Betreuer, Lehrer, Ausbildender
Wenn Lehrer an öffentlichen Schulen ihre Aufsichtspflicht verletzen, haften sie aus Amtspflichtverletzung nach § 839 BGB (vgl. A 2.4).

   oder

● **Vertrag:** Kindermädchen, Internatsleiter usw.
Personen, die nur vorübergehend die Aufsicht für die Eltern ausüben, haften nicht nach § 832 BGB, wenn sie (z. B. die Großeltern) die Aufsicht nur aus Gefälligkeit übernehmen und der Wille zu einer vertragsrechtlichen Bindung fehlt. Allerdings kommt eine Haftung nach § 823 BGB infrage.

➤ Verletzung der Aufsichtspflicht

Die Eltern haften nicht in jedem Fall für ihre Kinder, wie oft fälschlicherweise angenommen wird. Aufsichtspflichtige haften nur für eigenes Verschulden. Ihr Verschulden wird aber in zweifacher Hinsicht vermutet:

● Es wurde der Aufsichtspflicht nicht genügt.

● Die ungenügende Aufsicht hatte den Schaden zur Folge.

> **Beispiel:**
> Der 6-jährige A und der 15-jährige B veranstalten mit ihren Fahrrädern auf einem öffentlichen Parkplatz Slalomfahrten. Bei einem Sturz des A wird ein geparkter Pkw beschädigt.

Kann sich der Aufsichtspflichtige von dem Schuldvorwurf nicht entlasten bzw. beweisen, dass der Schaden auch bei ordentlicher Aufsichtsführung entstanden wäre, so haftet er dem Geschädigten.

Unabhängig von einer Haftung des Aufsichtspflichtigen kann auch der deliktsfähige Minderjährige schadenersatzpflichtig sein. Ist dies der Fall, so haften die Eltern und der Minderjährige als Gesamtschuldner (vgl. A 2.5.2).

Die Rechtsprechung stellt strenge Anforderungen an die Aufsichtspflicht. Was jeweils an Aufsicht notwendig ist, hängt von den Umständen des konkreten Einzelfalls ab,

● insbesondere vom Alter, den Charaktereigenschaften (z. B. der Neigung des Minderjährigen zur Schädigung anderer, etwa durch üble Streiche), der geistigen Entwicklung und dem Bildungsgrad des Aufsichtsbedürftigen;

OLG
Oldenburg
1971

Eine Verletzung der Aufsichtspflicht liegt vor, wenn ein 4-jähriges Kind, das in einem geparkten Kfz an einer Bundesstraße allein zurückgelassen wird, später die Handbremse löst und dadurch einen Unfall verursacht.

● aber auch von der Art der Gefahr, wie das Benutzen von gefährlichem Spielzeug (z. B. Pfeil und Bogen) oder der Besitz gefährlicher Gegenstände (z. B. Streichhölzer).

BGH
VersR 66

Ein 12-Jähriger kaufte sich ohne Wissen der Eltern einen Wurfpfeil. Wochen später auf einem Spielplatz passierte es. Ein anderer Junge entriss dem 12-Jährigen den Wurfpfeil und traf dabei ein Mädchen so unglücklich, dass es ein Auge verlor. Haftpflichtig waren hier nicht die Eltern des Jungen, der geworfen hatte, sondern die Eltern des 12-Jährigen, denn sie hätten nicht dulden dürfen, dass ihr Junge mit derart gefährlichem Spielzeug umgeht. Eltern müssen eben einen groben Überblick darüber haben, was, womit und mit wem die Kinder spielen.

➤ Grenzen der Aufsichtspflicht

Der Umfang der Aufsichtspflicht hängt schließlich auch davon ab, was den Aufsichtspflichtigen in ihren jeweiligen Verhältnissen zugemutet werden kann.

LG
Osnabrück
1959

Von einer Mutter, die mit ihren beiden Kindern im Alter von zwei bzw. drei Jahren einkaufen geht, kann nicht verlangt werden, dass sie die Kinder ständig an der Hand hält. Es genügt, wenn die Kinder in ihrem Einwirkungsbereich sind.

Gerichtlich ist auch geklärt, dass Kinder im Alter von 8 Jahren unbeobachtet im Freien spielen dürfen, wenn sie entsprechend belehrt, gefährliche Spiele verboten und die Einhaltung des Verbotes auch immer wieder überprüft wurde. Je älter, je einsichtiger die Kinder sind bzw. je höher der Erziehungserfolg ist, desto geringer sind auch die Anforderungen an die Aufsichtspflicht.

»Aufsichtspflicht hat Grenzen«

FRANKFURT/MAIN (dpa). Die Aufsichtspflicht der Eltern über ihre Kinder hat Grenzen. Sie muss sich daran orientieren, »was den Eltern zugemutet werden kann«. Mit dieser Begründung hat das Amtsgericht Frankfurt eine Schadenersatzklage gegen einen Vater abgewiesen, dessen sechsjährige Tochter beim Radfahren ein parkendes Auto beschädigt hatte (Az.: 31 C 3755/99–13). Der Kläger wollte den Schaden von 1100 Euro voll ersetzt haben, weil der Vater angeblich seiner Aufsichtspflicht nicht nachgekommen war. Das Gericht dagegen entschied, der

Vater habe den vernünftigerweise zu stellenden Anforderungen genügt. Die Sechsjährige sei eine »sichere und vorsichtige Radfahrerin«, die schon oft allein mit dem Rad unterwegs gewesen sei, ohne jemals Schaden anzurichten. Gegen das Fahrzeug des Klägers sei das Mädchen versehentlich gefahren. Ein solcher Unfall sei für den Vater, der sich in der Nähe befand und das Kind gelegentlich beobachtete, nicht vorhersehbar gewesen, entschieden die Richter. Der Vater habe nicht gegen die Aufsichtspflicht verstoßen.

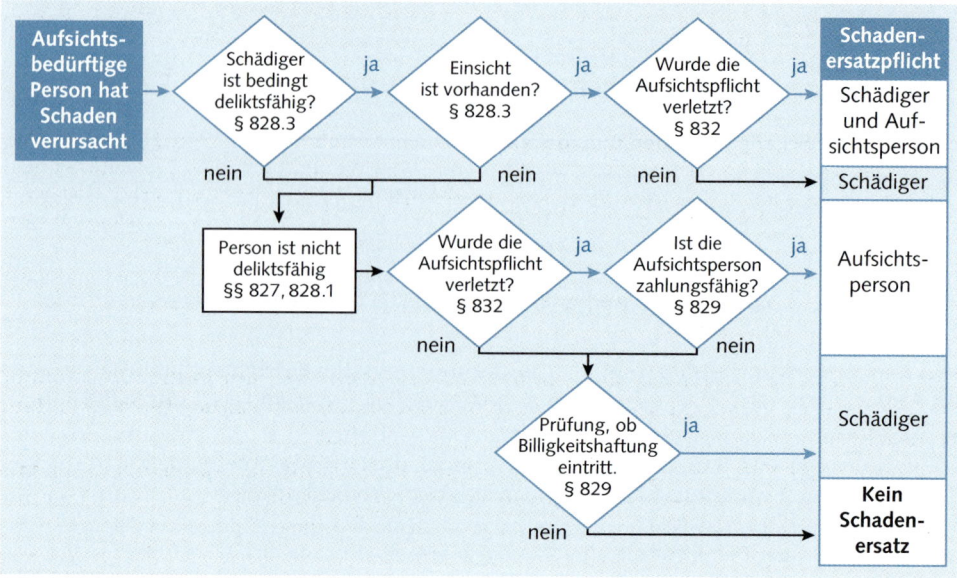

2.3.4.2 Haftung des Geschäftsherrn für den Verrichtungsgehilfen

Im Bereich der Deliktshaftung musste der Gesetzgeber auch bedenken, dass Hilfspersonen eingeschaltet werden und Dritte von diesen Hilfspersonen geschädigt werden können. Die entsprechende rechtliche Vorsorge hat er in § 831 BGB formuliert:

> »Wer einen anderen zu einer Verrichtung bestellt, ist zum Ersatze des Schadens verpflichtet, den der andere in Ausführung der Verrichtung einem Dritten widerrechtlich zufügt …«

BGB
§ 831

Beispiel:

Der selbstständige Dachdeckermeister D beauftragt seinen Gesellen G, das Dach des Hauseigentümers H auszubessern. Bei den Reparaturarbeiten rutscht dem Gesellen ein Stapel Dachziegel aus der Hand und fällt auf die Straße. Dort verursacht er den Sturz eines Radfahrers. Der Geselle hatte es unterlassen, den unmittelbar am Haus vorbeiführenden Bürgersteig zu sperren. Sein Chef, der Dachdeckermeister, hatte ihm zuvor auch keine näheren Arbeitsanweisungen erteilt. Im Übrigen war der Geselle erst vor einigen Tagen eingestellt worden, ohne dass D als Chef Zeugnisse verlangt oder Erkundigungen eingeholt hätte.

Der Dachdeckermeister D ist hier **Geschäftsherr** und sein Geselle G die zur Verrichtung bestellte Person **(Verrichtungsgehilfe)**. Der geschädigte Radfahrer ist der **Dritte**. Dieser Dritte kann den Dachdeckermeister D als Geschäftsherrn schadenersatzpflichtig machen, obwohl D im vorliegenden Fall keine vertraglichen Schutzpflichten dem Geschädigten gegenüber zu erfüllen hat. Als Geschäftsherr haftet D hier außervertraglich aus unerlaubter Handlung.

➤ **Voraussetzungen einer außervertraglichen Haftung für fremdes Handeln gemäß § 831 Abs. 1 Satz 1 BGB**

● Der Schädiger muss in einem Abhängigkeitsverhältnis (weisungsgebunden) zur Verrichtung bestellt worden sein.

　Das trifft grundsätzlich auf alle Arbeitnehmer im Rahmen ihres Arbeitsverhältnisses zu.

● Der Gehilfe muss eine unerlaubte Handlung i. S. von § 823 BGB begangen haben, d. h., ein geschütztes Rechtsgut muss widerrechtlich verletzt worden sein.

● Die unerlaubte Handlung muss »in Ausführung der Verrichtung« begangen worden sein.

　Wurde der Schaden dagegen nur »gelegentlich« der Ausführung der Verrichtung zugefügt, also ohne inneren Zusammenhang mit der übertragenen Verrichtung, so entfällt eine Haftung nach § 831 BGB. Entnimmt der Geselle z. B. Tannenzapfen aus der Dachrinne, um damit seinen Kollegen auf der Straße zu bewerfen, und verletzt er dabei einen Radfahrer, so haftet hier nur der Geselle aus § 823 BGB und nicht der Geschäftsherr aus § 831 BGB.

➤ **Ausschluss der außervertraglichen Haftung für fremdes Handeln (Entlastungsbeweis)**

Gemäß § 831 Abs. 1 Satz 2 BGB kann der Geschäftsherr die Verschuldensvermutung im Satz 1 dieser Vorschrift haftungsbefreiend widerlegen **(Entlastungsbeweis)**, indem er nachweist,

● dass er den Verrichtungsgehilfen sorgfältig ausgewählt und gegebenenfalls mit geeigneten Geräten versehen sowie ordnungsgemäß unterwiesen und laufend überwacht hat oder

- dass der Schaden auch bei Anwendung dieser im Verkehr erforderlichen Sorgfaltspflichten entstanden wäre.

Der Geschäftsherr haftet also nur für sein eigenes vermutetes Verschulden bei der Auswahl und Überwachung der Gehilfen, wenn er dieses Verschulden nicht widerlegen kann.

➤ Haftung des Verrichtungsgehilfen

Der Verrichtungsgehilfe (hier: der Geselle) ist für den von ihm angerichteten Schaden nach § 823 BGB ersatzpflichtig. Der Geschädigte könnte sich also statt an den Geschäftsherrn an den Verrichtungsgehilfen wenden (sog. **konkurrierende Ansprüche**).

Den Gesellen wird der Geschädigte in jedem Falle in Anspruch nehmen müssen, wenn der Geschäftsherr den Entlastungsbeweis führen und sich so von der Haftung befreien kann.

Lernkontrollen zu A 2.3

Gesetzliche Haftung aus vermutetem Verschulden

1   Erklären Sie die Haftpflicht aus »vermutetem Verschulden« und nennen Sie gesetzliche Bestimmungen, die eine solche Haftung vorsehen.

2   Bei den Frühjahrsstürmen dieses Jahres fällt ein Baugerüst der Firma X, das sich am Haus des Herrn M befindet, auf den nagelneuen Pkw des Herrn O, der als Mieter des Herrn M in dessen Haus wohnt. Das Auto wird dabei schwer beschädigt.

Wie ist die Rechtslage?

3   Änderung des Sachverhalts: Während des Winters wird das Auto des Herrn O durch eine Dachlawine, die sich vom Haus des Herrn M gelöst hat, beschädigt.

4   Durch die von Frau Burgener nicht ordnungsgemäß angebrachten Blumenkästen am Balkon ihrer Mietwohnung wurde bekanntlich das Auto des Herrn Zurbriggen beschädigt (vgl. Lernkontrollen zu Abschn. A 2.1, Aufgabe 2).

Da Frau Burgener keine Haftpflichtversicherung hat und sie als Rentnerin mit geringer Rente den Schaden auch vermutlich nicht bezahlen kann, wendet sich Herr Zurbriggen an den Vermieter des Hauses mit der Begründung, er hafte für Schäden durch Teile, die sich von seinem Gebäude lösen.

Prüfen Sie, ob der Vermieter als Eigentümer des Hauses schadenersatzpflichtig ist unter der Voraussetzung,

  a) dass er die Anbringung der Blumenkästen durch Frau Burgener gestattet hat,

  b) dass er von der Anbringung der Blumenkästen nichts wusste.

  c) Fallvariation: Wie würden Sie die Haftungsfrage beurteilen, wenn der Schaden dadurch entstanden ist, dass das Balkongeländer unter der nicht außergewöhnlichen Last der Blumenkästen abbrechen und dadurch ein Blumenkasten herunterfallen konnte?

5   Entscheiden Sie jeweils die Frage der Haftung in den folgenden Fällen:

  a) Bauer Arnold treibt seine Kühe von der Weide in den Stall. Dabei beschädigt die Herde ein Auto.

  b) Das Gehöft des Bauern Arnold wird vom Schäferhund Barko bewacht, der an seine Hundehütte im Innenhof angekettet ist. Als ein Staubsaugervertreter das Gehöft betritt und dabei zu nahe an der Hundehütte vorbeigeht, stürzt Barko heraus und beißt ihn ins Bein.

c) Die Tochter des Bauern Arnold hat zum Geburtstag einen verspielten Pudel bekommen. Bei der Postzustellung springt der Pudel den Briefträger von hinten an. Dieser weiß noch nichts von dem Pudel und glaubt deshalb, Barko sei los. Fluchtartig läuft er zu seinem Postauto und stolpert dabei so unglücklich, dass er sich ein Fußgelenk bricht.

6 In den Lernkontrollen zu Abschnitt A 2.1 (Aufgaben 5 a–c, Aufgabe 6) wurden Schäden durch Kinder beschrieben. Prüfen Sie zu diesen Fällen, ob die Eltern der jeweiligen Kinder haftbar gemacht werden können.

7 Der 6-jährige Gerrit spielt auf dem Kinderspielplatz eines Ausflugsrestaurants, während seine Eltern auf der Sonnenterrasse sitzen und ein angeregtes Gespräch mit den Tischnachbarn führen. Gleichwohl behält die Mutter von Gerrit ihr Kind im Auge.

Gerrits Aufmerksamkeit wird auf das Messer eines 10-jährigen Jungen gelenkt, der neben dem Spielplatz Messerwürfe auf einen Baumstamm durchführt. Das will Gerrit auch einmal versuchen und rennt plötzlich auf das zum wiederholten Male geworfene Messer zu und zieht es aus der Baumrinde. Als er bemerkt, dass der 10-Jährige auf ihn zueilt, um es ihm abzunehmen, wirft er es wahllos fort. Das Messer prallt auf die Motorhaube einer geparkten Luxuslimousine und verursacht einen beträchtlichen Lackschaden. Die inzwischen herbeigeeilte Mutter konnte den Schaden nicht verhindern.

Prüfen Sie, ob der Eigentümer der Luxuslimousine

a) den 6-jährigen Gerrit,

b) die Eltern von Gerrit,

c) den 10-jährigen Jungen, der ohne seine Eltern unterwegs ist,

d) die Eltern des 10-jährigen Jungen

haftbar machen kann.

8 Was versteht man unter der Exkulpationsmöglichkeit des Geschäftsherrn und unter welcher Voraussetzung kann von dieser Möglichkeit Gebrauch gemacht werden?

9 Schreinermeister Holz hat vor wenigen Tagen mit dem Gesellen Span einen Arbeitsvertrag abgeschlossen. Span hatte zuvor eine Schreinerlehre in einer anderen Schreinerei absolviert. Im Lehrabschlusszeugnis seines Lehrherrn ist vermerkt, dass Span handwerklich sehr geschickt ist und tadellose Gewerke erstellt. Sein Arbeitsplatz und sein Arbeitsumfeld seien jedoch häufig ungeordnet vorgefunden worden, was auch den Unfallverhütungsvorschriften zuwiderlaufe. Hier solle er sich in Zukunft mehr Selbstdisziplin auferlegen.

Am Montagmorgen seiner zweiten Arbeitswoche als Geselle wird Span von Meister Holz zu einer Baustelle geschickt. Er soll dort Dachlatten als Unterkonstruktion für den Einbau von Holzdecken anbringen. Holz ermahnt den Gesellen, auf der Baustelle entsprechende Ordnung zu halten und seinen Arbeitsbereich wegen anderer dort tätiger Handwerker abzusichern, was Span auch verspricht.

Auf der Baustelle beginnt Span mit dem Ablängen der Dachlatten und diese stapeln sich bald kreuz und quer. Eine der Dachlatten rutscht dabei von dem enstandenen Haufen genau in dem Moment in den Eingangsbereich, als der Installateurmeister Rohr ein besonders teures Porzellanwaschbecken hereinträgt. Rohr stolpert über die Dachlatte, wobei ihm das Porzellanwaschbecken aus der Hand rutscht und auf dem Boden zerschellt.

a) Prüfen Sie, nach welcher Rechtsgrundlage Installateurmeister Rohr den Gesellen Span in Anspruch nehmen kann. Gehen Sie dabei auch auf alle Voraussetzungen der Haftungsbestimmung ein.

b) Auf welche Rechtsgrundlage müsste sich der Installateurmeister stützen, wenn er den Schreinermeister Holz in Anspruch nehmen wollte? Prüfen Sie auch die Erfolgsaussichten, wenn er sich auf diese Rechtsgrundlage beruft wird.

2.4 Amtshaftung

Bei fehlerhaftem Handeln staatlicher Organe bzw. Bediensteter ist zu klären, ob der Staat, der Bedienstete oder beide haften.

BGB
§ 839

In § 839 BGB ist die Amtshaftung als unerlaubte Handlung geregelt.

- Bei schuldhafter Amtspflichtverletzung haftet der Beamte einem Dritten gegenüber, wenn mit der Amtspflicht auch dessen Interessen wahrzunehmen waren.
- Hat der Beamte nicht vorsätzlich, sondern nur fahrlässig gehandelt, so haftet er **subsidiär**, also nur dann, wenn der Geschädigte nicht in anderer Weise Ersatz erlangen kann (z.B. von einer Privat- oder Sozialversicherung).

2.4.1 Staatshaftung

GG
Art.34

§ 839 BGB muss im Zusammenhang mit Artikel 34 GG gesehen werden. Handelt es sich nämlich um eine **hoheitliche Tätigkeit** des Beamten, z.B. die Tätigkeit eines Lehrers, so haftet nach dieser Grundgesetzvorschrift der Staat allein.

> **Beispiel:**
> Ein Chemielehrer verletzt einen Schüler bei einem Experiment.

Bei Vorsatz und grober Fahrlässigkeit ist der Dienstherr zum Rückgriff berechtigt.

Die Staatshaftung greift auch ein, wenn der Angestellte im öffentlichen Dienst hoheitliche Tätigkeiten wahrnimmt und dabei Pflichtverletzungen begeht.

Die Staatshaftung entfällt allerdings, wenn der Beamte (Angestellte), wie oben schon ausgeführt, nur subsidiär haftet oder der Geschädigte es schuldhaft unterlässt, den Schaden – z.B. einen Vermögensschaden infolge einer nicht erteilten Baugenehmigung – durch Einlegung eines Rechtsmittels abzuwenden.

2.4.2 Beamtenhaftung

BGB
§ 839

Hat der Beamte i.S. des Beamtenrechts »nicht öffentlich-rechtlich« sondern privatrechtlich für seinen Dienstherrn gehandelt (sog. **fiskalische** Tätigkeit), z.B. bei Vermietung eines gemeindeeigenen Hauses, und dabei eine unerlaubte Handlung begangen, z.B. eine Sorgfaltspflichtverletzung, so haftet er jetzt auch persönlich nach § 839 BGB.

In gleicher Weise wie der private Geschäftsherr haftet daneben auch der öffentliche Dienstherr. Wegen der Entlastungsmöglichkeit bei der Geschäftsherrenhaftung hat die Rechtsprechung die Erfüllung von Verkehrssicherungspflichten auf öffentlichen Straßen, Plätzen und in öffentlichen Gebäuden, also Tätigkeiten, die genauso von Privatpersonen vorgenommen werden könnten, trotz ihres »fiskalischen Charakters« immer wieder den Staatshaftungsfällen (§ 34 GG) zugeordnet.

Lernkontrollen zu A 2.4

Amtshaftung

1 Unterscheiden Sie hoheitliche und fiskalische Tätigkeit eines Beamten.

2 Im Sportunterricht steht Bockspringen an. Mit jedem Durchgang wird die Höhe gesteigert. Mit Spannung erwarten die Mitschüler den nächsten Sprung der pummeligen 14-jährigen Daniela, zumal der Lehrer darauf besteht, dass jeder mindestens einen Sprungversuch über

die jeweils neue Höhe wagt. Am Sprungbock stehen Mitschüler, die ggf. Hilfestellung leisten sollen. Bei ihrem Sprung über die neue Höhe bleibt Daniela am Bock hängen und fällt dann rückwärts auf den Hinterkopf. Die zur Hilfestellung eingeteilten Schüler konnten das Gewicht von Daniela beim Fall nicht halten. Mit einer Gehirnerschütterung muss sie in ein Krankenhaus eingeliefert werden.

Prüfen Sie, wer für den Schaden haftbar gemacht werden kann.

2.5 Gemeinsame Haftung

2.5.1 Gemeinschaftlich begangene unerlaubte Handlung

a) Mittäterhaftung

Nach § 830 BGB wird jeder Mittäter für den vollen Schaden haftbar gemacht, wenn die unerlaubte Handlung gemeinschaftlich (d. h. im bewussten und gewollten Zusammenwirken) begangen wurde. Dabei kommt es nicht darauf an, in welchem Ausmaß der einzelne Mittäter zum Schaden beigetragen hat.

BGB
§ 830 (1)
S. 1

Anstifter und Gehilfe werden einem Mittäter gleichgestellt.

§ 830 (2)

> **Beispiel:**
>
> A, B und C verabreden sich, um mit Z abzurechnen. C steht »Schmiere«, während A den Z festhält und B ihm schwere Körperverletzungen zufügt.
>
> A, B und C haben vollen Schadenersatz zu leisten.

b) Beteiligtenhaftung

Häufig haben mehrere Personen unabhängig voneinander, aber innerhalb eines örtlichen und zeitlichen Zusammenhangs, rechtswidrig und schuldhaft bei gefährlichen Handlungen mitgewirkt. Führt dies zu einer Schädigung, so haftet nach § 830 BGB jeder der Beteiligten ebenfalls für den ganzen Schaden, falls nicht zu ermitteln ist, wer von ihnen den Schaden durch seine Handlung verursacht hat. Die Unaufklärbarkeit des Geschehens soll also nicht zulasten des Geschädigten gehen.

§ 830 (1)
S. 2

> **Beispiel:**
>
> Ein Passant wird durch eine Rakete verletzt, abgefeuert aus einer Gruppe von Personen, die sämtlich Feuerwerkskörper abgebrannt haben. Der Schadenverursacher kann nicht ermittelt werden.

Jeder der am Feuerwerk Beteiligten haftet auf vollen Schadenersatz. Der geschädigte Passant muss lediglich nachweisen, dass der in Anspruch Genommene an der gefährlichen Handlung beteiligt war. Die Ursächlichkeit für den Schaden wird dann vermutet. War allerdings der Geschädigte nicht als Passant, sondern als Beteiligter beim Abbrennen von Feuerwerk verletzt worden, so könnte er den Schaden möglicherweise selbst verursacht haben; dann greift aber auch die Beweiserleichterung nach § 830 BGB nicht ein.

Die Haftung aus § 830 BGB entfällt für den Beteiligten, wenn er nachweisen kann, dass sein Handeln für den entstandenen Schaden nicht ursächlich war, da er im Schadenzeitpunkt keine Feuerwerkskörper mehr besaß.

2.5.2 Gesamtschuldnerische Haftung

a) Gesamtschuldnerische Haftung im Deliktsrecht

BGB
§§ 840,
421 ff.

Sind dem Geschädigten mehrere Personen aus Deliktshaftung ersatzpflichtig, so haften diese als **Gesamtschuldner**. Das kann nicht nur für die Mittäter- und Beteiligtenhaftung, sondern auch in den folgenden Fällen gegeben sein:

● Der Verantwortliche haftet für fremdes Handeln.

So kann der Geschäftsherr neben dem Gehilfen gesamtschuldnerisch für den angerichteten Schaden haften. Der Beaufsichtigte kann neben dem Aufsichtspflichtigen haften.

● Neben der Verschuldenshaftung kommt auch eine Gefährdungshaftung in Betracht.

Der Kfz-Fahrer kann neben dem Halter, der Tierhüter kann neben dem Tierhalter haften.

➤ **Rechtsverhältnis zwischen den Gesamtschuldnern und dem Geschädigten (Außenverhältnis)**

Haften mehrere als Gesamtschuldner, so ist jeder zum Ersatz des gesamten Schadens verpflichtet. Der Geschädigte kann also, völlig nach seinem Belieben, die Leistung von dem einen oder anderen verlangen, und zwar ganz oder zum Teil.

Bis zur völligen Schuldentilgung bleiben sämtliche Schuldner zur Zahlung verpflichtet. Insgesamt kann der Geschädigte natürlich nur einmal seinen gesamten Schaden ersetzt bekommen.

➤ **Rechtsverhältnis der Gesamtschuldner untereinander (Innenverhältnis)**

§ 426 (2)

Die Gesamtschuldner sind nach § 426 BGB (Allgemeines Schuldrecht) im Verhältnis zueinander zu gleichen Anteilen verpflichtet, soweit nicht eine spezielle gesetzliche oder eine vertragliche Regelung etwas anderes bestimmt.

Ersetzt einer der Gesamtschuldner den gesamten Schaden, so geht die Forderung des Geschädigten (Gläubiger) gegen die übrigen Schuldner auf ihn über, d. h., er kann von den anderen einen entsprechenden Ausgleich verlangen (**Ausgleichspflicht** der Gesamtschuldner **im Innenverhältnis**).

b) Gesamtschuldnerische Haftung im Vertragsrecht

Siehe hierzu Abschnitt A 3.4.

Lernkontrollen zu A 2.5

Gemeinsame Haftung

1 Unterscheiden Sie die Mittäterhaftung von der Beteiligtenhaftung.

2 A und B und C machen eine Schneeballschlacht. Im Rahmen des Kampfgeschehens trifft ein Schneeball, in den ein Stein geraten ist, den Passanten G (= Geschädigter) so unglücklich am Kopf, dass dieser ins Krankenhaus muss (schwere Gehirnerschütterung); gleichzeitig zerbricht die Brille des G. Leider kann nicht festgestellt werden, wer den unglücklichen Schneeball geworfen hat.

a) Prüfen Sie die Haftungsfrage (Anspruchsgrundlagen nennen und tatbestandsmäßig prüfen).

b) Der Geschädigte hat einen konkreten Schaden in Höhe von 2 400,00 € nachgewiesen.
   – Kann er diese Summe allein von B verlangen?
   – Nehmen Sie an, B hätte die 2 400,00 € dem G erstattet. Kann er jetzt A und C in Regress nehmen? Wenn ja, mit welchem Betrag?

3   Vertragshaftung (Schadenersatz aus Vertragsverletzungen)

Vorbemerkung:

Personen, die zueinander in einem Vertragsverhältnis stehen (z. B. Kauf-, Miet-, Dienst-, Werkvertrag), schulden sich

BGB
§§ 433 ff.,
535 ff.,
611 ff.,
631 ff.
§ 241 (2)

- nicht nur die eigentliche Vertragsleistung **(Hauptpflicht)**, z. B. die Übereignung einer Sache (Kaufvertrag),
- sondern auch gegenseitige Rücksichtnahme und Vermeidung jeglicher Schädigung bei der Vertragserfüllung **(Nebenpflichten).**

So muss z. B. der Verkäufer einer komplizierten Maschine den Käufer sachgemäß einweisen, damit dieser nicht durch Bedienungsfehler einen Materialausfall erleidet (»Aufklärungspflicht«).

Soweit sich der Schuldner für die Erfüllung der vertraglichen Verpflichtungen eines Gehilfen bedient, kann auch eine Haftung für das Handeln dieser Person infrage kommen (vgl. A 2.3.4.2 und A 3.1.2).

3.1   Vertragliche Haftung kraft Gesetzes

3.1.1 Haftung für eigenes Verschulden

Die Verantwortlichkeit des Schuldners ist generell in § 276 BGB geregelt. Danach hat der Schuldner Vorsatz und Fahrlässigkeit zu vertreten, wenn eine strengere oder mildere Haftung weder bestimmt noch aus dem sonstigen Inhalt des Schuldverhältnisses zu entnehmen ist.

§ 276

3.1.1.1 Verschulden bei Vertragsanbahnung

Schon die bloße Aufnahme von geschäftlichem Kontakt – z. B. das Betreten des Ladengeschäfts – begründet ein vertragsähnliches Vertrauensverhältnis. Jeder Teil hat im Rahmen dieses **vorvertraglichen Schuldverhältnisses** darauf zu achten, dass dem anderen nicht schuldhaft ein Schaden – z. B. durch Glätte des Fußbodens im Ladengeschäft – entsteht. Die hier zu beachtenden besonderen Fürsorge-, Aufklärungs- und Schutzpflichten treffen den potenziellen Vertragspartner unabhängig davon, ob es später zum Vertragsabschluss kommt oder nicht (Verschulden bei Vertragsanbahnung, sog. **culpa in contrahendo = c. i. c.**)

§ 311 (2)
i. V. m.
§ 241 (2)

3.1.1.2 Mangelhafte Vertragserfüllung (Mangelfolgeschäden)

> **Beispiel: Vermieterhaftung**
>
> Trotz der Reklamation des Mieters, ein schadhaftes Dach auszubessern, unternimmt der Vermieter nichts. Bei einem Gewittersturm dringen größere Wassermengen in die Wohnung und beschädigen die Wohnungseinrichtung des Mieters **(Sachschaden).**

Der Schadenersatzanspruch des Mieters gegen den Vermieter ist für diesen Fall ausdrücklich im BGB geregelt. Über die zu gewährende Mietminderung hinaus haftet hier der Vermieter auch für die Folgeschäden des schadhaften Daches (Beschädigung der Wohnungseinrichtung).

§§ 536,
536 a

Weitere wichtige Beispiele sind die **Haftung für Mangelfolgeschäden** aus Werkvertrag bzw. Kaufvertrag und die **Haftung für den Erfüllungsgehilfen** (vgl. A 3.1.2).

§ 634 Nr. 4
§ 437 Nr. 3

3.1.1.3 Positive Vertragsverletzung

BGB
§ 241 (2)
i. V. m.
§ 280 (1)

Für den Fall der **Schlechterfüllung** eines Vertrages sieht das BGB aber häufig – anders als im o. a. Beispiel zur Vermieterhaftung – keinen speziellen Ersatzanspruch für die Mangelfolgeschäden vor. Deshalb haftet hier der Vertragspartner aus **positiver Vertragsverletzung** (PVV). Dieser zentrale Haftungstatbestand der »Pflichtverletzung« setzt aber immer ein – wenn auch vermutbares – Verschulden des Vertragspartners voraus **(Verschuldenshaftung)**.

Beispiel: Schadenersatz wegen »positiver Vertragsverletzung«

A erteilt dem Rechtanwalt B das Mandat, für ihn eine Zahlungsforderung gegen C einzuklagen. Aus Nachlässigkeit verlegt B die Schuldurkunde, die ihm A zu treuen Händen übergeben hatte. Weil dieses wichtige Beweisstück fehlt, wird die Zahlungsklage gegen C abgewiesen **(Vermögensschaden)**.

---

§ 280 (1)
S. 2

Kann im vorliegenden Fall der Rechtsanwalt nicht selbst haftungsbefreiend beweisen, dass sein Verhalten nicht schuldhaft (sorgfaltswidrig) war, ist er schadenersatzpflichtig.

Die **positive Vertragsverletzung** ist hauptsächlich auf folgende Fallgruppen anwendbar, ohne dass dies bei Vertragsabschluss ausdrücklich erwähnt werden muss:

- Verletzung vertraglicher Schutz- und Aufklärungspflichten **(Nebenpflichten)**,
- Ersatz von »Mangelfolgeschäden« bei **Schlechterfüllung der Hauptpflicht**.

3.1.2   Haftung für den Erfüllungsgehilfen (vertragliche Haftung kraft Gesetzes für fremdes Handeln)

3.1.2.1 Grundlagen der Haftung

§§ 278, 276

Wer eine vertragliche Leistung schuldet, wird diese als Unternehmer i. d. R. nicht persönlich erbringen. Der Unternehmer bedient sich dabei vielmehr anderer Personen, so genannter Erfüllungsgehilfen. Das sind vor allem seine Mitarbeiter als Arbeitnehmer. Es kann sich aber auch um Personen handeln, die in keinem Abhängigkeitsverhältnis zu ihm stehen (z. B. Spediteure, Architekten bzw. Subunternehmer). Fügt einer dieser Mitarbeiter dem Vertragspartner des Unternehmers im Rahmen der Vertragserfüllung schuldhaft einen Schaden zu, so haftet der Unternehmer als Vertragsschuldner für seinen Erfüllungsgehilfen genau so, als hätte er selbst den Schaden verursacht.

Beispiel:

Der selbstständige Dachdeckermeister D wird vom Hauseigentümer H gebeten, das Dach auszubessern (Werklieferungsvertrag). Beauftragt jetzt D seinen Gesellen G, die versprochene Werkvertragsleistung zu erbringen, so handelt G als Erfüllungsgehilfe. Infolge Unachtsamkeit rutscht dem Gesellen G ein Stapel Dachziegel auf die Dachverglasung der Terrasse.

---

§ 241 (2)
§ 280 (1)

Der Hauseigentümer H kann den Dachdeckermeister D wegen Verletzung vertraglicher Schutzpflichten in Verbindung mit § 278 BGB in Anspruch nehmen.

▶ **Voraussetzungen einer Haftung für fremdes Handeln nach § 278 BGB**

- Bestehen eines Vertragsverhältnisses zwischen dem Geschädigten und dem Anspruchsgegner.

Das Gleiche gilt für ein »Verschulden bei Vertragsanbahnungen (c. i. c.)«. Eine solche Vertragsanbahnung liegt z. B. vor, wenn der Geselle des Dachdeckermeisters den Hauseigentümer aufsucht, um das zu reparierende Dach wegen eines Kostenvoranschlages zu besichtigen. Anlässlich der Besichtigung zerstört er eine Dachfensterscheibe.

BGB
§ 311 (2)

● Dieser Vertrag muss verletzt worden sein.

Für die Haftpflichtversicherung von Bedeutung ist hier die Verletzung von Nebenpflichten, die zu einer Schädigung des Vertragspartners führen, sodass ein Anspruch aus positiver Vertragsverletzung (PVV) besteht.

§ 280 (1)

● Die Vertragsverletzung beruht auf einem (vermuteten) Verschulden des Erfüllungsgehilfen.

● Die schädigende Handlung muss in Erfüllung vertraglicher Pflichten erfolgt sein.

Für den Dachdecker besteht daher keine Haftung, wenn der Gehilfe eine »bei Gelegenheit der Vertragserfüllung« selbstständig verübte, unerlaubte Handlung begeht; z. B. in der Mittagspause im Garten des Hauseigentümers aus Unachtsamkeit einen Gartentisch beschädigt. Hier haftet nur der Gehilfe aus unerlaubter Handlung.

➤ Persönliche Haftung des Erfüllungsgehilfen

Der Erfüllungsgehilfe (hier: der Geselle) ist für den von ihm angerichteten Schaden nach § 823 BGB ersatzpflichtig. Der Geschädigte könnte sich also statt an den Vertragspartner auch an den Erfüllungsgehilfen wenden (sog. **konkurrierende Ansprüche**).

3.1.2.2 Haftung für den Erfüllungsgehilfen nach § 278 BGB und den Verrichtungsgehilfen nach § 831 BGB im Vergleich

> **Beispiel:**
>
> Zwischen dem Dachdeckermeister D und dem Hauseigentümer H wurde bekanntlich ein Werklieferungsvertrag geschlossen, wonach das Dach des Hauseigentümers H zu reparieren war (vgl. Beispiele in A 2.3.4.2 und A 3.1.2.1).
>
> D beauftragte daraufhin seinen Gesellen, der im Beispiel zu A 2.3.4.2 als sog. Verrichtungsgehilfe einen unbeteiligten Dritten (den Radfahrer) und im Beispiel zu A 3.1.2.1 als Erfüllungsgehilfe den Hauseigentümer (Vertragspartner) schädigte.

Erläuterungen zum Schaubild auf der nächsten Seite:

① Zwischen dem Dachdeckermeister D (Vertragspartner) und dem Hauseigentümer H (Vertragspartner) besteht ein Werklieferungsvertrag.

② D beauftragt mit der Ausführung der Reparaturarbeiten seinen Gesellen G, der weisungsgebunden ist (Abhängigkeitsverhältnis).

③a G schädigt bei der Vertragserfüllung als Erfüllungsgehilfe den Hauseigentümer H.

③b Der Hauseigentümer H kann den Dachdeckermeister D aus Vertragsverletzung in Anspruch nehmen, da er für seinen Erfüllungsgehilfen haftet.

④a G schädigt bei Ausführung der Verrichtung als Verrichtungsgehilfe einen Unbeteiligten (Dritten). G gilt als Verrichtungsgehilfe, da keine vertragliche Beziehung zum Dritten besteht.

④b Der Dritte (Radfahrer) kann den Geschäftsherrn D nach den Bestimmungen über die Haftung für den Verrichtungsgehilfen in Anspruch nehmen. D kann sich jedoch ggf. entlasten.

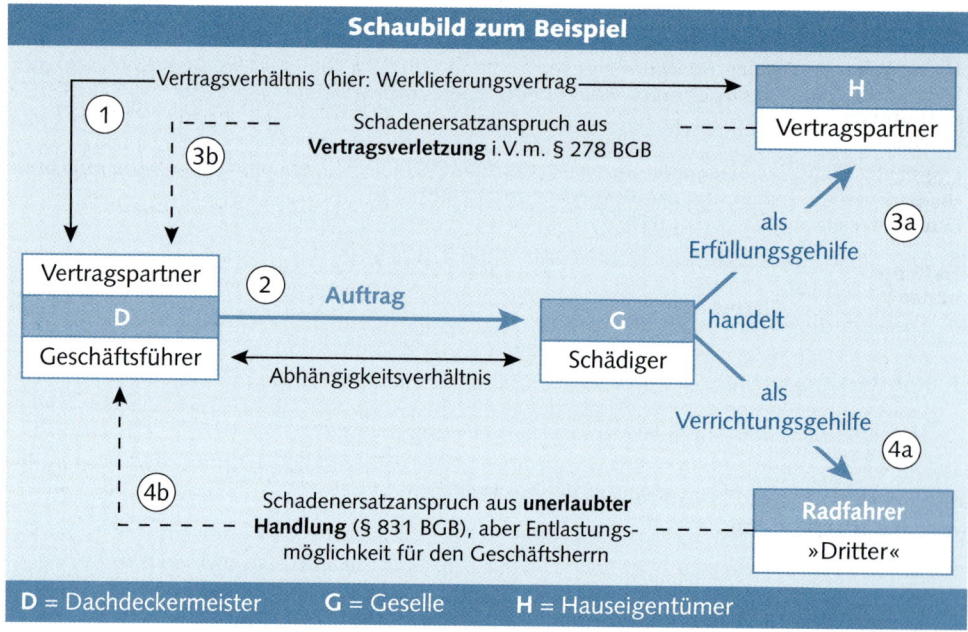

Schaubild zum Beispiel

Vertragsverhältnis (hier: Werklieferungsvertrag

H
Vertragspartner

① 3b

Schadenersatzanspruch aus **Vertragsverletzung** i.V.m. § 278 BGB

als Erfüllungsgehilfe 3a

Vertragspartner
D
Geschäftsführer

② **Auftrag**

G
Schädiger

handelt

Abhängigkeitsverhältnis

als Verrichtungsgehilfe 4a

4b

Schadenersatzanspruch aus **unerlaubter Handlung** (§ 831 BGB), aber Entlastungsmöglichkeit für den Geschäftsherrn

Radfahrer
»Dritter«

D = Dachdeckermeister   **G** = Geselle   **H** = Hauseigentümer

Es bleibt anzumerken, dass der geschädigte H auch das Recht hat, den Geschäftsherrn aus der **Verrichtungsgehilfenhaftung** nach § 831 BGB in Anspruch zu nehmen (**konkurrierender Anspruch** zur Haftung für den Erfüllungsgehilfen nach § 278 BGB).

Der große Vorteil einer Vertragsklage in Verbindung mit § 278 BGB ist darin zu sehen, dass der Geschäftsherr keinen Entlastungsbeweis führen kann; er haftet nun einmal für fremdes Verschulden, unabhängig von einem eigenen Verschulden.

Ferner könnten der geschädigte H und der geschädigte Radfahrer den Gesellen G auch unmittelbar aus der **reinen Verschuldenshaftung** in Anspruch nehmen (**konkurrierender Anspruch**).

Abgrenzung	Erfüllungsgehilfe § 278 BGB	Verrichtungsgehilfe § 831 BGB
Anwendungs-bereich	**Ein Vertragsverhältnis zwischen dem Geschädigten und dem haftpflichtigen Anspruchgegner**	
	ist erforderlich, und der Vertrag ist durch Gehilfen verletzt worden.	nicht erforderlich (Haftung aus unerlaubter Handlung/Deliktshaftung).
	Anspruchskonkurrenz, soweit die »unerlaubte Handlung« gleichzeitig eine Vertragsverletzung ist.	
	Die schädigende Handlung des Gehilfen muss	
	bei Erfüllung vertraglicher Pflichten oder bei »Vertragsanbahnung« erfolgt sein.	in »Ausführung der Verrichtung« widerrechtlich erfolgt sein.
Haftungs-grundlage	**Haftung für fremdes Handeln**	
	und sogar für fremdes Verschulden, nämlich das des Gehilfen, weil er sich dessen zur Vertragserfüllung bedient hat.	aber eigenes Verschulden bei der Auswahl und Überwachung des Gehilfen. § 831 BGB ist im Gegensatz zu § 278 BGB eine selbstständige Anspruchsgrundlage.

Abgrenzung	Erfüllungsgehilfe § 278 BGB	Verrichtungsgehilfe § 831 BGB
Haftungsbe-freiung durch Entlastungs-beweis	Keine Entlastungsmöglichkeit, da eigenes Verschulden unerheblich.	Das eigene Verschulden des Geschäftsherrn wird zwar vermutet, er kann dies aber u. U. widerlegen.
Gehilfe (Begriff) des Schädigers	Ein weisungsgebundenes Abhängigkeitsverhältnis zum haftpflichtigen	
	Vertragsschuldner ist nicht erforderlich (z. B. Subunternehmer).	Geschäftsherrn ist erforderlich (Arbeitnehmer).
Haftungs-umfang	Bei reinen Vermögensschäden	
	Haftung	keine Haftung

3.1.3 Haftungserleichterungen im Rahmen »vertraglicher Haftung kraft Gesetzes«

Der Schenker und Verleiher haftet z. B. nicht für leichte Fahrlässigkeit, der unentgeltliche Verwahrer nur für das Maß an Sorgfalt, das er in eigener Angelegenheit anzuwenden pflegt (individuelle Fahrlässigkeit).

BGB
§§ 521, 599, 690, 277

3.2 Durch Vertrag übernommene gesetzliche Haftpflicht

Hier wälzt der eigentlich Verantwortliche die gesetzliche Haftpflicht auf einen Dritten ab. Überträgt z. B. ein Hauseigentümer die Streupflicht auf ein Straßenreinigungsunternehmen, dann ist letztlich das Unternehmen haftbar, wenn ein Schaden eintritt.

Natürlich wird sich der Geschädigte in der Regel direkt an den Hauseigentümer wenden, dieser wird dann aber auf den Dritten, das Reinigungsunternehmen, zurückgreifen.

3.3 Rein vertragliche Haftpflicht

3.3.1 Klauseln über verschärfte Haftung

Hier wird durch Vertrag eine Haftung übernommen, die **über die gesetzliche Haftpflicht hinausgeht**. So kann in einem Werkvertrag mit einem Tiefbauunternehmer ausdrücklich vereinbart worden sein, dass dieser dem Auftraggeber und jedem Dritten gegenüber für alle Schäden – im Zusammenhang mit den Straßenbauarbeiten – **ohne Rücksicht auf die Verschuldensfrage** zu haften hat.

Vertragsverletzungen führen häufig zu »reinen Vermögensschäden« (vgl. A 4.2.3), die sich aber im Einzelnen oft nur schwer nachweisen lassen. Auch aus diesem Grund bestehen marktstarke Vertragsgläubiger immer wieder darauf, dass vor Vertragsabschluss eine **Vertragsstrafe** vereinbart wird, die zugleich den Schadenersatzanspruch von vornherein pauschalieren soll. Die Vertragsstrafe ist verwirkt, d. h. zu zahlen,

- wenn der Schuldner in Verzug kommt (z. B. der Sänger tritt im Konzert nicht auf) bzw.
- wenn die geschuldete Leistung in einem Unterlassen besteht, sobald der Schuldner eine Zuwiderhandlung begeht (z. B. der deutsche Lizenznehmer eines französischen Textilherstellers exportiert vertragswidrig in den nordamerikanischen Wirtschaftsraum).

BGB
§ 276 (2)

3.3.2 Haftungsausschluss aufgrund ausdrücklicher Freizeichnung im Vertrag

Häufig werden durch Vertragsklauseln vertragliche und außervertragliche Schadenersatzansprüche ausgeschlossen.

§§ 276 (3),
278

- Allerdings kann niemand seine Haftung für eigenes vorsätzliches Handeln ausschließen, wohl aber für vorsätzliches Handeln seiner Gehilfen.

§ 309 Nr. 7

- Zum Schutz des Endverbrauchers setzt hier das BGB aber noch engere Grenzen für die »Allgemeinen Geschäftsbedingungen« (AGB). Danach kann die Haftung weder für eigene grobe Fahrlässigkeit noch für grob fahrlässiges oder vorsätzliches Verhalten der Gehilfen in »Allgemeinen Geschäftsbedingungen« wirksam ausgeschlossen werden. Die Haftung für **Körperverletzungen** darf überhaupt nicht beschränkt werden.

3.4 Gesamtschuldnerische Haftung im Vertragsrecht

Verpflichten sich mehrere Personen durch Vertrag **gemeinschaftlich** zu einer Leistung, so haften auch sie im Zweifel als Gesamtschuldner.

> **Beispiele:**
>
> - Mehrere Architekten, die sich zu einer Architektengemeinschaft zusammengeschlossen haben, haften dem Bauherrn (Vertragspartner) gesamtschuldnerisch, wenn das errichtete Bauwerk später einen Baumangel aufweist, der auf einem Planungsfehler der Architektengemeinschaft beruht (Haftung aus Vertragsverletzung).
> - Ein Mieterehepaar haftet dem Vermieter für Mietsachschäden (Nebenpflichtverletzung) in gleicher Weise als Gesamtschuldner wie für eventuelle Mietrückstände (Hauptpflichtverletzung).

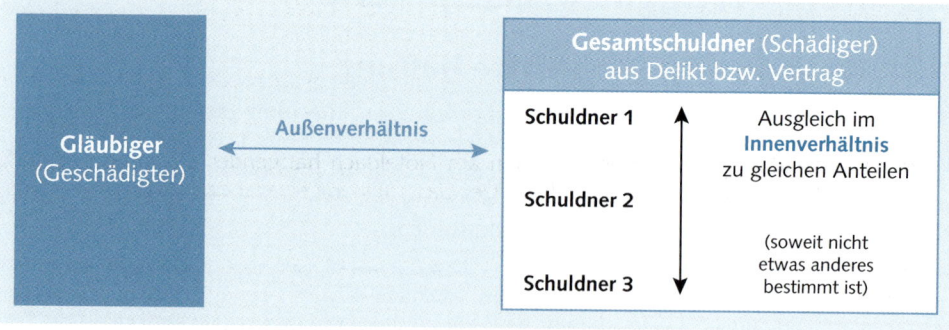

Lernkontrollen zu A 3

Vertragshaftung

1 Grenzen Sie die Vertragshaftung kraft Gesetzes und die rein vertragliche Haftpflicht voneinander ab.

2 Prüfen Sie, ob in den folgenden alternativen Fällen Schadenersatzansprüche aus

① Vertragshaftung

② Deliktshaftung

gegen den Betreiber des nachstehend erwähnten Sportgeschäftes geltend gemacht werden können:

a) Felix Bumann betrachtet während seines Winterurlaubs die vor einem Sportgeschäft ausgestellten Skijacken, denn er möchte sich eine neue Jacke kaufen. Dabei wird er von einem umherfliegenden Schneeball, den ein Unbekannter geworfen hat, am Kopf getroffen. Seine Brille geht zu Bruch.

b) Beim Betreten des Sportgeschäfts rutscht er im Eingangsbereich auf Schneematsch, der inzwischen zu Eis gefroren ist, aus. Durch den Sturz wird das Glas seiner wertvollen Armbanduhr zerstört.

c) Während er sich bei der Anprobe mit einer Skijacke im Spiegel betrachtet, wird sein Handy in der Umkleidekabine aus seiner alten Jacke gestohlen.

d) Nachdem Felix Bumann bezahlt hat, wird er noch im Geschäft von umfallenden Skiern, die dort achtlos von einem Kunden abgestellt waren, am Arm getroffen. Eine der scharfen Skikanten reißt ein Loch in seine neue Jacke, die er nach dem Kauf gleich anbehalten hat.

3 Prüfen Sie, ob die in Aufgabe 2 der Lernkontrollen zu A 2.2 geschädigte Elke Ansprüche aus Vertragshaftung gegen den Spielzeughändler B geltend machen kann.

4 Ein Steuerberater versäumt es, zugunsten seines Mandanten eine Sonderabschreibung in der Steuererklärung geltend zu machen. Ein Jahr nach Abgabe der Steuererklärung wird der Fehler entdeckt.

Prüfen Sie, ob der Steuerberater dem Mandanten gegenüber schadenersatzpflichtig ist (mit Begründung).

5 Bei einsetzendem Tauwetter löst sich ein am Hoteldach hängender Eiszapfen und trifft einen Gast, der gerade das Hotel verlässt. Der Gast muss mit einer schweren Gehirnerschütterung ins Krankenhaus eingeliefert werden.

Prüfen Sie, ob und ggf. nach welcher Rechtsgrundlage der Hotelier haftbar gemacht werden kann.

Haftung für den Erfüllungsgehilfen

6 Geselle Span soll bei der Witwe Schmitz einige beschädigte Holztreppenstufen austauschen. Von einer feucht-fröhlichen Geburtstagsfeier am Vorabend ist er noch leicht benommen, was sein Meister Holz aber nicht bemerkt.

Bei der Witwe angekommen, fängt er sofort an, die beschädigten Treppenstufen herauszubrechen. Dabei rutscht ihm sein Hammer aus der Hand und trifft die zuschauende Witwe Schmitz am Kopf. Sie muss mit einer schweren Platzwunde und Verdacht auf Gehirnerschütterung ins Krankenhaus eingeliefert werden.

Nachdem Span sich von dem Schreck erholt hat, passt er in einem weiteren Arbeitsgang die neuen Treppenstufen ein, ohne sie jedoch schon zu befestigen. Dann geht er zu seinem Kleinlastwagen und macht Pause.

Ahnungslos betritt derweil ein Besucher das Haus und benutzt die Treppe. Eine der unbefestigten Treppenstufen rutscht dabei heraus, wodurch der Besucher zu Fall kommt. Er bleibt unverletzt, sein mitgeführter Stockschirm geht jedoch zu Bruch.

Prüfen Sie, ob und nach welcher Rechtsgrundlage die beiden Geschädigten für den jeweils erlittenen Schaden

a) den Gesellen Span,

b) den Meister Holz

in Anspruch nehmen können.

7 Das Haus des Herrn Brause soll einen neuen Außenanstrich bekommen. Malermeister Bunt, Inhaber eines Malergeschäfts, soll den Auftrag ausführen. Herr Bunt schickt seine Gesellen Rot, Grün und Blau.

a) Beim Aufstellen des Gerüstes zertrümmert Blau mit einer Stange eine Fensterscheibe im Wert von 250,00 €.

Kann jetzt Herr Brause außer vom Gesellen Blau (Schädiger) auch vom Malermeister Bunt Schadenersatz verlangen?

b) Grün entwendet durch ein offenes Fenster aus dem Haus des Herrn Brause eine wertvolle Uhr. Kann Herr Brause vom Malermeister Bunt Schadenersatz verlangen?

c) Rot schüttet, als er auf dem Gerüst steht, aus Versehen einen Eimer mit Farbe um. Frau Klug, die gerade auf dem Gehweg vorbei kommt, wird von oben bis unten übergossen. Die Kleidung, die Schuhe und die Perücke sind vollkommen unbrauchbar.

Kann Frau Klug außer von dem Gesellen Rot (Schädiger) auch vom Malermeister Bunt Schadenersatz verlangen?

d) In der Mittagspause spielen die drei Gesellen vor dem Haus des Herrn Brause Fußball. Dabei schießt Rot bei Brauses Nachbarn Schwarze seine Fensterscheibe ein. Kann Schwarze vom Malermeister Bunt Schadenersatz verlangen?

4   Umfang des zu ersetzenden Schadens

4.1   Art des Schadenersatzes

4.1.1 Schadenersatz durch Naturalherstellung (Naturalrestitution)

»Wer zum Schadenersatz verpflichtet ist, hat den Zustand herzustellen, der bestehen würde, wenn der zum Ersatz verpflichtende Umstand nicht eingetreten wäre.«

BGB
§ 249 (1)

> **Beispiel:**
> - Reparatur eines beschädigten Autos, dessen Lack der Schädiger zerkratzt hatte.
> - Wiederbeschaffung von zerbrochenem Seriengeschirr, das fallen gelassen wurde.
> - Bei Ehrverletzung Widerruf der ehrenrührigen Äußerung.

Grundsätzlich hat der Haftpflichtige, abgesehen von einigen Fällen der Gefährdungshaftung (vgl. A 2.2) und des Mitverschuldens (vgl. A 4.3.2) den Schaden in vollem Umfang und **unbegrenzt** zu ersetzen.

4.1.2 Schadenersatz in Geld

»Ist wegen Verletzung einer Person oder Beschädigung einer Sache Schadenersatz zu leisten, so kann der Geschädigte statt der Herstellung den dazu erforderlichen Geldbetrag verlangen.«

§ 249 (2)

Der Geschädigte muss sich also nicht auf Naturalleistung durch den Schädiger bzw. den Ersatzpflichtigen einlassen.

Schließlich hat er ein Interesse daran, sich bei einer Körper- bzw. Gesundheitsverletzung seinen Arzt selbst auszusuchen. Ist eine Sache zerstört oder nur beschädigt worden, so ist es der Geschädigte selbst, der sich die Ersatzsache beschaffen, die Reparatur veranlassen oder die Sache in beschädigtem Zustand weiterbenutzen und den für die Reparatur erforderlichen Geldbetrag vorerst aufheben möchte.

Die Entschädigung in Geld bildet daher die Regel, zumal der Naturalersatz häufig gar nicht möglich ist (z. B. wenn ein Gemälde als nicht vertretbare Sache zerstört wurde).

§ 251

4.2   Schadenersatzansprüche

4.2.1 Materielle und immaterielle Personenschäden

a) Materielle Personen- und Personenfolgeschäden

Wird ein Mensch verletzt, sonst in seiner Gesundheit geschädigt oder gar getötet, so liegt ein Personenschaden vor.

> **Beispiel 1:**
>
> Ein selbstständiger Steuerberater wird bei einem Verkehrsunfall aufgrund einer Vorfahrtsverletzung eines anderen Verkehrsteilnehmers schwer verletzt. Der Verletzte muss auf Dauer mit einer erheblichen Gehbehinderung rechnen. Seine nicht berufstätige Ehefrau auf dem Beifahrersitz wurde bei dem Unfall getötet, sein Sohn ebenfalls schwer verletzt. Der Pkw des Steuerberaters wurde total zerstört.

➤ **Ansprüche des Verletzten aus unmittelbarem Personenschaden**

Heilkosten: Dazu gehören die Geldaufwendungen, die zur Wiederherstellung der Gesundheit des Verletzten erforderlich sind, wie Arzt-, Arznei-, Krankenhaus-, Krankentransport-, Kur- und Heilgymnastikkosten sowie die Aufwendungen naher Verwandter zum Besuch des Verletzten im Krankenhaus.

➤ **Ansprüche des Verletzten aus mittelbarem Personenfolgeschaden (Vermögensschaden)**

BGB
§ 252

● **Verdienstausfall** während der Erwerbsunfähigkeit

Bei Selbstständigen kommt nur die tatsächlich erlittene Einbuße in Betracht. So sind z. B. die Kosten für eine Ersatzkraft nur dann ersatzpflichtig, wenn sie tatsächlich angefallen sind. Erwerbstätigkeit ist auch die Arbeit des Ehegatten im Haushalt. Einer verletzten Hausfrau gewährt daher die Rechtsprechung wegen Ausfalls ihrer Arbeitskraft im Genesungszeitraum einen eigenen Schadenersatzanspruch.

§ 842

● Kosten für **Nachteile im Erwerb und Fortkommen**

Außer dem gegenwärtigen und künftigen Verdienstausfall sind auch Nachteile für das Fortkommen des Verletzten zu ersetzen, also der Schaden, der sich aus der Erschwerung der Verdienstmöglichkeiten ergibt, wie z. B. die Einschränkung beruflicher Aufstiegsmöglichkeiten und die Ausübung einer schlechter bezahlten Tätigkeit nach Beendigung der bisherigen Erwerbsfähigkeit.

● **Geldrente** für Dauerfolgen

Die Geldrente richtet sich nach den bisherigen und mit Wahrscheinlichkeit künftig zu erwartenden Einkünften des Verletzten. Eine Kapitalabfindung wird in der Praxis häufig vereinbart, kann aber nach Gesetz einseitig vom Geschädigten nur aus wichtigem Grund verlangt werden, z. B. Aufbau einer neuen Existenz.

§ 843

● Ersatz der **Aufwendungen für vermehrte Bedürfnisse** nach Abschluss des eigentlichen Heilverfahrens (u. a. Diät, Heilmittel, Pflegekraft).

➤ **Anspruch Dritter**

Schadenersatz kann nur der unmittelbar Geschädigte verlangen, nicht dagegen der nur »mittelbar Geschädigte« (Dritte), der infolge einer Verletzung des unmittelbar Geschädigten – für sich gesehen – nur einen reinen Vermögensschaden erlitten hat (keine Rechtsgutsverletzung i. S. von § 823 BGB; vgl. A 2.1.3).

> **Beispiel 2:**
>
> Einem Mandanten des Steuerberaters entgeht ein steuerlicher Vorteil, da der Steuerberater unfallbedingt für den Mandanten eine Einspruchsfrist beim Finanzamt nicht wahrnehmen konnte.

Die Ausdehnung der Schadenersatzpflicht auf »mittelbar Geschädigte« würde auch für die Haftpflichtversicherung ein unkalkulierbares Risiko darstellen.

Ausnahmsweise wird im Deliktsrecht ein **Drittschaden** in bestimmten Fällen ersetzt:

- **Beerdigungskosten** im Falle der Tötung   BGB § 844 (1)

  Dazu gehören auch die Kosten für Trauerkleidung, Überführung, Todesanzeigen usw.; nicht dagegen der verlorene Reisepreis für eine abgesagte Fernreise wegen Trauerfalls. Hier kann nur eine Reiserücktrittskosten-Versicherung die finanziellen Verluste mindern. BGH 1989

- **Unterhaltsrente** für alle, die durch Tötung einen gesetzlichen Unterhaltsanpruch verlieren (Waisen, Witwe, Eltern). BGB § 844 (2)

  Im o. a. Beispiel hat der Steuerberater einen solchen Anspruch, weil der haushaltsführende Ehepartner getötet wurde.

- **Entgangene Dienste** aufgrund gesetzlicher, nicht vertraglicher Dienstleistungspflicht. § 845

  So haben die Eltern, denen bei Verletzung bzw. Tötung eines ihrer Kinder unentgeltliche Dienste im elterlichen Hauswesen oder Geschäft entgehen, einen Schadenersatzanspruch; nicht dagegen der Arbeitgeber, dessen Produktion behindert wird, weil ein wichtiger Mitarbeiter (vertragliche Dienstpflicht) bei einem Verkehrsunfall verletzt wird. Hier bleibt es bei der Regel, dass der nur mittelbar Geschädigte, hier der Arbeitgeber, keinen Schadenersatzanspruch hat.

b) Geldersatz für immaterielle Schäden (»Schmerzensgeld«)

Grundsätzlich sieht das Gesetz nur den Ersatz des Vermögensschadens **(materiellen Schadens)** vor. Gemäß § 253 BGB wird für einen Schaden, der kein Vermögensschaden ist **(immaterieller Schaden),** eine Entschädigung in Geld nicht gewährt. § 253 (1), (2)

Von diesem Grundsatz macht der Gesetzgeber beim sog. Schmerzensgeld eine Ausnahme.

> Es besteht ein allgemeiner Anspruch auf Schmerzensgeld bei der **Verletzung von Körper, Gesundheit, Freiheit und sexueller Selbstbestimmung,** wenn
> - die Verletzung vorsätzlich herbeigeführt wurde oder
> - der Schaden unter Berücksichtigung seiner Art und Dauer nicht unerheblich ist.

➤ **Anspruch auf Schmerzensgeld**

Schmerzensgeld kann in den Fällen der Verschuldens-, Gefährdungs- und Vertragshaftung verlangt werden. Es muss sich aber um eine **Verletzung eines Rechtsgutes** handeln. Dazu gehört auch die Verletzung des allgemeinen Persönlichkeitsrechts (Ehrverletzung) oder des Rechts am eigenen Bild.

Hier wird ein Anspruch auf Entschädigung in Geld vor allem deshalb anerkannt, da ein Schadenersatz durch Naturalrestitution (z. B. durch öffentlichen Widerruf) den Verletzten häufig nur erneut beeinträchtigen würde.

Nach der Rechtsprechung werden sogar Schmerzensgeldansprüche wegen seelischer Erschütterung nach dem Unfalltod eines nahen Angehörigen (»besonders schwere psychische Belastungen«) anerkannt, obwohl hier der Anspruchsteller selbst nicht der unmittelbar Geschädigte ist – also selbst keine Körperverletzung erlitten hat. OLG Ffm 1995

Kein Schmerzensgeld besteht dagegen bei einem Arbeitsunfall. § 106 SGB VII nimmt dem verletzten Arbeitnehmer oder Schüler den privatrechtlichen Anspruch gegen den Arbeitgeber, Arbeitskollegen oder die Schule und gewährt ihm dafür einen Anspruch aus Sozialversicherung. Dieser umfasst kein Schmerzensgeld.

➤ **Funktionen des Schmerzensgeldes**

Das Schmerzensgeld hat eine Doppelfunktion:

● **Ausgleichsfunktion.** Es soll dem Verletzten einen Ausgleich für erlittene Schmerzen gewähren und zwar auch dann, wenn der Schädiger nicht schuldhaft gehandelt hat (Gefährdungshaftung).

BGH
NJW 1976

Dabei sind Größe, Heftigkeit und Dauer der Schmerzen, Leiden, Entstellungen und psychische Beeinträchtigungen wichtige Kriterien für die Höhe des Anspruchs.

Neben den körperlichen Auswirkungen (Primärverletzungen, Zahl und Schwere der Operationen, Dauer der stationären ambulanten Heilbehandlungen, Zeitraum der Arbeitsunfähigkeit und Höhe des Dauerschadens) kommt es auch auf psychische Veränderungen und damit allgemein auf jeden Verlust an Lebensfreude an, z. B. verminderte Heiratschancen, Einschränkung bei der Berufswahl und der sportlichen Betätigung.

Schmerzensgeld für Kapellmeister

rtr FRANKFURT. Das Frankfurter Landgericht hat einem Kapellmeister, dessen Foto von einem Auftritt in der New Yorker Steubenparade ein Frankfurter Kaufhaus in einem Werbeprospekt benutzt hatte, 1 000,00 € Schmerzensgeld zugesprochen. In dem Urteil heißt es, die genehmigungslose Abbildung des stabschwingenden Kapellmeisters stelle einen Verstoß gegen das Recht am eigenen Bild dar. Ein neutraler Beobachter müsse annehmen, der Mann habe sich gegen Geld zu Werbezwecken vermarkten lassen (Aktenzeichen 2/3 S 7/91).

● **Genugtuungsfunktion.** Es soll aber auch eine Genugtuung darstellen, die der Schädiger dem Verletzten allerdings nur dann schuldet, wenn er ihm vorsätzlich oder fahrlässig Schaden zugefügt hat.

➤ **Kein Schmerzensgeld bei unerheblichen Verletzungen**

Der Schmerzensgeldanspruch setzt kein Verschulden des Schädigers voraus. Deshalb ist er begrenzt auf Schäden, die unter Berücksichtigung ihrer Art und Dauer nicht unerheblich sind.

Ausdrücklich ausgenommen sind daher wirklich unerhebliche Verletzungen mit geringen und vorübergehendem Einfluss auf das Allgemeinbefinden, wie Kopfschmerzen, Schürf- bzw. Schnittwunden, Prellungen und leichte HWS-Verletzungen ersten Grades usw. Ohne starre Vorgabe einer Geldsumme ist hier an Schäden gedacht, die zu Schmerzensgeldfestsetzungen von unter 500,00 € führen würden.

Vorsatztaten sind von dieser Einschränkung nicht betroffen, weil bei ihnen die Genugtuungsfunktion im Vordergrund steht. Es ist auch kaum vorstellbar, dass bei ihnen ein Schmerzensgeldbetrag weniger als 500,00 € ausmachen könnte.

➤ **Höhe des Schmerzensgeldes**

Im übrigen kommt es bei der Bemessung des Schmerzensgeldes nicht nur auf Art und Ausmaß der Beeinträchtigung auf Seiten des Verletzten an, sondern auch auf

● Verschulden des Schädigers (unter Berücksichtigung eines eventuellen Mitverschuldens des Geschädigten) und den Verschuldungsgrad,

● den Anlass der Verletzung,

● die wirtschaftlichen Verhältnisse der Beteiligten.

Hier wird auch das Bestehen einer Haftpflichtversicherung berücksichtigt. Eine verzögerte Schadenregulierung des VR kann sogar schmerzensgelderhöhend sein.

Die Bemessung der Schmerzensgeldhöhe im konkreten Fall gehört zu den schwierigsten richterlichen Aufgaben. In der Praxis spielen Auflistungen von Gerichtsentscheidungen eine große Rolle. Sie enthalten Angaben über die Art der Verletzung und den zuerkannten Schmerzensgeldbetrag.

Beispiele:			
Gehirnerschütterung	500,00	bis	2 000,00 €
Armbruch	500,00	bis	3 000,00 €
Verlust eines Armes	5 000,00	bis	12 000,00 €
Verlust eines Beins	30 000,00	bis	50 000,00 €
Schädelbruch	4 000,00	bis	70 000,00 €
Querschnittlähmung			150 000,00 €

Der Schmerzensgeldanspruch ist vererblich und auch dann auf die Erben übergegangen, wenn ein vertragliches Anerkenntnis des Schädigers bzw. seines Versicherers oder eine Klageerhebung bei Tod des Verletzten nicht bzw. noch nicht vorliegt.

BGB §§ 1922, 253

4.2.2 Sachschäden

Bei Sachschäden wird nach Beschädigung bzw. Zerstörung der Sache unterschieden.

§ 249

a) Unmittelbare Sachschäden

Hierzu gehören

- die »erforderlichen« **Reparaturkosten bei Beschädigung,**
- der **Wertersatz bei Zerstörung** oder wenn eine Reparatur aus technischen bzw. wirtschaftlichen Gründen nicht mehr in Betracht kommt (so genannter **Totalschaden).** Als Wertersatz wird in der Regel nur der **Zeitwert** erstattet. Das ist der Wert der Sache unmittelbar vor Eintritt des Schadenfalls (so genannter **Wiederbeschaffungswert** beim Kauf einer gleichwertigen, gebrauchten Sache).

  Der für die Reparatur/Wiederbeschaffung erforderliche Geldbetrag (Schadenersatz) schließt die Umsatzsteuer mit ein, wenn und soweit sie tatsächlich angefallen ist.

b) Vermögensfolgeschäden

➤ **Wertminderung**

Auch nach der Reparatur der beschädigten Sache bleibt häufig eine **Wertminderung** zurück,

- weil die Reparatur nicht völlig den früheren Zustand herbeiführen konnte **(technischer Minderwert)** oder
- weil trotz technisch ordnungsgemäßer Reparatur aber wegen des Verdachts verborgener Mängel (Unfallwagen) der Verkaufswert gemindert ist **(merkantiler Minderwert).**

Soweit kein Totalschaden vorliegt, kann der Geschädigte für beide Varianten der Wertminderung unabhängig von einer Reparatur einen angemessenen Ausgleich verlangen.

§ 251(2)

> **Nutzungsausfall**

BGH
VersR
1964, 1986

Ist eine Sache beschädigt worden, so müssen auch diejenigen Nachteile ersetzt werden, die sich daraus ergeben, dass der Geschädigte die Sache während der Dauer ihrer Reparatur oder bis zum Zeitpunkt der Ersatzbeschaffung nicht nutzen kann. Dazu gehören der **entgangene Gewinn** infolge Einnahmeausfalls bei der Zerstörung einer Maschine sowie die **Mietkosten eines Ersatzgegenstandes.**

BGB
§ 252 S. 2

Verzichtet der Geschädigte dagegen auf das Anmieten eines Ersatzgegenstandes, so kann er zum Ausgleich für die ihm entgangenen Gebrauchsvorteile einen **Nutzungsausfall** verlangen.

> *Zehn Mark Tagegeld fürs Fahrrad*
>
> Auf zehn Mark (5,11 €) täglich hat das Amtsgericht Müllheim (Az.: 3 C 499/89) den Anspruch eines Fahrradfahrers festgesetzt, der auf sein Gefährt nach einem unverschuldeten Unfall wegen einer Reparatur vorübergehend verzichten muss. Anspruch auf Nutzungsausfall besteht jedoch nur, wenn der Betroffene sein Rad auch regelmäßig benutzt.

BGH
1987
1975
1980

Die Rechtsprechung erkennt diesen Anspruch aber nur für den Fall an, dass der Schaden an einem Wirtschaftsgut entstanden ist, auf dessen ständige Verfügbarkeit der Geschädige typischerweise angewiesen ist. Das trifft in der Regel auf die Nichtbenutzbarkeit eines Kfz und eines Wohnhauses zu, nicht aber auf »Luxusgüter«, wie z.B. die Nichtbenutzbarkeit eines Pelzmantels oder eines Wohnwagens, weil hier keine Beeinträchtigung eines Vermögensinteresses, sondern höchstens eines nicht ersatzfähigen Liebhaberinteresses (immaterieller Schaden) vorliegt.

4.2.3 Reine Vermögensschäden

Nun gibt es auch Schäden, bei denen weder ein Mensch verletzt oder getötet noch eine Sache beschädigt, zerstört oder abhanden gekommen ist (so genannte reine Vermögensschäden).

Reine Vermögensschäden sind häufig die Folge einer Vertragsverletzung.

> **Beispiele:**
> 1. Ein Hotelbesitzer hat sich verpflichtet, den Gast zu wecken. Dies wird vergessen, und der Gast, der sich auf einer Geschäftsreise befand, versäumt einen wichtigen Termin.
> 2. Aufgrund einer fehlerhaften Kreditauskunft seiner Hausbank (Vertragspartner) gewährt der Geschäftsmann A dem Geschäftsmann B einen größeren Warenkredit. Kurz darauf gerät B in Insolvenz.

BGB
§§ 249, 252

Die Ersatzpflicht für reine Vermögensschäden kann regelmäßig nur im Rahmen eines Vertragsverhältnisses (Vertragshaftung) verlangt werden.

Deshalb haftet der Vertragspartner dem Geschädigten in Beispiel 1 und 2, soweit ein Verschulden vorliegt, aus »positiver Vertragsverletzung«.

Bei Vorliegen eines Delikts (Delikthaftung) sind reine Vermögensschäden grundsätzlich nicht ersatzpflichtig, weil der Grundtatbestand einer unerlaubten Handlung (§ 823 Abs. 1 BGB) eine Rechtsgutverletzung (Personen- und/oder Sachschäden) voraussetzt.

§ 823 (2)

Wird dagegen gleichzeitig ein Schutzgesetz verletzt, so hat der Verantwortliche auch reine Vermögensschäden zu ersetzen.

Beispiel:

Ein Ladeninhaber lässt sein Geschäft unter Verstoß gegen das Ladenschlussgesetz an mehreren Tagen in der Woche bis gegen Mitternacht geöffnet. Dadurch hat ein Konkurrent nachweislich erhebliche Umsatzrückgänge zu verzeichnen.

Das Ladenschlussgesetz ist auch ein Schutzgesetz.

4.3 Einschränkung der Leistungspflicht und Verjährung von Schadenersatzansprüchen

4.3.1 Gesetzliche Summenbegrenzung

Schon in den Ausführungen zur Gefährdungshaftung (vgl. A 2.2) wurde dargelegt, dass die strengen Regelungen zur Gefährdungshaftung als Gegengewicht häufig eine Haftungsbegrenzung vorsehen, z.B.

- in § 12 StVG durch Festlegung von »Höchsthaftungssummen« für Personen und Sachschäden (5 Mio. €/1 Mio. €) oder

  StVG
  § 12

- in § 702 BGB, der die Haftung des Hoteliers für eingebrachte Sachen von Beherbergungsgästen auf max. 3 500,00 €, für Geld, Wertpapiere und Kostbarkeiten auf max. 800,00 € begrenzt (vertragliche Haftung kraft Gesetzes).

  BGB
  § 702

4.3.2 Mitwirkendes Verschulden des Geschädigten

Häufig trägt der Geschädigte selbst zur Entstehung bzw. zum Umfang seines Schadens bei. Die Mitverantwortlichkeit führt dann zu einer Verteilung des Schadens nach bestimmten Quoten, die eine Kürzung des Schadenersatzanspruchs, u.U. sogar den Wegfall der Ersatzpflicht des Schädigers, zur Folge hat. Maßgebend ist eine – oft sehr schwierige – Abwägung aller Umstände des Einzelfalls.

§ 254

➤ **Mitwirkung des Geschädigten bei Entstehung des Schadens**

§ 254 (1) BGB nennt als wichtigstes Entscheidungskriterium für eine Kürzung des Ersatzanspruchs das Maß der beiderseitigen Verursachung.

§ 254 (1)

Nicht angeschnallt auf dem Rücksitz: Haftungsbeteiligung

Wer sich auf dem Rücksitz nicht anschnallt und bei einem Unfall verletzt wird, verliert seinen Anspruch auf Ersatz des vollen Schadens. In einem entsprechenden Urteil erschien dem LG Hanau eine Mithaftungsquote von 30 % gegenüber dem Unfallverursacher als angemessen. (KVDB 3/92)

- Auch das **Verhalten des Geschädigten** muss schuldhaft sein (sog. **Mitverschulden**), was natürlich der Schädiger zu beweisen hat.

> **Beispiele:**
>
> - Ein ungeübter Skifahrer hält sich auf einer Rennstrecke auf, an der er aufgrund seines Verhaltens mit einem Unfall rechnen muss.
> - Der Fahrer eines Kfz stellt sein Fahrzeug vor dem Hause ab, von dessen Dach Schneemassen überhängen und die Gefahr einer Dachlawine droht.
> - Nichttragen eines Sturzhelms bei Motorradfahrern bzw. Nichtanlegen von Sicherheitsgurten im Kfz.

In all diesen Fällen hat der Geschädigte die zur Wahrung eigener Interessen verkehrserforderliche Sorgfalt verletzt und dadurch die Gefahr seiner Schädigung selbst geschaffen bzw. mit erhöht.

LG Konstanz 1992

Ein nach § 254 BGB zu beurteilender Fall liegt auch dort vor, wo jemand sich bewusst in eine Situation hineinbegibt, deren besondere Gefahren für ihn erkennbar sind; z. B. wenn jemand sich in einem Kfz mitnehmen lässt, dessen Fahrer »deutlich erkennbar« fahruntüchtig ist (Handeln auf eigene Gefahr). Ähnlich verhält es sich, wenn die Verletzung bei der Teilnahme an einem Fußballspiel durch das regelwidrige Verhalten eines anderen Spielers verursacht worden ist (vgl. A 2.1.4).

HaftpflG § 13

- Auch die **Mitverursachung durch Betriebsgefahren** ist zu berücksichtigen, ohne dass den Geschädigten ein Verschulden treffen muss (vgl. A 2.2).

StVG § 7

> **Beispiel:**
>
> Ein unvorsichtiger Fußgänger hat es verschuldet, dass ein Kfz-Fahrer mit seinem Pkw einen Schaden erlitt. Der Fußgänger ist schadenersatzpflichtig, doch die Betriebsgefahr des Kfz mindert zum Nachteil des Kfz-Fahrers die Schadenersatzpflicht.

➤ **Unterlassene Warnung sowie Schadenabwendung bzw. -minderung**

BGB § 254 (2)

- Das mitwirkende Verschulden des Geschädigten kann sich auch darauf beschränken, dass er es unterlassen hat, den Schädiger auf die Gefahr eines ungewöhnlich hohen Schadens aufmerksam zu machen, die der Schädiger weder kannte noch kennen musste.

> **Beispiel:**
>
> A gibt ein altes Bild zum Einrahmen und weist nicht auf dessen hohen Wert hin. Beim Einrahmen beschädigt der Beauftragte (Vertragspartner) das Bild erheblich.

§ 254 BGB ist also nicht nur auf Schadenersatzansprüche aus unerlaubter Handlung und Gefährdungshaftung, sondern auch auf Schadenersatzansprüche aus Vertragshaftung anzuwenden.

- Der Geschädigte bzw. sein gesetzlicher Vertreter hat es nach Eintritt des Schadens unterlassen, den Schaden durch zumutbare Maßnahmen abzuwenden oder zu mindern.

> **Beispiel:**
>
> - Unterlassen einer ärztlichen Behandlung nach Verletzung
> - Verweigerung einer gefährlichen Operation
> - Verzögerte Reparaturvergabe bei beschädigtem Kfz

➤ **Direktabzug des Mithaftungsanteils eines gesetzlichen Vertreters oder Erfüllungsgehilfen bei Ersatzansprüchen aus Vertragshaftung**

> **Beispiel:**
>
> Ein sechsjähriges Kind ist vom Balkon der elterlichen Wohnung gestürzt und hat sich hierbei erheblich verletzt. Vertreten durch die Eltern als gesetzliche Vertreter macht es Schadenersatzansprüche gegen den Wohnungsvermieter geltend, weil die Balkonbrüstung entgegen den baupolizeilichen Vorschriften zu niedrig und damit die Mietsache mit einem für den Schaden ursächlichen Fehler behaftet war (Vertragshaftung kraft Gesetzes).

Der Vermieter wird hier mit Erfolg einwenden können, dass sich das sechsjährige Kind ein Mitverschulden der Eltern aus Aufsichtspflichtverletzung anrechnen lassen muss.

Im Rahmen der Deliktshaftung ist ein Direktabzug nicht möglich. Der Schädiger haftet hier dem Aufsichtsbedürftigen für den vollen Schaden gesamtschuldnerisch neben den Eltern.

4.3.3 Vorteilsausgleichung

Auch ein Vorteilsausgleich kann den Ersatzanspruch mindern. Dadurch soll vermieden werden, dass der Geschädigte durch die Schadenersatzleistung besser gestellt wird, als er vor dem Schadenfall gestanden hat.

BGB
§ 255

➤ **Grundsatz**

Sind Vorteile bei der Schadenberechnung zu berücksichtigen, so beschränkt sich die Ersatzpflicht auf die Differenz zwischen Schaden und Vorteil.

> **Beispiel:**
>
> Einsparung von Kosten für häusliche Verpflegung während eines fremdverschuldeten Krankenhausaufenthalts.

➤ **Abzug »neu für alt«**

Er kommt aber nur in Betracht, wenn der Geschädigte durch die Ersatzleistung eine »messbare Vermögensverbesserung« erhalten hat und ein Abzug daher zumutbar ist (vgl. C 4.3.2.1 b). Bei Wertersatz einer nicht reparaturfähigen Sache (technischer bzw. wirtschaftlicher Totalschaden) wird i. d. R. der Restwert der zerstörten Sache auf die Schadenersatzforderung angerechnet.

AG
Landshut
1989

➤ **Der Wertausgleich darf den Schädiger nicht in unverdienter Weise begünstigen.**

Nicht anzurechnen sind daher eine Entschädigung aus einer Lebens-, Unfall- oder Tagegeldversicherung (Summenversicherung).

Erhält der Geschädigte Leistungen aus der Sozialversicherung, aus einem Beamten- oder Arbeitsverhältnis (insbesondere Lohnfortzahlung) oder aus einer Schadenversicherung (u. a. Feuer-, ED- oder Kaskoversicherung), so findet deshalb kein »Vorteilsausgleich« statt, weil sein Ersatzanspruch gegen den Schädiger auf den Versicherungsträger, den Staat, Arbeitgeber oder die Versicherungsgesellschaft von Gesetzes wegen übergeht (gesetzlicher Forderungsübergang).

VVG
§ 86

4.3.4 Verjährung

BGB
§§ 195, 199

ProdHaftG
§ 12

StVG
§ 14

Schadenersatzansprüche aus unerlaubter Handlung, Gefährdungshaftung (StVG, ProdHaftG) und Vertragsverhältnissen verjähren in **3 Jahren (regelmäßige Verjährungsfrist).** Die Frist beginnt mit dem Schluss des Jahres, in dem

- der Anspruch entstanden ist (objektives Kriterium: **Schadeneintritt**) und

- der Geschädigte von den den Anspruch begründenden Umständen und der Person des Schädigers Kenntnis erlangt oder ohne grobe Fahrlässigkeit hätte erlangen müssen (subjektives Kriterium: **Kenntnis**).

Da der Schaden erst lange Zeit nach dem maßgebenden Ereignis eintreten kann, sieht das Gesetz **Maximalfristen** vor. So verjähren Schadenersatzansprüche unabhängig vom Zeitpunkt des Schadeneintritts spätestens nach **30 Jahren** ab Beginn der **Handlung** bzw. der Pflichtverletzung.

Schadenersatzansprüche, die nicht auf einer Verletzung des Körpers, der Gesundheit oder der Freiheit beruhen (also vor allem Sachschäden) verjähren allerdings auch bei Fehlen des subjektiven Elements »Kenntnis« spätestens 10 Jahre nach Schadeneintritt.

Beispiel:

A erleidet am 12. Dez. 2014 einen Unfall mit seinem Motorrad. Am 10. März 2015 stellt sich heraus, dass der Unfall im Wesentlichen auf eine mangelhafte Reparatur zurückzuführen ist, die der Motorradhändler B am 10. Nov. 2014 durchgeführt hatte. Erst Jahre später ergeben sich aus den Verletzungen, die A bei dem Unfall am 12. Dez. 2014 erlitten hatte, schwere irreversible Gesundheitsschäden.

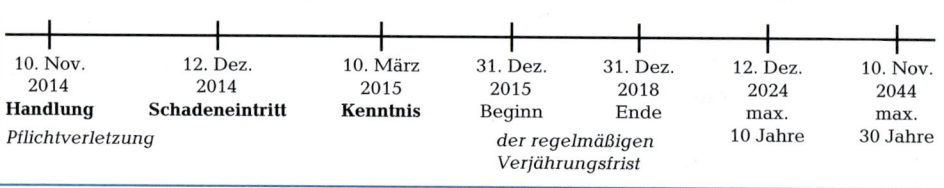

| 10. Nov.
2014
Handlung
Pflichtverletzung | 12. Dez.
2014
Schadeneintritt | 10. März
2015
Kenntnis | 31. Dez.
2015
Beginn
der regelmäßigen
Verjährungsfrist | 31. Dez.
2018
Ende | 12. Dez.
2024
max.
10 Jahre | 10. Nov.
2044
max.
30 Jahre |

Während der Verhandlung über den Schadenersatz ist die Verjährung gehemmt, z. B. wenn A und B zwischen dem 05. April 2015 und dem 05. Mai 2015 über die Höhe des Anspruchs und ein etwaiges Mitverschulden des A verhandelt haben.

Lernkontrollen zu A 4

Umfang des zu ersetzenden Schadens

1 Der Radfahrer A hatte die Fußgängerin B angefahren. Dabei wurde der wertvolle Mantel der B erheblich beschädigt.

Im Rahmen der Schadenregulierung erweist sich der Mantel als

- noch reparaturfähig (Reparaturdauer 4 Wochen),

- nicht reparaturfähig.

Erläutern Sie anhand dieses Beispiels die Begriffe Nutzungsausfall und Vorteilsausgleich.

2 Welche Funktionen hat die Rechtsprechung dem Schmerzensgeld zugedacht?

3 Kann der Anspruch auf Schmerzensgeld übertragen oder vererbt werden?

5 Risikodeckung durch Haftpflichtversicherung unter besonderer Berücksichtigung der Privat-Haftpflichtversicherung

5.1 Haftpflichtrisiko und Vorsorgemöglichkeiten

5.1.1 Risikoanalyse

Situation:

Die vier Familienmitglieder der Familie Lübben haben grundverschiedene Hobbys:

Elmar Lübben, 48 Jahre und Architekt von Beruf, ist leidenschaftlicher Jäger. Seine 46-jährige Ehefrau Helga ist als Lehrerin tätig und spielt in ihrer Freizeit gerne Golf. Sohn Markus, 20 Jahre, ist Student. Ihn zieht es in die Lüfte, denn er geht dem Segelflugsport nach. Tochter Melanie, 16 Jahre, ist in ihrer Freizeit mit an Sicherheit grenzender Wahrscheinlichkeit auf dem Reiterhof anzutreffen.

Schließlich ist da noch der Mischlingshund Rex, den alle Familienmitglieder ins Herz geschlossen haben.

Bei einer Familienfeier mit Verwandten kommt man auf die verschiedenen Hobbys und auch den Hund zu sprechen und im weiteren Verlauf der Unterhaltung steht die Frage an, was passiert, wenn eines der Familienmitglieder durch Ausübung seines Hobbys einen anderen schädigt oder wenn Rex einmal zubeißt. »Wir wollen hoffen, dass nichts passiert«, meint Elmar Lübben, »und schließlich haben wir ja auch noch eine Privat-Haftpflichtversicherung.«

Unter den Verwandten befindet sich der 18-jährige Sven, der gerade eine Ausbildung zum Kaufmann für Versicherungen und Finanzen angetreten hat. »Vorsicht!«, meint er. »Genau weiß ich es noch nicht, aber ich habe gehört, dass die Privat-Haftpflichtversicherung wohl viele, aber nicht alle Risiken des täglichen Lebens deckt. Bestimmte Risiken müssen zusätzlich versichert werden. Unsere Vertreter fragen deshalb auch die Kunden stets nach Beruf, Hobbys, Immobilienbesitz usw.«

Man kommt schließlich überein, dass Sven den Besuch eines Vertreters seines Ausbildungsbetriebes veranlassen soll, damit die Haftpflichtrisiken der Familie abgeklärt und ggf. zusätzlich versichert werden.

In den vorangegangenen Ausführungen wurde festgestellt, dass der Schädiger unter bestimmten Voraussetzungen unbegrenzt für einen Schaden, den er einem anderen zugefügt hat, haftet. Vorhandenes Vermögen und das Einkommen reichen ggf. nicht aus, den angerichteten Schaden zu begleichen. Dann ist der finanzielle Ruin vorprogrammiert.

Der Eigenvorsorge sind deshalb Grenzen gesetzt. Das Haftpflichtrisiko ließe sich allenfalls noch dadurch begrenzen, dass man auf bestimmte Tätigkeiten (Hobbys) oder bestimmte Gefährdungstatbestände (z. B. Halten eines Hundes) verzichtet. Kann oder will man dies nicht, gibt es zu einer Haftpflichtversicherung (HV), die im Rahmen der vereinbarten Deckungssummen die persönlichen Haftpflichtrisiken deckt, keine Alternative. Die richtige Risikodeckung durch eine Haftpflichtversicherung setzt allerdings voraus, dass das persönliche Risiko zuvor richtig analysiert und der Deckungsumfang entsprechend vereinbart wird.

5.1.2 Aufgaben der Haftpflichtversicherung

➤ Haftpflichtversicherung als Vermögensversicherung

Aufgabe der Haftpflichtversicherung ist es, den Versicherten von Schadenersatzansprüchen **freizustellen** für Schäden, die er **Dritten** in seiner **versicherten Eigenschaft**, z. B. als Privatperson, zugefügt hat.

Die Haftpflichtversicherung dient damit

- der Deckung des **konkreten Bedarfs** im Schadenfall,

  Unter diesem Gesichtspunkt stellt sie sich als Schadenversicherung dar.

- dem Schutz des **gesamten jeweiligen Vermögens** des Versicherten.

  Im Haftpflichtfall wird nicht eine Sache des Versicherten geschädigt, sondern sein **Vermögen**. Vor dieser Vermögensschädigung schützt die Haftpflichtversicherung. Für den Versicherten ist sie deshalb eine Vermögensversicherung.

Nach **wirtschaftlichen Gesichtspunkten** ist die Haftpflichtversicherung eine **Passivenversicherung**, weil sie den VN davor schützt, dass ihm durch den Schadenersatzanspruch des Geschädigten Verbindlichkeiten (Passiven) erwachsen.

➤ Haftung und Deckung

Da im Rahmen der Haftpflichtversicherung zwischen **zwei** verschiedenen Rechtsverhältnissen zu unterscheiden ist, d. h. die **Rechtsbeziehung** zwischen

- dem **Schädiger** (VN) und dem **Geschädigten** einerseits und

- dem **Schädiger** (VN) und dem **VR** andererseits,

ist hier auch regelmäßig von drei Beteiligten auszugehen:

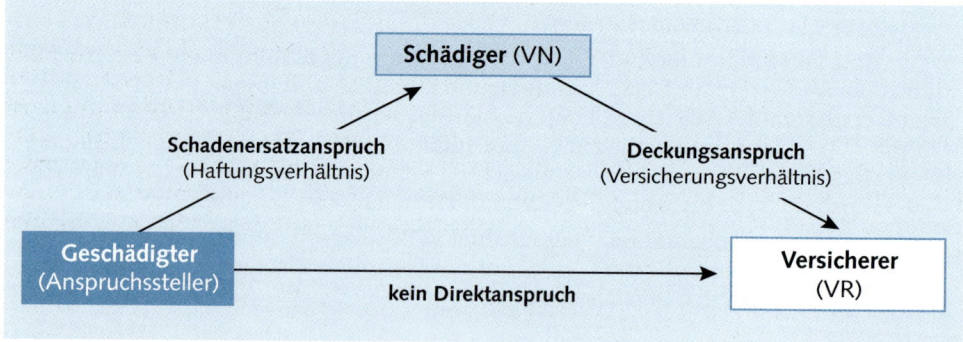

- Da nicht jeder gegen den VN gerichtete Schadenersatzanspruch dem Grunde und der Höhe nach durch den Versicherungsvertrag Deckungsschutz genießt, wird der VR im Schadenfall zunächst die **Deckungsfrage** prüfen. Nur wenn **Deckung besteht, hat sich der VR auch mit dem Haftpflichtanspruch** (Schadenersatzanspruch) **zu befassen**.

- Der Geschädigte hat **keinen direkten Anspruch** gegenüber dem Haftpflicht-VR, ausgenommen in bestimmten Fällen, z. B. Kraftfahrzeug-Haftpflichtversicherung, mit der die Versicherungspflicht nach dem PflVG erfüllt wird. Verhandelt der VR im Schadenfall mit dem Geschädigten, der keinen Direktanspruch hat, über Grund und Höhe des Anspruchs, so tut er das als **Vertreter des VN**.

VVG
§ 115 (1)

5.1.3 Arten der Haftpflichtversicherung

a) Allgemeine Haftpflichtversicherungen

In der Haftpflichtsparte gibt es **keine Standard-,** sondern eine ganze Anzahl spezieller **Haftpflichtversicherungen,** und zwar für ganz bestimmte, im Vertrag genau bezeichnete Gefahrenbereiche.

Traditionell wird die Kfz-Haftpflichtversicherung als besonderer Versicherungszweig betrieben, während alle übrigen Arten von Haftpflichtversicherungen unter der Sammelbezeichnung **Allgemeine Haftpflichtversicherungen** geführt werden. Diese umfasst alle Arten der **privaten, beruflichen** und **geschäftlichen** Haftpflichtversicherung, u. a. die

- **Privat-HV** (Privatpersonen),
- **Berufs-HV** (u. a. Ärzte, Rechtsanwälte, Richter, Lehrer),
- **Betriebs-HV** (Gewerbetreibende, z. B. Handwerksbetriebe),
- **Produkt-HV** (Zusatzdeckung für Industrie und Handel),
- **Umwelt-HV** (betrifft sämtliche Risiken nach UmwHaftG im gewerblich-beruflichen Bereich),
- **Haus- und Grundbesitzer-HV,**
- **Hundehalter-HV,**
- **Gewässerschaden-HV** (u. a. für Inhaber eines Öltanks).

Oft werden verschiedene Haftpflichtrisiken in einer Police (z. B. das Berufshaftpflichtrisiko oder Tierhalterrisiko zusammen mit dem Privathaftpflichtrisiko) versichert.

b) Pflicht-Haftpflichtversicherung

Die Haftpflichtversicherung hat nicht nur Bedeutung für den Versicherten. Sie ist ebenso wichtig für den ersatzberechtigten Geschädigten. Oft genug kann dieser deshalb keinen Ersatz erhalten, weil der für den Schaden Verantwortliche finanziell nicht in der Lage ist, Schadenersatz zu leisten. Ist aber der Schadenstifter gegen Haftpflicht versichert, so kann sich der Geschädigte darauf verlassen, dass seine Ersatzansprüche, soweit sie berechtigt sind, auch tatsächlich erfüllt werden. Deshalb hat der Gesetzgeber für einige **besonders gefahrenbringende Tätigkeiten** und für **bestimmte Berufsausübungen** den Abschluss einer Haftpflichtversicherung sogar gesetzlich vorgeschrieben.

Beispiele: Pflicht-Haftpflichtversicherungen

- **Kraftverkehrs-HV** durch den Kfz-Halter (§ 1 PflVG)
- **Luftfahrzeug-HV** (§ § 2 und 43 LuftVG)
- **Jagd-HV für den Jäger** (§ 17 BJagdG)
- **Haftpflichtversicherung für den Arzneimittelhersteller** (§ 94 ArzneimittelG)
- **Berufs-HV** kraft Gesetzes für **Wirtschaftsprüfer, Steuerberater, bestimmte Versicherungsvermittler** bzw. kraft Standesrechts für **Ärzte, Zahnärzte und Anwälte**

Die standesrechtlichen Anordnungen begründen jedoch keine gesetzliche Haftpflichtversicherung.

5.1.4 Rechtsquellen der Haftpflichtversicherung

a) Rechtsgrundlagen allgemein

➤ **Gesetzliche Grundlagen**

Neben den **allgemeinen** gesetzlichen Grundlagen im **BGB** befinden sich **spezielle** Regelungen im **VVG**:

● Allgemeiner Teil (§§ 1–73 VVG)
● Vorschriften für die **gesamte Schadenversicherung** (§§ 74–87 VVG)
● **Haftpflichtversicherung einschließlich Vorschriften für die Pflichtversicherung** (§§ 100–124 VVG)

➤ **Vertragliche Grundlagen**

● **Allgemeinen Versicherungsbedingungen für die Haftpflichtversicherung (AVB)**

Der Gesamtverband der Deutschen Versicherungswirtschaft (GDV) hat dazu u. a. folgende neu strukturierte Haftpflichtbedingungen als sog. Musterbedingungen (ab 2014, überarbeitet in 2016) aufgestellt:

– Muster-AVB für die Betriebs- und Berufs-HV (AVB BHV 2016)
– Muster-AVB für die Privathaftpflichtversicherung (AVB PHV 2016)
– Muster-AVB für die Jagdhaftpflichtversicherung (AVB JagdHV 2016)
– Muster-AVB für Wasserfahrzeughaftpflichtversicherung (AVB WasserfahrzeugHV 2016)

Zuvor bestanden die Bedingungen für die Allgemeine Haftpflichtversicherung in der Regel aus

– den Allgemeinen Versicherungsbedingungen für die Haftpflichtversicherung (AHB) als Grundwerk und
– hierauf aufbauenden Muster-RBE (Risikobeschreibungen, Besonderen Bedingungen und Erläuterungen) zu den verschiedenen Arten der Haftpflichtversicherung (z. B. RBE Privat)

Die Musterbedingungen des GDV sind unverbindlich, d. h. die Versicherer können sich für die Gestaltung ihrer Versicherungsbedingungen an diesen orientieren oder auch anders lautende Regelungen (Klauseln) vorsehen. Die Haftpflichtbedingungen in Proximus 4 orientieren sich an den Musterbedingungen des GDV.

● **im Versicherungsschein** (und seinen Nachträgen) **dokumentierte Individualvereinbarungen,** u. a. zur Versicherungssumme, zum Versicherungsbeginn, aber auch zur Versicherung von Haftpflichtansprüchen, die nach den ebenfalls **im Versicherungsschein dokumentierten AVB** nicht als versichert gelten.

AHB
PR 2016

b) Allgemeine Versicherungsbedingungen für die Haftpflichtversicherung privater Risiken (AHB PR 2016) im Proximus 4 Bedingungswerk

Proximus 4 BE
S. 302 ff.

In diesem Bedingungswerk sind die Versicherungsbedingungen für die typischen privaten Risiken unter der vorgenannten Oberbezeichnung zusammengefasst.

Die **AHB PR 2016** gliedern sich in **zwei Teile.**

Teil A: Ausgestaltung des Versicherungsschutzes in der Haftpflichtversicherung
Teil B: Allgemeine Rechte und Pflichten der Parteien

Der Teil A kennt folgende Abschnitte:

- **Abschnitt 1** Privathaftpflichtversicherung

  Im Abschnitt 1 wird der Versicherungsschutz für die eigentliche Privat-HV geregelt, während die nachfolgenden Abschnitte 2–6 auf spezielle Risiken zugeschnitten sind, z. B. auf das Hundehalter-Risiko in der separaten Hundehalter-HV oder auf das Vermieter-Risiko in der speziellen Haus-Grundbesitzer-HV.

- **Abschnitt 2** Hundehalterhaftpflichtversicherung
- **Abschnitt 3** Pferdehalter-Haftpflichtversicherung
- **Abschnitt 4** Haus- und Grundbesitzerhaftpflichtversicherung
- **Abschnitt 5** Bauherren-Haftpflichtversicherung
- **Abschnitt 6** Gewässerschaden-Haftpflichtversicherung

Je nach Umfang des vereinbarten Versicherungsschutzes gelten die jeweils zutreffenden Abschnitte von privaten Haftpflichtrisiken. Für die Haftpflichtversicherung privater Risiken nach den AHB PR 2016 gelten auch die vorstehend (unter a) genannten gesetzlichen Grundlagen.

Hinweise zur Zitierweise im Rahmen dieses Lehrbuchs:

> **Beispiel:**
>
> »Versichert ist die gesetzliche Haftpflicht des Versicherungsnehmers aus der Ausübung von Sport.«

Diese Bestimmung findet sich in **Teil** A, **Abschnitt** 1, **Ziffer** 6.7.1 der AHB PR 2016 und wird hier wie folgt zitiert: A 1 Ziff. 6.7.1 AHB PR 2016

Da jeder neue Abschnitt innerhalb der Teile A und B mit der Ziffer 1 beginnt, wird der jeweilige **Teil** (Buchstabe A bzw. B) und der jeweilige **Abschnitt** (1 – 7 in Teil A, 1 – 4 in Teil B) der zitierten **Ziffer** vorangestellt, damit es nicht zu Verwechselungen kommt und Klarheit/Sicherheit herrscht, welche Ziffer gemeint ist.

Lernkontrollen zu A 5.1

Risikoanalyse und Risikobewältigung

1 Begründen Sie, warum eine Haftpflichtversicherung für die Bewältigung von Haftpflichtrisiken besonders geeignet ist.

2
> Familie Brings besteht aus 5 Personen.
>
> Heinz Brings betreibt einen Metallbaubetrieb und beschäftigt 3 Gesellen. Seine Ehefrau Inge ist als Pflegerin für eine Pflegeeinrichtung tätig. Ehrenamtlich führt sie die Kasse des Fördervereins an der Schule ihrer ältesten Tochter. Sohn Olaf studiert. Sein besonderes Hobby ist sein Motorrad. Tocher Ilona besucht das Gymnasium. Sie ist im Sportverein bei der Abteilung Bogenschießen angemeldet. Das Nesthäkchen Nina spielt häufig mit ihrem Hund und fährt leidenschaftlich gern mit ihrem Fahrrad.

- **Arbeitsauftrag**
  Analysieren Sie mögliche Haftpflichtrisiken, denen die Familienmitglieder aufgrund ihrer Tätigkeit bzw. Hobbys in besonderem Maße ausgesetzt sind.

5.2 Ausgestaltung des Versicherungsschutzes in der Haftpflichtversicherung

5.2.1 Versichertes Risiko und versicherte Personen in der Privathaftpflichtversicherung

5.2.1.1 Versicherte Eigenschaften/Tätigkeiten

Die Privat-HV ist ein besonders häufig anzutreffender Vertragstyp im Rahmen der Haftpflichtversicherung. Sie hat für jedermann Bedeutung, denn die meisten Haftpflichtrisiken des **täglichen Lebens** fallen in ihren Deckungsbereich.

AHB
PR 2016
A 1
Ziff. 1

Das versicherte Risiko umfasst hier die **gesetzliche Haftpflicht** (Deliktshaftung/Haftung aus positiver Vertragsverletzung) des VN und der mitversicherten Personen aus den **Gefahren** des **täglichen Lebens als Privatperson,** aber nicht aus den **Gefahren** eines **Betriebes, Berufes, Dienstes** oder **Amtes.**

Dies gilt grundsätzlich **auch für nebenberufliche** Tätigkeiten. In manchen Privat-HV – so auch bei Proximus 4 (vgl. A 5.2.4.2) – ist aber die gesetzliche Haftpflicht aus bestimmten selbstständigen nebenberuflichen Tätigkeiten (z.B. Flohmarktverkauf, Nachhilfeunterricht) bis zu einem bestimmten jährlichen Gesamtumsatz (z.B. bis maximal 6 000,00 €) mitversichert, sofern für diese Tätigkeiten kein Versicherungsschutz durch eine andere Haftpflichtversicherung besteht **(Subsidiaritätsklausel).**

a) Gefahren eines Betriebes bzw. Berufes

Hier handelt es sich vor allem um solche Gefahren, gegen die der Betroffene durch den Abschluss einer Berufs- oder Betriebs-HV abgesichert werden kann.

- Ein Haftpflichtschaden, der während der Arbeitszeit innerhalb und außerhalb des Betriebes entsteht, fällt in den Schutzbereich der Betriebs-HV, wenn gleichzeitig ein innerer Zusammenhang zwischen der schadenverursachenden Handlung und betrieblicher Tätigkeit besteht.

> **Beispiel: Betriebliche Tätigkeit**
>
> Eine Büroangestellte wird vom Büroleiter beauftragt, Briefmarken bei der Post zu besorgen. Im Rahmen dieser betriebsbedingten Besorgung verursacht sie als Radfahrerin einen Verkehrsunfall.

Die Privat-HV ist nicht leistungspflichtig. Das Schadenereignis (Unfall) ist nicht nur während der Arbeitszeit eingetreten, sondern es steht auch in einem inneren Zusammenhang zu einem betrieblichen Auftrag (betriebliche Tätigkeit). Deshalb hat die Betriebs-HV Versicherungsschutz zu gewähren und nicht die Privat-HV. Auch der Umstand, dass die Gefahren des Straßenverkehrs hier keine typischen Berufsgefahren sind, der Schaden sich also ohne weiteres auch im privaten Bereich hätte zutragen können, ändert nichts an diesem Ergebnis. Hätte allerdings der o. a. Besorgung kein betrieblicher Auftrag zugrunde gelegen (private Tätigkeit, z.B. um beim Bäcker eine Pizza für die Mittagspause zu holen), würde ein entsprechender Haftpflichtschaden von der Privat-HV zu regulieren sein, und zwar ungeachtet der Tatsache, dass der Schaden sich während der Arbeitszeit ereignet hat.

- Ein Haftpflichtschaden fällt auch dann nicht unter den Versicherungsschutz der Privat-HV, wenn der Betroffene (VN) in der Freizeit, außerhalb des Betriebes bzw. des betrieblichen Interesses, eine auf Dauer angelegte, zumeist gegen Engelt geplante **berufliche Tätigkeit** ausübt.

> **Beispiel: Berufliche Tätigkeit**
>
> Ein Büroangestellter, der sich in der Freizeit als Hobbygärtner betätigt, führt regelmäßig gegen Entgelt für private Auftraggeber Gartenarbeiten aus (Beschneiden von Bäumen, Hecken und Büschen) und bestreitet damit auch seinen Lebensunterhalt. Mit der Heckenschere verletzt er einen Passanten.

Wäre er allerdings nur gelegentlich und aus Gefälligkeit für andere tätig geworden, läge private Tätigkeit vor. Dazu ist anzumerken, dass die Entgegennahme von Entgelt allein nicht ausreicht für eine sachgerechte Abgrenzung von betrieblicher und privater Tätigkeit, denn für eine Freizeit- bzw. Hobbytätigkeit von praktischem Wert kann durchaus auch eine Aufwandsentschädigung erwartet werden.

Ist die schadenursächliche Tätigkeit dem hauptberuflichen Tätigkeitsbereich des VN zuzuordnen, so kann schon gelegentliches, gegen Entgelt geplantes Tätigwerden zum Deckungsausschluss führen, wenn also der »Freizeitgärtner« im o. a. Beispiel auch hauptberuflich als Gärtner tätig ist, z. B. beim städtischen Gartenbauamt der Stadt Köln.

Auch hier kommt es aber immer auf den Einzelfall an. Wer ungeplant und aus akutem Anlass einem anderen mit seinen beruflichen Fertigkeiten unentgeltlich Hilfe leistet, kann grundsätzlich davon ausgehen, dass er eine private, von der Privat-HV versicherte Tätigkeit ausübt.

b) Gefahren eines Dienstes oder Amtes

Als sinnvolle Ergänzung zur Privat-HV bietet sich hier der Abschluss einer Diensthaftpflichtversicherung bzw. einer Amts- und Vermögensschadenhaftpflichtversicherung an.

- **Dienst** ist eine Tätigkeit, die mit beruflicher Tätigkeit vergleichbar ist, nach dem Sprachgebrauch aber nicht unter den Begriff **Beruf** fällt. Unter Dienst in diesem Sinne ist z. B. der freiwillige Wehrdienst zu verstehen (vgl. A 5.2.4.2).

- Eine **Amtshaftung** kommt bei fehlerhaftem Handeln staatlicher Organe bzw. Bediensteter infrage. Das betrifft nicht nur Beamte, sondern auch Arbeiter und Angestellte im öffentlichen Dienst. Egal ob als Richter, Staatsanwalt, Polizist, Bundeswehrangehöriger, Krankenschwester, Lehrer oder als Verwaltungsangestellter – für Schäden, die der Angehörige des öffentlichen Dienstes Dritten zufügt, **haftet er** nach § 839 BGB häufig auch **persönlich** oder er muss mit Regressansprüchen des Dienstherrn rechnen, wenn dieser den Schaden ersetzt hat (vgl. A 2.4).

  Hat der Dienstherr nicht für einen entsprechenden Versicherungsschutz für seine Bediensteten gesorgt, bietet sich als sinnvolle Ergänzung zur Privat-HV der Abschluss einer Amts-HV und/oder Vermögenschaden-HV an.

  – Die **Amts-HV** ist auf Personen- und Sachschäden zugeschnitten. Sie bietet z. B. einem Lehrer ausreichenden Versicherungsschutz, der einen Unfall eines Schülers **(Personenschaden)** oder einen Schaden am Eigentum der Schule **(Sachschaden)** zu verantworten hat.

  – Die **Vermögensschaden-HV** benötigt dagegen z. B. der Behördenangestellte, der seinem **Dienstherrn** (ungünstiger Vertragsabschluss, Zahlung an Nichtberechtigte) bzw. **einem Dritten** (zu Unrecht verweigerte Genehmigungen/unrichtige Beratung) einen Vermögensschaden zugefügt hat.

Der Einschluss der gesetzlichen Haftpflicht aus dem Abhandenkommen von Dienstschlüsseln ist möglich (vgl. aber A 5.2.4.6).

5.2.1.2 Regelungen zu mitversicherten Personen und zum Verhältnis zwischen den Versicherten

AHB
PR 2016
A 1

Alle mitversicherten Personen haben den gleichen Versicherungsschutz wie der VN selbst. Gedeckt ist ihre **persönliche Haftpflicht,** wenn sie Dritte schädigen und dafür auf Schadenersatz in Anspruch genommen werden.

Die mitversicherten Personen lassen sich im wesentlichen unterscheiden nach

- Personen, die dem VN nahe stehen (z. B. Familienangehörige),
- weitere Personen im Zusammenhang mit Haushalt und Familie.

a) Regelungen zu den Personen, die dem VN nahe stehen

Vorbemerkung:

Ziff. 2

Falls die Privat-HV für Einzelpersonen beantragt wurde, besteht kein Versicherungsschutz für die nachstehend aufgeführten Personen.

Ziff. 9.3.6

Bei Änderung der persönlichen Verhältnisse (Heirat, Lebenspartnerschaft usw.) besteht je nach VR Versicherungsschutz im Rahmen der Vorsorgeversicherung. Die AHB PR 2016 schließen dies allerdings aus.

Ziff. 2.1.1

- **Ehegatten**
  - Der Ehegatte ist automatisch mitversichert, sobald die standesamtliche Trauung vollzogen ist.
  - Leben Ehegatten getrennt, so genießen beide dennoch aus dem gleichen Vertrag Versicherungsschutz. Erst mit der Ehescheidung erlischt der Versicherungsschutz für den mitversicherten Ehegatten, der ab diesem Zeitpunkt rechtzeitig über eine eigene Privat-HV verfügen sollte.

- **Eingetragene Lebenspartner**

Ziff. 2.1.2

- **Unverheiratete Kinder (auch Stief-, Pflege- und Adoptivkinder)**
  - Kinder geschiedener Eltern sind weiter mitversichert, und zwar auch dann, wenn das Sorgerecht nicht dem VN übertragen wurde.
  - Pflegekinder sind Minderjährige unter 16 Jahren, die sich dauernd oder nur für einen Teil des Tages, **jedoch regelmäßig** außerhalb des Elternhauses in Familienpflege (hier im Haushalt des VN) befinden.
  - Kinder sind auch dann bei den Eltern mitversichert, wenn sie nicht bei den Eltern leben.
  - Kinder des Lebensgefährten des VN sind ebenfalls mitversichert, solange die Voraussetzungen für die Mitversicherung von Lebensgefährten und Kindern erfüllt sind.
  - Heiratet ein Kind, so endet die Mitversicherung mit der standesamtlichen Trauung.

    Die Mitversicherung von Kindern endet auch, wenn sie eine eingetragene Lebenspartnerschaft eingehen.

- **Volljährige unverheiratete Kinder** sind mitversichert, solange sie sich noch in einer Schul- (nicht Abendschule) oder sich innerhalb von 12 Monaten unmittelbar anschließenden Berufsausbildung befinden. Als **berufliche Erstausbildung** ist versichert: Lehre und/oder Studium, auch Bachelor- und unmittelbar angeschlossener Masterstudiengang, Anerkennungsjahr; jedoch nicht Referendarzeit, Fortbildungsmaßnahmen udgl.

Damit soll sichergestellt werden, dass Kinder solange mitversichert sind, wie sie im Rahmen eines durchgängigen, zusammenhängenden Ausbildungsweges noch in der notwendigen Ausbildungsphase zu einem Beruf stehen und deshalb noch nicht die Finanzierung einer eigenen Versicherung von ihnen erwartet werden kann.

Außerdem erwartet der VN vom VR, dass Kinder solange mitversichert sind, solange Unterhaltspflicht für die Eltern besteht. Das gilt z.B. für ein Masterstudium, das unmittelbar an ein Bachelorstudium anschließt. Eine Ausbildung, mit welchem der Meistertitel erworben wird, muss dagegen nicht von den Eltern finanziert werden, ebenso wenig eine Promotion.

OLG
Düsseldorf
1998

Die Schwelle eines bestimmten Höchstlebensalters kennt die Privat-HV also nicht.

– Die Mitversicherung endet z.B. mit Bestehen der Prüfung als Kaufmann/Kauffrau für Versicherungen und Finanzen (erste Ausbildung).

– Eine zweite Ausbildung, die sich innerhalb von 12 Monaten an die Erstausbildung anschließt, ist ebenfalls mitversichert.

– Schließt sich unmittelbar an das Ende der Ausbildung eine Arbeitslosigkeit an, besteht bei einigen Versicherungen noch bis zu einem Jahr Versicherungsschutz, meistens mit der Einschränkung, dass das arbeitslose Kind dann bei den Eltern (VN) wohnt und in diesem Fall auch jünger als 30 Jahre ist.

– Bei Ableistung des freiwilligen Wehrdienstes, des Bundesfreiwilligendienstes oder des freiwilligen sozialen Jahres vor, während oder im Anschluss an die Berufsausbildung bleibt der Versicherungsschutz bestehen.

● Durch besondere Vereinbarung kann als zusätzliches Risiko auch der »Lebenspartner« des VN (Partner einer nichtehelichen Lebensgemeinschaft) und dessen Kinder mitversichert werden, vorausgesetzt

AHB
PR 2016
A 1
Ziff. 2.1.4

– der Lebenspartner lebt in häuslicher Gemeinschaft mit dem VN,

– der Lebenspartner ist unter der Anschrift des VN amtlich gemeldet,

– beide (der VN und der mitversicherte Lebenspartner) sind unverheiratet

Haftpflichtansprüche des Partners und dessen Kinder gegen den VN sind allerdings – solange die Mitversicherung besteht – vom Versicherungsschutz ausgeschlossen (vgl. A 1 Ziff. 7.4.1).

Die Mitversicherung für den Lebenspartner und dessen Kinder, die nicht auch die Kinder des VN sind, endet mit der Aufhebung der häuslichen Gemeinschaft zwischen dem VN und dem Lebenspartner.

● Ohne besondere Vereinbarung sind schließlich noch folgende Personen mitversichert, wenn diese mit dem VN in häuslicher Gemeinschaft leben:

– Volljährige **unverheiratete Kinder mit geistiger Behinderung.**

Ziff. 2.1.3

– **Alleinstehende, unverheiratete, pflegebedürftige Angehörige,** soweit Pflegebedürftigkeit von mindestens Pflegegrad II festgestellt wurde.

Ziff. 2.1.6

Die Mitversicherung bleibt bei direkt anschließendem Aufenthalt in einem Pflegeheim bestehen, wenn kein anderweitiger Versicherungsschutz, z.B. über eine Versicherung des Pflegeheims, besteht **(Subsidiaritätsklausel).**

– **Minderjährige Gast- und Austauschkinder** sowie Au-Pairs (während der Dauer des Gastaufenthalts max. für 1 Jahr), soweit für sie nicht aus einem anderen Haftpflichtversicherungsvertrag Versicherungsschutz besteht **(Subsidiaritätsklausel).**

Ziff. 2.1.7

Mitversicherung volljähriger Jugendlicher über die elterliche Privat-HV

☐ Versicherungsschutz gegeben   ☐ Versicherungsschutz nicht gegeben

Schule	Lehre oder Studium*	Grundwehrdienst/ Zivildienst

Schule	Studium*/Lehre *abgebrochen* (z. B. wegen Betriebsschließung)	neues Studium*/ neue Lehre

Schule	Wartezeit (bis zu einem Jahr)	Lehre/ Studium*	zweite Ausbildung/ Studienbeginn (innerhalb von 12 Monaten)

Schule	freiwilliger Wehrdienst/ freiwilliges soziales Jahr	Studium*	Referendarzeit (z. B. Jurist, Lehrer)

Schule	Soldat auf Zeit	Lehre oder Studium*

*inkl. Betriebspraktika für eine Dauer von bis zu 12 Monaten

AHB
PR 2016
B 2

Besonderheit: »Mehrfachversicherung«

Eine Mehrfachversicherung liegt vor, wenn das Risiko in mehreren Versicherungsverträgen versichert ist. Das ist häufig gegeben z. B.

Ziff. 4

- bei **Ehegatten** bzw. **Lebenspartnern:** In der Regel haben beide Ehegatten (Lebenspartner) mit ihrer Heirat (Beginn ihrer »häuslichen Gemeinschaft«) bereits eine eigene Privat-HV. Wegen der Mitversicherung (Mitversicherungsmöglichkeit) im Kompaktmodell des jeweiligen anderen Ehegatten (Lebenspartners) entsteht dann eine »Mehrfachversicherung«, deren Aufhebung in der Weise herbeigeführt werden kann, dass der VR, bei dem die Police mit dem älteren Abschlussdatum besteht (»Prinzip der älteren Rechte«), entsprechend informiert und gleichzeitig veranlasst wird beim VR mit der »jüngeren« Police die Vertragsauflösung zu verlangen.

VVG
§ 78

  Hierzu ist dem »älteren« VR der Name und das Geburtsdatum des nun mitversicherten Ehegatten (Lebenspartner) anzugeben – ebenso dessen VR mit der Versicherungsnummer der »jüngeren« Police. Die Aufhebung des »jüngeren« Vertrages wird wirksam, wenn dem »jüngeren« VR das Aufhebungsverlangen zugeht.

- bei **Kindern geschiedener Eltern:** Wenn der aus der Mitversicherung ausgeschiedene Ehegatte nach der Scheidung eine nichteheliche oder neue eheliche Lebensgemeinschaft eingeht, sind die aus der geschiedenen Ehe mitgenommenen Kinder beim nichtehelichen Lebenspartner unter den Voraussetzungen nach A 1 Ziff. 2.1.4 AHB PR 2016 oder beim neuen Ehegatten (VN) mitversichert.

> **Beispiel:**
>
> Frau Abel zieht nach ihrer Scheidung mit Sohn Max zu ihrem neuen Lebenspartner Herrn Ruf und ist unter der Anschrift von Herrn Ruf auch amtlich gemeldet.
> Sie und ihr Sohn Max wurden als zusätzliches Risiko nach A 1 Ziff. 2.1.4 AHB PR 2016 in die Privat-HV von Herrn Ruf eingeschlossen.
>
> ● Frau Abel und ihr Sohn Max ist jetzt bei Herrn Ruf (VN mit Versicherungsschutz nach dem Kompaktmodell) mitversichert und zwar solange, wie die »häusliche Gemeinschaft« der beiden Partner fortbesteht.
>
> ● Max ist aber auch noch bei seinem leiblichen Vater mitversichert, selbst wenn dieser nicht das Sorgerecht hat.

Haben beide Partner einer nichtehelichen Lebensgemeinschaft eine **eigene Privat-HV** – verzichten sie also auf die Mitversicherungsmöglichkeit im Kompaktmodell – sind **gegenseitige Schadenersatzansprüche** nicht vom Versicherungsschutz ausgeschlossen. Die »häusliche Gemeinschaft« ändert daran nichts, denn Partner einer nichtehelichen Lebensgemeinschaft gelten nicht als »Angehörige«, so dass ihre gegenseitigen Ansprüche nicht vom Versicherungsschutz ausgeschlossen sind.

AHB
PR 2016
A 1
Ziff. 7.4.1

b) Regelungen zu weiteren Personen, die mitversichert sind

● im Haushalt des VN beschäftigte Personen (Reinemachefrau, Haushaltshilfe, Babysitter) gegenüber Dritten aus dieser Tätigkeit

● Personen, die die in A 1 Ziff. 6.3 bezeichneten Wohnungen, Häuser, Gärten des VN betreuen oder im Winter den Streudienst übernehmen, sei es aufgrund eines Arbeitsvertrages als Verrichtungsgehilfe i.S.v. § 831 BGB (z.B. Gärtner) oder aus reiner Gefälligkeit

Ziff. 2.1.5

– Versichert ist auch hier die **persönliche Haftpflicht** dieser Personen, wenn sie im Rahmen der oben aufgeführten Tätigkeiten von Dritten auf Schadenersatz in Anspruch genommen werden.

– Diese Regelung gilt auch dann, wenn der VN (Haushaltsvorstand) als Einzelperson (Single-Tarif) versichert ist.

Ziff. 2

> **Beispiele:**
>
> Die hilfsbereite Nachbarin
>
> ● gießt während der Urlaubsreise des VN die Balkonblumen und lässt dabei versehentlich die Gießkanne herunterfallen, die einen Passanten an der Schulter trifft und verletzt;
>
> ● bringt den vierjährigen Sohn des VN zum Kindergarten und vernachlässigt dabei ihre Aufsichtspflicht, sodass ein Radfahrer durch das unbedachte Verhalten des Kindes zu Schaden kommt.

c) Regelungen zum Verhältnis zwischen den Versicherten

Mitversicherte haben den gleichen Versicherungsschutz wie der VN selbst. Dabei gelten allerdings folgende Regelungen:

● Alle für den VN geltenden Vertragsbestimmungen sind auf die Mitversicherten entsprechend anzuwenden, **dies gilt nicht für den Versicherungsschutz im Rahmen der »Vorsorgeversicherung«** (vgl. A 5.2.6.2), wenn das »neue Risiko« nur für den Mitversicherten entsteht

Ziff. 2.2

> **Beispiel:**
>
> Das Hundehalterrisiko ist in der Privat-HV vom Versicherungsschutz ausge-
> schlossen. Es ist aber im Rahmen der Vorsorgeversicherung als »neues« Risiko
> vorübergehend, d.h. bis zum rechtzeitigen Abschluss einer separaten Hunde-
> halter-HV, »vorsorglich« mit eingeschlossen. Das gilt aber nur für den VN.

Schafft sich daher der beim VN noch mitversicherte Sohn Max am Studienort in
München einen Hund an, hat er als Hundehalter keinen Vorsorgeversicherungsschutz über die Privat-HV des Vaters.

AHB
PR 2016
A 1
Ziff. 7.3

● Nicht versichert sind »**Ansprüche der Versicherten untereinander**«.

> **Beispiel:**
>
> Max, der in Köln studiert und als Student in der Privat-HV seines Vaters mit-
> versichert ist, besucht diesen in Mönchengladbach. Dort stürzt er vor dem elter-
> lichen Einfamilienhaus wegen Schneeglätte. Der Vater war der behördlich vor-
> gesehenen Räum- und Streupflicht nicht nachgekommen. Brille und Smartphone
> werden durch den Sturz beschädigt. Die Schadenersatzansprüche, die der mit-
> versicherte Sohn hier gegenüber dem Vater (VN) geltend machen kann, sind vom
> Versicherungsschutz ausgeschlossen.

Mitversichert sind jedoch etwaige übergangsfähige Regressansprüche der GKV bzw. PKV für
Behandlungskosten, wenn sich der Sohn bei dem Sturz auch noch verletzt hatte.

Ziff. 2.3

● Unabhängig davon, ob die Voraussetzungen für Risikobegrenzungen oder Ausschlüsse in der Person des VN oder eines Mitversicherten vorliegen, entfällt der
Versicherungsschutz sowohl für den VN als auch für den Mitversicherten.

Diese Regelung findet u.a. keine Anwendung (vgl. A 5.2.4.16/A 5.2.5.2/A 7) wenn
der Schaden,

Ziff. 7.1

(1) »**vorsätzlich**« oder

Ziff. 7.15

(2) durch eine »**ungewöhnliche und gefährliche Beschäftigung**« herbeigeführt
wurde. In diesen Fällen verliert nur der Schadenverursacher – nicht der unbeteiligte VN bzw. der unbeteiligte Mitversicherte den Versicherungsschutz.

> **Beispiele:**
>
> Der VN wird gem. § 832 BGB auf Schadenersatz verklagt, weil der 12-jährige
> Sohn
>
> zu (1) das Auto des Nachbarn mutwillig zerkratzt hat.
>
> zu (2) durch Zünden einer Kugelbombe (gefährlich) während eines Sommer-
> festes (ungewöhnlich) einen Brand verursacht hat.

Ziff. 2.4

● Die Ausübung der Rechte aus dem Versicherungsvertrag steht ausschließlich dem
VN – dem Vertragspartner des VR – zu.

D.h. nur der VN und nicht der Mitversicherte hat das Recht, z.B. den Versicherungsvertrag zu
kündigen.

● Für die Erfüllung der Obliegenheiten sind dennoch sowohl der VN als auch die
mitversicherten Personen verantwortlich.

Ziff. 6.17

D.h. auch der Mitversicherte hat nur dann Versicherungsschutz, wenn er die Obliegenheiten
des Versicherungsvertrages erfüllt, z.B. auf seinem PC die erforderlichen Sicherheitsvorkehrungen (u.a. Virenscanner, Firewall) trifft. Verletzt er diese Obliegenheit, gefährdet er den
Versicherungsschutz für den Fall, dass er beim Austausch von elektronischen Daten – u.a. im
Internet per Email – von Dritten für fehlerhaftes Verhalten haftbar gemacht wird.

Lernkontrollen zu A 5.2.1

Versichertes Risiko

Gefahren des täglichen Lebens

1 Prüfen Sie jeweils die Deckungspflicht des Privathaftpflicht-VR:

  a) In total betrunkenem Zustand beschädigt der VN als Radfahrer ein parkendes Auto.

  b) Die Versicherungsnehmerin Schröter hat eine Herdplatte versehentlich nicht ausgeschaltet, wodurch ein Küchenbrand entstehen konnte. Eine Hausbewohnerin verlangt Schadenersatz, da Teile ihres Hausrates durch eingedrungenen Ruß beschädigt wurden.

2 Der Agenturinhaber bittet seinen Auszubildenden, zwei Packungen gemahlenen Kaffee im Lebensmittelgeschäft zu besorgen, da eine Besprechung anstehe und er vergessen habe, neuen Kaffee mitzubringen.

  Der Auszubildende schwingt sich auf sein Fahrrad und fährt dabei verbotswidrig durch die Fußgängerzone. Als ein Fußgänger plötzlich seine Gehrichtung ändert, kann er nicht mehr ausweichen. Der Fußgänger stürzt durch den Anprall und verletzt sich.

  a) Leistet die Privat-Haftpflichtversicherung der Eltern des Auszubildenden?

  b) Wie würden Sie den Fall beurteilen, wenn der Auszubildende den Kaffee während der Dienstzeit nicht für den Agenturinhaber, sondern für seine Freundin beschaffen wollte?

3 Stehen auch die nebenberuflichen Tätigkeiten des VN, z. B. als Eisverkäufer, Meinungsforscher, Zeitungsausträger usw., unter Versicherungsschutz seiner Privat-HV?

4 Prüfen Sie welche Versicherung betroffen ist (Privat-HV, Betriebs-HV, Amts-HV, Vermögensschaden-HV).

  a) Ein Physiklehrer erläutert einen Schülerversuch nicht gründlich genug. Durch Überhitzung werden beim Versuch Messgeräte der Schule beschädigt. Reparaturkosten für die Geräte 600,00 €.

  b) Ein Bediensteter im Bauamt hat eine rechtswidrige Baugenehmigung erteilt. Daraufhin beginnt der Bauherr mit den Bauarbeiten. Einen Monat später wird die Baugenehmigung aufgrund eines Widerspruchs des Nachbarn aufgehoben. Die Aufwendungen des Bauherrn betrugen inzwischen 20 000,00 €.

  c) Ein angestellter Arbeiter einer Umzugsfirma kommt am Wochenende vom Einkaufen nach Hause. Dabei sieht er, dass sein Nachbar gerade umzieht. Spontan hilft er ihm einen sperrigen Schrank aus dem Treppenhaus zu tragen. Hierbei verursacht er Schäden an der Treppenhauswand.

  d) Eine Rechtsanwaltsgehilfin wird von ihrem Chef beauftragt, neue Druckerpatronen zu besorgen. Auf ihrem Fußweg zum Laden verursacht sie einen Verkehrsunfall.

  e) Nach Büroschluss hat ein Behördenangestellter auf dem Heimweg den ihm anvertrauten Dienstschlüssel verloren.

Mitversicherte Personen

5 Der 19-jährige Sohn hat gerade das Abitur gemacht. Prüfen und begründen Sie, ob er in den folgenden alternativen Fällen noch über die elterliche Privat-HV mitversichert ist oder nicht.

  a) Er dient im Augenblick als Zeitsoldat (Soldat auf Zeit) in der Bundeswehr, anschließend wird er Medizin studieren.

  b) Er jobbt während einer sechsmonatigen Wartezeit auf das Medizinstudium als Kfz-Fahrer und kann erst dann sein Studium beginnen.

c) Er studiert Volkswirtschaftslehre, macht sein Examen und beginnt dann eine Lehre als Kaufmann für Versicherungen und Finanzen.

d) Er absolviert anschließend mit Erfolg eine Bankkaufmannslehre und geht dann zur Bundeswehr (freiwilliger Wehrdienst).

e) Er beginnt ein Medizinstudium, bricht dieses kurz darauf ab, um eine Lehre als Kaufmann für Versicherungen und Finanzen zu beginnen.

f) Er beginnt ein Medizinstudium, heiratet nach dem zweiten Semester und bricht sechs Semester später sein Studium ab.

g) Nach Abschluss des Bachelorstudiengangs in Elektrotechnik absolviert er den Master in Ingenieurinformatik, um anschließend mit der Ingenieurpromotion zu beginnen.

6 Die 16-jährige Tochter des VN bricht ihre Lehre ab, arbeitet von da ab als Küchenhilfe und heiratet kurz nach ihrem 17. Geburtstag.

7 Sie sind Mitarbeiter in einer Versicherungsagentur und beraten gerade den Kunden Laux. Der Kunde hat vor 20 Monaten bei der Proximus Versicherung AG eine Privat-HV mit 3-jähriger Laufzeit abgeschlossen (VS 30 Mio. € – Jahresprämie 50,00 €). Er teilt ihnen heute mit, dass er seit einem Monat mit der geschiedenen Frau Beck und deren 9-jähriger Tochter Susanne zusammenlebt.

a) Herr Laux möchte von Ihnen wissen,
   – unter welcher Voraussetzung er seine neue Lebenspartnerin und deren Tochter in seine Privat-HV mit einschließen kann,
   – ob eventuell Frau Beck und deren Tochter Susanne vielleicht weiterhin in der Privat-HV ihres geschiedenen Ehemannes mitversichert sind.

b) Nehmen Sie an, Frau Beck hätte nach ihrer Scheidung schon bei der Argo Versicherung AG eine eigene Privat-HV abgeschlossen. Wie ist vorzugehen, um hier eine Mehrfachversicherung zu vermeiden?

c) Herr Laux fragt Sie auch, ob es evtl. von Vorteil sein könnte, wenn beide ihre Privat-HV weiter aufrechterhalten?

8 Die Putzhilfe des VN schüttelt Teppiche aus. Dabei fällt ihr ein Teppich über die Balkonbrüstung direkt auf einen Passanten. Dieser wird dabei so unglücklich zu Boden gerissen, dass ihm die Brille zerbricht.

a) Ist der Privathaftpflicht-VR der Putzhilfe oder der des VN deckungspflichtig (mit Begründung)?

b) Wie würden Sie die Frage nach der Deckungspflicht beantworten, wenn für den VN eine Privat-HV für Einzelpersonen (Single-Tarif) besteht?

9 Leistet in den folgenden Fällen die Privat-HV des VN:

a) Das minderjährige englische Gastkind im Haushalt des VN zertrümmert mit dem Fußball eine Fensterscheibe im Nachbarhaus.

b) Nach Mitversicherung von Frau Beck und deren Tochter in der Privat-HV von Herrn Laux (vgl. Aufg. 7), stürzt die Tochter bei Glatteis vor dem Einfamilienhaus von Herrn Laux (VN). Dabei wird sie verletzt und ihr Notebook beschädigt. Die Behandlungskosten für die Verletzungen der Tochter trägt die Krankenkasse. Diese nimmt daraufhin Herrn Laux in Regress.

c) Aus Verärgerung über den Nachbarn schneidet die Ehefrau des VN den blühenden Rosenstrauch im Garten des Nachbarn komplett ab.

d) Nachdem der Vater des VN verstorben war, gab die gehbehinderte Mutter ihre Wohnung auf und zog zum VN. Beim Gießen der Balkonpflanzen in der Mietwohnung des VN rutscht sie auf einer Wasserlache aus, stürzt und stößt dabei so heftig gegen einen Blumenkasten, dass sich dieser aus der Verankerung löst und auf die Terrasse des Mieters im Erdgeschoss fällt. Dort gehen mehrere Blumentöpfe und ein Liegestuhl zu Bruch.

5.2.2 Gegenstand der Haftpflichtversicherung

AHB
PR 2016
A 1
Ziff. 3.1

> **Folgende Fallmerkmale kennzeichnen den Gegenstand der Haftpflichtversicherung:**
>
> - Während der Wirksamkeit der Versicherung tritt ein Schadenereignis ein (vgl. A 5.2.2.1).
> - Als Zeitpunkt des Schadenereignisses gilt i.d.R. der Schadeneintritt, bei bestimmten Verträgen jedoch der Verstoß, der zum Schaden führt (vgl. A 5.2.2.2).
> - Das Ereignis hat einen Personen- oder Sachschaden zur Folge (vgl. A 5.2.2.3).
> - Der VN wird für diese Folgen von einem Dritten auf Schadenersatz in Anspruch genommen (vgl. A 5.2.2.4).
> - Anspruchsgrundlage ist eine gesetzliche Haftpflichtbestimmung privatrechtlichen Inhalts (vgl. A 5.2.2.5).

5.2.2.1 Wirksamkeit der Versicherung

In der allgemeinen Haftpflichtversicherung sind nur solche **Schadenereignisse** gedeckt, die während der **Wirksamkeit der Versicherung** eingetreten sind.

- Der Versicherungsschutz muss materiell begonnen haben, d.h., der VN muss die Erst- oder Einmalprämie rechtzeitig gezahlt haben (vgl. A 5.3.1).

  B 1
  Ziff. 2.1,
  2.2

  Die Zahlung ist rechtzeitig, wenn sie nach Zugang des Versicherungsscheins und nach Ablauf von 14 Tagen **unverzüglich** erfolgt. Der Versicherungsschutz beginnt dann zu dem im Versicherungsschein angegebenen Zeitpunkt, ggf. also auch rückwirkend, wenn der Versicherungsschein erst nach diesem Beginn zugestellt wurde (sog. **erweiterte Einlösungsklausel**).

  VVG
  § 33 (1)
  § 8

  Die Rechtzeitigkeit einer Zahlung nach Ablauf von 14 Tagen (2 Wochen) ist im VVG geregelt und steht im Zusammenhang mit dem zweiwöchigen Widerrufsrecht.

- Der Versicherungsschutz darf zum Zeitpunkt des **Schadenereignisses** weder beendet (z.B. durch Kündigung zum Ablauf) noch unterbrochen worden sein (z.B. durch Verletzung einer Obliegenheit).

Dagegen ist es **unerheblich**, ob noch zum Zeitpunkt der erstmaligen **Ansprucherhebung durch den geschädigten Dritten** Versicherungsschutz besteht.

> **Beispiel:**
> Ein VN hat seine Haftpflichtversicherung zum 31. März d.J. gekündigt. Am 10. April d.J., also nach Beendigung des Vertragsverhältnisses, meldet er noch einen Schaden, der sich allerdings vor dem 31. März d.J. (Ablauftermin) ereignet hat.

Der VR ist leistungspflichtig, weil das **Schadenereignis in der Zeit der Wirksamkeit der Versicherung** eingetreten ist.

5.2.2.2 Zeitliche Festlegung des Versicherungsfalls

a) Schadenereignis (»Ereignistheorie«)

A 1
Ziff. 3.1

Jedes Schadenereignis ist die Folge eines Verstoßes. Für die Deckungspflicht des VR ist von Bedeutung, dass das **Schadenereignis**, also der Schaden selbst, während der Versicherungsdauer eintritt.

> **Beispiel:**
>
> Ein auf dem Bürgersteig fahrender Radfahrer, der seine Privat-Haftpflichtversicherung zum 31. Dezember d. J. gekündigt hat, fährt am letzten Tag des Jahres eine alte Dame an (Verstoß). Die Dame erleidet einen komplizierten Knöchelbruch (Ereignis) und muss zweimal operiert werden.

Da das Ereignis noch in den Vertragszeitraum fällt, ist der VR verpflichtet, den Schaden zu ersetzen.

Es ist **nicht** erforderlich, dass auch der **Verstoß**, also die ursächlich schädigende Handlung des Versicherten (Kausalereignis), sich während der Versicherungsdauer ereignet hat.

> **Beispiel: Haus- und Grundbesitzer-HV**
>
> Vor dem Einzug des neuen Mieters hat der VN am 10. April d. J. auf dem Balkon der zu vermietenden DG-Wohnung seines Dreifamilienhauses eine Markise montiert. Da der VN fahrlässigerweise zu schwache Wanddübel verwendet hat, bricht die Markise am 20. Sept. d. J. aus der Wand und fällt auf den gerade gedeckten Kaffeetisch. Dabei wird der Mieter verletzt, der Balkontisch beschädigt und das Geschirr geht zu Bruch.
>
> Bis zum 31. Mai d. J. unterhielt der VN bei der Venus-Versicherung eine Haus- und Grundbesitzer-HV. Seit dem 01. Juni d. J. steht er bei der Jupiter-Versicherung unter Vertrag.

Obwohl sich der **Verstoß** (fehlerhafte Montage am 10. April d. J.) **vor Abschluss des neuen Versicherungsvertrags** ereignet hat, haftet hier dennoch der **neue VR** (Jupiter-Versicherung), da das **Schadenereignis** selbst (Personen- und Sachschaden am 20. Sept. d. J.) **in die Wirksamkeit des neuen Vertrages** fällt **(Schadenereignistheorie).**

Das denkbare zeitliche Auseinanderfallen von Verstoß und Ereignis hat folgende Wirkungen in bezug auf den Versicherungsvertrag:

(1) Der Verstoß liegt vor Vertragsbeginn, das Ereignis tritt während der Vertragsdauer ein: Der VR übernimmt eine **Vorhaftung** für ein Risiko, dass bei Vertragsabschluss schon latent vorhanden ist **(Sofortversicherung).**

(2) Der Verstoß liegt im Vertragszeitraum, das Ereignis tritt nach Beendigung des Versicherungsvertrages ein, weil die Haus- und Grundbesitzer-HV gekündigt worden war.

Dies führt zu einer Deckungslücke, wenn das Schadenereignis dann zu einem Zeitpunkt eintritt, bevor Deckungsschutz aus einer neuen Haus- und Grundbesitzer-HV besteht.

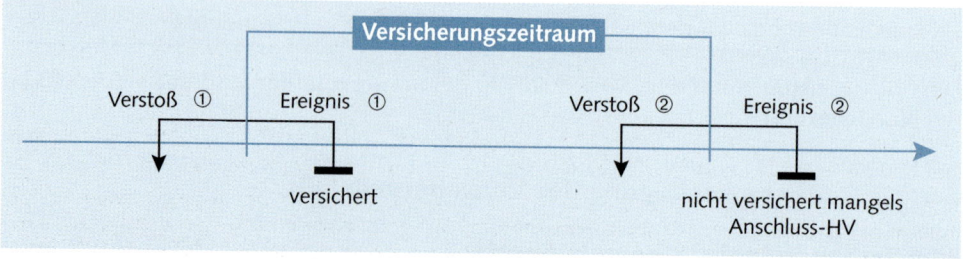

In der Betriebs-HV führt die Betriebsaufgabe (Wegfall des versicherten Risikos) zur Vertragsauflösung. In einem solchen Fall wird der VN von seinem VR auf die Möglichkeit des Abschlusses einer Anschluss-HV (Nachhaftungsversicherung) hingewiesen. Bei einem VR- oder Eigentümerwechsel wird diese Deckung natürlich nicht geboten.

b) Kausalereignis (»Verstoßtheorie«)

In den meisten Formen der Berufs-HV gilt allerdings der Verstoß (das berufliche »Versehen«) als Versicherungsfall, z. B. in der Vermögenschaden-HV für bestimmte Berufe des Dienstleistungssektors, u. a. Steuerberater, Rechtsanwälte, Hausverwalter, Versicherungsvermittler und Finanzdienstleister. Sie nehmen aus beruflichen Gründen fremde Vermögensinteressen wahr und werden beratend, begutachtend, prüfend, verwaltend tätig. Die Haftung erfolgt hier aufgrund der Verletzung vertraglicher bzw. vermögensbezogener Sorgfaltspflichten.

Der Pflichtverstoß muss hier in den Versicherungszeitraum fallen, weil die Vermögensschäden, die sich möglicherweise aus dem Pflichtverstoß ergeben, in der Regel nicht sofort sichtbar werden, sondern erst nach einiger Zeit zutage treten.

> **Beispiel: Vermögensschaden-HV eines Steuerberaters**
>
> Am 20. Febr. d. J. hat ein Steuerberater seinen Klienten über Abschreibungsmöglichkeiten falsch beraten. Der Klient hat daraufhin in seiner Steuererklärung, die er am 20. Juni d. J. beim Finanzamt eingereicht hat, ein zu hohes steuerpflichtiges Einkommen erklärt.

Während der Zeitpunkt des Verstoßes eindeutig ist (20. Febr. d. J.), kann der Zeitpunkt des Schadeneintritts zweifelhaft sein.

Es könnte die Abgabe der Steuererklärung, der Zugang des Steuerbescheides oder der Ablauf der Widerspruchsfrist als Zeitpunkt des Schadeneintritts infrage kommen. Der Versicherungsschutz umfasst die Folgen aller vorkommenden Verstöße vom Vertragsbeginn bis zum Vertragsende. Das gilt auch, wenn das durch den Verstoß bedingte spätere Schadenereignis erst nach Beendigung des Versicherungsvertrages eintritt **(Zukunftssicherung).**

Da bei der Anwendung der Verstoßtheorie zwar **eine Nachhaftung** des VR, aber **keine Vorhaftung** besteht, sehen die AVB der Vermögenschaden-HV die Möglichkeit einer **Rückwärtsversicherung** vor. Voraussetzung für eine Rückwärtsversicherung ist aber, dass die Verstöße dem VN bis zum Vertragsabschluss nicht bekannt sind.

c) Erste Feststellung eines Versicherungsfalls (»Manifestationstheorie«)

In der Umwelt-HV gilt die nachprüfbar **erste Feststellung** eines Personen-, Sach- oder Vermögensschadens (Manifestation) während der Vertragsdauer als Versicherungsfall.

> **Beispiel:**
>
> Der VN registriert seit geraumer Zeit einen erheblichen Ölverbrauch seiner Heizungsanlage. Der herbeigerufene Installateur kann keinen Defekt an der Heizung feststellen und man beschließt deshalb, den Erdöltank zu untersuchen. Dabei wird festgestellt, dass Erdöl aussickern konnte und das Erdreich erheblich verseucht wurde.

Die Manifestationstheorie berücksichtigt, dass der Zeitpunkt des Schadenereignisses bei Umweltschäden häufig nicht oder nur ungenau ermittelt werden kann.

In anglo-amerikanischen Haftpflichtpolicen und in den Haftpflichtversicherungen international agierender Unternehmen wird der Versicherungsfall üblicherweise nach dem **»Claims-made-Prinzip«** definiert. Danach kommt es unabhängig vom Zeitpunkt, in dem der haftungsbegründende Pflichtenverstoß oder aber der Schadeneintritt erfolgte, auf den Zeitpunkt an, in dem der Geschädigte gegen den Versicherungsnehmer Schadenersatzansprüche geltend macht.

In der Manager-HV (D&O/Directors & Officers) wird das **Verstoßprinzip** mit dem **»Claims-made-Prinzip«** kombiniert, d. h. für den Deckungsschutz müssen **Pflichtverstoß und Anspruchserhebung** in den Versicherungszeitraum fallen.

5.2.2.3 Versicherte Schadenarten

AHB
PR 2016
A 1
Ziff. 3.1

a) Ansprüche aus Personen- und Sachschäden

In Anlehnung an das Haftpflichtrecht erstreckt sich der Gegenstand der Haftpflichtversicherung – nach A 1 Ziff. 3.1 – ausdrücklich nur auf folgende Schadenarten:

➤ **Tötung, Verletzung oder Gesundheitsschädigung von Menschen (Personenschaden)**

Ziff. 7.9
Ziff. 7.10

Dazu gehören auch psychische Folgen eines Schadenereignisses und Schmerzensgeldansprüche aufgrund einer Gesundheitsschädigung, nicht dagegen Ansprüche aus Verletzung des über § 823 BGB geschützten Persönlichkeitsrechts (Verleumdung, Beleidigung, Recht auf Freiheit), bei dem nicht gleichzeitig eine Gesundheitsstörung vorliegt.

➤ **Beschädigung und Vernichtung von Sachen (Sachschaden)**

Dabei muss nicht die Substanz der Sache beeinträchtigt worden sein. Es genügt eine wesentliche Minderung ihrer Gebrauchsfähigkeit bzw. ihres wirtschaftlichen Wertes. Deshalb ist ein mit Farbe bespritztes Kleidungsstück ebenso sachbeschädigt wie ein Pkw-Reifen, aus dem die Luft durch Öffnen des Ventils herausgelassen wurde.

Dagegen liegt kein Sachschaden vor, soweit eine Sache von vornherein mangelhaft hergestellt wird, denn der Sachschadenbegriff setzt generell eine schon fertige Sache voraus.

➤ **Vermögensfolgeschäden als Folge von Personen- oder Sachschäden**

Sie sind als **sog. unechte Vermögensschäden** nach A 1 Ziff. 3.1 im Rahmen der vereinbarten Deckungssummen ohne weitere Begrenzung immer **mitversichert**.

Beispiele:

- Verdienstausfall im Zusammenhang mit einem Personenschaden
- Mietwagenkosten im Zusammenhang mit einem Sachschaden

---

b) Abgrenzung: reine Vermögensschäden und Abhandenkommen von Sachen

- **Reine Vermögensschäden**

  Reine Vermögensschäden sind solche Schäden, die weder durch einen vorangegangenen Personen- noch durch einen Sachschaden entstanden sind.

Beispiele:

Der VN hat

- sein Fahrrad vor einer Garagenausfahrt angekettet, so dass jemand sein Fahrzeug nicht benutzen kann und für ihn Taxikosten entstehen.
- einen Ratsuchenden in Kapitalanlagefragen beraten. Dieser folgt dem Rat und realisiert einen Verlust.

Innerhalb der Privat-HV sind reine Vermögensschäden aber selten und in A 1 Ziff. 3.1 nicht generell mitversichert. Deckung wird erst später in A 1 Ziff. 6.16 geboten, hier allerdings verbunden mit einem umfangreichen Ausschlusskatalog (vgl. A 5.2.4.12).

Ziff. 6.16
Ziff. 6.16.2

Die meisten der dort aufgeführten Ausschlusstatbestände – wie planende, gutachterliche oder beratende Tätigkeit – betreffen in erster Linie berufliche oder gewerbliche Risiken, die ohnehin vom Versicherungsschutz in der Privat-HV ausgenommen sind (vgl. A 5.2.1.1). Versicherungsschutz bietet hier aber – wie oben schon ausgeführt – die spezielle Berufs-Vermögenschaden-HV für bestimmte Dienstleister.

● **Abhandenkommen von Sachen**

Der Verlust einer Sache ist eigentlich als Vermögensschaden einzuordnen. Dennoch wird in den AHB PR 2016 der Haftpflichtversicherer das Abhandenkommen von Sachen meistens als eigene Schadensart behandelt. Grundsätzlich mitversichert – so auch bei Proximus – sind in der Regel nur Schlüsselverlustschäden, für die der VN z. B. von seinem Vermieter haftbar gemacht werden könnte.

AHB
PR 2016
A 1 Ziff.
6.16.2.12

Ziff. 6.6.1

Soll darüber hinaus das Abhandenkommen von Sachen mitversichert sein, bedarf es einer zusätzlichen Vereinbarung.

Der Sinn der Regelung, dass Versicherungsschutz wegen Abhandenkommens von Sachen nur auf besondere Vereinbarung hin geboten wird, liegt darin, dass der VR nicht mit den Problemen unklarer Ersatzverpflichtungen des VN aus der Haftung für Abhandenkommen von Sachen belastet werden will.

> **Beispiel:**
> Der VN joggt auf dem Deck eines Kreuzfahrtschiffes. Plötzlich stolpert er und stürzt dabei so heftig gegen einen an der Schiffsreling stehenden Mitreisenden, dass diesem das Smartphone aus der Hand (die Designerbrille von der Nase) fällt und im Meerwasser versinkt.

Allerdings ist eine Sache nur dann abhanden gekommen, wenn der Besitz an ihr zwar entzogen, sie aber dennoch tatsächlich irgendwo unversehrt vorhanden ist und auch grundsätzlich wiedererlangt werden kann. Ist die abhanden gekommene Sache dagegen beschädigt oder in ihrer Gebrauchsfähigkeit beeinträchtigt worden, so liegt ein schon nach AHB PR 2016 generell versicherter Sachschaden vor.

Hinsichtlich des Smartphones liegt ein versicherter Sachschaden vor, denn hier ist auch die Gebrauchsfähigkeit der Sache (empfindliches elektronisches Gerät) beeinträchtigt worden. Anders bei der Designerbrille, soweit hier nicht davon auszugehen ist, dass ein Abhandenkommen dieser Art schon aus wirtschaftlicher Sicht einer Substanzvernichtung nahe kommt (vgl. A 5.2.4.5/A 5.2.4.12).

Personen- und Sachschaden	Tod, Verletzung und Gesundheitsschädigung, Sachsubstanz- und Gebrauchsbeeinträchtigung inkl. jeweilige Vermögensfolgeschäden = unechte Vermögensschäden	Ziff. 3.1: **Generell mitversichert**
Vermögens- schaden	weder durch einen Personen- noch durch Sachschaden entstanden	Ziff. 6.16: **Grundsätzlich nur sehr eingeschränkt mitversichert**
Abhanden- kommen von Sachen	unfreiwilliger Besitzverlust einer Sache, die noch unversehrt vorhanden und auch grundsätzlich wiedererlangbar ist	Ziff. 6.1.4, 6.1.5, 6.2.2, 6.5.3, 6.16.2.12: **Grundsätzlich nicht mitversichert/ nur das »Schlüsselverlustrisiko« ist mitversichert (Ziff. 6.6.1)**

5.2.2.4 Ansprüche Dritter

In A 1 Ziff. 3.1 wird besonders erwähnt, dass nur Ansprüche Dritter Gegenstand der Haftpflichtversicherung sein können.

Ziff. 3.1

Als geschädigte Dritte kommen in der Regel nur »betriebsfremde Personen« in Frage.

> **Beispiel:**
>
> A beschädigt mit seinem Fahrrad eine Hausfassade. Der Dritte kann hier der Haus-
> eigentümer (Anspruch aus Eigentum), der Mieter des Hauses (Anspruch aus Besitz),
> aber auch jede andere Person sein, die aus irgendeinem Rechtsgrund verfügungsbe-
> rechtigt ist, z. B. der Verwalter einer Hauseigentümergemeinschaft.

Ist dagegen A selbst Eigentümer des Hauses, gibt es keinen Dritten. Das gilt auch,
wenn A als Eigentümer einer Eigentumswohnung nur Miteigentümer des Hauses ist,
d. h., der Schaden am Gemeinschaftseigentum (Hausfassade) ist in Höhe seines Mit-
eigentumsanteils ein nicht gedeckter Eigenschaden (vgl. A 5.2.4.3).

Der Versicherte kann sich schließlich nicht selbst in Anspruch nehmen. So genannte
Eigenschäden sind in der Haftpflichtversicherung grundsätzlich **nicht gedeckt.**

AHB
PR 2016
A 6
Ziff. 5

Eine Ausnahme hiervon kennt die Versicherung der Haftpflicht aus Gewässerschäden – Anlagen-
risiko. Bei austretendem Heizöl entstehen oft Schäden an unbeweglichen Sachen des VN. Mauerwerk und Fundament des eigenen Hauses werden von Heizöl durchtränkt. Da eine eigenständige
Ölschadensachversicherung am Markt nicht angeboten wird, sind diese Schäden mitversichert.
Dies gilt selbst dann, wenn noch kein Gewässerschaden eingetreten ist (A 5.2.4.16).

5.2.2.5 Versicherte Anspruchsgrundlagen

a) »Gesetzliche Haftpflicht«

A 1
Ziff. 3.1

Gemäß AHB PR 2016 sind nur Schadenersatzansprüche versichert, die auf »gesetzlicher Haftpflicht« beruhen. Zur **gesetzlichen Haftpflicht** gehört

- die **Deliktshaftung** (Verschuldenshaftung/Gefährdungshaftung),

- die **Vertragshaftung**, soweit diese auf **gesetzliche Schadenersatzansprüche** gerichtet ist.

Ziff. 6.3.2.2

Im Rahmen der Privat-HV sind solche Haftungsansprüche z. B. aus dem mitversicherten Risiko
»Vermietung einer Einliegerwohnung und/oder von Räumen zu Wohnzwecken innerhalb der
selbstbewohnten Wohnung bzw. des selbstbewohnten Einfamilienhauses« denkbar.

Dies bedeutet gleichzeitig, dass u. a.

BGB
§ 437 ff.,
§ 477,
§ 280 ff.

- Vertragserfüllungsansprüche und deren Erfüllungssurrogate (z. B. Minderung,
Schadenersatz statt Leistung)

- Mangelbeseitigungs-/Gewährleistungsansprüche

- Nutzungsausfallschäden, die z. B. der Verkäufer eines mangelbehafteten Fahrzeugs
dem Käufer zu ersetzen hat

AHB
PR 2016
A 1
Ziff. 3.2

- vergeblicher Aufwendungen, z. B. Notarkosten, die der Verkäufer dem Käufer zu ersetzen hat, wenn später das verkaufte Grundstück baurechtlich nicht bebaut werden
kann, obwohl der Verkäufer die Bebauungsfähigkeit vertraglich zugesichert hatte

- Schadenersatzansprüche wegen Verzögerung der Leistung (Verzugsschaden)

BGB
§ 307 (1)
BGH 2005
2009

nicht vom Versicherungsschutz erfasst sind. Schon mit Rücksicht auf das »Transpa-
renzgebot in Versicherungsbedingungen« wird dies auch in A 1 Ziff. 3.2 noch einmal
ausdrücklich klargestellt.

Ebenso besteht **keine Deckung für**

- deliktische bzw. vertragliche Haftpflichtansprüche, die auf einer **vorsätzlich herbei-geführten Schädigung** beruhen (vgl. A 5.2.5 – Allgemeine Ausschlüsse),

AHB
PR 2016
A 1
Ziff. 7.1

- **Haftpflichtansprüche,** soweit sie **aufgrund einer vertraglichen Vereinbarung** oder **Zusage** über den Umfang der gesetzlichen Haftpflicht des VN hinausgehen.

Vereinbart z. B. ein Mieter (VN) mit dem Vermieter im Mietvertrag, dass er für jede Art der Verschlechterung oder Zerstörung der Mietsache haften wird, dann löst dies eine Haftpflicht aus, die weit über den gesetzlichen Rahmen hinausgeht. Ohne Abstimmung mit dem VR besteht für diese Haftungserweiterung kein Deckungsschutz, denn nach dem Gesetz haftet der Mieter weder für Zufall noch für höhere Gewalt, sondern nur für schuldhafte Verletzung seiner Mieterpflichten (vgl. A 3.3.1).

Eine Ausnahme bildet hier die üblicherweise vom Mieter durch Vertrag übernommene gesetzliche Haftpflicht des Hauseigentümers bei Verletzung der Verkehrssicherungspflicht (z. B. Streupflicht). Diese Haftungsübernahme ist in der Privat-HV des Mieters mitversichert (vgl. A 3.2 / A 5.2.4.3).

Ziff. 6.3.2.1

Deckung besteht für die	keine Deckung besteht für die

Gesetzliche Haftpflicht aus
● Gefährdungshaftung
● Verschuldenshaftung aus leichter und grober Fahrlässigkeit
  – Deliktshaftung § 823 ff. BGB
  – Vertragshaftung, soweit haftungsrechtliche Schadenersatzansprüche bestehen, insbesondere aus »Positiver Vertragsverletzung« (PVV), »Verschulden bei Vertragsabschluss« (culpa in contrahendo/c.i.c.)
	● Haftpflicht, die auf vorsätzlichem Verschulden beruht (Vorsatz ist nicht versicherbar)
	● vertragliche Haftung aufgrund »besonderer Zusagen« (aber versicherbar)
	● vertragliche Erfüllungsansprüche BGB §§ 437, 439, 440, 477 BGB §§ 280, 281, 283, 284

b) Gesetzliche Haftpflicht »privatrechtlichen« Inhalts

Weiter ergibt sich aus den AHB, dass der VR Versicherungsschutz nur gegen Schadenersatzansprüche privatrechtlichen Inhalts bietet. Die Betonung »privatrechtlichen Inhalts« steht im Gegensatz zu öffentlich-rechtlichen Bestimmungen. Damit sind **Ansprüche aus Vorschriften des öffentlichen Rechts nicht Gegenstand der Haftpflichtversicherung**.

Ziff. 3.1

Das öffentliche Recht regelt die Rechtsbeziehungen zwischen Bürger und Staat, soweit der Staat aus »hoheitlicher Tätigkeit« handelt. Zum öffentlichen Recht gehören deshalb das Strafrecht, das Ordnungsrecht (Polizeirecht), das Abgabenrecht (Steuern) usw.

> **Beispiel:**
> Ein versicherter Hauseigentümer hat vergessen, seine winterliche Streupflicht (örtliche Polizeiverordnung) wahrzunehmen. Vor seinem Haus stürzt ein Passant wegen Glatteis und verletzt sich.

Die versicherungsrechtlichen Ansprüche des Passanten (Personen- und Sachschaden) sind durch die Privat-HV bzw. Grundbesitzer-HV gedeckt. **Nicht gedeckt sind** dagegen

- die **Geldstrafe,** zu der der VN wegen fahrlässiger Körperverletzung verurteilt werden könnte,

- das **Bußgeld** wegen Verletzung der Streupflicht bei Straßenglätte.

Versicht sind dagegen

AHB
PR 2016
A 1
Ziff. 6.28.1

- Regressansprüche des Staates gegen seine Beamten im Rahmen einer bestehenden Dienst-HV (vgl. A 5.2.1.1)
- öffentlich-rechtliche Ansprüche zur Sanierung von Umweltschäden gemäß USchadG. (vgl. A 5.2.4.15)
- öffentlich-rechtliche Ansprüche, sofern auch ein gesetzlicher Haftpflichtanspruch mit privatrechtlichem Inhalt gegeben ist, gleich welcher Anspruch gegen den VN konkret erhoben wird.

> **Beispiel:**
>
> Ein VN überquert bei roter Fußgängerampel die Fahrbahn und verursacht einen Verkehrsunfall, bei dem ein Tanklastzug umkippt und auslaufendes Heizöl die Straße verunreinigt. Die städtische Feuerwehr übernimmt nach dem Unfall die Verkehrslenkung und bindet das Öl auf der Straße ab. Der Schadenverursacher erhält einen entsprechenden Gebührenbescheid der Stadt.

Ohne Belang ist hier die Geltendmachung der Ansprüche durch Verwaltungsakt; entscheidend ist allein, dass neben dem öffentlich-rechtlichen Anspruch auch privatrechtliche Ansprüche begründet sind (u. a. gemäß § 823 ff. BGB, Haftung wegen Verunreinigung der Straße gegenüber der Stadt als Eigentümerin der Straße).

Lernkontrollen zu A 5.2.2

Gegenstand der Haftpflichtversicherung

Zeitliche Festlegung des Versicherungsfalles

1

Sie sind Mitarbeiter in der Agentur Hilmar Krause der Proximus Versicherung AG und nehmen den Anruf des Kunden Alfred Dahlke entgegen. Herr Dahlke schildert:

Am heutigen Tag (15. Dez. 2018) sandte mir meine Mieterin Frau Lilo Kampmann eine Arztrechnung über 680,00 € zu und forderte mich auf, den Betrag an sie zu überweisen. Bereits am 15. Juli 2018 sei sie von einer herabstürzenden Jalousie in ihrer Mietwohnung am Kopf getroffen worden und habe dabei beträchtliche Schnittwunden erlitten, die mehrfach ärztlich behandelt werden mussten. Da ich als ihr Vermieter die Jalousien vor eineinhalb Jahren (10. Febr. 2017) angebracht habe und mir ein Montagefehler bei der heruntergefallenen Jalousie unterlaufen sei, müsse ich für den Schaden aufkommen.

Herr Dahlke möchte wissen, ob er Versicherungsschutz für dieses Ereignis hat.

- **Auszug aus dem Vertragsspiegel**

  Haus- und Grundbesitzer-HV/Privat-HV
  Versicherungsbeginn: 01. April 2017
  Versicherungsdauer: 3 Jahre
  Kündigung wegen Prämienzahlungsverzug zum 30. Nov. 2018

- **Arbeitsauftrag**
  Antworten Sie Herrn Dahlke.

2 a) Ein Rechtsanwalt versäumt versehentlich, innerhalb einer bestimmten Frist Berufung einzulegen. Dadurch bleibt seinem Mandanten der nächste Rechtszug verschlossen. Dem Mandanten entgeht dadurch die Möglichkeit, ein für sehr wahrscheinlich gehaltenes Urteil zu seinen Gunsten im Berufungsverfahren zu erstreiten. Der Vermögensschaden wird mit 5 000,00 € beziffert.

   Wann trat hier nach den AVB für die Vermögensschaden-HV der Versicherungsfall ein?

   b) Ein Architekt hat seine seit 10 Jahren bestehende Vermögensschaden-HV zum Jahresende gekündigt. Im darauf folgenden Jahr stürzen Teile eines Hausdaches wegen eines Planungsfehlers des Architekten, den dieser vor zwei Jahren gemacht hat, ein.

   Muss die bereits gekündigte Vermögensschaden-HV für diesen Schaden noch eintreten?

   c) Warum hat man im Rahmen der Vermögensschaden-HV, die für bestimmte beratende Berufe vorgesehen ist, das Kausalereignis (die ursächlich-schädigende Handlung) zum Versicherungsfall erklärt?

   d) Erläutern Sie, inwieweit im Rahmen der Haftpflichtversicherung eine Nachhaftungsversicherung bzw. eine Rückwärtsversicherung sinnvoll ist.

3 Was versteht man unter Manifestationstheorie und wo wird sie angewendet?

Versicherte Schadenarten

4 a) Auf welche Ansprüche des geschädigten Dritten erstreckt sich der Versicherungsschutz des VN nach A 1 Ziff. 3.1 AHB PR 2016?

   b) Worin liegt der Unterschied zwischen einem echten und einem unechten Vermögensschaden?

5 Welche Schadenart ist angesprochen?

   a) Der geschädigte Dritte muss aufgrund der erlittenen Verletzungen für zwei Wochen ins Krankenhaus. Neben den Krankenhauskosten entsteht ihm ein beträchtlicher Einnahmeausfall in seinem Geschäft.

   b) Ein Rechtsanwalt versäumt einen Termin, wodurch gegen seinen Mandanten ein Versäumnisurteil ergeht.

   c) Ein Lkw fährt in den Wagen eines Vertreters. Der Vertreter muss sich einen Leihwagen mieten. Wegen der Unfallaufnahme geht ihm ein Versicherungsabschluss verloren, da er nicht rechtzeitig zum vereinbarten Beratungstermin erscheinen konnte.

Versicherte Anspruchsgrundlagen

6 Warum sind rein vertragliche Schadenersatzansprüche grundsätzlich – also mangels besonderer Vereinbarung – nicht versicherbar?

7 Prüfen Sie jeweils, ob der Haftpflicht-VR nach AHB PR 2016 Versicherungsschutz gewährt.

   a) A hatte sein reparaturbedürftiges Segelboot verkauft mit der Zusicherung, es vorher noch Instand zu setzen. Die Übergabe sollte pünktlich zum 1. Juni erfolgen, da der Käufer für den Urlaub im Juni einen Segeltörn im Mittelmeer plant. Da A mit den Reparaturarbeiten zu spät beginnt, kann das Boot nicht zum 1. Juni übergeben werden. Der Käufer fordert darauf Schadenersatz wegen verspäteter Übergabe in Höhe der Mietkosten für ein Charterboot.

   b) Der vom Vermieter aufgestellte Wandschrank in der möbliert vermieteten Einliegerwohnung bricht schon einen Tag nach Einzug des Mieters zusammen. Dabei zerbricht Geschirr im Wert von 150,00 €. Der Aufwand für Nachbesserungsarbeiten am Schrank beträgt 100,00 €.

5.2.3 Leistungspflichten des Versicherers

5.2.3.1 Prüfung der Haftpflichtfrage

> **Beispiel:**
>
> Der Nachbar eines privat-haftpflichtversicherten Vaters fordert von diesem Scha-
> denersatz mit der Begründung, der 5-jährige Sohn habe beim Fahrradfahren auf der
> Straße sein geparktes Auto gestreift und einen Lackschaden verursacht. Er begrün-
> det den Schadenersatzanspruch mit der Aufsichtsverletzung durch den Vater.

AHB
PR 2016
A 1
Ziff. 4.1

Es ist zu untersuchen, ob der Versicherte dem Geschädigten gegenüber überhaupt haftet.

Hierfür bedarf es der Feststellung des Tatbestandes mit Beweissicherung.

Dazu gehören Auskünfte von Geschädigten, Zeugen, ggf. von Polizei, Sachverständigen (Ärzte- oder Ingenieurgutachten) usw. oder eine Besichtigung der beschädigten Sache bzw. des Schadenortes.

Eventuell muss der Ausgang eines strafrechtlichen Verfahrens gegen den Versicherten abgewartet werden.

Ist eine Haftung des Versicherten gegeben (z.B. aus Aufsichtspflichtverletzung nach § 832 BGB), so bleibt noch zu prüfen, ob die Ansprüche des Geschädigten auch der Höhe nach berechtigt sind. Hier kann u.a. ein **Mitverschulden** (vgl. A 4.3.2) des **Ge-schädigten** zu einer Minderung der Ersatzleistung führen.

Der Versicherte hat den VR so weit wie möglich zu unterstützen.

5.2.3.2 Befriedigung begründeter Ansprüche (Freistellungsansprüche)

Eine weitere Leistung des VR ist die Befriedigung berechtigter Ansprüche.

Die Entschädigung erfolgt meist direkt an den Geschädigten. Dazu ist der VR berech-tigt, denn die Leistungspflicht des VR ist auf Befreiung gerichtet.

Der **Befreiungsanspruch** des VN wandelt sich allerdings in einen **Zahlungsanspruch** um,

● wenn der VN den Dritten schon entschädigt hat, weil er dies ohne offenbare Un-billigkeit nicht verweigern konnte, oder

● weil der VN vielleicht ein Aufrechnungsrecht gegenüber dem Geschädigten wegen einer Gegenforderung geltend machen kann.

5.2.3.3 Abwehr unbegründeter Ansprüche (Abwehranspruch)

Die Prüfung des Haftpflichtfalles durch den VR kann aber auch ergeben, dass der VN nicht haftpflichtig ist, der Geschädigte seine Ansprüche also zu Unrecht erhebt. Dann wehrt der VR unbegründete Ansprüche ab. Insoweit hat die Haftpflichtversicherung auch eine Rechtsschutzfunktion (**passiver Rechtsschutz** im Gegensatz zum aktiven Rechtsschutz der Rechtsschutzversicherung).

Wird der VN vom Anspruchsteller daraufhin verklagt, so führt der VR den Rechtsstreit auf eigene Kosten und im Namen des VN.

AHB
PR 2016
A 1
Ziff. 4.2

Deshalb hat der VN dem VR die Prozessführung zu überlassen, einem vom VR bestellten Anwalt Vollmacht zu erteilen und die nötigen Aufklärungen zu geben.

Bei ungünstigem Prozessausgang hat der VR außer der Entschädigung des Anspruchstellers auch die Kosten des Rechtsstreits zu tragen.

In einem etwaigen Strafverfahren trägt der Haftpflicht-VR die Kosten eines Strafverteidigers, falls er dessen Stellung gewünscht oder genehmigt hat.

Ziff. 4.3

5.2.3.4 Interessenkollision

Gelegentlich kommt es zu Meinungsverschiedenheiten zwischen dem VN und dem VR über die Ansprüche eines geschädigten Dritten:

➤ Persönliche Beziehungen des VN zum Geschädigten

Aufgrund bestimmter persönlicher Beziehungen zum Antragsteller (Nachbarn, Freunde, gute Kunden) wünscht der VN, dass der VR einen erhobenen Schadenersatzanspruch bezahlt, der zwar unter die Deckung fällt, für den der VN nach den **gesetzlichen** Haftpflichtbestimmungen aber nicht haftet.

> **Beispiel:**
> Beim Kollegenfußball traf der VN mit einem Fehlschuss einen Mitspieler so unglücklich am Kopf, dass dessen Auge verletzt wurde und dazu auch noch die Brille zerbrach.

Gerade beim Fußballspiel nehmen Sportler grundsätzlich Verletzungen in Kauf, die auch bei regelgerechtem Spiel nicht zu vermeiden sind. Nach ständiger Rechtsprechung begründet hier nur ein **grober** Regelverstoß eine Schadenersatzpflicht (vgl. A 2.1.4).

Eine Ausnahme bilden hier die »Kinderschadensklausel« und die »Gefälligkeitsklausel«. Bedingungsgemäß leistet hier der VR an den Geschädigten, wenn dies der VN wünscht, obwohl hier nach der Rechtslage kein Haftpflichtfall vorliegt (vgl. A 5.2.4.1).

Ziff. 6.1.6
Ziff. 6.1.7

➤ Widerstandsklausel

Der VN ist an der Abwehr der erhobenen Ansprüche interessiert, obwohl der VR zu dem Ergebnis gelangt ist, der Fall sei zu entschädigen.

> **Beispiel:**
> Ein Arzt verlangt von seinem Haftpflicht-VR, die erhobenen Ansprüche des Geschädigten mit allen Mitteln abzuwehren, weil er eine Beeinträchtigung seines beruflichen Ansehens bzw. Verlust seiner Patienten befürchtet.

Ziff. 5.8

Hier kommt die »Widerstandsklausel« zur Anwendung:

Falls ein vom VR mit dem geschädigten Dritten vereinbarter Schadenausgleich an dem Verhalten des VN scheitert, hat der VR für den durch diese Weigerung etwa künftig entstehenden Mehraufwand nicht aufzukommen.

5.2.3.5 Summenmäßige Begrenzung des Leistungsumfangs

a) Deckungssummen

> ### Deckungssumme je Schadenereignis

In der Privat-HV (u. a. auch in der Haus- und Grundbesitzer-HV und in der Tierhalter-HV) betragen die **marktüblichen Deckungssummen** wahlweise und je nach Tarif zwischen 1 Mio. € und 10 Mio. €

Die **Deckungssumme im Kompaktmodell von Proximus 4** beträgt je nach dem gewählten Tarif bei Alternative A: 15 Mio. €, bei Alternative B: 30 Mio. € pauschal für Personen-, Sach- und Vermögensschäden.

AHB
PR 2016
A 1
Ziff. 5.1

Bei den Vermögensschäden wird hier nicht mehr zwischen Vermögensfolgeschäden und reinen Vermögensschäden differenziert, da reine Vermögensschäden gemäß A 1 Ziff. 6.16 – abweichend von Ziff. 3.1 – inzwischen grundsätzlich als mitversichert gelten (vgl. A 5.2.4.12).

Die vereinbarten Deckungssummen stellen eine Höchstgrenze der Versicherungsleistungen je Schadenereignis dar.

Deshalb ist es gleichgültig, ob eine oder mehrere Personen entschädigt werden müssen oder ob die Ansprüche gegen einen oder mehrere Versicherte desselben Vertrages geltend gemacht werden.

Schäden unterhalb der Höchstgrenze müssen voll (»auf erstes Risiko«) reguliert werden.

Nach § 823 ff. BGB (**Verschuldenshaftung**) haftet der VN in jedem Fall **unbeschränkt,** deshalb müssen die Deckungssummen ausreichend hoch bemessen sein.

> ### Maximierung der Deckungssumme

Ziff. 5.2

Um der Gefahr zu entgehen, gerade bei besonders schadenträchtigen Risiken schon während eines Versicherungsjahres mehrmals mit der Höchstersatzleistung eintreten zu müssen, sehen die AHB PR 2016 eine »Maximierungsmöglichkeit« für die Jahresleistung vor. Mangels besonderer Vereinbarung ist die Gesamtleistung des VR auf das Zweifache der Deckungssumme für alle Versicherungsfälle eines Versicherungsjahres beschränkt.

Die Deckungssummenmaximierung dient einerseits den Interessen des Rück-VR, macht aber andererseits das Risiko für den Erst-VR erst überschaubar und damit auch prämienmäßig kalkulierbar.

> ### Serienschadenklausel

Hinsichtlich der Deckungssumme gelten **mehrere Schadenereignisse**

(1) aus derselben Ursache,

Ziff. 5.3

(2) aus der gleichen Ursache mit innerem, insbesondere sachlichem und zeitlichem Zusammenhang **(Ursachenklausel)**

oder

(3) aus der Lieferung von Waren mit »gleichen Mängeln« **(Warenklausel)**
als ein Schadenereignis, das im Zeitpunkt des ersten dieser Schadenereignisse eingetreten ist.

Mit dieser Klausel wollen sich die Haftpflicht-VR gegen die – je nach Risiko – erheblichen Gefahren von sog. Serienschäden schützen.

Der VR muss dann allerdings auch sämtliche Schadenereignisse der Serie befriedigen, unabhängig davon, ob der Versicherungsvertrag nach Eintritt des ersten Schadenereignisses beendet wurde oder nicht.

Beispiel zu (1):

Ohne auf die entsprechende Hinweistafel zu achten, läuft ein Winterurlauber bei einem Spaziergang auf eine gekennzeichnete Skipiste und bringt dort den abfahrenden Skiläufer A so zu Fall, dass A dem schräg hinter ihm fahrenden B in die Spur kommt. Auch B kann nicht mehr rechtzeitig ausweichen und stürzt seitlich über die Piste hinaus in eine Schlucht. A ist leicht, B schwer verletzt. Es handelt sich hier um ein Schadenereignis.

Bei dem sehr schwierigen Rettungsversuch, den verletzten Skifahrer B zu bergen, wird anschließend auch noch ein Helfer der herbeigerufenen Bergwacht schwer verletzt. Jetzt liegt ein zweites Schadenereignis (Folgeunfall) vor.

Soweit weder eigenes Unvermögen noch das Verschulden einer weiteren Person für den Unfall des Helfers ursächlich ist, hängen beide Schadenereignisse adäquat kausal zusammen, so dass die vereinbarte Deckungssumme aus der Privat-HV des Spaziergängers nur einmal zur Verfügung steht.

Beispiel zu (2):

Ein Vermieter hat in einem gerade erworbenen Mehrfamilienhaus sämtliche Mietwohnungen nach und nach mit einer Antischimmelfarbe renoviert, deren Inhaltsstoffe er nach eigener Rezeptur zusammengestellt hat. Die Mieter der so renovierten Wohnungen klagen später zunehmend über Gesundheitsschäden (Allergien), die hier zwar unabhängig voneinander passiert sind, aber alle auf demselben Verstoß beruhen. Für alle Schäden zusammen steht dem VN auch hier die Deckungssumme aus seiner Haus- und Grundbesitzer-HV nur einmal zur Verfügung.

Eine sehr weitgehende Serienschadenklausel enthält A 1 Ziff. 6.17.3 **(Mitversicherung von IT-Risiken),** weil hier auch noch alle Schadenereignisse, **die aus dem elektronischen Datenaustausch mit gleichen Mängeln** beruhen, als ein Schadenereignis gelten. Das besondere IT-Risiko besteht aber gerade darin, dass Daten mit gleichen Mängeln zu Drittschäden führen.

b) Kosten des Rechtsstreits

Die Aufwendungen des Versicherers für Kosten werden nicht als Leistung auf die VS angerechnet.

AHB
PR 2016
A 1
Ziff. 5.5

Von den **Prozesskosten** sind die **Regulierungskosten** zu unterscheiden (z. B. Gebühren, Kosten für Gutachten usw.).

Nur wenn schon die Haftpflichtansprüche die Deckungssumme übersteigen, muss sich der VN anteilig auch an den Prozesskosten beteiligen, denn diese werden bekanntlich auch nach dem Streitwert im Klageantrag bemessen.

Die **Regulierungskosten** werden vom VR voll übernommen.

Ziff. 5.6

Beispiel:

Deckungssumme eines VR = 2 Mio. € pauschal für Personen- und Sachschäden

1. Sachschaden 480 000,00 €, Prozesskosten 30 000,00 €, Regulierungskosten 1 000,00 €
   Die Gesamtleistung des VR beträgt 511 000,00 € (Vollkostenübernahme, da Sachschaden unter Deckungssumme liegt).
2. Sachschaden 2,2 Mio. €, Prozesskosten 52 800,00 €, Regulierungskosten 1 000,00 €
   Die Gesamtleistung des VR beträgt 2 049 000,00 € (max. 2 Mio. € Deckungssumme, 48 000,00 € Teil-Kostenübernahme, 1 000,00 € Regulierungskosten).

Berechnung des Prozesskostenanteils, den der VR bei Überschreitung der Deckungssumme durch den Schaden (Haftpflichtanspruch 2,2 Mio. €) übernimmt:

Prozesskosten 52 800,00 € · 2,0 Mio. €/2,2 Mio. € = 48 000,00 €

c) Selbstbehalt

AHB
PR 2016
A 1
Ziff. 5.4

Es kann auch vereinbart werden, dass der VN bei jedem Schadenereignis einen Teil des Haftpflichtschadens selbst zu tragen hat. Selbstbehalte – auch Selbstbeteiligung genannt – sind in der Privat-HV inzwischen nicht mehr unüblich – z. B. 150,00 € je Schadenfall (vgl. A 6.1.5, A 6.2, A 6.5.3)

In der Betriebs-HV ist eine Selbstbeteiligung dagegen schon lange die Regel (z. B. bei Kabelschäden, bei Feuer- und Explosionsschäden aus Anlass von Schweiß- und Schneidearbeiten.

Der VN soll zu vorbeugendem, schadenverhütendem Verhalten motiviert werden. Außerdem kann der VN Bagatellschäden selbst verkraften, ganz im Sinne eines kostengünstigen Versicherungsschutzes zur Abdeckung existenzbedrohender Haftpflichtrisiken.

Auch wenn die begründeten Haftpflichtansprüche aus einem Schadenereignis die vereinbarte Deckungssumme übersteigen, wird die Selbstbeteiligung vom Betrag der begründeten Haftpflichtansprüche abgezogen.

Lernkontrollen zu A 5.2.3

Leistungspflichten des Versicherers

1
> Sie sind Mitarbeiter in einer Versicherungsagentur der Proximus Versicherung AG und nehmen den Anruf des privat haftpflichtversicherten Kunden Franz Assmann entgegen.
>
> Der Kunde schildert, dass sein 8 Jahre alter Sohn Michael mit Freunden auf der Straße Fußball gespielt habe. Dabei sei der Ball gegen die Schaufensterscheibe des Lebensmittelgeschäftes von Frau Hermes geprallt. Die Scheibe soll dadurch einen Sprung davongetragen haben.
>
> Frau Hermes verlangt nun von ihm Schadenersatz, da sie unter den mitspielenden Kindern seinen Sohn Michael erkannt hat. Die Kinder wiederum behaupten, dass der Sprung schon in der Scheibe gewesen sei, als sie mit dem Spiel begonnen hätten. Im Übrigen sei der Ball nur leicht geschlagen gewesen und die Scheibe auch nur im spitzen Winkel getroffen worden. Ein derartiger Schaden hätte so gar nicht eintreten können.

● **Arbeitsauftrag**

   a) Erläutern Sie die Haftung im vorliegenden Fall.

   b) Der VN hat einen »Rechtsschutz-« und einen »Befreiungsanspruch« gegen den VR. Erläutern Sie dem VN diese Ansprüche.

2 Ein VN plant weitere Umbaumaßnahmen an seinem Einfamilienhaus, deren Umfang (Bausumme) nur so groß ist, dass Versicherungsschutz als »Bauherr« aus seiner Privat-HV grundsätzlich besteht. Aufgrund der Erfahrung mit seinem besonders streitsüchtigen Nachbarn befürchtet er, dass dieser wieder Schadenersatzansprüche stellen könnte, die sich bisher aber immer als unberechtigt herausgestellt haben. Er möchte sich deshalb im Vorfeld beraten lassen, was er beachten muss, damit es möglichst nicht zu erfolgreichen Schadenersatzansprüchen des Nachbarn kommt, und will wissen, ob der VR diese Beratung durchführen kann oder die Kosten einer Beratung durch einen Rechtsbeistand übernimmt.

5.2.4 Besondere Regelungen für einzelne privaten Risiken und deren Risikobegrenzungen

Von der Deckung der Privat-HV wird die gesamte **private Sphäre** erfasst. Gedeckt sind somit alle Vorgänge in der Freizeit (z. B. Kinobesuch, Tanzen, Bastelarbeiten, Radfahren, Sport), beim Einkauf, bei privaten Ausflügen, als Gastgeber oder Gast.

AHB
PR 2016
A 1
Ziff. 6

Zur Klarstellung des Deckungsumfangs sind die Bedingungen in Bereiche eingeteilt, in denen der entsprechende Versicherungsschutz dargestellt wird.

5.2.4.1 Haushalt und Familie

Generell mitversichert ist danach die gesetzliche Haftpflicht des Versicherten

Ziff. 6.1

● als **Aufsichtspflichtiger über Minderjährige** (§ 832 BGB) und zwar für **eigene** als auch für **fremde** Kinder

Ziff. 6.1.1

> **Beispiel: Haftung wegen Verletzung der Aufsichtspflicht**
>
> Beim Kindergeburtstag wird die Jacke eines fremden Kindes durch das ausgelassene Toben des 5-jährigen Geburtstagskindes zerrissen. Die Mutter des Geburtstagskindes ist zuvor nicht eingeschritten, da sie ihrem Kind am Geburtstag den Spaß beim Toben gönnen wollte.

Mit der »**Tagesmutterklausel**« in A 1 Ziff. 6.1.4 ist auch die entgeltliche Betreuung von fremden Kindern mitversichert. Zumindest wenn das gezahlte Entgelt lediglich die Kosten der Pflege deckt. Dies gilt nicht, wenn mehr als fünf Kinder zur Betreuung übernommen werden. Es gelten dann die Bestimmungen über die Vorsorgeversicherung (vgl. A 5.2.6.2). Die Tagesmutter benötigt eine separate Berufs-HV.

– Versichert sind – neben der gesetzlichen Haftpflicht des VN (der Tagesmutter als Aufsichtspflichtige)– auch Haftpflichtansprüche der zu betreuenden Kinder gegen den VN.

Ziff. 6.1.4

– Nicht versichert ist dagegen die persönliche Haftpflicht dieser Kinder (dafür ist die Privat-HV der Eltern des Kindes zuständig).

– Nicht versichert ist auch die Haftpflicht wegen Abhandenkommen von Sachen der betreuten Kinder.

Werden für die Betreuung/Tätigkeit als Tagesmutter besondere Räume angemietet oder angekauft, ist für dieses gewerbliche Betriebsstättenrisiko – unabhängig von der Zahl der betreuten Kinder – ebenfalls eine Berufs-HV abzuschließen, ohne dass die Privat-HV hier aber Deckungsschutz im Rahmen der Vorsorgeversicherung gewährt (gewerbliches Betriebsstättenrisiko).

Ziff. 9.3.5

● als gerichtlich **bestellter Betreuer** von Angehörigen i. S. v. A 1 Ziff. 7.4.1

Ziff. 6.1.3

● als **Dienstherr** der in seinem Haushalt tätigen Personen

Ziff. 6.1.2

> **Beispiel: Haftung für Hausangestellte als Verrichtungs- bzw. Erfüllungsgehilfen**
>
> Die Haushaltshilfe beschädigt beim Reinigen des Zimmers des Untermieters dessen Fernsehgerät. Der VN wird als Dienstherr (§ 831 BGB) oder als Vertragspartner des Geschädigten (Mietvertrag §§ 278, 280 BGB) schadenersatzpflichtig gemacht (vgl. A 2.3.4.2/3.1.2.2).

Die Privat-HV des VN leistet außerdem,

– wenn die Haushaltshilfe persönlich für den o. a. Schaden von dem Geschädigte auf Schadenersatz in Anspruch genommen wird,

– wenn die Haushaltshilfe selbst geschädigt ist, weil sie sich z. B. an der schadhaften Haushaltsleiter ihr Kleid zerreißt. Allerdings sind Personenschäden, bei denen es sich um Arbeitsunfälle i. S. des SGB VII handelt, nicht gedeckt, z. B. wenn die Haushaltshilfe im Haushalt des VN durch einen schadhaften Staubsauger Verbrennungen erleidet.

SGB VII
§ 104
§ 110 (1a)

Besonderheit: Ansprüche von Hausangestellten gegenüber dem VN als Dienstherr

Erleiden Hausangestellte bei ihrer Tätigkeit Gesundheitsschäden infolge eines Unfalls, sind grundsätzlich die Gemeinde-Unfallversicherungsverbände für die Gewährung von Leistungen zuständig. Dort hat der Dienstherr die Hausangestellte nach der Einstellung anzumelden.

Versichert – in der Privat-HV des Dienstherrn – sind jedoch die etwaigen Regressansprüche der Gemeindeunfallversicherung, außer bei Schwarzarbeit.

AHB
PR 2016
A 1
Ziff. 6.1.5

● aus der **Beschädigung/Zerstörung** (nicht Verschleiß oder Abhandenkommen) **von ärztlich verordneten medizinischen Hilfsmitteln,** die von Krankenkassen, Diakoniestationen usw. für therapeutische oder diagnostische Zwecke dem VN zur Verfügung gestellt werden (z. B. Blutdruckmessgeräte).

Die Höchstersatzleistung beträgt je Versicherungsfall 15 000,00 €, begrenzt auf 30 000,00 € für alle Versicherungsfälle eines Versicherungsjahres. Eine Selbstbeteiligung von 100,00 € gilt als vereinbart.

Ziff. 6.1.6

Besonderheit: Kinderschadensklausel – Gefälligkeitsklausel als vertragliche Vereinbarung mit dem VN

Obwohl nach der Rechtslage (Gesetz bzw. Rechtsprechung) keine Haftpflicht vorliegt, leistet der VR hier auf Wunsch des VN an den Geschädigten, ohne dass dieser aus der vertraglichen Vereinbarung zwischen dem VN und dem VR einen Rechtsanspruch ableiten kann.

● **Kinderschadensklausel:**

Gerade bei Schäden durch minderjährige Kinder (§ 828 BGB) besteht häufig keine Ersatzpflicht, wenn der Schädiger noch »deliktsunfähig« ist und eine Aufsichtspflichtverletzung (§ 832 BGB) auch nicht vorliegt.

> **Beispiel: keine Haftpflicht nach Gesetz (§§ 828, 832 BGB)**
>
> Das 5-jährige Geburtstagskind ist aus Unachtsamkeit gestolpert und hat versucht, sich an der Jacke eines anderen Kindes festzuhalten, die dabei zerreißt. Eine Aufsichtspflichtverletzung liegt nicht vor und das Geburtstagskind ist wegen fehlender Deliktsfähigkeit nicht zum Schadenersatz verpflichtet.

Da in solchen Fällen erfahrungsgemäß der VN den Schaden dennoch ersetzen will, bietet die Privat-HV Deckungsschutz im Rahmen der Kinderschadensklausel.

Die Kinderschadensklausel findet keine Anwendung, soweit der Geschädigte selbst aufsichtspflichtig war. Das würde z. B. zutreffen, wenn ein ebenfalls noch deliktunfähiges fremdes Kind auf der Geburtstagsfeier beim ausgelassenen Toben eine Lampe beschädigt und nur die Eltern des Geburtstagskindes – hier als Geschädigte – aufsichtspflichtig waren.

● **Gefälligkeitsklausel:**

Bei Schädigungen im Rahmen einer Gefälligkeitshandlung (Hilfestellung für Dritte) haben Gerichte – auf der Grundlage von § 242 BGB – entschieden, dass der Schädiger nur bei grob-fahrlässigem bzw. vorsätzlichem Verhalten für den Schaden haftet.

AHB PR 2016 A 1 Ziff. 6.1.7

D.h. wer gefälligkeitshalber (meist unentgeltlich) hilft, darf davon ausgehen, dass er nicht schon bei »einfacher« Fahrlässigkeit für den angerichteten Schaden ersatzpflichtig ist, andernfalls würde er wohl kaum helfen wollen.

> **Beispiel: stillschweigender Haftungsausschluss bei Gefälligkeitshandlungen**
>
> Der VN hilft seinem Freund beim Umzug. Beim Heruntertragen einer wertvollen Vase stolpert der VN, weil er zwei Stufen auf einmal nimmt. Die Vase des Freundes geht zu Bruch.

Der VR verzichtet auf den Einwand eines »stillschweigenden« Haftungsverzichts für »einfache Fahrlässigkeit« und wird – abweichend von A 1 Ziff. 3.1 und 4.1 – hier an den Geschädigten leisten, wenn der VN dies wünscht (vgl. A 5.3.4).

Für beide Klauseln gelten folgende Einschränkungen:

– Die Klauseln finden keine Anwendung, soweit ein Sozialversicherungsträger oder ein anderer privater VR (z.B. Sach- oder Krankenversicherer) leistungspflichtig ist. Diese VR haben Vorrang **(Subsidiaritätsklausel).**

– Die Höchstleistung je Versicherungsfall beträgt 100 000,00 €, begrenzt auf 200 000,00 € für alle Versicherungsfälle eines Jahres.

5.2.4.2 Nebenberufliche Tätigkeiten, ehrenamtliche Tätigkeit, Freiwilligenarbeit, fachpraktischer Unterricht und Praktika

Ziff. 6.2

Abweichend von A 1 Ziff. 1 und z.T. auch von Ziff. 7.16 AHB PR 2016 besteht hier Versicherungsschutz

a) für bestimmte selbstständige, nebenberufliche Tätigkeiten.

● Vorausgesetzt, es handelt sich bei diesen selbstständigen, nebenberuflichen Tätigkeiten um

– Flohmarkt- und Basarverkauf,
– Änderungsschneiderei, Handarbeiten,
– Zeitungs-, Zeitschriften- und Prospektzustellung,
– Annahme von Sammelbestellungen,
– Markt- und Meinungsforschung, Daten- und Textverfassung,
– die Erteilung von Nachhilfe- und Musikunterricht sowie Fitnesskursen,
– den Vertrieb von Kosmetik, Haushaltsartikeln, Bekleidung, Schmuck und Kunsthandwerk.

● **Für den Versicherungsschutz gelten allerdings folgende Einschränkungen:**

– Der **Gesamtumsatz** aus diesen nebenberuflichen Tätigkeiten darf **max. 10 000,00 €** betragen.

– Übersteigt der Gesamtumsatz diesen Betrag, entfällt der Versicherungsschutz.

Der VN benötigt dann eine **separate Betriebs-HV, ohne** dass die Privat-HV für dieses neue Risiko **vorläufigen Deckungsschutz im Rahmen der Vorsorgeversicherung** gewährt (vgl. A 5.2.6.2).

- Für die nebenberufliche Tätigkeit dürfen **keine Angestellten** beschäftigt sein.
- Es besteht kein Versicherungsschutz, soweit ein anderer Haftpflichtversicherer leistungspflichtig ist. Dieser VR hat Vorrang **(Subsidiaritätsklausel).**

● Ausgeschlossen sind darüber hinaus Haftpflichtansprüche wegen Schäden an **fremden Sachen** und **allen sich daraus ergebenden Vermögensschäden,** wenn

- die Schäden durch eine gewerbliche oder berufliche Tätigkeit des VN an diesen Sachen (**Bearbeitung, Reparatur, Beförderung, Prüfung** und dgl.) entstanden sind.
  Bei **unbeweglichen Sachen** gilt dieser Ausschluss nur insoweit, als diese Sachen oder Teile von ihnen **unmittelbar** von der Tätigkeit betroffen waren.

  Sinn und Zweck dieses Ausschlusses ist, dass das eigentliche Unternehmerrisiko der nebenberuflichen Tätigkeit nicht vom VN auf den VR überwälzt wird. Es gilt das Schlagwort »Pfuscharbeit ist nicht versicherbar«.

> **Beispiel:**
>
> Die VN hat als Änderungsschneiderin ein Hochzeitskleid termingerecht umgearbeitet.
> Zuletzt – beim Aufbügeln des Kleides beim Kunden – verursacht sie wegen zu starker Hitze des Bügeleisens einen Brandfleck auf dem Hochzeitskleid und dann auch noch auf dem Parkettboden/Gebäudebestandteil, weil sie das Bügeleisen dort versehentlich für einen Augenblick abgestellt hat.

- die Schäden dadurch entstanden sind, dass der VN diese Sachen zur Durchführung seiner gewerblichen oder beruflichen Tätigkeit (**als Werkzeug, Hilfsmittel, Materialablagefläche** und dgl.) benutzt hat; bei **unbeweglichen Sachen** gilt dieser Ausschluss wieder nur insoweit, als diese Sachen oder Teile von ihnen **unmittelbar** von der Benutzung betroffen waren.

> **Beispiel:**
>
> Bei einer anderen Kundin hat die VN – wieder in deren Wohnung – Vorhänge und Gardinen zu ändern. Beim Aufhängen der Vorhänge benutzt sie eine Klappleiter der Kundin.
>
> Als Ablagefläche für Nähmaschine, Material und Werkzeug dient ihr dort ein Tisch und die Fensterbank. Auch diese Hilfsmittel sind jetzt Gegenstand nebenberuflicher Tätigkeit.

- die Schäden durch eine gewerbliche oder berufliche Tätigkeit des VN entstanden sind und **sich diese Sachen** oder – sofern es sich um unbewegliche Sachen handelt – **deren Teile im unmittelbaren Einwirkungsbereich der Tätigkeit befunden haben.**

  Dieser **Ausschluss gilt nicht, wenn** der VN beweist, dass er zum Zeitpunkt der Tätigkeit offensichtlich notwendige Schutzvorkehrungen **zur Vermeidung von Schäden** getroffen hat.

  Hat die VN in den o. a. Beispielen das Bügeleisen/die Leiter ohne ausreichende Schutzunterlagen auf dem Parkettboden gestellt, so hat sie »bewusst« und »gewollt« und nicht bloß zufällig auf die fremde Sache eingewirkt. Sie hat keinen Versicherungsschutz, weil sie verkehrsübliche Schutzmaßnahmen zur Schadensvorbeugung unterlassen hat.

  Stößt sie dagegen beim Verlassen der Kundenwohnung versehentlich mit ihrer Nähmaschine oder ihrem Bügelbrett dort gegen einen Schrank oder eine Türlaibung, so ist der dadurch entstandene Schaden gedeckt, weil sich jetzt die beschädigten Sachen nicht im unmittelbaren Einwirkungsbereich der nebenberuflichen Tätigkeit befunden haben und jetzt nur eine zufällige Einwirkung vorliegt.

b) für ehrenamtliche Tätigkeit, Freiwilligenarbeit, fachpraktischen Unterricht und Praktika.

Versichert ist die gesetzliche Haftpflicht

- aus den Gefahren **Ehrenamtlicher Tätigkeit** oder **Freiwilligenarbeit** aufgrund eines sozialen Engagements, soweit diese Tätigkeiten unbezahlt bleiben bzw. die gezahlte Aufwandsentschädigung zu den einkommensteuerfreien Einnahmen zählt.

  AHB
  PR 2016
  A1
  Ziff. 6.2.2

  Das Ehrenamt ist eine meist freiwillige, am Gemeinwohl orientierte, unbezahlte Mitarbeit insbesondere

  – in der Kranken- und Altenpflege, der Behinderten-, Kirchen- und Jugendarbeit,
  – in Vereinen, Bürgerinitiativen, Parteien und Interessenverbänden,
  – bei der Freizeitgestaltung in Sportvereinigungen, Musikgruppen und gleichartigen Organisationen.

  Nicht versichert sind hier Schäden, die in Ausübung einer Leitungsfunktion verursacht werden (vgl. A 5.2.5.8 f).

  Ziff. 7.16

  > **Beispiel:**
  > Der verantwortliche Trainer der Kinder- oder Jugendmannschaft eines Fußballvereins genießt keinen Deckungsschutz in seiner Privat-HV, wohl aber der beim Training oder der Vorbereitung eines Spiels mithelfende Elternteil eines Kindes.

  Ebenfalls nicht versichert sind die Haftpflichtrisiken bei der Ausübung

  A 1

  – von öffentlichen oder hoheitliche Ehrenämtern (z. B. Gemeinderatsmitglied),
  – wirtschaftlichen oder anderen sozialen Ehrenämtern mit beruflichen Charakter (z. B. Betriebs- und Personalrat).

  Der Privat-HV leistet nicht, soweit ein anderer VR oder ein Dritter zum Ersatz des Schadens verpflichtet ist **(Subsidiaritätsklausel).**

- aus der **Teilnahme an Schul-, Berufs-, Studienpraktika und am fachpraktischen Unterricht.**

  Der Deckungsschutz erstreckt sich hier auch auf die Beschädigung oder Zerstörung von Ausbildungsgegenständen, die dem Versicherten im Praktikum/im Unterricht zur Verfügung stehen.

  Ziff. 6.2.2

  Der Deckungsschutz erstreckt sich nicht auf Haftpflichtansprüche wegen

  – Abnutzung, Verschleiß, übermäßige Beanspruchung,
  – Abhandenkommen von Ausbildungsgegenständen.

  Die Höchstersatzleistung beträgt je Versicherungsfall 15 000,00 €, begrenzt auf 30 000,00 € für alle Versicherungsfälle eines Versicherungsjahres. Eine Selbstbeteiligung von 100,00 € gilt als vereinbart.

5.2.4.3 Haus- und Grundbesitz

Ausschnittsweise mitversichert sind hier einige **Sonderrisiken,** die sonst nur durch eine spezielle Haftpflichtversicherung versichert werden können. Die AHB PR 2016 erwähnen ausdrücklich folgende Risiken:

Ziff. 6.3

- **Haftpflichtrisiko als Inhaber** (Mieter, Eigentümer, Sondereigentümer)

AHB
PR 2016
A1
Ziff. 6.3.1

einer oder **mehrerer Wohnungen** inkl. Ferien- und Wochenendwohnungen	**eines Ein-** oder **Zweifamilienhauses**
eines Wochen-/Ferienhauses	

sofern diese sich **im Inland befinden,** vom **VN selbst bewohnt** und **ausschließlich zu Wohnzwecken verwendet** werden.

Eingeschlossen ist die gesetzliche Haftpflicht

– aus dem Miteigentum an zu einem Ein- bzw. Zweifamilienhaus sowie zu einem Ferienhaus gehörenden Gemeinschaftsanlagen (z. B. Kinderspielplätze, Wäsche-trockenplätze, Müllsammelstellen), obwohl diese nicht mehr ausdrücklich in A 1 Ziff. 6.3.1 in den Deckungsschutz einbezogen sind.

Dies ist aber entbehrlich: Wenn ein VN Inhaber eines Hauses ist, ist er auch (Mit-)Inhaber der Müllsammelstelle. Da ihm als Inhaber Deckung gewährt wird, erstreckt sich der Versicherungsschutz auch auf Haftpflichtansprüche im Hinblick auf die Müllsammelstelle, z. B. wenn sich ein Kind an einem dort herausragenden Eisenteil verletzt.

– für zugehörige Garagen, Carports, Kfz-Stellplätze, Gärten sowie **eines Schreber-gartens** (= einzelner Kleingarten).

Verletzt sich beispielsweise ein Spaziergänger oder Besucher am schadhaften Zaun des Schrebergartens, ist der Haftpflichtanspruch gegen den VN durch die Privat-HV gedeckt.

Besonderheit: Haftpflichtansprüche bei Wohnungseigentümergemeinschaft

Bei Eigentumswohnungen wird zwischen dem Miteigentumsanteil (hierunter fallen Gemeinschaftsflächen und – anlagen, die im gemeinschaftlichen Eigentum der Wohnungseigentümergemeinschaft stehen) und dem Sondereigentum (hierunter fällt die Wohnung des jeweiligen Wohnungseigentümers) unterschieden.

Beschädigt der VN als Mitglied der Wohnungseigentümergemeinschaft das Gemeinschaftseigentum, sind die Haftpflichtansprüche der übrigen Gemeinschaft anteilig in Höhe ihrer Miteigentumsanteile gedeckt. Lediglich der Miteigentumsanteil des VN bleibt bei der Entschädigungsberechnung unberücksichtigt.

> **Beispiel:**
>
> Laut Kostenvoranschlag beträgt die Reparatur der durch den VN beschädigten Hausfassade 600,00 €. Die Wohnungseigentümergemeinschaft besteht aus drei Parteien, deren Miteigentumsanteil je 1/3 des Gemeinschaftseigentums beträgt. Der VR wird die Reparaturkosten zu 2/3 (= 400,00 €) entschädigen und den Miteigentumsanteil des VN von 1/3 unberücksichtigt lassen, da in Höhe des Anteils von 200,00 € ein nicht versicherter Eigenschaden vorliegt.

Im Übrigen sind bei Wohnungseigentum nur die Gefahren, die vom Sondereigentum ausgehen, durch die Privat-HV gedeckt. Rutscht z. B. der Besucher nicht in der Wohnung des VN (Sondereigentum) sondern im Treppenhaus (Gemeinschaftseigentum) auf zu glattem Boden aus, so ist dieser Schaden nur über eine spezielle Haus- und Grundbesitzer-HV gedeckt, die von der Hausverwaltung (Gemeinschaft der Wohnungseigentümer) abzuschließen ist.

Mitversichert ist die **Haftung** als Haus- und Grundbesitzer (Eigentümer, Nießbrau-
cher oder Mieter) **wegen**

- **vermutetem Verschulden** etwa bei der Außerachtlassung der baulichen Instandhaltung (vgl. A 2.3.2)

  z.B. mangelhafte Instandhaltung des Hausdachs, wenn ein herabfallender Dachziegel einen
  Passanten verletzt hat

- **Verletzung von Verkehrssicherungspflichten** (vgl. A 2.1.7.2)

  z.B. fahrlässiges Unterlassen der winterlichen Streupflicht bzw. von Warnhinweisen bei
  Dachlawinengefahr oder einer ausreichenden Beleuchtung auf Zugangstreppen, wo bei
  Einbruch der Dunkelheit dann Sturzgefahr besteht.

AHB
PR 2016
A 1
Ziff. 6.3.2

Ziff. 6.3.2.1

Besonderheit: Nachhaftung des früheren Besitzers nach § 836 Abs. 2 BGB

Unter bestimmten Voraussetzungen haftet der frühere Besitzer eines Grundstückes
noch ein Jahr für Schäden, die durch Einsturz eines Gebäudes oder Ablösung von
Gebäudeteilen entstehen. Dieses Risiko ist nach den AHB PR 2016 gedeckt, wenn
die Versicherung bis zum Besitzwechsel bestand.

Ziff. 6.3.2.5

Mitversichert sind auch Schadenersatzansprüche wegen Verletzung vertraglich
übernommener Verkehrssicherungspflichten (als Mieter, Pächter oder Entleiher)
(vgl. A 3.2 und 5.2.2.5).

> **Beispiel:**
> Im Mietvertrag zu einer Parterrewohnung ist vereinbart, dass der Mieter die
> Streupflicht des Vermieters übernimmt.

Ziff. 6.3.2.1

● **Haftpflichtrisiko bei Vermietung von Wohnraum im selbstbewohnten Ein- bzw. Zweifamilienhaus**

Versichert ist das Vermieterhaftpflichtrisiko (Delikts- und Vertragshaftung) aus der

(1) **Vermietung einer Einliegerwohnung** und/oder aus der **Vermietung einzelner Wohnräume** innerhalb

  - des **selbstbewohnten** (eigenen oder gemieteten) **Einfamilienhauses.**

    Eine Einliegerwohnung ist hier gegenüber der »Hauptwohnung« von geringerer
    Bedeutung (z.B. geringere Wohnfläche oder Zugang nur durch die »Hauptwohnung«).

  - der selbstbewohnten (eigenen oder gemieteten) Wohnung

(2) **Vermietung einer Wohnung** innerhalb des **selbst bewohnten Zweifamilienhauses**

Ziff. 6.3.2.2

Ziff. 6.3.2.3

Mitversichert sind hier auch Schäden aus **Diskriminierungstatbeständen** (vgl.
5.2.4.14).

Ziff. 6.3.3

Nicht versichert ist dagegen das Haftpflichtrisiko

- eines **Mehrfamilienhauses,** eines **nicht selbstbewohnten Ein-** bzw. **Zweifamilienhauses**

- eines **unbebauten Grundstücks.**

A 4
Ziff. 1–3

Hier bietet nur die gesondert abzuschließende **Haus- und Grundbesitzer-HV** entsprechenden Deckungsschutz. Es gelten dann aber die Bestimmungen der Vorsorgeversicherung (vgl. A 5.2.6.2).

Bei einigen VR ist das Haftpflichtrisiko eines **unbebauten Grundstücks** (z.B. das einer Obstwiese, eines Waldgrundstücks – soweit privat genutzt) – häufig sogar bis 1 000 bzw. 2 000 qm Fläche – zuschlagsfrei in der Privat-HV mitversichert.

● **Haftpflichtrisiko als Bauherr und Bauunternehmer**

AHB
PR 2016
A 1
Ziff. 6.3.2.4

Versichert ist dieses Haftpflichtrisiko bis zu einer Bausumme von 200 000,00 € je Bauvorhaben.

Dabei ist immer von einem zusammenhängenden Bauvorhaben auszugehen. Der VN darf also nicht einfach ein Bauvorhaben splitten, z.B. den Umbau seines selbstbewohnten Zweifamilienhauses mit 100 000,00 € und die – etwa 1 Monat später – darauffolgende Wärmeisolierung der Außenwände und des Dachstuhls mit 150 000,00 € Bausumme.

Wird der Betrag von 200 000,00 € überschritten, so entfällt die Mitversicherung. Es gelten dann die Bestimmungen zur **Vorsorgeversicherung** hinsichtlich der dann abzuschließenden **Bauherren-HV** (vgl. A 5.2.6.2).

Nicht nur den Bauunternehmer, sondern auch den **Bauherrn** treffen **als Veranlasser einer Baumaßnahme** Verkehrsicherungspflichten (Absperrung, Lagerung von Bauschutt). Hinzu kommen Überwachungs- und Auswahlpflichten. Das Bauherrenrisiko steht selbstständig neben dem Bauplanungs- und Bauleitungsrisiko des Architekten und dem Bauausführungsrisiko der Bauunternehmer bzw. Handwerker. Ein erhöhtes Risiko besteht für den VR, wenn der Bauherr selbst Hand bei den Bauarbeiten anlegt und insoweit dann auch Bauunternehmer ist.

Ziff. 6.3.2.7 ● **Haftpflichtrisiken aus dem Betrieb einer Solar- und/oder Photovoltaikanlage**

Und zwar – abweichend von A 1 Ziff. 1 – unabhängig davon, ob die Anlage privat oder gewerblich genutzt wird; vorausgesetzt, sie ist **Eigentum des VN** und sie befindet sich **auf dem mitversicherten selbstbewohnten Ein-** bzw. **Zweifamilienhaus** oder dem dazugehörigen Grundstück.

5.2.4.4 Vermietung von Immobilien im Inland

Nur aufgrund **besonderer Vereinbarung** besteht Versicherungsschutz für das Haftpflichtrisiko

Ziff. 6.4 ● als Inhaber von vermietetem **Sondereigentum** (Wohnungs- und Teileigentum);

● aus der gelegentlichen Vermietung der mitversicherten Ferienhäuser bzw. der mitversicherten Ferienwohnungen;

● aus der Vermietung von dazugehörigen Garagen, Carports und Kfz-Stellplätzen, die zu versicherten Immobilien gehören;

● aus der Vermietung von Garagen;

jeweils inkl. des zugehörigen (Schreber-)Gartens.

Ziff. 6.5 ### 5.2.4.5 Schäden an fremdem überlassenen Eigentum (Immobilien und Mobilien)

● **Mietsachschäden an zu privaten Zwecken gemieteten Räumen**

Ziff. 6.5.1 Mitversichert ist die gesetzliche Haftpflicht aus der **Beschädigung von gemieteten Wohnräumen** und sonstigen, zu privaten Zwecken, gemieteten Räumen in Gebäuden (z.B. Keller, Wasch- und Trockenräume).

> Versichert sind allerdings **nur Schäden an Gebäudebestandteilen.** Das sind Sachen die mit dem Gebäude fest verbunden sind, wie z.B. Waschbecken, Wandkacheln, Fußbodenfliesen, eingeklebte Teppichböden, Einbauschränke, Türen, Fenster, Zimmerdecken, Marmorbänke usw.

Proximus 4 gewährt hier Versicherungsschutz im Rahmen der vereinbarten Deckungssumme. Die Entschädigungsleistungen für alle Versicherungsfälle eines Versicherungsjahres sind auf das 2-fache der vereinbarten Deckungssummen begrenzt (vgl. A 5.2.3.5).

AHB
PR 2016
A 1
Ziff. 5.2

Vom Versicherungsschutz ausgeschlossen sind aber folgende Haftpflichtansprüche:

Haftpflichtansprüche wegen

– Schäden an solchen **Gebäudebestandteilen,** die sich nicht in den Räumen der Mietwohnung befinden.

Ziff. 6.5.1.1

> **Beispiel:**
> Der VN hat auf der Dachterrasse, die zu seiner Mietwohnung gehört, einen viel zu schweren Grill aufgestellt, dessen Stellfüße nach einiger Zeit den Terrassenbelag beschädigen.

A 1 Ziff. 6.5.1.1 AHB PR 2016: »Versichert ist die gesetzliche Haftpflicht des VN wegen Mietsachschäden **ausschließlich an Wohnräumen** und **sonstigen** zu privaten Zwecken **gemieteten Räumen**«.
Eine zur Mietwohnung gehörende, freiliegende und nicht umschlossene Dachterrasse wird nicht als »Raum in Gebäuden« im Sinne der Versicherungsbedingungen angesehen.

– Grundsätzlich **ausgeschlossen** bleiben auch **folgende Haftpflichtschäden,** obwohl sie Gebäudebestandteile in gemieteten Räumen betreffen:

vorhersehbare Schäden	Sie entstehen durch normale Abnutzung, Verschleiß oder auch auch durch übermäßige Beanspruchung. Renovierungsarbeiten sollen schließlich nicht von der Privat-HV übernommen werden. **Beispiel:** Der Mieter reißt aufgeklebte Teppichfliesen ab und beschädigt hierbei den Fußboden (übermäßige Beanspruchung).	Ziff. 6.5.1.2
Schäden an technischen Geräten	Dazu gehören Heizungs-, Maschinen-, Kessel-, Warmwasserbereitungsanlagen, Elektro- und Gasgeräte.	
Glasbruchschäden, für die der VN eine Glasversicherung abschließen kann	Versichert ist also die zerstörte Fensterscheibe im Hotelzimmer und in der vorübergehend angemieteten Ferienwohnung. Glasschäden in der Mietwohnung sind nicht gedeckt, weil sich hier der VN durch eine spezielle Glasversicherung schützen kann.	
Schäden infolge Schimmelbildung	**Beispiel:** **Schimmelbildung durch unzureichendes Lüften und Heizen** Der Vermieter macht den Mieter für Schimmelbefall in der Wohnung verantwortlich, den dieser durch unzureichendes Lüften und Heizen verursacht haben soll. Er fordert den Mieter zu Sanierungsmaßnahmen auf. Die Privat-HV übernimmt hier weder die Kosten für die Schimmelentfernung noch leistet sie passiven Rechtsschutz. Das heißt, sie wehrt hier auch nicht den Schadenersatzanspruch des Vermieters als unberechtigt ab, etwa mit der Begründung, der Schimmelbefall sei eher auf bauliche Mängel (z. B. unzureichende Dämmung) zurückzuführen. Da Allmählichkeitsschäden in der Privat-HV nicht mehr generell ausgeschlossen sind, war der gesonderte Ausschluss von Schimmelschäden notwendig geworden; denn unter Allmählichkeitsschäden werden gerade solche Schäden verstanden, die nicht durch ein einzelnes Ereignis oder ein Fehlverhalten entstehen, sondern durch allmähliche Falschnutzung – wie im Beispiel – unzureichendes Lüften.	

AHB
PR 2016
A 1
Ziff. 6.5.2

● **Mietsachschäden am Inventar der Reiseunterkunft**

Mitversichert sind auch Schäden an beweglichen Sachen in Hotelzimmern, gemieteten Ferienwohnungen und Ferienhäusern und allen sich daraus ergebenden
Vermögensschäden. Die Höchstersatzleistung beträgt für Sachschäden 100 000,00 €
je Versicherungsfall, begrenzt auf 200 000,00 € für alle Versicherungsfälle eines
Versicherungsjahres.

● **Schäden an gemieteten, geliehenen, gepachteten, unentgeltlich überlassenen
beweglichen Sachen**

Mitversichert ist die gesetzliche Haftpflicht des VN aus der **Beschädigung** oder
Zerstörung von **gemieteten** (außerhalb der Reiseunterkunft), **geliehenen**, gepachteten, **geleasten** oder **gefälligkeitshalber überlassenen fremden beweglichen Sachen**
(vgl. A 5.2.5.5).

> **Beispiel: Leihvertrag (unentgeltliche Gebrauchsüberlassung)**
>
> Der VN fährt mit einem geliehenen Fahrrad gegen ein Auto. Jetzt ist sowohl der
> Schaden am Auto (bis zur vereinbarten Deckungssumme) als auch der **Schaden** am
> **geliehenen Fahrrad** (max. 2 500,00 €) durch die Privat-HV gedeckt.

Hätte dagegen der VN die o. a. Schäden beim Ausritt mit einem geliehenen Pferd verursacht,
so wäre nur der Drittschaden am Kfz und nicht der am Tier (Schadenersatzanspruch des Tierhalters) in der Privat-HV gedeckt.

Ziff. 6.9,
Ziff. 6.5.3

Die Höchstersatzleistung für Schäden an fremden (u. a. geliehenen, gemieteten)
beweglichen Sachen ist auch hier betragsmäßig begrenzt (je Versicherungsfall auf
15 000,00 € und auf 30 000,00 € für alle Versicherungsfälle eines Versicherungsjahres). Eine Selbstbeteiligung von 100,00 € je Schadenfall gilt als vereinbart.

Vom Versicherungsschutz ausgeschlossen bleiben jedoch Haftpflichtansprüche
wegen **Abnutzung, Verschleiß, übermäßiger Beanspruchung** und **Abhandenkommen** von fremden Sachen (vgl. A 5.2.2.3, A 5.2.4.12).

> **Beispiele: Ausschluss für Schäden durch Abhandenkommen/Verlust von
> fremden Sachen**
>
> (1) Der VN leiht sich Skier aus und verliert einen Ski durch einen Sturz im Tiefschnee.
>
> (2) Für ein Fest leiht sich die VN ein Paar Ohrringe von der Freundin aus. Ein Ohr-
> ring geht bei der Feier verloren und bleibt unauffindbar.

Einige VR bieten allerdings Versicherungsschutz für den Schaden im Beispiel (1) – schließen
aber andererseits grundsätzlich Sachschäden »Schäden an – und Verlust von Schmuck und
Wertsachen« (Beispiel 2) vom Versicherungsschutz aus.

Hinweis: Schäden an fremdem überlassenem Eigentum

A 2–4
Ziff. 3.1

(1) In der **Hunde-, Reit- und Zugtierhalt-HV** sind Mietsachschäden an zu privaten
Zwecken gemieteten Räumen (inkl. Pferdeboxen) in Gebäuden zwar mitversichert. Weitere Schäden an gemieteten, geliehenen (beweglichen) Sachen fallen
aber nicht unter den Deckungsschutz, z. B. vom Hund verursachte Schäden am
Inventar der Reiseunterkunft.

Ziff. 2.3

(2) Diese Einschränkung gilt ebenso für den VN als Mieter, Pächter in der **Haus- und
Grundbesitzer-HV.**

(3) Auch in der **Bauherren-HV** bleiben Schäden an Sachen, die für das Bauvorhaben – insbesondere für das Bauen in Eigenleistung – geliehen, gemietet, geleast oder gepachtet wurden vom Deckungsschutz ausgeschlossen, z. B. die Betonmaschine, die der VN für sein Bauvorhaben (Bausumme 250 000,00 €) angemietet hat.

AHB PR 2016 A 2 – 4 Ziff. 1.9/3.1.2

5.2.4.6 Abhandenkommen von fremden Schlüsseln

Mitversichert ist – abweichend von A 1 Ziff. 6.5.3 AHB PR 2016 das Haftpflichtrisiko aus dem **Abhandenkommen** von **fremden** Schlüsseln (auch elektrischen Zugangsberechtigungskarten und elektronischen Türöffnern), die im Rahmen einer **ehrenamtlichen Tätigkeit,** aber auch **beruflich** bzw. **dienstlich, privat** oder im Rahmen eines **Mietverhältnisses** überlassen wurden.

A 1 Ziff. 6.6.1

Deckungsumfang »Schlüsselverlust«	
versichert	**nicht versichert**
• **Kosten für den Austausch** bzw. die Änderung des Schlosses/der Schließanlage inkl. Schlüsseländerung/-ersatz • u. U. gewaltsames Öffnen von Schlössern **(Notschloss)** • u. U. **Objektschutz** bis zu 14 Tagen	• Verlust von **anderen** Schlüsseln zu beweglichen Sachen (z. B. Tresor-, Möbel- und Kfz-Schlüssel) • Verlust von Schlüsseln, die der VN im Rahmen einer **selbstständigen** oder **freiberuflichen Tätigkeit** verwendet. • Haftungsausschluss für **Folgeschäden** durch Schlüsselverlust (z. B. Einbruch)
Höchstersatzleistung 100 000,00 € je Schadenereignis Gesamtleistung eines Versicherungsjahres maximal 200 000,00 € (Abhandenkommen von Schlüsseln privat/ehrenamtlich/beruflich bzw. dienstlich)	

Ziff. 6.6.2/3

Ziff. 6.6.4

5.2.4.7 Schäden bei Sportausübung

Ziff. 6.7.1

Mitversichert ist die gesetzliche Haftpflicht des VN aus der Ausübung von Sport. Ausgenommen hiervon sind Schäden infolge

- einer jagdlichen Betätigung, wofür ohnehin eine Jagd-HV als Pflichtversicherung abzuschließen ist;

- Teilnahme an Pferde- oder Kraftfahrzeugrennen sowie der Vorbereitung hierzu (Training).

Ziff. 6.7.2

  Ein »Rennen« verlangt – bei enger Auslegung – einen organisatorischen Rahmen (u. a. Absperrung, Zeitnehmen usw.). Deckungsschutz bietet hier die Veranstalter-HV. Ein sogenanntes wildes Rennen wird nach herrschender Lehre von diesem Ausschluss aber nicht erfasst.

Im Übrigen ist eigentlich jede Ausübung von Sport in der Privat-HV mitversichert – sogar Box- und Ringkämpfe.

Zu beachten ist allerdings, dass der Deckungsschutz aus der Verwendung bestimmter Sportgeräte – wie insbesondere Kraft- und Luftfahrzeuge – ausgeschlossen sein kann. Sport mit nicht motorisierten Wasserfahrzeugen wie Paddel-, Ruderboote, fremde Segelboote und Windsurfbretter ist dagegen versichert (vgl. A 5.2.4.10).

In den AHB PR 2016 wird der Deckungsschutz für das **Haftpflichtrisiko als Radfahrer** besonders hervorgehoben. Deckungsschutz hat der Versicherte danach auch für Schäden, die verursacht werden

- beim **Gebrauch von Pedelecs** (auch mit Anfahrhilfe) bis zu einer Geschwindigkeit von 25 km/h,

Ziff. 6.7.3

● bei einem **Radrennen** (z.B. Straßenrundfahrt, Triathlon) **sowie Training** dazu;

vorausgesetzt das Training und die Teilnahme am Wettkampf erfolgen privat und eine Lizenz oder eine andere vergleichbare Startberechtigung ist für die Teilnahme am Wettkampf nicht erforderlich.

Hat der Veranstalter/Verein für Wettkampf und Training Deckungsschutz aus einer Veranstalter- oder Vereins-HV, dann hat diese Vorrang und die Privat-HV leistet nicht **(Subsidiaritätsklausel).**

5.2.4.8 Besitz und Gebrauch von Waffen und Munition

Versichert ist die gesetzliche Haftpflicht des VN

AHB
PR 2016
A 1
Ziff. 6.8

● aus dem **erlaubten** privaten **Waffenbesitz** (bei Schusswaffen ist eine behördliche Erlaubnis erforderlich);

Hat sich ein Dritter der Waffe bemächtigt und einen anderen geschädigt, besteht Versicherungsschutz für den VN, auch wenn die Waffe unsachgemäß verwahrt war (weil §§ 23 ff. VVG durch A 1 Ziff. 8.1 verdrängt wird gilt dies auch bei dauerhaft unsachgemäßer Verwahrung).

● aus dem **Gebrauch von Waffen** (Hieb-, Stoß- und Schusswaffen) sowie Munition und Geschossen,

z.B. wenn sich beim Reinigen eines Sportgewehrs versehentlich eine noch im Lauf befindliche Kugel löst und einen Sportkameraden verletzt – besteht Versicherungsschutz.

Nicht versichert sind Haftpflichtschäden

– aus dem Besitz/Gebrauch zu **Jagdzwecken** (Jagd-HV);

bei der speziellen Jagd-HV ist nicht nur die Jagdtätigkeit und der erlaubte Besitz und Gebrauch von Schusswaffen mitversichert, sondern auch das Halten und Führen von bis zu zwei Jagdhunden, sodass der Jäger hierfür auch keine Tierhalter-HV benötigt.

– wenn mit der Waffe eine **strafbare Handlung** begangen wird.

Wird der Versicherte dem Strafmaß nach nicht wegen Vorsatzes, sondern nur wegen Fahrlässigkeit verurteilt, z.B. wegen Fehleinschätzung einer Notwehrsituation (Notwehrexzess, Putativnotwehr), so besteht Versicherungsschutz; denn nur der Waffenbesitz muss erlaubt sein, der Waffengebrauch kann auch unerlaubt sein.

5.2.4.9 Schäden als Halter oder Hüter von Tieren

Für diesen Bereich wird folgender Versicherungsschutz durch die AHB PR 2016 klargestellt:

● **Haftpflichtrisiko als privater Tierhalter/-eigentümer und Tierhüter**

Ziff. 6.9

Versichert ist dieses Haftpflichtrisiko, wenn es sich um zahme Haustiere, gezähmte Kleintiere (z.B. Hamster, Papageien) und Bienen handelt.

Nicht versichert sind Hunde, Pferde, Rinder, sonstige Reit- und Zugtiere, wilde Tiere und grundsätzlich gewerblich oder landwirtschaftlich genutzte Tiere. Für Hunde ist der Abschluss einer speziellen **Hundehalter-HV** erforderlich. Auch für den Hunde-

Ziff. 9.3

halter gelten die Bestimmungen der **Vorsorgeversicherung** (vgl. A 5.2.6.2).

A 2
Ziff. 1.1,
Ziff. 5

Die Risikobeschreibung für die Hundehalter-HV ist mit folgenden Besonderheiten ausgestaltet:

– Nicht versicherbar sind Hunde, die gemäß Anhang als gefährliche Hunde (»Kampfhunde«) gelten bzw. die in den einzelnen Landesgesetzen/Landeshundeverordnung als gefährliche Hunde eingestuft sind. Dies gilt auch für Hunde, die erst nachträglich als »gefährliche Hunde« (nach Abschluss der Hundehalter-HV) eingestuft werden. Denn die Bestimmungen über die generelle Mitversicherung einer nachträglichen »Veränderung des versicherten

Ziff. 4

Risikos« findet für diese Hunde keine Anwendung.

– Mietsachschäden durch Hunde sind ausschließlich an Wohnräumen und sonstigen zu privaten Zwecken gemieteten Räumen in Gebäuden versichert. Dies gilt nicht für weitere Schäden an gemieteten, geliehenen Sachen (z. B. Mobiliar der Reiseunterkunft – vgl. A 5.2.4.5). AHB
PR 2016
A 1
Ziff. 3.1

● **Hüten von fremden Hunden und Pferden – Reiten von fremden Pferden**
Versichert ist darüber hinaus speziell das Haftpflichtrisiko des VN Ziff. 6.9

– **als nicht gewerbsmäßiger Hüter fremder Hunde und Pferde;**

Wer also etwa einen fremden Hund ausführt oder sogar vorübergehend beherbergt, genießt Versicherungsschutz im Rahmen der Privat-HV.

> **Beispiel 1:**
>
> Der VN übernimmt für einige Tage den Hund des Nachbarn in seine Obhut. Unbeaufsichtigt kann der Hund das Grundstück des VN verlassen und bringt auf der Straße einen Fahrradfahrer zu Fall.

Versichert sind hier die Haftpflichtansprüche des verletzten Fahrradfahrers. Dies gilt nicht, wenn die Beherbergung (Versorgung und Pflege) für eine längere Zeit übernommen wird, z. B. weil sich der Halter und Eigentümer des Hundes für 2 Jahre beruflich im Ausland aufhält. In diesem Fall sind beide Personen Halter des Tieres – selbst wenn Steuern, Kosten für Futter und Tierarzt nicht vom Nachbarn, sondern weiter vom Eigentümer des Hundes getragen werden.

– **als Reiter bei Benutzung fremder Pferde zu privaten Zwecken.** A 3
Ziff. 1–5

Für Drittschäden, die der Reiter bei Benutzung eines **eigenen** Pferdes verursacht, ist der Abschluss einer speziellen **Pferdehalter-HV** erforderlich, die im Übrigen auch Esel und Maultiere versichert. Es gelten dann wieder die Bestimmungen der Vorsorgeversicherung (A 5.2.6.2).

Da hier also der Reiter weder Halter noch Eigentümer des Pferdes sein darf, handelt es sich vor allem um Haftpflichtansprüche, die gegen den Reiter als **Tierhüter** erhoben werden. Tierhüter i. S. v. § 834 BGB ist z. B. auch der Mieter eines Pferdes zu selbstständigem Ausritt.

> **Beispiel 2:**
>
> Im Sommerurlaub hat der VN für seine 16-jährige Tochter ein Pferd gemietet. Beim Ritt durch den Ferienort scheut das Pferd und beschädigt ein Kfz.

Versichert ist hier der Schaden am Kfz.

– **Nicht versichert** sind Haftpflichtansprüche des Tierhalters bzw. -eigentümers gegenüber dem Tierhüter bzw. Reiter; denn **Schadenersatzansprüche der Tierhalter** oder -eigentümer **wegen Sach- und Vermögensschäden sind vom Deckungsschutz ausgeschlossen.** A 1
Ziff. 6.9

Wird daher in den beiden o. a. Beispielen das Tier schwer verletzt, so ist das kein Haftpflichtrisiko für die Privat-HV des Tierhüters.

Außerdem besteht für den Hunde- oder Pferdehüter, den Pferdereiter im Rahmen der Privat-HV **nur dann Versicherungsschutz, soweit nicht Versicherungsschutz über die Tierhalter-HV besteht (Subsidiaritätsklausel).**

5.2.4.10 Gebrauch von Kraft-, Luft- und Wassersportfahrzeugen

➤ **Gebrauch von Kraftfahrzeugen**

Die AHB PR 2016 unterscheiden beim Gebrauch von Kraftfahrzeugen nach solchen, die mitversichert sind und solchen die – wegen ihres großen Schadenrisikos – vom Versicherungsschutz generell ausgeschlossen sind (vgl. A 5.2.5.8 e). Ziff. 6.10

AHB
PR 2016
A 1
Ziff. 7.14
Ziff. 9.3.1

In A 1 Ziff. 7.14 wird klargestellt, dass Schäden, die der Halter, Eigentümer, Besitzer oder Fahrer durch den **Gebrauch** eines **versicherungspflichtigen Kfz** verursacht, nicht versichert sind.

Die versicherungspflichtigen Kraftfahrzeuge sind auch nicht Gegenstand der Vorsorgeversicherung (vgl. A 5.2.6.2). Außerdem sollen Überschneidungen zur **Kfz-HV** vermieden werden.

- **Versicherungsschutz besteht aber bei Schäden durch den Gebrauch ausschließlich von folgenden nicht versicherungspflichtigen Kraftfahrzeugen und Anhängern:**
  - Kfz, die auf nicht öffentlichen Wegen und Plätzen verkehren – ohne eine max. Höchstgeschwindigkeit

Ziff. 6.10.1

  - Kfz bis 6 km/h bauartbedingter Höchstgeschwindigkeit (z.B. motorbetriebener Rollstuhl, Kinderfahrzeuge)
  - selbstfahrende Arbeitsmaschinen/Stapler bis 20 km/h (z.B. Schneeräumgerät, Kehrmaschine, Aufsitzrasenmäher, Mähroboter)
  - nicht zulassungspflichtige Kfz-Anhänger (z.B. Spezialanhänger zur Beförderung von Sportgeräten/Bootstrailer)

- **Ausschlusstatbestand »Gebrauch von versicherungspflichtigen Kraftfahrzeugen« (sog. Benzinklausel)**
  Der **Begriff** der Kraftfahrzeuge umfasst auch Krafträder (Pedelecs >25 km/Speed Bikes), Motorroller und Mopeds; denn ein Kfz ist jedes Landfahrzeug, das durch Maschinenkraft bewegt wird, ohne an Bahngleise gebunden zu sein.

- Zum **Fahrzeuggebrauch** gehört aber nicht nur das Fahren des Kfz. Auch andere typische Tätigkeiten der in der Kfz-HV versicherten Personen, wie z.B. die Fahrzeugwäsche bzw. -reparatur und das Be- und Entladen des Kfz sind dem Fahrzeuggebrauch zuzuordnen.

  Die Kfz-HV ist für die Schadenregulierung dagegen nicht zuständig, wenn der Schaden bei Tätigkeiten entstanden ist, die **nur mittelbar** mit dem Gebrauch des Kfz zusammenhängen. Wird z.B. beim Sprühlackieren eines Pkw durch den Kfz-Halter das Auto des Nachbarn durch Farbnebel beschädigt, besteht Deckung über die Privat-HV.

- Der Versicherungsschutz durch die Privat-HV ist außerdem zu bejahen, wenn die schadenstiftende Gebrauchshandlung **nicht dem versicherten Personenkreis** der Kfz-HV zuzurechnen ist, sondern beispielsweise dem gelegentlichen Beifahrer, der weder Halter, Eigentümer, Besitzer, Fahrer des Kfz/Kfz-Anhängers ist.

  Dem Begriff »Besitzer« wird in der Rechtsprechung keine eigenständige Bedeutung neben den Begriffen des Halters und des Fahrers beigemessen, d.h. wer z.B. das Auto seiner Freundin repariert – sog. Fremdbesitzer ist – hat ebenfalls Versicherungsschutz durch die Privat-HV.

Beispiele: Leistungsfälle zulasten der Kfz-HV bzw. Privat-HV:

(1) Der VN einer Privat-HV und Kfz-HV entnimmt durch die Heckklappe seines Kfz ein Paar Ski eines Mitinsassen und beschädigt dabei ein anderes Kfz. Hier ist die Kfz-HV zuständig, da die Gebrauchshandlung (Entladen der Ski durch eine in der Kfz-HV mitversicherten Person) für den Schaden ursächlich ist.

(2) Nicht der VN, sondern der gelegentliche Beifahrer entlädt die Ski und verursacht den Entladeschaden. Jetzt ist die Privat-HV des Beifahrers für die Schadenregulierung zuständig, weil der Schadenverursacher nicht zu den mitversicherten Personen der Kfz-HV gehört.

Besonderheiten: »Gebrauch von Kraftfahrzeugen«

a) Be- und Entladen des selbstgenutzten Kraftfahrzeugs

Abweichend vom Ausschlusstatbestand in A 1 Ziff. 7.14 AHB PR 2016 ist die gesetzliche Haftpflicht beim Be- und Entladen des selbstgenutzten – versicherungspflichtigen – Kfz auch dann mitversichert, wenn die schadenstiftende Gebrauchshandlung dem **versicherten Personenkreis** der Kfz-HV (also Halter, Eigentümer, Besitzer, Fahrer und VN) zuzurechnen ist.

AHB
PR 2016
A 1
Ziff. 6.10.3

Die **Höchstentschädigung** beträgt in diesen Fällen 1 500,00 € je Versicherungsfall.

Nicht versichert sind aber Schäden am Ladegut (im Beispielsfall an den Skiern des Mitinsassen) und am selbstgenutzten Kraftfahrzeug.

Durch diesen Risikoeinschluss in die Privat-HV wird die Deckungslücke geschlossen, die in Verbindung mit der Kfz-HV entsteht, wenn der Versicherte einen Haftpflichtschaden selbst reguliert. In der Regel informiert der Kfz-VR den VN über die Möglichkeit, Kfz-Haftpflichtschäden selbst zu regulieren bzw. darüber, ob im Einzelfall bei schon gemeldeten Kleinschäden ein nachträglicher Schadenrückkauf wirtschaftlich sinnvoll ist, damit eine drohende Rückstufung in eine ungünstigere Schadenfreiheitsklasse vermieden werden kann.

b) Zusatzbausteine, die der VR dem VN über den »Basisschutz« hinaus häufig anbietet

Vorbemerkung: In den marktüblichen Leistungsstufen, z. B. Leistungsstufe »Komfort- oder Exclusivschutz« kennt man diese Zusatzbausteine, nicht aber in Proximus 4.

Versichert wird hier zusätzlich die gesetzliche Haftpflicht des VN für von ihm verursachte Schäden als Führer **eines fremdes Kfz,** das ihm **nicht zum dauerhaften** oder **regelmäßigen Gebrauch (Leihe/Miete) überlassen** wurde (z. T. verbunden mit einer entsprechenden Selbstbeteiligung des VN und Höchstleistung je Versicherungsfall).

- Der VN hat versehentlich einen für dieses Kfz nicht geeignetem Kraftstoff getankt (»**Betankungsschäden**«).

- Der VN hat im europäischen Ausland für eine kurze Zeit (häufig begrenzt auf 1 Monat) ein Kfz gemietet, für das kein ausreichender Haftpflicht-Versicherungsschutz besteht (»**Mallorca-Deckung**«, vgl. C 4.2.3).

- Der VN hat einen Unfallschaden mit einem Kfz verursacht, das ihm **gefälligkeitshalber** geliehen wurde. Erstattet wird der **Vermögensschaden** in Höhe des Vollkasko-SB und der Mehrprämie infolge einer Rückstufung im Schadenfreiheitsrabatt in der Fahrzeug- und Haftpflichtversicherung des Verleihers.

➤ Gebrauch von Luftfahrzeugen

Ziff. 6.11.1

- **Versicherungsschutz** besteht für den Gebrauch von Luftfahrzeugen mit Spielzeugcharakter:

  - vor allem **Flugmodelle, unbemannte Ballone** und **Drachen bis max. 5 kg Fluggewicht,** die **nicht durch Motoren/Treibsätze angetrieben** werden (z. B. Segelflugmodelle, Lenkdrachen)

  - **Multikopter** (Drohnen) **bis max. 250 g Fluggewicht.**

Dies gilt allerdings nur soweit nicht Versicherungsschutz aus einem anderen Versicherungsvertrag besteht **(Subsidiaritätsklausel),** z. B. aus einer Luftfahrt-HV.

AHB
PR 2016
A 1
Ziff. 6.11.3

● Darüber hinaus besteht **Versicherungsschutz** für Schäden, die **beim Gebrauch versicherungspflichtiger Luftfahrzeuge** verursacht werden, wenn der VN nicht als Eigentümer, Halter, Besitzer oder Führer schadenersatzpflichtig ist, sondern als Passagier eines solchen Luftfahrzeugs.

➤ **Gebrauch von Wasserfahrzeugen – Gebrauch von ferngesteuerten Modellfahrzeugen**

Ziff. 6.12.1

● **Mitversichert sind Wassersportfahrzeuge,** u. a. eigene und fremde Ruder-, Paddel-, Schlauchboote, Kanu, **fremde Segelboote** (soweit jeweils **ohne Motor**) – sowie eigene/fremde Windsurfbretter.

Ziff. 6.13

Versichert sind auch Schäden bei Gebrauch von Kitesportgeräten (Seillänge bis 30 m), Strand-/ Eisseglern (Segelfläche bis 15 qm).

Eigene Segelboote sowie **eigene und fremde motorgetriebene Boote** sind dagegen – ohne den Vorsorgeversicherungsschutz der Privat-HV – **nur im Rahmen einer speziellen Wassersport-HV versichert.**

Ziff. 6.12.2

● Der VN ist darüber hinaus **versichert,** wenn er **als Passagier** beim Gebrauch eines (versicherungspflichtigen) Wasserfahrzeugs für ein Schaden verantwortlich gemacht wird.

Ziff. 6.14

● Verursacht der VN Schäden beim Gebrauch von **ferngelenkten Modellfahrzeugen (zu Wasser** und **zu Lande)** genießt er ebenfalls Deckungsschutz in der Privat-HV.

Kraftfahrzeuge	Luftfahrzeuge	Wasserfahrzeug
● nur auf **nicht-öffentlichen** Wegen verkehrende Fahrzeuge/ Anhänger **(ohne Rücksicht auf** eine bauartbedingte Höchstgeschwindigkeit)	● die dazu bestimmt sind in **geschlossenen Wohnräumen** betrieben zu werden (z. B. batteriebetriebene Hubschrauber) ● **nicht durch Motoren** bzw. **Treibsätze** angetriebene **Flugmodelle** ● **Flugmodelle, unbemannte Ballone, Drachen bis max. 5 kg und Multikopter bis max. 250 g Fluggewicht**	● **fremde** und **eigene** – Ruder-, Paddel-, Schlauchboote, Kanu, Kajak, Kanadier und vergleichbare Wassersportfahrzeuge **ohne Motor**/Treibsätze – Windsurfbretter
● mit **max. 6 km/h** Höchstgeschwindigkeit (z. B. Krankenfahrstuhl) ● mit **max. 20 km/h** Höchstgeschwindigkeit **selbstfahrende Arbeitsmaschinen** und **Stapler** (z. B. Aufsitzrasenmäher) ● **ferngelenkte Modellfahrzeuge**	● **als Passagier** auch von versicherungspflichtigen Luftfahrzeugen und nicht etwa, wenn der Versicherte als Eigentümer, Besitzer, Halter oder Führer des Luftfahrzeugs in Anspruch genommen wird! **Kein Versicherungsschutz** besteht, wenn der VN als Passagier Versicherungsschutz aus einem anderen Vertrag hat, z. B. aus einer Luft-Haftpflichtversicherung (»Subsidiaritätsklausel« des Privathaftpflicht-VR).	● **fremde Motorboote** soweit der VN diese nur **gelegentlich gebraucht** und für das Führen des Bootes **kein Führerschein** erfordert ist ● **fremde** Segelboote **ohne Motor/** Treibsätze (auch ohne Hilfs- und Außenbordmotoren) ● **ferngelenkte Modellfahrzeuge**

Hinweis:

Ziff. 6.12.1

Der **gelegentliche Gebrauch** von **fremden Wassersportfahrzeugen mit Motor,** die an sich vom Versicherungsschutz ausgeschlossen sind (z. B. Motorboot, Segelboot mit Hilfsmotor) ist ausnahmsweise mitversichert, soweit für das Führen kein Führerschein erforderlich ist.

Durch diesen im Rahmen der Privat-HV gewährten Versicherungsschutz soll der VN bzw. Mitversicherte vor unangenehmen Überraschungen bewahrt werden, wenn er sich z. B. am Urlaubsort einmal die selbstgesteuerte Fahrt mit einem Motorboot gönnen will.

5.2.4.11 Schäden im Ausland

Der Versicherungsschutz für Haftpflichtschäden, die der VN im Ausland verursacht hat, ist wie folgt geregelt:

1) In **EU-Staaten** (auch in außereuropäischen EU-Gebieten), in der Schweiz, in Norwegen, Island, Andorra, San Marino, Monaco, Lichtenstein besteht Versicherungsschutz **bei einem zeitlich unbegrenzten Aufenthalt** (also auch z. B. bei Wohnsitzverlegung nach Spanien). AHB
PR 2016
A 1
Ziff. 6.15.1

2) **In allen anderen Staaten** besteht Versicherungsschutz **nur für vorübergehende Aufenthalte von bis zu 2 Jahren.** Ziff. 6.15.2

3) Versichert in 1) und 2) sind auch Ansprüche gegen den VN aus § 110 SGB VII (Gesetzliche Unfallversicherung).

4) In der EU und in allen anderen Staaten ist auch die gesetzliche Haftpflicht aus der vorübergehenden Benutzung oder Anmietung (nicht Eigentum) von Wohnungen und Häusern bis zu einer Dauer von 2 Jahren versichert.

   – Der Versicherungsschutz in den Fällen 2), 3) und 4) entfällt, sobald die tatsächliche Dauer des Auslandaufenthalts 2 Jahre überschreitet.

   – Ist der Auslandsaufenthalt von Beginn an für eine Dauer von **mehr als 2 Jahren geplant,** so besteht **von Anfang an kein Versicherungsschutz.**

   – **Aufenthalte in Deutschland von bis zu 3 Monaten** (z. B. Urlaub) **gelten nicht als Unterbrechung des Auslandsaufenthalts.**

Die Leistungen des VR erfolgen in Euro. Sie gelten mit dem Zeitpunkt als erfüllt, in dem der Euro-Betrag bei einer Bank in der Eurozone angewiesen ist.

5.2.4.12 Mitversicherung von »reinen« Vermögensschäden

Ein **reiner Vermögensschaden** liegt vor, wenn der VN z. B. einen Fehlalarm für einen Feuerwehreinsatz verursacht hat und deshalb zur Kostenerstattung verpflichtet ist. Diese Schadenersatzverpflichtung des VN ist hier weder Folge eines Personenschadens noch Folge eines Sachschadens. Der Versicherungsschutz für »reine« Vermögensschäden hat in der Privat-HV kaum größere Bedeutung (vgl. 5.2.2.3). Ziff. 6.16

Zwei Gründe lassen sich dafür anführen:

● Der erste Grund ist im Deliktsrecht zu suchen. Dort ist nach § 823 Abs. 1 BGB als Haftpflichtanspruch nur die Verletzung absoluter Rechtsgüter (u. a. Leben, Körper, Besitz, **Eigentum**) als ersatzpflichtiger Tatbestand normiert worden. »Das **Vermögen** einer Person **als solches ist kein absolutes Rechtsgut**« (vgl. A 2.1.3). Eine Haftung des Schädigers bleibt also – soweit nicht gleichzeitig ein Schutzgesetz (§ 823 Abs. 2 BGB) verletzt wurde – im Wesentlichen auf Personen-, Sach- und Vermögensfolgeschäden beschränkt.

Der eigentliche Sinn der Vermögensschadendeckung in der Privat-HV ist damit häufig eher im Abwehrschutz (passiven Rechtsschutz) zu sehen. Ziff. 6.16.1

> **Beispiel:**
> Der VN hat für die Trockenlegung einer feuchten Kelleraußenwand eine Lkw-Ladung Rheinkies beim Baustoffhändler bestellt. Da dieser vom VN wohl falsch informiert wurde, wird die Kiesladung später direkt vor der Garage des Nachbarn abgeladen. Der Nachbar verpasst daraufhin einen USA-Flug, weil er sein Fahrzeug nicht aus der Garage fahren konnte. Er verlangt vom VN Schadenersatz in Höhe der Umbuchungskosten für einen späteren Flug (Kosten 640,00 €).

Da »reine« Vermögensschäden mitversichert sind, muss sich jetzt der VR mit dem Haftpflichtfall befassen und dem VN Deckungsschutz gewähren. Der VR wird aber mit Hinweis auf die Rechtslage nach § 823 Abs. 1 BGB den Schadenersatzanspruch des Nachbarn u. U. abwehren.

In einem Schadenersatzprozess könnte ein Gericht allerdings auch zu der Entscheidung kommen, dass hier eine **Verletzung des Eigentumsrechts** gegeben ist und der Vermögensschaden (640,00 €) daher als **unmittelbare Folge einer Rechtsgutverletzung gemäß § 823 Abs. 1 BGB** dem Geschädigten zu ersetzen ist. Der VR müsste dann den Schaden für den VN regulieren.

● Ein zweiter viel wesentlicher Grund ist im Versicherungsschutz (Deckungsanspruch) zu sehen. Denn dieser ist für »reine« Vermögensschäden durch eine größere Anzahl von Ausschlüssen erheblich eingeschränkt worden:

Beispiele:

Ausgeschlossen – und für die Tätigkeit »privater« Natur auch von Bedeutung – sind Schadenersatzansprüche aufgrund

AHB
PR 2016
A 1
Ziff. 6.16.2

●   **ständiger** Emissionen (Gerüche, Rauch usw.) aus dem Nachbarschaftsrecht (§ 906 BGB),

●   einer Verletzung von gewerblichen Schutz- bzw. Urheberrechten,

●   von Ratschlägen, von Empfehlungen, von Auskunftserteilung, von Kredit- und Grundstücksgeschäften,

●   von bewusstem Abweichen von gesetzlichen oder behördlichen Vorschriften,

●   von Nichteinhaltung von Terminen und Fristen,

●   von »Abhandenkommen von Sachen« – nicht »Schlüsselverlust« – aber z. B. von Geld, Wertpapieren, Wertsachen (vgl. A 5.2.2.3, A 5.2.4.6).

5.2.4.13 Übertragung elektronischer Daten/Internetnutzung

● **Gegenstand der Deckung**

Ziff.
6.17.1.1

Gedeckt sind Schäden/Haftpflichtansprüche infolge

– **Datenveränderung**
Hierunter fällt die Löschung, Unterdrückung, Unbrauchbarmachung oder Veränderung von Daten bei Dritten durch **Computerviren** und andere **Schadenprogramme,** die auf dem Computer des VN wirksam sind.

Beispiel:

Der VN versendet eine E-Mail mit Datei im Anhang. Diese Datei ist virenbefallen, was der VN nicht bemerkt und setzt den Computer des E-Mail-Empfängers außer Betrieb, als sie geöffnet wird.

Ziff.
6.17.1.2

– **Datenveränderung aus sonstigen Gründen sowie der Nichterfassung und fehlerhaften Speicherung von Daten bei Dritten.**

Versichert sind hier nur Personen-, Sachschäden und sich daraus ergebende Vermögensschäden, z. B. Betriebsunterbrechungsschäden. Reine Vermögensschäden, die aus weiteren Datenveränderungen resultieren, sind vom Versicherungsschutz ausgeschlossen.

Ziff.
6.17.1.3

– **Störung des Zugangs Dritter zum elektronischen Datenaustausch,** die etwa durch Übermittlung von fehlerhaften Daten verursacht werden, so dass z. B. ein Server blockiert wird.

● **Sicherungsobliegenheit**

Für den Versicherungsschutz hat der VN die Obliegenheit, auf seinem Computer Sicherungsvorkehrungen (z. B. Virenscanner, Firewall) zu treffen oder durch Dritte treffen zu lassen – Sicherungstechniken, die dem Standard der Technik entsprechen.

Wer aber dem Stand der Technik entsprechende Sicherheitsvorkehrungen trifft, wird im Schadenfall vom Geschädigten kaum haftungspflichtig gemacht werden können, sodass hier in der Regel nur Abwehrdeckung (passiver Rechtsschutz) in Betracht kommt.

● **Leistungsbegrenzung**

Die Höchstentschädigung beträgt 15 Mio. € je Versicherungsfall, begrenzt auf 30 Mio. € für alle Versicherungsfälle eines Jahres.

AHB PR 2016 A 1 Ziff. 6.17.6 6.17.3

Eine weitere Leistungsbegrenzung – gerade für das IT-Risiko – ergibt sich aus der Serienschadenklausel – bezogen auf die Übertragung elektronischer Daten. Danach gelten alle Versicherungsfälle, die auf dem Austausch, der Übermittlung und Bereitstellung elektronischer Daten **mit gleichen Mängeln** beruhen als ein Versicherungsfall (vgl. A 5.2.3.5).

● **Versicherungsschutz im Ausland**

6.17.4

Abweichend von A 1 Ziff. 6.15 besteht für Versicherungsfälle im Ausland Versicherungsschutz nur soweit die Haftpflichtansprüche in europäischen Staaten und nach dem Recht europäischer Staaten geltend gemacht werden.

● **Risikoausschlüsse**

Vom Versicherungsschutz ausgeschlossen sind Haftpflichtansprüche aufgrund

– **bewusst unbefugter Eingriffe in fremde Datennetze** (z. B. Hacker-Attacken) oder Einsatz von Software, die geeignet ist, Datenordnungen zu verändern/zu zerstören (z. B. Trojanische Pferde);

6.17.5.1

– von massenhaft versandten, vom Empfänger ungewollten elektronisch übertragenen Informationen (z. B. Spamming) oder von Dateien (z. B. Cookies), mit denen widerrechtlich bestimmte Informationen über Internet-Nutzer gesammelt werden.

6.17.5.2

● **Pflichtwidrigkeitsklausel**

Es besteht kein Versicherungsschutz, wenn der VN bzw. Mitversicherte durch **bewusstes Abweichen von gesetzlichen/behördlichen Vorschriften** (z. B. Teilnahme an rechtswidrigen Online-Tauschbörsen) oder durch sonstige bewusste Pflichtverletzungen die Drittschädigung verursacht hat.

6.17.5.3

Handelt ein Mitversicherter (z. B. der Sohn des VN) pflichtwidrig, verliert nur dieser den Versicherungsschutz, nicht der VN, (vgl. A 5.2.1.2).

5.2.4.14 Ansprüche aus Diskriminierungen, Benachteiligungen, Ungleichbehandlungen

● **Vorbetrachtung:**

Das Allgemeine Gleichbehandlungsgesetz (AGG) verfolgt das Ziel, Benachteiligungen aus Gründen

AGG §1

– der Rasse oder ethnischen Herkunft,

– des Geschlechts oder der sexuellen Identität,

– der Religion oder Weltanschauung,

– einer Behinderung oder aufgrund des Alters

zu verhindern oder zu beseitigen.

Wird der VN von einem Dritten in Anspruch genommen, da er gegen das AGG verstoßen haben soll, ist zu prüfen, ob die Privat-HV dem VN Versicherungsschutz gewährt.

● **Versichert sind** – abweichend von A 1 Ziff. 7.10 AHB PR 2016 – Schäden (auch Nichtvermögensschäden), für die der VN wegen einer Diskriminierung, Benachteiligung oder Ungleichbehandlung in einem der folgenden Fälle verantwortlich gemacht wird;

AHB PR 2016 A 1 Ziff. 6.18.1

– als **Dienstherr** einer in seinem **privaten** Haushalt beschäftigten Person,

– als **privater Vermieter** gem. A 1 Ziff. 6.3.2.2 und Ziff. 6.3.2.3 AHB PR 2016,

– als **privater Vermieter** gem. A 1 Ziff. 6.4 AHB PR 2016 (soweit vereinbart).

Im Bereich der **Wohnungs**vermietung gilt das AGG nicht, wenn der Vermieter oder einer seiner Angehörigen **Wohnraum auf demselben** Grundstück nutzt (§ 19 AGG). Deshalb besteht der Versicherungsschutz wegen einer Diskriminierung bei der Vermietung von Wohnraum im selbstbewohnten Ein- bzw. Zweifamilienhaus wohl eher in der Abwehr von entsprechenden Haftpflichtansprüchen

Das **Benachteiligungsverbot** gemäß AGG gilt nicht nur für Benachteiligungen in einem **laufenden Arbeits- bzw. Mietverhältnis** oder **nach deren Beendigung,** sondern auch für Benachteiligungen von Bewerbern **bei Begründung eines Beschäftigungs- bzw. Mietverhältnisses.**

> **Beispiel: Diskriminierungs- bzw. Benachteiligungsschäden bei der Mieterauswahl**
>
> Der VN vermietet mehrere Eigentumswohnungen. Eine der Wohnungen hat der VN gerade in der örtlichen Tageszeitung öffentlich zur Neuvermietung angeboten. Von mehreren Bewerbern verweigert er zwei Schwarzafrikanern die Vermietung. Diese haben sich unabhängig voneinander um die Wohnung beworben.

Soweit der Vermieter keine sachlichen Gründe – wie etwa mangelnde Solvenz – anführen kann, spricht hier alles dafür, dass die beiden Bewerber wegen ihrer Hautfarbe bzw. ihrer ethnischen Herkunft abgelehnt wurden (Indizienbeweis § 22 AGG).

Die diskriminierten Bewerber können jetzt Ersatz des durch die Benachteiligung entstandenen Schadens verlangen. Der Schaden kann darin bestehen, dass sie erst später. zu ungünstigeren Konditionen eine andere Wohnung anmieten konnten.

AHB PR 2016 A 1 Ziff. 6.18.2, 6.18.3

● Für den **Deckungsschutz** muss

– sowohl die **Anspruchserhebung** gegenüber dem VN durch den Benachteiligten,

– als auch die **zugrundeliegende Benachteiligung** (der Verstoß gegen das Benachteiligungsverbot)

in den Versicherungszeitraum (Dauer des Versicherungsvertrages) fallen.

Der **Versicherungsfall** ist mit dem Zeitpunkt eingetreten, in dem erstmalig ein Haftpflichtanspruch gegenüber dem VN geltend gemacht wird. Ein **Haftpflichtanspruch** ist geltend gemacht, wenn gegen den VN ein Anspruch schriftlich erhoben wird oder ein Dritter dem VN schriftlich mitteilt, einen Anspruch gegen den VN zu haben.

Ziff. 6.18.4

Der Deckungsschutz besteht ausschließlich

– nur für Ansprüche nach **deutschem Recht,** soweit diese gerichtlich verfolgt

– und **vor deutschen Gerichten** geltend gemacht werden.

Für den Versicherungsschutz kommt es nicht darauf an, dass auch der Verstoß gegen das Benachteiligungsverbot (der Versicherungsfall) in Deutschland erfolgt ist.

5.2.4.15 Haftpflichtansprüche gemäß Umwelthaftungsgesetz (UmwHaftG) und Umweltschadensgesetz (USchadG)

Ziff. 6.19

a) Allgemeines Umweltrisiko (Schäden durch Umwelteinwirkung gemäß UmwHaftHG)

Versichert sind **Haftpflichtansprüche Dritter,** denen durch die Ausbreitung einer Umwelteinwirkung ein Personen-, Sach- oder Vermögensschaden zugefügt wurde.

Der Deckungsschutz ist allerdings **begrenzt** auf

● Schäden durch Stoffe, Erschütterungen, Geräusche, Druck, Strahlen, Gase, Dämpfe, Wärme oder sonstige Erscheinungen, die sich in **Boden**, **Luft** oder **Wasser** ausgebreitet haben;

(Das UmwHaftG ist also nicht wie das Wasserhaushaltsgesetz (WHG) allein auf Gewässerschäden begrenzt; vgl. A 2.2.2.2).

● gesetzliche Haftpflichtansprüche **privatrechtlichen Inhalts;**

● Haftpflichtrisiken, die den VN als Privatperson – nicht in der Eigenschaft als Gewerbetreibender – treffen.

> **Beispiel:**
>
> Der Sohn des VN verbrennt Holz, Laub und Plastikmüll im Garten. Wegen der starken Rauchgasentwicklung verlassen viele Gäste den Biergarten, der an das Grundstück des VN grenzt. Der Betreiber des Biergartens erhebt Ansprüche für die finanziellen Einbußen/den Minderumsatz.

Der Vermögensschaden wäre hier aber auch schon als unmittelbare Folge der Verletzung eines absoluten Rechtsgutes (des Rechts am ausgeübten Gewerbetrieb – § 823 Abs. 1 BGB) ersatzpflichtig bzw. aufgrund eines Verstoßes gegen Schutzgesetze (§ 823 Abs. 2 BGB).

b) Sanierung von Umweltschäden gemäß Umweltschadensgesetz (USchadG)

AHB
PR 2016
A 1
Ziff. 6.22

Das USchadG dient der **Vermeidung** von drohenden Umweltschäden (sogen. **Ökoschäden**) und der **Sanierung** von erfolgten Umweltschäden (vgl. A 2.2.2.2).

Abweichend von A1 Ziff. 3.1 AHB PR 2016 sind hier **Haftpflichtansprüche öffentlichrechtlichen Inhalts** versichert, denn das USchadG berechtigt nur Behörden – nicht Privatpersonen – zum Schadenersatzanspruch. Erhoben werden die Schadenersatzansprüche

Ziff. 6.22.1

– bei Schädigung **geschützter Tier-, Pflanzenarten und natürlicher Lebensräume,**

Ein »natürlicher Lebensraum« ist ein Gebiet (z.B. ein Biotop) mit bestimmten natürlichen Bedingungen, im Gegensatz zu zivilisierten Gebieten, die vorrangig vom Menschen geformt und bewohnt werden.

– bei **Schädigung** von **Gewässern** oder von **Böden** (ökologischer Schadenersatz).

Versicherungsschutz besteht auch für Haftpflichtansprüche gemäß nationalen Umsetzungsgesetzen anderer EU-Mitgliedstaaten, sofern diese Pflichten zur Sanierung von verursachten Umweltschäden den Umfang der EU-Umwelthaftungsrichtlinie nicht überschreiten.

Ziff. 6.22.2

Ausgeschlossen sind

● Versicherungsansprüche aller Personen, die den Schaden dadurch verursacht haben, dass sie bewusst von Gesetzen, VO oder an den VN gerichteten behördlichen Anordnungen/Verfügungen, die dem Umweltschutz dienen, abweichen **(Pflichtwidrigkeitsklausel).**

Ziff.
6.22.3.1

A 1 Ziff. 2.3 findet hier keine Anwendung, d.h. bei der Haftung für fremdes Handeln verliert nur der Schadenverursacher den Deckungsschutz. Beschäftigt z.B. der VN auf seinem großen – privat bewohnten – Landgut einen Gärtner, der – ohne Wissen des VN – mehrere Hornissennester ausgeräuchert hat, statt sie – wie es das Gesetz verlangt – fachgerecht umzusiedeln/umsiedeln zu lassen, hat der VN dennoch Deckungsschutz für evtl. Haftpflichtansprüche der Behörde.

● Pflichten oder Ansprüche wegen Schäden

    – die durch unvermeidbare, notwendige oder in Kauf genommene Einwirkungen auf die Umwelt entstehen

Ziff.
6.22.3.2
A 6
Ziff. 1–7

    – für die der VN aus einem anderen Versicherungsvertrag (z.B. Gewässerschaden-HV) Versicherungsschutz hat oder hätte erlangen können **(Subsidiaritätsklausel).**

5.2.4.16 Abwässer und Gewässerschäden

a) Abwasserrisiko

Ein Abwasserschaden wird durch Wasser aus der Toilette, aus der Badewanne, aus der Dusche, aus der Spülmaschine oder aus der Waschmaschine verursacht. Das Wasser ist verunreinigt und kann nicht mehr verwendet werden. Abwässer können durch Bakterien, Schmutz oder ander Schadstoffe erhebliche gesundheitliche Beeinträchtigungen verursachen.

AHB
PR 2016
A 1
Ziff. 6.20

Versichert sind **Drittschäden** durch

- **häusliche Abwässer**

  z.B. der Waschmaschinenschlauch platzt, Schmutzwasser gelangen in die Wohnung des Mieters der unteren Wohnung.

- **Abwässer aus dem Rückstau des Straßenkanals**

  z.B. nach starken Witterungsniederschlägen verschmutzen austretende Abwässer aus der Toilette in der Wohnung des Vermieters den Hausrat des Mieters in der vermieteten Einliegerwohnung. Bei der Schadenermittlung wird festgestellt, dass die Rückstauklappe defekt war.

Ziff. 6.21

b) Schäden durch Gewässerveränderungen

Mitversichert ist auch das WHG-Risiko – das sind Schäden als unmittelbare und mittelbare Folge einer nachteiligen Veränderung der Wasserbeschaffenheit eines Gewässers einschließlich des Grundwassers **(Gewässerschäden).**

- **versichert** ist der **VN als Inhaber** von

  – Klär-, Sicker- oder Abwassergruben (Anlagen), die ausschließlich für »häusliche Abwässer« **privat** genutzt werden;

Ziff. 6.21.1

  – **Kleingebinden** (z.B. Farbeimer, Benzinkanister) mit max. je 100 l und einem Gesamtfassungsvermögen von max. 1000 l; Voraussetzung für den Versicherungsschutz ist, dass sich diese Anlagen/Kleingebinde auf dem versicherten Grundstück (des vom VN selbst bewohnten Ein- bzw. Zweifamilienhaus oder Wochenend-/Ferienhaus) befinden.

> **Beispiel:**
>
> Der VN fährt einen 10-Liter Kanister mit hochkonzentriertem Pflanzenschutzmittel über den Hof seines Hauses. Direkt über dem Kanaldeckel fällt der Kanister vom Schubkarren und zerbricht. Auslaufendes Pflanzenschutzmittel (kein CKW- bzw. PCB-haltiger Stoff) gerät in den Kanal und von dort in einen nahe gelegenen Bach. Ein Fischsterben (Sachschaden) und eine Gewässerverseuchung (reiner Vermögensschaden) ist die Folge.

- **Voraussetzung** für den **Versicherungsschutz des WHG-Risikos** ist allerdings, dass

  – sich diese Anlagen/Kleingebinde auf dem versicherten Grundstück (des vom VN selbst bewohnten Ein- bzw. Zweifamilienhaus oder Wochenend- bzw. Ferienhaus) befinden;

  – die vereinbarten Höchstmengen (100 l je Kleingebinde – max. 1 000 l insgesamt) nicht überschritten werden. Werden sie überschritten entfällt der Versicherungsschutz. Es gelten dann die Bestimmungen über die **Vorsorgeversicherung** (vgl. A 5.2.6.2).

● **WHG-Restrisiko**

Im Leben eines Privatmanns sind aber noch andere Gefahrenumstände denkbar, die zu Gewässerschäden führen können **(Zufallschäden).** So kann z. B. Heizöl in das Grundwasser gelangen, weil der VN als unvorsichtiger Fußgänger den Unfall eines Tanklastzuges verursacht hat. Gerade für dieses **WHG-Restrisiko** bietet dann aber die Privat-HV Versicherungsschutz.

Exkurs: Gewässerschaden-Haftpflichtversicherung

● Versichert ist die gesetzliche **Haftpflicht** des **VN als Inhaber** der im Versicherungsschein und Nachträgen angegebenen **Anlagen** zur **Lagerung** und **Verwendung** von **gewässerschädlichen Stoffen.**

AHB
PR 2016
A 6
Ziff. 1–7

Tritt z. B. Öl aus der Heizungs- oder Tankanlage eines Hausbesitzers aus – **auch der Mieter eines Einfamilienhauses kann Inhaber der Anlage sein** – und wird dadurch das Grundwasser verseucht, gewährt die Gewässerschaden-HV Deckungsschutz (jetzt auch für Behältnisse mit einem Fassungsvermögen >= 100 l).

Ziff. 1

Jedem Tankinhaber, der gewässerschädliche Stoffe in Behältnissen mit einem Fassungsvermögen (> 100 l) lagert, ist deshalb unbedingt zu empfehlen, rechtzeitig diese spezielle Haftpflichtversicherung abzuschließen, weil der Tankinhaber nach § 22 WHG unbegrenzt und verschuldensunabhängig haftet (Gefährdungshaftung), wenn durch austretendes Heizöl ein Gewässerschaden eintritt. Der Tankinhaber haftet und hat Versicherungsschutz für unmittelbare und mittelbare Folgen (Personen-, Sach- und Vermögensschäden) von Veränderungen der physikalischen, chemischen oder biologischen Beschaffenheit eines Gewässers inkl. des Grundwassers.

● Die Privat-HV gewährt hier nur **vorläufigen Versicherungsschutz** über die »Vorsorgeversicherung« (bis zum rechtzeitigen Abschluss der Gewässerschaden-HV).

Die Prämie hängt in der Gewässerschaden-HV von der Größe des Tanks und von der Einbauart ab (»oberirdisch« oder »unterirdisch«). Bei einem »unterirdischen Behälter« (Erdtank) ist schwer zu kontrollieren, ob ein Leck vorliegt oder nicht. Außerdem ist hier im Schadenfall naturgemäß auch mehr Erde abzutragen, um das verseuchte Erdreich zu entsorgen. Das Schadenrisiko eines Erdtanks ist daher höher als bei einem »oberirdischen Behälter«/Kellertank, was sich auch in der Prämienhöhe ausdrückt.

● Versichert im Schadenfall sind auch

– **Rettungskosten** – auch erfolglose, außergerichtliche Gutachterkosten, soweit sie zusammen mit der Entschädigung die VS nicht übersteigen;

Ziff. 2

– **Eigenschäden am Gebäude** des VN, z. B. Schäden durch das Eindringen von Heizöl in das Mauerwerk. Dies gilt auch bei allmählichem Eindringen des Heizöls ins Mauerwerk (Allmählichkeitsschäden).

Ziff. 5

● **Ausgeschlossen** sind Haftpflichtansprüche wegen Schäden, die

– der Versicherte/VN **durch vorsätzliches Abweichen von** dem Gewässerschutz dienenden Gesetzen, Verordnungen oder durch **Nichtbeachtung von behördlichen Anordnungen/**Verfügungen **herbeigeführt hat;**

Ziff. 3

z. B. wenn der VN den defekten Grenzwertgeber nicht erneuert, obwohl das Landratsamt – nach TÜV-Prüfung – dies angeordnet hat. Beim nächsten Tankvorgang fließen dadurch größere Mengen des gelieferten Mineralöls über das Tankentlüftungsrohr in den Garten.

– unmittelbar oder mittelbar auf Erdbeben, Überschwemmung (**»Höhere Gewalt«),** Kriegsereignissen, innere Unruhen, Generalstreik beruhen.

Ziff. 4

Lernkontrollen zu A 5.2.4

Haushalt und Familie

1 Bei einem Kindergeburtstag zerreißt ein Kind einem anderen Kind bei einem ausgelassenen Fangspiel das Kleid. Die Mutter des Geburtstagskindes hatte kurzfristig den Raum verlassen, da es an der Haustür geklingelt hatte.

Muss die Privat-Haftpflichtversicherung der Gastgeberfamilie den Schaden ersetzen, wenn die Eltern des geschädigten Kindes Schadenersatzansprüche gegen die Gastgeber geltend machen?

2 Eine Tagesmutter hat 4 Pflegekinder in ihren Haushalt aufgenommen.

- Beim Spielen schlägt ein Tageskind der Tagesmutter die Brille von der Nase. Die Brille ist zerbrochen.

- Bei einem Spaziergang reißt sich ein Tageskind unvermittelt von der Hand der Tagesmutter los und läuft auf den Radweg. Ein Radfahrer kann nicht mehr ausweichen. Es kommt zu einem Unfall. Tageskind und Radfahrer werden verletzt.

- Aus Nachlässigkeit verbrüht die Tagesmutter ein Tageskind beim Teekochen. Die Verbrennungen müssen ärztlich versorgt werden.

Muss die Privat-HV der Tagesmutter jeweils leisten? Begründen Sie Ihre Antwort.

3 Unser VN hat seit 2 Jahren Frau Müller als Putzhilfe. Schon seit einiger Zeit hatte Frau Müller unseren VN gebeten, die schadhafte Haushaltsleiter reparieren zu lassen. Nach einer wenig erfolgreichen Reparatur durch unseren VN bricht die Leiter zusammen, als Frau Müller gerade die Fenster putzen wollte. Durch den Sturz erleidet Frau Müller eine Gehirnerschütterung, gleichzeitig wird ihre Armbanduhr beschädigt und ihr Kleid zerrissen. Sachschaden 250,00 €, Personenschaden 1 000,00 €. Prüfen Sie die Haftpflicht- und Deckungsfrage.

4 Den so genannten Frühjahrsputz führen die Putzfrau und die Ehefrau des Versicherungsnehmers gemeinsam durch. Dabei fällt der Ehefrau ein ätzend wirkendes Reinigungsmittel um. Die Putzfrau bekommt Spritzer in die Augen und auf ihre Kleidung. Sie muss wegen einer möglichen Augenverletzung sofort den Arzt aufsuchen. An ihrer Kleidung haben sich hässliche Flecken gebildet, die nicht mehr entfernt werden können.

a) Muss die Privat-Haftpflichtversicherung des VN den Schaden der Putzfrau ersetzen?

b) Besteht Versicherungsschutz aus der Privat-Haftpflichtversicherung des VN, wenn die Putzfrau das ätzende Reinigungsmittel umgeworfen und ein zufällig im Haushalt des VN anwesender Handwerker die genannten Schäden erlitten hätte?

5 Prüfen Sie in den folgenden Fällen, ob Deckung aus der Privat-HV besteht.

a) Die Krankenkasse hat dem VN für einen längeren Zeitraum ein Bestrahlungsgerät zur Behandlung einer Hauterkrankung ausgeliehen.

(1) Später gibt der VN das Gerät so beschädigt zurück, dass es nicht mehr benutzt werden kann. Schaden 289,00 €.

(2) Das Gerät kann der VN nicht mehr zurückgeben, da der Sohn des VN es versehentlich mit anderen nicht mehr funktionsfähigen Elektrogeräten beim Recyclinghof entsorgt hat.

b) Der VN begleitet seinen sechsjährigen Enkel auf dem Weg in die Kita. Der Enkel benutzt mit seinem Kinderfahrrad den Gehweg. Vor der Kita angekommen fährt der Enkel – für den VN nicht vorhersehbar – plötzlich auf die Straße und beschädigt dort den parkenden Pkw der Kitaleiterin.

c) Die mitversicherte Ehefrau des VN engagiert sich in ihrer Freizeit als Vorleserin in einem Pflegeheim. Ihr werden die Fahrtkosten zum Pflegeheim von der Heimleitung ersetzt. Bei einem Besuch beschädigt sie durch unsachgemäße Handhabung ein Krankenbett.

Haus- und Grundbesitz

6 Vom Einfamilienhause des VN, das er selbst bewohnt, löst sich ein Dachziegel. Er fällt auf die Straße und zerschellt. Ein Passant wird von den Splittern getroffen und am Bein verletzt.

a) Ist der Schaden durch die Privat-HV gedeckt?

b) Wie würden Sie den Fall beurteilen, wenn der VN im Untergeschoss seines Einfamilienhauses ein Architekturbüro betreibt?

7 Der VN bewohnt mehrere Wohnungen, von denen zwei auch sein Eigentum sind und eine (Ferienwohnung in Südfrankreich) angemietet ist.

a) Sind sämtliche Haftpflichtrisiken, von denen unser VN als Wohnungsinhaber auszugehen hat, über die Privat-HV gedeckt?

b) Gilt ein Einfamilienhaus in der Schweiz als mitversichert?

8 Der Eigentümer eines Einfamilienhauses mit vermieteter Einliegerwohnung ist seiner Schneeräumungspflicht nicht nachgekommen. Ein Passant stürzt und verletzt sich erheblich. Prüfen Sie die Deckungspflicht des Privathaftpflicht-VR.

9 Der Inhaber einer selbst bewohnten Eigentumswohnung in einem Dreifamilienhaus (Bruchteileigentum ⅓) beschädigt beim Einzug mit sperrigen Möbeln das Treppenhaus. Der Hausverwalter verlangt von ihm 300,00 € Reparaturschadenersatz. Prüfen Sie die Deckungspflicht des Privathaftpflicht-VR.

10 Der VN wird als »Bauherr« in Anspruch genommen. Das Verputzgerüst an seinem Einfamilienhaus war nicht mit Warnlampen gesichert, obwohl es z. T. auf dem Bürgersteig stand. In der Dunkelheit verletzte sich ein Passant, weil er gegen eine Gerüststange gelaufen war.

a) Prüfen Sie die Deckungspflicht des Privathaftpflicht-VR.

b) Fallvariation: Gehen Sie davon aus, dass der VN im Rahmen von Eigenarbeiten (jetzt also auch als »Bauunternehmer«) das Gerüst selbst aufgestellt hatte.

11 Prüfen Sie die Deckungspflicht des Privathaftpflicht-VR.

a) Ein VN brachte in seiner Mietwohnung an einer holzverkleideten Wohnzimmerwand ein Bild an. Beim Einschlagen des Bilderhakens traf er offensichtlich eine Wasser führende Leitung, da sich später herausstellt, dass durch diese Leitung – im Bereich des Bilderhakens – immer wieder Wassertropfen austraten, die im Verlauf von Monaten die gesamte Wand durchfeuchteten.

b) Ein privathaftpflichtversicherter VN wird auf einer Ägyptenreise von einem Mitreisenden gebeten, dessen Fotoapparat zu überprüfen, weil ganz offensichtlich der Auslöser klemmt. Da der VN technisch sehr geschickt ist, kann er das Gerät mit Erfolg reparieren. Es rutscht ihm jedoch noch vor Rückgabe aus den Händen, fällt zu Boden und wird erheblich beschädigt.

c) Ein Besucher war auf dem Zugang zum selbst bewohnten Einfamilienhaus eines VN gestürzt. Im Rahmen der Schadenabwicklung durch die Privat-HV wurde festgestellt, dass der Plattenbelag so schadhaft war, dass beim Begehen des Plattenbelages immer wieder Personen zu Fall kamen. Der VR forderte deshalb den VN dazu auf, diese gefahrendrohenden Umstände zu beseitigen. Zwei Monate später stürzt aus gleichen Gründen der Briefträger. Erst danach wurde der Plattenbelag neu verlegt.

d) Der VN hat den Schlüssel verloren. Wegen der Gefahr des Missbrauchs durch den Finder verlangt der Vermieter des VN die Änderung des Schlosses und Ersatz für die entsprechende Anzahl der Schlüssel.

e) Der VN wird vom Vermieter beim Auszug aus der Mietwohnung für folgende Schäden haftbar gemacht:

   (1) einen optisch sehr unschönen 20 cm langen/1mm tiefen Kratzer an der Fensterscheibe (Balkontür);

   (2) Schimmelschäden in der Wohnung, weil der VN regelmäßig in der Wohnung Wäsche getrocknet hat anstatt den Gemeinschaftstrockenraum auf dem Dachboden dafür zu nutzen.

12

Im Rahmen eines Beratungsgespräches in den Räumen der Versicherungsagentur erfahren Sie von Herrn Peter Brüning, dass er in ein gemietetes Einfamilienhaus umgezogen sei. Die bisher von ihm bewohnte Eigentumswohnung in Heidelberg hätte er für 400,00 € monatlich vermietet. Seine Lebenspartnerin und deren Kinder Annette (8 Jahre) und Ralf (6 Jahre) sowie deren Dackel seien zu ihm gezogen.

Mit Erstaunen müssen Sie feststellen, dass weder Herr Brüning noch seine Lebenspartnerin eine Privat-Haftpflichtversicherung haben.

● **Arbeitsauftrag**

Analysieren Sie die Haftpflichtrisiken der genannten Personen und bieten Sie einen risikogerechten Haftpflichtversicherungsschutz mit Prämienberechnung (jährliche Zahlungsweise) an. Gehen Sie dabei auch auf die Vertragsgestaltung ein.

13

Sie sind Mitarbeiter/-in einer Agentur der Proximus Versicherung AG. Ihnen liegt folgende Schadenschilderung des Kunden Dieter Müller vor:

»Während ich mich mit meiner Frau in der Hotelhalle aufhielt, waren unsere beiden Kinder, Uwe, 6 Jahre und Hans, 11 Jahre, bei einem Spiel im Hotelzimmer offensichtlich etwas zu ausgelassen. Dabei wurde eine Stehlampe beschädigt und die Kathedralglasfüllung der Badezimmertür zerstört. Eines der beiden Kinder hatte einen schweren Skischuh durch das Zimmer geworfen und unglücklicherweise die Badezimmertür getroffen. Der Schaden ereignete sich anlässlich unseres Winterurlaubs im Allgäu (Schadentag 05. Jan. d. J.). Die entsprechenden Reparaturrechnungen lege ich diesem Schreiben bei.«

● **Auszug aus dem Vertragsspiegel**

VN: Dieter Müller, 79102 Freiburg

Versicherungsvertrag: Privat-HV, Kompakt-Modell A ohne Selbstbehalt

● **Fragestellungen**

Begründen Sie jeweils Ihre Antworten.

a) Kann der Geschädigte (Hotel Nebelhorn, Immenstadt) von den Eltern der beiden Kinder (Schädiger) Schadenersatz verlangen?

b) Ist der 6-jährige Uwe bzw. der 11-jährige Hans schadenersatzpflichtig?

c) Ist Ihre Gesellschaft, die Proximus Versicherung, leistungspflichtig?

Ausübung von Sport – Halten und Hüten von Tieren

14 Prüfen Sie, ob der Privat-Haftpflicht-VR leistungspflichtig ist:

   a) Beim Boxkampftraining verletzt der VN den Zuschauer A.

   b) Beim wöchentlichen »Kollegenfußball« verletzt der VN den Spieler B. Prüfen Sie hier auch die Haftpflichtfrage.

   c) Der VN verletzt mit einem Kleinkalibergewehr seinen Neffen.

   d) Der VN ist Niederwildjäger und glaubt, ein Kaninchen im hohen Gras entdeckt zu haben. Er drückt ab und trifft die Katze einer älteren Dame. Diese verlangt Schadenersatz.

15 Im Sommerurlaub hat sich die 16-jährige Nicole mit Zustimmung des Vaters ein Pferd gemietet. Leistet die Privat-Haftpflichtversicherung für folgende Schäden?

   a) Beim Ritt durch den Ferienort scheut das Pferd und beschädigt ein parkendes Auto.

   b) Auch das Pferd ist schwer verletzt.

16 Besteht in der Privat-HV für den VN Versicherungsschutz, wenn mit bzw. durch folgende Objekte Dritten Schaden zugefügt wird?

   a) Kanarienvogel

   b) Pythonschlange

   c) eigenes Shetlandpony

   d) Siamkatze

   e) Bienenvolk

   f) Hühner für Eigenbedarf

   g) Schweine für Zucht und Verkauf

   h) Schoßhündchen (Pekinese)

17 Die Ehefrau des VN hat den Hund des Nachbarn in Obhut genommen, da der Nachbar zu einer Untersuchung ins Krankenhaus muss. Der von der Schule heimkehrende Sohn, der von der Anwesenheit des Hundes noch nichts weiß, schließt das Gartentor nicht richtig hinter sich zu, sodass der Hund entweichen und einen Passanten beißen kann.

   a) Leistet die Privat-Haftpflichtversicherung des VN?

   b) Besteht Versicherungsschutz für die Familie, wenn der Hundebesitzer eine Hundehalter-Haftpflichtversicherung hat?

18 Prüfen Sie die Deckungspflicht des Privathaftpflicht-VR.

   a) Die Kinder von Herrn Krause bringen einen streunenden Hund mit nach Hause, der nach ein paar Tagen der Liebling der Familie wird. Ein halbes Jahr später tötet der Hund aus Eifersucht das Zwergkaninchen des Nachbarn, mit dem die Kinder spielen.

   b) Erläutern Sie die deckungsrechtliche Frage zu Fall a), wenn die Familie Krause mit dem zugelaufenen Hund jetzt über 2 Hunde verfügt. Für den Boxer Barko, den die Krauses schon seit 10 Jahren bei sich haben, besteht schon seit längerer Zeit eine Hunde-HV.

   c) Wäre die Frage der Leistungspflicht der Privat-HV anders zu beurteilen, wenn Krauses Katze das Zwergkaninchen des Nachbarn getötet hätte?

19

Sie sind Mitarbeiter/-in in einer Agentur der Proximus Versicherung AG und sollen eine Haftungs- und Deckungsprüfung zu der folgenden Schadenmeldung des VN Heinz Krause vom 15. April d. J. vornehmen:

»Ich habe mir am 04. März d. J. einen Hund gekauft. Als ich diesen am 10. April d. J. in der Nähe meines Hauses ausführte, riss sich der Hund – aufgeschreckt durch die Fehlzündung eines Motorrades – plötzlich los, sprang auf die Straße und brachte einen Fahrradfahrer zu Fall. Beim Sturz verletzte sich dieser und zerriss sich die gerade erst erworbene neue Hose. Da der Geschädigte wegen seiner Verletzungen an Arm und Beinen keine Ansprüche geltend machte, fühlte ich mich verpflichtet, seinen Schadenersatzanspruch bezüglich der zerrissenen Hose sofort zu regulieren. Ich bitte Sie, den von mir geleisteten Schadenersatz gemäß Kassenbeleg (Kauf einer neuen Hose über 80,00 €) zu erstatten.

● **Auszug aus dem Vertragsspiegel**

Privat-HV, Kompakt-Modell A ohne Selbstbehalt
Versicherungsbeginn: 01. April 2017, kein Prämienrückstand

● **Fragestellungen**

a) Aufgrund welcher Gesetzesbestimmung kann der geschädigte Fahrradfahrer seinen Entschädigungsanspruch gegenüber Herrn Krause geltend machen?

b) Könnte der Geschädigte wegen seiner Verletzungen evtl. auch ein Schmerzensgeld beanspruchen (mit Begründung)?

c) Wird Ihre Gesellschaft den von Herrn Krause geleisteten Schadenersatz übernehmen müssen (mit Begründung)?

Kraft-, Luft- und Wasserfahrzeuge

20 Besteht in der Privat-HV für den VN Versicherungsschutz, wenn mit bzw. durch folgende Objekte Dritten Schaden zugefügt wird?

a) Pedelec

b) Gokart (motorgetrieben)

c) Seifenkiste

d) gemietetes Segelboot

e) eigenes Surfbrett

f) Ruderboot

g) ferngesteuertes Flugmodell

h) Segelflugmodell

i) Speed-E-Bike

21 Der VN Siepen und seine Ehefrau sind mit dem befreundeten Ehepaar Tondorf im Wagen von Herrn Siepen zu einer Kurzreise unterwegs.

Am Zielort angekommen, kümmert sich Herr Siepen, der gefahren ist, um die Hotelunterkunft, während Herr Tondorf bereits die Koffer auslädt. Dabei stößt er mit einem der Koffer gegen ein anderes Auto und verursacht einen Lackschaden.

a) Ist die Privat-Haftpflichtversicherung von Herrn Tondorf eintrittspflichtig?

b) Fallvariation: Herr Tondorf kümmert sich um die Hotelunterkunft und Herr Siepen lädt die Koffer aus und verursacht dabei den beschrieben Schaden. Ist die Privat-Haftpflicht-versicherung von Herrn Siepen eintrittspflichtig?

22 Prüfen Sie die Deckungspflicht des Privathaftpflicht-VR.

a) Der VN verschuldet als Autoinsasse beim Öffnen der Autotür den Unfall eines Rad-fahrers.

b) Beim Segeln auf dem Schluchsee im Schwarzwald verletzt der VN, der das Segelboot bei starkem Wind nicht mehr beherrscht, den Schwimmer A.

c) Unser VN ist begeisterter Modellflieger. Beim Absturz seines Modellflugzeugs wird der Spaziergänger A verletzt.

d) Der VN hat einen Motorschaden an einem Mietwagen durch Einfüllen eines falschen Kraftstoffs verursacht.

5.2.5 Allgemeine Ausschlüsse in der Haftpflichtversicherung für private Risiken

5.2.5.1 Abgrenzung: Primäre und sekundäre Risikobegrenzungen

Ziff. 3.1

a) Primäre Risikobegrenzungen

Gerade in der Haftpflichtversicherung kann Versicherungsschutz ohne jede Einschränkung nicht angeboten werden. Dies ist schon mit Rücksicht auf eine kalkulierbare und für den VN tragbare Prämie erforderlich. Eine erste Begrenzung des Versicherungsumfangs ergibt sich schon aus A 1 Ziff. 3.1 AHB PR 2016.

Danach sind **nur solche** Haftpflichtansprüche gedeckt **(primäre Risikobegrenzung),**
- die auf **gesetzlichem Schadenersatz privatrechtlichen Inhalts** beruhen,
- die sich auf Personen- und Sachschäden und daraus resultierende unechte Vermögensschäden beschränken und
- die vor allem **typisch** für das **im Versicherungsschein beschriebene Risiko** sind.

Ziff. 3.2

A 1 Ziff. 3.2 AHB PR 2016 stellt in diesem Zusammenhang klar, dass u.a. für folgende Ansprüche, auch wenn es sich um gesetzliche Ansprüche handelt, kein Versicherungsschutz besteht:
- Erfüllung von Verträgen, Nacherfüllung, Rücktritt, Minderung, Schadenersatz statt Leistung
- Ausfall der Nutzung des Vertragsgegenstandes, Ausbleiben des mit der Vertragsleistung geschuldeten Erfolges
- Ersatz vergeblicher Aufwendungen im Vertrauen auf ordnungsgemäße Vertragserfüllung
- Ersatzleistungen, die an die Stelle der Erfüllungsleistung treten

> **Beispiel:**
>
> Der VN hat nach Abschluss umfangreicher Bauarbeiten an seinem Eigenheim noch einen größeren Restbestand eines Montageklebers. Diesen nicht mehr originalverpackten Kleber bietet er über eine Zeitungsannonce zum Verkauf an. Ein Interessent meldet sich und lässt sich mit dem Ankauf vom VN auch über die Verwendungsmöglichkeiten des Klebers beraten – u.a. für die Befestigung einer Holzdecke. Später stellt sich heraus, dass der Kleber nicht die Tragkraft hatte, wie sie dem Käufer vom VN zugesichert worden war, denn die Holzdecke war 14 Tage nach dem die einzelnen Holzpaneele mit dem Montagekleber an der Decke befestigt worden waren, herabgestürzt. Es besteht hier kein Versicherungsschutz für die Beschaffungskosten eines mangelfreien Klebers (vgl. A 5.2.2.5), ebenso nicht für zusätzliche Kosten des Käufers (Mehrarbeit, nicht mehr verwendbare Holzpaneele).

Wird durch die herabstürzende Holzdecke eine **Person verletzt,** Möbel bzw. der Parkettboden beschädigt, so ist dieser **Mangelfolgeschaden** versichert (vgl. A 3.1.1.3: »**positive Vertragsverletzung**«).

Diese hier beispielhaft zitierten und in A 1 Ziff. 3.2 AHB PR 2016 noch weiter aufgeführten Ansprüche (vgl. A 5.2.2.5) stehen im Zusammenhang mit den Gewährleistungsansprüchen, wenn die Hauptpflicht nicht ordnungsgemäß erfüllt wurde. Die ordnungsgemäße Erfüllung der Hauptpflicht aber ist eine **Vertragspflicht** und kann deshalb nicht Gegenstand der Haftpflichtversicherung sein **(Erfüllungsausschlussklausel).**

b) Sekundäre Risikobegrenzungen

Während sich die primären Risikobegrenzungen, wie aufgezeigt, bereits aus dem Gegenstand der Haftpflichtversicherung ergeben, sind die sekundären Risikobegrenzungen in A 1 Ziff. 7 AHB PR 2016 unter der Bezeichnung »Allgemeine Ausschlüsse« zusammengefasst.

5.2.5.2 Vorsätzlich herbeigeführte Versicherungsfälle

● Versicherungsansprüche aller Personen, die einen Schaden vorsätzlich herbeigeführt haben, bleiben von der Deckung ausgenommen.
Der Vorsatz des Versicherten muss sich sowohl auf die Handlung selbst als auch auf
die eingetretenen Folgen erstrecken.

AHB
PR 2016
A 1
Ziff. 7.1

Allerdings genügt insofern ein »bedingter Vorsatz«. Dieser lässt sich aber von der (bewussten)
»Fahrlässigkeit« häufig nur schwer abgrenzen.

> **Beispiel:**
>
> Bei einer tätlichen Auseinandersetzung schlägt der VN seinen Gegner. Dieser
> fällt dadurch so unglücklich zu Boden, dass er sich beim Sturz einen Knieband-
> riss zuzieht. Für den fahrlässig verursachten Kniebandriss ist der VR deckungs-
> pflichtig.

»Bedingt vorsätzlich« verursacht sind nach der Rechtsprechung nur die Schäden, die im Rahmen des ohne weiteres Vorhersehbaren liegen. Dies gilt im vorliegenden Fall für Verletzungen im Gesicht und am Kopf, aber auch für Prellungen an Arm und Rücken, die sich der
Geschädigte durch den Sturz zugezogen hat (= »bedingter Vorsatz«), nicht dagegen für die im
konkreten Fall durch eine ruckartige Bewegung verursachte ungewöhnliche Kniegelenkver-
letzung (= bewusste »Fahrlässigkeit«).

OLG Köln
1989

● Die Ausschlussklausel führt weiter aus, dass bei Lieferung/Herstellung von Produkten oder Arbeiten die positive Kenntnis von der Mangelhaftigkeit oder Schäd-
lichkeit der Produkte dem Vorsatz gleichgestellt ist. Diese Erweiterung des Vorsatz-
ausschlusses soll der Beweiserleichterung dienen.

AHB
PR 2016
A 1
Ziff. 7.2

Sie hat aber in der Privat-HV wohl kaum eine Bedeutung.

Hat nicht der VN sondern der mitversicherte minderjährige Sohn bei einer tätlichen
Auseinandersetzung den Gegner – wie im o. a. Beispiel – verletzt, ist der VN bei
Haftung aus der Aufsichtspflicht (§ 832 BGB) versichert. A 1 Ziff. 2.3 AHB PR 2016
findet hier keine Anwendung (vgl. A 5.2.1.2 c).

5.2.5.3 Ansprüche der Versicherten untereinander

Ausgeschlossen sind Haftpflichtansprüche

– des VN selbst oder der in A 1 Ziff. 7.4 benannten Person gegen die mitversicherten
Personen,

> **Beispiel:**
>
> Der VN macht Ansprüche gegen die in seiner Privat-HV mitversicherte Haus-
> haltshilfe geltend, die bei Arbeiten in der Küche eine Küchenmaschine fallen
> gelassen und beschädigt hat.

Ziff. 7.3.1

– zwischen mehreren Versicherungsnehmern desselben Versicherungsvertrages,

> **Beispiel:**
>
> A, B und C wohnen in einem Dreifamilienhaus und bilden eine Wohnungs-
> eigentümergemeinschaft (WEG) mit je 1/3 Mieteigentumsanteil (vgl. A 5.2.4.3).
> Die WEG unterhält eine Haus- und Grundbesitzer-HV für das Haus. A beschä-
> digt bei Umzugstätigkeiten das Treppenhaus (Reparaturkosten 300,00 €), B und
> C wollen Schadenersatz aus der Haus- und Grundbesitzer-HV im Rahmen der
> von Ihnen zu tragenden Reparaturkostenanteile.

AHB
PR 2016
A 1
Ziff. 7.3.3

Die Privat-HV des A würde für den Drittschaden i. H. v. 200,00 € aufkommen, nicht für den Eigenschaden i. H. v. 100,00 €, der auf A entfällt. Die Haus- und Grund-HV leistet hier nicht.

– zwischen mehreren Mitversicherten desselben Versicherungsvertrages.

> **Beispiel:**
>
> Der in der elterlichen Privat-HV mitversicherte Sohn macht Ansprüche gegen die ebenfalls noch mitversicherte Schwester geltend, die beim Frühstück Kaffee umgestoßen und dadurch das iPhone des Bruders beschädigt hat.

Besonderheit: **Ansprüche des mitversicherten**

– **nicht gewerbsmäßigen »Tierhüters«** in der **Hundehalter-** bzw. **Pferdehalter-HV**
– **»Verrichtungsgehilfen«** in der **Haus- und Grundbesitzer-, Bauherren- und Gewässer-schaden-HV**

gegen den VN.

A 1–5

Eine Ausnahme zum **Ausschluss von gegenseitigen Anprüchen zwischen Versicherten desselben Versicherungsvertrages** besteht sowohl in der Privat-HV als auch in den Haftpflichtversicherungen der nachfolgenden fünf Abschnitte 2–6 im Teil A der AHB PR 2016, die auf spezielle Risiken zugeschnitten sind.

Die Übersicht zeigt zunächst die versicherten Personen:

Versicherte Personen	
Versicherungsnehmer	**Mitversicherte Personen**
● als Hundehalter	● nichtgewerbsmäßiger Tierhüter
● als Pferdehalter	● nichtgewerbsmäßiger Tierhüter[1] durch Arbeitsvertrag verpflichtete/beauftragte oder gefälligkeitshalber helfende Personen
● als Dienstherr	● Beschäftigte im Haushalt des VN
● als Haus- und Grundbesitzer	● Hausverwalter[2], Hausmeister, der mit der Verwaltung, Reinigung und sonstigen Betreuung der Grundstücke beauftragt ist
● als Bauherr/-unternehmer	● Nachbar als Bauhelfer[3]
● als Inhaber einer Anlage zur Lagerung von gewässerschädlichen Stoffen	● Hausverwalter[2], Hausmeister, der mit der Verwaltung, Reinigung und sonstigen Betreuung der Grundstücke beauftragt ist

A 2
Ziff. 1.2
A 3
Ziff. 1.2
A 1
Ziff. 6.1.2
A 4
Ziff. 2.1.3
A 5
Ziff. 3.1.2
A 6
Ziff. 1.2

Bei Anspruchserhebung der oben angeführten mitversicherten Personen gegen den VN hat der VN Deckungsschutz gemäß den vorgenannten einzelnen Haftpflichtversicherungen, obwohl die Anspruchssteller (Tierhüter, Haushaltsangestellte, Hausverwalter/Hausmeister, Bauhelfer) in diesen Versicherungen mitversicherte Personen sind.

Allerdings dürfen Bestimmungen des SGB dem nicht entgegenstehen.

---

1 Auch der **Reiter** als Mieter eines Pferdes zum selbstständigen Ausritt ist nach der Rechtsprechung »Tierhüter«.

2 Ist der Hausverwalter vom VN als »**Repräsentant**« eingesetzt, tritt er an diese Stelle des VN. Repräsentant ist, wer selbstständig in einem nicht ganz unbedeutenden Umfang für den VN handelt und dabei dessen Rechte und Pflichten wahrnimmt. Zu Einzelheiten, vgl. Band 1, B 6.3 a).

Proxi-mus 4 TA
S. 327

3 vorausgesetzt der VN hat eine Bauherren-HV mit dem **Zusatzrisiko »Bauausführung«** in Eigenleistung abgeschlossen. Die Zuschlagsprämie zur Bauherren-HV beträgt im Proximus-tarif (Alternative A/VS = 15 Mio. €) je angefangene 1 000,00 € Wert der Eigenleistung 1,15 €.

Beispiele:

(1) Freund F übernimmt aus Gefälligkeit die Aufgabe, während der Urlaubsabwesenheit eines Pferdehalters dessen Reitpferd durch Führen am Führstrick zu bewegen.

  – In der Nähe einer verkehrsreichen Straße lässt F das Pferd ohne Führung am Führstrick laufen. Das Pferd läuft auf die Straße und bringt einen Radfahrer zu Fall **(Mitversicherter F als Schädiger).**

  – Beim Putzen und Striegeln des Pferdes keilt das Pferd aus und verletzt F. Auch die Kleidung des F und seine Armbanduhr wird dabei beschädigt **(Mitversicherter F als Geschädigter).**

(2) Der hilfsbereite Nachbar G hilft dem VN beim Hausbau als Bauhelfer (»Bauen in Eigenleistung«)

  – Mit dem Minibagger beschädigt G den parkenden Pkw des Bauhelfers H **(Mitversicherter G als Schädiger).**

  – Später erleidet G einen Unfall, weil der Bauherr (VN) in offenkundiger Weise gegen Sicherheitsvorschriften verstoßen hat. Bei dem Unfall zerbricht auch die Brille des G **(Mitversicherter G als Geschädigter).**

In **Beispiel 1** ist die persönliche Haftpflicht des Tierhüters als Schadenverantwortlicher für den Verkehrsunfall in der Pferdehalter-HV mitversichert. Mitversichert ist aber gleichzeitig auch der Haftpflichtanspruch, den hier der Tierhüter als Geschädigter gegen dem Tierhalter (VN) geltend machen kann.

Die Pferdehalter-HV leistet hier für den Sach- und Personenschaden.

In **Beispiel 1** hat der Freund F auch Versicherungsschutz als Tierhüter in seiner Privat-HV (vgl. A 5.2.4.9), der aber nicht zum Tragen kommt, wenn die Pferdehalter-HV des Pferdehalters leistet **(Subsidiaritätsklausel).**

In **Beispiel 2** gilt das Gleiche für den beim Bau helfenden Nachbarn. Auch hier ist die mit der Verrichtung von Bauarbeiten beschäftigte Person als Schadenverursacher in der Bauherren-HV des VN mitversichert, ohne dass damit Schadenersatzansprüche gegen den VN (als Versicherten desselben Versicherungsvertrages) vom Deckungsschutz ausgeschlossen sind. **Die Bauherren-HV leistet aber nur für den erlittenen Sachschaden (Brille).**

Hinsichtlich des Personenschadens ist der Bauherr/-unternehmer (wie der Arbeitgeber in der Betriebs-HV) von der Haftung befreit. Denn leistungspflichtig für den Personenschaden ist die GUV (Bauberufsgenossenschaft). Diese kann aber den Bauherrn in Regress nehmen, wenn der den Arbeitsunfall nicht nur fahrlässig verschuldet hat.

Die GUV leistet keine Schmerzensgeldzahlungen. Bei einem vorsätzlich herbeigeführten Arbeitsunfall kann der Geschädigte diese aber vom Bauherrn verlangen. Denn bei Vorsatz ist der Bauherr nicht von der Haftung befreit, hat aber auch keinen Versicherungsschutz in der Bauherren-HV für die Regressansprüche der Berufsgenossenschaft. Diese leistet nur bei einem Regress wegen grob fahrlässig herbeigeführter Arbeitsunfälle.

AHB
PR 2016
A 1

5.2.5.4 Schadenfälle von Angehörigen des VN und von wirtschaftlich verbundenen Personen

a) Schadenfälle von Angehörigen des VN

Ziff. 7.4
Ziff. 7.4.1

Schadenersatzansprüche von »Angehörigen« gegen den VN werden vom VR in bestimmten Fällen als nicht versicherte Eigenschäden angesehen. Sie sind deshalb vom Deckungsschutz in der Haftpflichtversicherung ausgeschlossen,

● wenn die »Angehörigen« mit dem VN in häuslicher Gemeinschaft leben;

> **Beispiel 1:**
>
> Der 32-jährige Sohn Hans hat inzwischen eine eigene Privat-HV, lebt aber zusammen mit dem Vater in dessen Einfamilienhaus, stürzt dort von einer baufälligen Treppe und bricht sich dabei ein Bein.

oder

● wenn die Angehörigen im Haftpflichtversicherungsvertrag des VN mitversichert sind.

> **Beispiel 2:**
>
> Die bei der Mutter noch mitversicherte Tochter Ute studiert in München, besucht die Mutter (VN) in Kiel, und verursacht dort während deren Abwesenheit einen Leitungswasserschaden am Bodenbelag des Einfamilienhauses. Durch ein Missgeschick hatte sich die Tochter für einige Zeit aus dem Haus ausgeschlossen, während der Wasserhahn der Badewanne lief.

Als **Angehörige** gelten z. B. Ehegatten, Eltern und Kinder, nicht aber z. B. Schwager, Schwägerin, Neffen und Nichten. Deren Ansprüche sind gedeckt, auch wenn sie in häuslicher Gemeinschaft mit dem VN leben.

Auch der geschiedene Ehepartner (unverheirateter Lebenspartner) ist kein Angehöriger im Sinne der AHB PR 2016.

Unter »häuslicher Gemeinschaft« ist das nicht nur vorübergehende Zusammenleben in einer Haushaltsgemeinschaft zu verstehen.

Wenn die Eltern mit ihrem verheirateten Sohn in einem Haus wohnen, aber beide eine getrennte komplette Wohnung haben, dann liegt keine häusliche Gemeinschaft vor. Das Gleiche gilt für den von vornherein auf bestimmte Zeit geplanten Besuch von auswärtigen Angehörigen (Eltern, Geschwister, Kinder, Enkelkinder).

In der Privat-HV sind Ehegatten und Kinder **mitversicherte Personen.**

b) Schadenfälle von wirtschaftlich verbundenen Personen

Die Ausschlussklausel erstreckt sich auch auf Haftpflichtansprüche gegen den VN

Ziff. 7.4.2
● von seinen gesetzlichen Vertretern, wenn der VN geschäftsunfähig oder beschränkt geschäftsfähig ist sowie von Betreuern, wenn der VN eine betreute Person ist;

Ziff. 7.4.3
● von seinen gesetzlichen Vertretern, wenn der VN eine juristische Person des privaten Rechts oder öffentlichen Rechts ist;

Schadenersatzansprüche z. B. des Geschäftsführers einer GmbH gegen die GmbH sind in der Betriebs-HV der GmbH vom Versicherungsschutz ausgeschlossen. Das Gleiche gilt für die Betriebs-HV einer Gemeinde, wenn diese von ihrem gesetzlichen Vertreter – dem Bürgermeister – auf Schadenersatz verklagt wird.

- von seinen unbeschränkt persönlich haftenden Gesellschaftern, wenn der VN eine OHG, KG oder GbR ist;

Beispiel:

Mehrere Personen haben im Rahmen einer GbR (= Gesellschaft bürgerlichen Rechts oder BGB-Gesellschaft) ein Mehrfamilienhaus erworben. Die GbR ist auch als Eigentümerin im Grundbuch eingetragen. In einem schneereichen Winter wird ein Gesellschafter der GbR von einer herabstürzenden Dachlawine schwer verletzt. Es besteht keine Deckung aus der Haus- und Grundbesitzer-HV, die zuvor im Namen der GbR von einem Gesellschafter mit alleiniger Geschäftsführungsbefugnis abgeschlossen worden war. Der Ausschluss erstreckt sich auch auf Ansprüche von Angehörigen (z. B. die ebenfalls verletzte Tochter des GbR-Gesellschafters), die mit ihm in häuslicher Gemeinschaft leben.

Margin: AHB PR 2016 A 1 Ziff. 7.4.4

Margin: BGB § 705 ff

Anmerkung: Nach einer BGH-Entscheidung ist die GbR rechtsfähig, kann eigene Rechte und Pflichten begründen und kann auch selbst klagen oder als GbR verklagt werden.

Margin: BGH 2001

- von seinen Partnern, wenn der VN eine eingetragene Partnerschaftsgesellschaft ist, ferner von Liquidatoren, Zwangs- und Insolvenzverwaltern des VN-Vermögens.

Margin: AHB PR 2016 A 1 Ziff. 7.4.5, 7.4.6

c) Mitversichert sind jedoch übergangsfähige Regressansprüche von Krankenkassen sowie Regressansprüche anderer Versicherer,

wenn diese Leistungen (wegen Personenschäden oder Sachschäden) an die in A 1 Ziff. 7.3 und Ziff. 7.4 AHB PR 2016 genannten Personen erbracht haben:

Beispiel 3: § 86 VVG-Regressansprüche von Krankenkassen (GKV und PKV)

Wurden im Beispiel 1 die Heilbehandlungskosten von der Krankenkasse des Sohnes getragen, dann kann diese den Vater, der für die bauliche Instandhaltung der Treppe verantwortlich ist, in Regress nehmen. Für die Regressansprüche der Krankenkasse hat der Vater (VN) Deckungsschutz in seiner Privat-HV.

Margin: Ziff. 7.3, 7.4

Allerdings kommt das Haftungsprivileg (§ 86 Abs. 3 VVG) zur Geltung, wenn der Schädiger mit dem Geschädigten in häuslicher Gemeinschaft lebt. Da dies im Beispiel zutrifft, kann die Krankenkasse hier ihren Regressanspruch nicht geltend machen. Würde sie ihn dennoch geltend machen könnte die Privat-HV ihn als unberechtigten Regressanspruch abwehren.

Beispiel 4: § 86 VVG-Regressansprüche anderer Versicherer

Wurden im Beispiel 2 die Reparaturkosten am Bodenbelag (sog. Nässeschäden) vom Gebäude-VR reguliert, wird dieser die Tochter in Regress nehmen. Für diese Regressansprüche des Gebäude-VR hat die Tochter als Mitversicherte in der Privat-HV der Mutter Deckungsschutz.

5.2.5.5 Verbotene Eigenmacht, besonderer Verwahrungsvertrag

Danach bezieht sich der Versicherungsschutz nicht auf Haftpflichtansprüche wegen Schäden an fremden Sachen, die der Versicherte

Margin: Ziff. 7.5

- durch verbotene Eigenmacht erlangt hat;

Margin: BGB § 858

Beispiel: Besitz aufgrund verbotener Eigenmacht

Vor einem Mehrfamilienhaus stehen diverse Fahrräder. Ohne den Eigentümer zu fragen, nimmt sich der VN eines dieser Fahrräder, um zur nahe gelegenen Postagentur zu fahren. Dabei wird das Fahrrad beschädigt. Für den Schaden am Fahrrad besteht keine Deckung aus der Privat-HV.

Allerdings dürfte diese Ausschlussklausel nur bei sittenwidriger (strafrechtlicher) Zueignung (Diebstahl) – wie im Beispiel – zur Anwendung kommen.

● oder sie Gegenstand eines besonderen Verwahrungsvertrages sind.

Von einem derartigen Vertragstypus ist dann auszugehen, wenn jemand gegen Entgelt Sachen in Aufbewahrung entgegennimmt. Dabei muss es sich um eine bewegliche Sache handeln (§ 688 BGB) und die Verwahrung muss alleinige Grundlage und Bestandteil des Vertrages sein.

> **Beispiel: Besonderer Verwahrungsvertrag**
>
> Während sich der Freund für ein Jahr im Ausland aufhält, lagert der VN dessen Hausrat in der eben frei gewordenen Untergeschosswohnung seines Hauses ein und erhält dafür auch ein Entgelt für die Übernahme des Verwahrungsrisikos. Bei einem vom VN kurz darauf schuldhaft verursachten Wasserschaden wird ein Teil des eingelagerten fremden Hausrats erheblich beschädigt.

Mit der Verwahrung gegen Entgelt war die Verwahrung hier zum Mittelpunkt des Vertrages geworden. Für die Schadenersatzansprüche des geschädigten Freundes besteht deshalb kein Deckungsschutz in der Privat-HV des VN.

Die Ausschlussklausel findet keine Anwendung , wenn die Aufbewahrung

BGB
§ 690
LG Köln
2010

– unentgeltlich/aus Gefälligkeit erfolgt war (siehe hierzu »Gefälligkeitsklausel« in A 5.2.4.1 und A 1 Ziff. 6.1.7 AHB PR 2016);

Der unentgeltlich Verwahrende haftet ohnehin nur beschränkt. Er haftet nur, wenn ihm Vorsatz oder grobe Fahrlässigkeit zur Last gelegt wird;

– nur eine Nebenpflicht zur Erfüllung einer Hauptverbindlichkeit etwa im Rahmen eines Kaufvertrages darstellt;

War z. B. dem VN ein Teppich vom Händler zur Ansicht überlassen worden (sog. Kauf auf Probe) und beschädigt der VN den Teppich auf fahrlässige Weise vor Ende der Billigungsfrist, dann ist der Schaden in der Privat-HV versichert.

– im o. a. Beispiel der Verantwortung des Freundes oblag, weil er die Untergeschosswohnung im vom VN bewohnten Haus für die Aufbewahrung seines Hausrats angemietet hatte.

AHB
PR 2016
A 1
Ziff. 7.15

5.2.5.6 Ungewöhnliche und gefährliche Beschäftigung

Eine Tätigkeit ist dann ungewöhnlich und gefährlich, wenn sie aus dem Rahmen üblicher Betätigungen des täglichen Lebens fällt und eine erhöhte Gefährdung Dritter mit sich bringt.

Bei der **Haftung für fremdes Handeln** verliert allerdings nur der Schadenverursacher den Versicherungsschutz, nicht etwa die haftpflichtversicherten Eltern, die wegen Aufsichtspflichtverletzung in Anspruch genommen werden (Ziff. 2.3 findet keine Anwendung).

Zu beachten ist außerdem, dass der Versicherungsschutz nur dann entfällt,

● wenn beide Voraussetzungen der Ausschlussklausel erfüllt sind (ungewöhnlich und gefährlich);

Das Abbrennen von landesüblichen Feuerwerkskörpern ist zwar gefährlich aber an Silvester nicht ungewöhnlich. Ebenso gilt das elektrische Schweißen durchaus als gefährlich, es ist aber nicht mehr ungewöhnlich – bei Reparaturarbeiten an einem Kfz.

● wenn die Schaden stiftende Handlung unter Berücksichtigung der begleitenden Umstände, aber auch im Hinblick auf die Person des Handelnden generell als ungewöhnlich und gefährlich einzustufen ist.

Damit wird erkennbar, dass die Ausschlussklausel nur selten zum Tragen kommt. Insbesondere trifft sie bei den gängigen Heimwerkertätigkeiten (auch trotz fehlender Erfahrung und Nichtkönnen der Heimwerker) nur ausnahmsweise zu.

Bejahung der Anwendung des Ausschlusses durch Gerichte:

– Das Fällen von fünf ca. 20 m hohe Tannen in unmittelbarer Nähe von Gebäuden ohne fachkundige Hilfe und Sicherungsmaßnahmen (im Revisionsverfahren wurde dies allerdings vom BGH verneint).

OLG Dresden 2010 BGH 2012

– Abbrennen von Farbe mit einer Lötlampe an einem Dachbalken nahe der Schaumstoffdachisolierung

LG Berlin 1990

– Zünden einer Kugelbombe (kein landesüblicher Feuerwerkkörper) in der Silvesternacht

LG Berlin 2002

– Unbeabsichtigte (weitere) Schäden anlässlich einer Straftat, die vorsätzlich, planmäßig begangen wurde

(z. B. Diebestätigkeit oder Stalking, dann liegt aber gleichzeitig sehr häufig auch der Deckungsausschluss des Vorsatzes vor).

OLG Oldenburg 1997

5.2.5.7 Übertragung von Krankheiten

AHB PR 2016 A 1 Ziff. 7.11

Kann der VN aber beweisen, dass ihm nur leichte Fahrlässigkeit vorgeworfen werden kann, besteht hier allerdings Deckungsschutz.

Nicht versichert ist die grobe Fahrlässigkeit, die dem Vorsatz gleichgestellt wird. Dies führt in folgenden Fällen zum Deckungsausschluss:

● Dem VN ist bekannt, dass er an einer ansteckenden Krankheit (Typhus, Aids) leidet. Durch grob fahrlässiges Verhalten wird die **Krankheit des VN auf andere Personen übertragen (Personenschaden).**
Mitversichert wäre ein Sachschaden: Die Krankheit des VN wird auf ein Tier übertragen.

● Durch ein grob fahrlässiges Verhalten des VN wird eine **Krankheit von Tieren des VN auf fremde Tiere übertragen.** Der VN ist Halter, Eigentümer bzw. Veräußerer der kranken Tiere **(Sachschaden).**

> **Beispiel:**
> Der VN veräußert einen Hund, der an Tollwut erkrankt ist, ohne den Erwerber davon in Kenntnis zu setzen (bedingter Vorsatz/grobe Fahrlässigkeit). Kurz darauf erkrankt ein anderes Tier des Erwerbers an Tollwut. Die Haftpflichtansprüche des Erwerbers aus positiver Vertragsverletzung (Mangelfolgeschäden) sind nicht gedeckt.

BGB § 280 (1)

Mitversichert wäre dagegen ein Personenschaden. Das erkrankte Tier infiziert einen Menschen, was u. a. bei Tollwut durchaus möglich ist.

Grob fahrlässige Übertragung von Krankheiten	
nicht gedeckt	bei Übertragung von **Person auf Person/Tier auf Tier**
gedeckt	bei Übertragung von **Person auf Tier/Tier auf Person**

5.2.5.8 Weitere »Allgemeine Ausschlüsse«

AHB
PR 2016
A 1
Ziff. 7.7

a) Schadenfälle, die auf Asbest, asbesthaltige Substanzen oder Erzeugnisse zurückzuführen sind

Der Ausschluss gilt sowohl für Personenschäden (z. B. Lungenkrebs, Asbestose) als auch für Sachschäden- und Vermögensfolgeschäden (z. B. Reinigungskosten).

> **Beispiel:**
>
> Der VN hat die OG-Wohnung in seinem Zweifamilienhaus vermietet. Durch unsachgemäß durchgeführte Sanierungsarbeiten wird der Hausrat seines Mieters mit Asbest verseucht. Aufgrund der drohenden Gesundheitsrisiken muss der kontaminierte Hausrat fachmännisch entsorgt und hierfür Schadenersatz geleistet werden, für den seine Privat-HV keinen Deckungsschutz gewährt.

Ausschlaggeben für den Ausschluss, vor allem in der Betriebs-HV, ist das sich auch in Europa verschärfende Asbestrisiko aufgrund von Erkrankungen mit Asbestfaserstaub mit – bis 2020 – allein in Deutschland zu erwartenden 20 000 Todesfällen. Hinzu kommt das Versagen der Rückdeckung für den Erstversicherer durch Asbestausschlussklauseln in Rückversicherungsverträgen.

Ziff. 7.9

b) Persönlichkeits- und Namenrechtsverletzung

> **Beispiel:**
>
> Der VN legt sich als Privatmann eine Internet-Adresse zu. Ein überregional bekanntes Unternehmen beansprucht den Domain-Namen für sich und stellt gegenüber dem VN Schadenersatzansprüche. Diese sind nicht versichert in der Privat-HV.

c) Anfeindungen, Schikane, Belästigungen und sonstige Diskriminierungen

Dieser Ausschluss ist die Reaktion der VR auf das im Jahr 2006 in Kraft getretene Allgemeine Gleichbehandlungsgesetz (AGG), das als sog. Antidiskriminierungsgesetz Schadenersatzansprüche des Diskriminierungsopfers mit Beweislastumkehr für ungerechtfertigte Ungleichbehandlungen vorsieht. Der Ausschluss betrifft nicht nur die Arbeitswelt (vgl. aber A 5.2.4.14) sondern auch den privaten Bereich. Denn Diskriminierungsschäden sollen nicht automatisch unter die Privat-HV fallen.

Der Ausschluss erfasst vor allem reine Vermögensschäden, die das Opfer erleidet, aber auch psychische Beeinträchtigungen, die Personenschäden darstellen.

LG Bonn
2009

> **Beispiel: Internet-Mobbing**
>
> In einem Video, das zwei Schüler gedreht und auf der Internetplattform Youtube eingestellt hatten, wurde ein gleichaltriger farbiger Mitschüler und dessen aus Afrika stammende Familie rassistisch aufs Übelste verunglimpft.

Für den aufgrund des Allgemeinen Gleichbehandlungsgesetzes entstandenen Schmerzensgeldanspruch des Diskriminierungsopfers besteht kein Versicherungsschutz in der Privat-HV.

Einige Versicherer haben allerdings hierzu schon verschiedene Deckungskonzepte vorgelegt, teilweise als Rechtsschutzversicherung und als Vermögenschaden-HV.

d) Senkungen, Erdrutschung, Überschwemmungen

Solche Schäden (Sachschäden und Vermögensfolgeschäden) entstehen in der Regel durch Natur-ereignisse, wie z. B. heftige Regenfälle, die den Hang aufweichen und dazu führen, dass ein Teil der natürlichen Erdoberfläche die Bindung zum Untergrund verliert oder zum Übertreten von Bächen über die Ufer führen. Meist wird sich für diese Ereignisse kein verantwortlich zuma-chender Schadenverursacher finden. Diese Schäden sind aber durch Vereinbarung der Versi-cherung weiterer Naturgefahren (Elementargefahren) versicherbar (vgl. Band 2, A 2.2.8, B 2.2.4).

AHB
PR 2016
A 1
Ziff. 7.12

Die gleichen Auswirkungen können aber auch bei Bauarbeiten entstehen, wenn der Bauausführende die entsprechenden Ausführungsfehler macht oder zumutbare Sicherungsmaßnahmen unterlässt.

> **Beispiel:**
> Beim Ausheben der Baugrube entstehen durch einen Erdrutsch Schäden am Haus des Nachbarn.

A 5
Ziff. 1.4

Die Privat-HV leistet nicht. Der VN benötigt für dieses Risiko eine Bauherren-HV, denn als Bau-herr muss er für die Schäden des Nachbarn aufkommen. Das gilt auch, wenn die Schäden durch Dritte, z. B. durch Handwerksbetriebe, verursacht wurden. Das gilt aber noch mehr, wenn er die Baugrube in Eigenregie – als Bauherr und gleichzeitig Bauunternehmer – ausgehoben hat und einen – mit dem Aushub beauftragten Handwerksbetrieb – dann nicht in Regress nehmen kann.

e) Kraftfahrzeuge und Kraftfahrzeug-Anhänger

Schäden, die der Eigentümer, Besitzer, Halter oder Führer eines Kfz oder Kfz-Anhän-gers durch den Gebrauch des Fahrzeugs verursacht hat (vgl. A 5.2.4.10).

A 1
Ziff. 7.14

A 1 Ziff. 2.3 AHB PR 2016 findet hier keine Anwendung (vgl. A 5.2.1.2 c).

Hat z. B. der minderjährige Sohn des VN mit dem Kfz der Eltern unerlaubterweise eine Spritztour unternommen und dabei einen Fremdschaden verursacht, haben die Eltern aus der Privat-HV Deckungsschutz, falls gegen sie Haftpflichtansprüche wegen Verletzung der Aufsichtspflicht erhoben werden.

f) Verantwortliche Betätigung in Vereinigungen aller Art

Unter den Begriff Vereinigungen fällt im Übrigen jede Art Zusammenschluss von gleich gesinnten Personen zur Verfolgung eines gemeinsamen Zwecks (z. B. Selbsthilfegruppen, Studentenverbin-dungen), also nicht nur der eingetragene Verein (e. V.) mit seiner relativ straffen, rechtsverbind-lichen Organisation.

Ziff. 7.16

Die Anwendung des Ausschlusses setzt voraus, dass das Tätigwerden

- für die Darstellung des Vereins selbst bzw. nach außen hin gegenüber Dritten be-deutungsvoll ist oder
- mit einer Leitungs-, Anordnungs- und Führungsbefugnis verbunden ist.
  Das trifft zu, wenn der Vereinsvorstand im Rahmen seiner Aufgaben »Verkehrssi-cherungspflichten« verletzt, z. B. bei der Leitung einer Radsportveranstaltung im Sportverein.

Das trifft darüber hinaus aber auch auf sonstige Vereinsmitglieder in »gehobener Position« zu.

> **Beispiel:**
> Der Leiter eines vom Verein veranstalteten Kletterkurses hatte einer Begleitper-son seine private Kletterausrüstung zur Verfügung gestellt. Beim Klettern stürzte dieser ab und zog sich schwerste Verletzungen zu, weil sich eine Bandschlinge gelöst hatte. Die Privat-HV des Kursleiters verweigerte zu Recht den Versiche-rungsschutz.

OLG
München
2009

OLG
Nürnberg
1995

Dagegen fällt die Bedienung eines Gartengrills anlässlich eines Pfarrfestes nicht unter den Risikoausschluss einer verantwortlichen Tätigkeit, sodass hier eintretende Schadenereignisse in der Privat-HV abgesichert sind.

AHB
PR 2016
A 1
Ziff. 7.6

g) Herstellungsklausel, Strahlen- und Gentechnikausschluss

– Schäden an hergestellten oder gelieferten Sachen, Arbeiten und sonstigen Leistungen (»Herstellungsklausel«)

Ziff. 7.8

– Schäden durch gentechnische Arbeiten oder Veränderungen (»Strahlenausschluss«, »Gentechnikausschluss«)

Ziff. 7.13

– Schäden durch energiereiche ionisierende Strahlen, z.B. Röntgenstrahlen

Diese Ausschlussklauseln dürften in der Privat-HV wohl kaum anwendbar sein.

Lernkontrollen zu A 5.2.5

Allgemeine Ausschlüsse

1 Bei einem Sportwettkampf eines Vereins wird ein Zuschauer durch einen Sportler verletzt. Es wird festgestellt, dass ein mit der Absperrung beauftragtes Vereinsmitglied vergessen hatte, den Wettkampfbereich abzusperren. Leistet die Privat-Haftpflichtversicherung

a) des Sportlers,

b) des beauftragten Vereinsmitglieds,

c) des verantwortlichen Vorstandsmitglieds

für den Fall, dass jeder von ihnen für den Schaden haftpflichtig gemacht werden kann?

2 An einem freien Wochenende nahm Herr Schulze am Pkw seiner Verlobten gefälligkeitshalber Reparaturen vor. Dazu gehörten auch Schweißarbeiten im Bereich des Unterbodens und an den Kotflügeln. Durch unsachgemäße Ausübung dieser Tätigkeit geriet der Pkw in Brand. Das Feuer vernichtete auch die Halle des Bauunternehmers Krause, in der die Reparaturarbeiten durchgeführt werden durften. Regressforderung des Feuer-VR 100 000,00 €.

Prüfen Sie die Deckungspflicht des Privathaftpflicht-VR unter der Voraussetzung, dass Herr Schulze folgenden Beruf ausübt:

a) Gebrauchtwagenhändler

b) Kfz-Schlosser

c) Fallvariation: Wie wäre die Deckungsfrage zu beurteilen, wenn die Verlobte selbst die Schweißarbeiten vorgenommen hätte?

3 Der Betriebsinhaber schleppt sich wegen Auftragshäufung mit einer Grippe in den Betrieb. Einen Kunden beruhigt er mit den Worten, er habe gestern nur zu viel getrunken und sei deshalb heute schlapp. Drei Tage später muss der Kunde mit hohem Fieber ins Krankenhaus, da er sich angesteckt hat. Der Kunde möchte die Krankenhauskosten vom Betriebsinhaber ersetzt verlangen. Ist die Betriebs-HV bzw. die Privat-HV des Betriebsinhabers leistungspflichtig? Begründen Sie ihre Antwort!

4 Der Sohn des VN nimmt das Fahrrad eines Kommilitonen – ohne dessen Einverständnis – an sich, um zur Vorlesung zu fahren. Auf der Fahrt beschädigt er das Fahrrad. Leistet die Privat-HV des VN?

5 Folgende Schadenfälle liegen vor. Prüfen Sie im Zusammenhang mit der »Angehörigen-klausel« die Deckungspflicht des Privathaftpflicht-VR. Begründen Sie jeweils Ihre Lösung.

Ein VN wohnt in Freiburg im 3. Stock eines Vierfamilienhauses.

a) Der Onkel aus München kommt zu Besuch, rutscht auf einem Läufer in der Wohnung des VN aus, stürzt und bricht sich dabei das linke Bein.

b) Beim Besuch seines Bruders, der die Erdgeschosswohnung desselben Vierfamilien-hauses in Freiburg bewohnt, fällt dem VN aus Unachtsamkeit eine wertvolle chinesische Vase zu Boden.

c) Die arbeitslose 40-jährige Tochter des VN hat ihre Wohnung in Offenburg aufgegeben und ist vor mehr als einem Jahr zu ihren Eltern gezogen. Dort stößt die Mutter aus Unachtsamkeit gegen den Fotoapparat der Tochter. Dieser fällt vom Tisch und wird beschädigt.

d) Der verheiratete Sohn des VN, der beim Vater einen mehrwöchigen Urlaub verbringt, erleidet in der Wohnung des Vaters einen komplizierten Oberschenkelhalsbruch, weil ein vom Vater unsachgemäß reparierter Stuhl unter ihm zusammenbricht.

e) Beurteilen Sie die Rechtslage im Fall d), wenn der Sohn noch nicht verheiratet ist und als 20-jähriger Student gerade seine Semesterferien beim Vater verbringt.

Risiko- und Schadenfälle aus allen Bereichen der Privat-HV

6 Prüfen Sie die Deckungspflicht des Privathaftpflicht-VR:

a) Während seines Spanienurlaubs zerstört/beschädigt der VN das Fenster, den Teppich-boden, die Bettdecke in seinem Hotelzimmer und eine große Standvase im Frühstücks-raum des Hotels.

b) Der 15-jährige Sohn des VN zertrümmert grob fahrlässig eine Fensterscheibe in der gemieteten Wohnung.

c) Dem VN fällt eine geliehene Bohrmaschine auf den gefliesten Küchenboden der gemie-teten Wohnung. Zwei Fliesen und die Bohrmaschine sind beschädigt.

d) Der VN beschädigt den Heißwasserzubereiter und die Badewanne in seiner Mietwoh-nung.

e) Die Kinder unseres VN spielten auf der Terrasse des gemieteten Einfamilienhauses Fußball. Dabei werden die Terrassenüberdachung und die Sichtschutzwand zum Nach-barhaus bzw. das Terrassengeländer beschädigt.

f) Der Schlüssel war beim Versuch des VN, die Wohnungstür seiner Mietwohnung zu öffnen, im Türschloss abgebrochen.

g) Nach Auszug aus seiner Mietwohnung macht der Vermieter den VN für die beschädigte Küchentür verantwortlich. Offensichtlich hatte die Katze (der Hund) des VN diese während der Mietzeit derart verkratzt, dass sie jetzt ersetzt werden muss.

h) Der VN setzt seine Waschmaschine in Betrieb und verlässt seine Wohnung. Infolge eines defekten Abwasserschlauches dringt Wasser in die darunter liegende Wohnung und beschädigt dort die Decken- und Wandverkleidung sowie einen wertvollen Eichen-schrank.

i) Bei der Sitzung des örtlichen Sportvereins wirft ein Vereinsmitglied versehentlich sein Bierglas um. Die Anzugjacke des neben ihm sitzenden Vereinsvorsitzenden muss che-misch gereinigt werden.

k) Der VN besaß einen Betonmischer, den er seinem Bekannten Berthold leihweise zur Verfügung stellte. Beim Reinigen der Maschine kam dieser mit dem an der Maschine befindlichen Stecker, der schadhaft war und unter Strom stand, in Berührung. Berthold erhielt einen tödlichen elektrischen Schlag.

l)   Der VN hatte sich ein Segelboot für einen Segeltörn auf dem Bodensee gemietet. Bei der Rückkehr in das Hafenbecken steuerte er mit zu viel Schwung auf den Anleger, so dass sein Boot mit einem anderen Boot kollidierte. Beide Boote wurden dabei beschädigt.

Ist die Privathaftpflicht-VR des VN deckungspflichtig?

7   Prüfen Sie in den folgenden Fällen zuerst die Haftpflichtfrage und, soweit erforderlich, auch die Deckungsfrage.

a)   Der achtjährige Sohn des VN schoss mit einem Kleinkalibergewehr ein Ölfass (50 Liter) des Nachbarn leck. Es entstand ein nicht unerheblicher Gewässerschaden.

b)   Der Öltank im Keller des VN lief aus. Der Gewässerschaden lag über 250 000,00 €.

5.2.6 Veränderung des versicherten Risikos und Vorsorgeversicherung für ein neues Risiko

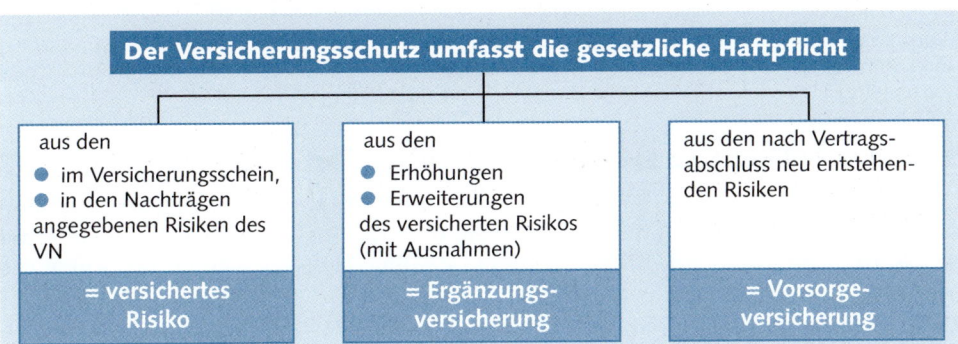

AHB
PR 2016
A 1
Ziff. 8
Ziff. 9

Die Haftpflichtversicherung beschränkt sich darauf, **entsprechend dem individuellen Risiko des einzelnen VN nur ganz bestimmte Risiken oder Risikobereiche zu versichern.**

Würde sie nämlich alle im Leben denkbaren Haftpflichtrisiken pauschal und unbegrenzt decken, wäre sie für den VR nur schwer kalkulierbar, für den VN kaum bezahlbar und in diesem Umfang überhaupt nicht erforderlich.

Der VN muss deshalb von Anfang an deutlich machen, für welche Risiken er aus dem Katalog der versicherbaren Wagnisse Deckung sucht, damit diese eindeutig im Versicherungsschein beschrieben werden können.

> **Beispiele:**
> - Ein Angestellter möchte die Risiken des täglichen Lebens abdecken. Er benötigt dazu lediglich eine Privat-HV, wenn er z. B. weder einen Hund, eine Ölheizung noch ein Segelboot besitzt.
> - Ein Arzt möchte die privaten Haftpflichtrisiken ebenso versichert wissen wie das sich aus seiner Tätigkeit ergebende Berufsrisiko. Er benötigt eine Privat-HV und eine Berufs-HV.

Die Beschreibung des individuellen Versicherungsbedarfs ist neben den Versicherungsbedingungen die wichtigste Grundlage eines jeden einzelnen Haftpflichtversicherungsvertrages. Sie erfolgt **im Versicherungsschein und seinen Nachträgen** und basiert auf den Fragen und Antworten des **Antragsvordrucks.** Der VN hat dabei anzugeben, für welche Risiken er Versicherungsschutz sucht.

Eine andere **Antragsfrage** des VR ist die **nach gefahrdrohenden Umständen.** Diese Frage ist für die Standardrisiken wie Privat-, Grundbesitzer- und Bauherren-HV in der Regel nicht vorgesehen. In der **Gewässerschaden-HV** wird dagegen nach bestehenden oder beseitigten Verunreinigungen des Bodens bzw. des Grundwassers, der früheren Nutzung des Grundstücks und nach der Lage das Grundstück in einem Wasserschutzgebiet gefragt. In der **Betriebs-HV** mit ihren komplexen Gefahrumstände ist der Fragekatalog natürlich sehr viel umfangreicher.

Gefahrdrohende Umstände können sich aber auch erst **nach Abschluss des Vertrages im Rahmen eines Versicherungsfalles** ergeben. Typische Beispiele hierfür sind in der Hundehalter-HV die Bissigkeit eines Hundes, in der **Privat-HV** die zu glatt gebohnerte Hausflurtreppe oder die ausgetretene Hauszugangstreppe mit Stolperkante. Das sind Umstände, die die Wahrscheinlichkeit eines erneuten Schadeneintritts aus gleicher Ursache vermuten lassen. Der VR wird in diesen Fällen vom VN verlangen, dass er den gefahrdrohenden Umstand beseitigt. Diese Auflage (vgl. A 5.3.2: **Obliegenheiten vor Eintritt des Versicherungsfalles**) ist für den VN immerhin günstiger als gleich die Vertragskündigung des VR nach dem Versicherungsfall. Wird die Auflage dann allerdings nicht erfüllt, die **vertragliche Obliegenheit** vorsätzlich bzw. grob fahrlässig verletzt und kommt es deshalb zu einem erneuten Versicherungsfall, ist der VR vollständig bzw. teilweise leistungsfrei.

5.2.6.1 Erhöhung und Erweiterung des versicherten Risikos

A 1
Ziff. 8.1

In der Haftpflichtversicherung ist das versicherte Risiko umfangsmäßig ständigen Schwankungen unterworfen. Folglich kann auch die **Risikobeschreibung aufgrund der Antragstellung** lediglich eine Momentaufnahme sein, die sich im Laufe der Zeit sehr schnell ändern kann.

VVG
§ 23

Daher sehen die Haftpflichtversicherungen (auch die AHB PR 2016) – im Vergleich zu den entsprechenden VVG-Vorschriften zur Gefahrenerhöhung – eine Besserstellung des VN vor. Nach VVG hat der VN, bevor er eine **Gefahrenerhöhung** vornimmt, eine entsprechende Einwilligung des VR einzuholen. Dies ist **nach A 1 Ziff. 8 AHB PR 2016 nicht erforderlich, weil sie hier generell von vornherein versichert ist.**

> Der **Versicherungsschutz nach A 1 Ziff. 8 AHB PR 2016 erstreckt sich damit automatisch und ohne vorherige Anmeldung auch auf die gesetzliche Haftpflicht – aus »Erhöhungen und Erweiterungen« – des versicherten Risikos.**

Dies gilt nicht

– für Risiken aus dem Halten oder Gebrauch von versicherungspflichtigen Kraft-, Luft- und Wasserfahrzeugen;

– für Risiken, die der Versicherungs- oder Deckungsvorsorge unterliegen (sonstige Risiken, z.B. Jagdhaftpflicht) mit Ausnahme versicherungspflichtiger Hunde, die gemäß A 2 AHB PR 2016 versicherbar sind.

   In sieben Bundesländern besteht grundsätzlich eine Versicherungspflicht für Hunde, in anderen besteht diese Pflicht nur für »gefährliche Hunderassen«, die in einer – von Land zu Land unterschiedlichen Liste – aufgeführt werden. In NRW müssen außerdem alle Hunde versichert werden, wenn sie eine bestimmte Größe haben oder schwerer als 20 kg sind.

Allerdings besteht in der Privat-HV für das Hundehalterrisiko nur ein »vorläufiger« Deckungsschutz; denn es gelten die Bestimmungen zur Vorsorgeversicherung (vgl. A 5.2.6.2) bis zum rechtzeitigen Abschluss der separaten Hundehalter-HV.

a) Risikoerhöhung

Unter Risikoerhöhung ist die **Vergrößerung der bereits versicherten Gefahr** zu verstehen, d.h., die Wahrscheinlichkeit, dass ein Schaden eintreten kann, ist größer geworden (»qualitative« Risikoveränderung). Das hinzukommende Risiko muss jedoch für das im Versicherungsschein beschriebene und versicherte Risiko noch **typisch** sein.

Beispiele: Nach Abschluss der (1) Gewässerschaden-, (2) Haus- und Grundbesitzer-, (3) Bauherren- und (4) Berufs-HV

- Zu (1): ersetzt der VN eine oberirdische (Kellertank) durch eine unterirdische (Erdtank) Tankanlage.

- Zu (2): wird das EG im versicherten Mehrfamilienhaus nicht mehr als Wohnung sondern als Arztpraxis genutzt **(sachbezogene Erhöhung).**

- Zu (3): führt der VN – anders als geplant – einige Bauarbeiten in Eigenregie mit Freunden durch.

- Zu (4): wird ein Assistenzarzt (angestellter Arzt ohne leitende Funktion) zum Oberarzt befördert **(personenbezogene Erhöhung).**

Schafft sich der VN anstelle seines harmlosen Rottweilers, der gerade von einem Auto überfahren wurde, jetzt einen Bullterrier an, dann ist der Bullterrier, der vom VR als »gefährlicher Hund« (Kampfhund) eingestuft wird, im Rahmen der Hundehalter-HV nicht automatisch mitversichert.

AHB
PR 2016
A 2
Ziff. 4
Anhang

A 2 Ziff. 4 der Hundehalter-HV schließt dies ausdrücklich aus. »Kampfhunde«, die im Anhang zu A 2 einzeln aufgeführt werden, sind nicht versicherbar und die Bestimmungen über Veränderungen (Vergrößerung) der bereits versicherten Gefahr finden hier keine Anwendung.

Die Haftpflichtversicherungsbedingungen stellen den VN nicht zuletzt deshalb besser im Vergleich zur VVG-Regelung, weil sich der VN der vielseitigen Gefahrenerhöhungen häufig gar nicht bewusst wird. Nach VVG müsste der Versicherungsschutz folgerichtig sehr oft eingeschränkt oder versagt werden, weil der VN es versäumt hat, vor Erhöhung der Risikolage die Einwilligung des VR einzuholen. Damit wäre aber auch der Haftpflicht-Versicherungsschutz weitgehend entwertet.

b) Risikoerweiterung

Wird die **Anzahl der bereits versicherten Risiken um ein gleiches Risiko vermehrt,** so handelt es sich um eine »quantitative« (mengenmäßige) Risikoänderung.

Beispiele: Nach Abschluss der (1) Gewässerschaden-, (2) Grundbesitzer- und (3) Hundehalter-HV

- Zu (1): installiert der VN einen weiteren 6 000 l Heizöltank im Keller seines Hauses.

- Zu (2): errichtet der VN ein zweites Mehrfamilienhaus auf dem versicherten Grundstück.

- Zu (3): hält der VN jetzt 2 Hunde anstatt nur ein Tier.

Im Gegensatz zur Sachversicherung, wo der Umfang des Versicherungsschutzes im Wesentlichen durch die Festlegung der Versicherungssumme begrenzt ist, bildet die Deckungssumme in der Haftpflichtversicherung lediglich eine Höchstgrenze für die Ersatzleistung im einzelnen Versicherungsfall. Die Haftpflichtversicherung kennt daher auch nicht die Möglichkeit der Anrechnung einer Unterversicherung. Deshalb kann und darf eine Risikoerweiterung hier auch nicht zu der Konsequenz führen, dass im Schadenfall – trotz ausreichender Deckungssumme – wie in der Sachversicherung nur eine Verhältnisentschädigung erfolgt, weil zum Zeitpunkt des Schadeneintritts weniger Risiken gemeldet wurden, als tatsächlich vorhanden waren. Bei den zum Teil laufenden Veränderungen – insbesondere in der Betriebs-HV z. B. der beschäftigten Personen – wäre eine jeweilige Anzeige eines jeden einzelnen Risikozugangs auch völlig unwirtschaftlich und unzumutbar für den VN.

Besonderheit: Risikoveränderungen in der reinen Privat-HV

Abgesehen von der nachträglichen Erweiterung eines in der Privat-HV versicherten Zusatzrisikos (z.B. Vermietung einer zweiten Eigentumswohnung oder einer zweiten Garage) haben Risikoveränderungen in der Privat-HV kaum praktische Bedeutung:

● Risikoerhöhungen nicht, weil nahezu alle nur denkbaren Eigenschaften und Tätigkeiten der Privatperson mitversichert sind,

● Risikoerweiterungen nicht, weil sie i.d.R. prämienfrei mitversichert sind, ohne dass der VR benachrichtigt werden muss z.B. wenn der VN heiratet (kein »Single-Tarif«), Kinder hinzukommen, eine Zweitwohnung bezogen wird.

**AHB
PR 2016
A 7
Ziff 2.1
Ziff 2.2**

c) Obliegenheiten des Versicherungsnehmers

Der VN muss die Risikoveränderung dem VR **anzeigen.** Dies kann auch nachträglich geschehen, muss aber **binnen Monatsfrist** erfolgen, **nachdem er vom VR dazu aufgefordert wurde.** Diese Aufforderung erfolgt in der Regel in Verbindung mit der Prämienrechnung. Daraufhin wird der **VR die Prämie rückwirkend** entsprechend der Risikoveränderung, und zwar **ab dem Veränderungszeitpunkt,** richtigstellen (sog. **Prämienregulierung,** vgl. A 5.3.1.3).

d) Rechtsfolgen einer Anzeigepflichtverletzung

Ziff. 2.1

● Schuldhaft **unrichtige Änderungsanzeigen** zum Nachteil des VR können eine Vertragsstrafe in dreifacher Höhe des festgestellten Prämienunterschiedes nach sich ziehen. Im Schadenfall führen sie aber nicht zur Leistungsfreiheit des VR.

Ziff. 2.3

● Die unterlassene (verspätete) **Änderungsanzeige** berechtigt den VR, eine **Nachzahlung in Höhe der schon gezahlten Jahresprämie** zu erheben. Holt der VN daraufhin innerhalb von zwei Monaten die erforderliche Anzeige nach, so hat der VR die etwa zu viel gezahlte Prämie zurückzuerstatten.

5.2.6.2 Vorsorgeversicherung

a) Neue Risiken

**AHB
PR 2016
A 1
Ziff. 9.1**

Damit Lücken im Versicherungsschutz erst gar nicht auftreten bzw. möglichst einfach geschlossen werden können, sehen die Haftpflichtversicherungen eine weitere für den VN vorteilhafte Besonderheit vor. Entsteht **nach Abschluss der Versicherung** bzw. einer späteren Anzeigeaufforderung ein völlig **neues Risiko,** das anders als die Risikoerhöhung bzw. -erweiterung **nicht mehr in das Bild der bestehenden Risikobeschreibung passt,** gewähren die Versicherungsbedingungen zunächst auch hierfür sofortigen Versicherungsschutz **(Vorsorgeversicherung).**

Die Vorsorgeversicherung soll den VN vor unangenehmen Überraschungen bewahren, denn gewöhnlich denkt der VN nicht sofort daran, für ein neues Risiko eine entsprechende Haftpflichtversicherung abzuschließen.

Beispiele: Privat-HV

Ein VN in der Eigenschaft als Privatperson

● vermietet sein bisher selbst genutztes Ein- oder Zweifamilienhaus (Grundbesitzer-HV),

● nimmt größere Umbauarbeiten (Baukosten z.B. größer als 200 000,00 €) an seinem selbst genutzten Einfamilienhaus vor (Bauherren-HV),

● kauft sich einen Hund oder ein Pferd (Hundehalter-HV bzw. Pferdehalter-HV).

Der VN kauft beispielsweise einen Hund. Das Hundehalterrisiko war bisher nicht versichert. Bis zum Abschluss der jetzt zusätzlich notwendigen Hundehalter-HV sind Schadenfälle, die das Tier anrichtet, im Rahmen der Vorsorgeversicherung mitversichert.

Ist dagegen ein zweiter Hund gekauft worden, so liegt hinsichtlich der schon bestehenden Hundehalter-HV nur eine Risikoerweiterung vor. (vgl. A 5.2.6.1)

> **Neue Risiken** sind solche, die in keinem inneren Zusammenhang mehr mit dem bereits versicherten Risiko stehen. Es handelt sich also um Risiken, für die das im Versicherungsschein beschriebene Risiko **nicht mehr typisch** ist.

b) Ausgestaltung des vorläufigen Versicherungsschutzes

Der Versicherungsschutz in den o.a. Beispielen beginnt jeweils **sofort mit Eintritt** des neuen Risikos.

- Der VN ist allerdings verpflichtet, **binnen Monatsfrist nach Aufforderung** durch den VR (meist geschieht das auf der Prämienrechnung) das neue Risiko **anzuzeigen.** AHB PR 2016 A 1 Ziff. 9.1

  Unterlässt der VN die rechtzeitige Anzeige oder kommt es innerhalb Monatsfrist nach Eingang der Anzeige beim VR nicht zu einer Prämienvereinbarung, so fällt der Versicherungsschutz für das neue Risiko **rückwirkend** vom Gefahreneintritt ab wieder fort.

  Der VR ist verpflichtet, seine Prämienvorschläge – in der Regel die Tarifprämie – so rechtzeitig dem VN vorzulegen, dass dieser in der Lage ist, das Angebot zu prüfen und noch rechtzeitig innerhalb der Monatsfrist anzunehmen.

- Tritt der Versicherungsfall vor Anzeige des neuen Risikos ein, so muss der **VN beweisen,** dass das neue Risiko erst **nach Vertragsabschluss und in einem Zeitpunkt eingetreten ist, in dem die Anzeigefrist noch nicht verstrichen war.**

  Es ist deshalb eine besonders wichtige Aufgabe des Außendienstes, den Zeitpunkt, zu dem das neue Risiko entstanden ist, in jedem Einzelfall korrekt festzustellen. Nur dadurch lässt sich vermeiden, dass der VN ein neues Risiko jahrelang nicht anzeigt und es im Schadenfall als gerade erst eingetreten ausgibt, um in unredlicher Weise die Vorsorgeversicherung in Anspruch nehmen zu können.

c) Deckungs- und Prämienpflichtigkeit der Vorsorgeversicherung

- Die im Versicherungsschein der Privat-HV (Hauptvertrag) genannten Versicherungssummen (z.B. für Personen-, Sach- und Vermögensschäden 15 Mio. pauschal) gelten von vornherein auch für die Vorsorgeversicherung und zwar **von der Entstehung des neuen Risikos** (z.B. mit der erstmaliger Anschaffung eines Hundes) **bis zum Abschluss der entsprechenden Haftpflichtversicherung für das neue Risiko** (d.h. hier bis zum Abschluss der Hundehalter-HV). Eine Summenbegrenzung im Rahmen der Privat-HV ist also nicht vorgesehen. Ziff. 9.2

- Der **rückwirkende Versicherungsschutz** ab Gefahreneintritt **bis zur Prämienvereinbarung** (im Hundehalter-Haftpflichtversicherungsvertrag) ist deshalb auch **nicht kostenlos. Der VR kann für die Vorsorgeversicherung eine** angemessene Prämie verlangen.

> **Beispiel:**
> Der VN schafft sich am 15. April d.J. einen Hund an. Am 01. Juli d.J. ist die neue Jahresprämie zur Privat-HV fällig. Der VN erhält eine Prämienrechnung mit dem Hinweis, dass neu eingetretene Risiken innerhalb eines Monats anzuzeigen sind. Der VN zeigt das neue Risiko fristgerecht dem VR an. Eine Hundehalter-HV kommt unmittelbar danach zustande. Ab dem 01. Juli d.J. erhebt der VR die Prämie für die Hundehalter-HV. Für die Zeit von der Anschaffung bis zur Hauptfälligkeit wird in der Regel darauf verzichtet.

● Der **VN kann** allerdings **das neue Risiko auch bei einem anderen VR unterbringen,** was bei einer Risikoerhöhung bzw. Risikoerweiterung (vgl. A 5.2.6.1) nicht möglich ist.

d) Risikoausschlüsse

AHB
PR 2016
A1 Ziff. 9.3
Ziff. 9.3.1

Gewisse Risiken sind von der Vorsorgeeinrichtung ausgenommen;

● Risiken aus dem Eigentum, Besitz, Halten oder Führen eines Kraft-, Luft- oder Wasserfahrzeugs, soweit diese Fahrzeuge der Zulassungs-, Führerschein- oder Versicherungspflicht unterliegen.

> **Beispiel:**
>
> Der privathaftpflichtversicherte Student kauft sich ein Segelboot. 14 Tage später verursacht er auf einer Segeltour einen Haftpflichtschaden. Der Schadenfall ist nicht über die Vorsorgeversicherung aus der Privat-HV gedeckt. Nur der rechtzeitige Abschluss einer Wassersport-HV hätte hier für Versicherungsschutz gesorgt.

Es bleibt anzumerken, dass der Gebrauch fremder Segelboote und der **gelegentliche** Gebrauch von fremden Motor-Wassersportfahrzeugen in der Privat-HV mitversichert ist.

Ziff. 9.3.2

● Risiken aus dem Eigentum, Besitz, Betrieb oder Führen von Multikoptern **(Drohnen)** über 250 g Fluggewicht;

Drohnen gehören gemäß Luftverkehrsgesetz (§1 LuftVG) zur Gattung »Luftfahrzeuge«, deren Halter zur Deckung von Haftpflichtansprüchen zum Abschluss einer Haftpflichtversicherung verpflichtet sind (§ 43 LuftVG).

Dabei wird nicht zwischen Drohnen-Modellen oder Gewichtsklassen unterschieden und auch nicht, ob die Drohne gewerblich oder rein privat als Hobby eingesetzt wird. Für das Führen einer Drohne mit einem Startgewicht über 2 kg benötigt man sogar einen Drohnen-Führerschein.

Ziff. 9.3.4

● Risiken, die der **Versicherungs- oder Deckungsvorsorgepflicht unterliegen** (z. B. das Jagdhaftpflichtrisiko), mit Ausnahme versicherungspflichtiger Hunde, die gemäß A 2 versicherbar sind.

Grundsätzlich nicht versicherbar sind dagegen »gefährliche Hunde« (Kampfhunde – vgl. Anhang zu A 2).

Ziff. 9.3.5

● Risiken, die versicherungstechnisch **kürzer als ein Jahr** bestehen werden (z. B. Teilnahme an Ausstellungen) mit Ausnahme der Bauherren-HV.

Die zeitliche Begrenzung gilt in Proximus 4 nicht für die Bauherren-HV, die bei Bausummen über 200 000,00 € je Bauvorhaben für Deckungsschutz sorgt.

Ziff. 9.3.6

● Risiken aus **betrieblicher, beruflicher, dienstlicher** und **amtlicher** Tätigkeit

Mit Ausnahme des Haftpflichtrisikos einer »Tagesmutter«, die für das neu hinzukommende Risiko »Betreuung von mehr als 5 Kinder« eine Berufs-HV benötigt.

Ziff. 9.3.7

● **Neu hinzukommende Personen** (Mitversicherung eines Lebenspartners oder Ehepartners) solange nur Versicherungsschutz im Rahmen einer Versicherung für Einzelpersonen **(Single-Tarif)** besteht.

Versicherungsschutz für das (nach Vertragsabschluss) neu entstehende private Haftpflichtrisiko (siehe auch A 1 Ziff. 2.2)		
Vorsorgeversicherung für	keine Vorsorgeversicherung für Risiken	
● das Tierhalterrisiko nach Anschaffung eines **Hundes/Pferdes** bis zum rechtzeitigen Abschluss einer **Hundehalter- bzw. Pferde-halter-HV**	aus dem Eigentum, Besitz, Halten oder Führen[1] ● eines **eigenen Segelbootes** ● eines **eigenen** oder **fremden Motorbootes**[2] Versicherungsschutz besteht **erst nach** Abschluss einer **Wassersport-HV**	AHB PR 2016 A1 Ziff. 9.3.4
● das **Gebäuderisiko** (bauliche Instandhaltung usw.) bei **Vermietung eines Ein- / Zweifami-lienhauseses,** einer **Eigentumswohnung** bzw. bei **Anschaffung/Vermietung eines Mehrfamilienhauses** bis zum rechtzeitigen Abschluss einer **Grundbesitzer-HV**	● sonstige Risiken, die der Versicherungs- und Deckungsvorsorgepflicht unterliegen z. B. **Jagdausübung** Versicherungsschutz besteht **erst nach** Abschluss einer **Jagd-HV**	
● das **Anlagerisiko** zur Lagerung (Verwen-dung) von gewässerschädlichen Stoffen, bis zum rechtzeitigen Abschluss einer **Gewäs-serschaden-HV** (z. B. für einen **Heizöltank** nach Einbau einer Ölheizung)	● die kürzer als 1 Jahr bestehen **(kurzfristige Risiken)**[3] Versicherungsschutz besteht **ausschließlich durch besonderen Vertrag**	Ziff. 6.21.1
● das Haftpflichtrisiko einer »**Tagesmutter**«, die **mehr als 5 minderjährige Kinder** be-treut, bis zum rechtzeitigen Abschluss einer **Berufs-HV**	● aus **betrieblicher, beruflicher, dienstlicher** oder **amtlicher** Tätigkeit Versicherungsschutz besteht **erst nach** Abschluss einer **Betriebs-, Berufs- oder Amts- und Vermögensschaden-HV**	Ziff. 6.1.4 Ziff. 6.3.2.4
● das **Bauherrenrisiko (auch als kurzfristiges Risiko)** bei einer Bausumme von mehr als 200 000,00 € bis zum rechtzeitigen Ab-schluss einer **Bauherren-HV**	● aus **neu hinzukommenden Personen** (Hei-rat, Lebens-Partnerschaft) soweit ein **Single-Tarif** vereinbart ist Versicherungsschutz besteht **erst nach** Umstel-lung auf das **Kompaktmodell**.	

Die Bestimmungen über die Vorsorgeversicherung **gelten nicht,** wenn das **neue Risiko nur in der Person eines Mitversicherten entsteht.**

Z.B. die mitversicherte Tochter studiert in München und vermietet jetzt ihre Einzimmer-Eigen-tumswohnung, weil sie den Studienort gewechselt hat. Versicherungsschutz für das Vermieter-haftpflichtrisiko hat sie jetzt **ausschließlich** aus der abzuschließenden Grundbesitzer-HV.

---

1 Das gilt im Übrigen für das **Halten** und **Führen** von allen **Kraft-, Luft- und Wasserfahrzeugen,** die der Zulassungs-, Führerschein- oder Versicherungspflicht unterliegen (»**Benzinklausel**«).

2 Mitversichert ist nur der »**gelegentliche Gebrauch**« von **fremden Motor-**Wassersportfahr-zeugen, soweit für das Führen des Bootes **kein Führerschein** erforderlich ist.

3 Eine andere Auffassung würde wohl regelmäßig zu Lasten des VR gehen, da der VN ein kurz-fristiges Risiko, das bis zur nächsten Prämienaufforderung schon wieder erloschen ist, nur dann nachträglich anzeigen würde, wenn sich ein Haftpflichtschaden ereignet hat.

Vergleich	Risikoerhöhung/-erweiterung	Vorsorgeversicherung
Art des Risikos	Nur **Änderung** des **bereits** versicherten Risikos	**»Neues Risiko«; nicht typisch** für das versicherte Risiko
Versicherungs-schutz	**Endgültig** und **bedingungslos** auch bei unrichtiger bzw. unterlassener Anzeige; das hinzugekommene Risiko ist **nicht bei einem anderen VR versicherbar**	**Vorläufiger** Schutz, der bei **nicht fristgerechter Anzeige** und entsprechender **Nachtragsversicherung** innerhalb eines weiteren Monats (»Prämienvereinbarung«) **rückwirkend** wieder entfällt Das neue Risiko kann auch bei einem anderen VR versichert werden
Prämie	**Rückwirkende »Prämien-regulierung«** ab Gefahreneintritt (Nachprämie)	**Angemessene** Prämie für das neue Risiko **(Prämienvereinbarung)**
Deckungs-summen	**Unveränderte** Deckungssummen	**Unveränderte** Deckungssummen, sofern nicht geringere Versicherungssummen im Versicherungsschein vereinbart wurden (A 1 Ziff. 9.2)
Ausschlüsse	Risiken aus dem **Halten** oder **Gebrauch** von **versicherungspflichtigen Kraft-, Luft- oder Wasserfahrzeugen** sowie sonstige Risiken, die der Versicherungs- und Deckungsvorsorgepflicht unterliegen	Weitere Ausschlüsse u. a. **Risiken aus betrieblicher, beruflicher[1], dienstlicher oder amtlicher Tätigkeit.** 1) nebenberufliche Tätigkeiten mit einem Gesamtumsatz > 10 000,00 €

Randspalten-Verweise:
- AHB PR 2016 A 1 Ziff. 8 u. 9
- A 7 Ziff. 2 / A 1 Ziff. 9.1
- Ziff. 8.2 / 9.3

Lernkontrollen zu A 5.2.6

Risikoveränderung und Vorsorgeversicherung

1 Bei einer anzeigepflichtigen Risikoveränderung unterscheidet man zwischen Risikoerhöhung und Risikoerweiterung.

Erklären Sie die beiden Begriffe und bilden Sie für jede der beiden Risikoveränderungen ein Beispiel.

2 Liegt in den folgenden Fällen eine Risikoveränderung und wenn ja eine Risikoerhöhung oder eine Risikoerweiterung vor?

a) Ein Betrieb führt neue Produktionsmethoden ein.

b) Ein Betrieb stellt zusätzliches Personal ein.

c) Ein praktischer Arzt ändert seine berufliche Tätigkeit und geht in die Chirurgie.

d) Ein Betriebsinhaber verlegt seinen Betrieb in eine andere Straße.

e) Infolge Sanierungsmaßnahmen verdoppeln sich die Mieteinnahmen. Der VN hat eine Haus- und Grundbesitzer-HV.

3 Ein Schlossermeister gab bei Antragstellung an, dass er lediglich Aufträge für ein Kaufhaus ausführt. Nach mehr als zwei Jahren beginnt er auch als Bauschlosser zu arbeiten, zeigt dies seinem VR jedoch nicht an. Die letzte Folge-Prämienrechnung hat er vor vier Wochen erhalten und sofort bezahlt. Zwei Wochen nach Zahlung kam es infolge von Funkenflug bei Schweißarbeiten zu einem Brand auf einem 40 m von der Arbeitsstätte entfernten Grundstück.

Leistet die Betriebs-HV des Schlossermeisters?

4 Mit welchen Rechtsfolgen muss der VN rechnen, wenn er trotz Aufforderung durch den VR eine Erhöhung bzw. Erweiterung des Risikos

a) unrichtig anzeigt,

b) überhaupt nicht anzeigt?

5 Welche Risiken erfasst die Vorsorgeversicherung gemäß A 1 Ziffer 9 AHB PR 2016?

6 Nennen Sie zwei Ausschlüsse und die Deckungssummen im Rahmen der Vorsorge-versicherung?

7 Der nur privat-haftpflichtversicherte Student Karl kauft sich ein Segelboot. Hat er Versiche-rungsschutz aus der Privat-HV, wenn er z. B. einen Surfer rammt?

AHB
PR 2016
A 1
Ziff. 10

5.2.7 Fortsetzung der Privat-Haftpflichtversicherung nach dem Tod des VN

Obwohl die Privat-HV personenbezogen ist, erlischt der Vertrag nicht automatisch mit dem Tod des VN (Wagniswegfall), sondern besteht für den mitversicherten Ehegatten oder eingetragenen Lebenspartner bzw. mitversicherten Lebensgefährten und die bisher schon mitversicherten Kinder bis zur nächsten Prämienfälligkeit fort.

Begleicht der überlebende Ehegatte oder eingetragene Lebenspartner bzw. der Lebensgefährte die nächste Prämienrechnung, wird er VN.

5.2.8 Forderungsausfallversicherung

Ziff. 11

Ziff. 11.1

Versicherungsschutz besteht für den Fall, dass der **VN** bzw. der Mitversicherte **einen Schaden durch einen Dritten erleidet und die Schadenersatzforderung** ganz oder teilweise **nicht durchgesetzt werden kann,** weil der schadenersatzpflichtige Dritte weder eine Privat-HV besitzt noch über ein pfändbares Vermögen bzw. Einkommen verfügt, in das vollstreckt werden könnte.

Da heute immer noch mehr als ein Viertel der in der Bundesrepublik lebenden Bevölkerung sich nicht durch eine Privat-HV abgesichert hat, ist die Forderungsausfalldeckung ein wichtiger Baustein für die Privat-HV jedes potentiell Geschädigten. Das gilt insbesondere bei höheren Schäden, die existenzbedrohend sein können, wenn der Schädiger keinen Schadenersatz leisten kann.

> **Beispiel:**
>
> Der VN wird als Fußgänger in der Innenstadt von Freiburg (Fußgängerzone) von einem Fahrradfahrer angefahren und schwer verletzt (Personenschaden 3 200,00 €). Ein rechtskräftiges Schuldanerkenntnis des Schädigers liegt vor. Eine Zwangsvollstreckung aus diesem Titel ist aber erfolglos geblieben, da der arbeitslose Schädiger völlig mittellos ist. Der Schädiger hat dazu auch eine »eidesstattliche Versicherung« vor Gericht abgegeben.

a) Leistungsvoraussetzungen

Die Forderung gegenüber dem schadenersatzpflichtigen Dritten

Ziff. 11.2 /
11.4

● ist durch ein **rechtskräftiges Urteil** oder einen vollstreckbaren Vergleich vor einem **ordentlichen Gericht in einem Mitgliedsstaat der EU,** der Schweiz, Norwegen, Island, Andorra, San Marino, Monaco oder Lichtenstein festgestellt worden. Diese räumliche Einschränkung gilt auch für das Schadenereignis. **Auch das Schadenereignis muss in der EU** bzw. in einem der o. a. Länder **eingetreten sein** (räumlicher Geltungsbereich).

● führte **in einem Zwangsvollstreckungsverfahren oder in einem** gegen den Schädiger durchgeführten **Insolvenzverfahren nicht zur** vollen **Befriedigung des Versicherten.**

Erscheint die Zwangsvollstreckung aussichtslos, reicht der Nachweis, dass der Schädiger in den letzten drei Jahren die eidesstattliche Versicherung über seine Vermögensverhältnisse abgegeben hat. Das Gleiche gilt für das Insolvenzverfahren, wenn dieses nachweislich von einem örtlich zuständigen Insolvenzgericht (Amtsgericht) «mangels Masse» abgelehnt wurde.

● wird **in Höhe der Versicherungsleistung an den VR abgetreten.** Außerdem hat der VN bei der Umschreibung des Titels auf den VR mitzuwirken.

b) Umfang der Forderungsausfalldeckung

● Versicherungsschutz besteht erst ab einer Schadenhöhe von **1 500,00 € (Schwellenwert)** bis zur Höhe der titulierten **(gerichtlich festgestellten)** Schadenersatzforderung.

● Die Entschädigungsleistung je Versicherungsfall ist für alle **Personen-** und **Sachschäden** auf die vereinbarte VS begrenzt. Die Gesamtleistung für alle Versicherungsfälle eines Jahres ist auf das Doppelte der VS beschränkt.

● Inhalt und Umfang der versicherten Schadenersatzansprüche richten sich **nach dem Deckungsumfang der eigenen Privat-HV des VN.**

    – Es besteht daher kein Deckungsschutz, wenn der **Schädiger** den Schaden **im Rahmen seiner beruflichen oder gewerblichen Tätigkeit verursacht** oder den Schaden **vorsätzlich herbeigeführt** hat.

     Einige VR leisten aber für Personenschäden, die von Dritten vorsätzlich herbeigeführt worden sind.

    – **Vermögensschäden sind** in der Forderungsausfalldeckung **nicht versichert.**

    – **Mitversichert** sind aber (abweichend von A 1 Ziff. 6.9) **Schadenersatzansprüche gegenüber** dem privaten **Halter** von **Hunden** oder **Pferden.**

AHB PR 2016 A 1 Ziff. 11.3

c) Besondere Ausschlüsse der Forderungsausfalldeckung

● Vom Deckungsschutz ausgeschlossen sind Schäden

    – an **Kraftfahrzeugen/Kraftfahrzeuganhängern, Luft- und Wasserfahrzeugen,**

    – an Sachen, die ganz oder teilweise dem **Bereich eines Betriebes,** Gewerbes, **Berufes,** Dienstes oder Amtes **des Versicherten** zuzurechnen sind,

    – an **fremdem überlassenem Eigentum** i. S. v. A 1 Ziff. 6.5. Dazu gehören Mietsachschäden an zu privaten Zwecken gemieteten Räumen und Schäden an beweglichen Sachen, die der schadenersatzpflichtige Dritte aufgrund eines Miet-, Leasing-, Pacht-, Leih- oder Verwahrungsvertrages erlangt hat.

> **Beispiel:**
> Der VN hat im selbstbewohnten Einfamilienhaus eine möblierte Einliegerwohnung vermietet. Durch ein auslaufendes Aquarium des Mieters entsteht ein erheblicher Wasserschaden an der Wohnungseinrichtung und dem Parkettboden. Der Mieter besitzt keine Privat-HV und verfügt über kein pfändbares Vermögen/Einkommen.

Ziff. 11.5

Die Privat-HV des geschädigten VN leistet weder für den Schaden am Parkettboden (Mietsachschaden) noch für den Schaden an der Wohnungseinrichtung (Schaden an fremden beweglichen Sachen).

● Der VR leistet keine Entschädigung für

    – **Kosten** der **Rechtsverfolgung** (z. B. Rechtsanwalts-/Gerichtskosten), Verzugszinsen und Vertragstrafen

    – Ansprüche aus Schäden, zu deren Ersatz ein anderer Schadenversicherer (z. B. Krankenversicherer), ein Sozialversicherungsträger oder Sozialleistungsträger Leistungen zu erbringen hat **(Subsidiaritätsklausel).**

5.2.9 Neuwertentschädigung

AHB
PR 2016
Ziff. 12

Der VR leistet auf Wunsch des VN für Sachschäden **Schadenersatz zum Neuwert,** soweit hierzu folgende Voraussetzungen vorliegen:

– Der Gegenstand ist zum Zeitpunkt der Beschädigung/Zerstörung nicht älter als 12 Monate, berechnet ab Kaufdatum.

– Der VN kann das Kaufdatum nachweisen, andernfalls bleibt es bei der **Zeitwert**entschädigung.

– Die Höchstentschädigung ist auf 3 000,00 € je Versicherungsfall und Versicherungsjahr begrenzt.

Grundsätzlich ist bei der Schadenregulierung nach Gesetz nur der Zeitwert zu ersetzen. Das ist der Wert der Sache unmittelbar vor Eintritt des Schadenfalls (der Wiederbeschaffungspreis beim Kauf **einer gleichwertigen, gebrauchten Sache** oder **einer neuwertigen Sache abzüglich der Wertminderung** aufgrund von Alter, Verschleiß, Vorschäden).

> **Beispiel:**
>
> Der VN wohnt während der Urlaubsreise seines Freundes in dessen Wohnung. Beim Gießen der Zimmerpflanzen hat er diese wohl zu heftig gegossen, so dass Gießwasser auf den Laminatboden gelangt, was der VN aber erst am nächsten Tag bemerkt. Eine Trocknung ist jetzt nicht mehr möglich. Der vor 3 Jahren für 2 000,00 € verlegte Laminatboden ist aufgequollen und muss erneuert werden.

Ein Laminatboden hat eine mittlere Nutzungsdauer von 10 Jahren (AG Steinfurt 2014), d. h. im o. a. Beispiel hat der Laminatboden allein aufgrund des Alters nur noch einen Zeitwert von 1 400,00 €. Diesen Zeitwert ersetzt der VR hier dem Geschädigten. Da der beschädigte Gegenstand älter als 12 Monate ist erfolgt hier keine Neuwertentschädigung.

Ausgeschlossen von der Neuwertentschädigung bleiben Schäden an:

– elektronischen Geräten (z. B. mobile Kommunikationsmittel und Computer jeglicher Art,

– tragbare Musik- und Videowiedergabegeräte, E-Book-Reader,

– Film- und Fotoapparate einschließlich Objektive,

– Brillen jeder Art und Ferngläser.

5.3 Allgemeine Rechte und Pflichten der Vertragsparteien

5.3.1 Versicherungsbeginn und Prämienzahlung

AHB
PR 2016
B 1
Ziff. 1

5.3.1.1 Beginn des Versicherungsschutzes

Der Versicherungsschutz beginnt zu dem im Versicherungsschein angegebenen Zeitpunkt, wenn der VN die erste oder einmalige Prämie **rechtzeitig** zahlt.

Ziff. 2.1

Die Zahlung ist **rechtzeitig,** wenn sie nach Zugang des Versicherungsscheins und Ablauf von **14 Tagen unverzüglich** erfolgt. Der Versicherungsschutz beginnt dann zu dem im Versicherungsschein angegebenen Zeitpunkt, ggf. also auch rückwirkend, wenn der Versicherungsschein erst nach diesem Beginn zugestellt wurde (sog. **erweiterte Einlösungsklausel**).

VVG
§§ 33 (1),
§ 8

Die Rechtzeitigkeit einer Zahlung nach Ablauf von zwei Wochen ist auch im VVG geregelt und steht im Zusammenhang mit dem zweiwöchigen Widerrufsrecht.

5.3.1.2 Tarifmerkmale und Prämienberechnung

In der Haftpflichtversicherung wird die Prämie selten in Promille- oder Prozentsätzen der VS berechnet.

Das lässt sich mit dem besonderen Charakter der Haftpflichtversicherung begründen. Sie kennt nämlich im Gegensatz zu anderen Versicherungszweigen keinen Versicherungswert (VW) und die Versicherungssumme (VS) stellt auch nicht den Risikoumfang dar, sondern nur dessen Höchstgrenze.

Die Prämie bemisst sich nach anderen, sehr verschiedenen Merkmalen. Die wichtigsten Tarifmerkmale bzw. Bezugsgrößen sind:

- Tarifart, z.B. Kompakttarif, Singletarif und Mitversicherung weiterer Haftpflichtrisiken **(Privat-HV),**

- Bruttojahresmietwert, Anzahl/Wohnungen im Mehrfamilienhaus **(Haus- und Grundbesitzer-HV),**

- Lohn-/Gehalts-/Umsatzsumme oder Anzahl der Mitarbeiter **(Betriebs-HV),**

- Bausumme **(Bauherren-HV),**

- Mitgliederzahl **(Vereins-HV).**

Die nachstehenden Beispiele zeigen die Prämienberechnungen für

- eine Bauherren-HV (Beispiel 1),
- eine Haus- und Grundbesitzer-HV (Beispiel 2)

anhand des Tarifes A 5 bzw. A 4 im **Proximus 4 Bedingungswerk.**

Beispiel 1: Bauherren-HV

Das Einfamilienhaus der Familie Faller soll um einen Anbau und zwei Garagen erweitert werden. Die gesamten Baukosten schätzt der Architekt auf 140 000,00 €. Der Wert der Eigenleistung beträgt dabei 40 000,00 €. Herr Faller, ein pensionierter Bauingenieur, möchte nach Fertigstellung der Rohbauarbeiten auch die Bauleitung für den Ausbau (Wert 95 000,00 €) übernehmen. Herr Faller hat ein Angebot für eine Bauherren-HV mit einjähriger Dauer angefordert (Deckungssumme 30 Mio. € pauschal). Es ist die fällige Einmalprämie inkl. 19 % Versicherungsteuer zu berechnen.

Lösung:

Bausumme bis 250 000,00 €	91,00 €

Zuschläge für Bauen mit eigener Leistung:

- Bauausführung (pro 1 000,00 € Wert der Eigenleistung 1,20 € Zuschlag)	40 · 1,20 €	48,00 €
- Bauleitung der Ausbauarbeiten/Wert 95 000,00 € (pro 1000,00 € Bausumme/Ausbau 0,70 € Zuschlag = 95 · 0,70 €)		66,50 €
Tarifprämie		205,50 €
− 5 % Zahlungsweise-Nachlass		10,28 €
		195,22 €
+ 19 % VersSt		37,09 €
Einmalprämie für die Bauherren-HV		**232,21 €**

> **Beispiel 2: Haus- und Grundbesitzer-HV**
>
> Hans Hoch ist Eigentümer eines Wohn- und Geschäftshauses. Im Haus befinden sich 10 Wohnungen, von denen eine als Apotheke und eine als Arztpraxis genutzt wird.
>
> Die gewerblich genutzte Fläche beträgt:
>
> - Apotheke 150 qm
>
> - Arztpraxis 125 qm
>
> Herr Hoch wünscht eine VS von 30 Mio. € je Versicherungsfall für Personen-, Sach- und Vermögensschäden.
>
> Es ist die Jahresprämie einschließlich 19 % VersSt für eine dreijährige Versicherungsdauer zu berechnen.

Lösung: Mehrfamilienhaus mit 10 Wohnungen, davon 2 gewerblich genutzt (Versicherungsschutz nach Alternative B)

Prämie für Alternative B

Prämie für ein Zweifamilienhaus	69,20 €
Zusatzprämie für 8 weitere Wohnungen (8 · 26,00 €)	208,00 €
Prämienzuschlag für 275 qm gewerbliche Nutzung (27,00 € je angefangene 50 qm = 6 · 27 €)	162,00 €
Tarifprämie	439,20 €
−10 % Dauernachlass	43,92 €
	395,28 €
−5 % Zahlungsweise-Nachlass	19,76 €
Versicherungsentgelt	375,52 €
+ 19 % VersSt	71,35 €
Jahresprämie	**446,87 €**

5.3.1.3 Prämienregulierung

AHB
PR 2016
A 7
Ziff. 2
Ziff. 2.2

Da sich diese Tarifierungsmerkmale im Laufe des Versicherungsjahres ändern können, muss auch die jeweilige Prämie ab Risikoänderung neu berechnet werden, denn der VN hat bei Erhöhung und Erweiterung des vorhandenen Risikos sofort Versicherungsschutz im Umfang des Vertrages (vgl. A 5.2.6.1). Aufgrund einer Änderungsmitteilung des VN wird die Prämie ab dem Zeitpunkt der Risikoänderungen berichtigt (Prämienregulierung).

Dagegen wird die Minderprämie wegen teilweisen Risikowegfalls, die im Übrigen die aktuelle tarifliche Mindestprämie nicht unterschreiten darf, erst vom Zeitpunkt des Eingangs der Änderungsanzeige beim VR an berechnet.

> **Beispiel:**
>
> Ein Hundehalter (VN) hat am 01. Jan. eines Jahres – zu Beginn der Versicherungsperiode seiner Hunde-HV – 2 Hunde. Die Prämie beträgt damit insgesamt 176,00 € (Prämie je Hund 88,00 €). Am 25. Jan. des nächsten Jahres teilt der VN seinem VR auf dem Prämienregulierungsbogen mit, dass er seit dem 01. Okt. des letzten Jahres 3 Hunde hält. Für das zusätzliche Tier steht dem VR – vom Zeitpunkt der Risikoänderung an – eine zeitanteilige Nachprämie in Höhe von 22,00 € zu (1 · 3/12 von 88,00 €).

Sollte der VN dagegen

Ziff. 2.1 S. 4

- nach wie vor nur 2 Hunde gemeldet haben (eine schuldhaft unrichtige Angabe kann dann vermutet werden), wäre der VR – nach Kenntnis dieses Umstands – berechtigt, eine Strafprämie in dreifacher Höhe (Nachprämie 66,00 €) zu fordern;

- nach Erhalt des Regulierungsbogens überhaupt gar keine Anzeige gemacht haben, könnte der VR eine Nachprämie in Höhe der schon gezahlten Jahresprämie verlangen (im o. a. Beispiel 176,00 €).

AHB
PR 2016
A 7 Ziff. 2.3
S. 1

5.3.1.4   Prämienangleichung

Von der Prämienregulierung ist die Prämienangleichung zu unterscheiden. Eine Prämienangleichung ist vor allem bei Festprämien erforderlich, weil der VR auch bei gleichem Risikoumfang für denselben Schaden Jahr für Jahr höhere Ersatzleistungen zu erbringen hat.

Ziff. 3.1

Die Haftpflichtversicherung kennt keine Unterversicherung. Sie muss im Rahmen der Deckungssummen immer zum augenblicklichen Tagespreis entschädigen. Eine preisgebundene Versicherungsleistung verlangt aber auch eine preisabhängige Prämie.

Seit 1965 enthalten die Bedingungen für die Haftpflichtversicherungen deshalb eine sog. **Prämienangleichungsklausel:**

- Danach sind die VR berechtigt, die Jahresfolgeprämie zu erhöhen, wenn der **branchendurchschnittliche Schadenaufwand** je Versicherungsfall (ermittelt anhand der Schaden- und Regulierungsaufwendungen aller Haftpflicht-VR) im vergangenen Kalenderjahr gegenüber dem vorvergangenen Jahr **um mindestens 5 %** angestiegen ist.

Ziff. 3.2

Hat sich dagegen der Branchendurchschnittsaufwand im abgelaufenen Kalenderjahr vermindert, so sind die VR verpflichtet, die Prämien um den entsprechenden Prozentsatz zu mindern.

$$\text{Branchendurchschnittlicher Schadenaufwand} = \frac{\text{Summe der Schaden- und Regulierungsaufwendungen aller VR}}{\text{Anzahl der Versicherungsfälle aller VR}}$$

- Der Prozentsatz, um den sich der branchendurchschnittliche Schadenaufwand je Versicherungsfall erhöht (ermäßigt) hat, wird von einem unabhängiger Treuhänder jeweils zum 01. Juli eines Jahres ermittelt und auf die nächstniedrigere durch 5 teilbare ganze Zahl abgerundet.

> **Beispiel:**
> Ein Veränderungsprozentsatz des branchendurchschnittlichen Schadenaufwandes von z. B. 11,3 % berechtigt den VR zu einer Prämienangleichung von 10 %.

- Eine **Sonderregelung** besteht für VR, deren **unternehmenseigener Steigerungsprozentsatz** wegen günstiger Schadenverläufe **in jedem der letzten 5 Kalenderjahre** geringer war als der vom Treuhänder jeweils für diese Jahre ermittelte Branchendurchschnittssatz. Diese VR dürfen ihre Folgejahresprämie nur um den unternehmenseigenen – für den VN günstigeren – Steigerungsprozentsatz des letzten Jahres erhöhen.

Ziff. 3.3

- Wenn eine Prämienangleichung entfällt, weil der Änderungsprozentsatz unter 5 % liegt, ist ein Vortrag auf das Folgejahr möglich.

Ziff. 3.4

> **Beispiele:**
> Branchendurchschnittlicher Aufwand im fiktiven Jahr 0 und Jahr 1
> ❶ Jahr 0: 600,00 € Jahr 1: 639,00 €   = + 6,5 % → 5 % Erhöhung der Folgejahresprämie
> ❷ Jahr 0: 600,00 € Jahr 1: 615,00 €   = + 2,5 % → Vortrag in Folgejahre

● Die Prämienangleichung gilt für die vom 01. Juli an fälligen Folgejahresprämie. Sie wird dem VN zusammen mit dem Prozentsatz der Erhöhung über die Prämierechnung bekannt gegeben. Dabei hat der VR den VN auf sein Kündigungsrecht hinzuweisen.

AHB
PR 2016
A 7 Ziff.
3.5

➤ Der VN kann innerhalb eines Monats nach Eingang der Mitteilung des VR mit sofortiger Wirkung, frühestens jedoch zum Zeitpunkt des Wirksamwerdens der Erhöhung das Versicherungsverhältnis kündigen.

Lernkontrollen zu A 5.3.1

Versicherungsbeginn und Prämie

Verwenden Sie bei den folgenden Aufgaben den Tarif im **Proximus 4 Bedingungswerk**, soweit dies erforderlich ist.

1   Andreas Offermann hat Ende März eine Privat-HV bei der Proximus Versicherung beantragt. Die Versicherung soll am 01. April beginnen. Am 13. April streift er mit seinem Fahrrad einen geparkten Pkw. Es entsteht ein Lackschaden an der Beifahrertür. Der Geschädigte will einen Kostenvoranschlag einholen, hat sich aber bis heute noch nicht wieder gemeldet. Einen Tag nach dem Missgeschick mit seinem Fahrrad erhält Andreas Offermann die Police der Proximus Versicherung. Er zahlt sofort die Prämie an einem Bankschalter ein.

Herr Offermann möchte wissen, ob die Proximus Versicherung für den entstandenen Schaden bereits eintritt.

● **Vertragsspiegel (Auszug)**

Privat-Haftpflichtversicherung
Deckungssumme: 30 Mio. € pauschal ohne Selbstbehalt
Versicherungsbeginn: 01. April 20..
Versicherungsdauer: 3 Jahre
Tarifprämie: 95,50 €
Antragstellung: 28. März d. J.
Zusendung der Police: 14. April d. J.
Eingang der Erstprämie: 15. April d. J.

● **Arbeitsauftrag**
Antworten Sie Herrn Offermann.

2   Der Antrag für eine Privat-Haftpflichtversicherung wird am 09. März d. J. gestellt. Als Versicherungsbeginn wird der 01. April d. J. beantragt. Am 15. April d. J. erhält der VN die Police zusammen mit den Versicherungsbedingungen und der Verbraucherinformation.

Der VN zahlt umgehend die Prämie per Banküberweisung.

a) Bestimmen Sie die Versicherungsbeginnarten (mit Datum und Begründung).

b) Am 19. April d. J. erhält der VN ein günstigeres Versicherungsschutzangebot. Kann er den abgeschlossenen Vertrag noch rückgängig machen (mit Begründung)?

3   Frau Kett ist Eigentümerin eines Mehrfamilienhauses mit 2 Ladengeschäften im Erdgeschoss. Das Haus teilt sich wie folgt auf: 2 Ladengeschäfte im Erdgeschoss mit 210 m² Nutzfläche, 2 Wohnungen im ersten Obergeschoss und 2 Wohnungen im Dachgeschoss.

Welche Jahresprämie einschließlich VersSt muss Frau Kett für eine Haus- und Grundbesitzer-Haftpflichtversicherung mit 3-jähriger Vertragsdauer bezahlen, wenn Sie eine Deckungssumme von 15 Mio. € ohne Selbstbehalt für Personen-, Sach- und Vermögensschäden abschließen möchte?

4

Herr Schäfer bittet um ein Versicherungsschutzangebot für eine 3-jährige Vertragsdauer.

Er hat auf dem Land für sich und seine Familie ein Einfamilienhaus gekauft, das von seinem Schäferhund Rex bewacht wird. Das Gebäude hat zwei Garagen, von denen eine an den Nachbar für 20,00 € monatlich vermietet wird.

● **Arbeitsauftrag**

Erstellen Sie folgende alternativen Versicherungsschutzangebote ohne Selbstbehalte (jährliche Zahlungsweise) für die Privat-HV mit Zusatzrisiko Vermietung von Garagen und für die Hundehalter-HV:

a) Deckungssumme 15 Mio. € für Personen-, Sach- und Vermögensschäden

b) Deckungssumme 30 Mio. € für Personen-, Sach- und Vermögensschäden

5

Herr Herold hat bisher eine Privat-HV mit einer Deckungssumme von 15 Mio. € für Personen-, Sach- und Vermögensschäden und wünscht eine Beratung, wie der Versicherungsschutz sinnvoll erweitert werden kann.

Er hat von seinem Onkel ein Wohnhaus mit 5 Wohnungen und ein unbebautes Grundstück von 900 Quadratmetern geerbt.

Durch Rückfragen erfahren Sie, dass im Keller ein Öltank mit 15 cbm Fassungsvermögen liegt.

● **Arbeitsauftrag**

Erstellen Sie ein Versicherungsschutzangebot zur Deckung der Haftpflichtrisiken aus dem Erbe und berechnen Sie die hierfür zu zahlende Jahresprämie unter Berücksichtigung der bisherigen Deckungssumme bei einer 3-jährigen Vertragsdauer.

6

Ruth Batt (24 Jahre) hat gerade ihr Studium beendet. Zum bestandenen Examen hat ihr der Vater eine Eigentumswohnung in einem 3-Familienwohnhaus gekauft. In diese ist die junge Frau vor 4 Wochen mit ihrem Lebenspartner Hans Kuster (29 Jahre) eingezogen.

Im Verlauf eines Beratungsgesprächs erfahren Sie von Frau Batt, dass sie über keine eigene Privat-HV verfügt, und dass die Privat-HV ihres Lebenspartner nach fristgerechter Kündigung zum Monatsende auslaufen würde. Weiterhin will sie wissen, ob die Versicherung gegen Haus- und Grundbesitzerhaftpflicht zusätzlich erforderlich ist.

● **Arbeitsauftrag**

Unterbreiten und erläutern Sie Frau Batt ein sinnvolles Haftpflicht-Versicherungsangebot.

Berechnen Sie hierfür auch jeweils die zu zahlende Jahresprämie einschließlich VersSt bei einer Deckungssumme von 30 Mio. € ohne Selbstbehalt für Personen-, Sach- und Vermögensschäden.

Bieten Sie eine 3-jährige Versicherungsdauer an.

7

Frau Kruse hat im Büro der Versicherungsagentur Hilmar Krause angerufen und um Beratung gebeten.

Beim Beratungsgespräch erfahren Sie, dass Frau Kruse mittlerweile verheiratet ist und einen vierjährigen Sohn hat.

Außerdem hat Frau Kruse in Freiburg ein Einfamilienhaus gekauft. Nach einigen Renovierungsarbeiten und dem Einbau einer Ölzentralheizung mit einem 10 cbm Kellertank ist die Familie vor einem Jahr umgezogen. Im Sommer will man noch eine Doppelgarage an das Haus anbauen, von der eine Garage vorerst vermietet werden soll.

Frau Kruse arbeitet heute noch halbtags. Da der Sohn seit einem knappen Jahr in den Kindergarten geht und die Familie seit einem Jahr eine Haushaltshilfe beschäftigt, hat Frau Kruse wieder mehr Zeit für ihre Hobbies. Frau Kruse ist Pferdeliebhaberin. Im örtlichen Reitverein ist sie seit 2 Jahren im Vorstand. Außerdem reitet sie seit 6 Monaten wieder regelmäßig bei Pferderennen ein Tier des Reitervereins. Seit knapp 2 Monaten hat Frau Kruse nun auch ein eigenes Pferd, das sie aber nur für den privaten Ausritt nutzt.

● **Vertragsspiegel (Auszug)**

Versicherungsnehmerin: Silke Kruse, geb. 05. Okt. 1987, 79010 Freiburg, Rosenweg 3
Beruf: medizinisch-technische Angestellte
Versicherungsvertrag: Privat-HV ohne Sonderrisiken, Deckungssumme 15 Mio. € pauschal.
Versicherungsbeginn: 01. Juli 2017
Einjährige Vertragsdauer (mit Verlängerungsklausel)
Jahresprämie ohne Zahlungsweise-Nachlass und ohne VersSt: 90,60 € lt. Tarif

● **Arbeitsauftrag**

Beraten Sie Frau Kruse umfassend zu ihrem Versicherungsschutz in der Privat-HV.

8   Fortsetzung der 7. Aufgabe

Gleichzeitig mit der Erhöhung der Deckungssumme in der Privat-HV zum 01. März d. J. hat Frau Kruse eine Reit- und Zugtierhalter-HV (Versicherungsperiode 01. März–01. März) für ihr Reitpferd abgeschlossen.

Am 02. Mai d. J. kauft sich Frau Kruse zusätzlich ein Turnierpferd für den Dressursport. Eine Mitteilung an den VR unterbleibt. Eine Woche später, mit Datum 09. Mai d. J. erhält Frau Kruse die Prämienrechnung für die Privat-HV für das kommende Jahr mit einer Mitteilung über eine Prämienerhöhung von 5 % ab dem 01. Juli d. J.

Verärgert über diese Maßnahme kündigt sie mit Schreiben vom 14. Juni d. J. ihre Privat-HV.

● **Arbeitsauftrag**

a) Beurteilen Sie den Versicherungsschutz für das Turnierpferd in der Tierhalter-HV.

b) Klären Sie Frau Kruse darüber auf, wie es zu einer Prämienangleichung in der Haftpflichtversicherung kommt.

c) Prüfen Sie, ob die Kündigung von Frau Kruse rechtswirksam ist.

5.3.2 Obliegenheiten vor und nach Eintritt des Versicherungsfalles

5.3.2.1 Obliegenheiten vor Eintritt des Versicherungsfalles

Besonders gefahrdrohende Umstände hat der VN auf Verlangen des VR innerhalb einer angemessenen Frist zu beseitigen.

AHB
PR 2016
B 3
Ziff. 2

Was angemessen ist, richtet sich nach der allgemeinen Verkehrsauffassung. Verzichtet der VR auf eine Fristsetzung, ist davon auszugehen, dass der VN den gefahrdrohenden Umstand »ohne schuldhaftes Zögern« beseitigen muss.

Ein Umstand, der zu einem Schaden geführt hat, gilt ohne weiteres als besonders gefahrdrohend.

> **Beispiel:**
> Obwohl der Schäferhund des VN nicht auf der Liste der gefährlichen Hunde steht, hat sich der Vierbeiner aufgrund zweier Schadenfälle als überdurchschnittlich bissig erwiesen. Der Hundehalter-Haftpflichtversicherer macht deshalb dem VN zur Auflage, dass der Hund künftig dauerhaft einen Maulkorb trägt.

Der VR möchte hier wegen Schadenhäufigkeit sein Risiko verringern ohne den VN durch Kündigung im Schadenfall gleich gänzlich zu verlieren.

Die Möglichkeit einer solchen Auflage durch den VR setzt allerdings voraus, dass deren Erfüllung für den VN zumutbar ist. Trifft dies zu, unterlässt der VN dann aber die Beseitigung des gefahrdrohenden Umstands, liegt eine Verletzung einer vertraglichen Obliegenheit vor. Die Rechtsfolgen bei Verletzung von Obliegenheiten sind in B 3 Ziff. 4 geregelt.

5.3.2.2 Obliegenheiten im Versicherungsfall

Tritt der Versicherungsfall ein, also ein Schadenereignis nach den AHB PR 2016, treffen den VN mehrere Obliegenheiten.

Ziff. 3

a) Anzeigepflichten

Der Versicherungsfall ist dem VR **unverzüglich** (§ 30 Abs. 2 VVG) bzw. **innerhalb einer Woche** (B 3 Ziff. 3.1) schriftlich anzuzeigen.

Ziff. 3.1

Anzeigepflichtig ist jedes Schadenereignis, das mit einiger Wahrscheinlichkeit Ansprüche Dritter zur Folge haben könnte.

Erhebt der Geschädigte Ansprüche gegenüber dem VN, ist dies zusätzlich anzuzeigen.

Es ist unbeachtlich, ob der VN die Ansprüche für begründet hält oder nicht. Eine Anzeigepflichtverletzung liegt auch vor, wenn die rechtzeitige Anzeige deshalb unterblieb, weil der VN nach Schadeneintritt erst einmal (fälschlicherweise) davon ausging, dass aufgrund einer Ausschlussbestimmung keine Deckung bestehen würde.

Außerdem sind alle **gerichtlichen Schritte,** die gegen den VN (Mitversicherter) unternommen werden, **unverzüglich anzuzeigen,** u. a. bei

- Einleitung eines Ermittlungsverfahrens, Erlass eines Strafbefehls,
- gerichtlicher Geltendmachung des Anspruchs durch den Geschädigten (Klage-, Mahnbescheidsantrag), Prozesskostenhilfeantrag,
- gerichtlicher Streitverkündung, Arrest, einstweiliger Verfügung, Anordnung eines Beweissicherungsverfahrens.

Gegen Mahnbescheide oder Verfügungen von Verwaltungsbehörden auf Schadenersatz hat der VN fristgemäß Widerspruch zu erheben bzw. die erforderlichen Rechtsbehelfe zu ergreifen.

b) Schadenminderungspflicht

AHB
PR 2016
B 3
Ziff. 3.2

Wie in allen Schadenversicherungen ist der VN auch hier verpflichtet, alles zur Abwendung und zur Minderung des Schadens zu tun. Dazu gehört auch die Unterstützung des VR zur Abwehr unberechtigter Ansprüche und Befriedigung berechtigter Ansprüche (Auskunfts- und Belegpflicht).

Der VN muss selbst dann den Hergang wahrheitsgemäß schildern, wenn er sich dabei dem Vorwurf einer strafbaren Handlung oder der Strafverfolgung aussetzt.

c) Schadenanerkenntnis- und Befriedigungsverbot, Vollmachtregelung

A 1
Ziff. 4.1

Dem VN ist untersagt, ohne vorherige Zustimmung des VR einen Anspruch teilweise oder ganz anzuerkennen oder gar zu befriedigen. Ein eigenmächtiges Handeln des VN könnte sonst die Verhandlungsposition des VR bei der Schadenregulierung von vornherein verschlechtern.

Kein Anerkenntnis liegt vor, wenn der VN dem Geschädigten gegenüber erklärt, dass er für den Schaden in Höhe seiner gesetzlichen Verpflichtung aufkommt.

Das Verbot entfällt, wenn der VN nachweisen kann, dass nach den Umständen des Schadenereignisses die Anerkennung/Befriedigung des Anspruchs »nicht ohne offenbare Unbilligkeit« verweigert werden konnte.

Dies ist sicherlich ein seltener Ausnahmefall, der dann in Betracht kommt, wenn die Frage der Haftung objektiv (nicht nur irrtümlich aus der Sicht des VN) völlig eindeutig ist und der Geschädigte sich in einer Notlage befindet.

B 3
Ziff. 3.5

Im Haftpflichtprozess hat der VN dem VR die Prozessführung zu überlassen. Der VR und dessen Anwalt gelten auch als bevollmächtigt, alle wesentlichen Erklärungen zur Haftungsfrage namens des VN abzugeben.

Schon mit Abschluss des Versicherungsvertrages hat der VN aufgrund der AHB diese Vollmachten erteilt. Deshalb handelt es sich bei der »Vollmachtsregelung« eigentlich um keine Obliegenheit, die ja grundsätzlich ein »Tun oder Unterlassen« des VN fordern würde.

d) Verletzungsfolgen

Verletzt der VN eine im oder nach dem Versicherungsfall zu erfüllende Obliegenheit

- nur **leicht fahrlässig** ist der VR dennoch zur Leistung verpflichtet;

- **vorsätzlich** ist der VR leistungsfrei;

Ziff. 4.2

- **grob fahrlässig** ist der VR berechtigt, seine Leistung entsprechend der Schwere des Verschuldens zu kürzen. Beweist der VN, dass keine grobe Fahrlässigkeit vorliegt, behält er den Versicherungsschutz.

Der Versicherungsschutz bleibt auch dann bestehen,

- wenn der VN nachweist, dass die Obliegenheitsverletzung nicht ursächlich war, weder für den Eintritt oder die Feststellung des Versicherungsfalls noch für die Feststellung oder den Umfang der Versicherungsleistung. Hat der VN die Obliegenheit arglistig verletzt, entfällt diese Entlastungsmöglichkeit.

- wenn der VR bei Verletzung einer nach Eintritt des Versicherungsfalls bestehenden Auskunfts- oder Aufklärungsobliegenheit des VN, diesen nicht zuvor auf die Rechtsfolgen hingewiesen hat und zwar durch gesonderte Mitteilung in Textform.

5.3.3 Dauer und Ende eines Haftpflichtversicherungsvertrages

5.3.3.1 Beendigung eines Haftpflichtversicherungsvertrages durch Kündigung

a) Beendigung zum Ablauf

Bei einer Vertragsdauer von mindestens einem Jahr verlängert sich der Vertrag stillschweigend um jeweils ein weiteres Jahr, wenn die Kündigung nicht spätestens 3 Monate vor Ablauf des jeweiligen Versicherungsjahres dem Vertragspartner zugegangen ist.

AHB
PR 2016
B 2
Ziff. 1

Verträge mit einer Dauer von weniger als einem Jahr enden, ohne dass es einer Kündigung bedarf, mit dem vorgegebenen Zeitpunkt.

Bei einer Dauer von mehr als 3 Jahren kann der VN den Vertrag zum Ablauf des dritten Jahres oder jedes darauf folgenden Jahres kündigen

b) Kündigung nach Prämienangleichung

Erhöht der VR die Prämie, **ohne dass sich der Umfang des Versicherungsschutzes erhöht,** kann der VN den Vertrag innerhalb eines Monats nach Zugang der Mitteilung des VR mit sofortiger Wirkung kündigen, frühestens jedoch zu dem Zeitpunkt, in dem die Prämienerhöhung wirksam werden sollte.

A 7
Ziff. 3.5

Erhöht sich nur die Versicherungsteuer kann der VN nicht kündigen.

c) Kündigung nach Versicherungsfall

Der Versicherungsvertrag kann – abweichend von § 111 VVG – vom VN bzw. VR gekündigt werden, wenn

B 2
Ziff. 3

- vom VR eine Schadenersatzzahlung tatsächlich geleistet wurde (eine bloße Zahlungszusage reicht nicht) oder

- der Haftpflichtanspruch rechtshängig geworden ist (eine bloße Leistungsverweigerung des VR reicht nicht).

  Rechtshängigkeit liegt vor, wenn dem VN eine Klage (über einen versicherten Haftpflichtanspruch) gerichtlich zugestellt wird.

  Die Kündigung muss innerhalb eines Monats nach der Schadenersatzzahlung/Zustellung der Klage dem VR bzw. VN zugegangen sein.

  Der VN kann mit sofortiger Wirkung kündigen oder zu einem späteren Zeitpunkt, spätestens zum Ende der laufenden Versicherungsperiode.

  Der VR muss eine Kündigungsfrist von einem Monat einhalten.

d) Kündigung nach Risikoerhöhung aufgrund Änderung oder Erlass von Rechtsvorschriften (vgl. A 5.2.6.1)

Eine Risikoerhöhung kann auch dadurch eintreten, dass der Gesetzgeber Haftungsbestimmungen verschärft, z. B. aus einer Verschuldenshaftung eine Gefährdungshaftung macht. In diesem Fall kann der VR den Vertrag innerhalb eines Monats nach Kenntnis der Risikoerhöhung mit einer Wirkungsfrist von einem Monat kündigen.

A 1
Ziff. 8.2

5.3.3.2 Beendigung eines Haftpflichtversicherungsvertrages ohne Kündigung

a) Wegfall des versicherten Risikos

Einer Kündigung bedarf es nicht, wenn ein versichertes Risiko vollständig und dauerhaft wegfällt. Ein Festhalten am Vertrag wäre sinnlos, wenn z. B. der Hund eines VN, der als Halter eines Hundes versichert ist, stirbt und der VN sich keinen anderen Hund mehr anschafft.

Die Prämie wird so abgerechnet (p.r.t-Prämie), als wenn der Vertrag nur bis zu dem Zeitpunkt vereinbart worden wäre, zu dem der VR Kenntnis vom Risikowegfall (Tod des Hundes) erlangt hat.

b) Mehrfachversicherung

Ist das Risiko in mehreren Verträgen versichert, ohne dass der **VN** dies wusste, **kann er innerhalb eines Monats nach Kenntnis** vom unbewussten Zustandekommen **der Mehrfachversicherung,** die **Aufhebung des später geschlossenen Vertrages** verlangen (vgl. A 5.2.1.2).

Die Aufhebung wird zu dem Zeitpunkt prämienwirksam (p.r.t-Prämie) ,zu dem die Erklärung mit der sie verlangt wird, dem VR zugeht.

Randspalte: AHB PR 2016 B 2 Ziff. 2 / Ziff. 4

5.3.4 Schadenbearbeitung

Die Schadenbearbeitung erfolgt auf der Grundlage der vom VN auszufüllenden Schadenanzeige.

➤ **Deckungsprüfung**

Im Rahmen dieser Prüfung, die das jeweilige Innenverhältnis zwischen VN und VR betrifft, sind folgende Fragen zu klären:

- Ist das schadenverursachende **Risiko versichert?**
  Hier ist zu prüfen, ob die »Antragserklärung« mit den tatsächlich gegebenen Risikoverhältnissen übereinstimmt (Risikobeschreibung, -veränderung, evtl. Vorsorgeversicherung).
- Wurde die **Prämie rechtzeitig bezahlt** (Erstprämie, Folgeprämie)?
- Liegt das **Schadenereignis innerhalb des Vertragszeitraums?**
- Fällt das Schadenereignis unter einen **Ausschlusstatbestand?**
- Hat der VN bzw. der Versicherte **Obliegenheiten** verletzt?

➤ **Prüfung der Haftpflichtfrage**

Sie betrifft das Außenverhältnis zwischen VN und Anspruchsteller.

Führt die Deckungsprüfung allerdings zu dem Ergebnis, dass der VN für das schadenverursachende Risiko keinen Versicherungsschutz erhält, befasst sich der VR überhaupt nicht mit der Haftpflichtfrage, also auch nicht mit der Abwehr unbegründeter Ansprüche.

➤ **Sonstige Prüfungen**

Nach Feststellung des Haftungsgrunds und der Haftungshöhe wird noch geprüft:

- **Überschreitet** der Haftpflichtschaden die **Deckungssumme** oder einen **Selbstbehalt** des VN?
- Bestehen **Regressmöglichkeiten,** weil mehrere Personen, also nicht nur der VN, gesamtschuldnerisch haften?
- Ist der Schaden laut **Teilungsabkommen** abzuwickeln?

Bei einem **Vergleich** findet die Regulierung ihren Abschluss durch Unterzeichnung einer Abfindungserklärung durch den Geschädigten.

Lernkontrollen zu A 5.3.4

Versicherungsfall

1   Die 67-jährige Witwe Agnes Lenders schreibt:

> Sehr geehrte Damen und Herren,
>
> meine Nachbarin behauptet, auf dem Gehweg vor dem Grundstück meines Einfami-lienhauses ausgerutscht zu sein, da ich den Schnee nicht richtig weggeräumt haben soll. Sie verlangt ein Schmerzensgeld von 300,00 € für eine Prellung, die sie erlitten haben will, sowie die Reinigungskosten von 40,00 € für ihre Kleidung. Wenn ich nicht innerhalb von 8 Tagen zahle, würden wir uns vor Gericht wiedersehen, hat sie mir noch zugerufen.
>
> Ich habe noch nie mit dem Gericht zu tun gehabt und bin völlig ratlos; denn mein Bürgersteig war ordentlich gereinigt. Leider habe ich dafür keine Zeugen. Bitte teilen Sie mir mit, ob Sie mir helfen können und was Sie hierfür ggf. unternehmen.
>
> Mit freundlichen Grüßen
>
> *Agnes Lenders*

● **Vertragsspiegel (Auszug)**

> Privat-Haftpflichtversicherung
>
> Versicherungsnehmerin: Agnes Lenders
>
> Deckungssumme: 15 Mio. € pauschal nach Alternative A
>
> Versicherungsbeginn: 01. April 2017
>
> Versicherungsdauer: 3 Jahre
>
> Zusatzdeckungen: keine
>
> Anzahl der bisherigen Schäden: keine

● **Arbeitsauftrag**

Antworten Sie Frau Lenders. Schildern Sie ihr insbesondere das weitere Vorgehen, damit sie beruhigt wird.

2   Sie sind Mitarbeiter/-in in der Versicherungsagentur Hilmar Krause der Proximus Versicherung und haben Ihren ersten Arbeitstag nach dem Urlaub.

Während Ihres Urlaubs sind die nachstehenden Schadenmeldungen durch die übrigen Mitarbeiter der Agentur noch unbearbeitet geblieben. Sie erhalten den Auftrag, die Haftungs- und Deckungsprüfung vorzunehmen und die Kunden vorab telefonisch zu informieren. Es bestehen keine Prämienrückstände zu den Privat-HV-Verträgen der nachstehenden Kunden.

VN Alfred Hanke schreibt:

> »Unser Sohn Michael, der z. Zt. in Köln studiert und dort in einem Studentenwohnheim wohnt, hat während eines Besuches unsere Stehlampe versehentlich umgeworfen, als er seinen Koffer mit schmutziger Wäsche hereintrug. Der Schirm der Stehlampe ist zerbrochen. Die Quittung des Lampengeschäftes über 90,00 € für einen neuen Lampenschirm ist beigefügt. Ich bitte, den Betrag zu ersetzen.«

Versicherungsnehmerin Katja Schmülling teilt mit:

> »Meine Putzfrau hat die Fenster im 1. Obergeschoss unseres Hauses gereinigt und dabei den Putzeimer auf die äußere Fensterbank gestellt.
>
> Beim Reinigen der Oberlichter ist sie versehentlich mit dem Fuß gegen den Putzeimer gestoßen. Dieser fiel auf die Straße und übergoss die gerade vorbeikommende Passantin Frau Margot Grünter. Frau Grünter hat folgende Schadenersatzansprüche gestellt:
>
> | | |
> |---|---|
> | Reinigungskosten für ihre Bekleidung: | 40,00 € |
> | Kosten des Friseurs: | 60,00 € |
> | Schmerzensgeld wegen des erlittenen Schrecks: | 100,00 €« |

Versicherungsnehmer Dieter Langen schickt das folgende Fax:

> »Die Katze meiner 8-jährigen Tochter Carolin soll nach Angaben unseres Nachbarn, Herrn Max Weber, zwei seiner im Garten frei herumlaufenden Perlhühner getötet haben. Er verlangt 100,00 € Schadenersatz. Bitte informieren Sie mich, ob der Schaden gedeckt ist. Für diesen Fall möchte ich Sie gleichzeitig bitten, den Versicherungsfall direkt mit Herrn Weber abzuwickeln. Seine Anschrift lautet: An den Hecken 5, Kleinkirchen.«

Versicherungsnehmer Hans Hansen schreibt:

> »Während unseres Sommerurlaubs an der Nordsee haben meine Familie und ich einen Tagesausflug mit dem Schiff zur Hallig Hooge gemacht. An der Anlegestelle mieteten wir uns Fahrräder, um die Hallig zu erkunden. Unser 8-jähriger Sohn war kaum zu halten und ist stets vorausgefahren. Wir haben ihn gewähren lassen, da die Radwege ungefährlich schienen. Leider hat er eine Fußgängerin angefahren, die gestürzt ist und sich das Handgelenk gebrochen hat. Bitte teilen Sie mir mit, ob Versicherungsschutz besteht.«

● **Arbeitsauftrag**

Stellen Sie stichwortartig zusammen, was Sie den Kunden am Telefon mitteilen.

Lernsituationen

Kunden gegen Schadenersatzforderungen durch Haftpflicht-versicherungen absichern

Lernsituation 1:

»Ein Vormittag im Außendienst der Agentur«

Sie sind Mitarbeiter in der Versicherungsagentur Hilmar Krause der Proximus Versicherung AG und vertreten den erkrankten Kollegen Müller, der für den Bereich Haftpflichtversicherung zuständig ist.

Am heutigen Vormittag steht die Beratung eines Kunden an, der um einen Besuch gebeten hat, da er sich für den Abschluss einer Haftpflichtversicherung interessiert.

Der Kunde Max Faller hat in einer Veröffentlichung einer Verbraucherzeitschrift gelesen, dass die Proximus Versicherung, auch im Bereich der Haftpflichtversicherung günstige Tarife anbietet.
Beim Besuch werden Sie schon am Eingangstor von einem Schäferhund beschnuppert. In dem Gespräch erfahren Sie, dass dies der Hund des Nachbarn ist, den Frau Faller tagsüber beaufsichtigt. Außerdem teilt Ihnen Herr Faller mit, dass der 20-jährige Sohn Uwe gerade seine Ausbildung zum Industriekaufmann erfolgreich abgeschlossen hat. In 14 Tagen wird er ein freiwilliges Jahr bei der Caritas ableisten. Anke, die älteste Tocher (22 Jahre), studiert Wirtschaftswissenschaft im 2. Semester in Köln. Sie wird demnächst mehrere Semester in den USA studieren.
Herr Faller vermietet seit 2 Monaten im Untergeschoss seines Einfamilienhauses, welches mit einer Ölheizung beheizt wird, eine Einliegerwohnung, die ihm Mieteinnahmen von 450,00 € pro Monat einbringt. Die Ölheizung hat einen 12 cbm Kellertank.
Bisher hat Herr Faller bei einem Konkurrenzunternehmen eine Privat-HV ohne Einschlüsse von Sonderrisiken.

Auszug aus dem Vertragsspiegel bei der Proximus Versicherung

Kunde:
Max Faller, geb. 22. Dez. 1974, verheiratet, 2 Kinder

Beruf:
kaufmännischer Angestellter

Versicherungsvertrag:
Kfz-Haftpflichtversicherung, Teilkasko mit 500,00 € Selbstbeteiligung

Arbeitsauftrag

a) Erläutern Sie Herrn Faller an entsprechenden Schadenbeispielen, dass für ihn bzw. seine Familie zusätzlicher Absicherungsbedarf im Haftpflichtbereich besteht.

b) Unterbreiten und erläutern Sie Herrn Faller ein sinnvolles Angebot mit Prämienberechnung.

Lernsituation 2:

»Nachmittags in den Büroräumen der Agentur«

Erster Arbeitsauftrag

Nach ihrer Rückkehr von den Kundenbesuchen werden Sie gleich vom Agenturinhaber Krause empfangen. Er gibt Ihnen das folgende Schreiben des langjährigen Kunden Ralf Zimmermann und bittet Sie, die geschilderten Versicherungsfälle zu prüfen. Am Abend will er dann mit Ihnen zusammen den Kunden aufsuchen und beraten.

Sehr geehrte Damen und Herren,

unser letzter Urlaub war leider übersät von Missgeschicken. Es ist mir peinlich, eine solche Fülle von Schadenereignissen melden zu müssen. Dennoch bitte ich um wohlwollende Prüfung und Regulierung:

Meine Ehefrau, unser 7-jähriger Sohn Markus sowie unser 6-jähriger Neffe Heiner und ich haben den diesjährigen Winterurlaub in Saas Fee/Schweiz verbracht. Den Neffen haben wir mitgenommen, damit unser Sohn einen Spielkameraden hat.

Bei der ersten Rast auf einem Autobahnrastplatz vor der Schweizer Grenze hat unser Neffe im Autobahnrestaurant einen Stapel Porzellanteller umgeworfen, als er versuchte, den obersten Teller herunterzunehmen. Viel zu spät haben wir erkannt, dass er sich am Tellerstapel bedienen wollte, und konnten den Schaden deshalb nicht mehr verhindern. Dem Pächter des Restaurants haben wir an Ort und Stelle die von ihm verlangten 100,00 € Schadenersatz gezahlt.

Im Restaurant unseres Hotels hat sich der nächste Zwischenfall ereignet. Diesmal war mein Sohn der Schadenstifter. Er hat im Wachs der Tischkerze rumgestochert und diese dabei umgeworfen. Die Damast-Tischdecke hat einen Sengschaden davongetragen. Der Hotelier hat 40,00 CHF Schadenersatz auf meine Hotelrechnung gesetzt.

Am nächsten Tag erreichte dann die Pechsträhne ihren Höhepunkt:

Bei der Skiabfahrt durch das sog. Kanonenrohr, die als besonders schwierig gilt, habe ich die Kontrolle über meine Skier verloren und einen anderen Skifahrer, der englischer Staatsbürger ist, umgefahren. Der geschädigte Engländer musste von der Bergrettung mit einem Schlitten wegen Verdachts auf Wirbelsäulenverletzung ins Tal gebracht werden. Glücklicherweise hat sich die Vermutung nicht bestätigt. Nach Auskunft der Bergrettung und des behandelnden Arztes muss ich jedoch mit Kosten in Höhe von insgesamt 4 000,00 CHF rechnen. Wahrscheinlich wird der geschädigte Engländer auch noch einen Verdienstausfall und Schmerzensgeld geltend machen.

Zur gleichen Zeit ist meiner Frau das Snowboard des Kindes eines Hotelgastes abhanden gekommen. Der Hotelgast hatte meine Frau gefragt, ob sie das Snowboard freundlicherweise mit ins Hotel nehmen könne, da er zusammen mit seinem Sohn noch einen verloren gegangenen Handschuh auf der Piste suchen wolle. Meine Frau hat zugestimmt, auf dem Weg zum Hotel jedoch ein Sportgeschäft aufgesucht und deshalb das Snowboard kurz vor der Tür abgestellt. Als sie zurückkehrte, war es leider verschwunden. Für die Beschaffung eines neuen Snowboards am Urlaubsort haben wir 380,00 CHF ausgelegt.

Bitte teilen Sie mir schnellstmöglich mit, ob ich mit einem Schadenersatz aus meiner Privat-Haftpflichtversicherung rechnen kann.

Mit freundlichen Grüßen

R. Zimmermann

Arbeitsauftrag

Prüfen Sie, ob und inwieweit Versicherungsschutz besteht. Stellen Sie Ihre Entscheidungen stichwortartig dar.

Vertragsspiegel Private Haftpflichtrisiken					
	Name	Vorname	Geburtsdatum	Beruf	
Antragsteller / Versicherungsnehmer	Zimmermann	Ralf	13.03.1975	Kaufmann (S)	A = Angestellte/-r AR = Arbeiter-/in S = Selbstständige/r B = Beamte/-r
Ehepartner	Zimmermann geb. Laux	Monika	08.03.1977	Buchhalterin (A)	A = Angestellte/-r AR = Arbeiter-/in S = Selbstständige/r B = Beamte/-r
Kinder	Zimmermann	Markus	25.03.2011	Schüler	A = Angestellte/-r AR = Arbeiter-/in S = Selbstständige/r B = Beamte/-r
Anschrift	Holunderweg 5, 79199 Kirchzarten				
Versicherungs-nachweis	Versicherungsnummer 113/3602/PR			vom 09.01.2017	
	Bedingungen AHB PR 2016				
	Vertragsbeginn 01.01.2017				
	Vertragsablauf 01.01.2020				
	Zahlungsweise jährlich				
	Prämie / Rate netto 95,50 €				
	Fälligkeit 01.01. d. J.				
Versicherungssumme	pauschal für Sach-, Personen-, Vermögensschäden			30 Mio. €	
Produkte	Privat-Haftpflichtversicherung			Kompakt-Modell B ohne Selbstbehalt	
	Hundehalter-Haftpflichtversicherung			–	
	Pferdehalter-Haftpflichtversicherung			–	
	Haus- und Grundbesitzer-Haftpflichtversicherung			–	
	Bauherren-Haftpflichtversicherung			–	
	Gewässerschäden Haftpflichtversicherung			–	
Zusatzrisiken					
Anmerkungen					

Zweiter Arbeitsauftrag

Herr Krause ist mit dem Ergebnis des ersten Arbeitsauftrages sehr zufrieden. Er traut Ihnen deshalb zu, auch das nachfolgende Kundenschreiben sachgerecht zu bearbeiten.

Herr Walter Schenk schreibt

Walter Schenk
Stadtstraße 6
79109 Freiburg

Versicherungsagentur Krause
Bergstr. 8
79254 Oberried

Freiburg, den 12. Juni 20..

Privathaftpflicht – Vertragsnummer 113/3427/PR

Sehr geehrter Herr Neuhaus,

durch den plötzlichen Tod meines Vaters und das damit angetretene elterliche Erbe, hat sich meine Lebenssituation doch so geändert, dass mein Haftpflichtversicherungsschutz jetzt vielleicht nicht mehr ausreichend ist. Ich will von diesen Veränderungen kurz berichten.

Durch das angetretene Erbe standen mir jetzt die finanziellen Mittel zur Verfügung, um im nahen Hinterzarten – im Hochschwarzwald – ein sehr schönes Anwesen zusammen mit einem weiteren Grundstück zu erwerben. Beide Grundstücke haben einen umfangreichen alten Baumbestand, dafür aber auch eine Länge von mehr als 50 m zur Straßenfront. Auf den öffentlichen Gehwegen vor den Grundstücken sind im Winter regelmäßig einige Schneemassen zu bewältigen und um mir diese Arbeit zu erleichtern, habe ich mir gestern ein selbstfahrendes Schneeräumgerät – auf dem man sitzen kann – gekauft.

In vier Wochen werde ich in mein Traumhaus umziehen, vorerst sind dort aber noch größere Umbauten vorzunehmen, wozu auch der Einbau einer Ölzentralheizung gehört. Meine jetzt noch von mir bewohnte Eigentumswohnung in Freiburg soll dann vermietet werden, das gilt übrigens auch für meine Garage, die ich erst im letzten Jahr in unmittelbarer Nähe – in einer anderen Eigentumswohnanlage – dazu erworben habe.

Mir gehört jetzt auch eine Ferienwohnung am Genfer See. Diese hatte mein Vater vor zwei Jahren gekauft. Wenn ich dort jetzt häufiger meinen Sommerurlaub verbringe, möchte ich für mich und meinen Sohn jeweils ein Surfbrett kaufen. Mein Sohn hat in der Tat eine Belohnung verdient, denn er hat gerade – sehr erfolgreich – sein Studium abgeschlossen.

Bitte teilen Sie mir mit, ob ich noch ausreichend versichert bin, bzw. welchen zuätzlichen Haftpflichtversicherungsschutz ich jetzt benötige.

Mit freundlichen Grüßen

Walter Schenk

Arbeitsauftrag

Sie sollen das Kundenschreiben in Stichworten beantworten. Für den Kunden betreut die Agentur mehrere Verträge, im Haftpflichtbereich allerdings bisher nur eine Privat-Haftpflichtversicherung (siehe Vertragsspiegel hierzu auf der folgenden Seite).

Vertragsspiegel Private Haftpflichtrisiken

	Name	Vorname	Geburtsdatum	Beruf	
Antragsteller / Versicherungsnehmer	Schenk	Walter	25.11.1961	Prokurist (A)	A = Angestellte/-r AR = Arbeiter-/in S = Selbstständige/r B = Beamte/-r
Ehepartner	Schenk geb. Laux	Martina	19.08.1962	Lehrerin (B)	A = Angestellte/-r AR = Arbeiter-/in S = Selbstständige/r B = Beamte/-r
Kinder	Schenk	Jan	04.11.1995	Student	A = Angestellte/-r AR = Arbeiter-/in S = Selbstständige/r B = Beamte/-r
Anschrift	Stadtstr. 6, 79109 Freiburg				
Versicherungs-nachweis	Versicherungsnummer 113/3427/PR				vom 12.02.2017
	Bedingungen AHB PR 2016				
	Vertragsbeginn 01.02.2017				
	Vertragsablauf 01.02.2020				
	Zahlungsweise jährlich				
	Prämie / Rate netto 90,60 €				
	Fälligkeit 01.02. d. J.				
Versicherungssumme	pauschal für Sach-, Personen-, Vermögensschäden				15 Mio. €
Produkte	Privat-Haftpflichtversicherung				Kompakt-Modell A ohne Selbstbehalt
	Hundehalter-Haftpflichtversicherung				–
	Pferdehalter-Haftpflichtversicherung				–
	Haus- und Grundbesitzer-Haftpflichtversicherung				–
	Bauherren-Haftpflichtversicherung				–
	Gewässerschäden Haftpflichtversicherung				–
Zusatzrisiken					
Anmerkungen					

B Rechtsschutzversicherung

1 Risikobewältigung durch Rechtsschutzversicherung

1.1 Gründe für den Abschluss einer Rechtsschutzversicherung

Situation:

Hilfesuchend erscheint der Agenturkunde Sven Baumann in der Agentur von Hilmar Krause und schildert folgenden Vorfall, der sich am Vormittag ereignet hat:

Sven Baumann hatte vor 3 Tagen einen gebrauchten Pkw als garantiert unfallfrei erworben und war mit diesem in einer verkehrsberuhigten Straße unterwegs zu einem Kunden. Die Straße gehört zu einer Tempo-30-Zone und hat zusätzlich zur Verkehrsberuhigung in regelmäßigen Abständen Verengungen, da dort viele Familien mit Kindern wohnen. Er gibt an, dass er vorschriftsmäßig gefahren sei. Als er auf eine der Verengungen zufuhr hat der Fahrer eines entgegenkommenden Fahrzeugs, dass weiter als er von der Verengung entfernt war, Gas gegeben, um die Durchfahrt als Erster zu erreichen. Sven Baumann ist erschrocken nach rechts ausgewichen und hat dabei die Bordsteinkante mit dem rechten Vorderrad touchiert. Obgleich der Aufprall nicht sonderlich hart war, brach das rechte Vorderrad mit großem Knall ab. Ein kleiner Junge, der gerade mit seinem Roller auf dem Bürgersteig in Höhe der Verengung fuhr, war von dem Anblick so erschrocken, dass er gegen die Hauswand fuhr, stürzte und dann mit dem Kopf auf das Bordsteinpflaster prallte. Der Fahrer des entgegenkommenden Fahrzeugs hat seine Fahrt ohne Anhalten fortgesetzt.

Schon kurz darauf erschien die Mutter des Jungen und machte Sven Baumann für die Verletzung ihres Jungen verantwortlich; denn wegen des Verdachts auf eine schwere Gehirnerschütterung musste er mit dem Rettungswagen ins Krankenhaus gebracht werden.

Die herbeigerufene Polizei mochte nicht glauben, dass ein solcher Radabbruch bei mäßiger Geschwindigkeit passieren kann und vermutet zu hohe Geschwindigkeit oder ein verkehrsuntüchtiges Fahrzeug. Das Fahrzeug wurde deshalb zur Begutachtung eingezogen. Die Mutter hat bei der Einschätzung dieser Sachlage durch die Polizei noch vor Ort einen Strafantrag gegen Sven Baumann gestellt.

Sven Baumann fürchtet schlimme Folgen, wenn er seine Unschuld nicht beweisen kann. Als Angestellter im Außendienst fürchtet er um seinen Arbeitsplatz, wenn ihm gar die Fahrerlaubnis entzogen wird.

Glücklicherweise erschien während der polizeilichen Aufnahme eine Passantin, die angab, den Fahrer des entgegen gekommenen Fahrzeugs als sog. Verkehrsrowdy zu kennen; denn er wohne in einer Seitenstraße und sie habe beobachtet, wie er auch dieses Mal davon gerast sei.

Hilmar Krause kann seinen Kunden zunächst damit beruhigen, dass seine Kfz-Haftpflichtversicherung die Ansprüche des Jungen, vertreten durch seine Eltern, regeln wird und dass ihm seine Verkehrs-Rechtsschutzversicherung auch Deckung bietet, was den ordnungswidrigen bzw. strafrechtlichen Teil des Verkehrsunfalls als auch die Wahrnehmung seiner rechtlichen Interessen vor Verwaltungsbehörden, wie z. B. der Führerscheinstelle, anbetrifft.

»Vielleicht stellt der Gutachter bei der Polizei ja auch fest, dass das Fahrzeug gar nicht unfallfrei, sondern schlecht repariert war, so dass der Radabbruch entstehen konnte«, merkt er dann an. »Das würde die Sachlage für Sie nicht nur ungemein verbessern, sondern Sie hätten dann auch einen zivilrechtlichen Schadenersatzanspruch aus dem Pkw-Kaufvertrag gegen den Verkäufer. Erinnern Sie sich, dass Sie damals den Baustein Rechtsschutz im Vertrags- und Sachenrecht nicht wünschten, sondern Ihren Rechtsschutzbedarf aufgrund Ihrer Außendiensttätigkeit nur im Verkehrs-Rechtsschutz sahen? So habe ich es nämlich seinerzeit protokolliert.«

Kleinlaut merkt Sven Baumann an, dass er da wohl einen Fehler gemacht hat.

Jedes Jahr stehen Millionen von Bundesbürgern vor Gericht, werden Millionen von Straf- und Bußgeldverfahren verhandelt.

- Dies liegt nicht zuletzt an den zunehmenden Rechtsstreitigkeiten, insbesondere in den Bereichen des **Miet-, Arbeits- und Sozialrechts**.
- Fast alles, was Menschen tun oder unterlassen, unterliegt heute der Rechtsordnung oder rechtlichen Beurteilung.
- Gleichzeitig werden nicht nur die Rechtsprechungsurteile, sondern auch die **Gesetze, Rechtsverordnungen und Durchführungsbestimmungen immer zahlreicher, unüberschaubarer und komplizierter**. Ohne juristischen Beistand kann daher der einzelne Bürger sein Rechtsinteresse kaum mehr wahren.
- Hinzu kommt, dass nach deutschem Recht derjenige, der in einem Zivilprozess verliert, die gesamten Kosten des Rechtsstreits, also **auch die Kosten der Gegenpartei**, zu tragen hat.
- Schließlich sind im Rechtsbereich, wie in anderen Dienstleistungsbereichen auch, die Kosten in den letzten Jahren **unverhältnismäßig stark gestiegen**; z. T. liegt das Prozesskostenrisiko, insbesondere bei Inanspruchnahme mehrerer Instanzen, höher als der Streitwert.

Die nachstehende Tabelle gibt auszugsweise die Gerichtskosten und Rechtsanwaltsgebühren in Zivilprozessen und die Kosten von Strafprozessen und Bußgeldverfahren wieder.

Für Prozesse vor z. B. Verwaltungs- oder Arbeitsgerichten gelten andere Gebühren oder Kosten.

Gerichtskosten und Rechtsanwaltsgebühren in Zivilprozessen (streitwertabhängig)			
(im Zivilprozess »streitet« Bürger gegen Bürger – also »Gleichgestellte«)			
Streitwert	**1. Instanz**: Klage vor **Amts-** oder **Landgericht**	**2. Instanz**: Berufung vor **Land-** oder **Oberlandesgericht**	Gesamtkosten 1., 2. + 3. (Revision vor dem BGH) **Instanz**
600,00 € 2 000,00 € 5 000,00 € 10 000,00 € 30 000,00 €	682,60 € 1 207,10 € 2 288,46 € 4 090,70 € 6 400,46 €	Berufung erst ab Streitwert 792,72 € 1 403,20 € 2 650,90 € 4 730,12 € 7 422,64 €	Revision findet statt, wenn das Berufungsgericht oder – auf Beschwerde gegen die Nichtzulassung – das Revisionsgericht die Revision zulässt. 15 119,98 € 23 705,68 €

Gesamtkosten der verlierenden Partei: eigener Anwalt, Gerichtskosten, gegnerischer Anwalt. Hinzu kommen weitere Kosten, wenn das Gericht Sachverständige oder Zeugen vernimmt. Vom **Landgericht** aufwärts besteht **Anwaltszwang**, d. h., nur ein vor dem jeweiligen Gericht zugelassener Rechtsanwalt kann den Prozess führen.

Kosten von Strafprozessen und Bußgeldverfahren		
Die Kosten eines durchschnittlichen Bußgeldverfahrens betragen ca. 635,00 €. In Strafverfahren können allein nach der Bundes-Rechtsanwaltsgebührenordnung		
– in der 1. Instanz inkl. Ermittlungsverfahren	bis zu 1 165,00 €	je nach Schwere des Vorwurfs **(Rahmengebühren)**
– in der 2. Instanz (Berufung)	bis zu 922,00 €	
– in der 3. Instanz (Revision)	bis zu 1 525,00 €	
Rechtsanwaltsgebühren anfallen.		

Einige Beispiele mögen das Kostenrisiko eines Prozesses noch einmal verdeutlichen:

Kostenbeispiel 1: Zivilprozess

Nach dem Verkehrsunfall war eine Einigung zwischen den Parteien wegen des entstandenen Personenschadens nicht möglich. Deshalb kam es zu einer Klage wegen Verdienstausfall und Schmerzensgeld. Streitwert insgesamt 5 000,00 €.

Der Prozess, in dem ein Urteil gesprochen wird, ist allein in der 1. Instanz mit einem Kostenrisiko von fast 3 600,00 € (hier genau: **3 558,38 €**) belastet.

Anwaltsgebühren:	1 125,15 €	**Gerichtsauslagen:**	1 070,00 €
Prozessgebühr	301,00 €	Schreibgebühren	10,00 €
Verhandlungsgebühr	301,00 €	Porto, Telefon usw.	30,00 €
Beweisgebühr	301,00 €	Ortsbesichtigung	0,00 €
+ Auslagen	20,00 €	Zeugenkosten	180,00 €
47 Fotokopien	22,50 €	Sachverständiger	850,00 €
19 % MwSt	179,65 €		
gegnerische Kosten :	925,23 €	**Gerichtskosten:**	438,00 €
		3 Gebühren (3 · 146,00 €)	

Sollte einer der beiden Parteien mit dem Urteilsspruch nicht einverstanden sein und in die Berufung gehen, übersteigen die Gesamtkosten des Verfahrens den Streitwert beträchtlich. In der 2. Instanz erhöhen sich nämlich die Gerichtskosten um 50 % und die Anwaltsgebühren um 30 %.

Faustregel: Bei einem Streitwert bis 10 000,00 € beträgt das Kostenrisiko eines Zivilprozesses (durch zwei Instanzen) mindestens die Höhe des Streitwertes.

(Streitwert = Kostenrisiko)

In allen Bundesländern, außer Berlin, Bremen und Thüringen, ist eine außergerichtliche Streitschlichtung für folgende Anwendungsbereiche zwingend vorgeschrieben:

- vermögensrechtliche Streitigkeiten bis zu einem Streitwert von 750,00 €,
- Streitigkeiten über Ansprüche aus Nachbarrecht nach §§ 910, 911, 923 BGB und Art. 124 EGBGB (sofern es sich nicht um Einwirkungen von einem gewerblichen Betrieb handelt),
- Streitigkeiten über Ansprüche wegen Verletzung der persönlichen Ehre, die nicht in Presse oder Rundfunk begangen worden sind,
- Streitigkeiten über Ansprüche nach Abschnitt 3 des Allgemeinen Gleichbehandlungsgesetzes (AGG).

Dies Kosten des außergerichtlichen Streitschlichtungsverfahren sind in den jeweiligen Bundesländern unterschiedlich geregelt, sie betragen maximal 125,00 €.

Kostenbeispiel 2: Strafprozess

Ein Autofahrer, der einen Fußgänger am Zebrastreifen angefahren hat, wird wegen fahrlässiger Körperverletzung zu 40 Tagessätzen Geldstrafe verurteilt. Neben der Strafe hat er allein in der 1. Instanz nahezu 2 500,00 € (hier genau: **2 453,75 €**) an Kosten zu bezahlen.

Verteidigergebühren:	**672,35 €**	**Gerichtsauslagen:**	**1 055,00 €**
Vorverfahren*	177,50 €	Schreibgebühren	5,00 €
Hauptverfahren*	355,00 €	Porto, Telefon	30,00 €
+ Auslagen	15,00 €	Ortsbesichtigung	0,00 €
35 Fotokopien	17,50 €	Zeugenkosten	150,00 €
19 % MwSt.	107,35 €	Sachverständiger	870,00 €
Nebenklagekosten:	**685,40 €**	**Gerichtskosten:**	**41,00 €**
Anwalt des Nebenklägers	655,40 €		
Auslagen des Nebenklägers	30,00 €		

* Bei schweren Fällen oder mehreren Verletzten können durchaus höhere Gebühren liquidiert werden; bei fahrlässiger Tötung bis zur Höchstgebühr von 330,00 € bzw. 660,00 €.

Faustregel: Ein einfacher Strafprozess kostet allein in der 1. Instanz ca. 2 500,00 €.

Kostenbeispiel 3: Verwaltungsgerichtsprozess

Vor dem Verwaltungsgericht wird um den Führerschein gekämpft. Da hierbei üblicherweise der Gegenstandswert von den Gerichten mit 4 000,00 € festgelegt wird, fallen bei einem Prozess über zwei Instanzen Gerichts- und Anwaltskosten in Höhe von 2 790,50 € an.

Kostenbeispiel 4: Arbeitsgerichtsprozess (vgl. B 3.6)

Ein Arbeitnehmer wehrt sich gegen die Kündigung durch seinen Arbeitgeber, da er diese nicht für gerechtfertigt hält. Das Gericht setzt den Streitwert auf das Dreifache seines Monatsgehaltes von 2 500,00 €, also auf 7 500,00 €, fest. Die Gerichts- und Anwaltskosten in zwei Instanzen betragen 5 852,60 €.

Kostenbeispiel 5: Prozess im Ausland

Eine deutsche Urlauberin wird beschuldigt, in Österreich einen Unfall mit Körperverletzung eines Dritten verschuldet zu haben. Sie lässt sich von einem österreichischen Anwalt vertreten und wird vor Gericht freigesprochen. Der Anwalt berechnet den in Österreich üblichen Erfolgszuschlag von 50 % und stellt 540,00 € Kosten in Rechnung.

Im Ausland ist es teilweise sogar üblich, dass das Anwaltshonorar von den Parteien selbst getragen wird, auch wenn man den Prozess gewinnt. Führt man sich ferner vor Augen, dass gerade bei Zivilprozessen die Kosten vom Streitwert und nicht von der Schwere des Falles abhängen, wird deutlich, dass der Prozess mit einem enormen Kostenrisiko verbunden ist. Für diese **Risikobewältigung** empfiehlt sich eine auf die persönlichen Bedürfnisse abgestellte Rechtsschutzversicherung.

Damit auch Personen mit geringem Einkommen zu ihrem Recht kommen können, kennt man die **Prozesskostenhilfe** und die **Beratungshilfe**. Staatliche »**Prozesskostenhilfe**« (das so genannte Armenrecht) setzt Bedürftigkeit voraus. Das Gleiche gilt für die »**Beratungshilfe**«. Außerdem erhalten die Anwälte niedrigere Gebühren, zu denen nicht jeder Anwalt bereit ist, tätig zu werden. Die Prozesskostenhilfe ist später ratenweise zurückzuzahlen. Bei verlorenem Prozess sind die gegnerischen Anwaltskosten immer selbst zu tragen.

ZPO
§ 114

1.2 Geltungsbereich der Rechtsschutzversicherung

➤ Örtlicher Geltungsbereich

Versicherungsschutz besteht (örtlicher Geltungsbereich), soweit

ARB 2012 5.1

- die **Wahrnehmung der rechtlichen Interessen** in Europa (geografisches Europa), in den außereuropäischen Anliegerstaaten des Mittelmeeres (= der asiatische Teil der Türkei, Syrien, Libanon, Israel, Ägypten, Libyen, Tunesien, Algerien und Marokko), auf den Kanarischen Inseln oder auf Madeira **(politisches Europa)** erfolgt und

- **ein Gericht** oder **eine Behörde in diesem Geltungsbereich** gesetzlich zuständig ist oder zuständig wäre, wenn ein gerichtliches oder behördliches Verfahren eingeleitet werden würde.

Da es darauf ankommt, wo der Anspruch zu verfolgen ist, ist es unerheblich, wo der Versicherungsfall eingetreten ist.

> **Beispiel:**
>
> Der VN bucht bei einem Reiseveranstalter in Zürich eine Reise nach Brasilien. Dort kommt aufgrund einer Fehlleistung der Reiseleitung das Gepäck des VN abhanden. Vertragsrechtsschutz wird hier gewährt, weil der Gerichtstand (Zürich/Schweiz) im örtlichen Geltungsbereich liegt, obwohl der Rechtsschutzfall selbst außerhalb des Geltungsbereiches eingetreten ist.

➤ Erweiterung des Geltungsbereiches

5.2

Für die Wahrnehmung rechtlicher Interessen außerhalb des örtlichen Geltungsbereiches besteht Kostendeckung bis zu einem Höchstbetrag von 100 000,00 €, vorausgesetzt der Rechtsschutzfall

- ist dort während eines längstens 12 Wochen dauernden Auslandsaufenthaltes eingetreten;

- steht nicht im Zusammenhang mit dem Erwerb oder der Veräußerung von dinglichen Rechten.

Soweit Vertragsrechtsschutz vereinbart ist, besteht weitweit Versicherungsschutz bei privaten Verträgen, die über das Internet abgeschlossen wurden.

➤ Einschränkung des Geltungsbereiches

2.2.5, 2.2.6, 2.2.12

- Steuer-, Sozial-, Ehe-, Unterhalts-, Opfer- und Verwaltungsrechtsschutz in nicht verkehrsrechtlichen Angelegenheiten wird jeweils nur vor deutschen Gerichten gewährt.

2.2.11

- Beratungsrechtsschutz im Familien-, Lebenspartnerschafts- und Erbrecht wird nur für einen in Deutschland zugelassenen Rechtsanwalt gewährt.

Lernkontrollen zu B 1

Gründe für den Abschluss einer Rechtsschutzversicherung

1 Frau Helga Gill hat einen Neuwagen für 30000,00 € gekauft, offensichtlich aber eine »Montagsproduktion« erwischt. Bekannte spotten bereits, dass sie das Fahrzeug zur Verleihung der »Silbernen Zitrone« vorschlagen soll, mit der ein großer Automobilclub die schlechteste Produktion eines Autoherstellers auszeichnet.

  Frau Gill ist die Nachbesserungen leid und trägt sich mit dem Gedanken, die Rücknahme des Autos durch den Händler gerichtlich zu erzwingen.

  Zeigen Sie Frau Gill auf, welches Prozesskostenrisiko sie trägt und mit welchen Kosten sie voraussichtlich allein für Anwalt und Gericht rechnen muss, wenn der Prozess über zwei Instanzen geführt wird.

2 Was versteht man unter Prozesskostenhilfe und wann wird sie gewährt?

3

  Sie sind Mitarbeiter/-in in einer Agentur der Proximus Versicherung AG und haben gerade den Kunden Hartmut Mühlhaus zur Kraftfahrtversicherung beraten und einen Antrag auf Abschluss einer Kfz-Haftpflichtversicherung mit Vollkaskoversicherung aufgenommen.

  Zur Abrundung des beantragten Versicherungsschutzes bieten Sie ihm auch eine Verkehrs-Rechtsschutzversicherung an. Herr Mühlhaus winkt jedoch mit folgenden Begründungen ab:

  Er hat sich im Rahmen seines Wirtschaftsstudiums eingehend mit dem Vertrags- und Sachenrecht auseinander setzen müssen. Bei evtl. Streitigkeiten mit Werkstätten und Autohäusern könne er sich deshalb allein vertreten.

  Einen möglichen Unfall mit seinem Fahrzeug will er trotz unfallfreien Fahrens seit 25 Jahren nicht ausschließen. Aber, so wendet er ein, es sei ihm doch gerade erklärt worden, dass die Haftpflichtversicherung eine passive Rechtsschutzfunktion habe. Und für den möglicherweise selbst verschuldeten Unfall habe er doch die Vollkaskoversicherung vereinbart.

  »Wofür dann noch die Verkehrs-Rechtsschutzversicherung?«, will er wissen.

  ● **Arbeitsauftrag**

  Analysieren Sie die Risikosituation des Herrn Mühlhaus und führen Sie Gründe an, die den Abschluss der Verkehrs-Rechtsschutzversicherung doch noch geboten erscheinen lassen.

4

Die Eheleute Thiele tragen sich mit dem Gedanken, eine Rechtsschutzversicherung abzuschließen, nachdem sie erfahren durften, welche Kosten einem Bekannten aufgrund eines Prozesses entstanden sind. Sie möchten jedoch zuvor beraten werden, welchen Risikosituationen sie möglicherweise ausgesetzt sind, für die eine Rechtsschutzversicherung lohnt.

Erwin Thiele (47 Jahre) ist Bankangestellter, seine Ehefrau Christa (45 Jahre) Sekretärin. Beide besitzen einen Führerschein und fahren gerne Rad. Sie besitzen eine Eigentumswohnung mit Garage im Zentrum der Stadt und haben einen weiteren Stellplatz in einer Tiefgarage angemietet.

● **Arbeitsauftrag**

Zeigen Sie den Eheleuten mögliche Risiken auf, für die ein Rechtsschutz sinnvoll ist.

Örtlicher Geltungsbereich

5

Ein Kunde der Agentur ruft Sie kurz vor Reiseantritt an. Er will nach Singapur reisen und vorab grundsätzlich wissen, ob eine Rechtsschutzversicherung Kostenschutz bietet, wenn er

– mit der durch den deutschen Reiseveranstalter bereitgestellten Hotelunterkunft nicht zufrieden ist,

– Wareneinkäufe in Singapur tätigt, bei denen er später Mängel feststellt,

– in Singapur wegen eines angeblichen Vergehens beschuldigt wird.

● **Arbeitsauftrag**

Informieren Sie den Kunden sachgerecht.

2   Umfang der Rechtsschutzversicherung

2.1 Versicherbare Lebensbereiche und Personen

Die ARB 2012 sind nach dem Bausteinprinzip aufgebaut, d.h. der VN versichert die Lebensbereiche, die für ihn bedarfsgerecht sind.

Die versicherbaren Lebensbereiche sind:

- Privat – Rechtsschutz (P),
- Berufs – Rechtsschutz (B),
- Verkehrs – Rechtsschutz (Vk),
- Fahrzeug – Rechtsschutz (F),
- Fahrer – Rechtsschutz (D),
- Wohnungs- und Grundstücks – Rechtsschutz (W).

ARB 2012
2

Versicherungsschutz besteht für den VN in den versicherbaren Lebensbereichen nur, soweit dem nicht die folgenden, auf die Vertragsparteien direkt anwendbaren Maßnahmen entgegenstehen:

2.1

- Wirtschaftssanktionen,
- Handelssanktionen,
- Finanzsanktionen oder Embargos der Europäischen Union oder der Bundesrepublik Deutschland.

Das gleiche gilt für Sanktionen und Embargos die durch die USA im Hinblick auf den Iran erlassen werden, sofern keine europäischen oder deutschen Rechtsvorschriften entgegenstehen.

Grundsätzlich kann ein VN alle versicherbaren Lebensbereiche miteinander kombinieren. Kombinationen aus Fahrzeug – Rechtsschutz und Fahrer – Rechtsschutzversicherung sind nicht sinnvoll, da diese Kombination in der Verkehrs – Rechtsschutzversicherung bei günstigerer Prämie enthalten ist.

Es können nur Versicherungsverträge mit VN geschlossen werden, die ihren ständigen Wohn- oder Geschäftssitz in der Bundesrepublik Deutschland haben.

Proximus 4 TA
S. 415

Kunden die vom Vorversicherer aufgrund eines ungünstigen Schadenverlaufes gekündigt wurden, dürfen nicht geworben werden.

Die Vertragsdauer beträgt im Regelfall 1 Jahr. Bei einer 3-jährigen Vertragslaufzeit wird ein Dauernachlass von 10 % berücksichtigt.

Mit Minderjährigen dürfen nur Einjahresverträge abgeschlossen werden. Damit will die Proximus Versicherung AG eine ggf. schwebende Unwirksamkeit des Vertrages verhindern, die vorliegen würde, wenn der beschränkt Geschäftsfähige eine Vertragsdauer wünscht, die länger als ein Jahr über den Eintritt der Volljährigkeit hinaus dauert und die hierfür erforderliche Zustimmung des Familiengerichtes nicht vorliegt.

BGB
§ 1822
Nr. 5

Besonderheit: **Single-Tarif**

Proxi-
mus 4 TA
S. 415

Ein Single-Tarif kann nur abgeschlossen werden, wenn der VN alleinstehend ist und nicht in häuslicher Gemeinschaft mit einem mit Erstwohnsitz bei ihm gemeldeten ehe- oder nichtehelichen Lebenspartner wohnt.

Mitversichert sind dennoch die minderjährigen und volljährigen unverheiratete Kinder. Volljährige unverheiratete Kinder jedoch längstens bis zu dem Zeitpunkt, in dem sie erstmalig eine auf Dauer angelegte berufliche Tätigkeit ausüben und hierfür ein Einkommen erhalten.

Heiratet der VN oder begründet er eine nichteheliche Lebenspartnerschaft, kann er verlangen, dass sein Versicherungsschutz rückwirkend ab dem Zeitpunkt der veränderten Lebenssituation in die vereinbarte Form des Rechtsschutzes für Familien umgewandelt wird. Die rückwirkende Anpassung des Vertrages muss spätestens 6 Monate nach Eintritt der veränderten Lebenssituation beantragt werden. Später ist eine Anpassung nur noch mit Wirkung für die Zukunft zum aktuellen Tarif möglich. Im Falle der rückwirkenden Anpassung des Vertrages besteht der Versicherungsschutz für den mitversicherten Lebenspartner ohne Wartezeit.

2.1.1 Privat-Rechtsschutz (P)

S. 415,
S. 416

Im Privat-Rechtsschutz besteht die Möglichkeit einen Single-Tarif abzuschließen. Hierbei sind die minderjährigen und volljährigen unverheirateten Kinder mitversichert.

2.1.2 Berufs-Rechtsschutz (B)

ARB 2012
2.1.2

Im Rahmen des Berufs-Rechtsschutzes haben der VN und die mitversicherten Personen (vgl. B 2.1.7) für ihre berufliche, nichtselbstständige Tätigkeit Versicherungsschutz. Risiken aus jeglicher selbstständiger Tätigkeit, auch wenn sie nur nebenberuflich ausgeübt wird, sind vom Berufs-Rechtsschutz ausgeschlossen. Für derartige Risiken bieten die jeweiligen Anbieter am Markt eine Berufs-Rechtsschutzversicherung für Selbstständige bzw. eine Firmen-Rechtsschutzversicherung an.

> **Beispiel:**
>
> Anton Bittner (angestellter Lehrer) erteilt nebenberuflich Nachhilfeunterricht. Die Eltern eines Nachhilfeschülers möchten die Rechnung über die erteilten Stunden nicht begleichen, da ihr Sohn nur mangelhafte Fortschritte macht.
>
> Die nebenberufliche Tätigkeit von Herrn Bittner stellt eine selbstständige Tätigkeit dar und würde somit nicht unter den Versicherungsschutz fallen.

Im beruflichen Bereich besteht kein Versicherungsschutz, für den VN und die mitversicherten Personen, für die Wahrnehmung rechtlicher Interessen als Eigentümer, Halter, Erwerber, Leasingnehmer/Mieter und Fahrer von Motorfahrzeugen sowie Anhängern. Diese Risiken müssen über die Verkehrs-Rechtsschutz- oder Fahrzeug-Rechtsschutz- oder Fahrer-Rechtsschutz-Versicherung extra versichert werden.

Folgende **Leistungsarten** (vgl. B 2.2) sind beim **Berufs-Rechtsschutz** versichert:

2.2.2
- Arbeits-Rechtsschutz

2.2.8
- Disziplinar- und Standes-Rechtsschutz

Im Berufs-Rechtsschutz besteht die Möglichkeit einen Single-Tarif abzuschließen. Hierbei sind die minderjährigen und volljährigen unverheirateten Kinder mitversichert.

Proximus 4 TA S. 415, S. 416

Die Berufs-Rechtsschutzversicherung kann als Einzelrisiko oder in Verbindung mit dem Privat-Rechtsschutz (Ergänzung) versichert werden. Die Prämie für eine Ergänzungsversicherung ist deutlich günstiger, als wenn man das Einzelrisiko versichert.

2.1.3 Verkehrs-Rechtsschutz (VK)

Versicherungsschutz besteht für den VN **und die mitversicherten Personen** für die Wahrnehmung rechtlicher Interessen als Eigentümer, Halter, Erwerber und Leasingnehmer/Mieter von Kraftfahrzeugen sowie Anhängern.

ARB 2012 2.1.2

Die Kraftfahrzeuge oder Anhänger müssen entweder

- bei Vertragsschluss oder während der Vertragsdauer auf den versicherten Personenkreis (vgl. B 2.1.7) zugelassen sein oder
- auf dessen Namen mit einem Versicherungskennzeichen versehen sein oder
- zum vorübergehenden Gebrauch gemietet worden sein.

Weiterhin ist der versicherte Personenkreis als Fahrer und Mitfahrer fremder oder eigener Kraftfahrzeuge, Motorfahrzeuge zu Wasser oder in der Luft versichert.

Exkurs: **Begriffliche Klärung**

Ob ein Pilot der ein Flugzeug fliegt, ein Fahrer des Flugzeug ist, hat die Rechtsprechung bisher nicht beantwortet. Das Wort **Pilot** ist der umgangssprachliche Begriff für Luftfahrzeugführer. Das Wort **Fahrer** ist wiederum der umgangssprachliche Begriff für Fahrzeugführer, sodass der Pilot durchaus als Fahrer eines Luftfahrzeugs bezeichnet werden kann.

> **Beispiel:**
>
> Kurt Meier wurde beim Kauf eines gebrauchten Motorbootes nicht über diverse Vorschäden aufgeklärt. Daher möchte er den Verkäufer auf Schadenersatz verklagen.
>
> Die hier angesprochene Leistungsart Rechtsschutz im Vertrags- und Sachenrecht ist in der Verkehrsrechtsschutzversicherung grundsätzlich mitversichert. Dennoch hat Herr Meier keinen Versicherungsschutz, weil er kein Fahrer oder Mitfahrer eines Motorfahrzeugs zu Wasser in diesem Fall ist.

Versicherungsschutz besteht für den VN und für die vertraglich mitversicherten Personen (vgl. B 2.1.7) auch, wenn sie am öffentlichen Straßenverkehr als Fahrgast, Fußgänger oder Radfahrer teilnehmen.

Folgende **Leistungsarten** (vgl. B 2.2) sind beim **Verkehrs-Rechtsschutz** versichert:

Schadenersatz-Rechtsschutz	2.2.1
Rechtsschutz im Vertrags- und Sachenrecht	2.2.4
Steuer-Rechtsschutz vor Gerichten	2.2.5
Verwaltungs-Rechtsschutz in Verkehrssachen	2.2.7
Straf-Rechtsschutz	2.2.9
Ordnungswidrigkeiten-Rechtsschutz	2.2.10

Die **Prämienberechnung** erfolgt nach Art und Anzahl der jeweils versicherten Fahrzeuge. Die Prämie wird pro Fahrzeug berechnet.

Proximus 4 TA S. 416

ARB 2012
7.9.1

Ist nur ein Fahrzeug versichert und kommt ein neues Fahrzeug hinzu, kann die Proximus ab Eintritt des neuen Risikos eine höhere Prämie verlangen, sofern dieses versicherbar ist. Der VR ist muss sein Recht auf Prämienanpassung oder Risikoausschluss innerhalb eines Monats ab Kenntnis des neuen Risikos ausüben. Ist die Prämienerhöhung größer als 10% oder lehnt der VR die Absicherung der höheren Gefahr ab, hat der VN ein fristloses Kündigungsrecht, welches er innerhalb eines Monats ab Zugang der Mitteilung ausüben muss. In der Mitteilung muss der VR den VN auf sein Kündigungsrecht hingewiesen haben.

2.1.4 Fahrzeug-Rechtsschutz (F)

2.1.2

Versicherungsschutz besteht für den VN **und die mitversicherten Personen** für die im Versicherungsschein genannten Kraftfahrzeuge, Motorfahrzeuge zu Wasser oder in der Luft sowie Anhänger. Dabei kommt es nicht darauf an, ob

- das Fahrzeug auf eine Person des versicherten Personenkreises (vgl. B 2.1.7) zugelassen ist oder
- das Fahrzeug mit einem Versicherungskennzeichen auf eine versicherte Person versehen ist.

> **Beispiel:**
>
> Peter Ilsemann (22 Jahre) ist Angestellter in einer Hausverwaltung und nutzt regelmäßig den Zweitwagen seiner Mutter. Die Mutter hat für ihre Fahrzeuge eine Verkehrs-Rechtsschutzversicherung bei der Proximus Versicherung AG abgeschlossen.
>
> Sollte Herr Ilsemann mit dem Fahrzeug der Mutter schuldlos verunfallen und Schadenersatz (z. B. Schmerzensgeld wegen eines Personenschadens) von seinem Unfallgegner verlangen, hätte er hierfür keinen Rechtsschutz aus der Verkehrs-Rechtsschutzversicherung der Mutter, da er aufgrund seiner Volljährigkeit und der auf Dauer angelegten eigenen beruflichen Tätigkeit nicht mehr zum versicherten Personenkreis (vgl. B 2.7) gehört. Hier empfiehlt es sich für Herrn Ilsemann eine Fahrzeug-Rechtsschutzversicherung abzuschließen, damit zukünftig Rechtsschutz für die Durchsetzung von Schadenersatzansprüchen im Zusammenhang mit dem Fahrzeuggebrauch besteht.

Versicherungsschutz besteht für den VN und für die vertraglich mitversicherten Personen (vgl. B 2.1.7) auch, wenn sie am öffentlichen Straßenverkehr als Fahrgast, Fußgänger oder Radfahrer teilnehmen.

4.4

Besonderheiten bei Fahrzeugwechsel oder Verkauf

Die versicherten Personen haben auch Versicherungsschutz für ein Folgefahrzeug. Die Proximus geht davon aus, dass eine versicherte Person ein Folgefahrzeug hat, wenn innerhalb eines Monats vor oder nach Verkauf des bereits versicherten Fahrzeugs eine versicherte Person ein Fahrzeug erwirbt. Das alte Fahrzeug wird maximal für einen Monat ohne zusätzliche Prämie versichert.

Versicherungsschutz besteht auch für die Durchsetzung rechtlicher Interessen im Zusammenhang mit einem beabsichtigten Fahrzeugkauf.

Der VN muss den VR über den Verkauf oder Verlust des versicherten Fahrzeugs innerhalb von zwei Monaten informieren. Des Weiteren muss der VN die Proximus über das Folgefahrzeug informieren.

Verstößt der VN ohne Verschulden oder leicht fahrlässig gegen diese Obliegenheit ist der VR voll leistungspflichtig. Ist der Verstoß gegen die Obliegenheit grob fahrlässig ist der VR berechtigt die Leistung nach der Schwere des Verschuldens zu kürzen. Sollte kein kausaler Zusammenhang zwischen Obliegenheitsverletzung und dem Eintritt oder der Feststellung oder des Umfanges des Versicherungsfalles bestehen, dann besteht volle Leistungspflicht des VR.

Der VN hat das Recht zur Herabsetzung der Versicherungsprämie, bei Wegfall eines Fahrzeugs. Dieser Umstand ist innerhalb von zwei Monaten anzuzeigen, dann wird die Prämie ab Veränderung angepasst. Teilt der VN die Veränderung nach Ablauf der zwei Monatsfrist mit, wird die Prämie erst zu dem Zeitpunkt herabgesetzt, in dem der VR davon Kenntnis erlangt.   *ARB 2012 7.9.2*

Folgende **Leistungsarten** (vgl. B 2.2) sind beim **Fahrzeug-Rechtsschutz** versichert:

- Schadenersatz-Rechtsschutz   2.2.1
- Rechtsschutz im Vertrags- und Sachenrecht   2.2.4
- Steuer-Rechtsschutz vor Gerichten   2.2.5
- Verwaltungs-Rechtsschutz in Verkehrssachen   2.2.7
- Straf-Rechtsschutz   2.2.9
- Ordnungswidrigkeiten-Rechtsschutz   2.2.10

Die **Prämienberechnung** erfolgt nach Art und Anzahl der jeweils versicherten Fahrzeuge. Die Prämie wird pro Fahrzeug berechnet. Hier ist auch die Versicherung von Motorbooten und Hubschraubern möglich.   *Proximus 4 TA S. 417*

2.1.5 Fahrer-Rechtsschutz (D = Driver)

Der Fahrer-Rechtsschutz (D) schützt den VN bei Teilnahme am öffentlichen Verkehr in seiner Eigenschaft als   *ARB 2012 2.1.2*

- Fahrer eines fremden Kraftfahrzeugs, Motorfahrzeugs zu Wasser oder in der Luft sowie Anhängers,
- Fahrgast, Fußgänger oder Radfahrer.

Diese Versicherungsform bietet sich an, wenn der VN nur Versicherungsschutz als Fahrer **fremder** Fahrzeuge, z. B. Firmenfahrzeuge, benötigt, weil für das benutzte Fahrzeug kein Versicherungsschutz besteht.

Fremd heißt in diesem Zusammenhang: Das Fahrzeug gehört weder dem VN, noch ist es auf seinen Namen zugelassen, amtlich registriert oder mit einem Versicherungskennzeichen versehen.

Folgende **Leistungsarten** (vgl. B 2.2) sind beim **Fahrer-Rechtsschutz** versichert:

- Schadenersatz-Rechtsschutz   2.2.1
- Rechtsschutz im Vertrags- und Sachenrecht   2.2.4
- Verwaltungs-Rechtsschutz in Verkehrssachen   2.2.7
- Straf-Rechtsschutz   2.2.9
- Ordnungswidrigkeiten-Rechtsschutz   2.2.10

Wird ein Kfz auf die im Versicherungsschein genannte Person zugelassen oder auf ihren Namen mit einem Versicherungskennzeichen versehen, wandelt sich der Versicherungsschutz in einen Verkehrs-Rechtsschutz um. Die Wahrnehmung rechtlicher Interessen im Zusammenhang mit dem Erwerb des Kfz ist eingeschlossen.   *4.5*

Zusammen mit der nächsten Prämienrechnung wird der VN üblicherweise aufgefordert, Veränderungen anzuzeigen. Kommt der VN dieser Aufforderung vorsätzlich nicht innerhalb eines Monats nach, besteht kein Versicherungsschutz für das erworbene Fahrzeug.   *7.9.3*

Die Fahrer-Rechtsschutz ist personengebunden, daher erfolgt die **Prämienberechnung** je Fahrer.   *Proximus 4 TA S. 417*

2.1.6 Wohnungs- und Grundstücks-Rechtsschutz (W)

ARB 2012
2.1.2

Der VN und die mitversicherten Personen haben Versicherungsschutz, wenn Sie Grundstücke, Gebäude oder Gebäudeteile als Eigentümer, Vermieter, Verpächter, Mieter, Pächter oder als sonstiger Nutzungsberechtigter nutzen. In welcher Eigenschaft die Versicherten das Grundstück, Gebäude oder Gebäudeteil nutzen muss im Versicherungsschein angegeben werden. Garagen und Kraftfahrzeug-Abstellplätze die einer Wohneinheit zuzurechnen sind, sind im Versicherungsschutz mit eingeschlossen.

Wechselt der VN das im Versicherungsschein bezeichnete selbst genutzte Wohnobjekt, geht der Versicherungsschutz auf das neue Wohnobjekt über und umfasst auch Versicherungsfälle,

- die erst nach dem Auszug aus dem bisherigen Wohnobjekt eintreten oder
- die sich auf das neue Wohnobjekt beziehen und vor dessen geplantem oder tatsächlichem Bezug eintreten.

> **Beispiel:**
>
> Frau Ute Schmitz hat bei uns eine Wohnungs- und Grundstücks-Rechtsschutz. Sie schließt einen Mietvertrag über eine neue Wohnung und lässt vor ihrem Einzug mit Erlaubnis des Vermieters umfangreiche Verbesserungen an der gemieteten Wohnung auf ihre Kosten durchführen. Nach Abschluss dieser Arbeiten verlangt der Vermieter eine höhere Miete, da die Wohnung jetzt besser zu vermieten sei.
>
> Frau Schmitz hat in diesem Fall bereits Versicherungsschutz, obwohl sie in die neue Wohnung noch nicht eingezogen ist.

Folgende **Leistungsarten** (vgl. B 2.2) sind beim **Wohnungs- und Grundstücks-Rechtsschutz** versichert:

2.2.3
2.2.5

- Wohnungs- und Grundstücks-Rechtsschutz
- Steuer-Rechtsschutz vor Gerichten

Proximus 4 TA
S. 417

Für jedes zu versichernde Objekt muss die Anschrift angegeben werden. Einer Wohneinheit zuzurechnende Garagen bzw. Stellplätze sind in den Versicherungsschutz eingeschlossen, auch wenn diese nicht zum selben Mietvertrag gehören wie der versicherte Erstwohnsitz.

Die Vermietung (auch Untervermietung) von bis zu drei Zimmern in der vom VN selbst bewohnten und im Wohnungs- und Grundstücks-Rechtsschutz versicherten Wohneinheit ist prämienfrei mitversichert, wenn es sich nicht um eine Wohneinheit, sondern um einzelne Zimmer handelt.

Alle Wohneinheiten eines Gebäudes können nur einheitlich mit bzw. ohne Selbstbeteiligung (SB) versichert werden.

Versicherungsschutz besteht auch für Streitigkeiten im Zusammenhang mit dem Kauf von Genossenschaftsanteilen (anstelle Hinterlegung einer Kaution).

Nicht versicherbar sind nicht selbst genutzte Ferienwohnungen sowie Wohnungs-Eigentümergemeinschaften als Gesamtheit.

Als **Wohneinheit** gilt eine gemietete oder vermietete oder vom Eigentümer selbst genutzte Wohnung (auch einzelne Zimmer). Auch Einfamilienhäuser gelten als Wohneinheit. Dabei zählt eine etwa vorhandene Einliegerwohnung als zusätzliche Wohneinheit. Mietfrei überlassene Wohnungen sind wie eine vermietete Wohnung zu behandeln.

Als **Jahresbruttomiete/-pacht** gilt die Jahresmiete/-pacht zuzüglich der vereinbarten, an den Vermieter/Verpächter zu zahlenden Nebenkosten. Falsche Angaben führen im Schadenfall zu einer Kürzung wegen Unterversicherung. Jeweils zur Prämienhauptfälligkeit wird die aktuelle Jahresbruttomiete/-pacht abgefragt. Auf dieser Basis wird die Prämie für das nächste Jahr berechnet.

Der Eigentümer, Vermieter oder Verpächter muss **alle** Einheiten innerhalb eines Gebäudes oder Grundstücks versichern.

2.1.7 Mitversicherte Personen

Mitversichert sind in der Privat-, Berufs-, Verkehrs-, Fahrzeug-, Wohnungs- und Grundstücks-Rechtsschutz, sofern ein Familientarif vereinbart ist:

ARB 2012
2.1.1

- der Ehepartner bzw. der eingetragene Lebenspartner,
- im Versicherungsschein genannte sonstige Lebenspartner,
- die minderjährigen Kinder des VN sowie
- seine unverheirateten volljährigen Kinder.

Die volljährigen Kinder dürfen auch nicht in einer eigenen eingetragenen Lebenspartnerschaft leben. Die Mitversicherung von volljährigen Kindern endet in jedem Fall zu dem Zeitpunkt, zu dem sie erstmalig eine auf Dauer angelegte berufliche Tätigkeit ausüben und hierfür ein Einkommen erhalten.

Zu den mitversicherten Kindern zählen auch Adoptiv-, Pflege- und Stiefkinder sowie die Kinder des mitversicherten Lebenspartners.

Die Bestimmungen aus dem Rechtsschutzvertrag, ausgenommen im Fahrer-, Wohnungs- und Grundstücks-Rechtsschutz, gelten auch für alle mitversicherten Personen. Sollte eine mitversicherte Person Versicherungsschutz verlangen, dann kann der VN dem widersprechen. Dies gilt nicht für den Ehepartner bzw. eingetragenen Lebenspartner.

Im **Verkehrs- und Fahrzeugs-Rechtsschutz** sind alle mitversicherten Personen in ihrer Eigenschaft als berechtigter Fahrer oder berechtigter Mitfahrer des Kraftfahrzeugs versichert.

Single Tarife werden nur im **Privat- und Berufs-Rechtsschutz** angeboten. Ein Single-Tarif kann nur abgeschlossen werden, wenn der VN alleinstehend ist und nicht in häuslicher Gemeinschaft mit einem mit Erstwohnsitz bei ihm gemeldeten ehe- oder nichtehelichen Lebenspartner wohnt.

Mitversichert sind dennoch die minderjährigen und volljährigen unverheirateten Kinder. Volljährige unverheiratete Kinder sind jedoch nur bis zu dem Zeitpunkt versichert, in dem sie erstmalig eine auf Dauer angelegte berufliche Tätigkeit ausüben und hierfür ein Einkommen erhalten.

Heiratet der VN oder begründet er eine nichteheliche Lebenspartnerschaft, kann er verlangen, dass sein Versicherungsschutz rückwirkend ab dem Zeitpunkt der veränderten Lebenssituation in die vereinbarte Form des Rechtsschutzes für Familien umgewandelt wird. Die rückwirkende Anpassung des Vertrages muss spätestens 6 Monate nach Eintritt der veränderten Lebenssituation beantragt werden. Später ist eine Anpassung nur noch mit Wirkung für die Zukunft zum aktuellen Tarif möglich. Im Falle der rückwirkenden Anpassung des Vertrages besteht der Versicherungsschutz für den mitversicherten Lebenspartner ohne Wartezeit.

Proximus 4 TA
S. 415

Versicherungsschutz besteht außerdem für Ansprüche, die natürlichen Personen kraft Gesetzes dann zustehen, wenn der VN oder eine mitversicherte Person verletzt oder getötet wird.

Beispiel:

Der VN Mark Mertens (Single) hat eine Verkehrs-Rechtsschutzversicherung. Bei einem fremdverschuldeten Unfall ist er zu Tode gekommen. Seine Mutter, die von Mark Mertens finanziell unterhalten wird, möchte die ihr kraft Gesetzes zustehenden Schadenersatzansprüche gegenüber dem Unfallverursacher geltend machen.

Die Mutter von Mark Mertens ist keine mitversicherte Person in dessen Verkehrs-Rechtsschutzversicherung. Gleichwohl hat sie Rechtsschutz aus dieser Versicherung bei der Durchsetzung der ihr zustehenden gesetzlichen Ansprüche (hier: der Unterhaltsansprüche, für die jetzt der Unfallverursacher aufkommen muss).

Lernkontrollen zu B 2.1

Verkehrs-Rechtsschutz

1   Herr Pesch wird von seiner Frau gebeten, sie wegen Kreislaufschwäche zum Arzt zu fahren. Seine Frau weiß noch nicht, dass er vor zwei Tagen nach einem ausgedehnten Altstadtbummel mit Kollegen in eine Verkehrskontrolle der Polizei geraten ist und an Ort und Stelle seinen Führerschein wegen zu viel Blutalkohol abgeben musste. Da Herr Pesch seine Frau in ihrem Krankheitszustand mit dieser Angelegenheit nicht auch noch belasten will, entschließt er sich, ihrem Wunsch nachzukommen. Er fährt besonders vorsichtig und kann dennoch nicht verhindern, dass ihn ein anderes Fahrzeug schuldhaft rammt. Dabei werden er und seine Frau verletzt sowie ihr Fahrzeug erheblich beschädigt.

Herr Pesch hat eine Verkehrs-Rechtsschutzversicherung.

Prüfen Sie, ob Herrn und Frau Pesch Deckung zur Durchsetzung ihrer Ansprüche gewährt werden kann.

2   Herr Müller wird von Herrn Herzog täglich in dessen Fahrzeug mit zur Arbeitsstelle genommen. Sie geraten in einen Unfall, bei dem Herr Müller erheblich verletzt wird.

Kann Herr Müller zur Durchsetzung seiner Ansprüche gegen den Unfallgegner bzw. dessen Versicherung die Verkehrs-Rechtsschutzversicherung des Herrn Herzog in Anspruch nehmen?

3   Wie würden Sie den vorgenannten Fall beurteilen, wenn Herr Herzog keine, Herr Müller dagegen eine Verkehrs-Rechtsschutzversicherung hätte?

4   Herr Sundermann hat einen Pkw und schließt deshalb im Juni eine Verkehrs-Rechtsschutzversicherung ab. Im Juli kauft er sich noch ein Motorrad, mit dem er bereits am nächsten Tag einen Verkehrsunfall erleidet.

a) Hat der VN für diesen Unfall aus seiner Verkehrs-Rechtsschutzversicherung Versicherungsschutz?

b) Besteht Versicherungsschutz, wenn sich der Unfall mit dem Motorrad 1 Jahr und 2 Monate nach Abschluss der Rechtsschutzversicherung ereignet hat und die Prämie für die zweite Versicherungsperiode gezahlt ist?

Sonstige Risikoarten

5   Der VN schafft sich ein Zweitfahrzeug an.

Welche Behandlung erfährt diese Risikoerweiterung in der Risikoart Verkehrs-Rechtsschutz?

6   Sie sind Mitarbeiter/-in in einer Agentur der Proximus Rechtsschutzversicherung.

> Herr Kienbaum ruft an und teilt Ihnen mit, dass er sich vor 14 Tagen einen neuen Pkw gekauft hat, der auch schon auf ihn zugelassen ist. Das Kennzeichen lautet FR-KV 45. Herr Kienbaum erklärt Ihnen weiterhin, dass er den bisherigen (versicherten) Pkw FR-M 3980 in der nächsten Woche wahrscheinlich verkaufen kann. Da dies aber noch ungewiss ist, möchte er auf jeden Fall wissen, ob für beide Pkw Verkehrs-RS besteht bzw. welches Fahrzeug jetzt überhaupt versichert ist.

● **Auszug aus dem Vertragsspiegel**

> VN: Peter Kienbaum
>
> Versicherungsbeginn: 01. Aug 2018 (3-Jahresvertrag)
>
> versicherte Lebensbereiche: Privat-, Berufs- und Verkehrs-Rechtsschutz für Singles (Normaltarif)
>
> Fahrzeug: Pkw, Kennzeichen: FR-M 3980
>
> Tarifprämien (ohne Selbstbeteiligung): 137,72 € + 24,94 € + 73,34 €

● **Arbeitsauftrag**

Informieren Sie Herrn Kienbaum entsprechend.

7   Sie sind Mitarbeiter/-in in einer Agentur der Proximus Versicherung AG und erhalten am 11. April 2019 folgende Schreiben des Kunden Georg Polke zur Bearbeitung:

> *Sehr geehrte Damen und Herren,*
>
> *ich lebe seit 8 Monaten mit Frau Driver in häuslicher Gemeinschaft. In ca. 2 Jahren wollen wir auch heiraten. Frau Driver hat erst vor einem halben Jahr eine sehr preisgünstige Privat- und Berufs-Rechtsschutzversicherung für Nichtselbstständige bei der Maxim-Versicherung mit einer Laufzeit von 3 Jahren abgeschlossen.*
>
> *Frau Driver behauptet als meine Lebenspartnerin, dass ich durch die namentliche Nennung im Versicherungsschein jetzt bei ihr mitversichert sei. Sie hat mir deshalb geraten, meine dadurch überflüssig gewordene Rechtsschutzversicherung zu kündigen.*
>
> *Ich kündige deshalb meine Rechtsschutzversicherung zum nächstmöglichen Termin.*
>
> *Mit freundlichen Grüßen*
>
> *G. Polke*

● **Auszug aus dem Vertragsspiegel**

> VN: Georg Polke, Angestellter, 2 Kinder (Olaf, 10 Jahre, Franz, 14 Jahre), Lebenspartnerin Ute Driver
>
> Privat-, Berufs- und Verkehrs-Rechtsschutz für Nichtselbstständige (ohne Selbstbeteiligung)
>
> Versicherungsbeginn: 01. Aug. 2016, Versicherungsdauer: 3 Jahre
>
> Tarifprämien: 162,02 € + 29,34 € + 73,34 €

● **Arbeitsauftrag**

Erörtern Sie dem Kunden die Rechtslage.

2.2 Leistungsarten der Rechtsschutzversicherung

ARB 2012
2.2

- Schadenersatz-Rechtsschutz
- Straf-Rechtsschutz
- Ordnungswidrigkeiten-Rechtsschutz
- Disziplinar- und Standes-Rechtsschutz
- Verwaltungs-Rechtsschutz in Verkehrssachen
- Wohnungs- und Grundstücks-Rechtsschutz
- Rechtsschutz im Vertrags- und Sachenrecht
- Arbeits-Rechtsschutz
- Sozialgerichts-Rechtsschutz
- Steuer-Rechtsschutz vor Gerichten
- Beratungs-Rechtsschutz im Familien-, Lebenspartnerschafts- und Erbrecht
- Opfer-Rechtsschutz

Welche Leistungsarten versichert sind, bestimmt sich nach dem vereinbarten (versicherten) Lebensbereichen (vgl. B 2.1).

2.2.1 Schadenersatz-Rechtsschutz

2.2.1

Schadenersatz-Rechtsschutz ist notwendig, wenn der VN (mitversicherte Personen) aufgrund **gesetzlicher** Haftpflichtbestimmungen (§§ 823 ff. BGB; §§ 7, 18 StVG usw.) eigene Ansprüche wegen **Personen-, Sachschäden** oder **Schmerzensgeld gerichtlich** oder **außergerichtlich** durchsetzen möchte **(aktiver Rechtsschutz)**. Die Geltendmachung erfolgt im sog. **Zivilprozess** (Zivilverfahren).

> **Beispiel:**
>
> Der Unfallgegner bzw. dessen VR will nach einem von ihm verursachten Verkehrsunfall weder für die dem VN entstandenen Heilbehandlungs- und Kfz-Reparaturkosten noch für dessen Verdienst- und Nutzungsausfall aufkommen. Ebenso weigert er sich, Schmerzensgeld zu bezahlen. Der Fall geht durch mehrere Gerichtsinstanzen (Zivilprozess), weil die Haftpflichtfrage wegen eines eventuellen Mitverschuldens des VN streitig war.

Anspruchsgegner können nicht nur natürliche sondern auch juristische Personen sein (z. B. das Land Bayern im Rahmen einer Amtshaftung oder die Volkswagen AG im Rahmen des ProdHaftG).

Nicht Gegenstand des Schadenersatzrechtsschutzes ist

- die Abwehr von Schadenersatzansprüchen (passiver Rechtsschutz der Haftpflichtversicherung),
- die Geltendmachung von Schadenersatz wegen Verletzung von
  - Verträgen (auch Arbeitsverträgen) und dinglichen Rechten an beweglichen Sachen,
    (vgl. dazu den Arbeits-RS und den RS im Vertrags- und Sachenrecht)
  - dinglichen Rechten an Grundstücken, Gebäuden und Gebäudeteilen
    (vgl. dazu den Wohnungs- und Grundstücks-RS).

Die ARB 2012 bieten jetzt auch »**RS für Opfer von Gewalttaten**« an. Er hilft dem VN als Opfer bestimmter Gewalttaten (z. B. Vergewaltigung, schwere Körperverletzung, erpresserischer Menschenraub). Hier geht es nicht um die zivilrechtlichen Schadenersatzansprüche, sondern um das Verletzteninteresse – vor allem als Nebenkläger – an einer strafrechtlichen Verfolgung des Täters (vgl. B 2.2.10).

2.2.2 Rechtsschutz im Strafrecht und im strafrechtsähnlichen Bereich

a) Straf-Rechtsschutz

Straf-Rechtsschutz wird übernommen für die Verteidigung wegen des **Vorwurfs**

- **eines verkehrsrechtlichen Vergehens**; wird allerdings rechtskräftig (durch unanfechtbare Gerichtsentscheidung) festgestellt, dass der VN das Vergehen vorsätzlich begangen hat (z.B. unerlaubtes Entfernen vom Unfallort, Nötigung im Straßenverkehr), ist er verpflichtet, dem VR die Kosten zu erstatten, die dieser für die Verteidigung wegen des Vorwurfs eines vorsätzlichen Vergehens getragen hat.
- eines **sonstigen Vergehens**, dessen vorsätzliche wie auch fahrlässige Begehung strafbar ist, solange dem VN ein fahrlässiges Verhalten vorgeworfen wird.

Die Verhandlung erfolgt im sog. **Strafprozess** (Strafverfahren).

ARB 2012
2.2.9

> **Beispiel:**
>
> Nach einem Fußballspiel wird der VN in eine Schlägerei mit den Fans des Gegners verwickelt und muss mit einem Strafverfahren wegen Körperverletzung rechnen. Wird er wegen Fahrlässigkeit angeklagt und verurteilt, besteht Versicherungsschutz von Anfang bis Ende des Verfahrens. Wird er dagegen wegen Vorsatzes angeklagt, dann aber wegen Fahrlässigkeit verurteilt, so besteht zunächst – anders als bei Verkehrsdelikten – kein Versicherungsschutz, dann aber nachträglich für das ganze Verfahren.

Kein Versicherungsschutz besteht bei dem Vorwurf **eines Verbrechens**. Das ist eine Straftat, die im Unterschied zu einem **Vergehen**, mit einer Mindestfreiheitsstrafe von 1 Jahr oder darüber bedroht ist. Der Versicherungsschutz entfällt aber auch bei dem Vorwurf eines Vergehens, soweit die vorgeworfene Straftat nur vorsätzlich begangen werden konnte (Diebstahl, Betrug, Unterschlagung, Beleidigung usw.). Nach der Rechtsprechung gilt dies auch für die Ordnungswidrigkeit »Telefonieren am Steuer«.

OLG
Berlin
2006

Wird dem VN z.B. Ladendiebstahl zum Vorwurf gemacht, weil er im Gedränge eines Großkaufhauses einen Kassenzettel verloren hat, so muss der VR selbst dann keinen Kostenschutz gewähren (etwa für entstandene Anwaltskosten, um diesen Vorwurf zu entkräften), wenn die Staatsanwaltschaft wegen fehlender Beweise keine Anklage erhebt oder der VN in der Hauptverhandlung freigesprochen wird.

b) Ordnungswidrigkeiten-Rechtsschutz

Das Ordnungswidrigkeitenrecht erfasst Rechtsverstöße, die nicht als Straftat, sondern als kleine alltägliche Verstöße gelten und deshalb nur durch die Verwaltungsbehörde mit einem Verwarnungs- oder Bußgeld geahndet werden. Auf Einspruch erfolgt dann eine gerichtliche Überprüfung. **Allerdings schließen die ARB 2012 alle Bußgeldverfahren wegen des Vorwurfes eines Halt- oder Parkverstoßes vom Rechtsschutz aus.**

ARB 2012
2.2.10,
3.2.16

Hier ist nicht zwischen einer **verkehrsrechtlichen** und einer **sonstigen** Ordnungswidrigkeit zu unterscheiden. Denn in beiden Fällen besteht uneingeschränkter Versicherungsschutz für die Rechtsschutzkosten und zwar unabhängig von der Tatsache, ob der VN vorsätzlich oder fahrlässig gehandelt hat.

> **Beispiel:**
> ● Der VN erhält einen Bußgeldbescheid und eine Eintragung in der Flensburger Verkehrssünderdatei, weil er eine Geschwindigkeitsbegrenzung missachtet hat (verkehrsrechtliche Ordnungswidrigkeit).
> ● Der VN erhält einen unanfechtbaren Bußgeldbescheid wegen unrechtmäßiger Abfallbeseitigung (sonstige Ordnungswidrigkeit).

Für beide Beispiele gilt: Legt der VN gegen den Bußgeldbescheid Einspruch ein, weil ihm das Strafmaß z. B. zu hoch erscheint, so erhält er für das nachfolgende Verfahren vor dem Amtsgericht Rechtsschutz unabhängig vom Schuldvorwurf und Ausgang des Verfahrens.

Das heißt aber auch, wer bewusst ein Ordnungswidrigkeitsverfahren in Kauf nimmt (vorsätzliche Tatbegehung), ist hinsichtlich des versicherten Rechtsschutzes besser gestellt als derjenige, gegen den aufgrund eines gleichartigen Verstoßes ein Strafverfahren eingeleitet wird.

ARB 2012
2.2.8

c) Disziplinar- und Standes-Rechtsschutz

Versicherungsschutz besteht für die Verteidigung in Disziplinar- und Standesrechtsverfahren.

> **Beispiel: Disziplinarverfahren**
> Einem Lehrer wird ein Dienstvergehen unterstellt. Er soll seine Aufsichtspflicht während eines Schulausflugs verletzt haben.

Der Disziplinarrechtsschutz betrifft vor allem Beamte, denen Dienstvergehen (schuldhafte Verletzung der typischen, mit dem Beamtenstatus verbundenen Pflichten) zum Vorwurf gemacht werden und die mit Verweis, Geldbuße, Gehaltskürzung, Versetzung, Entfernung aus dem Dienst geahndet werden können.

Standesrechtsverfahren bzw. Berufs- und Ehrengerichtsverfahren sind insbesondere bei Ärzten, Steuerberatern und Rechtsanwälten vorgesehen.

2.2.7

2.2.3 Verwaltungs-Rechtsschutz in Verkehrssachen

Versichert ist die Wahrnehmung rechtlicher Interessen **in verkehrsrechtlichen Angelegenheiten**

● vor **Verwaltungsbehörden**
u. a. wegen einer Fahrtenbuchauflage oder wegen Verkehrserziehungsmaßnahmen (z. B. wegen einer veranlassten Nachschulung für Führerscheinneulinge);

● vor **Verwaltungsgerichten**
wegen Entzugs, Einschränkungen und Wiedererlangung der Fahrerlaubnis;

2.2.3

2.2.4 Wohnungs- und Grundstücksrechtsschutz

Kostenschutz besteht für die Wahrnehmung rechlicher Interessen aus

● Miet-, Pacht-, sonstigen Nutzungsverhältnissen (schuldrechtliche Wohnrechte) und

● dinglichen Rechten (Eigentum, Besitz),

die Grundstücke, Gebäude oder Gebäudeteile zum Gegenstand haben.

Der Wohnungs- und Grundstücks-Rechtsschutz wegen dinglicher Rechte betrifft vor allem nachbarrechtliche Auseinandersetzungen insbesondere wegen Grenzüberbau, Lärm- und Geruchsbelästigung, aber auch Streitigkeiten mit Mitbewohnern bzw. Miteigentümern und mit dem Verwalter bei Eigentumswohnungen.

Beispiel:
- Der Mieter setzt sich gegen eine ihm ungerecht erscheinende Kündigung zur Wehr.
- Der Nachbar hält die Bebauungsgrenze nicht ein.

Das Verhältnis zwischen Mieter und Vermieter ist eine »schuldrechtliche Beziehung« (Person – Person). Grundlage ist der Mietvertrag. Es wird Vertragserfüllung geschuldet. Das Verhältnis zwischen Nachbarn ist in der Regel keine schuldrechtliche Beziehung. Wenn der Nachbar aber zu nah auf die Grundstücksgrenze baut, ist ein dingliches Recht, das Eigentum des VN (Person – Sache), gefährdet. Der VN hat Kostenschutz für die notwendigen verwaltungsgerichtlichen Schritte gegen den nachbarlichen Bauantrag.

Beim »**Rechtsschutz für Eigentümer und Mieter von Wohnungen und Grundstücken**« ist zu beachten, dass jede Wohneinheit (z. B. das Einfamilienhaus, die Einliegerwohnung, die zusätzliche Eigentumswohnung) gesondert zu versichern ist. Es ist auch danach zu unterscheiden – weil prämienrelevant –, ob es sich um eine selbstbewohnte oder um eine vermietete Wohneinheit handelt. Außerdem ist im Versicherungsschein zu dokumentieren, in welcher Eigenschaft (Eigentümer, Vermieter, Mieter usw.) für den VN Versicherungsschutz bestehen soll. Proximus 4 TA S. 417

Beispiel:
Der VN bewohnt sein Einfamilienhaus mit vermieteter Einliegerwohnung. Ferner gehört ihm eine Eigentumswohnung die er vermietet hat. Die Jahresbruttomiete für die Eigentumswohnung beträgt 10 800,00 €.

Nach dem Proximus-Tarif (Haus- und Wohnungsrechtsschutz) setzt sich die Gesamtprämie über 763,55 € ohne VersSt (jeweils ohne SB) wie folgt zusammen: Für das selbstbewohnte Einfamilienhaus (Einzelrisiko) 118,22 €; für die vermietete Einliegerwohnung 54,57 €; für die Eigentumswohnung 590,76 € (5,47 % von 10 800,00 €).

Anmerkung:

Für jedes **zu versichernde Objekt** muss die Anschrift angegeben werden. Einer Wohneinheit zuzurechnenden Garagen bzw. Stellplätze sind in den Versicherungsschutz eingeschlossen, auch wenn diese nicht zum selben Mietvertrag gehören wie der versicherte Erstwohnsitz. S. 417

Die **Vermietung (auch Untervermietung) von bis zu 3 Zimmern** in der vom VN selbst bewohnten und im Wohnungs- und Grundstücks-Rechtsschutz versicherten Wohneinheit ist **prämienfrei** mitversichert, wenn es sich nicht um eine Wohneinheit, sondern um einzelne Zimmer handelt.

Alle Wohneinheiten eines Gebäudes können nur einheitlich mit bzw. ohne SB versichert werden.

Versicherungsschutz besteht auch für **Streitigkeiten im Zusammenhang mit dem Kauf von Genossenschaftsanteilen** (anstelle Hinterlegung einer Kaution).

Nicht versicherbar sind nicht selbst genutzte Ferienwohnungen sowie Wohnungs-Eigentümergemeinschaften als Gesamtheit.

Als **Wohneinheit** gilt eine gemietete oder vermietete oder vom Eigentümer selbst genutzte Wohnung (auch einzelne Zimmer). Auch Einfamilienhäuser gelten als Wohneinheit. Dabei zählt eine etwa vorhandene Einliegerwohnung als zusätzliche Wohneinheit. Mietfrei überlassene Wohnungen sind wie eine vermietete Wohnung zu behandeln.

Als **Jahresbruttomiete/-pacht** gilt die Jahresmiete/-pacht zuzüglich der vereinbarten, an den Vermieter/Verpächter zu zahlenden Nebenkosten. Falsche Angaben führen im Schadenfall zu einer Kürzung wegen Unterversicherung. Jeweils zur Prämienhauptfälligkeit wird die aktuelle Jahresbruttomiete/-pacht abgefragt. Auf dieser Basis wird die Prämie für das nächste Jahr berechnet.

Der Eigentümer, Vermieter oder Verpächter muss **alle Einheiten** innerhalb eines Gebäudes oder Grundstücks versichern.

ARB 2012
2.2.4

2.2.5 Rechtsschutz im Vertrags- und Sachenrecht

Unter dem sog. Vertragsrechtsschutz versteht man sowohl den **aktiven als auch den passiven Rechtsschutz** bei der Wahrnehmung rechtlicher Interessen:

a) aus privatrechtlichen Schuldverhältnissen,

insbesondere

- Kauf-, Werk(Reparatur)-, Dienst-, Beförderungs-, Darlehens-, Reiseverträgen,
- Mietverträgen über **bewegliche** Sachen und
- auch aus Streitigkeiten mit »anderen« Versicherern,

soweit der Versicherungsschutz nicht in den Leistungsarten Schadenersatz-, Arbeits- bzw. Wohnungs- und Grundstücks-Rechtsschutz enthalten ist.

Der Vertragsrechtsschutz bezieht sich nicht nur auf schuldrechtliche Verträge, sondern auch auf sonstige schuldrechtliche Streitigkeiten privatrechtlicher Natur (u. a. Geschäftsführung ohne Auftrag, ungerechtfertigte Bereicherung).

> **Beispiel:**
> - Eine neue Waschmaschine funktioniert nach der dritten Reparatur immer noch nicht. Der Verkäufer lehnt die Rücknahme des Gerätes ab.
> - Nach einem Wohnungsbrand weigert sich der Hausratversicherer, den Schaden in voller Höhe zu ersetzen.
>
> In beiden Fällen beauftragt der VN einen Rechtsanwalt.

In der **Verkehrs-, Fahrzeug- und Fahrer-Rechtsschutzversicherung** besteht auch Versicherungsschutz für Verträge, bei denen eine versicherte Person Kraftfahrzeuge und Anhänger zur Eigennutzung erwerben will, auch wenn diese später nicht auf sie zugelassen werden. **Kein Versicherungsschutz** ist im Vertrags- und Sachenrecht gegeben, wenn die mitversicherte Person Teilnehmer im öffentlichen Straßenverkehr ist (Streit um Taxirechnung). Hier würde nur über Privat-Rechtsschutz eine Deckung bestehen (vgl. B 2.1.1).

b) wegen dinglicher Rechte (Eigentum, Besitz, Nießbrauch, Vorkaufs-recht, Pfandrecht) an beweglichen Sachen (Sachenrecht).

> **Beispiel:**
> Dem VN wurde auf offener Straße die Filmkamera entrissen. Einige Tage später entdeckt er die Kamera in einem Secondhand-Shop. Der Besitzer verweigert die Rückgabe.

Bezieht sich der Rechtsschutz auf eine unbewegliche Sache, also ein Grundstück, dann besteht Deckung nur im Wohnungs- und Grundstücks-Rechtsschutz.

2.2.6 Arbeits-Rechtsschutz

ARB 2012
2.2.2

Der Arbeits-Rechtsschutz gewährt **Rechtsschutz** für **außergerichtliche** und **gericht-liche** Streitigkeiten aus einem Arbeitsverhältnis; insbesondere im Zusammenhang mit Arbeitsentgeltfragen, Urlaubsansprüchen, der Zeugniserteilung, dem Arbeitsschutz, Schadenersatzfragen, der Altersversorgung und der Kündigung eines Arbeitsverhältnisses. Es besteht aktiver und passiver Rechtsschutz. Die Versicherung kommt für Nichtselbstständige im Rahmen ihrer beruflichen Tätigkeit in Betracht.

Der Arbeits-Rechtsschutz umfasst auch Streitigkeiten des VN mit seinen Arbeitskollegen.

> **Beispiel:**
> Der VN erhält eine Kündigung seines Arbeitgebers. Er erhebt Kündigungsschutz-klage beim zuständigen Arbeitsgericht mit der Begründung, die Kündigung sei »sozial ungerechtfertigt«. Der VN gewinnt den Prozess. Da jede Partei die eigenen Anwaltskosten selbst zu tragen hat (Besonderheiten eines Arbeitsgerichtsprozesses in der ersten Instanz), ist hier der Kostenschutz des Rechtsschutz-VR besonders wichtig.

Auch öffentlich-rechtliche Dienstverhältnisse (darunter fallen auch Berufs- und Zeitsoldaten, nicht jedoch Wehrpflichtige) sind unter Rechtsschutz gestellt. Hier geht es u. a. um Ansprüche wegen Versagung einer Beihilfe im Krankheitsfall, Entlassung aus dem Beamtenverhältnis, Falschberechnung des Ruhegeldes/der Dienstjahre. Zuständig für diese Streitigkeiten sind Verwaltungsbehörden und – gerichte.

Ausgeschlossen vom Arbeits-Rechtsschutz sind dagegen Anstellungsverhältnisse gesetzlicher Vertreter von juristischen Personen – also z. B. der Vorstände einer AG – und das gesamte kollektive Arbeits- und Dienstrecht – z. B. Streitigkeiten zwischen einem Arbeitgeber und dem Betriebsrat in dessen Funktion als Betriebsrat (vgl. B 3).

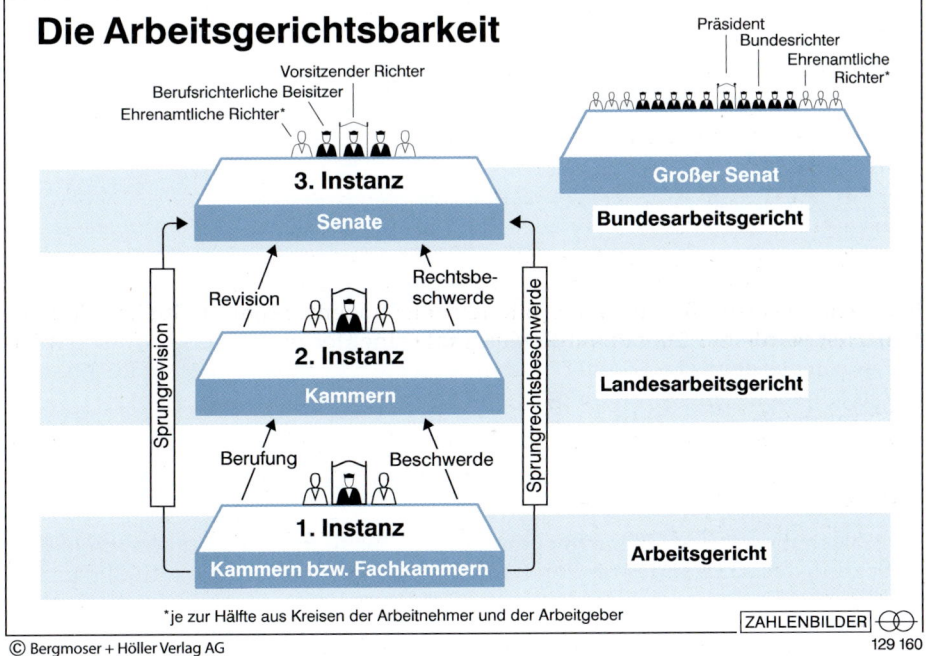

ARB 2012
2.2.6

2.2.7 Sozialgerichts-Rechtsschutz

Der Sozial-Rechtsschutz vor Gerichten bezieht sich nur auf **gerichtliche** Auseinandersetzungen (aktiver und passiver Rechtsschutz) vor **deutschen Sozialgerichten**, wenn es um Auseinandersetzungen mit einem **Sozialversicherungsträger** geht (s. auch Abbildung auf der nächsten Seite).

Beispiele:

- Nach einem Arbeitsunfall streitet sich der VN mit der Berufsgenossenschaft über die Höhe der von der gesetzlichen Unfallversicherung zu zahlenden Rente.
- Das zuständige Arbeitsamt verweigert Arbeitslosenunterstützung.

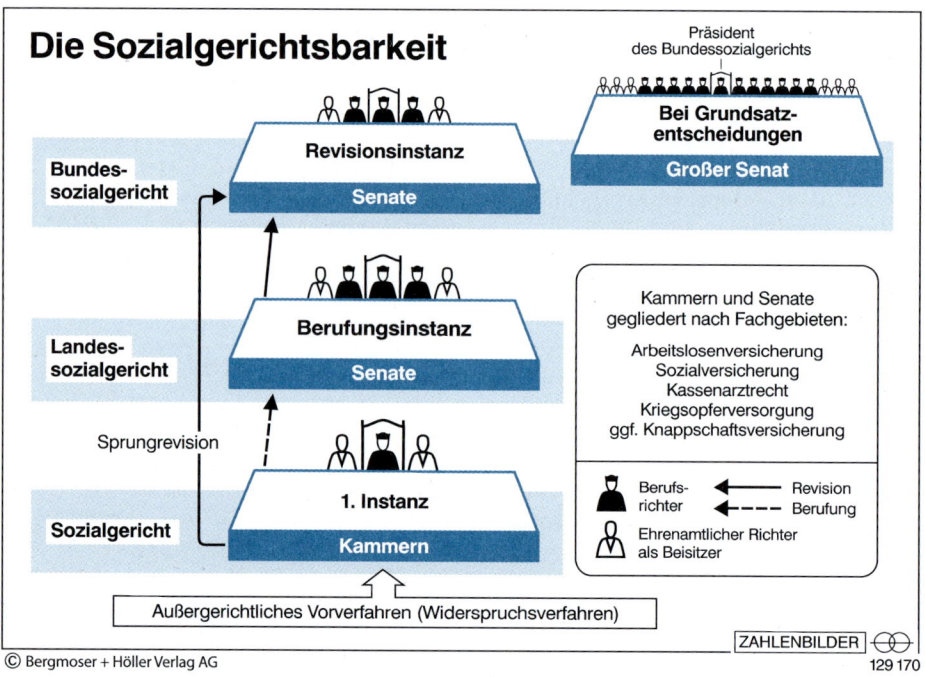

© Bergmoser + Höller Verlag AG

ZAHLENBILDER

129 170

2.2.5

2.2.8 Steuer-Rechtsschutz vor Gerichten

Auch für **Prozesse** vor **Finanz-** und **Verwaltungsgerichten** und in Bußgeldverfahren aus dem Bereich des **deutschen** Steuer- und sonstigen Abgaberechts besteht Rechtsschutz, aber mit folgenden Einschränkungen:

Kein Steuer-Rechtsschutz besteht (vgl. B 3)

3.2.12

- in Angelegenheiten der Bewertung von Grundstücken, Gebäuden oder Gebäudeteilen;
- im Zusammenhang mit Erschließungs- und sonstigen Anliegerabgaben (z. B. zur Deckung des Aufwandes für den Bau von Straßen, Grünanlagen, Kinderspielplätzen u. a.). Handelt es sich um laufende Gebühren für die Grundstücksversorgung, dann besteht dennoch Versicherungsschutz.

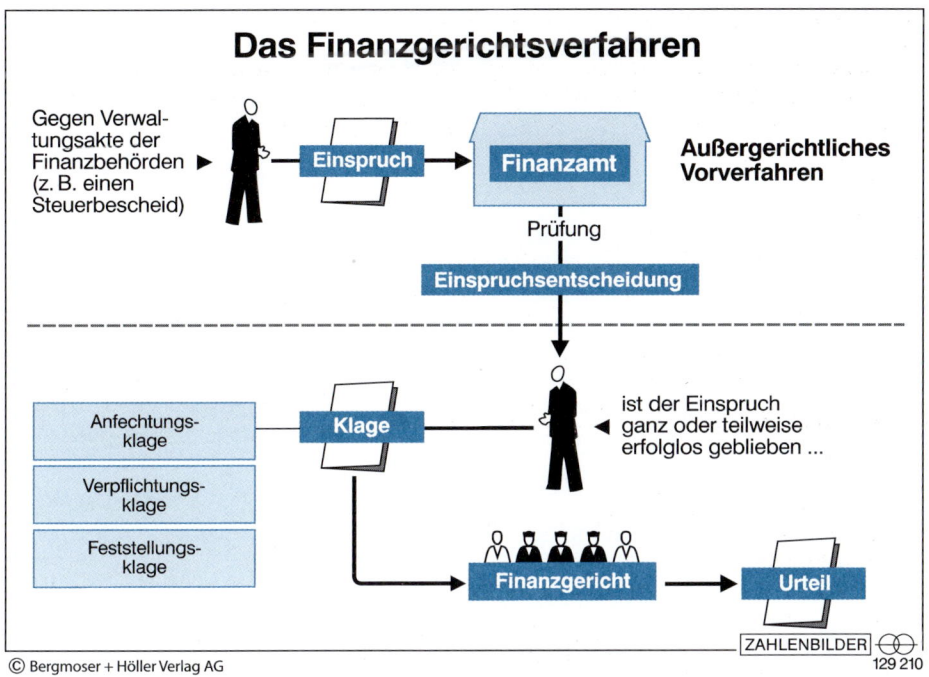

© Bergmoser + Höller Verlag AG   129 210

Der Steuer-Rechtsschutz erstreckt sich auch auf den »betrieblichen Bereich«.

> **Beispiel: Steuer-Rechtsschutz**
>
> Kosten für im Ausland absolvierte Fortbildungsmaßnahmen werden in der Einkommensteuererklärung des VN nicht als Werbungskosten anerkannt. Auch ein Einspruch bleibt erfolglos. Der VN erhebt Klage vor dem zuständigen Finanzgericht.

Im Prozess vor dem Finanzgericht können für den Kläger auch Steuerberater auftreten.

Da hier nur gerichtliche Streitigkeiten unter Versicherungsschutz stehen, besteht grundsätzlich kein Rechtsschutz für vorgerichtliche Interessenwahrnehmung, wie z. B. die Steuerberatung.

2.2.9 Beratungs-Rechtsschutz im Familien-, Lebenspartnerschafts- und Erbrecht

ARB 2012
2.2.11

Die Wahrnehmung rechtlicher Interessen aus dem Bereich des **deutschen** und **ausländischen Familien-, Lebenspartnerschafts- und Erbrechts** ist zwar **grundsätzlich nicht versichert**, doch als Baustein für einzelne Vertragsarten werden hier wenigstens die Kosten einer **Beratung** oder einer **Auskunft** durch einen in Deutschland zugelassenen Rechtsanwalt vom Beratungs-Rechtsschutz übernommen.

Dabei gelten **folgende Einschränkungen**:

- Rat oder Auskunft dürfen nicht mit anderen gebührenpflichtigen Tätigkeiten zusammenhängen, z. B. mit einer **Prozessführung** in einem Scheidungsprozess oder in einem Erbstreit.

- Erteilt der Anwalt im Rahmen des Beratungs-Rechtsschutzes dem Versicherten nur mündlich oder schriftlich einen Rat oder eine Auskunft, beschränkt sich die Leistung des VR je Versicherungsfall auf höchstens 250,00 €.

2.3.1.2

● Der Versicherungsschutz wird **erst mit der Veränderung der Rechtslage des VN wirksam**. Kosten für rein informative Anfragen werden also nicht erstattet.

Die Rechtslage ist dann verändert, wenn Rechte oder Verbindlichkeiten des VN in zeitlichem und ursächlichem Zusammenhang mit dem Ereignis neu begründet, belastet, übertragen, inhaltlich geändert oder aufgehoben werden.

Beispiel: Familienrecht

Der VN und seine Ehefrau beschließen nach Ehestreitigkeiten, von nun an in der Ehewohung getrennt zu leben. Der VN lässt sich vom Rechtsanwalt darüber beraten, was beim Getrenntleben in rechtlicher Hinsicht zu beachten sei (z. B. Unterhalt während des Getrenntlebens). Bei dieser Gelegenheit lässt er sich auch in Bezug auf eine mögliche Ehescheidung (z. B. Versorgungsausgleich bei Ehescheidung) eingehend beraten.

Beispiele: Erbrecht
● Testamentsanfechtung
● Annahme oder Ausschlagung einer Erbschaft
● Geltendmachung des Pflichtteils

Im Beispiel zum Familienrecht hat der Rechtsschutz-VR lediglich die Anwaltskosten für die Beratung hinsichtlich des Getrenntlebens und nicht hinsichtlich einer Ehescheidung zu tragen. Wenn zum Zeitpunkt der Beratung kein Anspruch auf Ehescheidung, etwa wegen »unzumutbarer Härte« oder »Ablauf der vorgeschriebenen Trennungszeit«, bestand, hat sich eben **nicht die Rechtslage in Bezug auf eine Ehescheidung geändert**.

2.2.10 Opfer-Rechtsschutz

ARB 2012
2.2.12

Der Versicherte ist Opfer einer verübten Gewaltstraftat. Der VR gewährt ihm aktiven Straf-RS gegen den Täter im Ermittlungs-/Strafverfahren vor deutschen Gerichten.

Beispiel: schwerer Raub, versuchter Totschlag

Der VN wird auf dem Weg zum Bahnhof überfallen und dabei schwer verletzt. Der Täter wird nach intensiver Fahndung festgenommen. Mit Hilfe seines Rechtsanwalts kann der VN im Strafprozess als Nebenkläger/Zeuge auftreten, d. h. insbesondere Fragen und Anträge stellen und Erklärungen abgeben. Der VN kann so dazu beitragen, dass der Täter zu einer angemessenen Freiheitsstrafe verurteilt wird.

Hat der VN im o. a. Beispiel dauerhafte Körperschäden erlitten, erhält er auch Versorgungs-RS (RS für die außergerichtliche Geltendmachung von Ansprüchen nach dem SGB und dem Opferentschädigungsgesetz/OEG)

2.2.11 Zusammenhang zwischen versicherbaren Lebensbereichen und Leistungsarten

In den jeweiligen versicherbaren Lebensbereichen (vgl. B 2.1) sind nur bestimmte Leistungsarten im Versicherungsschutz enthalten. Nach dem Tarif der Proximus Versicherung AG kann der VN die einzelnen Lebensbereiche miteinander kombinieren. Eine Übersicht über die **versicherbaren Lebensbereiche** und ihre **Leistungsarten** bietet das folgende Schaubild:

Leistungsarten	Schadenersatz-Rechtsschutz	Arbeits-Rechtsschutz	Wohnungs- und Grundstücks-Rechtsschutz	Rechtsschutz im Vertrags- und Sachenrecht	Steuer-Rechtsschutz vor Gerichten	Sozialgerichts-Rechtsschutz	Verwaltungs-Rechtsschutz in Verkehrssachen	Disziplinar- und Standes-Rechtsschutz	Straf-Rechtsschutz	Ordnungswidrigkeiten-Rechtsschutz	Beratungs-Rechtsschutz im Familien-, Lebenspartnerschafts- und Erbrecht	Opfer-Rechtsschutz
Lebensbereiche												
Privat-Rechtsschutz (P)	X			X	X	X			X	X	X	X
Berufs-Rechtsschutz (B)		X						X				
Verkehrs-Rechtsschutz (Vk)	X			X	X		X		X	X		
Fahrzeugs-Rechtsschutz (F)	X			X	X		X		X	X		
Fahrer-Rechtsschutz (D)	X						X		X	X		
Wohnungs- und Grundstücks-Rechtsschutz (W)			X		X							

X = enthaltene Leistungsart im jeweiligen versicherbaren Lebensbereich

Lernkontrollen zu B 2.2

Leistungsarten

1 Der VN hat eine Rechtsschutzversicherung vereinbart, die den Arbeits-Rechtsschutz einschließt. Er bittet um Versicherungsschutz in folgender Angelegenheit:

Der Arbeitgeber hat ihn schon zum wiederholten Mal auf seine Leistungsbereitschaft und seine Leistungsmängel angesprochen und man erwarte eine noch größere Leistungsbereitschaft von ihm. Der VN fühlt sich außerstande, die nach seiner Meinung übertriebenen Anforderungen zu erfüllen. Deswegen droht ihm jetzt sein Arbeitgeber mit der fristlosen Kündigung. Muss der Versicherer dem VN Rechtsschutz gewähren?

2 Der VN wird wegen einer Straftat angeklagt. In der ersten Instanz wird er wegen Vorsatzes und im anschließenden Berufungsverfahren wird er wegen Fahrlässigkeit verurteilt.

Prüfen Sie, unter welchen Gegebenheiten dem VN hier Rechtsschutz (1. und/oder 2. Instanz) zu gewähren ist.

3

Frau Bertram ruft entsetzt in der Agentur der Proximus Versicherung AG an und schildert folgenden Vorgang:

Sie hat in einem Drogeriemarkt diverse Artikel eingekauft und an der Kasse bezahlt. Beim Verlassen des Geschäftes wurde sie vom Hausdetektiv beschuldigt, Artikel an der Kasse vorbeigeschleust zu haben. Tatsächlich fand man bei der Taschenkontrolle einen Lippenstift, der auf dem Kassenbon nicht registriert war, von dem Frau Bertram aber angibt, dass er schon bei Betreten des Ladens in ihrer Tasche gewesen sei. Da ihr nun ein Verfahren wegen Ladendiebstahls droht, möchte sie wissen, ob die Rechtsschutzversicherung hierfür grundsätzlich Deckung gewährt.

● **Arbeitsauftrag**
Geben Sie Frau Bertram die gewünschte Auskunft.

4 Erklären Sie einem Versicherungskunden den Beratungs-Rechtsschutz.

2.3 Leistungsumfang

Die Rechtsschutzversicherung deckt

- Vergütung der Rechtsanwälte
- Gebühren und Auslagen der Gerichte und Gerichtsvollzieher
- Kosten für technische Sachverständige
- gerichtlich festgesetzte Sachverständigen- und gerichtlich festgesetzte Zeugengebühren
- Reisekosten, wenn Erscheinen vor ausländischem Gericht angeordnet ist
- Strafkaution bis zu 200 000,00 €
- Kosten der Prozessgegner
- Kosten der gegnerischen Nebenkläger

Nach Eintritt des Versicherungsfalles erbringt der Rechtsschutz-VR die für die Wahrnehmung der rechtlichen Interessen des VN (bzw. des Versicherten) erforderlichen Leistungen, soweit sie »erforderlich« und – im Zivilprozess – nicht von der Gegenseite zu erhalten sind. An versicherten Leistungen kommen in Betracht: ARB 2012 1

2.3.1 Rechtsanwaltsgebühren

a) Gesetzliche Vergütung eines am Gerichtsort zugelassenen Rechtsanwalts

Da das Rechtsberatungsgesetz den Rechtsschutzversicherer daran hindert, die rechtlichen Interessen seines VN (Versicherten) selbst wahrzunehmen, hat der VR

- soweit dies der VN nicht schon selbst getan hat, im Namen des VN einen von diesem frei ausgewählten **Rechtsanwalt zu beauftragen** oder   4.1.3

- ersatzweise einen Rechtsanwalt zu bestimmen, wenn es der VN verlangt.

  Hierzu ist der VR unter Umständen sogar verpflichtet, wenn der VN ein Rechtsproblem zwar gemeldet, aber keinen Anwalt benannt hat und die alsbaldige Anwaltsbeauftragung im Interesse des VN geboten erscheint, weil z. B. der VN in Rechtsangelegenheiten unkundig ist und es deshalb offensichtlich übersieht, dass eine für die Erhaltung seiner Ansprüche wesentliche Frist zu verstreichen droht (Fürsorgepflicht des VR).

Der VR erstattet Anwaltskosten grundsätzlich nur im Rahmen des Rechtsanwaltsvergütungsgesetzes (RVG), rechnet aber i.d.R. direkt mit dem beauftragten Anwalt ab und leistet an diesen auch notwendige Vorschüsse, soweit sie vom Anwalt gefordert werden.   2.3.1.2

- In Zivilsachen sind die Anwaltsgebühren in der Regel von der Höhe des Streitwerts abhängig.
- Für Strafsachen bestehen Rahmengebühren, die auch die Schwere des Vorwurfs berücksichtigen.

Wenn sich die Tätigkeit des Anwaltes auf die folgenden Leistungen beschränkt, dann tragen wir je Versicherungsfall Kosten von höchstens 250,00 €:

- Ihr Anwalt erteilt Ihnen einen mündlichen oder schriftlichen Rat,

- er gibt Ihnen eine Auskunft oder

- er erarbeitet für sie ein Gutachten.

Der VR ist für die Tätigkeit des Rechtsanwalts nicht verantwortlich. Er ist auch nicht dem Anwalt, sondern dem VN gegenüber zur Gebührenzahlung verpflichtet. Dies gilt auch dann, wenn der Anwalt nach Beauftragung durch den VN eine Deckungszusage beim VR eingeholt hat.

Das Mandatsverhältnis entsteht schließlich zwischen VN und Anwalt. Deshalb hat auch der VN dem Anwalt die notwendigen Vollmachten zu erteilen und die für die Wahrnehmung seiner Interessen erforderlichen Unterlagen zur Verfügung zu stellen.

Der Versicherte kann, ohne dass die Mehrkosten vom VR zu ersetzen sind,

- auch eine von der gesetzlichen Gebühr abweichende **höhere Vergütung mit dem Anwalt vereinbaren** und

- einen **Prozessanwalt wählen, der nicht am Ort des zuständigen Gerichts wohnt** bzw. bei dessen Gericht zugelassen ist.

Allerdings werden die Interessen des VN von einem ortsansässigen Anwalt meist besser, kaum aber jemals schlechter wahrgenommen als von einem ortsfremden Anwalt.

> **Beispiel:**
>
> Hat ein VN, der in Köln wohnt, in Ulm einen schweren Verkehrsunfall verschuldet, so findet das Strafverfahren in Ulm (Ort des zuständigen Gerichts) statt. Schon wegen der notwendigen Einsichtnahme in die Ermittlungsakten der Staatsanwaltschaft sollte sich der VN jetzt einen in Ulm ansässigen Strafverteidiger wählen. Dieser kennt auch das dortige Gericht und seine Gepflogenheiten.

Bei Kfz-Unfällen im europäischen Ausland übernimmt der VR auch die Kosten eines inländischen Anwalts für die Regulierung mit dem Schadenregulierungsbeauftragten im Inland und zwar auch dann, wenn die Regulierung im Inland erfolglos verläuft und deshalb noch eine Rechtsverfolgung im Ausland notwendig wird.

b) Korrespondenzanwalt

ARB 2012
2.3.1.2
- **Rechtsschutzfall im Inland**

  Wenn der zuständige Gerichtsort mehr als 100 km Luftlinie vom Wohnort des VN entfernt ist, übernimmt der VR in **zivil- und verwaltungsrechtlichen Angelegenheiten in erster Instanz** auch die Kosten eines Korrespondenzanwaltes. Dieser hat den am Prozessgericht zugelassenen Anwalt (Prozessanwalt) einzuschalten. Im Übrigen führt er lediglich die Korrespondenz zwischen dem Prozessbevollmächtigten und dem VN.

  Er übermittelt, was an Informationen und Beweisen zwischen dem VN und dem Prozessanwalt auszutauschen ist, und erhält dafür eine »Verkehrsanwaltsgebühr«.

  Statt der Kosten eines Korrespondenzanwalts übernimmt der VR in gleicher Höhe Reisekosten und Abwesenheitsgelder des für den VN tätigen Rechtsanwaltes.

2.3.2.1
- **Rechtsschutzfall im Ausland**

  Analog zur Regelung für Inlandsfälle übernimmt der VR – in angemessener Höhe – auch Korrespondenzanwaltskosten, wenn das zuständige Gericht im Ausland liegt. Der VN ist z. B. Beteiligter an einem Verkehrsunfall – im Gegensatz zu den Inlandsfällen besteht jetzt sogar Kostenschutz für die **vorgerichtliche Wahrnehmung rechtlicher Interessen** und für den Bereich des **Strafrechtsschutzes**.

  Vom Korrespondenzanwalt ist ein Anwaltswechsel zu unterscheiden. Die Mehrkosten eines Anwaltswechsels in derselben Instanz und derselben Sache hat der VR nur bei objektiver Notwendigkeit (z. B. Tod des tätigen Rechtsanwalts) zu übernehmen, denn die ARB sprechen im 2.3.1.2 und 2.3.2.1 eindeutig von der Übernahme der Kosten »eines« Rechtsanwaltes.

2.3.2 Gerichtskosten

ARB 2012
2.3.3.1

Ist ein Gericht mit der Rechtsangelegenheit befasst, entstehen weitere Kosten. Ihr Gesamtumfang bestimmt sich insbesondere danach, wie viele Instanzen (z. B. Amtsgericht, Landgericht usw.) mit der Rechtsangelegenheit bemüht worden sind.

a) Gerichtsgebühren nach dem Gerichtskostengesetz

Der VR ist auch hier wieder zur Übernahme von geforderten Vorschusszahlungen verpflichtet.

● In Zivilsachen richten sich die Kosten nach der Höhe des Streitwerts.

● Im Strafverfahren setzt das Gericht seine Kosten nach der Höhe der Strafe fest.

Übersicht: Die deutsche Gerichtsbarkeit unterscheidet mehrere Gerichtsarten mit bis zu 3 Instanzen

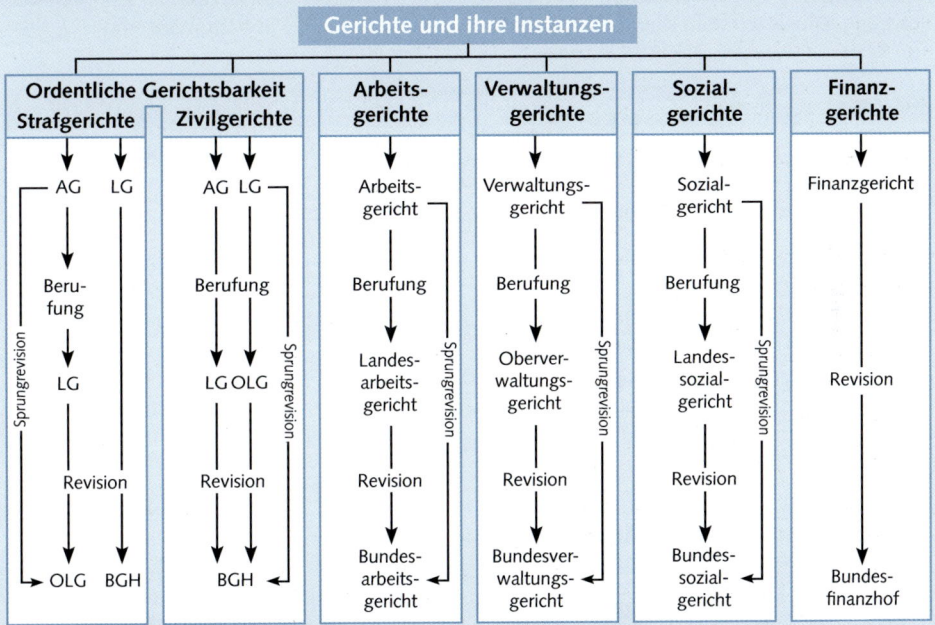

Strafgerichte: hier ist 1. Instanz das Amtsgericht (AG): Über leichte Fälle entscheidet der Einzelrichter, das Schöffengericht hingegen über die mittlere Kriminalität, wenn keine höhere Strafe als 4 Jahre Freiheitsstrafe zu erwarten ist. In allen übrigen Fällen erfolgt Anklage vor dem Landgericht (LG). Die Oberlandesgerichte (OLG) sind als 1. Instanz nur dann zuständig, wenn es sich um Straftaten handelt, die die Sicherheit der Bundesrepublik Deutschland gefährden oder es sich um besonders schwere Verbrechen handelt (z. B. Mord), die gleichzeitig die innere oder äußere Sicherheit der BRD gefährden und der Generalbundesanwalt die Ermittlungen wegen der besonderen Bedeutung der Sache an sich zieht.

Zivilgerichte: Das AG ist regelmäßig in Zivilsachen für Verfahren mit einem Streitwert bis 5 000,00 € zuständig. Liegt der Streitwert höher, wird der Rechtsstreit gleich vor dem Landgericht verhandelt.

Die Kosten erhöhen sich erheblich, wenn Berufung eingelegt wird.

Allerdings ist jede kostenerhöhende Maßnahme – auch schon die Klageerhebung – zuvor mit dem VR abzustimmen (Obliegenheiten nach dem Versicherungsfall).

Es liegt eine Obliegenheitsverletzung mit entsprechenden Rechtsfolgen vor, wenn der VN oder dessen Anwalt ohne Information des VR ein Mahn- und Klageverfahren einleitet.

b) Entschädigung für Zeugen und Sachverständige, soweit diese vom Gericht herangezogen werden

Diese Kosten, die von der Gerichtskasse zunächst vorgelegt werden, lassen sich von vornherein kaum schätzen.

c) Gerichtsvollzieherkosten

Sie entstehen z. B. bei Zwangsvollstreckung in das Vermögen der im Prozess unterlegenen gegnerischen Partei, wenn diese sich als zahlungsunfähig erweist.

Der VR übernimmt auch Kosten (Gebühren) in

ARB 2012
2.3.3.1,
2.3.3.2

- Schieds- und Schlichtungsverfahren, und zwar bis zur Höhe der Gebühren, die im Fall der Anrufung eines zuständigen staatlichen Gerichts erster Instanz entstehen.
- Verfahren vor Verwaltungsbehörden. Hier handelt es sich insbesondere um Führerscheinangelegenheiten. Der VR übernimmt die Gebühren und Auslagen einschließlich der Entschädigung für Zeugen und Sachverständige, die von der Verwaltungsbehörde (z. B. Straßenverkehrsamt) herangezogen werden, sowie die Kosten der Vollstreckung im Verwaltungswege.

Abgrenzung: Zivil- und Strafverfahren

Zivil- und Strafverfahren sind grundsätzlch zwei getrennte Verfahren, auch wenn sie aus einem Vorfall entstehen.

Beide Verfahren gehören zur »ordentlichen Gerichtsbarkeit« (Instanzenaufbau: Amts-, Land-, Oberlandesgericht, Bundesgerichtshof/AG, LG, OLG, BGH).

Zivilverfahren (Zivilprozess)	**Strafverfahren** (Strafprozess)
Verfahren insbesondere zur Geltendmachung von **Schadenersatzansprüchen aller Art**, Streitigkeiten aus Kauf-, Werk-, Mietvertrag (z. B. Kündigung) – **BGB**.	Polizeiliches oder gerichtliches Verfahren wegen eines **Verstoßes gegen Strafbestimmungen**, z. B. wegen Verletzung von Verkehrvorschriften oder wegen schwerer Körperverletzung – **StGB**.
• Verfahren **aufgrund eines Klageantrages des VN/Versicherten** beim zuständigen Zivilgericht (AG/LG) **(Bürger ⟷ Bürger/Beklagter)** • Kostenvorschuss, Zustellung der Klageschrift an den Beklagten • **mündliche Verhandlung** (evtl. Beweisverfahren) Grundsätze: **Verhandlungsgrundsatz**, d. h., die Parteien bestimmen, welche Tatsachen vorgebracht werden (**»Parteibetrieb«**).	Verfahren vor dem zuständigen Strafgericht (AG, LG, evtl. OLG) aufgrund • **einer Anklage des Staatsanwalts (Staat ⟷ Bürger/Angeklagter)** • Einspruch des beschuldigten VN/ Versicherten gegen einen Strafbefehl bzw. Bußgeldbescheid. Grundsätze: **Ermittlungsgrundsatz, Untersuchungsgrundsatz**, d. h., das Gericht hat alle rechtserheblichen Tatsachen zu ermitteln (**»Amtsbetrieb«**).
Beendigung des Verfahrens durch • **richterliches Urteil**, • Beschluss der Parteien (**Verzicht, Anerkenntnis, Vergleich**).	Beendigung des **Hauptverfahrens:** In der Regel durch **richterliches Urteil** oder **Freispruch**.

2.3.3 Nebenkosten in Zivil- bzw. Strafsachen

a) Außergerichtliche Gutachterkosten eines »technischen Sachverständigen

Der VR trägt die übliche Vergütung eines **öffentlich bestellten** technischen Sachverständigen oder einer **rechtsfähigen technischen Sachverständigenorganisation** (z. B. DEKRA), wenn allein schon der Anwalt oder der Versicherte ein solches Gutachten für erforderlich hält, und zwar für die

- Verteidigung in **verkehrsrechtlichen Straf- und Ordnungswidrigkeitenverfahren** und
- Wahrnehmung rechtlicher Interessen des Versicherten **(Vertragsstreitigkeiten)** bei Autokauf und -reparatur (Motorfahrzeuge zu Lande).

ARB 2012 2.3.1.3

b) Verfahren im Ausland

➤ Kosten eines Sachverständigen bei Unfällen im Ausland

Sie werden ersetzt, soweit ein Sachverständigengutachten für die Geltendmachung von Ersatzansprüchen wegen Beschädigung des Kfz des VN (Motorfahrzeug zu Lande) erforderlich ist.

➤ Reisekosten (einschließlich Tagegeld und Übernachtungskosten)

Sie werden ersetzt, wenn in Auslandsprozessen das Erscheinen des Versicherten entweder als Beschuldigter oder Partei vorgeschrieben und zur Vermeidung von Rechtsnachteilen erforderlich ist (Kostenerstattung bis zur Höhe der gesetzlich festgelegten Sätze für Geschäftsreisen von deutschen Rechtsanwälten).

2.3.2.3

➤ Übersetzungskosten

Sie werden ersetzt, wenn in einem ausländischen Verfahren schriftliche Unterlagen in die dortige Gerichtssprache übertragen werden müssen; aber auch für die Übersetzung von Schriftstücken ins Deutsche.

Wird der VN/ein Mitversicherter im Ausland verhaftet bzw. mit Haft bedroht, werden die Kosten eines Dolmetschers übernommen.

2.3.2.4

c) Kautionen bei Strafverfahren

Sie müssen vom Versicherten aufgewendet werden, um von Strafverfolgungsmaßnahmen vorläufig verschont zu bleiben. Dies geschieht in Form eines zinslosen Darlehens bis 200 000,00 €.

Der VN ist aber zur Rückzahlung der Kaution verpflichtet, soweit sie als Strafe, Geldbuße oder als Sicherheit für die Durchsetzung der gegen den VN erhobenen Schadenersatzansprüche einbehalten wird.

2.3.3.5

d) Gegnerische Kosten im Straf- bzw. Zivilverfahren

➤ Kosten des gegnerischen Nebenklägers im Strafverfahren

Nach einem Entscheid des BGH aus dem Jahr 1985 hat der VR diese Kosten auch dann zu erstatten, wenn der Versicherte diese, ohne dazu verurteilt worden zu sein – also freiwillig –, übernimmt, um eine Einstellung des Strafverfahrens zu erreichen.

BGH 1985

ARB 2012
2.3.3.3

➤ **Kosten der gegnerischen Partei im Zivilverfahren**

Diese Kosten sind aber nur insoweit versichert, als der VN zu deren Erstattung verpflichtet ist. Dies wird in der Kostenentscheidung bzw. dem Urteilsspruch des Gerichts festgelegt.

3.3.2

Daraus folgt: Kosten für Vergleiche und andere gütliche Regelungen sind vom Versicherungsschutz ausgeschlossen, wenn sie nicht dem Verhältnis des »Obsiegens zum Unterliegen« entsprechen oder soweit sie sich in diesen Fällen auf die Einbeziehung nicht streitiger Gegenstände beziehen. Der VN soll nicht versucht sein, auf Kosten des VR ungerechtfertigte Kosten zu übernehmen, um sich damit einen günstigen Vergleich zu erkaufen.

Beispiel:

Der VN erhebt Klage über 4 000,00 €. Er schließt im Prozess einen Vergleich über 2 000,00 €. Übernimmt er noch sämtliche Kosten, also auch die des Gegners, werden diese nur zur Hälfte vom VR ersetzt; denn nur dies entspricht dem Verhältnis des »Obsiegens zum Unterliegen«.

2.3.4 Deckungssummen

2.3

Die gesamten Rechtsschutzkosten trägt der VR in jedem Versicherungsfall bis zur vereinbarten Deckungssumme. Sie beträgt 1 000 000,00 € je Versicherungsfall.

Für Strafkautionen im In- und Ausland werden zusätzlich bis zu 200 000,00 € zur Verfügung gestellt.

Proximus 4 TA
S. 416 ff.

In den jeweiligen versicherbaren Lebensbereichen kann eine Selbstbeteiligung von 150,00 € oder 250,00 € vereinbart werden.

Dabei ist aber zu beachten:

Mehrere zeitlich und ursächlich zusammenhängende Versicherungsfälle gelten als ein Versicherungsfall.

Beispiele:

● Mehrere Arbeitnehmer führen wegen einer Werksstilllegung gegen ihren rechtsschutzversicherten Arbeitgeber (VN/Firmenrechtsschutz) einen Kündigungsschutzprozess.

● Nach einem Verkehrsunfall mit dem Pkw führen der VN (Verkehrsrechtsschutz) und später auch die verletzten Insassen als mitversicherte Personen Schadenersatzprozesse gegen den Unfallgegner.

Die Versicherungsleistungen werden jeweils zusammengerechnet, da in beiden Beispielen nur ein Versicherungsfall vorliegt.

2.3.5 Kostenschutz für eine »erforderliche« Rechtsverfolgung

➤ **Prüfung der Erfolgsaussicht**

Im Interesse der Versichertengemeinschaft darf die Rechtsschutzversicherung kein »Blankoscheck« für mutwilliges Prozessieren sein.

Beantragt der VN **Kostenschutz für eine Rechtsverfolgung**, so ist der VR nur dann leistungspflichtig, **wenn die Wahrnehmung der rechtlichen Interessen des VN erforderlich** ist. Die Erforderlichkeit ist dann gegeben (ARB 2012), wenn

ARB 2012
1

- **kein grobes Missverhältnis** zwischen voraussichtlichem Kostenaufwand und angestrebtem Erfolg besteht (kostengeschützt sind also nur solche Streitigkeiten, die der VN auch ohne Rechtsschutzversicherung durchsetzen würde),

3.4.1.2

- die Rechtsverfolgung **hinreichende Aussicht auf Erfolg hat**.

> **Beispiel: Hinreichende Erfolgsaussichten für einen Rechtsstreit**
>
> Ein defekter Fernsehapparat soll vom Händler wieder zurückgenommen werden. Aufgrund der Sachdarstellung des VN und der vorhandenen Unterlagen erscheint der Rechtsstandpunkt, den der VN einnimmt, zumindest vertretbar. In tatsächlicher Hinsicht ist dem VN auch eine entsprechende Beweisführung möglich. Es ist deshalb Kostenschutz zu gewähren.

Fehlende Erfolgsaussichten sind allerdings kein Leistungsverweigerungsgrund im strafrechtlichen und strafrechtsähnlichen Bereich – also nicht bei den Leistungsarten »Disziplinar- und Standes- bzw. Ordnungswidrigkeiten-Rechtsschutz« – auch nicht im »Beratungsrechtsschutz« (vgl. B 2.2).

3.4.1.1

➤ Stichentscheid

Lehnt der VR die Leistungspflicht ab, kann der VN den für ihn tätigen oder noch zu beauftragenden Rechtsanwalt veranlassen, eine begründete Stellungnahme abzugeben, und zwar zu folgenden Fragen:

3.4.2,
3.4.3

- Besteht eine hinreichende Aussicht auf Erfolg und

- steht die Durchsetzung seiner rechtlichen Interessen in einem angemessenen Verhältnis zum angestrebten Erfolg?

Die Kosten für die Stellungnahme übernimmt der VR.

Die Entscheidung des Rechtsanwaltes ist für den VN und für den VR bindend, es sei denn, dass diese Entscheidung offenbar von der tatsächlichen Sach- oder Rechtslage abweicht.

Der VR kann dem Rechtsanwalt für die Stellungnahme eine Frist von mindestens 1 Monat setzen. Der VN muss für die Stellungnahme den Rechtsanwalt vollständig und wahrheitsgemäß über die Sachlage unterrichten und die Beweismittel angeben. Kommt der VN dieser Verpflichtung nicht nach, entfällt der Versicherungsschutz, wenn der VR ihn vorher über die Rechtsfolgen bei Fristablauf belehrt hat.

➤ Mediationsverfahren

Bei einem Mediationsverfahren handelt es sich um eine Art Streitschlichtung. Bei diesem Verfahren wird auf freiwilliger Basis (beider Seiten) eine außergerichtliche Konfliktlösung gesucht.

2.3.1.1

Zu Beginn des Verfahrens schließen die Konfliktparteien mit dem Mediator einen Mediationsvertrag. Der Mediator verpflichtet sich in diesem Vertrag zur Neutralität und Verschwiegenheit. Ein weiterer Bestandteil des Vertrages ist die Kostenvereinbarung, die sich nicht nach dem Rechtsanwaltsvergütungsgesetz (RVG) richtet, so dass eine individuelle Honorarvereinbarung getroffen wird. Nach 2.3.1.1 ARB 2012 trägt der VR bis zu 1 500,00 € je Mediation für einen von ihm vermittelten Mediator, jedoch nicht mehr als 3 000,00 € im Kalenderjahr. Es werden auch die Kosten für nicht versicherte Personen am Mediationsverfahren anteilig übernommen.

Das Mediationsverfahren kommt in den folgenden Fällen häufig zum Einsatz:

- im Arbeitsrecht, z. B. bei Mobbing,

- im Familienrecht, z. B. Umgangsrecht,

- bei Nachbarschaftsstreitigkeiten, z. B. Ruhestörung,

- im Erbrecht, z. B. was mit der Erbschaft passieren soll.

Ein Mediationsverfahren setzt allerdings voraus, dass der Rechtsstreit grundsätzlich in der vereinbarten Rechtsschutzversicherung versichert ist. Beispielsweise sind Streitigkeiten aus dem Kauf oder Verkauf eines Grundstücks nach 3.2.2 ARB 2012 nicht versichert, so dass es für diesen Fall auch kein Mediationsverfahren geben kann.

Bei Streitigkeiten aus dem Bereich des Familien-, Lebenspartnerschafts- und Erbrechts wird nach 3.2.10 ARB 2012 nur Beratungs- Rechtsschutz (vgl. B 2.2.9) gewährt, wenn diese Leistungsart versichert ist. Ein Mediationsverfahren kommt also auch hier nicht in Frage.

Am Ende des Verfahrens wird das Ergebnis der Mediation dokumentiert. Ein Konsens wird vertraglich geregelt, um weitere Konflikte wegen der gleichen Sache zu vermeiden.

2.3.6 Abgrenzung zur Haftpflichtversicherung

Die Rechtsschutzversicherung ist, wie die Haftpflichtversicherung, eine **Schadenversicherung** (konkrete Bedarfsdeckung). Sie hat die durch den Versicherungsfall entstandenen Kosten **(Vermögensschaden)** zu ersetzen.

Gerade mit der **Haftpflichtversicherung** kommt es aber leicht zu einer Verwechslung, denn die Haftpflichtversicherung hat nicht nur begründete Haftpflichtansprüche Dritter durch Schadenersatzzahlung zu befriedigen; sie hat solche Ansprüche auch abzuwehren, wenn diese unberechtigt sind. Insofern gewährt auch die Haftpflichtversicherung Rechtsschutz **(sog. passiver Rechtsschutz)**. Sie befasst sich dabei aber nur mit ihren »eigenen« Rechtsangelegenheiten, denn es ist ihr Interesse, den Drittanspruch abzuwehren (vgl. A 5.2.3.3).

Die **Rechtsschutzversicherung** ist dagegen mit »fremden« Rechtsangelegenheiten betraut. Sie ist daher auch in erster Linie **Kostenversicherung** und gewährt in zweifacher Weise Rechtsschutz:

- **aktiven Rechtsschutz** (wenn Ansprüche geltend zu machen sind, z. B. gegenüber dem Dritten als Schädiger/Rechtsverfolgungskosten) und

- **passiven Rechtsschutz** (wenn Drittansprüche abzuwehren sind/Rechtsverteidigungskosten), soweit es sich **nicht** um Schadenersatz-Rechtsschutz der Haftpflichtversicherung handelt.

Da es beim Straf-Rechtsschutz auch nicht darauf ankommt, ob die Rechtsverfolgung hinreichend Aussicht auf Erfolg bietet, geht dieser auch erheblich weiter als die vom Haftpflichtversicherer für das Strafverfahren im Ausnahmefall in Aussicht gestellte Kostenübernahme (A1 Ziff. 4.3 AHB PR 2016).

ARB 2012
1

Allerdings muss es sich um die **Wahrung rechtlicher** und nicht rein wirtschaftlicher Interessen handeln.

> **Beispiel: rein wirtschaftliches Interesse**
>
> Der VN beauftragt einen Rechtsanwalt, die Stundung einer unstreitig fälligen Geldforderung zu erreichen. Hier besteht in der Regel kein Versicherungsschutz.

Lernkontrollen zu B 2.3

Leistungsumfang

1   Gerichtsbarkeit

    a)   Erläutern Sie den Instanzenaufbau im Rahmen der ordentlichen Gerichtsbarkeit (Zivil- und Strafgerichtsbarkeit).

    b)   Nennen Sie zwei weitere Gerichtsbarkeiten neben der Zivil- und Strafgerichtsbarkeit.

2   Ein VN aus Düsseldorf führt einen Schadenersatzprozess vor dem Landgericht Stuttgart. Prozessanwalt ist ein Stuttgarter Rechtsanwalt. Dieser Rechtsanwalt korrespondiert während des Prozessverlaufes mit dem Düsseldorfer Rechtsanwalt des VN, der mit dem Rechtsstreit auch vertraut ist.

    a)   Wer wählt den Anwalt aus und beauftragt ihn?

    b)   Welche Kosten übernimmt der Rechtsschutz-VR, wenn der VN im Prozess unterliegt?

    c)   Unter welchen Gegebenheiten übernimmt der VR auch Sachverständigengebühren?

3   Bis zu welcher Höhe wird Kostenersatz durch den Rechtsschutz-VR gewährt?

4   Einem VN wird die Kostenübernahme durch seinen Rechtsschutz-VR abgelehnt, da keine hinreichende Erfolgsaussicht für den Rechtsstreit bestehen soll.

    Erläutern Sie, was der VN jetzt unternehmen kann.

5   Stellen Sie dar, unter welchen Voraussetzungen die Kosten eines Korrespondenzanwaltes für einen inländischen bzw. ausländischen Rechtsschutzfall übernommen werden.

6   Auch die Haftpflichtversicherung gewährt Rechtsschutz. Wo liegt hier der Unterschied zur Rechtsschutzversicherung?

3 Ausgeschlossene Rechtsangelegenheiten

Vorbemerkung

Um einer möglichst großen Anzahl von Versicherten einen wirksamen, aber auch prämiengünstigen Rechtsschutz zu bieten, sind

- **schwer kalkulierbare** und **extrem kostenintensive Risiken, bei denen die Schadenfälle vorprogrammiert sind**, und
- **rechtliche Randgebiete**, die nur für eine Minderheit von Interesse sind, vom Rechtsschutz ausgeschlossen.

3.1 Zeitliche Ausschlüsse

a) Wartezeiten für bestimmte Leistungsarten

Wer einen Rechtsstreit auf sich zukommen sieht, ist natürlich versucht, noch schnell eine Rechtsschutzversicherung abzuschließen. Um dieses subjektive Risiko zu verhindern, sehen die ARB für einige Leistungsarten eine sog. Wartezeit von 3 Monaten vor.

Die Wartezeit hat zur Folge, dass die Leistungspflicht des VR nur für einen Rechtsschutzfall begründet wird, der nach Ablauf dieser 3 Monate eintritt. Die Frist läuft ab dem im Versicherungsschein genannten Beginn (technischer Beginn).

ARB 2012
3.1.1

Für die Leistungsarten **Arbeits-Rechtsschutz, Rechtsschutz im Vertrags- und Sachenrecht, Steuer-Rechtsschutz vor Gerichten, Sozialgerichts-Rechtsschutz, Verwaltungsrechtsschutz in Verkehrssachen** und **Wohnungs-** und **Grundstücks-Rechtsschutz** besteht Versicherungsschutz erst nach Ablauf von **3 Monaten nach Versicherungsbeginn** (technischer Beginn).

Auf die Wartezeit wird verzichtet, wenn der VN eine Vorversicherung der betreffenden Risiken nachweist und die neue Versicherung unmittelbar anschließt.
Für alle anderen Leistungsarten bestehen keine Wartezeiten.

> **Beispiel:**
>
> Britta Behrendt schließt eine Berufs-Rechtsschutzversicherung mit Beginn 01. April d. J. ab. Am 01. Juni d. J. unterschreibt sie einen neuen Arbeitsvertrag. Am 10. Okt. d. J. möchte sie gegen eine Klausel in ihrem Arbeitsvertrag klagen. Hier würde sie keine Rechtsschutz-Deckung bekommen, da die Unterzeichnung des Arbeitsvertrages innerhalb der Wartezeiten lag.

3.1.2

b) Willenserklärung oder Rechtshandlung vor Beginn des Versicherungsschutzes

Ein Versicherungsfall wird durch Willenserklärungen oder Rechtshandlungen ausgelöst. Liegt die erste Willenserklärung oder Rechtshandlung vor Beginn des Versicherungsschutzes, wird keine Deckung gewährt. Dieser Punkt der Bedingungen erfasst sowohl die Wartezeiten, als auch Fälle, die vor Vertragsbeginn liegen oder aufgrund verspäteter Prämienzahlung nicht bereits ab technischen Beginn Versicherungsschutz gewähren.

> **Beispiel:**
>
> Heinz Bosse schließt eine Berufs-Rechtsschutzversicherung mit Beginn 01. April d. J. ab. Am 01. März d. J. unterschrieb er einen neuen Arbeitsvertrag. Drei Monate später möchte er gegen eine Klausel in seinem Arbeitsvertrag klagen. Hier würde es keine Rechtsschutz-Deckung geben, weil die Unterzeichnung des Arbeitsvertrages vor Vertragsbeginn lag.

c) Schadenmeldung

Jede Meldung eines Rechtsschutzfalles sollte **sofort** an den VR erfolgen. Die **Nach-meldefrist** für Rechtsschutzfälle, die erst nach Beendigung des Versicherungsvertrages als solche erkennbar werden (Spätschäden), beträgt **3 Jahre**.

ARB 2012
3.1.3

Da es sich hier um eine Ausschlussfrist und nicht um eine Obliegenheit handelt, besteht hier auch dann kein Versicherungsschutz, wenn der VN unverschuldet den Rechtsschutzfall verspätet – d. h. nach Ablauf der 3-Jahresfrist – meldet.

Versicherungsschutz besteht allerdings, wenn der Rechtsschutzfall in die Vertragslaufzeit eines Vorversicherers fällt und der Anspruch auf Rechtsschutz später als 3 Jahre nach Ende der Ver-tragslaufzeit des Vorversicherers gegenüber dem neuen VR geltend gemacht wird. Dies gilt allerdings nur dann, wenn der VN die (Schaden)meldung beim Vorversicherer nicht vorsätzlich oder grob fahrlässig versäumt hat und bezüglich des betroffenen Risikos lückenloser Versiche-rungsschutz bestand.

6.2.6

> **Beispiel: Vertrags-Rechtsschutz**
>
> Ein VN hatte am 10. Jan. d. J. einen Schreiner mit der Anfertigung eines Bücher-regals beauftragt. Am 20. April d. J., also 2 Monate nach Lieferung (19. Febr. d. J.), bricht das Regal wegen eines Konstruktionsfehlers zusammen. Da der Schreiner die Mangelhaftigkeit seiner Leistung bestreitet, geht der VN am 15. Mai d. J. zum Rechtsanwalt (nach einer entsprechenden Deckungszusage seines RS-VR).
>
> Der Rechtsschutzvertrag war eineinhalb Monate zuvor zum 01. April d. J. nach 3-jäh-riger Laufzeit fristgerecht gekündigt worden.
>
> Rechtsschutz ist zu gewähren, da
>
> – der Rechtsschutzfall (Zeitpunkt der Lieferung) innerhalb der Vertragslaufzeit liegt und
> – der Anspruch auf Rechtsschutz (Schadenmeldung nach Kenntnis des Rechts-schutzfalls) innerhalb der 3-Jahresfrist – nach Beendigung des Vertrages – gel-tend gemacht wurde.

d) Besonderheit beim Steuer-Rechtsschutz vor Gerichten

Im **Steuer-RS vor Gerichten** besteht kein Rechtsschutz, wenn die für die Festsetzung der Steuer oder Abgabe maßgeblichen Voraussetzungen bereits **vor** Versicherungs-beginn eingetreten sind oder eingetreten sein sollen.

3.1.4

> **Beispiel:**
>
> Für den VN besteht ab 01. Aug. d. J. eine Privat-Rechtsschutzversicherung. Im Juni d. J. hatte er ein Computerseminar besucht. Erkennt das Finanzamt die Seminarkosten in der Einkommensteuererklärung für das betreffende Jahr, die im Folgejahr abgegeben wird, nicht als Werbungskosten an, so besteht für eine Klage beim Finanzgericht kein Rechtsschutz, weil die entsprechenden Aufwendungen vor Versicherungsbeginn, also vor dem 01. Aug. d. J. angefallen sind.

Die Tatsache, dass die Steuererklärung erst im Folgejahr abgegeben und der Steuerbescheid ebenfalls erst im Folgejahr erteilt wurde, ist hier unerheblich.

Soweit sich auch hier wieder ein lückenloser Versicherungsschutz aus einer entsprechenden Vorversicherung ergibt, besteht aber im o. a. Beispiel Versicherungsschutz aus dem neuen Vertrag.

3.2 Inhaltliche Ausschlüsse

➤ Allgemeine Ausschlüsse

ARB 2012
3.2.1

Auch in der Rechtsschutzversicherung gilt der **obligatorische Ausschluss** für Versicherungsfälle, die u. a. mit **Krieg, feindseligen oder terroristischen Handlungen, Aufruhr, inneren Unruhen, Streiks, Erdbeben oder Nuklear- bzw. genetischen Schäden** in ursächlichem Zusammenhang stehen. Darüber hinaus sind **Bergbauschäden** und Beeinträchtigungen aufgrund von **bergbaubedingten Immissionen** an Grundstücken, Gebäuden oder Gebäudeteilen ausgeschlossen.

Nicht ausgeschlossen sind genetische Schäden aufgrund medizinischer Behandlung (Apparatemedizin).

3.2.2

➤ Streitigkeiten als Bauherr (»Baurisiko«)

Hier handelt es sich um den brisantesten Ausschluss, der damit begründet wird, dass Streitigkeiten des **Bauherrn** mit Architekten, Handwerkern, Bauträgern und Baubehörden, die in ursächlichem Zusammenhang mit der Planung, Errichtung oder **genehmigungspflichtigen** und/oder **anzeigepflichtigen baulichen** Veränderungen eines Gebäudes stehen, nach der Lebenserfahrung regelmäßig vorprogrammiert sind (subjektives Risiko).

Bauherr ist, wer als Eigentümer oder Besitzer ein Gebäude bzw. Gebäudeteil errichten oder baulich verändern lässt.

Der Baurisikoausschluss erstreckt sich aber auch auf Streitigkeiten in ursächlichem Zusammenhang mit

● dem Erwerb eines **Neubaus** (Haus oder Eigentumswohnung) im Rahmen des mit der Bauträgergesellschaft abgeschlossenen Kaufvertrages;
Auch die Geltendmachung von Mängel**folgeschäden**, wie z. B. Nässeschäden infolge Dachundichtigkeiten oder Gesundheitsschäden aufgrund giftiger Holzschutzmittel fallen unter den Baurisikoausschluss.

● dem Erwerb bzw. der Veräußerung eines zu Bauzwecken bestimmten Grundstücks;

● der **Finanzierung** eines Grundstückserwerbs oder eines Bauvorhabens;
z. B. besteht kein Rechtsschutz für einen Rechtsstreit zwischen dem VN und seiner Bank über die Rückabwicklung eines Darlehensvertrages nach dem Haustürwiderrufsgesetz, wenn das Darlehen in unmittelbarem Zusammenhang mit dem Kauf und zur Finanzierung einer noch nicht errichteten Eigentumswohnung aufgenommen wurde (OLG München 2000).

● der **einmaligen Entrichtung von Anliegergebühren** (z. B. Kanalanschlussgebühren).

Rechtsschutz besteht dagegen für Streitigkeiten aus:

● dem Kauf eines sog. Altbaues (auch dann, wenn Baumängel Gegenstand der Auseinandersetzung sind) oder eines unbebauten Grundstücks, dessen Bebauung auch bei Abschluss des Kaufvertrages nicht beabsichtigt ist;

● nicht genehmigungs- bzw. anzeigepflichtigen Baumaßnahmen geringeren Umfanges, wie z. B. die Neueindeckung eines Daches, die Anbringung eines zusätzlichen Heizkörpers, die Verlegung von Wasseranschlüssen usw.;

● Bausparverträgen, die ohne beabsichtigten Kauf eines Grundstückes, Gebäudes oder Gebäudeteiles lediglich wegen staatlicher Förderung abgeschlossen wurden.

➤ Abwehr außervertraglicher Schadenersatzansprüche

ARB 2012
3.2.3

Die Abwehr außervertraglicher Schadenersatzansprüche ist Aufgabe der Haftpflichtversicherung **(passiver Rechtsschutz)**. Schadenersatzansprüche die auf einer Vertragsverletzung beruhen sind mitversichert, da sie dem Vertrags- und Sachenrecht zuzuordnen sind.

➤ Recht der Handelsgesellschaften

3.2.5

Rechtsstreitigkeiten dieser Gesellschaften sind derart umfangreich, dass häufig dort angestellte Anwälte tätig werden (interne Rechtsverhältnisse im Betrieb des VN).

Nicht unter den Ausschluss fällt das Recht der BGB-Gesellschaft, der stillen Gesellschaft und der Genossenschaft (das Recht der Genossen untereinander).

➤ Urheberrecht und Patentrecht und die sonstigen gewerblichen Schutzrechte

3.2.6

Hier werden nicht selten jahrelang mit aufwendigen Gutachten und enormen Kosten Prozesse geführt. Unter das Patentrecht fallen auch Rechtsstreitigkeiten über Arbeitnehmererfindungen.

➤ Spekulationsgeschäfte

3.2.9

– **Spiel- u. Wettverträge** i. S. v. §§ 762, 763 BGB z. B. Streitigkeiten unter Mitgliedern einer Wettgemeinschaft
– **Gewinnzusagen** (Streitigkeiten, weil die Gewinnzusage nicht eingehalten wird)
– **die Vergabe von Darlehen**

> **Beispiel:**
> Bei der Vergabe eines Kredites berechnet die Bank unzulässige Bearbeitungsgebühren. Daraufhin klagt der Darlehensnehmer auf Schadenersatz gegen die Bank. Hierbei würde der Rechtsschutzversicherer keine Kostendeckung gewähren.

➤ Erwerb, Veräußerung, Verwaltung und Finanzierung von Wertpapieren, Wertrechten, Bezugsrechten und Beteiligungen

3.2.8

> **Beispiele:**
> Streitigkeiten
> – mit der Bank wegen Falschberatung beim Kauf, Verkauf von Aktien, Anleihen usw.
> – mit einem geschlossenen Immobilienfonds (vgl. E 5.3) wegen falscher Angaben im Fondsprospekt
> – mit einer AG wegen falscher Angaben im Börsenprospekt (bei der Ausgabe junger Aktien)

Bei einer Schadenersatzklage gegen die Bank, den Fondsinitiator, die börsennotierte AG besteht in den o. a. Beispielen kein Deckungsschutz mehr. Dieser erweiterte Risikoausschluss ist wegen der vielen Anlegerklagen in die Rechtsschutz-Versicherungsbedingungen aufgenommen worden, – vor allem aber nachdem mehrere Gerichte und schließlich auch der BGH entschieden haben, dass der Erwerb bzw. Verkauf von Aktien grundsätzlich weder ein Termingeschäft ist noch ein damit vergleichbares Spekulationsgeschäft.

ARB 2012
3.2.10

➤ **Familien-, Lebenspartnerschafts- und Erbrecht**

Soweit die Rechtsschutzkosten über die reine Beratung nach 2.2.11 ARB 2012 hinausgehen.

3.2.11

➤ **Streitigkeiten aus dem Rechtsschutz-Versicherungsvertrag gegen den VR**

Dieser Ausschluss bezieht sich auf die Proximus Rechtsschutz Versicherung AG, da hier der Wortlaut: »Sie wollen gegen uns oder unser Schadenabwicklungsunternehmen vorgehen.« sich laut Unternehmensstruktur nur auf die Proximus Rechtsschutz Versicherung AG beziehen kann. Daher sind Klagen gegen andere Unternehmen der Proximus Gruppe durchaus gedeckt.

Anmerkung:
Dieser Wortlaut des Ausschlusses ist in der Praxis üblich. Hierbei ist aber zu beachten, dass je nach Unternehmensstruktur die Rechtsschutzsparte auch mit anderen Sparten (außer Lebens- und Krankenversicherung) innerhalb eines Unternehmens betrieben wird, sodass sich dann der Ausschluss auch auf die anderen Sparten beziehen kann.

3.2.15

➤ **Planfeststellungs-, Enteignungs- und Flurbereinigungsverfahren**

Sowie alle im Baugesetzbuch geregelten Verfahren (z.B. Umlegungsverfahren).

3.2.16

➤ **Wahrnehmung rechtlicher Interessen aus Halt- oder Parkverstößen**

In Ordnungswidrigkeiten- und Verwaltungsverfahren muss der VR also nicht für Bagatellschäden bei Halt- oder Parkverstößen eintreten.

3.2.17,
3.2.18

➤ **Streitigkeiten von Mitversicherten untereinander sowie von mitversicherten Personen gegen den VN**

Jegliche Streitigkeiten von Mitversicherten mit dem VN und untereinander sind generell ausgeschlossen.

Darüber hinaus sind auch Streitigkeiten sonstiger Lebenspartner (nicht eheliche und nicht eingetragene Lebenspartner gleich welchen Geschlechts) untereinander ausgeschlossen, wenn diese Streitigkeiten in ursächlichem Zusammenhang mit der Partnerschaft stehen. Dies gilt auch, wenn die Partnerschaft beendet wurde.

3.2.21

➤ **Vorsätzliche und rechtswidrige Herbeiführung von Rechtsschutzfällen**

Beispiel:
Ein Arbeitnehmer erhält eine fristlose Kündigung, weil er Firmengelder unterschlagen hat.

Dieser Ausschluss gilt nicht im Ordnungswidrigkeiten-, Straf-, Opfer- und Beratungsrechtschutz.

➤ **Geplante oder ausgeübte gewerbliche freiberufliche oder sonstige selbstständige Tätigkeit**

Beispiel:
Nebenberuflich ist Günther Hollmann (Angestellter Werbekaufmann) auf Honorarbasis als Sänger auf Hochzeiten tätig. Bei seinem letzten Auftritt bezahlte die Hochzeitgesellschaft ihm nur den halben vereinbarten Preis. Hier würde er von der Proximus Versicherung AG keine Leistung erhalten, da diese Tätigkeit auf Selbstständigkeit beruht.

3.3 Einschränkung der Leistungspflicht

Der VR schränkt seine Leistungspflicht in einigen Teilbereichen ein, um das subjektive Risiko einzugrenzen.

Der VR übernimmt für die folgenden Sachverhalte keine bzw. nur teilweise die Kosten: ARB 2012

● Kosten die der VN übernimmt ohne rechtlich dazu verpflichtet zu sein.   3.3.1

● Kosten einer gütlichen Einigung, die nicht im Verhältnis vom angestrebten zum   3.3.2
erzielten Ergebnis stehen.

> **Beispiel:**
>
> Der Nachbar von Anton Bittner hat beim Fällen eines Baumes nicht aufgepasst, so dass dieser auf das Dach der Garage von Herrn Bittner gefallen ist. Daraufhin verlangt Anton Bittner 10 000,00 € Schadenersatz (laut Gutachten) von seinem Nachbarn. Das Gegengutachten des Nachbarn ermittelt einen Schadenersatz von 6 500,00 €. Da ihm der Nachbar beim Aufbau helfen will einigen sie sich gütlich auf 8 000,00 €.
>
> In diesem Fall würde die Proximus Versicherung AG 20 % der Kosten des Rechtsstreits übernehmen, weil der Schadenersatz zu 20 % nicht durchgesetzt wurde.

Sollte gesetzlich eine andere Kostenregelung vorgeschrieben sein, dann ist diese anzuwenden.

● Der VN einigt sich über unstrittige oder nicht versicherte Ansprüche, dann zahlt der   3.3.3
VR die Kosten für diesen Teil nicht.

> **Beispiel:**
>
> Sollte, wie im obigen Beispiel, die Schadenersatzhöhe von 8 000,00 € statt zuvor 10 000,00 € unstrittig werden, dann würde der VR die Kosten in Höhe von 20 % für den ursprünglichen Streitwert nicht übernehmen.

● Sofern eine Selbstbeteiligung vereinbart ist, wird diese je Versicherungsfall ab-   3.3.4
gezogen. Sollten mehrere Versicherungsfälle zeitlich und ursächlich miteinander zusammenhängen, dann wird die Selbstbeteiligung nur einmal abgezogen.

● Kosten von Zwangsvollstreckungsmaßnahmen werden ab der 4. Maßnahme je   3.3.5
Vollstreckungstitel nicht übernommen. Weiterhin werden auch Zwangsvollstreckungsmaßnahmen die später als 5 Jahre nach Rechtskraft des Vollstreckungstitels eingeleitet werden, nicht übernommen.

● Wird von einem Gericht eine Geldstrafe oder Geldbuße von unter 250,00 € ver-   3.3.6
hängt, werden die Kosten des Strafvollstreckungsverfahrens nicht übernommen.

● Kosten, zu deren Übernahme ein anderer verpflichtet wäre, wenn der Rechtsschutz-   3.3.7
versicherungsvertrag nicht bestünde.

4   Versicherungsfall

Vorbemerkung

Voraussetzung für die Deckung ist der Eintritt eines Rechtsschutzfalls (Versicherungsfall), d.h. eines Ereignisses, das

- vom RS-Vertrag des VN umfasst wird/zu den versicherten Leistungsarten gehört,

ARB 2012
2.4

- nicht unter einen Risikoausschluss fällt,
- während der Vertragslaufzeit (nach Ablauf der Wartezeit) eintritt,

3.2.19,
3.2.20

- von Anfang an den VN oder mitversicherte Personen persönlich betrifft; denn Ansprüche, die erst nach Eintritt eines Ereignisses, das einen Rechtsschutzfall auslösen könnte, auf den VN übergegangen sind (z.B. durch Forderungsabtretung), sind vom Versicherungsschutz ebenso ausgeschlossen wie fremde Ansprüche, die der VN im eigenen Namen geltend macht und für die er dann Rechtsschutz begehrt.

Je nach Leistungsart werden unterschiedliche Ereignisse als Rechtsschutzfall angenommen.

4.1   Voraussetzungen für den Anspruch auf Versicherungsschutz

a) Schadenersatz-Rechtsschutz

2.4.2

Der Rechtsschutzfall ist der Eintritt des (ersten) **Schadenereignisses**, das dem Anspruch zugrunde liegt (vgl. B 2.2.1).

> **Beispiel:**
>
> Am 16. Febr. d.J. wurden bei Dachdeckerarbeiten Dachziegel unzureichend befestigt. Am 10. Okt. d.J. wird der VN von einem herabfallenden Dachziegel verletzt. Am 20. Dez. d.J. macht der VN Schadenersatzansprüche geltend. Rechtsschutzfall ist hier allein der Zeitpunkt der Verletzung am 10. Okt. d.J. (Schadenereignis).

b) Beratungs-Rechtsschutz

2.4.1

Rechtsschutzfall ist das **Ereignis, das die Rechtslage** des VN im Familien-, Lebenspartnerschafts- und Erbrecht ändert, die einen Rechtsrat oder eine Rechtsauskunft erforderlich macht (vgl. B 2.2.9).

> **Beispiel:**
>
> Beratung bei Tod des Vaters (Erblassers), wodurch eine Erbeinsetzung des VN bzw. Mitversicherten in Betracht kommt. Rechtsschutzfall ist der Zeitpunkt, zu dem der Vater verstorben ist.

2.4.3

c) Rechtsschutz für die übrigen Leistungsarten

- In allen übrigen Leistungsarten gilt der Rechtsschutzfall dann als eingetreten, wenn der **VN** bzw. mitversicherte Personen, **der Gegner oder ein Dritter begonnen hat bzw. begonnen haben soll, gegen eine Rechtsvorschrift** (z.B. Strafvorschrift) **oder eine Rechtspflicht** (z.B. vertragliche Verpflichtung) **zu verstoßen.**

> **Beispiel: Ordnungswidrigkeiten-Rechtsschutz**
>
> Der VN erhält einen Bußgeldbescheid wegen Geschwindigkeitsübertretung. Er fühlt sich zu Unrecht bestraft und legt deshalb Einspruch ein. Als Rechtsschutzfall gilt der Zeitpunkt, in dem der VN gegen die Verkehrsvorschrift verstoßen hat.

● Allerdings ist **bei mehreren Verstößen der erste adäquat ursächliche Verstoß maßgeblich**, wobei nicht nur tatsächliche, sondern auch behauptete Verstöße eine Rolle spielen.

ARB 2012
2.4.5

> **Beispiel: Arbeits-Rechtsschutz**
>
> Der VN hat 4 Monate nach Versicherungsbeginn von seinem Arbeitgeber eine Kündigung erhalten. Kündigungsgrund ist die Behauptung des Arbeitgebers, der Arbeitnehmer habe mehrmals gegen seine Arbeitspflicht verstoßen. Da der erste dieser Verstöße 2 Monate vor Versicherungsbeginn passiert sein soll, besteht für eine eventuelle Kündigungsschutzklage des VN kein Rechtsschutz.

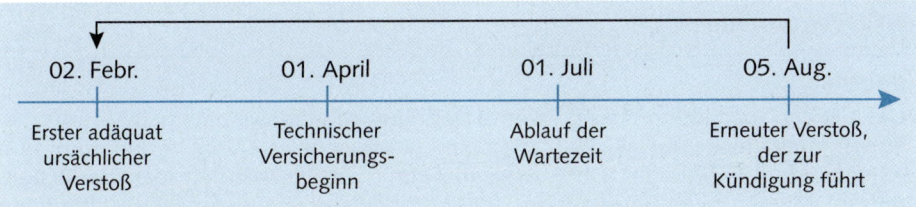

Bei **Dauerverstößen** kommt es auf den Beginn des Verstoßes an. Wurde z.B. eine Hecke zu nahe an eine Grundstücksgrenze gepflanzt, liegt der Verstoßbeginn in der Bepflanzung und nicht in der hiervon (später) ausgehenden Beeinträchtigung, die dann zu nachbarrechtlichen Streitigkeiten führt (Wohnungs-und Grundstücks-RS).

● Hat eine **Willenserklärung/Rechtshandlung den Verstoß ausgelöst**, so muss auch diese **nach Beginn des Versicherungsschutzes vorgenommen** worden sein. Andernfalls entfällt auch hier der Rechtsschutz.

3.1.2,
3.1.4

> **Beispiel: Sozialgerichts-Rechtsschutz**
>
> Der VN stellt 2 Monate vor Versicherungsbeginn einen Antrag auf Erwerbminderungsrente. Vier Monate später – also nach Ablauf der Wartezeit – erhält er einen Ablehnungsbescheid (Verstoß). Der VN hat keinen Anspruch auf Rechtsschutz, da hier der Rentenantrag (Willenserklärung vor Versicherungsbeginn) den Verstoß ausgelöst hat.

War der VN zu dem Zeitpunkt, als er die Erwerbsrente beantragt hat, bei einem anderen VR (Vorversicherer) versichert und bestand seitdem lückenlos Versicherungsschutz, dann besteht Versicherungsschutz aus dem neuen Vertrag. Der Rechtsschutz wird hier allerdings nur in dem Umfang gewährt, wie ihn der Vorversicherer gewährt hätte – höchstens jedoch im Umfang des neuen Vertrages.

6.2.6

4.2 Ablehnung wegen mangelnder Erfolgs-aussichten oder wegen Mutwilligkeit

ARB 2012
3.4.1.1

4.2.1 Mangelnde Erfolgsaussichten

Für die Leistungsarten

- Schadenersatz-Rechtsschutz (vgl. B 2.2.1),
- Arbeits-Rechtsschutz (vgl. B 2.2.6),
- Wohnungs- und Grundstücks-Rechtsschutz (vgl. B 2.2.4),
- Rechtsschutz im Vertrags- und Sachenrecht (vgl. B 2.2.5),
- Steuer-Rechtsschutz vor Gerichten (vgl. B 2.2.8),
- Sozialgerichts-Rechtsschutz (vgl. B 2.2.7),
- Verwaltungs-Rechtsschutz in Verkehrssachen (vgl. B 2.2.3)

kann der VR den Versicherungsschutz ablehnen, wenn keine hinreichenden Erfolgs-aussichten bestehen.

> **Beispiel:**
>
> Der VN Jan Arnold hat bei ihnen eine Verkehrs – Rechtsschutzversicherung. Nach einem nachweislichen »Rotlicht-Verstoß« verursacht er einen Verkehrsunfall mit einem anderen Fahrzeug. Die Beweisaufnahme ergibt, dass Jan Arnold voll haften muss. Dennoch möchte er seinen Unfallgegner auf Schadenersatz verklagen, da dieser ebenfalls aus der Betriebsgefahr seines Fahrzeugs haftet.
>
> In diesem Fall würde der VR aufgrund mangelnder Erfolgsaussichten den Schaden ablehnen, da im hier geschilderten Fall die Gefährdungshaftung gegenüber der Verschuldenshaftung zurücktritt und somit von einer alleinigen Haftung von Jan Arnold auszugehen ist.

3.4.1.2

4.2.2 Ablehnung wegen Mutwilligkeit

Stehen die voraussichtlich anfallenden Kosten in einem groben Missverhältnis zum angestrebten Erfolg, übernimmt der VR keinen Versicherungsschutz, weil ansonsten die berechtigten Interessen der Versicherungsgemeinschaft beeinträchtigt würden.

Eine Ablehnung wegen Mutwilligkeit muss unverzüglich, schriftlich und begründet dem VN mitgeteilt werden.

> **Beispiel:**
>
> Susanne Hellmich hat bei ihnen eine Privat-Rechtsschutzversicherung. Ihre Nach-barin kommt am Nachmittag bei ihr zu einem Kurzbesuch vorbei. Unglücklicher-weise fällt der Nachbarin der schwere Schlüsselbund aus der Hand und zerstört die Glasplatte des Gartentischs von Susanne Hellmich. Die Nachbarin möchte für den entstandenen Schaden von ca. 50,00 € für eine neue Glasplatte nicht aufkommen mit der Bemerkung, dass die Glasplatte sicherlich schon angebrochen gewesen sei. Aufgrund dieser als dreist empfundenen Unterstellung möchte Susanne Hellmich ihre Nachbarin auf Schadenersatz verklagen.
>
> Hier würde der VR wegen Mutwilligkeit ablehnen, da die voraussichtlichen Anwalts- und Gerichtskosten von ca. 500,00 € in einem groben Missverhältnis zum Streitwert von ca. 50,00 € stehen.

4.3 Obliegenheiten

Obliegenheiten sind sämtliche Verhaltensregeln, die der VN und die versicherten Personen beachten müssen, um den Anspruch auf Versicherungsschutz zu erhalten.

4.3.1 Obliegenheiten bei Eintritt des Versicherungsfalls

ARB 2012
4.1.1

Der VN muss:

- unverzüglich den Versicherungsfall melden,
- sämtliche Umstände des Versicherungsfalls wahrheitsgemäß und vollständig mitteilen, alle Beweismittel angeben und Unterlagen auf Verlangen zur Verfügung stellen,
- kostenverursachende Maßnahmen nach Möglichkeit mit dem VR abstimmen, sofern dies zumutbar ist,
- nach Möglichkeit für die Abwendung und Minderung des Schadens sorgen.

4.3.2 Bestätigung des Umfangs des Versicherungsschutzes und freie Anwaltswahl

a) Bestätigung des Versicherungsschutzes

4.1.2

Der VR bestätigt dem VN den Umfang des Versicherungsschutzes, der für den konkreten Versicherungsfall besteht.

Sollte der VN vor Bestätigung des Umfanges des Versicherungsschutzes Maßnahmen einleiten, die Kosten verursachen, trägt die Proximus nur die Kosten, die sie bei einer Bestätigung des Versicherungsschutzes vor Einleitung dieser Maßnahme zu tragen gehabt hätte.

b) Freie Anwaltswahl

4.1.3

Grundsätzlich hat jeder VN freie Anwaltswahl. Die Proximus Versicherung AG wählt den Rechtsanwalt aus, wenn der VN es verlangt oder der VN keinen Rechtsanwalt benennen kann und eine umgehende Beauftragung notwendig erscheint. Der VR beauftragt den Rechtsanwalt im Auftrag des VN und ist nicht für seine Tätigkeit verantwortlich.

Dem frei gewählten Rechtsanwalt muss der VN:

4.1.4

- vollständig und wahrheitsgemäß unterrichten,
- die Beweismittel angeben,
- die möglichen Auskünfte erteilen,
- die notwendigen Unterlagen beschaffen und
- dem VR auf Verlangen Auskunft über den Stand des Rechtsstreits geben.

4.3.3 Rechtsfolgen der Obliegenheitsverletzungen

4.1.5

Verletzt der VN **vorsätzlich** oder **arglistig** die oben genannten Obliegenheiten, verliert er den Versicherungsschutz.

Bei **grob fahrlässiger** Verletzung der Obliegenheit ist die Proximus Versicherung AG berechtigt, die Leistung nach der Schwere des Verschuldens der Obliegenheitsverletzung zu kürzen.

VVG
§ 28 (4)
Die Rechtsfolgen der **Auskunfts- und Aufklärungsobliegenheit** nach Eintritt des Versicherungs- falls treten nur ein, wenn der VR den VN vorher durch gesonderte Mitteilung in Textform infor- miert hat. Der Beweis über den Zugang dieser Mitteilung obliegt dem VR.

Der VR ist voll leistungspflichtig, wenn kein kausaler Zusammenhang zwischen der Obliegenheitsverletzung

- und dem Eintritt des Versicherungsfalls
- oder der Feststellung des Versicherungsfalles
- oder für die Feststellung oder den Umfang der Leistung

besteht und der VN dies nachweisen kann.

4.3.4 Weitere Obliegenheiten

ARB 2012
4.1.6
- Der VN muss sich bei der Erfüllung der Obliegenheiten die Kenntnis und das Ver- halten des von ihm beauftragten Rechtsanwalts zurechnen lassen.

> **Beispiel:**
> Der Rechtsanwalt unterrichtet den VR nicht rechtzeitig über die Einlegung von Rechtsmitteln, dann wird der VN so behandelt, als hätte er selbst die Einlegung von Rechtsmitteln versäumt.

4.1.7
- Die Abtretung der Versicherungsleistung kann der VN nur mit schriftlichen Ein- verständnis des VR vornehmen.

4.1.8
- Muss der Prozessgegner die Kosten der Rechtsverfolgung erstatten, dann geht dieser Anspruch auf den VR über, sofern der VR die Kosten bereits beglichen hat.

4.1.9
- Der VN muss die Kosten zurückzahlen, wenn der Prozessgegner ihm die Kosten erstattet hat und der VR die Kosten bereits beglichen hatte.

4.2
4.3.5 Besondere Obliegenheiten im Verkehrs-, Fahrzeug- und Fahrer-Rechtsschutz

Versicherungsschutz besteht bei diesen versicherbaren Lebensbereichen nur, wenn:

- der Fahrer bei Eintritt des Versicherungsfalles die vorgeschriebene Fahrerlaubnis hat,
- der Fahrer berechtigt ist, das Fahrzeug zu führen,
- das Fahrzeug zugelassen ist oder ein Versicherungskennzeichen hat.

Wird gegen diese Voraussetzungen verstoßen, dann besteht nur für diejenigen ver- sicherten Personen Versicherungsschutz, die von diesem Verstoß nichts wussten. Diese Personen müssen **ohne Verschulden** oder **höchstens leicht fahrlässig** gehandelt haben. Ist der Verstoß grob fahrlässig ist die Proximus Versicherung AG berechtigt die Leistung nach der Schwere des Verschuldens zu kürzen.

Sollte kein kausaler Zusammenhang zwischen der Verletzung der o.g. Vorausset- zungen und dem Versicherungsfall bestehen und kann der VN dies nachweisen, besteht grundsätzlich volle Leistungspflicht.

Lernkontrollen zu B 3 und B 4

Ausgeschlossene Rechtsangelegenheiten

1 Ein VN hat ein älteres Zweifamilienhaus gekauft und möchte jetzt größere Umbauarbeiten durchführen.

Prüfen Sie, ob die ARB 2012 grundsätzlich Rechtsschutz

a) für eventuelle Rechtsstreitigkeiten mit dem Verkäufer des Hauses bzw. den Bauhandwerkern (Gewährleistungsansprüche),

b) dem Nachbarn (Lärmbelästigung),

c) dem Mieter (Mietrückstand),

d) der Bausparkasse (Nichtgewährung eines Zwischenkredits)
vorsehen, wenn die jeweiligen Leistungsarten versichert wurden.

Voraussetzungen für den Anspruch auf Rechtsschutz

2 a) Der VN will einen Gebrauchtwagen erwerben. Vorsorglich lässt er seinen Rechtsanwalt den Kfz-Kaufvertrag entwerfen, um späteren Rechtsstreitigkeiten vorzubeugen.

Besteht Kostenschutz, wenn u. a. die Leistungsarten Rechtsschutz im Vertrags- und Sachenrecht sowie Beratungs-Rechtsschutz im Familien-, Lebenspartnerschafts- und Erbrecht versichert wurden?

b) Wegen eines Verkehrsunfalls am 30. März d. J. macht der VN am 05. April d. J. Schadenersatzansprüche gegen den Unfallgegner geltend.

Muss der Rechtsschutz-VR die Kosten des Verfahrens übernehmen, obwohl der Vertrag am 01. April d. J. endete?

c) Für bestimmte Versicherungsfälle (Leistungsarten) ist eine Wartezeit von 3 Monaten vorgesehen. Nennen Sie diese Leistungsarten und führen Sie Gründe an, warum der VR hier Wartezeiten vorsieht.

3 Frau Winter interessiert sich für eine Rechtsschutzversicherung. Sie hat gehört, dass es Wartezeiten geben soll, und möchte vorab wissen, wann sie mit einer Leistung in folgenden denkbaren Fällen nach Abschluss des Versicherungsvertrages rechnen kann:

a) Sie kauft ein Radio, das sich als defekt herausstellt und vom Händler nicht umgetauscht wird.

b) Sie begeht einen Verkehrsverstoß und muss mit dem Entzug des Führerscheins rechnen.

c) Sie ist mit dem Steuerbescheid ihres Finanzamtes nicht einverstanden.

d) Ihr Pkw wird durch einen Dritten beschädigt, der die Zahlung verweigert.

e) Ihr droht ein Bußgeld wegen Geschwindigkeitsüberschreitung.

f) Mit dem Nachbarn gibt es Streitigkeiten wegen herüberhängender Äste.

g) Ihr Arbeitgeber kündigt das Arbeitsverhältnis aufgrund einer Rationalisierungsmaßnahme.

h) Ihr geschiedener Ehemann verweigert ihr weitere Unterhaltszahlungen. Sie reicht deshalb Unterhaltsklage ein.

Lernsituationen

Kunden die Durchsetzung ihrer Rechte mit einer Rechtsschutzversicherung ermöglichen

Lernsituation 1:

»Risikoanalyse und bedarfsgerechte Beratung«

Sie sind Mitarbeiter in der Versicherungsagentur Hilmar Krause der Proximus Versicherung AG. Gegen 10 Uhr am Vormittag besuchen Sie die Kundin Maria Krüger.

Frau Krüger, verwitwet, ist an einer Rechtsschutzversicherung interessiert. Im Verlauf des Beratungsgespräches erfahren Sie, dass Frau Krüger keinen Führerschein hat und weder sie noch ihre 3 Kinder (Lisa, 12 Jahre, Rolf, 15 Jahre, Hans, 19 Jahre) ein Kfz besitzen. Allerdings hat ihr Sohn Hans, der in Berlin studiert, in der letzten Woche den Führerschein der Klasse 3 erworben. Er wird jetzt regelmäßig das Kfz seiner Freundin benutzen. Frau Krüger bewohnt mit ihren Kindern eine erst vor kurzem erworbene große Eigentumswohnung. Ein Zimmer der Wohnung hat Frau Krüger an ihren Neffen vermietet, der z. Zt. in Offenburg studiert. Frau Krüger ist Hausfrau. Sie will aber später wieder berufstätig sein.

Auszug aus dem Vertragsspiegel

Versicherungsnehmerin: Maria Krüger, Offenburg, Rosenweg 6

Haftpflichtversicherungen:

– Privat-HV Kompakt-Modell

– Haus- und Grundbesitzer-HV (unbebautes Grundstück bis 2 000 m²)

Deckungssummen: jeweils 5 Mio. € pauschal

Arbeitsauftrag

Beraten Sie Frau Krüger und erläutern Sie ihr und ihrem Sohn ein risikogerechtes Rechtsschutz-Versicherungsangebot.

Überprüfen Sie auch, ob der Versicherungsschutz in der Privat-HV an die neuen Gegebenheiten angepasst werden muss.

Berechnen Sie auch ggf. die zu zahlenden Jahresprämien für ihre beiden Angebote (Vertragsdauer 3 Jahre).

Lernsituation 2:

»Beratung im Versicherungsfall«

Herr Krause ist mit ihrer bisherigen Arbeit sehr zufrieden.

Er traut Ihnen deshalb zu, auch das nachfolgende Kundenschreiben sachgerecht zu bearbeiten.

Frau Jutta Lenzen schreibt:

> Sehr geehrte Damen und Herren,
>
> mein Ehemann soll über eine gerade auf »Rot« wechselnde Ampel gefahren sein. Dies wird von zwei Polizeibeamten, die aus einem Zivilfahrzeug heraus das Verkehrsgeschehen kontrollierten, ausgesagt. Mein Mann hat zwischenzeitlich einen Anhörungsbogen erhalten. Er ist jedoch der Auffassung, dass ihn keine Schuld trifft, da er wegen eines rechts geparkten Lkws und links neben ihm fahrenden Lkws die Ampeln erst in buchstäblich letzter Minute sehen konnte. Als er erkannte, dass sie bereits auf Gelb standen, hat er nicht mehr gewagt zu bremsen, da er einen möglichen Aufprall des hinter ihm fahrenden Fahrzeuges befürchtete.
>
> Mit freundlichen Grüßen
>
> *Jutta Lenzen*

Auszug aus dem Vertragsspiegel

> Verkehrs-Rechtsschutzversicherung (für die beiden Kraftfahrzeuge)
> Versicherungsnehmerin: Jutta Lenzen
>
> Kfz-Haftpflichtversicherung mit Teilkasko
> Versicherungsnehmerin: Jutta Lenzen
>
> Kfz-Haftpflichtversicherung mit Vollkasko
> Versicherungsnehmer: Martin Lenzen

Arbeitsauftrag

Prüfen Sie die Sach- und Rechtslage und stellen Sie stichwortartig für die Rückantwort zusammen, unter welcher Voraussetzung die Rechtsschutzversicherung eintritt und welche Leistungen Frau Lenzen dann erwarten darf.

C Kraftfahrtversicherung

1 Versicherungsarten

1.1 Kraftfahrtrisiken und Bedeutung der Kraftfahrtversicherung

1.1.1 Risiken im Zusammenhang mit dem Kraftfahrzeug

Situation:

Aus dem Polizeibericht:
Zu einem schweren Verkehrsunfall kam es gestern kurz vor 14 Uhr in Höhe der Ortslage Hoisten. Ein 21-jähriger Neusser befuhr, aus Richtung Grevenbroich kommend, die Landstraße 142 mit seinem nagelneuen Sportwagen. Am Ende einer scharfen Rechtskurve geriet er wegen Straßennässe nach links von der Fahrbahn ab und prallte direkt in einen entgegenkommenden Pkw, in dem ein 19-jähriger Düsseldorfer saß. Bei dem Zusammenstoß wurden beide Fahrer in ihren Fahrzeugen eingeklemmt. Erst mit Hilfe der Feuerwehr und dem Einsatz eines Rüstwagens konnten die Schwerverletzen befreit und in das Krankenhaus von Grevenbroich eingeliefert werden. Beide Fahrer erlitten komplizierte Brüche und Prellungen, schweben aber nicht mehr in Lebensgefahr. Die Fahrzeuge sind nur noch schrottreif. Der Sachschaden wird auf insgesamt 45 000,00 € geschätzt.

Im Jahr 2018 ereigneten sich in Deutschland 2 632 499 registrierte Verkehrsunfälle. Dabei verunglückten 307 906 Personen, darunter 3 180 tödlich. Zwar ist die Zahl der Verkehrstoten seit 1970 mit 19 193 Unfalltoten insbesondere durch Aufklärung, Ausbau des Straßennetzes und sicherere Fahrzeuge ständig gesunken; aber jeder Schaden ist noch immer mit menschlichem Leid verbunden. Dieses Leid wächst mit der Schwere des Unfalls und ist mit Geld kaum wieder gutzumachen.

Im Beispielsfall ist der Fahrer des Sportwagens als Alleinverursacher des Unfalls anzusehen; denn seine Fahrtgeschwindigkeit war offensichtlich nicht den Straßenverhältnissen angepasst. Er muss deshalb zunächst für den Schaden des 19-jährigen Geschädigten aufkommen. Da ein Schädiger häufig nicht die finanziellen Mittel besitzt, den von ihm angerichteten Schaden zu begleichen, hat der Gesetzgeber die Versicherungspflicht für bestimmte Kraftfahrzeughalter vorgesehen (vgl. C 2.1.1). Der Geschädigte kann also mit dem Ersatz seines Schadens durch die Kfz-Haftpflichtversicherung des Schädigers rechnen.

Auch der Unfallverursacher erleidet im Beispielsfall einen erheblichen Schaden. Auf der einen Seite können die erlittenen Verletzungen weitere Folgen (z. B. dauernde Einschränkung der Leistungsfähigkeit und damit Verdienstausfall) bewirken, auf der anderen Seite ist ein erheblicher Sachwertverlust festzuhalten. Gegen diese Risiken kann durch entsprechende Versicherungen im Rahmen der Kraftfahrtversicherung ebenfalls in bestimmtem Umfang vorgebeugt werden.

1.1.2 Wirtschaftliche Bedeutung der Kraftfahrtversicherung

Im Jahr 2017 gab es in der Kraftfahrtversicherung insgesamt 116,5 Mio. Versicherungs-verträge. Davon entfielen 64,2 Millionen Verträge auf die Kfz-Haftpflichtversicherung, 28,2 Mio. auf die Vollkaskoversicherung, 19,3 Mio. auf die Teilkaskoversicherung und 3,9 Mio. auf die Kfz-Unfallversicherung.

Die Prämieneinnahmen in der gesamten Kraftfahrtversicherung betrugen 2017 rund 26,9 Mrd. €. Dem standen Schadenaufwendungen von ca. 23,6 Mrd. € gegenüber.

Schaden-Kosten-Quote			
(Combined Ratio: Schaden-Kosten-Quote nach Abwicklung; in Relation zu den verdienten Bruttobeiträgen)			
Kfz-Haftpflicht-versicherung	Kfz-Vollkasko-versicherung	Kfz-Teilkasko-versicherung	Kraftfahrt-Unfallversicherung
97,8 %	100,3 %	89,5 %	54,2 %

Quelle: www.gdv.de (1. April 2019)

1.2 Arten und Rechtsgrundlagen der Kraftfahrtversicherung

1.2.1 Versicherungsarten

Kraftfahrtversicherung

Kfz-Haftpflichtversicherung

Die Kfz-Haftpflichtversicherung bezieht sich auf die gesetzliche Haftpflicht des Fahrzeughalters und der mitversicherten Personen im Zusammenhang mit dem Gebrauch des Kraftfahrzeuges (vgl. C 4). Sie ist eine Pflichtversicherung (vgl. C 2).

Kaskoversicherung

Die Kaskoversicherung hat die Beschädigung, Zerstörung und den Verlust des versicherten Kraftfahr-zeuges und mitversicherter Fahrzeug- und Zubehörteile zum Inhalt (vgl. C 5). Der Umfang des Versicherungsschutzes bestimmt sich danach, ob Vollkasko der Teilkasko mit bzw. ohne Selbstbeteili-gung vereinbart wurde.

Autoschutzbrief

Der VR erbringt bei bestimmten Ereignissen (z. B. Fahrzeugpanne) Leistungen als Service oder als Ersatz für vom VN aufgewandte Kosten (vgl. C 6).

Fahrer-Schutzversicherung

Versicherungsschutz besteht für den berechtigten Fahrer, wenn er beim Lenken des im Versicherungsschein genannten Fahrzeuges infolge eines Unfalls verletzt oder getötet wird.

Kfz-Umweltschadenversicherung

Die Kfz-Umweltschadenversicherung deckt öffentlich-rechtliche Ansprüche zur Sanierung von Umweltschäden nach dem Umweltschadensgesetz (USchadG), die im Zusammenhang mit dem Fahrzeug verursacht worden sind (vgl. C 8).
Die Umwelthaftpflichtversicherung ist Bestandteil des Vertrages über die Kfz-Haftpflichtversicherung.

Die AKB 2015 im **Proximus 4 Bedingungwerk** (vgl. Abschn. C 1.2.2 b) führen unter der Bezeichnung **Kfz-Versicherung** die folgenden Versicherungsarten:

AKB 2015
A.1
- **Kfz-Haftpflichtversicherung**

A.2
- **Kaskoversicherung**
  Die **Kaskoversicherung** wird nach Vollkasko und Teilkasko unterschieden.

A.3
- **Autoschutzbrief**

A.4
- **Fahrerschutz-Versicherung**

A.5
- **Kfz-Umweltschadenversicherung**

Die verschiedenen Arten der Kfz-Versicherung können einzeln oder in einem Vertrag gemeinsam versichert werden. Viele Antragsformulare in der Praxis sehen auch die Möglichkeit vor, gleichzeitig eine Verkehrs-Rechtsschutzversicherung (vgl. B 2.1.3) zu beantragen. Das Versicherungspaket wird dann häufig unter einer gemeinsamen Bezeichnung, wie z. B. Auto-Rundum-Versicherung, geführt.

AKB 2015
Einleitung
Nach den AKB 2015 werden die Versicherungsarten

- Kfz-Haftpflichtversicherung mit Kfz-Umweltschadenversicherung
- Kaskoversicherung
- Autoschutzbrief
- Fahrer-Schutzversicherung

jeweils als rechtlich selbstständige Verträge abgeschlossen.

1.2.2 Rechtsquellen

Die Kraftfahrtversicherung ist von einer Vielzahl rechtlicher Bestimmungen begleitet, die auf gesetzlicher und vertraglicher Grundlage beruhen.

a) Rechtsgrundlagen gesetzlicher Art

➤ Normen des Privatrechts

Für das Vertragsrecht der Kraftfahrtversicherung gelten in erster Linie die Normen des **VVG** und die allgemeinen Bestimmungen des **BGB**, soweit nicht andere Regelungen, z. B. vertragliche Vereinbarungen, vorrangig anzuwenden sind.

➤ Normen des öffentlichen Rechts

Für die Kfz-Haftpflichtversicherung kommen darüber hinaus als Normen des **öffentlichen Rechtes** zur Anwendung:

- **Pflichtversicherungsgesetz (PflVG)**

  Das PflVG regelt zunächst die Pflicht zum Abschluss einer **Kfz-Haftpflichtversicherung** für bestimmte Kraftfahrzeughalter (vgl. C 2.1.1).

  Im Rahmen der Kfz-Haftpflichtversicherung sind aufgrund europarechtlicher Vorschriften bestimmte Mindeststandards zum Schutz von potentiellen Kfz-Unfall-Geschädigten einzuhalten. Diese Mindestanforderungen sind ebenfalls im PflVG geregelt.

  Um beispielsweise die Schwierigkeiten bei einem Verkehrsunfall im Ausland zu minimieren, sieht das PflVG u. a. vor:

  - die Einrichtung von Auskunftsstellen in den Mitgliedsstaaten (vgl. C 2.3.3),
  - Fristsetzung für die Schadenregulierung (vgl. C 2.2.1),
  - die Schadenregulierung durch Entschädigungsstellen bei Nichteinhaltung dieser Frist (vgl. C 2.3.5).

- **Kraftfahrzeug-Pflichtversicherungsverordnung (KfzPflVV)**

  Aufgrund einer Ermächtigung im PflVG ist die Kraftfahrzeug-Pflichtversicherungs-verordnung (KfzPflVV) ergangen, in der die durch das PflVG vorgegebenen Standards konkretisiert werden. Die Versicherungsbedingungen zur Kfz-Haftpflichtversicherung im Rahmen der Pflichtversicherung müssen mindestens diese Standards einhalten.

- **Ausländer-Pflichtversicherungsgesetz (AuslPflVG)**

  Das AuslPflVG regelt u. a. die Versicherungspflicht für bestimmte ausländische Fahrzeuge, die im Inland keinen regelmäßigen Standort haben (vgl. C 2.1.1).

- **Umweltschadensgesetz (USchadG)**

  Das USchadG regelt u. a. die öffentlich-rechtlichen Ansprüche, wenn Umweltschäden saniert werden müssen, die z. B. im Zusammenhang mit einem Fahrzeug verursacht worden sind (vgl. C 8).

b) Rechtsgrundlagen vertraglicher Art

Hierzu zählen vor allem:

- **Allgemeine Bedingungen für die Kfz-Versicherung (AKB 2015)**

  Die Bestimmungen der AKB 2015 sind nicht nach Paragrafen, sondern nach Buchstaben und innerhalb der Buchstaben nach Zahlen geordnet.

> **Beispiel:**
> - J Individuelle Tarifmerkmale
> - J.1 Art, Verwendung und Beschaffenheit des Fahrzeugs
> - J 1.1 Prämienrelevante Merkmale

Hinweis:

Die Abschnitte dieses Lehrbuches sind ebenfalls nach Buchstaben und innerhalb der Buchstaben nach Zahlen geordnet. Damit es nicht zu Verwechslungen kommt, wenn auf andere Inhalte des Lehrbuches oder auf AKB-Bestimmungen Bezug genommen wird, ist durchgehend folgende Darstellung gewählt:

> **Beispiel für den Bezug auf eine AKB-Bestimmung:**
> A.1.1.5 AKB 2015

Man beachte, dass gem. AKB 2015 zwischen Buchstabe und Ziffer einer Bestimmung ein Punkt steht und das Bedingungswerk (AKB 2015) gleichzeitig genannt ist.

> **Beispiel für den Bezug auf einen Inhalt des Lehrbuches:**
> (vgl. C 4.2.4) bzw. (siehe C 4.2.4)

Hinter dem Buchstaben des jeweiligen Abschnittes befindet sich kein Punkt.

Für die **Kaskoversicherung** gelten keine rechtlichen Besonderheiten gegenüber anderen Sparten der Schadenversicherung.

● **Erklärungen auf dem Antrag**

Hierzu zählt die Empfangsbestätigung, dass die dem Vertrag zugrunde liegenden Produkt- und Kundeninformationen, die Versicherungsbedingungen und die Klauseln ausgehändigt wurden.

Ferner erklärt sich der Antragsteller mit der Verarbeitung seiner Daten durch den Versicherer einverstanden und bestätigt, dass er über die vorvertragliche Anzeigepflicht belehrt wurde.

Üblicherweise kann im Antrag durch entsprechende Erklärung auch ein SEPA-Lastschriftmandat erteilt werden.

Eine vertragsrechtliche Besonderheit kennen die AKB 2015 nach K.3, K.5, K.6 und N.1. Tarifänderungen, gesetzliche Änderungen des Leistungsumfanges, Änderung der Tarifstruktur und Bedingungsanpassungen gelten nicht nur für neue, sondern auch für bestehende Verträge. Der VN ist über die Änderungen zu informieren und hinsichtlich seines außerordentlichen Kündigungsrechtes, sofern dieses für den konkreten Änderungsfall vorgesehen ist, zu belehren.

1.3 Geltungsbereich der Kraftfahrtversicherung

KfzPflVV
§1 (1)

Für die **Kfz-Haftpflichtversicherung** enthält die KfzPflVV eine gesetzliche Bestimmung zum Geltungsbereich und zur Höhe des Versicherungsschutzes. Danach ist Versicherungsschutz in **Europa sowie in den außereuropäischen Gebieten, die zum Geltungsbereich des Vertrages über die europäische Wirtschaftsgemeinschaft** gehören (z.B. Kanarische Inseln), in der Höhe zu gewähren, die in dem jeweiligen Land gesetzlich vorgesehen ist, mindestens jedoch in der in Deutschland vorgesehenen Höhe (vgl. C 2.1.4 – Deckungssummen).

Wurde eine internationale Versicherungskarte (Grüne Karte, vgl. C 2.1.5.2) ausgehändigt, erstreckt sich der Versicherungsschutz auch auf die dort genannten nichteuropäischen Länder, soweit diese nicht durchgestrichen sind.
Die Praxis bietet üblicherweise die Möglichkeit, den Versicherungsschutz durch vertragliche Vereinbarung auf weitere Länder auszudehnen.

Diese Bestimmung der KfzPflVV für die Kfz-Haftpflichtversicherung ist in den AKB 2015 mit der sprachlichen Änderung »… die zum **Geltungsbereich der Europäischen Union** gehören« für

AKB 2015
A.1.4.1

– die **Kfz-Haftpflichtversicherung**

A.2.5.1

– die **Kaskoversicherung**

A.3.4

– den **Autoschutzbrief**

A.4.3

– die **Fahrerschutz-Versicherung**

übernommen worden.

A.2.5.2

Für die Kaskoversicherung stellen die AKB 2015 ausdrücklich fest, dass der Geltungsbereich durch gesonderte Vereinbarung erweitert oder eingeschränkt werden kann.

Aufgrund dieser Bestimmung kann ein VR mit dem VN beispielsweise vereinbaren, dass kein Kaskoversicherungsschutz in bestimmten Staaten (z.B. Russland) besteht.

A.5.4

In der **Kfz-Umweltschadenversicherung** besteht Versicherungsschutz auch in Ländern des Europäischen Wirtschaftsraums (EWR) maximal bis zur Höhe der EU-Umwelthaftungsrichtlinie (2004/35/EG), soweit diese dort gilt oder sinngemäße Anwendung findet.

Lernkontrollen zu C 1

Rechtsquellen

1   Welche Bedeutung haben das PflVG und die KfzPflVV für die Kraftfahrtversicherung?

Geltungsbereich der Kraftfahrtversicherung

2

Der Student Gerd Daniels erscheint in einer Agentur der Proximus Versicherung AG. Er will eine zweimonatige Marokkorundreise mit seinem Pkw während der Semesterferien unternehmen und wissen, ob seine Kfz-Versicherung ausreichenden Versicherungsschutz bietet.

● **Auszug aus dem Vertragsspiegel**

Kfz-Haftpflichtversicherung mit unbegrenzter Deckung

Teilkasko mit 150,00 € Selbstbeteiligung

Besondere Vereinbarungen: keine

● **Arbeitsauftrag**

Beraten Sie den Versicherungsnehmer hinsichtlich seiner Versicherungsschutzinteressen.

2 Versicherungspflicht in der Kraftfahrzeug-Haftpflichtversicherung

2.1 Bedeutung und Umfang der Versicherungspflicht

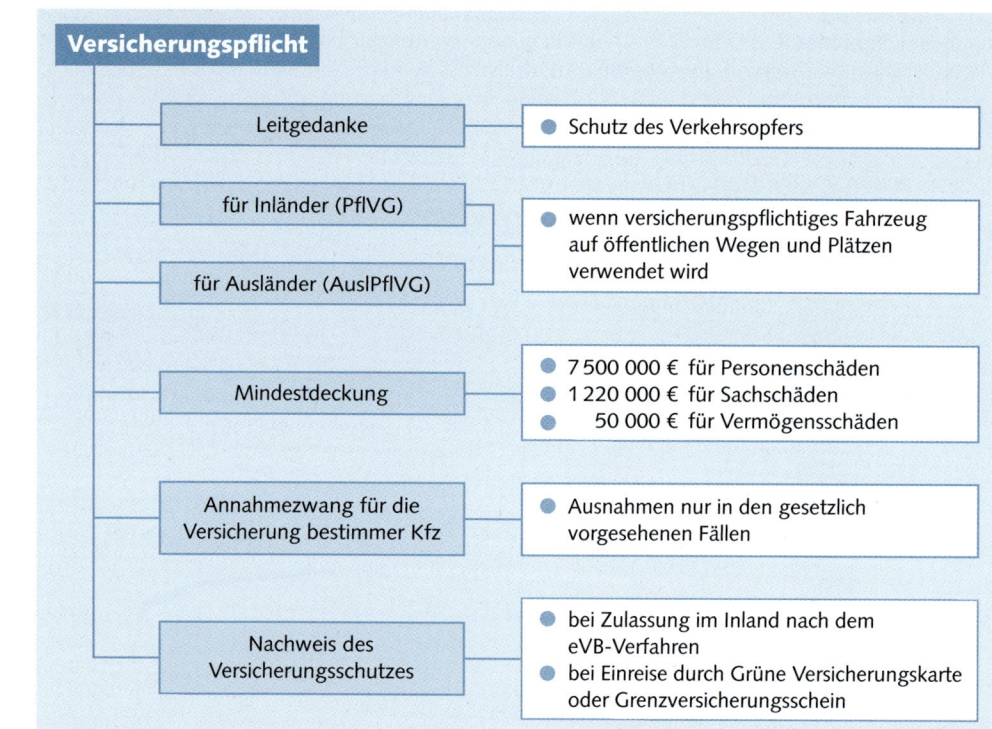

siehe
C 2.1.1

C 2.1.4

C 2.1.3

C 2.1.5

Versicherungspflicht

Leitgedanke	• Schutz des Verkehrsopfers
für Inländer (PflVG)	• wenn versicherungspflichtiges Fahrzeug auf öffentlichen Wegen und Plätzen verwendet wird
für Ausländer (AuslPflVG)	
Mindestdeckung	• 7 500 000 € für Personenschäden • 1 220 000 € für Sachschäden • 50 000 € für Vermögensschäden
Annahmezwang für die Versicherung bestimmer Kfz	• Ausnahmen nur in den gesetzlich vorgesehenen Fällen
Nachweis des Versicherungsschutzes	• bei Zulassung im Inland nach dem eVB-Verfahren • bei Einreise durch Grüne Versicherungskarte oder Grenzversicherungsschein

2.1.1 Versicherungspflicht für In- und Ausländer

PflVG
§ 1

Der **Halter** eines Kraftfahrzeuges oder Anhängers mit regelmäßigem Standort im Inland ist verpflichtet, für sich, den **Eigentümer** und den **Fahrer** eine Haftpflichtversicherung zur Deckung der durch den Gebrauch des Fahrzeugs verursachten Personenschäden, Sachschäden und sonstigen Vermögensschaden abzuschließen und aufrechtzuerhalten, wenn das Fahrzeug auf öffentlichen Wegen oder Plätzen (§ 1 des Straßenverkehrsgesetzes) verwendet wird.

Ziel dieser Vorschrift ist es, den geschädigten Dritten, das sog. **Verkehrsopfer**, vor den wirtschaftlichen Folgen nach einem Unfall zu schützen. Unter »Verwendung des privatrechtlichen Instituts der Haftpflichtversicherung« (so die amtliche Begründung zum PflVG) wird der im PflVG verankerte Grundsatz des Schutzes der Verkehrsopfer erreicht.

AuslPflVG
§ 1 (1)

Für ausländische Kraftfahrzeuge und Kraftfahrzeuganhänger, die im Inland keinen regelmäßigen Standort haben, bestimmt das »Gesetz über ausländische Kraftfahrzeuge und Kraftfahrzeuganhänger« **(Ausländer-Pflichtversicherungsgesetz),** dass diese auf öffentlichen Straßen oder Plätzen im Geltungsbereich des Gesetzes nur gebraucht werden dürfen, wenn ebenfalls eine Haftpflichtversicherung für den Halter, den Eigentümer und den Fahrer (Führer des Fahrzeuges lt. AuslPflVG) zur Deckung verursachter Personen- und Sachschäden besteht. Der Versicherungsschutz sowie die Mindestversicherungssummen müssen den gesetzlichen Bestimmungen entsprechen, die für die Versicherung von Kraftfahrzeugen und Anhängern mit regelmäßigem Standort im Inland gelten.

AuslPflVG
§ 4

Das Verkehrsopfer ist bei Schädigung durch ein ausländisches Fahrzeug also nicht schlechter gestellt als bei Ansprüchen gegen einen Inländer. Das Ausländer-Pflichtversicherungsgesetz wurde notwendig, da der Versicherungsschutz der ausländischen Haftpflichtversicherung häufig nicht dem Versicherungsschutz nach den AKB entsprach und es auch schwierig war, Ansprüche gegen einen Halter oder VR im Ausland durchzusetzen.

● **Halter**	eines Kraftfahrzeuges (Kraffahrzeughalter) ist nach der Rechtsprechung derjenige, der das Fahrzeug für eigene Rechnung in Gebrauch hat und über das Fahrzeug die solchen Gebrauch voraussetzende Verfügungsgewalt besitzt.	BGH 1954
● **Eigentümer**	ist, wer die rechtliche Verfügungsgewalt über das Fahrzeug besitzt.	
● **Fahrer**	ist nach der Rechtsprechung derjenige, der das Kraftfahrzeug im Zeitpunkt des Unfalles tatsächlich steuert oder im Zeitpunkt des Schadenereignisses das Kfz in eigener Verantwortung führt, d.h. diejenigen Verrichtungen ausübt, die erforderlich sind, damit die bestimmungsgemäßen Triebkräfte auf das Fahrzeug zur Fortbewegung einwirken.	BGH 1962

Nähere Einzelheiten zum versicherten Personenkreis sind in C 4.2.4 dargestellt.

2.1.2 Befreite Fahrzeughalter

Nicht versicherungspflichtig sind

PflVG
§ 2

- die Bundesrepublik Deutschland,

- die Länder,

- die Gemeinden mit mehr als 100 000 Einwohnern,

- die Gemeindeverbände sowie Zweckverbände, denen ausschließlich Körperschaften des öffentlichen Rechts angehören,

  Hierbei handelt es sich um Zusammenschlüsse für die Erfüllung überregionaler Aufgaben, z.B. Wasserversorgung.

- juristische Personen, die für Schäden aus der Kraftfahrzeughaltung von einem Haftpflichtschadenausgleich Deckung erhalten.

  Dabei handelt es sich um freiwillige Zusammenschlüsse von Gemeinden und Gemeindeverbänden mit dem Zweck, die Schäden ihrer Mitglieder durch Umlegung auszugleichen. Sie bilden insofern eine Gefahrengemeinschaft, unterliegen aber nicht der Versicherungsaufsicht.

VAG
§ 3 (1)
Nr. 4

> ➤ Der Gesetzgeber geht davon aus, dass die genannten Halter aufgrund ihrer Finanzkraft in der Lage sind, berechtigte Schadenersatzforderungen der durch sie geschädigten Verkehrsopfer selbst auszugleichen.

PflVG
§ 2 (2)

Die vorgenannten befreiten Fahrzeughalter können jederzeit eine den Vorschriften des Pflichtversicherungsgesetzes entsprechende Haftpflichtversicherung abschließen. Ohne eine derartige Versicherung haben sie für Schäden in gleicher Weise und in gleichem Umfang einzutreten wie ein VR bei Bestehen einer entsprechenden Haftpflichtversicherung.

§ 2 (1)
Nr. 6

Von der Versicherungspflicht befreit sind ferner die Halter von

- Kraftfahrzeugen, deren durch die Bauart bestimmte Höchstgeschwindigkeit 6 Kilometer je Stunde nicht übersteigt,
- selbstfahrende Arbeitsmaschinen und bestimmte Stapler, deren Höchstgeschwindigkeit 20 Kilometer je Stunde nicht übersteigt, wenn sie den Vorschriften über das Zulassungsverfahren nicht unterliegen,
- Anhängern, die den Vorschriften über das Zulassungsverfahren nicht unterliegen.

> Der Gesetzgeber geht davon aus, dass diese **Fahrzeuge** aufgrund ihrer Bauart allenfalls einen **begrenzten Schaden** anrichten können, den der Halter selbst zu tragen vermag.

2.1.3 Annahmezwang (Kontrahierungszwang)

a) Bestimmungen im Pflichtversicherungsgesetz

§ 5 (1), (2)

Die in § 1 PflVG vorgeschriebene Haftpflichtversicherung kann nur bei einem im Inland zum Betrieb der Kfz-Haftpflichtversicherung befugten VU genommen werden. Die befugten VU sind verpflichtet, nach den gesetzlichen Vorschriften (siehe weiter unten) Versicherung gegen Haftpflicht zu gewähren. Das Gesetz sieht ferner einen Annahme- bzw. Kontrahierungszwang in bestimmten Fällen vor.

> **Annahmezwang**

§ 5 (3)

Anträge auf Abschluss einer Kfz-Haftpflichtversicherung für

- **Zweiräder,**
- **Personen- und Kombinationskraftwagen bis zu 1 t Nutzlast**

gelten nach Ablauf von zwei Wochen seit Antragstellung zu den für den Geschäftsbetrieb des VU maßgebenden Grundsätzen und zum allgemeinen Unternehmenstarif als angenommen, wenn nicht einer der folgenden Fälle vorliegt:

- Der VR kann einen gesetzlich vorgesehenen **Ablehnungsgrund** geltend machen und hat daraufhin den Antrag innerhalb einer Frist von zwei Wochen, gerechnet ab Antragseingang, dem Antragsteller gegenüber schriftlich abgelehnt.
- Der VR unterbreitet wegen einer **nachweisbar höheren Gefahr** innerhalb der vorgenannten Frist ein vom allgemeinen Unternehmenstarif abweichendes schriftliches Angebot.

  Als höhere Gefahr gelten insbesondere:

  – Antragsteller, denen vom Vorversicherer gekündigt wurde;
  – Antragsteller, die aufgrund der Vielzahl von Vorschäden in der Malusklasse (vgl. C 3.2.6) eingestuft sind.

  Ist der Antragsteller mit dem Angebot nicht einverstanden, besteht für den VR auch kein Kontrahierungszwang.

- Das normalerweise unter den Annahmezwang fallende Kraftfahrzeug soll als **Taxi, Personenmietwagen** oder **Selbstfahrervermietfahrzeug** verwendet werden.

Die bei Stillschweigen entstehende Annahme nach Ablauf von zwei Wochen seit Antragstellung bezeichnet man auch als **Annahmefiktion**.

Der Annahmezwang zum allgemeinen Unternehmenstarif schränkt nicht die Möglichkeit ein, eine risikogerechte Prämie zu verlangen, da der VR bei einer nachweisbar höheren Gefahr ein schriftliches Angebot unterbreiten kann und auch die übrigen gewerblichen Risiken (Lkw, Omnibusse usw.) von vornherein nicht unter den Kontrahierungszwang fallen.

Die Annahmefiktion beschränkt sich nur auf eine Haftpflichtversicherung im Rahmen der gesetzlich vorgeschriebenen Pflichtversicherung. War eine über die Mindestdeckung hinausgehende Haftpflichtversicherung beantragt oder der Antrag mit einem Antrag auf Abschluss einer Kasko- und/oder Autoschutzbriefversicherung verbunden, so kann der VR frei entscheiden, ob er den beantragten erweiterten Versicherungsschutz gewähren oder ablehnen will.

➤ Ablehnungsgründe

Der Antrag auf Abschluss einer Haftpflichtversicherung nach dem PflVG darf nur abgelehnt werden,

PflVG
§ 5 (4)

- wenn sachliche oder örtliche Beschränkungen im Geschäftsplan des Versicherungsunternehmens dem Abschluss des Vertrages entgegenstehen,

  Die Beschränkung gilt vor allem für berufsständische VU, die lt. Satzung nur bestimmte Personen versichern (z.B. Fahrlehrer), und öffentlich-rechtliche VR, deren Geschäftsgebiet regional begrenzt ist.

- wenn der Antragsteller bereits bei dem VU als Kfz-Halter versichert war und das VU ein Recht hatte, das Vertragsverhältnis vorzeitig aufzulösen.

> **Beispiele:**
> - Der VR hat den bisherigen Vertrag nach § 22 VVG wegen arglistiger Täuschung angefochten.
> - Der VN ist seiner Prämienzahlungspflicht zum bisherigen Vertrag nicht nachgekommen, woraufhin der VR von seinem Rücktrittsrecht nach C.1.3 AKB 2015 (bei Nichtzahlung der Erstprämie) bzw. Kündigungsrecht nach C.2.4 AKB 2015 (bei Nichtzahlung der Folgeprämie) Gebrauch gemacht hat.
> - Der VR hat das bisherige Vertragsverhältnis nach einem Schadenfall gem. G.3.3 AKB 2015 gekündigt.

b) Bestimmungen im Ausländer-Pflichtversicherungsgesetz

Die Haftpflichtversicherung für ein versicherungspflichtiges ausländisches Fahrzeug kann bei einem inländischen VR und unter gewissen Voraussetzungen auch bei einem ausländischen VR genommen werden.

AuslPflVG
§ 2 (1)

Das AuslPflVG kennt ebenfalls die aus dem PflVG bekannte Annahmefiktion und die Möglichkeit zur Annahmeverweigerung in bestimmten Fällen.

§ 3 (2)

Ausländische VR aus einem EU-Staat können in Deutschland die Kfz-Haftpflichtversicherung anbieten, wenn sie bestimmte Anforderungen (Erlaubnis nach dem Sitzlandprinzip, Vorlage der Versicherungsbedingungen, Benennung eines Schadenrepräsentanten) erfüllen, und sind dann den inländischen Versicherern gleichgestellt.

Ansonsten wird die Versicherung bei einem ausländischen VR für das Inland akzeptiert, wenn ein inländischer VR oder der Gesamtverband der Versicherungswirtschaft (GDV) die Pflichten eines Haftpflichtversicherers für den ausländischen VR übernimmt.

2.1.4 Deckungssummen

➤ Mindestdeckung

KfzPflVV
§ 1(1)

Nach der KfzPflVV hat die Kfz-Haftpflichtversicherung (Kfz-HV) mindestens folgende Deckungen zu gewähren:

- **Innerhalb der zum Geltungsbereich der Kfz-HV geltenden Länder**

  Deckung in der Höhe, die in dem jeweiligen Land gesetzlich vorgeschrieben ist, mindestens jedoch in der in Deutschland vorgeschriebenen Höhe.

- **Innerhalb Deutschlands**

Anlage zu
PflVG
§ 4 (2)

  Deckung in Höhe der vorgeschriebenen Mindestversicherungssummen. Sie betragen derzeit:

  – für Personenschäden 7 500 000 € (kurz: 7,5 Mio. €)

  – für Sachschäden 1 220 000 € (kurz: 1,22 Mio. €),

  – für reine Vermögensschäden 50 000,00 €.

Reine Vermögensschäden sind Schäden, die weder mittelbar noch unmittelbar aus einem Personen- oder Sachschaden hergeleitet werden können.

Für Fahrzeuge, die der Beförderung von Personen dienen und mehr als 9 Sitze (ohne den Fahrersitz) aufweisen, erhöhen sich die vorgenannten Mindestsummen nach Maßgabe der Anlage zu § 4 (2) PflVG.

PflVG
§ 4 (2)

Die Mindestversicherungssummen können bei einer Änderung der wirtschaftlichen Verhältnisse durch Rechtsverordnung korrigiert werden.

In der Praxis bieten die VU alternativ zu den Mindestversicherungssummen z. B. eine Haftpflichtversicherung mit 100 Mio. € Deckung – max. 8 Mio. € pro Verletzter (sog. **unbegrenzte Deckung**).

2.1.5 Nachweis des Bestehens der Versicherung

2.1.5.1 Versicherungsbestätigung

Der VR ist verpflichtet, dem VN mit Beginn des Versicherungsschutzes eine Versicherungsbestätigung auszuhändigen. Praktisch erfolgt diese Versicherungsbestätigung auf elektronischem Weg **(eVB-Verfahren)** nach den Vorschriften der Fahrzeug-Zulassungsverordnung – FZV (vgl. C 3.3.2). Der Kunde erhält vom VR eine Versicherungs-

§ 5 (6)
S. 2

bestätigungsnummer **(VB-Nummer),** unter der die in einer Datenbank hinterlegte elektronische Versicherungsbestätigung durch die Zulassungsbehörde sichtbar gemacht werden kann. Die Aushändigung der VB-Nummer kann von der Zahlung der Erstprämie abhängig gemacht werden.

Die Versicherungsbestätigung wird meist kurzfristig benötigt, um das Kfz beim Straßenverkehrsamt zulassen zu können. Mit der Antragstellung für den benötigten Versicherungsschutz erwartet der Antragsteller daher, dass ihm der beantragte Versicherungsschutz sofort bestätigt wird. Da der VR trotz Kontrahierungszwang prüfen will, ob eine nachweisbar höhere Gefahr oder einer der aufgezeigten Antragsablehnungsgründe vorliegt, wird regelmäßig nur eine **vorläufige Deckungszusage** erteilt und dieser vorläufige Versicherungsschutz durch die VB-Nummer bestätigt (zu Einzelheiten vgl. C 3.3.2).

Der VR ist nicht verpflichtet, eine vorläufige Deckung zu erteilen.

2.1.5.2 Internationale Versicherungskarte (Grüne-Karte-System)

Das **Grüne-Karte-System** ist ein auf Europa (ausgenommen Kosovo) und die Mittel-meeranrainer-Staaten sowie weitere vier außereuropäische Staaten begrenztes System. Danach stellen die VR als Haftpflichtdeckungsnachweis internationale Versicherungs-karten (Grüne Karte) für die Kraftfahrer ihres Landes aus und erkennen die grünen internationalen Versicherungskarten des anderen Landes als entsprechenden Nach-weis an.

Das System der Internationalen Versicherungskarte wurde im Jahre 1949 auf der Basis des Lon-doner Abkommens eingerichtet. Dem Grüne-Karte-System gehören derzeit die folgenden 48 Länder an:
Albanien, Andorra, Aserbaidschan, Belgien, Bosnien-Herzegowina, Bulgarien, Dänemark, Est-land, Finnland, Frankreich, Griechenland, Großbritannien, Italien, Iran, Irland, Island, Israel, Kroatien, Lettland, Litauen, Luxemburg, Malta, Marokko, Nordmazedonien, Moldawien, Monte-negro, Niederlande, Norwegen, Österreich, Polen, Portugal, Rumänien, Russland, Schweden, Schweiz und Liechtenstein, Serbien, Slowakische Republik, Slowenien, Spanien, Tschechische Republik, Tunesien, Türkei, Ukraine, Ungarn, Weißrussland, Zypern

Der Kosovo erkennt die grüne Versicherungskarte nicht an. Hier muss für die Einreise an der Grenze eine sogenannte Grenzversicherung abgeschlossen werden.

Anstelle der Internationalen Karte erkennen die EU-Länder und bestimmte andere Länder das amtliche Kennzeichen der Fahrzeuge aus diesen Ländern auch als Nach-weis über das Bestehen der Versicherung an. Zur Schadenregulierung im Rahmen des Grüne-Karte-Systems, vgl. C 2.3.1.

Die Internetadresse lautet:

www.gruene-karte.de

2.1.5.3 Grenzversicherungsschein

Ausländische Kraftfahrer ohne anerkannten Haftpflichtdeckungsnachweis (z. B. ohne grüne Karte) müssen eine Grenzversicherung abschließen. Sie erhalten einen Grenz-versicherungsschein (Farbe Rosa) zusammen mit einer für alle EU-Staaten sowie die Schweiz gültig geschriebenen grünen Karte als Versicherungsnachweis.

In Deutschland hat der Grenzversicherungsschein allenfalls noch Bedeutung für Kfz, die auf dem Seeweg ankommen.

Kraftfahrzeuge aus Drittländern schließen bereits an den EU-Außengrenzen, die sich nach Osten verschoben haben, Kraftfahrzeug-Haftpflichtversicherungsverträge ab, die im gesamten Europäischen Wirtschaftsraum gültig sind. Für die Einreise nach Deutsch-land brauchen die Fahrzeuge dann keinen separaten Versicherungsschutz mehr.

Beispiel:

Ein georgischer Staatsbürger auf dem Weg über Russland nach Deutschland muss bereits an der polnischen Grenze eine Kfz-Haftpflichtversicherung abschließen, wenn er nicht die Grüne Karte als einen anerkannten Haftpflichtdeckungsnachweis vorzeigen kann.

2.2 Vorschriften zum Schutz des Verkehrsopfers

2.2.1 Direkthaftung

➤ **Direktanspruch des geschädigten Dritten**

VVG
§ 115

»Der Dritte kann seinen Anspruch auf Schadenersatz auch gegen den Versicherer geltend machen,

1. wenn es sich um eine Haftpflichtversicherung zur Erfüllung einer nach dem Pflichtversicherungsgesetz bestehenden Versicherungspflicht handelt oder

2. wenn über das Vermögen des Versicherungsnehmers das Insolvenzverfahren eröffnet oder der Eröffnungsantrag mangels Masse abgewiesen worden ist oder ein vorläufiger Insolvenzverwalter bestellt worden ist oder

3. wenn der Aufenthalt des Versicherungsnehmers unbekannt ist.

Der Versicherer hat den Schadenersatz in Geld zu leisten. Der Versicherer und der ersatzpflichtige Versicherungsnehmer haften als Gesamtschuldner.«

Der geschädigte Dritte hat aufgrund dieser Vorschrift in den genannten Fällen einen unmittelbaren Rechtsanspruch auf Schadenersatz gegen den VR. bzw. den Schadenregulierungsbeauftragten (sog. **Direktanspruch**).

Exkurs: Schadenregulierungsbeauftragter und Schadenrepräsentant

Für die Regulierung von Schadenfällen, die sich außerhalb des Wohnsitzlandes des Geschädigten, aber innerhalb der EU-Mitgliedstaaten einschließlich der EWR-Länder sowie der Schweiz ereignet haben, sind aufgrund einer EU-Richtlinie **Regulierungsstellen** in den betreffenden Ländern geschaffen worden. Für den Geschädigten besteht so die Möglichkeit, in seinem Wohnsitzland den Schadenfall bei dem für seinen Wohnsitz zuständigen Vertreter **(Schadenregulierungsbeauftragten)** des ausländischen Haftpflichtversicherers anzumelden und von diesem die Schadenbearbeitung vornehmen zu lassen.

Zu Einzelheiten, vgl. C 2.3.2

PflVG
§ 8 (2)

Vom Schadenregulierungsbeauftragten ist der **Schadenrepräsentant** zu unterscheiden. VR aus den EU-Mitgliedsstaaten, die in Deutschland im Dienstleistungsverkehr die Kfz-Haftpflichtversicherung für Kraftfahrzeuge und Anhänger mit regelmäßigem Standort im Inland betreiben, sind verpflichtet, einen im Inland ansässigen oder niedergelassenen Vertreter zu bestellen. Ansprüche gegen den VR können auch gegen diesen Vertreter (sog. **Schadenrepräsentant**) geltend gemacht werden.

Der VR (wozu ggf. auch der Schadenrepräsentant als sein Vertreter zählt) bzw. der Schadenregulierungsbeauftragte wird aufgrund des Direktanspruchs so behandelt, als hätte er den Schaden verursacht. Dies ist für den Geschädigten besonders vorteilhaft, wenn zwar das unfallverursachende Fahrzeug, nicht aber dessen Fahrer bekannt ist.

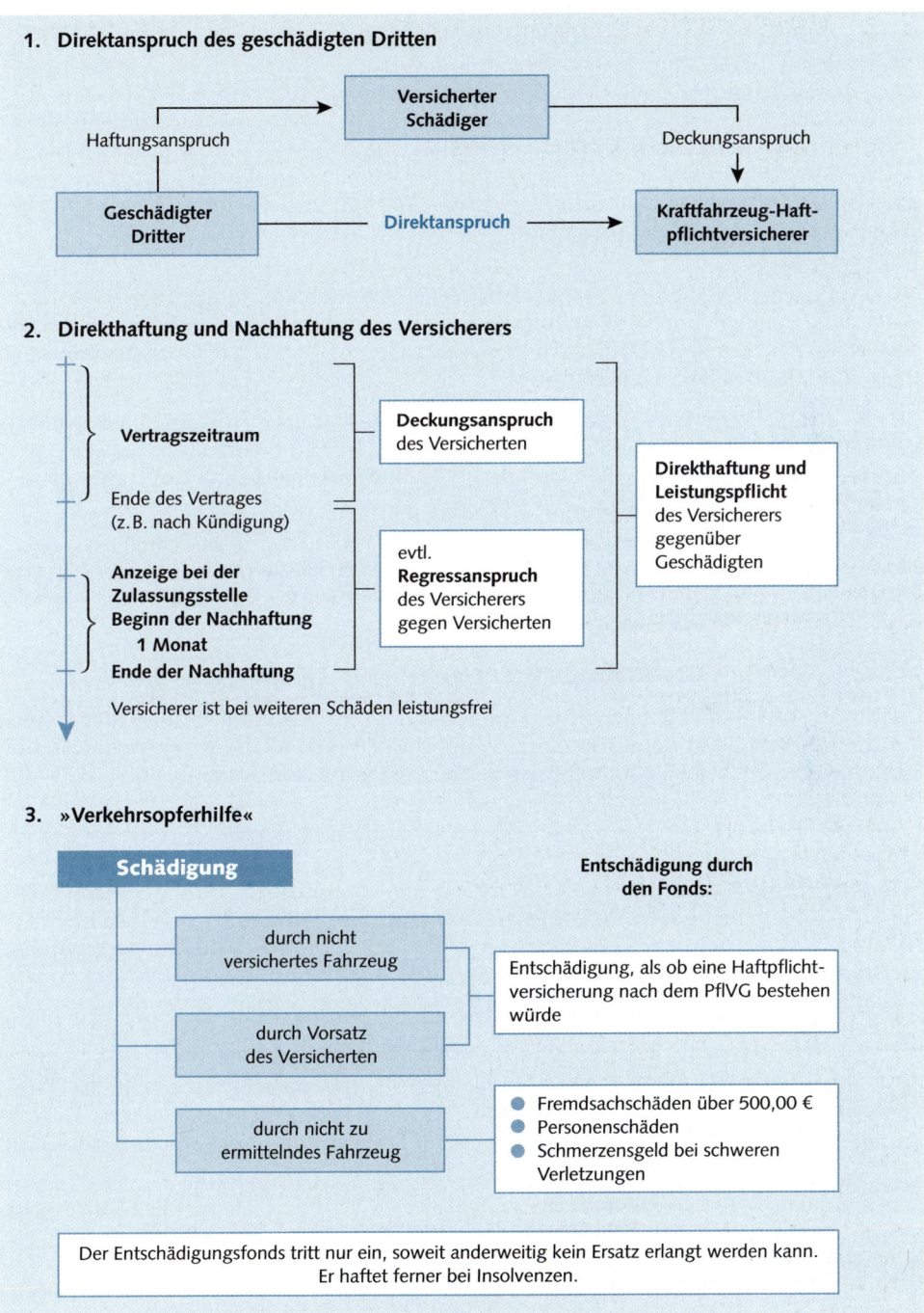

1. Direktanspruch des geschädigten Dritten

Versicherter Schädiger

Haftungsanspruch   Deckungsanspruch

Geschädigter Dritter   → Direktanspruch → Kraftfahrzeug-Haft-pflichtversicherer

2. Direkthaftung und Nachhaftung des Versicherers

Vertragszeitraum

Ende des Vertrages (z.B. nach Kündigung)

Deckungsanspruch des Versicherten

Direkthaftung und Leistungspflicht des Versicherers gegenüber Geschädigten

Anzeige bei der Zulassungsstelle Beginn der Nachhaftung 1 Monat Ende der Nachhaftung

evtl. **Regressanspruch** des Versicherers gegen Versicherten

Versicherer ist bei weiteren Schäden leistungsfrei

3. »Verkehrsopferhilfe«

Schädigung

Entschädigung durch den Fonds:

durch nicht versichertes Fahrzeug

durch Vorsatz des Versicherten

Entschädigung, als ob eine Haftpflicht-versicherung nach dem PflVG bestehen würde

durch nicht zu ermittelndes Fahrzeug

● Fremdsachschäden über 500,00 €
● Personenschäden
● Schmerzensgeld bei schweren Verletzungen

Der Entschädigungsfonds tritt nur ein, soweit anderweitig kein Ersatz erlangt werden kann. Er haftet ferner bei Insolvenzen.

Dritter ist jeder, der durch den Versicherungsfall einen Anspruch erwirbt, der unter den Versicherungsschutz der Kfz-Haftpflichtversicherung fällt. Das kann neben dem geschädigten Dritten auch der VN oder eine andere mitversicherte Person sein.

PflVG
§ 3a (1)
Nr. 1

»Der Versicherer oder der Schadenregulierungsbeauftragte haben dem Dritten unverzüglich, spätestens innerhalb von drei Monaten, ein mit Gründen versehenes Schadenersatzangebot vorzulegen, wenn die Eintrittspflicht unstreitig ist und der Schaden beziffert wurde, oder eine mit Gründen versehene Antwort auf die in dem Antrag enthaltenen Darlegungen zu erteilen, sofern die Eintrittspflicht bestritten wird oder nicht eindeutig feststeht oder der Schaden nicht vollständig beziffert worden ist. Die Frist beginnt mit dem Zugang des Antrags bei dem Versicherer oder dem Schadenregulierungsbeauftragten.«

§ 3a (1)
Nr. 2

Hat der Geschädigte seinen Anspruch beim VR bzw. Schadenregulierungsbeauftragten geltend gemacht und wird ein Regulierungsangebot nicht innerhalb einer **Frist von drei Monaten** vorgelegt, ist der Anspruch des Geschädigten mit dem Zinssatz nach § 288 Abs. 1 Satz 2 BGB zu verzinsen.

VVG
§ 115 (1)
S. 4

VR und ersatzpflichtiger VN haften als **Gesamtschuldner**. Der VR kann ebenso wie der Versicherte dem Anspruchsteller alle Einwendungen entgegenhalten, die die Schadenersatzpflicht mindern oder ausschließen (z. B. Mitverschulden). Im Verhältnis der Gesamtschuldner gilt § 116 VVG.

Verklagt der Geschädigte den VR auf Zahlung, wird im Rechtsstreit über den Haftpflichtanspruch gegen den VN und/oder einen Mitversicherten und über die Einstandspflicht des Versicherers gegenüber dem Geschädigten entschieden. Insoweit ist aufgrund der Gesamtschuldnerschaft das Trennungsprinzip (vgl. C 4.2.1) aufgehoben.

➤ **Ansprüche des Geschädigten bei »krankem Versicherungsverhältnis«**

§ 117 (1)

Die Eintrittspflicht des Versicherers gegenüber dem geschädigten Dritten (der Direktanspruch) bleibt auch dann bestehen, wenn der VR dem VN bzw. Versicherten den Deckungsanspruch ganz oder teilweise verweigern kann (sog. **krankes Versicherungsverhältnis**).

> **Beispiel:**
> Der VN hat die Prämie nicht bezahlt und auch die qualifizierte Mahnung des Versicherers unbeachtet gelassen. Beides hat er zu vertreten. Einen Tag nach Ablauf der Mahnfrist verursacht der VN schuldhaft einen Unfall. Der VR ist im Innenverhältnis leistungsfrei, da der Versicherungsschutz nach Ablauf der Mahnfrist erloschen ist. Aufgrund des Direktanspruchs muss er aber im Außenverhältnis an den geschädigten Dritten leisten.

§ 117 (3)

Die Eintrittspflicht gegenüber dem geschädigten Dritten besteht nur bis zur Höhe der Mindestversicherungssumme und entfällt, soweit Schadenersatz von einem anderen Schaden-VR oder einem Sozialversicherungsträger erlangt werden kann (**Subsidiarität**).

PflVG
§ 3

Diese Subsidiaritätsregel, also die Möglichkeit, dass der geschädigte Dritte an einen anderen Ersatzpflichtigen verwiesen werden kann, besteht nicht, wenn die Leistungsfreiheit des Versicherers auf einem der folgenden Fälle beruht:

- Das Fahrzeug entsprach nicht den Bau- und Betriebsvorschriften der StVZO.
- Es wurde von einem unberechtigten Fahrer geführt.
- Es wurde von einem Fahrer ohne die vorgeschriebene Fahrerlaubnis geführt.

Die Fälle der teilweisen oder vollständigen Verweigerung des Deckungsanspruches im Innenverhältnis nach einer Obliegenheitsverletzung, die vor dem Versicherungsfall zu erfüllen war, und die Regressmöglichkeiten des VR aufgrund der Leistungspflicht an den geschädigten Dritten sind in den Abschnitten C 4.3.3 bzw. D 3.3.1 dargestellt.

2.2.2 Nachhaftung

Der VR kann **dem Dritten gegenüber** auch dann noch leistungspflichtig sein, wenn das Versicherungsverhältnis nicht mehr besteht (sog. Nachhaftung). Die Nachhaftung entfällt nur für die Schadenereignisse, die später als einen Monat nach dem Zeitpunkt eingetreten sind, in dem der VR der Zulassungsstelle die Beendigung des Versicherungsverhältnisses ordnungsgemäß mitgeteilt hat.

VVG
§ 117 (2)

> **Beispiel:**
>
> Am 10. April d. J. hat der VN durch den VR die fristlose Kündigung wegen Nichtzahlung der Folgeprämie erhalten. Am 13. April d. J. geht der Zulassungsstelle die entsprechende Benachrichtigung zu. Für Schadenereignisse, die bis zum 13. Mai d. J. eintreten, gilt die Pflicht zur Nachhaftung. Danach ist der VR endgültig von der Leistungspflicht befreit.

Der VR kann der Zulassungsstelle Anzeige erstatten, sobald der Versicherungsschutz für ein zugelassenes Fahrzeug erloschen ist. Die Zulassungsstelle hat den VR wiederum durch Bescheid zu unterrichten, wann die Anzeige zugegangen ist und was sie ggf. für eine Stilllegung des Fahrzeuges veranlasst hat. Der Nachweis über den Zugang der Anzeige ist für die Nachhaftung des Versicherers von Bedeutung.

FZV
§ 25

Auch während der Nachhaftungsdauer kann der VR ggf. den Anspruch des geschädigten Dritten wegen Subsidiarität verweigern.

Soweit der VR gegenüber einem Dritten trotz Beendigung des Vertrages aus der Nachhaftung verpflichtet ist, hat er gegen den VN Anspruch auf die Prämie für den Zeitraum der Nachhaftung. Unabhängig davon kann der VR noch den Ersatz der Aufwendungen aus der Nachhaftung verlangen.

AKB 2015
C.5

> ➤ Die Vorschriften über die Direkthaftung und die Nachhaftung finden keine Anwendung, wenn der Schaden vorsätzlich widerrechtlich herbeigeführt worden ist.

2.2.3 Entschädigungsfonds

a) Eintrittspflichten bei Schädigung im Inland

Der Entschädigungsfonds ist eine weitere im Pflichtversicherungsgesetz vorgesehene Maßnahme zum Schutze des Verkehrsopfers. Er hat u. a. für folgende **Schäden** aus Kraftfahrzeugunfällen einzutreten:

PflVG
§ 12

- Schäden durch nicht zu ermittelnde Fahrzeuge
- Schäden durch pflichtwidrig nicht versicherte Fahrzeuge
- Schäden durch Fahrzeuge nach § 2 (1) Nr. 6 PflVG, wenn der Fahrzeughalter von der Versicherungspflicht befreit ist
  Dies gilt auch für ausländische Fahrzeuge, wenn der Halter aufgrund einer Bestimmung des jeweiligen Mitgliedstaats der Europäischen Union von der Versicherungspflicht befreit ist.
- Vorsätzliche, widerrechtliche Schädigung durch den Versicherten
- Der Kraftfahrzeug-Haftpflichtversicherer des Verursachers ist zahlungsunfähig.

Die genauen Leistungsvoraussetzungen und der -umfang sind in § 12 PflVG sowie in den §§ 10 und 11 der Verordnung über den Entschädigungsfonds für Schäden aus Kraftfahrzeugunfällen (KfzUnfEntschV) geregelt.

Die Aufgaben des Entschädigungsfonds sind durch Rechtsverordnung dem rechtsfähigen Verein »**Verkehrsopferhilfe e.V.**«, Berlin, übertragen worden. Der Verein untersteht der Aufsicht des Bundesministeriums der Justiz.

Die Kontaktadresse lautet:

Verkehrsopferhilfe e.V.
Wilhelmstraße 43 / 43 G
10117 Berlin
Telefon: (030) 2020 5858
Secure-Mail: voh@verkehrsopferhilfe.de

Liegt einer der genannten Fälle vor, kann der Geschädigte oder ein sonstiger Berechtigter den Entschädigungsfonds unmittelbar in Anspruch nehmen, jedoch nur unter der Voraussetzung, dass er weder vom Halter, Eigentümer oder Fahrer des Fahrzeuges noch von einem Schaden-VR oder einem Verband (z.B. aufgrund des »Grüne-Karte-Systems«) Ersatz erlangen kann. § 12 PflVG kennt noch weitere Fälle der Leistungsfreiheit des Fonds, z.B. wenn der Schaden durch Leistungen der Sozialversicherung ausgeglichen wird.

PflVG § 12 (2) S. 2, S. 3 Kann das schädigende Fahrzeug **nicht ermittelt werden**, besteht nur dann ein Anspruch auf Ersatz von Sachschäden am Fahrzeug des Ersatzberechtigten bei einem Eigenanteil von 500,00 €, wenn der Entschädigungsfonds aufgrund desselben Ereignisses zur Leistung wegen Tötung oder erheblicher Verletzung des Ersatzberechtigten oder eines Insassen des Fahrzeuges verpflichtet ist. Für sonstige Sachschäden beschränkt sich die Leistungspflicht auf den 500,00 € übersteigenden Betrag.

§ 12 (1) S. 5 Kein Anspruch gegen den Entschädigungsfonds besteht bei Beschädigung von Einrichtungen des Luft-, Bahn- und Straßenverkehrs (einschl. Binnenwasserstraßen) sowie bei Beschädigung von Einrichtungen der Energieversorgung und Telekommunikation.

Beispiel:

Der Anspruchsteller macht nach Fahrerflucht durch den Unfallgegner gegen den Entschädigungsfonds geltend:

Eigener Sachschaden	2 500,00 €
Fremdsachschäden an einem anderen Pkw	3 100,00 €
Schaden an der Leitplanke lt. Autobahnmeisterei	750,00 €
Schmerzensgeld wegen Prellungen	100,00 €

Der Entschädigungsfonds wird nur den 500,00 € übersteigenden Fremdsachschaden an dem anderen Pkw, also 2 600,00 €, zahlen. Der Schaden an der Leitplanke wird nicht ersetzt, da es sich um eine Einrichtung des Straßenverkehrs handelt. Ebenso ist die Verweigerung eines Schmerzensgeldes im Beispielsfall nicht grob unbillig.

Wäre dagegen im Beispielsfall der Anspruchsteller oder ein Fahrzeuginsasse erheblich verletzt oder eine Person getötet worden, könnte neben dem Ersatz des Personenschadens und einem evtl. Schmerzensgeld auch der Sachschaden am Fahrzeug des Ersatzberechtigten (am eigenen Kfz) über 500,00 €, also 2 000,00 €, geltend gemacht werden.

Die Ersatzpflicht des Entschädigungsfonds bei Fahrerfluchtfällen musste eingeschränkt werden, um betrügerischen Manipulationen entgegenzuwirken. Durch eine Kaskoversicherung ist der eigene Sachschaden versicherbar, sodass die Notwendigkeit zum Schutze des Verkehrsopfers in diesem Punkt nicht erforderlich ist.

In den übrigen Fällen bestimmt sich die Leistung des Entschädigungsfonds nach den Vorschriften des Pflichtversicherungsgesetzes, wie sie auch für einen Haftpflicht-VR gelten.

b) Insolvenz eines leistungspflichtigen Versicherers

Seit Einführung des EU-Binnenmarktes ist der Entschädigungsfonds auch zuständig, wenn die BaFin (bzw. die zuständige Aufsichtsbehörde bei Versicherern aus einem Mitgliedsstaat der EU oder Vertragsstaates des Abkommens über den EWR) den Antrag auf Eröffnung eines Insolvenzverfahrens über das Vermögen des leistungspflichtigen Versicherers stellt.

PflVG
§ 12 (1)
Nr. 4

Bis zu diesem Zeitpunkt war der von den Versicherern freiwillig gegründete Insolvenzsicherungsverein »Solidarhilfe« zuständig, der jedoch nicht fortgeführt wurde, da die VR befürchteten, Insolvenzen infolge von Dumpingpreisen der Konkurrenz mitfinanzieren zu müssen.

Verkehrsopfer aus Insolvenzfällen können im Gegensatz zu anderen Geschädigten vom Entschädigungsfonds nicht zunächst an den Halter, Eigentümer oder Fahrer des unfallverursachenden Fahrzeugs zwecks Schadenersatz verwiesen werden, sondern sie sind unmittelbar zu entschädigen. Ferner ist der Regressanspruch des Fonds gegen den VN und mitversicherte Personen auf je 2 500,00 € beschränkt.

§ 12 (1) S. 2

§ 12 (6) S. 4

c) Sonstige Eintrittspflichten

Der Verein Verkehrsopferhilfe ist unter bestimmten Voraussetzungen auch als **Entschädigungsstelle für Schäden aus Auslandsunfällen** zuständig. Nähere Einzelheiten sind in Abschnitt C 2.3.4 im Zusammenhang mit den Zuständigkeiten und internationalen Vereinbarungen für die Regulierung von Unfällen mit Ausländern dargestellt.

2.2.4 Sonstige Vorschriften

Die aufgezeigten Bestimmungen im Rahmen der Direkthaftung finden auch bei der Ausländerpflichtversicherung Anwendung. Für den Geschädigten hat dies den Vorteil, dass er die für die Schadenregulierung zuständige inländische Stelle unmittelbar in Anspruch nehmen kann.

AuslPflVG
§ 6 (1)

Die Vorschriften über die Nachhaftung stellen sich im Ausländer-Pflichtversicherungsgesetz für den Geschädigten noch günstiger dar als im PflVG.

§ 6 (2)

2.3 Zuständigkeiten und internationale Vereinbarungen für die Regulierung von Unfällen mit Ausländern

Übersicht: Zuständigkeit für die Regulierung der Ansprüche eines Deutschen bei einem Kfz-Unfall mit einem Ausländer			
Schadenort	**Schädiger**	**Versicherung des Schädigers (bzw. Nachweis)**	**Zuständige Stelle**
Inland	Ausländer	Internationale Grüne Versicherungskarte	Deutsches Büro Grüne Karte
Inland	Ausländer	Anerkanntes amtliches Kennzeichen	Deutsches Büro Grüne Karte
Inland	Ausländer	Rosa Grenzversicherungsschein	Gemeinschaft der Grenzversicherer

Übersicht: Zuständigkeit für die Regulierung der Ansprüche eines Deutschen bei einem Kfz-Unfall mit einem Ausländer			
Schadenort	**Schädiger**	**Versicherung des Schädigers (bzw. Nachweis)**	**Zuständige Stelle**
Ausland (EU-Vertragsstaat)	Ausländer	Versicherungsschein oder amtlich anerkanntes Kennzeichen	Schadenregulierungsbeauftragter (SRB) des ausländischen VR in Deutschland
Ausland (EU-Vertragsstaat)	Ausländer	Der zuständige SRB hat auf die Schadenmeldung hin innerhalb von 3 Monaten keine mit Gründen versehene Antwort erteilt.	Verkehrsopferhilfe, hier: als Entschädigungsstelle für Schäden aus Auslandsunfällen
Ausland (EU-Vertragsstaat)	Kann nicht ermittelt werden		Verkehrsopferhilfe, hier: als Entschädigungsstelle für Schäden aus Auslandsunfällen
Ausland (kein EU-Vertragsstaat)	Ausländer (gewöhnlicher Standort des Fahrzeugs nicht in einem EU-Land)	Versicherungsschein	Der Geschädigte muss seine Ansprüche beim ausländischen VR selbst geltend machen.
Ausland (kein EU-Vertragsstaat)	Kann nicht ermittelt werden		Verkehrsopferhilfe, hier: als Entschädigungsstelle für Schäden aus Auslandsunfällen Voraussetzung: Der Entschädigungsfonds des Auslandes schließt Deutsche vom Ersatzanspruch aus.

2.3.1 Schadenregulierung im Rahmen des Grüne-Karte-Systems

Im Rahmen des Grüne-Karte-Systems haben die Kraftfahrt-VR eines jeden Landes ein Landesbüro gegründet, dem sie als Mitglied angehören. In Deutschland lautet die Kontaktadresse dieses Büros:

Deutsches Büro Grüne Karte e.V.
Wilhelmstr. 43 / 43 G
10117 Berlin
Telefon: (0 30) 2020 5757
Secure-Mail: dbgk@gruene-karte.de

Bei diesem Büro können **Kfz-Haftpflichtschadenfälle in Deutschland,** die durch ein im Ausland zugelassenes Kraftfahrzeug verursacht wurden, angemeldet werden, wenn eine der folgenden Voraussetzungen vorliegt:

● Es besteht Deckungsschutz für Deutschland auf der Basis des **amtlichen Autokennzeichens.** Das gilt derzeit für Fahrzeuge aus den Mitgliedsstaaten der EU einschließlich Andorra, Island, Norwegen, Serbien und der Schweiz (Stand April 2019)

● Für das beteiligte ausländische Kraftfahrzeug war eine **Internationale Versicherungskarte** ausgestellt.

Liegt eine der genannten Voraussetzungen vor, übernimmt das Deutsche Büro Grüne-Karte e.V. (DBGK) die Pflichten eines Haftpflichtversicherers für ausländische Kfz. Es kann dann wie ein Haftpflichtversicherer in Anspruch genommen und auch direkt verklagt werden. Man spricht in diesem Zusammenhang von der **Passivlegitimation.**

In der Mehrzahl der Fälle beauftragt das DBKG einen VR oder ein Schadenregulierungsbüro mit der Schadenregulierung. Passivlegitimiert bleibt jedoch weiterhin das DBKG.

> **Beispiel:**
>
> Ein Tourist aus Serbien mit gültiger grüner Karte für die Bundesrepublik Deutschland verursacht auf der deutschen Autobahn einen Auffahrunfall. Der Geschädigte kann sich mit seinem Schadenersatzanspruch direkt an das »Deutsche Büro Grüne Karte e. V.« wenden.

2.3.2 Schadenregulierungsbeauftragte in den EU-Vertragsstaaten

Aufgrund einer EU-Richtlinie, die in die Gesetzgebung Eingang gefunden hat, müssen die Kfz-Haftpflichtversicherer in allen anderen EU-Vertragsstaaten einen Schadenregulierungsbeauftragten benennen. Ziel der Vorschrift ist es, dass der durch einen EU-Ausländer Geschädigte seinen Schadenersatzanspruch im Heimatland geltend machen kann.

VAG
§ 163

Der Schadenregulierungsbeauftragte hat immer dann Ansprüche auf Ersatz von Personen- und Sachschäden zu bearbeiten und zu regulieren, wenn

- sich der Unfall in einem anderen Mitgliedsstaat als dem Wohnsitzmitgliedstaat des Geschädigten ereignet hat

  und

- der Schaden durch die Nutzung eines Fahrzeugs verursacht wurde, das in einem Mitgliedsstaat versichert ist und dort seinen gewöhnlichen Standort hat.

> **Beispiel:**
>
> Ein deutscher Autofahrer schädigt schuldhaft einen französischen Autofahrer, der in Deutschland oder in einem anderen Mitgliedsstaat der EU bzw. in einem Vertragsstaat gemäß Abkommen über den EWR unterwegs ist. Der französische Autofahrer kann sich mit seinem Schadenersatzanspruch unmittelbar an den Schadenregulierungsbeauftragen des deutschen Versicherers in Frankreich wenden. Er kann also den Schadenersatzanspruch in seinem Heimatland geltend machen.

Aufgrund der EU-Richtlinie müssen die angesprochenen ausländischen Staaten ebenfalls sicherstellen, dass ihre Kfz-Haftpflichtversicherer auch in Deutschland einen Schadenregulierungsbeauftragten einsetzen.

Schädigt beispielsweise ein französischer Autofahrer schuldhaft einen deutschen Autofahrer, der in Deutschland oder einem Mitgliedsstaat der EU bzw. einem Vertragsstaat gemäß Abkommen über den EWR unterwegs ist, so kann sich der geschädigte deutsche Autofahrer an den Schadenregulierungsbeauftragten des französischen Versicherers in Deutschland wenden. Ggf. ist auch die Entschädigungsstelle für Schäden aus Auslandsunfällen zuständig (vgl. C 2.3.4).

2.3.3 Auskunftsstelle und Zentralruf der Autoversicherer

PflVG
§ 8a

Es wurde vereinbart und in deutsches Recht umgesetzt, dass eine Auskunftsstelle einzurichten ist, die es dem Geschädigten ermöglicht, seine Schadenersatzansprüche im Zusammenhang mit der Teilnahme am Straßenverkehr geltend zu machen. Die Auskunftsstelle ist bei der Beschaffung von Auskünften behilflich, soweit sie aus einem Mitgliedsstaat der EU oder einem Staat gemäß Abkommen über den EWR gewonnen werden können.

Seit dem 1. Januar 2007 hilft diese Auskunftsstelle auch bei Unfällen mit anderen ausländischen Verkehrsteilnehmern in Deutschland.

In Deutschland werden die Aufgaben und Befugnisse der Auskunftsstelle von der GDV Dienstleistungs-GmbH & Co. KG – »Zentralruf der Autoversicherer« in Hamburg wahrgenommen.

Unter der kostenfreien Service-Rufnummer **(0800) 250 260 0** können sich Geschädigte, die ihren Wohnsitz in der Bundesrepublik Deutschland haben, an den **Zentralruf der Autoversicherer** wenden, wenn der Unfall durch ein Fahrzeug verursacht worden sein soll, das seinen gewöhnlichen Standort in der Bundesrepublik Deutschland hat oder wenn sich der Unfall in der Bundesrepublik Deutschland ereignet hat.

Anrufer aus dem Ausland erreichen den Zentralruf unter der Festnetznummer **+49 (40) 300 330 300.**

> **Beispiel:**
>
> Ein deutscher Autofahrer wird in Deutschland von einem niederländischen Autofahrer geschädigt. Der deutsche Autofahrer kann den Zentralruf der Autoversicherer in Anspruch nehmen, um insbesondere Name und Anschrift des Versicherers des schädigenden Fahrzeugs sowie dessen in der Bundesrepublik Deutschland bestellten Schadenregulierungsbeauftragen zu erfahren.

Auch eine **Onlineanfrage** über das Internet ist möglich.

Vom Zentralruf der Autoversicherer ist **Notfon D**, der »Notrufservice rund um die Uhr« zu unterscheiden. Notfon D wird ebenfalls von der GDV-Dienstleistungs-GmbH & Co. KG betrieben und bietet über die Notrufsäulen an den deutschen Autobahnen oder unter dem gebührenfreien Handy-Notruf 0800 NOTFON D (0800 668 366 3) einen Unfall- und Pannenservice an.

PflVG
§ 12a

2.3.4 Entschädigungsstelle für Schäden aus Auslandsunfällen

Der Verein für Verkehrsopferhilfe nimmt neben den in Abschnitt C 2.2.3 bereits beschriebenen Schadenregulierungen auch die im PflVG dargestellten Aufgaben der Entschädigungsstelle für Schäden aus Auslandsunfällen wahr.

a) Entschädigungsstelle für Schäden aus Auslandsunfällen in einem EU-Mitgliedsstaat bzw. Staat gem. Abkommen über den EWR

§ 12a

Mit Wirkung ab 1. Januar 2003 ist eine Entschädigungsstelle im Rahmen des Entschädigungsfonds eingerichtet worden, die unter folgenden Voraussetzungen leistet:

- Der Geschädigte mit Wohnsitz in der Bundesrepublik Deutschland hat im Ausland durch den Gebrauch eines Kraftfahrzeuges einen Personen- oder Sachschaden erlitten.
- Der Anspruch wurde beim Versicherungsunternehmen des Fahrzeugs, das den Unfall verursacht hat oder bei dem zuständigen Schadenregulierungsbeauftragten (vgl. C 2.3.2) geltend gemacht.

● Das Versicherungsunternehmen bzw. der Schadenregulierungsbeauftragte hat innerhalb von drei Monaten keine mit Gründen versehene Antwort erteilt.

Die Entschädigungsstelle ist auch zuständig, wenn das Versicherungsunternehmen noch keinen Schadenregulierungsbeauftragten für die Bundesrepublik Deutschland bestellt hat oder das Fahrzeug oder das ersatzpflichtige Versicherungsunternehmen nicht innerhalb von zwei Monaten nach dem Unfall ermittelt werden kann.

Ein Antrag auf Erstattung ist nicht zulässig, wenn der Geschädigte unmittelbar gegen das Versicherungsunternehmen gerichtliche Schritte eingeleitet hat.

b) Leistungen bei Schädigung im übrigen Ausland (kein EU-Mitgliedsstaat bzw. Land gem. Abkommen über den EWR)

Der Entschädigungsfonds leistet auch bei der Schädigung eines Deutschen im vorgenannten Ausland unter folgenden Voraussetzungen Ersatz für den erlittenen Personenschaden:

KfzUnf
EntschV
§ 10

● Das schädigende Fahrzeug kann nicht ermittelt werden.

● Die für Fälle dieser Art zuständige Stelle im Ausland schließt Deutsche vom Ersatzanspruch aus.

Besonderheit: Leistungen des Entschädigungsfonds an ausländische Staatsangehörige

Ein ausländischer Staatsangehöriger, der in Deutschland seinen Lebensmittelpunkt hat, erhält die gleichen Leistungen aus dem Entschädigungsfonds wie ein Deutscher. Bei Ausländern ohne festen Wohnsitz (Urlaubern usw.) werden Leistungen nur bei Vorliegen der **Gegenseitigkeit** erbracht, d.h., der Entschädigungsfonds tritt dann ein, wenn im Heimatland des Ausländers auch für einen Deutschen entsprechend eingetreten würde.

§ 11

Die vorgenannten Regelungen sind auf dem Verordnungsweg gem. § 14 PflVG entstanden.

Lernkontrollen zu C 2

Bedeutung und Umfang der Versicherungspflicht

1 Warum und wann ist der Halter eines Kraftfahrzeuges verpflichtet, eine Haftpflichtversicherung abzuschließen?

2 Welche Bestimmungen und Regelungen gelten für ausländische Kraftfahrzeuge ohne regelmäßigen Standort im Inland?

3 Das PflVG befreit bestimmte inländische Kraftfahrzeughalter von der Versicherungspflicht. Wer ist befreit und womit lässt sich diese Befreiung begründen?

4 Kontrahierungszwang

a) Was versteht man hierunter und womit kann er begründet werden?

b) In welchen Fällen lässt das PflVG Ausnahmen vom Kontrahierungszwang zu?

5

> Die Kundin, Frau Tanja Günther, erscheint im Büro der Versicherungsagentur Hilmar Krause und bittet um eine Versicherungsbestätigung, da sie ihren Pkw zulassen will.
>
> Folgende sofortige Deckung wird beantragt und auf dem Antrag auch bestätigt:
>
> Kfz-Haftpflichtversicherung: unbegrenzte Deckung
>
> Kaskoversicherung: Vollkasko einschließlich Teilkasko mit jeweils 150,00 € Selbstbeteiligung
>
> Im Rahmen der Antragsbearbeitung wird festgestellt, dass Frau Günther den Versicherungsschein zur Kraftfahrtversicherung beim Vorversicherer nicht eingelöst hat und dieser daraufhin vom Versicherungsvertrag zurückgetreten ist. Die Nichteinlösung von Versicherungsscheinen zur Kraftfahrtversicherung hat Frau Günther auch schon bei anderen Kraftfahrtversicherern praktiziert.

● **Arbeitsauftrag**

Ihre Versicherungsgesellschaft ist aufgrund der Vorfälle an einer Kundenbeziehung mit Frau Günther nicht interessiert. Sie sollen die rechtlichen Möglichkeiten prüfen und die daraus folgenden Schritte der Antragsbearbeitung aufzeigen.

6 Welche Mindestversicherungssummen für Personen-, Sach- und Vermögensschäden muss der Halter eines Fahrzeuges in der Kfz-Haftpflichtversicherung abschließen?

7 Ein ausländischer Tourist möchte mit seinem Kraftfahrzeug in die Bundesrepublik einreisen. Welche Nachweise sind anerkannt, die das Bestehen einer Haftpflichtversicherung belegen?

8

> Herr Mehmet Kacül erscheint morgens im Büro der Agentur und ist verzweifelt. Er schildert, dass er einen Lastkraftwagen mit einer Nutzlast bis zu 3,5 t gekauft habe, den er heute noch beim Straßenverkehrsamt zulassen wolle, da er am nächsten Tag mit diversen Gegenständen in seine türkische Heimat fahren möchte. Sein bisheriger Versicherer habe seinen Antrag auf Kfz-Haftpflichtversicherung zurückgewiesen und die Versicherungsbestätigung verweigert, da er im letzten Jahr zwei Schäden in der Teilkaskoversicherung gehabt habe und ihm deshalb die Versicherung gekündigt worden sei. In der Kfz-Haftpflichtversicherung habe er während seines jetzt bereits zehnjährigen Aufenthalt in Deutschland erst einen Schaden bei diesem Versicherer gehabt. Die bisherige Kfz-Haftpflichtversicherung sei mit der Verschrottung seines letzten Fahrzeuges beendet worden.
>
> Weiter berichtet Herr Kacül, dass er auch den Vertreter eines weiteren Versicherers aufgesucht habe. Dieser sei unsicher, ob er aufgrund des Antrages für einen 3,5-t-Lkw vorläufigen Versicherungsschutz gewähren und die VB-Nummer aushändigen dürfe, und er wolle daher erst bei der Direktion anfragen. Wegen des Betriebsausflugs der zuständigen Fachabteilung könne er die Auskunft erst am nächsten Tag bekommen.

● **Fragestellungen**

a) Ist der frühere VR des Herrn Kacül berechtigt, den Kfz-Haftpflichtversicherungsantrag wegen des schlechten Versicherungsverlaufs in der Kaskoversicherung zurückzuweisen?

b) Steht das Verhalten des Vertreters der zweiten angesprochenen Versicherung im Einklang mit den Bestimmungen des Pflichtversicherungsgesetzes?

c) Welche Möglichkeit sehen Sie, die gewünschte Versicherungsbestätigung (VB-Nummer) auszuhändigen, wobei den Interessen des Herrn Kacül als auch denen Ihrer Gesellschaft gedient ist?

Schutz des Verkehrsopfers

9 Der Schutz des geschädigten Dritten hat im PflVG große Bedeutung. Nennen Sie drei Tatbestände im PflVG, mit denen der Gesetzgeber diesen Schutz verwirklicht.

10 Felix Krull ist auf sonntäglicher Spazierfahrt durch Berlin unterwegs. Auf der Straße »Unter den Linden« schenkt er seine Aufmerksamkeit mehr den Passantinnen als dem Verkehr. Er übersieht, dass sein Vordermann bremsen muss und fährt mit voller Wucht auf.

   a) Hat der Geschädigte ein Recht, Krull für den Schaden in Anspruch zu nehmen, obgleich dieser versichert ist?

   b) Hat der Geschädigte ein Recht, sich für den Schadenersatz an die Versicherung des Krull zu wenden, wenn Krull den Schaden selbst begleichen will?

11 Beurteilen Sie den Versicherungsschutz zu Fall 10, wenn Felix Krull am 10. Mai d. J. nach § 38 VVG vergeblich gemahnt worden war und der Unfall am 01. Juni d. J. geschah.

   a) Hat Felix Krull für den Unfall noch Versicherungsschutz?

   b) Muss der VR dem geschädigten Dritten noch haften, wenn Felix Krull der Versicherungsschutz versagt werden kann?

   c) Wie wäre der Fall zu beurteilen, wenn Felix Krull vorsätzlich aufgefahren wäre, da er sich über das auffälligere Auto des so Geschädigten geärgert hat?

12 Sie erhalten das folgende Schreiben der Frau Agnes Haning:

> Sehr geehrte Damen und Herren,
>
> Ihr VN, Herr Hermann Laack, hat am 28. Febr. d. J. beim forschen Zurücksetzen aus einer Parklücke mein neben ihm geparktes Fahrzeug gestreift und auf der halben Breite beschädigt. Das Ausbeulen und Lackieren wird nach Auskunft meiner Werkstatt ca. 900,00 € kosten. Ihr VN hat mir bereits am Unfallort erklärt, dass er momentan stark verschuldet sei und deshalb keinerlei Schadenersatz leisten könne. Er nannte mir Ihre Gesellschaft, wo er versichert sein will. Bitte teilen Sie mir mit, ob dies zutrifft und ob Sie den Schaden begleichen werden, damit ich meiner Werkstatt einen Reparaturauftrag erteilen kann.
>
> Mit freundlichen Grüßen
>
> **Agnes Haning**

● **Auszug aus dem Vertragsspiegel**

> VN: Hermann Laack
>
> Versicherungsperiode: 15. Dez. d. J. 0 Uhr – 15. Dez. n. J. 0 Uhr
>
> Vertragsart: Kfz-Haftpflichtversicherung mit 100 Mio € Deckung
>
> Sonstiges: Qualifizierte Mahnung mit Kündigung wegen Nichtzahlung der Jahresprämie am 05. Jan. d. J., Mitteilung an die Zulassungsbehörde über das Erlöschen des Versicherungsschutzes am 25. Jan. d. J.

● **Arbeitsauftrag**

   Prüfen Sie, ob die Geschädigte aus der Versicherung des Herrn Laack oder ggf. anderweitig Ersatz erlangen kann, und antworten Sie der Geschädigten.

13 Angenommen, der in Aufgabe 10 und 11 angesprochene Unfall habe sich nicht am 01. Juni d. J., sondern am 01. Juli d. J. ereignet. Der VR hat am 27. Mai d. J. der Zulassungsbehörde mitgeteilt, dass der Versicherungsschutz für Felix Krull erloschen sei.

a) Für welchen Zeitraum bleibt der VR im Rahmen der Nachhaftung dem Geschädigten gegenüber leistungspflichtig und wann beginnt dieser Zeitraum?

b) Bis zu welchen Beträgen haftet der VR im Rahmen der Nachhaftung?

c) Die Nachhaftung wird als subsidiär bezeichnet. Was heißt das?

d) Aufgrund welcher Bestimmung wird der durch Felix Krull geschädigte Dritte in jedem Falle seinen Schaden gedeckt wissen?

14

Sie sind Mitarbeiter in der Schadenabteilung und sollen prüfen, ob Deckung für den nachstehenden Schadenfall besteht:

Unser VN hat beim Einparken das geparkte Fahrzeug der Melanie Heyder beschädigt und dann Fahrerflucht begangen. Aufgrund von Zeugenaussagen konnte unser VN polizeilich ermittelt werden.

Die Geschädigte macht 600,00 € Reparaturkosten durch Vorlage der Reparaturrechnung geltend.

● **Auszug aus dem Vertragsspiegel**

VN: Alfred Dumm, 44579 Castrop-Rauxel

Kfz-Haftpflichtversicherung mit gesetzlichen Mindestdeckungssummen

Versicherungsbeginn: 01. Febr. d. J. 0 Uhr

Zahlungsweise: vierteljährlich

Fälligkeit 01. Mai d. J. noch unbezahlt

Qualifizierte Mahnung am 20. Mai d. J.

Benachrichtigung des Straßenverkehrsamtes am 06. Juni d. J.

Schadentag: 10. Juli d. J.

● **Arbeitsauftrag**

Prüfen Sie, ob Frau Heyder mit dem Ersatz ihres Schaden aufgrund der Bestimmungen des Pflichtversicherungsgesetzes rechnen kann.

15 Ihr VN Hartmut Nußbaum, der bei Ihnen eine Kfz-Haftpflichtversicherung unterhält, sucht Ihren Rat. Er wurde in einen Unfall verwickelt, bei dem der Unfallverursacher Fahrerflucht begangen hat, und er will nun wissen, wer für den Schaden aufkommt.

Zum Sachverhalt teilt er Folgendes mit:

»Ich befuhr die Rotterdamer Straße in Richtung Flughafen, als aus der mir entgegenkommenden Fahrzeugkolonne ein Fahrzeug plötzlich ausscherte und zum Überholen ansetzte. Ich wich erheblich nach rechts aus, um einen Zusammenstoß zu verhinden. Dabei geriet ich mit meinem Fahrzeug in einen Vorgarten, beschädigt die Anlage und kam schließlich vor der Hauswand zum Stehen. Mein Fahrzeug erlitt einen erheblichen Achs- und Blechschaden. Wegen Verdachts auf HWS-Distorsion muss ich für eine Woche eine sog. Halskrawatte tragen. Der eigentliche Unfallverursacher ist weitergefahren, ohne sich um meinen Schaden zu kümmern. Für den Unfallhergang gibt es mehrere Zeugen, doch keiner hat die Autonummer richtig erkannt. Die Zeugen haben nur Teile des Kennzeichens erfasst. Die benachrichtigte Polizei ist zuversichtlich, den Fahrzeughalter aufgrund der Teilangaben vielleicht doch noch ausfindig machen zu können.«

● **Arbeitsauftrag**

Analysieren Sie die Situation und beraten Sie den VN,

a) an wen er sich aufgrund der momentanen Situation wenden muss;

b) welche Schäden gedeckt sind, wenn der Unfallgegner nicht ermittelt wird;

c) wie er sich verhalten soll, wenn der Unfallgegner ermittelt wird.

Internationale Vereinbarungen zur gegenseitigen Regulierungshilfe

16 Ein spanischer Autofahrer schädigt mit seinem Auto einen deutschen Autofahrer in Österreich.

Der Spanier kann seine Versicherung nicht benennen.

Was kann der deutsche Autofahrer bezüglich der Schadenregulierung unternehmen?

17 Prüfen Sie, ob der Entschädigungsfonds in folgenden Fällen leistet:

a) Der Geschädigte befindet sich im Ausland und wird dort angefahren. Der Unfallverursacher kann entkommen.

b) Wie a), das Fahrzeug des Geschädigten wird auch in Mitleidenschaft gezogen.

c) Das Auto eines Gastarbeiters, der schon seit sechs Jahren in Deutschland lebt, wird von einem nicht versicherten Fahrzeug, das ein angetrunkener Fahrer lenkt, nachts am Straßenrand gerammt und erheblich beschädigt. Der Fahrer kann ermittelt werden.

d) Wie c), jedoch handelt es sich bei dem Gastarbeiter um einen sog. Wanderarbeiter, der sich nur vorübergehend in Deutschland aufhält und dessen Heimatland keinen Entschädigungsfonds kennt.

3   Tarifierung und Versicherungsvertrag

3.1 Tarifmerkmale

Situation:

Thorsten Franzen (26 Jahre), kaufmännischer Angestellter in einer Privatbank, wohnhaft in Frankfurt am Main, hat seinen ersten Pkw (Opel Insignia OPC STH 2.8 V6) als sog. Jahreswagen (jetzt: 13 Monate alt) gebraucht erworben, den er und gelegentlich auch seine gleichaltrige Lebenspartnerin, die mit ihm in häuslicher Gemeinschaft lebt und kein eigenes Auto besitzt, nutzen wollen. Er wendet sich an die Proximus-Agentur Andreas Schulten, um die notwendige Versicherung abzuschließen.

Nachdem die persönlichen Daten aufgenommen wurden, erfährt Thorsten Franzen im weiteren Beratungsgespräch, dass für die Risikoerfassung und Tarifierung eine Reihe von Merkmalen maßgebend sind. »Auf den ersten Blick ist es sicherlich sehr kompliziert«, sagt der Versicherungsagent Schulten, »aber letztlich geht es darum, die risikogerechte Prämie zu ermitteln und dafür hat die Versicherungswirtschaft dieses Tarifierungssystem entwickelt. Alles was beachtet werden muss, steht ausführlich in den AKB 2015, die ich Ihnen u. a. mitgeben werde.«

3.1.1 Vorbetrachtung

Die Gestaltung der Prämien und Tarifstrukturen in der Kraftfahrtversicherung ist seit der Einführung des EU-Binnenmarktes im Jahr 1994 in das Ermessen der VR gestellt.

Die Unternehmen können jetzt die für erforderlich gehaltenen Prämien zugrunde legen und sind bei der Gestaltung der Tarifstrukturen völlig frei. Theoretisch kann jedes Unternehmen festsetzen:

- eigene Schadenfreiheitssysteme,
- eigene Regionalstrukturen,
- Sondertarife für bestimmte Berufsgruppen,
- sonstige geeignete Risikomerkmale.

Trotz der Freiheiten haben die Versicherer die früher einheitliche Tarifgestaltung im Kern beibehalten. Der Wettbewerb vollzieht sich im Wesentlichen durch die Gewährung unterschiedlicher Rabatte.

Die Grundsätze für die Tarifierung sind in den AKB 2015 enthalten. Die AKB 2015 gliedern die Bestimmungen zur Tarifierung wie folgt:

AKB 2015
- I Schadenfreiheitsrabatt-System
- J Individuelle Tarifmerkmale
- K Prämienänderung aufgrund tariflicher Maßnahmen
- L Prämienänderung aufgrund eines bei Ihnen eingetretenen Umstandes

Im Anhang zu den AKB 2015 im **Proximus 4 Bedingungswerk** finden sich die folgenden **Tabellen,** die für die Tarifierung benötigt werden:

- **Anhang 1:** Tabellen zum Schadenfreiheitsrabatt-System
- **Anhang 2:** Tabellen zu den Typklassen
- **Anhang 3:** Tabellen zu den Regionalklassen

Der neben den AKB 2015 existierende **Tarif** zur Kraftfahrtversicherung stellt den sog. **Prämienteil** dar.

3.1.2 Merkmale für die Prämienberechnung in der Kfz-Haftpflichtversicherung (KH-Versicherung)

Die **AKB 2015** kennen folgende Merkmale für die Prämienberechnung: AKB 2015

● Art, Verwendung und Beschaffenheit des Fahrzeugs   J.1

● Tarifgruppen R und N   J.2

● Individuelle Tarifmerkmale in der KH- und Kaskoversicherung, getrennt nach   J.3

    – Pkw

    – Krafträder, Leichtkrafträder und -roller

    – Campingfahrzeuge

● Schadenfreiheitsrabatt-System   I

In **Theorie** und **Praxis** wird auch nach objektiven und subjektiven **Risikomerkmalen** oder harten und weichen **Tarifmerkmalen** unterschieden:

● **Objektive Risikomerkmale** beziehen sich auf das versicherte Fahrzeug, z. B. Fahrzeugart, Typklasse, Fahrzeugalter.

● **Subjektive Risikomerkmale** sind alle personenbezogenen Merkmale, wie z. B. Wohnort, Beruf, Schadenfreiheit, Alter des Fahrers.

● **Harte Tarifmerkmale** sind solche, die schon bei Vertragsabschluss nachprüfbar sind, wie z. B. Fahrzeugtyp, Fahrzeugalter.

● **Weiche Tarifmerkmale** sind i. d. R. erst später, häufig nach einem Schadenfall, überprüfbar, wie z. B. Jahresfahrleistung, Fahrerkreis.

3.1.2.1 Art, Verwendung und Beschaffenheit des Fahrzeugs

Situation (1. Fortsetzung)

Zunächst fragt Versicherungsagent Schulten noch einmal vorsorglich nach, ob der Wagen auch wirklich nicht gelegentlich vermietet werden soll. Thorsten Franzen verneint diese Frage, woraufhin Herr Schulten ihm erklärt, dass das Fahrzeug als Pkw (Wagniskennziffer 112) geführt wird. Dann klärt er ihn dahingehend auf, dass jede andere Verwendung (z. B. die Vermietung) eine Verletzung des vereinbarten Fahrzeuggebrauchs und damit eine Obliegenheitsverletzung darstellt, die zur Leistungsfreiheit führen kann.

Im nächsten Schritt entnimmt Herr Schulten aus den Fahrzeugpapieren des Opel Insignia OPC STH 2.8 V6 die Schlüsselnummer für Hersteller (hier: 0035) und Typ (hier: BBE). Im Typklassenverzeichnis Pkw ist aufgeführt, dass dieser Pkw in der Kraftfahrzeug-Haftpflichtversicherung der Typklasse 17 zugeordnet ist.

»Damit ist geklärt, wie die Versicherer das Risiko ihres Opel im Straßenverkehr einstufen«, meint Herr Schulten. »Mit Typklasse 17 liegt Ihr Opel mit stolzen 239 KW bzw. 325 PS Leistung auf einem Mittelplatz. Da gibt es Fahrzeuge, die wesentlich unfallträchtiger sind aber auch solche, die wesentlich günstiger eingestuft werden. Das macht sich bei der Höhe der Versicherungsprämie bemerkbar.«

Übersicht: Prämienrelevante Merkmale in der KH-Versicherung (Teil 1)	
Risikomerkmal	**Tarifmerkmal für eine Pkw-Tarifierung**
● Art des Kfz und Verwendungszweck (bauartbezogene Merkmale) ● Fahrzeugtyp bzw. Leistungsmerkmal	● Wagniskennziffer 112 (Personenkraftwagen) ● Typklasse (gem. Typklassenverzeichnis)

a) Art des Kfz und Verwendungszweck

In der Praxis existieren **Tabellen,** in denen die Art und Verwendung von Fahrzeugen (z. B. Busse, Campingfahrzeuge, Güterfahrzeuge, Pkw, Taxen) mit entsprechender Erläuterung dargestellt sind.

> **Beispiel:**
>
> Nr. 15: Pkw
>
> Pkw sind als Personenkraftwagen, Kombinationskraftwagen oder Fahrzeuge zur Personenbeförderung mit höchstens acht Sitzplätzen außer dem Fahrersitz (Klasse M1) zugelassene Kraftfahrzeuge, mit Ausnahme von Mietwagen, Taxen und Selbst-fahrervermietfahrzeugen.

Im Tarif zur Kraftfahrtversicherung werden die Wagnisse mit gleichartigen Gefahrenmerkmalen zu Wagnisgruppen zusammengefasst. Eine **Wagniskennziffer** (WKZ) kennzeichnet die jeweilige Gruppe.

Im **Proximus 4 Bedingungswerk** sind die vorbeschriebenen Tabellen nicht abgedruckt, wohl aber die Tarife für ausgewählte Wagniskennziffern.

Die meisten der in Umlauf befindlichen Pkw zählen zur **Wagniskennziffer 112**, da sie nicht als Mietwagen, Taxe oder Selbstfahrervermietfahrzeug eingesetzt werden.

Auszug aus der Tabelle der Wagniskennziffern:	
Ausprägung	**Bedeutung**
001	Kleinkrafträder
003	Krafträder, Kraftroller
112	**Personenkraftwagen**
127	Campingkraftfahrzeuge/Wohnmobile
162	Miet-Pkw für Selbstfahrer
251	Lastkraftwagen mit zulässiger Gesamtmasse bis 3,5 t (Lieferwagen nach neuer Definition) im Werkverkehr
708	Hub- und Gabelstapler

Quelle: http://www.gdv-online.de/vuvm/bestand/rel2018/anl110.htm (Stand: 01.07.2018)

b) Fahrzeugtyp bzw. Leistungsmerkmal (sog. Beschaffenheit)

Nach den AKB 2015 gilt:

> »Richtet sich die Versicherungsprämie nach dem Typ Ihres Fahrzeugs, können Sie Ihrem Versicherungsschein entnehmen, welcher Typklasse Ihr Fahrzeug zu Beginn des Vertrages zugeordnet worden ist«.

AKB 2015
K.1
S.1

Anmerkung: Das ist bei Pkw, für die der Tarif nach Wagniskennziffer 112 gilt, immer der Fall.

Die VR haben das Unfallgeschehen ausgewertet und dabei hat sich die Vermutung bestätigt, dass Fahrzeuge derselben kW-(PS)-Staffelung zum Teil sehr verschiedene Schadenverläufe haben. Nicht die Motorleistung, sondern der jeweilige Fahrzeugtyp und der diesen Typ bevorzugende Fahrer sind ursächlich für die Schadenbedarfsunterschiede zwischen den verschiedenen Marken mit gleicher Motorstärke.

Fahrzeuge desselben Herstellers und mit gleichem Aufbau bilden einen Fahrzeugtyp. Die einzelnen Fahrzeugtypen werden, ihrem jeweiligen Schadenverlauf in der KH-Versicherung entsprechend, in **Typklassen** eingestuft. Die jeweilige Typklasse für die Prämienberechnung kann aus dem **Typklassenverzeichnis Pkw** anhand der Herstellernummer **(HSN)** und der Typschlüsselnummer **(TSN)** im Fahrzeugschein gefunden und dann abgelesen werden.

Beispiele:

(aus dem Typklassenverzeichnis Pkw im **Proximus 4 Bedingungswerk**)

KW	PS	CCM	Typ (Verkaufsbezeichnung)	HSN	TSN	Klasse KH
AUDI AG						
081	110	1598	8V (A3 CABRIO 1,6 TDI)	0588	AZD	**16**
OPEL						
239	325	2792	OG-A (Insignia OPC STH 2.8 V6)	0035	BBE	**17**

Proximus 4 TA
S. 360 ff.

Ein unabhängiger Treuhänder ermittelt jährlich, ob und in welchem Umfang sich der Schadenbedarf eines Fahrzeugtyps im Verhältnis zu dem aller Fahrzeugtypen erhöht oder verringert hat. Ändert sich der Schadenbedarf, kann dies zu einer Zuordnung in eine andere Typklasse und damit zu einer Prämienänderung führen, die im nächsten Versicherungsjahr wirksam wird.

AKB 2015
K.1

Die **Klassengrenzen** sind tabellarisch in **Anhang 2 zu den AKB 2015** aufgeführt.

Proximus 4
TA S. 362

Beispiel:

Typklasse 17   Schadenbedarfs-Indexwert
                             von 97,7 bis unter 103,7

Erhöht sich die Prämie aufgrund einer Änderung der Typklasse, hat der VN ein außerordentliches Kündigungsrecht. Die Prämienerhöhung wird spätestens einen Monat vor dem Wirksamwerden durch den VR mitgeteilt und der VN auf sein Kündigungsrecht hingewiesen.

AKB 2015
K.4, G.2.7

Für **Zweiräder** und **Campingfahrzeuge/Wohnmobile** gelten andere Leistungsmerkmale für die Tarifierung, die aus den entsprechenden Tarifen im **Proximus 4 Bedingungswerk** ersehen werden können.

Tarife für Lkw und Omnibusse sind dort nicht abgedruckt. Für die Tarifierung wird üblicherweise die Nutzlast bzw. Platzzahl zugrunde gelegt.

3.1.2.2 Tarifgruppe und Schadenfreiheitsrabattsystem

Situation (2. Fortsetzung)

»Auch Ihr Wohnort und Ihr bisheriges Fahrverhalten im Straßenverkehr sind Risikomerkmale in der KH-Versicherung, die wir für die Tarifierung erfassen müssen,« fährt Herr Schulten im Beratungsgespräch fort.

Er ermittelt dann, dass Thorsten Franzen der Tarifgruppe R zuzuordnen ist und dass sein Wohnort Frankfurt am Main zur Regionalklasse 11 zählt. Aus dem Führerschein ersieht er, dass Thorsten Franzen bereits seit 4 Jahren im Besitz einer Fahrerlaubnis ist. »Da können wir Sie schon in eine Schadenfreiheitsklasse, nämlich in die Schadenfreiheitsklasse SF ½ einstufen,« meint Herr Schulten hierzu. »Bei Personen, die seit mindestens 3 Jahren einen Führerschein haben, darf eine gewisse Fahrpraxis und damit ein geringeres Unfallrisiko erwartet werden.«

Übersicht: Prämienrelevante Merkmale in der KH-Versicherung (Teil 2)	
Risikomerkmal	**Tarifmerkmal für eine Pkw-Tarifierung**
● Pkw/übrige Fahrzeuge ● Wohnort/Firmensitz ● Schadenverlauf	● Tarifgruppe R ● Regionalklasse ● Schadenfreiheitsklasse bzw. Schadensklasse

a) Tarifgruppen

Die AKB 2015 unterscheiden im **Proximus 4 Bedingungswerk** folgende Tarifgruppen:

➤ **Tarifgruppe R**

AKB 2015
J.2

Die Tarifgruppe R gilt für Versicherungsverträge von **Pkw.**

➤ **Tarifgruppe N**

Diese Tarifgruppe gilt für Nicht-Pkw oder Anhänger (sog. **übrige Fahrzeuge**).

Exkurs: Weitere Tarifgruppen in der Praxis

Die AKB in der Praxis sehen bei den individuellen Tarifmerkmalen regelmäßig auch die Berufsgruppe als ein Tarifierungsmerkmal an; denn die Höhe der Prämie richtet sich bei der Versicherung bestimmter Fahrzeuge auch nach dem beruflichen Umfeld des VN.

In der Praxis kennt man hierfür die Berufsgruppen (Tarifgruppen) A, B und D. Diese Tarifgruppen sind im Tarif zur Kraftfahrtversicherung im **Proximus 4 Bedingungswerk** nicht berücksichtigt.

➤ **Tarifgruppe A**

Die Berufsgruppen A wird für Versicherungsverträge von Pkw landwirtschaftlicher Betriebe eingeräumt, wenn der VN diesen Betrieb selbst bewirtschaftet und Mitglied einer landwirtschaftlichen Berufsgenossenschaft oder Gartenbaugenossenschaft ist.

Der Betrieb muss eine Mindestgröße haben:

● landwirtschaftlicher Betrieb   ½ ha
● Gartenbaubetrieb   2 ha

Unter bestimmten Voraussetzungen wird die Tarifgruppe A auch ehemaligen landwirtschaftlichen Unternehmern und nicht berufstätigen Witwen/Witwern des genannten Personenkreises gewährt.

➤ **Tarifgruppe B**

Die Tarifgruppe B gilt für die Versicherungsverträge von Gebietskörperschaften, Körperschaften, Anstalten und Stiftungen des deutschen öffentlichen Rechts, juristische Personen des Privatrechts mit öffentlichen Aufgaben usw. sowie deren Bediensteten (u. U. auch Pensionäre und Rentner).

➤ **Tarifgruppe D**

Die Tarifgruppe D gilt für Versicherungsverträge bestimmter juristischer Personen des Privatrechts (z. B. bestimmte Versorgungsunternehmen für Wasser, Gas, Elektrizität; bestimmte private Krankenanstalten, bestimmte Wohnungsunternehmen) sowie privatisierte, ehemals öffentlich-rechtliche Banken und Sparkassen, andere privatisierte, ehemals öffentlich-rechtliche Einrichtungen (z. B. Telekom, Deutsche Bahn, Deutsche Post, Postbank, Lufthansa) und deren Tochterunternehmen.

Die Tarifgruppe gilt auch unter bestimmten Voraussetzungen für die Versicherungsverträge von Kraftfahrzeugen der Mitarbeiter, Auszubildenden und Ruheständler der genannten juristischen Personen des Privatrechts.

b) Wohnort/Firmensitz

Statistische Untersuchungen haben gezeigt, dass der Schadenverlauf regional unterschiedlich ist. Großstädte weisen einen größeren Schadenbedarf auf als ländliche Regionen. Der Kraftfahrttarif für Pkw kennt daher innerhalb seiner Tarifgruppen regional differenzierte Prämiensätze in Form sog. **Regionalklassen**.

Es wird dabei nach Regionalklassen für die KH-, die Teilkasko- und die Vollkaskoversicherung unterschieden (siehe auch C 3.1.3 d).

Die jeweils anzuwendende Regionalklasse richtet sich nach dem Bezirk, in welchem das versicherte Fahrzeug aufgrund des Wohnsitzes des VN zugelassen ist, und kann aus dem **Verzeichnis der amtlichen Kennzeichen mit den Zuordnungen der Zulassungsbezirke zu den Regionalklassen** entnommen werden.

Beispiele: (aus dem Regionalklassenverzeichnis im **Proximus 4 Bedingungswerk**		
Amtl. Kennzeichen	**Zulassungsbezirk**	**Regionalklasse KH**
F	Frankfurt am Main	11
HAL	Halle (Saale)	7
NB	Neubrandenburg	2

Proximus 4 TA S. 358 f.

Für die KH-Versicherung werden 12 Regionalklassen unterschieden, in die der jeweilige **Zulassungsbezirk** entsprechend seinem **Schadenbedarfsindexwert** zugeordnet wird.

Ein unabhängiger Treuhänder ermittelt jährlich, ob und in welchem Umfang sich der Schadenbedarf eines Zulassungsbezirks im Verhältnis zu allen Zulassungsbezirken erhöht oder verringert hat. Ändert sich der Schadenbedarf, kann dies zu einer Zuordnung in eine andere Regionalklasse und damit zu einer Prämienänderung führen, die im nächsten Versicherungsjahr wirksam wird.
Die **Klassengrenzen** sind tabellarisch in Anhang 3 zu den AKB 2015 aufgeführt.

AKB 2015 K.2

Proximus 4 TA S. 363

Beispiel:	
Regionalklasse 7	Schadenbedarfs-Indexwert von 100,8 bis unter 103,9

AKB 2015
K.4, G.2.7

Erhöht sich die Prämie aufgrund einer Änderung der Regionalklasse, hat der VN ein außerordent-liches Kündigungsrecht. Die Prämienerhöhung wird spätestens einen Monat vor dem Wirksam-werden mitgeteilt und der VN auf sein Kündigungsrecht hingewiesen. Das Kündigungsrecht ist nicht an das Überschreiten einer bestimmten Schwelle, d. h. einer bestimmten Prämienerhöhung geknüpft. In der Praxis spricht man daher auch von der **Kündigungsschwelle »Null«**.

c) Schadenfreiheitsrabatt-System

➤ Schadenverlauf

I.1

Proxi-
mus 4 TA
S. 359

Die Prämienhöhe richtet sich ferner nach der Anzahl der schadenfreien Jahre bzw. der Anzahl der Vorschäden (sog. **Schadenverlauf**). Aus den Tabellen zum Schadenreiheits-rabatt-System gem. Anhang 1 zu den AKB 2015 kann die jeweilige Schadenfreiheits-klasse (SF-Klasse) und der zugehörige Prämiensatz in Prozent abgelesen werden, der letztlich von der Tarifprämie (100 %) zu zahlen ist.

> **Beispiel:**
> Ein VN wird in SF-Klasse 10 (10 Jahre schadenfreier und ununterbrochener Ver-sicherungsverlauf) geführt. Der Prämiensatz in der KH-Versicherung beträgt dann 39 %, d. h. es sind nur 39 % der Tarifprämie zu zahlen.
>
> Ein Vertrag wird in die nächsthöhere Schadenfreiheitsklasse eingestuft, wenn er in einem Kalenderjahr ununterbrochen bestanden hat und schadenfrei gewesen ist.

AKB 2015
I.4.1

Als **schadenfrei** gilt ein Vertrag, wenn innerhalb eines Kalenderjahres kein Schaden gemeldet wurde, für den Entschädigungsleistungen erbracht oder Rückstellungen gebildet worden sind. Trotz Meldung eines Schadenereignisses gilt ein Vertrag auch weiterhin als schadenfrei, wenn einer der in I.4.1.2 AKB 2015 genannten Fälle vorliegt, wie z. B. Erstattung der durch den VR geleisteten Entschädigung durch den Schädiger oder dessen Haftpflichtversicherung.

Für bestimmte Wagnisse, z. B. Anfänger, Zweitwagen, kennen die AKB 2015 besondere Einstufungsregelungen (siehe nachstehend).

I.2.1

➤ Einstufungshinweise für die Ersteinstufung in Klasse 0

Beginnt der Vertrag ohne Übernahme eines Schadenverlaufs (vgl. hierzu C 3.2.5), wird er in Klasse 0 eingestuft. Das trifft in der Regel auf sog. **Anfängerwagnisse** zu, wenn auch keine Einstufung nach SF ½ (siehe nachstehend) in Frage kommen kann.

> **Beispiel:**
> Ein 18-jähriger hat gerade seinen Führerschein erworben und will sein erstes Fahr-zeug zulassen.

Die Übernahme eines Schadenverlaufs (vgl. hierzu C.3.2.5) scheidet hier ebenso aus wie die sog. Führerscheinregelung (siehe nachstehend). Üblicherweise wird das Fahr-zeug daher zunächst auf einen Elternteil als Zweitfahrzeug mit günstigerer SF-Klasse zugelassen, bis die Voraussetzungen für eine günstigere SF-Klasse bei dem Fahrzeug-besitzer vorliegen.

I.2.2.1

➤ Sondereinstufung eines Pkw in SF-Klasse ½

Die Sondereinstufung in **Klasse SF ½** ist für folgende Fälle vorgesehen:

● Der Versicherungsschutz soll für einen Zweitwagen gelten. Das Erstfahrzeug wird in der SF-Klasse ½ geführt **(Zweitwagenregelung).**

● Auf den Ehepartner, eingetragenen Lebenspartner oder mit dem in häuslicher Gemeinschaft lebenden Lebenspartner ist ein Pkw zugelassen, der mindestens in der SF-Klasse ½ geführt wird und der Antragsteller besitzt mindestens seit einem Jahr eine gültige Fahrerlaubnis für das Führen von Pkw oder Krafträdern.

● Ein Elternteil des VN hat ein Fahrzeug bei der Gesellschaft versichert, das mindestens in die SF-Klasse ½ eingestuft ist.

● Der VN als Anfänger ist seit mindestens drei Jahren im Besitz einer gültigen Fahrerlaubnis **(Führerscheinregelung).**

Die in den vorgenannten Fällen genannte Fahrerlaubnis muss von einem Mitgliedsstaat des Europäischen Wirtschaftsraumes (EWR) oder diesem gleichgestellten Staat erteilt worden sein.

➤ **Besserstufung von Klasse 0 nach SF-Klasse ½**

● Der Versicherungsvertrag hat in der Zeit vom 02. Jan. bis zum 01. Juli mit Klasse 0 begonnen und während des Kalenderjahres mindestens 6 Monate bestanden. Bei Schadenfreiheit erfolgt ab nächstem Kalenderjahr die Einstufung in die SF-Klasse ½ **(Halbjahresregelung).**   AKB 2015 I. 3.4

Hinweis: Weitere Sondereinstufung und Besserstufungen nach AKB 2015

Die AKB 2015 kennen neben der Sondereinstufung in die SF-Klasse ½ auch noch die **Sondereinstufung** in die SF-Klasse 2, wenn bestimmte Voraussetzungen erfüllt sind.   I.2.2.2

Darüber hinaus können **Besserstufungen** in Frage kommen.   I.3.2, I.3.3

➤ **Rückdatierung**

Um schneller ein volles unfallfreies Kalenderjahr nach I.3.4 Satz 1 AKB 2015 angerechnet zu bekommen, kann sich eine technische **Rückdatierung** anbieten.

> **Beispiel:**
> Der VN beantragt am 04. Jan. d. J. den Versicherungsschutz und beginnt mit Klasse 0 (Prämiensatz 110 %). Legt man den technischen Versicherungsbeginn auf den 31. Dez. des Vorjahres, kann bei Schadenfreiheit im laufenden Kalenderjahr bereits ab dem nächsten Kalenderjahr die Einstufung in die SF-Klasse 1 (Prämiensatz 60 %) vorgenommen werden.

Ohne diese Rückdatierung würde der Vertrag im nächsten Kalenderjahr nur in die Klasse SF ½ (Prämiensatz 70 %) eingestuft.

3.1.3 Tarifaufbau in der Kaskoversicherung

> **Situation (3. Fortsetzung)**
> »Wie Sie sicherlich wissen, würde für die Zulassung des Kraftfahrzeuges der Nachweis genügen, dass KH-Versicherungsschutz besteht; denn damit sind die Ansprüche geschädigter Dritter gedeckt«, fährt Herr Schulten im Beratungsgespräch fort. »Aber Ihr eigener Schaden ist nicht versichert, wenn Sie beispielsweise einen Unfall verschulden. Dafür haben wir aber auch Versicherungsschutzangebote. Zunächst möchte ich Ihnen zeigen, was eine Kaskoversicherung kostet. Die Tarifierung wird im Wesentlichen nach den gleichen Merkmalen wie bei der Kfz-Haftpflichtversicherung vorgenommen.«

Übersicht: Prämienrelevante Merkmale in der Kaskoversicherung	
Risikomerkmal	**Tarifmerkmal für eine Pkw-Tarifierung**
● Pkw/übrige Fahrzeuge ● Fahrzeugtyp ● Wohnort/Firmensitz ● Schadenverlauf	● Tarifgruppe R ● Typklasse ● Regionalklasse ● Schadenfreiheitsklasse

Vorbemerkung:

Die Kaskoversicherung wird als Teilkasko und Vollkasko angeboten. Sie ist in Abschnitt C 6 ausführlich dargestellt.

Aus der nachstehenden Übersicht können die versicherten Gefahren entnommen werden.

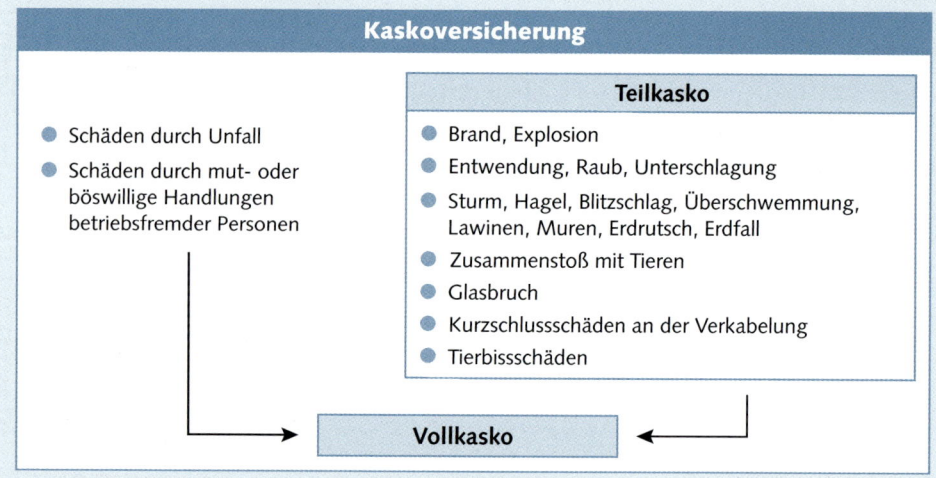

Bei Abschluss einer Vollkaskoversicherung sind die versicherten Gefahren der Teilkaskoversicherung grundsätzlich mitversichert.

a) Grundsätze für die Prämienfestsetzung

Die AKB 2015 kennen auch für die Kaskoversicherung von Pkw, wie in der KH-Versicherung, die Tarifierungs- bzw. Risikomerkmale

● Tarifgruppe,

● Fahrzeugtyp,

● Regionalklasse,

● Schadenverlauf.

b) Tarifgruppe

AKB 2015
J.2

Pkw werden für die Prämienberechnung der **Tarifgruppe R** zugeordnet.

Unter den bereits in Abschnitt C 3.1.2.2 genannten Voraussetzungen ist in der Praxis auch eine Zuordnung zur **Tarifgruppe B** üblich. Diese Tarifgruppe ist, wie bereits festgestellt, im Tarif zur Kraftfahrtversicherung im **Proximus 4 Bedingungswerk** nicht berücksichtigt.

c) Fahrzeugtyp

Situation (4. Fortsetzung)

Versicherungsagent Schulten erläutert Thorsten Franzen, dass sein Opel Insignia OPC STH 2.8 V6 bei Vereinbarung von Vollkasko der Typklasse 25 und bei Vereinbarung von Teilkasko der Typklasse 24 zugeordnet wird.

Fahrzeuge desselben Herstellers und mit gleichem Aufbau bilden, wie in der KH-Versicherung, einen Fahrzeugtyp. Maßgeblich für die Zuordnung sind in erster Linie die Eintragungen im Kraftfahrzeugschein. Die Fahrzeugtypen werden getrennt nach Vollkasko und Teilkasko zu **Typklassen** zusammengefasst, denen Prämien zugeordnet werden **(Prämienklassen)**. Jede Typklasse entspricht einer Prämienklasse. Alle Prämienklassen bilden den Typklassentarif für Pkw.

Das Tarifwerk für die Fahrzeugversicherung unterscheidet 25 Typklassen (Typklassen 10–34), in der Vollkasko und 24 Typklassen (Typklassen 10–33) in der Teilkasko, während die KH-Versicherung nur 16 Typklassen (Typklasse 10–25) kennt. Die für ein Fahrzeug geltende Typklasse für die Vollkasko- und Teilkaskoversicherung ergibt sich aus dem Typklassenverzeichnis, das von einem unabhängigen Treuhänder geführt wird.

AKB 2015 Anhang 2

Beispiele:

(aus dem Typklassenverzeichnis Pkw im **Proximus 4 Bedingungswerk)**

KW	PS	CCM	Typ (Verkaufsbezeichnung)	HSN	TSN	Klasse VK	TK
AUDI AG							
081	110	1598	8V (A3 CABRIO 1,6 TDI)	0588	AZD	**21**	**19**
OPEL							
239	325	2792	OG-A (Insignia OPC STH 2.8 V6)	0035	BBE	**25**	**24**

Die Ermittlung des Schadenbedarfs eines Fahrzeugtyps und die Zuordnung zu einer Typklasse erfolgt nach den gleichen Grundsätzen wie in der KH-Versicherung.

Der Typklassentarif führt zu einer risikogerechten Prämie in Bezug auf die objektiven Gefahrenmerkmale Reparaturkosten und Diebstahlsgefahr in der Kaskoversicherung.

d) Wohnort/Firmensitz

Situation (5. Fortsetzung)

Thorsten Franzen erfährt, dass die Kaskoversicherung andere Regionalklassen als die KH-Versicherung kennt. Sein Wohnort Frankfurt am Main zählt in der Vollkaskoversicherung zur Regionalklasse 6 und in der Teilkaskoversicherung zur Regionalklasse 3.

Auch in der Kaskoversicherung für Pkw ist der Schadenverlauf spürbar unterschiedlich. Die Kaskoversicherung hat daher, wie die KH-Versicherung, eine eigene Regionalklasseneinteilung, wobei die anzuwendende Regionalkasse sich nach dem Zulassungsbezirk bestimmt, in dem der VN seinen Wohnsitz hat.

Die AKB 2015, Anhang 3, im **Proximus 4 Bedingungswerk** unterscheiden für Vollkasko jeweils 9 Regionalklassen (1–9) und für Teilkasko 15 Regionalklassen (1–15).

Anhang 3

Die Ermittlung des Indexwertes des Schadenbedarfs eines Zulassungsbezirks und die Zuordnung zu einer Regionalklasse erfolgt nach den gleichen Grundsätzen wie in der KH-Versicherung.

e) Schadenverlauf

AKB 2015
Anhang 1
Die Schadenfreiheitsklassen der KH-Versicherung gelten auch in Vollkasko. Bei Teil-kasko ist ein **Schadenfreiheitsrabatt** nicht vorgesehen.

I.2.1
Sind die Voraussetzungen für die Einstufung in eine **Schadenfreiheitsklasse** nicht gegeben, wird der Versicherungsvertrag grundsätzlich in die **Klasse 0** (Prämiensatz 110 %) eingestuft.

Die Regelungen in den AKB 2015
- zur Einstufung in eine Schadenfreiheitsklasse,
- zur Rückstufung,
- zu Verträgen, die in der Zeit vom 02. Jan. d. J. bis 01. Juli d. J. beginnen,
- zum Versicherer- und Fahrzeugwechsel (vgl. C 3.2.4),
- zur Unterbrechung des Versicherungsvertrages (vgl. C 3.3.3)

decken sich weitgehend mit den Regelungen für die KH-Versicherung.

Auf folgende **Unterschiede zur KH-Versicherung** sei hingewiesen:
- Ein Schaden in der Teilkaskoversicherung beeinträchtigt nicht die Schadenfreiheit in der Vollkaskoversicherung.
- Beim Abschluss einer Vollkaskoversicherung für einen Pkw wird die in der Kfz-Haftpflichtversicherung erreichte SF-Klasse zugrunde gelegt, wenn die beantragte Versicherungsdauer mindestens ein Jahr beträgt und für das versicherte Fahrzeug oder ein Vorfahrzeug innerhalb der letzten 12 Monate vor Abschluss der Voll-kaskoversicherung keine Vollkaskoversicherung bestanden hat. Ansonsten wird deren Schadenverlauf für die Bestimmung der SF-Klasse zugrundegelegt.

I.2.3

f) Selbstbeteiligung

Durch Vereinbarung einer Selbstbeteiligung (z. B. 1 000,00 € oder 500,00 € in der Voll-kaskoversicherung, 500,00 € oder 150,00 € in der Teilkaskoversicherung) kann ein günstigere Prämie erreicht werden.

3.1.4 Individuelle Tarifmerkmale nach AKB 2015 für Pkw

Situation (6. Fortsetzung)

Thorsten Franzen entschließt sich, eine Vollkaskoversicherung mit 500,00 € Selbst-beteiligung, die gleichzeitig eine Teilkaskoversicherung mit 150,00 € Selbstbeteili-gung umfasst, neben der KH-Versicherung mit 100 Mio. € Deckung und dem Auto-schutzbrief zu beantragen. Jetzt können die infrage kommenden Zuschläge und Rabatte aufgrund zusätzlicher Tarifmerkmale, getrennt nach der KH-Versicherung und der Vollkaskoversicherung, festgestellt werden.

Für Fahrzeugalter über 1 bis 3 Jahre, und darunter fällt der Gebrauchtwagen von Thorsten Franzen, kommt ein Fahrzeugalter-Nachlass von 5 % in der KH-Versiche-rung infrage.

Im Beratungsgespräch wird ermittelt, dass Thorsten Franzen ca. 17 000 km pro Jahr fahren wird. Hierfür muss er sowohl in der KH-Versicherung als auch in der Vollkaskoversicherung jeweils einen entsprechenden Fahrleistungszuschlag von 5 % zur Prämie hinnehmen. Andererseits kann er sich jeweils über einen Garagen-Nachlass und einen Partner-Nachlass von 10 % in der KH-Versicherung und 5 % in der Vollkaskoversicherung freuen.

Auf die Prämie von 12,30 € ohne VersSt lt. Tarif für den Autoschutzbrief werden keine Zuschläge oder Nachlässe angewendet.

Die AKB 2015 im **Proximus 4 Bedingungswerk** sehen für Pkw folgende individuelle Tarifmerkmale vor:

AKB 2015 J.3.1

- Fahrzeugalter bei Erwerb
- Fahrleistung
- Ein- oder Zweifamilienhaus/Eigentumswohnung/Garage
- Fahrzeugnutzung (Einzel-/Partnernutzung, Familie)

Ist das jeweilige Tarifmerkmal gegeben, wird es durch einen **Zuschlag** oder **Nachlass** bei der Prämienberechnung für die KH-Versicherung und der Kaskoversicherung berücksichtigt.

Proximus 4 TA S. 365

In J.3 AKB 2015 wird ausdrücklich festgestellt, dass die indiviuellen Tarifmerkmale nur für die KH-Versicherung und die Kaskoversicherung gelten, somit also nicht für den Autoschutzbrief und die Fahrerschutz-Versicherung. Die Umwelthaftpflichtversicherung ist nach A.5 AKB 2015 Bestandteil des Vertrages über die KH-Versicherung und kalkulatorisch in der Prämie für die KH-Versicherung berücksichtigt.

a) Fahrzeugalter bei Erwerb

Neue Fahrzeuge werden regelmäßig pfleglicher behandelt und gefahren als ältere Fahrzeuge. Bei älteren Fahrzeugen kommt hinzu, dass diese häufig schon mehrere Vorbesitzer hatten und gerne von Fahranfängern erworben werden, was zu einer statistisch nachweisbaren Zunahme der Schadenhäufigkeit mit diesen Fahrzeugen führt. Durch den **Fahrzeugalter-Nachlass/-Zuschlag** wird die Risikolage bei der Prämienberechnung berücksichtigt.

Beispiele:

Der Tarif im **Proximus 4 Bedingungswerk** sieht vor:

Fahrzeugalter – 1 Jahr	KH –10 %	VK –	TK –
Fahrzeugalter über 12 – 20 Jahre	KH + 8 %	VK –	TK + 10 %

b) Fahrleistung

Wenigfahrer (bis 12 000 km jährlich) erhalten ein **Fahrleistungs-Nachlass**, Vielfahrer (über 15 000 km jährlich) einen **Fahrleistungs-Zuschlag** in Abhängigkeit von der gesamten jährlichen Fahrleistung.

Beispiele:

Der Tarif im **Proximus 4 Bedingungswerk** sieht vor:

Fahrleistung bis 9 000 km	KH –15 %	VK – 15 %	TK – 15 %
Fahrleistung über 25 000 – 30 000 km	KH + 15 %	VK + 15 %	TK + 15 %

c) Ein- oder Zweifamilienhaus/Eigentumswohnung/Garage

Statistische Untersuchungen haben gezeigt, dass die Schadenhäufigkeit geringer ist,

- bei Eigentümern von Ein- /Zweifamilienhäusern und Eigentumswohnungen,
- wenn das Fahrzeug nachts regelmäßig in einer verschlossenen Garage (auch Tiefgarage) abgestellt wird.

Der Tarif sieht dann entsprechende **Nachlässe** vor.

Beispiel:

Der VN hat eine Eigentumswohnung mit Stellplatz in der verschlossenen Tiefgarage. Der Tarif im **Proximus 4 Bedingungswerk** sieht folgende **Nachlässe** vor:

| Eigentumswohnung | KH −10 % | VK − 5 % | TK − 15 % |
| Garagen-Nachlass | KH − 10 % | VK − 5 % | TK − 15 % |

d) Fahrzeugnutzung

Wird das Fahrzeug ausschließlich vom VN und dem Ehe-/Lebenspartner genutzt und sind beide mindestens 23 Jahre alt, kennt der Tarif im **Proximus 4 Bedingungswerk** den sog. **Einzel-/Partner-Nachlass.**

AKB 2015
J.3.1.6

Die AKB 2015 im **Proximus 4 Bedingungswerk** sehen unter **Fahrzeugnutzung** auch noch die **Familie** als individuelles Tarifmerkmal.

Danach wird ein in häuslicher Gemeinschaft lebendes leibliches -, Stief- oder Adoptiv-Kind bis 16 Jahren bei der Prämienberechnung berücksichtigt, wenn die Voraussetzungen für den Einzel-/Partner-Nachlass gegeben sind.

3.1.5 Indiviuelle Tarifmerkmale nach AKB 2015 für Sonstige Fahrzeuge

Die AKB 2015 im **Proximus 4 Bedingungswerk** kennen

AKB 2015
J.3.2

a) für Krafträder, Leichtkrafträder und -roller

die individuellen Tarifmerkmale

- Ein- oder Zweifamilienhaus,
- Fahrzeugnutzung.

J.3.3

b) für Campingfahrzeuge

die individuellen Tarifmerkmale

- Ein- oder Zweifamilienhaus,
- Fahrleistung,
- Fahrzeugnutzung.

3.2 Prämienberechnung

3.2.1 Tarife, Tabellen und Verzeichnisse für die Prämienberechnung

Die Prämienberechnung zur KH-Versicherung und zur Kaskoversicherung (Vollkasko bzw. Teilkasko) für Pkw erfolgt bei der Kundenberatung in der Praxis regelmäßig unter Einsatz von Computern (Notebook oder Laptop), die ein Beratungsprogramm mit sämtlichen Tarifdaten bereithalten. Im Prinzip benötigt man nur noch Angaben zum Fahrzeughalter (Beruf, Wohnort, Tag der Ausstellung des Führerscheins) und bestimmte Fahrzeugdaten aus dem Fahrzeugschein (Herstellernummer, Typschlüsselnummer, Tag der Erstzulassung).

Sofern ein Beratungsprogramm nicht zum Einsatz kommt, müssen folgende Unterlagen zur Verfügung stehen:

- Tarif für die KH-Versicherung
- Tarif für die Vollkasko- bzw. Teilkaskoversicherung
- ggf. Nachweis, dass die Tarifgruppe B oder A in der KH-Versicherung bzw. B in der Vollkaskoversicherung angewendet werden kann

  Anmerkung: Diese berufsbezogenen Berufsgruppen B und A sind im **Proximus 4 Bedingungswerk** nicht vorgesehen.
- Verzeichnis der amtlichen Kennzeichen mit den dazugehörigen Regionalklassen
- Typklassenverzeichnis
- Tabelle der Schadenfreiheitsklassen mit ihren jeweiligen Prämiensätzen in Prozent
- ggf. Tabelle der Rückstufung im Schadenfall

3.2.2 Prämienberechnungen

a) Prämienberechnung für einen Pkw

Für die Prämienberechnung sind folgende risikorelevante Angaben im Antrag auszuwerten:
● Art des Fahrzeuges (hier: Pkw)
● Typklasse des Pkw
● Verwendung des Fahrzeuges (z. B. ohne Vermietung)
● Beruf/Branche des Antragstellers
● Wohnort bzw. Firmensitz des Antragstellers
● Schadenverlauf
● Dauer des Führerscheinbesitzes
● Weitere Angaben, sofern der Tarif des jeweiligen VR Rabatte bzw. Zuschläge für bestimmte Pkw-Risiken vorsieht

---

Hinweis: AKB 2015 und Tarif zur Kraftfahrtversicherung im Proximus 4 Bedingungswerk

Den nachstehenden Ausführungen liegen die »AKB 2015« und der »Tarif zur Kraftfahrtversicherung« aus dem **Proximus 4 Bedingungswerk** (Auflage 2018) zugrunde.

Das Risikomerkmal Beruf/Branche bleibt außer Acht, da es in den AKB 2015 **(Proximus 4 Bedingungswerk)** nicht berücksichtigt ist.

Situation (7. Fortsetzung)

Nachdem alle Tarifmerkmale erfasst und der Umfang des gewünschten Versicherungsschutzes abgesprochen ist kann die Versicherungsprämie für den Opel Insignia OPC STH 2.8 V6 berechnet werden.

Thorsten Franzen wünscht folgenden Versicherungsschutz:

- KH-Versicherung mit 100 Mio. € Deckung (sog. unbegrenzte Deckung),
- Vollkasko mit 500,00 € Selbstbeteiligung,
- Teilkasko mit 150,00 € Selbstbeteiligung,
- Autoschutzbrief.

Es wird vierteljährliche Prämienzahlung gewünscht.

Lösung:

KH-Versicherung mit 100 Mio. € Deckung

Jährliche Prämie (100 %) Tarifgruppe R ohne VersSt für Typklasse 17 in Regionalklasse 11	1 032,15 €	①
Einstufung in SF ½ (= 70 %)	722,51 €	②
– Fahrzeugalter-Nachlass 5 % von 722,51 € (1 – 3 Jahre alt)	36,13 €	③
	686,38 €	
+ Fahrleistungszuschlag 5 % von 686,38 € (über 15 000 – 20 000 km jährlich)	34,32 €	③
	720,70 €	
– Garagen-Nachlass 10 % von 720,70 €	72,07 €	③
	648,63 €	
– Partner-Nachlass 10 % von 648,63 €	64,86 €	③
	583,77 €	

Vollkasko mit 500,00 € Selbstbeteiligung einschließlich Teilkasko mit 150,00 € Selbstbeteiligung

Jährliche Prämie (100 %) Tarifgruppe R ohne VersSt für Typklasse 25 in Regionalklasse 6	1 550,46 €	④
Einstufung in SF ½ (= 70 %)	1 085,32 €	⑤
+ Fahrleistungszuschlag 5 % von 1 085,32 € (über 15 000 km bis 20 000 km)	54,27 €	⑤
	1 139,59 €	
– Garagen-Nachlass 5 % von 1 139,59 €	56,98 €	⑤
	1 082,61 €	
– Partner-Nachlass 5 % von 1 082,61 €	54,13 €	⑤
	1 028,48 €	

Autoschutzbrief

Jahresprämie	12,30 €

Berechnung der vierteljährlichen Prämie

KH-Versicherung	**583,77 €**	
Vollkaskoversicherung	**1 028,48 €**	
Autoschutzbrief	**12,30 €**	
	1 624,55 €	
– 2 % Abschlag für Zahlungsweise	32,49 €	⑥
	1 592,06 €	
: 4 (vierteljährliche Zahlungsweise)	398,02 €	⑥
+ 19 % VersSt	75,62 €	⑦
Erstprämie	**473,64 €**	

Erläuterungen:

① Anhand der Angaben im Fahrzeugschein (Herstellernummer, Typschlüsselnummer) wurde die Typklasse **für die KH-Versicherung** im Typklassenverzeichnis festgestellt (hier: Typklasse 17).

Für Versicherungsverträge von Pkw gelten die Prämien der Tarifgruppe R.

Anhand des Kennzeichens (hier: **F** für Frankfurt am Main) wurde aus dem **Verzeichnis der amtlichen Kennzeichen mit den Zuordnungen der Zulassungsbezirke zu den Regionalklassen** die Regionalklasse des Zulassungsbezirks **für die KH-Versicherung** ermittelt (hier: Regionalklasse 11).

Aus dem KH-Tarif kann die 100 %-Prämie ohne Versicherungsteuer (VersSt) unter Typklasse 17, Regionalklasse 11 (R11) abgelesen werden (hier: 1 032,15 €).

② Aufgrund der Führerscheinregelung (gültige Fahrerlaubnis seit mindestens 3 Jahren) nach I. 2.2.1 d) AKB 2015 konnte die **Einstufung** in die Schadenfreiheitsklasse SF ½ mit einem Prämiensatz von 70 % gemäß Tabelle in Anhang 1 zu den AKB 2015 erfolgen.

③ Die Sätze für Zuschläge und Nachlässe in Prozent werden nach **Proximus 4 Bedingungswerk multiplikativ** (d. h., nacheinander vom jeweils vorhergehenden Zwischenergebnis) berechnet.

④ Die 100 %-Prämie zur Vollkaskoversicherung wird, analog der Prämie zur KH-Versicherung, anhand der Typklasse (hier: Typklasse 25) und der Regionalklasse (hier: Regionalklasse 6) **für die Vollkaskoversicherung** ermittelt. Bei der Prämienermittlung ist die vereinbarte Selbstbeteiligung in der Vollkaskoversicherung von 500,00 € und der Teilkaskoversicherung von 150,00 € zu beachten.

⑤ In SF ½ gilt ebenfalls ein Prämiensatz von 70 % (s. Tabelle in Anhang 1 zu den AKB 2015). Zuschläge und Nachlässe werden auch für die Vollkaskoversicherung gemäß den Tarifhinweisen multiplikativ berechnet.

⑥ Von der Summe der errechneten Jahresprämie für die KH-Versicherung, Vollkaskoversicherung und den Autoschutzbrief wird der vierteljährliche Abschlag für Ratenzahlung von 2 % abgezogen und das Ergebnis dann durch 4 dividiert. Das Ergebnis stellt die vierteljährliche Prämie ohne VersSt dar.

⑦ Die VersSt beträgt 19 % in der Kraftfahrtversicherung.

Zahlungsperiode:

Die **Versicherungsperiode** nach § 12 VVG bestimmt sich nach der gewählten **Zahlungsperiode** (Zahlungsweise). Bei z. B. halbjährlicher Zahlungsweise beträgt die Versicherungsperiode ein halbes Jahr.

AKB 2015
C.4

Von der Zahlungs- und damit Versicherungsperiode ist die **Laufzeit des Vertrages** nach Abschnitt G der AKB 2015 zu unterscheiden. Sie beträgt in der Regel ein Versicherungsjahr.

Je nach gewählter Zahlungsperiode gewährt der VR einen **Abschlag für Zahlungsweise** (auch Zahlungsweise-Nachlass genannt).

Er beträgt

5 % bei jährlicher Zahlung,

3 % bei halbjährlicher Zahlung,

2 % bei vierteljährlicher Zahlung.

Monatliche Zahlung wird regelmäßig in der Praxis nur bei Lastschrifteinzugsverfahren zugestanden. Es gibt allerdings keinen Zahlungsweise-Nachlass.

Zusammenfassung: Schema für die Prämienberechnung (Pkw, Tarifgruppe R)

(handschriftlich ausgefüllt mit den Daten des Situationsbeispiels)

	☒ Haftpflicht	☒ Vollkasko	○ nur Teilkasko	☒ Auto-schutz-brief
Pkw Typ: *Insignia OPC STH*				
HSN: *0035*	Deckung: ☒ 100 Mio. ○ Mindest-deckung	SB: VK *500* €	SB: .... €	○ Fahrer-schutz-vers.
TSN: *BBE*		TK *150* €		
Ort: *F*				

Zutreffendes bitte ankreuzen!

	Haftpflicht	Vollkasko	Teilkasko	Autoschutzbrief
Typklasse	*17*	*25*		-
Regionalklasse	*11*	*6*		
Tarifprämie 100 %	*1.032,15* €	*1.550,46* €	.... €	☒ 12,30 € ○ 38,50 €
SF- bzw. S-Klasse	*1/2* = *70* %	*1/2* = *70* %	-	
SF- bzw. S-Prämie +	*722,51* €	*1.085,32* €	-	
☒ Fz.Alter + bzw. - *1–3* Jahre	*– 5* % = *36,13* €	-	...... % = ... €	-
Zwischenergebnis	*686,38* €	-.	.... €	-
☒ Fahrlstg. + bzw. - *17.000* km	*+ 5* % = *34,42* €	*+ 5* % = *54,27* €	...... % = ... €	-
Zwischenergebnis	*720,70* €	*1.139,59* €	.... €	-
○ EFH/ZFH/EW -	...... % = ... €	...... % = ... €	...... % = ... €	-
Zwischenergebnis	.... €	.... €	.... €	-
☒ Garage -	*– 10* % = *72,07* €	*– 5* % = *56,98* €	...... % = ... €	-
Zwischenergebnis	*648,63* €	*1.082,61* €	.... €	-
☒ Einzel/Partner -	*– 10* % = *64,86* €	*– 5* % = *54,13* €	...... % = ... €	-
Zwischenergebnis	*583,77* €	*1.028,48* €	.... €	-
○ Familie -	...... % = ... €	...... % = ... €	...... % = ... €	-
Zwischenergebnis	.... €	.... €	.... €	-
○ Rabattschutz +	25 % = ... €	25 % = ... €	-	-
Individ. Tarifprämie	*583,77* €	*1.028,48* €	€	*12,30* €

Summe der Einzelprämien .... *1.624,55* €

- Abschlag für Zahlungsweise
○ 1/1-j.: 5 %
○ 1/2-j.: 3 %
☒ 1/4-j.: 2 % .... *32,49* €

Zwischenergebnis .... *1.592,06* € : *4* *) = *398,02* €

+ VersSt 19 % *75,62* €

Zu zahlende Prämie *473,64* €

*) 1 = jährl., 2 = halbj., 4 = viertelj., 12 = mtl.

b) Prämienberechnung für ein Kraftrad

Beispiel:

Martin Müller, Student, hat ein Kleinkraftrad (50 ccm) erworben. Er wünscht die unbegrenzte Haftpflichtdeckung über 100 Mio. € sowie eine Vollkasko- und Teilkaskoversicherung mit jeweils 150,00 € Selbstbeteiligung.

Wie hoch ist die jährliche Prämie bei Einstufung in die Klasse 0?

Lösung:

Haftpflicht

Jährliche Prämie (Klasse 0 = 100 %, Wagniskennziffer 001)	159,52 €	①
Kaskoversicherung		
Jährliche Prämie (Klasse 0 = 100 %, Wagniskennziffer 001)	1 213,31 €	②
Prämie ohne VersSt	1 372,83 €	
– 5 % Abschlag für Zahlungsweise	68,64 €	③
Jährliche Prämie ohne VersSt	1 304,19 €	
+ 19 % VersSt	247,80 €	
Jährliche Prämie insgesamt	1 551,99 €	

Erläuterungen:

① Für Krafträder gelten nach J.2 AKB 2015 die Prämien der Tarifgruppe N. Gemäß Tabelle 2.1 in Anhang 1 zu den AKB 2015 beträgt für Zweiräder der Prämiensatz 100 % in der Klasse 0 (siehe Proximus 4, TA S. 361).

② Für die Kaskoversicherung gilt nach Tabelle 2.1 in Anhang 1 zu den AKB 2015 ebenfalls ein Prämiensatz von 100 % in der Klasse 0.

③ Bei jährlicher Zahlungsperiode (Zahlungsweise) beträgt der Abschlag für Zahlungsweise 5 %.

c) Prämienberechnung für ein Wohnmobil

Beispiel:

Martina Schmitz, Designerin, hat ein 4 Jahre und 7 Monate altes Wohnmobil zum Preis von 15 000,00 € erworben. Sie beantragt die Haftpflichtdeckung über 100 Mio. € sowie eine Vollkaskoversicherung mit 300,00 € Selbstbeteiligung einschließlich Teilkaskoversicherung ohne Selbstbeteiligung.

Wie hoch ist die jährliche Prämie bei Einstufung in die Klasse 0?

Lösung:

Haftpflicht

Jährliche Prämie (Klasse 0 = 100 %, Wagniskennziffer 127)	560,23 €	①
Kaskoversicherung		
Ermittlung des Neuwertes		
15 000,00 € · Faktor 1,9 (Fahrzeugalter bis 5 Jahre) = 28 500,00 € ②		
3,571 % von 28 500,00 €	1 017,74 €	③
Prämie ohne VersSt	1 577,97 €	
– 5 % Abschlag für Zahlungsweise	78,90 €	
Jährliche Prämie ohne VersSt	1 499,07 €	
+ 19 % VersSt	284,82 €	
Jährliche Prämie insgesamt	1 783,89 €	

Erläuterungen:

① Für Campingkraftfahrzeuge/Wohnmobile gelten nach J.2 AKB 2015 die Prämien der Tarifgruppe N. Gemäß Tabelle 2.1 in Anhang 1 zu den AKB 2015 beträgt der Prämiensatz 100 % in der Klasse 0 (siehe Proximus 4, TA S. 361).

② Grundlage für die Prämienberechnung in der Kaskoversicherung ist der Neuwert. Bei bis 5 Jahre alten Fahrzeugen ist hierfür der Kaufpreis mit dem Faktor 1,9 zu multiplizieren.

③ Laut Tarif beträgt die Prämie in der Kaskoversicherung 3,571 % vom Neuwert bei einer Selbstbeteiligung von 300,00 € für Voll- und 150,00 € für Teilkaskoschäden.

3.2.3 Unterjährige Versicherungen

Beträgt die Versicherungsdauer weniger als 1 Jahr, so berechnet der VR nur eine Teilprämie von der Jahresprämie. Die Berechnung erfolgt entsprechend der Zeit (p.r.t. = pro rata temporis), für die Versicherungsschutz gewährt wird.

a) Prämienberechnung pro rata temporis für eine unterjährige Versicherung

> **Beispiel:**
>
> Eine Kfz-Haftpflichtversicherung für ein Leichtkraftrad wird für die Zeit vom 01. April d.J. 0 Uhr bis zum 15. Okt. d.J. 24 Uhr abgeschlossen. Die Jahresprämie lt. Tarif beträgt 410,24 € ohne VersSt.
>
> Wie hoch ist die Prämie nach der vereinfachten p.r.t.-Tageberechnung einschl. VersSt?
>
> **Lösung:**
>
> Versicherungsdauer: 01. April 0 Uhr d.J. – 15. Okt. 24 Uhr d.J. = 6 Monate und 15 Tage = 195 Tage
>
> Prämie p.r.t. = $410{,}24 \cdot \dfrac{195}{360} =$ 222,21 €   ①
>
> + 19 % VersSt   42,22 €
> Prämie insgesamt   264,43 €

Erläuterung:

① Bei der vereinfachten p.r.t.-Tageberechnung wird der Monat mit 30 Tagen angesetzt. Das ergibt 360 Tage pro Jahr (vgl. hierzu auch Band 2, A 3.4.1 d).

b) Weitere Fälle der Abrechnung pro rata temporis

Die AKB 2015 sehen die Abrechnung pro rata temporis in folgenden Fällen vor:

● Kündigung vor Ablauf des Versicherungsjahres

> **Beispiele:**
>
> Kündigung nach einem Schadenereignis
>
> Kündigung bei Prämienerhöhung
>
> Kündigung bei Nichtzahlung der Folgeprämie

AKB 2015 G.6

Bei einer Kündigung vor Ablauf des Versicherungsjahres steht dem VR nur die auf die Zeit des Versicherungsschutzes entfallende Prämie anteilig zu.

Die möglichen Kündigungsanlässe in der Kraftfahrtversicherung sind in G.2 bis G.4 AKB 2015 aufgezählt und in den nachfolgenden Abschnitten C 3.4 und C 3.5 erläutert.

● Wagniswegfall

> **Beispiel:**
>
> Das Fahrzeug wird nach einem Unfall verschrottet.

Dem VR steht die Prämie bis zu dem Zeitpunkt zu, in dem er von dem Wagniswegfall Kenntnis erlangt.   *AKB 2015 G.8*

3.2.4 Versicherer- und Fahrzeugwechsel

a) Versichererwechsel   *I.6.1.5*

Bei einem **Versichererwechsel** wird der Schadenverlauf (Dauer und Schadenfreiheit des bisherigen Versicherungsvertrages sowie die Anzahl der Schäden) berücksichtigt. Der bisherige VR hat eine sog. **Versichererwechselbescheinigung** auszustellen.   *PflVG § 5 (7)*

Folgende **Auskünfte** können u. a. nach den AKB 2015 für die Übernahme eines Schadenverlaufs **vom Vorversicherer** eingeholt werden: *AKB 2015 I.8.1*

● Art und Verwendung des Fahrzeugs

● Beginn und Ende des Vertrages

● Schadenverlauf in der Kfz-Haftpflichtversicherung und Kaskoversicherung

● Anzahl der schadenfreien Kalenderjahre (Schadenfreiheitsrabattstatus)

● Versicherungsschutzunterbrechungen, die sich noch nicht auf die letzte Neueinstufung ausgewirkt haben

● Auflösung bestimmter Schadenrückstellungen, ohne dass Zahlungen geleistet worden sind

Die **Auskünfte** des Vorversicherers **an den Nachversicherer** beziehen sich nur auf den tatsächlichen Schadenverlauf. Sondereinstufungen, mit Ausnahme der Sondereinstufung nach SF-Klasse ½ nach I.2.2.1 AKB 2015, werden vom Vorversicherer bei der Auskunft an den Nachversicherer nicht berücksichtigt.   *I.8.2*

> **Beispiel:**
>
> Der VN möchte mit seinem Zweitwagen zu einem anderen VR wechseln und wünscht, dass der Schadenfreiheitsrabatt des Zweitwagens, der aufgrund einer Sondereinstufung nach I.2.2.2 AKB 2015 in Klasse SF 2 eingestuft ist, auf den neuen VR übertragen wird. Der bisherige VR wird nur die tatsächlich schadenfreie Zeit mit dem Zweitwagen dem neuen VR bestätigen und letzterer daraufhin das Fahrzeug entsprechend einstufen.

b) Fahrzeugwechsel   *I.6*

Die AKB 2015 sehen grundsätzlich vor, dass bei einem Fahrzeugwechsel der bisherige Schadenverlauf für die Einstufung des neuen Fahrzeugs übernommen wird.

➤ **Ersatz des alten Pkw durch einen neuen Pkw**

Der Schadenverlauf des alten Vertrages wird – auch wenn er bei einem anderen VR bestanden hat – übernommen.   *I.6.1.1*

Es müssen allerdings gleiche Risikoverhältnisse vorliegen. Das ist beispielsweise nicht der Fall, wenn das neue Fahrzeug als Taxi eingesetzt werden soll.   *I.6.2*

> ➤ **Wechsel zwischen verschiedenen Fahrzeugarten**

AKB 2015   Der bisherige Schadenverlauf wird berücksichtigt, wenn das bisherige Fahrzeug einer
I.6.2.1   höheren oder derselben Fahrzeuggruppe angehört, wie das neue Fahrzeug.

> **Beispiele:**
>
> Der VN ist sechs Kalenderjahre lang ununterbrochen mit seinem Motorrad versi-
> chert und unfallfrei gefahren. Er steigt jetzt auf einen Pkw um. Beide Fahrzeuge
> gehören der unteren Fahrzeuggruppe nach AKB 2015 an, so dass der bisherige
> Schadenverlauf übernommen werden kann.

Berücksichtigt werden die schadenfrei gefahrenen Jahre und nicht die Schadenfreiheitsklasse.

Im Beispielsfall hat der Motorradfahrer bei 6 schadenfreien Jahren nach dem Rabatt-
system für Motorräder in der KH-Versicherung die Klasse SF 6 mit einem Prämiensatz
von 40 % erreicht. Versichert er jetzt anstelle des Motorrades den Pkw, wird er aufgrund
des Rabattsystems für Pkw in die Klasse SF 6 mit einem Prämiensatz von 43 % eingestuft.

Die Beachtung der sich ggf. ergebenden unterschiedlichen Prämiensätze ist datentechnisch problemlos möglich, da die VR das sog. **Rabattgrundjahr** speichern. Das Rabattgrundjahr ist das erste
Kalenderjahr, das als schadenfrei gilt. Datentechnisch wird dieses Jahr übertragen.

Hinweis: Zentrale Malusdatei

Da Vorschäden bei Versichererwechsel häufig verschwiegen werden, wird beim
Gesamtverband der Versicherungswirtschaft (GDV) eine zentrale Malusdatei für
stornierte Verträge geführt. Die Malusdatei der Kfz-Versicherungsbranche (auch
»Schwarze Liste« genannt) enthält die folgenden Daten:

- Persönliche Angaben (Name und Anschrift des Versicherungsnehmers)
- Versicherungsscheinnummer
- Amtliches Kennzeichen des Fahrzeugs
- Anzahl der Schäden im Meldejahr/im vergangenen Versicherungsjahr
- Schadenklasse
- Stornodatum des Vertrages

3.2.5 Übernahme des Schadenverlaufs von einer anderen Person

I.6.1.4   Die Möglichkeit nach AKB 2015, dem gewünschten Versicherungsvertrag eines
Antragstellers den Schadenverlauf von einer anderen Person zugrunde zu legen (in
der Praxis auch als »Anrechnung der Schadenfreiheit aus Verträgen Dritter« bezeichnet), resultiert daraus, dass ein Fahrzeug häufig von zwei oder mehr Personen genutzt
wird und diese eine bestimmte SF-Klasse gemeinsam erreicht haben.

I.6.2.3   Um dem Missbrauch vorzubeugen, müssen nach den AKB 2015 bestimmte Voraussetzungen erfüllt sein:

Hierzu zählen u. a.:

- Es muss sich bei der anderen Person um den Ehepartner, eingetragenen Lebenspartner oder mit in häuslicher Gemeinschaft lebenden Lebenspartner, ein Elternteil, ein eigenes Kind oder den Arbeitgeber des Antragstellers handeln.

- Es muss glaubhaft gemacht werden, dass das Fahrzeug der anderen Person häufig
  vom Antragsteller gefahren wurde.

Beispiel:

Der Sohn als Antragsteller (Führerscheinbesitz seit 5 Jahren) möchte den Schadenverlauf der Kfz-Versicherung seines Vaters (sog. andere Person nach AKB 2015) übernehmen. Der Vater hat die Klasse SF 10 erreicht.

Die Übertragung ist wegen der Vater-Kind-Beziehung zunächst grundsätzlich möglich.

Allerdings muss

● Vater und Sohn durch schriftliche Erklärung glaubhaft machen, dass der Sohn das Fahrzeug überwiegend gefahren hat und dies nicht mehr als 12 Monate zurückliegt,

● der Besitz einer Fahrerlaubnis während dieser Zeit durch den Sohn nachgewiesen werden,

● der Vater mit der Übernahme durch den Sohn einverstanden sein und damit seinen Schadenfreiheitsrabatt in vollem Umfange aufgeben.

Ist die andere Person verstorben, genügt die Erklärung des Antragstellers.

Im Beispielsfall kann der Sohn **während des laufenden Jahres** aufgrund der Dauer seines Führerscheinbesitzes in SF-Klasse 4 eingestuft werden, da er so behandelt wird, als wenn er ab Führerscheinausstellung versichert gewesen wäre (von Klasse 0 in Klasse SF 1 **nach** dem ersten vollen und schadenfreien Kalenderjahr usw.).

Führer-schein	volles Jahr	volles Jahr	volles Jahr	volles Jahr	lfd. Jahr
am 15. Okt.	Klasse 0	SF 1	SF 2	SF 3	SF 4

3.2.6 Rückstufung im Schadenfall

Die Rückstufung erfolgt, wenn der Vertrag während eines Kalenderjahres schadenbelastet verlaufen ist. Maßgeblich ist der Tag der Schadenmeldung.
Ein **schadenbelasteter Verlauf** liegt vor, wenn der VR für einen gemeldeten Schaden eine Entschädigung leisten oder eine Rückstellung bilden musste.

AKB 2015
I.3.5
I.4.2.1

In I.4.1.2 und I.4.1.3 AKB 2015 sind die **Ausnahmefälle** geregelt, in denen der Vertrag trotz **Meldung eines Schadens** weiterhin als **schadenfrei** geführt wird.

Die Schadenhöhe spielt für die Rückstufung keine Rolle.

Die Rückstufung erfolgt nicht linear, wie die Besserstufung infolge eines weiteren schadenfreien Kalenderjahres, sondern häufig über mehrere SF-Klassen, wie aus den Rückstufungstabellen in Anhang 1 zu den AKB 2015 ersichtlich ist. Dies wirkt sich besonders aus, wenn zwei oder mehr Schäden in einem Kalenderjahr gemeldet werden.

Proxi-
mus 4 TA
S. 360

Beispiel: Rückstufung in der KH-Versicherung für Pkw im Schadenfall

(1) Rückstufung aus Klasse SF 6 (43 %) bei einem Schaden in Klasse SF 1 (60 %), bei zwei Schäden in Klasse SF 0 (110 %)

(2) Rückstufung aus Klasse SF 1 (60 %) bei einem Schaden in Klasse S (90 %), bei zwei Schäden in Klasse M (150 %)

Die Klassen S und M werden als **Malusklassen** bezeichnet.

Für Zweiräder, Campingfahrzeuge/Wohnmobile und sonstige Fahrzeuge (z. B. Lieferwagen, Lkw) gelten andere Rückstufungsregelungen und Prämiensätze.

Besonderheit: Rettung des Schadenfreiheitsrabatts

AKB 2015
I.5.1

1. Freiwillige Rückzahlung der Entschädigungsleistung

In der KH-Versicherung und in der Vollkaskoversicherung kann der VN eine durch den VR erbrachte Entschädigungsleistung **freiwillig** zurückzahlen, um den Vertrag wieder schadenfrei zu stellen. Bei Entschädigungsleistungen unter 500,00 € ist der VR in der KH-Versicherung verpflichtet, den VN auf diese Möglichkeit hinzuweisen.

2. Vereinbarung des Rabattschutzes

I.5.2

Unter folgenden Voraussetzungen kann gegen Zahlung eines im Tarif festgelegten Prozentsatzes der Prämie (im Proximus 4 Tarif zur Kraftfahrtversicherung 25 %) für die KH-Versicherung und die Vollkaskoversicherung der sog. **Rabattschutz** vereinbart werden:

- Der Vertrag ist in KH und Vollkasko mindestens in SF-Klasse 4 eingestuft.
- In den letzten 24 Monaten wurde max. je ein Schaden in den genannten Versicherungsarten gemeldet.

Für die Vollkaskoversicherung allein ist diese Vereinbarung nicht möglich.

Pro Versicherungsjahr wird dann ein belastender Schaden in KH und ein belastender Schaden in Vollkasko, sofern der Rabattschutz auch dafür vereinbart wurde, als nicht gemeldet behandelt.

Einem Nachversicherer wird allerdings nur die SF-Klasse bestätigt, die sich ohne den Rabattschutz ergibt.

3.3 Beginn und Dauer der Kraftfahrtversicherung

3.3.1 Versicherungsbeginn

a) Beginn des Versicherungsschutzes (materieller Beginn)

AKB 2015
B.1

Nach AKB 2015 beginnt der Versicherungsschutz zu dem im Versicherungsschein angegebenen Zeitpunkt, wenn der VN die erste oder einmalige Prämie **rechtzeitig** nach Fälligkeit zahlt. **Fällig** ist die erste oder einmalige Prämie nach den AKB 2015 **unverzüglich** nach Ablauf von 14 Tagen nach Zugang des Versicherungsscheins.

Im Proximus 4 Bedingungswerk wird für die Proximus Gruppe festgestellt, dass für den Begriff »**unverzüglich**« eine Dauer von drei Tagen anzusetzen ist (siehe hierzu **Rechtliche Auslegung der Proximusgruppe** unter **Profil der Proximus Versicherung AG**).

C1.1
C1.2

Zahlt der VN nach Ablauf von 14 Tagen nach Zugang des Versicherungsscheins dann innerhalb von drei Tagen die Prämie, ist diese **rechtzeitig** im Sinne der AKB 2015 gezahlt und der Versicherungsschutz beginnt mit dem im Versicherungsschein genannten Zeitpunkt (**erweiterte Einlösungsklausel** – vgl. Band 1, B 4.2.2). Zahlt der VN nicht rechtzeitig, sondern erst später beginnt der Versicherungsschutz erst mit der Zahlung.

Die vorstehende Regelung gilt für alle Versicherungsarten der Kfz-Versicherung, soweit diese beantragt wurden. Wenn der VR den Versicherungsschutz beispielsweise für eine Kaskoversicherung nicht gewähren will, weil der Antragsteller wegen Schadenhäufigkeit bekannt ist, muss er einen diesbezüglichen Antrag ablehnen. Dann kann auch bei rechtzeitiger Zahlung der Prämie für die übrige Kfz-Versicherung (KH usw.) kein rückwirkender Versicherungsschutz über die erweiterte Einlösungsklausel für die Kaskoversicherung entstehen. Würde schon bei Antragstellung auch für die Kaslkoversicherung eine vorläufige Deckung (vgl. nachstehend C 3.2.2) beantragt, müsste diese ebenfalls abgelehnt werden, wenn der Versicherungsschutz hierfür nicht gewährt werden soll.

Meistens benötigt der Antragsteller jedoch für das Zulassungsverfahren Versicherungsschutz, bevor der Versicherungsschein vorliegt und eingelöst werden kann. Für diesen Fall ist die Möglichkeit der **vorläufigen Deckungszusage** vorgesehen (vgl. C 3.3.2).

b) Zeitpunkt des Vertragsabschlusses (formeller Beginn)

Vom materiellen Beginn ist der **formelle Beginn** (Zeitpunkt des Vertragsabschlusses) zu unterscheiden. In den AKB 2015 wird ausdrücklich festgestellt, dass der Vertrag durch Annahme des Antrages zustande kommt und diese regelmäßig durch Zusendung des Versicherungsscheins erfolgt. In der Praxis ist allerdings häufig auch der Abschluss nach dem **Invitatiomodell** üblich (vgl. hierzu Band 2, A 3.4.2). Hierbei gilt der Versicherungsschein rechtlich als Antrag des Versicherers, den der VN regelmäßig durch Zahlung der Erstprämie schlüssig annimmt.

AKB 2015 B

c) Besonderheiten

In der **Kfz-Haftpflichtversicherung** richten sich Beginn und Ende des Versicherungsschutzes gemäß KfzPflVV nach den Bestimmungen des Bürgerlichen Gesetzbuches. Deckung besteht danach von 0 Uhr des Tages, an dem die Versicherung materiell beginnt, bis 24 Uhr des Tages, an dem die Versicherung materiell endet. Auf diese Weise wird sichergestellt, dass keine zeitlichen Lücken im Versicherungsschutz entstehen.

KfzPflVV § 1 (2) BGB §§ 187, 188

Die Antragsformulare der VR sehen üblicherweise durch Festeindruck der Uhrzeit vor, dass diese Regelung auch für die **Kaskoversicherung,** den **Autoschutzbrief** und die **Fahrerschutz-Versicherung** gelten soll.

3.3.2 Vorläufige Deckung und Versicherungsbestätigung

a) Notwendigkeit einer vorläufigen Deckung

Wie bereits an früherer Stelle festgestellt (vgl. C 2.1.5.1), verlangt die Zulassungsstelle für die Zulassung eines Kfz eine Versicherungsbestätigung und der Antragsteller einer Kfz-Haftpflichtversicherung erwartet deshalb, dass ihm diese sofort ausgehändigt wird. Da der VR das Risiko jedoch zunächst prüfen will, wird regelmäßig nur eine vorläufige Deckung erteilt.

Die BaFin hat die VR angewiesen, den vorläufigen Versicherungsschutz grundsätzlich nur nach bzw. bei gleichzeitiger Antragsaufnahme zu bestätigen. Von dieser Weisung kann bei einer Bestätigung für das Ersatz- oder Zweitfahrzeug des Versicherungsnehmers abgewichen werden.

b) Wesen der vorläufigen Deckungszusage

Die vorläufige Deckungszusage begründet einen rechtlich selbstständigen Vertrag **(Trennungstheorie)** neben dem gewünschten Kfz-Versicherungsvertrag, auch **Hauptvertrag** genannt.

Händigt der VR die Versicherungsbestätigung aus oder nennt der die Versicherungsbestätigungs-Nummer beim eVB-Verfahren (vgl. nachstehend unter e)), so gilt diese nach den AKB **ausschließlich** für die **Kfz-Haftpflichtversicherung** und den **Autoschutzbrief,** soweit mit beantragt.

AKB 2015 B.2.1

Die Rechtsprechung verlangt, dass der VN bei Antragstellung ausdrücklich darauf hingewiesen wird.

BGH 1986

> Soll die **vorläufige Deckung auch für die anderen Arten der Kfz-Versicherung** gelten, muss dies gesondert beantragt und vom VR ausdrücklich bestätigt werden.

AKB 2015 B.2.2

Proximus 4
Antrags-
seite 3
TA S. 399

Bei der Antragsaufnahme wird festgehalten, ab wann eine vorläufige Deckung für die KH-Versicherung, die Kaskoversicherung und den Autoschutzbrief erteilt ist. Im Gegensatz zur KH-Versicherung, wo unter bestimmten Voraussetzungen ein Annnahmezwang gilt (vgl. C 2.1.3), kann der VR die Versicherung der übrigen Leistungsarten zurückweisen, wenn er diese nicht versichern will.

VVG
§ 49 (1)

§ 7

Im Zusammenhang mit der vorläufigen Deckung kann nach VVG vereinbart werden, dass die AVB und die Verbraucherinformationen nur nach Aufforderung, spätestens aber mit dem Versicherungsschein zu übermitteln sind. Beantragt der VN allerdings gleichzeitig auch den gewünschten Kfz-Versicherungsvertrag, was in der Praxis überwiegend der Fall ist, muss der VR allerdings aus diesem Grunde die Informationspflichten nach dem VVG erfüllen.

BGB
§ 312 c

Nicht anwendbar ist die Vorschrift des § 49 (1) VVG bei Verträgen über eine vorläufige Deckung, die im Fernabsatz geschlossen werden. Regelmäßig werden deshalb die Informationsunterlagen im Internet zum Download angeboten.

c) Beginn der vorläufigen Deckung (des vorläufigen Versicherungsschutzes nach AKB 2015)

In der Regel wird der Beginn der vorläufige Deckung auf den Tag der Zulassung abgestellt und entsprechend in der Versicherungsbestätigung vermerkt bzw. im eVB-Verfahren übermittelt.

In den AKB 2015 ist hierzu geregelt:

AKB 2015
B.2.1 S. 1

- Für Neuzulassungen beginnt der vorläufige Versicherungsschutz zu dem vereinbarten Zeitpunkt, spätestens ab dem Tag, an dem das Fahrzeug unter Verwendung der Versicherungsbestätigung zugelassen wird.

S. 2

- Bei einem Fahrzeug, dass bereits auf den VN zugelassen ist, beginnt der vorläufige Versicherungsschutz ab dem vereinbarten Zeitpunkt. Das ist regelmäßig der Fall, wenn der VN einen Versichererwechsel anstrebt.

VVG
§ 51 (1)

Der Beginn des Versicherungsschutzes kann von der Zahlung der Prämie abhängig gemacht werden. Der VN ist durch gesonderte Mitteilung in Textform oder durch einen auffälligen Hinweis im Versicherungsschein auf diese Voraussetzung aufmerksam zu machen.

d) Übergang der vorläufigen Deckung in den endgültigen Versicherungsschutz

In den **AKB 2015** heißt es in B.2.3:

>»Sobald Sie die erste oder einmalige Prämie … gezahlt haben, geht der vorläufige in den endgültigen Versicherungsschutz über.«

Das setzt voraus, dass der VN die erste oder einmalige Prämie **rechtzeitig** nach Fälligkeit zahlt. **Fällig** ist die erste oder einmalige Prämie nach den AKB 2015 **unverzüglich** nach Ablauf von 14 Tagen nach Zugang des Versicherungsscheins (siehe hierzu vorstehend C 3.3.1 a)).

Die Rechtsfolgen für die vorläufige Deckung bei nicht rechtzeitiger Zahlung sind nachstehend unter e) dargestellt.

VVG
§ 51 (1)
S. 1

Nach dem VVG endet die vorläufige Deckung u. a., wenn ein gleichartiger Versicherungsschutz aus dem Hauptvertrag beginnt.

e) Wegfall des vorläufigen Versicherungsschutzes

➤ **Nichteinlösung des Versicherungsscheins**

AKB 2015
B.2.4

Wird nach Ablauf von 14 Tagen seit der Zusendung des Versicherungsscheins die darin genannte und dann fällig werdende Einlösungsprämie nicht unverzüglich gezahlt, gilt Folgendes:

Der **vorläufige Versicherungsschutz** aus der vorläufigen Deckung **tritt rückwirkend außer Kraft,** wenn der VN die nicht rechtzeitige Zahlung **zu vertreten** hat.

> **Beispiel:**
> Am 5. Mai d. J. wurde der Antrag auf Kfz-Haftpflichtversicherung aufgenommen und eine vorläufige Deckung erteilt, ohne dass diese von einer Prämienzahlung abhängig gemacht wurde.
>
> Am 14. Mai d. J. erhält der VN den Versicherungsschein mit der Aufforderung, die im Versicherungsschein genannte erste Prämie unverzüglich nach Ablauf von 14 Tagen seit der Zusendung des Versicherungsscheins, zu zahlen. Die Zahlungsaufforderung enthält einen ausdrücklichen Hinweis auf die Rechtsfolgen einer nicht rechtzeitigen Zahlung.
>
> Der VN lässt die Zahlungsaufforderung unbeachtet und verreist für 20 Tage. Am 18. Tag seines Urlaubs verschuldet er einen Verkehrsunfall.

Da der VN die nicht rechtzeitige Zahlung zu vertreten hat, ist der vorläufige Versicherungsschutz rückwirkend zum 5. Mai außer Kraft getreten. Der VR wird den Versicherungsfall aufgrund der Bestimmungen über die Nachhaftung (vgl. C 2.2.2) regulieren und dann den VN hierfür in Anspruch nehmen.

➤ Sonstige Beendigungsgründe

Die vorläufige Deckung kann vom VN und VR jederzeit **gekündigt** werden. Die Kündigung des VN wird sofort nach Zugang beim VR wirksam. Kündigt der VR, endet der vorläufige Versicherungsschutz erst nach Ablauf von zwei Wochen ab Zugang der Kündigung beim VN.

VVG
§ 52 (4)
AKB 2015
B 2.5, G.2.2,
G.3.2, B2.6

Widerruft der VN den Versicherungsvertrag (Hauptvertrag) nach § 8 VVG, endet der vorläufige Versicherungsschutz mit dem Zugang der Widerrufserklärung.

Der Vertrag über die vorläufige Deckung selbst kann nicht widerrufen werden, es sei denn, er gilt als Fernabsatzvertrag nach § 312 c BGB.

VVG
§ 8 (3)
Nr. 2

f) Elektronische Versicherungsbestätigung für die Zulassung (eVB-Verfahren)

Für die amtliche Zulassung eines Kraftfahrzeuges bzw. Anhängers zum Straßenverkehr ist eine Versicherungsbestätigung nach den Vorschriften der Fahrzeug-Zulassungsverordnung (FZV) notwendig. Sie gilt als Nachweis für das Bestehen einer dem PflVG entsprechenden Kfz-Haftpflichtversicherung.

FZV
§ 23 (1)

Die Versicherungsbestätigung ist grundsätzlich vom Versicherer an die Zulassungsbehörde elektronisch zu übermitteln oder zum Abruf durch die Zulassungsbehörde bereitzuhalten, wenn diese hierfür einen Zugang eingerichtet hat.

§ 23 (2)
S. 1

In der Praxis erhält der VN von seinem VR eine siebenstellige alpha-numerische Versicherungsbestätigungsnummer (VB-Nummer) und hinterlegt die Versicherungsbestätigung mit zugehörigen Kfz-Daten bei der »Zentralen Stelle« der GDV Dienstleistungs-GmbH & Co. KG. Die Zulassungsbehörde wiederum greift bei Vorlage der VB-Nummer über diese auf die gespeicherten Daten zu und überträgt sie in ihr System. Umgekehrt wird der VR auf elektronischem Wege über die Zuteilung des Kennzeichens und später ggf. über Anschriftenänderungen, Außerbetriebsetzungen usw. informiert.

Besonderheiten

- **Saisonkennzeichen**

AKB 2015
H.2.1

Sie gelten für einen bestimmten Zeitabschnitt im Jahr, z. B. von April bis Oktober. Im Versicherungsantrag ist der gewünschte Versicherungszeitraum anzugeben und die Versicherungsbestätigung wird entsprechend erteilt.

I.3.3

Bei einer Zulassung von mindestens 6 Monaten wird für die Prämienfestsetzung der bisher erreichte Schadenfreiheitsrabatt zugrunde gelegt. Der VN wird bei schadenfreiem Verlauf ab dem folgenden Jahr in die nächstbessere SF-Klasse eingestuft.

- **Kurzzeit-Kennzeichen**

Es dient zur **einmaligen** Verwendung (z. B. bei Überführungsfahrten) und seine Gültigkeit sowie der hierfür bestätigte Versicherungsschutz enden automatisch nach 5 Tagen.

Vom Kurzzeit-Kennzeichen (schwarze Schrift auf weißem Grund mit Angabe des Ablaufdatums im rechten Randbereich) ist das **rote Kennzeichen** (rote Schrift auf weißem Grund) zu unterscheiden. Das rote Kennzeichen dient zur **wiederholten** Verwendung insbesondere durch Handel und Handwerk für z. B. Probefahrten.

3.3.3 Vorübergehende Stilllegung (Außerbetriebsetzung) eines Kraftfahrzeuges

a) Vorübergehende Abmeldung und Versicherungsschutz

H.1.1

Wird das Fahrzeug bei der Zulassungsstelle vorübergehend abgemeldet, so berührt dies den Versicherungsvertrag grundsätzlich nicht.

H.1.2
H.1.8
H.1.4

H.1.6

Teilt die Zulassungsstelle dem VR die Außerbetriebsetzung mit und beträgt diese nicht weniger als zwei Wochen, geht der Vertrag für maximal 18 Monate in eine prämienfreie **Ruheversicherung** über. Der prämienfreie Versicherungsschutz beschränkt sich allerdings nur auf die Kfz-Haftpflichtversicherung und die Teilkaskoversicherung, sofern Teilkasko oder Vollkasko zuvor im Vertrag vereinbart waren. Bei Wiederanmeldung lebt der ursprüngliche Versicherungsschutz wieder auf.

H.2.2

Auch bei einem **Saisonkennzeichen** besteht während der Stilllegungszeit Versicherungsschutz im Rahmen der **Ruheversicherung.**

H.1.5

Bei der **Ruheversicherung** sind folgende **Pflichten** zu beachten:

- Das Fahrzeug ist in einem Einstellraum (z. B. Sammelgarage) oder einem umfriedeten Abstellplatz (z. B. abgeschlossener Hof) dauerhaft abzustellen.
- Das Fahrzeug darf außerhalb des Einstellraumes bzw. -platzes nicht gebraucht oder nicht nur vorübergehend abgestellt werden, es sei denn, dass die Nutzung ohne Wissen und Willen des Versicherungsnehmers erfolgt und er sie auch nicht grob fahrlässig ermöglicht hat.

> **Beispiel:**
> Der VN hat das abgemeldete Fahrzeug ordnungsgemäß verschlossen in einer Garage abgestellt. Ein Dieb bricht die Garage auf, entwendet das Fahrzeug und verursacht einen Unfall, wobei eine dritte Person geschädigt wird. Der VR hat dem VN den Versicherungsschutz zu gewähren, kann jedoch beim Dieb im Rahmen der Möglichkeiten Regress nehmen.

H.1.6 S. 2

Die Wiederanmeldung des Fahrzeuges ist dem VR unverzüglich anzuzeigen.

b) Wiedereinstufung in die Schadenfreiheitsklassen (Übernahme des Schadenverlaufs) nach Unterbrechung des Versicherungsschutzes

Die AKB 2015 sehen vor, dass bei Unterbrechungen von länger als 6 Monaten bis zu 7 Jahren der bisherige Schadenverlauf übernommen wird, eine Rückstufung also nicht erfolgt, wenn der VN nachweist, dass er während des gesamten Unterbrechungszeitraumes im Besitz einer gültigen Fahrerlaubnis war. Der Versicherungsvertrag verbleibt also in der SF-Klasse oder Schadenklasse, die vor der Unterbrechung gilt. AKB 2015
I. 6.3.1

Beträgt die Unterbrechung mehr als 7 Jahre, wird der Schadenverlauf nicht übernommen. Für den neuen Vertrag gelten dann die Regeln für die Ersteinstufung.

3.3.4 Vertragsdauer (Laufzeit) und Verlängerungsklausel

a) Laufzeit

Die Laufzeit des Versicherungsvertrages ergibt sich aus dem Versicherungsschein. G.1.1

Eine Kfz-Haftpflichtversicherung endet nach den Bestimmungen des PflVG spätestens: PflVG
§ 5 (5) S. 1

- wenn sie am Ersten eines Monats begonnen hat, ein Jahr nach diesem Zeitpunkt,
- wenn sie zu einem anderen Zeitpunkt begonnen hat, an dem nach Ablauf eines Jahres folgenden Monatsersten.

> **Beispiel:**
> (1) Versicherungsbeginn: 01. Jan. d. J.,
>   Versicherungsablauf: 01. Jan. des Folgejahres
> (2) Versicherungsbeginn: 03. Jan. d. J.,
>   Versicherungsablauf: 01. Febr. des Folgejahres

Die im Gesetz vorgesehene einjährige Vertragsdauer kann also praktisch bis zu einem Monat verlängert sein.

In der Praxis ist jedoch regelmäßig zunächst ein sog. **Rumpfjahr** üblich. Danach beträgt die Laufzeit eines während des laufenden Kalenderjahres abgeschlossenen Vertrages zunächst weniger als ein Jahr, da als Beginn der neuen Versicherungsperiode üblicherweise der 1. Januar gewählt wird.

b) Automatische Verlängerung

Das Versicherungsverhältnis verlängert sich jeweils um ein Jahr, wenn es nicht spätestens **einen Monat** vor Ablauf schriftlich gekündigt wird (s. weiter unten). AKB 2015
G.1.2

Die Verlängerungsklausel gilt nicht für Fahrzeuge (z.B. Mofas), die ein Versicherungskennzeichen führen. Der Vertrag endet mit dem Ablauf des Verkehrsjahres, das vom 1. März bis Ende Februar des Folgejahres läuft. G.1.3

Das **PflVG** und die AKB 2015 sehen vor, dass die Verlängerungsklausel auch für das Rumpfjahr gilt (sog. **Rumpfjahresregelung**), d.h. der Vertrag verlängert sich automatisch nach Ablauf des Rumpfjahres um ein volles Jahr, sofern er nicht fristgerecht gekündigt wird. PflVG
§ 5 (5) 5.3
AKB 2015
G.1.2 S. 2

> **Beispiel:**
> Beantragter Versicherungsbeginn 10. Juli d. J.
> Beginn der nächsten Versicherungsperiode 01. Jan. des Folgejahres
> Sofern keine Kündigung bis zum 30. Nov. d. J. erfolgt, verlängert sich der Vertrag automatisch ab dem 01. Jan. des Folgejahres um ein weiteres Jahr.

PflVG
§ 5 (5) S. 4

Es bedarf keiner besonderen Kündigung, wenn von vornherein feststeht, dass der Vertrag nur für einen kürzeren Zeitraum als ein Jahr, der fest vereinbart wurde, bestehen soll. AKB 2015
G.1.4

c) Ausdehnung der genannten Regelungen auf die gesamte Kfz-Versicherung

Die AKB 2015 dehnen die genannten Regelungen des PflVG auf die **gesamte Kfz-Versicherung** aus, sodass die einjährige Vertragsdauer, die Verlängerungsklausel, die Rumpfjahresregelung und die Kündigungsfrist von einem Monat auch für die Kaskoversicherung, den Auto-Schutzbrief und die Fahrerschutz-Versicherung gelten.

3.4 Kündigung des Versicherungsvertrages

Vorbemerkung: Form und Zugang der Kündigung nach AKB 2015

AKB 2015
G.5

Jede Kündigung muss **in Textform** erfolgen. Wirksamkeitsvoraussetzung ist, dass sie innerhalb der jeweiligen Frist zugeht.

3.4.1 Ordentliche Kündigung

G.2.1.
G.3.1

Der Versicherungsvertrag kann sowohl vom VN als auch vom VR spätestens einen Monat vor Ablauf der Vertragsdauer, die in der Regel ein Jahr beträgt, in Textform gekündigt werden **(Kündigung zum Ablauf)**. Die Kündigung ist nur wirksam, wenn sie spätestens einen Monat vor Ablauf zugeht.

Die meisten Kfz-Versicherungsverträge laufen zum 1. Jan. eines jeden Jahres ab. Will beispielsweise ein VN mit einem solchen Vertragsablauf den VR wechseln, muss seine Kündigung spätestens am 30. Nov. beim VR eingegangen sein.

Versicherungen, auf die die **Rumpfjahresregelung** zutrifft, können ebenfalls zum Ablauf gekündigt werden (vgl. C 3.3.4).

G.1.4

Verträge, die von vornherein auf eine kürzere Dauer als ein Jahr abgeschlossen werden (z.B. kurzfristige Kaskoversicherung während der Urlaubsreise), enden durch bloßen Zeitablauf.

3.4.2 Außerordentliche Kündigung

➤ **Kündigung nach einem Schadenereignis durch VN oder VR**

G.2.3
G.3.3

Durch diese außerordentliche Kündigungsmöglichkeit kann sich der VN vom Vertrag lösen, wenn er mit der Schadenabwicklung unzufrieden ist. Dem VR wird die Möglichkeit geboten, sich von einem VN mit ungünstigem Schadenverlauf zu trennen.

G.4

Die Kündigung kann sich sowohl auf den gesamten Vertrag als auch auf einzelne Versicherungsarten (Vertragsteile) beziehen. Kündigt der VR nur einen der für das Fahrzeug abgeschlossenen Verträge und ist der VN mit der Fortsetzung der ungekündigten Verträge nicht einverstanden, muss er dies innerhalb von 2 Wochen nach Zugang der Kündigung mitteilen. Die Kündigung des VR gilt dann für die gesamte Kfz-Versicherung.

G.4.3

> **Beispiel:**
>
> Der VN hat eine KH-Versicherung und Vollkaskoversicherung abgeschlossen. Nach einem Vollkaskoschaden kündigt der VR die Vollkaskoversicherung. Die Kündigung geht dem VN am 10. Mai d. J. zu. Teilt der VN in den darauffolgenden 2 Wochen mit, dass er mit der Fortsetzung der KH-Versicherung nicht einverstanden ist, gilt diese auch als gekündigt.

Die Kündigung von VN oder VR muss dem jeweils anderen Vertragspartner innerhalb eines Monats nach Beendigung der Entschädigungsverhandlungen zugehen. Für die Kfz-Haftpflichtversicherung gilt diese Frist- und Zugangsbestimmung erst, nachdem der VR seine Leistungspflicht anerkannt oder zu Unrecht abgelehnt oder dem VN die Weisung erteilt hat, es mit dem Anspruchsteller auf einen Rechtsstreit ankommen zu lassen. Ergeht ein rechtskräftiges Urteil, ist die Kündigung noch einen Monat lang danach möglich.

AKB 2015
G.2.3
G.3.3

Der VN kann bestimmen, ob seine Kündigung sofort oder zu einem späteren Zeitpunkt wirksam werden soll. Spätester Zeitpunkt ist jedoch der Schluss des laufenden Versicherungsjahres. Die Kündigung des VR wird einen Monat nach ihrem Zugang beim VN wirksam. Dem VR steht bei einer Kündigung nur die Prämie bis zum Wirksamwerden der Kündigung zu.

G.2.4

G.3.3
G.6

➤ Kündigungsrecht des VN bei einer Prämienänderung aufgrund tariflicher Maßnahmen

Erhöht sich die Prämie, weil sich

– die Typklasse bei der Versicherung von Pkw oder Selbstfahrervermiet-Pkw ändert   *K.1*
  oder

– die Regionalklasse bei der Versicherung von Pkw ändert   *K.2*
  oder

– der Tarif an die Schaden- und Kostenentwicklung angepasst wurde,   *K.3*

kann der VN den Vertrag innerhalb eines Monats nach Zugang der Mitteilung des VR über die Prämienerhöhung kündigen. Die Kündigung ist sofort, frühestens jedoch zum Zeitpunkt der Prämienerhöhung wirksam.

K.4, G.2.7

➤ Kündigungsrecht des VN bei Veränderung der Tarifstruktur oder bei Bedingungsänderung

Der VR ist berechtigt, sowohl   *K.6*

– die Tarifstruktur (z. B. Bestimmungen für SF-Klassen, Regionalklassen)
  als auch   *N*
– die Versicherungsbedingungen

unter bestimmten Voraussetzungen für bestehende Verträge zu ändern.

Der VN kann den Vertrag bei einer Änderung der Tarifstruktur innerhalb eines Monats und bei einer Bedingungsänderung innerhalb von sechs Wochen nach Zugang der entsprechenden Änderungsmitteilung des VR kündigen. Die Kündigung ist sofort, frühestens jedoch zum Änderungszeitpunkt wirksam.

G.2.9,
G.2.10

➤ Sonstige Beendigungsgründe

Die AKB 2015 kennen ferner noch die folgenden Möglichkeiten einer außerordentlichen Kündigung:

● Kündigung des vorläufigen Versicherungsschutzes durch den VN oder den VR (vgl. C 3.3.2 e))   *G.2.2, G.3.2*

● Kündigung des VR, wenn eine Pflicht bei Gebrauch des Fahrzeugs verletzt wird.   *G.3.5*

● Kündigung des VR bei geänderter Verwendung des Fahrzeuges   *G.3.6*

● Kündigung bei Veräußerung oder Zwangsversteigerung des Fahrzeuges (vgl. nachfolgend C 3.5)   *G.3.7*

● Kündigung wegen Nichtzahlung der Folgeprämie   *G.3.4*

3.5 Veräußerung oder Zwangsversteigerung des Fahrzeuges

➤ Übergang der Versicherung

VVG
§§ 95, 99
AKB 2015
G.7, G.2.5
BGB
§ 929

Bei Veräußerung oder Zwangsversicherung des versicherten Fahrzeuges tritt der Erwerber in die Rechte und Pflichten des Versicherungsnehmers aus dem Versicherungsvertrag ein.

Die Veräußerung wird mit der Einigung und Übergabe des Fahrzeugs vollzogen, auf den Zeitpunkt der Ummeldung des Kraftfahrzeuges bei der Zulassungsstelle kommt es nicht an. Die Sicherungsübereignung, bei der bekanntlich nur das Eigentum zur Sicherheit für einen Kredit übertragen wird, stellt keine Veräußerung im Sinne der AKB 2015 dar.

➤ Anzeigepflicht

AKB 2015
G.7.4

VN und Erwerber sind verpflichtet, die Veräußerung des Fahrzeuges dem VR anzuzeigen. Unterbleibt die Anzeige, kann dies ggf. zum Verlust des Versicherungsschutzes nach § 97 VVG führen.

➤ Kündigung des Vertrages

VVG
§ 96
AKB 2015
G.7.5

VR und Erwerber haben ein **außerordentliches Kündigungsrecht**, das innerhalb eines Monats nach Kenntniserlangung von der Veräußerung bzw. vom Bestehen der Versicherung ausgeübt werden muss. Der Veräußerer hat kein außerordentliches Kündigungsrecht.

G.3.7
G.2.5

Der VR kann nur mit Frist von einem Monat kündigen, während der Erwerber mit sofortiger Wirkung oder zum Schluss des laufenden Versicherungsjahres bzw. zum Ende einer vereinbarten kürzeren Vertragsdauer kündigen kann.

Der Erwerber muss sein Kündigungsrecht innerhalb eines Monats nach Erwerb oder Kenntniserlangung über das Bestehen der Versicherung ausüben.

G.2.6

Schließt der Erwerber des Kfz eine neue Kfz-Haftpflichtversicherung bei einem anderen VR ab und legt der Zulassungsbehörde eine entsprechende Versicherungsbestätigung vor, gilt das alte Versicherungsverhältnis mit Beginn des neuen Versicherungsverhältnisses als gekündigt. Diese Regelung ist auch mit der Neufassung des VVG in das PflVG eingegangen.

PflVG
§ 3 b

VVG
§ 96 (3),
AKB 2015
G.7.5

Der Veräußerer ist im Fall der Kündigung des Versicherungsverhältnisses durch den VR oder den Erwerber zur Zahlung der Prämie verpflichtet.

Lernkontrollen zu C 3

Tarifmerkmale

1 Welche objektiven und subjektiven Risikomerkmale werden bei der Tarifierung im Rahmen der Kfz-Haftpflichtversicherung unterschieden?

2 Wann wird die Tarifgruppe R und wann die Tarifgruppe N angewendet?

3 Die Kraftfahrt-VR unterhalten gemeinsam eine Malusdatei.

   a) Wo wird diese Datei geführt?

   b) Wie erhält diese Datei ihre Daten und wozu dient sie?

Prämienberechnung

Prämienberechnung für einen Pkw

> Verwenden Sie bei den folgenden Aufgaben den Tarif und die AKB 2015 im **Proximus 4 Bedingungswerk.**

4 Berechnen Sie die Prämie nach Tarifgruppe R für folgende Kraftfahrtversicherungen:

a) KH-Versicherung mit 100 Mio. € Deckung, Teilkaskoversicherung mit 150,00 € Selbstbeteiligung, Autoschutzbrief, Typklasse 17 in der KH-Versicherung, Typklasse 21 in der Teilkaskoversicherung, Wohnort in Regionalklasse 3 (KH-Versicherung und Teilkaskoversicherung), schadenfrei seit 25 Jahren, Garagen-Nachlass, jährliche Zahlungsweise.

b) Wie hoch wäre die Prämie zu vorgenannter Versicherung, wenn der VN in Schadenklasse M geführt würde?

c) KH-Versicherung mit 100 Mio € Deckung, kein Autoschutzbrief, Teilkaskoversicherung ohne Selbstbeteiligung

KH: Typklasse 14; Teilkasko: Typklasse 21

Fahrzeughalter: Angelika Mertens, Gera, Kfz-Kennzeichen G, Führerscheinbesitz seit 22 Jahren, 18 schadenfreie Kalenderjahre, keine Nachlässe oder Zuschläge für individuelle Tarifmerkmale, vierteljährliche Zahlungsweise.

d) Fahrzeugdaten: BMW 535i, Herstellernummer 0005, Typschlüsselnummer BSD. Das Fahrzeug ist 2 Jahre alt. Fahrzeughalter: Birgit Dahmen, 28 Jahre, Kyffhäuserkreis (KYF), 3 schadenfreie Kalenderjahre, abgeschlossene Garage, Jahresfahrleistung über 30 000 km, jährliche Zahlungsweise. Das Fahrzeug wird von Frau Dahmen, ihrem Ehemann und ihren Eltern genutzt.

Die Kundin wünscht folgende Vergleichsangebote:

Angebot 1: KH-Versicherung mit 100 Mio. € Deckung, Vollkaskoversicherung mit 500,00 € Selbstbeteiligung, Teilkaskoversicherung ohne Selbstbeteiligung, Autoschutzbrief.

Angebot 2: KH-Versicherung mit 100 Mio. € Deckung, Vollkaskoversicherung mit 1 000,00 € Selbstbeteiligung und Teilkaskoversicherung mit 150,00 € Selbstbeteiligung, kein Autoschutzbrief.

Angebot 3: KH-Versicherung mit 100 Mio. € Deckung, Teilkaskoversicherung mit 150,00 € Selbstbeteiligung, kein Autoschutzbrief.

5

> Herr Franz Althoff, 21 Jahre, aus Berlin wird in einer Agentur der Proximus Versicherung AG vorstellig. Er erzählt, dass seine Tippgemeinschaft im Lotto gewonnen und er sich daraufhin sofort einen Porsche mit der Verkaufsbezeichnung 991 Turbo (911 Turbo S Cabrio 3.8) bestellt hat. Den Wagen möchte er bestens versichert wissen und bittet daher um ein Versicherungsschutzangebot. Herr Althoff hat bisher noch kein Kfz versichert.
>
> Im Verlauf des Gespräches erfahren Sie, dass Herr Althoff seit 2 Jahren im Besitz einer Fahrerlaubnis ist. Das Fahrzeug wird ständig in einer Garage abgestellt sein und soll nur von ihm alleine genutzt werden. Herr Althoff schätzt, dass er bis 15 000 Kilometer im Jahr fahren wird.

● **Arbeitsauftrag**

Unterbreiten Sie einen Versicherungsvorschlag und berechnen Sie die Prämie für eine halbjährliche Zahlungsweise.

6 Die Ehefrau unseres in SF 1 geführten VN ist 22 Jahre alt und seit 18 Monaten im Besitz einer gültigen Fahrerlaubnis. Sie beantragt für ihren gebraucht erworbenen, 8 Jahre alten Pkw (Typklasse 18 in KH) eine KH-Versicherung mit 100 Mio. € Deckung + Autoschutzbrief ab 10. Sept. d.J.

a) Wie hoch ist die jährliche Prämie in der Regionalklasse 3?

b) Wann erfolgt die Einstufung in die nächsthöhere Schadenfreiheitsklasse, wenn der Vertrag ununterbrochen und schadenfrei besteht?

7

Michaela Schmidt hat am 10. Febr. d.J. ihr erstes Fahrzeug gebraucht (5 Jahre alt) gekauft und bereits ein Versicherungsschutzangebot für eine KH-Versicherung mit 100 Mio. € Deckung ohne Autoschutzbrief bei der EuroStar-Versicherung eingeholt. Sie möchte für Vergleichszwecke wissen, was sie bei der Proximus Versicherung AG zu zahlen hätte.

Aus dem Ihnen vorgelegten Angebot der EuroStar-Versicherung entnehmen Sie folgende Daten für die Prämienberechnung:

Besitz einer gültigen Fahrerlaubnis seit 2 Jahren

Fahrzeugtyp: Pkw, Typklasse 23 in KH

Regionalklasse 6

● **Fragestellung**

a) Wie hoch ist die erste vierteljährliche Prämie bei Ersteinstufung, wenn kein Zuschlag, Rabatt oder Nachlass zu berücksichtigen ist?

b) Wann wird der Vertrag in die nächsthöhere Schadenfreiheitsklasse eingestuft, wenn er ununterbrochen und schadenfrei besteht?

c) Welche Erweiterung des Versicherungsschutzes würden Sie Michaela Schmidt in jedem Falle empfehlen (keine Prämienberechnung)?

Unterjährige Versicherungen

8 Welche Prämie ergibt sich p.r.t einschließlich VersSt? Ein Abschlag für Zahlungsweise ist nicht zu berücksichtigen.

	Versicherungs-zweig	Dauer	Jahrestarifprämie ohne VersSt
a)	KH-Versicherung	12. April 0 Uhr d.J.–27. Juni 24 Uhr d.J.	391,60 €
b)	Kaskoversicherung	20. März 0 Uhr d.J.–22. Nov. 24 Uhr d.J.	571,20 €

9 Herr Meier unternimmt vom 10. Juni d.J. bis 25. Juli d.J. mit dem Auto eine Skandinavien-reise. Bei seinem Kraftfahrthaftpflicht-VR beantragt er deswegen eine kurzfristige Vollkaskoversicherung (Jahrestarifprämie 1 280,00 € ohne VersSt).

Wie hoch ist die Prämie p.r.t. für diesen Vertrag einschließlich VersSt?
Ein Abschlag für Zahlungsweise ist nicht zu berücksichtigen.

10 Der VR lehnt fristgerecht die Annahme eines Kfz-Haftpflichtantrages für einen Lastkraftwagen gemäß § 5 PflVG ab und kündigt die ab 15. April d.J. 0 Uhr gewährte vorläufige Deckungszusage (Kündigung wirksam am 04. Mai d.J. 24 Uhr).

Berechnen Sie die p.r.t.-Prämie ohne VersSt. Die Jahresprämie ohne Abschlag für Zahlungsweise und ohne VersSt. beträgt 1 162,30 €.

Anmerkung: Der Kontrahierungszwang in der KH-Versicherung gilt nur bei Anträgen auf Abschluss eines Haftpflichtversicherungsvertrages für Zweiräder, Pkws und Kombinationskraftwagen bis zu 1 t Nutzlast (PflVG § 5 (3)).

11 Für eine Kfz-Haftpflichtversicherung hat der VN eine Jahresprämie von 549,19 € einschl. VersSt (Versicherungsperiode 01. Jan. d. J. 0 Uhr – 31. Dez. d. J. 24 Uhr) gezahlt. Aufgrund eines Totalschadens wird der Vertrag zum 10. Okt. d. J. 24 Uhr aufgehoben.

Wie viel € erhält der VN einschließlich VersSt zurück, wenn der VR p. r. t. abrechnet?

Versicherer- und Fahrzeugwechsel

12 Der VN (Wohnort in Regionalklasse 3 der KH-Versicherung) veräußert seinen Pkw (Typklasse 23 in der KH-Versicherung). Die KH-Versicherung mit Mindestdeckung endet am 14. April d. J. 24 Uhr, da der Käufer das Fahrzeug anderweitig versichert hat.

Der Versicherungsvertrag (KH-Versicherung + Autoschutzbrief) wird z. Zt. in der Schadenfreiheitsklasse 7 geführt (Versicherungsperiode 01. Jan. d. J. 0 Uhr – 31. Dez. d. J. 24 Uhr, keine individuellen Zuschläge/Nachlässe, jährliche Zahlungsweise).

Am 27. Febr. n. J. lässt er wieder einen neuen Pkw (Typklasse 25 in der KH-Versicherung) auf sich zu.

a) In welche Schadenfreiheitsklasse bzw. Schadenklasse wird er mit dem neuen Pkw eingestuft?

b) Berechnen Sie die neue KH-Jahresprämie (100 Mio. € Deckung) einschl. Autoschutzbrief und VersSt.

c) Welche Prämie hat der VN unter Verrechnung der Rückprämie (p. r. t.) als Einlösungsprämie zu zahlen, wenn die neue Versicherung am 27. Febr. 0 Uhr d. J. beginnt? Bei der Berechnung der Einlösungsprämie ist ein Abschlag für Zahlungsweise von 5 % zu berücksichtigen.

   Anmerkung:
   Beachten Sie auch I.6.3.1 b AKB 2015. Der VN hat nicht den Nachweis erbracht, dass er während der Dauer der Unterbrechung im Besitz einer gültigen Fahrerlaubnis war.

Anrechnung der Schadenfreiheit aus Verträgen Dritter

13 Die Ehefrau möchte den Schadenfreiheitsrabatt ihres verstorbenen Ehemannes übernehmen. Stellen Sie dar, unter welchen Voraussetzungen und inwieweit eine Übertragung möglich ist.

Rückstufung im Schadenfall

14 Einem KH-Vertrag mit gesetzlicher Mindestdeckung liegen folgende Daten zugrunde: Pkw, Typklasse 14, Regionalklasse 8 in KH, 6 schadenfreie Jahre, jährliche Zahlungsweise.

Im laufenden Kalenderjahr verursacht der VN schuldhaft drei Verkehrsunfälle, die der VR reguliert.

Berechnen Sie die jährliche Prämie (KH-Versicherung ohne Autoschutzbrief) für das laufende und für das folgende Jahr, wobei kein individueller Zuschlag oder Nachlass zu berücksichtigen ist.

15 Ein Anfänger in der KH-Versicherung mit 100 Mio. € Deckung (kein Autoschutzbrief), jährliche Zahlungsweise, der seit 3 ½ Jahren den Führerschein besitzt und mit seinem Pkw (Typklasse 18 in KH, Regionalklasse 9) seit dem 10. Mai d. J. mit einem Garagenrabatt von 10 % versichert ist, beschädigt leicht beim Einparken ein anderes Fahrzeug.

Bis zu welcher Schadenhöhe würden Sie dem Anfänger empfehlen, den Schaden nicht seinem VR zu melden, sondern selber zu regulieren?

16 Die Kundin aus Aufgabe 4 d) verschuldet zwei Unfälle im laufenden Kalenderjahr und sie nimmt jedes Mal für die Schadenregulierung sowohl die KH-Versicherung als auch die Vollkaskoversicherung in Anspruch.

In welche Klasse wird sie in der KH-Versicherung und in der Kaskoversicherung eingestuft, wenn sie die Versicherung gemäß Angebot 1 in Aufgabe 4 d) wahrgenommen hat?

17

Der VN Theo Schäfer erscheint in einer Agentur der Proximus Versicherung AG, nachdem ihm die Direktion mitgeteilt hat, dass er wegen eines Schadenfalls prämienmäßig zurückgestuft worden ist.

Er gibt an, dass er wegen der nach seiner Ansicht nicht eindeutigen Schuldfrage seinerzeit ausdrücklich bestimmt hat, dass die Proximus jegliche Schadenersatzansprüche zurückweisen und auf keinen Fall irgendeine Zahlung leisten soll, zumal der Schaden nur gering sei.

● **Fragestellung**

a) Hat sich die Proximus Versicherung AG korrekt verhalten, wenn sie eine Zahlung an den Anspruchsteller geleistet hat?

b) Wozu ist die Proximus Versicherung AG in jedem Falle verpflichtet und was kann der VN ggf. unternehmen, um den bisherigen Schadenfreiheitsrabatt zu erhalten?

Beginn und Dauer der Kraftfahrtversicherung

Vorläufige Deckung und Versicherungsbestätigung

18

Herr Zander erwirbt von Herrn Klemp am 10. Sept. d. J. dessen gebrauchten Pkw. Am 12. Sept. d. J. beantragt Herr Zander eine Kfz-Haftpflichtversicherung mit Autoschutzbrief und eine Teilkaskoversicherung bei einer Agentur der Proximus Versicherung. Der Vertreter erfüllt die gesetzlich geforderten Informationspflichten, nimmt den Antrag Kraftfahrzeugversicherung auf und händigt als Deckungszusage nur eine sog. VB-Nummer aus, die Herr Zander noch am gleichen Tag bei der Zulassungsbehörde vorlegt, um das Fahrzeug umzumelden.

Am 04. Okt. d. J. sendet die Proximus Versicherung AG den Versicherungsschein mit Belehrungen nach § 52 und § 8 VVG ab, welche am 05. Okt. d. J. Herrn Zander mit der Post zugestellt wird. Am 24. Nov. d. J. verschuldet Herr Zander einen Verkehrsunfall. Dies nimmt er zum Anlass, die erste Prämie zu zahlen. Die Zahlung wird dem Konto des Versicherers am 26. Nov. d. J. gutgeschrieben.

● **Fragestellung**

a) Wann ist der beantragte Versicherungsvertrag zustande gekommen?

b) Ab wann (Datum, Uhrzeit) hat Herr Zander aus der Kfz-Haftpflichtversicherung und dem Autoschutzbrief Versicherungsschutz?

c) Ab wann besteht Versicherungsschutz aus der Teilkaskoversicherung?

d) Besteht Versicherungsschutz für einen am 24. Nov. d. J. von Herrn Zander schuldhaft verursachten Verkehrsunfall?

19

Unsere Versicherungskundin Daniela Bürkle trägt sich mit dem Gedanken, ein Cabriolet für die Sommermonate zu kaufen und mit einem Saisonkennzeichen zuzulassen.

Sie ruft in der Agentur an und möchte vorab folgende Fragen geklärt haben:

a) Wird die Versicherung für ein Saisonkennzeichen bei schadenfreiem Verlauf auch jedes Jahr in die nächsthöhere SF-Klasse eingestuft?

b) Besteht auch Versicherungsschutz außerhalb der Saison, wenn das Fahrzeug beispielsweise gestohlen wird und der Dieb einen Unfall verursacht?

● **Fragestellung**

Beantworten Sie die Fragen der Kundin sachgerecht.

Vorübergehende Stilllegung

20 Während der Wintermonate hat ein VN sein Cabriolet bei der Zulassungsbehörde vorüber-gehend abgemeldet.

   a) Welche Auswirkung hat diese Abmeldung auf den Versicherungsvertrag?

   b) Der VN hat das abgemeldete Fahrzeug in einer kaum befahrenen Sackgasse abgestellt. Dort wird es von einem Unbekannten aufgebrochen und für eine Spritztour benutzt, wobei sich ein Unfall ereignet. Da der Unbekannte sich nach dem Unfall sofort entfernt, verlangt der Geschädigte Schadenersatz vom VN.

      Hat der VN Versicherungsschutz?

21 Ein VN wird wegen unfallfreien Fahrens in der Schadenfreiheitsklasse SF 7 geführt.

Das Fahrzeug wird am 10. März d. J. wegen eines Auslandsaufenthaltes vorübergehend stillgelegt. In welcher SF-Klasse wird das Fahrzeug in diesem und im nächsten Jahr geführt, wenn die Wiederzulassung

   a) am 20. Aug. d. J.,

   b) am 30. Sept. n. J.

erfolgt? Der VN weist nicht nach, dass er während der Dauer der Unterbrechung im Besitz einer gültigen Fahrerlaubnis war.

22 Wie wäre der Fall in Aufgabe 21 zu beurteilen, wenn der VN genau nach 8 Jahren im März des betreffenden Jahres zurückkehrt und dann das Fahrzeug wieder zulassen will?

Er weist nach, dass er während des Unterbrechungszeitraumes im Besitz einer gültigen Fahrerlaubnis war.

23

Sie sind Mitarbeiter in der Vertragsabteilung Kraftfahrtversicherung der Proximus Versicherung AG und erhalten am 15. Dezember d. J. das nachstehend auszugsweise wiedergegebene Schreiben:

»Wegen eines berufsbedingten Auslandsaufenthaltes von 10 Monaten habe ich mei-nen Pkw abgemeldet. Ich bitte den Kraftfahrzeug-Versicherungsvertrag mit sofortiger Wirkung aufzuheben. Bitte erstatten Sie die zu viel gezahlte Prämie.«

● **Auszug aus dem Vertragsspiegel**

Versicherungsnehmer: Albert Dammer

Versicherungsbeginn: 01. März d. J. 0 Uhr

Versicherungsablauf: 01. Januar n. J. 0 Uhr

Versicherungsarten:

Kfz-Haftpflichtversicherung mit 100 Mio. € Deckung und Autoschutzbrief

Tarifgruppe R, Typklasse 14, Regionalklasse 3, SF 8, Jahresprämie 338,89 € ohne VersSt

Teilkasko mit 150,00 € Selbstbeteiligung

Typklasse 21, Regionalklasse 1, Jahresprämie 72,15 € ohne VersSt.

● **Arbeitsauftrag**
Stellen Sie stichwortartig zusammen, was Sie dem VN in einem Schreiben sachge-recht antworten werden.

Beendigung des Versicherungsvertrages

24 Prüfen Sie, ob in den folgenden Fällen die Kündigung des Versicherungsvertrages durch den VN zulässig ist:

a) Der Wohnort des VN wird ab der nächsten Prämienfälligkeit in einer anderen Regionalklasse geführt, wodurch sich die Prämie vermindert.

b) Der VN hat es versäumt, seinen Vertrag mit einjähriger Vertragsdauer rechtzeitig zum Ablauf der Vertragsdauer zu kündigen. Da er zu Beginn des Versicherungsjahres einen Fahrzeugschaden hatte, der vom VR nur teilreguliert wurde, teilt er deshalb jetzt mit, dass die Kfz-Haftpflichtversicherung und Kaskoversicherung zum Ende des Versicherungsjahres aufgrund des Schadenfalls als gekündigt anzusehen seien.

c) Der VR teilt dem VN rechtzeitig mit, dass sich die Prämie aufgrund einer Neukalkulation der Tarife in der Kfz-Haftpflichtversicherung erhöht. Der VN nimmt dies zum Anlass diese Versicherung und auch Kaskoversicherung zu kündigen, da er anderweitig für die letztgenannte Vertragsart einen günstigeren Versicherungsschutz erwerben kann.

Veräußerung des Fahrzeuges

25

Sie sind in einer Agentur der Proximus Versicherung AG tätig und nehmen den Anruf des Kunden Jörg Dallmeier entgegen.

Herr Dallmeier schildert Ihnen am Telefon, dass ihm wegen eines Verkehrsvergehens der Führerschein für 18 Monate entzogen worden sei und er deshalb seinen Pkw am letzten Samstag, dem 10. September d. J., verkauft habe. Der Käufer hat im Kaufvertrag schriftlich bestätigt, dass er das Fahrzeug unverzüglich ummelden und sich bei seinem Versicherer eine Versicherungsbestätigung beschaffen werde. Herr Dallmeier möchte beraten werden, was mit seiner Versicherung geschehen soll.

● **Auszug aus dem Vertragsspiegel**

Kfz-Haftpflichtversicherung mit 100 Mio. € Deckung und Autoschutzbrief

Vollkaskoversicherung mit 1 000,00 € Selbstbeteiligung einschließlich

Teilkaskoversicherung mit 150,00 € Selbstbeteiligung

Versicherungsbeginn: 13. März des letzten Jahres 0 Uhr

Versicherungsablauf: 31. Dez. des Jahres 24 Uhr

● **Arbeitsauftrag**

Klären Sie Herrn Dallmeier über die Rechtslage auf und zeigen Sie ihm auf, was mit seiner Versicherung geschieht.

4 Umfang des Versicherungsschutzes der Kfz-Haftpflichtversicherung

Versicherungsschutz in der Kfz-Haftpflichtversicherung

Die **Kfz-Haftpflichtversicherung** stellt

- den **VN** und die **mitversicherten Personen** (vgl. C 4.2.4)

von **Schadenersatzansprüchen** frei, wenn durch

- den **Gebrauch** des Fahrzeuges (vgl. C 4.2.2)
  - **Personen** verletzt oder getötet werden,
  - **Sachen** beschädigt oder zerstört werden oder abhanden kommen,
  - Vermögensschäden verursacht werden, die weder mit einem Personenschaden noch mit einem Sachschaden mittelbar oder unmittelbar zusammenhängen **(reine Vermögensschäden)**

und deswegen (vgl. C 4.2.3) gegen den Versicherten oder den VR

- **Schadenersatzansprüche**
  - nach dem BGB oder
  - nach dem StVG oder aufgrund
  - anderer gesetzlicher Haftpflichtbestimmungen
- des **Privatrechts** (vgl. C 4.1)

geltend gemacht werden.

Im **Proximus 4 Bedingungswerk** ist die

- **Kfz-Umweltschadenversicherung** (vgl. C 8)

ebenfalls Bestandteil des Vertrages über die Kfz-Haftpflichtversicherung

Schadenersatzansprüche nach dem Umweltschadensgesetz (USchadG) sind öffentlich rechtliche Ansprüche.

AKB 2015
A.1.1
KfzPflVV
§ 2

4.1 Rechtsgrundlagen für den Schadenersatz (Haftungsanspruch eines Dritten)

► Vorbemerkung

Das versicherte Wagnis in der Kfz-Haftpflichtversicherung besteht in der Gefahr, einem Dritten gegenüber schadenersatzpflichtig zu werden, d. h., einem **Haftungsanspruch** ausgesetzt zu sein. Tritt dieser Fall ein, wird der **Deckungsanspruch** (vgl. C 4.2) des Versicherungsnehmers bzw. der mitversicherten Personen gegen den VR im Rahmen des Versicherungsvertrages ausgelöst.

► Haftungsarten im Überblick

Schadenersatzansprüche in der Kfz-Haftpflichtversicherung beruhen überwiegend auf den gesetzlichen Haftpflichtbestimmungen der

- **Verschuldenshaftung** (siehe auch A 2.1),
- **Gefährdungshaftung** (siehe auch A 2.2),

Als Anspruchsgrundlagen können auch infrage kommen:

- **Vertragliche Haftung kraft Gesetzes** (siehe auch A 3.1),
- **Gesamtschuldnerische Haftung** (siehe auch A 2.5.2).

Da sich der Versicherungsschutz, wie an früherer Stelle aufgezeigt, auch auf das Ausland erstrecken kann, können die Schadenersatzansprüche auch auf ausländischem Recht beruhen.

4.1.1 Verschuldenshaftung

> **Beispiel:**
>
> Beim Verlassen seines Fahrzeuges beachtet ein Autofahrer nicht den fließenden Verkehr. Ein Radfahrer fährt gegen die sich öffnende Autotür, wodurch die Vordergabel verbogen wird.

Die **Voraussetzungen der Verschuldenshaftung** (vgl. A 2.1.1)

BGB §§ 823 ff.

- **Vorsatz** oder **Fahrlässigkeit**   (hier: Fahrlässigkeit),
- **Widerrechtlichkeit**   (hier: Eigentumsverletzung),
- **Kausalität** und **Adäquanz**   (hier: Das Öffnen der Tür ist ursächlich; der Schaden »angemessen«.),
- **Verantwortlichkeit**   (hier: Der Autofahrer ist deliktfähig.)

sind gegeben.

Bei der Verschuldenshaftung hat der Geschädigte die Beweislast, dass den Schädiger ein Verschulden trifft.

§ 249 (1)   Die **Höhe** der Verschuldenshaftung ist **unbegrenzt**.

4.1.2 Gefährdungshaftung

StVG § 7 (1)

> »Wird bei dem Betrieb eines Kraftfahrzeugs oder eines Anhängers, der dazu bestimmt ist, von einem Kraftfahrzeug mitgeführt zu werden, ein Mensch getötet, der Körper oder die Gesundheit eines Menschen verletzt oder eine Sache beschädigt, so ist der Halter verpflichtet, dem Verletzten den daraus entstehenden Schaden zu ersetzen.«

§ 7 (2)

> »Die Ersatzpflicht ist ausgeschlossen, wenn der Unfall durch höhere Gewalt verursacht wird.«

a) Betriebsgefahr

> **Beispiel 1:**
>
> Der Fahrer F ist mit dem geliehenen Fahrzeug des Kraftfahrzeughalters H unterwegs, als plötzlich ein Reifen platzt. Der Wagen gerät ins Schleudern und streift das am Fahrzeugrand geparkte Fahrzeug des G. Der Geschädigte G verlangt Schadenersatz von H.

> **Beispiel 2:**
>
> Ein Kleinkind reißt sich von der Hand der Mutter los und läuft zwischen geparkten Fahrzeugen hindurch auf die Straße. Es wird von einem Autofahrer erfasst, der trotz umsichtiger Fahrweise das Kind wegen der geparkten Fahrzeuge nicht sehen konnte.

> **Beispiel 3:**
>
> Ein rücksichtslos fahrender Radfahrer fährt bei Rot über die Ampel. Er wird von einem Pkw erfasst und verletzt. Das Fahrrad wird zerstört.

In allen drei Fällen haftet der jeweilige Kraftfahrzeughalter, da der Schaden beim Betrieb des Fahrzeuges geschah **(Betriebsgefahr).** Allerdings wird sich beim dritten Beispiel der Fahrradfahrer ein Mitverschulden anrechnen lassen müssen (Quotelung).

- Bei Vorliegen von **höherer Gewalt** entfällt die Haftung aus Betriebsgefahr (siehe unter b).
- Beim Schadenausgleich zwischen Haltern von Kraftfahrzeugen besteht die Möglichkeit, einen haftungsbefreienden **Unabwendbarkeitsnachweis** zu führen (siehe unter c).

Mit »**Betrieb**« ist gemeint, dass sich das Fahrzeug im sog. Verkehrsraum befindet, wobei es nicht darauf ankommt, dass die Motorkraft auf das Fahrzeug einwirkt. Betrieb ist also auch gegeben beim Parken, Ein- und Aussteigen, Be- und Entladen oder beim Anschieben. Der Betrieb endet, wenn das Fahrzeug auf einem privaten Gelände oder in der Garage abgestellt wird.

Der Geschädigte hat bei der Gefährdungshaftung lediglich zu beweisen, dass der in Anspruch Genommene für den Schaden einzutreten hat. Auf ein Verschulden des Halters kommt es nicht an.

Die **Gefährdungshaftung** im Straßenverkehr gilt auch **zugunsten der Fahrzeuginsassen.** Der Fahrzeughalter haftet im Rahmen der Gefährdungshaftung für Schäden seiner Mitfahrer ebenso wie für Geschädigte außerhalb des Fahrzeugs.

Nach § 7 StVG haftet auch der **Halter eines Anhängers** ebenso wie der des Zugfahrzeuges. Damit ist sichergestellt, dass der Geschädigte nicht leer ausgeht, wenn der Halter des Zugfahrzeuges nicht ermittelt werden kann oder das Zugfahrzeug und der Anhänger jeweils einen anderen Eigentümer haben.

> **Beispiel:**
> A verleiht seinen Anhänger an B. Während der Fahrt löst sich der Anhänger vom Zugfahrzeug und beschädigt das Fahrzeug des C. C kann A aus der Gefährdungshaftung in Anspruch nehmen. Stellt sich heraus, dass der Schaden durch das Zugfahrzeug oder dessen Fahrer verursacht wurde, so kann der Halter des Anhängers bei ihm Regress nehmen.

b) Höhere Gewalt

Der BGH definiert höhere Gewalt als »ein betriebsfremdes, von außen durch elementare Naturkräfte oder durch Handlungen dritter Personen herbeigeführtes Ereignis, das nach menschlicher Einsicht und Erfahrung unvorhersehbar war, mit wirtschaftlich erträglichen Mitteln auch durch äußerste nach der Sachlage vernünftigerweise zu erwartende Sorgfalt nicht verhütet oder unschädlich gemacht werden konnte und auch nicht wegen seiner Häufigkeit in Kauf zu nehmen ist.« BGHZ 7, 338 (339)

> **Beispiele:**
> - Sabotageakt, der weder voraussehbar noch vermeidbar ist
> - Naturereignis (z. B. Erdrutsch)

Im Straßenverkehrsrecht führt das Vorliegen von höherer Gewalt zum Ausschluss der Gefährdungshaftung für den Halter, der ansonsten verschuldensunabhängig für die bei dem Betrieb seines Kraftfahrzeuges verursachten Schäden haftet. StVG § 7 (2)

> **Beispiel:**
> Infolge einer plötzlichen Überschwemmung wird ein fahrender Pkw unlenkbar und verletzt einen Passanten.

c) Unabwendbarkeitsnachweis beim Schadenausgleich zwischen Kraftfahrzeughaltern

StVG
§ 17 (3)
S. 1

Sind in einen Unfall nur Kraftfahrzeuge verwickelt, entfällt die Haftung aus Betriebsgefahr für denjenigen Kraftfahrzeughalter, der für das Ereignis den Unabwendbarkeitsnachweis führen kann.

Dies gilt auch, wenn der Schaden durch ein Kraftfahrzeug und einen Anhänger, durch ein Kraftfahrzeug und ein Tier oder durch ein Kraftfahrzeug und eine Eisenbahn verursacht wird.

§ 17 (3)
S. 2

Als unabwendbar gilt ein Ereignis nur dann, wenn sowohl der Halter als auch der Führer des Fahrzeugs **jede nach den Umständen des Falles gebotene Sorgfalt** beobachtet hat. Fehler in der Beschaffenheit des Fahrzeuges oder Versagen seiner Einrichtungen (z. B. Bremsen) gelten nicht als unabwendbares Ereignis.

An die Unabwendbarkeit werden hohe Anforderungen gestellt. Das Verhalten eines perfekten **Idealfahrers** mit Umsicht und optimaler Reaktion dient als Maßstab.

> **Beispiel:**
>
> Der Kfz-Halter bremst vor einer auf rot wechselnden Ampel vorschriftsmäßig ab. Der nachfolgende Autofahrer übersieht den Vorgang und fährt auf. Für den bremsenden Kfz-Halter stellt sich der Unfall als unabwendbares Ereignis dar, so dass er auf keinen Fall vom auffahrenden Autofahrer aus der Gefährdungshaftung (Betriebsgefahr, die von seinem Kfz ausgeht) in Anspruch genommen werden kann.

Der sich »perfekt« verhaltende Autofahrer muss bei Schädigung durch einen anderen Autofahrer, anders als bei einem Unfall mit einem nicht motorisierten Verkehrsteilnehmer, nicht befürchten, wegen der Betriebsgefahr mit einer Haftungsquote belastet zu werden.

d) Höchstbeträge für den Schadenersatz (Straßenverkehrshaftung)

§ 12 (1)

Die **Ersatzpflicht** ist im Rahmen der Gefährdungshaftung **summenmäßig begrenzt.**

➤ **Sachschäden**

● eine Sache oder
mehrere Sachen   bis 1 Mio. €

➤ **Personenschäden**

● ein Geschädigter oder
mehrere Geschädigte   bis 5 Mio. €

● bei gewerblicher
Personenbeförderung
von mehr als   Erhöhung um weitere 600 000,00 €
8 Personen   je geschädigte Person

§ 11 S. 2

Im Rahmen der **Gefährdungshaftung** besteht **auch Anspruch auf Schmerzensgeld.**

Der Schmerzensgeldanspruch besteht nicht bei nicht vorsätzlich zugefügten **leichten Verletzungen (Bagatellgrenze).**

Besonderheit: Haftung nach dem Umweltschadensgesetz (USchadG)

Nach dem am 14. Nov. 2007 in Kraft getretenen USchadG können Unfallverursacher auch mit **öffentlich-rechtlichen Ansprüchen** konfrontiert werden, wenn sie bei Ausübung einer **beruflichen** Tätigkeit einen Umweltschaden (Schädigung von Tieren, Pflanzen, Gewässern oder Böden) verursachen. Bis dahin musste z. B. für die Zerstörung des Lebensraums von Pflanzen oder Tieren nicht gezahlt werden, wenn keine privaten Interessen verletzt waren.

Die Kfz-Haftpflichtversicherung mit Kfz-Umweltschadenversicherung (vgl. C 8) bietet hierfür Deckung gem. A.5 AKB 2015.

4.1.3 Vertragliche Haftung kraft Gesetzes

Neben den genannten gesetzlichen Haftpflichtbestimmungen kann eine **vertragliche Haftung kraft Gesetzes** als Rechtsgrundlage für den Schadenersatzanspruch infrage kommen.

> **Beispiel:**
> Durch die Unachtsamkeit des Taxifahrers wird das Taxi in einen Unfall verwickelt und der beförderte Passagier dabei verletzt.

Der Passagier kann seine Schadenersatzansprüche über die Verschuldens- und Gefährdungshaftung hinaus noch mit der Schlechterfüllung des Beförderungsvertrages (sog. positive Vertragsverletzung, die zur vertraglichen Haftung kraft Gesetzes führt) begründen (vgl. A 3.1.1.3).

Ausgeschlossen sind von der Versicherung rein vertragliche Schadenersatzansprüche (siehe auch A.1.5.8 AKB 2015).

4.1.4 Gesamtschuldnerische Haftung

> »Haben **mehrere** durch eine **gemeinschaftlich** begangene **unerlaubte Handlung** einen Schaden verursacht, so ist **jeder für den Schaden verantwortlich.** Das gleiche gilt, wenn sich nicht ermitteln läßt, wer von mehreren Beteiligten den Schaden durch seine Handlung verursacht hat.«

BGB
§ 830 (1)

> **Beispiel:**
> Zwei Fahrzeuge stoßen in einer engen Kurve zusammen. In einem der Fahrzeuge wird eine dritte Person verletzt.

Der Verletzte kann seine Ansprüche gegen einen der beiden Fahrer geltend machen, wenn beide das gleiche Fehlverhalten trifft oder wenn nicht festgestellt werden kann, wer für den Unfall verantwortlich ist.

Die Bestimmung kann dann von Bedeutung sein, wenn mehrere Fahrzeuge in einen Unfall verwickelt werden und die Schuldfrage nicht eindeutig zu klären ist.

Besonderheit: Vereinfachtes Regulierungsverfahren bei einem Massenunfall

Bei einem Massenunfall ist die Situation häufig unübersichtlich. Schuldfrage und Unfallhergang lassen sich nicht eindeutig rekonstruieren. Die im GDV zusammengeschlossenen Kfz-Haftpflichtversicherer haben deshalb eine **Vereinbarung zur Schadenregulierung nach Massenunfällen** getroffen.

Ob ein Massenunfall vorliegt, entscheidet ein Gremium des GDV anhand der polizeilichen Ermittlungsergebnisse. **Drei Bedingungen** müssen für die Schadenregulierung nach der getroffenen Vereinbarung erfüllt sein:

- Es darf keinen eindeutig bestimmbaren Unfallverursacher geben.

- Es müssen mindestens 40 Fahrzeuge beteiligt sein.
  Ist der Unfallhergang nur schwer nachvollziehbar, z.B. wegen der Witterungsverhältnisse, gilt die Vereinbarung bereits ab 20 Fahrzeugen. Die Unfallbeteiligten wenden nämlich häufig ein, dass sie erst durch den Aufprall des nachfolgenden Fahrzeuges auf den Vordermann geschoben worden seien.

- Das Unfallgeschehen steht in einem engen räumlichen und zeitlichen Zusammenhang.

Die Beteiligten (Fahrer und Insassen) können sich aufgrund dieser Regelung direkt an den jeweiligen Kfz-Haftpflichtversicherer wenden. Dieser ersetzt den Personen- und Sachschaden des Fahrers und der Insassen sowie die Schäden am Fahrzeug. Die Schäden am Auto werden zu 100 % übernommen. Eine Kaskoversicherung muss hierfür nicht bestehen. Der Schadenfreiheitsrabatt wird durch die Regulierung eines Massenunfalls auch nicht berührt.

4.2 Deckungsanspruch aus der Kfz-Haftpflichtversicherung

4.2.1 Abgrenzung zum Haftungsanspruch

Ob ein geltend gemachter Haftungsanspruch begründet ist, richtet sich nach den Bestimmungen der verschiedenen Haftpflichtgesetze und muss ggf. in einem **Haftpflichtprozess** festgestellt werden.

Im Rahmen des Versicherungsvertrages ist zu entscheiden, ob der geltend gemachte Haftpflichtanspruch des Dritten unter das versicherte Wagnis fällt, d. h., ob der **Deckungsanspruch** hierfür besteht. Ggf. wird hierüber in einem **Deckungsprozess** entschieden.

Haftpflichtanspruch und **Deckungsanspruch** bilden daher zwei selbstständige Problemkreise (sog. **Trennungsprinzip**).

Beispiele:

1. Der Versicherte hat beim Einparken durch Unachtsamkeit das Fahrzeug eines Dritten beschädigt. Der **Haftpflichtanspruch** des Dritten kann nach den Vorschriften über die Verschuldens- und Gefährdungshaftung geltend gemacht werden und ist begründet. Der Versicherte hat aufgrund dieses Vorfalles einen **Deckungsanspruch** gegen seinen VR, da der geltend gemachte Anspruch unter das versicherte Wagnis fällt. Insofern ist der Versicherte von den Ansprüchen des Dritten befreit.

2. Ein Verkehrsteilnehmer ist auf das Fahrzeug des Versicherten aufgefahren, als dieser verkehrsbedingt abgebremst hat. Der Auffahrende wendet ein, dass der Bremsvorgang zu abrupt gewesen sei, und er macht ein Mitverschulden des Versicherten geltend. Aufgrund des **Deckungsanspruches** hat der VR den Versicherten von einem **unbegründeten Haftungsanspruch** freizuhalten. Ggf. wird der Auffahrende einen **Haftungsprozess** anstreben.

3. Der Versicherte hat eine leere Getränkedose achtlos aus dem Auto geworfen und dabei einen Passanten getroffen und verletzt. Der Passant begründet seinen **Haftungsanspruch** mit der Verschuldenshaftung. Der VR wird dem VN den **Deckungsanspruch** versagen, da das Ereignis nicht unter das versicherte Wagnis fällt. Ggf. wird der Versicherte einen **Deckungsprozess** anstreben.

Der Deckungsanspruch richtet sich nicht auf Zahlung an den VN, sondern auf Befreiung von den Ansprüchen des Dritten (sog. **Befreiungs-** bzw. **Freihaltungsanspruch**).

> Der VR hat bei begründeten Schadenersatzansprüchen zu leisten und unbegründete Schadenersatzansprüche abzuwehren.

AKB 2015
A.1.1.2
A.1.1.3

Würde der Anspruchsteller in Beispiel 2 den Versicherten verklagen, hätte der VR alles in die Wege zu leiten, um solche Ansprüche abzuwehren **(Abwehrpflicht des Versicherers)**. Hierzu gehört auch, dass er dem Versicherten Rechtsschutz gewährt (sog. **passive Rechtsschutzfunktion der Haftpflichtversicherung**). Allerdings muss der Versicherte im Fall eines Rechtsstreits die Prozessführung dem VR überlassen.

E.2.4

Der VR gilt im Übrigen als bevollmächtigt, alle ihm zur Befriedigung oder Abwehr der Ansprüche zweckmäßig erscheinenden Erklärungen im Namen der versicherten Person abzugeben.

A.1.1.4

4.2.2 Gebrauch des Fahrzeuges als Schadenursache

Der Schaden muss **durch den Gebrauch** des Fahrzeugs entstanden sein. Der Begriff »Gebrauch« geht weiter als der Begriff »Betrieb« in § 7 StVG.
Der Begriff »Gebrauch« schließt den »Betrieb« ein, umfasst darüber hinaus aber auch Vorgänge wie z.B. die Wagenwäsche, das Beladen, die Inspektion oder die Reparatur.

A.1.1.1

> **Beispiel:**
>
> Beim Einladen der eingekauften Sachen in den Kofferraum durch den Fahrer setzt sich der Einkaufswagen in Bewegung und rollt gegen ein anderes Fahrzeug. Der dabei entstehende Lackschaden ist durch die Kfz-Haftpflichtversicherung und nicht durch die Privathaftpflichtversicherung gedeckt.

Mit dem Wort »durch« wird zum Ausdruck gebracht, dass eine vorausgegangene Gebrauchshandlung als Ursache für den Schadeneintritt infrage kommt. Dabei können auch noch Schäden gedeckt sein, die in größerem zeitlichem Abstand vom Fahrzeuggebrauch eintreten.

> **Beispiel:**
>
> Das Fahrzeug wird ohne ausreichende Sicherung durch die Feststellbremse auf abschüssiger Straße abgestellt. Es setzt sich nach einiger Zeit in Bewegung und rollt auf ein anderes geparktes Fahrzeug. Zwischen dem Gebrauch des Fahrzeuges und dem Schadenereignis besteht noch ein innerer Zusammenhang.

Nicht unter den Versicherungsschutz fallen Schäden, die nur bei der Gelegenheit des Fahrzeuggebrauchs entstehen.

> **Beispiel:**
>
> Der Fahrer verursacht, nachdem er aus seinem Fahrzeug ausgestiegen ist, durch unachtsames Überqueren der belebten Fahrbahn einen Zusammenstoß zwischen anderen Fahrzeugen.

Der Unfall steht mit dem vorausgegangenen Fahrzeuggebrauch in keinem Zusammenhang.

4.2.3 Art der gedeckten Schäden

AKB 2015
A.1.1.1
(a)–(c)

Die Haftpflichtversicherung umfasst Personen-, Sach- und Vermögensschäden. Zu den **Personenschäden** zählt auch das sog. Schmerzensgeld, das ggf. beansprucht werden kann.

Als **Sachschaden** gilt laut ausdrücklicher Vorschrift auch das Abhandenkommen von Sachen bei einem Schadenereignis.

> **Beispiel:**
>
> Dem bewusstlosen Verletzten wird bei der Hilfeleistung nach einem Unfall die Brieftasche entwendet.

Nach ständiger Rechtsprechung umfasst der Sachschaden auch den Nutzungsausfall der beschädigten Sache, die Mietwagenkosten während der Reparaturdauer und den merkantilen Minderwert (vgl. C 4.3.2.1 zum Umfang der Ersatzpflicht).

Reine Vermögensschäden kommen in der Kfz-Versicherung fast ausschließlich als unbegründete Ansprüche vor, die der VR im Rahmen des Befreiungsanspruches des Versicherten abzuwehren hat.

> **Beispiel:**
>
> Ein unbeteiligter Autofahrer wendet ein, durch Vollsperrung der Fahrbahn nach einem Verkehrsunfall einen wichtigen Geschäftstermin versäumt und dadurch einen Vermögensschaden erlitten zu haben.

Besonderheit: Mitversicherung fremder gemieteter Fahrzeuge im Ausland (Mallorca-Police)

Manche VR bieten in ihren AKB 2015 eine sog. Mallorca-Deckung, auch Mallorca-Police genannt, an. Danach besteht Versicherungsschutz, wenn der VN im Ausland mit einem Mietwagen einen Unfall schuldhaft verursacht und für den Mietwagen kein ausreichender Versicherungsschutz besteht. Im **Proximus 4 Bedingungswerk** ist der Versicherungsschutz aus der Mallorca-Police in A.1.1.6 AKB 2015 geregelt. Versicherungsschutz besteht in Europa (ohne Deutschland) sowie in außereuropäischen Gebieten, die zum Geltungsbereich der EU gehören (z.B. die spanischen Exklaven Ceuta oder Melilla in Nordafrika). Wohnwagenanhänger und Anhänger sind nicht Gegenstand der Mallorca-Police.

4.2.4 Versicherte Personen

Die Bestimmungen zur Kfz-Haftpflichtversicherung unterscheiden zwischen dem **VN** und den **mitversicherten Personen**.

4.2.4.1 Versicherungsnehmer

Der VN ist der Vertragspartner des Versicherers und damit berechtigt, Willenserklärungen entgegenzunehmen und abzugeben sowie vertragliche Vereinbarungen zu treffen. Andererseits ist er zur Prämienzahlung verpflichtet und neben den mitversicherten Personen für die Erfüllung der Obliegenheiten verantwortlich.

F.2

Die Ausübung der Rechte der mitversicherten Personen (siehe unter b) steht nur dem VN zu, soweit nichts anderes geregelt ist (z.B. die Geltendmachung von eigenen Schadenersatzansprüchen der mitversicherten Personen).

4.2.4.2 Mitversicherte Personen

Mitversicherte Personen nach den **AKB 2015** und der **KfzPflVV** sind:

- der Halter,
- der Eigentümer des Fahrzeugs,
- der Fahrer des Fahrzeugs,
- bestimmte Beifahrer,
- Arbeitgeber oder öffentlicher Dienstherr des Versicherungsnehmers, wenn das versicherte Fahrzeug mit Zustimmung des Versicherungsnehmers für dienstliche Zwecke gebraucht wird.

AKB 2015
A.1.2
KfzPflVV
§ 2 (2)

Die **AKB 2015** erweitern diesen Personenkreis um

- den Halter, Eigentümer, Fahrer und Beifahrer eines nach A.1.1.5 AKB 2015 mitversicherten Fahrzeugs;

  Hierunter fallen u. a. mit dem versicherten Fahrzeug verbundene Anhänger oder damit abgeschleppte Fahrzeuge, soweit kein eigener Haftpflichtversicherungsschutz besteht.

AKB 2015
A.1.2 (f)

- die berechtigte Begleitperson im Rahmen des begleitenden Fahrens;
- berechtigte Insassen (zur Definition des berechtigten Insassen siehe weiter unten), soweit nicht anderweitig Haftpflichtversicherungsschutz besteht, z. B. im Rahmen der Privat-Haftpflichtversicherung, wenn allein der berechtigte Insasse einen KH-Schaden – etwa beim Verlassen oder Entladen des Kfz – zu verantworten hat.

A.1.2 (g)
A.1.2 (h)

  Bringt z. B. ein Insasse ohne eigene Privat-Haftpflichtversicherung durch unachtsames Öffnen der Wagentür einen Radfahrer zu Fall, würde die Kfz-Versicherung den Schaden des Radfahrers ersetzen.

a) Halter

Nach § 1 PflVG ist der Halter (zur Definition des Halters vgl. C 2.1.1) versicherungspflichtig und daher im Regelfall auch der VN. Dass der Halter in den AKB und in der KfzPflVV als mitversicherte Person geführt wird, wirkt daher wie ein Widerspruch. Die Bedeutung liegt darin, dass der Halter auch dann mitversichert ist, wenn die Versicherung für das Fahrzeug nicht vom Halter, sondern ausnahmsweise vom Eigentümer des Fahrzeugs oder irgendeiner dritten Person abgeschlossen worden ist.

> **Beispiel:**
> Die studierende Tochter hat das Fahrzeug ausschließlich am Studienort für eigene Rechnung in Gebrauch. Der Vater hat als Eigentümer des Fahrzeuges den Kfz-Haftpflichtversicherungsvertrag abgeschlossen.

Für die Haltereigenschaft ist nicht entscheidend, dass das Fahrzeug auf die jeweilige Person zugelassen ist. Die Überlassung des Kraftfahrzeuges an einen anderen zur selbstständigen Nutzung für unbestimmte Zeit bewirkt den Verlust der Haltereigenschaft. Im Beispielsfall ist die Haltereigenschaft daher auf die Tochter übergegangen.

OLG Hamm
16. Juli
1975

Bei einer Fahrzeugvermietung bleibt der Vermieter hingegen der Halter, da das Mietverhältnis regelmäßig befristet ist.

b) Eigentümer

Nach deutschem Recht entsteht aus dem Eigentum an sich noch keine Schadenersatzverpflichtung. Vielmehr gilt die Haftung des Halters bzw. Fahrers. Ein Eigentümer, der nicht zugleich Halter oder Fahrer ist, kann allenfalls dann zur Haftung herangezogen werden, wenn durch sein schuldhaftes Verhalten im Zusammenhang mit dem Eigentum andere geschädigt werden.

> **Beispiel:**
>
> Dem Eigentümer ist bekannt, dass die Bremsen des Fahrzeuges defekt sind. Er stellt den Mangel nicht ab, sondern gestattet die Nutzung des Fahrzeuges durch einen Dritten, der dadurch einen Unfall verursacht.

Eine Haftung des Eigentümers kann auch dann entstehen, wenn er durch sein Verhalten einem anderen die unbefugte Nutzung des Eigentums ermöglicht.

> **Beispiel:**
>
> Der Vater hängt den Autoschlüssel weiterhin achtlos an der Garderobe auf, obgleich sein minderjähriger Sohn schon einmal den Schlüssel weggenommen und eine Spritztour gemacht hat. Bei der neuerlichen Schwarzfahrt (zum Begriff vgl. C 4.2.6 a)) kommt es zu einem Unfall.

Wer Eigentümer ist, richtet sich nach den allgemeinen Bestimmungen des Bürgerlichen Rechts (zur Definition des Eigentümers vgl. C 2.1.1). Der Käufer eines unter Eigentumsvorbehalt erworbenen Kraftfahrzeuges ist noch nicht versicherter Eigentümer im Sinne der AKB und der KfzPflVV, wohl aber der Sicherungsnehmer bei der Sicherungsübereignung.

c) Fahrer

AKB 2015
D.1.3
i. V. m.
D.4.1

Die Haftpflichtversicherung erfasst nicht nur den berechtigten Fahrer (zur Definition des Fahrers vgl. C 2.1.1), sondern auch den unberechtigten Fahrer, der das Fahrzeug ohne Wissen und Willen des Halters zu einer Schwarzfahrt nutzt. Bei einer Schwarzfahrt besteht die Verpflichtung zur Leistung jedoch nur dem VN, dem Halter und dem Eigentümer gegenüber. Das Verkehrsopfer ist durch diese Regelung bei einem unberechtigten Fahrer also in jedem Falle geschützt.

> **Beispiel:**
>
> Ein Dieb verunglückt mit dem gestohlenen Wagen und entfernt sich dann vom Unfallort. Der Geschädigte nimmt daraufhin den Halter im Rahmen der Gefährdungshaftung in Anspruch. Der VR ist dem Halter gegenüber eintrittspflichtig.

Wäre die Nutzung durch den unberechtigten Fahrer nicht versichert, würde das Verkehrsopfer bei einem mittellosen Halter unter Umständen leer ausgehen. Das wiederum würde dem Grundgedanken der Pflichtversicherung, das Verkehrsopfer zu schützen, widersprechen.

Der leistungspflichtige VR kann jedoch beim unberechtigten Fahrer Regress nehmen.

d) Beifahrer

Versicherte Beifahrer sind solche Personen, die im Rahmen ihres Arbeitsverhältnisses zum VN oder Halter den berechtigten Fahrer zu einer Ablösung oder zur Vornahme von Lade- und Hilfsarbeiten begleiten. Das Arbeitsverhältnis muss die Tätigkeit als Beifahrer vorsehen, wobei die Beifahrertätigkeit nicht Haupttätigkeit sein muss. Der gelegentliche Begleiter ist nach den AKB 2015 nicht mitversichert, sondern als Insasse anzusehen.

> **Beispiel:**
>
> Im Rahmen seines Arbeitsverhältnisses hat ein Lagerarbeiter zugleich Beifahrerfunktionen auszuführen, um beim Be- und Entladen den Fahrer zu unterstützen.

Der Lagerarbeiter ist hier als mitversicherter Beifahrer nach den AKB 2015 und der KfzPflVV anzusehen. Würde er nur für einen erkrankten Beifahrer einspringen, wäre er kein Beifahrer im Sinne der AKB 2015 und der KfzPflVV und nicht versichert.

e) Arbeitgeber bzw. öffentlicher Dienstherr

Sie gelten als mitversicherte Personen, wenn das versicherte Fahrzeug für dienstliche Zwecke gebraucht wird.

f) Berechtigte Begleitperson im Rahmen des begleitenden Fahrens

Beim begleitenden Fahren darf nur eine Person in die Prüfungsbescheinigung des Führerscheins mit 17 als Mitfahrer eingetragen werden, die mindestens 30 Jahre alt ist. Es dürfen maximal fünf Begleitpersonen in die Prüfungsbescheinigung eingetragen werden.

g) Berechtigte Insassen

Berechtigte Insassen sind Personen (Fahrer und alle weiteren Insassen), die sich mit Wissen und Willen des Verfügungsberechtigten in oder auf dem versicherten Fahrzeug befinden oder in unmittelbarem Zusammenhang mit ihrer Beförderung beim Gebrauch des Fahrzeugs tätig werden.

Diese Personen können Ansprüche aus dem Versicherungsvertrag selbstständig gegen den VR erheben (Direktanspruch).

> **Beispiel:**
> Verschuldet der Ehemann als berechtigter Fahrer einen Unfall, bei dem die Ehefrau verletzt wird, kann sie sich direkt an den Kfz-Haftpflicht-VR des Ehemannes wenden und erhält vollen Ersatz für ihre Schäden (z. B. Verdienstausfall, Pflegekosten, Unterhalt, Schmerzensgeld).

Seit dem 1. August 2002 gilt ferner die Gefährdungshaftung (vgl. C 4.1.2 a) zugunsten der Fahrzeuginsassen. Der Fahrzeughalter haftet im Rahmen der Gefährdungshaftung für Schäden der Mitfahrer (Insassen) ebenso wie für Geschädigte außerhalb seines Fahrzeuges.

Folgende Besonderheiten sind zu beachten:

- Die Kfz-Haftpflichtversicherung leistet jedoch nicht für mit dem Fahrzeug beförderte Sachen, die beschädigt bzw. zerstört werden oder abhanden kommen. Ausgenommen sind solche Sachen, die Insassen üblicherweise mit sich führen (z. B. Kleidung, Brille). Bei gewerbsmäßiger Beförderung sind auch noch die mitgeführten Gegenstände des persönlichen Bedarfs (z. B. Reisegepäck) versichert.   AKB 2015 A.1.5.5

- Schädigt eine mitversicherte Person durch den Gebrauch des Fahrzeugs den VN, Halter oder Eigentümer des Fahrzeugs, besteht für diese Personen kein Versicherungsschutz für die dabei entstehenden Sach- oder Vermögensschäden sondern nur für den Personenschaden.   A.1.5.6

> **Beispiel:**
> Die Ehefrau verursacht schuldhaft einen Unfall mit dem Fahrzeug ihres Ehemannes. Der Ehemann auf dem Beifahrersitz wird verletzt und erleidet dadurch einen Verdienstausfall. Das Fahrzeug muss aufwändig repariert werden.

Ersetzt wird von der Kfz-Haftpflichtversicherung nur der Personenschaden (z. B. Arztrechnung, Schmerzensgeld. Die Reparaturkosten und der Verdienstausfall sind nach A.1.5.6 AKB 2015 nicht gedeckt. Die Beschädigung des versicherten Fahrzeugs wäre auch nach A.1.5.3 AKB 2015 vom Versicherungsschutz der Kfz-Haftpflichtversicherung ausgeschlossen.

4.2.5 Ausschlüsse

In der KfzPflVV ist geregelt, welche Ersatzansprüche, neben der nach VVG ohnehin schon ausgeschlossenen Entschädigung vorsätzlich herbeigeführter Versicherungsfälle, noch ausgeschlossen werden dürfen. Diese Anschlüsse haben Eingang in die AKB 2015 gefunden.

● **Vorsatz**

VVG
§ 103
AKB 2015
A.1.5.1

Vorsätzlich widerrechtlich herbeigeführte Versicherungsfälle sind nicht versichert. Das gilt auch für den bedingten Vorsatz, der gegeben ist, wenn man billigend die Möglichkeit in Kauf nimmt, dass durch eigenes Handeln ein anderer geschädigt wird.

> **Beispiel:**
>
> Bei der Parkplatzsuche fährt der Versicherte auf einen anderen Parkwilligen los, um sich die freie Parklücke zu erkämpfen. Der andere Parkwillige kann nicht schnell genug zurückweichen und es kommt zur Kollision.

Das vorsätzliche Handeln eines Versicherten bedeutet nicht, dass die übrigen Mitversicherten ihren Befreiungsanspruch gegen den VR verlieren. Hat der Fahrer vorsätzlich gehandelt und nimmt der Geschädigte den Halter in Anspruch, hat dieser Versicherungsschutz.

● **Genehmigte Rennen (s. auch § 4 Nr. 4 KfzPflVV)**

A.1.5.2

Die Teilnahme an behördlich genehmigten Fahrtveranstaltungen oder den dazugehörigen Übungsfahrten, bei denen es auf die Erzielung einer Höchstgeschwindigkeit ankommt, ist vom Versicherungsschutz ausgeschlossen.

A.1.5.9   ● **Schäden durch Kernenergie (s. auch § 4 Nr. 6 KfzPflVV)**

● **Vertragliche Ansprüche**

A.1.5.8

Der durch Vertrag oder besondere Zusage über die gesetzliche Haftpflicht hinausgehende Teil ist vom Versicherungsschutz ausgeschlossen.

● **Schadenersatzanspruch gegen mitversicherte Person (s. auch § 4 Nr. 1 KfzPflVV)**

A.1.5.6

Haftpflichtansprüche des Versicherungsnehmers, Halters oder Eigentümers gegen mitversicherte Personen sind von der Versicherung ausgeschlossen, soweit es sich um Sach- oder Vermögensschäden handelt.

> **Beispiel:**
>
> Bei einer Probefahrt verursacht der Kaufinteressent einen Unfall, wobei der Halter als Beifahrer verletzt und das Auto erheblich beschädigt wird.

Der Personenschaden des Halters fällt unter den Versicherungsschutz, während der Sachschaden nicht durch die Kfz-Haftpflichtversicherung gedeckt ist.

A.1.5.3   ● **Beschädigung, Zerstörung oder Abhandenkommen des haftpflichtversicherten Fahrzeugs (s. auch § 4 Nr. 2 KfzPflVV)**

> **Beispiel:**
>
> Der mitversicherte Fahrer kann keinen Schadenersatz aus der Haftpflichtversicherung des Halters erlangen, wenn er das Fahrzeug des Halters schuldhaft beschädigt.

Durch diesen Ausschluss soll die Kfz-Haftpflichtversicherung eindeutig von der Kaskoversicherung abgegrenzt werden; denn der Versicherungsschutz kann dort erworben werden.

● **Beschädigung von Anhängern und abgeschleppten Fahrzeugen**

Durch diesen Ausschluss wird der nach A.1.5.3 AKB 2015 schon für haftpflichtversicherte Fahrzeuge vorgesehene Ausschluss auf Anhänger und abgeschleppte Fahrzeuge ausgedehnt.

AKB 2015
A.1.5.4

Der Ausschluss gilt nicht, wenn das Fahrzeug wegen Betriebsunfähigkeit **im Rahmen** erster Hilfeleistung nicht gewerbsmäßig abgeschleppt und dabei beschädigt wird.

> **Beispiel:**
>
> Auf einer gemeinsamen Urlaubsfahrt mit zwei Fahrzeugen bleibt eines der Fahrzeuge auf der Autobahn liegen. Der Fahrer des zweiten Fahrzeuges schleppt das Fahrzeug zum nächsten Rastplatz ab. Dort begeht er einen Lenkfehler, wodurch das abgeschleppte Fahrzeug gegen ein Hinweisschild gezogen wird.

● **Beschädigung von beförderten Sachen (s. auch § 4 Nr. 3 KfzPflVV)**

Hiervon sind jene Sachen ausgenommen, die beförderte Insassen üblicherweise mit sich führen (siehe hierzu auch die Ausführungen in A 4.2.4.2 g zu »berechtigte Insassen«).

A.1.5.5

Dient die Fahrt überwiegend der Personenbeförderung, sind die mitgeführten Gegenstände des persönlichen Bedarfs versichert.

● **Nichteinhaltung von Liefer- und Beförderungsfristen (s. auch § 4 Nr. 5 KfzPflVV)**

A.1.5.7

> **Beispiel:**
>
> Ein Auslieferungsfahrer verursacht einen Unfall, so dass die anzuliefernde Ware nicht rechtzeitig ankommt. Der Belieferte macht einen Verspätungsschaden geltend. Es besteht hierfür kein Versicherungsschutz aus der Kfz-Haftpflichtversicherung.

4.2.6 Pflichten (Obligenheiten) beim Gebrauch des Fahrzeugs

Vorbemerkung:

Die **Pflichten beim Gebrauch des Kfz** nach AKB 2015 zählen zu den **Obliegenheiten vor dem Versicherungsfall** nach der KfzPflVV.

KfzPflVV
§ 5

Obliegenheiten sind Verhaltensnormen, die in der Kfz-Versicherung vom VN und den mitversicherten Personen zu erfüllen sind, um die Ansprüche aus dem Versicherungsvertrag nicht zu gefährden **(Voraussetzungstheorie).**

Wird in der Kfz-Haftpflichtversicherung gegen eine Obliegenheit verstoßen und führt dieser Verstoß zu einem Unfall gilt in der Regel:

● Der geschädigte Dritte (das sog. Verkehrsopfer) wird aufgrund seines Direktanspruchs durch den Kfz-Haftpflichtversicherer entschädigt (vgl. C 2.2.1 und C 4.3.2).

● Soweit der VR im Innenverhältnis (also gegenüber dem VN und/oder einer mitversicherten Person) leistungsfrei geworden ist, fordert er im Rahmen des Regresses die an den geschädigten Dritten erbrachte Leistung vom VN und/oder Versicherten ganz oder teilweise zurück (vgl. C 4.3.3 und D 3.3.1).

KfzPflVV
§ 5
VVG
§ 28

Für den Bereich der Kfz-Haftpflichtversicherung ist durch die KfzPflVV geregelt, welche Obliegenheiten vor Eintritt des Versicherungsfalles vertraglich vereinbart werden können. Im VVG sind darüber hinaus die Voraussetzungen der Leistungsfreiheit des VR bei einer Obliegenheitsverletzung geregelt.

AKB 2015

In den AKB 2015 haben die genannten gesetzlichen Regelungen und weitere vertragliche Obliegenheiten ihren Niederschlag gefunden.

Die Rechtsfolgen ihrer Verletzung sind in C 4.3.3.3 a dargestellt.

a) Für alle Versicherungsarten in der Kfz-Versicherung nach AKB 2015 gilt bei Gebrauch des Fahrzeuges:

● **Vereinbarter Verwendungszweck (sog. Verwendungsklausel)** – s. auch § 5 (1) Nr. 1 KfzPflVV

D.1.1

Das Fahrzeug darf nur zu dem im Versicherungsschein angegebenen Zweck verwendet werden.

> **Beispiel:**
>
> Ein für den Privatgebrauch versichertes Wohnmobil wird entgeltlich vermietet. Es wird gegen die vorgenannte Obliegenheit verstoßen. Verursacht der Mieter einen Verkehrsunfall, leistet der VR jedoch an den geschädigten Dritten. Hat der Mieter von der Obliegenheitsverletzung Kenntnis, kann der VR auch bei ihm Rückgriff nehmen.

Das Fahrzeug darf auch nicht entgegen im Antrag gemachter Angaben zur Gefahrgutbeförderung benutzt werden.

● **Berechtigter Fahrer (sog. Schwarzfahrerklausel)** – s. auch § 5 (1) Nr. 3 KfzPflVV

Das Fahrzeug darf nur von einem **berechtigten Fahrer** gebraucht werden.

D.1.2

Wird das Fahrzeug ohne Wissen und Willen des Halters benutzt (**Schwarzfahrt**), besteht für den **unberechtigten Fahrer** (z. B. den Dieb) kein Versicherungsschutz. Er trägt darüber hinaus die Gefährdungshaftung für den Halter. Der Halter bleibt zum Schadenersatz verpflichtet, wenn er die Benutzung des Fahrzeugs durch sein Verschulden ermöglicht hat.

● **Fahren mit Fahrerlaubnis (sog. Führerscheinklausel)** – s. auch § 5 (1) Nr. 4 KfzPflVV

D.1.3

Der Fahrer hat auf öffentlichen Wegen oder Plätzen nur dann Versicherungsschutz, wenn er im Besitz der vorgeschriebenen Fahrerlaubnis ist.

BGH
1981

Ein Fahrer, dessen Führerschein beschlagnahmt ist, hat die Fahrerlaubnis im Sinne der Führerscheinklausel nicht mehr. Ein Fahrverbot hingegen berührt die Fahrerlaubnis nicht, sondern hindert nur ihre Ausübung. Im Ergebnis ist das Fahrverbot jedoch der Beschlagnahme gleichzusetzen.

Will der VN beispielsweise das Fahrzeug einem ihm unbekannten Kaufinteressenten für eine Probefahrt überlassen, muss er zuvor prüfen, ob der Kaufinteressent eine gültige Fahrerlaubnis besitzt.

Durfte der VN, Halter oder Eigentümer das Vorliegen der Fahrerlaubnis beim Fahrer ohne Verschulden annehmen, bleibt der VR ihnen gegenüber leistungspflichtig.

> **Beispiel:**
>
> Der angestellte Chauffeur erscheint am Morgen mit Fahrzeug zum Dienst, obgleich in der Nacht sein Führerschein wegen Trunkenheit beschlagnahmt wurde.

● **Fahrzeuge mit Wechselkennzeichen** – s. auch § 5 (1) Nr. 6 KfzPflVV   AKB 2015
D.1.4

Ein mit einem Wechselkennzeichen zugelassenes Fahrzeug darf nicht auf öffentlichen Wegen oder Plätzen benutzt werden, wenn es das nach der Fahrzeug-Zulassungsverordnung vorgeschriebene Wechselkennzeichen nicht vollständig trägt.

b) Zusätzlich in der Kfz-Haftpflichtversicherung gilt bei Gebrauch des Fahrzeuges:

● **Alkohol und andere berauschende Getränke (sog. Trunkenheits- bzw. Rauschmittelklausel)** – s. auch § 5 (1) Nr. 5 KfzPflVV

Nach dieser Obliegenheit besteht die Verpflichtung, das Fahrzeug nicht zu führen oder führen zu lassen, wenn der Fahrer infolge des Genusses alkoholischer Getränke oder anderer berauschender Mittel dazu nicht sicher in der Lage ist.   D.2.1

Die Formulierung lehnt sich an § 316 StGB an, der von der Rechtsprechung umfassend kommentiert ist, sodass keine Probleme hinsichtlich der Tatbestandsbeurteilung zu erwarten sind. Ein Blutalkoholgehalt von 1,1 ‰ und mehr erfüllt in jedem Falle den Tatbestand der Obliegenheitsverletzung, sie kann jedoch schon bei einem Alkoholgehalt von 0,3 ‰ gegeben sein.

● **Nicht genehmigte Rennen (sog. Rennklausel)** – s. auch § 5 (1) Nr. 2 KfzPflVV

Diese Obliegenheit betrifft die Benutzung des Fahrzeuges **für behördlich nicht genehmigte Fahrtveranstaltungen** einschließlich Übungsfahrten, bei denen es auf die Erzielung einer Höchstgeschwindigkeit ankommt.   D.2.2

In der Kfz-Haftpflichtversicherung **sind genehmigte Fahrtveranstaltungen** oder die dazugehörigen Übungsfahrten, bei denen es auf die Erzielung einer Höchstgeschwindigkeit ankommt, ohnehin vom Versicherungsschutz ausgeschlossen (vgl. Genehmigte Rennen in C 4.2.5.1), da der Veranstalter eine Haftpflichtversicherung haben muss, die Deckung bietet.

Nach A.2.16.2 AKB 2015 bzw. A.3.9.2 AKB 2015 besteht auch kein Versicherungsschutz in der Kasko- bzw. Autoschutzbriefversicherung für Fahrten, bei denen es auf die Erzielung einer Höchstgeschwindigkeit ankommt.

c) Zusätzlich in der Kasko-Versicherung gilt bei Gebrauch des Fahrzeuges:

● **Begleitendes Fahren**

Ein 17 Jahre alter Fahrer darf nicht ohne Begleitperson fahren. Diese darf nicht durch Alkohol oder berauschende Mittel beeinträchtigt sein.   D.3

d) Weitere vertragliche Obliegenheiten in den AKB 2015:

● **Außerbetriebsetzung (sog. Ruheversicherungsklausel)**

Bei einer Außerbetriebsetzung des Fahrzeugs ist der VN verpflichtet, im Rahmen der Ruheversicherung das Fahrzeug in einem Einstellraum oder auf einem umfriedeten Abstellplatz abzustellen und nicht zu gebrauchen (vgl. auch C 3.3.3).   H.1.5

● **Anzeige der Veräußerung**

Veräußerer (VN) und Erwerber sind nach den AKB 2015 verpflichtet, die Veräußerung des Fahrzeugs dem VR unverzüglich anzuzeigen, damit dieser prüfen kann,   G.7.4

– ob er den Erwerber als neuen Vertragspartner anerkennen will,

– ob eine nachweisbar höhere Gefahr vorliegt,

– ob ein Ablehnungsgrund nach dem PflVG geltend gemacht werden kann.

4.2.7 Obliegenheiten vor dem Versicherungsfall nach dem VVG

a) Vorvertragliche Anzeigepflicht

Bei Verletzung der vorvertraglichen Anzeigepflicht bestimmen sich die Rechtsfolgen nach den §§ 19–22 VVG.

AKB 2015 L.4.3 – L.4.5

In der Kfz-Versicherung stehen die meisten Falschangaben jedoch im Zusammenhang mit den Merkmalen für die Prämienberechnung (z. B. Fahrerkreis, jährliche Fahrleistung). In diesem Fällen bestimmen sich die Sanktionen nicht nach dem VVG sondern nach den AKB 2015.

Neben der Prämienkorrektur wird zusätzlich eine Vertragsstrafe eingefordert, wenn vorsätzlich unzutreffende Angaben gemacht oder Änderungen vorsätzlich nicht angezeigt wurden.

b) Gefahrstandspflicht (Verbot der Gefahrerhöhung)

Der BGH hat nach einer grundlegenden Entscheidung den Begriff der Gefahrerhöhung wie folgt definiert:

BGH 1952

»Unter Gefahrerhöhung können nur solche Gefährdungsvorgänge verstanden werden, die einen neuen Zustand erhöhter Gefahr schaffen, wobei dieser mindestens von der Dauer sein muss, dass er die Grundlage eines neuen, natürlichen Gefahrenverlaufs bilden kann.«

> **Beispiel:**
> Bei der Inspektion wird festgestellt, dass die Bremsen des Fahrzeuges nur noch eine verminderte Bremswirkung haben. Der Halter holt das Fahrzeug unrepariert aus der Werkstatt ab mit der Begründung, es verschrotten zu wollen. Tatsächlich aber benutzt er es ohne Reparatur weiter. Wegen der defekten Bremsen hat er schon bald darauf einen Auffahrunfall.

VVG §§ 23 ff.

Die Rechtsfolgen ergeben sich aus §§ 23 ff. VVG, da der Zustand des Fahrzeuges eine Gefahrerhöhung und damit den Verstoß gegen eine gesetzliche Obliegenheit darstellt. Die Abholung aus der Werkstatt kann ggf. noch als unerhebliche Gefahrerhöhung nach § 27 VVG angesehen werden, da sie kein »Dauerzustand« ist. Die weitere Nutzung erfüllt jedoch den Begriff der Gefahrerhöhung. Im Beispielsfall wäre der Halter darüber hinaus verpflichtet gewesen, dem VR die Gefahrerhöhung unverzüglich anzuzeigen, nachdem er von ihr Kenntnis erlangt hatte.

Die Rechtsfolgen nach VVG bei einer Gefahrerhöhung sind in Band 2 der Buchreihe, Abschnitt A 4.1.3, dargestellt.

Zusammenfassung und Übersicht

Umfang des Versicherungsschutzes

Der

Gebrauch des Kfz

Erläuterungen:

Der Gebrauch umfasst neben »Betrieb« auch Vorgänge wie Wagenwäsche, Inspektion usw.

führt zur

Schädigung eines Dritten.

- Personenschäden
- Sachschäden
- reine Vermögensschäden

} sind gedeckt

Dieser hat einen

Haftungs- anspruch

Wichtige gesetzl. Haftpflichtbestimmungen:

- Verschuldenshaftung
- Gefährdungshaftung (Betriebsgefahr)
- Gesamtschuldnerische Haftung insbesondere bei Massenunfällen

gegen

VN bzw. mit- versicherte Personen.

- Halter, Eigentümer, Fahrer
- Beifahrer, Arbeitgeber, bestimmte berechtigte Insassen sind unter bestimmten Voraussetzungen mitversichert

---

Diese haben einen

Deckungs- anspruch

VR befreit vom Haftungsanspruch

- durch Befriedigung begründeter Ansprüche im Rahmen des Vertrages (Deckungssummen),
- durch Abwehr unbegründeter Ansprüche (passive Rechtsschutzfunktion).

unter folgenden

Voraus- setzungen:

- Unfall im Geltungsbereich der Versicherung
- kein Vorsatz
- kein Sach- oder Vermögensschaden einer mitversicherten Person
- Obliegenheiten sind erfüllt

4.3 Versicherungsfall in der Kfz-Haftpflicht-versicherung

Als Versicherungsfall gilt in der Kfz-Haftpflichtversicherung das Ereignis, das Schadenersatzansprüche gegen den VN (bzw. die mitversicherten Personen) zur Folge haben kann.

4.3.1 Obliegenheiten im Versicherungsfall

a) Anzeigepflichten

AKB 2015
E.1.1
- Der Versicherungsfall ist dem VR vom Versicherten **innerhalb einer Woche** anzuzeigen **(Schadenanzeige).**

E.2.2
Die Anzeigepflicht besteht nicht, soweit der Versicherte einen Schadenfall selbst regulieren will, um eine Rückstufung in eine ungünstigere SF-Klasse zu vermeiden. Die **Kleinschaden-Grenze** liegt bei 500,00 €. Der Schaden kann nachgemeldet werden, wenn die Selbstregulierung nicht gelingt.

E.1.2
- Wird gegen den Versicherten ein Ermittlungsverfahren eingeleitet oder ein Strafbefehl oder ein Bußgeldbescheid erlassen, besteht **unverzügliche** Anzeigepflicht, auch wenn der Versicherungsfall bereits angezeigt ist.

E.2.1
- Macht der Geschädigte seinen Anspruch gegenüber dem VN geltend, muss dies dem VR **innerhalb einer Woche** gemeldet werden.

E.2.3
- Eine weitere **unverzügliche** Anzeigepflicht entsteht, wenn der Geschädigte zivilgerichtliche Maßnahmen einleitet (z. B. Mahnbescheid, Klage).

E.2.4
Die Führung des Rechtsstreits ist dem VR zu überlassen, der auch berechtigt ist, im Namen des VN einen Rechtsanwalt zu beauftragen. Dem Rechtsanwalt muss dann neben der Erteilung einer Vollmacht jede Auskunft gegeben und jede angeforderte Unterlage zur Verfügung gestellt werden.

VVG
§ 119 (1),
(2)
- Aufgrund seines Direktanspruches ist auch der geschädigte Dritte verpflichtet, seinen Anspruch innerhalb von zwei Wochen nach dem Schadenereignis dem VR in Textform anzuzeigen. Durch die Fristversäumnis geht der Anspruch im Regelfall jedoch nicht verloren.

b) Aufklärungs- und Schadenminderungspflicht

AKB 2015
E.1.3
E.1.4
Der Versicherte ist verpflichtet, alles zu tun, was zur Aufklärung des Tatbestandes und zur Minderung des Schadens beitragen kann. Die Weisungen des Versicherers sind zu befolgen. Zur Aufklärungspflicht zählt insbesondere, das Formular für die Schadenanzeige vollständig und wahrheitsgemäß auszufüllen. Der Versicherte muss an der Unfallstelle zunächst verbleiben, damit er mit seinen Aussagen zur Aufklärung des Unfallherganges beitragen kann und damit die notwendigen Feststellungen zur Person, zur Unfallbeteiligung usw. getroffen werden können.

Wird z. B. ein geparktes Fahrzeug beschädigt und ist der Geschädigte nicht anwesend, hat der Schädiger nach Ablauf einer angemessenen Wartezeit eine nahe gelegene Polizeidienststelle zu informieren, damit der Geschädigte ermittelt werden kann. Eine Nachricht an der Windschutzscheibe genügt nicht, sondern gilt als unerlaubtes Entfernen vom Unfallort.

Auch der Genuss von Alkohol und die dadurch drohende Strafverfolgung rechtfertigen nicht, sich unerlaubt vom Unfallort zu entfernen, da die Fahruntüchtigkeit eine generell aufklärungsbedürftige Tatsache ist. Ebenfalls stellt der Nachtrunk eine Verletzung der Aufklärungspflicht dar, wenn dadurch die Feststellung des Blutalkoholspiegels im Unfallzeitpunkt erschwert oder unmöglich gemacht werden soll. Der VR ist in jedem Falle über die getrunkene Alkoholmenge aufzuklären.

Weitere Beispiele für die Verletzung der Aufklärungspflicht:

● Angabe eines falschen Fahrers,

● falsche Angaben zum Unfallhergang,

● Verschweigen einer Schwarzfahrt.

4.3.2 Leistungen an den Geschädigten

Im Folgenden wird davon ausgegangen, dass den Geschädigten ein die Ersatzpflicht einschränkendes mitwirkendes Verschulden nicht trifft.

Der Geschädigte hat grundsätzlich einen Anspruch darauf, so gestellt zu werden, als ob das schädigende Ereignis nicht eingetreten wäre.

Macht der Geschädigte seinen Anspruch auf Ersatz des Schadens gegen den VR geltend, hat dieser den Schadenersatz in Geld zu leisten.

VVG
§ 115 (1)
S. 3

4.3.2.1 Sachschäden und Folgekosten

a) Totalschaden am Fahrzeug

Ein Totalschaden liegt in folgenden Fällen vor:

● Die Reparatur ist technisch nicht mehr möglich **(sog. technischer Totalschaden).**

Der Geschädigte kann den **Wiederbeschaffungswert** für ein gleichwertiges Fahrzeug fordern.

Der technische Totalschaden hat praktisch nur geringe Bedeutung, da aufgrund der heutigen Reparaturtechniken nahezu jeder Fahrzeugschaden repariert werden kann.

> Wiederbeschaffungswert ist der Wert, der für ein vergleichbares Fahrzeug mit Werkstattgarantie anfällt. Er liegt zwischen 15 % und 25 % über dem Zeitwert, also dem Betrag, der beim Verkauf des unbeschädigten Fahrzeugs erzielt worden wäre.

● Die Reparatur ist wirtschaftlich nicht zu vertreten, da die Reparaturkosten den Wert des Wagens **wesentlich** übersteigen **(sog. wirtschaftlicher Totalschaden).**

Die Rechtsprechung bejaht im Kfz-Schadenbereich einen wirtschaftlichen Totalschaden erst dann, wenn der Schadenbetrag (Reparaturkosten einschließlich einer Wertminderung) mehr als 130 % des **Wiederbeschaffungswertes** beträgt.

> **Beispiel:**
> Nach einem Unfall lässt der Geschädigte seinen 7 Jahre alten Pkw in einer Fachwerkstatt reparieren und legt eine Reparaturkostenrechnung in Höhe von 5 900,00 € vor. Der Wiederbeschaffungswert eines gleichwertigen Ersatzfahrzeuges (Gebrauchtwagen) beträgt 5 000,00 €.

Da die 130 %-Grenze noch nicht überschritten wird, kann der Geschädigte hier, soweit er reparieren lässt, auf der Basis der nachgewiesenen höheren Reparaturkosten abrechnen. Ansonsten steht ihm nur ein Wertersatzanspruch auf der Basis der wirtschaftlicheren Ersatzbeschaffung zu.

Zeigt sich erst während der Instandsetzung, dass die Reparatur unwirtschaftlich ist, muss der höhere Betrag ersetzt werden. Insoweit trägt der ersatzpflichtige VR das »**Prognoserisiko**«.

BGH
1972

BGH
1991

Lässt der Geschädigte reparieren, obgleich die Überschreitung der 130 %-Grenze vorher bekannt ist, steht ihm nur der Wiederbeschaffungswert (evtl. gekürzt um den Restwert) und nicht noch die 30 % zu.

> **Beispiel:**
>
> Der Sachverständige ermittelt:
>
> | | |
> |---|---|
> | Wiederbeschaffungswert | 9 000,00 € |
> | Restwert | 1 500,00 € |
> | Reparaturkosten | 13 000,00 € |
>
> Der Geschädigte lässt das Fahrzeug reparieren, erhält aber nur 7 500,00 € (Wiederbeschaffungswert 9 000,00 € – Restwert 1 500,00 €); denn:
>
> – die Reparaturkosten betragen mehr als 130 % des Wiederbeschaffungswertes,
>
> – ein vergleichbares Fahrzeug hätte für nur 9 000,00 € angeschafft werden können,
>
> – das verunfallte Fahrzeug hätte beim Verkauf noch 1 500,00 € aufgrund des Restwertes erbracht.

● Das beschädigte Fahrzeug war fast neu, und es sind erhebliche Schäden entstanden **(sog. unechter Totalschaden).**

BGH
1981
OLG
Zweibrü-
cken
2004

Die Abrechnung auf **Neuwagenbasis** (Entschädigung zum **Neupreis**) ist nach der Rechtsprechung möglich, wenn

– ein erheblicher Schaden vorliegt (das ist nicht der Fall, wenn beschädigte Teile spurlos ausgewechselt werden können),

– das Fahrzeug nicht älter als einen Monat ist,

– die Laufleistung nicht mehr als 1 000 km beträgt.

> Ein Restwert (Wert des Autowracks) wird bei Abrechnung auf Totalschadenbasis berücksichtigt, d. h. er wird vom Wiederbeschaffungswert abgezogen.

Hinsichtlich der Höhe des Restwertes kommt es häufig zu Meinungsverschiedenheiten zwischen dem Geschädigten und dem VR. Dies hat zu Urteilen durch den BGH geführt:

BGH
2000

– Bietet der VR eine konkrete Verwertungsmöglichkeit an, die für den Geschädigten nicht mit Kosten oder zusätzlichem Aufwand verbunden ist, muss der Geschädigte dies annehmen und darf das Fahrzeug nicht einfach zum Restwert lt. Sachverständigengutachten verkaufen.

2005

– Der Geschädigte muss vor Veräußerung des Unfallfahrzeugs keine Marktforschung betreiben, sondern darf auf den im Sachverständigengutachten festgestellten Restwert vertrauen.

2007

– Der Geschädigte muss sich nicht den Restwert anrechnen lassen, den vom VR eingeschaltete Restwertaufkäufer bieten und der normalerweise am Markt nicht zu erzielen wäre.

b) Reparatur des Fahrzeuges

Die Reparatur des Fahrzeuges kommt immer dann in Frage, wenn kein technischer oder wirtschaftlicher Totalschaden vorliegt.

Der Geschädigte kann wählen zwischen:

● Reparatur in einer Fachwerkstatt **(konkrete Abrechnung)**

● Abrechnung nach Sachverständigengutachten **(fiktive Abrechnung)**

➤ Reparatur in einer Fachwerkstatt (konkrete Abrechnung)

Der Geschädigte kann die Reparaturwerkstatt selbst auswählen und darf darauf vertrauen, dass die vom Sachverständigen festgestellten Reparaturkosten den tatsächlichen Reparaturkosten entsprechen.

Geringe Differenzen zwischen Gutachten und späterer Werkstattrechnung sind unerheblich. Ansonsten muss eine Abstimmung zwischen Sachverständigen und Werkstatt erfolgen.

Führt die Reparatur zu einer Wertverbesserung, z. B. weil Verschleißteile durch neue Teile ersetzt wurden, sehen manche AKB in der Praxis einen Abzug »**neu für alt**« vor (vgl. Vorteilsausgleichung in A 4.3.3).

In den AKB 2015 im **Proximus 4 Bedingungswerk** ist ein solcher Abzug nicht mehr vorgesehen.

Lässt der Geschädigte ein Fahrzeug reparieren, bei dem die Reparaturkosten den Fahrzeugwert (Wiederbeschaffungswert) lt. Gutachten um 30 % übersteigen, wird auf Basis des wirtschaftlichen Totalschadens (siehe unter a)) abgerechnet.

➤ Abrechnung nach Sachverständigengutachten (fiktive Abrechnung)

Auch wenn das Fahrzeug nicht repariert wird, hat der Geschädigte Anspruch auf Reparaturkostenbasis, jedoch ohne Mehrwertsteuer (siehe weiter unten). Bei einer Teilreparatur oder Reparatur in Eigenregie hat der Geschädigte Anspruch auf die vom Sachverständigen geschätzten Reparaturkosten ohne Mehrwertsteuer und auf die im Zusammenhang mit der Teilreparatur und der Ersatzteilbeschaffung bezahlte Mehrwertsteuer.

> **Beispiel:**
>
> Der Sachverständige ermittelt:
>
> | | |
> |---|---|
> | Ersatzteile für die Reparatur | 1 500,00 € |
> | Lohnkosten für die Reparatur | 3 000,00 € |
> | Kosten für die Lackierung | 1 200,00 € |
> | Reparaturkosten insgesamt ohne 19 % MwSt. | 5 700,00 € |
> | Reparaturkosten insgesamt mit 19 % MwSt. | 6 783,00 € |
>
> Der Geschädigte ist Kfz-Mechaniker. Er beschafft die Ersatzteile, führt dann die Reparatur in Eigenregie durch und lässt das Fahrzeug schließlich lackieren. Er kann folgende Ausgaben belegen:
>
> | | |
> |---|---|
> | Ersatzteile einschl. 19 % MwSt: | 1 785,00 € |
> | Lackierkosten einschl. 19 % MwSt | 1 428,00 € |
>
> Der VR wird entschädigen:
>
> | | |
> |---|---|
> | Reparaturkosten ohne Mehrwertsteuer | 5 700,00 € |
> | MwSt-Anteil bei den Ersatzteilen | 285,00 € |
> | MwSt-Anteil bei den Lackierkosten | 228,00 € |
> | Summe der Entschädigung | 6 213,00 € |

Besonderheit: Regelungen zum Mehrwertsteuerersatz

Der Schadenersatzanspruch des Geschädigten schließt die auf die Reparaturkosten anfallende **Mehrwertsteuer** nur dann ein, wenn und soweit sie tatsächlich angefallen ist. Bei Reparatur durch eine Werkstatt ist die auf die Reparaturkosten entfallende Mehrwertsteuer also in jedem Falle zu ersetzen.

BGB
§ 249 (2)
S. 2

Wird der Schadenersatzanspruch »auf Gutachtenbasis« mit dem ersatzpflichtigen Versicherer abgerechnet, kann dies bezüglich der Mehrwertsteuer (das BGB verwendet, anders als die AKB 2015, den Begriff Umsatzsteuer) zu folgenden Auswirkungen führen:

- Wird das Fahrzeug nicht repariert, kann nur der durch den Gutachter festgestellte Schadenbetrag ohne Mehrwertsteuer gefordert werden.
- Bei Reparaturen in Eigenregie kann die auf gekaufte Ersatzteile angefallene Mehrwertsteuer gefordert werden.
- Bei einer Ersatzbeschaffung statt Reparatur kann die Mehrwertsteuer aus den fiktiven Reparaturkosten gefordert werden, wenn ein Neufahrzeug gekauft wurde.
- Beim Kauf eines Gebrauchtwagens vom Händler fällt für dessen Kauf die Mehrwertsteuer jedoch nur in Höhe des Unterschieds zwischen Händlereinkaufs- und Verkaufspreis (Händlerspanne) an. Hier muss im Einzelfall die Höhe der ersatzpflichtigen Mehrwertsteuer bestimmt werden.

Ist der Geschädigte gewerbetreibend und damit vorsteuerabzugsberechtigt, erhält er die Mehrwertsteuer nicht ersetzt, da er sie mit der Mehrwertsteuer verrechnen kann, die er seinen Kunden in Rechnung gestellt hat.

---

c) Wertminderung

Ein repariertes Fahrzeug kann im Wert gemindert sein.

- Die Reparatur hat nicht völlig den früheren Zustand herbeiführen können **(sog. technischer Minderwert).**

  Aufgrund der heutigen Reparaturtechnik spielt der technische Minderwert keine Rolle mehr. Er kann in Ausnahmefällen (z. B. bei Rahmenschäden) noch in Betracht kommen.

- Der Verkaufswert ist gemindert, da dem Fahrzeug der Mangel eines Unfallfahrzeuges anhaftet **(sog. merkantiler Minderwert).**

  Unfallschäden, ausgenommen geringfügige, sind einem Kaufinteressenten offen zu legen. Der Käufer eines solchen Fahrzeuges ist regelmäßig nur bereit, das Fahrzeug gegen einen Preisnachlass zu erwerben, da er verborgene Mängel trotz einwandfreier Reparatur befürchtet. Dieser merkantile Minderwert ist dem Geschädigten zu ersetzen.

  Der Minderwert wird in der Regel durch den Sachverständigen geschätzt. Bestimmende Merkmale für die Schätzung sind u. a. das Alter des Kfz, die Fahrleistung und eventuelle Vorschäden.

  Je nach Alter/Fahrleistung des Kfz sind i. d. R. zwischen 10 % und 30 % der Reparaturkosten als Wertminderung zu ersetzen. Bei älteren Fahrzeugen (z. B. älter als 5 Jahre oder bei einer Fahrleistung von mehr als 100 000 km) entfällt eine Wertminderung, ebenso bei Bagatellschäden oder bei erheblichen Vorschäden.

d) Mietwagenkosten

Für die Dauer der Reparatur oder Ersatzbeschaffung kann der Geschädigte einen Miet-wagen benutzen und die Kosten hierfür in Rechnung stellen. Er muss sich jedoch die ersparten Eigenbetriebskosten (z. B. für Öl, Reifenverschleiß) anrechnen lassen. Nach der Rechtsprechung kann der Mietkostenersatz daher um 10–15 % gekürzt werden.

Um den Abzug der ersparten **Eigenbetriebskosten** zu vermeiden, hat sich in der Praxis durchge-setzt, ein Fahrzeug einer niedrigeren Fahrzeuggruppe anzumieten. Die VR verzichten für diesen Fall auf den Abzug. Hat der Geschädigte ein **älteres Fahrzeug,** muss er sich ohnehin mit dem Mietfahrzeug aus einer niedrigeren Fahrzeuggruppe begnügen. Der Abzug wegen ersparter Eigenbetriebskosten lässt sich hier vermeiden, wenn ein Fahrzeug aus einer noch niedrigeren Klasse angemietet wird.

Der Geschädigte muss bei einer längeren Anmietung mehrere Angebote einholen und eine preisgünstige Mietwagenfirma wählen, wenn er weitere Abzüge durch den VR vermeiden will. Schließlich sollte er bedenken, dass ein Teil der Mietwagenkosten selbst getragen werden muss, wenn später ein Mitverschulden am Unfall festgestellt wird.

Nach einer Empfehlung des Gesamtverbandes der Versicherungswirtschaft (GDV) sollen die Kfz-Haftpflichtversicherer nur noch pauschale Tagessätze erstatten, da sich im Mietwagengeschäft längst Tages- oder Wochenpauschalpreise mit fester, zum Teil auch unbegrenzter Kilometerzahl durchgesetzt haben.

Aufgrund seiner Schadenminderungspflicht muss der Geschädigte sein Fahrzeug zügig reparie-ren lassen bzw. Ersatz beschaffen. Das Sachverständigengutachten enthält meistens eine Angabe zur Dauer der Reparatur bzw. Ersatzbeschaffung. Ansonsten geht man bei einer Ersatzbeschaf-fung von maximal zwei Wochen aus.

e) Nutzungsausfall

Verzichtet der Geschädigte nach einem unverschuldeten Unfall auf das Anmieten eines Ersatzfahrzeuges für die Zeit der Reparatur oder bei einem Totalschaden für die Dauer der Wiederbeschaffung, so kann er zum Ausgleich für die ihm entgangenen Gebrauchsvorteile einen Nutzungsausfall verlangen. Der Nutzungsausfall steht für die Zeit zu, für die ein Mietwagen zugestanden hätte. Die Höhe der Nutzungsausfall-entschädigung wird beim Kfz auf der Grundlage von Tabellen in Tagessätzen je nach Wagentyp und Alter berechnet.

Auszug aus der Nutzungsausfalltabelle (Schwacke-Liste)

Gruppe	Nutzungswert pro Tag
A (z. B. Ford Ka mit 37 kW, Citroën Saxo 1.0)	23 €
B (z. B. Opel Corsa 1.0 12V, Nissan Micra)	29 €
C (z. B. Renault Twingo 1.5 dCi Expression, Fiat Bravo)	35 €
D (z. B. VW Polo 1.4 TDI, Toyota Corolla 2.0)	38 €
E (z. B. Audi A3, Opel Vectra)	43 €
F (z. B. Škoda Octavia, Mercedes C 180)	50 €
G (z. B. Audi A6, Volvo 850)	59 €
H (z. B. BMW 318 Touring, Opel Calibra)	65 €
J (z. B. Porsche Boxter, Saab 9000)	79 €
K (z. B. Audi A8, Jaguar XJR)	119 €
L (z. B. Porsche 911 Carrera, Mercedes SL 600)	175 €

Quelle: https://bussgeldrechner.com/unfaelle/nutzungsausfall/ (Stand: 03.04.2019)

Bei größeren Schäden eines unverschuldeten Unfalls übernimmt die gegnerische Versicherung die angemessenen Kosten für die Schadenbegutachtung durch einen Kfz-Sachverständigen.

f) Weitere Schadenersatzansprüche

Als weitere Schadenersatzansprüche können infrage kommen: Abschlepp-, Bergungs-, Verschrottungs-, Finanzierungs- und Sachverständigenkosten, Gebühren für die Ab- und Anmeldung, Kosten für Nummernschilder, Gebühren eines Rechtsanwaltes oder Rechtsbeistandes, Auslagenpauschale für Telefon, Porto, Fahrtkosten.

Sachverständigenkosten werden erst ab einer bestimmten Schadenhöhe (i. d. R. mindestens 1 000,00 €) erstattet. Diese Begrenzung gilt nicht für das Beweissicherungsgutachten.

BGB
§ 842 ff.

StVG
§ 10 f.

4.3.2.2 Personenschäden

a) Ansprüche des Verletzten

● **Heilbehandlungskosten**

Hierzu zählen: Arztkosten, Krankenhauskosten, Kosten für Arzneien, Kosten einer notwendigen Kur oder kosmetischen Operation.

Kosten des Krankenhausaufenthaltes werden nach den persönlichen Verhältnissen erstattet. Hätte der Geschädigte beispielsweise in sonstigen Fällen ein Einbettzimmer in Anspruch genommen, ist der VR in diesem Rahmen ersatzpflichtig. Zur Vorteilsausgleichung (vgl. A 4.3.3) werden ersparte Verpflegungskosten mit einem bestimmten Tagessatz in Abzug gebracht.

SGB X
§ 116

Ist der Geschädigte Mitglied einer Krankenkasse, tritt diese in Vorleistung. Der Ersatzanspruch des Geschädigten gegen den VR geht insoweit auf die Krankenkasse über.

● **Rente**

Eine Rente kommt infrage, wenn der Geschädigte aufgrund der Unfallfolgen teilweise oder vollständig invalide ist.

● **Sonstige Kosten aufgrund vermehrter Bedürfnisse**

Es handelt sich um Kosten infolge einer Verletzung mit Dauerfolgen, wie z. B. für Pflegepersonal, Gymnastik, Massagen, regelmäßige Kuren, orthopädische Hilfsmittel.

● **Verdienstausfall**

Der Verdienstausfall durch Minderung der Erwerbsfähigkeit ist zu ersetzen.

EntgFG
§ 4

Ist der Verletzte Arbeitnehmer, entsteht ihm zunächst kein Verdienstausfall, da der Arbeitgeber verpflichtet ist, die Bezüge für einen bestimmten Zeitraum weiterzuzahlen. Erst mit Fortfall oder Minderung der Leistungen (z. B. Krankengeld) entsteht ein eigener Verdienstausfall.

§ 6

Nach dem Entgeltfortzahlungsgesetz geht der Anspruch des Geschädigten insoweit auf den Arbeitgeber über, als er das Arbeitsentgelt fortgezahlt und darauf entfallende Arbeitgeberanteile an Sozialversicherungsträger sowie Einrichtungen der zusätzlichen Alters- und Hinterbliebenenversorgung abgeführt hat.

● **Schmerzensgeld**

Die Kfz-Haftpflichtversicherer orientieren sich regelmäßig an Vergleichsfällen, die von Gerichten entschieden und in Schmerzensgeldtabellen erfasst sind. Diese werden ständig aktualisiert.

Weit verbreitet in der Praxis ist folgende Schmerzensgeldtabelle in Buchform mit CD-ROM:

Hacks / Wellner / Häcker
Schmerzensgeld-Beträge 2019

Beispiele für die Schmerzensgeldbeträge, die auf gerichtlichen Entscheidungen beruhen, sind auf der folgenden Seite dargestellt.

Schmerzensgeld nach Auffahr- und Autounfall		
Verletzung	**Schmerzens-geld**	**Urteil**
Schleudertrauma, ISG-Blockade, Verletzung der Lendenwirbel	2 000 €	AG München, 2013
HWS-Distorsion 1. Grades, einmonatige Arbeits-unfähigkeit, fast dreijähriger Heilungsprozess	4 000 €	OLG Nürnberg, 2000
HWS-Distorsion 1. Grades, Cervikalsyndrom, fort-während Schwindelattacken, dreiwöchige stationäre Behandlung, fünfmonatige Arbeitsunfähigkeit	6 000 €	OLG Saarbrücken, 2005
Bruch zweier Wirbel	10 000 €	LG Coburg, 2009
Dauerhafter, mittelschwerer rechtsseitiger Tinnitus	12 000 €	OLG Naumburg, 2013
Nasenbeinbruch, Schlüsselbeinbruch, Rippenbruch, Ausrenkung des Schultergelenks, Pneumothorax, Nierenquetschung, zahlreiche Prellungen, Schürf-wunden, Riss- und Platzwunden	15 000 €	OLG Karlsruhe, 2012
Schweres Schleudertrauma sowie Nasenbeinbruch, Schürf- und Schnittwunden, zahlreiche Prellungen	30 000 €	OLG Schleswig-Holstein, 2010
Schweres Schädel-Hirn-Trauma, appallisches Syndrom, 6 Monate Wachkoma	60 000 €	OLG Naumburg, 2015
Polytrauma, zahlreiche schwerwiegende und lebens-gefährliche Verletzungen	250 000 €	OLG Karlsruhe, 2013
Schweres Schleudertrauma und Wachkoma nach grob fahrlässigem Autounfall	500 000 €	OLG Oldenburg, 2014

Quelle: https://www.advocado.de/ratgeber/schmerzensgeldrecht/einforderung/schmerzensgeldtabelle.html (Stand:03.04.2019)

b) Ansprüche von Angehörigen

Führt die Unfallverletzung zum Tod, stehen den Hinterbliebenen eigene Schaden-ersatzansprüche zu. Hierzu zählen vor allen Dingen die Beerdigungskosten und Unter-haltsansprüche.

Ein Schmerzensgeld können die Hinterbliebenen als mittelbar Geschädigte in der Regel nicht geltend machen. Ausnahmsweise kann ein Schmerzensgeld zugestanden werden, wenn das unmittelbare Miterleben des Unfalls zu nachhaltigen seelischen Störungen geführt hat.

Bei Verletzung oder Tötung einer **Hausfrau** richtet sich die Entschädigung danach, ob und in welchem Umfang eine Hilfskraft verpflichtet werden muss. Die Höhe der Ersatzleistung wird von vielen Faktoren bestimmt, wie beispielsweise Zahl der Familienmitglieder, Vor-handensein betreuungsbedürftiger Kinder, Umfang der anfallenden Arbeiten.

4.3.3 Leistungsfreiheit im Innenverhältnis

Die Nichterfüllung der Rechtspflichten bzw. Obliegenheiten aus dem Versicherungs-vertrag kann im Innenverhältnis, also im Verhältnis des VN (bzw. der mitversicherten Personen) zum VR, zum teilweisen oder vollständigen Verlust des Versicherungsschut-zes (Deckungsanspruches) aus der Kfz-Haftpflichtversicherung führen.

Gegenüber dem geschädigten Dritten kann der VR jedoch eintrittspflichtig sein (vgl. C 2.2). Inwieweit der VR daraufhin zum Regress berechtigt ist, ist in D 3.3.1 dargestellt.

4.3.3.1 Verstoß gegen eine Rechtspflicht

> **Beispiel:**
>
> Dem VN wurde für die Zulassung seines Kraftfahrzeuges eine Versicherungsbestätigung ausgehändigt. Bei dieser Gelegenheit wurde auch der Antrag für den Abschluss der notwendigen Kfz-Haftpflichtversicherung (sog. Hauptvertrag) aufgenommen. Die im VVG vorgesehen Informationspflichten wurden dabei erfüllt.
>
> Eine Woche später erhält der VN neben der Aufforderung zur Zahlung der Erstprämie den Versicherungsschein, der einen auffälligen Hinweis zu den Rechtsfolgen bei Nichtzahlung oder verspäteter Zahlung der Prämie trägt. Der VN versäumt schuldhaft, die Prämie innerhalb der vorgesehenen Frist zu zahlen.

AKB 2015 B.2.4

Hat der VN die nicht rechtzeitige Zahlung zu vertreten, **tritt der vorläufige Versicherungsschutz** nach den AKB 2015 **rückwirkend außer Kraft.** Es besteht dann von Anfang an kein Versicherungsschutz (siehe auch C 3.3.2).

VVG § 123 AKB 2015 F.3

Gegenüber einer mitversicherten Person (z. B. einem berechtigten Fahrer) bleibt der VR im Innenverhältnis leistungspflichtig, soweit die mitversicherte Person die Umstände für die Leistungsfreiheit nicht zu vertreten hat und sie ihr weder bekannt noch grob fahrlässig nicht bekannt waren.

4.3.3.2 Rechtsfolgen nach dem VVG bei Verstoß gegen eine vertragliche Obliegenheit

VVG § 28 (2) – (4)

Grundsätzlich gilt **nach dem VVG** bei Verletzung einer vertraglichen Obliegenheit:

- Bei **vorsätzlicher Obliegenheitsverletzung** ist der VR von der Verpflichtung zur Leistung frei.

  Eine **Besonderheit** gilt für den Bereich der **Kfz-Haftpflichtversicherung** bei Verletzung der Auskunfts- oder Aufklärungsobliegenheit **im Versicherungsfall** (§ 28 Abs. 4 VVG – siehe hierzu weiter unten bei »Verstoß gegen eine Obliegenheit im Versicherungsfall).

- Bei **grob fahrlässiger Obliegenheitsverletzung** ist der VR berechtigt, seine Leistung in einem der Schwere des Verschuldens des VN entsprechenden Verhältnis zu kürzen.

  Nach § 28 (3) VVG und auch nach D.4.2 AKB 2015 bleibt die Leistungspflicht allerdings bestehen, wenn die Pflichtverletzung weder für den Eintritt des Versicherungsfalls noch für den Umfang der Leistungspflicht ursächlich ist.

KfzPflVV § 6

Für den Bereich der **Kfz-Haftpflichtversicherung** kennt die KfzPflVV allerdings bei vorsätzlicher oder grob fahrlässiger Obliegenheitsverletzung summenmäßige Beschränkungen der Leistungsfreiheit (siehe weiter unten).

- **Einfache Fahrlässigkeit** berechtigt nicht zur Leistungskürzung.

4.3.3.3 Rechtsfolgen nach den AKB 2015 bei Verstoß gegen eine vertragliche Obliegenheit

Die Rechtsfolgen nach den AKB 2015 bei Verletzung einer vertraglichen Obliegenheit orientieren sich an den hierzu erlassenen Rechtsvorschriften im VVG und der KfzPflVV und ergänzen diese bei Bedarf.

Für die bessere Verständlichkeit wird in den AKB 2015 unterschieden nach:

- **Pflichten bei Gebrauch des Fahrzeugs** (D.1 – D.3 AKB 2015) und den **Folgen bei einer Verletzung dieser Pflichten** (D.4 AKB 2015)

  Die Pflichten bei Gebrauch des Fahrzeugs stellen die **Obliegenheiten vor dem Versicherungsfall** dar.

- **Pflichten im Schadenfall** (E.1 – E.5 AKB 2015) und den **Folgen bei einer Verletzung dieser Pflichten** (E.6 AKB 2015)

Die Pflichten im Schadenfall stellen die **Obliegenheiten im Versicherungsfall** dar.

a) Verstoß gegen eine Obliegenheit vor dem Versicherungsfall (Verletzung einer Pflicht beim Gebrauch des Fahrzeuges)

Zu den Obliegenheiten, die vor Eintritt des Versicherungsfalles zu erfüllen sind, sei auch auf die Ausführungen in C 4.2.6 hingewiesen.

> **Beispiel:**
> Der VN hat Übungsfahrten eines Freundes im öffentlichen Verkehrsraum zur Vorbereitung auf die Fahrprüfung zugelassen. Dabei kommt es zu einem Unfall mit schwerer Gesundheitsschädigung eines Dritten. Der VR wird den Schaden des Dritten decken und dann bei dem VN und dem Fahrer Regress im Rahmen seiner Leistungsfreiheit (bis max. 5 000,00 € sowohl beim VN als auch beim Fahrer) nehmen.

Das Verhalten stellt einen Verstoß gegen die Führerscheinklausel dar. Die Obliegenheitsverletzung ist als grob fahrlässig verschuldet und die Schädigung als kausal anzusehen, sodass den VN und auch den Fahrer die Folgen dieser Obliegenheitsverletzung treffen.

AKB 2015
D.1.3

In diesem Zusammenhang ist für die Kfz-Haftpflichtversicherung nach der KfzPflVV jedoch zu beachten:

1. Gegenüber dem VN, dem Halter oder dem Eigentümer ist der VR bei Verletzung der **Schwarzfahrerklausel**, der **Führerscheinklausel** und der **Trunkenheits- bzw. Rauschmittelklausel** nur dann von der Leistungspflicht befreit, wenn der VN, der Halter oder der Eigentümer die Obliegenheitsverletzung selbst begangen oder schuldhaft ermöglicht hat.

KfzPflVV
§ 5 (2) S. 1

Das ist in vorstehendem Beispiel aufgrund der Führerscheinklausel der Fall; denn der VN hat die Fahrt des Freundes, der keinen Führerschein besitzt, ermöglicht. Hätte nicht der VN, sondern ein berechtigter Fahrer die Fahrt des Freundes ohne Führerschein ermöglicht, ist der VR dem VN gegenüber leistungspflichtig.

Die Verletzung der **Trunkenheits- bzw. Rauschmittelklausel** befreit den Versicherer nicht von der Leistungspflicht, soweit der Versicherungsnehmer, Halter oder Eigentümer durch den Versicherungsfall als Fahrzeuginsasse, der das Fahrzeug nicht geführt hat, geschädigt wurde.

§ 5 (2) S. 2
AKB 2015
D.4.1 S. 4

> **Beispiel:**
> Der stark angetrunkene VN lässt sich von seiner Freundin, die sich trotz Alkoholkonsums für noch fahrtüchtig hält, nach Hause fahren. Unterwegs kommt die Freundin nach rechts von der Fahrbahn ab und stürzt eine Böschung hinunter, wobei der VN auf dem Beifahrersitz schwer verletzt wird.

Der VR wird den Personenschaden regulieren, obgleich der VN zugelassen hat, dass seine Freundin die Trunkenheitsklausel verletzt.

2. Bei **Gefahrerhöhung** (die Rechtsfolgen sind grundsätzlich im VVG geregelt) oder Verletzung der vorgenannten **vertraglichen Obliegenheiten**, die vor **Eintritt des Versicherungsfalles** zu erfüllen sind, ist die Leistungsfreiheit in der Kfz-Haftpflichtversicherung gegenüber dem VN und den mitversicherten Personen **auf den Betrag von höchstens je 5 000,00 €** beschränkt.

D 4.1, D 4.3
KfzPflVV
§ 5 (3)

In D.4.3 Satz 3 AKB 2015 wird ausdrücklich festgestellt, dass die vorstehende summenmäßige Begrenzung der Leistungsfreiheit bzw. -kürzung auch bei einer Gefahrerhöhung nach §§ 23, 26 VVG anzuwenden ist.

AKB 2015 D.4.4

Die Beschränkung auf 5 000,00 € gilt nicht für die Schwarzfahrt, wenn der Fahrer das Fahrzeug durch eine strafbare Handlung (z. B. Diebstahl) erworben hat.

Da der VR in der Regel dem geschädigten Dritten gegenüber leistungspflichtig ist (vgl. C 2.2), wird er den Betrag, bis zu dem er im Innenverhältnis leistungsfrei ist im Wege des Rückgriffs (**Regress**, vgl. D 3.3.1) zurückverlangen.

b) Verstoß gegen eine Obliegenheit im Versicherungsfall

> **Beispiel:**
> Nach einem verschuldeten Unfall begeht der Versicherte Fahrerflucht, um sich einer Bestrafung zu entziehen. Aufgrund von Zeugenbeobachtungen kann er ermittelt und zur Verantwortung gezogen werden.

E.7

KfzPflVV § 6

Bei Verletzung von Obliegenheiten im Versicherungsfall richtet sich der Umfang der Leistungsfreiheit im Innenverhältnis nach den Bestimmungen der AKB 2015 in Verbindung mit der KfzPflVV.

AKB 2015 E.7.3 E.7.4

Die Leistungsfreiheit ist in der Kfz-Haftpflichtversicherung auf 2 500,00 € begrenzt, wenn die vertragliche Obliegenheit **vorsätzlich** oder **grob fahrlässig** verletzt wurde. Sie erhöht sich auf 5 000,00 €, wenn die **Aufklärungspflicht** (z. B. durch Unfallflucht) oder **Schadenminderungspflicht** (z. B. durch unterlassene Hilfeleistung) vorsätzlich und besonders schwerwiegend verletzt wird. Die Beweislast für das Nichtvorliegen einer groben Fahrlässigkeit trägt der VN.

VVG § 28 (4)

Bei einem **vorsätzlichen Verstoß** gegen die **Auskunfts- oder Aufklärungsobliegenheit** durch **falsche Angaben** kann der VR nur dann Leistungsfreiheit geltend machen, wenn er den Versicherten hierauf ausdrücklich, z. B. durch hervorgehobenen Druck auf dem Formular für die Schadenanzeige, hingewiesen hat.

§ 28 (3) AKB 2015 E.7.2

Der VR bleibt bei grob fahrlässiger Verletzung einer Obliegenheit insoweit leistungspflichtig, als die Verletzung weder Einfluss auf die Feststellung des Versicherungsfalles noch auf die Feststellung oder den Umfang der dem VR obliegenden Leistung gehabt hat (**Kausalitätsprinzip).**

E.7.5

Wird die Obliegenheitsverletzung in der Absicht begangen, sich einen rechtswidrigen Vermögensvorteil zu verschaffen, ist die Leistungsfreiheit insoweit unbeschränkt. Dies gilt auch für den erlangten Mehrbetrag aufgrund einer rechtskräftigen gerichtlichen Entscheidung, wenn diese wegen der vorsätzlichen oder grob fahrlässigen Obliegenheitsverletzung auf falschen Voraussetzungen beruht.

Hinweis: Regress des Kfz-Haftpflichtversicherers

Der Regress in der Kraftfahrzeug-Haftpflichtversicherung ist in Abschnitt D 3.3.1, im Zusammenhang mit dem Übergang von Ersatzansprüchen dargestellt.

Zusammenfassung und Übersicht

Der Versicherungsfall in der Kfz-Haftpflichtversicherung

Obliegenheiten im Versicherungsfall

- **Anzeigepflichten**
  - Schadenanzeige
  - Polizeiliche und gerichtliche Maßnahmen
  - Haftungsverlangen des Geschädigten
  - Zivilrechtliche Maßnahmen des Geschädigten
- **Aufklärungs- und Schadenminderungspflicht**

Leistungen an den Geschädigten

- **Sachschäden**
  technischer Totalschaden:
  - Wiederbeschaffungswert
  wirtschaftlicher Totalschaden:
  - Regulierungskosten bis 130 % des Wiederbeschaffungswertes, ansonsten Wiederbeschaffungswert
  unechter Totalschaden:
  - Entschädigung auf Neuwagenbasis
  Reparatur:
  - Reparaturkosten einschl. MwSt
  keine Reparatur:
  - ermittelte Reparaturkosten ohne MwSt
- **Folgekosten**
  - Mietwagenkosten oder Nutzungsausfall
  - sonstige Kosten (z.B. Abschleppkosten)
- **Personenschäden**
  Ansprüche des Verletzten:
  - Kosten der Heilbehandlung　　　– Verdienstausfall
  - Kosten vermehrter Bedürfnisse　– Schmerzensgeld
  Ansprüche von Angehörigen:
  - Beerdigungskosten
  - Unterhaltsansprüche

Rechtsfolgen der Verletzung von:

Rechtspflichten aus dem Vertrag	Pflichten beim Gebrauch des Fahrzeugs		Obliegenheiten im Versicherungsfall	
durch VN	durch VN	durch Versicherten	durch grobe Fahrlässigkeit	vorsätzlich od. schwerwiegend
VR ist gegenüber dem VN		Deckungsanspruch des VN bleibt unberührt	Leistungsfreiheit im Innenverhältnis	
leistungsfrei	beschränkt leistungsfrei			
dem Mitversicherten aber ggf. deckungspflichtig			bis 2 500 €	bis 5 000 €

Direktanspruch des Geschädigten:

Gegenüber dem geschädigten Dritten bleibt der Versicherer nach den Vorschriften zum Schutze des Verkehrsopfers leistungspflichtig.

Regress des VR
(vgl. D 3.3.1):

in unbegrenzter Höhe gegen VN	bis 5 000 €	bis 5 000 €	bis 2 500 €	bis 5 000 €

Lernkontrollen zu C 4

Rechtsgrundlagen für den Schadenersatz

1 Sie sind Mitarbeiter in der Kraftfahrt-Schadenabteilung der Proximus Versicherung AG und erhalten das folgende Schreiben Ihres VN Heribert Herten:

> Sehr geehrte Damen und Herren,
>
> Sie haben meinen Auffahrunfall mit 350,00 € reguliert und bieten mir an, Ihren Schadenaufwand zu ersetzen, damit mein Vertrag weiter als schadenfrei geführt werden kann und ich nicht im kommenden Jahr zurückgestuft werde.
>
> Hierzu möchte ich bemerken, dass der Auffahrunfall ohne mein Verschulden entstanden ist. Bereits in meiner Schadenmeldung habe ich darauf hingewiesen, dass meine Bremsen durch eine technische Störung versagt haben. Unmittelbar vor dem Auffahrunfall bin ich in ein Schlagloch geraten und dabei ist die Bremsleitung angerissen, ohne dass ich dies bemerkt habe. Als ich dann vor einem Kreuzungsbereich anhalten musste, konnte ich das Fahrzeug trotz eines Sicherheitsabstands zum Vordermann nicht mehr vollständig abbremsen.
>
> Bei dieser Sachlage halte ich die Rückstufung mangels eigenen Verschuldens nicht für angemessen.
>
> Ich bitte daher, den Vertrag in der bisherigen Schadenfreiheitsklasse fortzuführen.
>
> Mit freundlichen Grüßen
>
> **Heribert Herten**

● **Arbeitsauftrag**

   Erläutern Sie dem VN die Rechtsgrundlage für den Schadenersatz und nehmen Sie zu seinem Begehren Stellung.

2 Stellen Sie fest, ob und ggf. aufgrund welcher Rechtsgrundlage der Geschädigte Schadenersatz verlangen kann.

   a) A muss verkehrsbedingt stark abbremsen. Da die Straße nass und glitschig ist, rutscht er auf das Fahrzeug des Vordermannes.

   b) Z fährt mit mäßiger Geschwindigkeit und großer Umsicht über eine unbefestigte Straße. Durch die Erschütterungen des Fahrzeugs löst sich eine Auspuffschelle, die dann später auf freier Strecke abfällt und die Windschutzscheibe des nachfolgenden Fahrzeugs zerstört.

   c) Frau S fährt vorschriftsmäßig auf ihrer rechten Fahrbahnseite. Ein entgegenkommendes Fahrzeug, das weder zugelassen noch versichert ist, gerät ins Schleudern, rammt das Fahrzeug der S und drückt dieses in einen Kleingarten.

   Der Kleingartenbesitzer verlangt Schadenersatz von Frau S aus Betriebsgefahr.

   d) A reißt das Lenkrad seines Fahrzeuges herum, als ein großer Hund plötzlich auf die Straße läuft. Sein Nachbar, den er aus Gefälligkeit mitgenommen hat, stößt mit dem Kopf gegen den Seitenholm und zieht sich eine Platzwunde zu, die ärztlich behandelt werden muss.

   e) Wie Fall d), jedoch reißt A das Lenkrad nicht wegen eines Hundes, sondern eines Blitzes, der vor ihm in ein Fahrzeug einschlägt, herum.

f) Zwei junge Autofahrer A und B liefern sich auf einer innerstädtischen Straße ein »Privat-rennen«. Sie geraten mit ihren Fahrzeugen aneinander, wodurch A die Kontrolle verliert und gegen eine Hauswand fährt. Da gerade dieses Fahrzeug nicht versichert ist, möchte der Geschädigte von B den Schaden ersetzt bekommen.

g) Der Geschäftsmann Erwin Klein parkt seinen Anhänger mit Firmenaufschrift häufig zu Werbezwecken an verschiedenen Orten im Stadtgebiet. Kinder machen sich an dem Hänger, der auf einer leicht abschüssigen Straße steht, zu schaffen und lösen schließlich die Bremse. Der Anhänger rollt in den fließenden Verkehr und beschädigt das Auto der Frau Klement. Die Kinder können unerkannt entkommen.

h) Im dichten Nebel fahren 70 Fahrzeuge ineinander. Mehrere Beteiligte wenden ein, vor-schriftsmäßig gefahren und auf den Vordermann geschoben worden zu sein.

Nehmen Sie auch zur Regulierungspraxis Stellung.

3 Auf einer schmalen Straße kommen sich zwei Fahrzeuge entgegen und berühren sich beim Vorbeifahren. Jeder der Beteiligten nimmt für sich in Anspruch, auf seiner Fahrbahnseite gefahren zu sein. Fahrspuren sind nicht erkennbar und Zeugen haben den Vorgang nicht beobachtet.

Wie ist die Rechtslage, wenn sich die Beteiligten gegenseitig in Anspruch nehmen?

Deckungsanspruch aus der Kfz-Haftpflichtversicherung

Abgrenzung zum Haftungsanspruch

4 Erläutern Sie an einem Beispiel
   a) Haftungsanspruch,
   b) Deckungsanspruch,
   c) Direktanspruch.

5 Was versteht man unter dem Trennungsprinzip?

6 Ein Element der Kfz-Haftpflichtversicherung wird auch als »passive Rechtsschutzversiche-rung« bezeichnet. Was ist damit gemeint?

Gebrauch des Fahrzeuges als Schadenursache

7 Entscheiden Sie, ob der Kfz-Haftpflichtversicherer für den Schaden zuständig ist (mit Begründung):
   a) Herr X hat beim Ausladen sperriger Güter aus seinem Pkw das daneben abgestellte Fahrzeug des N beschädigt.
   b) Herr B ist Autobastler. Durch unsachgemäße Ausführung von Schweißarbeiten am Kfz des Arbeitskollegen K gerät dieses in Brand. Die Hitzeeinwirkung beschädigt das in unmittelbarer Nähe abgestellte Fahrzeug des Arbeitskollegen A. A verlangt vom VR des K Schadenersatz.
   c) Achtlos wird von der Beifahrerin ein Zigarettenrest aus dem Autofenster geworfen, während sie auf den Fahrer wartet. Die Glut setzt ein Waldstück in Brand.
   d) Ein Autofahrer verlässt sein Fahrzeug, bemerkt aber nicht, dass die Handbremse nicht fest genug angezogen ist. Der Wagen setzt sich später in Bewegung und prallt gegen ein anderes Fahrzeug.

8 Sie sind Mitarbeiter/-in in der Kraftfahrt-Schadenabteilung der Proximus Versicherung AG und erhalten die folgende Schadensschilderung Ihrer Versicherungsnehmerin Karin Kleffmann:

> Sehr geehrte Damen und Herren,
>
> ich war meiner Nachbarin beim Einkauf von Mitnahmemöbeln mit meinem Kombi behilflich und dabei sind folgende Schäden passiert:
>
> Die Mitnahmemöbel haben wir gemeinsam verladen, konnten aber wegen der Überlänge eines Paketes den Kofferraumdeckel nicht mehr schließen, sondern nur mit einem Band befestigen.
>
> Auf dem Heimweg habe ich dann einen Traktor auf der Landstraße überholt und dabei so forsch Gas gegeben, dass ein Paket aus dem Fahrzeug rutschte. Ausgerechnet war es eine der Schranktüren und die Türverglasung wurde durch den Aufprall auf der Straße zertrümmert.
>
> Beim Entladen vor der Haustür bin ich dann mit einem der Pakete versehentlich gegen die Motorhaube eines anderen Autos gestoßen, die eine Beule davongetragen hat.
>
> Schließlich ist mir dann noch ein Paket im Hausflur aus der Hand gerutscht und die Treppe hinabgefallen. Die Wand und der Packungsinhalt wurden beschädigt.
>
> Bitte teilen Sie mir mit, ob meine Kfz-Haftpflichtversicherung für die entstandenen Schäden aufkommt.
>
> Mit freundlichen Grüßen
>
> **Karin Kleffmann**

● **Arbeitsauftrag**

Prüfen Sie den Deckungsanspruch und antworten Sie der Versicherungsnehmerin sachgerecht.

Art der gedeckten Schäden und versicherte Personen

9 Erklären Sie den Umfang des Versicherungsschutzes der Kfz-Haftpflichtversicherung nach AKB 2015

   a) hinsichtlich des versicherten Personenkreises,

   b) hinsichtlich der ersatzpflichtigen Schäden.

10 Infolge eines Verkehrsunfalles wird die Straßenbahn auf dem Weg zum Hauptbahnhof für ca. eine halbe Stunde an der Weiterfahrt gehindert. Dadurch verpasst ein Fahrgast den Zug. Er benutzt deshalb ein Taxi und möchte die Fahrtkosten von 150,00 € vom Unfallverursacher ersetzt haben.

   a) Welche Schadenart liegt vor?

   b) Hat der Unfallverursacher einen Deckungsanspruch gegen seinen VR und worin wird diese Deckung ggf. bestehen?

11 H fährt mit seinem Pkw, für den eine Kfz-Haftpflichtversicherung besteht, in Urlaub. Er wird von seinem Bekannten B begleitet, der ihn beim Fahren ablöst. B verursacht grob fahrlässig einen Verkehrsunfall, bei dem H und ein anderer Autofahrer verletzt und beide Autos schwer beschädigt werden. Außerdem ist die Brille des H zerbrochen.

   a) Mit welchen Schadenersatzansprüchen muss der Ersatzpflichtige rechnen?

   b) Kann H Ansprüche gegenüber seinem eigenen Kfz-Haftpflichtversicherer wegen des erlittenen Personen- und Sachschadens stellen?

12 Sie sind Mitarbeiter/-in in einer Agentur der Proximus Versicherung AG und erhalten die folgende Schadenschilderung Ihres VN Arndt Kunold:

Sehr geehrte Damen und Herren,

auf dem Weg zu meiner Arbeitsstelle in Düsseldorf ist in einer lang gezogenen Kurve kurz vor der Josef-Kardinal-Frings-Brücke mein rechter Vorderreifen geplatzt. Ich konnte den Wagen nicht mehr abfangen und bin erst links und dann rechts gegen die Leitplanken in dieser Kurve geprallt.

Mein Arbeitskollege, den ich täglich mit nach Düsseldorf nehme, wurde beim ersten Anprall gegen den Innenspiegel und beim zweiten Anprall gegen die Seitenscheibe geschleudert. Er hat eine Platzwunde davongetragen. Seine Brille ist zerbrochen und seine Kleidung durch die blutende Kopfwunde erheblich verschmutzt worden.

Bitte teilen Sie mir vorab mit, ob meine Kfz-Haftpflichtversicherung für den Personenschaden und die Sachschäden meines Arbeitskollegen und auch für die beschädigten Leitplanken eintritt. Mein Kollege hat einen Arzt aufgesucht und will auch Schmerzensgeldansprüche stellen.

Mit freundlichen Grüßen

Arndt Kunold

● **Arbeitsauftrag**

Prüfen Sie den Haftungs- und Deckungsanspruch und antworten Sie dem VN sachgerecht.

13 Otto Müller sieht seinen Nachbarn mit mehreren Einkaufstüten an der Bushaltestelle stehen. Er hält an, um ihn gefälligkeitshalber mitzunehmen. Auf dem Heimweg verursacht er durch Vorfahrtsverletzung einen Zusammenstoß. Diverse Artikel in den Einkaufstüten und die Brille des Nachbarn werden durch den Aufprall beschädigt.

Muss der Kfz-Haftpflichtversicherer von Otto Müller Schadenersatz für die beschädigten Sachen leisten?

Einschränkungen des Versicherungsschutzes

14 Welche Obliegenheiten sind in der Kfz-Haftpflichtversicherung vor dem Versicherungsfall zu beachten und wie wirkt sich ihre Verletzung ggf. aus?

15 Entscheiden Sie, ob in den folgenden Fällen für den Fahrer und ggf. für mitversicherte Personen uneingeschränkter Versicherungsschutz aus der Kfz-Haftpflichtversicherung besteht.

a) Mark-Alexander hat zwei Tage vor seinem Geburtstag die Führerscheinprüfung erfolgreich abgelegt. Am 18. Geburtstag soll er seinen Führerschein beim Straßenverkehrsamt abholen. Auf dem Weg zum Straßenverkehrsamt verursacht er mit dem Auto seines Vaters, das dieser ihm für die Abholung des Führerscheins geliehen hat, einen Auffahrunfall.

b) Wie wäre der Fall zu entscheiden, wenn Mark-Alexander den Wagen seines Vaters heimlich genommen hätte?

c) Wie wäre folgende Fallvariation zu entscheiden? Der immer großzügig gewesene Patenonkel von Mark-Alexander erscheint am 18. Geburtstag, um zu gratulieren. Als Geburtstagsgeschenk will er ihm einen Gebrauchtwagen kaufen. Beim Gebrauchtwagenhändler macht Mark-Alexander eine Probefahrt und es kommt zu einem Auffahrunfall. Der Führerschein ist noch nicht abgeholt, was weder der Patenonkel noch der Gebrauchtwagenhändler wissen.

d) Heinz Krause vermietet gelegentlich seinen Pkw an Arbeitskollegen, da er wegen eines Verkehrsvergehens seinen Führerschein vorübergehend entzogen bekommen hat. Ein Arbeitskollege verursacht schuldhaft einen Verkehrsunfall.

Versicherungsfall in der Kfz-Haftpflichtversicherung

Obliegenheiten im Versicherungsfall

16 Welche Obliegenheiten hat der VN in der Kraftfahrtversicherung im Versicherungsfall zu beachten?

17 Der VN beschädigt mit seinem Fahrzeug beim Zurücksetzen aus einer Parklücke den neben ihm stehenden Pkw. Geschätzter Sachschaden ca. 150,00 €.

a) Wie hat sich der VN zu verhalten, wenn der Geschädigte nicht anwesend ist?

b) Ist der VN verpflichtet, den Schaden seinem VR anzuzeigen, auch wenn er ihn selbst regulieren möchte?

c) Angenommen, der VN habe den Schaden selbst reguliert. Verzichtet er damit grundsätzlich auf eine Erstattung durch den VR?

Leistungen an den Geschädigten

18 Ein Kfz-Sachverständiger stellt als Zeitwert eines Fahrzeuges im Unfallzeitpunkt den Betrag von 5 000,00 € fest. Die Reparaturkosten sollen sich auf 5 500,00 € ohne MwSt belaufen.

a) Der VR möchte nur den Zeitwert erstatten, während der Geschädigte Ersatz in Höhe der geschätzten Reparaturkosten ohne Reparaturnachweis verlangt.

Wie ist die Rechtslage?

b) Angenommen, es würde sich bei der Reparatur herausstellen, dass der Schaden die geschätzten Reparaturkosten um 1 500,00 € übersteigt. Wer muss diesen Mehrbetrag bezahlen?

19 Was versteht man unter dem merkantilen Minderwert?

20 Unser VN stößt auf einer Kreuzung infolge Unachtsamkeit mit einem anderen Pkw der Mittelklasse zusammen. Das Fahrzeug des Geschädigten muss abgeschleppt werden. Der Sachverständige stellt einen wirtschaftlichen Totalschaden fest (Reparaturkosten 5 000,00 €, Zeitwert 3 000,00 €, Restwert 250,00 €) und setzt die Dauer für die Wiederbeschaffung eines gleichwertigen gebrauchten Fahrzeuges mit 7 Tagen an. Ein Personenschaden ist nicht entstanden.

Welche Ansprüche kann der Geschädigte gegenüber dem VR des Schädigers geltend machen?

21 Heinz Welter ist unverschuldet in einen Verkehrsunfall geraten und sein Wagen wurde erheblich beschädigt. Der Sachverständige ermittelt Reparaturkosten ohne Mehrwertsteuer in Höhe von 5 000,00 €.

Der Geschädigte ist unschlüssig, ob er
- den Wagen reparieren lassen soll,
- einen neuen Wagen kaufen soll,
- einen Gebrauchtwagen kaufen soll,
- auf Gutachtenbasis abrechnen soll.

Stellen Sie für die genannten Fälle fest, ob und inwieweit die Mehrwertsteuer bei der Entschädigungsberechnung zu berücksichtigen ist.

Leistungsfreiheit im Innenverhältnis

22 Ein Vater überlässt seinem Sohn, der zur Zeit die Fahrschule besucht, auf einer wenig befahrenen Landstraße das Steuer seines Autos. Durch eine ungeschickte Lenkbewegung rammt der Sohn eine entgegenkommende Luxuslimousine, wobei ein Sachschaden am fremden Fahrzeug in Höhe von 12 900,00 € entsteht.

    a) Prüfen Sie, ob der Sohn als Fahrer Versicherungsschutz aus der KH-Versicherung genießt, wenn sich der Geschädigte direkt an diesen zwecks Schadenersatz wendet.

    b) Hat der Vater Versicherungsschutz, wenn er als Halter in Anspruch genommen wird?

23 Herr Meier vermietet gelegentlich seinen Pkw. Der Pkw ist nur für Eigenverwendung versichert. Hat ein Mieter, der hiervon nichts weiß, Versicherungsschutz nach einem verschuldeten Unfall?

24 Sie sind in der Kraftfahrt-Schadenabteilung der Proximus Versicherung AG tätig. Ihnen liegt folgender Schadenbericht vor:

> Der angestellte Kraftfahrer K war auf Weisung des Kraftfahrzeughalters H mit dessen Lkw wegen verölter Vorderbremsen auf dem Weg zur Werkstatt. Da K den Mangel kannte, hielt er einen besonders großen Sicherheitsabstand zu den vorausfahrenden Fahrzeugen. Auf einer leicht abschüssigen Straße musste der vorausfahrende Pkw-Fahrer C verkehrsbedingt bremsen. Trotz großem Sicherheitsabstand reichte der Bremsweg für K nicht aus und er fuhr auf das Fahrzeug des F, wodurch ein Sachschaden in Höhe von 3 150,00 € entstand. C erlitt ein Schleudertrauma und verlangt 300,00 € Schmerzensgeld sowie Erstattung der nachgewiesenen Arztkosten in Höhe von 145,00 €. Ein Insasse auf dem Rücksitz wurde erheblich verletzt und muss für mehrere Wochen in stationäre Behandlung. An Behandlungs- und Krankenhauskosten werden nach ersten Schätzungen 5 250,00 € anfallen.
>
> Die Geschädigten haben ihre Ansprüche unmittelbar beim VR geltend gemacht und der VN hat im Zusammenwirken mit seinem angestellten Kraftfahrer den Schaden rechtzeitig gemeldet.

  ● **Arbeitsauftrag**

    Sie sollen prüfen, ob und inwieweit der VN und der angestellte Kraftfahrer einen Deckungsanspruch aus der Kfz-Haftpflichtversicherung haben.

5   Umfang des Versicherungsschutzes in der Kaskoversicherung

Die **Kaskoversicherung** ist eine Sparte der **Sachversicherung**, die dem VN finanziellen Schutz für Schadenfälle aufgrund der versicherten Gefahren bietet. Sie wird in der Form der **Teilkasko**versicherung und der **Vollkasko**versicherung angeboten. Im Gegensatz zur Kfz-Haftpflichtversicherung gibt es keine mitversicherten Personen, wie etwa den Fahrer, da sie vom Sachschaden nicht betroffen sind.

Die Kaskoversicherung kann aber als Versicherung für fremde Rechnung genommen sein. Das ist beispielsweise der Fall, wenn zur Sicherung einer Kauffinanzierung das Eigentum auf den Kreditgeber übertragen wurde (sog. **Sicherungsübereignung**) und der VN die Versicherung für Rechnung des Eigentümers abschließt. Dann kann der Kreditgeber bis zum Fortfall des Sicherungsrechts über die Rechte aus dem Versicherungsvertrag verfügen und insbesondere die Entschädigung annehmen, was ihm in einem vom VR ausgefertigten **Sicherungsschein** bestätigt wird.

5.1   Umfang der Versicherung

<table>
<tr>
<td>AKB 2015
A.2.1.1</td>
<td>Die **Kaskoversicherung** bietet, je nach vereinbarter Vertragsform, Versicherungsschutz bei **Beschädigung, Zerstörung, Totalschaden** oder **Verlust** des Fahrzeugs und der mitversicherten **Teile** infolge eines in der **Teilkaskoversicherung** oder **Vollkaskoversicherung** versicherten Ereignisses.</td>
</tr>
</table>

- **Beschädigung** bedeutet, dass das bisher vorhandene Maß an Unversehrtheit durch eine Einwirkung gemindert wurde.

- **Zerstörung** liegt vor, wenn die Beschädigung einen Grad erreicht hat, der jede weitere Gebrauchsfähigkeit und eine Wiederherstellung oder Wiederbenutzung des Fahrzeuges ausschließt (technischer Totalschaden – siehe nachstehend).

- **Totalschaden**
  Man unterscheidet nach **technischem** und **wirtschaftlichem Totalschaden**. Bei einem technischen Totalschaden ist das Kfz nicht mehr reparabel, da es als zerstört gilt (siehe vorstehend). Bei einem wirtschaftlichen Totalschaden ist die Reparatur technisch noch möglich, wirtschaftlich aber nicht sinnvoll, da die geschätzten Reparaturkosten den Wert des Kfz deutlich übersteigen.

- **Verlust** bedeutet jede Art des Abhandenkommens, nicht jedoch das reine Verlieren im Sinne des allgemeinen Sprachgebrauches (z. B. Verlieren des Dachträgers).

- **Teile** des Fahrzeuges sind in der Regel alle Teile, die zur **serienmäßigen** Ausrüstung gehören und ohne die ein vollständiges Fahrzeug nicht vorhanden wäre.

a) Fahrzeug und mitversicherte Teile

Während das versicherte Fahrzeug im Versicherungsschein bezeichnet und damit unstrittig ist, mussten in den AKB 2015 eindeutige Regelungen zu den mitversicherten Teilen getroffen werden.

Grundsätzlich gilt hierbei:

- Sie müssen straßenverkehrsrechtlich zugelassen sein.
- Sie sind am Fahrzeug befestigt oder unter Verschluss verwahrt.

b) Fahrzeugteile und Fahrzeugzubehör

Ein **Fahrzeugteil** (z.B. Kotflügel) ist immer Stück eines Ganzen und deshalb nach den AKB 2015 in jedem Falle versichert.

Zubehör (z.B. ein Kotflügel-Schmutzfänger) ist immer ein zusätzliches Stück.

➤ Prämienfrei mitversicherte Teile

● **fest im oder am Fahrzeug verbaute Fahrzeugteile**

> **Beispiele:**
>
> Sitze, Türverkleidungen, Sonnenblenden = fest im Fahrzeug eingebaute Fahrzeugteile
>
> Motorhaube, Stoßstange, Scheinwerfer, Kennzeichenhalter = außen am Fahrzeug angebaute Fahrzeugteile

AKB 2015
A.2.1.2

● **fest im oder am Fahrzeug verbautes oder im Fahrzeug unter Verschluss gehaltenes Fahrzeugzubehör für den ausschließlichen Fahrzeuggebrauch**

> **Beispiele:**
>
> Schonbezüge, Verbandskasten, Warndreieck, Pannenwerkzeug

Kein Versicherungsschutz besteht für Fahrzeugzubehör, das nach allgemeiner Verkehrsauffassung als Luxus angesehen wird (z.B. Endoskopkamera im Pannenwerkzeug, um bei der Fehlersuche schwer zugängliche Stellen am Fahrzeug einsehen zu können).

● **unter Verschluss verwahrte Fahrzeugteile zur Behebung von Betriebsstörungen die üblicherweise mitgeführt werden**

> **Beispiele:**
>
> Sicherungen, Glühlampen

● **in den AKB 2015 näher bestimmte Fahrzeugteile, die außerhalb des Fahrzeugs unter Verschluss gehalten werden**

> **Beispiele:**
>
> Ein zusätzlicher Satz Räder mit Sommer- oder Winterreifen, Dachständer.
> Nach AKB 2015 mitversicherte Fahrzeugteile und Fahrzeugzubehör während einer Reparatur.

● **Schutzhelme (unter bestimmten Voraussetzungen), Planen, Gestelle für Planen (Spriegel), Aufbauten (ohne Spezialaufbauten)**

➤ Abhängig vom Gesamtneuwert mitversicherte Teile

Für bestimmte, **im** oder **am Fahrzeug fest verbaute Fahrzeugteile** sehen die AKB 2015 vor, dass diese nur bis zu einem **Gesamtwert der Teile von 10 000,00 €** (brutto) **ohne Prämienzuschlag** mitversichert sind.

A.2.1.3

Hierzu zählen u.a.:

● Radio- und sonstige Audio-, Video-, Kommunikations-, Leitsysteme
● Zugelassene Veränderungen, z.B. am Fahrwerk
● Sonderlackierungen und -beschriftungen
● Spezialaufbauten (z.B. Ladeeinrichtungen) und Spezialausrüstungen (z.B. für Behinderte)

Durch entsprechende Vereinbarung kann ein höherer Betrag (sog. **Mehrwert**) versichert werden.

AKB 2015
A.2.1.3
letzter Satz

Übersteigt der Wert der vorgenannten Teile die Entschädigungsgrenze von 10 000,00 € verzichten die VR in ihren AKB 2015 auf eine Kürzung der Entschädigung wegen **Unterversicherung,** wenn der Mehrwert nicht versichert wurde.

➤ **Nicht versicherbare Gegenstände**

A.2.1.4

Nicht versicherbar sind Teile, die nicht als Fahrzeug- oder Zubehörteile gelten (z. B. Reisegepäck, mobile Navigationsgeräte).

5.1.1 Teilkasko

Die Teilkasko umfasst folgende Gefahren bzw. Schäden:
● **Brand** und **Explosion**
● **Entwendung** (insbesondere Diebstahl, unbefugter Gebrauch durch betriebsfremde Personen), **Raub** und **Unterschlagung**
● **Einwirkung von Elementarereignissen** (Sturm, Hagel, Blitzschlag, Überschwemmung)
● **Zusammenstoß mit Tieren aller Art**
● **Glasbruch**
● **Kurzschlussschäden an der Verkabelung, Folgeschäden bis 3 000,00 €**
● **Tierbissschäden**

a) Brand

A.2.2.1

Als Brandursachen kommen in erster Linie Selbsterhitzung (z. B. Heißlaufen) mit anschließender Selbstentzündung und Kurzschluss in Betracht. Die Brandursache kann aber auch außerhalb des Fahrzeuges liegen. Versicherungsschutz ist dann gegeben, wenn das Fahrzeug von einem Feuer **mit Flammenbildung** erfasst oder unmittelbar durch seine Einwirkung beschädigt wird. Reine Seng- und Schmorschäden fallen nicht unter den Brandbegriff.

b) Explosion

A.2.2.1

Denkbar ist die Explosion des Fahrzeugtanks, während eine Motorexplosion praktisch nicht vorkommen kann.

c) Entwendung

A.2.2.2

Entwendung liegt vor bei **Gewahrsamsbruch** und **Herstellung fremden Gewahrsams.** Hauptfälle sind der **Diebstahl** und der **unbefugte Gebrauch.** Die Ersatzpflicht des Versicherers tritt schon ein, wenn das Fahrzeug bzw. ein Fahrzeugteil beim Versuch des Diebstahls beschädigt wird. Der VN hat zu beweisen, dass die Beschädigung durch einen in der Teilkaskoversicherung gedeckten Diebstahlsversuch und nicht durch die nur in der Vollkaskoversicherung gedeckte mut- oder böswillige Handlung einer betriebsfremden Person entstanden ist.

Exkurs: **Beweis des Diebstahlschadens**

Der Beweis, dass es sich um einen Diebstahlschaden handelt, ist manchmal schwer zu führen, wenn es keine Zeugen gibt. Der BGH hat deshalb ein **Zweistufenmodell** von Beweisregeln entwickelt:

BGH 1995

In der **ersten Stufe** muss der VN nur Tatsachen darlegen, die nach der Lebenserfahrung allgemein auf einen Diebstahlschaden schließen lassen.

> **Beispiel:**
>
> Der VN sagt aus, dass er sein Fahrzeug vor dem Hotel, wo er übernachtet hat, am Abend verschlossen abgestellt hat. Am nächsten Morgen war es verschwunden und nicht mehr auffindbar. Den Fahrzeugschlüssel kann er vorweisen.

In der **zweiten Stufe** kann der VR jetzt Tatsachen beweisen, die die Merkmale der möglichen Vortäuschung einer Straftat durch den VN tragen. Dass der VN tatsächlich betrügen wollte, muss der VR nicht darlegen.

> **Beispiel:**
>
> Der VN kann den serienmäßigen Zweitschlüssel des Fahrzeugs nicht vorlegen, so dass auch angenommen werden darf, dass Fahrzeug sei mit Kenntnis des VN durch einen Dritten entfernt worden.

Jetzt muss der VN den Beweis dafür erbringen, dass tatsächlich ein Diebstahl vorliegt, um die Leistung des VR zu erhalten.

Der **unbefugte Gebrauch** des Fahrzeugs bedeutet eine **Schwarzfahrt**, d. h. eine Fahrt durch eine betriebsfremde Person, ohne dass sie hierzu berechtigt ist.

Hierzu zählt auch der **Gebrauchsdiebstahl**.

> **Beispiel:**
>
> Ein aus Gefälligkeit mitgenommener Anhalter bemächtigt sich des Fahrzeugs und beschädigt dieses. Neben dem unbefugten Gebrauch durch eine betriebsfremde Person ist der Tatbestand des Gebrauchsdiebstahls erfüllt. Es besteht Versicherungsschutz, soweit der unbefugte Gebrauch nicht grob fahrlässig ermöglicht wurde (siehe weiter unten).

StGB § 248b

Es besteht jedoch auch **kein Versicherungsschutz**, wenn der Täter in einem **Näheverhältnis zu dem Verfügungsberechtigten** steht.

AKB 2015 A.2.2.2 S. 5

> **Beispiele:**
>
> - Der angestellte Chauffeur benutzt den Wagen für private Zwecke, obgleich ihm dies ausdrücklich verboten wurde. Es liegt zwar eine Schwarzfahrt vor. Der Chauffeur ist aber nicht als betriebsfremde Person anzusehen, sodass bei einer Beschädigung des Fahrzeuges kein Versicherungsschutz besteht. Der Halter trägt die Verantwortung dafür, dass er nur solche Personen an das Fahrzeug heranlässt, auf die er vertrauen kann.
> - Der minderjährige Sohn des VN unternimmt nachts eine heimliche Spritztour, wobei das Fahrzeug beschädigt wird.

Durch diesen Ausschluss **(Näheverhältnis)** verhindern die AKB 2015, dass der Schaden über die Teilkaskoversicherung abgerechnet werden kann.

d) Raub und Unterschlagung

StGB
§ 249

> **Raub** ist Diebstahl mit Gewalt gegen eine Person oder unter Anwendung von Drohungen mit gegenwärtiger Gefahr für Leib oder Leben.

§ 246

> **Unterschlagung** ist die rechtswidrige Zueignung einer fremden beweglichen Sache, die der Täter in Besitz oder Gewahrsam hat.

AKB 2015
A.2.2.2
S. 2

Nicht versichert nach den AKB 2015 ist eine Unterschlagung

- durch den Käufer, der das Fahrzeug unter Eigentumsvorbehalt erworben hat,
- durch eine Person (z. B. Mieter), der das Fahrzeug zum Gebrauch überlassen wurde,
- durch eine Person (z. B. Vermittler), die das Fahrzeug für den Eigentümer veräußern soll.

Insoweit handelt es sich um eine **echte Risikoausschlussklausel.**

Beispiele:

Dem angestellten Fahrer wird das Fahrzeug für eine Urlaubsfahrt überlassen. Anstatt es zurückzugeben, täuscht er einen Diebstahl vor.

Der Verkäufer eines Autohauses verschwindet mit einem wertvollen Fahrzeug unter dem Vorwand, es einem interessierten Kunden vorführen zu wollen.

In beiden Fällen besteht kein Versicherungsschutz, da das Fahrzeug zum Gebrauch bzw. zur Veräußerung überlassen wurde.

Hätte der Verkäufer im zweiten Beispiel das Dienstverhältnis zum Autohaus nur begründet, um an das wertvolle Fahrzeug zu gelangen, läge Betrug vor. Betrug ist aber weder Entwendung noch Unterschlagung und daher nicht gedeckt.

Auch der **Trickdiebstahl** kann sich als nicht gedeckter Unterschlagungsschaden darstellen.

Beispiel:

An einer Tankstelle übergibt der VN einem Unbekannten den Schlüssel, nachdem dieser vorgetäuscht hat, das Fahrzeug würde im Rahmen einer Werbeaktion kostenlos gewaschen. Tatsächlich fährt der Unbekannte mit dem Fahrzeug davon.

Es liegt eine Entwendung nach AKB 2015 vor, da eine widerrechtliche Sachentziehung stattfindet. Dieser Trickdiebstahl ist jedoch nicht versichert, da der VN dem Unbekannten eine Gebrauchsmöglichkeit der in A. 2.2.2 S. 2 AKB 2015 genannten Art eingeräumt hat.

e) Einwirkung von Elementarereignissen

A.2.2.3

Versichert sind die Schäden durch **unmittelbare Einwirkung** von Sturm, Hagel, Blitzschlag, Überschwemmung, Lawinen, Muren, Erdrutsch oder Erdfall auf das Fahrzeug. Als Sturm gilt eine wetterbedingte Luftbewegung von mindestens Windstärke 8. Schäden, die dadurch entstehen, dass durch diese Naturgewalten Gegenstände auf oder gegen das Fahrzeug geworfen werden, sind eingeschlossen. Führt das **Verhalten des Fahrers** anlässlich der Naturgewalten zu einem Schaden, besteht jedoch **kein Versicherungsschutz.**

> **Beispiele:**
> - Ein morscher Baum wird vom Sturm umgerissen und stürzt auf ein vorbeifahrendes Auto. Es besteht Versicherungsschutz, da eine unmittelbare adäquate Verursachung durch die Naturgewalt Sturm vorliegt. Dass der Baum morsch war, ist unerheblich, da es ausschließlich auf die unmittelbare Einwirkung des Sturmes ankommt.
> - Würde der Fahrer gegen den gerade vom Sturm umgeworfenen Baum fahren statt auszuweichen, beruht der Schaden auf dem nicht versicherten Verhalten des Fahrers. Das gilt jedoch nicht, wenn der Baum so plötzlich vor das Fahrzeug geworfen wird, dass es nicht mehr abgebremst werden kann. Hier ist unmittelbare Sturmeinwirkung anzunehmen.

f) Zusammenstoß mit Tieren aller Art

Voraussetzung für den Versicherungsschutz nach AKB 2015 ist, dass sich das Fahrzeug beim Zusammenstoß mit den genannten Tieren noch **in Bewegung** befindet. Schäden, die bei einem geglückten Brems- oder Ausweichmanöver entstehen (z. B. Schleudern, Abkommen von der Fahrbahn), werden danach nicht ersetzt. `AKB 2015 A.2.2.4`

Nach einem Urteil des BGH im Zusammenhang mit einem Haarwildunfall können Schäden durch Ausweichen als Rettungsaufwand jedoch gedeckt sein, wenn der Zusammenstoß unmittelbar bevorstand. Die Leistungspflicht wird damit begründet, dass die Rettungspflicht des kaskoversicherten Autofahrers zur Minderung des Schadens nach § 82 VVG bereits bei drohendem Zusammenstoß mit dem Haarwild entsteht und nicht erst nach dem Zusammenstoß einsetzt (sog. **Vorerstreckungstheorie**). Diese Vorerstreckungstheorie gilt seit der VVG-Reform gem. § 90 VVG jetzt für die gesamte Schadenversicherung. Um dem Missbrauch vorzubeugen, stellt die Rechtsprechung strenge Anforderungen an den Ersatz des Rettungsaufwandes. `BGH 1991`

Der Versicherte hat u. a. auch das Schadenrisiko abzuwägen. Nur wenn er einem größeren Wild, z. B. einem Reh oder Wildschwein ausgewichen war, hatte der Versicherer bisher auch für den Ausweichschaden Versicherungsschutz zu gewähren. Anders entschieden die Gerichte, wenn er z. B. nur einem Hasen oder Fuchs ausgewichen war und dadurch mit einem Baum oder Brückengeländer kollidierte.

g) Bruchschäden an der Verglasung des Fahrzeuges (Glasbruch)

Bruchschäden an der Verglasung sind gedeckt, auch wenn sie durch einen Betriebs- oder Bremsschaden entstanden sind. Ein Kratzer ist kein Bruchschaden. Bei einem Glasbruch werden neben dem reinen Glaspreis die Einbaukosten und etwaige Reinigungskosten ersetzt. Eine vereinbarte Selbstbteiligung wird abgezogen, außer bei Reparartur (nicht Austausch) einer Autoscheibe. `AKB 2015 A.2.2.5`

h) Kurzschlussschäden an der Verkabelung

Kabelschäden sind in der Regel Schmorschäden, d. h., es findet ein Zersetzungsprozess infolge Wärmeeinwirkung statt, ohne dass es zur Flammenbildung kommt. Solche Schäden sind mitversichert, soweit sie durch Kurzschluss entstanden sind. Folgeschäden sind bis zu einem Betrag von 3 000,00 € ebenfalls versichert. `A.2.2.6`

i) Schäden durch Tierbiss

Der Versicherungsschutz umfasst die durch Tierbiss unmittelbar verursachten Schäden an den Kabeln, Schläuchen und Leitungen.
Folgeschäden aller Art, insbesondere weitergehende Schäden am Fahrzeug selbst, sind bis zu einem Betrag von 3 000,00 € versichert. `A.2.2.7`

5.1.2 Vollkasko

AKB 2015
A.2.3

Die Vollkasko umfasst
● alle versicherten **Gefahren und Schäden der Teilkasko,**
● die **Unfallgefahr,**
● **mut- oder böswillige Handlungen** betriebsfremder Personen.

a) Unfallgefahr

Ein **Unfall** im Sinne der Vollversicherung setzt ein **unmittelbar von außen plötzlich** mit **mechanischer Gewalt** einwirkendes Ereignis auf das Fahrzeug voraus.

»**Unmittelbar**« bedeutet, dass das Schadenereignis eine direkte Einwirkung auf das Fahrzeug selbst hat.

> **Beispiele:**
> ● Ein Stein schleudert gegen den Kühler eines Fahrzeuges und beschädigt diesen. Hier liegt Unmittelbarkeit vor.
> ● Wird der Kühler anschließend nicht sorgfältig repariert und entsteht infolge des allmählichen Wasserverlustes ein Motorschaden, besteht kein Versicherungsschutz. Die Reparatur ist zwar eine Folge des Unfallereignisses, der Motorschaden steht aber nicht mehr in ursächlichem Zusammenhang mit dem Unfallereignis.

A.2.3.2

Um Unklarheiten vorzubeugen, nennen die AKB 2015 eine Reihe von Ereignissen, die nicht unter den Versicherungsschutz fallen.

> **Beispiele:**
> ● Schäden zwischen ziehendem und gezogenen Fahrzeug ohne Einwirkung von außen
> ● Schäden aufgrund eines Brems- oder Betriebsvorganges
> ● Schäden am Fahrzeug durch rutschende Ladung

»**Von außen**« stellt an sich im Rahmen der Definition klar, dass Schäden aufgrund innerer Betriebsvorgänge nicht Gegenstand der Versicherung sind.

Verunfallt das Fahrzeug infolge eines vorausgegangenen Betriebsschadens, kann der Unfallschaden versichert sein.

> **Beispiel:**
> Versagt beim Fahrzeugbetrieb die Lenkung (z. B. nach Abriss eines Lenkhebels), liegt noch keine Einwirkung von außen, sondern ein Bruch- bzw. Betriebsschaden vor.
> Steuert das Fahrzeug jetzt wegen der defekten Lenkung gegen ein Hindernis, wirkt dieses unmittelbar von außen ein. Galt das Fahrzeug vor dem Unfall als betriebsfähig, besteht Deckungspflicht, mit Ausnahme des Schadens an der Lenkung.

»**Mechanische Gewalt**« wirkt bei Aufprall oder Zusammenstoß. Gerät ein Fahrzeug beim Abbremsen ins Schleudern und stürzt um, ist der auf das Fahrzeug einwirkende Boden als mechanische Gewalt anzusehen. Der Begriff »mechanisch« schließt elektrische und chemische Einwirkung aus.

b) Mut- oder böswillige Handlungen betriebsfremder Personen

Sie beruhen auf Vorsatz, wobei die Beschädigung das wesentliche Motiv des Handelns darstellt.

AKB 2015
A.2.3.3

> **Beispiel:**
> In den Fahrzeugtank wird Zucker eingefüllt, der zur Beschädigung des Kraftstoff- und Einspritzsystems führt.

Stellt die Tat nur einen dummen Streich dar, ist sie **mutwillig**. Empfindet der Täter dabei heimliche Freude, ist sie **böswillig**. In beiden Fällen besteht Versicherungsschutz.

Wurde die Tat beispielsweise von einem angestellten Fahrer begangen, um den Arbeitgeber zu schädigen, besteht kein Versicherungsschutz, da der angestellte Fahrer zum Betrieb des Kfz befugt ist.

Die Zerstörung oder Beschädigung der **Bereifung** wird nur ersetzt, wenn sie durch ein Ereignis erfolgt, das gleichzeitig auch andere, in der Kaskoversicherung versicherte Schäden an dem Fahrzeug verursacht hat. Verschleiß und Abnutzung sind in keinem Falle gedeckt.

A.2.16.3

> **Beispiel:**
> - Beim Anprall gegen die Leitplanke wird der Kotflügel zerbeult und ein Reifen zerstört.
> - Ein Fahrzeug wird mutwillig zerkratzt und die Bereifung zerstochen.

Der Reifenschaden im ersten Beispiel steht im unmittelbaren Zusammenhang mit dem ersatzpflichtigen Schaden am Kotflügel.

Der Reifenschaden im zweiten Beispiel ist versichert, da man das böswillige Verhalten des Schuldigen als einheitliche Handlung betrachten muss. Wären nur die Reifen zerstochen worden, bestünde kein Versicherungsschutz.

Im Rahmen einer speziellen Reifen- und Räderversicherung können Pkw-Reifen insbesondere gegen mutwillige Zerstörung sowie die Räder gegen Diebstahl versichert werden. Verschleiß und Abnutzung sind auch hier nicht gedeckt.

Nach AKB 2015 gelten als mut- oder böswillige Handlungen auch **Manipulationen an der Fahrzeugsoftware** durch einen unberechtigten Dritten. Verunfallt das Fahrzeug aufgrund dieser Manipulation besteht Versicherungsschutz für die Schäden am Fahrzeug.

A.2.3.4

5.2 Ersatzleistung

5.2.1 Obliegenheiten im Versicherungsfall

Auch für die Kaskoversicherung gelten die bereits in C 4.3.1 betrachtete Anzeige-, Aufklärungs- und Schadenminderungspflicht.

E.1

- Entwendungs- und Brandschäden sowie Wildschäden, die den Betrag von 500,00 € übersteigen, sind der Polizeibehörde unverzüglich anzuzeigen.

E.3.3

Zusätzlich sind für den Bereich der **Kaskoversicherung** zu beachten:

- Die Entwendung eines Fahrzeugs oder mitversicherter Teile ist dem VR unverzüglich in **Schriftform** anzuzeigen. Die Schadenanzeige muss vom VN unterschrieben sein.

E.3.1

- Vor Beginn der Verwertung oder Reparatur ist die Weisung des VR einzuholen, soweit die Umstände es gestatten.

E.3.2

- Soweit zumutbar, ist die Weisung des VR zu befolgen.

5.2.2 Selbstbeteiligung

In der Kaskoversicherung kann eine Selbstbeteiligung pro Schadenfall vereinbart werden, die je nach gewählter Höhe zu einer entsprechenden Prämienersparnis führt.

Der Tarif für Pkw im **Proximus 4 Bedingungswerk** kennt folgende Varianten:

– Teilkasko ohne Selbstbeteiligung oder mit 150,00 € bzw. 500,00 € Selbstbeteiligung
– Vollkasko mit wahlweiser Selbstbeteiligung von 150,00 €, 300,00 €, 500,00 €, 1 000,00 € einschließlich Teilkasko ohne Selbstbeteiligung
– Vollkasko mit wahlweiser Selbstbeteiligung von 150,00 €, 300,00 €, 500,00 €, 1 000,00 €, 2 500,00 €, 5 000,00 € einschließlich Teilkasko mit 150,00 € Selbstbeteiligung

Im Schadenfall ist hinsichtlich der Selbstbeteiligung zu differenzieren, ob es sich um einen ersatzpflichtigen Schaden aus der Teilkasko- oder Vollkaskoversicherung handelt.

> **Beispiel:**
>
> Der VN hat Vollkasko mit 500,00 € Selbstbeteiligung vereinbart. Für die vereinbarte Teilkaskoversicherung im Rahmen der Vollkaskoversicherung gilt ein Selbstbehalt von 150,00 €.

Beruht der Schaden auf einer versicherten Gefahr der Teilkasko, ersetzt der VR den über 150,00 € Selbstbeteiligung hinausgehenden Schaden, ansonsten den über 500,00 € Selbstbeteiligung hinausgehenden Schaden.

> **Beispiel:**
>
> Die Reparaturkosten für ein beschädigtes Fahrzeug belaufen sich auf 2 500,00 €. Beruht die Beschädigung z. B. auf einer unmittelbaren Sturmeinwirkung (versicherte Gefahr in der Teilkaskoversicherung), ersetzt der VR 2 350,00 € (2 500,00 € abzüglich 150,00 € bedingungsgemäß vorgesehene Selbstbeteiligung). Liegt z. B. mutwillige Beschädigung vor (versicherte Gefahr in der Vollkaskoversicherung), ersetzt der VR 2 000,00 € (2 500,00 € abzüglich 500,00 € vereinbarte Selbstbeteiligung).

5.2.3 Leistung bei Totalschaden, Zerstörung oder Verlust des Fahrzeuges

AKB 2015
A.2.6.4

▶ **Totalschaden** liegt vor, wenn die erforderlichen Reparaturkosten den Wiederbeschaffungswert des Fahrzeuges übersteigen.

A.2.6.5

▶ **Wiederbeschaffungswert** ist der Preis, den der VN am Tag des Schadenereignisses für ein gleichwertiges gebrauchtes Fahrzeug bezahlen müsste.

A.2.6.6

▶ **Restwert** ist der Veräußerungswert des Fahrzeuges im beschädigten oder zerstörten Zustand.

a) Wiederbeschaffungswert und Leistungsobergrenze

A.2.6.1

Bei Totalschaden, Zerstörung oder Verlust gewährt der VR als **Höchstentschädigung** den Wiederbeschaffungswert unter Abzug eines vorhandenen Restwertes.

> ▶ Wiederbeschaffungswert ist der Preis, den der VN am Tag des Schadenereignisses bezahlen muss für ein **gleichwertiges gebrauchtes Fahrzeug**.

A.2.11

Leistungsobergrenze ist in jedem Falle der vom Hersteller unverbindlich empfohlene **Neupreis am Tage des Schadenereignisses**.

b) Neupreisentschädigung nach den AKB 2015 im Proximus 4 Bedingungswerk

Bei Pkw, ausgenommen Mietwagen, Taxen und Selbstfahrervermiet-Pkw, erstattet der VR den Neupreis des Fahrzeuges, wenn

AKB 2015
A.2.6.2

- innerhalb von 12 Monaten nach der Erstzulassung eine Zerstörung oder ein Verlust eintritt oder
- innerhalb von 18 Monaten nach der Erstzulassung eine Beschädigung eintritt und die Reparaturkosten mindestens 80 % des Neupreises betragen.

Voraussetzung in beiden Fällen ist, dass sich das Fahrzeug bei Eintritt des Versicherungsfalles im Eigentum dessen befindet, der es als Neufahrzeug unmittelbar vom Kfz-Händler oder -hersteller erworben hat.

Fahrzeuge mit einer sog. **Tageszulassung** gelten ebenfalls als Neufahrzeuge. Das ist nach den AKB 2015 gegeben, wenn das Fahrzeug bis zu 5 Tage auf den Hersteller bzw. Händler zugelassen war und die Laufleistung nicht mehr als 500 km beträgt.

Die AKB 2015 kennen ferner die sog. **Reinvestitionsklausel,** wonach die Differenz zwischen Wiederbeschaffungswert (bzw. Wiederherstellungskosten) und Neupreis nur gezahlt wird, wenn der VN die Wiederbeschaffung (bzw. Wiederherstellung) innerhalb eines fest bestimmten Zeitraumes nachweist.

A.2.6.3

c) Rest- und Altteile, Mehrwertsteuer, Selbstbeteiligung

Rest- und Altteile verbleiben dem VN. Sie werden zum **Veräußerungswert** auf die Ersatzleistung angerechnet.

A.2.13.2

Eine vereinbarte **Selbstbeteiligung** in der Teil- oder Vollkasko wird von der ermittelten Entschädigung abgezogen.

Beispiel:

Bei Schneeglätte verliert Herr Winter auf einer abschüssigen Straße die Kontrolle über sein Fahrzeug und fährt den Abhang hinunter. Der Wagen bleibt mit Totalschaden liegen.

Lt. Gutachten beträgt der Wiederbeschaffungswert 12 500,00 € einschließlich Mehrwertsteuer. Die noch verwertbaren Rest- und Altteile werden mit 2 000,00 € beziffert.

Herr Winter hat eine Vollkaskoversicherung mit 1 000,00 € Selbstbeteiligung.

Es ergibt sich folgende Entschädigungsberechnung, wenn Herr Winter das Fahrzeug wiederbeschafft:

Wiederbeschaffungswert	12 500,00 €
abzüglich Wert der Rest- und Altteile	2 000,00 €
abzüglich Selbstbeteiligung	1 000,00 €
Ersatzleistung	9 500,00 €

Wird auf Gutachtenbasis abgerechnet, das Fahrzeug also nicht wiederbeschafft, ersetzt der VR die im Wiederbeschaffungswert enthaltene **Mehrwertsteuer** nicht. Zum Ersatz der Mehrwertsteuer, vgl. C 4.3.2.1 b).

d) Besonderheiten bei der Diebstahlentschädigung

AKB 2015
A.2.10.1
A.2.10.3

Bei einem **Entwendungsschaden** muss der VN das Fahrzeug wieder zurücknehmen, wenn es innerhalb eines Monats nach Eingang der schriftlichen Schadenanzeige aufgefunden wird. Danach geht es in das Eigentum des Versicherers über.

Der VR ersetzt:

A.2.10.2

- Kosten der Fahrzeugabholung, wenn das Fahrzeug in mehr als 50 Kilometer Entfernung von seinem regelmäßigen Standort aufgefunden wird, in Höhe einer Bahnfahrkarte 2. Klasse (Hin- und Rückfahrt) vom regelmäßigen Standort zum Fundort, maximal bis zu einer Höchstentfernung des Fundortes von 1 500 Bahnkilometern.

- Schäden am Fahrzeug im Rahmen der Ersatzleistung für beschädigte Fahrzeuge.

A.2.14.3
A.2.14.1

Im Falle der Entwendung wird die Entschädigung nicht vor Ablauf der Frist von einem Monat, ansonsten innerhalb zweier Wochen nach ihrer Feststellung gezahlt.

G.8

Im Totalschadensfall (Wagniswegfall) gebührt dem VR nur die auf die Zeit des Versicherungsschutzes entfallende anteilige Prämie.

Besonderheit: GAP-Versicherung bei Leasingfahrzeugen

Bei Totalschaden oder Diebstahl eines Pkw ersetzt der VR, wie aufgezeigt, den Wiederbeschaffungswert als oberste Leistungsgrenze. Für Halter von Leasingfahrzeugen kann sich eine Lücke (engl. **gap**) bei dieser Deckung ergeben, da nach dem Leasingvertrag in den genannten Fällen der Leasingrestbetrag fällig ist. Dieser ist in den ersten zwei Jahren regelmäßig höher als der Wiederbeschaffungswert, da Fahrzeuge besonders in der ersten beiden Jahren an Wert verlieren.

Der Leasingrestbetrag ist die Summe aus ausstehenden abgezinsten Leasingraten, anteiliger Restrate, abgezinstem Leasingrestwert und noch nicht verbrauchter Mietvorauszahlung. Für die Berechnung werden marktübliche Zinsen zugrunde gelegt.

Beispiel:

Anschaffungswert des Fahrzeuges	35 000,00 €
Laufzeit des Leasingvertrages	36 Monate
Restwert	15 000,00 €
monatliche Rate	739,90 €
Vereinbarte Selbstbeteiligung im Rahmen der Fahrzeugversicherung	500,00 €
Totalschaden im Laufe des 14. Monats	
Ausstehende Raten abgezinst	15 455,02 €
+ abgezinster Restwert	13 441,20 €
= Leasing-Restbetrag	28 896,22 €
– Verkaufserlös des Fahrzeugs lt. Gutachten	3 000,00 €
– Wiederbeschaffungswert als Leistungsobergrenze	19 250,00 €
– vereinbarte Selbstbeteiligung bei der Fahrzeugversicherung	500,00 €
= Lücke (GAP) in der Deckung	6 146,22 €

Diese Lücke kann bei Leasing-Pkw durch die Vereinbarung einer GAP-Versicherung geschlossen werden.

5.2.4 Leistung bei Beschädigung des Fahrzeuges

Bei Beschädigung des Fahrzeuges ersetzt der VR die **erforderlichen Kosten** für die Reparatur, wobei Rest- und Altteile zum Veräußerungswert auf die Ersatzleistung angerechnet werden.

AKB 2015
A.2.7.1

Bis zum Nachweis der vollständigen Reparatur in einer Fachwerkstatt beschränkt sich die Höchstentschädigung auf die Differenz zwischen Wiederbeschaffungswert und Restwert.

Im Einzelnen gilt:

● Wird das Fahrzeug vollständig und fachgerecht repariert, zahlt der VR gegen Vorlage der Rechnung die Kosten bis zur Höhe des Wiederbeschaffungswertes.

A.2.7.1 (a)

● Wird das Fahrzeug nicht, nicht vollständig oder nicht fachgerecht repariert, zahlt der VR die erforderlichen Kosten einer Reparatur. Obergrenze ist der Wiederbeschaffungswert abzüglich des Restwerts.

A.2.7.1 (b)

● Unter bestimmten Voraussetzungen übernimmt der VR auch die Abschleppkosten zur nächsten geeigneten Werkstatt. Gezahlte Abschleppkosten werden bei der Ermittlung der Obergrenze für die Gesamtentschädigung mit berücksichtigt.

A.2.7.2

● Es wird kein Abzug »neu für alt« vorgenommen.

A.2.7.3

● Mehrwertsteuer wird nur erstattet, soweit sie tatsächlich angefallen ist.
  Zum Ersatz der Mehrwertsteuer und der Problematik der anrechenbaren Mehrwertsteuer aufgrund der Händlerspanne vgl. Ausführungen in C 4.3.2.1 b.

Beispiel:

Herr Dengler hatte einen selbst verschuldeten Unfall und bittet um Schadenersatz aus seiner Vollkaskoversicherung mit 1 000,00 € Selbstbeteiligung. Der vom VR beauftragte Sachverständige stellt fest:

Wiederbeschaffungswert eines gleichwertigen Gebrauchtfahrzeuges ohne MwSt	9 000,00 €
Mehrwertsteueranteil auf Händlerspanne (geschätzt)	700,00 €
Wiederbeschaffungswert einschl. MwSt-Anteil	9 700,00 €
Restwert	4 000,00 €
Reparaturkosten (einschl. MwSt)	8 330,00 €
Mehrwertsteueranteil	1 330,00 €

Da die Reparaturkosten den Wiederbeschaffungswert nicht übersteigen, lohnt die Reparatur.

Im Falle der Reparatur durch eine Fachwerkstatt werden entschädigt:

Reparaturkosten	8 330,00 €
abzüglich Selbstbeteiligung	1 000,00 €
Ersatzleistung	7 330,00 €
Bis zum Nachweis der Reparatur würde nur entschädigt:	
Wiederbeschaffungswert ohne MwSt	9 000,00 €
abzüglich Restwert	4 000,00 €
abzüglich Selbstbeteiligung	1 000,00 €
Ersatzleistung	4 000,00 €

Nicht ersetzt werden Wertminderungen, Nutzungsausfall, Kosten eines Ersatzwagens, Überführungs- und Zulassungskosten, Veränderungen, Verbesserungen, Verschleißreparaturen.

A.2.13.1

Hinweis: Entschädigungsberechnungen in der Kaskoversicherung

Die Entschädigungsberechnung zur Kaskoversicherung und ihre Besonderheiten sind in den Abschnitten D 2.5.4 und D 2.5.5 dargestellt.

5.2.5 Entschädigung für mitversicherte Teile

AKB 2015
A.2.18

Bei Beschädigung, Zerstörung und Verlust von mitversicherten Teilen gelten die gleichen Entschädigungsregeln wie bei Beschädigung, Zerstörung und Verlust des versicherten Fahrzeugs. Es ist jedoch zu beachten, dass ggf. die Entschädigungsgrenze von 10 000,00 € zur Anwendung gelangt (vgl. C 5.1 b)).

5.2.6 Nicht ersatzpflichtige Schäden

VVG
§ 81

a) Vorsatz, grobe Fahrlässigkeit und ihre Rechtsfolgen nach VVG

Die Kaskoversicherung deckt auch solche Schäden nicht, die durch **Vorsatz** herbeigeführt worden sind. Beruht der Versicherungsfall auf einem **grob fahrlässigem** Verhalten, ist der VR berechtigt, seine Leistung in einem der Schwere des Verschuldens entsprechenden Verhältnis zu kürzen (**Quotelung**).

> **Beispiel:**
> (1) Der VN nähert sich einer Ampel, die bereits Gelb zeigt. Obwohl er sein Fahrzeug noch problemlos abbremsen und zum Stillstand bringen könnte, entschließt er sich, den Kreuzungsbereich bei inzwischen roter Ampel zu überfahren. Das Verhalten ist vorsätzlich und der VR ist leistungsfrei, wenn es dadurch zu einem Verkehrsunfall kommt.
> (2) Der VN fährt bei Nebel mit nicht angepasster Geschwindigkeit. Kommt es dabei zu einem Unfall, wird der VR den Schaden am Fahrzeug wegen grober Fahrlässigkeit des VN nur teilweise ersetzen.

> ► **Grobe Fahrlässigkeit** ist nach der Rechtsprechung gegeben,
> – wenn die im Verkehr erforderliche Sorgfalt in besonders schwerem Maße verletzt wird;
> – wenn schon einfachste nahe liegende Überlegungen nicht angestellt werden und Maßnahmen nicht ergriffen werden, die jedem einleuchten müssen.

Die grobe Fahrlässigkeit erfordert einmal einen Verstoß gegen die im Verkehr erforderliche Sorgfalt, wobei der Verstoß **objektiv** über ein normales Maß hinausgehen muss. Schließlich muss noch die **subjektive** Vorwerfbarkeit hinzutreten.

> **Beispiel:**
> Ein VN überholt trotz Überholverbots in einer Kurve, um schneller ans Ziel zu gelangen. Dabei stößt er mit einem entgegenkommenden Fahrzeug zusammen.

Der Überholvorgang im Überholverbot ist **objektiv** ein Verstoß, der über das normale Maß hinausgeht, und auch **subjektiv** vorwerfbar, da er bewusst erfolgte.

Nachstehend ist eine **Auswahl von Fällen** wiedergegeben, in denen die Rechtsprechung **grobe Fahrlässigkeit** bejaht.

Leichtfertiges Fahren:

● Anzünden einer Zigarette am Steuer während der Fahrt

● Rauchen am Steuer

● Aufheben einer herabgefallenen Zigarette während der Fahrt

● Überhöhte Geschwindigkeit auf Autobahnen

● Beibehaltung einer Geschwindigkeit von 120 km/h bei Nebel

● Überholen einer Fahrzeugkolonne mit hoher Geschwindigkeit

● Einschlafen am Steuer infolge Übermüdung

● Überfahren einer roten Ampel wegen Unaufmerksamkeit

Mangelnde Sicherung des Fahrzeuges:

● Zündschlüssel im Handschuhfach

● Verlassen des Fahrzeuges ohne Abschließen der Tür

● Keine Verriegelung der Ausstellfenster

● Steckenlassen des Zündschlüssels in einer Sammelgarage

Alkohol am Steuer:

● Blutalkoholkonzentration von 1,1 ‰ oder mehr

Liegt der Blutalkoholgehalt zwischen 0,8 und 1,1 ‰, ergeben sich Folgen für den VN, wenn der VR nachweisen kann, dass der VN das Fahrzeug gelenkt und die Alkoholisierung für den Schaden ursächlich war.

Hat nicht der VN, sondern ein Dritter das Fahrzeug gelenkt und sich vorsätzlich oder grob fahrlässig verhalten, muss sich der VN dieses Verhalten nur dann zurechnen lassen, wenn er als VN die Alkoholfahrt des Dritten wissentlich zugelassen/ermöglicht hat oder dieser Dritte als sein **Repräsentant** zu gelten hat.
Als Repräsentant gilt eine Person, wenn sie aufgrund eines Vertretungs- oder ähnlichen Verhältnisses für den VN handelt und dabei dessen Rechte und Pflichten wahrnimmt.

b) Verzicht auf den Einwand der groben Fahrlässigkeit in der Kaskoversicherung

Die AKB 2015 im **Proximus 4 Bedingungswerk** sehen vor, dass die Herbeiführung des Versicherungsfalls durch grobe Fahrlässigkeit gedeckt ist; denn es ist für viele VN häufig nicht einsichtig, warum ihr grob fahrlässiges Verhalten nicht von ihrer Kfz-Haftpflichtversicherung, wohl aber von ihrer Kaskoversicherung durch Leistungskürzung geahndet wird.

AKB 2015
A.2.16.1
S. 3

Der Verzicht auf eine Leistungskürzung bei grober Fahrlässigkeit gilt nicht

● bei grob fahrlässiger Herbeiführung der Entwendung des Fahrzeugs oder seiner Teile,

● bei einer Fahrt mit Alkohol oder anderen berauschenden Mitteln.

c) Weitere Ausschlüsse in der Kaskoversicherung

A.2.16.2 –
A.2.16.6

Der Vollständigkeit halber seien erwähnt:

● **Rennen**

Im Gegensatz zur Kfz-Haftpflichtversicherung, die nur genehmigte Rennen ausschließt, gilt der Ausschluss für jede Art von Rennen (z.B. Privatrennen auf der Autobahn).

● **Reifenschäden**

Ausgeschlossen sind nur die **reinen Reifenschäden** infolge Beschädigung und Zerstörung. Steht die Reifenbeschädigung bzw. -zerstörung jedoch im Zusammenhang mit einem anderen versicherten Ereignis der Kaskoversicherung, besteht Versicherungsschutz (vgl. C 5.1.2 b).

● **Erdbeben, Kriegsereignisse, innere Unruhen, Maßnahmen der Staatsgewalt**

● **Schäden durch Kernenergie**

AKB 2015
A.2.13.1

● **Bestimmte Mehr- und Nebenkosten sowie Folgeschäden**

Mehrkosten können durch Veränderungen, Verbesserungen oder Verschleißreparatur entstehen.

Als **Nebenkosten** gelten z. B. als Zulassungskosten, Überführungskosten, Nutzungsausfall, Mietwagenkosten.

Folgeschäden sind z. B. Kraftstoffverlust beim versicherten Kaskoschadenereignis, Wertminderung.

Lernkontrollen zu C 5

Umfang der Kaskoversicherung

1 Begründen Sie, warum die Kaskoversicherung im Rahmen der Kraftfahrtversicherung zur Sachversicherung und nicht zur Vermögensversicherung zählt.

2 Erläutern Sie

a) Beschädigung,

b) Zerstörung

und bilden Sie jeweils ein Beispiel.

Teilkasko

3 Welche Gefahren und welche Schäden sind Gegenstand der Teilkasko?

4 Prüfen Sie, ob das folgende Zubehör versichert ist, wenn der verschlossene Pkw aufgebrochen wurde.

a) Autoradio   b) Feuerlöscher   c) Autotelefon

d) Autokarten   e) Ersatzteile

5 Stellen Sie die Ersatzpflicht des Versicherers fest.

a) Das verschlossene Fahrzeug wurde entwendet und einige Tage später ohne Motor, Leichtmetallräder und die nachträglich montierte Kotflügelverbreiterung aufgefunden.

b) Durch Kurzschluss verschmort ein Kabelstrang. Auch der Bordcomputer muss ausgetauscht werden, da die Elektronik in Mitleidenschaft gezogen wurde.

c) Von der Bauschuttladung eines entgegenkommenden Lkw fliegt ein Stein in die Seitenscheibe. Die Reparaturwerkstatt stellt neben dem Preis der Scheibe die Einbaukosten und die Kosten für die Beseitigung der Glassplitter aus dem Fahrzeuginnenraum in Rechnung.

d) Ein Angestellter, der gerade von seinem Arbeitgeber die Kündigung zum Quartalsende erhalten hat, verbeult aus spontaner Verärgerung dessen Autodach.

e) Ein angestellter Kraftfahrer soll eine Ladung wertvoller Geräte der Unterhaltungselektronik transportieren. Er setzt sich mit dem Lkw und der gesamten Ladung ab.

f) Vom Sturm wurde ein Dachziegel gelöst, der in der Dachrinne hängen blieb. Am nächsten Tag wird dieser Ziegel durch einen heftigen Regen aus der Dachrinne gespült und fällt auf das geparkte Auto des VN.

g) Wegen schlechter Motorleistung gibt der VN seinen Pkw in die Werkstatt. Dort wird festgestellt, dass ein Kühlerwasserschlauch durch Marderbiss undicht geworden ist. Infolge des Wasserverlustes konnte der Motor überhitzen und die Zylinderkopfdichtung durchbrennen. Im Gegensatz zum Austausch des Kühlwasserschlauchs ist die Reparatur der Zylinderkopfdichtung aufwändig und kostenträchtig.

6

Sie sind Mitarbeiter/-in in einer Agentur der Proximus Versicherung AG. Ihr Kunde Heinz Garz besucht Sie, um den Versicherungsschutz aus seiner Teilkaskoversicherung überprüfen zu lassen.

Er berichtet, dass in seinen Pkw folgende Teile neu eingebaut wurden:
– Wertvolle Radioanlage
    mit DVD-Player   1 200,00 €
– Autotelefon   1 250,00 €
– Veränderungen am Fahrwerk für 12 000,00 € Mehrpreis

Ferner möchte er wissen, ob folgende, zur Serienausstattung zählende Teile versichert sind:
– Klimaanlage
– Katalysator
– Bordcomputer

Schließlich interessiert ihn noch, ob auch das Spezialwerkzeug, welches er sich gekauft hat, und der Handsender für sein elektrisches Garagentor versichert sind, wenn diese Teile aus dem Auto gestohlen werden.

● **Auszug aus dem Vertragsspiegel**

Fahrzeugdaten: Mercedes-Benz C 200, Herstellernummer 1313,
                Typschlüsselnummer DZE

Versicherungsarten:

Kfz-Haftpflichtversicherung mit unbegrenzter Deckung

Teilkaskoversicherung mit 150,00 € Selbstbeteiligung

Besondere Vereinbarungen: keine

● **Arbeitsauftrag**

Beraten Sie den Kunden hinsichtlich des Versicherungsschutzes für die Sonderausstattungen und was er ggf. noch unternehmen muss, damit er im Versicherungsfall keine Enttäuschung erlebt.

7 Der VN lässt sich auf einem Rastplatz von einem Unbekannten, der sich für sein Auto interessiert, in ein Gespräch verwickeln. Der Zündschlüssel steckt auf dem Fahrzeug.

Besteht Versicherungsschutz in folgenden Fällen?

a) Plötzlich springt der Unbekannte in das Fahrzeug, startet den Wagen und braust davon.

b) Der VN bietet dem Unbekannten an, den Wagen einmal fahren zu dürfen. Noch während er um den Wagen herumgeht, um auf dem Beifahrersitz Platz zu nehmen, braust der Unbekannte davon.

c) Der VN sitzt auf dem Beifahrersitz, während der Unbekannte mit Willen des VN den Wagen steuert. Unterwegs wird der VN gezwungen, den Wagen zu verlassen.

8 Der VN hat sein Fahrzeug wegen einer Reifenpanne in eine ihm unbekannte Werkstatt gegeben. Dort wird der geregelte Katalysator gegen einen normalen Schalldämpfer ausgetauscht, was der VN erst Wochen später bemerkt. Der Werkstattinhaber ist zwischenzeitlich untergetaucht.

9 Der VN hat sein Fahrzeug unter Eigentumsvorbehalt veräußert, da der Käufer nur eine Anzahlung geleistet hat. Einige Tage später muss er feststellen, dass der Käufer falsche Papiere vorgelegt hat und wegen diverser Strafdelikte gesucht wird.

10 Frau Krull verlangt Schadenersatz wegen eines Wildschadens an ihrem Pkw. Unter welcher Voraussetzung ist der VR nach AKB 2015 ersatzpflichtig?

11

> Sie sind Mitarbeiter/-in in einer Agentur der Proximus Versicherung AG. Ihr VN Günter Kogge ruft an und schildert, dass er sein auf der Straße ordnungsgemäß geparktes Fahrzeug am frühen Morgen aufgebrochen vorgefunden habe.
> Die Antenne wurde abmontiert und mitgenommen.
> Der am Vorabend für eine Urlaubsreise auf dem Autodach montierte Skikoffer wurde ebenfalls abmontiert und samt Inhalt (Skier, Skischuhe) entwendet.
> Mit einem spitzen Gegenstand ist die Fahrerseite auf der ganzen Länge zerkratzt und das Glas des Außenspiegels eingedrückt worden.
> Herr Kogge möchte wissen, ob die Schäden gedeckt sind.

● **Auszug aus dem Vertragsspiegel**

> Kfz-Haftpflichtversicherung mit 100 Mio. € Deckung
>
> Teilkaskoversicherung mit 300,00 € Selbstbeteiligung
>
> Besondere Vereinbarungen: keine

● **Arbeitsauftrag**

Schildern Sie dem VN, inwieweit die Schäden gedeckt sind.

Vollkasko

12 Welche Merkmale muss ein Unfall aufweisen, um im Rahmen der Vollkasko versichert zu sein?

13 Prüfen Sie, ob und inwieweit Versicherungsschutz in der Vollkasko besteht.

a) Herr Müller streift infolge einer kurzen Unaufmerksamkeit die Leitplanke.

b) Der Schalldämpfer eines Auspuffes löst sich während der Fahrt vom Auspuffrohr und beschädigt den Wagenunterboden erheblich.

c) Unbekannte besprühen das Fahrzeug mit einer Farbspraydose.

d) Ein Angetrunkener bricht die Autoantenne ab und zersticht einen Reifen.

e) Bei einer verkehrsbedingt notwendig gewordenen Vollbremsung werden Teile der Ladung in einem Kombi gegen das Armaturenbrett auf der Beifahrerseite geschleudert und zertrümmern die Verkleidung.

f) Beim Durchfahren einer Wasseransammlung, deren Tiefe der Fahrer unterschätzt hat, wird Wasser vom Motor über den Luftfilter angesaugt und gelangt in die Motorzylinder. Der Motor erleidet einen sog. Wasserschlag und muss ausgetauscht werden.

g) Die Motorhaube wurde bei der letzten Ölkontrolle versehentlich nicht richtig geschlossen und springt nun während der Fahrt auf. Sie schlägt gegen die Windschutzscheibe und wird zerbeult. Die Windschutzscheibe zeigt einen deutlichen Riss.

Ersatzleistung

14 Welche Entschädigungsregelung kennt die Vollkaskoversicherung

     a)   bei Zerstörung oder Verlust eines Pkw,

     b)   bei Beschädigung eines Pkw?

15

Sie sind Mitarbeiter/-in in einer Agentur der Proximus Versicherung AG. Ein Mitarbeiter der Antragsabteilung hat während der Mittagspause den Anruf der Kundin Annette Kählich entgegengenommen und legt Ihnen die folgende Telefonnotiz vor:

Einbruch in das Fahrzeug der Versicherungsnehmerin

–   Seitenscheibe eingeschlagen

–   Autoradio entwendet

–   Fahrersitz aufgeschlitzt

–   Schaden wurde der Polizei gemeldet

Die Kundin bittet um Rückruf, ob der Schaden versichert ist und was sie bezüglich der Schadenregulierung unternehmen muss.

●   **Auszug aus dem Vertragsspiegel**

> Kfz-Haftpflichtversicherung mit gesetzlichen Deckungssummen
>
> Teilkaskoversicherung mit 150,00 € Selbstbeteiligung
>
> Versichertes Fahrzeug: Opel Corsa, Fahrzeugalter 5 Jahre
>
> Besondere Vereinbarungen: keine

●   **Arbeitsauftrag**
Stellen Sie stichwortartig zusammen, was Sie der Kundin bei Ihrem telefonischen Rückruf sagen werden.

16

Sie sind Mitarbeiter/-in in einer Agentur der Proximus Versicherung AG und nehmen am heutigen Tag, dem 15. Oktober d. J., den Anruf des Kunden Horst Gerlach entgegen.

Herr Gerlach hat vor kurzem angezeigt, dass sein Pkw gestohlen wurde. Da er dringend einen neuen Wagen braucht, hat er folgende Fragen zur Schadenregulierung:

–   Wann wird die Entschädigung gezahlt und in welcher Höhe wird entschädigt?

–   Was passiert, wenn ich mir jetzt einen neuen Wagen kaufe und dann das alte Fahrzeug wieder gefunden wird?

–   Muss das alte Fahrzeug in jedem Falle zurückgenommen werden, wenn es aufgefunden wird, und wer trägt dann die Kosten der Abholung vom Fundort?

●   **Auszug aus dem Vertragsspiegel**

> Kfz-Haftpflichtversicherung mit 100 Mio. € Deckung
>
> Teilkasko mit 150,00 € Selbstbeteiligung
>
> Versichertes Fahrzeug: VW Golf VII, Erstzulassung am 12. Febr. des letzten Jahres
>
> Gegen Prämienzuschlag versicherte Fahrzeugteile: keine
>
> Anzeige des Fahrzeugdiebstahls am 09. Oktober d. J.

●   **Arbeitsauftrag**
Beantworten Sie Herrn Gerlach die Fragen sachgerecht.

17

Sie sind Mitarbeiter/-in in einer Agentur der Proximus Versicherung AG und nehmen den Anruf von Frau Helga Grebert entgegen.

Frau Grebert berichtet, dass sie in der letzten Nacht auf der Landstraße kurz vor ihrem Wohnort mit einem Reh kollidiert sei. Das Tier sei plötzlich in ihrem Scheinwerferlicht aufgetaucht. Sie habe eine Vollbremsung gemacht, den Wagen aber nicht mehr vollständig abbremsen können. Nach dem Zusammenstoß habe sich das Reh in die Dunkelheit fortgeschleppt. Aus Angst sei sie nicht ausgestiegen, sondern habe ihren Ehemann geholt. Gemeinsam hätten sie dann das Gelände mit einer Taschenlampe abgesucht, das verletzte Tier aber nicht mehr gefunden.

Da der Kühlergrill ihres Fahrzeuges eingedrückt sei, möchte sie nun wissen, ob der Schaden ersetzt wird und was sie hierfür unternehmen muss.

● **Auszug aus dem Vertragsspiegel**

Kfz-Haftpflichtversicherung mit 100 Mio. € Deckung

Vollkasko mit 500,00 € Selbstbeteiligung einschließlich Teilkasko mit 150,00 € Selbstbeteiligung

● **Arbeitsauftrag**
Beraten Sie die Kundin sachgerecht.

Nicht ersatzpflichtige Schäden

18 Prüfen Sie, ob die Vollkaskoversicherung für die Fahrzeugbeschädigung aufkommt, wenn folgende Ereignisse zu einem Auffahrunfall führen.

a) Dem VN ist die Glut der Zigarette in den Schoß gefallen, sodass er einen Moment abgelenkt war.

b) Der VN sucht einen freien Parkplatz und übersieht daher, dass die Ampel auf Rot gewechselt hat.

c) Der angetrunkene VN beachtet spielende Kinder am Straßenrand und übersieht, dass der vorausfahrende Wagen abgebremst hat.

d) Der VN prallt auf der linken Fahrspur mit unverminderter Geschwindigkeit auf ein Fahrzeug auf, das aus einer Fahrzeugkolonne ausschert, die sich vor einer Autobahnausfahrt gebildet hat.

19 Nehmen Sie zum Versicherungsschutz aus der Vollkasko Stellung, wenn der VN Alkohol getrunken hat und in einen Unfall verwickelt wird.

6 Verkehrsserviceversicherung in Form des Autoschutzbriefes

Situation

Heinz Hellmann ist mit seiner Familie (Ehefrau Isolde, Kinder Nadja und Sven) im Auto mit angehängten Wohnwagen auf dem Wege nach Ungarn zu einem Campingurlaub. Am Abend des ersten Reisetages beschließt man, auf dem Parkplatz an einer ungarischen Landstraße im Wohnwagen zu übernachten.

Kurz nach Mitternacht hört Heinz Hellmann im Halbschlaf, wie Unbekannte seinen Wohnwagen aufbrechen. Um die Familie zu schützen, stellt er sich den Eindringlingen in den Weg. Diese stoßen den Familienvater jedoch rabiat beiseite, wobei Heinz Hellmann einen Leberriss erleidet. Dann verlangen sie die Herausgabe der Autoschlüssel. Sie kuppeln den Pkw der Familie vom Wohnwagen ab, ohne die elektrische Verbindung zwischen Auto und Wohnwagen zu lösen und brausen dann mit dem Pkw davon. Dabei wird der Stecker des Wohnwagenverbindungskabels abgerissen.

Für die Familie, die ihren geplanten Urlaub abbrechen muss, ergibt sich folgende Situation:

- Die Verletzung des Vaters muss voraussichtlich drei Wochen stationär behandelt werden.
- Aufgrund der Umstände und auch der Tatsache, dass der Wohnwagen nicht mehr mit Strom versorgt ist, müssen Frau Hellmann und die beiden Kinder für den Rest der Nacht in ein Hotel einquartiert werden.
- Der Rücktransport des Wohnwagens zum Heimatort muss organisiert werden.
- Die ungarischen Behörden verlangen, dass der durch den Diebstahl nach Ungarn »importierte« Pkw verzollt wird.

Vor Reiseantritt hat Herr Hellman seine Kfz-Versicherung um den Baustein »Autoschutzbrief« erweitert. Die Familie darf deshalb in der jetzigen Situation mit Serviceleistungen und Kostenersatz im Rahmen der Versicherungsbedingungen durch den Versicherer rechnen.

6.1 Versicherte Personen, versicherte Fahrzeuge und versicherte Ereignisse

Der Autoschutzbrief im Rahmen der Kfz-Versicherung ergänzt nicht nur die im Rahmen der Kaskoversicherung versicherten Leistungen bei Beschädigung, Zerstörung und Verlust des Fahrzeuges, sondern bietet den versicherten Personen darüber hinaus weitere **Ersatzleistungen** und **Serviceleistungen**, die bei Fahrten mit dem versicherten Fahrzeug oder für bestimmte versicherte Personen auf sonstigen Reisen entstehen können.   AKB 2015 A.3

Der Schutzbrief wird als rechtlich selbstständiger Vertrag abgeschlossen (siehe Einleitung zu den AKB 2015).

Die in der Autoschutzbriefversicherung versicherten Personen und Fahrzeuge können aus der Übersicht entnommen werden.

AKB 2015
A.3.2
A.3.3

Versicherungsschutz besteht für	
• den Versicherungsnehmer • den berechtigten Fahrer • den berechtigten Insassen	• das im Versicherungsschein bezeichnete Fahrzeug (in Eigenverwendung) • mitgeführte Wohnwagen-, Boots- und Gepäckanhänger

Die als **Versicherungsfall** geltenden Ereignisse müssen bei

● einem Unfall,

● einer Panne,

● einer Reise

eintreten, um die Leistungspflicht des VR auszulösen.

➤ Unfall

A.3.5.1
S. 2

Die Merkmale des Unfallereignisses entsprechen denen in der Kaskoversicherung (vgl. C 5.1.2 a)), d.h. unter den Voraussetzungen, unter denen die Kaskoversicherung eintrittspflichtig wird, entsteht auch die Eintrittspflicht des VR im Rahmen der Autoschutzbriefversicherung.

➤ Panne

A.3.5.1
S. 1

Unter Panne wird jeder Brems-, Betriebs- oder Bruchschaden verstanden.

> **Beispiele:**
> 1. Durch eine undicht gewordene Bremsleitung ist Bremsflüssigkeit ausgetreten und der Bremsdruck verloren gegangen. Das Fahrzeug kann nicht mehr ordnungsgemäß abgebremst werden.
> 2. Während der Fahrt setzt der Motor infolge eines Defekts in der Motorelektronik aus.
> 3. Die Antriebswelle bricht bei einer Bergauffahrt infolge Materialermüdung.

Kommt es aufgrund des Brems-, Betriebs- oder Bruchschadens zu einem Unfall, würde auch Versicherungsschutz infolge des versicherten Ereignisses Unfall bestehen.

➤ Reise

A.3.7.1

Als Reise bezeichnen die Versicherungsbedingungen jede Abwesenheit vom ständigen Wohnsitz bis zu einer Höchstdauer von fortlaufend sechs Wochen, wobei als ständiger Wohnsitz der inländische Ort gilt, an dem der VN behördlich gemeldet ist und sich überwiegend aufhält.

6.2 Leistungsumfang

Fahrzeug bezogene Leistungen	Reise bezogene Leistungen
Hilfe bei Panne oder Unfall A.3.5 AKB 2015	**Hilfe bei Krankheit, Verletzung oder Tod** A.3.7 AKB 2015
• Wiederherstellung der Fahrbereitschaft • Abschleppen des Fahrzeugs • Bergen des Fahrzeugs • Falschbetankung, ungeeignete Betriebsmittel	• Krankenrücktransport • Rückholung von Kindern • Fahrzeugabholung
Zusätzliche Hilfe bei Panne, Unfall oder Diebstahl ab 50 km Entfernung A.3.6 AKB 2015	**Zusätzliche Leistungen bei einer Auslandsreise** A.3.8 AKB 2015
• Weiter- oder Rückfahrt • Übernachtung • Mietwagen • Fahrzeugunterstellung • Kurzfahrten	**Bei Panne und Unfall:** • Ersatzteilversand • Fahrzeugtransport • Mietwagen • Fahrzeugverzollung und -verschrottung **Bei Fahrzeugdiebstahl:** • Fahrzeugunterstellung bei Wiederauffinden • Mietwagen • Fahrzeugverzollung und -verschrottung **Im Todesfall des VN:** • Bestattung im Ausland oder Überführung nach Deutschland **Telefonkosten bis 30,00 €**

Die **Fahrzeug bezogene Leistung** setzt voraus, dass das Fahrzeug zum Einsatz gekommen sein muss, wenn der Versicherungsfall eintritt. Die Versicherungsbedingungen sprechen nämlich davon, dass infolge Panne oder Unfall die Fahrt aus eigener Kraft nicht fortgesetzt werden kann. Alle anschließenden Leistungen (z. B. Übernachtung bei Fahrzeugausfall) bauen auf dieser Voraussetzung auf. Ein Versicherungsfall ist also nicht gegeben, wenn die Fahrt vom ständigen Wohnsitz aus angetreten werden soll und das Fahrzeug sich nicht starten lässt.

Für eine **Reise bezogene Leistung** ist Voraussetzung, dass der Anspruchsteller sich auf einer Reise im Sinne der Versicherungsbedingungen befindet.

AKB 2015
A.3.7.1

AKB 2015
A.3.4

Der Autoschutzbrief bietet, wie auch die übrigen Arten der Kfz-Versicherung, Versicherungsschutz in Europa und in den außereuropäischen Ländern, die zum Geltungsbereich der EU gehören.

Die **Ausland bezogenen Leistungen** werden also nur dann gewährt, wenn das Ereignis (Panne, Unfall, Reise) im vorbeschriebenen Geltungsbereich eingetreten ist.

Die Leistung selbst besteht, wie bereits eingangs festgestellt, im **Ersatz von Kosten** oder in einer **Serviceleistung**.

Dabei können bestimmte Leistungsbegrenzungen vorgesehen sein.

> **Beispiele:**
>
> **A.3.5.2** ● Für eine Pannen- und Unfallhilfe am Schadenort werden max. 100,00 € erstattet.
>
> **A.3.5.3** ● Das notwendige Abschleppen des Fahrzeuges nach Panne oder Unfall ist mit max. 150,00 € gedeckt.
>
> **A.3.6.2** ● Schadenbedingte Übernachtungskoten nach Fahrzeugpanne, -unfall oder -diebstahl werden für höchstens drei Nächte erstattet, wobei ein Höchstbetrag von 60,00 € je Übernachtung und Person gilt.
>
> **A.3.7.2** ● Bis zum Rücktransport eines Erkrankten werden die durch die Erkrankung bedingten Übernachtungskosten für höchstens 3 Übernachtungen bis zu 60,00 € je Person übernommen.

A.3.11.1

Die **Leistungen** aus dem Autoschutzbrief sind **nachrangig**, d. h. wenn der Schadenersatz von einem Dritten verlangt werden kann, geht diese Leistungsverpflichtung vor.

> **Beispiel:**
>
> Durch die Schuld eines anderen Verkehrsteilnehmers wird das Fahrzeug des VN im Ausland derart beschädigt, dass es nicht mehr fahrbereit ist. Der VN nimmt einen Mietwagen und kann die Kosten vom Unfallverursacher ersetzt verlangen.

A.3.11.2

Meldet der VN den Schaden bei seinem Autoschutzbrief-VR an, ist dieser allerdings vorleistungspflichtig.

A.3.9

Die **Autoschutzbriefversicherung** kennt ebenfalls die in der Kfz-Versicherung üblichen **Ausschlüsse**.

Die versicherten Hilfeleistungen bei **Krankheit, Verletzung oder Tod auf einer Reise** sind ausgeschlossen, wenn

A.3.7 ● wenn das Ereignis (z. B. Krankheit) **weniger als 50 km** vom ständigen Wohnsitz des VN eintritt,

A.3.9.5 ● wenn eine **Erkrankung nicht unvorhersehbar** war. Das wird angenommen, wenn diese bereits 6 Wochen vor Beginn der Reise (erstmalig oder zum wiederholten Male) aufgetreten ist.

Lernkontrollen zu C 6

Autoschutzbrief

1 Prüfen Sie mit Hilfe der AKB 2015 im **Proximus 4 Bedingungswerk**, ob und ggf. bis zu welcher Höhe eine Leistung aus dem Autoschutzbrief erbracht wird.

a) Der VN bleibt mit defekter Wasserpumpe auf einer belgischen Autobahn liegen. Der Pannenservice stellt 120,00 € an Reparaturkosten und 150,00 € für die neue Wasserpumpe in Rechnung.

b) Das Fahrzeug des VN hatte in Rom/Italien einen Motorschaden erlitten. Da die Reparaturdauer wegen der Ersatzbeschaffung mit einer Woche angesetzt wurde, ist der VN mit seiner Ehefrau per Flugzeug nach Hamburg an den ständigen Wohnsitz zurückgekehrt. Für die Abholung des Wagens hat er abermals ein Flugticket gebucht. An Taxikosten vom und zum jeweiligen Flughafen sind vier Mal ca. 60,00 € an Kosten angefallen.

c) Dem in Berlin wohnenden VN ist beim Umsteigen im Hauptbahnhof Frankfurt/Main die Brieftasche mit Bargeld und allen Reisedokumenten gestohlen worden.

d) Dem VN ist das Fahrzeug in Polen gestohlen worden. Bei seiner Rückkehr macht er aus diesem Grund die Kosten für einen Mietwagen in Höhe von 200,00 € für zwei Tage und zwei Übernachtungen in einem Hotel (70,00 € pro Nacht) geltend.

e) Die Lichtmaschine im Fahrzeug des VN hat ihren Dienst versagt. Da das Ersatzteil im Urlaubsland nicht zur Verfügung steht, wird es aus Deutschland angefordert. Es entstehen nicht unbeträchtliche Versandkosten.

2
Die Ehefrau des VN Dieter Hellmich ruft aus Griechenland an und berichtet, dass ihr Ehemann am Urlaubsort schwer erkrankt ist. Er sei momentan nicht transportfähig und müsse voraussichtlich zunächst für vier Wochen in einem Athener Krankenhaus stationär behandelt werden, ehe an einen evtl. Rücktransport nach Deutschland zur Weiterbehandlung gedacht werden könne. Sie selbst sei nicht in der Lage, das Wohnmobil nach Deutschland zurück zu führen. Wegen des kritischen Zustandes möchte sie zunächst bei ihrem Mann bleiben. Aus diesem Grunde müsse auch die 5-jährige Tochter sowie der Familienhund Barko durch Dritte nach Deutschland zurück gebracht werden.

Frau Hellmich möchte wissen, welche Kostenerstattungen bzw. Leistungen aus dem Autoschutzbrief erbracht werden.

● **Arbeitsauftrag**

Beschreiben Sie der Ehefrau des VN die in diesem Zusammenhang versicherten Leistungen und Leistungsgrenzen sachgerecht.

7 Fahrerschutz-Versicherung

7.1 Versichertes Risiko

a) Versicherte Personen

AKB 2015
A 4.2

Versichert ist der berechtigte Fahrer des Fahrzeugs (zur Definition des Fahrers, vgl. C 2.1.1). **Berechtigter Fahrer** ist derjenige, der mit Wissen und Willen des Verfügungsberechtigten (z. B. Halter, Eigentümer) das Fahrzeug lenkt.

Mitversichert sind gesetzliche Unterhaltsansprüche der Hinterbliebenen, wenn der Fahrer aufgrund eines versicherten Ereignisse zu Tode kommt.

b) Versichertes Ereignis

A. 4.1

Erleidet der berechtigte Fahrer beim **Lenken des Fahrzeuges** einen Personenschaden durch Unfall, besteht Anspruch auf die nachstehend unter D 7.2 beschriebenen Leistungen.

Die Feststellung »beim Lenken« in den AKB 2015 bringt zum Ausdruck, dass der berechtigte Fahrer für den Versicherungsschutz im Unfallzeitpunkt diejenigen Verrichtungen ausübt, damit die bestimmungsgemäßen Triebkräfte auf das Fahrzeug zur Fortbewegung einwirken können. Ein Unfall beim Beladen wäre also nicht versichert.

Das Ereignis selbst muss die bekannten **Merkmale des Unfallbegriffs** erfüllen, um als Unfall zu gelten.

Versichert ist dann der Personenschäden (Gesundheitsschädigung oder Tod).

7.2 Leistungen

a) Umfang

A. 4.4

Die AKB 2015 stellen ausdrücklich fest, dass für einen Personenschaden des berechtigten Fahrers die Leistungen so erbracht werden, als wäre ein Haftpflichtversicherer eintrittspflichtig. Dabei spielt keine Rolle, ob der Unfall selbst verschuldet wurde oder nicht.

Hat ein Dritter den Unfall verschuldet, ist dieser allerdings vorrangig leistungspflichtig.

Aus den beiden vorgenannten Bestimmungen wird deutlich, welchem Zweck die Fahrerschutz-Versicherung dienen soll: Der berechtigte Fahrer soll sich in jedem Falle bei einem Personenschaden geschützt wissen; denn das Lenken eines Fahrzeuges stellt schon allein aufgrund der Betriebsgefahr, die einem Fahrzeug im Verkehr beiwohnt, ein größeres Unfallrisiko dar. Soweit kein Dritter für den Personenschaden leistungspflichtig ist tritt die Fahrerschutz-Versicherung als Leistende ein.

Die AKB 2015 zählen beispielhaft als Leistungen auf:

- Verdienstausfall
- behindertengerechte Umbaumaßnahmen
- Hinterbliebenenrente
- Schmerzensgeld

Geleistet wird bis zu einer Höhe von 12 Mio. € je Versicherungsfall.

b) Ausschlüsse

Ausgeschlossen vom Versicherungsschutz sind:

- Vorsatz
- Genehmigte Rennen
- Kernenergie

Diese Ausschlüsse kennt man auch in den anderen Versicherungsarten der Kfz-Versicherung.

Ausgeschlossen sind auch Ansprüche Dritter gegen den Versicherer. Dieser Ausschluss hat aber im Rahmen der FahrerschutzVersicherung regelmäßig keine praktische Bedeutung.

8   Kfz-Umweltschadenversicherung

Vorbemerkung:

Im **Proximus 4 Bedingungswerk** ist die **Kfz-Umweltschadenversicherung** Bestandteil des Vertrages über die Kfz-Haftpflichtversicherung und deshalb in den dortigen AKB 2015 geregelt. Sehen die jeweiligen AKB in der Praxis die automatische Mitversicherung nicht vor, kann durch besondere Vereinbarung der Versicherungsschutz nach den **Ergänzenden Bedingungen für die Kfz-Versicherung von Umweltschäden** erworben werden.

8.1 Schadenersatzansprüche nach dem Umweltschadensgesetz (USchadG)

Nach dem am 14. Nov. 2007 mit Rückwirkung auf den 30. April 2007 in Kraft getretenen USchadG werden Umweltschädiger mit öffentlich-rechtlichen Ansprüchen konfrontiert, wenn sie bei Ausübung einer **beruflichen Tätigkeit** einen Umweltschaden verursachen. Ein solcher Umweltschaden kann auch durch den Gebrauch eines Kraftfahrzeuges entstehen, weshalb die Mitversicherung dieses Risikos in den Fokus gerückt ist.

a) Definition der beruflichen Tätigkeit im USchadG

Als berufliche Tätigkeit gilt nach dem USchadG »jede Tätigkeit, die im Rahmen einer wirtschaftlichen Tätigkeit, einer Geschäftstätigkeit oder eines Unternehmens ausgeübt wird, unabhängig davon, ob sie privat oder öffentlich und mit oder ohne Erwerbscharakter ausgeübt wird.«

> **Beispiele:**
> - Landwirtschaftliche oder industrielle Produktion
> - Ablagerung des bei der Produktion angefallenen Sondermülls
> - Düngung im heimischen Garten für den Gemüseanbau zur Selbstversorgung
> - Anreise zu einem Geschäftstermin mit dem Pkw
> - Durchführung eines privaten Umzugs mit dem eigenen Pkw, um die Kosten einer Möbelspedition einzusparen

Die Definition ist recht weit ausgelegt, um einen großen Tätigkeitsbereich zu erfassen, der für einen Umweltschaden in Frage kommen kann.

b) Umweltschäden nach dem USchadG

Umweltschäden im Sinne des USchadG sind.

– eine **Schädigung von geschützten Arten** und **natürlichen Lebensräumen** nach Maßgabe des § 19 des Bundesnaturschutzgesetzes (BNatSchG)

> **Beispiel:**
>
> Schädigung eines Schutzgebietes für wild lebende Vogelarten durch auslaufendes Motoröl.

– eine **Schädigung der Gewässer** einschließlich **Grundwasser** nach Maßgabe des § 90 des Wasserhaushaltsgesetzes (WHG).
  Hierunter fällt jeder Schaden mit **erheblicher nachteiliger Auswirkung** auf bestimmte Eigenschaften eines oberirdischen Gewässers, Küstengewässers oder von Grundwasser.

– eine **Schädigung des Bodens** durch Einbringung von Stoffen, die die Bodenfunktion im Sinn des Bundes-Bodenschutzgesetzes (BBodSchG), z. B. die natürliche Funktion als Lebensgrundgrundlage und Lebensraum für Menschen, Tiere, Pflanzen, beeinträchtigt und Gefahren für die menschliche Gesundheit verursacht.

> **Beispiel:**
>
> Ein Landwirt bringt ein Düngemittel in zu hoher Konzentration auf, wodurch der Boden und später die Anbauprodukte eine zu hohe, den Menschen gefährdende Schadstoffbelastung aufweisen.

Der Landwirt ist verpflichtet, zur Beseitigung des Umweltschadens den Boden auf seine Kosten zu sanieren.

c) Anwendungsbereich nach dem USchadG

Das USchadG gilt für

– Umweltschäden und unmittelbare Gefahren solcher Schäden, die durch eine der in Anlage 1 aufgeführten beruflichen Tätigkeiten verursacht werden.

> **Beispiel:**
>
> ● Abfallbewirtschaftungsmaßnahmen (Sammlung, Beförderung, Verwertung von Abfällen)
>
> ● Herstellung, Verwendung, Lagerung, Verarbeitung , Abfüllen, Freisetzen von z. B. Pflanzenschutzmitteln
>
> ● Beförderung gefährlicher oder umweltschädlicher Güter auf z. B. Straße, Schiene, Binnengewässern

Die in Anlage 1 erfassten beruflichen Tätigkeiten sind dadurch gekennzeichnet, dass sie mit einem hohen Gefahrenpotenzial für die Umwelt verbunden sind.

– Schädigungen von bestimmten Arten und natürlichen Lebensräumen im Sinn des BNatSchG und unmittelbare Gefahren solcher Schäden, die durch andere berufliche Tätigkeiten als die in Anlage 1 des USchadG aufgeführten verursacht werden, sofern der Verantwortliche **vorsätzlich** oder **fahrlässig** gehandelt hat.

Aufgrund der letztgenannten Bestimmung kann die Umweltschadenersatzpflicht praktisch **jeden** treffen, der **im Rahmen einer beruflichen Tätigkeit** einen nach dem USchadG ersatzpflichtigen Umweltschaden schuldhaft herbeiführt (siehe hierzu das einführende Beispiel zu C 8.2).

Der Verantwortliche hat

- die zuständige Behörde unverzüglich über alle bedeutsamen Aspekte zu informieren, wenn die Gefahr eines Umweltschadens besteht oder ein Umweltschaden eingetreten ist,

- die erforderlichen Vermeidungsmaßnahmen zu ergreifen, wenn die unmittelbare Gefahr eines Umweltschadens besteht,

- die erforderlichen Schadenbegrenzungsmaßnahmen bei einem eingetretenen Umweltschaden vorzunehmen,

- die erforderlichen Sanierungsmaßnahmen nach einem Umweltschaden zu ergreifen,

- die Kosten der Vermeidungs- und Sanierungsmaßnahmen zu tragen.

USchadG
§ 4 – 9

8.2 Gegenstand und Umfang der Kfz-Umweltschadenversicherung

> **Beispiel:**
> Ein Handelsvertreter kommt infolge Übermüdung von der Fahrbahn ab und stürzt mit seinem Fahrzeug in das Gewässer eines Naturschutzgebietes. Durch auslaufende Flüssigkeiten (Öl, Treibstoff) wird das Wasser verunreinigt, geschützte Pflanzen geschädigt und Fische getötet.

Der Handelsvertreter ist beruflich tätig, da er auf dem Weg zu einem Kunden ist. Im Rahmen dieser Tätigkeit veursacht er schuldhaft den Umweltschaden; denn er schädigt das Gewässer und bestimmte Arten und Lebensräume nach dem BNatSchG. Nach dem USchadG kommt er für die Kosten der Sanierung auf.

Der Schadenersatzanspruch nach dem USchadG ist ein sog. **öffentlich-rechtlicher Anspruch**, der durch die Kfz-Haftpflichtversicherung normalerweise nicht gedeckt ist; denn diese hat nach A.1.1.1 (c) AKB 2015 nur Schadenersatzansprüche aufgrund gesetzlicher Haftpflichtbestimmungen des **Privatrechts** zum Inhalt. Insofern besteht ggf. eine Deckungslücke, wenn die Kfz-Umweltschadenversicherung nicht Bestandteil der Kfz-Haftpflichtversicherung oder nicht besonders vereinbart ist.

Die Kfz-Umweltschadenversicherung stellt die mitversicherten Personen in der Kfz-Haftpflichtversicherung von öffentlich-rechtlichen Ansprüchen zur **Sanierung von Umweltschäden** nach dem USchadG durch **Schadenersatz in Geld** oder **Abwehr unberechtigter Ansprüche** frei, die durch

- einen Unfall,
- eine Panne,
- eine Betriebsstörung

AKB 2015
A.5.1, A5.2

des Fahrzeugs verursacht sind.

Im Beispielsfall muss die Kfz-Umweltschadenversicherung den durch den Handelsvertreter verursachten Umweltschaden regulieren, da er im Zusammenhang mit einem Unfall steht.

> **Beispielvariation:**
>
> Der in Rede stehende übermüdete Handelsvertreter stürzt mit seinem Fahrzeug in einen Gartenteich, den der Grundstückseigentümer angelegt hat. Durch die auslaufenden Flüssigkeiten entstehen die im obigen Beispiel genannten Schäden (Wasserverunreinigung, Pflanzenschädigung, Fischtötung). Das Fahrzeug hat beim Aufprall die Teichfolie beschädigt, so dass das verunreinigte Wasser ins Grundwasser gelangen kann.

Der private Gartenteich ist kein Gewässer im Sinne des USchadG und auch kein Ort zum Schutz von Arten und natürlichen Lebensräumen nach dem BNatSchG, der durch das USchadG geschützt werden soll. Insofern liegt kein Umweltschaden vor. Durch die beschädigte Teichfolie besteht aber die unmittelbare Gefahr für einen Gewässerschaden (hier: Grundwasserverseuchung) und für die Bodenfunktion durch Dekontamination des Erdreiches. Nach dem USchadG hat der Verantwortliche dies der zuständigen Behörde unverzüglich mitzuteilen und die erforderlichen Vermeidungsmaßnahmen auf seine Kosten einzuleiten.

Der geschädigte Teichbesitzer kann seinen Schaden aufgrund der Haftpflichtbestimmungen des Privatrechts beim Schädiger bzw. dessen Kfz-Haftpflichtversicherer geltend machen und der VR wird leisten müssen.

Die Vermeidungsmaßnahmen nach dem USchadG fallen als öffentlicher-rechtlicher Anspruch dagegen nur unter den Versicherungsschutz einer Kfz-Umweltschadenversicherung.

AKB 2015 A.5.3 — Die **Versicherungssumme** beträgt pauschal 5 Mio. € pro Versicherungsfall, höchstens jedoch 10 Mio. € pro Versicherungsjahr.

A.5.4 — Außerhalb des Anwendungsbereichs des USchadG zählen auch die Länder des Europäischen Wirtschaftsraums (EWR) zum **Geltungsbereich** der Kfz-Umweltschadenversicherung, soweit dort die EU-Umwelthaftungsrichtlinie gilt oder sinngemäß angewendet wird.

Im Übrigen gelten die **Regelungen in den AKB 2015** (z.B. zur Prämienzahlungspflicht und zu den Obliegenheiten) auch für die Kfz-Umweltschadenversicherung, soweit sie nicht explizit ausgeschlossen oder erweitert sind. Letzteres ist bei den Pflichten im Schadenfall zu beachten; denn E.6 AKB 2015 regelt, was bei einem Schadenfall zusätzlich in der Kfz-Umweltschadenversicherung zu beachten ist.

Sofern die Kfz-Umweltschadenversicherung besonders vereinbart wird, sind die vorstehend angesprochenen Regelungen in den **Ergänzenden Bedingungen für die Kfz-Versicherung von Umweltschäden** anzutreffen.

Lernsituationen

Kunden beim Abschluss von Kraftfahrtversicherungen beraten und Verträge bearbeiten

Lernsituation 1:

»Gibt es eine preiswerte Variante?«

Antje Kirberg (19 Jahre), wohnhaft in Leverkusen, hat gerade ihr Abitur bestanden und möchte jetzt Kunst an der Kunstakademie in Düsseldorf studieren. Dort studiert schon seit einem Semester ihre Freundin Katja, die täglich sehr zeitaufwändig von Leverkusen nach Düsseldorf mit Bahn und Bus pendelt; denn ihr sind die Mieten in Düsseldorf zu hoch. Auch Antje kommt schnell zu der Erkenntnis, dass ihr finanzielles Budget mit einem Zimmer am Studienort stark strapaziert würde. Ihre Sorge schildert sie ihren Großeltern, als diese zu Besuch weilen. Der Großvater überlegt kurz und hat dann folgende Idee:

»Mein liebes Kind, ich trage mich schon länger mit dem Gedanken, meinen Führerschein abzugeben; denn der Straßenverkehr ist für mich zu hektisch geworden. Du kannst dann mein Auto, den Ford Focus, von mir geschenkt haben und damit täglich nach Düsseldorf fahren. Der ist erst gerade mal 5 Jahre alt, hat noch keine 20 000 Kilometer gelaufen und meistens in der Garage gestanden. Und die Autoversicherung brauche ich ja auch nicht mehr. Die könntest Du auch übernehmen. Ich fahre schon seit 30 Jahren unfallfrei und habe gehört, dass man den Rabatt übertragen kann.« Antje ist sofort begeistert; denn dann könnte sie ihre Freundin mitnehmen und sie könnten sich die Kosten teilen. Nur Antjes Mutter hat große Bedenken. »Und was ist, wenn Du einen Unfall machst? Und dann auch noch Katja im Auto … Da müssen wir womöglich ein Leben lang für Euch beide bezahlen. Ich finde die Idee nicht toll.« Nach längerer Diskussion über das Für und Wider schlägt der Vater von Katja vor, die Proximus Agentur Günther Klein zu besuchen, die ihn in allen Versicherungsfragen betreut, um sich unverbindlich beraten zu lassen. Das wird dann auch so beschlossen.

Am nächsten Tag erscheint Katja mit ihren Eltern und dem Großvater in der Agentur Günther Klein. Sie werden von der Sekretärin Helga Weinheimer empfangen, die sie nach Ihrem Anliegen fragt, um sie dann entsprechend weiterleiten zu können. Als die Sekretärin erfährt, dass Antje gerade erst den Führerschein gemacht hat und jetzt ein Fahrzeug auf sich zulassen will, macht sie leider die unbedachte Bemerkung »Oh, das wird aber teuer.« Antje sieht alle ihre Hoffnungen schwinden und fragt sofort »Gibt es auch eine preiswerte Variante?«

Mit diesem und den weiteren Anliegen werden die Erschienen an Sie zur Beratung weitergeleitet.

Arbeitsauftrag

1. Planen und skizzieren Sie zunächst den Ablauf des Beratungsgespräches. Überlegen Sie hierfür, welche Informationen Sie noch erfragen wollen und welche Inhalte das Beratungsgespräch enthalten soll. Der Großvater hat die Zulassungsbescheinigung Teil 1 zur Hand.

2. Führen Sie dann nach Möglichkeit den Ablauf des Beratungsgespräches als Rollenspiel durch und machen Sie ein Versicherungsschutzangebot mit Prämienberechnung.

3. Beachten Sie während des Beratungsgespräches auch die gesetzlich vorgesehenen Beratungs- und Dokumentationspflichten.

Hilfsmittel

Lehrbuch, **Proximus 4 Bedingungswerk**

Auszug aus der Zulassungsbescheinigung Teil 1 (Fahrzeugschein):

2.1.: 8566

2.2: BGS...

D.3: FOCUS FLH 1.6

2:    Ford-Werke

Lernsituation 2:

»Und was ist mit meiner Kraftfahrzeugversicherung?«

Sie sind Mitarbeiter/-in in der Proximus Agentur Hilmar Krause und erhalten das folgende Schreiben zur Bearbeitung:

Renate Gillmeister   Hinterzarten, dem 15. Januar 20..
Titiseestr. 22
79856 Hinterzarten

Proximus Agentur
Hilmar Krause
Bergstr. 8
79254 Oberried

Sehr geehrte Damen und Herren,

meine Tochter Carolin wird ab 1. April d. J. ihr Studium, dass sie vor einem Jahr in Marburg begonnen hat, an der Universität Växjö, Schweden, für zwei Jahre fortsetzen. In diesem Zusammenhang habe ich folgende Fragen bzw. Anliegen:

1. Ich werde meine Tochter mit meinem Pkw nach Schweden bringen. Habe ich dafür Versicherungsschutz? Brauche ich besondere Formulare? Wie muss ich mich verhalten, wenn ich unverschuldet durch einen schwedischen Autofahrer in einen Unfall verwickelt werde?

2. Der auf mich zugelassene, aber nur von meiner Tochter gefahrene VW Polo wird im Moment nicht mehr benötigt. Ich denke, dass eine Kündigung dieser Versicherung für mich die beste Lösung ist. Welchen Prämienanteil bekomme ich dann erstattet?

3. Wenn meine Tochter nach 2 Jahren von Schweden zurückkehrt, soll der Wagen wieder zugelassen werden. In welche Schadenfreiheitsklasse wird er dann eingestuft, wenn die Zulassung zum 1. April des entsprechenden Jahres erfolgen soll?

Gerne höre ich Ihre Rückantwort.

Mit freundlichen Grüßen

Renate Gillmeister

Arbeitsauftrag

1. Strukturieren und skizzieren Sie die Inhalte für das Antwortschreiben an Frau Gillmeister unter besonderer Berücksichtigung der Kunden- und Vertriebsorientierung.

2. Berücksichtigen und begründen Sie den Kosten/Nutzen-Aspekt für den Kunden und die Proximus Versicherung AG bei den von Ihnen vorgeschlagenen Lösungen.

Hilfsmittel

Lehrbuch, **Proximus 4 Bedingungswerk**, Vertragsdaten (Kundenspiegel)

Versicherungsnehmerin:	Renate Gillmeister, Titiseestr. 22, 79856 Hinterzarten
Versicherte Fahrzeuge:	VW Golf VII Variant 1.4 T 51, 90 kW, 1395 ccm,
	Erstzulassung: 02.10.2014,
	amtliches Kennzeichen FR-RG 433,
	nur private Nutzung,
	Garage,
	bis 9000 km jährliche Fahrleistung.
	VW Polo V 1.0, 44 kW, 999 ccm,
	Erstzulassung: 02.10.2015,
	amtliches Kennzeichen FR-CG 100,
	Nutzung durch Tochter Carolin, geb. 15. Nov. 1996
	keine Garage,
	bis 9000 km jährliche Fahrleistung.
Versicherungsperiode:	01. Jan. d. J. 0 Uhr – 01. Jan. n. J. 0 Uhr
	(für beide Fahrzeuge)
Zahlungsweise:	jährlich
Versicherungsumfang:	Kfz-Haftpflichtversicherung für beide Fahrzeuge
	unbegrenzte Deckung
	Kaskoversicherungen:
	VW Golf VII Variant: Vollkasko mit 500,00 € SB
	Teilkasko ohne SB
	VW Polo: Teilkasko mit 150,00 € SB
Prämiensätze:	VW Golf VII Variant SF 8 in KH und Vollkasko
	VW Polo SF 4 in KH
Schäden im letzten Kalenderjahr: keine	

D Schaden- und Leistungsbearbeitung

1 Risk Management

Situation

Immer mehr Schäden durch klimabedingte Naturkatastrophen

Die vergangenen 20 Jahre hatten es in sich: Klimabedingte Katastrophen wie Überflutungen, Stürme und Waldbrände haben deutlich zugenommen. Deutschland verzeichnet die höchsten Schadensbilanzen seit langem.

Zu diesem Ergebnis kommt eine neue UN-Studie. Überschwemmungen, Stürme, Hitzewellen, Dürren und Waldbrände verursachten in den vergangenen 20 Jahren mehr als doppelt so hohe Schäden wie in den 20 Jahren davor, berichtete das UN-Büro für Katastrophenvorsorge (UNISDR) in Genf.

UNISDR-Vertreter Ricardo Mena sprach von alarmierenden Zahlen – auch mit Blick in die Zukunft. Die Zahl der klimabedingten Katastrophen stieg von durchschnittlich 165 auf 329 pro Jahr, heißt es in dem Bericht. In dem untersuchten Zeitraum wurden weltweit 7 255 Naturkatastrophen registriert. 43 Prozent davon waren Überschwemmungen und 28 Prozent Stürme.

Vielfach klimabedingte Katastrophen

Der Klimawandel führe zu immer mehr und immer größeren Katastrophen, sagte UNISDR-Sprecher Denis McClean dem Evangelischen Pressedienst. Fast vier Fünftel aller Schäden seien durch Katastrophen verursacht wurden, die in einem Zusammenhang mit dem Klima stehen. Es handele sich dabei um eine Summe von 2 250 Milliarden US-Dollar. Allerdings seien nicht alle Katastrophen, die im Zusammenhang mit dem Klima stehen, auf die Erderwärmung zurückzuführen.

56 Prozent der 1,3 Millionen Todesopfer kamen durch andere, nicht klimabedingte Desaster ums Leben, etwa Erdbeben, Tsunamis oder Vulkanausbrüche. Bei den 4,4 Milliarden Menschen, die verletzt wurden oder ihre Häuser und ihren Lebensunterhalt verloren, waren 94 Prozent von klimabedingten Phänomenen wie Überschwemmungen, Dürren und Stürme betroffen. Die gemeldeten Schäden durch klimabedingte Naturkatastrophen lagen von 1998 bis 2017 bei 2 200 Milliarden Dollar (1 900 Milliarden Euro). Das ist zweieinhalb mal so hoch wie in der Periode 1978–1997 (895 Milliarden Dollar).

Deutschland und das Hochwasser

Bei den erfassten absoluten Schäden liegt aber auch Deutschland international unter den Top Ten, vor allem wegen Folgen von Überschwemmungen. Frankreich litt hingegen stärker unter Stürmen, Italien unter Beben.

Quelle: https://www.dw.com/de/immer-mehr-schäden-durch-klimabedingte-naturkatastrophen (Stand: 04.04.2019)

1.1 Gefahren und wirtschaftliche Folgen

➤ Bedrohungen durch Gefahren

Gefahren		
für Personen	**für Sachen**	**für Vermögen**

Beispiele:
• Krankheit
• Berufs- bzw. Erwerbs-
  unfähigkeit
• Unfall
• Tod
	Beispiele:
	• Brand
	• Sturm und andere
	  Elementargewalten
	• Leitungswasser
		Beispiele:
		• Schadensersatzleistun-
		  gen nach Haftpflichtfall
		• Rechtsanwalts- und
		  Gerichtskosten bei einem
		  Prozess
		• Entgehender Gewinn
		  bei einer Betriebsunter-
		  brechung, z. B. infolge
		  von Brand

Die ständige Gefährdung gehört zum Wesen der menschlichen Existenz. **Diebstahl, Feuer** und **andere Ereignisse,** in denen sich die Gefahren konkretisieren können, **verursachen** mehr oder minder **große Verluste an Hab und Gut.**

Es geht aber nicht nur um den möglichen **Verlust von Sachwerten** und um **Schadenersatzverpflichtungen**, sondern auch der Mensch als solcher ist bedroht: **Krankheit** und **Unfälle gefährden** seine **Gesundheit** und **Arbeitskraft.** Sie führen zu Einkommensverlusten und unerwarteten Ausgaben, die sowohl den Betroffenen selbst als auch die von ihm abhängigen Angehörigen in **materielle Not** stürzen können.

Auch die z. B. unbeabsichtigte Falschberatung durch einen Rechtsanwalt stellt für den Mandanten eine Gefahr dar, da sie für ihn zu einem wirtschaftlichen Verlust führen kann.

Im allgemeinen Sprachgebrauch wird als synonyme Bezeichnung für die Gefahr auch der Begriff **Risiko** verwendet. Die Versicherungslehre versteht unter Risiko die Möglichkeit des Schadeneintritts durch Verwirklichung einer versicherten Gefahr. Das von einer versicherten Gefahr bedrohte versicherte Objekt wird deshalb auch als versichertes Risiko bezeichnet.

➤ Schadenarten

Personenschäden	**Sachschäden**	**Reine Vermögensschäden**

Vermögensnachteile
infolge
• Verletzung
• Gesundheitsschädigung
• Tod
	Vermögensnachteile
	infolge
	• Beschädigung
	• Zerstörung
	• Abhandenkommen
	  (Verlust)
		Vermögensschäden, die nicht
		Folge eines Personen- oder
		Sachschadens sind.
		Beispiel:
		• Verlorener Prozess
		  infolge Falschberatung
		  durch Rechtsanwalt

Jeder Personen-, Sach- oder Vermögensschaden bedeutet einen finanziellen Verlust. Man spricht in diesem Zusammenhang auch vom sog. **materiellen Schaden.** Daneben gibt es aber auch Schäden, die nicht in Geld messbar sind, wie der körperliche oder seelische Schmerz **(immaterieller Schaden)**. Vor allem im Zusammenhang mit der Entschädigung nach Kraftfahrzeugunfällen hat die Regulierung von immateriellen Schäden in Form des **Schmerzensgeldes** eine große Bedeutung.

1.2 Möglichkeiten zur Risikoabschätzung und Risikobewältigung

Übersicht: Phasen des Risikomanagements	
● Risikoidentifikation und Risikoanalyse	**Beispiele:** – Sichtprüfung – Klimaveränderungen
● Risikobewertung	– Auswertung von Statistiken und Daten – Ermittlung von Eintrittswahrscheinlich- keiten – Bestimmung der Akzeptabilität eines Risikos
● Risikobewältigung	– Schadenverhütung – Schadenbegrenzung während und nach der Gefahrenverwirklichung

1.2.1 Risikoidentifikation und Risikoanalyse

➤ **Objektives und subjektives Risiko**

Objektive Risikomerkmale	Subjektive Risikomerkmale
Beispiele: Feuerversicherung ● Bauartklasse ● Betriebsart ● Brandschutzanlagen Lebensversicherung ● Alter ● Geschlecht ● Gesundheitszustand ● Vorerkrankungen	**Beispiele:** Feuerversicherung ● Leichtsinniger Umgang mit offenem Feuer ● Nachlässige Wartung von Sicherheits- einrichtungen Lebensversicherung ● Arztfeindliche Einstellung ● Übermäßiger Alkohol- oder Zigaretten- konsum

Alle Gefahrenmerkmale, die den versicherten Personen oder Sachen erkennbar innewohnen und die zum Schaden führen können, bezeichnet man als **objektives Risiko.**

Der mögliche Schadeneintritt und sein Umfang wird jedoch häufig nicht nur durch das objektive Risiko, sondern auch durch das Verhalten des Versicherten **(subjektives Risiko)** bestimmt.

➤ Risikoanalyse und Risikobewältigung

Es ist eine der wichtigsten Aufgaben des modernen Wirtschaftsleben, den Eintritt von Schäden zu vermeiden oder zumindest das Risiko zu begrenzen und Vorsorge zu treffen.

Um sich der möglichen Risiken bewusst zu werden und entsprechende Vorsorge treffen zu können, bedarf es einer gründlichen Risikoanalyse.

Es gilt:

- Mögliche Risiken sind zu erkennen.

> **Beispiel:**
> Betriebsbesichtigung durch Fachleute der Feuerwehr.

- Es ist nach den Ursachen der erkannten Risiken zu forschen.

> **Beispiel:**
> Bei der Benutzung eines Kfz wird das Unfallrisiko z. B. durch die Motorstärke, die Verkehrsdichte der Region (sog. **objektive Risikomerkmale**), aber auch durch das Fahrverhalten und die Fahrtüchtigkeit des Fahrers (sog. **subjektive Risikomerkmale**) bestimmt.

- Die Auswirkung des Risiko ist zu bestimmen **(Quantifizierung des Risikos).**

  Es muss herausgefunden werden, welche Schäden und in welcher Höhe eintreten können und wie durch sie der Ablauf gestört sein kann.

Erst diese Risikoanalyse gestattet es, entsprechende Sicherungsmaßnahmen zu planen und zu ergreifen.

Soll das Risiko durch eine Versicherung gedeckt werden, hat die Risikoanalyse folgende Funktion:

- Aus Sicht des VN darf keine Deckungslücke entstehen. Er soll sich ausreichend abgesichert wissen, wenn es zu einem Schaden kommt.
- Aus Sicht des VR ist sie insbesondere Grundlage für die richtige Beratung, um die möglichen Risiken zu decken und die Versicherungsprämie zu berechnen.

Die Planung und Durchführung von Sicherungsmaßnahmen im Anschluss an eine Risikoanalyse sowie die Kontrolle von Veränderungen im Zeitablauf, die es ständig zu beobachten gilt, und die Anpassung der Sicherungsmaßnahmen an Veränderungen bezeichnet man als **Risk Management**.

1.2.2 Risikobewertung

> **Situation**
>
> »Von Überschwemmungen kann nahezu jeder betroffen werden. Sei es als Hausbesitzer, Mieter oder Autofahrer. Denn nicht nur in bestimmten flussnahen Gegenden tritt von Zeit zu Zeit das Wasser über die Ufer, auch durch plötzlichen Starkregen, der erst die Kanalisation und dann die Keller flutet, werden auch Orte abseits von Gewässern in Mitleidenschaft gezogen. Welche verheerenden Schäden die Wassermassen anrichten können, haben die Überschwemmungen der letzten Jahre gezeigt.«
>
> Quelle: GDV, Broschüre »Land unter...«

Die Risikobewertung besteht im Wesentlichen aus der **Risikoabschätzung** und der **Bestimmung der Akzeptabilität** eines Risikos.

➤ **Risikoabschätzung**

Die beiden zentralen Komponenten der Risikoabschätzung sind

– die Schadeneintrittswahrscheinlichkeit,
– das mögliche Schadenausmaß.

Sie werden durch die Auswertung statistischer Daten unter Beachtung des Gesetzes der großen Zahl gewonnen (vgl. Band 2, Abschnitt A 3.2).

Die Wahrscheinlichkeit ergibt sich aus dem Verhältnis der vermuteten Schadenfälle zu den insgesamt möglichen Fällen.

Die Einheit des Schadenausmaßes hängt vom jeweiligen Sachgebiet ab. Es können finanzielle Werte sein (€), aber auch Tote oder der Totalverlust eines Schiffes/Flugzeuges.

➤ **Akzeptabilität eines Risikos**

Für die Beurteilung der Frage, inwieweit ein Risiko akzeptiert wird, eignet sich das sog. **Ampelmodell**. Es beruht auf den drei Bewertungskategorien Normalbereich, Grenzbereich und inakzeptabler Bereich, wobei natürlich persönliche Wertvorstellungen und Risikobereitschaft eine große Rolle spielen.

> **Beispiel:**
>
> Der Käufer eines Neuwagens wird eine leichte Beschädigung seines Fahrzeugs vermutlich als **inakzeptabel** bewerten, während er eine gleichartige Beschädigung zwei Jahre später vielleicht schon als **Grenzbereich** einstuft. Für den Käufer eines älteren Gebrauchtwagens wird eine leichte Beschädigung vielleicht als **normal** erachtet.

Auf die verschiedenen Akzeptanzbereiche könnte im Beispielsfall wie folgt reagiert werden:

– Vollkaskoversicherung ohne Selbstbeteiligung bei Neukauf des Fahrzeuges,
– Vereinbarung einer Selbstbeteiligung in späteren Jahren,
– Verzicht auf Vollkaskoversicherung, wenn das Fahrzeug ein bestimmtes Alter erreicht hat.

Exkurs: Geo-Informationssystem »ZÜRS Geo« (Zonierungssystem für Überschwemmung, Rückstau und Starkregen) für die Risikobewertung in der Elementarschadenversicherung von Gebäuden und die Umweltschadenversicherung

»ZÜRS Geo« hilft bei der Beantwortung folgender Fragen:

● Welches Gebäude ist in welchem Ausmaß hochwassergefährdet?
● Welches Umgebungsrisiko ergibt sich aus dem Standort, beispielsweise eines Gewerbebetriebes für eine Umweltschadenversicherung?
● Welche Gebiete sind risikofrei?

Zur Beantwortung dieser Fragen hat der Gesamtverband der deutschen Versicherungswirtschaft das geographische Zonierungssystem »ZÜRS Geo« entwickelt.

Überschwemmungsrisiko

Im Rahmen der erweiterten Elementarschadenversicherung ist es grundsätzlich möglich, sich gegen Überschwemmungen zu versichern. Um die Überschwemmungen von Flüssen und Gewässern risikogerecht kalkulieren zu können, haben die deutschen Versicherer ein **Zonierungssystem (ZÜRS)** entwickelt. Insgesamt wurden über 16 Millionen

Adresskoordinaten in das System eingespeist, Überschwemmungsdaten bei über 200 Wasserwirtschaftsämtern gesammelt und rund 200 000 Fließgewässer in das System integriert. Heute kann nahezu jedes Gebäude einer der insgesamt vier Gefährdungs-klassen (GK) zugeordnet werden:

GK 1: nach gegenwärtiger Datenlage nicht vom Hochwasser größerer Gewässer betroffen

GK 2: Hochwasser seltener als 1 x in 100 Jahren, insbesondere Flächen, die bei einem sogenannten »extremen Hochwasser« ebenfalls überflutet sein können.

GK 3: Hochwasser 1 x in 10 bis 100 Jahren

GK 4: Hochwasser mind. 1 x in 10 Jahren

In der Zone 2 liegen etwa 7 Prozent der Gebäude. Etwa 2 Prozent der Gebäude liegen in den Zonen 3 und 4. Außerdem kennt ZÜRS zusätzlich eine Bachzone: Das Flussnetz wurde um kleine Gewässer erweitert, um die eine Pufferzone von jeweils 100 Metern pro Seite gelegt wurde. Liegt ein Haus innerhalb dieser Zone, also nicht mehr als 100 Meter vom Bach entfernt, gibt ZÜRS diese Bachinformation zusätzlich zur Gefährdungs-klasse an. Dies ist insbesondere für Risiken in der Gefährdungsklasse 1 eine wichtige Zusatzinformation, da bei größeren Ereignissen ein erheblicher Anteil der Schäden in der Gefährdungsklasse 1 liegt. Zudem kann abgelesen werden, ob ein Risiko auf einer Nord- oder Ostseeinsel liegt. Die Zonierung der einzelnen Gebäude kann sowohl über eine Postadresse als auch über Eingabe einer Geokoordinate erfolgen.

Überschwemmungsrisiko am Deutschen Eck, Koblenz

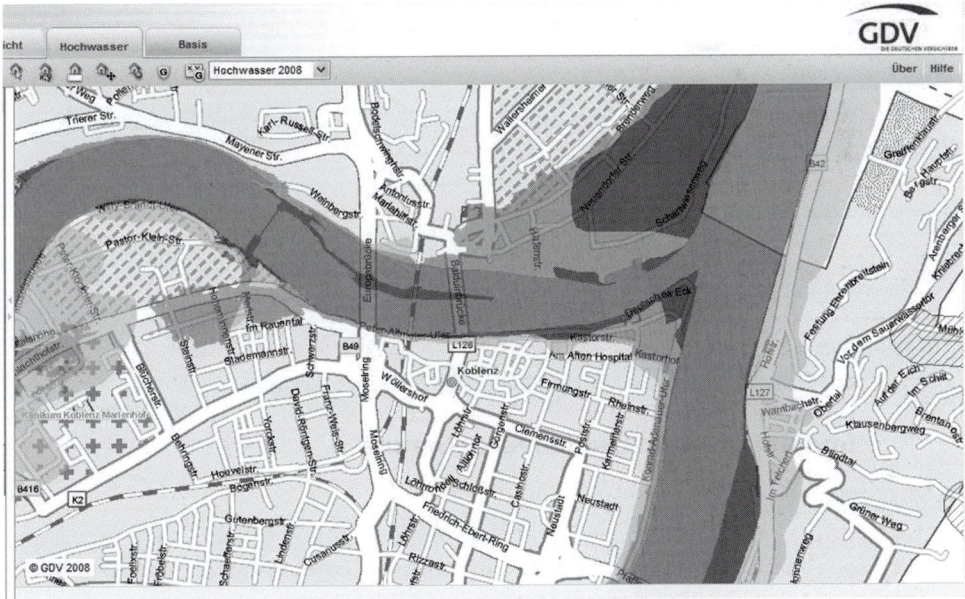

Umwelthaftungsrisiken erkennen

In ZÜRS Geo können zudem Umwelthaftungsrisiken abgefragt werden. Seit Ende 2007 ist das Umweltschadensgesetz in Kraft. Mit dem Gesetz sind völlig neue öffent-lich-rechtliche Verpflichtungen zur Vermeidung und Sanierung von Schäden an der Umwelt selbst entstanden.

Quelle: GDV 18. Okt. 2017
https://www.gdv.de/de/themen/news/-zuers-geo-zonierungssystem-fuer-ueberschwemmungsri-siko-und-einschaetzung-von-umweltrisiken-11656

1.2.3 Risikobewältigung

a) Grundsätzliche Möglichkeiten der Risikobewältigung

Grundsätzlich können folgende Maßnahmen unterschieden werden:

➤ **Gefahrenumgehung**

Einer möglichen Gefahr wird sich erst gar nicht ausgesetzt.

> **Beispiel:**
> Der Hausherr verzichtet auf den Einbau eines offenen Kamins, um die mögliche Brandgefahr aus dieser Einrichtung erst gar nicht zu schaffen.

➤ **Gefahrenabwehr**

> **Beispiel:**
> Blitzableiter auf dem Haus

➤ **Schadenminderung**

Maßnahmen zur Schadenminderung können während und auch nach der Wirksamkeit eines schadenverursachenden Ereignisses (z. B. Brand) ergriffen werden.

> **Beispiele:**
> (1) Als in der Küche ein Brand ausbricht, alarmiert der Wohnungsinhaber noch vor einem eigenen Löschversuch sofort die Feuerwehr.
> (2) Nach einem Dachstuhlbrand wird eine Plane aufgezogen, um das Hausinnere vor möglichem Regenwasser zu schützen.

➤ **Finanzielle Vorsorge**

> **Beispiele:**
> Rücklagenbildung, Abschluss entsprechender Versicherungsverträge

In Wirtschaftsunternehmen bezieht sich das **Risikomanagement** häufig auf Teilbereiche; das risikopolitische Instrumentarium besteht hier u. a. aus

● **Risikoabwälzung:**

So kann z. B. der Versender einer Ware u. U. das Transportrisiko auf den Frachtführer abwälzen. Durch vertragliche Abmachung wird hier versucht, selber so wenig wie möglich des insgesamt gegebenen Risikos zu tragen.

● **Risikoteilung:**

Ein risikoreiches Bauvorhaben im Ausland (Termine und Gewährleistung) kann z. B. auf eine größere Gruppe von Bauunternehmern so aufgeteilt werden, dass der einzelne Partner nicht über die Grenzen seiner Leistungsfähigkeit hinaus in Anspruch genommen werden kann.

● **Risikostreuung:**

Eine Bank kann z. B. mögliche Kreditverluste in der Weise eingrenzen, dass statt weniger großer Kredite viele kleine Kredite, und zwar an Unternehmen verschiedener Wirtschaftszweige, gewährt werden.

b) Risikobewältigung am Beispiel der Gefahr Überschwemmung

Situation

Hans Müller möchte ein Einfamilienhaus bauen und hat zwei Grundstücke zur Wahl. Ein Freund rät ihm, bei seiner Auswahlentscheidung auch die Möglichkeit einer Überschwemmung mit einzubeziehen, nachdem er eine solche selber erfahren musste.

➤ Risikoeinschätzung beim Grundstücks- bzw. Hauskauf

Wer ein Grundstück/Haus anschafft, sollte sich bei der zuständigen Behörde nach früheren Überschwemmungen und dem bekannten bzw. erwarteten Grundwasserstand informieren. Einen bedeutenden Anhaltspunkt liefert auch die ZÜRS-Tabelle (vgl. Exkurs in D 1.2.2).

Auch sollte man die jeweiligen Geländehöhen und die Geländebeschaffenheit untersuchen, um festzustellen, ob das Grundstück bei Starkregen durch Oberflächenwasser überschwemmt werden kann.

➤ Vorbeugende Baumaßnahmen

Bei großer Überschwemmungsgefahr sollte man ggf. auf den Bau eines Kellers verzichten und den Baukörper erhöht aufbauen.

Starkregen überlastet häufig die Kanalisation und verursacht einen Rückstau, wodurch Kellerräume überflutet werden können. Eine **Rückstausicherung** im Abflussrohr kann hier Abhilfe schaffen. Teilweise ist eine solche Sicherung gesetzlich vorgeschrieben.

Ein **Heizöltank** und die zugehörigen Rohrleitungen sollten gegen Aufschwimmen und das Eindringen von Wasser gesichert werden.

Vor allen Dingen in überschwemmungsgefährdeten Gebieten sollten **mobile Schutzsysteme** geplant werden, mit denen Türen, Fenster, Lichtschächte und Keller schnell verschlossen werden können.

➤ Einrichtungsüberlegungen

In überschwemmungsgefährdeten Gebieten sollte auf die hochwertige Ausstattung bedrohter Räume verzichtet werden. Wassergefährdende Stoffe, z. B. Lacke, aber auch wichtige Dokumente, sollten nicht im Keller aufbewahrt werden. Elektrische Versorgungseinrichtungen sollten ebenfalls in höher gelegenen Bereichen installiert sein.

➤ Einschluss weiterer Naturgefahren (Elementargefahren) in den Versicherungsvertrag

Durch gesonderte Vereinbarung der Versicherung weiterer Naturgefahren (Elementargefahren) in Hausrat- und Wohngebäudeversicherung ist das Überschwemmungsrisiko mitversichert (vgl. Band 2, A 2.2.8 und B 2.2.4).

➤ Notfallplan

Ein Notfallplan sollte vor einer möglichen Überschwemmung ausgearbeitet werden, damit man in der zu erwartenden Hektik nicht die Übersicht verliert.

Hierzu zählt:

– eine Liste der Telefonnummern und Anschriften von Rettungsdiensten, Ärzten, Angehörigen,

– eine Grundausstattung an Lebensmitteln und Medikamenten, die griffbereit zur Verfügung steht,

– ein Maßnahmenplan, der wie folgt aussehen könnte:

- Alarmieren und evakuieren gefährdeter Personen
- Strom bzw. elektrische Geräte in bedrohten Räumen abschalten
- Wertgegenstände und Dokumente sichern
- Fenster, Türen usw. abdichten
- gefährdete Räume entleeren
- Auto aus der Gefahrenzone fahren

Wasser übt einen enormen Druck auf das Mauerwerk aus. Ggf. muss die Flutung des Kellers geplant werden, um Gebäudeschäden vorzubeugen.

➤ Verhalten nach der Überschwemmung

Nach einer Überschwemmung lässt sich das Schadenausmaß ggf. noch begrenzen.

Rasches Abpumpen des Wassers sowie Trocknung des Gebäudes und der durchnässten Einrichtung sind erste Maßnahmen in diesem Sinne.

Elektrische Geräte sollten nicht ohne vorherige Prüfung in Betrieb genommen werden. Bei ausgelaufenen Schadstoffen ist die Feuerwehr zu verständigen.

Sofern eine Elementarschadenversicherung besteht, muss der VN den VR unverzüglich informieren und die Weisungen zur Schadenminderung einholen. Unabhängig davon empfiehlt es sich, die erreichten Wasserstände und die Schäden zu dokumentieren.

Lernkontrollen zu D 1

Gefahren und wirtschaftliche Folgen

1 Grenzen Sie die Begriffe Gefahr und Risiko an einem selbst gewählten Beispiel voneinander ab.

2 a) Was versteht man im Sprachgebrauch der Versicherungen unter Risiko und Schaden?

    b) Worin unterscheiden sich in diesem Zusammenhang »objektives« und »subjektives« Risiko? Verdeutlichen Sie Ihre Aussagen durch je ein Beispiel für objektives und subjektives Risiko aus der Feuer-, Kraftfahrt- und Lebensversicherung.

Risikoanalyse und Risikobewältigung

3 VR und VN (Vertragspartner eines Versicherungsvertrages) haben gleichermaßen ein Interesse an der Risikoanalyse. Versetzen Sie sich in die Rolle der Vertragspartner und zählen Sie Argumente für eine Risikoanalyse auf.

4 Sie werden vom Kunden Jan Mühlhaus besucht. Herr Mühlhaus schildert Ihnen, dass er ein Haus kaufen will. Seine Bank gewährt ihm ein Hypothekendarlehen, wenn er das Bestehen einer Gebäude-Feuerversicherung nachweist. Er bittet deshalb, ihm ein Angebot für eine reine Gebäude-Feuerversicherung zu unterbreiten. Auf eine Hausratversicherung glaubt er zunächst gänzlich verzichten zu können.

Überzeugen Sie Herrn Mühlhaus mithilfe der nachstehenden Daten des GDV davon, dass es sinnvoll ist, auch die Deckung weiterer Gefahren in die Wohngebäudeversicherung einzubeziehen und eine Hausratversicherung abzuschließen.

Verbundene Hausratversicherung (VHV)									
	Anzahl Schäden in Tausend			Leistungen in Mio. EUR			Schadendurchschnitt in EUR		
	2015	2016	2017	2015	2016	2017	2015	2016	2017
Feuer	280	250	230	360	360	360	1 295	1 411	1 554
Einbruchdiebstahl	420	390	340	690	590	490	1 622	1 541	1 461
Leitungswasser	170	180	170	230	240	260	1 283	1 372	1 478
Sturm/Hagel	140	60	140	50	40	60	346	740	438
Glas	50	50	50	20	20	20	352	423	387
Elementar	10	30	20	10	70	30	1 822	2 844	2 051
Verbundene Hausratversicherung (VHV) gesamt	**1 100**	**989**	**987**	**1 394**	**1 373**	**1 267**	**1 268**	**1 338**	**1 284**
Verbundene Wohngebäudeversicherung (VGV)									
	Anzahl Schäden in Tausend			Leistungen in Mio. EUR			Schadendurchschnitt in EUR		
	2015	2016	2017	2015	2016	2017	2015	2016	2017
Feuer	230	210	200	980	1 010	1 040	4 062	4 934	5 038
Leitungswasser	1 110	1 150	1 140	2 340	2 590	2 760	2 065	2 254	2 408
Sturm/Hagel	1 200	400	850	1 240	610	1 110	1 021	1 521	1 315
Elementar	20	70	40	70	420	160	3 114	5 597	3 830
Wohngebäudeversicherung gesamt	**2 626**	**1 887**	**2 310**	**4 742**	**4 725**	**5 208**	**1 806**	**2 504**	**2 255**

Quelle (August 2015): www.gdv.de/zahlen-fakten/

5   Ermitteln Sie die häufigsten Schadenursachen bei Wohnungsbränden.

Informieren Sie sich in einschlägigen Publikationen oder durch Recherche im Internet (Stichwort: Brandursachen-Statistik).

6   Welche Maßnahmen kann ein VN zur Schadenverhütung ergreifen

a) in der Feuerversicherung,

b) in der Sturmversicherung?

Informieren Sie sich anhand von Prospektmaterial Ihrer Versicherungsgesellschaft und/oder durch Recherche im Internet.

2 Geschäftsprozesse im Schaden- und Leistungsmanagement

2.1 Prozessbeispiele

2.1.1 Meldung eines Kleinschadens bei der Versicherungsagentur

Beispiel:

Der Versicherungsvertreter Hilmar Krause hat sehr guten persönlichen Kontakt zu den meisten betreuten Kunden. Am Morgen erscheint die langjährige Kundin Eva Meinert in der Agentur und berichtet, dass ihre Haushaltsleiter beim Putzen versehentlich umgefallen sei und eine Scheibe der Glasvitrine zerstört habe. Die Rechnung über die Reparaturkosten in Höhe von 165,90 € hat sie gleich mitgebracht. Hilmar Krause stellt am Computer fest, dass Versicherungsschutz besteht und bestätigt daraufhin Frau Meinert, dass sie die Entschädigung in Form eines Verrechnungsschecks gleich mitnehmen kann. Frau Meinert ist erfreut, dass die Schadenabwicklung so problemlos erfolgt.

Viele VN wenden sich im Schadenfall direkt an ihre betreuende Agentur und nicht an das Service-Center der Direktion. Damit dem Kunden ein bestmöglicher Service geboten werden kann, haben viele Agenturen von ihrer Direktion die Vollmacht erhalten, Schäden bis zu einem gewissen Betrag selbst zu regulieren. Voraussetzung hierfür ist die technische Unterstützung durch ein computergesteuertes Schadensystem. In den am Bildschirm angezeigten Erfassungsmasken werden die relevanten Daten (Versicherungsscheinnummer, Schadenbeschreibung usw.) erfasst. Das System führt automatisch die formelle und materielle Deckungsprüfung durch (vgl. D 2.3.2), prüft auf Doppelanlage des Schadens und bestätigt oder verweigert den Versicherungsschutz. Kann der Schaden reguliert werden, erfasst der Versicherungsvertreter die Ausgabe des Verrechnungsschecks oder die Durchführung einer Überweisung an den Geschädigten im System. Die Rechnung wird an die Direktion weitergeleitet, dort eingescannt und archiviert, womit die Schadenbearbeitung für diesen Fall abgeschlossen ist.

2.1.2 Schadenmeldung über die Schadenhotline

Beispiel:

Heike Esser ist Mitarbeiterin in der Kraftfahrt-Schadenhotline eines Kfz-Versicherers. Sie nimmt soeben den Anruf von Herrn Coenen entgegen, der gerade einen Unfall verschuldet hat und noch vom Unfallort aus anruft. Im Computersystem findet Heike Esser anhand des Kfz-Kennzeichens die aktuelle Vertragsversion des Kunden und beginnt unmittelbar mit der Anlage des Schadens am Computer. Nachdem sie sämtliche Auskünfte zum Schadenverlauf und den Schadenbeteiligten von Herrn Coenen erfragt und parallel erfasst hat, teilt sie Herrn Coenen die Schadennummer mit und weist darauf hin, dass die weitere Schadenbearbeitung durch die Schadenabteilung erfolgt.

Als weiteren Service bietet sie Herrn Coenen ihre Unterstützung bei der Beauftragung einer Werkstatt und der Beschaffung eines Mietwagens an. Macht Herr Coenen von diesem Angebot Gebrauch, werden diese Dienstleistungen über das Computersystem automatisch generiert und Herr Coenen darf damit rechnen, dass schon in Kürze diese Dienstleistungen am Unfallort bereitstehen.

Immer häufiger nutzen Kunden das Angebot ihres Versicherers, bei einem Unfall die Schadenhotline anzurufen. Bei einem Straßenverkehrsunfall werden in der Regel die persönlichen Daten und Vertragsdaten der Beteiligten anhand der Kfz-Kennzeichen ermittelt. Schon bei der Erfassung des Schadens führt das Computersystem eine formelle Deckungsprüfung und auch die Prüfung auf Doppelanlage des Schadens durch. Sollten dabei Auffälligkeiten durch das System gemeldet werden, könnten sofort weitere Schritte veranlasst werden.

Die erfassten Daten werden automatisch per Workflowsteuerung an den Sachbearbeiter weitergeleitet, zu dessen Aufgabengebiet oder Fähigkeit (sog. **Skill-based Routing**) die jeweilige Schadensituation zählt. Von dort aus werden die weiteren Phasen der Schadenbearbeitung eingeleitet (vgl. D 2.2).

2.1.3 Schadenbearbeitung durch einen Schadensachbearbeiter

Beispiel:

Petra Humpert arbeitet in der Schadenabteilung eines Kfz-Versicherers. Bei Arbeitsbeginn prüft sie ihren elektronischen Posteingang (Business Workplace-Inbox) auf Termine, Aufgaben, Dokumenteneingang zu bereits angelegten Schäden und Schadenmeldungen, die sie noch anlegen muss.

Zum Kraftfahrzeug-Haftpflichtschaden, den Herr Coenen über die Schadenhotline gemeldet hat, liegt der durch eine Reparaturwerkstatt erstellte Kostenvoranschlag über 5 000,00 € des Unfallgegners und Anspruchstellers vor. Petra Humpert legt sofort eine Schadenreserve an, wobei sie auch eine mögliche Wertminderung des geschädigten Fahrzeugs sowie die Forderung nach Nutzungsausfall oder Ersatz von Mietwagenkosten berücksichtigt. Aufgrund der Schadenhöhe veranlasst sie über das System die Begutachtung des Schadens durch einen Sachverständigen, veranlasst einen Zwischenbescheid an den Anspruchsteller und vermerkt einen Termin zur Wiedervorlage, ehe sie sich der nächsten Aufgabe zuwendet.

Die Schadenarbeit in der Direktion erfolgt in der Regel computergestützt. Schadenmeldungen gelangen entweder direkt über die elektronische Erfassung (z. B. Schadenhotline) oder durch Eingabe bzw. Einscannen von Meldungen, die über andere Kommunikationskanäle (z. B. Telefon, Brief, Rechnungen, Fax) eingegangen sind, in das System. Sie werden von dort nach dem **Workflow-Prinzip** an die zuständige Stelle in der Schadenabteilung weitergeleitet. Die Zuständigkeit regelt sich dabei nach dem Aufgabengebiet oder der Fähigkeit des Mitarbeiters (sog. **Skill-based Routing**). Der Schadenbearbeiter kann nun sämtliche Details zum Schadenhergang, zum Schadenort und zu Beschädigungen studieren, um die notwendigen Arbeiten (z. B. Reservesetzung) einzuleiten. Hierfür wird im System die jeweilige Aufgabe angeklickt und per Navigation wird an die Stelle des Systems geführt, an der die Aufgabe ausgeführt werden kann. Die durchgeführte Arbeit wird mit einem entsprechenden Eintrag des Bearbeiternamens, dem Tagesdatum und der Uhrzeit vermerkt. Im Falle von Urlaub oder Krankheit des Schadenbearbeiters kann ein Kollege problemlos den Stand der Bearbeitung erkennen und die weitere Bearbeitung durchführen.

2.2 Phasen der Schadenbearbeitung

Geschäftsprozesse im Schadenmanagement

Schadenanlage

- Aufnahme der Schadenmeldung
- Anlage einer Schadenakte
- Deckungs- und Haftungsprüfung
- Reservensetzung

Schadenbearbeitung

- Sachstandsermittlung
- Betrugsprüfung
- Schadenbeurteilung
- Entschädigungsberechnung

Schadenregulierung

- Info an Versicherten/Anspruchsteller
- Auszahlung
- Regress

Jede Schadenbearbeitung wird durch die vorgenannten Prozesse bestimmt, wobei infolge der Computerunterstützung bestimmte Phasen, wie z. B. die Deckungsprüfung, häufig automatisch ablaufen.

2.3 Schadenanlage

2.3.1 Konventionelle bzw. elektronische Schadenakte

Früher wurde für jede Schadenmeldung zunächst eine Schadenakte in konventioneller Form angelegt. Bei Schäden, die mit großem Prozessrisiko belastet sind, ist dies heute noch neben der elektronischen Erfassung (elektronische Schadenakte) vielfach üblich.

In der Praxis dominiert heute die elektronische Schadenakte, bei der nicht nur die persönlichen Daten und der Schadenhergang, sondern auch sämtliche anfallenden Dokumente (Korrespondenz, Fotos, Rechnungen, Gutachten, Zeugenaussagen, Filme usw.) durch Einscannen und Ablegen erfasst werden. Dies hat den Vorteil, dass jede berechtigte Person Einblick in alle Daten und Unterlagen zu einem Schaden hat und Auskunft geben oder den Schaden ggf. weiter bearbeiten kann.

Hinweis: Obliegenheiten des VN im Versicherungsfall

Bei einem Versicherungsfall treffen den VN bestimmte Obliegenheiten.

Hierzu zählen insbesondere:

- die Schadenminderungspflicht,
- die Anzeigepflicht,
- die Auskunfts- und Belegpflicht.

Nähere Einzelheiten unter Berücksichtung der Besonderheiten des jeweiligen Versicherungszweiges sind dargestellt:

- zur Verbundenen Hausratversicherung in Band 2, Abschn. A 5.1,
- zur Verbundenen Wohngebäudeversicherung in Band 2, Abschn. B 2.8.2,
- zur Unfallversicherung in Band 2, Abschn. D 5.1,
- zur Haftpflichtversicherung in Abschn. A 5.3.2.2 dieses Bandes,
- zur Kraftfahrtversicherung in Abschn. C 4.3.1 dieses Bandes.

2.3.2 Deckungs- und Haftungsprüfung

Es wird geprüft, ob für ein gemeldetes Schadenereignis Versicherungsschutz besteht und ob bzw. inwieweit der Schaden ersatzpflichtig ist.

➤ Formelle Deckungsprüfung

Die formelle Deckungsprüfung untersucht, ob

● ein Vertrag besteht,

> **Beispiel:**
> Der VN hatte vor Schadeneintritt seine Vertragserklärung nach § 8 VVG widerrufen.

● Versicherungsschutz besteht,

> **Beispiel:**
> Der VN meldet einen Glasbruchschaden an einer Vitrine, hat aber keine Haushaltsglasversicherung zur Hausratversicherung vereinbart.

● ein leistungsfreier Zeitraum aufgrund nicht rechtzeitiger Prämienzahlung besteht.

> **Beispiel:**
> Der VN hat eine Folgeprämie nicht rechtzeitig gezahlt und die vom VR nach § 38 VVG gesetzte Zahlungsfrist unbeachtet verstreichen lassen. Nach Ablauf der Zahlungsfrist tritt der Schaden ein.

Diese Prüfungen kann das System bei einer elektronischen Schadenakte regelmäßig automatisch durchführen. Gleichwohl wird dem Schadenbearbeiter das Ergebnis durch Anzeige der aktuellen Vertragsversion aus dem Bestandssystem zur Ansicht gebracht.

➤ Materielle Deckungsprüfung

Die materielle Deckungsprüfung (auch Haftungsprüfung genannt) untersucht zunächst, ob

● Risikoausschlüsse vorliegen,

> **Beispiel:**
> Der VN wird als Mieter vom Vermieter wegen der starken Abnutzung der Türen in Anspruch genommen. Der Mieter möchte die Kosten von seiner Privat-Haftpflichtversicherung ersetzt bekommen. Dieser Haftpflichtanspruch ist nach den A 1 Ziff. 6.5.1.2 AHB PR 2016 vom Versicherungsschutz ausgeschlossen.

Im Rahmen der weiteren Schadenbearbeitung (siehe D 2.4) wird dann geprüft, ob

● Verletzungen von Obliegenheiten vorliegen,

> **Beispiele:**
> Verletzung der vorvertraglichen Anzeigepflicht
> Verletzung der Gefahrstandspflicht
> Verletzung der Aufklärungspflicht

- Übereinstimmung zwischen versicherten und geschädigten Personen bzw. Sachen besteht,
- eine Schadenteilung möglich ist (vgl. D 2.5.2, D 3.3.2, D 4.2),

> **Beispiele:**
>
> Schadenteilungsabkommen zwischen den KH-Versicherern und Sozialversicherungsträgern
>
> Nebenversicherung bzw. Mehrfache Versicherung

- Regressmöglichkeiten bestehen (vgl. D 3).

2.3.3 Bildung einer Schadenrückstellung (Reservensetzung)

a) Wesen der Schadenrückstellung

HGB
§ 341g

Schadenrückstellungen sind für **zukünftige Zahlungsverpflichtungen** aus Versicherungsfällen des Geschäftsjahres und der Vorjahre zu bilden.

Gemeldete und noch nicht abgewickelte Versicherungsfälle sind hinsichtlich der Rückstellungsbildung grundsätzlich einzeln und nach dem **Grundsatz der Vorsicht** zu bewerten. Die Bewertung umfasst die zu erwartende Schadenzahlung und die zu erwartenden Schadenregulierungsaufwendungen.

Am Abschlussstichtag bereits eingetretene, aber noch nicht gemeldete Schäden (unbekannte Spätschäden) dürfen pauschal bewertet werden.

b) Reservensetzung bei der Schadenbearbeitung

Beim Anlegen eines Schadens erfasst der Schadenbearbeiter eine Entschädigungsreserve in der voraussichtlichen Schadenhöhe, die sich aus der Schadenmeldung ergibt. Bei Personenschäden ist ggf. eine Rente einzukalkulieren. Bei der elektronischen Schadenbearbeitung kann der Schadenbearbeiter hierbei auf ein Regelwerk im System zurückgreifen, um die Reserve zu bestimmen (sog. **statistische Reservensetzung**).

Zeigt sich später, dass eine gesetzte Reserve nicht ausreicht, wird die Reserve entsprechend angepasst.

Jede Auszahlung führt zu einer entsprechenden Reduzierung der zuvor gesetzten Reserve. Die Reserveinformationen werden an ein nachgelagertes finanztechnisches System für den Jahresabschluss übergeben.

> **Beispiel: Auszug aus dem Anhang der Bilanz eines Schadenversicherers**
>
> »Die Rückstellungen für noch nicht abgewickelte Versicherungsfälle im selbst abgeschlossenen Geschäft wurden einzeln in Höhe des voraussichtlichen Bedarfs ermittelt, die darin enthaltenen Rentendeckungsrückstellungen nach versicherungsmathematischen Grundsätzen errechnet. Saldiert wurden die zweifelsfrei zu erwartenden Erträge aus Regressen, Provenues und Teilungsabkommen in Höhe der zu erwartenden Zahlungseingänge. Für am Bilanzstichtag noch nicht bekannte Schadenfälle stellten wir eine nach Erfahrung der Vorjahre ermittelte Spätschadenrückstellung ein.«

Unter **Provenues** versteht man den Erlös aus der Verwertung von Gegenständen, für die der VR eine Entschädigung erbracht hat und die in sein Eigentum übergegangen sind.

2.4 Schadenbearbeitung

2.4.1 Sachstandsermittlung und Anspruchserfassung

Für die **Sachstandsermittlung** werden zunächst die Aussagen des VN, von Geschädigten, Zeugen, sowie ggf. die polizeilichen Ermittlungen ausgewertet. Bei Bedarf werden zusätzliche Sachverständigengutachten eingeholt, ärztliche Berichte erbeten und ggf. die staatsanwaltlichen Akten zur Einsicht angefordert.

Häufig wird ein Schadenregulierer der Versicherungsgesellschaft beauftragt, der vor Ort eine Schadenbesichtigung durchführt und die Schadenhöhe ermittelt.

Bei der elektronischen **Anspruchserfassung** geht es darum, die detaillierten Einzelforderungen eines Anspruchstellers oder Dienstleisters den jeweiligen Anspruchsposten, die nach der Leistungsart klassifiziert sind, zuzuordnen und zu bewerten.

> **Beispiel:**
>
> Der VN einer Hausratversicherung macht nach einem Einbruchdiebstahlschaden geltend:
>
> Verlust eines Notebooks 1 250,00 €
>
> Verlust einer Briefmarkensammlung 6 000,00 €
>
> Verlust von Bargeld 2 100,00 €
>
> Beseitigung von Graffitischmierereien im Hausflur vor der Mietwohnung 500,00 €

Der Schadenbearbeiter wird die Ansprüche zunächst in folgenden Anspruchspositionen erfassen:

Anspruchsposition Verlust durch ED-Diebstahl	1 250,00 €
Anspruchsposition Wertsachen nach Ziff. 18.1.3 VHB 2016	6 000,00 €
Anspruchsposition Bargeld nach Ziff. 18.1.1 VHB 2016	2 100,00 €
Anspruchsposition Vandalismusschäden (Ziff. 3 VHB 2016)	500,00 €

Die Frage, ob die Anspruchsposition tatsächlich versichert ist, wird im Rahmen der Beurteilung des Schadens (vgl. D 2.4.3) geprüft.

Die Berechnung der Entschädigungshöhe zu den Anspruchspositionen wird, wenn der jeweilige Anspruch als solcher anerkannt wird, später vom System automatisch unter Beachtung der Entschädigungsgrenzen für Wertsachen sowie Anrechnung einer evtl. bestehenden Unterversicherung vorgenommen (vgl. D 2.4.3)

2.4.2 Betrugsprüfung

Es ist zu unterscheiden zwischen Versicherungsbetrug und Versicherungsmissbrauch.

▶ Versicherungsbetrug

Betrug ist die Absicht, durch Vorspiegelung falscher oder durch Entstellung oder Unterdrückung wahrer Tatsachen zulasten eines anderen einen rechtswidrigen Vermögensvorteil zu erlangen. Versicherungsbetrug liegt dann vor, wenn der VN oder ein Anspruchsteller in betrügerischer Absicht eine unberechtigte Geld- oder Sachleistung von einer Versicherungsgesellschaft erlangen will.

StGB
§ 263

Beispiele:

● Einer Versicherungsgesellschaft werden bedeutende Daten zur Feststellung des Versicherungswertes vorenthalten bzw. bewusst falsch angegeben. Es liegt eine arglistige Täuschung in betrügerischer Absicht vor.

● Der Versicherungsgesellschaft wird ein Schaden, der nicht eingetreten ist, mit dem Ziel gemeldet, eine Geldleistung zu erhalten. Es handelt sich hierbei um die Vortäuschung einer Straftat in Tateinheit mit der Irreführung von Behörden.

● Ein vorsätzlich herbeigeführtes Schadenereignis wird als Unfall dargestellt und daraufhin Ansprüche an den VR gestellt.

➤ **Versicherungsmissbrauch**

StGB
§ 265

»Wer eine gegen Untergang, Beschädigung, Beeinträchtigung der Brauchbarkeit, Verlust oder Diebstahl versicherte Sache beschädigt, zerstört, in ihrer Brauchbarkeit beeinträchtigt, beiseite schafft oder einem anderen überlässt, um sich oder einem Dritten Leistungen aus der Versicherung zu verschaffen, wird mit Freiheitsstrafe bis zu drei Jahren oder mit Geldstrafe bestraft, wenn die Tat nicht in § 263 mit Strafe bedroht ist.«

Im Gegensatz zum Versicherungsbetrug stellt der Versicherungsmissbrauch bereits die Vorbereitungshandlung zum Betrug unter Strafe. Voraussetzung für die Anwendung der Strafvorschrift ist, dass ein Versicherungsvertrag über die betroffene Sache besteht. Es kommt nicht darauf an, ob der VR leistet oder nicht. Wer irrig annimmt, die Sache sei versichert, begeht einen versuchten Versicherungsmissbrauch, der ebenfalls strafbar ist.

➤ **Maßnahmen der Versicherer zur Betrugsabwehr**

Die Spurensuche ist in Massensparten wie der Kfz-Versicherung, in der jährlich mehr als sieben Millionen Schäden gemeldet werden, nicht unproblematisch. Die VR erfassen auffällige Schäden und jeden Diebstahl im 8,5 Millionen Datensätze starken brancheninternen **Hinweis- und Informationssystem (HIS)**. Betreiber ist die informa Insurance Risk and Fraud Prevention GmbH in Baden-Baden (IIRFP). So lassen sich beispielsweise Crash-Wagen anhand der Fahrgestellnummer identifizieren.

Im Jahr 1999 hat Eberhard Fähnrich vom Rückversicherer Gen Re eine **ISP-Software** (ISP = Internet-Service-Provider) zur Betrugserkennung entwickelt. Sie wird in der Kfz-Haftpflichtversicherung von mehreren deutschen Versicherungskonzernen genutzt. Die Software rastert jede Schadenmeldung und trifft in 90 Prozent der Fälle blitzschnell die Entscheidung, wie sie auch ein erfahrener Schadenbearbeiter, aber erst nach aufwändigen Recherchen, getroffen hätte.

In bestimmten Versicherungszweigen werden die Einschaltung der Polizei (z. B. bei einem ED-Schaden in der Hausratversicherung) und ein exaktes Verzeichnis der betroffenen Sachen (z. B. Stehlgutliste) sowie Anschaffungsbelege oder Nachweise, dass die Sache tatsächlich zum Besitz zählt, verlangt.

In der Praxis helfen oft auch schon einfache Mittel: So fordern manche Gesellschaften grundsätzlich, dass die als beschädigt oder zerstört gemeldete Sache (z. B. ein Brillengestell) vorzulegen ist. Sehr häufig meldet sich der Anspruchsteller dann nicht mehr.

Bei begründetem Tatverdacht stellt der VR eine Strafanzeige. Er hat dann allerdings das Beweisrisiko für einen Versicherungsbetrug.

2.4.3 Beurteilung des Schadens und Entschädigungsberechnung

Zu den Kernaufgaben der Schadenbearbeitung gehört die Beurteilung des Schadens. Hierfür sind die im Rahmen der Sachstands- und der Anspruchsermittlung festgehaltenen Daten auszuwerten und es ist zu prüfen, ob eine Entschädigungspflicht gegeben ist oder ob die Leistung gekürzt bzw. abgelehnt werden kann.

Beispiel:

Der Schadenbearbeiter wird den geltend gemachten Vandalismusschaden über 500,00 € im Hausflur vor der Mietwohnung (vgl. Beispiel in D 2.4.1) bei den Anspruchpositionen als nicht versichert kennzeichnen. Der Hausflur ist nicht der in Ziff. 3 VHB 2016 geforderte Versicherungsort für den Versicherungsschutz. Der Sachbearbeiter wird deshalb aus einer Textdatei die Nummer des Textbausteins auswählen, mit dem die Ablehnung später im Brief an den Anspruchsteller begründet wird.

Die Entschädigungsberechnung wird in der Praxis aufgrund der erfassten Daten und der Vorgaben bei der Schadenprüfung durch den Computer automatisch durchgeführt, wodurch der Schadenbearbeiter erheblich entlastet wird und sich auf die eigentliche Schadenprüfung konzentrieren kann.

Beispiel:

Bei der Erfassung der Anspruchspositionen wurden u. a. erfasst (vgl. Beispiel in D 2.4.1):

Wertsachen nach Ziff. 18.1.3 VHB 2016	6 000,00 €
Bargeld nach Ziff. 3 VHB 2016	2 100,00 €

Das System erkennt automatisch, dass Bargeld nach Ziff. 18.3.1 VHB 2016 nur bis 1 500,00 € versichert ist (betragsmäßig näher bestimmte Entschädigungsgrenze für Wertsachen) und wird auch prüfen, ob die Summe der Entschädigung für Wertsachen die prozentuale Entschädigungsgrenze von 20 % der VS nach Ziff. 18.3.1 VHB 2016 übersteigt und ggf. hier korrigierend einwirken.

Sofern eine **Unterversicherung** besteht und der Schadenbearbeiter die entsprechenden Eingaben ins System vorgenommen hat, wird die Kürzung nach der Unterversicherungsformel ebenfalls automatisch berechnet.

2.5 Besonderheiten bei der Leistungsermittlung in der Sach-, Kraftfahrt- und Unfallversicherung

Vorbemerkung:

Die Grundlagen der Leistungsermittlung im Versicherungsfall sind dargestellt

- zur Verbundenen Hausratversicherung in Band 2, Abschnitt A 5.2
- zur Verbundenen Wohngebäudeversicherung in Band 2, Abschnitt B 2.8
- zur Kfz-Versicherung in den Abschnitten C 4.3.2 und C 5.2 dieses Bandes
- zur Unfallversicherung in Band 2, Abschnitt D 5

In der Abschlussprüfung »Kaufmann/Kauffrau für Versicherungen und Finanzen« sind im Prüfungsteil »Schaden- und Leistungsbearbeitung« der Fachrichtung Versicherung Aufgaben aus der Sparte zu bearbeiten die man bei der Anmeldung zur Prüfung gewählt hat. Dabei hat der Prüfungsteilnehmer die Möglichkeit, vertiefte Fertigkeiten und Kenntnisse nachzuweisen.

Bei den nachstehenden Ausführungen wird sich an den Sparten orientiert, die der Rahmenlehrplan für den Unterricht in der Schule zu Lernfeld 15 »Schaden- und Leistungsbearbeitung« ausdrücklich nennt, nämlich: Sach-, Unfall, Kraftfahrtversicherungen. Behandelt werden Besonderheiten dieser Versicherungszweige, die daher auch nicht mehr oder nur kurz bei dem jeweiligen Versicherungszweig innerhalb der Buchreihe angesprochen sind.

Zu den übrigen Versicherungszweigen wird auf die Darstellungen zum jeweiligen Versicherungszweig in der Lehrbuchreihe hingewiesen (siehe z. B. Band 2, C 7 Versicherungsfall in der Lebensversicherung).

In Abschnitt D 6 ist für jeden prüfungsrelevanten Versicherungszweig der vorgenannten Abschlussprüfung exemplarisch ein Fall zur Schaden- und Leistungsbearbeitung mit Lösung dargestellt.

2.5.1 Sachversicherung: Abgrenzung Hausrat/Gebäude bei der Leistungspflicht

Häufig ist bei Mietverhältnissen und bei der Nutzung eines Gebäudes durch den Eigentümer strittig, ob eine Sache zur Hausrat- oder zur Wohngebäudeversicherung zählt.

VHB 2016 Ziff. 7 VGB 2016 Ziff. 6

Die versicherten Sachen der beiden Versicherungszweige sind grundsätzlich in den jeweiligen AVB geregelt, wobei auch Abgrenzungen zwischen der Wohngebäude- und der Hausratversicherung existieren (vgl. hierzu Band 2, Abschnitte A 2.1 und B 2.1). Wegen der bestehenden Unsicherheiten bei der Zuordnung hat der GDV im Handbuch der Sachversicherung, Band 1, eine Vorschlag zur Abgrenzung gemacht:

a) Abgrenzung Hausrat/Gebäude bei Mietverhältnissen

Zur **Hausratversicherung** zählen **vom Mieter** eingebrachte Sachen (z. B. Bodenbeläge, Holzdecken, Tapeten, **Einbau**möbel), soweit diese nicht Eigentum des Gebäudeeigentümers, z. B. durch eine entsprechende Vereinbarung im Mietvertrag, geworden sind.

Werden Sachen, die ursprünglich vom Eigentümer eingebracht wurden oder in dessen Eigentum übergegangen sind, vom Mieter ersetzt (sog. **Surrogat**, auch wenn höher- oder geringerwertig), fallen diese Surrogate weiterhin unter die Gebäudeversicherung.

> **Beispiel:**
> Der Mieter ersetzt ein vom Vermieter ursprünglich eingebrachtes Porzellanwaschbecken durch ein Marmorwaschbecken.

Zur Hausratversicherung des Mieters zählen auch die vom Gebäudeeigentümer eingebrachten **Anbau**möbel/-küchen.

Zur **Gebäudeversicherung** zählen die **vom Gebäudeeigentümer** eingebrachten Sachen (z. B. Bodenbeläge, Holzdecken, Tapeten, **Einbau**möbel).

b) Abgrenzung Hausrat/Gebäude, wenn das Gebäude/die Wohnung durch den Eigentümer genutzt wird

Zum Gebäude zählen die **erste** Wand- und Deckenverkleidung sowie der Bodenbelag.

Lose verlegter Bodenbelag auf bewohnbarem Unterboden gilt als Hausrat. Dies gilt auch für Wand- und Deckenverkleidungen sowie fest verlegtem Bodenbelag auf bewohnbarem Untergrund, wenn deren Entfernung ohne Zerstörung der ursprünglich vorhandenen Verkleidungen bzw. des Untergrundes möglich ist.

Kann ein weiterer aufgebrachter Bodenbelag nicht von dem darunter befindlichen Bodenbelag getrennt werden, gilt er als Gebäudebestandteil. Der untere Bodenbelag wird im Falle eines Schadens maximal als Dämm- oder Isolierschicht bewertet und entsprechend entschädigt.

Einbaumöbel/-küchen zählen zum Gebäude, wenn sie entweder in die Bauplanung des Gebäudes einbezogen oder aus nicht industriell vorgefertigten Teilen raumspezifisch angefertigt wurden.

Anbaumöbel/-küchen werden serienmäßig produziert und nicht individuell für das Gebäude gefertigt. Sie zählen zum Hausrat, auch wenn sie mit einem gewisser Einbauaufwand an die Gebäudeverhältnisse angepasst worden sind.

2.5.2 Sachversicherung: Zusammentreffen von Hausrat- und Wohngebäudeversicherung bei bestimmten Leitungswasserschäden

Leitungswasserschäden an **Bodenbelägen, Innenanstrichen oder Tapeten** infolge bestimmungswidrigen Austritts von Leitungswasser sind **unter folgenden Voraussetzungen** sowohl in der Hausratversicherung als auch in der Wohngebäudeversicherung versichert:

- Der Wohnungsinhaber ist Mieter bzw. Sondereigentümer einer Wohnung (Wohnungseigentümer). Für diesen Fall sind die erforderlichen Reparaturkosten als sog. **Reparaturkosten für Leitungswasserschäden in Wohnungen** in seiner **Hausratversicherung** versichert. `VHB 2016 Ziff. 13.8`

- Bodenbelag, Innenanstrich und Tapeten wurden nicht vom Mieter bzw. Wohnungseigentümer auf seine Kosten und Gefahr erstmalig eingebracht sondern allenfalls nur ersetzt. Sie zählen dann auch zu den versicherten Sachen der **Wohngebäudeversicherung,** die der Vermieter bzw. die Wohnungseigentümergemeinschaft abgeschlossen hat. `VGB 2016 Ziff. 7.5.2 letzter Satz`

> **Beispiel:**
>
> (1) In der Wohnung des Mieters platzt ein Wasserschlauch. Das austretende Wasser beschädigt den vom Vermieter eingebrachten Bodenbelag.
>
> (2) Wie Fall (1), der Bodenbelag wurde jedoch vom Mieter auf dem vorhandenen PVC-Boden eingebracht.

Im **Beispiel 1** ist sowohl die Hausratversicherung des Mieters (Reparaturkosten für Leitungswasserschäden in Wohnungen) als auch die Wohngebäudeversicherung des Vermieters (Beschädigung einer versicherten Sache nach VGB 2016) eintrittspflichtig.

Im **Beispiel 2** besteht nur Versicherungsschutz über die Hausratversicherung des Mieters, da der Mieter den Bodenbelag auf den vorhandenen Bodenbelag auf seine Gefahr und Kosten eingebracht hat, der Bodenbelag also nicht zu den versicherten Sachen der Wohngebäudeversicherung des Vermieters zählt. Hätte der Vermieter den Bodenbelag nur ersetzt, wäre auch die Wohngebäudeversicherung zusätzlich eintrittspflichtig.

> Zur Vereinfachung der Schadenregulierung empfiehlt der GDV seinen Mitgliedern folgenden **Teilung zwischen Hausrat- und Gebäudeversicherer:**
>
> ● Beträgt der Gebäudeschaden bis 1 000,00 €, reguliert und entschädigt der allein in Anspruch genommene VR. Werden beide VR in Anspruch genommen, reguliert und entschädigt der Gebäude-VR (ohne internen Ausgleich).
>
> ● Bei einem Gebäudeschaden über 1 000,00 € erfolgt die Aufteilung nach § 78 Abs. 2 VVG (vgl. D 4.2).

2.5.3 Sachversicherung: Versicherungswert und Entschädigung von Wertsachen in der Hausratversicherung

a) Ermittlung des Versicherungswertes von Wertsachen

Aufgrund der Entschädigungsgrenzen bei Wertsachen ist der VW von Wertsachen im Leistungsfall **getrennt** vom übrigen Hausrat zu ermitteln.

Dabei ist Folgendes zu beachten:

1. **Liegt der Wert von Wertsachen unter den Entschädigungsgrenzen, so ist ihr voller Wert als VW anzusetzen.**

Beispiel:		
Neuwert des Hausrates ohne Wertsachen	50 000,00 €	
Wert der Briefmarkensammlung	10 000,00 €	
Versicherungswert des Hausrates (ohne Wertsachen)	50 000,00 €	①
Versicherungswert der Wertsachen	10 000,00 €	②
Die VS wurde mit 60 000,00 € festgelegt.		

Erläuterungen:

Getrennte Ermittlung von: ① Versicherungswert des Hausrats ohne Wertsachen, ② Versicherungswert der Wertsachen.

① Der Neuwert des Hausrats ohne Wertsachen ist als VW anzusetzen.

② Der Wert der Wertsachen liegt unter der betragsmäßig näher bestimmten Entschädigungsgrenze (hier: 20 000,00 €) und unter der prozentualen Entschädigungsgrenze (20 % von der VS einschließlich 10 % Vorsorgebetrag, also 20 % von 66 000,00 € = 13 200,00 €), sodass ihr voller Wert als VW angesetzt wird.

2. **Liegt der Wert von Wertsachen über den Entschädigungsgrenzen, so sind bei der Ermittlung des VW höchstens diese Beträge zu berücksichtigen.**

VHB 2016
Ziff. 14.1.4

Beispiel:		
Neuwert des Hausrates ohne Wertsachen	125 000,00 €	
Wert von Schmuck und Briefmarkensammlung	25 000,00 €	
Versicherungswert des Hausrates (ohne Wertsachen)	125 000,00 €	①
Versicherungswert der Wertsachen	20 000,00 €	②
Die VS wurde mit 145 000,00 € festgelegt.		③

Erläuterungen:

Getrennte Ermittlung von: ① Versicherungswert des Hausrats ohne Wertsachen, ② Versicherungswert der Wertsachen.

① Der Neuwert des Hausrats ohne Wertsachen ist als VW anzusetzen.

② Der Wert der Wertsachen liegt über der betragsmäßig näher bestimmten Entschädigungsgrenze (hier: 20 000,00 €), sodass 20 000,00 € als VW anzusetzen sind. Die prozentuale Entschädigungsgrenze (20 % von der VS einschließlich 10 % Vorsorgebetrag, also 20 % von 159 500,00 € = 31 900,00 €), kommt hier nicht zum Tragen.

Anmerkung:
Hätte es sich bei den Wertsachen um solche gehandelt, für die keine betragsmäßig näher bestimmte Entschädigungsgrenze existiert (wie z. B. für Antiquitäten) und läge ihr Wert über dem genannten Betrag, wäre ggf. eine Erhöhung der prozentualen Entschädigungsgrenze auf z. B. 30 % zu vereinbaren.

Prüfung auf Unterversicherung:

③ Der VN ist nicht unterversichert, da nur bis zu den Entschädigungsgrenzen entschädigt wird.

b) Entschädigung von Wertsachen bei Unterversicherung

➤ Die Entschädigungsberechnung vollzieht sich wie folgt:
- Zunächst ist die Höhe des Schadens an den Wertsachen festzustellen.
- Ferner wird der VW der Wertsachen benötigt.
- Anschließend wird für jede Wertsachengruppe die Berechnung mit Hilfe der Unterversicherungsformel durchgeführt.
- Die Ergebnisse werden mit den Entschädigungsgrenzen verglichen. Sofern sie größer sind, wird maximal bis zu den Entschädigungsgrenzen geleistet.

Beispiel:	
VS einschließlich Vorsorgebetrag	110 000,00 €
VW Hausrat ohne Wertsachen	100 000,00 €
Wertsachen	
– Bargeld	1 900,00 €
– Sparbücher	3 150,00 €
– Münzen	25 000,00 €
– Kunstgegenstände	10 850,00 €
insgesamt	40 900,00 €

Bei einem Einbruch werden entwendet:

Bargeld	1 700,00 €
Sparbücher	3 150,00 €
Münzen	25 000,00 €

Lösung:

● **Ermittlung des anzusetzenden Versicherungswertes:**

Hausrat ohne Wertsachen	100 000,00 €
Wertsachen (20 % von 110 000,00 € VS einschließlich Vorsorgebetrag)	22 000,00 €
Anzusetzender VW	122 000,00 € ①

● **Ermittlung der Unterversicherung für jede Wertsachenposition und Vergleich mit den besonderen Entschädigungsgrenzen:**

Bargeld $= \dfrac{1\,700 \cdot 110\,000}{122\,000} = 1\,532,79$; max.   1 500,00 €   ②

Sparbücher $= \dfrac{3\,150 \cdot 110\,000}{122\,000} =$ 2 840,16 €   ②

Münzen $= \dfrac{25\,000 \cdot 110\,000}{122\,000} = 22\,540,98$ max.   20 000,00 €   ②

Summe   24 340,16 €

● **Prüfung hinsichtlich der prozentualen Entschädigungsgrenze**
Entschädigung maximal (20 % von 110 000,00 €)   22 000,00 €   ③

Erläuterungen:

① Dieser Wert ist anzusetzen, da der VR auch nur bis zu dieser betragsmäßig bestimmten Höhe haften würde.

② Der bei Unterversicherung nur teilweise zu ersetzende Betrag wird nach Ziff. 14.1.4 VHB 2016 zunächst ohne Rücksicht auf Entschädigungsgrenzen ermittelt. Entschädigt wird jedoch maximal nur bis zur Höhe der betragsmäßig näher bestimmten Entschädigungsgrenze.

③ Der trotz Beachtung der Unterversicherung errechnete Betrag von 24 340,16 € liegt noch über der prozentualen Entschädigungsgrenze von 20 % der VS, sodass maximal 22 000,00 € für die Wertsachen entschädigt werden.

2.5.4 Kraftfahrtversicherung: Entschädigungsberechnung in der Kaskoversicherung

Vorbemerkung:

Die nachstehenden Beispiele gehen davon aus, dass die Wiederbeschaffung bei einem Fahrzeughändler bzw. die Reparatur in einer Fachwerkstatt unmittelbar erfolgen, da ansonsten der **Mehrwertsteueranteil** nicht ersetzt wird.

a) Entschädigung bei Vollversicherung

Beispiel: Fahrzeugzerstörung

Der VN Axel Bodewig ist auf der Deutschen Alpenhochstraße unterwegs. In einer Kehre gerät er zu weit nach rechts und kommt deshalb von der Fahrbahn ab. Das Fahrzeug stürzt den Hang hinab und wird derart zertrümmert, dass eine Reparatur nicht mehr infrage kommt. Wie durch ein Wunder bleibt Axel Bodewig unverletzt.

Aus dem Sachverständigengutachten ergeben sich folgende Werte:

Neupreis des Pkw	27 000,00 €
Wiederbeschaffungswert	11 250,00 €
Restwerte	1 000,00 €

Welchen Entschädigungsanspruch hat der VN gemäß AKB 2015, wenn eine Vollkaskoversicherung mit 500,00 € Selbstbeteiligung besteht?

Lösung:

Wiederbeschaffungswert	11 250,00 €	①
abzüglich Restwert	1 000,00 €	②
abzüglich Selbstbeteiligung Vollkasko	500,00 €	③
Ersatzleistung	9 750,00 €	

Erläuterungen:

① Der VR ersetzt bei Fahrzeugzerstörung den Wiederbeschaffungswert.

② Rest- und Altteile werden angerechnet.

③ Die vereinbarte Selbstbeteiligung wird abgezogen.

Beispiel: Fahrzeugbeschädigung

Die Versicherungsnehmerin Rita Alt verursacht ohne Fremdbeteiligung am 13. April d. J. mit ihrem Pkw einen Unfall. Ihr Fahrzeug wird dabei schwer beschädigt. Die Versicherungsnehmerin hatte das Fahrzeug erst vor 10 Monaten neu gekauft und mit 300,00 € Selbstbeteiligung vollkaskoversichert.

Aus dem Sachverständigengutachten ergeben sich folgende Werte:

Reparaturkosten	12 800,00 €
Neupreis des Pkw	15 500,00 €
Wiederbeschaffungswert	13 750,00 €
Restwerte	4 000,00 €

Welchen Entschädigungsanspruch hat die Versicherungsnehmerin?

Lösung:

Neupreis	15 500,00 €	①
abzüglich Restwert	4 000,00 €	②
abzüglich Selbstbeteiligung Vollkasko	300,00 €	③
Ersatzleistung	11 200,00 €	④

Erläuterungen:

① Es ist der Neupreis nach A.2.6.2 AKB 2015 anzusetzen, da

– der Schaden innerhalb von 12 Monaten nach Erstzulassung eingetreten ist,

– sich das Fahrzeug noch im Erstbesitz befindet,

– die erforderlichen Kosten der Wiederherstellung 80 % des Neupreises übersteigen.

② Rest- und Altteile werden angerechnet.

③ Die vereinbarte Selbstbeteiligung wird abgezogen.

④ Addiert man zur Ersatzleistung von 11 200,00 € noch die Selbstbeteiligung von 300,00 € und den Restwert von 4 000,00 €, der bei Veräußerung erwartet werden darf, ist der Neupreis finanziert.

Beispielvariation: Fahrzeugbeschädigung

Wie wird entschädigt, wenn das Fahrzeug 13 Monate alt ist und im Übrigen die angegeben Daten gelten sollen?

Lösung:

Reparaturkosten	12 800,00 €	①
abzüglich Selbstbeteiligung Vollkasko	300,00 €	
Ersatzleistung	12 500,00 €	

Erläuterungen:

① Die Reparaturkosten liegen unter dem Wiederbeschaffungswert, so dass diese anzusetzen sind. Eine Neupreisentschädigung scheidet aus, da das Fahrzeug älter als 12 Monate ist.

Anmerkung: Würde der VN die Reparatur nicht durchführen lassen und auch kein Ersatzfahrzeug kaufen, stünden ihm nur die erforderlichen Kosten einer vollständigen Reparatur auf Basis von durchschnittlichen regionalen Stundenverrechnungssätzen (ohne MwSt.) zu. Obergrenze für die Entschädigung ist dann nach A 2.7.1 (b) AKB 2015 der Wiederbeschaffungswert abzüglich des Restwerts (13 750,00 € – 4 000,00 € = 9 750,00 €).

b) Entschädigung bei Teilkasko

Beispiel: Entwendungsschaden

Im April d. J. wird der 8 Jahre alte Pkw unseres VN Wolfgang Schnittler während eines Urlaubs am Bodensee gestohlen.

Der VN hatte seinerzeit bei Anschaffung des Pkw neben der Kfz-Haftpflichtversicherung eine Vollkaskoversicherung mit 500,00 € Selbstbeteiligung (einschließlich Teilkasko mit 150,00 € Selbstbeteiligung) abgeschlossen.

Der Neupreis betrug bei Anschaffung 27 450,00 €.

Der Wiederbeschaffungspreis am Schadentag wird mit 9 350,00 € festgestellt.

Der Geschädigte erwirbt kurze Zeit später ein gleichwertiges gebrauchtes Fahrzeug bei einem Händler für exakt 9 000,00 €.

Welche Entschädigung leistet der Versicherer?

Lösung:

Wiederbeschaffungswert	9 350,00 €	①
abzüglich Selbstbeteiligung	150,00 €	③
Ersatzleistung	9 200,00 €	

Erläuterungen:

① Die Höchstentschädigung ist auf den Wiederbeschaffungswert begrenzt.

Nach A.2.6.5 AKB 2015 gilt als Wiederbeschaffungswert der Preis, der für ein gleichwertiges gebrauchtes Fahrzeug am Tag des Schadens zu zahlen ist.

② Bei Teilkaskoschäden wird die vereinbarte Selbstbeteiligung abgezogen.

2.5.5 Kraftfahrtversicherung: Zusammentreffen von Schadenersatzansprüchen bei Kfz-Haftpflicht- und Kaskoversicherung

Beispiel:

Die Versicherungsnehmerin Alice Martin prallt mit einem Fahrzeug, das aus einer nicht vorfahrtsberechtigten Seitenstraße kam, zusammen. Bei der Unfallaufnahme wurde festgestellt, dass Frau Martin nicht hinreichend geprüft hat, ob ihr Vorfahrtsrecht vom Unfallgegner wahrgenommen wurde. Sie muss sich deshalb eine Mitschuld von 30 % anlasten lassen.

Der Fahrzeugschaden am Pkw von Frau Martin beträgt 6 000,00 €. Darüber hinaus kann Frau Martin nachweislich geltend machen:

- Abschleppkosten   150,00 €
- Sachverständigenkosten   130,00 €
- Wertminderung   250,00 €
- Rechtsanwaltskosten   350,00 €
- Kostenpauschale   20,00 €

Frau Martin hat eine Vollkaskoversicherung mit 300,00 € Selbstbeteiligung vereinbart.

Vorbemerkung:

Nach einem BGH-Urteil kann der Geschädigte verlangen, dass die Entschädigung des leistungspflichtigen Kfz-Haftpflichtversicherers und des leistungspflichtigen Kaskoversicherers zusammen bei folgenden Positionen zu einer Gesamtentschädigung in voller Höhe führt:

- Fahrzeugschaden (Ersatz für Beschädigung bzw. Zerstörung)
- Abschleppkosten
- Sachverständigenkosten
- Wertminderung

Diese sowohl vom Kfz-Haftpflichtversicherer als auch vom Kaskoversicherer zu berücksichtigenden **Positionen** werden als **deckungsgleich** (kongruent) bezeichnet.

Zur Erinnerung: Abgesehen von dem vorstehend erwähnten BGH-Urteil, wonach der Kasko-VR ggf. auch die Wertminderung in seiner Abrechnung zu berücksichtigen hat (vgl. hierzu nachstehend die Abrechnung zu a) der Beispielfortsetzung), sind Vermögensfolgeschäden wie Wertminderung und Nutzungsausfall (ausgenommen Abschleppkosten – vgl. A.2.7.2 AKB 2015 – und Sachverständigenkosten, soweit vom VR veranlasst – vgl. A.2.8 AKB 2015) grundsätzlich in der Kaskoversicherung ausgeschlossen; denn die Kaskoversicherung ist im Gegensatz zur Haftpflichtversicherung eine Sachversicherung.

Der Kasko-VR muss jedoch niemals mehr als seine bedingungsgemäße Leistung abzüglich einer vereinbarten Selbstbeteiligung erbringen.

Beispielfortsetzung:

a) Welche Leistung erbringt der Kfz-Haftpflichtversicherer des Unfallgegners, wenn Frau Martin diesen zunächst in Anspruch nimmt, und welche Leistung kann sie anschließend noch von ihrem Kaskoversicherer erwarten?

Lösung:

Abrechnung des Kfz-Haftpflichtversicherers

Reparaturkosten	6 000,00 €
Abschleppkosten	150,00 €
Sachverständigenkosten	130,00 €
Wertminderung	250,00 €
Rechtsanwaltskosten	350,00 €
Kostenpauschale	20,00 €
	6 900,00 €
abzüglich Mithaftung 30 %	2 070,00 € ①
Ersatzleistung	4 830,00 €

Abrechnung des Kaskoversicherers   *Deckungsgleiche Positionen*

Reparaturkosten	6 000,00 €
Abschleppkosten	150,00 €
Sachverständigenkosten	130,00 €
Wertminderung	250,00 €
	6 530,00 €
davon 30 %	1 959,00 € ②
abzüglich Selbstbeteiligung	0,00 € ③
Ersatzleistung	1 959,00 €

Erläuterungen:

① Wegen Mitverschuldens wird die Entschädigung des Gesamtschadens um 30 % gekürzt.

Der Kaskoversicherer ersetzt die wegen Mitverschuldens (hier: 30 %) vom Kfz-Haftpflichtversicherer nicht geleistete Differenz zu den deckungsgleichen Positionen, die laut BGH-Urteil zu berücksichtigen sind.

② Die Rechtsanwaltskosten und die Kostenpauschale im Beispielsfall sind in der Kaskoversicherung nicht zu beachten.

③ Die vereinbarte Selbstbeteiligung wird bei den »deckungsgleichen« Positionen aufgrund des BGH-Urteils nicht abgezogen, zumal die errechnete Entschädigung die bedingungsgemäß zu leistende Entschädigung abzüglich einer vereinbarten Selbstbeteiligung unterschreitet.

Beispielfortsetzung:

b) Welche Leistung erbringt der Kaskoversicherer, wenn sich Frau Martin zunächst an diesen wendet, und welchen Betrag kann von Frau Martin dann noch ggf. vom Kfz-Haftpflichtversicherer des Unfallgegners erwarten?

Lösung:

Abrechnung des Kaskoversicherers

Reparaturkosten	6 000,00 €	
Abschleppkosten	150,00 €	①
	6 150,00 €	
abzüglich Selbstbeteiligung	300,00 €	②
Ersatzleistung	5 850,00 €	

Abrechnung des Kfz-Haftpflichtversicherers

	Deckungsgleiche Positionen ③	Entschädigung	
Reparaturkosten	6 000,00 €		
Abschleppkosten	150,00 €		
Sachverständigenkosten	130,00 €		
Wertminderung	250,00 €		
	6 530,00 €		
abzüglich Vollkasko-Entschädigung	5 850,00 €	680,00 €	④

	Nicht deckungsgleiche Positionen		
Rechtsanwaltskosten	350,00 €		
Kostenpauschale	20,00 €		
	370,00 €		
abzüglich 30 % wegen Mitverschuldens	111,00 €	259,00 €	⑤
Ersatzleistung		939,00 €	

Erläuterungen:

① Der zuerst in Anspruch genommene Kasko-VR rechnet mit dem VN ab, als ob kein Anspruch gegen einen Kfz-Haftpflichtversicherer bestehen würde. Gedeckt sind danach nur die Reparatur- und die Abschleppkosten, nicht aber die Wertminderung. Der Kasko-VR kann allerdings beim ersatzpflichtigen Kfz-Haftpflichtversicherer Regress nehmen (Übergang von Ersatzansprüchen nach § 86 VVG).

② Die vereinbarte Selbstbeteiligung ist abzuziehen.

③ Diese Positionen hätte auch der Kasko-VR lt. BGH-Urteil bei seiner Entschädigungsberechnung berücksichtigen müssen, wenn er als Erster in Anspruch genommen worden wäre.

④ Von den laut BGH-Urteil durch die Kfz-Haftpflicht- und Kaskoversicherung voll zu entschädigenden Positionen wird die vertraglich bereits erbrachte Entschädigungsleistung des Kasko-VR abgezogen.

⑤ Die übrigen Positionen werden hinsichtlich der Entschädigung um den Mitwirkungsanteil (hier 30 %) gekürzt.

2.5.6 Unfallversicherung: Mitwirkungsanteil und Vorinvaliditität als Einflussfaktoren auf die Leistungshöhe

Bei der Leistungsermittlung zur Unfallversicherung sind folgende Besonderheiten lt. AUB 2017 zu beachten:

a) Berücksichtigung einer Vorinvalidität bei der Feststellung des Invaliditätsgrades

AUB 2017
Ziff.
2.1.2.2.3

Wird durch den Unfall eine körperliche oder geistige **Funktion** betroffen, die **schon vorher dauernd beeinträchtigt** war, so wird ein Abzug in Höhe dieser Vorinvalidität vom jetzigen Invaliditätsgrad vorgenommen.

Beispiel:

Bei einem Unfall erleidet der VN folgende Gesundheitsschäden:

Verlust des Gehörs auf einem Ohr (Invaliditätsgrad laut Gliedertaxe 30 %),

60 %ige Beeinträchtigung eines Beines (Invaliditätsgrad laut Gliedertaxe 70 %),

Verlust der rechten Hand (Invaliditätsgrad 55 %). Der Daumen der rechten Hand wurde bei einem früheren Unfall verloren (Invaliditätsgrad 20 %).

Wie hoch ist der für die Leistungsberechnung anzusetzende Invaliditätsgrad?

Lösung:

Gehör auf einem Ohr	30 %	①
+ Bein (60 % von 70 %)	42 %	②
+ Rechte Hand (55 %–20 %)	35 %	③
= Invaliditätsgrad (max. 100 % nach Additionsklausel)	100 %	④

Erläuterungen:

① Die 100 %ige Beeinträchtigung des Gehörs auf einem Ohr bedeutet 30 % Gesamtinvalidität laut Gliedertaxe.

② Infolge der »nur« 60 %igen Beeinträchtigung ist der vorgesehene Invaliditätsgrad von 70 % bei einer 100 %igen Beeinträchtigung des Beines entsprechend zu kürzen.

③ Die Vorinvalidität von 20 % aufgrund des früheren Daumenverlustes ist von dem Invaliditätsgrad bei Verlust einer Hand abzuziehen.

Wäre im Beispielsfall nicht die rechte, sondern die linke Hand vorgeschädigt gewesen, bleibt diese Vorinvalidität unberücksichtigt, da der linke Arm durch den jetzigen Unfall nicht beeinträchtigt wurde.

④ Die für die betroffenen Körperteile und Sinnesorgane festgestellten Invaliditätsgrade werden bis zu max. 100 % addiert.

b) Berücksichtigung eines Mitwirkungsanteils

Ziff. 3.2

Haben bei den Unfallfolgen Krankheiten oder Gebrechen mitgewirkt, so wird der entsprechende **Mitwirkungsanteil** wie folgt berücksichtigt, **wenn er mindestens 25 % beträgt:**

● Im Falle einer Invalidität wird der festgestellte Invaliditätsgrad entsprechend dem Mitwirkungsanteil prozentual gekürzt.

● Im Todesfall und, soweit nichts anderes bestimmt ist, in allen anderen Fällen wird die hierfür vorgesehene Leistung entsprechend dem Anteil der Krankheit oder des Gebrechens gekürzt.

Beispiel:

Durch Unfall wird die Gebrauchsfähigkeit eines Armes vollständig beeinträchtigt (Invaliditätsgrad laut Gliedertaxe 70 %). Laut ärztlichem Gutachten ist die Beeinträchtigung zu 40 % auf Durchblutungsstörungen zurückzuführen, die schon vor dem Unfall bestanden.

Wie hoch ist der für die Leistungsberechnung anzusetzende Invaliditätsgrad?

Lösung:

Berechnung des Mitwirkungsanteils:	40 % von 70 %	= 28 %
Berechnung des Invaliditätsgrades:	70 % – 28 %	= <u>42 %</u> ①

Erläuterung:

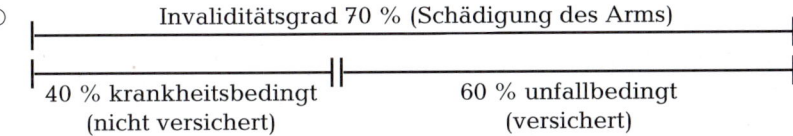

①

Invaliditätsgrad 70 % (Schädigung des Arms)

40 % krankheitsbedingt   60 % unfallbedingt
(nicht versichert)   (versichert)

Der krankheitsbedingte Mitwirkungsanteil, nämlich 40 % von 70 % = **28 %,** ist vom Invaliditätsgrad laut Gliedertaxe abzuziehen , da er nicht weniger als 25 % beträgt. Sonst wäre er unberücksichtigt geblieben und damit versichert gewesen.

2.6 Schadenregulierung

2.6.1 Information des Versicherten bzw. Anspruchstellers und Fälligkeit der Leistung

In der Verbundenen Hausrat- und in der Verbundenen Wohngebäudeversicherung ist die Entschädigung fällig, wenn die Feststellungen des Versicherers zum Grunde und zur Höhe des Anspruchs abgeschlossen sind.

VHB 2016
VGB 2016
Ziff. 20

Der VN kann einen Monat nach Meldung des Schadens den Betrag als Abschlagszahlung beanspruchen, der voraussichtlich mindestens zu zahlen ist.

In der **Unfallversicherung** hat sich der VR **innerhalb eines Monats in Textform** zu erklären, ob und in welcher Höhe er den Anspruch anerkennt, nachdem ihm alle notwendigen Unterlagen zur Feststellung des Unfallhergangs und der Unfallfolgen zugegangen sind.

AUB 2017
Ziff. 9.1

Wird eine **Invaliditätsleistung und/oder Unfallrente** geltend gemacht beträgt die Frist **drei Monate**.

Hinweis: Fälligkeit der Versicherungsleistung und Verzinsung der Entschädigung

Nähere Einzelheiten zur Fälligkeit der Versicherungsleistung und Verzinsung der Entschädigung sind dargestellt:

- zur Verbundenen Hausratversicherung in Band 2, A 5.2.6,
- zur Verbundenen Wohngebäudeversicherung in Band 2, B 2.8.6,
- zur Unfallversicherung in Band 2, D 5.4

VVG
§ 106

Die Fälligkeit der Versicherungsleistung zu einer **Haftpflichtversicherung** ist im VVG geregelt. Danach hat der VR den VN innerhalb von zwei Wochen vom Anspruch des Dritten freizustellen. Die Frist läuft von dem Zeitpunkt an, zu dem der Anspruch des Dritten mit bindender Wirkung für den VR durch rechtskräftiges Urteil, Anerkenntnis oder Vergleich festgestellt worden ist.

Soweit der VN eine Entschädigungsleistung an den Dritten mit bindender Wirkung für den VN erbracht hat, muss der VR die Entschädigung innerhalb von zwei Wochen an den VN zahlen, gerechnet ab dem Zeitpunkt, zu dem der VN an den Dritten geleistet hat.

AKB 2015
A 2.14

In der **Kaskoversicherung** wird die Entschädigung innerhalb zweier Wochen nach ihrer Feststellung gezahlt, im Falle der Entwendung jedoch nicht vor Ablauf der Frist von einem Monat.

2.6.2 Sachverständigenverfahren

Ein Sachverständigenverfahren kann nach einem Versicherungsfall infrage kommen, wenn die Voraussetzungen des Anspruchs aus der Versicherung oder die Höhe des Anspruchs festgestellt werden sollen.

a) Regelungen nach dem VVG

VVG
§ 84
(1)

Das VVG enthält zum Sachverständigenverfahren insbesondere folgende Regelungen:
– Weicht die durch den Sachverständigen getroffene Feststellung von der wirklichen Sachlage erheblich ab, ist die Feststellung nicht verbindlich. Die Feststellung erfolgt dann durch gerichtliche Entscheidung.

(2)

– Sieht der Vertrag vor, dass die Sachverständigen durch Gericht zu ernennen sind und haben die Beteiligten kein Amtsgericht als zuständig begründet, ist für die Ernennung das Amtsgericht zuständig, in dessen Bezirk der Schaden entstanden ist.

b) Regelungen zum Sachverständigenverfahren in den VHB 2016

➤ **Einleitung des Sachverständigenverfahrens**

VHB 2016
Ziff. 19.1

Der VN kann nach Eintritt des Versicherungsfalles durch einseitige Erklärung verlangen, dass die Schadenhöhe durch einen Sachverständigen festgestellt wird. Das Verfahren kann aber auch zwischen VN und VR vereinbart und auf weitere Feststellungen im Zusammenhang mit dem Versicherungsfall (z. B. Ermittlung des Versicherungswertes) ausgedehnt werden.

➤ **Bestellung der Sachverständigen und eines Obmanns**

Ziff. 19.3.1

Jede Partei benennt in Textform einen Sachverständigen. Benennt eine Partei trotz Aufforderung in Textform durch die andere Partei keinen Sachverständigen, kann der Auffordernde nach Ablauf von zwei Wochen seit der Aufforderung einen Sachverständigen durch das Amtsgericht ernennen lassen.

Ziff. 19.3.3

Beide Sachverständige benennen in Textform vor Aufnahme ihrer Feststellungen einen dritten Sachverständigen als Obmann, wobei das Amtsgericht eingeschaltet wird, wenn keine Einigung über den Obmann erzielt werden kann.

➤ Feststellungen der Sachverständigen und Rolle des Obmanns

Die Sachverständigen übermitteln den Parteien gleichzeitig ihre Feststellungen gem. Ziff. 19.4 VHB 2016. Weichen diese voneinander ab, schaltet der VR den Obmann ein, der über die strittigen Punkte entscheidet. Die Feststellungen der Sachverständigen oder des Obmannes sind für den VN und den VR verbindliche Grundlage der Entschädigungsberechnung.

VHB 2016
Ziff. 19.5

Sofern der Nachweis geführt werden kann, dass die Feststellungen von der wirklichen Sachlage erheblich abweichen, gelten die Bestimmungen des VVG (siehe oben unter a)).

➤ Kosten des Sachverständigenverfahrens

Jede Partei trägt die Kosten ihres Sachverständigen. Die Kosten des Obmanns tragen beide Parteien je zur Hälfte.

Ziff. 19.6

c) Sachverständigenverfahren nach VGB 2016

Das Sachverständigenverfahren nach VGB 2016 deckt sich inhaltlich mit dem Sachverständigenverfahren nach den VHB 2016, so dass auf die vorstehenden Ausführungen verwiesen werden kann.

VGB 2016
Ziff. 19

Lernkontrollen zu D 2

Schadenanlage

1 Der VN ist verpflichtet, im Versicherungsfall bestimmte Obliegenheiten zu erfüllen.

Stellen Sie diese Obliegenheiten stichwortartig dar für die
- Verbundene Hausratversicherung,
- Verbundene Wohngebäudeversicherung,
- Unfallversicherung,
- Kraftfahrtversicherung.

Besonderheiten bei der Leistungsermittlung

Sachversicherung: Abgrenzung Hausrat / Wohngebäude

2 Prüfen Sie, ob die nachstehend genannten Sachen in der Verbundenen Wohngebäudeversicherung oder in der Verbundenen Hausratversicherung versichert sind:

a) Mieter Kunz hat die Duschabtrennung aus Kunststoff im Bad beschädigt und tauscht sie jetzt gegen eine Glas-Duschabtrennung aus.

b) Der Wohnungseigentümer verlegt einen Teppichboden ohne Verklebung auf den vorhandenen PVC-Boden.

c) Vor Erstbezug lässt der Vermieter Küchenmöbel, die serienmäßig produziert wurden, in den Küchenraum einbauen.

d) Der Wohnungseigentümer einer Wohnungseigentümergemeinschaft lässt in seiner Wohnung Holzdecken einbringen.

e) Ein anderer Wohnungseigentümer im selben Haus lässt an einer Wand Holzpaneele anbringen, die zwischen Boden und Decke eingespannt und bei Bedarf entfernt werden können.

Sachversicherung: Zusammentreffen von Hausrat- und Wohngebäudeversicherung bei bestimmten Leitungswasserschäden

3   In der Wohnung des Mieters Alex Heubert ist ein Wasserrohr in der Wand gebrochen. Das ausströmende Wasser hat den eingeklebten Teppichboden und die Rauhfasertapete mit aufgebrachtem Innenanstrich derart in Mitleidenschaft gezogen, dass beides neu eingebracht werden muss. Die Kosten hierfür belaufen sich auf 4 300,00 €.

Herr Heubert zeigt den Schaden seiner Hausratversicherung an, während der Vermieter seine Wohngebäudeversicherung informiert, da der jetzt auszutauschende Teppichboden und die Rauhfasertapeten seinerzeit von ihm eingebracht wurden.

Beschreiben Sie, welche Regelung das vom GDV vorgeschlagene Teilungsabkommen für die Entschädigungsleistungen des Hausrat- und Wohngebäudeversicherers vorsieht.

Sachversicherung: Versicherungswert und Entschädigung von Wertsachen in der Hausratversicherung

4   Auf dem Weg zum Banktresor wird der VN überfallen und beraubt.

-   Bargeld   1 800,00 €
-   Schmuck   5 000,00 €
-   Briefmarken   3 500,00 €

Die VS des erst kürzlich abgeschlossenen Vertrages ohne Selbstbeteiligung im Schadenfall beträgt lt. Versicherungsschein 40 000,00 €.

   a)   Wie hoch ist die Entschädigung?

   b)   Wie hoch würde entschädigt, wenn die Beraubung in der Wohnung des VN stattgefunden hätte?

   c)   Berechnen Sie den Entschädigungsbetrag, wenn der VR feststellt, dass der Wert des Hausrates ohne Wertsachen 45 000,00 € beträgt und die Wertsachen einen Gesamtwert von 25 000,00 € haben, der sich wie folgt zusammensetzt:

      – Bargeld   1 800,00 €

      – Sparbücher   4 500,00 €

      – Schmuck   5 000,00 €

      – Briefmarken   3 500,00 €

      – handgeknüpfte Teppiche   10 200,00 €

5   Der VN zeigt einen Brandschaden in Höhe von 18 750,00 € an und weist an Aufräumungskosten 800,00 € nach. Im Rahmen der Schadenbesichtigung wird festgestellt, dass die VS ohne Vorsorgebetrag um 25 000,00 € unter dem Versicherungswert von 80 000,00 € liegt. Im vorgenannten VW sind Antiquitäten im Wert von 20 000,00 € enthalten.

   a)   Welcher VW ist für die Entschädigungsberechnung anzusetzen?

   b)   Wie hoch wird entschädigt, wenn die Wertsachen nicht vom Schaden betroffen sind?

Kraftfahrtversicherung: Besonderheiten der Entschädigungsberechnung in der Kaskoversicherung

6   Der VN hat eine Vollkaskoversicherung mit 500,00 € Selbstbeteiligung (Selbstbeteiligung bei Teilkaskoschäden 150,00 €) abgeschlossen. Im Urlaub wird der erst 13 Monate alte Pkw gestohlen. Der Neupreis bei Anschaffung betrug 17 800,00 €. Am Tag des Schadens beträgt der Neupreis infolge einer zwischenzeitlich eingetretenen Preiserhöhung 18 300,00 €, während ein gleichwertiges Fahrzeug in gebrauchtem Zustand für 15 500,00 € erworben werden kann. Der VN hat ein Neufahrzeug gekauft.

   a)   Wie hoch wird entschädigt?

   b)   Wann ist die Entschädigung zu zahlen?

7   Das 15 Monate alte Fahrzeug des VN wird bei einem Unfall schwer beschädigt. Die nachgewiesenen Reparaturkosten einschließlich MwSt belaufen sich auf 12 500,00 €. Das Fahrzeug wurde seinerzeit für 16 000,00 € angeschafft und würde jetzt 17 000,00 € kosten. Ein gleichwertiges Fahrzeug in gebrauchtem Zustand hat einen Marktpreis von 13 000,00 €.

Der Restwert des beschädigten Fahrzeuges wird mit 3 500,00 € durch einen Sachverständigen ermittelt.

Wie hoch ist die Entschädigung aus einer Vollkaskoversicherung mit 500,00 € Selbstbeteiligung?

Kraftfahrtversicherung: Zusammentreffen von Schadenersatzansprüchen bei Kfz-Haftpflicht- und Kaskoversicherung

8

> Sie sind Mitarbeiter/-in in einer Agentur der Proximus Versicherung AG und werden vom Kunden Peter Schnock aufgesucht.
>
> Herr Schnock ist an einer nicht beschilderten Kreuzung mit einem anderen Verkehrsteilnehmer zusammengestoßen. Nach seiner Ansicht hatte er Vorfahrt, da er von rechts kam.
>
> Die gegnerische Versicherung wendet ein, dass ihn eine Mitschuld von 40 % träfe, da er sich nicht davon überzeugt hat, dass man seine Vorfahrt beachtet.
>
> Herr Schnock hat zwischenzeitlich seinen Wagen reparieren lassen und folgende Aufwendungen gehabt:
>
> | | |
> |---|---:|
> | Reparaturkosten | 3 150,00 € |
> | Abschleppkosten | 130,00 € |
> | Sachverständigenkosten | 160,00 € |
> | Mietwagenkosten | 240,00 € |
> | Sonstige Kosten (pauschal) | 20,00 € |
>
> Herr Schnock möchte wissen, welche Leistung er noch aus seiner Kaskoversicherung erwarten kann, wenn die gegnerische Kfz-Haftpflichtversicherung tatsächlich bei ihrer Schadenregulierung ein Mitverschulden von 40 % berücksichtigt.

● **Auszug aus dem Vertragsspiegel**

> Kfz-Haftpflichtversicherung mit gesetzlichen Deckungssummen
>
> Vollkasko mit 300,00 € Selbstbeteiligung

● **Arbeitsauftrag**
Berechnen Sie zunächst die voraussichtliche Schadenersatzleistung des gegnerischen Kfz-Haftpflichtversicherers und stellen Sie dann fest, welche Leistung die Kaskoversicherung des Herrn Schnock noch erbringen muss.

9   Führen Sie die Berechnungen mit den Angaben zu Aufgabe 8 für den Fall durch, dass sich Herr Schnock bezüglich der Ersatzleistung zunächst an seinen Kasko-VR und dann an die gegnerische Kfz-Haftpflichtversicherung wendet.

Unfallversicherung: Vorinvalidität und Mitwirkungsanteil als Einflussfaktoren auf die Leistungshöhe

10 Durch einen Unfall wird die Gebrauchsfähigkeit der linken Hand ab dem Handgelenk zu 100 % eingeschränkt. Ferner wird die Sehkraft des linken Auges um 80 % vermindert. Beim Verlust der Sehkraft hat ein im Unfallzeitpunkt bestehendes Leiden zu 70 % mitgewirkt.

    a) Berechnen Sie den Invaliditätsgrad.

    b) Wie hoch ist die Invaliditätsleistung nach 2.1.2.1 AUB 2017, wenn der VN mit einer Invaliditätssumme von 75 000,00 € ohne Mehrleistung oder Progression versichert ist?

    c) Welche Invaliditätsleistung wird erbracht, wenn die progressive Invaliditätsstaffel 500 vereinbart ist?

11 Auf dem Fußgängerüberweg wird ein VN überfahren und schwer verletzt. Der VN hat eine Unfallversicherung mit einer Invaliditätssumme von 60 000,00 € ohne Mehrleistung oder Progression. Der behandelnde Arzt stellt folgende Dauerschäden fest: Einschränkung der Gebrauchsfähigkeit des rechten Beines um 40 % und des rechten Armes um 30 %.

    a) Wie hoch ist die Invaliditätsleistung nach 2.1.2.1 AUB 2017?

    b) Zwei Jahre später rutscht der VN im Treppenhaus aus und verletzt sich so schwer, dass das rechte Bein nur noch zu 20 % funktionsfähig ist. Außerdem wird die Gebrauchsfähigkeit der linken Hand durch den Sturz um 20 % eingeschränkt. Berechnen Sie die Invaliditätsleistung nach 2.1.2.1 AUB 2017.

Schadenbearbeitung und -regulierung

12   **Sie erhalten das folgende Schreiben Ihres VN Uwe Bauer:**

> »Über meiner gemieteten Wohnung wohnt die Rentnerin Frau Irmgard Baumbach. Sie ist eine alleinstehende ältere Dame. Mir ist in letzter Zeit aufgefallen, dass sie zusehends vergesslicher wird. Gestern Nachmittag hat sie das Badewasser einlaufen lassen, später aber vergessen, den Hahn wieder zuzudrehen. Als ich von der Arbeit nach Hause kam, stand das Wasser schon 3 cm hoch in meiner Wohnung. Frau Baumbach hatte den Schaden zu diesem Zeitpunkt noch nicht bemerkt, da sie sich für einen Nachmittagsschlaf ins Bett gelegt hatte.
>
> An meiner Wohnung und an der Einrichtung sind erhebliche Wasserschäden entstanden. Die von mir eingebrachte Holzdecke zeigt große Wasserflecken. Der eingeklebte Teppichboden muss ebenfalls erneuert werden. Die Schränke im Wohnzimmer, Schlafzimmer und der Küche sind im Sockelbereich aufgequollen. Ebenfalls sind die Tapeten an den Stellen voller Flecken, wo das Wasser von oben nach unten gelaufen ist.
>
> Ich weiß zwar, dass Frau Baumbach grundsätzlich für den Schaden verantwortlich ist, gehe aber davon aus, dass sie als Rentnerin nicht in der Lage ist, den Schaden zu ersetzen, zumal sie nach eigenem Bekunden auch keine Haftpflichtversicherung hat.
>
> Bitte teilen Sie mir deshalb mit, ob meine Hausratversicherung den Schaden ersetzt und was ich hierfür unternehmen muss.

● **Auszug aus dem Vertragsspiegel**

Hausratversicherung nach VHB 2016

VN: Uwe Bauer, 33330 Gütersloh, Bachstr. 124

Beruf: Kaufmännischer Angestellter

VS: 650,00 € / m²; 80 m² Wohnfläche

Versicherte Gefahren: F, ED, Lw, St/H

Besondere Vereinbarungen: Keine

Versicherungsperiode: 01. Jan. d.J. 0 Uhr – 31. Dez. d.J. 24 Uhr

Prämiensatz für die Grunddeckung: 2,00 ‰

Tarifzone: H II

● **Arbeitsauftrag**

Antworten Sie Herrn Bauer, indem Sie ihm mitteilen, inwieweit er mit einem Schadenersatz aus seiner Hausratversicherung grundsätzlich rechnen kann und welche Informationen bzw. Unterlagen Sie für die Schadenregulierung noch benötigen.

13   Die folgende Schadenmeldung Ihres VN Ernst Sachs steht zur Bearbeitung an, nachdem der Schadenbesichtiger seinen Bericht angefertigt hat:

»In der letzten Nacht fegte ein gewaltiger Sturm über unsere Gemeinde. Die Windböen waren so heftig, dass sogar der Hahn auf dem Kirchturm umgeknickt ist. An meinem Haus sind folgende Schäden entstanden:

– Die Satellitenschüssel ist abgebrochen	Kosten ca.	400,00 €
– 3 Dachziegel sind vom Dach gefallen	Kosten ca.	125,00 €
– Einer der Dachziegel hat die frei stehende Gartenlampe beschädigt	Kosten ca.	100,00 €
– Der zweite Dachziegel ist durch das Glas des Wintergartens gefallen	Kosten ca.	300,00 €
– Im Wintergarten wurde dadurch der Tisch schwer beschädigt	Kosten ca.	170,00 €
– Eine Bodenfliese ist gebrochen	Kosten ca.	50,00 €
– Ein Fenster, das in Kippstellung stand, ist aus der Halterung gerissen und zerstört worden	Kosten ca.	450,00 €
– Die Gardine ist zerrissen	Kosten ca.	80,00 €
– Durch einen Lüftungsschacht wurde Regen ins Hausinnere gedrückt. Die Wand hat hässliche Wasserflecken davongetragen.	Kosten ca.	140,00 €

Bitte regulieren Sie die Schäden.«

● **Auszug aus dem Bericht des Schadenbesichtigers**

Die angegebenen Schäden sind zutreffend und die angegebenen Kosten entsprechen auch der jeweiligen Schadenhöhe. Der Wert des gesamten Hausrats wurde mit
60 000,00 € und die Wohnfläche mit 105 m² festgestellt.

Der VN hat den Wintergarten Anfang des Jahres 2018 anbauen lassen. Der VW
1914 des gesamten Hauses beträgt dadurch 20 000,00 M.

Bei den durch die grobe Fahrlässigkeit des VN eingetretenen Schäden ist eine Mitschuld des VN von 50 % zu berücksichtigen.

● **Auszug aus dem Vertragsspiegel**

VN: Ernst Sachs, 17179 Repnitz, Weidestr. 234

–   Wohngebäudeversicherung (gleitende Neuwertvers. nach VGB 2016)
    Objekt: Einfamilienhaus, zweigeschossig, ausgebauter Keller, ausgebautes
    Satteldach. 1 Garage (BAK I)
    VS 1914: 19 000,00 M
    Versicherte Gefahren: F, Lw, St/H
    Besondere Vereinbarungen: keine

–   Hausratversicherung (VHB 2016)
    VS 48 000,00 € (100 m² Wohnfläche)
    Versicherte Gefahren: F, ED, Lw, St/H
    Besondere Vereinbarungen: keine

● **Arbeitsauftrag**

Zeigen Sie dem VN auf, ob und inwieweit der Schaden versichert ist, und berechnen
Sie die voraussichtliche Höhe der Entschädigung.

Beraten Sie den VN auch dahingehend, was er unternehmen sollte, um zukünftig
einen ausreichenden Versicherungsschutz zu haben.

3 Regress

3.1 Übergang von Ersatzansprüchen nach den Bestimmungen des VVG

➤ Regelung nach § 86 Abs. 1, Satz 1 VVG

VVG
§ 86

Steht dem VN ein Anspruch auf Ersatz des Schadens gegen einen **Dritten** (Schädiger) zu, so geht dieser Anspruch in der **Schadenversicherung** kraft Gesetzes auf den VR über, soweit dieser den Schaden aufgrund des Versicherungsvertrages ersetzt hat. Es bedarf keines Abtretungsvertrages.

Der Übergang von Ersatzansprüchen bewirkt, dass

- der Dritte als Schadenverursacher nicht von der Haftung befreit wird;
- der VN nicht bereichert wird, in dem er aus einem Schadenereignis die doppelte Leistung erhält;
- der VR in die Lage versetzt wird, den Dritten – den eigentlichen Schadenverursacher – in Regress zu nehmen.

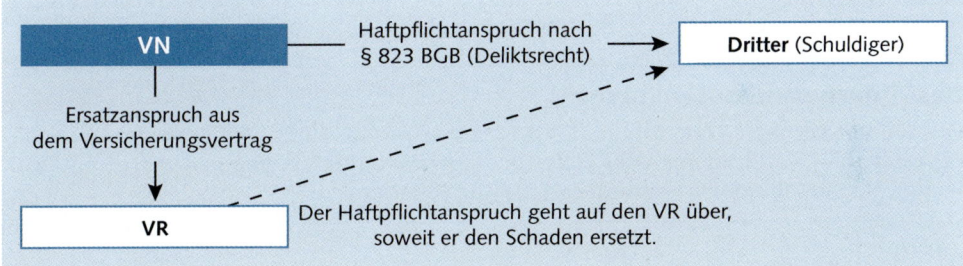

Beispiel:

Ein VN hat sein Haus mit 100 000,00 € zum Neuwert (Zeitwertanteil = 80 000,00 € Neuwertanteil = 20 000,00 €) versichert. Das Haus brennt ab. Ein Dritter ist für den Totalschaden verantwortlich.

Der VR zahlt eine Entschädigung in Höhe von 100 000,00 € an den VN und nimmt nach § 86 VVG Regress bei dem Dritten in Höhe von 80 000,00 €. Bezüglich des Neuwertanteils von 20 000,00 € kann kein Regress genommen werden, weil »nur« der **Anspruch** des VN **nach §§ 823 Abs. 1, 249 BGB** gegen den Dritten **auf den VR übergeht.** Das BGB kennt als Sachschaden den Wiederbeschaffungspreis, das ist nach BGB-Recht der Zeitwert, nicht der Neuwert.

➤ Regelung nach § 86 Abs. 1, Satz 2 VVG (Schutz des VN)

Der Übergang kann **nicht zum Nachteil** des VN geltend gemacht werden. Dies bedeutet, dass der VR erst zum Zuge kommt, **nachdem** der VN seinen Schaden voll ersetzt erhalten hat.

> **Beispiel:**
>
> Der VN hat sein Haus vor zwei Jahren zum Gleitenden Zeitwert nach Ziffer 14.1.2 VGB 2016 versichert. Im letzten Jahr hat er das Haus komplett neu dämmen lassen, dem VR die Wertsteigerung aber nicht angezeigt. Durch das Verschulden eines Dritten (Gebäudebrand) wird das Haus vollständig zerstört. Der Schadensachverständige stellt den heutigen Zeitwert des Hauses vor dem Brand mit 80 000,00 € fest. Versichert sind davon aber nur 60 000,00 €, da die Wertsteigerung nicht angezeigt und somit auch nicht nachversichert wurde. Der VR ersetzt wegen des Totalschadens die versicherten 60 000,00 €.
>
> Nur in dieser Höhe geht der dem VN gegen den Dritten zustehende Schadenersatzanspruch auf den VR über, in Höhe von 20 000,00 € verbleibt er dem geschädigten VN. Reicht das Vermögen des Dritten für beide Teilansprüche allerdings nicht aus, hat der Teilanspruch des VN in Höhe von 20 000,00 € Vorrang.

In der Zwangsvollstreckung darf der VR deshalb nur auf den Teil des Vermögens des haftpflichtigen Dritten zurückgreifen, den der VN nicht zum Ausgleich seines Schadens benötigt und zwar unabhängig davon, aus welchem Grund die Entschädigung des VR hinter dem Schaden zurückbleibt. Würde die Zwangsvollstreckung in das Vermögen des Schadenverursachers einen Betrag von insgesamt 45 000,00 € erbringen, erhielt der VN (Geschädigter) hiervon zunächst 20 000,00 € (Differenz zwischen Zeitwert von 80 000,00 € und Versicherungsleistung von 60 000,00 €) und der VR nur den verbleibenden Rest von 25 000,00 €.

Besonderheit: Quotenvorrecht

Das Quotenvorrecht kommt beim Regress zum Tragen, wenn nicht nur die Versicherungsleistung, sondern auch der Haftpflichtanspruch des VN gegen den Dritten – z. B. wegen Mitverschuldens – geringer ist als der Schaden.

> **Beispiel:**
>
> Der VN erleidet unfallbedingt einen Kfz-Schaden in Höhe von 6 000,00 €. Von seinem Fahrzeugversicherer werden ihm daraufhin nur 5 000,00 € (vereinbarter Selbstbehalt: 1 000,00 €) ersetzt. Gleichzeitig ist sein Haftpflichtanspruch gegen den Dritten als Unfallverursacher wegen Mitverschuldens (§ 254 BGB) auf 3 000,00 € begrenzt. Auf den VR geht hier nur der Haftpflichtanspruch über, der nach voller Befriedigung des VN verbleibt, also nur ein Anspruch in Höhe von 2 000,00 € (3 000,00 € Haftpflichtanspruch – 1 000,00 € Selbstbeteiligung).

Grundsätzlich gilt: Der **Haftpflichtanspruch** bleibt beim VN, soweit sein Schaden nicht vom VR gedeckt wird.

Im Beispielsfall bedeutet dies: Der Haftpflichtanspruch (begrenzt auf 3 000,00 € wegen Mitverschuldens) bleibt beim VN, soweit der Gesamtschaden (6 000,00 €) nicht vom VR gedeckt wird (»**Differenztheorie**«). Diese günstige Stellung des VN wird als »**Quotenvorrecht**« des VN bezeichnet.

➤ Anspruchswahrung durch den VN nach § 86 Abs. 2 VVG

Durch § 86 Abs. 2 Satz 1 VVG wird dem VN die Obliegenheit auferlegt, einen Ersatzanspruch gegen einen Dritten oder ein zur Sicherung dieses Anspruchs dienendes Recht zu wahren und dabei bestehende Formerfordernisse oder Fristen zu beachten. Auch hat der VN bei der Durchsetzung der Ansprüche durch den VR mitzuwirken.

> **Beispiel:**
>
> Der VN ist von einem Radfahrer angefahren worden. Er wurde verletzt und seine Kleidung erheblich beschädigt. Seinem Krankenversicherer legt er die Arztrechnungen zur Erstattung vor. Im Haftpflichtprozess, den der VN gegen den Radfahrer angestrengt und über den er den VR nicht informiert hat, erscheint er nicht zum Gerichtstermin, da er seine Freundin treffen will. Darauf ergeht gegen ihn ein Versäumnisurteil und er verliert den Schadenersatzanspruch gegen den Radfahrer.

Durch dieses Verhalten verliert der Krankenversicherer seinen möglichen Regressanspruch gegen den Radfahrer. Der VR ist daher gegenüber dem VN leistungsfrei, da die Obliegenheitsverletzung dafür ursächlich ist, dass der VR von dem Dritten (hier: dem Radfahrer) keinen Ersatz erlangen kann.

Die vollständige Leistungsfreiheit des VR setzt eine vorsätzliche Obliegenheitsverletzung des VN voraus; bei grober Fahrlässigkeit, deren Vorliegen vom VN zu beweisen ist, tritt nur eine quotale Leistungsbefreiung ein.

➤ **Regressausschluss gegen Personen, die in einer häuslichen Gemeinschaft mit dem VN leben**

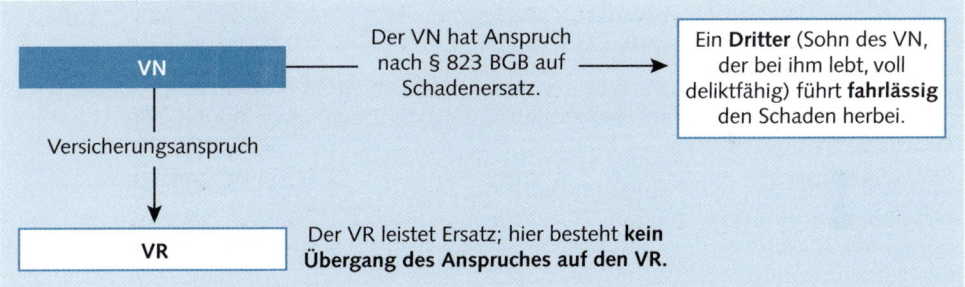

Richtet sich der Ersatzanspruch des Versicherungsnehmers gegen eine bei Eintritt des Schadens mit ihm **in häuslicher Gemeinschaft lebende Person** (z. B. Ehepartner, Lebenspartner, Kind), so ist der Übergang auf den VR ausgeschlossen. Der Anspruch geht nur über, wenn diese Person den Schaden **vorsätzlich** verursacht hat.

VVG
§ 86 (3)

Diese Regelung soll den Versicherten davor schützen, dass sein Versicherungsschutz mittelbar über den Regress des VR entwertet wird. Denn Personen, die in »häuslicher Gemeinschaft« leben, verzichten i. d. R. auf die Durchsetzung bestehender Schadenersatzansprüche untereinander. Weil man eine Wirtschaftseinheit bildet, wird jeder durch finanzielle Belastungen des anderen mitbetroffen. Eine Anspruchsdurchsetzung wäre deshalb unsinnig. Außerdem gilt es den häuslichen Frieden zu wahren.

Eine »**häusliche Gemeinschaft**« setzt eine Gemeinschaft der Wirtschaftsführung voraus, die aber nicht notwendig umfassend sein muss. Sie wird durch die nur vorübergehende Abwesenheit eines Familienangehörigen – beispielsweise während eines Auslandssemesters eines ansonsten noch zu Hause wohnenden Studenten – nicht aufgehoben.

3.2 Regress in der Sachversicherung

3.2.1 Regress beim Mieter

> **Beispiel:**
> Der Mieter des Hauses stößt versehentlich eine brennende Kerze vom Tisch, die eine Gardine in Brand setzt. Das Feuer hinterlässt große Brandflecken an der Holzdecke. Im Mietvertrag ist geregelt, dass die Prämien für die Gebäude-Feuerversicherung auf den Mieter abgewälzt werden und dass der Mieter für Schäden, die durch schuldhafte Verletzung der ihm obliegenden Sorgfaltspflichten entstehen, haftet.

Für den Schadensachbearbeiter, der den Gebäudeschaden (hier: Brandflecken an der Holzdecke) regulieren soll, stellt sich die Situation zunächst wie folgt dar:

● Der Vermieter hat als VN der Gebäude-Feuerversicherung Anspruch darauf, dass der durch Brand entstandene Gebäudeschaden von seinem VR ersetzt wird.

● Der Mieter hat den Schaden fahrlässig verursacht und kann nach § 823 BGB hierfür haftbar gemacht werden (Verschuldenshaftung).

● Reguliert der VR den Schaden, würde ihm nach § 86 Absatz 1, Satz 1 VVG ein **Regressanspruch** gegen den Mieter zustehen (vgl. D 3.1).

Dieser **Regressanspruch gegen den Mieter** wurde als **nicht gerecht** empfunden, wenn den Mieter nur einfache Fahrlässigkeit traf, und die **Rechtsprechung des BGH** hat hier ein **Korrektiv** geschaffen:

BGH 1995   Zunächst hatte der BGH eine sog. **haftungsrechtliche Lösung** entwickelt, die einen stillschweigenden vertraglichen Haftungsausschluss des Mieters bei einfacher Fahrlässigkeit vorsah. Als Begründung wurde angeführt, dass der Mieter schließlich auch die Prämie für die Versicherung über die Nebenkosten anteilig trage.

BGH 2006   In einer neueren Rechtsprechung des BGH wurde die sog. **versicherungsrechtliche Lösung** entwickelt. Der vom Vermieter abgeschlossene Gebäudeversicherungsvertrag wird dahingehend ausgelegt, dass er auch den Mieter bei Verursachung eines Schadens durch einfache Fahrlässigkeit vor dem Regress des VR schützen soll. Schließlich ist ja eine Schadenverursachung des Vermieters durch einfache Fahrlässigkeit auch gedeckt.

Hat der Mieter allerdings eine Haftpflichtversicherung, die für den durch einfache Fahrlässigkeit verursachten Schaden eintreten muss, wird ein interner Ausgleichsanspruch gegen den Haftpflichtversicherer bejaht.

Bei **grober Fahrlässigkeit** des Mieters bleibt der Regressanspruch des Gebäudeversicherers, der den Schaden reguliert hat, bestehen. In entsprechender Anwendung von § 81 Abs. 2 VVG wird ein Regress mit der Quote, die dem Verschuldensgrad entspricht, vorgenommen.

Besonderheit: Teilungsabkommen »Mieterregress«

Die Prüfung, ob einfache oder grobe Fahrlässigkeit vorliegt und auch die Abwicklung bzw. Durchsetzung von Ausgleichsansprüchen können sich in der Praxis als aufwändig, langwierig und ggf. auch kostenintensiv darstellen, wenn es zu gerichtlichen Auseinandersetzungen kommt.

Es wurde deshalb ein Teilungsabkommen »Mieterregress« zwischen den meisten Sach- und Haftpflichtversicherungen abgeschlossen. Darin sind die Ausgleichs- und Regressansprüche bei einem Feuer- oder Leitungswasserschaden geregelt, den ein haftpflichtversicherter Mieter oder Pächter durch einfache oder grobe Fahrlässigkeit herbeigeführt hat.

Das **Teilungsabkommen** »**Mieterregress**« sieht vor:

- Bei Schäden bis 2 500,00 € verzichtet der Gebäudeversicherer auf seine Regress- bzw. Ausgleichsansprüche.

- Bei Schäden über 2 500,00 € bis zu 100 000,00 € beteiligt sich der Haftpflichtversicherer mit einer Quote von 50 %.

- Bei Schäden über 100 000,00 € gilt das Abkommen nicht mehr.

Diese Regelung gilt nur für die Versicherer, die dem Teilungsabkommen »Mieterregress« beigetreten sind.

Der Regress- und Ausgleichsanspruch bestimmt sich ansonsten nach den dargestellten einschlägigen rechtlichen Vorschriften und der BGH-Rechtsprechung. Bei grober Fahrlässigkeit des Mieters/Pächters wird in entsprechender Anwendung von § 81 Abs. 2 VVG ein Regress mit der Quote, die dem Verschuldensgrad entspricht, vorgenommen.

Der Mieter sollte in jedem Falle eine private Haftpflichtversicherung unterhalten, die für Schäden durch grobe Fahrlässigkeit haftet. Es berührt ihn dann nicht, ob ein Vermieter den Gebäudeversicherungsvertrag mit einem VR geschlossen hat, der dem Teilungsabkommen »Mieterregress« beigetreten ist oder nicht.

3.2.2 Regress bei einem Wohnungseigentümer

Sind die Miteigentümer einer Wohnungseigentümergemeinschaft **gemeinsam VN** einer Verbundenen Wohngebäudeversicherung, ist ein Regress des VR bei **einfacher Fahrlässigkeit** gegen einen Miteigentümer nicht möglich.

Hat der Miteigentümer gegen eine **Obliegenheit** verstoßen oder den Schaden **grob fahrlässig** oder **vorsätzlich** herbeigeführt und ist der VR deshalb teilweise oder vollständig leistungsfrei, kann er sich hierauf gegenüber den übrigen Wohnungseigentümern nicht berufen. Die übrigen Wohnungseigentümer können vielmehr verlangen, dass der VR sie auch insoweit entschädigt, als er gegenüber einzelnen Miteigentümern leistungsfrei ist, sofern diese zusätzliche Entschädigung zur Wiederherstellung des gemeinschaftlichen Eigentums verwendet wird.

> **Beispiel:**
> Miteigentümer Schulz zündet bei einem Streit mit seiner Ehefrau die gemeinsame Wohnung an. Die Aussenfassade des Hauses der Eigentümergemeinschaft trägt schwere Brandschäden davon und muss erneuert werden

Gegenüber dem Miteigentümer Schulz ist der VR aufgrund dessen vorsätzlichen Handelns in jedem Falle leistungsfrei. Die übrigen Miteigentümer können jedoch verlangen, dass der VR auch den leistungsfreien Teil der Entschädigung insoweit leistet, als er für die Wiederherstellung der Fassade (gemeinschaftliches Eigentum) benötigt wird. Diesen Mehraufwand wird der VR im Wege des Regresses vom Schadenverursacher zurück verlangen.

Hinweis: Aufhebung des Regressverzichtsabkommens der deutschen Feuerversicherer

Ab 01.01.2018 ist das seit 1961 bestehende Regressverzichtsabkommen (RVA) der deutschen Feuerversicherer aufgehoben. Es kam bei einem übergreifenden Feuer auf ein Nachbargrundstück zum Tragen.

> **Beispiel:**
>
> X hat sein Mehrfamilienhaus bei VR A feuerversichert. Sein Nachbar Y ist bei VR B versichert. Bei X bricht infolge leichter Fahrlässigkeit ein Brand aus, der auf das Haus des Y übergreift und einen Schaden von 500 000,00 € verursacht.
>
> Der Geschädigte Y hat einen gesetzlichen Haftpflichtanspruch aus § 823 BGB (Verschuldenshaftung des X) und einen Deckungsanspruch gegen seinen VR B.
>
> Soweit VR B Ersatz an Y leistet, geht der Anspruch des Y gegen X auf VR B über (Übergang von Ersatzansprüchen nach § 86 VVG).
>
> Aufgrund des RVA verzichtete der VR B vor 2018 auf den Regress gegen Y. Seit 2018 nimmt er den Regress vor.

Die Aufhebung des RVA wird wie folgt begründet:

Im Vergleich zu den 60-iger Jahren des vorigen Jahrhunderts gibt es heute ausreichende Optionen, sich durch eine risikogerechte Haftpflichtversicherung abzusichern, so dass der ursprüngliche Grund für das Regressverzichtsabkommen nicht mehr gegeben ist.

Um das Risiko des übergreifenden Feuers auf Nachbargrundstücke abzusichern, bieten sich folgende Haftpflichtversicherungen an:

● Einfamilienhaus: Privat-HV mit entsprechendem Schutz

● Mehrfamilienhaus: Haus- und Grundbesitzer-HV

● Betrieb: Betriebs-HV

● Lauben/Wochenendhäuser: Privat-HV

3.2.3 Exkurs: Feuerhaftungsversicherung

Die Feuerhaftungsversichung wird auf der Grundlage der »Bedingungen für die Feuerhaftungsversicherung« **(FHB)** vereinbart.

FHB
§ 2

Sie gewährt unter folgenden Voraussetzungen dem VN Versicherungsschutz:

● Auf dem Versicherungsgrundstück des VN ist ein nach den AFB versichertes Schadenereignis eingetreten.

● Infolge dieses Schadenereignisses sind die Sachen eines Dritten zerstört oder beschädigt worden oder abhanden gekommen.

● Der VN wird aufgrund gesetzlicher Haftpflichtbestimmungen privatrechtlichen Inhalts von dem Dritten in Anspruch genommen.

§ 3

Die Feuerhaftungsversicherung haftet nur **subsidiär**, d.h., andere Versicherungen des VN, die eintrittspflichtig sind, sowie Haftungs-, Ersatz- oder Regressverzichtserklärungen des geschädigten Dritten oder dessen VR gehen der Feuerhaftungsversicherung vor.

3.3 Regress in der Kraftfahrtversicherung

3.3.1 Regress in der Kfz-Haftpflichtversicherung

Ist der VR im Innenverhältnis leistungsfrei, kann er zum Rückgriff berechtigt sein, soweit eine Leistung an den geschädigten Dritten erbracht werden musste.

➤ Regress im Zusammenhang mit dem Verstoß gegen eine Rechtspflicht

War der VR zur Leistung im Innenverhältnis nicht mehr verpflichtet, kann er **Rückgriff beim VN** oder **bei einer mitversicherten Person** hinsichtlich der erbrachten Leistungen an den geschädigten Dritten nehmen.

Der **Rückgriff gegen eine mitversicherte Person** ist ausgeschlossen, soweit die der Leistungsfreiheit zugrundeliegenden Umstände nicht in dieser Person lagen und ihr weder bekannt noch grob fahrlässig nicht bekannt waren **(Regressverbot).**

VVG
§ 123

> **Beispiel:**
>
> Der VN gestattet die Nutzung des noch ordnungsgemäß zugelassenen Fahrzeuges durch einen Bekannten und händigt ihm den Fahrzeugschein aus. Der Bekannte darf aufgrund der äußeren Umstände darauf vertrauen, dass zumindest Versicherungsschutz im Rahmen der Pflichtversicherung gegeben ist. Besteht der Versicherungsschutz nicht und kommt es zu einem ersatzpflichtigen Schaden, ist der Rückgriff gegen den Fahrer ausgeschlossen.

Der Versicherte braucht auch nicht mit dem Rückgriff eines Sozialversicherungsträgers oder anderen Schadenversicherers zu rechnen, da § 117 Abs. 3, Satz 2 gem. § 123 Abs. 2 VVG im beschriebenen Fall keine Anwendung findet.

➤ Regress im Zusammenhang mit dem Verstoß gegen eine Obliegenheit vor dem Versicherungsfall (Verletzung einer Pflicht bei Gebrauch des Fahrzeugs)

Für den Fall, dass eine Obliegenheit vor dem Versicherungsfall verletzt oder eine Gefahrerhöhung vorgenommen wurde, ist der VR nach der KfzPflVV dem VN und den mitversicherten Personen gegenüber bis zu je 5 000,00 € von der Leistungspflicht befreit. Die VR haben von diesem Recht in ihren AKB Gebrauch gemacht und sehen den Rückgriff in dieser Höhe beim VN bzw. den mitversicherten Personen vor, soweit sie dem geschädigten Dritten gegenüber leistungspflichtig sind. Der Regress trifft aber immer nur denjenigen, der die Obliegenheitsverletzung zu vertreten hat. Hat ein Mitversicherter eine ihn treffende Obliegenheit verletzt, bleibt der Deckungsanspruch für den VN unberührt.

KfzPflVV
§ 5 (3)

AKB 2015
D.4.3

> **Beispiel:**
>
> Der Halter hat sein Fahrzeug einem Arbeitskollegen geliehen. Auf dem Heimweg kehrt der Arbeitskollege noch in seiner Stammkneipe ein, wo er Freunde trifft und sich zu einigen Glas Bier überreden lässt. Er fühlt sich dennoch fahrtüchtig und fährt nach Hause, wobei er einen schweren Unfall mit einem Sachschaden von über 10 000,00 € verursacht.

Der Kfz-Haftpflichtversicherer wird für die an den Geschädigten geleisteten Zahlungen beim Unfallverursacher Regress bis 5 000,00 € nehmen. Hätte der Halter der Fahrt unter Alkoholeinfluss zugestimmt, könnte der VR auch bei ihm Regress bis 5 000,00 € nehmen, sodass insgesamt 10 000,00 € der Entschädigung im Regresswege zurückgefordert würden.

➤ **Regress im Zusammenhang mit dem Verstoß gegen eine Obliegenheit im Versicherungsfall**

AKB 2015
E. 7.3 –
E. 7.5
KfzPflVV
§§ 6, 7

Da die Leistungsfreiheit im Innenverhältnis auf 2 500,00 € bzw. 5 000,00 € beschränkt ist, kann ein Rückgriff auch nur bis zu dieser Höhe erfolgen, soweit der VR Leistungen an den geschädigten Dritten erbringen musste. Ein weiter gehender Rückgriff ist möglich, wenn sich z. B. durch die Obliegenheitsverletzung ein rechtswidriger Vermögensvorteil verschafft werden sollte.

3.3.2 Teilungsabkommen für bestimmte Kraftfahrzeug-Haftpflichtschäden

Bei einer Vielzahl von Kfz-Haftpflichtschäden können andere Versicherungsunternehmen oder Sozialversicherungsträger neben den Geschädigten als Anspruchsteller auftreten.

> **Beispiel:**
>
> Die gesetzliche Krankenkasse hat die Kosten für die Heilbehandlung nach einem Verkehrsunfall gezahlt und kann als berechtigter Dritter hierfür die Kfz-Haftpflichtversicherung des Unfallverursachers in Anspruch nehmen.

Um die Schadenabwicklung zu vereinfachen, haben die Beteiligten sog. **Schadenteilungsabkommen** geschlossen. Es sind Rahmenverträge, die auf dem Grundgedanken beruhen, dass sich nach dem Gesetz der großen Zahl die Vor- und Nachteile für jedes einzelne Unternehmen bei der Menge der Schadenfälle ausgleichen. Als Rationalisierungsmaßnahme helfen sie, Rechtsstreitigkeiten zu vermeiden und Kosten zu sparen.

Als wichtigstes Teilungsabkommen ist das Musterabkommen des Gesamtverbandes der Versicherungswirtschaft (GDV) mit den Krankenkassen zu nennen.

3.3.3 Regress des Kaskoversicherers

Ein Regress des Versicherers kann dann infrage kommen, wenn nicht der VN, sondern ein Dritter den Fahrzeugschaden verursacht hat und der VR dem VN gegenüber leistungspflichtig ist.

a) Regress gegenüber dem berechtigten Fahrer, Mieter oder Entleiher

> **Beispiel:**
>
> Ein Bekannter des VN, der dessen Fahrzeug ausgeliehen hat, fährt mit überhöhter Geschwindigkeit in eine Autobahnausfahrt, verliert die Kontrolle über das Fahrzeug und schleudert gegen eine Leitplanke.

VVG
§ 86

Grundsätzlich kann der VN den entstandenen Schaden vom Fahrer nach den Vorschriften über die Deliktshaftung ersetzt verlangen. Wendet sich der VN für die Schadenregulierung an den VR, so ist dieser ihm gegenüber leistungspflichtig. Soweit der VR den Schaden reguliert, geht der Haftpflichtanspruch des VN auf den VR kraft Gesetzes über und bildet die rechtliche Grundlage für den evtl. möglichen Regress.

Regressansprüche des Versicherers können üblicherweise nach dem AKB 2015 gegen den berechtigten Fahrer und andere in der Haftpflichtversicherung mitversicherte Personen sowie gegen den Mieter oder Entleiher aber nur geltend gemacht werden, wenn von ihnen der Versicherungsfall **vorsätzlich** oder **grob fahrlässig** herbeigeführt worden ist.

Die Regressmöglichkeit ist nicht gegeben, wenn der berechtigte Fahrer den Schaden durch einfache Fahrlässigkeit herbeigeführt hat, da die einfache Fahrlässigkeit vom Versicherungsschutz erfasst wird. Auch gegenüber Personen, mit denen der VN, in häuslicher Gemeinschaft lebt, besteht keine Regressmöglichkeit, es sei denn, diese Person hat den Schaden vorsätzlich verursacht.

Hinweis: Regressverzicht im Proximus 4 Bedingungswerk in der Kaskoversicherung bei grober Fahrlässigkeit von mitversicherten Personen

Das vorgenannte Bedingungswerk kennt nach A.2.16 Satz 3 AKB 2015 den Verzicht auf Leistungskürzung in der Kaskoversicherung bei grober Fahrlässigkeit, ausgenommen in bestimmten Fällen (Zu Einzelheiten, vgl. C 5.2.6 b).

Dieser Verzicht gilt auch für die mitversicherten Personen, so dass bei diesen kein Regress genommen werden kann, wenn die Verzichtsvoraussetzungen erfüllt sind.

---

b) Regress gegenüber anderen Dritten

> **Beispiel:**
> Das Fahrzeug des VN wird durch eine mutwillige Handlung beschädigt. Der Verursacher kann ermittelt werden.

Der Regressanspruch des ersatzpflichtigen Versicherers gegenüber dem Täter richtet sich ausschließlich nach den Bestimmungen des VVG (Übergang von Ersatzansprüchen) und nicht nach den AKB 2015, da ein außen stehender Dritter für den Schaden verantwortlich ist. Hierzu zählt auch der Unfallgegner oder der unberechtigte Fahrer (Dieb, Schwarzfahrer), da Letzterer keinen Versicherungsschutz aus der Kaskoversicherung genießt.

VVG § 86

Lernkontrollen zu D 3

Regress

Übergang von Ersatzansprüchen nach dem VVG

1 F ist als Fußgänger von Radfahrer R angefahren worden und dabei so unglücklich gestürzt, dass sein Arm gebrochen ist. Die Behandlungskosten belaufen sich auf insgesamt 800,00 €.

F wendet sich an seinen Krankenversicherer, der vertraglich 50 % aufgrund des vereinbarten Quotentarifs erstattet.

a) Stellen Sie die Rechtslage nach § 86 Abs. 1 VVG dar.

b) Wie ist der Fall zu beurteilen, wenn der den Unfall verursachende Radfahrer der mit F in häuslicher Gemeinschaft lebende Sohn ist?

Mieterregress

2 Mieterin Dahmen öffnet aufgrund eines Klingelzeichens ihrer Etagennachbarin die Wohnungstür. Vom Durchzug, der dabei entsteht, knallt die Wohnzimmertür zu. Dadurch bleibt unbemerkt, dass auch eine brennende Kerze auf dem Adventskranz vom Durchzug umgeworfen wurde. Die Nachbarin und Frau Dahmen haben sich an der Wohnungstür viel zu erzählen. Diese Unterhaltung wird erst jäh beendet, als sie Brandgeruch bemerken.

Erschreckt müssen sie feststellen, dass der Adventskranz lichterloh brennt und das Feuer auch schon auf die große Fenstergardine übergegriffen hat. Schnell wird Ihnen klar, dass sie das Feuer allein nicht gelöscht bekommen und rufen die Feuerwehr.

Nach dem Löschen ergibt sich folgendes Schadenbild:

Zerstörung der Wohnzimmereinrichtung, Brandschäden an Decke, Wänden, Fußboden, Fenster und Tür des Wohnzimmers. Löschwasser ist in die tiefer gelegenen Wohnungen gelaufen und hat weitere Gebäudeschäden sowie Schäden an der Wohnungseinrichtung anderer Mieter verursacht.

Frau Dahmen möchte wissen, inwieweit die Schäden durch ihre Hausratversicherung und die Wohngebäudeversicherung des Vermieters gedeckt sind.

Ihnen stehen für die Beratung folgende weiteren Informationen zur Verfügung:

- Im Mietvertrag, den Frau Dahmen vorlegt, ist geregelt, dass die Prämie für die Wohngebäudeversicherung vom Vermieter auf die Mieter im Rahmen der Nebenkostenabrechnung umgelegt wird. Der Gebäudeschaden, berechnet zum Neuwert, wird ca. 5 000,00 € betragen.

- Frau Dahmen hat eine Hausratversicherung und eine Privat-Haftpflichtversicherung. Ihr Hausratschaden, berechnet zum Neuwert, beträgt ca. 2 000,00 €.

- Der Wohngebäudeversicherer des Vermieters und die Privat-Haftpflichtversicherung von Frau Dahmen sind dem Teilungsabkommen »Mieterregress« beigetreten.

- Einer der durch das Löschwasser geschädigten Mieter (Mieter Hansen) hat keine Hausratversicherung und verlangt deshalb von Frau Dahmen Schadenersatz zum Neuwert in Höhe von 900,00 €.

Führen Sie die Beratung durch unter der Annahme, dass das Verhalten von Frau Dahmen

a) als leicht fahrlässig einzustufen ist und sie eine Privat-Haftpflichtversicherung hat;

b) als grob fahrlässig angesehen wird und sie keine Privat-Haftpflichtversicherung hat.

Feuerhaftungsversicherung

3 Unter welchen Voraussetzungen besteht für den VN Versicherungsschutz aus der Feuerhaftungsversicherung?

Regress in der Kfz-Versicherung

4 Herr Meier vermietet gelegentlich seinen Pkw. Der Pkw ist nur für Eigenverwendung versichert. Hat ein Mieter, der hiervon nichts weiß, Versicherungsschutz nach einem verschuldeten Unfall?

4 Mehrfache Versicherung durch den Versicherungsnehmer

4.1 Anzeigepflicht

»Wer bei mehreren Versicherern ein Interesse gegen dieselbe Gefahr versichert, ist verpflichtet, jedem Versicherer die andere Versicherung unverzüglich mitzuteilen. In der Mitteilung sind der andere Versicherer und die Versicherungssumme anzugeben.«

VVG
§ 77 (1)

Die im VVG vorgesehene Anzeigepflicht ist eine Obliegenheit des VN, für deren Verletzung jedoch keine Rechtsfolgen benannt sind.

Auch bei der **Mitversicherung** (vgl. D 5.1) sind mehrere VR beteiligt, wobei die Initiative hierzu jedoch von einem VR ausgeht.

4.2 Haftung bei Mehrfachversicherung

Eine Mehrfachversicherung liegt in folgenden Fällen vor:

§ 78

- Das Interesse ist gegen dieselbe Gefahr bei mehreren Versicherern versichert, und
- die Versicherungssummen übersteigen zusammen den Versicherungswert, oder
- die Summe der durch die VR zu leistenden Entschädigungen übersteigt den Gesamtschaden.

Grundsätzlich sind drei Fälle zu unterscheiden:

- Bekanntwerden der Mehrfachversicherung nach Eintritt des Versicherungsfalles
- Bekanntwerden der Mehrfachversicherung vor Eintritt des Versicherungsfalles
- Bewusste Mehrfachversicherung in betrügerischer Absicht

a) Bekanntwerden der Mehrfachversicherung nach Eintritt des Versicherungsfalles

Die VR werden im Falle einer Mehrfachversicherung aus dem Versicherungsfall wie folgt verpflichtet:

- Im **Außenverhältnis**, d.h. im Verhältnis zum VN, haften die VR als **Gesamtschuldner**, wobei jeder VR den **nach dem Vertrag zu leistenden Betrag** zu zahlen hat, der VN aber **nicht mehr als den Betrag des Schadens** verlangen kann.

§ 78 (1)

  »**Gesamtschuldner**« heißt: Der zuerst in Anspruch genommene VR muss für die Entschädigungspflicht (die gesamte Schuld) einstehen.

  »**... nach dem Vertrag zu leistenden Betrag**« heißt: Der in Anspruch genommene VR darf die Entschädigung auf der Basis des bei ihm bestehenden Vertrages ermitteln und muss maximal in dieser Höhe an den VN leisten. Dadurch verbleibt in der Regel ein ungedeckter Rest.

  Wendet sich jetzt der VN bezüglich des ungedeckten Restes an den nächsten VR, so ermäßigt sich der Anspruch gegen diesen VR in der Weise, dass die Entschädigung aus allen Verträgen nicht höher sein darf als der Schaden.

  Der VN kann also im Ganzen, d.h. von allen Versicherern zusammen, **nicht mehr als den Betrag des Schadens** verlangen.

VVG
§ 78 (2)

● Im **Innenverhältnis**, d. h. im Verhältnis der VR untereinander, sind sie nur zu einer anteilmäßigen Zahlung verpflichtet und können daher einen Ausgleich verlangen, wenn sie aufgrund der gesamtschuldnerischen Haftung einen höheren Betrag an den VN erbracht haben.

Beispiel:

Bernd Schroeder hat von seinem verstorbenen Onkel ein Einfamilienhaus geerbt und die vorgefundene Wohngebäudeversicherung beim VR A über 15 000,00 M VS 1914 sofort auf 20 000,00 M angepasst, da er das Gebäude aufgrund von Anbaumaßnahmen seines Onkels, die dieser dem VR A nicht angezeigt hat, für nicht ausreichend versichert hält. Die exakte VS 1914 will er erst ermitteln und versichern, wenn seine Umbaupläne abgeschlossen sind.

Schon kurz nach Vertragserhöhung kommt es zu einem Sturmschaden von 50 000,00 €. Bei der Gelegenheit wird nicht nur der VW 1914 mit 25 000,00 M festgestellt, sondern auch ermittelt, dass der verstorbene Onkel wegen der Anbaumaßnahmen noch eine weitere Wohngebäudeversicherung über 10 000,00 M VS 1914 beim VR B unterhalten hat, wobei die VS nicht nach Ziff. 15.1 VGB 2016, sondern durch Schätzung bestimmt wurde. Durch die vorsorgliche Summenerhöhung des Neffen ist also eine unbewusste Mehrfachversicherung entstanden.

Der Neffe wendet sich zwecks Schadenregulierung zunächst an den VR A und dann an den VR B.

Lösung:

Abrechnung im Außenverhältnis

Leistung des VR A an den VN:

$$\text{Entschädigung} = \frac{50\,000,00 \,€ \cdot 20\,000,00 \,M}{25\,000,00 \,M} \qquad\qquad 40\,000,00 \,€ \quad ①$$

Leistung des VR B an den VN:

$$\text{Entschädigung} = \frac{50\,000,00 \,€ \cdot 10\,000,00 \,M}{25\,000,00 \,M} = 20\,000,00 \,€,\ \text{max.:} \quad 10\,000,00 \,€ \quad ②$$

Gesamtentschädigung: 50 000,00 €

Abrechnung im Innenverhältnis

VR	Verteilungsgrundlage	Verteilungsschlüssel	Schadenanteil	
A	40 000,00 €	4 Anteile (kurz: 2)	33 333,33 €	③
B	20 000,00 €	2 Anteile (kurz: 1)	16 666,67 €	③
			50 000,00 €	

Ausgleich der VR untereinander

VR B muss an VR A im Innenverhältnis 6 666,67 € zahlen.   ④

Erläuterungen:

① VR A haftet für die Schuld der beiden VR (als Gesamtschuldner), allerdings nur bis zu dem Betrag, den er nach seinem Vertrag zu zahlen hätte. Danach ist der VN bei ihm unterversichert und entsprechend rechnet VR A ab.

② VR B hätte im Rahmen der Haftung als Gesamtschuldner nach Maßgabe seines Vertrages wegen Unterversicherung nur 20 000,00 € zahlen müssen, zahlt tatsächlich aber nur den noch nicht entschädigten Teil von 10 000,00 €, da der VN nicht mehr als den Gesamtschaden verlangen kann.

③ Aus den Beträgen, die die VR **vertragsmäßig** an den VN zu leisten hätten (also nicht aus den tatsächlich nur an den VN gezahlten Beträgen), wird ein Verteilungsschlüssel errechnet und der Schaden von 50 000,00 € anteilsmäßig aufgeteilt.

> **Anmerkung:** Obgleich das VVG die vertragsmäßig zu leistenden Beträge als Grundlage für die Verteilung vorsieht, werden in der Praxis bei der Vollwertversicherung häufig auch die Versicherungssummen als Verteilungsschlüssel verwendet.

④ Aufgrund der Haftung als Gesamtschuldner hat VR A zunächst 6 666,67 € zu viel (nämlich 40 000,00 € statt nur 33 333,33 €) und VR B entsprechend diesen Betrag zu wenig (nämlich 10 000,00 € statt 16 666,67 €) gezahlt. VR B muss diesen zu wenig gezahlten Betrag an VR A zum Ausgleich zahlen.

Hinweis:

Bei **Leitungswasserschäden** an Bodenbelägen, Innenanstrichen oder Tapeten von vermieteten Wohnungen treffen häufig die Leistungspflicht des Wohngebäudeversicherers und des Hausratversicherers aufeinander. Der Schadenausgleich zwischen beiden Versicherern wird dann bei Reparaturkosten über 1 000,00 € aufgrund des Teilungsabkommens zwischen Hausrat- und Gebäudeversicherer vorgenommen (vgl. hierzu Exkurs auch in Band 2, A 2.2.6 und D 2.5.2 in diesem Band).

VHB 2016
Ziff. 13.8.
VGB 2016
Ziff. 4.2

---

b) Bekanntwerden der Mehrfachversicherung vor Eintritt des Versicherungsfalles

Wurde der Vertrag, durch welchen die Mehrfachversicherung entstanden ist, ohne Kenntnis vom Entstehen der Mehrfachversicherung geschlossen, kann der VN verlangen, dass der später geschlossene Vertrag aufgehoben oder dessen VS unter entsprechender Minderung der Prämie auf den Teilbetrag herabgesetzt wird, der durch die frühere Versicherung nicht gedeckt ist.

VVG
§ 79 (1)

> **Beispiel:**
> Legt man die Daten des vorangegangenen Beispiels zugrunde, könnte der Neffe verlangen, dass der Vertrag über die nach dem Erbfall bei VR A vorgenommene Summenanpassung von 15 000,00 M auf 20 000,00 M wieder aufgehoben und die Versicherung in der ursprünglichen Form weitergeführt wird.

Der VN kann sein Recht, analog zu § 74 VVG, mit sofortiger Wirkung geltend machen.

c) Bewusste Mehrfachversicherung in betrügerischer Absicht

Jeder in dieser Absicht geschlossene Vertrag ist nichtig. Dem VR gebührt die Prämie bis zu dem Zeitpunkt, zu dem er von den die Nichtigkeit begründenden Umständen Kenntnis erlangt.

§ 78 (3)

4.3 Nebenversicherung

Hat der VN sein Interesse bei mehreren Versicherern versichert und übersteigen die von den beteiligten Versicherern insgesamt zu zahlenden Entschädigungen nicht den Schaden, spricht man in der Praxis von einer Nebenversicherung.

> **Beispiel:**
> Der VN hat seinen Hausrat mit einem VW von 100 000,00 € bei VR A mit 60 000,00 € VS und bei VR B mit 40 000,00 € VS versichert. Bei Totalschaden sind diese VS Grundlage für die Entschädigungsleistung.

Lernkontrollen zu D 4

Haftung bei Mehrfachversicherung

1
> Eine Erbengemeinschaft beschließt, das geerbte Mehrfamilienhaus gemeinsam weiter zu führen. Man vereinbart eine Wohngebäudeversicherung mit einer VS 1914 von 40 000,00 M bei der Proximus Versicherung AG, da keinerlei Versicherungsunterlagen beim Erblasser gefunden wurden. Die richtige Höhe der VS 1914 wird bei Antragsaufnahme mit dem Summenermittlungsbogen berechnet.
>
> Schon bald nach Vertragsabschluss geht der Erbengemeinschaft eine von der Südstern Versicherung an den Erblasser adressierte Prämienrechnung zu. Ein telefonischer Anruf beim Vertreter der Südstern Versicherung ergibt, dass die betreffende Wohngebäudeversicherung mit einer VS »Wert 1914« von 30 000,00 M und einer Laufzeit von 3 Jahren vor 2 Jahren durch den Erblasser abgeschlossen wurde. Die Erbengemeinschaft berät daraufhin, wie zu verfahren sei.
>
> Der wortreichste der Erben schlägt vor, die Prämienrechnung einfach an die Südstern Versicherung mit dem Vermerk »Kündigung! Wir sind jetzt bei der Proximus Versicherung AG versichert« und der Unterschrift aller Erben zurückzuschicken. Nachdem er letzte Zweifel an diesem Vorgehen mit der Bemerkung »Lasst doch mal abwarten, was passiert!« ausgeräumt hat, wird schließlich so verfahren.

● **Arbeitsauftrag**

Sie erhalten als Sachbearbeiter der Südstern Versicherung dieses Kündigungsschreiben und lassen sich von der Proximus Versicherung AG die neuen Vertragsdaten geben. Prüfen Sie die Rechtslage und antworten Sie anschließend den Erben.

2 Ein VN hat ein Gewerbegebäude (VW 1,5 Mio. €) bei VR A mit 1,25 Mio. € und VR B mit 1 Mio. € versichert. Die Mehrfachversicherung ist aufgrund der Vielzahl von Gewerbegebäuden, die der VN besitzt, versehentlich entstanden. Durch eine Explosion entsteht ein Schaden am Gebäude in Höhe von 750 000,00 €.

a) Mit welchem Betrag haften die VR jeweils als Gesamtschuldner gegenüber dem VN nach Maßgabe ihrer Verträge?

b) VR A hat an den VN den Betrag überwiesen, mit dem er gemäß Vertrag höchstens haftet. Welche Beträge muss VR B an den VN und an den VR A zahlen?

3 Ein VN hat ein Gewerbegebäude bei der Gesellschaft A mit 500 000,00 € versichert. Durch Brand entsteht ein Schaden in Höhe von 275 000,00 €.

VR A erfährt, dass das Gewerbegebäude auch bei VR B mit 600 000,00 € ohne betrügerische Absicht durch den VN versichert wurde.

Es wird ein VW von 800 000,00 € ermittelt.

a) Mit welchem Betrag haftet VR A als Gesamtschuldner?

b) Mit welchem Betrag haftet VR B als Gesamtschuldner?

c) VR A hat an den VN den Betrag gezahlt, mit dem er gemäß Vertrag höchstens haftet. Welche Beträge muss VR B an den VN und an VR A überweisen?

4 Ein VN hat zwei Krankheitskostenvollversicherungen. Bei VR A besteht ein Quotentarif mit 50 % Erstattungsquote, bei VR B ein Summentarif, der eine Jahreshöchstleistung für ambulante Behandlungen von 1 200,00 € vorsieht.

Der VN legt Arztrechnungen seines Hausarztes über insgesamt 840,00 € vor.

a) Wie viel € zahlt VR A als Gesamtschuldner, wenn er vom VN zunächst in Anspruch genommen wird?

b) Wie viel € kann der VN anschließend noch vom VR B verlangen?

c) Berechnen Sie die Anteile der VR im Innenverhältnis und stellen Sie fest, welcher Betrag durch welchen VR an den anderen VR zum Ausgleich zu überweisen ist.

Abrechnung gem. §78 Abs. 2 VVG beim Zusammentreffen von Hausrat- und Wohngebäudeversicherung wegen bestimmter Leitungswasserschäden

5 In Aufgabe 3 der Lernkontrollen zu D 2 war das vom GDV vorgeschlagene Teilungsabkommen darzustellen, wenn Hausrat- und Wohngebäudeversicherung wegen bestimmter Leitungswasserschäden gleichzeitig ersatzpflichtig sind.

Nachstehend ist an Hand des dort geschilderten Falles, der hier noch einmal aufgeführt wird und um notwendige Angaben ergänzt ist, zu berechnen, welche Leistung vom Hausrat- bzw. Wohngebäudeversicherer zu erbringen ist.

In der Wohnung des Mieters Alex Heubert ist ein Wasserrohr in der Wand gebrochen. Das ausströmende Wasser hat den eingeklebten Teppichboden und die Rauhfasertapete mit aufgebrachtem Innenanstrich derart in Mitleidenschaft gezogen, dass beides neu eingebracht werden muss. Die Kosten hierfür belaufen sich auf 4 300,00 €.

Herr Heubert zeigt den Schaden seiner Hausratversicherung an, während der Vermieter seine Wohngebäudeversicherung informiert, da der jetzt auszutauschende Teppichboden und die Rauhfasertapeten seinerzeit von ihm eingebracht wurden. Der Hausratversicherer erkennt seine Leistungspflicht dem Mieter gegenüber grundsätzlich an, stellt aber trotz Berücksichtigung der bedingungsgemäßen Vorsorge-VS noch eine 20 %ige Unterversicherung im Vertrag des Herrn Heubert fest.

Der Vermieter ist richtig versichert, hat jedoch 500,00 € Selbstbeteiligung für jeden Schaden vereinbart.

a) Berechnen Sie zunächst, was jeder VR vertragsmäßig ohne Bestehen der anderen Versicherung zu leisten hätte.

Die Gebäudeversicherung des Vermieters reguliert den Schaden vertragsgemäß durch Zahlung an den Vermieter. Die Hausratversicherung des Mieters zahlt daraufhin die noch nicht gedeckte Differenz der Reparaturkosten für die genannten Leitungswasserschäden.

b) Welchen Betrag überweist der Wohngebäudeversicherer an den Vermieter und welchen Betrag überweist die Hausratversicherung an den Mieter?

Wohngebäude- und Hausratversicherer sind übereingekommen, den Schaden gem. der Empfehlung des GDV untereinander aufzuteilen.

c) Welche Betrag müssen Wohngebäude- und Hausratversicherer jeweils vom Gesamtschaden nur übernehmen?

d) Stellen Sie fest, welcher VR noch eine Ausgleichzahlung an den anderen VR leisten muss und wie hoch der Ausgleichsbetrag ist.

5 Risikoverteilung durch Mit- und Rückversicherung

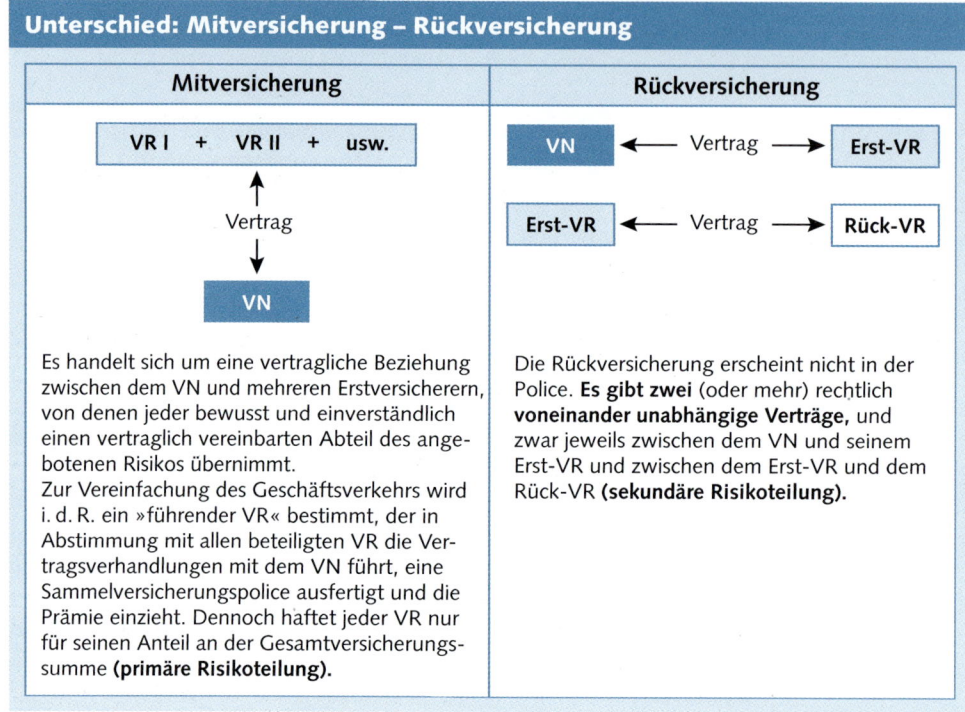

Unterschied: Mitversicherung – Rückversicherung

Mitversicherung	Rückversicherung
VR I + VR II + usw.	VN ← Vertrag → Erst-VR
↑ Vertrag ↓ VN	Erst-VR ← Vertrag → Rück-VR
Es handelt sich um eine vertragliche Beziehung zwischen dem VN und mehreren Erstversicherern, von denen jeder bewusst und einverständlich einen vertraglich vereinbarten Abteil des angebotenen Risikos übernimmt. Zur Vereinfachung des Geschäftsverkehrs wird i. d. R. ein »führender VR« bestimmt, der in Abstimmung mit allen beteiligten VR die Vertragsverhandlungen mit dem VN führt, eine Sammelversicherungspolice ausfertigt und die Prämie einzieht. Dennoch haftet jeder VR nur für seinen Anteil an der Gesamtversicherungssumme **(primäre Risikoteilung).**	Die Rückversicherung erscheint nicht in der Police. **Es gibt zwei** (oder mehr) rechtlich **voneinander unabhängige Verträge,** und zwar jeweils zwischen dem VN und seinem Erst-VR und zwischen dem Erst-VR und dem Rück-VR **(sekundäre Risikoteilung).**

Häufig können Risiken aufgrund ihrer Größe nicht von einem Versicherer getragen werden. Für diesen Fall wird das Risiko auf weitere Versicherer verteilt.

5.1 Mitversicherung

Wird das Risiko durch einen VR oder Makler anteilsmäßig (quotenmäßig) bei mehreren Versicherern platziert, wobei der VN mit jedem der VR eine vertragliche Beziehung eingeht, spricht man von Mitversicherung.

Das Verhältnis der Mitversicherer zum VN wird im Versicherungsschein wie folgt geregelt: »Von der Gesamtversicherungssumme übernehmen pro rata jedes einzelnen Gegenstandes und Wertes die folgenden Gesellschaften die folgenden Versicherungssummen: …«.

Die **Gesellschaften haften** also nicht als Gesamtschuldner, sondern **anteilig im Verhältnis der von ihnen gezeichneten Summe zur gesamten VS**.

Der VN kennt die beteiligten VR. Er hat im Schadenfall in der Regel einen Anspruch gegen jeden beteiligten VR.

Beispiel:

VR:	Quote: %	VS: €	Prämie: €
A	66 ⅔	80 000,00	400,00
B	33 ⅓	40 000,00	200,00
Gesamt	100	120 000,00	600,00

Zur Vereinfachung des Geschäftsverkehrs wird eine **führende** Gesellschaft bestimmt; der VN hat nur mit der »Führenden« zu verhandeln, die noch folgende Pflichten übernimmt: Information der beteiligten VR; Abstimmung bei den beteiligten Versicherern; Ausfertigung von Sammelurkunden.

Die Führung erstreckt sich grundsätzlich nicht auf die Schadenregulierung und auf die Entschädigung, obwohl die beteiligten VR auch darin zusammenwirken.

Bei Streitfällen aus dem Versicherungsvertrage macht der VN, wenn die **Prozessführungsklausel** zugrunde liegt, seine Ansprüche nur gegen den führenden VR und nur wegen dessen Anteil geltend. Die beteiligten VR erkennen die Entscheidung, die gegenüber dem führenden VR rechtskräftig geworden ist, auch für sich als verbindlich an.

5.2 Rückversicherung

5.2.1 Wesen der Rückversicherung

● Die Rückversicherung ist die Versicherung der vom (Erst-)VR (auch **Zedent** genannt) übernommenen Gefahr durch einen anderen VR (Rück-VR – auch **Zessionar** genannt).

Die Rückversicherung ist eine betriebliche Maßnahme des Erstversicherers, der damit seinen Versicherungsbestand **risikomäßig ausgeglichener** gestaltet. Sie erlaubt dem Erst-VR, auch hohe Wagnisse zu übernehmen, die an sich die Summe übersteigen, die er nach der Zusammensetzung seines Bestandes für jedes Wagnis »riskieren« kann.

Durch die Rückversicherung wird das übernommene **Risiko** auf viele Risikoträger **verteilt** (Erst-VR und ein oder mehrere Rück-VR).

Die Werte der in der heutigen Zeit zu versichernden Objekte werden immer höher (man denke z. B. an Tanker, Flugzeuge, große Industriewerke). Sie könnten vom Erst-VR allein nicht in Deckung genommen werden, ohne dass dessen wirtschaftliche Existenz gefährdet wäre.

● **Beteiligte am Rückversicherungsvertrag**

Das Rückversicherungsgeschäft kommt durch einen Vertrag zwischen dem **Erst-VR und dem Rück-VR** zustande.

Beide Beteiligte sind Kaufleute und somit geschäftsverwandt und in der Lage, ihre Interessen selbst zu wahren. Für die Rückversicherung gilt deshalb nicht das VVG. In der Regel ist das Rückversicherungsgeschäft auch nicht aufsichtspflichtig.

Zwischen dem **Rück-VR** und dem **VN** des Erstversicherers bestehen **keinerlei Rechtsbeziehungen**. Bei einem Schaden haftet ihm gegenüber allein der Erst-VR. Der Rückversicherungsvertrag ist also ein selbstständiger Vertrag zwischen Erst- und Rück-VR, von dem der VN des Erstversicherers gar nichts weiß.

5.2.2 Formen der Rückversicherung

Die Rückversicherungspraxis kennt zwei Grundformen:

a) Obligatorische Rückversicherung

Bei der obligatorischen Rückversicherung verpflichtet sich der Erst-VR, **vom Portefeuille** eines bestimmten Versicherungszweiges **vertraglich festgesetzte Anteile** abzugeben. Der Rück-VR geht seinerseits die Verpflichtung ein, diese Risiken zu übernehmen. Bei der vertraglichen Ausgestaltung hat der Erst-VR die Gewähr, vom Zeitpunkt der Zeichnung des Wagnisses an Rückversicherungsschutz zu genießen.

b) Fakultative Rückversicherung

Von der fakultativen Rückdeckung macht der Erst-VR Gebrauch, wenn es sich um ein schweres oder besonders **großes Risiko** handelt, welches auch die Kapazität eines obligatorischen Vertrages übersteigt. Ein derartiges Risiko wird einem Rück-VR **einzeln** angeboten. Der Erst-VR hat somit **von Fall zu Fall** für ein einzelnes Wagnis zu entscheiden, in welcher Höhe und bei welchem Rück-VR das Risiko abgedeckt werden soll. Dem Rück-VR steht es frei, das betreffende Angebot anzunehmen oder es abzulehnen.

Mischformen:

- Bei der **fakultativ-obligatorischen Rück**versicherung ist es dem Zedenten freigestellt, ob er rückversichern will. Der Rück-VR muss hingegen das Risiko im Rahmen des Vertrags übernehmen.

- Bei der **obligatorisch-fakultativen Rück**versicherung ist es umgekehrt. Der Zedent muss dem Zessionar das Risiko zur Rückdeckung anbieten, der es aber nicht zu übernehmen braucht.

5.2.3 Arten der Rückversicherung

5.2.3.1 Rückdeckung auf der Basis der Versicherungssumme (Summenrückversicherung)

Wird das Risiko auf der **Grundlage der VS** sowohl von der Prämien- als auch von der Schadenseite her nach einem **festen Prozentsatz** zwischen Erst- und Rück-VR aufgeteilt, liegt eine **Summenrückversicherung** vor.

Beteiligt sich der Rück-VR z. B. mit 30 % an der gezeichneten Erstversicherungssumme, wird er im Schadenfall mit 30 % der anfallenden Schäden belastet, erhält aber auch 30 % der Prämie. Hiervon zahlt er jedoch wieder eine Rückversicherungsprovision an den Erst-VR (siehe nachstehend unter a)). Da hier **Prämie und VS im gleichen Verhältnis für die Abrechnung aufgeteilt** werden, spricht man auch von **proportionaler Rückversicherung**.

Die Summenrückversicherung kann sich auf die Abgabe einer »**Quote**« und/oder der »**Spitzen**« bestimmter Risiken beziehen.

Die Summenrückversicherung findet auch in der Lebensversicherung – also nicht nur in der Schadenversicherung – Anwendung.

a) Quotenrückversicherungsvertrag (»Quotenabgabe«)

Der Rück-VR beteiligt sich mit einem bestimmten Prozentsatz (Quote) an **allen** – vom Erst-VR – gezeichneten Risiken eines Versicherungszweiges.

Beispiel:

Ein Erst-VR hat im Rahmen seines »einfachen Geschäfts« eine Quote von 60 % in Rückdeckung gegeben. Wie hoch ist der Anteil des Rück-VR an Prämie und Schaden zu folgendem Vertrag?

Geschäftsinhaltsversicherung für einen Handelsbetrieb

VS 350 000,00 €, Prämiensatz 2,4 ‰, Schaden 65 890,00 €

Lösung:

	Quote	Prämie	Schaden
Anteil des Erst-VR	40 %	336,00 €	26 356,00 €
Anteil des Rück-VR	60 %	504,00 €	39 534,00 €
	100 %	840,00 €	65 890,00 €

Gewährt der Rück-VR dem Erst-VR eine **Rückversicherungsprovision**, ist die Prämie für den Rück-VR um diese Provision zu kürzen.

Die Provision wird vom Prämienanteil, der dem Rück-VR zusteht, berechnet. Sie stellt einen Ausgleich dafür dar,

– dass der Erst-VR mit der anteiligen Weitergabe der Prämie an den Rück-VR nicht nur den kalkulierten Risikoprämie, sondern auch den kalkulierten Anteil zur Deckung seiner Kosten (Kostenanteil) weitergibt;

– dass der Erst-VR aufgrund des Rückversicherungsgeschäftes einen zusätzlichen Verwaltungsaufwand hat.

Bei der vertraglichen Festlegung des Quotenanteils wird weder die Höhe noch die Gefährlichkeit des einzelnen Risikos berücksichtigt.

Wegen der starren Quotenabgabe für alle Risiken ist dieser Vertragstyp zwar einfach und daher Kosten sparend in der Handhabung, findet aber meistens nur dort Anwendung (z.B. in der Allgemeinen Haftpflichtversicherung), wo bereits vom Wesen des rückzuversichernden Zweiges her eine gewisse Gleichheit der Risiken und Begrenzung der Versicherungssummen gegeben ist.

b) Summenexzedentenvertrag (»Spitzenabgabe«)

Anders verhält es sich, wenn sich der Bestand des Erstversicherers aus Risiken zusammensetzt, die ihrer Natur nach ungleich sind, ihr Haftungsumfang also unterschiedliche Grenzen aufweist. Dies gilt z.B. für den Feuerbestand eines Erstversicherers, der sich aus Wohngebäuden unterschiedlicher Größenordnung oder aus Industrierisiken verschiedener Art zusammensetzt.

Hier wird der Erst-VR **bei jedem einzelnen Risiko** zu **prüfen** haben, **welchen Teil der VS er maximal** für eigene Rechnung **zu übernehmen bereit ist.** Dabei richtet sich die **Höhe des jeweiligen Selbstbehalts** nach bestimmten Gesichtspunkten, insbesondere **nach dem Gefährdungsgrad des einzelnen Risikos,** aber auch nach der Größe des Versicherungsbestandes und der wirtschaftlichen Stärke und Erfahrung des VU.

Die ermittelten Selbstbehalte, auch **Maxima** genannt, werden in einer dem Rahmenrückversicherungsvertrag beigefügten »Maximaltabelle« für die einzelnen Risikoklassen aufgeführt. Dabei fällt der **Selbstbehalt** in der Regel **umso niedriger** aus, **je höher** der **Gefährdungsgrad der einzelnen Risikoklasse** ist.

Es ist auch möglich, die Maximaltabelle statt nach Risikoklassen nach Prämiensätzen auszurichten, wie sie z.B. in den Büchern des Industrie-Feuertarifs aufgeführt sind. Bei hohen Prämiensätzen sind die Selbstbehalte dann relativ klein, bei niedrigen Prämiensätzen entsprechend groß.

Auf diese Weise sichert die Summenexzedentrückversicherung wohl am wirkungsvollsten die Nivellierung eines unausgeglichenen Versicherungsbestandes.

Nur der Teil der VS (Exzedent), der den Selbstbehalt übersteigt, wird rückversichert. Der Rück-VR wird also nur an diesen »Spitzenrisiken« beteiligt.

Allerdings ist auch die Deckungskapazität des **Rückversicherers** begrenzt, und zwar meist in der Weise, dass er höchstens ein bestimmtes Vielfaches des Selbstbehalts des Erstversicherers übernimmt (z. B. 20 Maxima).

Wird dieses Übernahmemaximum bei einer Zeichnungssumme des Erstversicherers überschritten, ist für den übersteigenden Betrag, soweit der Erst-VR ihn nicht zusätzlich – neben dem Selbstbehalt – tragen will, ein zweiter Summenexzedentenvertrag oder eine fakultative Rückversicherung abzuschließen.

Beispiel:

Der Erst-VR hat mit dem Rück-VR einen Summenexzedentenvertrag vereinbart. Der Selbstbehalt des Erst-VR beträgt für die in Rückdeckung gegebene Risikoklasse 40 000,00 € (= 1 Maximum) laut Maximaltabelle. Der Rück-VR übernimmt 4 Maxima.

Wie hoch sind die Anteile des Erst-VR und des Rück-VR an der VS, an der Prämie (Prämiensatz 2,6‰) und an einem Schaden (Schaden 40 000,00 €), wenn alternativ folgende VS durch den Erst-VR gezeichnet werden?

a) 200 000,00 €;   b) 160 000,00 €;   c) 40 000,00 €;   d) 240 000,00 €.

Lösung:

Die Kapazität (Zeichnungsgrenze, die durch Selbstbehalt und Rückversicherung gedeckt ist) beträgt 200 000,00 €.

a)

	Anteile	VS	Prämie	Schaden	
Erst-VR	1	40 000,00 €	104,00 €	8 000,00 €	
Rück-VR	4	160 000,00 €	416,00 €	32 000,00 €	①

b)

	Anteile	VS	Prämie	Schaden	
Erst-VR	1	40 000,00 €	104,00 €	10 000,00 €	
Rück-VR	3	120 000,00 €	312,00 €	30 000,00 €	②

c)

	Anteile	VS	Prämie	Schaden	
Erst-VR	1	40 000,00 €	104,00 €	40 000,00 €	
Rück-VR	–	–	–	–	③

d)

	Anteile	VS	Prämie	Schaden	
Erst-VR	2	80 000,00 €	208,00 €	13 333,33 €	
Rück-VR	4	160 000,00 €	416,00 €	26 666,67 €	④

Erläuterungen:

① Selbstbehalt und rückgedeckte Maxima entsprechen genau der VS, sodass sie als Verteilungsschlüssel für Prämie und Schaden dienen können.

② Die VS liegt unter der Zeichnungsgrenze, aber über dem Selbstbehalt des Erst-VR. Aus den übernommenen Summenanteilen wird der Verteilungsschlüssel für Prämie und Schaden errechnet.

③ Die VS überschreitet nicht den Selbstbehalt des Erst-VR. Der Rück-VR ist in diesem Fall nicht beteiligt.

④ Die gezeichnete VS übersteigt die Zeichnungsgrenze von 200 000,00 € um 40 000,00 €. Der Rück-VR übernimmt maximal 4 Maxima, der Erst-VR muss neben seinem Selbstbehalt von 40 000,00 € den die Kapazität von 200 000,00 € übersteigenden Teil der VS (also weitere 40 000,00 €) übernehmen. Sofern dies nicht gewollt ist, muss er für diesen Teil eine fakultative Rückversicherung abschließen. Der Verteilungsschlüssel für Prämie und Schaden wird aus den übernommenen Summenanteilen berechnet.

Häufig kann davon ausgegangen werden, dass kein Totalschaden (Schadenquote 100 %) eintritt, sondern der **wahrscheinliche Höchstschaden** – je nach Bauart – also **nur einen Teil der VS ausmacht** (z. B. 50 %). Der Erst-VR kann dann einen entsprechend höheren Selbstbehalt riskieren (bei 50 % Schadenquote den doppelten Betrag), auch seine Zeichnungskapazität erhöht sich entsprechend.

c) Quotenexzedentenvertrag

Kombiniert der Erst-VR den Quoten- mit dem Exzedentenvertrag, so entsteht ein **Quotenexzedentenvertrag.** Der Erst-VR hat bei dieser Vertragsart die Gewähr, einen **größtmöglichen Ausgleich innerhalb seines Bestandes** zu erzielen. Auch der **Rück-VR** erhält ein ausgeglicheneres Portefeuille, weil er **nicht ausschließlich an Spitzenrisiken,** sondern durch die quotenmäßige Rückdeckung an sämtlichen Wagnissen **beteiligt** ist.

Beispiel:

Zwischen dem Erst-VR und dem Rück-VR wurde folgender Quotenexzedentenvertrag vereinbart: Quote des Erst-VR 80 %, Quote des Rück-VR 20 %. Von seiner Quote behält der Erst-VR einen Selbstbehalt laut Maximaltabelle von 60 000,00 € (= 1 Maximum). Für weitere 3 Maxima ist wiederum Rückdeckung vereinbart.

a) Wie hoch ist die Zeichnungsgrenze des Erst-VR?
b) Welche Anteile übernehmen Erst-VR und Rück-VR zu folgendem Vertrag: VS 160 000,00 €, Prämiensatz 1,8 ‰, Schaden 80 000,00 €

Lösung:

a) **Berechnung der Kapazität (Zeichnungsgrenze):**

Selbstbehalt + 3 Maxima = 240 000,00 € (= 4 · 60 000,00 €)	
80 % Quotenanteil des Erst-VR entspricht	240 000,00 €
20 % Quotenanteil des Rück-VR entspricht	60 000,00 €
100 % Zeichnungsgrenze	300 000,00 €

b) **Aufteilung der VS und Berechnung des Verteilungsschlüssels:**

	Erst-VR	Rück-VR
1. Aufteilung der VS von 160 000,00 € gemäß **Quotenvertrag** (80 %/20 %)	128 000,00 €	32 000,00 €
2. Aufteilung des Erst-VR-Anteils von von 128 000,00 € gemäß **Summenexzedentenvertrag**	60 000,00 €	68 000,00 €
Übernommene Summenanteile	**60 000,00 €**	**100 000,00 €**
Verteilungsschlüssel	60 (kurz: 3)	100 (kurz: 5)

3. Verteilung

Anteile		VS	Prämie	Schaden
Erst-VR	3	60 000,00 €	108,00 €	30 000,00 €
Rück-VR	5	100 000,00 €	180,00 €	50 000,00 €
		160 000,00 €	288,00 €	80 000,00 €

5.2.3.2 Rückdeckung auf der Basis des Schadens (Schadenrückversicherung)

Das Wesen dieser Rückversicherungsform liegt darin, dass der Selbstbehalt des Erstversicherers und die Leistung des Rückversicherers ausschließlich von der Schadenseite her bestimmt werden, d. h., ein **Schadenüberschuss wird rückgedeckt** und nicht irgendein Überschuss der VS.

Die Schadenrückversicherung kann sich auf **Einzelschäden** oder auf die Masse der gesamten **Jahresschäden** beziehen.

Weil hier Prämien und Schäden nicht im gleichen Verhältnis aufgeteilt werden, bezeichnet man die Schadenrückversicherung auch als **nichtproportionale Versicherung**. Das Rückversicherungsentgelt kann deshalb nur nach der individuellen Schadenvergangenheit des Erstversicherers ermittelt werden, und zwar aus dem Verhältnis der Schäden, die die Priorität überschritten haben, zur Jahresprämie des Erstversicherers (Zeitraum 5–10 Jahre).

a) Einzelschaden-Exzedentenvertrag (Excess of Loss)

Die Haftung des Rückversicherers beschränkt sich auf ein **einzelnes** Schadenereignis. Wird der Schadenselbstbehalt des Erstversicherers **(Priorität)** durch einen Schaden überschritten, übernimmt der Rück-VR den übersteigenden Betrag **(Schadenexzedent)**, und zwar bis zu der vertraglich vereinbarten Höchstsumme **(Haftstrecke).** Der Erst-VR trägt demnach jeden Schaden bis zum Schadenselbstbehalt ganz, sodass der **Rück-VR an kleinen Schäden** selbst gar **nicht beteiligt** ist.

Häufig wird vereinbart, dass der Erst-VR über die Priorität hinaus mit einem bestimmten Prozentsatz am Schadenexzedenten beteiligt ist.

Beispiel:

Der Erst-VR hat eine Priorität von 60 000,00 €. Vom Rück-VR wurden 140 000,00 € als maximaler Schadenexzedent übernommen.

a) Wie hoch ist die Zeichnungsgrenze des Erst-VR, wenn die Schadenquote mit 50 % angenommen wird?

b) Welchen Anteil übernimmt der Rück-VR an einem Schaden von 140 000,00 €, wenn der Erst-VR vertraglich mit 10 % am Schadenexzedenten beteiligt ist?

Lösung:

a)	Schadendeckung (Priorität und Exzedent)	200 000,00 €	
	Zeichnungsgrenze bei einer Schadenquote von 50 %	400 000,00 €	①
b)	Schaden	140 000,00 €	
	abzüglich Priorität des Erst-VR	60 000,00 €	
		80 000,00 €	
	abzüglich 10 % Beteiligung am Schadenexzedenten	8 000,00 €	
	Anteil des Rück-VR am Schaden	72 000,00 €	②

Erläuterungen:

① Die Schadenquote drückt den voraussichtlichen Höchstschaden (Probable Maximum Loss) bei dem zu versichernden Objekt aus. Im Beispielsfall können 400 000,00 € VS gezeichnet werden, wenn die Schadenquote 50 % (= 200 000,00 €) beträgt, da für diesen Betrag entsprechende Schadendeckung besteht.

② Der Rück-VR ist im vertraglichen Umfang am Schaden beteiligt.

Die Prämie für die Rückversicherung wird zwischen dem Erst- und Rückversicherer frei vereinbart, wobei sich die Prämienhöhe insbesondere nach dem bisherigen Schadenverlauf im rückversicherten Bestand des Erstversicherers bestimmt.

Der Einzelschaden-Exzedentenvertrag findet überall dort Anwendung, wo hohe Schadenausschläge möglich sind. Das sind vor allem Zweige, die – wie die Feuerversicherung – schon aus ihrem Wesen heraus ungleich hohe Versicherungssummen vorweisen. Sie wird aber auch in Zweigen eingesetzt, wo bereits nivellierte Versicherungssummen für eine gewisse Homogenität sorgen (z.B. Pauschaldeckungen in der Kraftfahrt-Haftpflichtversicherung), in denen aber innerhalb dieser Grenzen noch hohe Schäden anfallen können.

b) Jahresschaden-Exzedentenvertrag (Stop-Loss)

Der Stop-Loss-Vertrag stellt auf den Schadenaufwand eines Jahres ab, der in einem bestimmten Versicherungszweig anfällt. Die Haftung der Rück-VR setzt also erst ein, wenn der Jahresschadenaufwand des Erstversicherers die vorauskalkulierte Höhe (Priorität) überschreitet.

Priorität und Haftstrecke sind hier also Schadenquoten, und zwar das Verhältnis der jeweils zu tragenden Schäden zu den Prämieneinnahmen eines Jahres.

Beispiel:

Der Erst-VR hat einen Schadenbedarf von 80 % der Prämieneinnahmen kalkuliert. Vorsorglich gibt er 40 % der Prämieneinnahmen als möglichen Jahresüberschadenexzedenten in Rückdeckung.

Welchen Anteil übernimmt der Rück-VR, wenn das Jahresprämienaufkommen 70 340 000,00 € betrug und für Schäden 81 480 000,00 € geleistet werden mussten?

Lösung:

Schadenselbstbehalt (80 % von 70 340 000)	56 272 000,00 €
Rückversicherter Jahresüberschadenexzedent	
(40 % von 70 340 000)	28 136 000,00 €
Jahresüberschaden (81 480 000 – 56 272 000)	25 208 000,00 € ①

Erläuterung:

① Der Jahresüberschaden von 25 208 000,00 € ist durch den rückversicherten Jahresüberschadenexzedenten von 28 136 000,00 € gedeckt und ist daher in vollem Umfange vom Rück-VR zu tragen.

Die Jahresschadenexzedentenversicherung eignet sich vor allem für Versicherungszweige, die ihrer Natur nach starken Schwankungen ausgesetzt sind. Dies gilt vor allem für die Sturm- und Hagelversicherung (Elementar-Risiko), denn hier treten in Abständen von mehreren Jahren immer wieder Kumulschäden auf (Anhäufung von kleineren und mittleren Schäden), die das Jahresergebnis eines VU insgesamt gesehen erheblich belasten können. Dagegen würde die Einzelschadenexzedentenversicherung hier kaum alternativ Schutz bieten können, weil sie für Schadenfälle unterhalb der Priorität keine Deckung gewährt.

5.3 Sonderformen

a) Versicherungspool (Pool [engl.]: Vereinigung, Ring, Topf)

Einer besonderen Art der Risikoverteilung dient der Versicherungspool. Es handelt sich dabei um den Zusammenschluss mehrerer VU (Erst- oder Rück-VR) zur gemeinsamen Deckung großer und risikoreicher Versicherungszweige oder Wagnisse, z.B. im Bereich der Luftfahrtversicherung der »Deutsche Luftpool«. Juristisch gesehen stellt der Pool eine Gesellschaft des bürgerlichen Rechts dar. Die durch die VU gezeichneten Risiken werden nach Maßgabe des Poolvertrages in den Pool eingebracht, ebenso die Prämieneinnahmen. Das einbringende VU erhält i.d.R. eine **Einbringungsprovision.** Die Schäden werden aus den eingebrachten Prämien bezahlt. An den Überschüssen oder Verlusten des Pools werden die Poolmitglieder quotenmäßig beteiligt.

b) Weiterrückversicherung (Retrozession)

Der Rück-VR wird hauptsächlich am risikoreichen Geschäft beteiligt. Er ist der Gefahr der Wagnishäufung **(Kumulierung)** ausgesetzt. Er muss daher seinerseits versuchen, den notwendigen Ausgleich innerhalb seines Versicherungsbestandes herbeizuführen. Wenn der Rück-VR hinreichende Angaben erhält, kann er seinerseits einen Selbstbehalt je Wagnis bilden **(Exzedentenretrozession)**. Meist wird er jedoch Quotenabgaben vornehmen, die sich nach der Höhe seiner Anteile und nach den übernommenen Gefahren bestimmen.

Die wirtschaftliche Bedeutung der Retrozession ergibt sich aus der durch sie erzielten Aufspaltung auch größter Risiken in viele kleinere und damit tragbare Teile **(Atomisierung)**. Diese Verteilung muss auf breiter, internationaler Basis geschehen, wenn sie Erfolg haben soll, und führt dann im Zusammenhang mit der Übernahme von Rückversicherungsgeschäften aus anderen Ländern zu einer engen Verflechtung der internationalen Versicherungsmärkte, die schließlich einen weltweiten Ausgleich, auch bei Versicherungsobjekten im Wert von vielen Millionen, möglich macht.

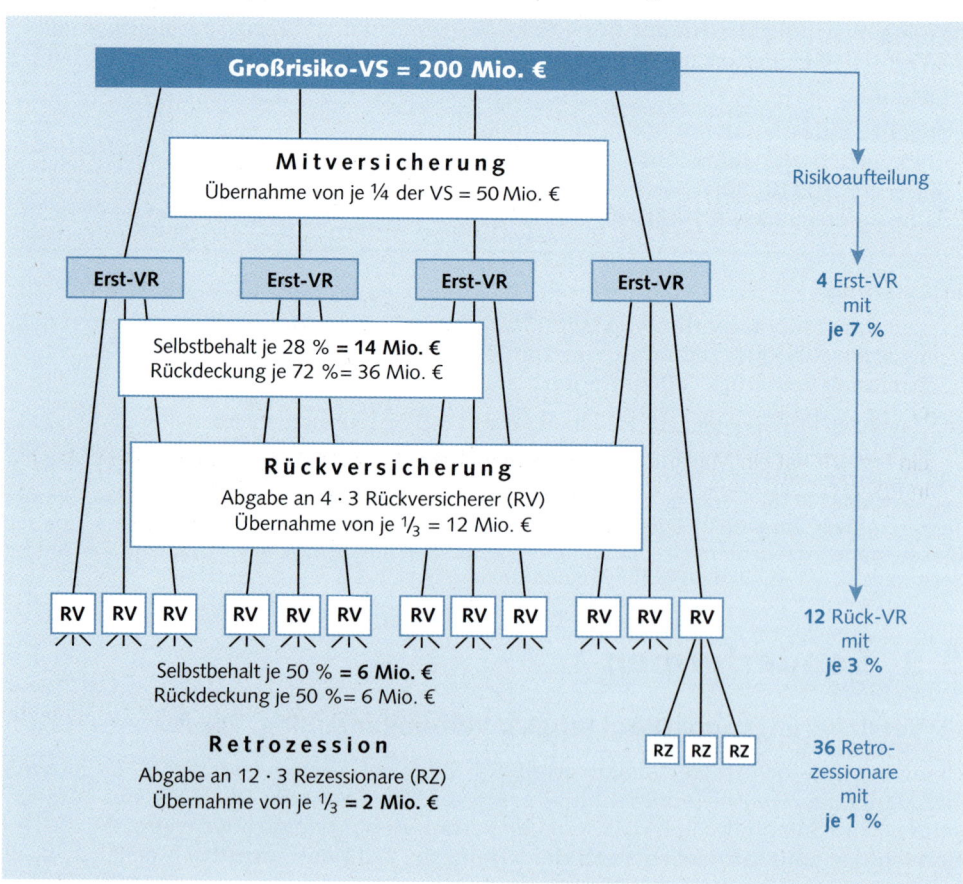

Lernkontrollen zu D 5

Mitversicherung

1 Aufgrund der Vermittlung eines Versicherungsmaklers kommt für die Versicherung eines Transportes das folgende Mitversicherungsgeschäft zustande:

VS 3 900 000,00 €, Prämiensatz 2,3‰, VersSt 19 %.

Anteile der Mitversicherer:

VR A 25 %, VR B 18 %, VR C 12 %, VR D (führende Gesellschaft) 40 %, VR E 5 %.

a) Stellen Sie den Verteilungsplan für die VS und die Prämie einschließlich VersSt auf.

b) Der Makler erhält 3 % der Prämie ohne VersSt als Vermittlungsprovision. Die führende Gesellschaft D erhält eine Führungsprovision von 2,1 % der Prämienanteile ohne VersSt der beteiligten Gesellschaften.

   Berechnen Sie, mit welchem Provisionsanteil die führende Gesellschaft die den beteiligten Gesellschaften zustehenden Prämien jeweils belastet.

c) Ein Schaden von 780 000,00 € wird in Absprache mit den beteiligten Gesellschaften von der führenden Gesellschaft reguliert. Dabei wird festgestellt, dass der VN die VS um 600 000,00 € zu niedrig bemessen hat.

Berechnen Sie die Anteile der beteiligten VR am Schaden.

Rückversicherung

2 Worin besteht das Wesen der Rückversicherung?

3 Wodurch unterscheidet sich die Rückversicherung von der Mitversicherung?

Summenrückversicherung

4 Der Erst-VR hat einen Versicherungszweig mit einer Quote von 45 % rückgedeckt.

Berechnen Sie die Anteile des Erst- und Rück-VR an Prämie und Schaden zu folgenden Verträgen:

	VS	Prämiensatz	Schaden
a)	280 000,00 €	1,95‰	45 800,00 €;
b)	170 400,00 €	2,34‰	6 950,00 €;
c)	98 000,00 €	1,32‰	79 420,00 €.

5 Ein Erst-VR hat ein Maximum laut Maximaltabelle von 75 000,00 € und 6 weitere Maxima in Rückdeckung gegeben. Verteilen Sie folgende VS und Schäden:

	VS	Schaden
a)	350 000,00 €	260 400,00 €;
b)	60 000,00 €	27 600,00 €;
c)	570 000,00 €	480 700,00 €.

6 Ein VR hat sich im Rahmen eines Mitversicherungsgeschäftes mit 12,5 % am Gesamtrisiko beteiligen können, da sein Maximum laut Maximaltabelle 40 000,00 € beträgt und für weitere 6 Maxima eine Rückdeckung besteht.

a) Mit welcher VS ist der Erst-VR beteiligt?

b) Wie hoch ist die VS des Gesamtrisikos?

   c) Mit welchem Betrag wird der VR bei einem Schaden von 900 000,00 € im Rahmen des Mitversicherungsgeschäftes durch die führende Gesellschaft belastet?

   d) Welcher Anteil wird ihm von seinem Rück-VR erstattet?

7 Gemäß Rückversicherungsvertrag übernimmt der Rück-VR vom Gesamtrisiko zunächst eine Quote von 20 %. Darüber hinaus hat er den Selbstbehalt des Erst-VR von 60 000,00 € laut dessen Maximaltabelle noch einmal 5-fach rückgedeckt.

   a) Welche VS kann der Erst-VR maximal zeichnen, wenn er nicht mehr als seinen Selbstbehalt von 60 000,00 € im Schadenfall tragen will?

   b) Berechnen Sie den Anteil des Erst- und Rück-VR an einer VS von 320 000,00 €.

   c) Wie hoch wären im Fall b) die Anteile von Erst- und Rück-VR an einem Schaden von 96 000,00 €?

Schadenrückversicherung

8 Zwischen dem Erst-VR und Rück-VR wurde folgender Einzelschaden-Exzedentenvertrag geschlossen:

Selbstbehalt (Priorität) des Erst-VR 120 000,00 €;

rückversicherter Schadenexzedent 480 000,00 €.

   a) Wie hoch ist die Zeichnungsgrenze des Erst-VR, wenn die Schadenquote mit 30 % angegeben wird?

   b) Welchen Anteil übernimmt der Rück-VR an einem Schaden von 320 000,00 €, wenn der Erst-VR vertraglich am Schadenexzedenten mit 10 % beteiligt ist?

9 Ein VR will sich im Rahmen eines Mitversicherungsgeschäftes an einem Risiko von 4 500 000,00 € beteiligen.

Wie viel Prozent des Gesamtrisikos kann der VR unter folgenden Voraussetzungen zeichnen:

Selbstbehalt (Priorität) 90 000,00 €;

rückversicherter Schadenexzedent 360 000,00 €.

Die führende Gesellschaft gibt die Schadenquote aufgrund des Besichtigungsberichtes mit 40 % an.

10 Eine Jahresüberschadenrückversicherung wurde wie folgt vereinbart:

Die Priorität des Erst-VR beträgt 75 % der jährlichen Prämieneinnahmen.

Der rückversicherte Jahresüberschadenexzedent beträgt 45 % der jährlichen Prämieneinnahmen.

Die Prämieneinnahmen eines Jahres beliefen sich auf 120 570 000,00 €.

Wie viel € trägt der Rück-VR, wenn alternativ folgender Jahresschadenaufwand entstanden ist?

a) 185 430 000,00 €;   b) 114 310 780,00 €;   c) 152 684 000,00 €.

Sonderformen

11 Was versteht man unter »Retrozession«?

12 Erläutern Sie die Aufgaben und die Funktionsweise des Rückversicherungspools.

6 Beispielfälle zur Leistungsfeststellung und Schadenregulierung

6.1 Sachversicherung

Situation

Sie sind Mitarbeiter/-in in der Leistungsabteilung der PROXIMUS Versicherung AG und erhalten den Auftrag, die Schadenregulierung anhand der Fallschilderung und des Ergebnisses der Schadenbesichtigung vorzubereiten.

Fallschilderung

Familie Bernhardt wohnt in 33739 Bielefeld, Goethestr. 25 im Erdgeschoss des eigenen Zweifamilienhauses. Im Obergeschoss wohnt die betagte Schwiegermutter von Herrn Bernhardt, Frau Else Prumbaum als Mieterin. Während eines Familieneinkaufbummels drangen plötzlich große Wassermengen aus der Wohnung von Frau Prumbaum in die Wohnung von Familie Bernhardt ein. Frau Prumbaum wollte baden und hatte deshalb den Wasserhahn der Badewanne aufgedreht. Durch einen Telefonanruf ihrer Freundin, die sich mit ihr zum Cafébesuch verabreden wollte, hat sie an die Badewanne im Moment nicht mehr gedacht. Das überlaufende Wasser verursachte umfangreiche Hausrat- und Gebäudeschäden.

Familie Bernhardt hat eine Wohngebäude- und eine Hausratversicherung bei der Proximus Versicherung AG.

Frau Prumbaum hat ihren Hausrat ebenfalls bei der Proximus Versicherung AG versichert. Ferner unterhält sie eine Privat-Haftpflichtversicherung bei der EuroStar Versicherung.

Ergebnis der Schadensbesichtigung

➤ **Wohnbereich der Familie Bernhardt**

– Das Wasser ist durch die Decke ins Erdgeschoss eingedrungen und hat den Personalcomputer im ausschließlich beruflich genutzten Arbeitszimmer von Herrn Bernhardt zerstört (Neuwert 1 000,00 €).

– Im Wandschrank des Schlafzimmers sind Kleider durchnässt und dadurch teilweise verfärbt worden (Schaden 300,00 €).

– Das Holz des Kleiderschrankes ist teilweise aufgequollen. Der Schrank muss durch einen Tischler repariert werden (geschätzte Kosten ca. 400,00 €).

– Ein wertvolles Ölgemälde, das an der Wand hing, wird zerstört, ebenso ein daneben hängendes Aquarell, das ein Freund ausgeliehen hatte (Schaden 35 000,00 €).

– Die Briefmarkensammlung von Herrn Bernhardt wird größtenteils zerstört (Schaden 2 000,00 €).

– Wasser ist auch bis in den Keller vorgedrungen und hat die Steuerungsanlage der Heizung zerstört (Schaden: 2 000,00 €).

Ergebnis der Schadensbesichtigung (Fortsetzung)

➤ **Wohnbereich von Frau Prumbaum**

– Das Wasser hat einen Kurzschluss am Fernsehgerät im Schlafzimmer verursacht, da die Kabel bis zum Boden reichten. Das Gerät ist nicht mehr reparabel (Schaden 800,00 €).

– Der Parkettboden im Schlafzimmer, das direkt neben dem Bad liegt, ist aufgequollen. Die Tapete im Schlafzimmer hat sich im Sockelbereich gelöst und verfärbt. Die Tür zum Bad ist ebenfalls unten aufgequollen.

Die Reparaturkosten werden 3 000,00 € betragen.

Auszug aus dem Vertragsspiegel der Familie Bernhardt

Hausratversicherung nach VHB 2016

Versicherungsnehmer:	Werner Bernhardt, Goethestr. 25, 33739 Bielefeld
Versicherungssumme:	65 000,00 € (100 qm Wohnfläche)
Versicherte Gefahren:	F, ED, LW, St/H
Besondere Vereinbarungen:	Unterversicherungsverzichtsklausel PK 7712

Wohngebäudeversicherung nach VGB 2016

Versicherungsnehmer:	Werner Bernhardt, Goethestr. 25, 33739 Bielefeld
Versicherungssumme 1914:	20 000,00 M
Versicherte Gefahren:	F, LW, St/H
Besondere Vereinbarungen:	keine

Auszug aus dem Vertragsspiegel von Frau Prumbaum

Hausratversicherung nach VHB 2016

Versicherungsnehmerin:	Else Prumbaum, Goethestr. 25, 33739 Bielefeld
Versicherungssumme:	35 000,00 € (100 qm Wohnfläche)
Versicherte Gefahren:	F, ED, LW, St/H
Besondere Vereinbarungen:	keine

Die Besichtigung ergab, dass Frau Prumbaum diverse teure Möbel von ihrer Schwester geerbt hat. Der Gesamtwert des Hausrats beträgt schätzungsweise 50 000,00 €.

Aufgabe

Prüfen Sie, ob für die Schäden Versicherungsschutz besteht und stellen Sie die voraussichtliche Entschädigungshöhe fest.

Begründen Sie den Kunden gegenüber Ihre Feststellungen und stellen Sie das weitere Regulierungsverfahren unter Berücksichtigung der Kundenbindung dar.

Lösung

Das Leitungswasser ist bestimmungsgemäß ausgelaufen, solange die Badewanne gefüllt wurde. Mit dem Überlaufen wird der Wasseraustritt bestimmungswidrig, sodass Versicherungsschutz besteht. Das Verhalten von Frau Prumbaum ist allerdings als grob fahrlässig einzustufen; denn sie hätte das Wasser abstellen müssen, bevor sie ans Telefon geht oder aber den Anrufer vertrösten und das Wasser zunächst abstellen müssen.

➤ **Hausratschäden im Wohnbereich der Familie Bernhardt:**

– Der Personalcomputer steht in einem ausschließlich beruflich genutzten Raum. Ausschließlich beruflich genutzte Räume zählen aber im Rahmen der Hausratversicherung nicht zur Wohnung. Evtl. kommt daher nur eine Entschädigung im Rahmen der Außenversicherung infrage. Das setzt allerdings voraus, dass sich der Personalcomputer nicht dauernd, sondern nur vorübergehend außerhalb der Wohnung befindet, er also auch privat in den Wohnräumen genutzt wird. Dies müsste zunächst geklärt werden.

– Die verfärbten Kleider im Kleiderschrank sind versicherte Sachen nach VHB 2016.

– Der Kleiderschrank ist ebenfalls eine versicherte Sache nach VHB 2016.

– Das eigene Ölgemälde und das fremde Aquarell sind ebenfalls versicherte Sachen nach Ziff. 8.2 VHB 2016; denn auch das fremdes Eigentum an Wertsachen ist nach Ziff. 8.4 VHB 2016 versichert. Es gibt für diese Wertsachen keine betragsmäßig bestimmte Entschädigungsgrenze. Die besondere (prozentuale) Entschädigungsgrenze ist jedoch zu beachten.

– Die Briefmarkensammlung zählt zu den Wertsachen nach Ziff. 18.1.3 VHB 2016. Die betragsmäßig bestimmte Entschädigungsgrenze von 20 000,00 € nach Ziff. 18.3.2.3 VHB 2016 wird nicht erreicht. Auch hier ist die prozentuale Entschädigungsgrenze zu beachten.
Prozentuale Entschädigungsgrenze: 20 % der VS einschließlich Vorsorge, also 20 % von (65 000,00 € + 6 500,00 €) = 14 300,00 €. Für die Gemälde und die Briefmarken werden maximal 14 300,00 € erstattet.

➤ **Hausratschäden im Wohnbereich von Frau Prumbaum**

– Der Fernsehapparat ist eine versicherte Sache nach Ziff. 8.1 VHB 2016.
Frau Prumbaum ist erheblich unterversichert, sodass nach der Unterversicherungsformel abgerechnet wird: 800,00 € Schaden · (20 000,00 € VS + 2 000,00 € Vorsorge) : 50 000,00 € VW = 352,00 €.

➤ **Wohngebäudeschäden**

– Die Steuerungsanlage der Heizung ist eine versicherte Sache nach Ziff. 6 VGB 2016.

– Die Durchnässungen von Decken, Wänden, Fußböden im Bereich der Wohnung und im Keller sowie die aufgequollene Tür zum Bad der Wohnung von Frau Prumbaum werden durch die Wohngebäudeversicherung von Herrn Bernhardt ersetzt.

– Die Schäden am Parkettboden und der Tapete im Schlafzimmer von Prumbaum sind durch die Hausratversicherung von Frau Prumbaum und die Wohngebäudeversicherung von Herrn Bernhardt gedeckt (Mehrfachversicherung nach § 78 VVG). Soweit die Reparaturkosten 1 000,00 € nicht übersteigen, wird aufgrund des Teilungsabkommens dieser Schaden vom Wohngebäudeversicherer alleine erstattet. Bei Schäden über 1 000,00 € wird im Innenverhältnis nach § 78 Abs. 2 VVG abgerechnet. Die Unterversicherung kommt nicht zum Tragen, da zwei VR eintrittspflichtig sind, deren vertragsgemäße Leistungen zusammen den Schaden decken.

➤ **Haftpflichtansprüche gegen Frau Prumbaum**

Aufgrund der prozentualen Entschädigungsgrenze werden die Wertsachen (Ölgemälde und Briefmarkensammlung von Herrn Bernhardt, Aquarell des Freundes von Herrn Bernhardt) nicht vollständig ersetzt. Für die Differenz können die Betroffenen Frau Prumbaum nach § 823 BGB (Verschuldenshaftung) in Anspruch nehmen.

Die Proximus Versicherung AG kann als Hausrat- und Gebäudeversicherer des Herrn Bernhardt Regress bei Frau Prumbaum in Höhe der geleisteten Entschädigungszahlungen nehmen, da diese Ersatzansprüche gemäß § 86 VVG übergegangen sind.

§ 86 (3) VVG ist nicht anwendbar, da Frau Prumbaum eine eigene abgeschlossene Mietwohnung hat und nicht in häuslicher Gemeinschaft mit der Familie Bernhardt lebt.

Aber:

Es ist zu prüfen, ob

- Frau Prumbaum als Mieterin über die Nebenkostenabrechnung an der Versicherungsprämie für die Wohngebäudeversicherung des Vermieters Bernhardt beteiligt wird,
- ob die Proximus Versicherung AG als Gebäudeversicherer und die EuroStar Versicherung als Haftpflichtversicherer dem Teilungsabkommen »Mieterregress« beigetreten sind.

➤ **Ist Frau Prumbaum an der Versicherungsprämie über die Nebenkostenabrechnung beteiligt, gilt:**

Frau Prumbaum ist von Ersatzansprüchen nach der sog. versicherungsrechtlichen Lösung der BGH-Rechtsprechung nicht vollständig befreit, da keine einfache sondern grobe Fahrlässigkeit gegeben ist. Die Höhe des Regresses bestimmt sich nach dem Grad des Verschuldens von Frau Prumbaum (Quotelung). Basis für den Regressanspruch ist allerdings nur der Zeitwertschaden. Da Frau Prumbaum eine Privat-Haftpflichtversicherung hat, kann sie diesen Regressanspruch an den Haftpflichtversicherer zur Regulierung weiterreichen.

➤ **Sind die Proximus Versicherung AG und die EuroStar Versicherung dem Teilungsabkommen »Mieterregress« beigetreten, gilt:**

- Bei Schäden bis 2 500,00 € verzichtet der Gebäudeversicherer auf seine Regress- bzw. Ausgleichsansprüche sowohl bei einfacher als auch bei grober Fahrlässigkeit.
- Bei Schäden über 2 500,00 € bis zu 100 000,00 € beteiligt sich der Haftpflichtversicherer mit einer Quote von 50 %.
- Bei Schäden über 100 000,00 € gilt das Abkommen nicht mehr.

Auch wenn der Schaden über 100 000,00 € liegen würde, muss Frau Prumbaum keinen Regress befürchten, da dann ihre Privat-Haftpflichtversicherung einspringt.

➤ **Entschädigung durch die Privat-Haftpflichtversicherung von Frau Prumbaum**

Die Haftpflichtversicherung von Frau Prumbaum ist für den Anspruch des Freundes von Herrn Bernhardt eintrittspflichtig, soweit dieser nicht bereits durch die Fremdversicherung im Rahmen der Hausratversicherung von Herrn Bernhardt entschädigt wurde. Grundlage für die Entschädigung ist jedoch nicht der Neuwert sondern der Zeitwert. Der Wert der Wertsachen muss ggf. zuvor taxiert werden.

Frau Prumbaum ist zwar die Schwiegermutter von Herrn Bernhardt, aber keine Angehörige im Sinne der AHB PR 2016; denn sie lebt nicht in häuslicher Gemeinschaft mit der Familie. Die Privat-Haftpflichtversicherung von Frau Prumbaum wird daher auch den durch die Hausratversicherung nicht gedeckten Wertsachenschaden des Herrn Bernhardt ersetzen, wobei ebenfalls nur der Zeitwert bzw. der taxierte Wert zugrunde gelegt wird.

Die Privat-Haftpflichtversicherung von Frau Prumbaum ist auch eintrittspflichtig, wenn die Proximus bei Frau Prumbaum Regress nimmt. Regress kann ebenfalls nur in Höhe des Zeitwertschadens genommen werden.

In allen genannten Fällen gilt nämlich für den Schadenersatz die Vorschrift des § 249 BGB, die zur Zeitwerterschädigung führt, wenn der ursprüngliche Zustand nicht wieder hergestellt werden kann. Der Neuwertanteil ist in jedem Falle aufgrund der Hausrat- und Wohngebäudeversicherung als Neuwertversicherungen von der Proximus zu tragen.

Hilfmittel

Lehrbuch, **Proximus 4 Bedingungswerk**

6.2　Lebensversicherung

Sie sind Mitarbeiter/-in in der PROXIMUS Lebensversicherung AG und haben den Inhalt des abgebildeten Briefes zu bearbeiten.

Sybille Schulz　　　　　　　　　　　　　　　　　　　　　　　　20.10. …
Am Triller 3
66117 Saarbrücken

Proximus Versicherung AG
80333 München

Anzeige eines Todesfalles und Anzeige einer Berufsunfähigkeit

Sehr geehrte Damen und Herren,

leider muss ich Ihnen mitteilen, dass meine Eltern und ich am 10.10. dieses Jahres einen schweren Autounfall hatten. Auf dem Rückweg vom Restaurant Da Mario sind wir zwischen Heusweiler und Riegelsberg von der Fahrbahn abgekommen und gegen einen Baum geprallt. Mein Vater verstarb leider sofort am Unfallort. Meine Mutter ist mit leichten Verletzungen davongekommen, aber aufgrund des Todesfalles psychisch nicht in der Lage, sich mit den Formalitäten zu beschäftigen. Sie hat mich gebeten, das zu übernehmen und mir eine Vollmacht ausgestellt.

Ich wurde mit schweren Verletzungen ins nächstgelegene Krankenhaus eingeliefert. Neben diversen Brüchen an Armen und Beinen zog ich mir auch schwere Verletzungen am linken Auge zu. Auf meinem linken Auge verbleibt nur eine Sehkraft von 20 %, sodass die Ärzte mir bescheinigen, dass ich meinen Beruf als Ärztin nicht mehr ausüben kann. Da ich über kein geregeltes Einkommen mehr verfügen werde, bitte ich Sie mir die Rente aus meiner Berufsunfähigkeitsversicherung zu gewähren und auszuzahlen.

Es bestehen mehrere Versicherungsverträge bei Ihnen. Bitte teilen Sie mir mit, was nun mit den Verträgen passiert und welche Leistungen zu erwarten sind.

Die Versicherungsscheine, die Vollmacht meiner Mutter für mich, die Sterbeurkunde sowie die ärztlichen Unterlagen und die Bescheinigung über meine Berufsunfähigkeit reiche ich sofort nach, sobald mir die Unterlagen vollständig vorliegen.

Mit freundlichen Grüßen

Sybille Schulz

Hinweis:　Die im Schreiben genannten Unterlagen (Vollmacht, ärztliche Bescheinigungen usw.) liegen zwischenzeitlich vor. Sie bestätigen die Angaben im Schreiben, sodass die Bearbeitung der Versicherungsfälle durchgeführt werden kann.

Aufgabe

Bearbeiten Sie die vorgenannten Versicherungsfälle (siehe hierfür auch die Vertragsspiegel).

Vertragsspiegel

	Tarif S 33
VN: Name, Vorname	Schulz, Hedi
Anschrift	Alter Mühlenweg 8, 66132 Saarbrücken
VP	Gerd Schulz, 14.09.1967
Versicherungsnummer	62.349668.11
Bedingungen	Nichtraucher-Risikolebensversicherung
Beginn	01.10.1997
Ablauf	01.10.2027
SEPA-Mandat	Ja
Zahlweise	monatlich
Beitrag lt. Zahlweise (netto)	56,84 €
Mahnverfahren	Nein
Dynamik	Ja
Versicherungssumme	450 000,00 €
Überschussverwendung	Beitragsverrechnung
UZV	Ja
Versicherungssumme	150 000,00 €
Leistungsempfänger im Todesfall	Hedi Schulz
Vorgemerkte Rechte	Abtretung an die Saar Bank AG i. H. v. 80 000,00 €
Hinweis	Weiterhin entnehmen Sie dem ärztlichen Bericht, dass Herr Schulz starker Raucher war.

	Tarif S 35
VN: Name, Vorname	Schulz, Sybille
Anschrift	Am Triller 3, 66117 Saarbrücken
VP	Sybille Schulz, 21.10.1987
Versicherungsnummer	89.567889.09
Bedingungen	Berufsunfähigkeitsversicherung
Beginn	01.10.2012
Ablauf	01.10.2050
SEPA-Mandat	Ja
Zahlweise	halbjährlich
Beitrag lt. Zahlweise (netto)	469,60 €
Mahnverfahren	Nein
Dynamik	Nein
Monatliche Rente	1 750,00 €
Überschussverwendung	Bonusrente
Hinweis	Der Vertrag wurde zu normalen Bedingungen angenommen.

Vertragsspiegel (1. Fortsetzung)

	Tarif S 20		Tarif S 20
VN: Name, Vorname	Schulz, Hedi	**VN: Name, Vorname**	Schulz, Gerd
Anschrift	Alter Mühlenweg 8, 66132 Saarbrücken	**Anschrift**	Alter Mühlenweg 8, 66132 Saarbrücken
VP	Hedi Schulz, 06.05.1966	**VP**	Gerd Schulz, 14.09.1967
Versicherungsnummer	25.349770.10	**Versicherungsnummer**	35.350880.10
Bedingungen	Zulagenrente	**Bedingungen**	Zulagenrente
Beginn	01.01.2010	**Beginn**	01.01.2010
Ablauf	01.10.2033	**Ablauf**	01.10.2034
SEPA-Mandat	Ja	**SEPA-Mandat**	Ja
Zahlweise	jährlich	**Zahlweise**	jährlich
Beitrag lt. Zahlweise	Mindesteigenbeitrag lt. § 86 EStG	**Beitrag lt. Zahlweise**	Mindesteigenbeitrag lt. § 86 EStG
Mahnverfahren	Nein	**Mahnverfahren**	Nein
Dynamik	Nein	**Dynamik**	Nein
Überschussverwendung	verzinsliche Ansammlung/variable Gewinnrente	**Überschussverwendung**	verzinsliche Ansammlung/variable Gewinnrente
Leistungsempfänger im Todesfall	Gerd Schulz, 14.09.1967	**Leistungsempfänger im Todesfall**	Hedi Schulz, 06.05.1966
Hinweis	Das Deckungskapital beträgt 20 587,50 €. Bis zum 01.10. dieses Jahres wurden Zulagen i. H. v. 2 133,00 € gezahlt.	**Hinweis**	Das Deckungskapital beträgt 1 750,00 €. Es wurden Zulagen i. H. v. 2 133,00 € gezahlt.

Vertragsspiegel (2. Fortsetzung)

	Tarif S 34		Tarif S 31
VN: Name, Vorname	Schulz, Gerd	VN: Name, Vorname	Schulz, Gerd
Anschrift	Alter Mühlenweg 8, 66132 Saarbrücken	Anschrift	Alter Mühlenweg 8, 66132 Saarbrücken
VP	Gerd Schulz, 14.09.1967	VP	Gerd Schulz, 14.09.1967
Versicherungsnummer	25.349770.10	Versicherungsnummer	31.789766.19
Bedingungen	Allgemeine Bedingungen für die kapitalbildende Lebensversicherung	Bedingungen	Rentenversicherung mit sofort beginnender Rentenzahlung
Beginn	01.05.1997	Beginn	01.05.2019
Ablauf	01.05.2029	Rentengarantiezeit	10 Jahre
SEPA-Mandat	Ja	Mahnverfahren	Nein
Zahlweise	jährlich	Überschussbeteiligung	Dynamisierte Gewinnrente
Beitrag lt. Zahlweise	1 200,00 €	Monatliche Rente	312,75 €
Mahnverfahren	Nein	Leistungsempfänger im Todesfall	Hedi Schulz
Dynamik	Nein	Hinweis	Es ist eine Hinterbliebenenrenten-Zusatzversicherung mit 80 % eingeschlossen. Mitversicherte Person ist Frau Hedi Schulz (geb. 06.05.66), die auch für den Todesfall bezugsberechtigt ist. Die Rentenzahlung aus der Hinterbliebenenrenten-Zusatzversicherung beginnt mit dem Ersten des Monats nach dem Sterbetag.
Versicherungssumme	vgl. Bedingungen		
Überschussguthaben	10 576,00 €		
Bewertungsreserven	528,83 €		
Überschussverwendung	Verzinsliche Ansammlung		
Leistungsempfänger im Todesfall	–		

Lösung

Tarif S 20 Zulagen-Rente:
Es bestehen drei Möglichkeiten zur Leistungsverwendung:

1. Übertragung des Kapitals auf den bestehenden zertifizierten Altersvorsorgevertrag der Ehefrau. Die Zulagen bleiben erhalten.
2. Zahlung einer Hinterbliebenenrente an den Ehegatten oder berechtigte Kinder. Aus dem vorhandenen Kapital wird dabei nach aktuellem Tarif eine Rentenversicherung gebildet. Die Zulagen bleiben bei dieser Variante auch erhalten.
3. Auszahlung des vorhandenen Deckungskapitals an eine berechtigte Person (wahrscheinlich Ehefrau). Die gewährten Zulagen und Steuervorteile werden dabei zurückgefordert, da es sich um eine schädliche Verwendung handelt.

Tarif S 31 Rentenversicherung mit Garantieleistung:
Zunächst wird die Rente in voller Höhe über die vereinbarte Rentengarantiezeit an die bezugsberechtigte Ehefrau weitergezahlt bis 30.04.2029.

Nach Ablauf der Rentengarantiezeit wird die Rente aus der Hinterbliebenenrenten-Zusatzversicherung an die mitversicherte Person (Frau Hedi Schulz) bis zu deren Tod gezahlt.

Die Höhe der Rente aus der Hinterbliebenenrenten-Zusatzversicherung beträgt 210,40 € (0,8 · 263 €).

Tarif S 33 Risikolebensversicherung:
Die Sterbeurkunde, der ärztliche Bericht und der Versicherungsschein liegen vor.

Nach § 1 Abs. 3 AVB-Risiko ist die VP verpflichtet, unverzüglich über die Änderung des Nichtraucherstatus zu informieren, damit eine Einstufung nach dem für Raucher erforderlichen Beitrag erfolgen kann. Tritt später als zwei Monate nach der Änderung der Versicherungsfall ein, wird die Versicherungssumme im Verhältnis des erforderlichen zum bisherigen Beitrag herabgesetzt.

Da Herr Schulz starker Raucher geworden ist und eine Nichtraucher-Risikolebensversicherung abgeschlossen hatte, wird die Versicherungssumme auf 181 255,97 € herabgesetzt.

Schritt 1: Berechnung des erforderlichen Beitrags

238 076,00 € → 1 176,00 € JB netto

450 000,00 € → 2 222,82 € JB netto

zu zahlender Monatsbeitrag = 2 222,82 € : 11,4285710 · 0,7 = 136,15 € Monatsbeitrag netto (ohne Stückkosten)

gezahlter Monatsbeitrag netto (ohne Stückkosten) = 56,84 € – 2,00 € = 54,84 €

Schritt 2: Berechnung der herabgesetzten VS:

VS · bisheriger Beitrag ohne Stückosten dividiert durch erforderlicher Beitrag ohne Stückkosten
(450 000,00 € · 54,84) : 136,15 = 181 255,97 €

Abtretung an die Bank beachten und Restdarlehenssumme anfordern.
Auszahlung der Restdarlehenssumme (80 000 €) an die Bank und Rest geht an die bezugsberechtigte Person Hedi Schulz.

Die Leistung aus der UZV in Höhe von 150 000,00 € geht an die bezugsberechtigte Person Hedi Schulz, da es sich um einen Unfall handelt.

Es fällt keine Erbschaftssteuer an, da die bezugsberechtigte Person auch VN und Beitragszahlerin ist.

Tarif S 34 Kapitalbildende Lebensversicherung:

Da kein Bezugsrecht vermerkt ist, fällt die Versicherung in die gesetzliche Erbmasse.

Erbschein oder Testament anfordern

Folgende Leistung wird an die gesetzlichen Erben ausgezahlt:

Garantierte Leistung:	43 060 €
Überschussbeteiligung:	10 476 €
Bewertungsreserven:	528,83 €
Summe:	54 064,83 €

Mitteilung an das Finanzamt (wegen Erbschaftssteuer)

Tarif S 35 Berufsunfähigkeitsversicherung:

Die Berufsunfähigkeit wurde unverzüglich angezeigt.
Es liegt eine Berufsunfähigkeit von 100 % vor.
Leistungspflicht besteht, da der Zustand (ärztlich bescheinigt) länger als sechs Monate dauern wird.
Die Berufsunfähigkeit besteht seit dem 10.10. dieses Jahres, d. h. Beginn der Leistungspflicht ist also der 01.11. dieses Jahres.
Folgende Rente wird ab diesem Zeitpunkt gezahlt: 1 750,00 € · 1,43 = 2 502,50 € und der Vertrag wird ab 01.11. dieses Jahres beitragsfrei gestellt.
Erstattung des Beitragsanteils für November vom halbjährlichen Beitrag:
469,60 : 6 = 78,27 €

6.3 Unfallversicherung

Situation

Sie sind Mitarbeiter/-in der Leistungsabteilung bei der PROXIMUS Versicherung AG und erhalten am 18.04. d.J. von Ihrem Kunden Martin Behrendt das folgende Fax.

Fax von 03345/117754

Sehr geehrte Damen und Herren,

leider muss ich Ihnen mitteilen, dass meine Frau Juliane und mein Sohn Jan am 16.04. d.J. einen schweren Autounfall auf der B 51 Richtung Trier hatten. Sie kollidierten mit einem Lieferwagen. Der Fahrer des Lieferwagens überholte auf der linken Fahrspur trotz Überholverbot. Meine Frau und mein Sohn wurden sofort ins Krankenhaus zur stationären Behandlung eingeliefert. Mein Sohn erlitt ein schweres Schädel-Hirn Trauma und brach sich den linken Oberschenkelhals und das rechte Wadenbein. Er wurde am 22.05. d.J. aus dem Krankenhaus entlassen und es wird wohl eine dauerhafte Beeinträchtigung von 50 % am linken Bein und 60 % des rechten Beines bis zur Mitte des Unterschenkels verbleiben.

Bei meine Frau Juliane brach der rechte Fuß und das Becken. Im Gesicht erlitt meine Frau schwere Schnittverletzungen. Sie wurde am 10.06. d.J. aus dem Krankenhaus entlassen und ist bis 31.01. n.J. 100 % arbeitsunfähig. Danach startet sie mit einer Wiedereingliederung. Zwei Monate wird sie drei Stunden täglich arbeiten, dann weitere zwei Monate vier Stunden und anschließend wieder acht Stunden, d.h. 100 %. Am Fuß wird eine Teilversteifung bleiben, was einer dauerhaften Beeinträchtigung des Fußes von 60 % entspricht.

Bitte teilen Sie mir mit, welche Leistungen aus dem Unfallversicherungsvertrag ausgezahlt werden und wann ich mit der Überweisung des Geldes rechnen kann und ob ggf. eine Vorschusszahlung möglich ist.

Einen Arztbericht und den Polizeibericht füge ich bei. Falls Sie noch weitere Unterlagen von mir benötigen, schicken Sie mir doch bitte ein Fax.

Mit freundlichen Grüßen

Martin Behrendt

Vertragsspiegel

	Name	Vorname	Geburts-datum	Beruf	A = Angestellte/-r S = Selbstständige/-r B = Beamtin/-er
VN	Behrendt	Martin	04.07.1980	Bäcker	A
Versicherte Person 1	Behrendt	Martin	04.07.1980	Bäcker	A
Versicherte Person 2	Behrendt	Juliane	03.04.1982	Finanz-beamtin	
Versicherte Person 3	Behrendt	Jan	19.11.2009	Schüler	
Anschrift	Am Hang 3, 66571 Dirmingen				

Versicherungsnachweis			
Versicherungs-scheinnummer	UV 65 889 233		
Tarif	30		
Dynamik	–		
Bedingungen	AUB 2017		
Beginn	01.03.2018		
Zahlungsweise	monatlich		
Prämie (incl. 19 % VersSt)	147,03 €		
Prämienkonto	Prämienrückstand seit 01.04. d. J., qualifizierte Mahnung gemäß § 38 VVG mit Mindestzahlungsfrist und verbundener Kündigung wurde am 14.04. d. J. versendet und ging dem Kunden am 16.04. d. J. zu		
Versicherte Leistungen	**VP 1**	**VP 2**	**VP 3**
Invalidität	120 000,00 €	75 000,00 €	50 000,00 €
Tagegeld ab 43. Tag	20,00 €	35,00 €	–
Soforthilfe	–	7 500,00 €	–
KHT	30,00 €	30,00 €	10,00 €
Todesfallleistung	10 000,00 €	10 000,00 €	5 000,00 €
Kosmetische OPs	–	5 000,00 €	–
Unfallrente	–	–	1 500,00 €
Progression	350 %	225 %	500 %

Anmerkung: Aus dem Arztbericht entnehmen Sie, dass bei Frau Behrendt am rechten Fuß bereits der kleine Zeh gefehlt hat. Aus dem Polizeibericht geht hervor, dass der Unfall durch den entgegenkommenden Lieferwagen verursacht wurde.

Aufgabe

Antworten Sie dem Kunden und erstellen Sie die Leistungsabrechnung bezüglich aller möglich zu zahlenden Leistungen lt. Fax und unter Vorbehalt einer Neubemessung des Invaliditätsgrades.

Lösung

- Der Unfallbegriff ist erfüllt
- Der Beitragsrückstand spielt hier keine Rolle, da der Versicherungsschutz erst nach Ablauf der Mindestzahlungsfrist von 14 Tagen am 30.04.19 um 24:00 Uhr endet und innerhalb der Mindestzahlungsfrist Versicherungsschutz besteht.
- Die 15-Monatsfrist zur Geltendmachung der Invaliditätsleistung ist eingehalten.

> **Voraussichtliche Leistungen für Jan Behrendt**

Krankenhaustagegeld (einschl. Aufnahmetag und Entlassungstag):
16.04.–22.05.: 15 + 22 = 37 Tage · 10 €/Tag = 370,00 €

Unfallrente:
monatlich 1 500,00 € rückwirkend ab 01.04. d. J. bis zum Tod bzw. bis zu dem Zeitpunkt, zu dem der Invaliditätsgrad unter 50 % sinkt

Invaliditätsleistung:
60 % von 45 % + 50 % von 70 % = 62 % einfacher Invaliditätsgrad

Progression (500 %):
25 · 1 + 25 · 5 + 12 · 7 = 234 % von 50 000,00 € = 117 000,00 €

Auszahlung erst nach 12 Monaten, Vorschusszahlung max. bis zur Höhe einer Todesfallleistung i. H. v. 5 000,00 €

Neubemessung des Invaliditätsgrades:
5 Jahre nach dem Unfalltag durch VR bzw. durch VN möglich

> **Voraussichtliche Leistungen für Juliane Behrendt**

Invaliditätsleistung:
60 % von 40 % = 24 % – 2 % (Vorschädigung Zeh) = 22 % einfacher Invaliditätsgrad
22 % von 75 000,00 € = 16 500,00 € Invaliditätsleistung

Progression (225 %):
Sie kommt nicht zum Tragen, da der Invaliditätsgrad unter 25 % liegt.

Tagegeld:
Es besteht Anspruch auf Tagegeld ab dem 43. Tag.
28.05.–31.01.: 4 + 30 + 31 + 31 + 30 + 31 + 30 + 31 + 31 = 249 Tage · 35,00 € = 8 715,00 €
01.02.–31.03.: 28 + 31 = 59 Tage · 35,00 € · 0,625 = 1 290,63 €
           (oder: 59 Tage · 35,00 € · 5 : 8 · 0,7)
01.04.–15.04. = 15 Tage · 35,00 € · 0,5 = 262,50 €
Nach Ziff. 2.4 AUB 2017 wird das Tagegeld für die Dauer der ärztlichen Behandlung, längstens für **ein Jahr** ab dem Tag des Unfalles, gezahlt. Das Tagegeld wird nach Vorlage der Arbeitsunfähigkeitsbescheinigung (AU-Bescheinigung) ausgezahlt.

Krankenhaustagegeld:
16.04.–10.06. = 15 + 31 + 10 = 56 Tage · 30,00 € = 1 680,00 €

Soforthilfe:
Fuß 50 % + Becken 100 % = 150 %. Nach Ziff. 2.1.2.2.4 AUB 2017 werden mehr als 100 % nicht berücksichtigt, so dass die Soforthilfe hier der VS von 7 500,00 € entspricht.

Todesfallleistung als Vorschuss:
10 000,00 €

Kosten für kosmetische OP, da das äußere Erscheinungsbild durch einen Unfall beeinträchtigt wurde:
5 000,00 €, falls kein Dritter dafür eintreten muss oder der Dritte seine Leistungspflicht bestreitet. Ferner gilt: Die OP muss innerhalb von drei Jahren nach dem Unfall erfolgen.

Neubemessung Invaliditätsgrad:
3 Jahre nach dem Unfalltag durch VR bzw. VN möglich

Anzufordernde Unterlagen:
Arztbericht, Krankenhausbescheinigung, AU-Bescheinigung

6.4 Krankenversicherung

Situation

Sie sind Mitarbeiter/-in der Leistungsabteilung der PROXIMUS Krankenversicherung AG und erhalten von Ihrem Kunden Herrn Jasmund am 10.08.2019 einen Leistungsscheck und mehrere Belege zur Erstattung. Dem Leistungsscheck entnehmen Sie, dass sich Herr Jasmund am 04.05.2019 beim Fußballspielen die Achillessehne gerissen hat. Dies wurde in der Notaufnahme im Klinikum Bamberg am gleichen Tag diagnostiziert. Nach Rückfrage bei seinem Hausarzt und der PROXIMUS Krankenversicherung AG entschied er sich dafür, sich auch im Klinikum Bamberg operieren zu lassen. Die Operation fand am 06.05.2019 statt.

Gleichzeitig teilt er Ihnen mit, dass er vom 06.05. bis zum 28.06.2019 krankgeschrieben war. Eine Arbeitsunfähigkeitsbescheinigung liegt Ihnen vor.

Herr Jasmund war in den vergangenen drei Jahren für seinen Arbeitgeber in Charleston/USA tätig und in dieser Zeit über seinen Arbeitgeber krankenversichert. Mit seiner Rückkehr nach Deutschland führt er nun seine PKV weiter (vgl. Vertragsspiegel).

Auszug aus der Krankenhausrechnung Klinikum Bamberg:

Stationärer Aufenthalt vom 06.05. bis 10.05.2019	
Fallpauschale für die stationäre Heilbehandlung	2 571,53 €
Einbettzimmerzuschlag pro Tag 104,65 € für 4 Tage	418,60 €

Auszug aus der Chefarztrechnung des Unfallchirurgen CA Prof. Dr. Reuther:

Rechnungsbetrag	325,93 €

Auszug aus der Chefarztrechnung des Anästhesisten CA Priv. Doz. Dr. Scherer:

Pos.	Datum	GBO-Nr.	Beschreibung	Einzelpreis	Faktor	Betrag
1	06.05.19	1	Beratung, auch telefonisch	4,66 €	2,3	10,72 €
2	06.05.19	7	Untersuchung, Organsystem	9,33 €	2,3	21,46 €
3	06.05.19	272	Infusion	10,49 €	2,3	24,13 €
4	06.05.19	462	Kombinationsnarkose (bis 1 Std.) endotracheale Intubation	29,73 €	3,5	104,06 €
5	06.05.19	463	Kombinationsnarkose (je weitere 30 Minuten) endotracheale Intubation	20,28 €	3,5	70,98 €

Pos.	Datum	GBO-Nr.	Beschreibung	Einzel-preis	Faktor	Betrag
6	06.05.19	602	Oxymetrische Untersuchung(en)	8,86 €	1,8	15,95 €
7	06.05.19	617	Gasanalyse	19,88 €	1,8	35,78 €
8	06.05.19		…	2,62 €	2,3	6,03 €
9	06.05.19		…	1,75 €	2,3	20,10 €
10	06.05.19		…	1,75 €	2,3	4,03 €
11	06.05.19		…	6,99 €	2,3	16,08 €
				Zwischensumme		**329,32 €**
12	abzüglich 25,00 % Abschlag (GOÄ)					82,33 €
				Rechnungsbetrag		**246,99 €**

Auszug aus der Wahlleistungsvereinbarung:

Wahlleistungsvereinbarung

zwischen

Christoph Jasmund
geb. 22.06.1977

und

dem Klinikum Bamberg

über die Gewährung der nachstehenden angekreuzten gesondert berechenbaren Wahlleistungen

x   die ärztlichen Leistungen aller an der Behandlung beteiligten angestellten und beamteten Ärzte des Krankenhauses, soweit diese zur gesonderten Berechnung ihrer Leistungen berechtigt sind […]. Die Liquidation erfolgt nach der GOÄ in der jeweils gültigen Fassung.

x   Unterbringung durch Einzelbelegung eines Zimmers bzw. in einem 1-Bett-Zimmer, 104,65 € Entgelt je Berechnungstag.

     Unterbringung in einem 2-Bett-Zimmer, 60,21 € Entgelt je Berechnungstag.

     Unterbringung und Verpflegung einer Begleitperson bei nicht medizinisch notwendiger Begleitung lt. gesondertem Vertrag.

     medizinische Wahlleistungen.

Bamberg, 06.05.2019

Christoph Jasmund   i. A. *Schneidawind*
_____   _____
Unterschrift des Patienten   Unterschrift des Krankenhausmitarbeiters

Übersicht über weitere eingereichte Belege:

Behand-lungsdaten	Leistungen	Leistungs-erbringer/-in	Rechnungs-betrag	Bemerkung
Versicherte Person: Jasmund, Christoph				
13.05.2019 bis 20.05.2019	OP-Wunde reinigen und neu verbinden	Dr. Herold	148,32 €	Arztrechnung liegt vor
15.05.2019	Injektionslösung zur Verhinderung von Blutgerinnseln	Europa-Apotheke	156,80 €	Ärztliche Verordnung liegt vor
15.05.2019	Arnica Globuli zur Unterstützung der Wundheilung	Europa-Apotheke	5,78 €	Kassenzettel der Apotheke liegt vor
27.05.2019	Sonographische Kontrolle	Dr. Wilmers	184,58 €	Arztrechnung liegt vor
27.05.2019	Fahrtkosten	Taxi Scheler	12,00 €	Quittung liegt vor
27.05.2019	Achillessehnen-orthese rechts	Orthopädie-technik Bauer	1 173,00 €	Ärztliche Verordnung des Krankenhauses liegt vor
29.05.2019 bis 12.06.2019	10 Einheiten Manu-elle Lymphdrainage à 24,00 €	Reinhardt Wesinger, Massagepraxis	240,00 €	Rechnung und ärztliche Verordnung liegen vor
04.06.2019 bis 05.07.2019	10 Einheiten Krankengymnastik à 21,00 € zzgl. Zuschlag für zwei Hausbesuche à 16,05 €	Reinhardt Wesinger, Massagepraxis	242,10 €	Rechnung und ärztliche Verordnung liegen vor
Versicherte Person: Jasmund, Lea-Sophie				
14.05.2019	Impfstoff	Europa-Apotheke	37,33 €	Rezept (von Apotheke quittiert) liegt vor.
20.05.2019	Vorsorgeuntersu-chung U10, Schutz-impfung (Auffri-schung Tetanus, Polio, Diphterie)	Dr. Mendel	108,02 €	Arztrechnung liegt vor.
11.06.2019	Sehstärkenbestim-mung	Dr. Hölzl	47,85 €	Arztrechnung liegt vor.
20.06.2019	Brillenfassung, Brillengläser −0,75 Dioptrien links, −1,25 Dioptrien rechts, Entspiegelung	Optik Meier	238,00 €	Rechnung und ärztliche Verordnung liegen vor.

Aktuelle Vertragsdaten:

Versicherungsnehmer:	Jasmund, Christoph, Viktorstr. 12a, 96049 Bamberg
Geburtsdatum:	22.06.1977
Beginn:	01.05.2019
Monatsbeitrag:	727,78 €

Versicherungs-daten			
Versicherungs-nummer:	KV 2434-4812 vom 15.04.2019		
Bedingungen	PROXIMUS 4, MB/KK, MB/KT, PPV		
Versicherte Personen	Person 1	Person 2	Person 3
Name:	Jasmund	Jasmund	
Vorname:	Christoph	Lea-Sophie	
Geburtsdatum:	22.06.1977	13.08.2011	
Berufliche Tätigkeit:	Dipl.-Kaufmann	Schülerin	
Versicherungs-leistungen			
Ambulant	A1	A1	
Stationär	S2	S1	
Zahn	Z2	Z1	
Pflegepflicht-versicherung	PVN	PVN	
Krankentagegeld	KT 43/210,00 €		
Krankenhaus-tagegeld	25,00 €	25,00 €	
Weitere	AWV-Groß 01.05.2016 bis 31.04.2019	AWV-Klein 01.05.2016 bis 31.04.2019	

Hilfsmittel

Lehrbuch, PROXIMUS 4 Bedingungswerk

Aufgabe

Nehmen Sie die Leistungsabrechnung vor und erläutern Sie Ihre Vorgehensweise!

Lösungshinweise:

➤ Formelle Deckungsprüfung:

Der Versicherungsfall ist die medizinisch notwendige Heilbehandlung wegen Krankheit oder Unfallfolgen. Der Versicherungsfall ist am 04.05.2019 eingetreten. Vertragsbeginn ist der 01.05.2019. Eine Wartezeit entfällt hier für Herrn Jasmund, da ein Unfall vorliegt.
Bei Lea-Sophie bestand – wie beim Vater – eine Anwartschaftsvereinbarung. Die Zeit der Anwartschaft ist auf die Wartezeiten anzurechnen. Da die Anwartschaft drei Jahre lang bestand, gelten sowohl die allgemeine (drei Monate) also auch die besondere Wartezeit (8 Monate) als verstrichen.

Herr Jasmund und Lea-Sophie sind versicherte Personen, der Beitrag ist bezahlt.

Da es sich bei Herrn Jasmund um einen Unfall handelt, ist grundsätzlich zu klären, ob ggf. andere Leistungsträger eintrittspflichtig sind (z. B. gesetzliche Unfallversicherung) oder ob ein Fremdverschulden vorliegt, das einen Schadenersatzanspruch des Herrn Jasmund aus § 823 BGB nach sich ziehen könnte (z. B. Herr Jasmund wurde von einem Gegenspieler grob regelwidrig gefoult). Um dies klären zu können, fordern wir von Herrn Jasmund einen ausführlichen Unfallbericht an. Sollte Herr Jasmund tatsächlich Schadenersatzansprüche haben, gehen diese, soweit wir im Rahmen der PKV dafür aufgekommen sind, auf uns über und wir können beim Schadenverursacher bzw. dessen Privat-Haftpflichtversicherung regressieren.

➤ Materielle Deckungsprüfung:

Versicherte Person: Christoph Jasmund

Krankenhausaufenthalt

Der VN hat grundsätzlich freie Krankenhauswahl. Hausarzt und Versicherung können den Patienten bei der Wahl des behandelnden Arztes bzw. des Krankenhauses unterstützen, indem sie z. B. darüber informieren, in welchem Krankenhaus bestimmte Behandlungen überdurchschnittlich häufig bzw. weniger häufig durchgeführt werden (vgl. z. B. www.weisse-liste.de) bzw. welche Behandlungsmethoden (Operation oder konservative Behandlungen) möglich sind. Entscheidend ist nur, dass das Krankenhaus unter ständiger ärztlicher Leitung steht, Krankengeschichte führt und über ausreichend diagnostische und therapeutische Möglichkeiten verfügt. Wir erstatten die Fallpauschale für die OP sowie die Chefarztrechnung des Unfallchirurgen, da in Tarif S 2 die privatärztliche Behandlung mitversichert ist.

In der Chefarztrechnung des Anästhesisten wurden zwei Position mit einem Steigerungsfaktor von 3,5 abgerechnet. Dies ist nur möglich, wenn der erhöhte Steigerungsfaktor begründet wurde. Dies wurde nicht gemacht. Wir kürzen die Rechnung wie folgt:

	Position 4: Einzelpreis 29,73 € · 2,3	=	68,38 €
+	Position 5: Einzelpreis 20,28 € · 2,3	=	46,64 €
+	Summe der restlichen Positionen	=	154,28 €
	Zwischensumme		269,30 €
–	25 % Abschlag (GOÄ)		67,33 €
	Erstattung		201,97 €

Die Differenz wird erstattet, wenn unser VN die korrigierte Rechnung vorlegt. Der 25 % Abschlag GOÄ vom Rechnungsbetrag der Privatliquidation erfolgt, weil der Chefarzt die Krankenhauseinrichtungen nutzt, aber – im Gegensatz zu den Einrichtungen in einer eigenen Praxis – nicht finanzieren muss.

Im Tarif S2 ist nur ein Zweibettzimmer versichert. Wir erstatten für die Unterbringung lediglich 4 · 60,21 €, also 240,84 €.

Herr Jasmund hat zudem ein KHT versichert. Wir leisten für jeden Tag der vollstationären Unterbringung 25,00 €, also 125,00 €.

Fallpauschale	2 571,53 €
+ Chefarztrechnung des Unfallchirurgen	325,93 €
+ Chefarztrechnung des Anästhesisten	201,97 €
+ Zweibettzimmer	240,84 €
+ KHT	125,00 €
Gesamtleistung stationärer Tarif:	3 465,27 €

Ambulante Anschlussbehandlung

Die Nachsorge erfolgte durch niedergelassene Ärzte und wird deshalb über den Tarif A1 abgerechnet. Hier wurde ein SB von 500,00 € pro Jahr vereinbart. Da in diesem Jahr noch keine Leistungen beansprucht wurden, ist der SB vollständig zum Abzug zu bringen.

Die ärztlichen Leistungen von Dr. Herold und Dr. Wilmers sind als medizinisch notwendige Behandlung von Unfallfolgen zu erstatten.

Die Injektionslösung zählt als Arzneimittel. Dieses wurde ärztlich verordnet und aus der Apotheke bezogen und wird somit erstattet.

Für die Arnica Globuli liegt keine ärztliche Verordnung vor, deshalb werden sie nicht erstattet.

Die Achillessehnenorthese zählt zu den Hilfsmitteln und wird übernommen.

Fahrtkosten (Taxiquittung) zum Arzt werden nicht erstattet.

Lymphdrainage und Krankengymnastik zählen zu den Heilmitteln. Sie wurden von einem Masseur erbracht und sind deshalb erstattungsfähig. Die Behandlungstermine müssen ersichtlich sein. Je nach Versicherung sind die Höchsterstattungssätze des jeweiligen Heilmittelkataloges zu beachten. Die Mehraufwendungen für zwei Hausbesuche sind nach § 4 Abs. 3.2 c) TB zu MB/KK 2009 allerdings nicht erstattungsfähig.

Dr. Herold	148,32 €
+ Dr. Wilmers	184,58 €
+ Injektion	156,80 €
+ Globuli	–
+ Taxikosten	–
+ Orthese	1 173,00 €
+ Lymphdrainage	240,00 €
+ Krankengymnastik	210,00 €
Zwischensumme	2 112,70 €
– SB	500,00 €
Erstattung aus dem ambulanten Tarif	1 612,70 €

Krankentagegeld

Der VN war vom 06.05. bis zum 28.06.2019 arbeitsunfähig (26 Tage im Mai + 28 Tage im Juni = 54 Tage). Er hat ein KT in Höhe von 210,00 € ab dem 43. Tag abgeschlossen. Wir leisten also KT für 12 Tage à 210,00 € = 2 520,00 €.

Versicherte Person: Lea-Sophie Jasmund

Die Belege beziehen sich auf ambulante Behandlungen und sind aus dem Tarif A1 zu erstatten. Ein Selbstbehalt in Höhe von 250,00 € (Kind) ist zu berücksichtigen.

Versicherungsfall ist die medizinisch notwendige Heilbehandlung wegen Krankheit oder Unfallfolgen. Außerdem werden gem. § 1 Abs. 2 b) MB/KK auch gezielte Vorsorgeuntersuchungen gezahlt. Nach § 1 Abs. 2 bc) TB zu MB/KK 2009 werden auch Impfungen übernommen, die die Ständige Impfkommission empfiehlt. Wir übernehmen für Lea-Sophie also die Vorsorgeuntersuchung und das Impfen. Die Kosten für den Impfstoff werden ebenfalls erstattet, da dafür eine ärztliche Verordnung vorliegt und dieser aus der Apotheke bezogen wurde.

Die Augenarztrechnung wird ebenfalls übernommen. Die Brille zählt zu den Hilfsmitteln und wird grundsätzlich bezahlt. Es liegt keine Information vor, ob bereits früher eine Brille erstattet wurde. Aufgrund der festgestellten Sehschwäche ist eher davon auszugehen, dass es sich um die erste Brille für Lea-Sophie handelt. Die Erstattung ist auf 200,00 € des Rechnungsbetrages begrenzt.

	Impfstoff	37,33 €
+	Dr. Mendel	108,02 €
+	Dr. Hölzl	47,85 €
+	Optik Meier	200,00 €
	Zwischensumme	393,20 €
−	SB	250,00 €
	Erstattung	143,20 €

6.5 Haftpflichtversicherung

Situation

Sie sind Mitarbeiter/-in der Leistungsabteilung bei der PROXIMUS Allgemeine Versicherung AG. Ihr Kunde Thomas Schäfer hat Ihnen folgende Schadenmeldung zugeschickt.

Thomas Schäfer 23.10. d. J.
Bahnhofstr. 6
30159 Hannover

Proximus Allgemeine Versicherung AG
Proximus-Platz 1
80333 München

Schadenmeldung zu meiner Haftpflichtversicherung

Sehr geehrte Damen und Herren,

letzte Woche sind meine Freundin Claudia Scholz und ich in unsere erste gemeinsame Wohnung eingezogen. Bisher hatte jeder von uns beiden eine eigene Wohnung in Hannover.

Bei den selbst durchgeführten Umzügen rutschte mir der Fernseher meiner Freundin auf der Treppe aus der Hand. Durch den Aufprall wurde der Fernseher zerstört und das Holz der Treppe beschädigt.

Um die Möbel abbauen zu können, lieh ich mir von meinem Bekannten Horst Meier einen professionellen Akkuschrauber. Diesen hatte ich zwischendurch auf der Fensterbank eines geöffneten Fensters abgestellt. Beim Heraustragen einer großen Schranktür stieß ich versehentlich mit der Schranktür gegen den Akkuschrauber, der daraufhin aus dem Fenster der zweiten Etage in den Hof fiel. Der Akkuschrauber wurde irreparabel beschädigt, zum Glück aber niemand verletzt.

Bei meiner Wohnungsübergabe stellte der Vermieter fest, dass das Parkett im gesamten Wohnraum Abnutzungsspuren hat. Diese sind auf einer Fläche von ca. zwei Quadratmetern auf das Kratzen meiner Katze zurückzuführen. Er fordert nun von mir für den Austausch des gesamten Parketts (50 qm) Schadenersatz.

Darüber hinaus fiel meiner Freundin eine Parfumflasche in das Waschbecken meiner alten Wohnung, wodurch ein Riss in der Keramik zurückblieb, so dass dieses jetzt ausgetauscht werden muss.

Aufstellung der einzelnen Schäden (inklusive Umsatzsteuer von 19 %):

Kaufpreis des zerstörten Fernsehers (1 Monat alt, immer noch gleicher Preis)	899,00 €
Reparaturkosten der Treppe laut Kostenvoranschlag	687,40 €
Akkuschrauber (1 Jahr alt, Nutzungsdauer 5 Jahre)	350,00 €
Austausch des alten Parketts (9 Jahre alt, Nutzungsdauer 12 Jahre) im Wohnraum laut Kostenvoranschlag	4 760,00 €
Austausch des Waschbeckens laut Kostenvoranschlag	350,00 €

Die Rechnungen und Kostenvoranschläge lege ich dem Schreiben bei.

Ich hoffe, Sie werden für die Schadenersatzansprüche aufkommen.

Mit freundlichen Grüßen

Thomas Schäfer

Vertragsspiegel

Versicherungsnehmer:	Thomas Schäfer
Anschrift:	Kreisstr. 3, 30629 Hannover
Geburtsdatum:	13.11.1980
Versicherungsbeginn:	01.03.2017
Versicherungsende:	28.02. d.n.J.
Versicherungsschutz:	Privat-Haftpflicht für Einzelpersonen ohne Selbstbeteiligung nach Alternative B
monatliche Prämie:	6,55 €

Hilfsmittel

Lehrbuch, **Proximus 4 Bedingungswerk**

Aufgabe

Nehmen Sie eine Haftungs- und Deckungsprüfung vor!

Lösung

➤ **Haftungsprüfung:**

● Für den Fernseher besteht keine Haftung, da dieser im Rahmen einer Gefälligkeitshandlung leicht fahrlässig zerstört wurde.

● Bei der Beschädigung der Treppe sowie der Zerstörung des Akkuschraubers liegt eine reine Verschuldenshaftung nach § 823 BGB durch Herrn Schäfer vor.

● Die Abnutzung des Parketts (ohne die Beschädigungen der Katze) löst keinen Haftungsanspruch aus, da mit der Mietzahlung dieser Verschleiß abgegolten ist.

● Herr Schäfer haftet jedoch für die Beschädigung des Parketts durch die Katze als Halter nach § 833 BGB im Rahmen der Gefährdungshaftung (Katze = Luxustier; ein typisch tierisches Verhalten liegt vor).

● Frau Scholz haftet gemäß der reinen Verschuldenshaftung nach § 823 BGB für die Beschädigung des Waschbeckens.

➤ **Deckungsprüfung:**

● Obwohl für den Fernseher keine Haftung gegeben ist, leistet der Versicherer (AHB PR 2016 A1 Ziff. 6.1.7) auf Antrag des Versicherungsnehmers. Da bisher noch keine neue Anschaffungsrechnung vorgelegt wurde, bekommt die Geschädigte zunächst 755,46 € (ohne USt) erstattet (§ 249 (2) S. 2 BGB). Sie erhält dann nach Vorlage der Rechnung die bezahlte Umsatzsteuer.

● Die Reparaturkosten der Treppe werden voll übernommen, wenn der Geschädigte eine Abtretung mit der Reparaturfirma vereinbart. Sollte die Abrechnung jedoch anhand des Kostenvoranschlages erfolgen, so ist die Umsatzsteuer erst nach Vorlage der Rechnung und zunächst nur i.H.v. 577,65 € (ohne USt) erstattungsfähig.

● Für die Zerstörung des geliehenen Akkuschraubers besteht nach AHB PR 2016 A1 6.5.3 Deckung. Hierbei gelten die gleichen Regeln hinsichtlich der Umsatzsteuer, wie bei den vorangegangenen Punkten, so dass vorerst der Nettobetrag (294,12 €) für die Berechnung des Erstattungsanspruchs zugrunde gelegt wird. Darüber hinaus ist nur der Wiederbeschaffungswert unter Berücksichtigung der

Abnutzung erstattungsfähig, d. h. ein Fünftel des Nettowertes ist abzuziehen. Des Weiteren ist die Selbstbeteiligung von 100,00 € zu berücksichtigen, so dass nur 135,30 € ausgezahlt werden.

● Der Austausch des gesamten Parketts wird abgelehnt, da keine Haftung besteht (s. auch AHB PR 2016 A1 Ziff. 6.5.1.2 Abnutzung …).

● Bei der Ermittlung der Entschädigungsleistung für die Beschädigung des Parketts durch die Katze muss das Ausmaß, der Zeitwert und die Umsatzsteuerproblematik berücksichtigt werden.

Abrechnung:

Bruttokosten des gesamten Parketts laut Kostenvoranschlag	4 760,00 €
abzüglich 19 % Umsatzsteuer	760,00 €
Nettokosten des gesamten Parketts laut Kostenvoranschlag	4 000,00 €
Beschädigung durch die Katze (2/50)	160,00 €
Erstattungsanspruch laut Zeitwert (3/12)	40,00 €

Die Umsatzsteuer wir nach Rechnungslegung in Höhe von 7,60 € ausgezahlt.

● Für den Austausch des Waschbeckens besteht keine Deckung, da Frau Scholz keine mitversicherte Person im Vertrag von Herrn Schäfer ist. Sollte sie selbst eine Haftpflichtversicherung besitzen, kann über diese eine Regulierung erfolgen.

6.6   Rechtsschutzversicherung

Situation

Sie sind Mitarbeiter/-in der Leistungsabteilung bei der PROXIMUS Rechtsschutz Versicherung AG. Die Ehefrau Ihres Kunden Hans Fischer hat heute, am 11.05. d. J. telefonisch aus Thailand folgenden Schaden gemeldet.

Telefonnotiz:

Am 27.04. d. J. sind Hans und Helga Fischer für 2 Monate nach Thailand geflogen. Sie haben schon seit einiger Zeit die Absicht dort ein Haus zu erwerben, da sie zweimal jährlich für zwei Monate nach Thailand reisen. Gestern, am 10.05. d. J., haben sie endlich ihr Traumhaus gefunden. Der Verkäufer drängte sie möglichst schnell den Kaufvertrag zu unterschreiben, da es für dieses Haus bereits mehrere Interessenten gebe. Daraufhin machte das Ehepaar Fischer sofort »Nägel mit Köpfen« und unterschrieb den Kaufvertrag. Als sie heute das Haus aufschließen wollten, passte der Schlüssel nicht in das Schloss des Hauses. Deshalb fuhren sie zum Verkäufer, der ihnen erklärte, dass sie nicht das besichtigte Haus gekauft hätten, sondern eins der gleichen Bauart auf einem Grundstück am Rande der Stadt.

Daraufhin war Herr Fischer so außer sich, dass er den Verkäufer schubste, dieser hinfiel und sich leichte Schürfwunden zuzog. Ein Mitarbeiter des Verkäufers hat sofort die Polizei gerufen. Da Herr Fischer wegen des tätlichen Angriffs von der Polizei zur Rechenschaft gezogen wurde und nicht die erwartete Amtshilfe erhielt, hat er sie in seinem aufgebrachten Zustand beleidigt. Er wurde daraufhin wegen Amtsbeleidigung und leichter Körperverletzung in Gewahrsam genommen.

Das Ehepaar Fischer möchte eine Kostenzusage, die den Schadenersatz des Hauskaufs umfasst, ferner eine Deckungszusage für einen Anwalt, der Herrn Fischer aus der Haft holen und den Prozess führen soll.

Vertragsspiegel

Versicherungsnehmer:	Hans Fischer
Anschrift:	Bahnhofsstr. 3, 02977 Hoyerswerda
Geburtsdatum:	17.10.1960
Berufsgruppe:	Angestellter
Versicherungsbeginn:	01.03. d.J.
Versicherungsende:	28.02. d.n.J.
versicherte Lebensbereiche:	– Privat-Rechtsschutz (P) für Familien ohne SB – Berufs-Rechtsschutz (B) für Familien ohne SB – Verkehrs-Rechtsschutz (VK) für den PKW HY-M 793 ohne SB – Wohnungs- und Grundstücks-Rechtsschutz (W) für die o.g. Anschrift ohne SB
monatliche Prämie:	31,66 €
Mahnverfahren:	Es wurde nur die Erstprämie gezahlt, daraufhin wurde am 28.04. d.J. eine Mahnung nach § 38 VVG (mit Mindestfrist) dem VN zugestellt.
Anmerkung:	In den letzten drei Jahren bestand bis zum 28.02. d.J. eine Privat-, Berufs- und Verkehrsrechtsschutzversicherung bei der Südsternversicherung.

Hilfsmittel

Lehrbuch, **Proximus 4 Bedingungswerk**

Aufgabe

Nehmen Sie eine Deckungsprüfung vor!

Lösung

➤ **Formelle Deckungsprüfung:**

● Herr Fischer befindet sich seit dem 01.04. d.J. im Zahlungsverzug für die Folgeprämie, weil bisher nur die Erstprämie gezahlt wurde.

● Mit Eingang der Mahnung am 28.04. d.J. wurde eine Mindestzahlungsfrist von 2 Wochen gesetzt, in der Herr Fischer die ausstehenden Beträge zahlen soll. Nach Ablauf dieser Frist entfällt der Versicherungsschutz.

● Die Zahlungs- bzw. Leistungsfrist besteht bis einschließlich 12.05. d.J., so dass grundsätzlich für den 10. und 11.05. d.J. Deckung besteht.

● Durch den nahtlosen Wechsel von der Südstern-Versicherung zur Proximus-Versicherung besteht in den Lebensbereichen Privat, Beruf und Verkehr keine dreimonatige Wartezeit in den Leistungsarten Arbeits-Rechtsschutz, Rechtsschutz im Vertrags- und Sachenrecht, Steuer-Rechtsschutz vor Gerichten, Sozialgerichts-Rechtsschutz und Verwaltungs-Rechtsschutz in Verkehrssachen.

● Es besteht hier keine Wartezeit, obwohl der Vertrag noch keine drei Monate besteht.

➤ **Materielle Deckungsprüfung:**

● Beim Kauf des Hauses handelt es sich um die Leistungsart Rechtsschutz im Vertrags- und Sachenrecht.

● Bei der Körperverletzung und der Beleidigung handelt es sich um die Leistungsart Straf-Rechtsschutz.

● Da Thailand nicht zum Geltungsbereich nach 5.1 ARB 2012 gehört, werden Kostenerstattungen maximal in Höhe von 100 000,00 € gewährt, wenn:

   – der Versicherungsfall während eines höchstens 12-wöchigen Aufenthaltes eingetreten ist (**erfüllt – 2 Monate**),

   – der Versicherungsschutz nicht auf deutsche Gerichte beschränkt ist (**erfüllt – keine der betroffenen Leistungsarten**) und

   – der VN keine Interessen im Zusammenhang mit dem Erwerb oder der Veräußerung von dinglichen Rechten wahrnimmt (**nicht erfüllt für das Vertrags- und Sachenrecht durch den Kauf des Hauses – für den Strafrechtsschutz spielt der Hauskauf jedoch keine Rolle**)

● Somit besteht für Ansprüche, die im Rahmen des Hauskaufs entstehen, kein Rechtsschutz.

● Für die Beleidigung der Polizisten besteht ebenfalls keine Deckung, weil das Vergehen einer Beleidigung nur vorsätzlich erfolgen kann.

● Es besteht Versicherungsschutz für strafrechtliche Vergehen, die im Mindestmaß mit einer Freiheitsstrafe von unter einem Jahr oder Geldstrafe geahndet werden. Ob bei einer leichten Körperverletzung in Thailand das Mindeststrafmaß von unter einem Jahr gegeben ist, muss geprüft werden.

● Eine leichte Körperverletzung kann sowohl vorsätzlich als auch fahrlässig begangen werden, so dass wir Deckung gewähren, sofern Herrn Fischer fahrlässiges Verhalten vorgeworfen wird. Wird ihm jedoch vorsätzliches Verhalten unterstellt, erhält er zunächst keine Deckungszusage. Sollte er aber wegen fahrlässigem Verhalten verurteilt werden, erhält er rückwirkend Versicherungsschutz.

● Falls Deckung für die leichte Körperverletzung besteht, wird bis zu einer Kautionshöhe von 200 000,00 € ein zinsloses Darlehen gewährt. Darüber hinaus werden die Kosten für den am Ort des zuständigen Gerichtes ansässigen, ausländischen Rechtsanwalt sowie die Gerichtskosten erstattet. Sofern dies notwendig ist, sind auch die Kosten für einen deutschen Korrespondenzanwalt sowie die Übersetzungskosten erstattungsfähig (max. 100 000,00 €).

6.7 Kraftfahrtversicherung

Situation

Sie sind Mitarbeiter/-in in der Leistungsabteilung Kraftfahrt der PROXIMUS Versicherung AG und erhalten das folgende Schreiben von Herrn Brunn zur Bearbeitung:

Torsten Brunn   04.11.20..
Lindenaustr. 2
79199 Kirchzarten

PROXIMUS Versicherung AG
– Schadenabteilung –
80333 München

Kfz-Versicherung Nr. 124-55080BC

Sehr geehrte Damen und Herren,

folgende Schäden möchte ich Ihnen melden:

Mein 17-jähriger Sohn Max besucht derzeit die Fahrschule, um den Kfz-Führerschein zu machen. Vorgestern nahm er während meines Mittagsschlafs ohne mein Wissen den Autoschlüssel an sich und übte auf der sehr wenig befahrenen Straße vor unserem Haus das Einparken für die praktische Führerscheinprüfung. Dabei fuhr er gegen die Anhängerkupplung des Autos unseres Nachbarn, an der dann mein Auto hängen blieb, was mein Sohn nicht sofort bemerkt hat. Am Auto des Nachbarn ist die Anhängerkupplung unbeschädigt geblieben und nur ein kleiner Lackschaden am Heck entstanden. Mein Nachbar beziffert den Schaden an seinem Auto nach Rücksprache mit einer Fachwerkstatt auf nur 160,00 € ohne Mehrwertsteuer, da »Smart-Repair« möglich ist. Der Schaden an meinem Auto ist wesentlich höher. Die verhakte Anhängerkupplung hat nämlich beim Wiederanfahren einen Teil der Heckschürze beschädigt. Meine Werkstatt geht von einem Schaden an meinem Auto in Höhe von 2 500,00 € ohne MwSt. aus. Ein Arbeitskollege bietet mir ebenfalls die Reparatur (Spachtelung und Neulackierung) meines Autos für 1 200,00 € zuzüglich Materialkosten an.

Anmerken möchte ich, dass mein Sohn zwar mit mir auf einem hierfür zugelassenen Übungsplatz in letzter Zeit mehrfach geübt hat, aber bisher zu keinem Zeitpunkt das Fahrzeug eigenmächtig benutzt hat. Mit seinem jetzigen Verhalten habe ich zu keinem Zeitpunkt gerechnet.

Bitte teilen Sie mir mit, ob Sie die entstandenen Schäden regulieren.

Mit freundlichen Grüßen

T. Brunn

Hinweis: Die Prämie zur Kraftfahrtversicherung des Herrn Brunn ist bezahlt.

Folgende Versicherungsarten sind versichert: Kfz-Haftpflichtversicherung (100 Mio. € Deckung) mit Kfz-Umweltschadenversicherung, Kaskoversicherung (Vollkasko mit 300,00 € Selbstbeteiligung, Teilkasko mit 150,00 € Selbstbeteiligung)

Gegenwärtige SF-Klassen: KH SF 12, Vollkasko SF 12

Aufgabe:

Erstellen Sie einen Leitfaden für die Beratung des Herrn Brunn unter dem Aspekt der Kundenorientierung. Zeigen Sie weitere Schritte auf und begründen Sie Ihre Lösung.

Hilfsmittel:

Lehrbuch, Proximus 4 Bedingungswerk

Lösung:

1. **Prüfung der Haftungsfrage für den Schaden am Kfz des Nachbarn und für den Schaden am eigenen Kfz**

   – Torsten Brunn ist Kfz-Halter und trägt nach § 7 (1) StVG die Gefährdungshaftung für Schäden, die mit dem Betrieb des Kfz entstehen. Ggf. haftet er auch aus der Verschuldenshaftung (z. B. wenn der Autoschlüssel im Zündschloss und nicht im Haus war).

   aber:

   – Der unbefugte Gebrauch des Fahrzeugs des Vaters durch den Sohn entspricht einer Schwarzfahrt, d. h. eine Fahrt durch eine betriebsfremde Person, ohne dass sie hierzu berechtigt ist. Es kommt § 7 (3) StVG zum Tragen.

   Benutzt jemand das Fahrzeug ohne Wissen und Willen des Fahrzeughalters, so ist er anstelle des Halters zum Ersatz des Schadens verpflichtet; daneben bleibt der Halter zum Ersatz des Schadens verpflichtet, wenn die Benutzung des Fahrzeugs durch sein Verschulden ermöglicht worden ist.

   – Max benutzt das Fahrzeug ohne Wissen und Willen des Vaters. Wenn die Aussagen des Vaters zutreffen, was der Versicherer noch genauer prüfen wird, liegt kein Verschulden bzw. Mitverschulden des Vaters vor. Somit ist Max anstelle des Halters zum Ersatz des Schadens verpflichtet.

   – Der 17-jährige Sohn Max haftet dem Nachbarn für den Kfz-Schaden auch nach § 823 BGB aus Verschuldenshaftung; denn er ist bedingt deliktfähig. Es kann davon ausgegangen werden, dass bei der Schwarzfahrt die zur Erkenntnis der Verantwortlichkeit erforderliche Einsicht vorlag.

   – Ebenso wäre er seinem Vater gegenüber haftpflichtig, wenn dieser den eigenen Fahrzeugschaden von ihm ersetzt verlangt.

2. **Ermittlung der Leistungsansprüche:**

   ● Prüfung der Leistungspflicht für den Schaden am Fahrzeug des Nachbarn

   – Der Geschädigte kann von der Kfz-Haftpflichtversicherung des VN und Kfz-Halters Torsten Brunn den Ersatz des Schadens aufgrund der Gefährdungshaftung verlangen (sog. Direkthaftung). Ob und inwieweit der Kfz-Versicherer beim Sohn Max Brunner dann Regress nehmen kann, wird unter Punkt 3 geklärt.

   – Herrn Brunn ist zu empfehlen, den Schaden am Nachbarauto selbst zu regulieren bzw. durch den Sohn regulieren zu lassen (siehe hierzu auch I 5.1 AKB 2015).

● Prüfung der Leistungspflicht aus der Vollkaskoversicherung

Vorbetrachtung: In der Vollkaskoversicherung sind nach A 2.16 AKB 2015 Vorsatz und grobe Fahrlässigkeit ausgeschlossen. In den PROXIMUS-Bedingungen wird bei der Kaskoversicherung jedoch auf den Einwand der grob fahrlässigen Herbeiführung des Schadens verzichtet. Ausgenommen hiervon ist die grob fahrlässige Ermöglichung der Entwendung oder der selbst herbeigeführte Schaden infolge Genusses alkoholischer Getränke oder anderer berauschender Mittel.

– Der Sohn hat nach der Schilderung des Vaters ohne sein Wissen und seine Erlaubnis das Fahrzeug bewegt. Der Sohn gilt damit als unberechtigter Fahrer.

Aufgrund der Fahrzeugbewegung durch den Sohn als nicht berechtigter Fahrer liegt eine Pflichtverletzung beim Gebrauch des Fahrzeuges vor. Der Versicherer wird, wie schon bei der Regulierung aus der Haftpflichtversicherung erwähnt, in jedem Falle prüfen, ob und inwieweit sich der VN Torsten Brunn eine Pflichtverletzung zurechnen lassen muss. Das wäre z. B. der Fall, wenn dem VN trotz gegenteiliger Behauptung nachgewiesen werden könnte, dass der Sohn schon einmal eine Schwarzfahrt unternommen hat.

– In Abschnitt D 4 AKB 2015 sind die Folgen von Pflichtverletzungen geregelt:

Nach D 4.1 AKB 2015 besteht sowohl in der Vollkasko- also auch in der Haftpflichtversicherung kein Versicherungsschutz, sofern die in D 1.2 AKB 2015 geregelte Pflicht **vorsätzlich** verletzt wird.

Der Sohn hat in jedem Falle keinen Versicherungsschutz aus der Kaskoversicherung (keine mitversicherte Person wegen Schwarzfahrt, die wiederum vorsätzlich erfolgte).

Der Vater hat Versicherungsschutz, aber: Kann dem Vater eine grobe Fahrlässigkeit nachgewiesen werden, ist der Versicherer berechtigt, die Leistung nach D 4.1 AKB 2015 in einem der Schwere des Verschuldens entsprechenden Verhältnis zu kürzen.

(Anmerkung: In der Kfz-Haftpflichtversicherung wird in D 4.3 AKB 2015 die sich ergebende Leistungsfreiheit bzw. Leistungskürzung auf höchstens je 5 000 € (Versicherungsnehmer und mitversicherte Personen) beschränkt).

– Treffen die Angaben des Vaters zu, ist von keiner oder maximal nur leichter Fahrlässigkeit (z. B. Autoschlüssel war für den Sohn unschwer zugänglich) auszugehen, nicht aber von grober Fahrlässigkeit, da die übliche Sorgfalt nicht in hohem Maße verletzt wurde: Der Autoschlüssel hat sich zudem nicht im Fahrzeug befunden.

– Es ist dann von einer Leistungspflicht der Vollkaskoversicherung auszugehen.

● Weitere Merkmale der Schadenregulierung

– Bei der Regulierung wird ein Abzug der Selbstbeteiligung nach A 2.12 AKB 2015 vorgenommen.

– Es wird eine Begutachtung stattfinden, da ein Schaden in Höhe von 2 500 € ohne MwSt. entstanden ist.

Nach A 2.8 AKB 2015 werden die Sachverständigenkosten erstattet, sofern der Versicherer die Begutachtung veranlasst oder ihr zugestimmt hat.

- Erfolgt die Reparatur durch den Arbeitskollegen, wird nach A 2.9 AKB 2015 der Schaden ohne Anrechnung der Mehrwertsteuer erstattet. Die Kosten für die benötigten Fahrzeugteile werden bei Vorlage von entsprechenden Belegen inklusive Mehrwertsteuer erstattet.

- Bei Herrn Brunn erfolgt eine Rückstufung von SF 12 zu SF 5 nach 1.3 Anhang 1 (Tabellen zum Schadenfreiheitsrabatt-System): Rückstufung im Schadenfall bei einem Schaden

- Herr Brunn kann den Schaden zurückzahlen, um eine Rückstufung zu vermeiden. (I 5.1 AKB 2015)

3. **Prüfung der Regressmöglichkeit des Kfz-Versicherers beim Sohn Max Brunn**

   Vorbemerkung: Durch das Verhalten des Sohnes (Schädiger) ist der Vater (VN der Kraftfahrtversicherung) und der Nachbar (Beschädigung Kfz) geschädigt worden.

- In § 86 VVG ist geregelt: Steht dem Versicherungsnehmer (hier dem Vater Torsten Brunn) ein Ersatzanspruch gegen einen Dritten (hier gegen den in Rede stehende Sohn aufgrund des Fahrzeugschadens) zu, geht dieser Anspruch auf den Versicherer über, soweit der Versicherer den Schaden ersetzt.

- Die PROXIMUS Versicherung AG kann in der Vollkaskoversicherung den Verursacher dann in Regress nehmen, wenn dieser den Schaden vorsätzlich oder grob fahrlässig verursacht hat. Verursacht aber ein unberechtigter Fahrer einen Schaden, besteht die Regressmöglichkeit für den Versicherer auch bei einfacher Fahrlässigkeit.

- Das ist hier bei der Unfallfahrt durch Max der Fall. Die Schwarzfahrt als solche war vorsätzlich, die Herbeiführung des Schadens aber nicht gewollt und daher nur fahrlässig.

- Gemäß § 86 (3) VVG kann der Versicherer den Übergang der Forderung vom Versicherungsnehmer auf sich selbst nicht geltend machen, wenn der Schaden von einer Person nicht vorsätzlich verursacht wurde, die zum Zeitpunkt des Schadens mit dem Versicherungsnehmer in häuslicher Gemeinschaft wohnt. Das ist hier der Fall; denn Max Brunn lebt als 17-jähriger noch bei seinen Eltern.

- Somit kann ein Regressanspruch aus der Ersatzleistung für den Vollkaskoschaden hier nicht geltend gemacht werden.

- Würde der Kfz-Haftpflichtversicherer den Kfz-Schaden des Nachbarn ersetzen, könnte er dagegen Regress beim Sohn nehmen; denn es ist hier der Nachbar, der einen Anspruch gegen den Sohn hat (und nicht der Vater als VN des Vertrages).

E Finanzprodukte

1 Die Rolle der Finanzprodukte im Berufsbild Kaufmann/Kauffrau für Versicherungen und Finanzen

Situation:

Thorsten Albig hat die Todesfallleistung aus der Lebensversicherung seines plötzlich verstorbenen Vaters als Bezugsberechtigter erhalten. Nach Begleichung sämtlicher Kosten für die Bestattung werden ca. 50 000,00 € verbleiben, die Thorsten Albig gerne anlegen möchte. Ein Freund rät ihm, das Geld bis zu seiner endgültigen Entscheidung über die Anlageform als Tagesgeld anzulegen.

Thorsten Albig, dessen Stärken und Interessen mehr im künstlerischen Bereich liegen, weiß mit dem Begriff Tagesgeld nicht viel anzufangen, will dies vor seinem Freund aber nicht zu erkennen geben.

In den Versicherungsunterlagen seines Vaters findet er folgende Visitenkarte:

Proximus Agentur

Hilmar Krause

Kaufmann für Versicherungen und Finanzen

Fachrichtung Versicherung

Er beschließt, sich an diese Agentur zu wenden und vereinbart einen Beratungstermin.

Nachdem Thorsten Albig sein Anliegen vorgetragen hat, weist Herr Krause ihn zunächst darauf hin, dass er über ausgewählte Finanzprodukte, wie z. B. die Anlageform Tagegeld, informieren und Lösungen entsprechend der finanziellen Situation und den Motiven des Kunden vorschlagen darf, dass ihm aber aufgrund seiner Fachrichtung Versicherung keine Anlageberatung und Anlagevermittlung zu Finanzanlageprodukten gestattet ist, die eine Qualifikation als Finanzanlagenvermittler nach der Gewerbeordnung voraussetzen. »Darunter fallen z. B. Anteile an offenen Investmentvermögen«, erwähnt er und ergänzt: »Das ist aber alles kein Problem; denn die Proximus Gruppe hat auch eine Vielzahl von Vermittlern, die die Qualifikation als Finanzanlagenvermittler für solche Produkte nachweisen können. Ich arbeite in einem solchen Fall eng mit der Proximus Agentur Melanie Mertens, Kauffrau für Versicherungen und Finanzen, Fachrichtung Finanzberatung zusammen.«

1.1 Versicherungen und der »Allfinanzgedanke«

Die Dienstleistungen von Banken, Versicherungen und sonstigen Unternehmen des finanziellen Sektors (z. B. Finanzanlagenvermittler) werden allgemein als Finanzdienstleistungen bezeichnet.

Die einschlägigen Gesetze (Kreditwesengesetz – KWG, Versicherungsaufsichtsgesetz – VAG) sehen nach wie vor eine **unternehmerische Trennung** von Banken und Versicherungsunternehmen vor, obwohl die Finanzdienstleistungen der verschiedenen Anbieter thematisch eng miteinander verflochten sind.

Zudem stehen die verschiedenen Finanzdienstleister **in direkter Konkurrenz** zueinander, da das Budget der potentiellen Kunden begrenzt ist. So könnte ein Kunde, der maximal 200,00 € im Monat sparen kann, das Geld beispielsweise bei einer Bank anlegen oder alternativ eine Versicherung für die Altersvorsorge abschließen. Nur einer der Anbieter wird den Vertrag mit dem Kunden abschließen können.

Seit einiger Zeit bemühen sich Anbieter von Finanzdienstleistungen darum, ein möglichst umfassendes Angebot an Finanzdienstleistungen anbieten zu können. Dieser **Allfinanzgedanke** beruht auf der Erkenntnis, dass durch eine bessere Koordination zwischen den Bereichen der Absicherung von Risiken und dem Vermögensaufbau bzw. der Vermögensanlage sowohl für den Kunden als auch für den Finanzdienstleister erhebliche Vorteile erzielt werden können. Nur durch eine ganzheitliche Beratung kann der Kunde eine **optimale Balance zwischen Versicherungs- und Anlagethemen** erreichen.

Um dem Allfinanzangebot näher zu kommen, sind deshalb folgende Varianten in der Praxis entwickelt worden:

- Gründung von Tochterunternehmen (z. B. Munich Re und MEAG)
- Fusionen bzw. Kauf sowie Beteiligungen an anderen Unternehmen (z. B. Allianz und Dresdner Bank)

  Hinweis: Die Übernahme der Dresdner Bank durch die Allianz gilt jedoch eher als Beispiel für das Scheitern der Allfinanzidee innerhalb eines Unternehmens. Die Allianz hat die Dresdner Bank bereits 2009 an die Commerzbank weiter verkauft.

- Kooperation mit anderen Unternehmen (z. B. Deutsche Bank und Zurich Insurance)

Beispiel: Auszug aus der Historie der Proximus Versicherung AG

1988	Kauf der Süddeutschen Handelsbank AG
1988	Gründung der Proximus Bausparkasse AG
1998	Gründung der Proximus Invest GmbH
2014	Gründung der Proximus Vertriebs-GmbH

Die genannten Unternehmen gehören zur Konzernstruktur der Proximus Versicherung AG.

Proximus 4 Profil

▶ Vertrieb der Finanzdienstleistungen

Für den Vertrieb der so erweiterten Produktpalette wird von Versicherungsunternehmen regelmäßig auf die **vorhandene Vertriebsstruktur** (Vertreter usw.) zurückgegriffen, nachdem diese zuvor entsprechend geschult wurden.

Unabhängig davon hatten schon in der Vergangenheit viele Versicherungsvermittler, insbesondere Versicherungsmakler, und andere Dienstleister ihr Leistungsangebot um die **Finanzvermittlung** erweitert, da dort sehr lukrative Provisionen zu verdienen waren. Regelmäßig traten sie dabei als Anlage- oder Vermögensberater auf und vermittelten schwerpunktmäßig Fondsanteile. Dabei konnten allerdings erhebliche Schadenszenarien für den Anleger entstehen, wenn nicht alle Aspekte der Anlageform sowie die Anlegermentalität richtig eingeschätzt wurden.

1.2   Gesetzliche Regelung der Vermittlung und Beratung in Bezug auf Finanzprodukte

Aufgrund vieler unzureichender oder falscher Beratungen mit daraus folgenden Vermögensverlusten bei den Anlegern sah sich der Gesetzgeber gezwungen, die **Finanzanlagenvermittlung** für bestimmte Finanzanlagen **gesetzlich zu regeln**, nachdem er zuvor schon die Versicherungsvermittlung neu geregelt hatte.

> Die gesetzlichen Regelungen sind im Hauptabschnitt F »Anlage in Finanzprodukten« dargestellt. Im Wesentlichen bestehen sie aus der Erlaubnispflicht für diese Tätigkeit, der Registrierung und den zu erfüllenden Voraussetzungen (z. B. Sachkundenachweis, Berufshaftpflichtversicherung, Informations-, Beratungs- und Dokumentationspflichten), wie sie auch schon aus der Versicherungsvermittlerverordnung bekannt sind.

1.3   Neuordnung des Berufsbilds Kaufmann/ Kauffrau für Versicherungen und Finanzen

Die Ausdehnung der Geschäftstätigkeit von Versicherungsunternehmen auf den Finanzbereich hat zu einer **Neuordnung des Berufsbildes** geführt. An die Stelle der Berufsbezeichnung Versicherungskaufmann/-kauffrau ist die Bezeichnung Kaufmann/Kauffrau für Versicherungen und Finanzen getreten, wobei im Rahmen der Ausbildung nach den Fachrichtungen Versicherungen bzw. Finanzberatung unterschieden wird. Im Vertrieb kennt man jetzt neben dem Versicherungsvermittler auch den Finanzanlagenvermittler.

Von einem Kaufmann/einer Kauffrau für Versicherungen und Finanzen, gleich welcher Fachrichtung, wird insbesondere erwartet, dass er/sie über Versicherungsprodukte und Finanzprodukte informieren, Bedarfssignale erkennen sowie Lösungsvorschläge entsprechend der finanziellen Situation und den Motiven unterbreiten kann.

Von einem Finanzanlagenvermittler wird darüber hinaus erwartet, dass er Anlagestrategien mit Produktempfehlungen entwickeln, die steuerlichen und betrieblichen Vorschriften erläutern sowie die Chancen und Risiken der gewählten Anlagestrategie beurteilen und darstellen kann.

> Die genannten Erfordernisse haben im Rahmen der Ausbildung ihren Niederschlag in zwei **Lernfeldern** gefunden:
>
> - **Lernfeld »Kunden über Finanzprodukte informieren«**
>   Dieses Lernfeld gilt für alle Auszubildenden im Berufsbild »Versicherungen und Finanzen«.
>
> FinVermV
> § 4 (1)
>
> - **Lernfeld »Finanzanlagen vermitteln«**
>   Dieses Lernfeld gilt als verpflichtender Bestandteil der IHK-Abschlussprüfung im Berufsfeld »Versicherungen und Finanzen, Fachrichtung Finanzberatung«. Dadurch wird der Berufsabschluss in dieser Fachrichtung als erbrachter Sachkundenachweis für den Finanzanlagenvermittler nach der Finanzanlagenvermittlerverordnung (FinVermV) anerkannt (vgl. Abschnitt F 1.4.2).
>
> Das erstgenannte Lernfeld ist Gegenstand des Hauptabschnittes E in diesem Lehrbuch. Die verschiedenen Finanzprodukte stehen im Vordergund und werden erläutert.
>
> Das zweitgenannte Lernfeld ist Gegenstand des Hauptabschnittes F in diesem Lehrbuch. Der Prozess der Anlagenvermittlung und -beratung steht im Vordergrund unter besonderer Berücksichtigung der Finanzprodukte der Proximus Invest GmbH, wobei auch die rechtlichen Voraussetzungen vertiefend betrachtet werden.

2 Kontokorrentkonten und Zahlungsverkehr

2.1 Kontokorrentkonten

Geschäfte zwischen Finanzdienstleistern und ihren Kunden oder von Finanzdienstleistern vermittelte Geschäfte werden in der Regel über Konten abgewickelt und lösen Zahlungsverkehrsvorgänge aus. Hierbei spielt das Kontokorrentkonto eine zentrale Rolle.

2.1.1 Überblick über die verschiedenen Kontoarten

In Bezug auf den Zahlungsverkehr steht das **Kontokorrentkonto** im Mittelpunkt. Neben dem Kontokorrentkonto gibt es **weitere Kontoarten,** die im Zusammenhang mit Finanzprodukten eine Rolle spielen. Die nachfolgende Übersicht gibt einen Überblick über diese Konten. Eine nähere Erläuterung der anderen Kontoarten erfolgt jeweils in den angegebenen Abschnitten.

Konten für den Zahlungsverkehr	Konten für die Geldanlage	Konten für das Kreditgeschäft	Konten für die Wertpapierverwahrung
Kontokorrentkonto/Girokonto	Tagesgeldkonto Termingeldkonto Sparkonto (vgl. E 3.2.1 bis E 3.2.3)	Kontokorrentkonto Darlehenskonto (vgl. E 5.1)	Depotkonto (vgl. F 2.5.3)

2.1.2 Merkmale eines Kontokorrentkontos

Der Begriff Kontokorrent leitet sich von »conto corrente« (ital.) ab und bedeutet »**laufende Rechnung**«. Auf einem Kontokorrentkonto werden alle Gutschriften und Belastungen erfasst und täglich verrechnet. Es kann sowohl kreditorisch in Form von Guthaben als auch debitorisch durch die Inanspruchnahme eines Dispositionskredites geführt werden. Der Begriff **Girokonto** wird heutzutage überwiegend synonym verwendet. Auch nach den Allgemeinen Geschäftsbedingungen der Banken und Sparkassen werden Girokonten immer als Kontokorrentkonten geführt. Ursprünglich wurde damit ein laufendes Konto ohne Überziehungsmöglichkeit bezeichnet.   *HGB § 355*   *AGB Ziffer 7*

Für die Kontoführung berechnen Kreditinstitute im Regelfall eine monatliche **Kontoführungsgebühr.** Die meisten Banken bieten jedoch auch eine kostenlose Kontoführung unter bestimmten Voraussetzungen an, z. B. für besonders junge Kunden wie Schüler, Studenten und Auszubildende oder für Kunden, die einen festgelegten monatlichen Mindesteingang auf dem Konto vorweisen können.

Gemäß den Allgemeinen Geschäftsbedingungen (AGB) der Banken und Sparkassen erfolgt jeweils zum Quartalsende der **Rechnungsabschluss.** Die Bank verrechnet hierbei die gegenseitigen Ansprüche einschließlich der Kontoführungsgebühren und anderen Entgelte (z. B. Postengebühren) sowie Zinsgutschriften für Guthaben und Zinsbelastungen für Kontoüberziehungen zu einem Abschlusssaldo.   *Ziffer 7*

2.1.3 Rechtliche und vertragliche Grundlagen im Rahmen der Kontoeröffnung

2.1.3.1 Identitätsfeststellung

Wenn ein Kunde ein Kontokorrentkonto eröffnen möchte, muss er zunächst einen Kontoeröffnungsantrag beim gewünschten Kreditinstitut stellen. Das Kreditinstitut ist verpflichtet, die Identität des Kunden festzustellen und auf dem Kontoeröffnungsantrag zu dokumentieren. Dafür gibt es aus rechtlicher Sicht mehrere Gründe.

AO
§ 154

Nach der **Abgabenordnung** (AO) ist sicherzustellen, dass kein Konto auf einen falschen oder erdichteten Namen eröffnet werden kann. Zudem ist die Bank verpflichtet, sich vor Begründung einer Geschäftsbeziehung Gewissheit über jede Person zu verschaffen, die über das Konto verfügen kann sowie über jede Person, der das Konto wirtschaftlich zuzuordnen ist (= wirtschaftlich Berechtigter nach dem Geldwäschegesetz).

GWG
§ 11

Die Pflicht zur Identitätsfeststellung geht auch aus dem **Geldwäschegesetz** hervor. Das Geldwäschegesetz (GWG) dient der Bekämpfung von Terrorismus, Drogenkriminalität und organisierter Bandenkriminalität (vgl. auch E 2.2.7). Dieses Ziel kann unter anderem durch eine verbesserte Transparenz der Geschäftsbeziehungen zwischen Banken und ihren Kunden erreicht werden. Aus diesem Grund verlangt auch dieses Gesetz von den Banken, den Vertragspartner und den wirtschaftlich Berechtigten bereits vor Geschäftsabschluss zu identifizieren.

Weitere Identifizierungspflichten ergeben sich aus der **Überprüfung der steuerrechtlichen und devisenrechtlichen Stellung** des Vertragspartners, um eventuelle Besonderheiten im Rahmen der Besteuerung oder beim Kapital- und Zahlungsverkehr mit dem Ausland beachten zu können. Im Eigeninteresse der Bank liegt zudem die **Überprüfung der Geschäftsfähigkeit**, da die rechtliche Wirksamkeit der Kontoeröffnung davon abhängig ist (vgl. Bd. 1, B 1.2).

Zur Identitätsfeststellung wird ein **amtlicher Lichtbildausweis** herangezogen, d. h. ein Personalausweis oder ein Reisepass mit aktueller Meldebescheinigung. Bei Minderjährigen, die noch keinen Personalausweis bzw. Reisepass besitzen, sind auch ein **Kinderausweis** oder die **Geburtsurkunde** zulässig.

Die zunehmende Digitalisierung hat weitere Möglichkeiten zur Identitätsfeststellung hervorgebracht. Üblich sind bereits das **PostIdent-Verfahren,** bei dem vor allem Kunden von Onlinebanken durch Vorlage eines amtlichen Lichtbildausweises bei einer Poststelle identifiziert werden sowie das **VideoIdent-Verfahren,** bei dem die Kunden über eine in mobilen Endgeräten eingebaute Kamera per Videokonferenz durch einen Servicemitarbeiter der Bank identifiziert werden.

2.1.3.2 Allgemeine Geschäftsbedingungen (AGB)

Mit der **Unterschrift** auf dem Kontoeröffnungsantrag erkennt der Kunde die Allgemeinen Geschäftsbedingungen (vgl. Bd. 1, C 4.6.3.4) der Bank an.

BGB
§ 305 (2)

Das Kreditinstitut muss den Kunden im Rahmen der Kontoeröffnung ausdrücklich auf die AGB als **Bestandteil des Kontovertrages** hinweisen. Damit der Kunde die Möglichkeit hat, den Inhalt der AGB **in zumutbarer Weise** zur Kenntnis zu nehmen, werden sie dem Kunden im Regelfall vor der Kontoeröffnung ausgehändigt. Außerdem hängen sie oft in den Geschäftsräumen der Bank aus oder sind auf der Internetseite der Bank abrufbar.

Zu den AGB gehören auch die **Sonderbedingungen** für die einzelnen Geschäfte, wie z. B. die Sonderbedingungen für den Sparverkehr oder die Sonderbedingungen für Wertpapiergeschäfte. Diese enthalten – vergleichbar mit den Bedingungen für die verschiedenen Versicherungsprodukte bzw. -sparten – Regelungen, die nur eine bestimmte Art von Geschäften betreffen.

Da die AGB der Banken und Sparkassen keine konkreten Angaben zu den Kondi- PAngV § 5
tionen einer Bank enthalten, sind die üblichen, regelmäßig erbrachten Leistungen mit
der Höhe der hierfür geltenden Zinsen und Entgelte in einem **Preisaushang** in den
Bankfilialen auszuhängen. Ein ausführliches **Preis- und Leistungsverzeichnis** wird von
den Banken aufgrund ihres Umfangs in den Filialen zur Einsichtnahme bereit gehalten
bzw. ist auf der Internetseite abrufbar.

Hinweis: Im **Proximus 4 Bedingungswerk** ist der Preisaushang der Süddeutschen Proximus 4 TA S. 462
Handelsbank AG abgedruckt.

2.1.3.3 SCHUFA-Klausel

Der Kontoeröffnungsantrag enthält die sogenannte SCHUFA-Klausel. Hiermit stimmt
der Kunde zu, dass die Bank eine Anfrage bei der **Schutzgemeinschaft für allgemeine
Kreditsicherung** (**SCHUFA**) über den Kontoinhaber stellen darf und dass sie auch entsprechende Kundendaten an die SCHUFA weitergeben darf.

Die SCHUFA ist keine Behörde, sondern ist **privatrechtlich organisiert.** Der Zweck
der SCHUFA ist es, die Vertragspartner mit Informationen über das Zahlungsverhalten
von potentiellen Kunden zu versorgen. Sie dient damit als wichtige **Entscheidungshilfe**
für Vertragsabschlüsse und hilft bei der Minimierung von Zahlungsausfällen. Für die
Verbraucher bietet die SCHUFA einen **Schutz vor Überschuldung.**

Vertragspartner der SCHUFA sind vor allem Banken, Versicherungen, Handelsunterneh-
men, Energieversorger und Telekommunikationsunternehmen. Das Auskunftsprinzip
der SCHUFA beruht auf dem **Gegenseitigkeitsprinzip,** d.h. die Vertragspartner erhalten
nur dann Informationen von der SCHUFA, wenn sie selbst auch Informationen an die
SCHUFA übermitteln. Außerdem muss ein **berechtigtes Interesse** glaubhaft dargelegt
werden, z.B. dass ein Geschäft abgeschlossen werden soll, das ein Kreditrisiko beinhaltet.

Informationen, die durch Banken an die SCHUFA übermittelt werden sind zum einen
positive Merkmale wie z.B. die ordnungsgemäße Bezahlung aufgenommener Kredite
und zum anderen **negative Merkmale** wie z.B. ein Rückstand in der Rückzahlung von
Krediten, Kreditkartenmissbrauch oder eine eidesstattliche Versicherung.

Auf Basis der gespeicherten Informationen aller Vertragspartner errechnet die SCHUFA
pro Verbraucher einen **Scoring-Wert.** Dieser gibt die Wahrscheinlichkeit an, dass der
Verbraucher seinen Zahlungsverpflichtungen in Zukunft nachkommen wird. Dieses
Kredit-Scoring dient als zusätzliche Entscheidungshilfe, ersetzt jedoch nicht die Überprüfung der Kreditwürdigkeit durch die Bank.

Im Zusammenhang mit der Eröffnung eines Kontokorrentkontos dient die SCHUFA-
Abfrage als Hilfe bei der Entscheidung über die Vergabe eines Dispositionskredites
(vgl. E 5.1) sowie einer Kreditkarte (vgl. E 2.2.5.2). So kann ein **positives Scoring** die
schnelle Vergabe eines Dispositionskredites sowie einer Kreditkarte unterstützen. Ein
negatives Scoring führt hingegen dazu, dass dem Kunden im Regelfall keine Überziehungsmöglichkeit eingeräumt wird. Die Kontoeröffnung wird jedoch nicht – wie
früher durchaus üblich – grundsätzlich von der Bank abgelehnt. Die Bankenbranche
hat sich selbst dazu verpflichtet, unabhängig von der Bonität der Kunden ein Kontokorrentkonto zu führen.

2.1.3.4 Einlagensicherung

Das Kreditinstitut muss den Kunden vor der Kontoeröffnung in Textform über die für KWG § 23 a Anlage I
die Einlagensicherung geltenden Bestimmungen einschließlich Höhe und Umfang der
Sicherung informieren (vgl. E 3.3). Dies geschieht zumeist durch ein spezielles, stan-
dardisiertes Merkblatt.

2.1.3.5 Kontovertrag

Durch die Unterschrift des Kunden auf dem **Kontoeröffnungsantrag** liegt ein rechtsverbindlicher Antrag vor. Der Kontovertrag kommt zustande, indem die Bank den Antrag durch eine ausdrückliche Erklärung, also z. B. durch eine **schriftliche Bestätigung** annimmt. Auch konkludentes Handeln von Seiten der Bank führt zu einer wirksamen Annahme. Eine häufig praktizierte Möglichkeit ist die Zusendung der Kontoeröffnungsunterlagen per Post.

Nach dem Zustandekommen des Kontovertrages wird das Kontokorrentkonto zeitnah eingerichtet. Es wird eine **Kontonummer bzw.** International Bank Account Number = **IBAN** (vgl. E 2.2.2) vergeben. Es erfolgt eine SCHUFA-Meldung über die Kontoeröffnung. Schließlich werden dem Kunden die **Kontoeröffnungsunterlagen** zur Nutzung des Kontos zugesandt, z. B. Karten, die Personal Identification Number (PIN) sowie die Zugangsdaten für die Nutzung des Online Banking.

2.1.4 Nutzungsmöglichkeiten eines Kontokorrentkontos

Der Besitz eines Kontokorrentkontos bzw. Girokontos ist heute nahezu unerlässlich, da die **Zahlung** von Gehältern, Renten, Mieten , Strom- und Wasserrechnungen, Versandhauslieferungen, Versicherungsprämien usw. in der Regel nur noch **in bargeldloser Form** erfolgt.

Durch die Abwicklung von Zahlungen über das Kontokorrentkonto kann für den Kontoinhaber vor allem das **Verlust- oder Diebstahlrisiko,** das durch Bargeldhaltung entsteht, **minimiert** werden. Zudem bietet die Möglichkeit der **Kontoüberziehung** durch einen eingeräumten Dispositionskredit eine höhere finanzielle Flexibilität für den Kontoinhaber. Er kann außerdem **alle technischen Möglichkeiten** und Verbindungen der Bank nutzen, um Zahlungsvorgänge zu vereinfachen.

Die zentrale Bedeutung eines Girokontos wird auch durch das im Juni 2016 in Kraft getretene Zahlungskontengesetz (ZKG) deutlich. Durch dieses Gesetz haben alle Verbraucher mit rechtmäßigem Aufenthalt in der EU einen gesetzlichen Anspruch auf ein Girokonto mit den erforderlichen Grundfunktionen. Dieses Konto wird auch als **Basiskonto** bezeichnet. Dieses Recht haben auch Personen ohne festen Wohnsitz und Asylsuchende sowie Personen, die aus rechtlichen oder tatsächlichen Gründen nicht abgeschoben werden können. Ein Basiskonto bietet jedoch keine Möglichkeit der Kontoüberziehung.

2.2 Zahlungsverkehr

Situation:

Felix Dengler hat sich in einer Proximus-Agentur für Versicherungen und Finanzen beraten lassen und festgestellt, dass das Fondssparen mit frei wählbaren monatlichen Sparleistungen seinen Anlagezielen und finanziellen Möglichkeiten am ehesten gerecht wird.

Da das Fondssparen regelmäßige monatliche Zahlungen von ihm erfordert, möchte er auch beraten werden, welche Zahlungsformen grundsätzlich infrage kommen, ob er eine Zahlung ggf. auch wieder rückgängig machen kann und welche Zahlungsform für ihn am besten geeignet erscheint.

2.2.1 Zahlungsformen und Zahlungsmittel

Der Zahlungsverkehr umfasst die folgenden Zahlungsformen:

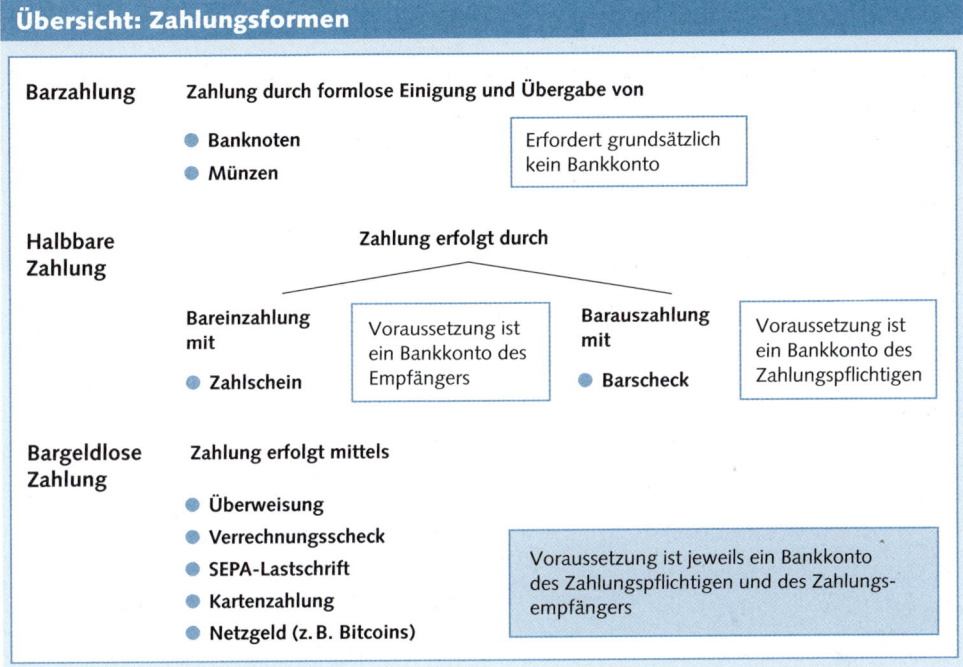

Daneben werden vor allem im Bereich des **E-Commerce** zahlreiche neue bargeldlose Zahlungsmöglichkeiten entwickelt. Klassische Banken sehen sich in diesem Bereich zunehmend der Konkurrenz durch sog. »**FinTechs**« ausgesetzt. Das sind Unternehmen aus dem Nichtbankensektor, die sich auf digitale Finanzdienstleistungen spezialisiert haben. Im September 2018 hat das Unternehmen Wirecard die Commerzbank im wichtigsten deutschen Aktienindex (DAX) abgelöst. Dieser Wechsel steht exemplarisch für die **fortschreitende Digitalisierung** im Finanzsektor. Ein weiteres Beispiel sind virtuelle Währungen wie Bitcoins oder Ripple, die zeitweise stark auf dem Vormarsch waren.

Große Konzerne wie Apple, Amazon und Facebook entwickeln darüber hinaus eigene Zahlungssysteme, die sich vor allem auf das **Bezahlen mit dem Smartphone** konzentrieren. Auch Zahlungen, die durch biometrische Merkmale wie Fingerabdruck oder Gesichtsmerkmale authentifiziert werden, sind ein mögliches Modell für die Zukunft. Derzeit plant MasterCard bereits die Einführung einer Kreditkarte mit Zahlung per Fingerabdruck.

In China testet der Onlinehändler Alibaba schon seit 2017 das **Bezahlen per Selfie** durch die selbst entwickelte App »Smile to pay«. In Europa ist dieses System aufgrund von höheren daten- und personenschutzrechtlichen Anforderungen hingegen noch nicht so weit entwickelt.

Zahlungen erfolgen durch Übertragung von Zahlungsmitteln. Als **Zahlungsmittel** werden in unserer Volkswirtschaft

- **Bargeld** (Münzen, Banknoten)
- **Buchgeld** (Guthaben auf Kontokorrentkonten, eingeräumte Kreditlinien auf Kontokorrentkonten, Guthaben auf Tagesgeldkonten)

- **Elektronisches Geld** = E-Geld (auf Chipkarten oder auf Festplatten bzw. Internetplattformen gespeichertes Guthaben)
- **Geldersatzmittel** (Schecks, Wechsel)

verwendet.

Als gesetzliches Zahlungsmittel ist allein Bargeld mit einem Annahmezwang versehen. Bargeld muss von jedermann zur Erfüllung von Geldschulden angenommen werden. Für Banknoten gilt dies uneingeschränkt. Niemand ist jedoch verpflichtet, mehr als 50 Münzen oder Münzen im Wert von mehr als 200,00 € anzunehmen.

2.2.2 Rechtliche und organisatorische Grundlagen

Um die reibungslose und einheitliche Abwicklung des Zahlungsverkehrs zu gewährleisten, werden von den beteiligten Banken **einheitliche Vordrucke für den Zahlungsverkehr** verwendet. Die Einheitlichkeit ist in den »Richtlinien für einheitliche Zahlungsverkehrsvordrucke« (2016) festgeschrieben und bezieht sich auf das Format, die Papierqualität sowie die Farbe und die räumliche Aufteilung der Felder auf den Vordrucken.

Eine weitere wichtige Voraussetzung für die Abwicklung von Zahlungsvorgängen sind die zwischen den beteiligten Banken getroffenen **Zahlungsverkehrsabkommen.** Sie werden zumeist zwischen den Spitzenverbänden der deutschen Bankenlandschaft unter Einbindung der Deutschen Bundesbank geschlossen und sind die Grundlage für einheitliche Abläufe in der Abwicklung des Zahlungsverkehrs. Sie regeln Rechte und Pflichten der beteiligten Banken und klären Haftungsfragen bei Verstößen bzw. Fehlern.

Mit der Einführung des Euro als gemeinsame Währung wurde zudem die Grundlage für einen einheitlichen Euro-Zahlungsraum – bezeichnet als **SEPA** = single euro payment area – gelegt. Zu den SEPA-Ländern gehören neben den 28 EU-Staaten die drei EWR-Staaten Island, Norwegen und Liechtenstein sowie darüber hinaus die Schweiz, San Marino und Monaco. Das Ziel von SEPA geht über die Vereinheitlichung des Zahlungsverkehrs auf nationaler Ebene hinaus. Durch SEPA sollen die bislang verschiedenen, nationalen Standards und Verfahren auch im Euro-Zahlungsverkehr vereinheitlicht werden. Ein Meilenstein auf diesem Weg war die Entwicklung von **BIC** und **IBAN.**

➤ **BIC – der Weg zur Bank**

BIC steht für Bank Identifier Code. Mit dem BIC (häufig auch SWIFT-Code genannt) können Banken und ihre Filialen weltweit identifiziert werden.

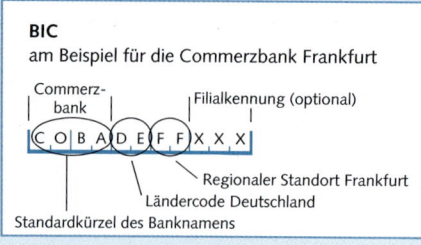

➤ **IBAN – der Weg zum Kontoinhaber**

Die »International Bank Account Number« (IBAN) ist die Kontonummer des Kontoinhabers. In Deutschland hat die IBAN 22 Stellen.

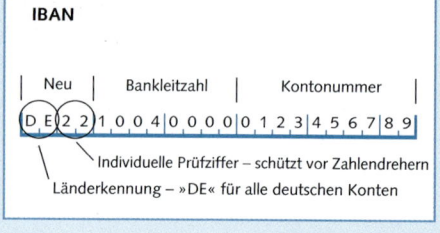

Laut EU-Verordnung (EU-VO 260/2012) sollten bereits **zum 01.02.2014** alle nationalen Überweisungs- und Lastschriftverfahren abgeschaltet werden. Deutschland nutzte jedoch mehrere durch diese Verordnung eingeräumte Übergangsregelungen. Die deutschen Banken konnten dadurch ihren Kunden **bis 01.02.2016** die Möglichkeit bieten, weiterhin Überweisungen mit **Kontonummer und Bankleitzahl** zu verwenden. Die Banken haben diese Daten automatisch in die IBAN umgewandelt. Auch das **Elektronische Lastschriftverfahren,** d. h. das Bezahlen mit der Bankkarte und der Unterschrift auf einem Lastschriftbeleg konnte übergangsweise noch **bis 01.02.2016** genutzt werden.

Die Abwicklung des bargeldlosen Zahlungsverkehrs erfordert auch, dass die Kreditinstitute direkt oder indirekt miteinander in Kontoverbindung stehen. In Deutschland gibt es innerhalb der einzelnen Institutsgruppen (z. B. Sparkassen und Landesbanken) einen Zusammenschluss in Form von **Gironetzen,** über die die einzelnen Banken der jeweiligen Gruppe ihre Zahlungsvorgänge untereinander abwickeln können. Die Gironetze der einzelnen Bankengruppen sind dann wiederum miteinander verbunden und ermöglichen somit auch die Abwicklung von Zahlungen zwischen den einzelnen Banken verschiedener Institutsgruppen.

Für Banken ohne Zugang zu den deutschen Gironetzen stehen **Clearingstellen** zur Abwicklung von Zahlungen zur Verfügung. Die Deutsche Bundesbank bietet eine solche Zahlungsverkehrsplattform mit dem Elektronischen Massenzahlungsverkehr EMZ an. Diese Plattform beinhaltet auch den SEPA Clearer für nationale oder grenzüberschreitende Zahlungen in Euro.

2.2.3 Überweisungen

▶ **Rechtsbeziehungen im Überweisungsverkehr**

Bei der Überweisung wird eine Geldsumme buchmäßig vom Konto des Überweisenden (Zahlungspflichtiger) auf das Konto des Zahlungsempfängers übertragen. Die Überweisung wird durch einen **Überweisungsauftrag** des Kunden an sein Kreditinstitut ausgelöst.

Ein Überweisungsauftrag kann in folgenden **Formen** erteilt werden:

● per **Überweisungsbeleg** (Einzelbeleg oder Sammelauftrag, d. h. mehrere Überweisungsaufträge auf einem Beleg),

● per Eingabe am **Selbstbedienungsterminal** der Bank mit Kontokarte und PIN,

● per **Online Banking** oder **Telefonbanking,**

● per **Zahlungsauslösedienst** bei Internetzahlungen (z. B. Sofort-Überweisung).

Es kann sich in den ersten drei Fällen entweder um eine **einmalige Zahlung** oder um eine regelmäßig wiederkehrende Zahlung in gleicher Höhe an den gleichen Zahlungsempfänger (= **Dauerauftrag**) handeln.

Das BGB regelt die Rechtsbeziehungen zwischen den Beteiligten im Überweisungsverkehr durch verschiedene eigenständige Geschäftsbesorgungsverträge.

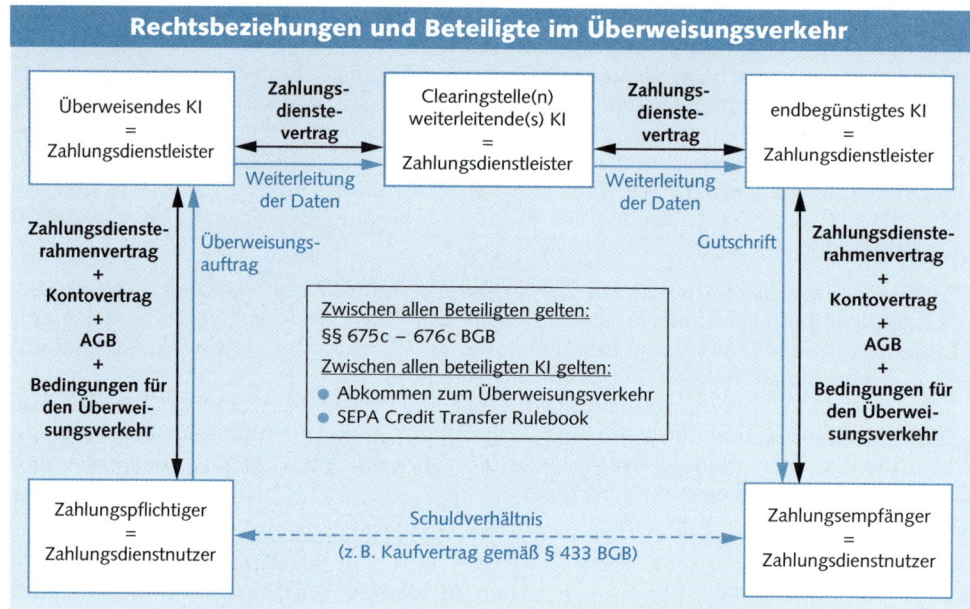

Im Rahmen der Umsetzung der Ersten EU-Zahlungsdiensterichtlinie von 2007 (PSD I) wurde der **Zahlungsdienstevertrag** als einheitliche Rechtsgrundlage für die Abwicklung von Zahlungsvorgängen zwischen allen Beteiligten eingeführt. Im Rahmen einer Girokontobeziehung zwischen Kunde und Kreditinstitut gilt dieser Vertrag als dauerhaft geschlossen und wird deshalb als **Zahlungsdiensterahmenvertrag** bezeichnet. Wichtige Rechte und Pflichten der Beteiligten sind durch das BGB und das Zahlungskontengesetz (ZKG) geregelt:

ZKG § 5 ff.	● Der Zahlungsdienstleister muss dem Zahlungsdienstenutzer vor Abschluss des Vertrages ausführliche **Informationen über Entgelte,** die im Zusammenhang mit Zahlungsvorgängen anfallen, in Textform zur Verfügung stellen. Dies tut die Bank in der Praxis durch entsprechende Angaben im Preis- und Leistungsverzeichnis.
BGB § 675j	● Ein Zahlungsvorgang ist nur wirksam, wenn der Zahlungspflichtige diesem zugestimmt hat. Eine **Autorisierung** des Auftrags ist durch Unterschrift oder durch ein Zahlungsauthentifizierungsinstrument (z. B. Passwort, PIN, TAN) möglich.
§ 675q	● Die beteiligten Zahlungsdienstleister sind verpflichtet, den **Zahlungsbetrag** in voller Höhe an die nächste Stelle bzw. an den Zahlungsdienstleister des Zahlungsempfängers zu **übermitteln.**
§ 675f (5)	● Der Zahlungsdienstnutzer ist im Gegenzug verpflichtet, das **vereinbarte Entgelt** an den Zahlungsdienstleister zu **zahlen.**
§ 675t	● Das endbegünstigte Kreditinstitut ist verpflichtet, dem Zahlungsempfänger den Überweisungsbetrag **unverzüglich gutzuschreiben.** In Ausnahmefällen ist auch eine spätere Gutschrift möglich. In jedem Fall muss die Wertstellung dem Tag der Gutschrift des Betrages beim endbegünstigten Kreditinstitut entsprechen.

➤ Ausführungsfristen im Überweisungsverkehr

§ 675n   Die Ausführungsfristen für Überweisungen sind durch das BGB einheitlich geregelt. Ausgangspunkt ist hierbei zunächst der **Zugangszeitpunkt** des Überweisungsauftrags beim überweisenden Kreditinstitut. In der Praxis legen Kreditinstitute sogenannte

Cut-off-Zeiten fest. Nur Aufträge, die innerhalb eines Geschäftstages bis zu diesem Zeitpunkt übermittelt wurden, gelten als an diesem Geschäftstag zugegangen. Wenn der Auftrag erst nach der Cut-off-Zeit eingeht, so gilt er als am nächsten Geschäftstag zugegangen. Die Cut-off-Zeiten können dem Preis- und Leistungsverzeichnis der Banken entnommen werden.

Ab dem Zugangszeitpunkt gelten die folgenden **Fristen** für den Geldeingang beim endbegünstigten Kreditinstitut:

BGB
§ 675s

- beleglose Überweisungen: bis zum Ende des darauffolgenden Geschäftstages,
- beleghafte Überweisungen: bis zum Ende des übernächsten Geschäftstages,
- Überweisungen in Fremdwährung innerhalb des Europäischen Wirtschaftsraums (EWR): bis spätestens zum Ende des vierten Geschäftstages nach Zugang,
- Überweisungen außerhalb des EWR: keine feste Frist (baldmöglichst).

Nicht zuletzt angetrieben durch die Konkurrenz der FinTechs im Bereich Zahlungsverkehr soll eine Überweisung in Zukunft noch schneller möglich werden. Durch **Instant Payment,** also eine **Echtzeit-Überweisung** ist eine Zahlung innerhalb von Sekunden möglich. Bisher wird diese Form der Überweisung jedoch nur von einigen Banken (z. B. diverse Sparkassen) angeboten. Zudem muss der Kunde für diese Leistung oft einen Aufpreis gegenüber der normalen Überweisung bezahlen.

➤ Bedingungen für die Ausführung von Überweisungsaufträgen

- Der Zahlungspflichtige hat bei der Erteilung von Überweisungsaufträgen auf die Leserlichkeit, Richtigkeit und Vollständigkeit der **notwendigen Angaben** zu achten: Name, IBAN und sofern erforderlich BIC des Zahlungsempfängers, Betrag und Währung sowie Name und IBAN des Zahlungspflichtigen. Auf beleghaften Überweisungen ist zudem das Datum anzugeben.

- Der Zahlungspflichtige muss den Überweisungsauftrag **autorisieren,** z. B. durch Unterschrift auf dem Überweisungsbeleg bzw. durch ein vereinbartes Authentifizierungsinstrument wie z. B. PIN oder TAN.

- Das Girokonto muss über eine **ausreichende Deckung** verfügen, d. h. das Guthaben ist ausreichend oder es steht eine ausreichende Überziehungsmöglichkeit zur Verfügung.

Der Zahlungsdienstleister kann die Ausführung der Überweisung ablehnen, wenn die Ausführungsbedingungen nicht erfüllt sind. Der Kunde ist hierüber unter Angabe des Grundes zu informieren.

§ 675o

➤ Fehlerhafte Überweisungen – Haftungsregelungen

Haftung bei fehlerhaften oder nicht autorisierten Überweisungen			
	Falsch ausgefüllte Überweisung (1)	**Autorisierte, aber fehlerhaft ausgeführte Überweisung**	**Nicht autorisierte Überweisung**
Beispiele	Der Kunde hat eine falsche IBAN des Zahlungsempfängers auf dem Formular angegeben.	Auf dem Inkassoweg gehen Überweisungsdaten verloren, sodass der Zahlungsempfänger keine Gutschrift erhält.	Die Unterschrift auf dem Formular war gefälscht.

Verschulden	Kunde	Bank	
BGB § 675u–676c Haftung	Der Kunde haftet für den Schaden. Auf Verlangen des Kunden stellt das Kreditinstitut Nachforschungen über den Verbleib des Geldes an. Dafür kann es einen Ersatz der Aufwendungen verlangen.	Das Kreditinstitut haftet für den Schaden: Unverzügliche, ungekürzte Erstattung des Betrages Ggf. Erstattung von Zinsen und Entgelten Voraussetzung: Unterrichtung des Zahlungsdienstleisters durch den Zahler spätestens 13 Monate nach dem Tag der Belastung durch die fehlerhafte Überweisung	
		Begrenzung der Haftung auf 12 500,00 € möglich (Ausnahme grobe Fahrlässigkeit).	Keine Haftungsbegrenzung möglich.

§ 675y Zu (1): Die Ausführung der Überweisung erfolgt ausschließlich anhand der vom Auftraggeber angegebenen Kundenkennung des Empfängers (IBAN und ggf. BIC). Für die Kreditinstitute besteht **keine Pflicht** mehr **zum Abgleich** der IBAN mit dem Namen des Zahlungsempfängers.

§ 676 Ist zwischen dem Zahlungsdienstnutzer und seinem Zahlungsdienstleister streitig, ob der **Zahlungsvorgang ordnungsgemäß ausgeführt** wurde, muss der Zahlungsdienstleister nachweisen, dass der Zahlungsvorgang ordnungsgemäß aufgezeichnet und verbucht sowie nicht durch eine Störung beeinträchtigt wurde.

➤ **Widerruf von Überweisungen**

§ 675p Der Zahlungspflichtige kann einen durch ihn erteilten Überweisungsauftrag nicht mehr widerrufen, sofern der Auftrag dem Kreditinstitut bereits zugegangen ist. Dies gilt immer, sofern nicht ausnahmsweise eine andere Vereinbarung zwischen ihm und seinem Zahlungsdienstleister getroffen wurde. Ein Widerruf muss grundsätzlich schriftlich oder auf elektronischem Weg erfolgen.

> **Beispiel:**
> Der Kunde wirft den Überweisungsträger erst nach Geschäftsschluss der Bank in den dafür vorgesehenen Briefkasten der Bank ein. Der Kunde hätte nun die Möglichkeit, den Überweisungsauftrag noch bis zum folgenden Geschäftstag bis spätestens vor Geschäftsbeginn der Bank zu widerrufen.

➤ **Grenzüberschreitende Überweisungen in Länder außerhalb des einheitlichen Euro-Zahlungsverkehrsraums**

SEPA-Überweisung: Euro-Überweisungen innerhalb des SEPA-Raumes (vgl. E 2.2.2) werden als SEPA-Überweisungen ausgeführt. Die Kosten, Ausführungsfrist und Wertstellung entsprechen den Bedingungen für inländische Zahlungen.

Zahlungsauftrag im Außenwirtschaftsverkehr: Die Auftragserteilung bei Überweisungen in Fremdwährung und Zahlung in Ländern außerhalb des SEPA-Raumes erfolgt auf dem Formular »Zahlungsauftrag im Außenwirtschaftsverkehr« (Z1). Der Auftrag des Kunden muss einen Hinweis auf die Kostenverteilung enthalten.

Zahlungen in Höhe von über 12 500,00 € muss der Auftraggeber der Deutschen Bundesbank melden.

2.2.4 Lastschriften

> Die Lastschrift ist ein im Zahlungsverkehr verwendetes Einzugspapier, mit dem der Gläubiger (Zahlungsempfänger) eine fällige Forderung vom Bankkonto des Zahlungspflichtigen abbuchen lässt.

Das Lastschriftverfahren eignet sich zum Einzug von Forderungen, die einmalig oder wiederkehrend entstehen. Im Gegensatz zum Dauerauftrag, der nur für betragsmäßig gleiche, regelmäßig wiederkehrende Zahlungen nutzbar ist, kann die Lastschrift auch für unregelmäßige Intervalle sowie für unterschiedlich hohe Beträge genutzt werden.

Mit dem im SEPA-Raum einheitlich funktionierenden SEPA-Lastschriftverfahren können fällige Rechnungsbeträge innerhalb des gesamten SEPA-Raumes eingezogen werden. Die Kreditinstitute bieten ihren Kunden zwei **Verfahren** an:

- **SEPA-Basis-Lastschriftverfahren**
  Der Zahlungspflichtige kann hierbei ein Verbraucher oder ein Firmenkunde sein.

- **SEPA-Firmen-Lastschriftverfahren**
  Der Verbraucher kann lediglich ein Firmenkunde sein.

Da sich die Prüfungsanforderungen im Bereich »Finanzprodukte« ausschließlich auf Privatkunden (Verbraucher) beziehen, wird im Folgenden nur auf das SEPA-Basis-Lastschriftverfahren eingegangen.

➤ **Ablaufschema**

Im Gegensatz zur Überweisung wird der Zahlungsvorgang bei der Lastschrift durch den Zahlungsempfänger ausgelöst, in dem er die Lastschrift beleglos bei seinem Kreditinstitut (**1. Inkassostelle**) einreicht. Das Kreditinstitut zieht den Betrag vom Kreditinstitut des Zahlungspflichtigen (**Zahlstelle**) ein und schreibt diesen dem Konto des Zahlungsempfängers gut.

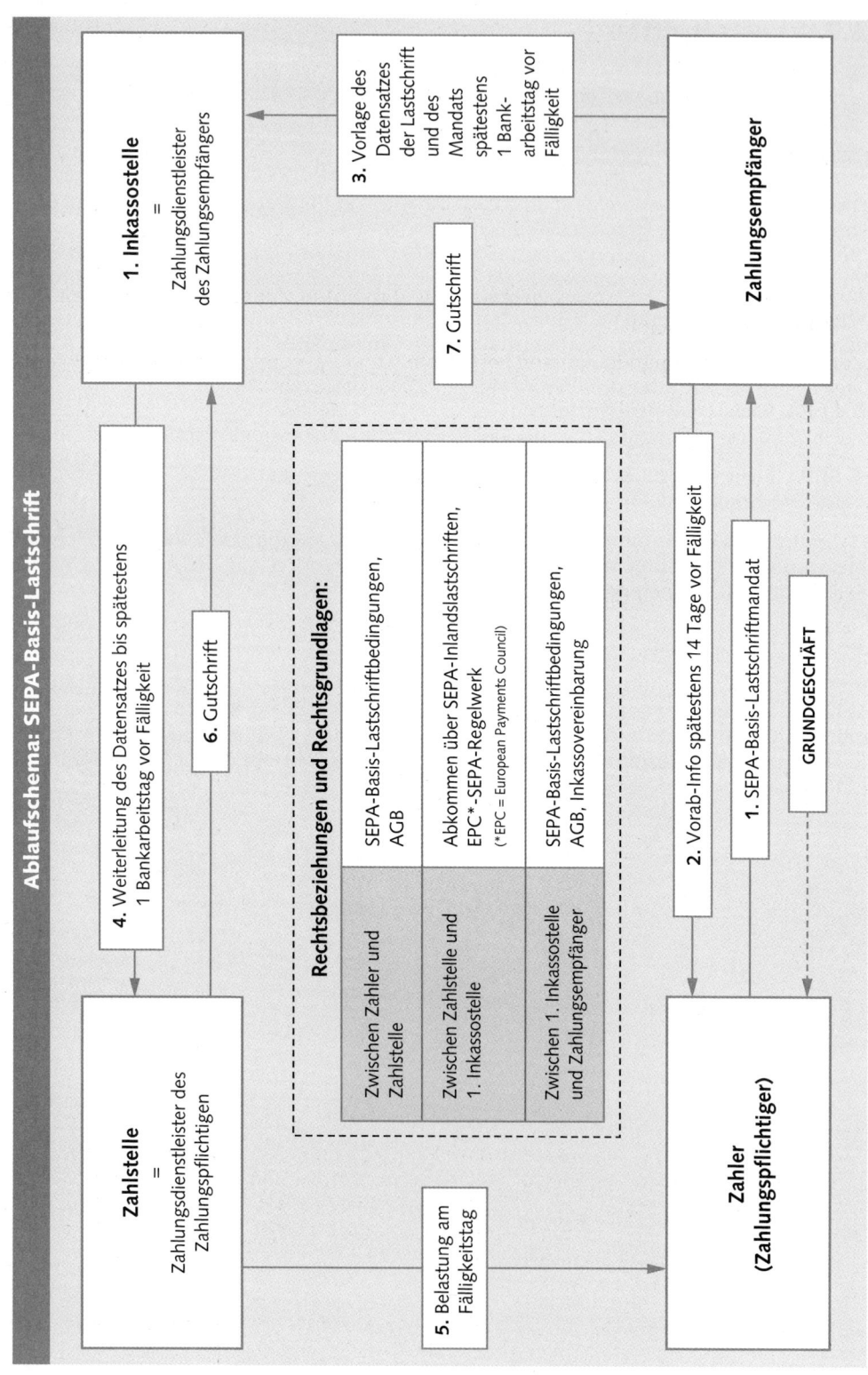

Ablaufschema: SEPA-Basis-Lastschrift

1. Inkassostelle
=
Zahlungsdienstleister
des Zahlungsempfängers

3. Vorlage des Datensatzes der Lastschrift und des Mandats spätestens 1 Bankarbeitstag vor Fälligkeit

Zahlungsempfänger

7. Gutschrift

4. Weiterleitung des Datensatzes bis spätestens 1 Bankarbeitstag vor Fälligkeit

6. Gutschrift

Rechtsbeziehungen und Rechtsgrundlagen:

Zwischen Zahler und Zahlstelle	SEPA-Basis-Lastschriftbedingungen, AGB
Zwischen Zahlstelle und 1. Inkassostelle	Abkommen über SEPA-Inlandslastschriften, EPC*-SEPA-Regelwerk (*EPC = European Payments Council)
Zwischen 1. Inkassostelle und Zahlungsempfänger	SEPA-Basis-Lastschriftbedingungen, AGB, Inkassovereinbarung

Zahlstelle
=
Zahlungsdienstleister des Zahlungspflichtigen

2. Vorab-Info spätestens 14 Tage vor Fälligkeit

1. SEPA-Basis-Lastschriftmandat

GRUNDGESCHÄFT

5. Belastung am Fälligkeitstag

Zahler
(Zahlungspflichtiger)

➤ Voraussetzungen für die Teilnahme am SEPA-Basis-Lastschriftverfahren

- Anerkennung der **Sonderbedingungen** für Zahlungen mittels Lastschrift im SEPA-Basis-Lastschriftverfahren durch den Zahlungspflichtigen und den Zahlungsempfänger (jeweils gegenüber seinem Zahlungsdienstleister),

- Abschluss einer **Inkassovereinbarung** zwischen dem Zahlungsempfänger und seinem Zahlungsdienstleister (1. Inkassostelle),

- Beantragung und Erhalt einer **Gläubiger-Identifikationsnummer (= Gläubiger-ID)** für den Zahlungsempfänger; Beantragung erfolgt online bei der Deutschen Bundesbank,

- Erteilung eines **SEPA-Lastschriftmandats** durch den Zahlungspflichtigen an den Zahlungsempfänger.

Auf dem Lastschriftmandat müssen bestimmte Angaben vorhanden sein. Das folgende Muster zeigt, welche Bestandteile dabei von Bedeutung sind.

SEPA-Basis-Lastschriftmandat (Muster)

Name + Anschrift des Zahlungsempfängers
Gläubiger-ID
Mandatsreferenz

SEPA-Lastschriftmandat

Ich ermächtige (Name des Zahlungsempfängers), Zahlungen von meinem Konto mittels Lastschrift einzuziehen.

Zugleich weise ich mein Kreditinstitut an, die von (Name des Zahlungsempfängers) auf mein Konto gezogenen Lastschriften einzulösen.

Hinweis: Ich kann innerhalb von acht Wochen, beginnend mit dem Belastungsdatum, die Erstattung des belasteten Betrages verlangen. Es gelten dabei die mit meinem Kreditinstitut vereinbarten Bedingungen.

Vorname und Name des Zahlungspflichtigen

Anschrift des Zahlungspflichtigen

Name und BIC des Kreditinstituts

IBAN

Ort, Datum

Unterschrift des Zahlungspflichtigen

Anhand der Gläubiger-ID kann der Einreicher der Lastschrift eindeutig identifiziert werden. Zusammen mit der **Mandatsreferenz,** die vom Zahlungsempfänger vergeben wird (z. B. Kundennummer) kann das Mandat jederzeit zugeordnet werden. Der Zahlungsempfänger ist verpflichtet, das Mandat aufzubewahren.

➤ Fristen bei SEPA-Basis-Lastschriften

- **festes Fälligkeitsdatum:** Für SEPA-Lastschriften muss ein festes Fälligkeitsdatum angegeben werden, zu dem das Konto des Zahlungspflichtigen belastet wird.

- **Zahlungsavis (= Pre-Notification):** Der Zahlungsempfänger muss den Zahlungspflichtigen spätestens 14 Tage vor dem Fälligkeitstermin über Betrag und Fälligkeit der Abbuchung informieren. Somit kann sich der Zahlungspflichtige auf die Belastung einstellen und für ausreichende Kontodeckung sorgen.

- **Vorlagefrist:** Der Lastschriftauftrag muss spätestens einen Bankarbeitstag vor Fälligkeit bei der Zahlstelle vorliegen.

- **Zurückweisung:** Der Zahlungspflichtige kann vor der Fälligkeit jederzeit einer einzelnen Lastschrift widersprechen. Die Zahlstelle löst in diesem Fall die Lastschrift nicht ein.

- **Rückgabe:** Die Zahlstelle kann bis zu spätestens fünf Arbeitstagen nach Fälligkeit die Lastschrift zurückgeben, z. B. bei mangelnder Kontodeckung. Der Zahlungspflichtige ist hierüber unverzüglich zu informieren.

- **Widerspruch:** Der Zahlungspflichtige kann einer erfolgten autorisierten Lastschrift (d. h. mit erteiltem Mandat) bis zu acht Wochen nach der Kontobelastung ohne Angabe von Gründen widersprechen. Bei einer nicht autorisierten Lastschrift (d. h. ohne erteiltes Mandat) oder bei einer fehlerhaften Ausführung verlängert sich die Widerspruchsfrist auf 13 Monate nach der Kontobelastung.

- **Gültigkeit:** Erteilte SEPA-Basis-Lastschriftmandate sind unbegrenzt gültig, solange sie vom Zahlungspflichtigen nicht widerrufen werden. Ein Widerruf muss gegenüber dem Zahlungsempfänger oder gegenüber der Zahlstelle schriftlich erklärt werden. Ein SEPA-Basis-Lastschriftmandat verfällt, wenn es 36 Monate nicht oder nicht mehr genutzt wurde.

➤ **Bedeutung von SEPA-Lastschriften**

für den Zahlungsempfänger	für den Zahlungspflichtigen
• bessere Koordination bzw. Planung der Zahlungseingänge, da der Zahlungsvorgang durch ihn ausgelöst wird • Entlastung des Forderungsmanagements und des Mahnwesens • kostengünstig und einfach	• keine Überwachung der Zahlungstermine erforderlich • durch Vorabinformation und feste Fälligkeit hat er Planungssicherheit

2.2.5 Kartenzahlungen

Kartenzahlungen sind in dieser Darstellung Zahlungsverfahren, bei denen kontogebundene und kontoungebundene Zahlungskarten eingesetzt werden.

Die kontengebundenen Karten werden bei der kontoführenden Bank beantragt. Der Kunde muss zusätzlich die Bedingungen für die entsprechende Kartenart akzeptieren.

2.2.5.1 Bankkarten

a) Wesen

Bankkarten sind Zahlungskarten, mit denen die Kreditinstitute ihren Kunden Verfügungs- und Informationsmöglichkeiten über ihre Konten einräumen. Sie sind also immer an ein bestimmtes Konto gebunden. Der Leistungsumfang dieser Karten wird vom ausgebenden Kreditinstitut festgelegt (Einsatzbereiche, siehe unter b).

Beim Einsatz von Bankkarten werden Verfügungen dem entsprechenden Konto sofort belastet. Als **einheitliche Bezeichnung** kann jedoch der Begriff »girocard« verwendet werden, da alle Bankkarten das entsprechende Logo als einheitliches Zeichen für die Möglichkeit der Bargeldbeschaffung an Geldautomaten sowie die Zahlungsmöglichkeit im Electronic-Cash-Verfahren tragen.

Die **unterschiedlichen Bezeichnungen** (ec-Karte, BankCard, SparkassenCard, VR-BankCard, MaestroCard, Girocard) werden vom kartenausgebenden Kreditinstitut geprägt und ergeben sich aus dem Namen der Bank, der Historie (eurocheque-Karte) oder den Logos, die auf der Karte abgebildet sind (z. B. maestro).

b) Einsatzbereiche für Bankkarten

Die Bankkarte ist eine **Multifunktionskarte.** Folgende Dienstleistungen der Kreditinstitute können damit genutzt werden:

- Abheben von Bargeld an Geldautomaten,
- Serviceleistungen an Selbstbedienungseinrichtungen der Kreditinstitute (z. B. Eingabe von Überweisungen, Drucken von Kontoauszügen),
- bargeldloses Bezahlen an Kassen bei Handels- und Dienstleistungsunternehmen (POS = Point of Sale),
- Nutzung als Geldkarte,
- kontaktloses Bezahlen an Kassenterminals, die mit NFC (= Near Field Communication) ausgestattet sind,
- andere Serviceleistungen wie z. B. Aufladen eines Prepaid-Mobilfunk-Kontos, elektronische Signatur etc.

➤ Bargeldbeschaffung an Geldautomaten

Der Karteninhaber kann an allen **Geldautomaten mit dem girocard-Symbol** unter Eingabe seiner persönlichen Geheimzahl (PIN) Bargeld abheben. Eine Abhebung ist nur innerhalb des für einen bestimmten Zeitraum geltenden Verfügungsrahmes möglich. Die Einhaltung des Verfügungsrahmens wird bei jeder Bargeldabhebung an Geldautomaten überprüft.

Bankkarten, die das **Maestro- oder V-Pay-Logo** tragen, ermöglichen darüber hinaus auch eine Bargeldverfügung an ausländischen Geldautomaten. Maestro ist ein Zahlungssystem von Mastercard und kann weltweit genutzt werden.
V Pay ist das entsprechende Zahlungssystem von Visa. Dieses gilt jedoch nur innerhalb Europas.

➤ Bargeldlose Zahlungen am Point of Sale

Für das bargeldlose Bezahlen mittels einer Bankkarte direkt am Verkaufsort (Point of Sale (POS)) gibt es zwei Verfahren:

(1) Im Inland: Electronic-Cash-Verfahren/im Ausland: V Pay/Maestro

(2) Elektronisches Lastschriftverfahren (SEPA-ELV-Verfahren)

Um Kartenzahlungen akzeptieren zu können, schließt der Händler/Dienstleister mit seinem Kreditinstitut oder einem Karteneinreicherinstitut (Acquirer) einen Servicevertrag zur Kartenakzeptanz und beschafft sich ein entsprechendes POS-Terminal.

Zu (1) Electronic-Cash-Verfahren/V Pay/Maestro

Im **Electronic-Cash-Verfahren** kann der Kunde mit seiner Bankkarte in Verbindung mit der Eingabe seiner PIN bargeldlos an automatisierten Kassen, die mit dem entsprechenden Logo versehen sind, bargeldlos bezahlen.

Für Zahlungen im Ausland gibt es diese Möglichkeit analog dazu mit dem Maestro- bzw. V Pay-Verfahren, sofern die Bankkarte mit den entsprechenden Logos versehen ist.

Bei Euro-Verfügungen an Geldautomaten und VPay-/Maestro-Verfügungen im SEPA-Raum dürfen keine höheren Kosten als bei Verfügungen im Inland in Rechnung gestellt werden.

Durch die Eingabe der PIN wird die Zahlung auf ihre Ordnungsmäßigkeit überprüft. Diese **Autorisierung** umfasst die folgenden Schritte:

- Überprüfung der Richtigkeit der PIN,
- Prüfung von Echtheit und Gültigkeit bzw. Sperre der Bankkarte,
- Prüfung der Einhaltung des individuellen Verfügungsrahmens.

Durch eine positive Autorisierung (»Zahlung erfolgt«) erhält der Händler von der kartenausgebenden Bank eine **Zahlungsgarantie.** Die Zahlung kann somit im Nachhinein weder von der Bank abgelehnt werden, noch kann der Kunde der Zahlung widersprechen.

Zu (2) Elektronisches Lastschriftverfahren SEPA-ELV-Verfahren

An Kassen mit diesem Zeichen kann der Kunde mit seiner Bankkarte in Verbindung mit seiner Unterschrift, d.h. ohne Eingabe der PIN, bezahlen. Er gibt durch seine Unterschrift dem Händler die Ermächtigung, den Zahlungsbetrag per SEPA-Lastschrift (vgl. E 2.2.4) von seinem Konto einzuziehen.

Im SEPA-ELV-Verfahren wird an den entsprechenden Terminals mittels der im Magnetstreifen gespeicherten Daten eine **SEPA-Basis-Lastschrift** erstellt, die nach Unterschrift des Karteninhabers zur Einlösung bei der Bank vorgelegt wird.

Für den Händler gibt es in diesem Zahlungsverfahren **keine Zahlungsgarantie.** Die kartenausgebende Bank ist auch nicht verpflichtet, die Anschrift des Karteninhabers mitzuteilen, sofern die Lastschrift von der Bank nicht eingelöst wurde bzw. der Lastschrift durch den Kunden widersprochen wurde. Hier bleibt dem Händler dann nur der Weg über eine Anzeige bei der Polizei, um die Information der Bank in Bezug auf die Adresse möglicherweise über eine richterliche Verfügung doch noch zu erzwingen.

Das Verfahren ist jedoch wesentlich kostengünstiger als das Electronic-Cash-Verfahren, weshalb viele Händler dieses höhere Risiko dennoch in Kauf nehmen. Der Händler kann sein **Risiko begrenzen,** indem er

- die **Legitimation des Karteninhabers** überprüft (z.B. Vorlage des Personalausweises),
- vorhandene **Sperrdateien** abfragt (z.B. KUNO-Datenbank der Polizei über verlorene oder gestohlene Bankkarten).

➤ **Geldkarte**

 Die Geldkarte ist eine »Geldbörse« in Chipform. Der Chip kann am Geldautomaten oder an speziellen Ladeterminals mit bis zu 200,00 € online unter Eingabe der PIN oder gegen Barzahlung aufgeladen werden. Die Geldkarte dient damit vorrangig als Kleingeldersatz. Bezahlt werden kann an Automaten oder Kassen, an denen das entsprechende Logo gezeigt wird, unter anderem an Parkscheinautomaten, im öffentlichen Personennahverkehr, an Zigarettenautomaten und im ausgewählten Einzelhandel.

Das bargeldlose Zahlen mit der Geldkarte erfolgt **ohne Eingabe der PIN** und **ohne Unterschrift.** Für den Händler ist die Zahlung kostengünstig und zudem ohne Risiko, da die Zahlung durch das kartenausgebende Kreditinstitut garantiert ist.

Im Regelfall ist die Geldkarte an das Girokonto des Karteninhabers gebunden und stellt eine **zusätzliche Funktion der Bankkarte** des Kunden dar. Bei jeder Aufladung der Geldkarte wird das Girokonto des Kunden belastet. Möglich sind jedoch auch **kontoungebundene Geldkarten,** die gegen Barzahlung erworben werden können.

➤ **kontaktloses Bezahlen mittels Near Field Communication (NFC)**

 Wenn die **Bankkarte** über einen NFC-Chip und der Händler über ein NFC-fähiges Terminal verfügt, ist beim Bezahlvorgang der Kontakt von Bankkarte und Händlerterminal nicht erforderlich. Die Bankkarte muss lediglich in geringem Abstand vor das Kartenlesegerät gehalten werden. Auf diese Weise können Beträge bis zu 25,00 € ohne Eingabe der PIN bezahlt werden (**girocard kontaktlos**). Bei Beträgen über 25,00 € ist das Bezahlen nur mit Eingabe der PIN möglich.

Mit der **Geldkarte** ist eine solche Zahlung ebenso möglich, sofern die Karte und das entsprechende Händlerterminal eines der unten abgebildeten **girogo**-Logos tragen. Im Unterschied zur girocard kontaktlos erfolgt die Zahlung hierbei aus dem gespeicherten Kartenguthaben. Somit muss keine Abbuchung online vom Kundenkonto veranlasst werden. Girogo ermöglicht somit auch die Zahlung in Bereichen, in denen eine solche Online-Abbuchung nicht möglich ist (z. B. Zigaretten-, Getränkeautomaten, öffentlicher Personennahverkehr).

Reicht das Kartenguthaben bei einem Bezahlvorgang nicht mehr aus, kann eine **automatische Aufladung** des Kartenguthabens erfolgen, sofern dies vorab mit der kartenausgebenden Bank vereinbart wurde. Die automatische Auf-    ladung (Abo-Laden) ist nur einmal am Tag möglich und muss vorab betragsmäßig festgelegt werden (z. B. 50,00 €).

2.2.5.2 Kreditkarten

a) Wesen

Kreditkarten werden von Kreditinstituten oder Kreditkartengesellschaften sowie von Nichtbanken im Rahmen von Kooperationsverträgen mit Kreditkartengesellschaften ausgegeben. Die weltweit häufigsten Kreditkartengesellschaften sind die folgenden:

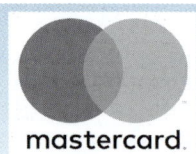   

Die Bezeichnung »Kreditkarte« ergibt sich daraus, dass mit der Karte getätigte Verfügungen im Regelfall erst zu einem späteren Zeitpunkt dem entsprechenden Girokonto belastet werden. Sie dient somit nicht nur als Zahlungsmittel, sondern auch als kurzfristiges Kreditmittel.

b) Arten nach Abrechnung der Kartenumsätze

Die **Charge Card** ist in der Praxis vorherrschend. Die mit der Kreditkarte getätigten Umsätze werden hierbei auf einem Kreditkartenkonto gesammelt und einmal monatlich abgerechnet und vom Girokonto per Lastschrift eingezogen. Es werden keine Sollzinsen für die Zeit bis zur Abbuchung berechnet.

Daneben gibt es noch folgende Möglichkeiten:

Credit Card	Debit Card	Prepaid Card
● Sammlung der Kartenumsätze eines Monats auf dem Kreditkartenkonto ● Karteninhaber kann entscheiden, ob er die Monatsabrechnung in einem Betrag oder in Raten zahlen möchte ● bei Ratenzahlung fallen Sollzinsen an	● Kreditkartenkonto wird wie ein Kontokorrentkonto geführt, d. h. sofortige Belastung der Kartenverfügungen ● Aufladen von Guthaben ist auch möglich ● je nach Stand des Kreditkartenkontos werden Guthabenzinsen gutgeschrieben oder Sollzinsen belastet ● Schuldsaldo wird monatlich mit dem Girokonto verrechnet (einmalig oder in Raten)	● Aufladung des Kartenkontos mit einem Guthaben ● Verfügungen sind nur bis zum aufgeladenen Guthaben möglich ● Verrechnung der Kartenumsätze mit dem Kartenguthaben

c) Einsatzbereiche für Kreditkarten

Folgende Dienstleistungen können im Zusammenhang mit der Kreditkarte genutzt werden:

● Bargeldabhebung an Geldautomaten (analog zur Bankkarte),
● bargeldloses Bezahlen bei Vertragsunternehmen mit der Karte (auch kontaktlos),
● Bezahlen im Internet (Online-Zahlungen),
● diverse Zusatzleistungen je nach Anbieter (z. B. Versicherungsleistungen, Rabatte, Bonusmeilen, Sondertarife bei Hotels oder Mietwagen etc.).

➤ **bargeldlose Zahlungen beim Vertragsunternehmen (vor Ort)**

Der Kreditkarteninhaber legt seine Karte bei der entsprechenden Akzeptanzstelle vor. Die Kreditkartendaten werden über ein Terminal ausgelesen und ein **Leistungsbeleg** ausgedruckt, der vom Karteninhaber **unterschrieben** wird. Mit seiner Unterschrift willigt der Karteninhaber ein, dass der Zahlungsbetrag von seinem Kreditkartenkonto abgebucht werden darf.

Alternativ zur Unterschrift kann die Legitimation auch mittels **Eingabe der PIN** erfolgen.

Beim Einlesen der Karte werden die Einhaltung des individuell vereinbarten monatlichen Verfügungsrahmens sowie eine eventuelle Kartensperre überprüft. Mit der Ausgabe der **Autorisierungsnummer** und der Angabe »**Genehmigung erteilt**« im Händlerdisplay hat der Händler die **Zahlungsgarantie.** Die Zahlung kann im Nachhinein nicht widerrufen werden.

Auch mit Kreditkarten ist eine kontaktlose Zahlung bis 25,00 € ohne Unterschrift und PIN möglich, sofern Karte und Händlerterminal mit der bereits beschriebenen NFC-Technik ausgestattet sind.

➤ **bargeldlose Zahlungen im Internet**

Bei Zahlungen im Internet muss der Karteninhaber seine **Kartennummer** auf der entsprechenden Internetseite des Händlers angeben. Darüber hinaus ist die dreistellige **Prüfziffer,** die sich auf der Kartenrückseite befindet, anzugeben. Die Zweite EU-Zahlungsdiensterichtlinie (PSD II) fordert zudem eine Verstärkung der Sicherheitsverfahren bei Online-Zahlungen. So soll künftig standardmäßig ein weiterer persönlicher Sicherheitscode (= **Secure Code**) oder eine separat generierte TAN (z. B. über eine Banking App) eingetippt werden. Visa und Mastercard bieten diese zusätzlichen Sicherheitsverfahren bereits an.

2.2.5.3 Sorgfalts-, Mitwirkungs- und Anzeigepflichten des Karteninhabers

Um die missbräuchliche Verwendung von Karten zu erschweren, haben die Kreditinstitute in ihren Bedingungen für die jeweiligen Karten bestimmte Pflichten formuliert, die vom Karteninhaber zu erfüllen sind. Diese sind vor allem:

- Unterschrift auf der Rückseite der Karte sofort nach Erhalt,
- sorgfältige Aufbewahrung der Karte, um zu verhindern, dass sie abhanden kommt und missbräuchlich verwendet wird (z. B. nicht unbeaufsichtigt im PKW aufbewahren),
- Geheimhaltung der PIN (PIN nicht auf Karte vermerken, PIN nicht zusammen mit Karte aufbewahren),
- unverzügliche Anzeige bei Verlust oder missbräuchlicher Verwendung bzw. bei Verdacht auf missbräuchliche Verwendung bei der Bank,
- unverzügliche Anzeige bei der Polizei bei Diebstahl oder missbräuchlicher Verwendung.

An die sorgfältige Aufbewahrung der Karte stellen die Gerichte strenge Anforderungen. Beispielsweise wird es als grob fahrlässig eingestuft, seine Tasche in einem stark frequentierten Geschäft auf dem Tisch abzustellen, anstatt sie am Körper zu tragen oder in der Hand zu behalten oder die Karte während eines längeren Spazierganges im Kofferraum eines Pkw zu lassen.

Die Benachrichtigungsfrist für die Sperre ist sehr kurz, wiederholt haben Richter eine Zeit von 1,5 Stunden nach Bemerken des Verlustes als Pflichtverstoß behandelt.

2.2.5.4 Haftung bei missbräuchlichen Verfügungen

Missbräuchliche Verfügungen mit der **Geldkarte** gehen **immer zulasten des Karteninhabers,** da Guthaben auf einer Geldkarte wie Bargeld behandelt wird.

Darüber hinaus ist für Bank- und Kreditkarten die Einhaltung der in Abschnitt E 2.2.5.3 erläuterten Pflichten ausschlaggebend für die Haftungsregelungen, die im Fall von missbräuchlichen Verfügungen anzuwenden sind. Diese sind in der Übersicht auf der folgenden Seite dargestellt.

Haftung bei missbräuchlichem Einsatz der Bank- oder Kreditkarte

Haftung des Kontoinhabers für nicht autorisierte Kartenverfügungen
(z. B. in Form der Abhebung von Bargeld oder der Verwendung der Karte bei einem Vertragsunternehmen)

Grundsatz:	Missbräuchliche Verfügung			Nach der Kartensperre
	Vor der Kartensperre			
Im Fall eines nicht autorisierten Zahlungsvorgangs hat der Zahlungsdienstleister des Zahlers gegen diesen **keinen Anspruch** auf Erstattung seiner Aufwendungen (§ 675u BGB). Ist die Autorisierung eines ausgeführten Zahlungsvorgangs streitig, hat der Zahlungsdienstleister nachzuweisen, dass eine Authentifizierung erfolgt ist. (§ 675w BGB) Ansprüche und Einwendungen des Zahlungsdienstnutzers gegen den Zahlungsdienstleister nach diesem Unterkapitel sind ausgeschlossen, wenn dieser seinen Zahlungsdienstleister nicht **spätestens 13 Monate nach dem Tag der Belastung** mit einem nicht autorisierten oder fehlerhaft ausgeführten Zahlungsvorgang hiervon unterrichtet hat. (§ 676b BGB)	Ohne dass ein Verlust, Diebstahl oder ein sonstiges Abhandenkommen der Karte oder PIN vorliegt.	**Karteninhaber trifft kein Verschulden**	**Keine Haftung des Kontoinhabers**	**Grundsatz:** Sobald der Bank oder dem Zentralen Sperrannahmedienst der Verlust oder Diebstahl der Karte, die missbräuchliche Verwendung oder eine sonstige nicht autorisierte Nutzung von Karte oder PIN angezeigt wurde, **übernimmt die Bank alle danach durch Verfügungen entstehenden Schäden.** **Ausnahme:** Handelt der Karteninhaber in **betrügerischer Absicht**, trägt der Kontoinhaber auch die nach der Sperranzeige entstehenden Schäden.
		Karteninhaber hat seine Pflicht zur sicheren Aufbewahrung von Karte oder PIN schuldhaft verletzt [mit »schuldhaft« kann u. E. nur »einfache Fahrlässigkeit« gemeint sein].	**Haftung des Kontoinhabers bis zu max. 50,00 €**	
	Nach Verlust, Diebstahl oder sonst wie abhanden gekommener Karte oder PIN.	**Karteninhaber trifft kein Verschulden**	**Haftung des Kontoinhabers bis zu max. 50,00 €**	
	Unabhängig von Verlust, Diebstahl etc.	**Karteninhaber hat seine Sorgfaltspflichten vorsätzlich oder grob fahrlässig verletzt, keine unverzügliche Verlustmeldung erteilt oder in betrügerischer Absicht gehandelt.**	**Kontoinhaber trägt den hierdurch entstandenen Schaden in vollem Umfang** (begrenzt durch den zeitlichen Verfügungsrahmen).	
	Die Sparkassen, die Genossenschaftsbanken **und viele Banken des privaten Bankgewerbes (Deutsche Bank, Postbank, Citibank, …) verzichten** auf die Schadenbeteiligung durch den Kontoinhaber und übernehmen alle Schäden, die durch nicht autorisierte Zahlungsvorgänge bis zum Eingang der Sperranzeige entstanden sind, wenn der Karteninhaber seine Sorgfaltspflichten nach diesen Bedingungen nicht vorsätzlich oder grob fahrlässig verletzt oder in betrügerischer Absicht gehandelt hat.			

Grobe Fahrlässigkeit des Karteninhabers kann insbesondere vorliegen, wenn er den Verlust der Karte der Bank schuldhaft nicht unverzüglich mitgeteilt hat oder er die Karte an eine dritte Person weitergegeben hat oder er die PIN auf der Karte vermerkt oder die Karte zusammen mit der PIN verwahrt war oder er die PIN einer anderen Person mitgeteilt hat.

2.2.6 Online Banking

Online Banking findet per Datenfernübertragung (z. B. Internet oder Direkteinwahl bei der Bank) statt. Hier sind zwei Verfahren üblich:

a) Browserbasiertes Internetbanking

Der Kunde benötigt keine Programmsoftware, sondern kann unabhängig vom Ort innerhalb eines Web-Browsers (direkt auf der Web-Site der Bank) seine Bankgeschäfte erledigen.

Die Authentifizierung des Kunden erfolgt im **PIN/TAN-Verfahren.**

Die **PIN** ist eine Geheimzahl, mit der sich der Kunde beim Anmelden in das Online Banking gegenüber der Bank legitimiert. Um der Bank Aufträge zu erteilen (z. B. Überweisungen, Daueraufträge), ist zusätzlich eine **Transaktionsnummer** (**TAN**) erforderlich.

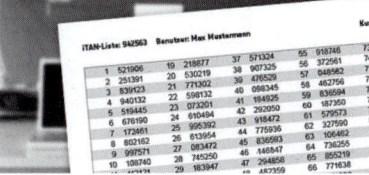

Die Herkunft der TAN hängt vom jeweiligen Verfahren ab, das von der Bank angeboten wird bzw. das vom Kunden für das Online Banking gewählt wurde.

Früher waren vor allem **TAN- und iTAN-Listen** üblich, d. h. nicht nummerierte oder nummerierte Listen mit TANs, die dem Kunden per Post zugesandt werden und die er zu Hause aufbewahrt.

Hinweis: Die TAN-Listen in Papierform werden spätestens ab dem 14.09.2019 eingestellt.

Aus Sicherheitsgründen und aufgrund des technischen Fortschritts gibt es mittlerweile noch viele andere Möglichkeiten, wie z. B.

- das Senden einer **TAN per SMS** für jede einzelne Transaktion (mTAN-Verfahren),
- die Erzeugung einer TAN durch einen **TAN-Generator,** der bei der Bank meist gegen Entgelt bezogen werden kann (eTAN-, chipTAN-, QR-TAN-Verfahren),
- die Erzeugung einer TAN durch eine **spezielle App** auf dem Smartphone (photo-TAN-/push-TAN-Verfahren).

      mTAN   eTAN   photoTAN

b) Verwendung eines Clientprogramms

HBCI (Home Banking Computer Interface) ist ein offener Standard, der von verschiedenen Bankengruppen entwickelt und vom Zentralen Kreditausschuss (ZKA) beschlossen wurde. Die erste praxistaugliche Version wurde 1998 veröffentlicht. Im Jahr 2002 wurde der Standard erweitert und in **FinTS** (Financial Transaction Services) umbenannt. HBCI unterstützt als Authentifizierungsmöglichkeiten die elektronische Signatur mittels Chipkarte (Signaturkarte).

Der Kunde benötigt eine Programmsoftware (PC-Client), die sich des einheitlichen Standards HBCI/FinTS als Schnittstelle zwischen Kunde und Bank bedient. Der Kunde bearbeitet seine Aufträge an die Bank offline mithilfe dieser Online Banking Software. Sind die Aufträge komplett, stellt die Software eine Online-Verbindung her und überträgt die Daten zur Bank.

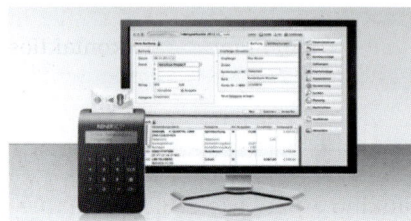

Voraussetzung für die Nutzung des HBCI-Verfahrens sind neben der speziellen Software eine mit einem HBCI-Chip ausgestattete Bankkarte (**Signaturkarte**) sowie ein spezielles **Chipkarten-Lesegerät** (Secoder), das bei der anbietenden Bank käuflich erworben werden kann.

Mithilfe der Signaturkarte wird eine personenbezogene qualifizierte **elektronische Signatur** (digitale Signatur) erzeugt und zusammen mit dem durch die Software erfassten Auftrag verschlüsselt an die Bank gesendet. Diese kann die verschlüsselten Daten empfangen und den Auftrag bei Übereinstimmung der elektronischen Signatur mit den der Bank vorliegenden Informationen ausführen. Die Sicherheit dieses Verfahrens ist sehr hoch.

Das technische Verfahren der digitalen Signatur basiert auf der Verwendung zweier unterschiedlicher elektronischer Schlüssel. Jedes Schlüsselpaar besteht dabei aus einem privaten Schlüssel (Private Key) und einem korrespondierenden öffentlichen Schlüssel (Public Key). Der verwendete mathematische Algorithmus von Rivest, Shamir und Adleman (RSA-Algorithmus) stellt sicher, dass der private Schlüssel auch dann nicht errechnet werden kann, wenn der öffentliche Schlüssel bekannt ist.

➤ Gefahren des Online Bankings

Das Online Banking bietet für den Kunden viele Vorteile, da Bankgeschäfte unabhängig von Öffnungszeiten und Ort der Bankfiliale getätigt werden können. Durch diese Unabhängigkeit entstehen jedoch auch einige Gefahren. Diese sind vor allem:

- Phishing,
- Schadsoftware (»Trojaner«),
- Gefahren durch mobiles Banking (unterwegs).

Als **Phishing** wird der Vorgang bezeichnet, bei dem sich Kriminelle über Mails oder soziale Netzwerke die Zugangsdaten (PIN, TAN) zu fremden Konten verschaffen. Typisch sind z. B. Phishing-Mails, die mit gefälschten Websites verlinkt sind, auf denen die Empfänger aufgefordert werden, ihre Zugangsdaten einzugeben.

Eine **Schadsoftware** (»**Trojaner**«) sorgt dafür, dass Transaktionen zwischen dem Browser des Nutzers und dem Server der Bank manipuliert werden (sogenannte Man-In-The-Middle-Angriffe) oder die Darstellung der Banking-Website manipuliert wird, um so an die Zugangsdaten zum Online Banking zu gelangen (sogenannte Man-In-The-Browser-Angriffe).

Die **Gefahren des mobilen Bankings** liegen vor allem in der Nutzung fremder Geräte (z. B. in Internet-Cafés) oder von nicht ausreichend verschlüsseltem öffentlichen WLAN. Eine weitere Gefahrenquelle sind nicht ordnungsgemäß geschützte mobile Endgeräte (Smartphones, Tablets). Auch die inzwischen üblichen Banking-Apps haben Sicherheitslücken. In allen Fällen ist ein Ausspähen von Online-Banking-Daten möglich.

Wichtig für die Sicherheit der Online-Banking-Verfahren ist im Allgemeinen, dass die Übermittlung der Transaktionsdaten auf einem anderen Gerät erfolgt als die Daten für die Freigabe der jeweiligen Transaktion.

Abbildung auf dieser Seite: www.wikibanking.net/onlinebanking/verfahren/ (letzter Abruf: 11.07.2019)

Exkurs: Innovative Zahlungssysteme

Unter **Mobile Payment** versteht man die Möglichkeit, mittels Smartphone oder anderen mobilen Endgeräten Zahlungen zu tätigen. So bieten z. B. die Sparkassen und die Volks- und Raiffeisenbanken über ihre Banking Apps die Möglichkeit einer **digitalen Bankkarte auf dem Smartphone.** Hierzu werden die Daten der Bankkarte digital in die Bezahl-App eingefügt. Der Kunde kann dann mit seinem Smartphone kontaktlos bezahlen, d. h. wie bei der Bankkarte selbst auch bis zu 25,00 € ohne Eingabe der PIN und bei Beträgen über 25,00 € mit Eingabe der PIN.

Auch die Möglichkeit, Geld direkt von Handy zu Handy zu senden (**P2P-Zahlungen** = Peer-to-peer-Zahlungen), wird von immer mehr Kreditinstituten, aber auch von Nichtbanken angeboten. Neben dem Angebot über Banking Apps, wie z. B. Kwitt (Sparkasse, Volks- und Raiffeisenbanken) oder über die Paydirekt App (Freischaltung über diverse Banken wie z. B. Deutsche Bank, Commerzbank, Targobank möglich), ist PayPal als Nichtbank wohl der bekannteste Anbieter dieser Zahlungsart. Aber auch Start-up-Unternehmen aus dem Nichtbankensektor (sog. **FinTechs**) drängen mit entsprechenden Apps auf den Markt (z. B. Cringle, Lendstar, Elopay).

Über **giropay** wird der Kunde beim Online Shopping während des Bezahlvorgangs direkt zum Online Banking seiner Bank (sofern diese an giropay teilnimmt) weitergeleitet und kann dort die Zahlung wie gewohnt autorisieren.

Der Zahlungsauslösedienst Klarna bietet darüber hinaus auch die Möglichkeit einer **Sofortüberweisung** an, d. h. der Kunde kann direkt im jeweiligen Online-Shop mit den Online-Banking-Daten seiner Bank eine vorgefertigte Überweisung freigeben.

Die Zahlungssysteme der Bankwirtschaft sehen sich vermehrt der Konkurrenz aus dem Nichtbankensektor ausgesetzt, da die klassischen Dienstleistungen im Zahlungsverkehr zunehmend durch innovative digitale Zahlungsmöglichkeiten abgelöst werden. Die EU trägt dieser Entwicklung mit der **Zweiten Zahlungsdiensterichtlinie (PSD II)** Rechnung. Zielsetzungen der im Januar 2018 in nationales Recht umgesetzten Richtlinie waren insbesondere die Wettbewerbsförderung im Bereich der Zahlungssysteme im Internet sowie die Stärkung der Rechte der Verbraucher bei Internetzahlungen und in Bezug auf die Zugriffsmöglichkeiten der Zahlungsdienstleister auf Kontodaten.

2.2.7 Zahlungsverkehr und Geldwäschegesetz

Unter **Geldwäsche** versteht man die Einführung illegal erworbener bzw. der Terrorismusfinanzierung dienender Vermögenswerte in den legalen Finanzkreislauf.

In Abschnitt E 2.1.3.1 ist bereits die Erforderlichkeit der Identitätsfeststellung des Vertragspartners sowie des wirtschaftlich Berechtigten im Rahmen der Aufnahme einer Geschäftsbeziehung erläutert worden. Im Zusammenhang mit der laufenden Kontoverbindung spielen **Transaktionen im Zahlungsverkehr** und deren **Überwachung** eine bedeutende Rolle bei der Bekämpfung von Geldwäsche. Kreditinstitute haben deshalb nach dem Geldwäschegesetz bestimmte allgemeine und besondere Sorgfaltspflichten zu erfüllen.

Zu den **allgemeinen Sorgfaltspflichten** der Kreditinstitute gehören u. a.:

GWG
§ 10

- die Identifizierung des Vertragspartners,
- die Abklärung, ob der Vertragspartner für eine andere Person handelt (wirtschaftlich Berechtigter), die dann auch zu identifizieren ist,

- die Einholung von Informationen über Art und Zweck der Geschäftsbeziehung,
- die kontinuierliche Überwachung der Geschäftsbeziehung.

Sie sind immer zu erfüllen bei:

- neuen Kunden,
- »Nichtkunden«: Durchführung von Geldtransfers ab 1 000 € und sonstige Transaktionen ab 15 000,00 € (auch bei »Smurfing«, d. h. Verteilen der 15 000,00 € auf kleinere Transaktionen, die offensichtlich im Zusammenhang zueinander stehen),
- Sortengeschäften, die bar abgewickelt werden und 2 500,00 € (umgerechnet) übersteigen,
- Hinweisen auf Geldwäsche bzw. Terrorismusfinanzierung (unabhängig vom Betrag),
- Zweifeln an der Identität der beteiligten Personen.

GWG §§ 4 – 7 Der Umfang der wahrgenommenen Sorgfaltspflichten ist von den Kreditinstituten risikoorientiert zu steuern, d. h. die Bank muss intern ein wirksames und angemessenes **Risikomanagement** implementieren. Es sind geeignete Sicherungsmaßnahmen und Kontrollsysteme zu installieren (z. B. Konten-Screening, um auffällige Transaktionen zu entdecken).

§ 15 Bei bestimmten Geschäften sind aufgrund ihres höheren Risikos **verstärkte Sorgfaltspflichten** zu erfüllen, z. B.

- bei Transaktionen mit Drittländern ohne anerkannte Bankenaufsicht sowie
- bei »Hochrisiko-Transaktionen«, d. h. besonders komplexe, große oder ungewöhnlich ablaufende Transaktionen.

§ 7 Das Kreditinstitut muss einen **Geldwäschebeauftragten** sowie einen Stellvertreter auf Führungsebene bestellen. Er ist für die Einhaltung der gesetzlichen Vorschriften zuständig, prüft in diesem Zusammenhang die internen Sicherheitsmaßnahmen auf Wirksamkeit und ist Ansprechpartner für die Mitarbeiter der Bank sowie Schnittstelle zwischen Ermittlungs- und Aufsichtsbehörden und der Geschäftsleitung bei Verdachtsfällen.

Lernkontrollen zu E 2

Kontokorrentkonten

1 Erläutern Sie die Bedeutung eines Kontokorrentkontos für eine Privatperson.

2 Aus welchen Gründen nimmt die Bank bei der Kontoeröffnung eine Identitätsfeststellung vor?

3 Nennen Sie die amtlichen Dokumente, mit denen eine Identitätsfeststellung im Rahmen der Kontoeröffnung vorgenommen werden kann.

4 Erläutern Sie die drei Voraussetzungen, unter denen die Allgemeinen Geschäftsbedingungen (AGB) der Banken und Sparkassen zum Bestandteil des Kontovertrags werden.

SCHUFA

5 Erläutern Sie den Zweck der SCHUFA aus Sicht der Banken und aus Sicht der Kunden.

6 Erklären Sie, was unter dem Gegenseitigkeitsprinzip zu verstehen ist.

7 Erläutern Sie den Begriff Scoring-Wert und erklären Sie dessen Funktion.

Grundlagen zum Zahlungsverkehr

8 Welche rechtlichen und organisatorischen Grundlagen ermöglichen die reibungslose Abwicklung des Zahlungsverkehrs?

Überweisungen

9 Erläutern Sie den Unterschied zwischen einer normalen Überweisung und einem Dauerauftrag.

10 Elsa Schumann gibt bei der Süddeutschen Handelsbank am Donnerstag, 08.08.2019 um 16:00 Uhr einen Überweisungsbeleg ab. Die Cut-off-Zeit der Süddeutschen Handelsbank ist im Preis- und Leistungsverzeichnis um 15:00 Uhr ausgewiesen. Bis zu welchem Datum erfolgt spätestens die Gutschrift bei der Bank der Zahlungsempfängerin Frieda Müller? Erläutern Sie Ihre Berechnung.

11 Nennen Sie drei Gründe, bei deren Vorliegen die Bank eine Überweisung nicht ausführen wird.

Lastschriften

12 Ihre Kundin Frau Meier hat aufgrund Ihrer Beratung eine aufgeschobene Rentenversicherung mit monatlichen Beitragszahlungen abgeschlossen. Sie möchte nun wissen, wie sie am einfachsten die monatlichen Beiträge zahlen kann. Sie empfehlen ihr den Beitrag mittels einer SEPA-Basis-Lastschrift einziehen zu lassen.

    a) Welche Vorteile hat der Einzug mittels einer Lastschrift für den Zahlungspflichtigen und für den Zahlungsempfänger gegenüber einer Zahlung per Überweisung?

    b) Nennen und erläutern Sie Frau Meier, welche Voraussetzungen für den Einzug von SEPA-Basis-Lastschriften gegeben sein müssen.

    c) Erläutern Sie Frau Meier, was unter einem Zahlungsavis zu verstehen ist und worin hierbei der Vorteil für den Zahlungspflichtigen und für den Zahlungsempfänger besteht.

    d) Beschreiben Sie Frau Meier zwei Situationen, in denen die Versicherung den monatlichen Beitrag trotz ordnungsgemäß eingereichter Lastschrift nicht erhält.

Kartenzahlungen

13 Vergleichen Sie mithilfe einer Tabelle das Electronic-Cash-Verfahren mit dem Elektronischen Lastschriftverfahren (SEPA-ELV-Verfahren).

14 Nennen Sie drei Sorgfalts-, Mitwirkungs- und Anzeigepflichten eines Karteninhabers.

15 Erläutern Sie den Begriff Charge Card im Zusammenhang mit einer Kreditkarte.

16 Herr Weise hat eine Bankkarte (Maestro-Karte). Prüfen Sie die folgenden Aussagen und korrigieren Sie diese falls erforderlich.

    a) Herr Weise hat kein Risiko bei Verlust oder Missbrauch seiner Bankkarte, da dieses Risiko von den Händlern getragen wird, die am Kartenzahlungssystem teilnehmen.

    b) Die Nutzung der Bankkarte macht Herrn Weise unabhängig von Bargeld, derzeitiger Kontodeckung und Dispositionsrahmen, weil der Rechnungsbetrag immer erst zum Monatsende abgebucht wird.

c) Wenn Herr Weise die PIN vergessen hat, kann er die Bankkarte noch im Electronic-Cash-Verfahren einsetzen, indem er auf dem Leistungsbeleg des Händlers unterschreibt.

d) Bei Reisen ins Ausland hat Herr Weise den Vorteil, dass er in allen Ländern an automatisierten Kassen, die mit dem Maestro-Logo gekennzeichnet sind, mit seiner Bankkarte bargeldlos bezahlen kann.

Online Banking

17 Nennen Sie Vorteile des Online Bankings. Gehen Sie auch auf mögliche Gefahren des Online Bankings ein.

Geldwäschegesetz

18 Erläutern Sie den Zweck der Bestimmungen des Geldwäschegesetzes für Kreditinstitute.

19 Erläutern Sie den Begriff »Smurfing«.

3   Geldanlage auf Konten

Situation:

Thorsten Albig (vgl. einführendes Situationsbeispiel zu E 1) möchte über die Möglichkeiten der Geldanlage auf Konten informiert werden, da er die Absicht hat, das aus der Lebensversicherung seines Vaters erhaltene Geld bis zu einer endgültigen Entscheidung über die Anlageform ertragbringend »zwischenzuparken«.

3.1 Magisches Dreieck der Geldanlage

Das Magische Dreieck der Geldanlage spielt eine wichtige Rolle im Zusammenhang mit der richtigen Auswahl der passenden Geldanlage. Es ist somit eine wichtige Basis für die Anlageberatung und Ausgangspunkt für den Vergleich der einzelnen Geldanlagemöglichkeiten.

Das magische Dreieck spiegelt die **drei wesentlichen Aspekte** einer Geldanlage wieder.

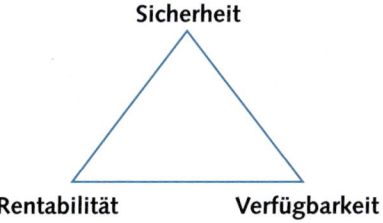

Das Dreieck wird als **magisch** bezeichnet, weil die Wunschvorstellung einer Geldanlage der meisten Anleger eine hohe Rentabilität bei maximaler Sicherheit bei gleichzeitig jederzeitiger Verfügbarkeit hervorbringen würde. Eine solche »magische« Geldanlage gibt es jedoch in der Realität nicht.

Die drei abgebildeten Ziele stehen teilweise im **Gegensatz** zueinander. Sehr sichere Anlagen sind nicht so rentabel, rentablere Anlagen verfügen im Gegenzug dazu zumeist über ein höheres Risiko. Bei einer hohen Verfügbarkeit sind die Ertragsmöglichkeiten (Rentabilität) oft nicht so hoch oder die hohe Verfügbarkeit ist nur unter Inkaufnahme eines höheren Risikos gegeben.

Gelegentlich wird das Dreieck um andere Komponenten erweitert, die ebenfalls eine Rolle spielen, z. B. eine niedrige Versteuerung und niedrige Kosten. Beide Komponenten haben jedoch Auswirkungen auf die Rentabilität einer Geldanlage und können somit in diesen Punkt gedanklich einbezogen werden.

3.2 Anlageformen auf Konten

Kreditinstitute bieten ihren Kunden die Anlage auf Konten an für:

- Sichteinlagen (Kontokorrentkonten und Tagesgeldkonten),
- Termineinlagen (Festgeldkonten),
- Spareinlagen (Sparkonten).

Im Bereich der Sichteinlagen (= täglich fällige Einlagen) wurden die Kontokorrentkonten bereits ausführlich in Abschnitt E 2.1 beschrieben. Sie sind in ihrer Funktion eher dem Konto- und Zahlungsverkehr zuzurechnen. Im Folgenden sollen deshalb nur die Tagesgeldkonten betrachtet werden.

3.2.1 Tagesgeldkonten

Für die **kurzfristige Anlage** von Geldern bieten die Banken neben den Gehaltskonten auch kostenlose Tagesgeldkonten mit den folgenden Merkmalen an:

- nur auf Guthabenbasis (keine Überziehungsmöglichkeit),
- ggf. ist ein festgelegtes Mindestguthaben erforderlich,
- nicht für die Abwicklung des Zahlungsverkehrs nutzbar,
- Verfügung ist täglich möglich, allerdings nur durch Überweisung auf ein bestimmtes, vom Kunden festgelegtes Referenzkonto (meistens das Girokonto),
- Abrechnung und Zinsgutschrift: je nach Vertrag monatlich, vierteljährlich oder jährlich bzw. bei Auflösung des Kontos,
- variable Verzinsung (ggf. Zinsgarantie für einen bestimmten Zeitraum, z.B. für Neukunden).

Die **Höhe der Verzinsung** der Tagesgeldkonten orientiert sich an einem sogenannten Referenzzinssatz. So wird z.B. täglich der EONIA (= Euro OverNight Index Average) veröffentlicht. Dieser stellt den durchschnittlichen Tagesgeldzins für Geldgeschäfte der Banken untereinander im Euro-Raum dar. Üblich ist, zumindest bei normaler Zinsstruktur, eine Staffelung des Guthabenzinses, d.h. für höhere Anlagesummen erhält der Kunde im Regelfall auch einen höheren Zinssatz.

Proximus 4 BE
S. 448 f.

Hinweis: Im **Proximus 4 Bedingungswerk** sind die »Speziellen Bedingungen für das Tagesgeld bei der Süddeutschen Handelsbank AG« abgedruckt.

3.2.2 Festgeldkonten

Festgelder sind befristete Geldanlagen. Der Anleger benötigt das Geld für einen bestimmten, möglichst fest stehenden Zeitraum nicht. Durch die Anlage als Festgeld kann im Vergleich zu Tagesgeldkonten im Regelfall ein höherer Zins erzielt werden, da der Anleger auf die jederzeitige Verfügbarkeit verzichtet.

Weitere Merkmale sind:

- **feste Laufzeit** (mind. 30 Tage, üblich sind 30, 60, 90, 180 Tage sowie ein Jahr oder mehrere Jahre),
- **feste Anlagesumme** (Banken verlangen im Regelfall einen Mindestanlagebetrag, z.B. 5 000,00 €),
- **fester Zinssatz** (meist abhängig von Laufzeit und Höhe der Anlagesumme),
- kostenlos.

Bei Fälligkeit des Festgeldes hat der Kunde die folgenden Möglichkeiten:

- über die fällige Summe (inklusive Zinsen) **verfügen,**
- die Anlage zum dann gültigen Zinssatz **verlängern,** oder
- die **automatische Prolongation** nutzen sofern dies vorab mit der Bank vereinbart wurde, d.h. das Festgeld wird automatisch um die gleiche Laufzeit (aber mit dem dann gültigen Zinssatz) verlängert, wenn der Kunde der Bank vor Ablauf des Festgeldes nicht eine gegenteilige Anweisung erteilt.

Im Rahmen der automatischen Prolongation kann er festlegen, ob die bisher erwirtschafteten Zinsen wieder mit angelegt werden sollen oder auf ein separates Zahlungsverkehrskonto (z.B. Girokonto des Kunden) übertragen werden sollen.

Die **Zinszahlung** und die **Auszahlung** erfolgen erst bei Fälligkeit. Lediglich bei mehr-jährigen Festgeldern ist die jährliche Gutschrift der Zinsen auf einem anzugebenden Konto (im Regelfall das Girokonto des Kunden) üblich.

Während der Laufzeit kann der Kunde nur im begründeten Ausnahmefall über das Festgeld **vorzeitig verfügen.** Die Banken verlangen i. d. R. jedoch keine Nachweise für die vom Kunden angegebenen Gründe. Wird eine vorzeitige Verfügung aus Kulanz zugelassen, muss der Kunde in jedem Fall Zinseinbußen in Kauf nehmen. Er erhält entweder gar keine oder nur niedrigere Zinsen als zuvor vereinbart.

Hinweis: Im **Proximus 4 Bedingungswerk** sind die »Speziellen Bedingungen für das Festgeld bei der Süddeutschen Handelsbank AG« abgedruckt.

Proxi-mus 4 BE S. 446 f.

3.2.3 Sparkonten

➤ Merkmale von Spareinlagen

Sparkonten werden für die Anlage von Spareinlagen von Banken angeboten. Nach der Verordnung über die Rechnungslegung der Kreditinstitute und Finanzdienstleistungs-institute (RechKredV) gelten als Spareinlagen:

Rech-KredV § 21 (4)

- **unbefristet** angenommene Einlagen (mit Ausnahme von Spareinlagen aus vermö-genswirksamen Leistungen),
- die **nicht für den Zahlungsverkehr** bestimmt sind.

Über das Guthaben muss eine **Urkunde** (z. B. ein Sparbuch) ausgestellt werden. Weiter-hin müssen Spareinlagen eine **Kündigungsfrist von mindestens drei Monaten** aufwei-sen. **Gläubiger von Spareinlagen** dürfen keine Kapitalgesellschaften, Genossenschaf-ten, wirtschaftlichen Vereine oder Personenhandelsgesellschaften sein, es sei denn sie verfolgen einen gemeinnützigen, mildtätigen oder kirchlichen Zweck oder es handelt sich um Mietkautionssparbücher.

Hinweis: Im **Proximus 4 Bedingungswerk** sind die »Bedingungen für den Sparverkehr mit der Süddeutschen Handelsbank AG« abgedruckt.

Proxi-mus 4 BE S. 450 f.

➤ Verzinsung und Abrechnung von Spareinlagen

Spareinlagen werden **variabel** verzinst, d. h. ihre Verzinsung richtet sich nach dem allgemeinen Zinsniveau. Die Gutschrift der Zinsen erfolgt einmal jährlich am 31. 12. bzw. bei Auflösung des Sparkontos.

Die **Verzinsung** beginnt mit dem Tag der Einzahlung und endet mit dem der Rückzah-lung vorausgehenden Kalendertag. Die Zinsen werden mit der deutschen Zinsmethode (30/360 Tage) errechnet. Die Zinsberechnung erfolgt mit der **progressiven Posten-methode,** d. h. die Zinsen werden immer im Voraus bis zum Jahresende berechnet. Bei Ein- oder Auszahlungen oder Zinssatzänderungen muss die Zinsrechnung entspre-chend korrigiert werden.

Beispiel:	
Einzahlung	5 000,00 € am 12. 05. Zinsberechnung vom 12. 05.–31. 12. = 229 Tage
Auszahlung	2 000,00 € am 18. 08., Verzinsung dieses Betrages endet am 17. 08. d. h. 18. 08.–31. 12. = 133 Tage (Zinskorrektur)

Die Spareinlagen werden einschließlich Cents verzinst.

➤ **Verfügungen über Spareinlagen**

Folgende Bedingungen gelten für Verfügungen:

● Verfügungen sind grundsätzlich nur gegen **Vorlage der Sparurkunde** möglich.

● Der Sparer kann über **max. 2 000,00 € pro Kalendermonat** ohne vorherige Kündigung verfügen.

● Höhere Beträge müssen mit einer Frist von mindestens 3 Monaten **vorab gekündigt** werden. Die Kündigungsfrist beginnt einen Tag nach der Kündigung. Nach Ablauf der Kündigungsfrist hat der Sparer einen Monat Zeit, über den gekündigten Betrag zu verfügen. Verfügt er innerhalb dieser Frist nicht, muss er bei erneutem Verfügungswunsch nochmals kündigen.

● Über **gutgeschriebene Zinsen** kann der Sparer innerhalb von zwei Kalendermonaten nach Gutschrift ohne Kündigung verfügen.

Vorzeitige Verfügungen, d.h. ohne vorherige Kündigung werden im Regelfall von Banken ohne Weiteres zugelassen. Der Kunde muss für die vorzeitige Verfügung **Vorschusszinsen** von i.d.R. ¼ des Habenzinssatzes zahlen.

Beispiel:

Elisabeth Merven hat ein Sparkonto bei der Süddeutschen Handelsbank mit einer dreimontigen Kündigungsfrist und einer Verzinsung von 1,0 % p.a.

Am 25.03. des Jahres lässt sie sich ohne vorherige Kündigung einen Betrag von 4 500,00 € von ihrem Sparkonto auszahlen.

Die Bank berechnet Vorschusszinsen in Höhe von:

$$\text{Vorschusszinsen} = \frac{2\,500,00\ € \cdot 0,25 \cdot 90}{100 \cdot 360} = 1,56\ €$$

Die Vorschusszinsen werden dabei nur auf den Betrag berechnet, den sie nach den Auszahlungsbedingungen nicht hätte verfügen können. Als Zinssatz wird ein »Strafzins« von einem Viertel von 1 % p.a., also 0,25 % p.a. angesetzt. Die 90 Tage in der Formel stehen für die dreimontige Kündigungsfrist, die sie durch die Auszahlung umgeht.

Bei wichtigen Gründen verzichtet die Bank auf Zahlung der Vorschusszinsen, z.B. wenn der Betrag für eine andere Geldanlage bei der gleichen Bank mit mindestens 3-monatiger Laufzeit genutzt werden soll oder auch bei wirtschaftlicher Notlage des Sparers (Kulanzentscheidung der Bank).

➤ **Sondersparformen**

Kreditinstitute bieten ihren Kunden neben der Regelsparform auch besondere Sparverträge an. Sondersparformen sind Einmalsparverträge oder Ratensparverträge und zeichnen sich beispielsweise durch eine im Vergleich zum klassischen Sparkonto **attraktivere Zinsgestaltung** und/oder durch **besondere Zusatzleistungen** aus.

Beispiele für eine attraktive Zinsgestaltung/Zusatzleistungen sind:

● jährlich steigender Zinssatz,

● gestaffelter Zinssatz, abhängig von der Höhe des Guthabens oder von der Laufzeit,

● Verdopplung der Zinsen bei Einhaltung einer bestimmten Laufzeit,

● spezieller Bonus bei Erreichen bestimmter Ziele (z.B. Laufzeit oder bestimmter Betrag).

Die Möglichkeiten und Bezeichnungen dieser Sondersparformen sind sehr vielfältig und zwischen den einzelnen Kreditinstituten teilweise nur schwer vergleichbar.

3.3 Einlagensicherung

Alle in Abschnitt E 3.2 beschriebenen Anlageformen auf Konten können als risikolos betrachtet werden. Banken mit Sitz in Deutschland schützen die Einlagen auf Konten je Kunde bis maximal 100 000,00 € aufgrund der **gesetzlich vorgeschriebenen Einlagensicherung** über die Entschädigungseinrichtung deutscher Banken.

Daneben besteht die **freiwillige Sicherung** durch den Einlagensicherungsfonds des Bundesverbandes deutscher Banken, in dem die meisten privaten Banken ebenfalls Mitglied sind. Bei Insolvenz der Bank zahlt der Fonds an deren Kunden bis max. 20 % des haftenden Eigenkapitals der betreffenden Bank pro Kunde. Das sind bei kleineren Banken ca. 1 Mio. € je Kunde.

Die Genossenschaftsbanken und Sparkassen/Landesbanken sichern über ihre **internen Sicherungseinrichtungen** den Bestand ihrer Mitgliedsinstitute und somit sämtliche Einlagen ihrer Kunden.

3.4 Steuerliche Behandlung der Erträge durch Geldanlage auf Konten

Die Zinseneinnahmen für Anlagen auf Konten werden mit 25 % Kapitalertragsteuer und 5,5 % Solidaritätszuschlag besteuert. Der Steuerabzug wird automatisch von der Anlagebank an das Finanzamt abgeführt, bevor die Zinsen dem Anleger gutgeschrieben werden. Der Kapitalanleger kann durch Erteilung eines Freistellungsauftages bis zur Höhe des ihm zustehenden Sparerpauschbetrages (von zur Zeit max. 801,00 € bei Alleinveranlagung bzw. 1 602,00 € bei zusammenveranlagten Ehepaaren) oder durch Einreichen einer Nichtveranlagungsbescheinigung den Abzug der Steuer vermeiden.

Die Besteuerung von Kapitalerträgen (Abgeltungsteuer) ist umfassend in Abschnitt F 5.1 dargestellt.

Lernkontrollen zu E 3

Anlage auf Konten

1 Ihr Kunde Dieter Pauli hat in der Zeitung gelesen, dass eine Geldanlage auf Tagesgeldkonten sinnvoll ist. Er möchte gern wissen, was ein Tagesgeldkonto von seinem schon vorhandenen Kontokorrentkonto (Girokonto) bei der Süddeutschen Handelsbank unterscheidet. Erläutern Sie ihm die Unterschiede zwischen diesen beiden Kontoarten.

2 Erläutern Sie die automatische Prolongation bei Festgeldkonten.

3 Prüfen Sie anhand der Merkmale von Spareinlagen nach § 21 (4) RechKredV, ob die Süddeutsche Handelsbank AG die folgenden Gelder als Spareinlagen annehmen kann. Begründen Sie jeweils Ihre Entscheidung.

   a) Max Weber will seine Rente (640,00 €) auf ein Sparkonto überweisen lassen. Von diesem Konto will er gern seine Miete abbuchen lassen. Der Rest soll gespart werden.

   b) Frank Hennig hat 5 000,00 € zur Verfügung, die er vom 26.04. bis 01.07. eines Jahres wegen des guten Zinssatzes als Spareinlage festlegen will.

c) Die Wohnungsbau GmbH will 80 000,00 € für sechs Monate auf einer Spareinlage deponieren. Danach werden von diesem Geld fällige Handwerkerrechnungen beglichen.

d) Frau Schiller will per Dauerauftrag monatlich 100,00 € auf ein Sparkonto überweisen lassen, um sich in einigen Jahren ein Auto kaufen zu können.

e) Der Deutsche Caritasverband will 50 000,00 € anlegen, die später für die Erweiterung der gemeinnützigen Einrichtungen verwendet werden sollen.

4 Die Sparkonten der Süddeutschen Handelsbank mit einer dreimonatigen Kündigungsfrist werden gemäß Preisaushang (siehe Proximus 4 Bedingungswerk, TA S. 462) mit 0,10 % p. a. verzinst.

a) Berechnen Sie die Zinsen für ein Sparkonto mit der progressiven Postenmethode, wenn das Sparkonto am 25.03. mit einer Einzahlung in Höhe von 10 500,00 € eröffnet wurde.

b) Berechnen Sie die erforderliche Zinskorrektur, wenn am 04.08. des gleichen Jahres eine Auszahlung in Höhe von 3 800,00 € erfolgt.

c) Wie hoch sind die Vorschusszinsen für die Auszahlung in b), wenn der Betrag vorher nicht gekündigt wurde?

5 Beurteilen Sie in den folgenden Fällen jeweils, ob die Süddeutsche Handelsbank den Wunsch des Kunden ohne Weiteres erfüllen muss. Begründen Sie Ihre Entscheidung und geben Sie, sofern der Wunsch nicht ohne Weiteres erfüllt werden muss, eine alternative Möglichkeit für den Kunden an.

a) Herr Siegert möchte am 15.06. einen Betrag in Höhe von 20 500,00 € von seinem Sparkonto abheben. Er hatte am 28.02. einen Betrag in Höhe von 25 000,00 € gekündigt. Das Guthaben ist ausreichend.

b) Daniela Baumert hebt am 17.02. 1 100,00 € von ihrem Sparkonto ab und möchte am 27.02. weitere 1 200,00 € verfügen. Das Guthaben ist ausreichend, beide Beträge waren nicht gekündigt. Die Zinsgutschrift vom 31.12. (Vorjahr) betrug 345,91 €.

c) Max Weber will am 10.08. einen Betrag in Höhe von 4 000,00 € von seiner Spareinlage ausgezahlt bekommen. Die Spareinlage war am 24.03. in gleicher Höhe gekündigt worden. Das Guthaben ist ausreichend.

6 Nennen Sie die drei Bestandteile des Magischen Dreiecks der Geldanlage und beschreiben Sie einen möglichen Zielkonflikt.

7 Vergleichen Sie die einzelnen Anlagearten auf Konten anhand der drei Bestandteile des Magischen Dreiecks.

4   Geldanlage in Wertpapieren

4.1   Grundlagen zu Wertpapieren

Wertpapiere verbriefen ein **privates Vermögensrecht.** Solche verbrieften privaten Vermögensrechte können sein:

- Forderungsrechte (Geldforderungen),
- Sachenrechte (Eigentum, Besitz),
- Mitgliedschaftsrechte (Teilhaberrechte an einem Unternehmen).

Wertpapiere sind **Urkunden,** die dieses Recht in der Weise verbriefen, dass zur Geltendmachung die Vorlage der Urkunde notwendig ist.

➤ Äußere Form von Wertpapieren

Ursprünglich gab es für jedes Wertpapier physisch gedruckte **Einzelurkunden** (sogenannte **effektive Stücke** oder Tafeln). Effektive Stücke werden heutzutage jedoch nur noch selten an die Anleger ausgegeben. Meist handelt es sich dann um Liebhaberstücke oder besonders dekorative Anleihen wie z. B. die HSV-Anleihe 2019/26 mit Abbildungen zum Verein.

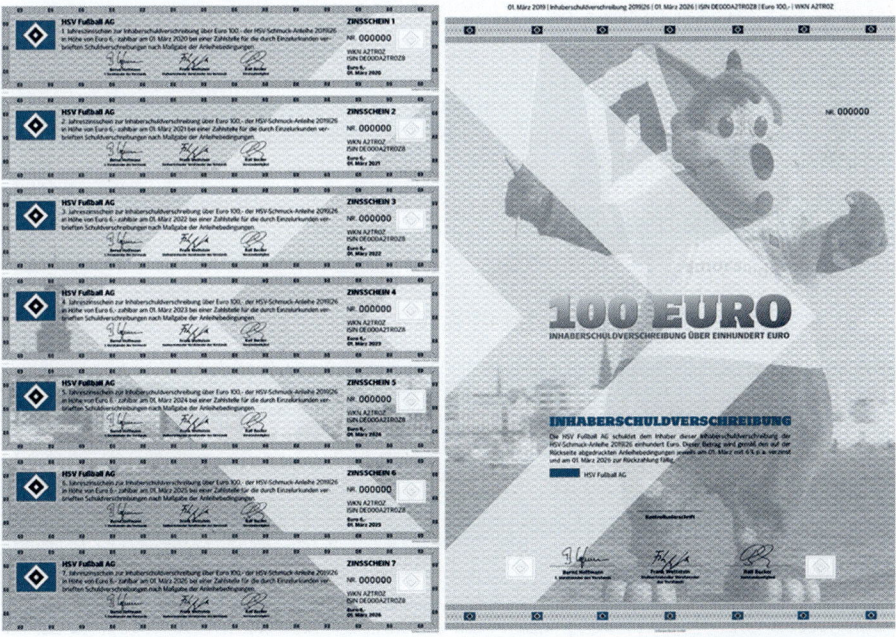

➤ Verwahrung und Verwaltung von Wertpapieren

Heutzutage führen die Banken für ihre Kunden **Wertpapierdepots,** auf denen die Bestände digital verbucht werden. Hierbei erwerben die Kunden einen Miteigentumsanteil an einer **Sammel- bzw. Globalurkunde.**

Sammelurkunden bzw. Globalurkunden verbriefen die Rechte mehrerer Anleger in einer Urkunde. Sie entspricht einer bestimmten Anzahl von Einzelurkunden.

Beispiel:

Globalurkunde über 10 000 Aktien, Nr. 60 001 bis 70 000

Die Sammel- bzw. Globalurkunden werden nicht an die Anleger ausgegeben, sondern werden zentral durch eine **Wertpapier-Sammelbank** (= Clearstream Banking AG – Tochter der Deutsche Börse AG) verwahrt. Die Clearstream Banking AG koordiniert als zentrale Stelle auch die Ein- und Umbuchungen in den Kundendepots der einzelnen Banken.

Vorteile von Sammel-/Globalurkunden sind:

● kein Risiko des Verlustes der Urkunden für die Anleger,

● keine Notwendigkeit der Anmietung von Schließfächern für Anleger,

● schnellere Abwicklung und schnellerer Handel von Wertpapieren durch elektronische Abwicklung über Kundendepots anstelle von manueller Abwicklung → Ersparnis von Personal und Kosten für die Bank,

● weniger Druckkosten → Schonung der Umwelt.

Wertrechte erleichtern die Verwahrung und Verwaltung von Wertpapieren noch mehr und sind ein mögliches Modell für die Zukunft. Sie verzichten vollständig auf eine Verbriefung in Form einer Urkunde. Es werden weder Einzel- noch Globalurkunden ausgestellt, sondern es erfolgen ausschließlich Buchungen auf Depotkonten. Dies ist in Deutschland bislang nur bei Anleihen rechtlich möglich und wird insbesondere von der Bundesrepublik Deutschland als Emittent von **Bundeswertpapieren** genutzt. Die Anleger werden hierbei im Schuldbuch des Bundes bei der **Finanzagentur GmbH** in Frankfurt/Main eingetragen.

Die Finanzagentur GmbH wurde im Jahr 2000 durch den Bund gegründet und hat die Hauptaufgabe, die Finanzierung des Bundeshaushaltes zu überwachen, zu steuern und zu optimieren.

4.2 Schuldverschreibungen

Situation:

Herbert Schneider, 58 Jahre alt, arbeitet als Autoverkäufer bei einem Autohändler. Er ist verheiratet und hat zwei erwachsene Kinder. Seine Ehefrau ist bereits seit zwei Jahren im Vorruhestand. Herr Schneider erhält in den nächsten Tagen rund 120 000,00 € aus einer fälligen Kapitallebensversicherung ausgezahlt. Er möchte das Geld anlegen und bittet Sie um eine Anlageberatung. Am Telefon hat er bereits erwähnt, dass ihm sichere jährliche Erträge und die Erhaltung des angelegten Geldbetrages sehr wichtig sind. Ein Kollege habe ihm zum Kauf von Wertpapieren, speziell »Schuldverschreibungen«, geraten.

4.2.1 Funktionsweise von Schuldverschreibungen

Die Bundesrepublik Deutschland, die einzelnen Bundesländer, einige große Städte sowie Banken und andere große Unternehmen benötigen für geplante Investitionen in der Regel hohe Summen, die sie nicht aus laufenden Einnahmen und Erspartem finanzieren können. Eine kostengünstige Alternative zum Bankdarlehen ist dabei die

Herausgabe (Emission) von Schuldverschreibungen. Der Emittent, z. B. die Deutsche Bahn AG, nimmt durch die Ausgabe von Schuldverschreibungen einen Kredit von vielen verschiedenen Anlegern auf. Hierzu ist es notwendig, dass der Geldbetrag, der ausgeliehen werden soll (z. B. 100 Mio. €)

- **gestückelt** wird (z. B. in jeweils 100,00 €),

- auf standardisierte Urkunden übertragen wird **(Verbriefung in Form von Wertpapieren)** und

- dass diese Wertpapiere an **die Anleger verkauft** werden.

Die aus der Stückelung des Geldbetrages resultierenden Urkunden werden Teilschuldverschreibungen genannt. Sie verbriefen dem Eigentümer ein **Forderungsrecht**, d. h., die Käufer haben grundsätzlich unabhängig vom Erfolg oder Misserfolg des Emittenten einen Anspruch auf die vereinbarte Zinszahlung und die Rückzahlung. Schuldverschreibungen sind üblicherweise börsennotierte Inhaberpapiere.

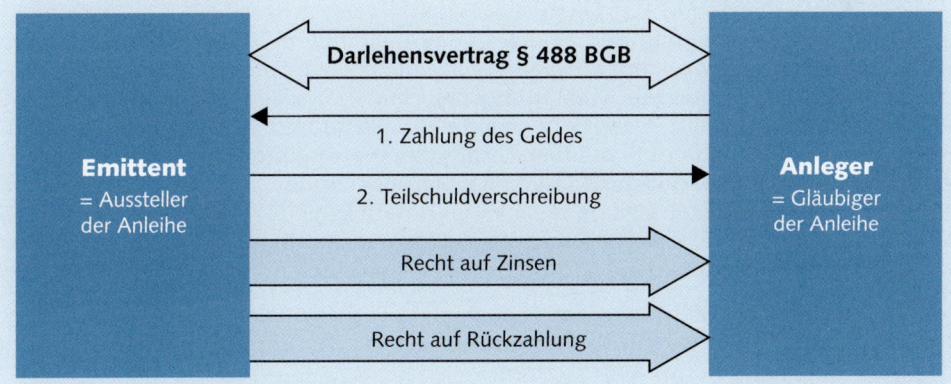

Durch die Organisation des Kaufs und Verkaufs über die Wertpapierbörsen wird eine einfache Übertragungsmöglichkeit gewährleistet, die es dem Anleger möglich macht, sich jederzeit durch einen Verkauf vor Ende der Laufzeit Liquidität zu beschaffen.

Als Käufer von Schuldverschreibungen treten neben Privatpersonen Großanleger wie Banken, Versicherungen und insbesondere Investmentfonds auf.

Für Schuldverschreibungen gibt es noch viele **andere Bezeichnungen,** die alle die gleiche Bedeutung haben (Synonyme), üblich sind vor allem:

- Anleihen,

- Obligationen,

- (fest) verzinsliche Wertpapiere,

- Rentenpapiere,

- Bonds.

Emittenten von Anleihen können neben den bereits genannten auch andere Staaten sowie ausländische Institutionen oder auch supranationale Organisationen (z. B. Weltbank, Internationaler Währungsfonds) sein.

➤ **Wichtige Grundbegriffe von Schuldverschreibungen**

Den auf der Urkunde vermerkten Betrag der Anleihe, der sich durch die bereits beschriebene Stückelung ergibt, nennt man **Nennwert** bzw. **Nominalwert**. Dieser Grundwert entspricht 100 % und stellt den Betrag dar, auf den sich die Verzinsung bezieht und der am Ende der Laufzeit im Regelfall zurückgezahlt wird.

Die **Nominalverzinsung** wird in Prozent pro Jahr (p. a.) angegeben und gibt an, wie hoch der Nennwert verzinst wird.

Beispiel:

Nennwert 1 000,00 €, Nominalverzinsung 2 % p. a.   → Zinsen pro Jahr = 20,00 €

4.2.2 Möglichkeiten der Vertragsgestaltung von Schuldverschreibungen

Die jeweilige Ausgestaltung der Anleihen legt der Emittent in den Emissionsbedingungen (Anleihebedingungen) fest und veröffentlicht sie in einem so genannten **Prospekt**. Grundsätzlich sind die Ausstattungsmerkmale zwischen dem Emittenten und dem Anleger frei verhandelbar. Die Vielzahl der Anleger und die üblicherweise erfolgende Börsennotierung der Schuldverschreibungen erfordert jedoch eine Standardisierung, so dass die Emissionsbedingungen meist vom Emittenten vorgegeben werden. Dem Emittenten bleiben trotzdem noch viele Variationsmöglichkeiten der jeweiligen Ausstattungsmerkmale, um die konkrete Schuldverschreibung für einen speziellen Markt bzw. ein entsprechendes Anlegerinteresse auszurichten.

Letztlich muss der Emittent seine Emissionsbedingungen so attraktiv gestalten, dass er die Anleger davon überzeugen kann, ihm das Geld zur Verfügung zu stellen und nicht in andere Anlageprodukte zu investieren.

Eine wichtige Frage bei der Ausgestaltung ist der **Emissionskurs**. Das ist der Preis, den der Anleger bei Erstausgabe (Emission) der Anleihe an den Emittenten zahlen muss. Er wird in Prozent vom Nennwert angegeben.

Beispiel:

Nennwert 1 000,00 €, Emissionskurs: 96 %
→ Kunde zahlt 960,00 € an den Emittenten (bei Emission)

Da hier der Kurs in Prozent unter dem Nennwert (= 100 %) liegt, liegt der Emissionskurs **unter pari.** Liegt der Emissionspreis über 100 %, spricht man von **über pari.** Auch eine Ausgabe zu genau 100 % (**zu pari**) wäre möglich.

Der Emissionskurs wird im Zusammenhang mit der **Nominalverzinsung** festgelegt. Ein Emissionskurs unter pari wird oft mit einer niedrigeren Nominalverzinsung kombiniert, im Gegenzug würde ein Emissionskurs über pari eine höhere Nominalverzinsung erfordern, damit der Anleger überhaupt bereit ist, den höheren Emissionspreis zu zahlen. Bei beiden Varianten erzielt der Anleger insgesamt in etwa den gleichen Ertrag. Hintergrund dieser Ausgestaltungsmöglichkeiten von Seiten des Emittenten ist die individuelle Liquiditätsplanung des Emittenten, d. h. die Überlegung, wie viel Geld er zum Ausgabezeitpunkt benötigt und wie viel Zinsen er während der Laufzeit zahlen kann.

Die folgende Tabelle bietet einen Überblick über die anderen **Ausgestaltungsmöglich-keiten** der Emissionsbedingungen für Anleihen:

Laufzeit	Zeitraum zwischen dem in den Anleihebedingungen genannten Verzinsungstermin und der Fälligkeit der Anleihe
	Man unterscheidet in:
	● **kurzfristige** Anleihen (ca. 1 bis 2 Jahre),
	● **mittelfristige** Anleihen (ca. mehr als 2 bis 5 Jahre),
	● **langfristige** Anleihen (mehr als 5 Jahre).
Verzinsung	● Anleihen mit Zinsschein
	– mit festem, gleich bleibendem Nominalzins (**Festzinsanleihen**)
	– mit festgelegtem, während der Laufzeit steigendem oder fallendem Nominalzins (**Stufenzinsanleihen**)
	– mit variablem Nominalzins (**Floating Rate Notes/Floater**)
	Sie orientieren sich an einem Referenzzinssatz, z.B. dem EURIBOR. Der Zinssatz gilt für eine vorher bestimmte Zinsperiode (z.B. ein Quartal).
	● Anleihen ohne Zinsschein (**Null-Kupon-Anleihen/Zero Bonds**) Das sind Anleihen, bei denen die Zinsen für die gesamte Laufzeit erst am Laufzeitende gezahlt werden.
Zinszahlung	● **regelmäßig** (jährlich bzw. vierteljährlich nachträglich)
	● **Zinsansammlung (Aufzinsung):** Auszahlung der Zinsen inklusive Zinseszinsen bei Rückzahlung des Kapitals
	● **Abzinsung:** Nennwert – Zinsen = Emissionskurs
Rückzahlung (Tilgung)	● **gesamtfällige Anleihen** (werden am Ende der Laufzeit in einer Summe zurückgezahlt)
	● **Tilgungsanleihen** (Die Tilgung erfolgt in Raten über die Laufzeit der Anleihe verteilt. Dem Anleger ist der jeweilige Rückzahlungszeitpunkt nicht bekannt, da die Anleihen, für die eine Tilgung vorgenommen wird, ausgelost werden.
	● **ewige Anleihen** (Sie müssen theoretisch nie zurückgezahlt werden. In Deutschland sind diese Anleihen unbedeutend.)
Übertragung der Rechte	● **Inhaberschuldverschreibungen** (Regelfall) Die Übertragung vom Verkäufer auf den Käufer erfolgt durch Einigung und Übergabe. Diese Art ermöglicht die Vereinfachung des Börsenhandels.
	● **Orderschuldverschreibungen** Neben Einigung und Übergabe ist vom Verkäufer ein Indossament (= Übertragungsvermerk) auf der Rückseite der Urkunde anzubringen.
Währung	● **Euro-Anleihen**
	● **Währungsanleihen** (z.B. in USD, GBP)
	● **Doppelwährungsanleihen** (z.B. Anlage in Euro, Zinsen und Rückzahlung in USD)

4.2.3 Chancen und spezielle Risiken von Schuldverschreibungen

Schuldverschreibungen gelten im Allgemeinen als relativ sichere Anlagen, da sie dem Gläubiger »unabhängig« vom geschäftlichen Erfolg oder Misserfolg des Emittenten einen Anspruch auf Rückzahlung und Zinszahlung garantieren. Auch die Kursschwankungen von Anleihen während der Laufzeit sind im Allgemeinen eher gering, vor allem im Vergleich zu Aktien. Sie weisen aber dennoch – je nach konkreter Ausgestaltung des jeweiligen Wertpapiers – einige Risiken auf, die einem Anleger bekannt sein sollten.

➤ Bonitätsrisiko/Emittentenrisiko

Dieses Risiko beschreibt die Gefahr, dass ein Emittent während der Laufzeit in wirtschaftliche Schwierigkeiten gerät und somit die laufenden Zinszahlungen und die Rückzahlung gefährdet sind. Je länger die Laufzeit einer Anleihe ist, desto schwieriger ist es für den Anleger, die **Wahrscheinlichkeit eines Zahlungsausfalls** einzuschätzen. Er kann sich jedoch an sogenannten Ratings orientieren.

Exkurs: Rating

Private Rating-Agenturen wie die in den USA ansässigen Unternehmen Moody's und Standard and Poor's, haben es sich u. a. zur Aufgabe gemacht, die Ausfallwahrscheinlichkeit von Schuldverschreibungen einzuschätzen. Sie bewerten sowohl Anleihen von Staaten als auch von Unternehmen. Die Vorgehensweise ist dabei unterschiedlich. Während bei der Ermittlung der Länderrisiken vor allem die politische und wirtschaftliche Situation eingehend betrachtet wird, werden bei Unternehmen vor allem die letzten Jahresabschlüsse analysiert. Insbesondere die Eigenkapitalausstattung und die Finanzplanung sind dabei von Interesse. Auch die Konkurrenzsituation und die Entwicklungsmöglichkeiten der Branche und des Unternehmens werden beleuchtet. Ein weiteres für den Erfolg des Unternehmens wichtiges Kriterium ist die Qualität des Managements, die jedoch nicht immer leicht zu bewerten ist.

Das Rating wird regelmäßig durch neue Analysen aktualisiert (meist jährlich).

Die Einstufung durch die Rating-Agenturen hat Auswirkungen auf die Höhe des Nominalzinssatzes bei Anleihen. Besteht ein höheres Bonitätsrisiko, muss der Emittent der Anleihe den Nominalzins um einen Risikozuschlag (= Spread) erhöhen. Nur auf diese Weise wird er Anleger finden, die bereit sind, das höhere Risiko zu tragen.

Die nachfolgende Tabelle zeigt die möglichen Ratings der zwei bedeutendsten Rating-Agenturen:

S & P	Moody's	Bedeutung
AAA	Aaa	**exzellente Bonität,** quasi kein Ausfallrisiko
AA+ AA AA–	Aa1 Aa2 Aa3	**sehr gute bis gute Bonität,** hohe Zahlungswahrscheinlichkeit.
A+ A A–	A1 A2 A3	**gute bis befriedigende Bonität,** aktuell gute Zahlungsfähigkeit, kann aber leicht beeinträchtigt werden, wenn das wirtschaftliche Umfeld schwächer wird.
BBB+ BBB BBB–	Baa1 Baa2 Baa3	**befriedigende Bonität,** mit spekulativen Elementen, es ist wahrscheinlicher, dass ein schlechteres wirtschaftliches Umfeld die Zahlungsfähigkeit des Schuldners belastet.

BB+ BB BB–	Ba1 Ba2 Ba3	**ausreichende Bonität,** mit spekulativen Elementen, Zahlungsfähigkeit gilt nur als gewährleistet, wenn das konjunkturelle Umfeld stabil bleibt oder sich verbessert.
B+ B B–	B1 B2 B3	**mangelhafte Bonität,** geringe Sicherung von Zins und Tilgung, Zahlungsfähigkeit schon bei stabilem Konjunkturumfeld nicht mehr ganz sicher; bei sich verschlechterndem Umfeld deutlich belastet.
CCC+ CCC CCC–	Ca1 Ca2 Ca3	**ungenügende Bonität,** sehr spekulativ, im aktuellen Umfeld anfällig für Zahlungsverzug, bei schlechterer Konjunktur Bedienung der Schulden unwahrscheinlich.

Quelle: https://www.boerse-stuttgart.de/de-de/produkte/anleihen/unternehmen/ (letzter Abruf: 11.07.2019)

➤ Zinsänderungsrisiko (Kursrisiko)

Das Zinsänderungsrisiko ist eines der **zentralen Risiken** von Anleihen. Unter dem Zinsänderungsrisiko versteht man die Gefahr, dass sich das Marktzinsniveau während der Laufzeit der Anleihe ändert. Der Kurs einer fest verzinsten Anleihe reagiert sensibel auf diese Veränderungen. Bei steigendem Marktzinsniveau verliert eine bestehende Anleihe mit einer niedrigeren Festverzinsung an Attraktivität.

> **Beispiel:**
>
> Festzinsanleihe, Nominalzins: 0,25 % p. a.
>
> Wenn das Marktzinsniveau aufgrund von steigenden Leitzinsen nach einem Jahr Laufzeit der Anleihe steigt und neu ausgegebene Anleihen eine durchschnittliche Verzinsung von 0,5 % p. a. anbieten, ist es für Anleger nicht mehr attraktiv, in die Anleihe zu 0,25 % p. a. zu investieren. Die Nachfrage nach dieser Anleihe sinkt und somit auch ihr Kurs.

Das Marktzinsniveau steht in einem inversen (umgekehrten) Verhältnis zum Kurs der Anleihe. Steigt das Marktzinsniveau, so fällt der Kurs der Anleihe. Das Zinsänderungsrisiko wird deshalb auch als **Kursrisiko** bezeichnet. Je länger die Restlaufzeit und je niedriger der Nominalzins der Anleihe, desto höher ist das Zinsänderungsrisiko.

Das Zinsänderungs- bzw. Kursrisiko ist für Anleger vor allem dann von Bedeutung, wenn er eine **fest verzinsliche Anleihe** besitzt. Bei variabel verzinsten Anleihen (Floating Rate Notes) ist die Auswirkung auf den Kurs nicht so stark, da die Verzinsung dem Marktzinsniveau regelmäßig angepasst wird (z. B. vierteljährlich).

Das Zinsänderungs- bzw. Kursrisiko trifft den Anleger einer fest verzinslichen Anleihe auch nur dann, wenn er sie **vor dem Laufzeitende veräußern** möchte. Dies wäre dann gegebenenfalls nur zu einem niedrigen Kurs möglich und der Anleger könnte Verluste erleiden. Hält der Anleger die Anleihe jedoch bis zum Laufzeitende, bekommt er im Regelfall den Nennwert (= 100 %) zurückgezahlt.

Aus der Änderung des Marktzinsniveaus kann sich für den Anleger jedoch auch eine **Chance** ergeben. Investiert der Anleger in einer Hochzinsphase in fest verzinsliche Anleihen, kann er in den Folgejahren durch **sinkende Marktzinsen** von **steigenden Kursen** profitieren.

➤ Kündigungsrisiko

In den Anlagebedingungen der Schuldverschreibung kann der **Emittent** sich ein jederzeitiges Kündigungsrecht vorbehalten. Von diesem Kündigungsrecht wird der Emittent einer fest verzinslichen Anleihe vor allem dann Gebrauch machen, wenn das Marktzinsniveau stark gesunken ist. Er kann sich bei niedrigeren Marktzinsen günstiger Geld beschaffen und möchte deshalb den hohen Zins, den er vor einiger Zeit in den Anlagebedingungen festgelegt hat, nicht länger zahlen.

Für den Anleger bedeutet die Kündigung, dass er einen Teil der **Zinsen** nicht erhält, mit denen er gerechnet hatte. Zudem hat er das **Wiederanlagerisiko,** d. h. er wird (gerade bei stark gesunkenem Marktzinsniveau) Schwierigkeiten haben, eine ähnlich gut verzinste Anlageform mit vergleichbarem Risiko zu finden.

➤ Auslosungsrisiko

Bei **Tilgungsanleihen** (vgl. E 4.2.2) besteht für den Anleger eine **Unsicherheit** bezüglich der **tatsächlichen Laufzeit,** da die einzelnen Teilschuldverschreibungen in Raten und somit zu unterschiedlichen Zeitpunkten zurückgezahlt werden. Kurz vor der Rückzahlung einer Rate werden die fälligen Teilschuldverschreibungen **per Zufallsprinzip** ausgelost. Neben der Unsicherheit über den Rückzahlungszeitpunkt führt die vorzeitige Rückzahlung zu den gleichen Nachteilen wie die vorzeitige Kündigung durch den Emittenten.

4.2.4 Besondere Arten von Schuldverschreibungen

➤ Bundeswertpapiere

Bundeswertpapiere sind von der Bundesrepublik Deutschland **fortlaufend** ausgegebene Schuldverschreibungen (Daueremission). Der Bund gilt hierbei als erstklassiger Emittent mit besten Ratings. Der Bund bietet **mehrere Arten von Schuldverschreibungen** mit verschiedenen Ausstattungsmerkmalen an. Seit dem 01.01.2013 ist die angebotene Vielfalt der Bundeswertpapiere jedoch stark eingeschränkt worden, so dass sich die angebotenen Schuldverschreibungen vor allem im Hinblick auf die Laufzeit und die Handelbarkeit unterscheiden.

Bundesschatzanweisungen, Bundesobligationen und **Bundesanleihen** haben die folgenden gemeinsamen Merkmale:

- **feste, jährlich nachträgliche Zinszahlung,**
- Ersterwerb nur durch Kreditinstitute möglich, da Bundeswertpapiere mittels Auktion (Tenderverfahren) vergeben werden,
- gebührenpflichtiger **Kauf oder Verkauf** bei Kreditinstituten **über die Börse** (für Privatanleger),
- **keine Mindestanlagesumme, keine Höchstgrenze,**
- Verwahrung bzw. Verwaltung in Form von **Wertrechten** über die Finanzagentur GmbH (vgl. E 4.1),
- **Rückzahlung zum Nennwert** bei Fälligkeit.

Hinsichtlich der Laufzeit unterscheiden sie sich jedoch.

- **Bundesschatzanweisungen:** 2 Jahre
- **Bundesobligationen:** 5 Jahre
- **Bundesanleihen:** 10 oder 30 Jahre

Daneben werden auch **inflationsindexierte Bundesobligationen und Bundesanleihen** ausgegeben. Sie weisen grundsätzlich die gleichen Merkmale auf wie zuvor geschildert. Die Zinsen und der Rückzahlungsbetrag bei Fälligkeit sind jedoch an einen Verbraucherpreisindex (vgl. G 7.3.1) gebunden. Ziel dieser Regelung ist es, die **Preissteigerungen** während der Laufzeit **auszugleichen** und somit die **Kaufkraft** der Zinszahlungen sowie des Rückzahlungsbetrages zu **erhalten**. Als Preis für den Inflationsschutz ist der feste Nominalzinssatz niedriger, da er die erwartete Inflation bereits bei der Emission berücksichtigt.

Für Privatanleger eher weniger üblich sind **unverzinsliche Schatzanweisungen** des Bundes. Sie haben eine Laufzeit von sechs Monaten. Sie werden als Abzinsungspapier (vgl. E 4.2.2) ausgegeben. Unverzinsliche Schatzanweisungen werden nicht an der Börse gehandelt. Üblich ist der Direkthandel zwischen institutionellen Anlegern (wie z. B. Banken, Versicherungen, Fondsgesellschaften). Interessierte Privatanleger können diese Papiere jedoch über ihre Bank erwerben.

➤ Pfandbriefe

Pfandbriefe sind Anleihen, die nur von **Pfandbriefbanken** oder **Bausparkassen** ausgegeben werden dürfen. Diese Kreditinstitute müssen bestimmte Voraussetzungen nach dem Pfandbriefgesetz erfüllen, um von der Bundesaufsicht für Finanzdienstleistungen (BaFin) speziell für dieses Geschäft zugelassen zu werden.

Zur **Deckung der Zahlungsverpflichtungen** aus den ausgegebenen Pfandbriefen (Zinsen und Tilgung) dienen besondere Vermögenswerte. Diese sind:

- bei **Hypothekenpfandbriefen:** Hypotheken oder Grundschulden auf Grundstücke oder grundstücksgleiche Rechte (z. B. Wohnungseigentum),
- bei **öffentlichen Pfandbriefen:** Geldforderungen aus Darlehen gegenüber der öffentlichen Hand,
- bei **Schiffspfandbriefen:** Schiffshypotheken,
- bei **Flugzeugpfandbriefen:** Hypotheken auf Flugzeuge.

Durch besondere gesetzliche Anforderungen an die Deckungswerte sind Pfandbriefe gegenüber anderen Anleihen zusätzlich abgesichert. Zu diesen Anforderungen gehören insbesondere:

- die jederzeitige Gewährleistung der **Deckungskongruenz,** d. h. die Vermögenswerte zur Absicherung müssen stets mindestens so werthaltig sein wie die bestehenden gesamten Verbindlichkeiten aus Pfandbriefen,
- die Eintragung der Deckungswerte in ein spezielles **Deckungsregister,** das von einem Treuhänder der BaFin zu überwachen ist,
- das **Insolvenzvorrecht** der Pfandbriefgläubiger, d. h. die Verwertung der Deckungswerte erfolgt im Insolvenzfall der Pfandbriefbank vorrangig für die Pfandbriefgläubiger vor allen anderen Gläubigern des Kreditinstituts.

Diese besonderen Sicherheitsmerkmale führen dazu, dass Pfandbriefe von Ratingagenturen i. d. R. beste Bonitätsnoten erhalten (z. B. Standard & Poor's: AAA) und somit hinsichtlich des Bonitätsrisikos als unbedenklich gelten (vgl. E 4.2.3).

4.2.5 Steuerliche Behandlung der Geldanlage in Schuldverschreibungen

Die **Zinserträge,** die **Rückzahlungsgewinne** (= Differenz aus Emissionskurs unter pari und Rückzahlung zum Nennwert) sowie die **Kursgewinne** durch einen vorzeitigen Verkauf der Anleihe werden nach Abzug von 25 % Kapitalertragsteuer (Abgeltungssteuer) und 5,5 % Solidaritätszuschlag auf die Kapitalertragsteuer gutgeschrieben. **Rückzahlungsverluste** (= Differenz aus Emissionskurs über pari und Rückzahlung zum Nennwert), **Kursverluste** durch einen vorzeitigen Verkauf der Anleihe sowie **gezahlte Stückzinsen** können jedoch mit den zuvor genannten Erträgen verrechnet werden und mindern so die Steuerbelastung. Zudem kann auch hier der Steuerabzug durch Erteilung eines Freistellungsauftrags oder durch Einreichen einer Nichtveranlagungsbescheinigung vermieden werden.

Die Besteuerung von Kapitalerträgen ist umfassend in Abschnitt F 5.1 dargestellt.

Lernkontrollen zu E 4.1 und E 4.2

Grundlagen zu Wertpapieren

1   Unterscheiden Sie zwischen Einzelurkunden und Sammelurkunden.

2   Was sind Wertrechte?

Schuldverschreibungen

3   Ihre Kundin Andrea Berger hat im Internet eine Werbung für die folgende Schuldverschreibung gefunden. Leider versteht Frau Berger bisher nichts von Anleihen und bittet Sie um eine Beratung. Erläutern Sie der Kundin die in der Anzeige enthaltenen Grundbegriffe am Beispiel.

> Deutsche Lufthansa AG Festzinsanleihe mit 3,265 % Nominalverzinsung, Nennwert: 1 000,00 € pro Schuldverschreibung, Zinstermin 15.09. ganzjährig, gesamtfällig, Laufzeit bis 15.09.2026, Kündigung durch Emittenten möglich ab 15.09.2023, Emissionskurs: 102,3 %

4   Erläutern Sie den Zusammenhang zwischen Nominalverzinsung und Bonität des Emittenten.

5   Nennen Sie drei Risikofaktoren, die das Zinsänderungsrisiko erheblich erhöhen können.

6   Ihre Kundin Eva Habermann möchte von Ihnen beraten werden. Bisher hatte sie 10 000,00 € als mehrjähriges Festgeld zu 2,5 % p. a. angelegt. Sie möchte von Ihnen einige Informationen zur Verzinsung, zum Zeitpunkt der Zinszahlung, zur Laufzeit und zum Erwerb von Bundesanleihen und Bundesobligationen erhalten. Beraten Sie Frau Habermann.

7   Ihr Kunde Helge Busch (25 Jahre, Automechaniker) hat vor ein paar Wochen eine Bundesobligation mit einem Zinssatz von 0,25 % p. a. gekauft. Jetzt hat er in der Zeitung gelesen, dass Anleihen des Landes Argentinien mit 7,125 % p. a. verzinst werden. Die Anleihen kosten derzeit 67,70 US-Dollar bei einem Nennwert von 100 US-Dollar. Er möchte von Ihnen beraten werden, ob er die Bundesobligation verkaufen und für das Geld Argentinien-Anleihen erwerben soll.

8   Nennen Sie die vier Pfandbriefarten.

9   Erläutern Sie, warum Pfandbriefe ein ähnlich gutes Rating erhalten wie Bundesanleihen.

4.3 Aktien

Situation:
Paul Werner (50 Jahre alt, ledig) hat sich als Web-Designer selbstständig gemacht. Er hat von seinem ehemaligen Arbeitgeber eine Abfindung in Höhe von 100 000,00 € erhalten. In der Tageszeitung hat er gelesen, dass die Anlage in Aktien die größten Gewinnchancen bietet und einige Anleger ihr Vermögen in einem Jahr verdoppelt haben. Er bittet Sie um Anlageempfehlungen.

4.3.1 Funktionsweise und Wesen von Aktien

Die Aktie ist ein **Wertpapier**, das der Beteiligungsfinanzierung dient und das Teilhaberrechte des Aktionärs an einer Aktiengesellschaft verbrieft.

Im Rahmen der **Gründung einer Aktiengesellschaft** (AG) müssen die Gründer unter anderem entscheiden, auf welche Weise das Grundkapital in Höhe von mindestens 50 000,00 € in einzelne Aktien zerlegt werden soll (zur AG vgl. Bd. 1, C 2.1). Diese Entscheidung ist in der Satzung der AG festzulegen. Das Grundkapital kann entweder in Nennbetragsaktien oder in Stückaktien aufgeteilt werden.

AktG
§ 23 (3)

Entscheiden sich die Gründer für **Nennbetragsaktien,** wird ein bestimmter Nennwert pro Aktie festgelegt. Dieser muss mindestens 1,00 € betragen und auf volle Euro lauten. Aus dem Nennwert pro Aktie ergibt sich die Gesamtaktienanzahl der AG.

Bei **Stückaktien** wird das Grundkapital in eine vorher festgelegte Anzahl an Aktien zerlegt. Der rechnerische Nennwert einer Aktie am Grundkapital ergibt sich, indem man das Grundkapital durch die ausgegebene Aktienzahl teilt. Dieser muss mindestens 1,00 € betragen.

Im Rahmen der Gründung der AG ist in der Gründungsurkunde festzulegen, welcher Gründer wie viele Aktien bzw. wie viel Nennwert übernimmt (sofern es mehrere Gründer gibt). Der Anteil eines Aktionärs am Grundkapital der AG (**Beteiligungsquote**) ergibt sich aus der Summe der Nennwerte der von ihm übernommenen Aktien im Verhältnis zum Grundkapital bzw. aus der von ihm übernommenen Stückzahl im Verhältnis zur Gesamtzahl der Aktien der AG.

4.3.2 Rechte eines Aktionärs

Aus der für Kapitalgesellschaften typischen Trennung von Kapital und Geschäftsführung bzw. Vertretung ergibt sich das Problem, dass die Aktionäre einer AG Kapital zur Verfügung stellen und damit für die operativen Entscheidungen haften, die von der Geschäftsleitung getroffen werden. Um einen Interessenausgleich zu schaffen und einen Anreiz zur Beteiligung an der AG zu schaffen, räumt der Gesetzgeber den Aktionären verschiedene Rechte ein. Der Umfang dieser verbrieften Rechte richtet sich nach der Art der Aktie. Man unterscheidet hierbei in Stammaktien und Vorzugsaktien.

▶ Stammaktien

Stammaktien verbriefen die gesetzlichen und satzungsmäßigen Rechte eines Aktionärs im vorgesehenen Umfang. Gesetzliche Aktionärsrechte nach dem Aktiengesetz (AktG) sind:

- **Beteiligung am Gewinn** (Recht auf Dividende, sofern in der Hauptversammlung eine Ausschüttung beschlossen wird), §§ 58 (4), 60
- **Bezugsrecht** bei Kapitalerhöhungen der AG (»Vorkaufsrecht« für neu ausgegebene Aktien), § 186
- **Anteil am Liquidationserlös** (Resterlös nach Ausgleich aller Schulden bei Auflösung der AG), § 271
- **Teilnahme an der Hauptversammlung,** § 118
- **Auskunftsrecht** gegenüber dem Vorstand in der Hauptversammlung, § 131
- **Stimmrecht** bei Beschlüssen in der Hauptversammlung (je Aktie ein Stimmrecht). § 134

Beschlüsse werden in der Hauptversammlung entweder mit **einfacher Mehrheit** (= mind. 50 % + 1 Stimme für »ja«) oder mit **qualifizierter Mehrheit** (= mind. 75 % des vertretenen Grundkapitals für »ja«) getroffen. Die folgende Tabelle zeigt typische Beschlüsse und die jeweils erforderliche Mehrheit.

einfache Mehrheit	qualifizierte Mehrheit
● Verwendung des Bilanzgewinns ● Bestellung der Aktionärsvertreter für den Aufsichtsrat ● Entlastung von Vorstand und Aufsichtsrat ● Bestellung des Abschlussprüfers	alle Beschlüsse von besonderer Tragweite, wie z. B.: ● Satzungsänderungen ● Maßnahmen der Kapitalbeschaffung und Kapitalherabsetzung ● Auflösung der AG

Über Belange, die die Geschäftsführung des Unternehmens betreffen, kann die Hauptversammlung keine Beschlüsse fassen, es sei denn, sie werden vom Vorstand dazu aufgerufen.

➤ **Vorzugsaktien**

AktG
§ 139 (1)

Vorzugsaktien gewähren dem Aktionär Vorzüge in Bezug auf eines oder mehrere der beschriebenen Aktionärsrechte, sie sind im Gegenzug dazu jedoch oft **stimmrechtslos**. Die in Deutschland vorherrschende Form von Vorzugsaktien ist mit einem Vorzug in Bezug auf die Verteilung des Bilanzgewinns ausgestattet. Meist erhalten Vorzugsaktionäre eine **höhere Dividende** pro Aktie.

§ 140

Darüber hinaus haben Vorzugsaktien oft einen **Anspruch auf Nachzahlung** der Vorzugsdividende, sofern die Dividendenzahlung aufgrund der schlechten Erfolgslage der AG in einem Jahr ausgefallen ist. Wird der Dividendenvorzug wegen mangelnden Bilanzgewinns nicht innerhalb zweier Geschäftsjahre nachgezahlt, so lebt das Stimmrecht wieder auf.

§ 139 (2)

Die Ausgabe von Vorzugsaktien ohne Stimmrecht ist nur bis maximal zur **Hälfte des Grundkapitals** der AG möglich.

4.3.3 Handel und Übertragung von Aktien

Unmittelbar nach der Gründung einer AG gibt es nur eine begrenzte Anzahl von Aktionären, in Abhängigkeit von der Anzahl der Gründer. Im weiteren Verlauf können diese **Aktien** jedoch auch an andere Investoren **verkauft bzw. übertragen** werden. Die Verbriefung der Aktionärsrechte in Aktien dient somit der leichteren Übertragbarkeit der Teilhaberschaft und damit dem Handel mit Aktien.

➤ **Börsenhandel von Aktien**

Ein Teil der Aktiengesellschaften entscheidet sich auch für einen **Börsengang.** Hierbei werden Teile der Aktien einer breiten Anzahl an privaten und institutionellen Investoren zum Kauf angeboten und im Anschluss an der Börse zum **Handel** zugelassen. Ein Börsengang dient in erster Linie der Kapitalbeschaffung und der Verteilung des unternehmerischen Risikos auf viele verschiedene Anleger. Zudem fördert ein Börsengang die Bekanntheit der AG und bietet die Möglichkeit einer (mehr oder weniger) objektiven Marktbewertung des Unternehmens durch den Aktienkurs, der sich durch Angebot und Nachfrage bildet (vgl. Abschnitt F 4.3).

➤ **Aktienarten nach der Art der Übertragung**

Die Übertragung von Aktien hängt von der in der Satzung der AG gewählten Aktienart ab. Man unterscheidet zwischen

● **Inhaberaktien**

Der Aktionär ist auf der Wertpapierurkunde namentlich nicht genannt. Eine Übertragung ist ohne weitere Formalitäten durch Einigung und Übergabe möglich.

● **Namensaktien**

Sie werden auf den Namen des Aktionärs ausgestellt, d. h. der Aktionär wird in das bei der AG geführte Aktienregister eingetragen.

Nur der im Aktienregister eingetragene und somit registrierte Aktionär gilt deshalb gegenüber der AG als (stimm- und dividendenberechtigter) Aktionär. Durch Börsengeschäfte beteiligte Kreditinstitute sind verpflichtet, die zum Aktienregister erforderlichen Angaben (Stückzahl der gehaltenen Aktien, Name, Geburtsdatum und Adresse des Aktionärs) der Aktiengesellschaft zu übermitteln. Die hierbei entstehenden Kosten werden den Kreditinstituten von der AG ersetzt.

AktG
§ 67 (2)

§ 67 (4)

Um Namensaktien übertragen zu können, ist es erforderlich, dass neben der Übergabe der Aktie eine Abtretungserklärung (Indossament) des bisherigen Aktionärs auf der Rückseite der Namensaktie erfolgt.

In der Praxis wird der hohe Aufwand der Umschreibungen im Aktienregister häufig dadurch reduziert, dass nicht alle Aktionäre einzeln, sondern stellvertretend für viele Kleinanleger eine Bank eingetragen wird. Das Indossament wird häufig durch eine Unterschrift auf einer speziellen Urkunde, in der der »alte« Aktionär seine Rechte und Ansprüche an den »neuen« (ihm zumeist unbekannten) Aktionär abtritt, bewirkt.

● **vinkulierte Namensaktien**

Diese Aktienart weist gegenüber der einfachen Namensaktie eine zusätzliche Besonderheit auf.

Sie kann nur mit Zustimmung der AG (im Regelfall: Vorstand) übertragen werden. Auf diese Weise kann die AG ihre Aktionärsstruktur steuern, vor allem im Hinblick auf Großaktionäre und eventuelle Übernahmepläne durch Konkurrenten.

4.3.4 Kapitalerhöhung einer Aktiengesellschaft

Wenn eine AG finanzielle Mittel für Investitionen benötigt, so hat sie neben der Aufnahme von Fremdkapital in Form von Anleihen oder Bankkrediten die Möglichkeit, das Eigenkapital zu erhöhen. Dazu kann die Hauptversammlung auf Vorschlag des Vorstandes beschließen, das **Grundkapital** durch die Ausgabe von **jungen Aktien** gegen Bezahlung des Ausgabepreises zu **erhöhen**. Mit der Eintragung der Durchführung der Kapitalerhöhung im Handelsregister ist das Grundkapital erhöht.

Den bisherigen Aktionären der AG steht im Zusammenhang mit der Kapitalerhöhung ein **Bezugsrecht** zu. Auf jede **alte Aktie** entfällt im Regelfall ein Bezugsrecht. Die benötigte Anzahl an Bezugsrechten zum Bezug einer jungen Aktie ergibt sich aus dem Bezugsverhältnis. Es wird als Verhältnis zwischen Grundkapital vor der Kapitalerhöhung und dem Erhöhungsbetrag des Grundkapitals ermittelt.

Beispiel:

Grundkapital vor der Erhöhung: 100 Mio. €

Erhöhung des Grundkapitals um: 25 Mio. €

→ Bezugsverhältnis = 100 Mio. € : 25 Mio. € = **4 : 1**

In diesem Fall benötigt der Altaktionär **4 Bezugsrechte** zum Erwerb **1 jungen Aktie.**

Der **Ausgabepreis** der jungen Aktien liegt meist weit über dem (rechnerischen) Nennwert einer alten Aktie. Dieses Aufgeld, auch **Agio** genannt, fließt in die Kapitalrücklagen der AG ein. Diese sind ebenfalls ein Bestandteil des Eigenkapitals einer AG. Die Erhöhung des Grundkapitals macht somit meist nur einen geringen Anteil der tatsächlichen Erhöhung des gesamten Eigenkapitals aus.

Beispiel (Fortsetzung):

Ausgabepreis für die jungen Aktien: 30,00 €

Es werden insgesamt **5 Mio. junge Aktien** mit dem Nennwert von je 5,00 € ausgegeben. Das Grundkapital wird somit um 25 Mio. € erhöht. Der Rest des Ausgabepreises, also das Agio in Höhe von 25,00 € je Aktie fließt in die Kapitalrücklagen ein und erhöht so das Eigenkapital der AG um weitere **125 Mio. €**. Insgesamt steht der AG durch die Kapitalerhöhung somit frisches Eigenkapital in Höhe von **150 Mio. €** zur Verfügung.

Da der Ausgabepreis in der Regel niedriger ist als der Börsenkurs der alten Aktien, wird der Wert der Aktie nach der Kapitalerhöhung sinken. Dieser Kursverlust der Aktie wird auch als **Kapitalverwässerung oder Bezugsrechtsabschlag** bezeichnet. Der neue, verwässerte Aktienkurs lässt sich rechnerisch ermitteln, in dem man aus dem Kurswert der alten Aktie und dem Ausgabepreis der jungen Aktie einen mit dem Bezugsverhältnis gewichteten Durchschnittswert errechnet.

Beispiel (Fortsetzung):

Der Aktienkurs lag vor der Kapitalerhöhung bei 40,00 €.

Der voraussichtliche neue Kurs nach der Kapitalerhöhung kann nun rechnerisch wie folgt ermittelt werden:

$$\text{voraussichtlicher Kurs} = \frac{m \cdot K_a + n \cdot K_n}{(m + n)}$$

$$= \frac{(4 \cdot 40,00 \,€ + 1 \cdot 30,00 \,€)}{(4 + 1)} = 38,00 \,€$$

m/n: Bezugsverhältnis
K_a: Börsenkurs (alt)
K_n: Ausgabepreis (junge Aktie)

Die Gewährung von **Bezugsrechten** soll diesen Verwässerungseffekt ausgleichen. Rechnerisch entspricht der Wert eines Bezugsrechts dem Unterschied zwischen altem und neuem (voraussichtlichen) Börsenkurs der Aktie. Dieser rechnerische Wert stellt den »fairen« Preis für den Kauf bzw. Verkauf eines Bezugsrechts dar. Die Bezugsrechte werden jedoch an der Börse gehandelt, wo sich der Preis aus Angebot und Nachfrage ergibt. Somit kann sich in der Realität ein abweichender Preis ergeben.

Beispiel (Fortsetzung):

Die Formel für die Ermittlung des rechnerischen Wertes eines Bezugsrechts lautet:

$$BR = \frac{(K_a - K_n)}{\left(\frac{m}{n} + 1\right)}$$

$$= \frac{(40,00 \,€ - 30,00 \,€)}{\left(\frac{4}{1} + 1\right)} = 2,00 \,€$$

Börsenkurs der alten Aktien	40,00 €
– voraussichtlicher Kurs nach der Kapitalerhöhung	38,00 €
= rechnerischer Wert eines Bezugsrechts	**2,00 €**

Der Wertverlust von jeweils 4 alten Aktien (je 2,00 € Wertverlust) wird durch die dafür gewährten 4 Bezugsrechte im Wert von insgesamt 4 · 2,00 € = 8,00 € ausgeglichen.

Der bezugsberechtigte Aktionär hat verschiedene Möglichkeiten, auf das Bezugsangebot der AG zu reagieren. Er kann:

● die Bezugsrechte entsprechend seinem alten Aktienbestand ausüben und die ihm zustehenden jungen Aktien erwerben

oder im Rahmen des Bezugsrechtshandels über die Börse

● fehlende Bezugsrechte hinzukaufen,
● überschüssige Bezugsrechte verkaufen oder
● alle Bezugsrechte verkaufen und gar keine jungen Aktien erwerben.

Das gesetzlich vorgesehene **Bezugsrecht** für Aktionäre im Rahmen von Kapitalerhöhungen hat **zwei Funktionen:**

● Es dient dem Ausgleich von Vermögensverlusten durch den sinkenden Aktienkurs nach Kapitalerhöhungen (= Kapitalverwässerungseffekt).
● Es bietet den Altaktionären die Möglichkeit, ihren prozentualen Anteil am Grundkapital der AG auch nach der Kapitalerhöhung aufrecht zu erhalten.

Beispiel (Fortsetzung):

Herr Müller ist Aktionär der AG und besitzt vor der Kapitalerhöhung 200 Aktien der AG.

Sein prozentualer Anteil an der AG kann bezogen auf die Gesamtaktienanzahl von 20 Mio. Aktien (Grundkapital vor der Kapitalerhöhung waren 100 Mio. €, aufgeteilt in Aktien á 5,00 € Nennwert) errechnet werden. 200 Aktien von 20 Mio. Aktien ergeben einen prozentualen Anteil von 0,001 %.

Wenn er sich für den Bezug der jungen Aktien entscheidet kann er mit 200 Bezugsrechten, die er für seine 200 alten Aktien erhält,

$$\frac{200 \text{ Bezugsrechte}}{4} = 50 \text{ junge Aktien}$$

beziehen, da er für je 4 Bezugsrechte 1 junge Aktie erhält (siehe Bezugsverhältnis).

Sein prozentualer Anteil bleibt danach bei 0,001 %, da er nun 250 Aktien von insgesamt 25 Mio. Aktien hält. Die Gesamtaktienanzahl hat sich im gleichen Verhältnis erhöht wie seine individuelle Aktienanzahl.

4.3.5 Chancen und spezielle Risiken von Aktien

➤ **Chancen der Anlage in Aktien**

Langfristig betrachtet ist es sinnvoll, in die wirtschaftliche Entwicklung von Unternehmen zu investieren. Über die Börse bieten Aktien eine einfache Möglichkeit, sich auch als Kleinanleger mit begrenzten finanziellen Mitteln am Unternehmenserfolg von Aktiengesellschaften zu beteiligen. Trotz Krisen und teilweise recht starken Kurseinbrüchen (z. B. im Rahmen der Finanzkrise) weisen Aktien **langfristig gute durchschnittliche Renditen** auf.

Gerade in der aktuellen **Niedrigzinsphase**, in der mit klassischen Anlageprodukten kaum Zinserträge erzielt werden können, stellt die Anlage in Aktien eine **gute Alternative** dar. Viele große und traditionsreiche Unternehmen (wie z. B. viele DAX-Konzerne) bieten zudem gute jährliche Dividendenausschüttungen, von denen der Anleger zusätzlich zur Kursentwicklung der Aktie profitieren kann.

➤ Risiken der Anlage in Aktien

Dennoch unterliegen Aktien einigen speziellen Risiken, die der Anleger bei der Anlageentscheidung mit berücksichtigen sollte.

Prägend für das spezielle Risikoprofil der Aktie als Anlageform ist, dass ihre Preisbildung in starkem Maße auch von Einflussfaktoren abhängt, die sich einer rationalen Kalkulation entziehen.

● **Unternehmerisches Risiko**
Als Käufer von Aktien ist der Aktionär Eigenkapitalgeber und damit Mitinhaber der Aktiengesellschaft. Mit Aktien beteiligt er sich an der wirtschaftlichen Entwicklung der Gesellschaft. Im Extremfall, d.h. bei Insolvenz des Unternehmens, kann ein Aktieninvestment einen vollständigen Verlust des Anlagebetrages bedeuten, besonders weil die Aktionäre im Insolvenzfall am Liquidationserlös erst nach Befriedigung aller Gläubigeransprüche beteiligt werden.

● **Kursänderungsrisiko**
Aktienkurse weisen unvorhersehbare Schwankungen auf. Langfristig sind die Kursbewegungen durch die Ertragslage der Unternehmen bestimmt, die ihrerseits durch die Entwicklung der Gesamtwirtschaft und der politischen Rahmenbedingungen beeinflusst werden. Mittelfristig überlagern sich Einflüsse aus dem Bereich der Wirtschafts-, Währungs- und Geldpolitik. Kurzfristig können aktuelle, zeitlich begrenzte Ereignisse wie Auseinandersetzungen zwischen den Tarifparteien oder auch internationale Krisen Einfluss auf die Kursentwicklung nehmen.

● **Dividendenrisiko**
Die Dividende richtet sich maßgeblich nach dem erzielten Gewinn der Aktiengesellschaft. Bei niedrigen Gewinnen oder bei Verlustsituationen der Gesellschaft kann die Dividende gekürzt werden oder sogar ausfallen.

● **Psychologie der Marktteilnehmer**
Steigende oder fallende Kurse am Aktienmarkt bzw. bei einzelnen Aktien sind von Einschätzungen der Marktteilnehmer und damit von deren Anlageverhalten abhängig. Neben objektiven Faktoren und rationalen Überlegungen wird die Entscheidung zum Kauf oder Verkauf von Wertpapieren auch durch irrationale Meinungen und massenpsychologisches Verhalten beeinflusst. So reflektieren die Aktienkurse auch Hoffnungen von Käufern und Verkäufern. Die Börse ist ein Markt von Erwartungen, auf dem die Grenze zwischen einer sachlich begründeten und einer eher emotionalen Verhaltensweise nicht eindeutig zu ziehen ist.

● **Risiko der Kursprognose**
Bei Aktienkäufen und -verkäufen sind der richtige Zeitpunkt (Timing) sowie die Auswahl der »richtigen« Aktien die entscheidenden Faktoren für die Höhe des Anlageerfolgs. Zahlreiche Analysemethoden, wie z.B. die Fundamentalanalyse und die Chartanalyse (vgl. F 3.2.3), versuchen die Vielzahl der markt- und kursbeeinflussenden Aussagen zu bündeln und einen Anhaltspunkt für eine erfolgreiche Anlageentscheidung zu geben. Bei Kaufentscheidungen geht es (einfach ausgedrückt) um die Auswahl der Aktien, die z. Zt. »unterbewertet« bzw. billig zu haben sind, aber für die Zukunft Kurszuwächse und Ertragszuwächse erwarten lassen.

Bei Verkaufsentscheidungen geht es um z. Zt. hoch bewertete Aktien, bei denen zumindest kurzfristig kein Wertzuwachs zu erwarten ist. Die Empfehlung lautet »Gewinnmitnahme« durch Verkauf.

4.3.6 Steuerliche Behandlung der Geldanlage in Aktien

Die Dividende, die Kursgewinne bei Verkauf der Aktien und Erlöse aus dem Verkauf der Bezugsrechte werden nach Abzug von 25 % Kapitalertragsteuer und 5,5 % Solidaritätszuschlag gutgeschrieben. Kursverluste können nur mit Kursgewinnen steuerlich verrechnet werden.

Die Besteuerung von Kapitalerträgen (Abgeltungsteuer) ist umfassend in Abschnitt F 5.1 dargestellt.

Lernkontrollen zu E 4.3

Arten von Aktien

1   Beschreiben Sie den Unterschied zwischen Nennwert- und Stückaktien.

2   Nennen Sie die Rechte, die Stammaktien verbriefen.

3   Erläutern Sie die Sonderrechte von Vorzugsaktien.

4   Grenzen Sie Inhaber- und Namensaktien hinsichtlich der Übertragung voneinander ab.

Kapitalerhöhungen

5   Die Solino AG erhöht ihr Grundkapital von 12 Mio. auf 20 Mio. €. Der Ausgabepreis einer jungen Aktie liegt bei 35,00 €. Der Börsenkurs vor der Kapitalerhöhung liegt bei 37,50 €.

    a)   Berechnen Sie das Bezugsverhältnis.

    b)   Berechnen Sie den voraussichtlichen Kurs, der sich nach der Kapitalerhöhung ergeben wird.

    c)   Berechnen Sie den rechnerischen Wert eines Bezugsrechts.

    d)   Frau Dora Pesche ist bereits seit einiger Zeit Aktionärin der Solino AG. Vor der Kapitalerhöhung hat sie 330 Aktien der Solino AG in ihrem Depot. Wie viele junge Aktien kann sie im Rahmen der Kapitalerhöhung zusätzlich kaufen, wenn sie die ihr zustehenden Bezugsrechte in vollem Umfang nutzen möchte?

    e)   Erläutern Sie Frau Pesche, warum sie als Altaktionärin der Solino AG ein gesetzliches Bezugsrecht hat.

Chancen und spezielle Risiken von Aktien

6   Erläutern Sie, worin die Chance einer Aktienanlage liegt.

7   Beschreiben Sie kurz zwei verschiedene Risiken, die typischerweise bei einer Aktienanlage vorliegen.

4.4   Offene Investmentvermögen

Situation:

Brigitte Adam (33 Jahre alt, ledig) arbeitet als kaufmännische Angestellte bei einem Zeitungsverlag. Sie hat von Ihren Großeltern 30 000,00 € geschenkt bekommen und möchte dieses Geld nun anlegen. Sie ist nach einem Gespräch mit Freunden von den mittel- bis langfristigen Perspektiven einer Fondsanlage, insbesondere für ihre Altersvorsorge, überzeugt. Sie bittet um eine Beratung über die Möglichkeiten der Anlage in Investmentvermögen.

4.4.1 Funktionsweise und rechtliche Grundlagen

➤ **Funktionsweise**

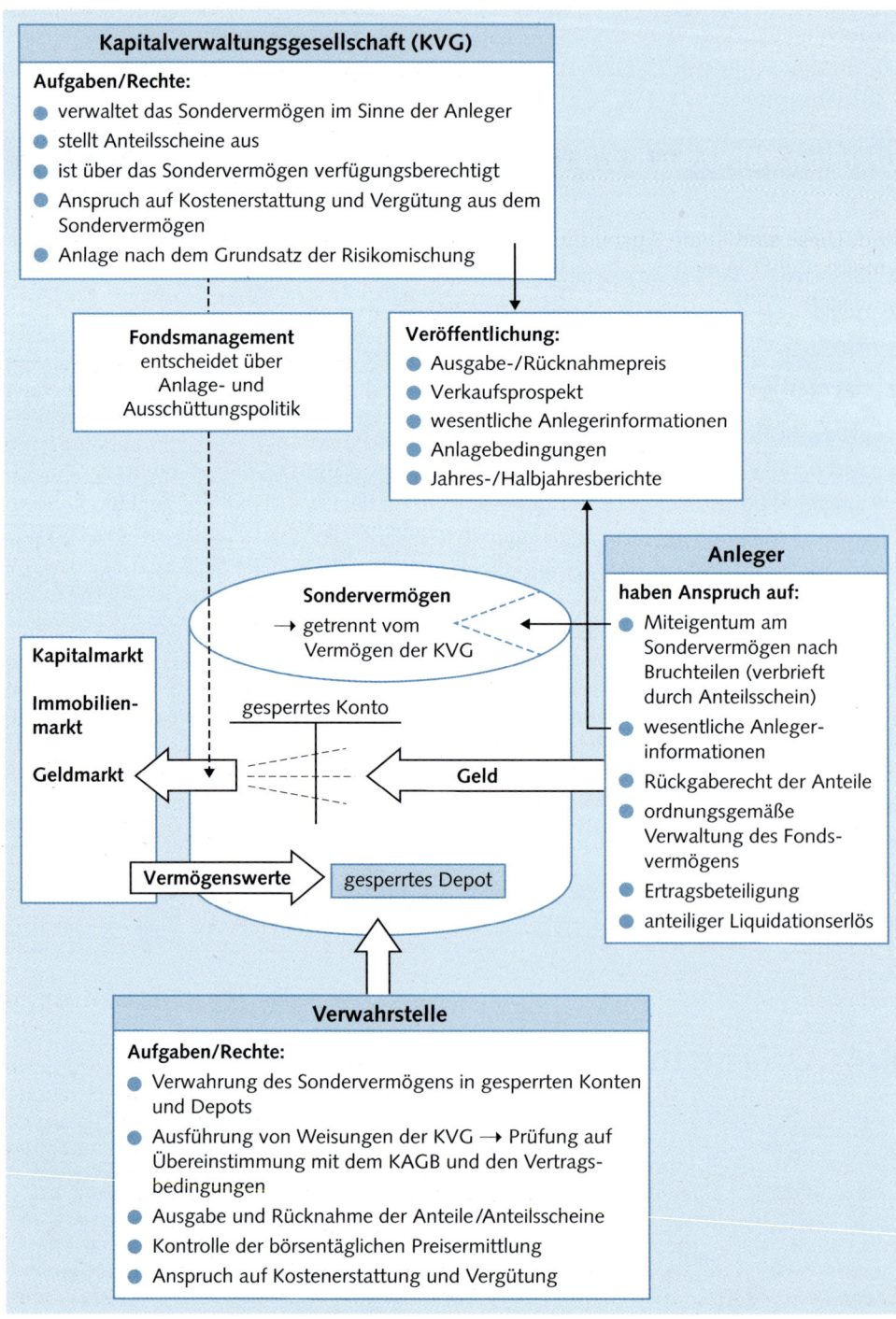

➤ Definition eines Investmentvermögens

Ein **Investmentvermögen** (= Investmentfonds) ist jeder Organismus für gemeinsame Anlagen, der von einer Anzahl von Anlegern Kapital einsammelt, um es gemäß einer festgelegten Anlagestrategie zum Nutzen dieser Anleger zu investieren. Rechtsgrundlage für Investmentvermögen ist das **Kapitalanlagegesetzbuch (KAGB).**

KAGB
§ 1 (1)

Offene Investmentvermögen haben im Gegensatz zu geschlossenen Investmentvermögen (vgl. Abschnitt F 6.1) eine unbegrenzte Anzahl von Anlegern. Offene Investmentvermögen geben laufend neue Anteile aus, somit kann das Fondsvermögen sich (sofern die Nachfrage nach dem Fonds vorhanden ist) immer mehr vergrößern. Desweiteren sind die folgenden Ausführungen auf **Publikumsinvestmentvermögen** beschränkt, da Spezialinvestmentvermögen nur für Großanleger und institutionelle Anleger geeignet sind. Diese sind keine Ausbildungsinhalte des Kaufmanns/der Kauffrau für Versicherungen und Finanzen.

➤ Kapitalverwaltungsgesellschaft (KVG)

Die Verwaltung der Investmentvermögen wird von einer **KVG** übernommen. Sie legt das bei ihr angelegte Geld im eigenen Namen für gemeinschaftliche Rechnung der Anleger in nach dem KAGB zugelassenen Vermögensgegenständen an. Das Investmentvermögen wird dabei gesondert vom eigenen Vermögen der KVG angelegt und wird deshalb auch als **Sondervermögen** bezeichnet. Eine KVG darf mehrere Sondervermögen bilden. Das Sondervermögen haftet nicht für die Verbindlichkeiten der KVG.

§ 92

§ 93 (2)

Die überwiegende Anzahl der Investmentfons wird durch eine sogenannte **externe KVG** aufgelegt und verwaltet. Externe KVG sind nur als AG, GmbH oder GmbH & Co.KG mit **Erlaubnis durch die Bundesanstalt für Finanzdienstleistungsaufsicht (BaFin)** zu führen. Das Eigenkapital für eine externe KVG muss mindestens 125 000,00 € betragen.

§§ 18, 20
§ 25

Die KVG ist über die einzelnen Investmentvermögen **verfügungsberechtigt,** d. h. sie kann insbesondere Anlagewerte kaufen und verkaufen sowie Stimmrechte aus den gekauften Aktien wahrnehmen. Bei der Anlage des Sondervermögens müssen die **Grundsätze der Risikostreuung** beachtet werden.

§§ 93, 94

§ 206

Die KVG hat Anspruch auf Kostenerstattung und eine **Vergütung** für ihre Tätigkeit aus dem Sondervermögen, die sich aus den Vertragsbedingungen ergibt.

§ 162 (2)
Nr. 11–14

➤ Rechte des Anlegers

Die KVG stellt über die sich aus der Anlage im Sondervermögen ergebenden Rechte der Anteilsinhaber Urkunden (= **Anteilsscheine**) aus. Die Ausstellung von Einzelurkunden für jeden einzelnen Anleger ist hierbei ausgeschlossen. Investmentfondsanteile werden ausschließlich in Sammelurkunden verbrieft.
Im Regelfall steht jedem Anleger ein **Miteigentum am Sondervermögen nach Bruchteilen** zu.

§ 95

Rechtzeitig vor Vertragsschluss sind dem am Erwerb eines Anteils Interessierten **die wesentlichen Anlegerinfomationen (WAI) bzw. das Key Investor Information Document (KIID)** in der geltenden Fassung kostenlos zur Verfügung zu stellen. Bestandteile dieser Informationen sind vor allem Ziele und Anlagepolitik, Kosten, Informationen über Chancen und Risiken und die Wertentwicklung der Vergangenheit des Fonds.

§§ 163 ff.

Darüber hinaus sind dem Anleger auf Verlangen der **Verkaufsprospekt** sowie der letzte veröffentlichte **Jahres- und Halbjahresbericht** kostenlos zur Verfügung zu stellen.

§§ 101,
103

Der Käufer hat ein **jederzeitiges Recht auf Rückgabe** der Anteile (wenn nur teilweise: mindestens zweimal im Monat) an die KVG. Die Rückzahlung erfolgt hierbei zum

§ 98

Rücknahmepreis aus dem Fondsvermögen. Bei außergewöhnlichen Umständen hat die KVG jedoch ein Recht auf Aussetzung der Rücknahme. Für einige Fondsarten sind Einschränkungen in der Verfügbarkeit und längere Kündigungsfristen zulässig oder vorgeschrieben, wie z. B. bei offenen Immobilienfonds.

KAGB
§ 100

Außerdem hat der Anleger einen Anspruch auf eine **Beteiligung an den Erträgen** des Investmentfonds sowie auf einen anteiligen **Liquidationserlös** bei Auflösung des Fonds.

➤ **Verwahrstelle**

§ 68, 69,
72

Die **Verwahrstelle** ist ein zugelassenes Kreditinstitut. Ihre Hauptaufgabe besteht darin, das Sondervermögen **in gesperrten Konten und Depots** zu verwahren. Die beauftragte Verwahrstelle muss von der BAFin genehmigt werden. Sie übernimmt zusätzlich zur Verwahrung eine **Kontrollfunktion**. Sie überwacht unter anderem die Berechnung der Ausgabe- und Rücknahmepreise sowie die ordnungsgemäße Ertragsverwendung des Investmentvermögens.

§ 76

§ 79 (2)

Die Verwahrstelle erhält für die Erfüllung ihrer Aufgaben aus dem Sondervermögen eine Kostenerstattung und eine Vergütung.

Für die Regelung der Rechtsverhältnisse haben die jeweiligen Kapitalverwaltungsgesellschaften »Allgemeine Anlagebedingungen« verfasst.

Proxi-
mus 4 BE
S. 424 ff.

Hinweis: Im **Proximus 4 Bedingungswerk** sind die Allgemeinen Anlagebedingungen der Proximus Invest GmbH abgedruckt.

4.4.2 Fondsarten und Anlagebestimmungen nach dem KAGB

Das KAGB unterscheidet zunächst in OGAW-Investmentvermögen und Alternative Investment Funds (AIF).

KAGB
§ 1 (2)

● **OGAW-Fonds:** OGAW steht für »Organismus für gemeinsame Anlage in Wertpapieren«. Im europäischen Rechtsrahmen versteht man darunter Investmentfonds, die in gesetzlich definierte Arten von Wertpapieren und andere Finanzinstrumente (z. B. Geldmarktinstrumente und Kontoguthaben) investieren dürfen. Sie entsprechen damit den Anforderungen der EU-Richtlinie 2009/95/EG und werden auch als »richtlinienkonforme Fonds« bezeichnet. Diese Fonds erhalten EU-weit ohne jede weitere Prüfung eine Vertriebszulassung. Aus diesem Grund sind sie auch unter der Bezeichnung »Fonds mit EU-Pass« bekannt.

§ 1 (3)

● **AIF:** Alternative Investment Funds investieren in alle erlaubten Anlageobjekte, also auch in solche, die für OGAW-Fonds gesetzlich ausgeschlossen sind wie z. B. in Immobilien oder bestimmte Fondsanteile. Alle Investmentvermögen, die keine OGAW-Fonds sind, gelten nach dem KAGB als AIF. Als AIF gelten insbesondere

– Gemischte Investmentvermögen

– Sonstige Investmentvermögen

– Immobilien-Sondervermögen

– Dach-Hedgefonds.

Die nachfolgende Übersicht zeigt die Anlagebestimmungen, die für die einzelnen Fondsarten nach KAGB gelten.

Offene Publikumsinvestmentvermögen gemäß KAGB				
OGAW-Investmentvermögen	**Offene Publikums-AIF (Alternative Investment Funds)**			
	Gemischte Investmentvermögen (§§ 218, 219)	**Sonstige Investmentvermögen** (§§ 220–224)	**Immobilien-Sondervermögen** (§§ 230–260)	**Dach-Hedgefonds** (§§ 225–229)
OGAW = Organismus für gemeinsame Anlagen in Wertpapieren (§§ 192–213) Anlage **zulässig** in: ● börsengehandelte Wertpapiere ● Geldmarktinstrumente ● Bankguthaben ● OGAW-Anteile (nicht von Dachfonds) Anlage **nur begrenzt zulässig** in: ● Derivate (z. B. Optionen, Futures) ● nicht börsengehandelte Wertpapiere (max. 10 %) Außerdem dürfen max. 10 % als Kredit aufgenommen werden. Anlage **verboten** in: ● Edelmetalle/Edelmetallzertifikate ● Leerverkäufe **Beispiele:** ● PROXIMUS Global Invest ● PROXIMUS Bond Invest ● PROXIMUS Balance Invest (siehe Proximus 4 Bedingungswerk S. 430 – 441)	Anlage **zulässig** in: ● alle zulässigen Anlagen für OGAW (siehe Spalte 1) ● andere gemischte Investmentvermögen ● sonstige Investmentvermögen gemäß §§ 220–224 **Beispiel:** ● PROXIMUS Strategic Invest (siehe Proximus 4 Bedingungswerk S. 442–445)	Anlage **zulässig** in: ● alle zulässigen Anlagen für OGAW (siehe Spalte 1) ● gemischte Investmentvermögen gemäß §§ 218, 219 ● andere sonstige Investmentvermögen ● Edelmetalle ● unverbriefte Darlehensforderungen	Anlage **zulässig** in: ● unbebaute Grundstücke ● Erbbaurechte ● Wohnimmobilien ● Geschäftsimmobilien ● gemischt genutzte Immobilien ● Beteiligungen an Immobiliengesellschaften	Anlage **zulässig** in: ● Hedgefonds ● Bankguthaben ● Geldmarktinstrumente ● Geldmarktfonds

➤ **Zusätzliche Anlagebestimmungen**

KAGB
§ 206

● **Grundsatz der Risikostreuung (5 %-Klausel)**
Der Erwerb von Vermögensgegenständen für das OGAW-Sondervermögen erfolgt nach dem Grundsatz der Risikostreuung. Die KVG darf in Wertpapieren und Geldmarktinstrumenten eines Emittenten grundsätzlich nur **bis zu 5 %** des gesamten Fondsvermögens anlegen. Es dürfen jedoch auch bis **zu 10 %** des gesamten Fondsvermögens in Wertpapiere oder Geldmarktinstrumente eines Emittenten angelegt werden, wenn dies in den Anlagebedingungen des Fonds vorgesehen ist und der Gesamtwert der Wertpapiere und Geldmarktinstrumente dieser Emittenten **40 %** des Fondsvermögens nicht übersteigt. Für die Anlage in Anleihen der öffentlichen Hand, Pfandbriefe und Bankguthaben gelten aufgrund der sehr hohen Sicherheit abweichende Höchstgrenzen.

§ 210 (2)

● **Grundsatz des Beherrschungsschutzes (10 %-Klausel)**
Die OGAW-KVG darf für alle von ihr verwalteten inländischen OGAW-Fonds insgesamt maximal 10 % der Stimmrechte desselben Emittenten erwerben.

4.4.3 Fondskategorien in Bezug auf den Anlageschwerpunkt und die Anlageausrichtung

Die Einordnung eines Investmentvermögens in eine der nachfolgenden Fondskategorien richtet sich nach der von der BaFin verfassten **Fondskategorien-Richtlinie** (22.07.2013, zuletzt geändert am 17.04.2015). Demnach ist in den Anlagebedingungen festzuhalten, dass mindestens 51 % des Investmentvermögens in den die Fondskategorie bezeichnenden Vermögensgegenstand angelegt werden müssen.

➤ **Aktienfonds**

Aktienfonds sind Investmentvermögen, die **mindestens 51 %** ihres Fondsvermögens **in Aktien** investieren. Der Fonds – vertreten durch die Kapitalverwaltungsgesellschaft (KVG) – wird zum Teilhaber der enthaltenen Unternehmen und ist dementsprechend an deren Gewinnen und Verlusten beteiligt. Oft ist zwar ein größerer Teil in Aktien investiert, jedoch wird ein Teil des Vermögens z. B. in Geldmarktinstrumenten oder Bankguthaben angelegt. Auf diese Weise kann das Fondsmanagement auch ungünstige Kapitalmarktsituationen mit anderen Anlagen überbrücken.

Erträge aus Aktienfonds entstehen hauptsächlich durch Kurssteigerungen der enthaltenen Aktien, ausgeschüttete Dividenden, Erlöse aus Bezugsrechten bei Kapitalerhöhungen sowie durch Zinserträge aus den Geldmarktinstrumenten und Bankguthaben.

Aktienfonds unterliegen abhängig von den in ihnen enthaltenen Aktien mehr oder weniger starken **Kursschwankungen**. Die Wertschwankung (= Volatiliät) des Fonds ist abhängig von gesamtwirtschaftlichen Bedingungen (z. B. Konjunktur, Inflation, Zinsniveau usw.) und branchen- sowie unternehmensspezifischen Gegebenheiten. Die Anlage in Aktienfonds setzt somit grundsätzlich eine gewisse Risikobereitschaft bei den Anlegern voraus. Das Risiko variiert je nach Anlageprofil des Aktienfonds (z. B. höheres Risiko bei Anlage in Schwellenländern und in kleinere Unternehmen und Wachstumsbranchen). Bei Anlage in Fremdwährung kann ein **Währungsrisiko** hinzukommen.

Durch die Beteiligung an vielen verschiedenen Aktien verringert sich das Risiko gegenüber einer Anlage in einzelnen Aktien erheblich (= **Risikostreuung**). Die Auswahl der chancenreichsten Aktien trifft das Fondsmanagement mit Hilfe von professionellen

Aktienanalysen. Die Entwicklung von Aktienfonds in der Vergangenheit hat gezeigt, dass sie langfristig auch stärkere Schwankungen ausgleichen können und über klare Renditevorteile im Vergleich zu alternativen Anlagen verfügen.

Aktienfonds können je nach Fondsprofil in den Anlagebedingungen **auf spezielle Aktien ausgerichtet** sein, z. B. nach

Marktkapitalisierung der enthaltenen Aktien	● Small-Cap-Fonds: Aktien mit geringem Marktwert ● Mid-Cap-Fonds: Aktien mit mittlerem Marktwert ● Large-Cap-/Blue-Chips-Fonds bzw. Standard-Aktienfonds: etablierte, große Unternehmen mit hohem Marktwert
Anlageziel	● Einkommensfonds (Income-Fonds): Aktien mit kontinuierlich hohen Dividenden ● Wachstumsfonds (Growth-Fonds): Aktien mit erwartbar hohem Umsatz- und Gewinnzuwachs
Anlagestil	● Value-Fonds: Aktien mit hohem Cashflow ● Growth-Fonds: siehe Anlageziel ● Blend-Fonds: Mischung aus Value- und Growth-Aktien
Branche(n)	z. B. ● Pharma-/Biotechnologiesektor ● Finanzbranche ● Technologiesektor
Länder/Regionen	● Aktien (schwerpunktmäßig) aus einem einzelnen Land, z. B. China, Russland ● Aktien aus einer bestimmten Region, z. B. Asien, Osteuropa
einem bestimmten Aktienindex	● Zusammensetzung des Fonds ist an einen bestimmten Index gebunden, z. B. Deutscher Aktienindex (DAX)

➤ Rentenfonds

Rentenfonds sind Investmentfonds, die **mindestens 51 % in verzinste Wertpapiere (Anleihen)** investieren. Der Fonds – vertreten durch die Kapitalverwaltungsgesellschaft (KVG) – wird hierbei zum Gläubiger der entsprechenden Emittenten und erwirtschaftet laufend Zinserträge. Deshalb werden die Anleihen auch als Rentenpapiere bezeichnet. Der Begriff Rentenfonds hat also in diesem Fall nichts mit dem Alterseinkommen (»Altersrente«) zu tun. Ein Teil des Investmentvermögens kann auch bei dieser Fondsart in liquide Anlageformen wie z. B. in Geldmarktinstrumenten oder Bankguthaben angelegt werden.

Erträge eines Rentenfonds setzen sich in erster Linie aus den Zinserträgen und möglichen Kursgewinnen der enthaltenen Anleihen sowie gegebenenfalls Währungsgewinnen zusammen.

Rentenfonds haben je nach ihrem Fondsprofil ein geringes bis hohes Risiko. Die Wertschwankungen (= Volatiliät) des Fonds sind bei allen Rentenfonds in erster Linie abhängig vom Marktzinsniveau und der Bonität der enthaltenen Emittenten sowie auch von den allgemeinen gesamtwirtschaftlichen Bedingungen (z. B. Konjunktur, Inflation). Grundsätzlich unterliegen Rentenfonds somit den gleichen Risiken wie Anleihen selbst, d. h. dem **Zinsänderungsrisiko** und dem **Bonitätsrisiko** (vgl. E 4.2.3). Bei Anlagen in Nicht-Euro-Anleihen besteht zusätzlich ein **Währungsrisiko**. Das Risiko steigt mit schlechteren Bonitäten der Emittenten.

Durch die Anlage in viele verschiedene Anleihen verringern sich das Bonitäts- und das Zinsänderungsrisiko (= **Risikostreuung**) jedoch erheblich gegenüber der Anlage in eine einzelne Anleihe. Zudem ist die **Volatilität** meist **nicht so hoch** wie bei Aktienfonds. Im Gegenzug dazu sind jedoch auch die Ertragschancen deutlich geringer als bei Aktienfonds. Die Anlage in Rentenfonds ist in normalen Zinsphasen auch für eine mittelfristige Anlage (3 bis 6 Jahre, derzeit eher mindestens 5 Jahre) geeignet.

Rentenfonds können sich je nach Fondsprofil in den Anlagebedingungen auf einen Teilbereich der Anleihen spezialisieren, z.B. auf

bestimmte Emittentengruppen	z.B. ● Öffentliche Hand ● Unternehmen ● Banken
bestimmte Ratingklassen	● Anleihen mit exzellenter Bonität (z.B. Staatsanleihen, Pfandbriefe) ● Anleihen mit mittlerer Bonität (z.B. Unternehmensanleihen mit entsprechendem Rating) ● High-Yield-Anleihen/Junk-Bonds (z.B. Anleihen aus Schwellenländern oder von Unternehmen mit schwacher Bonität)
bestimmte Laufzeiten	● Kurzläuferfonds ● Langläuferfonds
exotische Anleihen	z.B. ● Wandelanleihen ● Optionsanleihen

➤ Geldmarktfonds

Geldmarktfonds sind Investmentfonds, die das **gesamte Fondsvermögen** kurzfristig **in Tagesgeld oder kurzfristige Termineinlagen** sowie in hoch liquide und **sehr sichere Anleihen** (z.B. Bundeswertpapiere) mit einer **Restlaufzeit von maximal 397 Tagen** anlegen.

Der **Ertrag** eines Geldmarktfonds ist von der Entwicklung der Zinsen am Geldmarkt abhängig. Zusätzliche Erträge lassen sich durch Anlagen in Nicht-Euro-Papieren erzielen, diese beinhalten jedoch auch ein zusätzliches **Währungsrisiko**.

Durch die kurzen Restlaufzeiten besteht für Geldmarktfonds (zumindest bei normaler Zinsstruktur) **nahezu kein Kursrisiko**. In der aktuellen Nullzinsphase ist die Wertentwicklung der Fonds leicht negativ, da die Fonds Kosten erzeugen, jedoch nahezu keine Zinserträge erzielen. Neben diesem hohen Maß an Sicherheit zeichnen sich Geldmarktfonds durch einen **hohen Grad an Liquidität** aus. Sie sind aus diesem Grund besonders gut für kurzfristig orientierte Anleger geeignet. Die hohe Flexibilität von Geldmarktfonds zeigt sich auch bei einem Vergleich mit alternativen kurzfristigen Anlageformen. So sind einerseits keine Kündigungsfristen wie z.B. beim »klassischen« Sparbuch zu beachten und andererseits ist die Anlagedauer nicht im Vorhinein festgelegt (wie z.B. beim Festgeld).

Die **Renditechancen** sind bei dieser Art von Investmentfonds jedoch **stark begrenzt.** Sie können (in normalen Zinszeiten) jedoch höher sein als bei Einlagen auf Konten (z.B. Tagesgeldkonto), da der Fonds aufgrund seines hohen Anlagevolumens am Geldmarkt Konditionenvorteile aushandeln kann. Zudem ist der Zugang zum Geldmarkt im Regelfall nur institutionellen Anlegern (z.B. Banken, Staat) vorbehalten. Auf die sonst bei Investmentfonds üblichen Ausgabeaufschläge verzichtet die KVG meistens. Diese würden bei der üblicherweise kurzfristigen Anlage den Großteil der erzielten Rendite aufzehren.

➤ Offene Immobilienfonds

Während das Vermögen der bislang vorgestellten Fondskategorien überwiegend in Wertpapiere und Geldmarktinstrumente investiert wird, dient das Vermögen von Immobilienfonds in erster Linie dem Erwerb von Immobilien. Eine Anlage in offene Immobilienfonds ist eine langfristige und wertstabile Investition.

Offene Immobilienfonds dürfen sowohl wohnwirtschaftlich als auch gewerblich genutzte Immobilien und Grundstücke, unbebaute Grundstücke und grundstücksgleiche Rechte (z. B. Erbbaurechte) erwerben. Darüber hinaus dürfen sie sich auch an Grundstücksgesellschaften beteiligen.

Die **Risikostreuung** wird bei offenen Immobilienfonds vor allem dadurch erreicht, dass ein offener Immobilienfonds nur in Grundstücke investieren darf, deren Wert beim Erwerb **15 %** des Fondsvermögens nicht übersteigt. Der Gesamtwert aller Immobilien, deren einzelner Wert **mehr als 10 %** des Wertes des Sondervermögens beträgt, darf zudem **50 %** des Wertes des Sondervermögens nicht überschreiten. Eine Erhöhung der Sicherheit erfolgt zudem durch Streuung nach **Art der Nutzung, geografischer Lage, Größenordnung und Ausstattung** der Investitionsobjekte.   KAGB §243

Daneben halten offene Immobilienfonds auch liquide Finanzanlagen wie kurzfristige Wertpapiere und Bankguthaben als **Liquiditätsreserve,** um anstehende Zahlungsverpflichtungen des Fonds sowie Rücknahmen von Anteilsscheinen zu gewährleisten. Die Liquiditätsreserve beträgt **maximal 49 %** des Fondsvermögens.   §253

Bedingungen für die Rücknahme der Anteile durch die KVG: §255

- Es gilt eine **Mindesthaltefrist von 24 Monaten.**
- **Rückgaben** müssen mit einer **Frist von 12 Monaten angekündigt** werden. Die Anlagebedingungen können auch bestimmte Termine vorsehen, zu denen eine Rückgabe möglich ist. Die Rückgabeerklärung ist unwiderruflich und kann schon während der Mindesthaltefrist abgegeben werden.
- Für alle **vor dem 22.07.2013** erworbenen Anteile an offenen Immobilienfondsanteilen besteht die Sonderregelung, dass pro Anleger und Fonds 30 000,00 € pro Kalenderhalbjahr zurückgegeben werden können, ohne die Mindesthalte- und Kündigungsfrist einzuhalten.
- Anleger, die ihre Anteile **vor dem 01.01. 2013** erworben haben, müssen keine Mindesthaltefrist einhalten.

➤ Mischfonds

Mischfonds (= Balanced Funds) kombinieren mehrere Anlageinstrumente miteinander. Oft geht es dabei um eine **Mischung von Aktien und Anleihen sowie liquiden Finanzanlagen** wie Geldmarktinstrumenten. Seit 1998 ist auch eine Beimischung von Immobilien möglich, die jedoch selten genutzt wird. In einigen Mischfonds wird dieser Anteil über eine Beteiligung an offenen Immobilienfonds realisiert. Das Konzept der Mischfonds basiert auf der Idee der »Vollendung des Investmentgedankens« in Form einer größtmöglichen Risikostreuung. Auf diese Weise können z. B. Schwächen am Aktienmarkt durch höhere Zinsen am Anleihemarkt kompensiert werden. Es werden für die verschiedenen Anlegertypen Mischfonds mit unterschiedlichen Anlagestrategien angeboten.

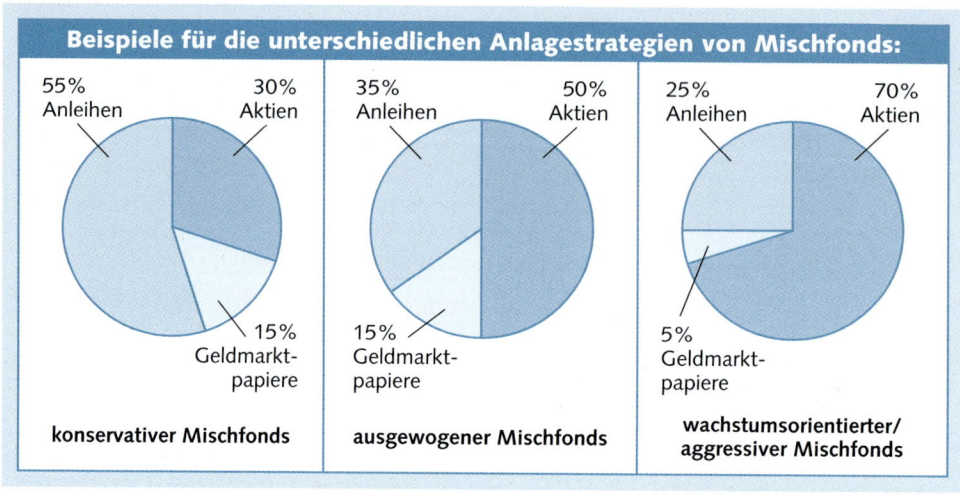

Beispiele für die unterschiedlichen Anlagestrategien von Mischfonds:

55% Anleihen — 30% Aktien — 15% Geldmarktpapiere
konservativer Mischfonds

35% Anleihen — 50% Aktien — 15% Geldmarktpapiere
ausgewogener Mischfonds

25% Anleihen — 70% Aktien — 5% Geldmarktpapiere
wachstumsorientierter/ aggressiver Mischfonds

Durch die je nach Risikoprofil schwächer oder stärker ausgeprägte Beimischung von risikoärmeren Anlagen zu Aktien entstehen häufig geringere Schwankungen als bei reinen Aktienfonds, aber höhere Schwankungen als bei reinen Rentenfonds. Auch die Ertragschancen liegen somit zwischen denen von Aktienfonds und Rentenfonds.

➤ Dachfonds

Dachfonds verfolgen einen ähnlichen Grundgedanken wie Mischfonds. Auch hierbei geht es um eine möglichst hohe Risikostreuung. Im Gegensatz zu Mischfonds wird das Fondsvermögen eines Dachfonds zu **mindestens 51 %** in andere Investmentvermögen (sogenannte **Zielfonds** bzw. Target Funds) investiert. Zielfonds sind v. a. Aktien-, Geldmarkt- und Rentenfonds.

Konzipiert wurden Dachfonds ursprünglich für Fondsanlagen innerhalb der gleichen Kapitalverwaltungsgesellschaft. Mittlerweile sind sie jedoch auch zunehmend für die Investition in Fonds fremder KVG offen, die mit Hilfe einer eigenen Abteilung zur Fremdfondsanalyse ausgewählt werden. Auch bei Dachfonds werden durch eine verschieden stark ausgeprägte Beimischung von risikoreicheren Fonds die einzelnen Risikomentalitäten der Anleger bedient.

KAGB §§ 196 (1), 219 (2) Ein Dachfonds darf nur Anteile an anderen Sondervermögen erwerben, die **maximal 10 %** ihres Sondervermögens in Anteilen an anderen Sondervermögen anlegen. Das Gesetz verbietet somit echte Dachfonds bzw. die Verschachtelung von Fonds. Sofern es sich um Anteile an Sondervermögen desselben Konzerns handelt, dürfen für den Erwerb und die Rücknahme keine Kosten erhoben werden.

§§ 207 (1), 219 (5), 210 (3) Ein Dachfonds darf in Anteile an einem einzelnen anderen Investmentvermögen nur **bis zu 20 %** des gesamten Fondsvermögens anlegen. Diese Bestimmung dient der Gewährleistung der Risikostreuung. Zudem dürfen **maximal 25 %** der Anteile eines Zielfonds durch einen Dachfonds gehalten werden.

Ein wesentlicher Nachteil von Dachfonds liegt in der oft hohen Kostenbelastung durch doppelte Verwaltungskosten auf Dachfonds- und Zielfondsebene.

Exkurs: Dach-Hedgefonds

Dach-Hedgefonds sind Alternative Investment Funds (AIF), bei denen die **Zielfonds Hedgefonds** sind. Hedgefonds sind Spezialinvestmentvermögen, d.h. sie sind nur für institutionelle Anleger mit hohen Anlagesummen geeignet. Hedgefonds verfolgen spezielle, vorab festgelegte Handelsstrategien. Diese sollen auch in schwierigen Marktphasen einen positiven Ertrag einbringen und zwar unabhängig von den allgemeinen Entwicklungen am Aktien- und Rentenmarkt. Die Handelsstrategien von Hedgefonds unterliegen keinen gesetzlichen Beschränkungen und sind oft sehr risikoreich.

Die seit 2004 in Deutschland zum Vertrieb zugelassenen Dach-Hedgefonds ermöglichen Privatanlegern die indirekte Investition in Hedgefonds. Aufgrund des **stark erhöhten Risikos** ist diese Anlageform jedoch nur für sehr risikobereite und erfahrene Anleger geeignet. Bezüglich der **Anlagegrenzen** gelten die gleichen Regelungen wie für Dachfonds.

KAGB § 225

Zu beachten ist, dass für Dach-Hedgefonds **eingeschränkte Rückgabemöglichkeiten** gelten. So kann die Rücknahme auf bestimmte Termine eingegrenzt werden. Zudem ist die Rückgabe vorab durch eine unwiderrufliche Rückgabeerklärung anzukündigen.

§ 227

4.4.4 Sonstige Ausgestaltungsmöglichkeiten von Investmentfonds

Neben dem Anlageschwerpunkt und der Anlagestrategie gibt es noch weitere Möglichkeiten der Ausgestaltung, die in den jeweiligen Anlagebedingungen der Fonds geregelt sind. Folgende weitere Kriterien sind denkbar:

Ertrags-verwendung	• **ausschüttende Fonds** Bei ausschüttenden Fonds werden die Erträge während des Geschäftsjahres angesammelt, bevor sie dann im Regelfall einmal jährlich an die Anleger ausgeschüttet werden. Nach der Ausschüttung an den Anleger reduziert sich das Fondsvermögen um den ausgeschütteten Betrag.
	• **thesaurierende Fonds** Bei thesaurierenden Fonds werden die Erträge nicht ausgeschüttet, sondern diese verbleiben in voller Höhe im Fondsvermögen und werden in weitere Vermögenswerte investiert.
Rück-zahlungs-oder Ertrags-garantie	• **Garantiefonds** Bei Garantiefonds wird eine Garantie gewährt, die sich entweder auf die garantierte Rückzahlung des eingesetzten Kapitals bezieht oder auf eine garantierte Ausschüttung oder eine garantierte Mindestrendite. Durch die Gewährung der Garantie verringern sich die Ertragschancen oft erheblich.
	• **Wertsicherungsfonds** Wertsicherungsfonds bieten keine Garantie für den Anleger, verfolgen jedoch eine Strategie, die darauf ausgerichtet ist, Wertverluste zu vermeiden.
	• **Investmentfonds ohne jegliche Garantie** Im Regelfall gibt es weder für die Rückzahlung des eingesetzten Kapitals noch für die Erträge oder Wertentwicklung eines Fonds eine Garantie von der KVG.

Laufzeit	● **Fonds ohne Laufzeitbegrenzung** Im Regelfall haben offene Investmentfonds keine feste Laufzeit. Sie sind unbefristet. ● **Laufzeitfonds** Auch bei offenen Investmentfonds kann in den Anlagebedingungen eine Laufzeit festgelegt sein. Nach Laufzeitende wird das Investmentvermögen durch Veräußerung der enthaltenen Vermögenswerte aufgelöst. Ein vorzeitige Rückgabe der Fondsanteile an die KVG ist jedoch auch während der Laufzeit möglich. Garantiefonds sind oft Laufzeitfonds.
Art des Managements	● **aktives Fondsmanagement** Bei aktiv gemanagten Fonds erfolgt die Auswahl der Anlageinstrumente aktiv durch das Fondsmanagement auf Basis von Analysen. ● **passives Fondsmanagement** Bei passiv gemanagten Fonds ist die Zusammensetzung des Fonds beispielsweise durch einen Wertpapierindex (z. B. DAX) vorgegeben. So muss ein Indexfonds den entsprechenden Index zu mindestens 95 % nachbilden. Eine aktive Auswahl anhand von umfangreichen Analysen ist deshalb nicht erforderlich.
Art des Erwerbs	● **nicht börsengehandelte Fonds** Investmentfonds, die nicht an der Börse gehandelt werden, können börsentäglich ausschließlich über die KVG erworben und von der KVG zurück genommen werden. Die Preisfeststellung erfolgt börsentäglich einmal. ● **börsengehandelte Fonds (Exchange Traded Funds = ETF)** Börsengehandelte Fonds können börsentäglich über die Börse gekauft und verkauft werden. Vorteile des Börsenhandels liegen darin, dass vor allem der Erwerb der Fondsanteile kostengünstiger ist und dass die Fondsanteile schneller handelbar sind, da mehrmals am Tag eine Kursfeststellung erfolgt.

4.4.5 Kosten von Investmentfonds

➤ **Direkte Kosten auf Anlegerebene**

Die direkten Kosten für den Kauf und die Rückgabe von Fondsanteilen ergeben sich aus den Fondsbedingungen. Bei Handel der Anteile über die KVG zahlt der Anleger

● den **Ausgabeaufschlag**, der einmalig beim Erwerb von Fondsanteilen über die KVG anfällt (üblich sind bis zu 6 % der Anlagesumme). Er dient der Deckung der Vertriebskosten (z. B. für die beratende Bank) und ist in seiner Höhe verhandelbar.

● gegebenenfalls einen **Rücknahmeabschlag**, der bei Rückgabe der Fondsanteile an die KVG einmalig anfällt, sofern dies in den Vertragsbedingungen des Fonds vorgesehen ist. Ein Rücknahmeabschlag ist eher selten.

Bei Kauf der Fondsanteile über die Börse fallen beim Kauf und Verkauf der Anteile **Transaktionskosten** an, d. h. Provision für die Order bei der Bank (ca. 0,25 – 1,0 % des Kurswertes), Börsenentgelt sowie individuelle Kosten durch den sogenannten Spread (= Spanne zwischen Kauf- und Verkaufskurs).

Der Anleger muss zudem die **Depotgebühren** zahlen, die meist jährlich von der verwahrenden Bank erhoben werden. Einige Banken (v. a. Direktbanken) bieten jedoch auch kostenlose Wertpapierdepots an.

➤ Indirekte, offene Kosten

Indirekte Kosten werden nicht dem Anleger belastet, sondern werden regelmäßig aus dem Fondsvermögen entnommen. Dazu zählen insbesondere:

- die **Verwaltungsgebühr** für die KVG für die Arbeit des Managements und die sonstige Verwaltung des Sondervermögens sowie für Bestandsvergütungen an den Vertrieb (ca. 0,3 – 2,5 % p. a. vom Fondsvermögen),

- die **Aufwandsentschädigung für die Verwahrstelle** (ca. 0,1 % p. a. vom Fondsvermögen),

- **Kosten für Wirtschaftsprüfung**, d. h. für die Prüfung der Halbjahres- und Jahresberichte,

- **Kosten der Rechtsberatung und Rechtsverfolgung.**

Die indirekten, offenen Kosten werden zu einer **Gesamtkostenquote (= Total Expense Ratio/TER)** zusammengefasst und sind verpflichtend in den wesentlichen Anlegerinformationen, im Verkaufsprospekt und in allen regelmäßigen Berichten zu veröffentlichen. Die Gesamtkostenquote basiert dabei auf Werten der Vergangenheit, die künftigen Kosten können davon abweichen. Ein Vergleich der Kosten verschiedener Fonds wird durch die Gesamtkostenquote in jedem Fall erleichtert.

➤ Indirekte, versteckte Kosten

Versteckte Kosten sind Kosten, die nicht in der Gesamtkostenquote (TER) enthalten sind. Diese Kosten sind im Vorfeld nicht bezifferbar, sie werden nach Entstehen dem Fondsvermögen belastet und sind dann rückwirkend im Rechenschaftsbericht des abgelaufenen Geschäftsjahres ausgewiesen. Dies sind insbesondere:

- **Transaktionskosten** für den Kauf bzw. Verkauf der Anlageinstrumente innerhalb des Fonds durch das Fondsmanagement

- eventuell eine **Performance Fee**, d. h. eine erfolgsabhängige Vergütung für das Management des Fonds, sofern ein bestimmtes Ertragsziel erreicht wurde (z. B. 5 % der Mehrrendite gegenüber einem Vergleichsindex).

Exkurs: Index-ETF

Dabei handelt es sich um börsengehandelte Investmentfonds, die die Vorzüge von Indexfonds und Aktien miteinander kombinieren. Der Hauptteil des in ETFs investierten Vermögens ist in Aktien-Indizes investiert. Der größte für Privatanleger spürbare Unterschied zu klassischen, aktiv gemanagten Fonds besteht in den Kosten. Durch die **Nachbildung des Index** entfallen eigene Marktbewertungen und Analysen für die Auswahl der Anlageinstrumente. Dadurch sind die laufenden Verwaltungskosten viel geringer als bei aktiv gemanagten Fonds.

Aufgrund der **äußerst geringen Kosten,** der zum Teil exakten Indexnachbildung und somit der Möglichkeit, in einen breit gestreuten Index zu investieren sowie der **hohen Transparenz und Liquidität** nimmt der Marktanteil der Index-ETFs im Bereich der Investmentfondsanlagen stetig zu.
Für viele Anleger wiegen diese Vorteile den Nachteil auf, dass ein Index-ETF **keine bessere Performance** erzielen kann **als der Gesamtmarkt.**

4.4.6 Ausgabe- und Rücknahmepreis

Die KVG ermittelt börsentäglich nach Börsenschluss einen **Ausgabepreis** und einen **Rücknahmepreis**. Grundlage für die Berechnung ist der **Inventarwert des Sondervermögens** (= Gesamtwert des Fondsvermögens). Dieser wird wie folgt ermittelt:

Wertpapiervermögen*
+ Bankguthaben
+ sonstiges Vermögen (Geldmarktinstrumente z. B. Termingeld)
− Fondsverbindlichkeiten
= **Inventarwert des Sondervermögens**

* z. B. bei Aktien: Stückzahl · Kurs oder bei Anleihen: Nennwert · Kurs in % : 100

Aus dem gesamten Inventarwert kann nun der Inventarwert je Anteil errechnet werden.

$$\frac{\text{Inventarwert des Sondervermögens}}{\text{im Umlauf befindliche Fondsanteile}} = \text{Inventarwert je Anteil}$$

> **Beispiel:**
>
> Der Inventarwert des Sondervermögens beträgt 34 255 005,20 €. Es sind insgesamt 758 000 Anteile im Umlauf. Der Inventarwert je Anteil beträgt dann 34 255 005,20 € : 758 000 = 45,19 €.

Der ermittelte Inventarwert je Anteil entspricht im Regelfall auch dem **Rücknahmepreis**, den der Anleger bei Rückgabe eines Fondsanteils an die KVG erhalten würde. Lediglich wenn ein Rücknahmeabschlag anfällt, müsste dieser noch vom Inventarwert je Anteil abgezogen werden.

Auf den Inventarwert je Anteil kann ein **Ausgabeaufschlag** erhoben werden. Der Inventarwert je Anteil zuzüglich Ausgabeaufschlag in Prozent ergibt dann den **Ausgabepreis**. Dieser ist vom Anleger bei Erwerb eines Fondsanteils über die KVG zu zahlen.

> **Beispiel (Fortsetzung):**
>
> Wenn im o. g. Beispiel der Ausgabeaufschlag 4 % beträgt, dann ergibt sich ein Ausgabepreis von 45,19 € · 1,04 = 47,00 €.

Ausgabe- und Rücknahmepreis werden börsentäglich veröffentlicht.

Für die **börsengehandelten Fonds** wird mehrmals täglich ein indikativer Nettoinventarwert (iNAV) ermittelt, der den Börsenhändlern als Anhaltspunkt für ihre veröffentlichten Preise und den Anlegern als Beurteilungsgrundlage für die Fairness der Börsenpreise dient. Der tatsächliche Preis ermittelt sich jedoch aufgrund von Angebot und Nachfrage.

4.4.7 Fondswechsel

Es gibt Situationen, in denen ein Anleger den Fonds wechseln möchte, z. B. weil

- sich seine Anlageziele geändert haben,
- sich seine Risikoneigung verändert hat,
- sich die Fondsbedingungen geändert haben oder
- der Fonds nicht die Erwartungen des Anlegers erfüllt hat.

Der Anleger kann in diesen Fällen entweder shiften oder switchen.

Switch bedeutet, dass der Anleger ab der nächsten Zahlung in einen anderen Fonds investieren möchte. Die bisher erworbenen Anteile an dem bisherigen Fonds bleiben jedoch bestehen.

Shift bedeutet, dass auch die bisher schon erworbenen Anteile in den neuen Fonds umgeschichtet werden.

Entscheidet man sich für einen Fonds einer anderen KVG muss der Anleger meist den vollen Ausgabeaufschlag für den neuen Fonds zahlen, es sei denn er kann mit seinem Anlageberater einen Rabatt aushandeln. Wechselt man in einen Fonds der bisherigen KVG, kann der Wechsel günstiger oder sogar kostenlos sein.

Ein Sonderfall ist die sogenannte **Umbrella-Konstruktion.** Hierbei werden verschiedene Teilsondervermögen, die jeweils rechtlich eigenständig sind unter einem einheitlichen Vertragswerk zusammengefasst. Die Teilsondervermögen unterscheiden sich hinsichtlich der Anlagestrategie oder in Bezug auf ein anderes Ausstattungsmerkmal. Innerhalb der Umbrella-Konstruktion kann der Anleger kostengünstig oder oft sogar kostenfrei zwischen den einzelnen Teilsondervermögen wechseln. Eine Umbrella-Konstruktion ist **kein Dachfonds,** da die Anlageentscheidung in die einzelnen Teilsondervermögen durch den Anleger getroffen wird.

KAGB
§ 96 (2), (3)

4.4.8 Fondsschließung

Nicht selten kommt es zu einer Fondsschließung. Man unterscheidet zwischen einer Fondsschließung im Sinne einer **Auflösung** des bestehenden Fonds und einer Fondsschließung im Sinne einer vorübergehenden **Einstellung der Ausgabe neuer Anteile.**

Für die **Auflösung** eines Fonds kann es im Wesentlichen zwei **Gründe** geben:

- eine Fusion von zwei KVG und die damit verbundene Zusammenlegung von Fonds mit gleicher Anlageausrichtung oder
- das zu geringe Volumen des Investmentfonds und die damit verbundene zu hohe Kostenbelastung, die auch die Rendite des Fonds negativ beeinflusst.

Bei einer **Zusammenlegung** von Fonds werden die Vermögenswerte der beiden alten Fonds in dem zusammengelegten Fonds zusammengeführt. Bei **Auflösung** eines Fonds aufgrund des geringen Volumens werden die Vermögenswerte durch die Verwahrstelle bestmöglich veräußert und der Liquidationserlös an die Anleger je nach ihrem Anteil am Fondsvermögen verteilt.

Ein Problem besteht oft darin, dass die Anleger oft nicht rechtzeitig über die Fondsschließung informiert werden. Werden die Fondsanteile direkt bei der KVG verwahrt, übernimmt diese die **Information der Anleger** und bietet oft sogar noch einen kostenlosen Fondswechsel an. Hat der Anleger die Fondsanteile jedoch in einem Depot bei einer anderen Bank, so ist die depotführende Bank für die Information des Kunden verantwortlich. Die Information erfolgt hier nicht immer direkt, sondern oft nur durch eine

Online-Mitteilung oder auf anderen Wegen, so dass der Anleger oft nicht rechtzeitig reagieren kann. Es ist jedoch wichtig, dass der Anleger sich rechtzeitig über die Konsequenzen der Fondsschließung und über mögliche Alternativen informieren kann.

Bei der Fondsschließung im Sinne einer **vorübergehenden Einstellung** (hard closing) oder **Einschränkung** (soft closing) **der Ausgabe neuer Fondsanteile** geht es darum, dass Fondsvolumen nicht weiter oder nicht unkontrolliert zu vergrößern, da das Fondsvolumen eine kritische Größe überschritten hat. So könnte z. B. das Angebot an dem Fondsprofil entsprechenden Anlageinstrumenten ab einer bestimmten Größenordnung nicht mehr ausreichend sein, um die entsprechende Anlagestrategie umzusetzen.

4.4.9 Beurteilung der Anlage in offene Investmentvermögen

Vorteile	Nachteile
• starke gesetzliche Regulierung von KVG und Verwahrstelle	• kein Einfluss auf die Anlageentscheidungen des Managements
• hohe Risikostreuung (mit Direktanlagen nur mit hohem finanziellen und zeitlichen Aufwand darstellbar)	• keine Aktionärsrechte aus enthaltenen Aktien
• Anlage schon mit kleinen Beträgen möglich (Sparpläne schon ab 25,00 € monatlich)	• Erträge sind nicht garantiert → je nach Fondsart geringes bis hohes Risiko von Verlusten
• Anlageentscheidung durch Fachleute mit viel Know-how	• oft hohe Kosten (höher als bei der Direktanlage)
• i. d. R. sehr liquide durch börsentägliches Rückgaberecht oder Börsenhandel	• Renditechancen sind gegenüber der Direktanlage oft geringer aufgrund der Risikostreuung
• große Produktvielfalt für jede Risikoneigung	• Produktvielfalt ist für Privatanleger oft nicht transparent
	• komplizierte Versteuerung (sehr intransparent)
	• Risiko von Fehlentscheidungen des Fondsmanagements

4.5 Investmentsparen

4.5.1 Investmentsparplan

Die Anlage in offene Investmentfonds ist in den meisten Fällen auch durch **regelmäßige**, auch schon kleinere **Anlagebeträge** (ab 25,00 € monatlich) möglich. Hierbei wird in festen Zeitabständen, z. B. monatlich, ein bestimmter Betrag vom Girokonto abgebucht und in Investmentanteilen investiert. Der Anleger ist bei einem Investmentsparplan sehr flexibel, da er im Regelfall sowohl die Höhe als auch den Turnus der Anlage jederzeit verändern kann.

➤ **Investmentkonto bei der Fondsgesellschaft**

Der Anleger kann die Anteile an einem Sondervermögen über seine depotführende Bank oder über die KVG direkt erwerben. Kauft er die Anteile bei der Fondsgesellschaft, so richtet diese für den Anleger ein Investmentkonto ein. Folgende Vorteile sind für den Anleger mit dieser Alternative verbunden:

- Ein Investmentkonto ist **meistens kostenlos.**
- Der Anleger kann veranlassen, dass die KVG **Ausschüttungen automatisch reinvestiert,** d. h. neue Fondsanteile dafür kauft.
- Der Anleger kann in jedem Fall auch **Bruchteile** von Investmentanteilen erwerben, dies ist nicht bei jeder depotführenden Bank möglich.

4.5.2 Cost-Average-Effekt

Der Vorteil von Investmentsparplänen ergibt sich durch die **regelmäßige Anlage eines festen Euro-Betrages** gegenüber dem regelmäßigen Kauf einer festen Anzahl von Investmentanteilen.

		Kauf		Anlage	
Monat	**Ausgabe-preis €**	**1 Anteil pro Monat**		**100,00 € pro Monat**	
1	80,00	1,000	80,00	1,250	100,00
2	120,00	1,000	120,00	0,833	100,00
3	90,00	1,000	90,00	1,111	100,00
4	140,00	1,000	140,00	0,714	100,00
		4,000	**430,00**	**3,908**	**400,00**

Beispiel:

durchschnittlicher Ausgabepreis: 430,00 €/4,000 = **107,50 €**   400,00 €/3,908 = **102,35 €**

Fazit:

Durch die monatliche Anlage eines festen Euro-Betrages (im Beispiel 100,00 €) verhält sich der Anleger automatisch **antizyklisch.** Das bedeutet, er kauft bei hohem Ausgabepreis weniger Anteile und bei niedrigem Ausgabepreis mehr Anteile. Insgesamt reduziert sich dadurch der durchschnittliche Kaufkurs. Diesen Effekt nennt man **Cost-Average-Effekt.**

Der Cost-Average-Effekt ergibt sich nur bei schwankenden Kursen.

4.5.3 Auszahlplan

Auszahlpläne (auch Entnahmepläne genannt) werden überwiegend dazu genutzt, im Alter ein Zusatzeinkommen zu erzielen, um z. B. die gesetzliche Rentenzahlung zu ergänzen. Hierbei wird **in regelmäßigen Abständen** ein gewisser Geldbetrag aus einem bereits vorhandenen Fondsvermögen abgezogen. Dafür werden jeweils **Fondsanteile** in entsprechender Höhe **verkauft.**

Für den Auszahlplan stehen verschiedene **Vertragsgestaltungsoptionen** zur Verfügung, z. B.

- **Laufzeit** für die Auszahlungen,
- ausgezahlter **Betrag** sowie **Rhythmus** der Auszahlung,
- **Kapitalerhalt** (d. h. Entnahmen werden nur aus den Erträgen getätigt) oder **Kapitalverzehr** (d. h. die Anlagesumme wird durch die Entnahmen aufgebraucht),
- **Fondsart.**

Der Anleger sollte bereits einige Zeit vor Beginn der Entnahmen das Fondsvermögen in weniger stark schwankende bzw. in sicherere Fondsanlagen umschichten (z. B. Rentenfonds oder offene Immobilienfonds).

Dadurch kann zunächst das Fondsvermögen vor kurz- bis mittelfristigen Kursverlusten geschützt werden. Außerdem könnte sich bei einer stark schwankenden Anlage ein **negativer Cost-Average-Effekt** ergeben. Durch den festgelegten Auszahlungsbetrag müsste man bei niedrigem Rücknahmekurs mehr Anteile verkaufen und bei hohem Rücknahmekurs weniger Anteile, um den festgelegten Betrag zu erzielen.

4.5.4 Staatliche Förderung

Situation:

Herr Mayer arbeitet als kaufmännischer Angestellter und verdient brutto 40 000,00 € im Jahr. Zusätzlich erhält er von seinem Arbeitgeber monatlich 40,00 € vermögenswirksame Leistungen. Seine Ehefrau arbeitet zurzeit nicht, da sie die beiden kleinen Kinder versorgt. Steuerlich ist das Ehepaar zusammenveranlagt. Herr Mayer möchte über die staatlichen Förderungen im Zusammenhang mit der Geldanlage in Investmentfonds informiert werden.

➤ **Vermögenswirksame Leistungen nach dem 5. Vermögensbildungsgesetz (5. VermBG)**

Vermögenswirksame Leistungen sind Geldleistungen, die der Arbeitgeber für den Arbeitnehmer **aus dessen Gehalt** in eine oder mehrere vom Arbeitnehmer ausgewählte Anlageformen tätigt. Grundlage ist das 5. VermBG, mit dem beabsichtigt ist, die Vermögensbildung bei Arbeitnehmern zu stärken.

In vielen Branchen übernimmt der **Arbeitgeber** einen Anteil an den vermögenswirksamen Leistungen oder übernimmt diese sogar in voller Höhe, d. h. er erhöht das Gehalt lt. Tarifvertrag um die i. d. R. tarifvertraglich geregelte vermögenswirksame Leistung und zahlt dann diese oder ggf. einen höheren Betrag, den der Arbeitnehmer bestimmt, in die vom Arbeitnehmer bestimmte Anlageform ein. Die Überweisung der Anlagesumme durch den Arbeitgeber ist eine zwingende Voraussetzung für die Zahlung der staatlichen Zulage.

➤ **Regelungen zur staatlichen Förderung im Überblick**

Der Staat begünstigt bestimmte der zugelassenen Anlageformen mit einer Zulage, der sog. Arbeitnehmer-Sparzulage. Voraussetzung ist u. a., dass das zu versteuernde Einkommen im Jahr der Sparleistung einen bestimmten Betrag nicht übersteigt.

Die geförderten Anlageformen sowie die sonstigen Voraussetzungen für die staatliche Förderung von vermögenswirksamen Leistungen können aus der nachstehenden Übersicht entnommen werden.

Übersicht über die staatliche Sparförderung (Stand 2019)

5. Vermögensbildungsgesetz (5. VermBG)

berechtigter Personenkreis	**alle Arbeitnehmer** im Sinne dieses Gesetzes: Arbeiter, Angestellte, Beamte, Richter, Auszubildende, Berufs- und Zeitsoldaten, Heimarbeiter **nicht** dazu zählen: freie Berufe, Mitglieder von Vertretungsorganen juristischer Personen	VermBG § 1
mögliche Anlageformen	**1) Beteiligungssparen** **im Regelfall: Aktienfonds** (mind. 60 % Aktienanteil) andere, wie z. B.: Belegschaftsaktien, GmbH-Anteile oder stille Beteiligungen am Arbeitgeber-Unternehmen **2) Bausparverträge** **3) Sparvertrag, Kapitallebensversicherung**	§ 2
Einkommensgrenzen	zu versteuerndes Einkommen (ohne Kapitaleinkünfte) im Jahr der Sparleistung **1)** max. 20 000,00 €/40 000,00 € (ledig/zusammen veranlagt) **2)** max. 17 900,00 €/35 800,00 € (ledig/zusammen veranlagt) **3)** keine Grenze, da nicht gefördert	§ 13 (1)
geförderter jährlicher Sparhöchstbetrag	**1)** 400,00 € je Arbeitnehmer **2)** 470,00 € je Arbeitnehmer **3)** 0,00 €	
Zahlung der Sparbeträge	Überweisung durch den Arbeitgeber (direkt aus dem Arbeitsentgelt an das anlegende Institut)	
Festlegungsfristen (für die Förderung)	**1)** Sparzeit = 6 Jahre (ab erster Einzahlung) Sperrfrist = 7 Jahre (ab 01.01. des Jahres der ersten Einzahlung **2)** Sperrfrist = 7 Jahre (ab Vertragsabschluss) **3)** entfällt	§ 4 (1) und (2) § 13 (5)
Höhe der Förderung	**Arbeitnehmersparzulage** in Höhe von jährlich **1)** 20 % des Sparbetrages (max. auf 400,00 €) **2)** 9 % des Sparbetrages (max. auf 470,00 €) **3)** keine Förderung Die Förderung wird auf volle Euro je Vertrag aufgerundet (gemäß § 6 (1) VermBDV). Die Förderungen aus 1) und 2) können auch kumulativ ausgeschöpft werden, wenn pro Arbeitnehmer zwei Verträge abgeschlossen werden.	§ 13 (2)
Wie erhält der Sparer die Förderung?	● Antrag bis spätestens 31.12. des vierten Jahres nach dem Sparjahr an das Finanzamt (zusammen mit Einkommensteuererklärung) + elektronische Vermögensbildungsbescheinigung durch Vertragsunternehmen ● Zahlung der Zulage erfolgt durch das Finanzamt nach Ablauf der Sperrfrist an das Anlageinstitut **oder** ● auf Antrag des Anlageinstitutes bei förderungsunschädlicher vorzeitiger Verfügung durch den Sparer	§§ 14 (4), 15 (1)
förderungsunschädliche Verfügung vor Ablauf der Sperrfrist	**für 1) und 2) gilt:** ● Tod oder völlige Erwerbsunfähigkeit des Sparers oder dessen Ehegatten ● ein Jahr ununterbrochene Arbeitslosigkeit des Sparers bei Verfügung **nur für 1) gilt:** ● Heirat des Sparers, wenn seit Beginn der Sperrfrist bereits zwei Jahre vergangen sind ● Selbständigkeit des Sparers bei gleichzeitiger Aufgabe der unselbstständigen Arbeit ● Entnahme für geförderte Weiterbildung ● Umschichtung der Wertpapiere, Wechsel des Anlageinstituts **nur für 2) gilt:** ● Zuteilung und Darlehensannahme sowie wohnwirtschaftliche Verwendung	WoPG § 4 (4), § 2 (3) VermBG § 4 (4) WoPG § 2 (3)

Exkurs: Riester-Förderung und Fondssparen

Eine andere Möglichkeit der Förderung ist die **Riester-Förderung.** Diese wurde 2002 durch das Altersvermögensgesetz (AVmG) eingeführt. Der Staat fördert die Investition in spezielle, zertifizierte Verträge (bezüglich der genauen Voraussetzungen und Förderungsbedingungen vgl. Bd. 2, C 2.3.1).

Der Vertrag kann dabei auch vorsehen, dass die eingezahlten Beiträge ganz oder teilweise in Investmentvermögen investiert werden. Man unterscheidet zwischen:

- **Riester-Fondssparplänen und**
- **fondsgebundenen Riester-Rentenversicherungen.**

Die Herausforderung für die anbietenden Banken und Versicherungsgesellschaften besteht bei diesen Riester-Verträgen vor allem darin, dass sie als Voraussetzung für die Zertifizierung dem Anleger eine Garantie dafür aussprechen müssen, dass zumindest das **eingezahlte Kapital** zu Beginn der Auszahlphase (frühestens mit Vollendung des 62. Lebensjahres) für die Auszahlung einer lebenslangen Zusatzrente zur Verfügung steht.

Meistens wird deshalb zunächst überwiegend in renditestarke, aber risikoreichere Fonds (i. d. R. Aktienfonds) investiert und in den Jahren vor der Auszahlphase sukzessive in nicht so ertragsstarke, jedoch wesentlich risikoärmere Fonds (z. B. Rentenfonds oder konservative Mischfonds) umgeschichtet.

Lernkontrollen zu E 4.4 und E 4.5

Fondsprinzip und rechtliche Grundlagen

1 Erläutern Sie das Grundprinzip eines Investmentfonds (Beteiligte und deren Aufgaben bzw. Rechte und Pflichten).

2 Erläutern Sie das Prinzip der Risikostreuung.

Fondsarten

3 Was ist der Unterschied zwischen einem OGAW-Sondervermögen und einem AIF-Sondervermögen?

4 Erläutern Sie Vor- und Nachteile der Geldanlage in Aktienfonds verglichen mit der Direktanlage in Aktien.

5 Wie ist die Rücknahme der Anteile bei offenen Immobilienfonds geregelt?

6 Vergleichen Sie Mischfonds und Dachfonds miteinander (Gemeinsamkeiten/Unterschiede).

7 Erklären Sie den Unterschied zwischen einem ausschüttenden und einem thesaurierenden Fonds.

Kosten und Anteilspreisberechnung

8 Welche Kosten fallen bei Investmentfonds regelmäßig an und wofür sind diese Kosten zu zahlen?

9 Der Rentenfonds »Rendite Satt« der TAG Investment GmbH enthält die folgenden Vermögenswerte:

Nennwert in €	Emittent	Kurs in %	Kurswert in €
25 000,00	A	97,5	
35 000,00	B	96,0	
9 500,00	C	103,8	
18 000,00	D	101,75	
31 500,00	E	98,6	
	sonstige Emittenten	–	478 500,00

Bankguthaben des Fonds: 125 000,00 €

Verbindlichkeiten des Fonds: 37 500,00 €

Insgesamt sind 67 600 Anteile im Umlauf. Der Ausgabeaufschlag beträgt 3,5 %.

a) Berechnen Sie den Inventarwert des Fonds.

b) Berechnen Sie den Rücknahmepreis pro Anteil.

c) Berechnen Sie den Ausgabepreis pro Anteil.

10 Erläutern Sie die Begriffe Switch und Shift.

Investmentsparen und staatliche Förderung

11 Horst Plura möchte in einen Investmentfonds anlegen. Er überlegt, ob er monatlich zwei Anteile erwerben sollte (Anlagestrategie 1) oder monatlich einen festen Betrag in Höhe von 100,00 € anlegen sollte (Anlagestrategie 2).

a) Ergänzen Sie zunächst die Tabelle.

b) Empfehlen Sie Herrn Pludra aufgrund Ihrer Ergebnisse aus a) eine der beiden Anlagestrategien und begründen Sie Ihre Entscheidung.

Monat	Ausgabepreis €	Strategie 1		Strategie 2	
		Anteile	Anlagebetrag	Anteile	Anlagebetrag
1	50,00				
2	40,00				
3	45,00				
4	60,00				
5	65,00				
	Summe				
	ø Ausgabepreis				

12 Herr Marco Sommer (ledig, 27 Jahre alt) ist Angestellter in einem Schnellrestaurant. Sein maßgebliches zu versteuerndes Einkommen liegt bei 18 950,00 € jährlich. Der Arbeitgeber von Herrn Sommer ist bereit, monatlich 20,00 € vermögenswirksame Leistungen zu zahlen. Herr Sommer kommt heute mit diesen Informationen zu Ihnen und bittet Sie um eine Beratung.

a) Welche staatliche(n) Förderung(en) könnte Herr Sommer in Anspruch nehmen? Begründen Sie Ihre Antwort jeweils kurz.

b) Nennen Sie für alle möglichen Förderungen aus a) drei Voraussetzungen, die (neben der Einhaltung der Einkommensgrenzen) noch erfüllt sein müssen, damit Herr Sommer die staatliche Förderung erhält.

c) Herr Sommer kann zusätzlich zu den 20,00 € von seinem Arbeitgeber selbst monatlich einen Betrag von 15,00 € sparen. Errechnen Sie den Betrag der staatlichen Förderung in Euro, den Herr Sommer bei Erfüllung aller erforderlichen Voraussetzungen pro Sparjahr erhalten wird.

d) Erläutern Sie Herrn Sommer zwei Situationen, in denen er vorzeitig über das Geld verfügen könnte, ohne die staatliche Förderung zu verlieren.

5 Verbraucherdarlehen

Situation:

Carsten Pohl hat nach Abschluss seiner Ausbildung einen unbefristeten Arbeitsvertrag erhalten. Er möchte ein günstiges Angebot zum Kauf eines VW Golf nutzen und bittet Sie, ihn für eine günstige Finanzierung des Autokaufs zu beraten. Aus Ersparnissen stehen im ca. 5 000,00 € zur Verfügung.

5.1 Grundmerkmale und Arten von Verbraucherdarlehen

Der Begriff **Kredit** geht auf das lateinische Wort »credere« zurück. Übersetzt bedeutet »credere« soviel wie Glauben, Vertrauen schenken. Der Kreditgeber setzt Vertrauen in den Kreditnehmer, dass er seinen Schuldverpflichtungen ordnungs- und termingemäß nachkommen wird.

Rechtlich betrachtet ist jeder Kredit, mit dem Buch- oder Bargeld zur Verfügung gestellt wird, ein Darlehen (Gelddarlehen).

Der Darlehensnehmer hat bei einem Gelddarlehen die Verpflichtung zur Zahlung der vereinbarten Zinsen und zur vertragsgemäßen Rückzahlung des Darlehensbetrages übernommen.   **BGB §§ 488 ff.**

Ist der Kreditnehmer ein Verbraucher, d. h. eine natürliche Person, die den Darlehensvertrag weder zu gewerblichen Zwecken noch im Rahmen einer selbständigen beruflichen Tätigkeit abschließt, so handelt es sich um ein **Verbraucherdarlehen**.   **§ 13**

Der Kredit lässt sich in verschiedene Kategorien und Gruppen einteilen, z. B. nach der Kreditlaufzeit, der Stellung von Sicherheiten und der Kreditart.

Kreditlaufzeit	Im Allgemeinen werden drei verschiedene Kreditlaufzeiten unterschieden: ● **kurzfristiger Kredit** mit einer Laufzeit von bis zu 12 Monaten; ● **mittelfristiger Kredit** zwischen 1 Jahr und 4 Jahren; ● **langfristiger Kredit** mit einer Laufzeit von über 4 Jahren.
Stellung von Sicherheiten	● Wird **keine Sicherheit** durch den Kreditgeber verlangt, so spricht man von einem **Blankokredit**. Es wird allein auf die Persönlichkeit des Kreditnehmers und dessen wirtschaftliche Verhältnisse abgestellt. ● Bei **gesicherten** Krediten werden insbesondere – Personensicherheiten (Bürgschaft, Garantie) oder – Sachsicherheiten (Sicherungsabtretung, Sicherungsübereignung, Pfandrechte an beweglichen Sachen und Grundpfandrechte) vereinbart.
Kreditarten	Generell lassen sich eine Vielzahl von Krediten unterscheiden. Bei Krediten an Privatpersonen wird in folgende Hauptgruppen unterschieden: ● Ratenkredit ● Kontokorrentkredit (Dispositionskredit) ● Immobilienkredit (Immobiliar-Verbraucherdarlehen/IVD)

➤ Ratenkredit

Ratenkredite sind mittel- bis langfristige Darlehen, die von Privatpersonen in Anspruch genommen werden, um Anschaffungen für den persönlichen Bedarf zu tätigen.

Merkmale des Ratenkredits:

Zinsberechnung	In der Regel Festzinssatz für die gesamte Laufzeit des Kredits. Die Berechnung erfolgt auf der Grundlage ● eines festen Jahressatzes vom tatsächlich in Anspruch genommenen Kreditbetrag (Regelfall in der Praxis der Banken) oder ● eines festen Monatssatzes vom ursprünglichen Kreditbetrag im Voraus für die gesamte Laufzeit. Die Preisangabenverordnung verpflichtet die Kreditinstitute, die tatsächliche Verzinsung (effektiver Jahreszinssatz) des Kreditbetrags anzugeben. Dieser Zinssatz gilt als Vergleichsmaßstab für Zinsen und sämtliche Kosten des Kredits.
Nebenkosten	Die lange Jahre üblicherweise erhobenen Bearbeitungsgebühren in Höhe von 1 bis 3 % sind nach einem BGH-Urteil (XI ZR 405/12) im Mai 2014 für unwirksam erklärt worden.
Höhe des Kredits	Zwischen 50 000,00 € und 80 000,00 € im standardisierten Bereich (kreditinstitutsinterne Regelungen können andere Beträge vorsehen).
Laufzeit	üblich sind 12 bis 96 Monate Laufzeit
Rückführung	in gleich bleibenden monatlichen Raten (Annuität)
Besicherungsmöglichkeiten	● Mitverpflichtung des Ehepartners ● Bürgschaft ● Abtretung von Lohn- und Gehaltsansprüchen ● Restschuldversicherung (Risikoversicherung mit fallender Versicherungssumme) ● Abtretung von Ansprüchen aus Lebensversicherungen ● Sicherungsübereignung von finanzierten Gegenständen, z. B. Kraftfahrzeugen
Kündigungsmöglichkeit des Kunden	Jederzeitiges Recht zur teilweisen oder vollständigen vorzeitigen Vertragserfüllung (= Rückzahlung) gegen Vorfälligkeitsentschädigung von max. 1 % des vorzeitig gezahlten Betrages. Ausnahme: Immobiliendarlehensverträge

BGB §§ 489, 500, 502

➤ Dispositionskredit

Der Dispositionskredit gestattet dem Kreditnehmer, Verfügungen über sein laufendes Konto (Kontokorrentkonto) bis zur vereinbarten Kreditlinie vorzunehmen. Der Kreditnehmer ist jedoch nicht verpflichtet, die Linie auszunutzen.

Merkmale des Dispositionskredits:

Zinsberechnung	Variable Verzinsung. Die Zinsen werden den jeweiligen Marktverhältnissen angepasst und schwanken sehr stark zwischen den Kreditinstituten. Für die Inanspruchnahme über die vereinbarte Kreditlinie hinaus (Überziehung) wird der Zinssatz für geduldete Überziehungen in Rechnung gestellt, i. d. R. plus 3 – 5 Prozentpunkte.
Höhe des Kredits	Die Höhe richtet sich nach dem Nettoeinkommen beziehungsweise nach den regelmäßigen monatlichen Kontoeingängen des Kreditnehmers. In der Praxis beträgt der Rahmen des Dispositionskredits meist das Dreifache des Nettoeinkommens. Jedes Kreditinstitut legt die Höhe in so genannten Kreditrichtlinien fest.

Laufzeit	● bis auf weiteres ● Kreditinstitute legen in ihren institutsinternen Richtlinien meist eine turnusgemäße Überprüfung der Bonität fest. Die Überprüfung erfolgt i. d. R. maschinell.	
Rückführung	● Vierteljährlich werden die Zinsen belastet. ● Die Rückführung wird nicht fest vereinbart, sondern erfolgt aus laufenden Lohn- und sonstigen Eingängen.	
Besicherung	Dispositionskredite werden nicht gesondert besichert, sondern blanko zur Verfügung gestellt und damit auf die Bonität des Kreditnehmers abgestellt.	
Kündigungs-möglichkeiten des Kunden	Der Kreditnehmer kann den Dispositionskredit ganz oder teilweise kündigen, ohne eine Frist einzuhalten. Vertraglich kann eine Kündigungsfrist von maximal einem Monat vereinbart werden. Dies ist jedoch in der Praxis eher unüblich.	BGB § 500 (1)

➤ Immobilienkredit

Der Immobilienkredit (auch Immobiliar-Verbraucherdarlehen genannt) ist ein langfristiger Kredit, der zum Erwerb oder zur Erhaltung von Grundstücken, für die Finanzierung von bestehenden oder zu errichtenden Gebäuden oder für den Erwerb oder Erhalt von grundstücksgleichen Rechten genutzt wird.   § 491 (3)

Merkmale des Immobilienkredits:

Zinsberechnung	● üblicherweise Festzinsvereinbarung für eine bestimmte Zeit (= Zinsbindungsfrist); üblich sind 10, 15 oder 20 Jahre ● Berechnung erfolgt auf der Grundlage eines festen Jahressatzes vom tatsächlich in Anspruch genommenen Kreditbetrag	
Höhe des Kredits	● abhängig vom errechneten Wert der Immobilie (= Beleihungswert) nach bankinternen Richtlinien und vom Finanzierungsbedarf des Kunden ● es gibt grundsätzlich keine Betragsbegrenzung	
Laufzeit	Der gesamte Finanzierungszeitraum ist abhängig von der Höhe des Kredites und der monatlichen Rate. Er geht meist über die Zinsbindungsfrist hinaus. Üblich sind Zeiträume zwischen 25 und 35 Jahren.	
Rückführung	in gleich bleibenden monatlichen Raten (= Annuität)	
Besicherung	● durch Grundpfandrecht (= Pfandrecht an Immobilien) ● im Regelfall: Eintragung einer Grundschuld im Grundbuch der Immobilie (Recht auf Zwangsvollstreckung bei nicht planmäßiger Rückzahlung des Kredits)	
Kündigungs-möglichkeiten des Kunden	● mit einer Kündigungsfrist von einem Monat zum Ablauf der Zinsbindungsfrist	§ 489 (1)
	● nach Ablauf von 10 Jahren nach Empfang des Darlehens bzw. nach Neufestlegung einer Rückzahlungsfrist oder Zinsbindungsfrist mit einer Kündigungsfrist von sechs Monaten	
	● im Zeitraum der Zinsbindungsfrist nur dann ganz oder teilweise vorzeitig rückzahlbar, wenn hierfür ein berechtigtes Interesse des Darlehensnehmers besteht	§ 500 (2)

Im Folgenden soll auf die Besonderheiten von Immobilienkrediten nicht näher eingegangen werden, da sowohl der Prozess der Kreditentscheidung und -gewährung als auch die Finanzierung insgesamt viel komplexer sind als die standardisierte Vor-

gehensweise bei Ratenkrediten. Zudem sind Immobilienkredite nicht prüfungsrele-
vant für den Ausbildungsberuf des Kaufmanns/ der Kauffrau für Versicherungen und
Finanzen.

5.2 Zustandekommen eines Darlehensvertrags

BGB
§§ 488,
491

Der Darlehensvertrag kommt durch Antrag und Annahme zustande. Der Antrag kann
dabei sowohl vom Kunden als auch von der Bank ausgehen. Im Regelfall erstellt die
Bank nach Kreditprüfung und positiver Kreditentscheidung ein **Kreditbewilligungs-
schreiben** mit allen Vertragsbestandteilen. Dieses Schreiben stellt dann den Antrag
dar, der vom Kunden durch **Unterschrift** angenommen wird.

5.3 Beratung und Kreditprüfung

5.3.1 Bestandteile des Kreditgesprächs

Im Rahmen der Beratung wird zunächst die **Situation des Kunden** erfragt:

- Wer ist Kreditnehmer?
- Wie viel Kredit benötigt der Kreditnehmer?
- Wie lange wird das Geld benötigt?
- Woraus wird der Kredit zurückgezahlt?
- Welche Sicherheiten können gestellt werden?

Das Kreditinstitut möchte auch wissen, wofür der Kredit verwendet werden soll. Folgende **Finanzierungsanlässe** führen am häufigsten zu einer Kreditanfrage für einen
privaten Ratenkredit:

- Anschaffung eines Kraftfahrzeugs (PKW, Motorrad),
- Wohnungseinrichtung/Renovierung/Haushaltsgeräte/Unterhaltungselektronik,
- Ratenkredit bei anderer Bank ablösen (z.B. zu hoher Zinssatz)/Dispositionskredit
  ausgleichen,
- Aus- und Weiterbildung,
- besondere Anlässe (z.B. Hochzeit, Reisen, Geburtstage),
- medizinische Leistungen.

5.3.2 Prüfung von Kreditfähigkeit und Kreditwürdigkeit

Kreditfähigkeit ist die Fähigkeit, rechtswirksam Darlehensverträge abzuschließen.

Zur Prüfung der Kreditfähigkeit sind erforderlich:

- die **Prüfung der Geschäftsfähigkeit** (siehe Bd. 1, B 1.2)

  Bei Geschäftsunfähigkeit kann ein Darlehensvertrag nur durch den bzw. die gesetzlichen Vertreter in Verbindung mit einer **Genehmigung des Vormundschaftsgerichts** geschlossen werden. Bei beschränkter Geschäftsfähigkeit wird neben der Genehmigung des Vormundschaftsgerichts die Zustimmung des gesetzlichen Vertreters bzw. der gesetzlichen Vertreter benötigt.

- die **Prüfung des Güterstands**

  Beim gesetzlichen Güterstand der **Zugewinngemeinschaft** (Regelfall) sollten die Kreditverträge von beiden Ehegatten unterschrieben werden, da im Scheidungsfall die Ausgleichsforderungen die Kreditrückzahlung gefährden könnten. Dies ist jedoch nicht zwingend.

  Bei Vereinbarung einer **Gütertrennung** durch Ehevertrag können die Kreditverträge jeweils unabhängig voneinander geschlossen werden. Haben die Ehegatten im Ehevertrag die **Gütergemeinschaft** bestimmt, müssen Kreditverträge immer von beiden Ehegatten unterschrieben werden.

Unter **Kreditwürdigkeit** versteht man den Willen und die Fähigkeit eines Kreditnehmers, seine Verpflichtungen aus dem Kreditvertrag vertragsgemäß zu erfüllen. Man unterscheidet dabei in:

persönliche Kreditwürdigkeit = Willen	materielle Kreditwürdigkeit = Fähigkeit
Einschätzung über …	
• Vertrauenswürdigkeit/Zuverlässigkeit • familiäre Situation • berufliche Qualifikation bzw. Stellung • Dauer des Arbeitsverhältnisses	• Einkommensverhältnisse • berufliche Situation (z. B. Befristung, Probezeit etc.) • Vermögensverhältnisse
anhand von …	
• Kontoführung • SCHUFA-Auskunft • Selbstauskunft • Arbeitsvertrag • evtl. Bankauskünften (von anderen Banken)	• Gehaltsabrechnungen (im Regelfall: die letzten drei) • Arbeitsvertrag • Einkommensteuerbescheid • Selbstauskunft • Haushaltsrechnung • Konto- und Depotauszügen • anderen Vermögensnachweisen

Der Kunde muss eine schriftliche Einwilligung zur Einholung einer **SCHUFA-Auskunft** erteilen.

Die SCHUFA liefert Antworten auf folgende Fragen:

- Wie viele Girokonten und Kreditkarten hat der Verbraucher?
- Hat er bereits irgendwo einen Kredit?
- Hat er eine Bürgschaft abgegeben?
- Hat er in der Vergangenheit einen Kredit nicht regulär zurückgezahlt oder musste er Privatinsolvenz anmelden?

In der **Selbstauskunft** macht der Kunde Angaben über seine

● persönlichen Daten (Name, Geburtsdatum, Anschrift, Familienstand, Kinder, Beruf und Beschäftigungsdauer),
● Vermögensverhältnisse,
● Einkommensverhältnisse,
● monatlichen Ausgaben.

Hinweis: Im **Proximus 4 Bedingungswerk** ist ein Vordruck für eine vertrauliche Selbstauskunft der Süddeutschen Handelsbank abgedruckt.

Proximus 4 TA S. 460, 461

Bei der Beratung ist gemeinsam mit dem Kunden zu ermitteln, ob er nach Abzug aller finanziellen Belastungen in der Lage ist, den gewünschten Kredit zu bedienen (Zinszahlung und Rückzahlungsraten).

Hierfür empfiehlt es sich, eine persönliche **Haushaltsrechnung** nach folgendem Muster zu erstellen.

Die Informationen kann man den Gehaltsabrechnungen, den Kontounterlagen des Kunden sowie der Selbstauskunft entnehmen.

Haushaltsrechnung:	monatlich in €	monatlich in €
1. Einkünfte		
Nettoeinkommen	_____	
sonstige Einkünfte (z. B. Mieteinnahmen)	_____	
Einkünfte gesamt		_____
2. Ausgaben		
Miete (warm)	_____	
Lebenshaltungskosten (z. B. Lebensmittel, Kleidung, Drogerieartikel)	_____	
Versicherungsbeiträge	_____	
Kfz-Kosten (z. B. Versicherung, Steuern, Benzin)	_____	
Freizeit/Hobbies (z. B. Vereinsbeiträge, Fitnessstudio)	_____	
andere Kreditraten	_____	
Unterhaltszahlungen	_____	
Sparraten	_____	
Ausgaben gesamt		_____
3. frei verfügbares monatliches Einkommen (= Einkünfte gesamt – Ausgaben gesamt)		_____

Bei den Lebenshaltungskosten und den Kfz-Kosten werden von den Banken oft **Pauschalbeträge** angesetzt, die auf Erfahrungswerten beruhen und in bankinternen Richtlinien vorgegeben werden.

> **Beispiel:**
> ● Lebenshaltungskosten
>   für eine Person 500,00 €, für zweite Person 300,00 €, für jede weitere Person 200,00 €
> ● Kfz-Pauschale
>   250,00 € pro Auto/150,00 € pro Motorrad

Das verfügbare Einkommen stellt regelmäßig die **Obergrenze** für die monatliche Kreditrate dar.

5.3.3 Kreditentscheidung

Die Kreditentscheidung wird nicht allein durch den beratenden bzw. bearbeitenden Mitarbeiter getroffen, sondern durch das Computersystem unterstützt. Die Basis ist ein individuelles **Kreditscoring-System.**

Kreditscoring ist ein mathematisch-statistisches Verfahren, mit dem die Kreditwürdigkeit von Kreditnehmern ermittelt (eingeschätzt) wird. Das Ergebnis wird durch eine Kennzahl (Score) ausgedrückt. Die Ermittlungs-(Einschätzungs-) Daten basieren auf dem Kreditantrag, der Selbstauskunft, von Auskunfteien und aus den bisherigen Erfahrungen mit der Geschäftsbeziehung. Die Daten werden anhand bestimmter Merkmale (z.B. Beruf, Einkommen) bepunktet und dann zu der Kennzahl zusammengefasst, die letztlich für die Entscheidung über die Kreditvergabe und -bedingungen (z.B. Zinshöhe) dient.

Punktwerte für das Kreditscoring – Privatkredit (Beispiel)	
Antragsteller:	Mitverpflichteter:
Ausschlussgründe ● mangelnde Geschäftsfähigkeit ● frei verfügbares Einkommen < Kreditrate ● bestimmte negative Schufa-Merkmale	**Bewilligungshindernisse** ● Alter über 70 Jahre ● Arbeitslos ● Kreditlaufzeit länger als 84 Monate ● Kreditlaufzeit länger als Aufenthaltserlaubnis

1. Rate in % des frei verfügbaren Einkommens lt. Haushaltsrechung
● bis 40 %   25
● bis 60 %   18   ☐
● bis 80 %   10
● über 80 %   0
	5. derzeit ausgeübte Tätigkeit des Antragstellers
	● Beamte/öffentl. Dienst
	   leitend.Angest./Rentner 15
	● Facharbeiter/Angestellter 10
	● ungelernter Arbeiter/
	   Student/Auszubildender 5 ☐
	● Arbeitslos/Wehrpflicht/Zivild. 0

2. Darlehenslaufzeit ● bis 24 Monate 10 ● 25 bis 48 Monate 7 ☐ ● 49 bis 72 Monate 3 ● ab 73 Monate 0	**6. Beschäftigung beim jetzigen Arbeitgeber** ● über 5 Jahre 15 ● 2 bis 5 Jahre 10 ☐ ● bis 2 Jahre 3 ● Probezeit 0

3. Alter des Antragstellers
● über 55   5
● über 40 bis 55   8   ☐
● über 20 bis 40   3
● unter 20   0
	7. bisherige Geschäftsverbindung
	● einwandfreie Kontoführung 20
	● gelegentlich Kredit
	   inanspruchnahme 10
	● ständige Überziehung 0 ☐
	● Neukunde mit positiver
	   Schufa/Bankauskunft 10

4. Familienstand ● verheiratet ohne Kind 7 ● verheiratet mit Kind 5 ☐ ● ledig/verwitwet 3 ● geschieden/getrennt lebend 0	**Gesamtpunktwert** ☐
Risikostufe 100 bis 80 Punkte Kreditannahme wird empfohlen 79 bis 50 Punkte Mitentscheidung Kompetenzträger; Begründung erforderlich unter 49 Punkte Kredit ist abzulehnen	
Datum:	Unterschrift Kundenberater:

Vorteile des Kreditscorings: schnell, kostengünstig, unabhängig von subjektiver Beraterentscheidung

Problem des Kreditscorings: Die statistische Beziehung wird dem individuellen Kunden nicht gerecht.

Bei positiver Kreditentscheidung wird dem Kunden ein **Kreditangebot** unterbreitet. Die Bank bietet ihm dabei je nach Bonität einen bestimmten Zinssatz an, aus dem sich dann in Abhängigkeit vom Nettokreditbetrag (ohne Zinsen) und von der Laufzeit die monatlich zu zahlende Rate für den Kunden ergibt.

5.4 Rechtliche Grundlagen bei Verbraucherdarlehen

Kredite an Verbraucher fallen unter die Vorschriften des BGB zum Verbraucherdarlehen. Diese Bestimmungen sollen sicherstellen, dass der Verbraucher als Kreditnehmer umfassend über seine Vertragspflichten informiert wird und er vor übereilten Entscheidungen geschützt wird.

BGB
§ 491

Verbraucherdarlehen sind Kredite ab 200,00 € für private Zwecke.

Ausnahme: Kredite für Existenzgründungen bis einschließlich 75 000,00 € werden rechtlich als Verbraucherkredite eingestuft.

a) Formvorschriften

➤ Vorvertragliche Informationspflichten

§ 491a

Vor Vertragsabschluss ist der Verbraucher in Textform nach einem Muster für »Europäische Standardinformationen für Verbraucherkredite« über alle wichtigen Vertragsinhalte zu informieren. Der Verbraucher kann einen Entwurf des Verbraucherdarlehensvertrages verlangen. Er ist außerdem darüber aufzuklären, ob der Vertrag dem von ihm verfolgten Zweck und insbesondere auch seinen Vermögensverhältnissen gerecht wird.

➤ Darlehensvertrag

§ 492

Verbraucherdarlehen unterliegen grundsätzlich der **Schriftform.** Der **Darlehensvertrag** muss dabei zwingend folgende Angaben enthalten:

- Name und Anschrift des Darlehensgebers
- Art des Darlehens
- Nettodarlehensbetrag (= Kreditbetrag ohne Zinsen)/Gesamtbetrag
- Sollzins (Höhe, Gültigkeit, Bedingungen für eine Anpassung)/effektiver Jahreszins
- Laufzeit
- Höhe, Anzahl und Fälligkeit der Raten
- Auszahlungsbedingungen
- sonstige Kosten (z. B. Kosten einer Restschuldversicherung, vgl. dazu Bd. 2, C 3.3.1.2)
- Warnhinweis auf Folgen von Verzug/Verzugszinsen bzw. -kosten
- einzuhaltendes Verfahren bei Kündigung
- Widerrufsrecht
- Recht auf vorzeitige Rückzahlung
- eventuell: zu bestellende Sicherheiten

Hinweis: Im **Proximus 4** ist ein Vordruck für einen Verbraucherdarlehensvertrag der Süddeutschen Handelsbank abgedruckt.

Proxi-
mus 4 TA
S. 457–459
BGB
§ 492 (3)

Jedem Darlehensnehmer ist eine Ausfertigung des Darlehensvertrages auszuhändigen. Diese Urkunde muss sämtliche Vereinbarungen über das Darlehen enthalten.

➤ Widerrufsrecht

Der Verbraucher hat das Recht, den Darlehensvertrag zu widerrufen. Bei mehreren Darlehensnehmern steht jedem dieses Recht zu. Der Widerruf erfolgt durch **ausdrückliche Erklärung** gegenüber der Bank, d.h. gesetzlich ist die Textform nicht zwingend vorgeschrieben. Dennoch sollte ein Widerruf schon aus Beweisgründen immer schriftlich erfolgen.

§ 355

Der Widerruf muss keine Begründung enthalten. Die Frist für den Widerruf beträgt **14 Tage**. Zur Fristwahrung genügt die rechtzeitige Absendung des Widerrufs.

Die Widerrufsfrist beginnt erst dann zu laufen, wenn der Kunde über das Widerrufsrecht **korrekt** (Muster siehe Anlage 7 zu Artikel 247 § 6 (2) und § 12 (1) EG-BGB) **und schriftlich informiert** wurde und ihm die **vollständigen Kreditunterlagen in Schriftform** zugegangen sind.

§ 356b

b) Verstoß gegen Formvorschriften bei Verbraucherkrediten

Bei **fehlender Schriftform** oder einer **fehlenden Pflichtangabe** ist der gesamte Darlehensvertrag nichtig.

§ 494

Wird der Kredit dennoch in Anspruch genommen, so wird der Darlehensvertrag gültig. Es ergeben sich jedoch je nachdem, welche Angaben fehlen, Konsequenzen für den Darlehensvertrag. Diese sind in der folgenden Tabelle zusammengestellt.

Formmangel	Konsequenzen
fehlende Angabe von **Zinssatz, Effektivzinssatz oder Gesamtkreditbetrag**	Zins ermäßigt sich auf den gesetzlichen Zinssatz von 4 %
Effektivzins zu niedrig angegeben	Sollzinssatz verringert sich um den Prozentsatz, um den der Effektivzins zu niedrig angegeben ist
Kosten nicht angegeben	Kreditnehmer schuldet diese Kosten nicht
In den vorgenannten Fällen ist jeweils die Rate unter Berücksichtigung der Konsequenzen neu zu berechnen.	
fehlende Angaben zu **Kosten- oder Zinsanpassungen**	Kosten oder Zinsen können nicht zum Nachteil des Darlehensnehmers angepasst werden
fehlende Angaben zu den **zu bestellenden Sicherheiten**	Sicherheiten können nicht nachgefordert werden (gilt nicht für Nettodarlehensbeträge > 75 000,00 €)
falsche oder fehlende **Widerrufsbelehrung**	Darlehensvertrag kann ggf. noch Jahre später widerrufen werden, Widerrufsrecht erlischt **nicht** (wie bei anderen Verträgen) spätestens nach 1 Jahr und 14 Tagen

BGB
§ 246

§ 356b
(2)

Eine fehlende Pflichtangabe im Darlehensvertrag führt außerdem dazu, dass die Widerrufsfrist erst beginnt, wenn die fehlende Pflichtangabe nachgeholt wurde. Die Frist für
den Widerruf verlängert sich in einem solchen Fall auf **einen Monat.**

c) Werbung für Verbraucherdarlehen

PAnGV
§ 6a

Wird mit der Angabe von Zinssätzen geworben, müssen gemäß Preisangabenverord-
nung (PAngV) in verständlicher und auffälliger Weise der Sollzinssatz, der Nettodarlehensbetrag und der effektive Jahreszins angegeben werden. Die werbende Bank
muss ein Beispiel angeben, das auf einem effektiven Jahreszins basiert, von dem die
Bank erwarten kann, dass dieser Zinssatz für mindestens zwei Drittel der aufgrund der
Werbung abgeschlossenen Verträge zutreffend oder günstiger sein wird.

d) Kündigungsmöglichkeiten

Die Kündigungsregeln für Verbraucherkredite **seitens des Kreditnehmers** sind bereits
in **Abschnitt E 5.1** erläutert worden.

Der **Kreditgeber** kann den Kredit wegen Zahlungsverzugs erst kündigen, wenn der
Kreditnehmer mit **mindestens zwei Raten** im Rückstand ist und der rückständige Betrag
mindestens 10 % bzw. ab drei Jahren Laufzeit **mindestens 5 %** des Nettokreditbetrags
ausmacht.

BGB
§ 498

Zudem muss der Kreditgeber vor der Kündigung eine **mindestens zweiwöchige Frist**
zur Zahlung des rückständigen Betrages gesetzt haben und die Kündigung des Kre-
dites bei Nichteinhaltung der Frist angedroht haben. Zusätzlich zur Fristsetzung soll
die Bank spätestens mit der Fristsetzung ein Gesprächsangebot zur einverständlichen
Regelung der Situation unterbreiten.

5.5 Absicherung der Kreditrückzahlung

5.5.1 Überblick über die Möglichkeiten der Absicherung

Für die Rückzahlung eines Kredits haftet der Kreditnehmer als Schuldner mit seinem
gesamten persönlichen Vermögen. Oft ist jedoch kein Vermögen vorhanden, so dass
der Kredit nur aufgrund des regelmäßig erzielten Einkommens vergeben wird. Die
Erzielung des Einkommens unterliegt jedoch gewissen Risiken (z. B. Arbeitslosigkeit,
Krankheit, Tod). Ist Vermögen vorhanden, ist dennoch nicht abzusehen, ob das vorhandene Vermögen hoch genug ist, um den Kredit abzusichern. Ferner können andere
Gläubiger ebenfalls darauf Zugriff nehmen.

Zur Absicherung der Forderung bzw. zur Verminderung des Ausfallrisikos sind deshalb
möglich:

- der Abschluss einer **Restschuldversicherung** für den Todesfall, für den Fall einer
  Arbeitsunfähigkeit und für den Fall einer Arbeitslosigkeit des Kreditnehmers (zu
  Todesfall vgl. Bd. 2, C 3.3.1.2),

- die **Bestellung von Kreditsicherheiten** zur Absicherung der Rückzahlung bei Nichterfüllung des Kreditvertrags durch den Kreditnehmer.

Die einzelnen Kreditsicherheiten unterliegen einem stetigen Wandel und werden von den Bedürfnissen des Wirtschaftslebens und zunehmend durch die Rechtsprechung geprägt. Dabei stehen sich die Interessen von Sicherungsgeber und Sicherungsnehmer bei einer Inanspruchnahme der Sicherheit gegenüber, wobei die Rechtsprechung bei Konflikten zunehmend das Argument der Schutzwürdigkeit des Sicherungsgebers in den Vordergrund stellt.

➤ **Einteilung der Kreditsicherheiten**

Akzessorische Sicherheiten
Akzessorische Sicherheiten sind in ihrem rechtlichen Bestand (Entstehen und Erlöschen) und Umfang **von der gesicherten Forderung abhängig.**
Diese Sicherheiten stehen dem Kreditgeber somit erst mit Entstehen der Forderung zu. Mit der vollständigen Kreditrückzahlung erlöschen diese Sicherheiten automatisch. Dem Kreditgeber steht die jeweilige Sicherheit immer nur in der Höhe zu, in der die zugrunde liegende Forderung besteht.

Beispiele:
- **Bürgschaft,** d.h. ein Bürge verpflichtet sich gegenüber dem Kreditgeber dazu, für die Erfüllung der Kreditverbindlichkeiten einzustehen,
- **Pfandrecht,** d.h. der Kreditgeber hat das Recht, sich bei Fälligkeit des Kredits aus dem Pfandgegenstand (bewegliche Sache, Forderung oder Recht) zu befriedigen,
- **Hypothek,** d.h. der Kreditgeber erhält das Recht, sich bei Fälligkeit des Kredits aus der Verwertung einer Immobilie zu befriedigen.

Abstrakte Sicherheiten
Abstrakte Sicherheiten sind in ihrem rechtlichen Bestand vollkommen **unabhängig von der gesicherten Forderung.** Diese Sicherheiten stehen dem Kreditgeber somit mit der Bestellung der Sicherheiten zu. Sie erlöschen auch nicht automatisch, sobald der Kredit vollständig zurückgezahlt wurde. Zudem hat die teilweise Rückzahlung des Kredits keine Auswirkungen auf die Höhe der bestehenden Sicherheit.
In der Bankenpraxis werden die zu bestellenden Sicherheiten jedoch durch eine **Sicherungszweckerklärung** als Bestandteil des Kreditsicherungsvertrags eingebunden.

Beispiele:
- **Sicherungsübereignung**
- **Sicherungsabtretung** (z.B. Lohn und Gehalt, Lebensversicherung)
- **Sicherungsgrundschuld,** d.h. der Kreditgeber erhält das Recht, sich bei Fälligkeit des Kredits aus der Verwertung einer Immobilie zu befriedigen.

5.5.2 Kreditsicherungsvertrag

Kreditsicherheiten werden vom Sicherungsgeber (i.d.R. identisch mit dem Kreditnehmer) gegenüber dem Kreditinstitut als Sicherungsnehmer durch den Abschluss eines Sicherungsvertrages begründet. Darin werden Art, Umfang und Inhalt der Rechte geregelt, die der Sicherungsnehmer am Sicherungsgegenstand (z.B. Vermögen des Bürgen, Forderung, Kraftfahrzeug) hat.

➤ Formvorschriften

BGB
§ 766

Formvorschriften enthalten die Gesetze nur für die Bürgschaft (Schriftform) und die Bestellung oder Übertragung von Hypothek oder Grundschuld (öffentliche Beglaubigung der Bewilligung zur Eintragung im Grundbuch).

In der Praxis werden Sicherungsverträge aber schon aus Beweisgründen stets schriftlich abgeschlossen.

➤ Sicherungszweck

Zentraler Bestandteil des Sicherungsvertrages ist die Regelung, für welche Kreditforderung die Sicherheit bestellt wird. Die Verbindung zwischen dem Sicherungsrecht und der gesicherten Forderung wird durch eine Vereinbarung über den Sicherungszweck (auch **Sicherungszweckerklärung** genannt) hergestellt.

➤ Verwertung von Kreditsicherheiten

Die Sicherheit darf erst dann verwertet werden,

- wenn die gesicherte **Forderung** ganz (durch Ablauf der Kreditlaufzeit bzw. durch Kündigung) oder teilweise (Zinsen und Tilgung) **fällig** ist und ein Verzug des Kreditnehmers vorliegt,

- und wenn der Kreditgeber den Kreditnehmer **erfolglos gemahnt** hat und ihn auf die Konsequenzen einer Nichtzahlung hingewiesen hat.

- Zudem muss der Kreditgeber die Verwertung der Sicherheit **ausdrücklich angedroht** haben und die Wartefrist nach der Androhung muss verstrichen sein. Zwar ist teilweise umstritten, inwieweit dieser für das Pfandrecht in § 1234 BGB geregelte Grundsatz auch auf die anderen Sicherheiten Anwendung findet. Für die Abtretung von Lohn- und Gehaltsforderungen fordert die Rechtssprechung die rechtzeitige Androhung der Verwertung. Zur Sicherheit wird aber auch bei anderen Sicherheiten bei den meisten Banken so verfahren.

BGH
1994

In welcher Weise die Verwertung erfolgt, richtet sich nach der Art der Sicherheit und der hierfür getroffenen Vereinbarung. Allgemein gilt hier Folgendes:

- Die Bank hat nach Ziffer 17 (1) AGB bei der Verwertung unter mehreren Sicherheiten die Wahl, kann also einen liquiden Bürgen vor einer langwierigen Verwertung einer Grundschuld in Anspruch nehmen.

- Da die Bank bei der Verwertung jedoch auf die berechtigten Interessen der Sicherungsgeber Rücksicht nehmen muss, darf sie bei der Auswahl der zunächst zu verwertenden Sicherheiten nicht willkürlich zum Schaden eines Sicherungsgebers handeln. Dieser Grundsatz ist in Ziffer 17 Abs. 1 S. 2 AGB festgelegt.

➤ Freigabe von Sicherheiten

Um den Kreditnehmer vor einer unrechtmäßigen Verwendung der Sicherheit zu schützen, sind die Kreditinstitute rechtlich verpflichtet, die Interessen des Sicherungsgebers zu berücksichtigen und die zur Besicherung von Krediten **nicht mehr benötigten Sicherheiten** ganz oder teilweise freizugeben.

5.5.3 Sicherungsabtretung

➤ Wesen und Rechtsbeziehungen

Bei der **Sicherungsabtretung** wird eine Forderung gegenüber einem Dritten durch den Sicherungsvertrag vom bisherigen Gläubiger (Sicherungsgeber) auf das Kreditinstitut als Sicherungsnehmer übertragen, so dass die Bank als neuer Gläubiger an die Stelle des bisherigen Gläubigers tritt.

BGB
§ 398

Abtretbar sind grundsätzlich alle gegenwärtigen oder zukünftigen Forderungen gegenüber einem Drittschuldner, sofern sie **hinreichend bestimmbar** sind. Üblich sind in der Bankpraxis vor allem:

- Abtretung von Lohn- und Gehaltsforderungen,

- Abtretung von Forderungen aus Sparguthaben (bei anderen Kreditinstituten) oder aus Bausparverträgen,

- Abtretung von Ansprüchen aus Lebensversicherungen (vgl. Bd. 2, C 8.2.2).

Prüfungs- und praxisrelevant ist die Abtretung von Lohn- und Gehaltsforderungen, die im Folgenden näher erläutert wird.

➤ Rechtsfolgen der Abtretung von Lohn- und Gehaltsforderungen

> **Beispiel:**
> Heinz Müller nimmt einen Ratenkredit bei der Deltabank auf und unterschreibt zur Besicherung des Darlehens einen Kreditsicherungsvertrag, in dem eine Gehaltsabtretung vereinbart wird.

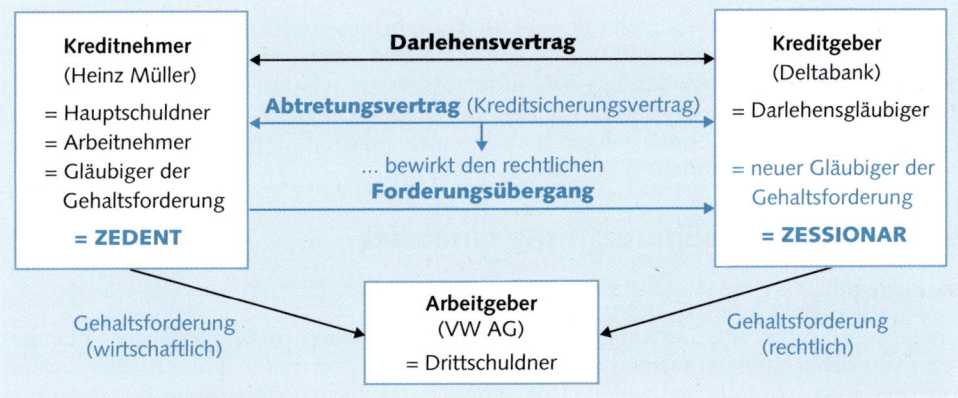

Die Sicherungsabtretung wird auch als (Sicherungs-) Zession bezeichnet. Der Schuldner der abgetretenen Forderung – hier der Arbeitgeber (VW AG) – wird auch Drittschuldner genannt. Die sicherungsweise Abtretung erfolgt nur zur Sicherung der Ansprüche des Kreditinstituts. Im **Außenverhältnis** wird der Kreditgeber durch den Abschluss des Abtretungsvertrags zum neuen **rechtlichen Gläubiger** der Gehaltsforderung.

Im **Innenverhältnis** unterliegt die Bank gegenüber dem Kreditnehmer jedoch zahlreichen vertraglichen Beschränkungen durch den Kreditsicherungsvertrag. Dazu gehört, dass

- die Forderung nur **treuhänderisch** an den Kreditgeber abgetreten wird, d. h. ausschließlich zur Absicherung des abgeschlossenen Darlehensvertrages,
- die abgetretene Forderung **betragsmäßig nicht wesentlich höher** sein darf als das abgesicherte Darlehen,
- bei Fortfall des Sicherungszwecks die Forderung auf den Kreditnehmer **zurück zu übertragen ist.**

Durch diese besondere rechtliche Konstruktion bleibt der Kreditnehmer der **wirtschaftliche Gläubiger,** d. h. er hat weiterhin Anspruch auf Gehaltszahlungen seines Arbeitgebers und trägt auch das Ausfallrisiko für die Forderung.

> **Besonderheiten der Abtretung von Lohn- und Gehaltsforderungen**

Zunächst muss von Seiten des Kreditgebers immer geprüft werden, ob eine Abtretung durch eine entsprechende Vereinbarung im Arbeitsvertrag **ausgeschlossen** ist.

Außerdem ist zu beachten, dass Lohn- und Gehaltsforderungen nicht in voller Höhe abtretbar sind. Nur der **pfändbare Teil des Arbeitseinkommen** nach den Bestimmungen der Zivilprozessordnung (ZPO) kann abgetreten werden. Für einen alleinstehenden Arbeitnehmer liegt das nicht abtretbare Nettoeinkommen derzeit bei 1 178,59 €. Daneben gibt es noch weitere nicht abtretbare Teile des Einkommens für eigene Kinder (bis zur Berufsausbildung) und geringfügig verdienende Ehepartner im gleichen Haushalt.

ZPO
850 c

Bei der Abtretung ist eine Mitwirkung des Arbeitgebers (Drittschuldner) nicht erforderlich. Auch ist die Anzeige der Abtretung an den Arbeitgeber für die Wirksamkeit der Abtretung nicht notwendig. Es handelt sich um eine sogenannte **stille Zession.** Der Arbeitgeber erfährt somit nicht von der Abtretung und dem zugrunde liegenden Darlehen, solange der Kreditnehmer seinen Verpflichtungen aus dem Kreditvertrag nachkommt.

Eine stille Zession kann jederzeit **offengelegt** werden, dies erfolgt jedoch nur nach Verzug von mindestens zwei Raten und nach Androhung und Ablauf einer angemessenen Frist zur Nachholung der ausstehenden Zahlungen. Ab dem Zeitpunkt der Offenlegung kann der Arbeitgeber den abtretbaren Teil des Gehaltes nicht mehr mit schuldbefreiender Wirkung an den Arbeitnehmer (Kreditnehmer) zahlen, sondern muss diesen Teil an den neuen Gläubiger (Kreditgeber) zahlen.

5.5.4 Sicherungsübereignung eines Kfz

> **Wesen**

Die Sicherungsübereignung kommt bei Verbraucherdarlehen vor allem bei der **Finanzierung von Fahrzeugen** in Frage. Die Sicherungsübereignung wurde in der Praxis geschaffen, um einen wesentlichen Nachteil des Pfandrechts zu umgehen. Beim Pfandrecht an beweglichen Sicherungsgütern muss der Kreditnehmer den Pfandgegenstand an den Kreditgeber übergeben, so dass der Kreditnehmer diesen selbst nicht mehr nutzen kann. Das liegt aber gerade bei der Fahrzeugfinanzierung nicht im Interesse des Kreditnehmers.

Bei der Sicherungsübereignung wird deshalb das Eigentum an dem Kfz **sicherheitshalber** an die finanzierende Bank übertragen mit der Vereinbarung, das Kfz nur im Fall der Nichterfüllung des Darlehensvertrags zu verwerten. Das Kfz bleibt im Besitz des Kreditnehmers, damit dieser es nutzen kann.

➤ Rechtsfolgen der Sicherungsübereignung

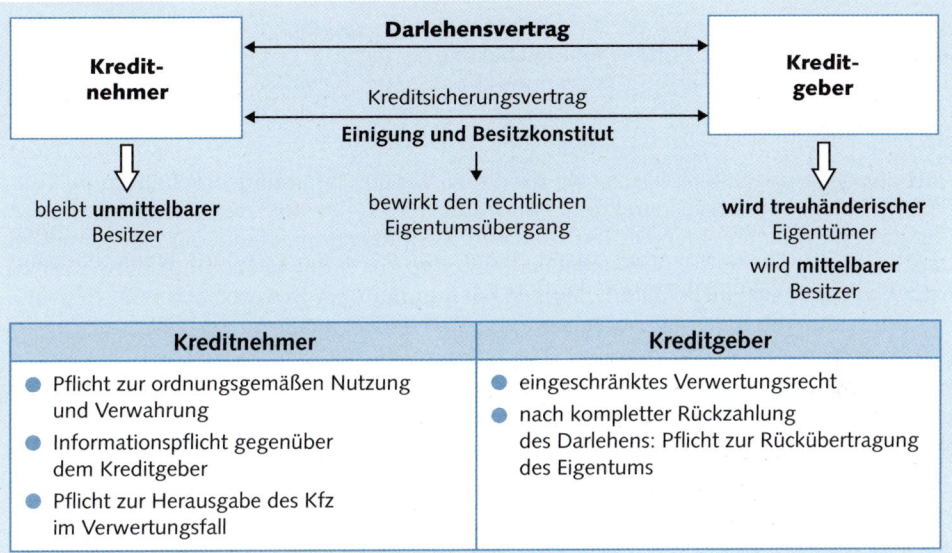

Kreditnehmer	Kreditgeber
● Pflicht zur ordnungsgemäßen Nutzung und Verwahrung ● Informationspflicht gegenüber dem Kreditgeber ● Pflicht zur Herausgabe des Kfz im Verwertungsfall	● eingeschränktes Verwertungsrecht ● nach kompletter Rückzahlung des Darlehens: Pflicht zur Rückübertragung des Eigentums

Die Sicherungsübereignung richtet sich nach den Vorschriften des BGB über die Übertragung von Eigentum. Danach wird Eigentum durch Einigung und Übergabe des betreffenden Gegenstandes übertragen. Bei der Sicherungsübereignung wird die Übergabe jedoch durch ein **Besitzkonstitut** ersetzt, d. h. es wird ein Rechtsverhältnis vereinbart, durch das der Kreditgeber den mittelbaren Besitz am Kfz erlangt.

BGB
§ 930

Im **Außenverhältnis** erlangt der Kreditgeber das uneingeschränkte, rechtliche Eigentum am Kfz. Im **Innenverhältnis** zwischen Kreditnehmer und Kreditgeber gilt jedoch wie bei der Sicherungsabtretung ein **eingeschränktes Verwertungsrecht** durch die Sicherungszweckerklärung (vgl. E 5.5.2). Es entsteht ein **Treuhandverhältnis**.

Die Sicherheit kann nur verwertet werden, wenn der Kreditnehmer seinen vertraglichen Verpflichtungen aus dem Darlehensvertrag nicht nachkommt. Im **Verwertungsfall** hat der Kreditgeber dann gegenüber dem Kreditnehmer den Anspruch auf Herausgabe des Kfz. Dieser Anspruch kann im Fall einer Verweigerung der Herausgabe durch den Kreditgeber eingeklagt werden. In jedem Fall darf die Bank das Kfz nicht eigenmächtig in Besitz nehmen, da dies eine verbotene Eigenmacht darstellen würde.

§ 858

➤ Besonderheiten der Sicherungsübereignung eines Kfz

Eine Sicherungsübereignung ist nur möglich, wenn das Sicherungsgut **hinreichend individualisierbar** ist, da anderenfalls eine Verwertung erschwert wird oder nicht möglich ist. Bei Kfz erfolgt die eindeutige Zuordnung durch die Angabe

- der Fahrzeugart,
- der Farbe,
- des Herstellers,
- des amtlichen Kennzeichens,
- der Fahrgestellnummer und
- des Standorts, d. h. des Ortes, an dem das Fahrzeug regelmäßig abgestellt wird.

Vor Abschluss des Sicherungsvertrags wird der Kreditgeber prüfen, inwieweit das Kfz zur Kreditabsicherung geeignet ist, da Kfz durch Nutzung schnell an Wert verlieren können.

Die Bank muss einschätzen, ob der **Wertverlust** deutlich schneller erfolgt als die Tilgung (z. B. bei sehr langer Kreditlaufzeit).

Als zusätzliche Absicherung vor Wertverlusten des Kfz verlangt der Kreditgeber im Regelfall den Abschluss einer **Vollkaskoversicherung** für das Kfz. Der Kreditnehmer ist hierbei der Versicherungsnehmer und muss auch die Prämien bezahlen. Der Kreditgeber überwacht die regelmäßige Zahlung der Prämien. Die Bank lässt sich die Versicherungsansprüche abtreten und lässt sich einen **Sicherungsschein** ausstellen.

Die finanzierende Bank lässt sich vom Kreditnehmer die **Zulassungsbescheinigung Teil II** (vorher: Fahrzeugbrief) aushändigen. Damit kann die Bank vermeiden, dass der Kreditnehmer das Fahrzeug an einen Dritten veräußert. Laut Rechtssprechung gilt die Vermutung, dass bei einer fehlenden Zulassungsbescheinigung Teil II davon auszugehen ist, dass das Fahrzeug der Person nicht gehört. Somit ist ein **gutgläubiger Erwerb** nach § 932 BGB ohne Aushändigung der Zulassungsbescheinigung Teil II nicht möglich.

Weiterhin zeigt der Kreditgeber dem **Straßenverkehrsamt** an, dass die Zulassungsbescheinigung Teil II an ihn übergeben wurde. Das Amt bestätigt dem Kreditgeber den Eingang dieser **Anzeige**. Durch diese Vorgehensweise kann verhindert werden, dass der Kreditnehmer sich in betrügerischer Absicht eine Zweitschrift der Zulassungsbescheinigung Teil II ausstellen lässt.

Lernkontrollen zu E 5

Verbraucherdarlehen

Situation zu den Aufgaben 1–5

Ihre Kundin Eva Habermann (25 Jahre, ledig) hat nach Abschluss ihrer kaufmännischen Ausbildung einen unbefristeten Arbeitsvertrag in einem Kaufhaus unterzeichnet. Sie kommt heute zu Ihnen in die Kreditberatung.

Auszug aus den internen Kreditrichtlinien der Süddeutschen Handelsbank AG:

Lebenshaltung	Als Orientierungswerte sind intern die monatlichen Lebenshaltungskosten mit mindestens 450,00 € für das erste Haushaltsmitglied und 200,00 € für jedes weitere Haushaltsmitglied anzusetzen.
	Sollten die tatsächlichen Ausgaben über den Orientierungswerten liegen, ist die Haushaltsrechnung mit den tatsächlichen Werten durchzuführen.
Kfz-Kosten	Die Kfz-Kosten sind realistisch anzusetzen. Nicht nur Benzin sondern auch Steuern, Versicherungen und Reparaturen sind zu berücksichtigen. Es sind monatlich mindestens pauschal 200,00 € pro Kfz anzusetzen.

1   Heute möchte Frau Habermann von Ihnen hinsichtlich der Finanzierung einiger Gebrauchsgegenstände und einer kurzfristig anstehenden Urlaubsreise nach Rom beraten werden. Insgesamt benötigt Frau Habermann 2 500,00 €. Frau Habermann erwähnt am Anfang des Gesprächs den Dispositionskredit und den Ratenkredit.

     a)   Erläutern Sie Frau Habermann an drei verschiedenen Aspekten, was diese beiden Kreditarten voneinander unterscheidet.

     b)   Erklären Sie Frau Habermann, in welcher Situation Sie welche der beiden Kreditarten empfehlen und beschreiben Sie jeweils Vorteile und Nachteile.

2   Frau Habermann wünscht einen Ratenkredit. Sie erklären der Kundin, dass Sie zunächst die Kreditfähigkeit und die Kreditwürdigkeit prüfen müssen.

     a)   Erläutern Sie Frau Habermann, was unter Kreditfähigkeit und Kreditwürdigkeit zu verstehen ist.

     b)   Welche Unterlagen benötigen Sie von Frau Habermann zur Prüfung der Kreditwürdigkeit?

3   Im Gespräch mit Frau Habermann erfragen Sie nähere Details zu Ihrer finanziellen Situation. Sie gibt Ihnen die nachfolgenden Informationen:

Das Monatsgehalt von Frau Habermann beträgt netto 1 500,00 €. Sie zahlt eine Warmmiete von 450,00 € und besitzt ein kleines, gebrauchtes Auto. Für ihre Hausrat- und Haftpflichtversicherung zahlt sie 120,00 € pro Jahr. Frau Habermann hat bisher keine Kredite. Sie spart monatlich 50,00 € in einem Riester-Fondssparplan an. Außerdem geht Frau Habermann regelmäßig ins Fitnessstudio und zahlt dort einen Monatsbeitrag von 25,00 €. Für ihre Lebenshaltung gibt Frau Habermann durchschnittlich 400,00 € pro Monat aus.

Ermitteln Sie das monatlich frei verfügbare Einkommen von Frau Habermann unter Berücksichtigung aller Angaben der Kundin und der internen Kreditrichtlinien der Süddeutschen Handelsbank AG.

4 Die Kreditprüfung ergibt einen guten Scoring-Wert für Frau Habermann. Erläutern Sie den Begriff Scoring.

5 Der Kredit für Frau Habermann wird bewilligt. Sie besprechen mit ihr nun noch rechtliche Details zum Darlehensvertrag. Beantworten Sie Frau Habermann dazu die folgenden Fragen.

    a) Welche Bestandteile müssen im Darlehensvertrag enthalten sein? Nennen Sie fünf Pflichtangaben.

    b) Was ist das Widerrufsrecht und welche Fristen gelten in diesem Zusammenhang?

    c) Welche Kündigungsmöglichkeiten hat Frau Habermann während der Laufzeit des Darlehens?

Absicherung der Kreditrückzahlung

6 Was ist der Unterschied zwischen abstrakten und akzessorischen Sicherheiten?

7 Was ist eine Sicherungszweckerklärung und welchem Zweck dient sie?

8 Was muss die Bank als Kreditgeber bei der Lohn- und Gehaltsabtretung beachten?

9 Welche Maßnahmen trifft die Bank bei der Sicherungsübereignung eines Kfz, um sich vor eventuellen Gefahren ausreichend abzusichern?

Anlage in Finanzprodukten

1 Rechtliche Grundlagen für die Finanzanlagenberatung und -vermittlung

Situation:

Versicherungsmakler Günther Ahrendt ist seit Jahren erfolgreich in der Versicherungsvermittlung tätig. Er ist als Versicherungsvermittler mit einer Erlaubnis nach § 34d GewO im Vermittlerregister registriert. In letzter Zeit wurden aus der von ihm betreuten Kundschaft vermehrt Vermittlungen zu Finanzanlagen gewünscht. Günther Ahrendt musste diese Vermittlungswünsche weiterleiten, soweit es um Finanzprodukte ging, für die eine Vermittlungserlaubnis nach § 34f GewO erforderlich ist. Um seine Kunden umfassend betreuen zu können, trägt er sich daher mit dem Gedanken, die beide Seiten unzufrieden stellende Situation durch den Erwerb der Qualifikation als Finanzanlagenvermittler abzustellen. Die Voraussetzungen für den Erwerb der angesprochenen Qualifikation sind in der GewO und der FinVermV geregelt.

1.1 Anlageberatung und Anlagevermittlung

Die BaFin hat gemeinsam mit der Deutschen Bundesbank in Informationsblättern die Anlageberatung und die Anlagevermittlung gemäß § 1 (1a) KWG näher definiert.

Um eine **Anlageberatung** handelt es sich, wenn die folgenden Voraussetzungen erfüllt sind:

- Abgabe einer persönlichen Empfehlung, die sich auf konkrete Finanzprodukte bezieht,
- die gegenüber einem Kunden oder dessen Vertreter erfolgt und
- die auf die persönlichen Umstände des Anlegers abgestellt ist.

Durch die Einbeziehung der persönlichen Umstände des Anlegers erfolgt die Überprüfung der **Geeignetheit** der empfohlenen Anlage.

Eine **Anlagevermittlung** ist die bloße Übermittlung der Willenserklärung des Anlegers zum Kauf oder zur Veräußerung von Finanzinstrumenten. Im Zuge der Anlagevermittlung muss der Vermittler

- die Erfahrungen und Kenntnisse des Anlegers in Bezug auf Finanzanlagen erfragen,
- die **Angemessenheit** der gewünschten Finanzanlage im Hinblick auf seine persönlichen Erfahrungen und Kenntnisse prüfen und
- den Kunden darauf hinweisen, dass die von ihm gewünschte Finanzanlage für ihn nicht angemessen ist, sofern dies der Fall ist.

Nicht angemessen ist die Finanzanlage, wenn der Anleger die Risiken der Anlage aufgrund seiner Erfahrungen und Kenntnisse nicht angemessen beurteilen kann.

Wird auf die Geeignetheitsprüfung und auf die Angemessenheitsprüfung ganz verzichtet, handelt es sich um ein **reines Ausführungsgeschäft** (»execution only«). Hierbei wird lediglich ein Kauf- oder Verkaufsauftrag angenommen und ausgeführt.

1.2 Überblick über die rechtlichen Grundlagen

KWG
§ 1 (1a)
Nr. 1

Grundsätzlich fallen die Anlageberatung und die Anlagevermittlung unter die im **Kreditwesengesetz** geregelten Finanzdienstleistungen. Damit würden Anbieter dieser Dienstleistungen der Zulassungspflicht und Aufsicht durch die **BaFin** unterliegen.

§ 2 (6)
Nr. 8

Im KWG sind jedoch **Ausnahmen für den Geltungsbereich** des Gesetzes definiert. Danach sind Unternehmen, die als Finanzdienstleistung ausschließlich die Anlageberatung bzw. Anlagevermittlung zwischen Kunden und Anbietern von

● inländischen, ausländischen oder EU-Investmentvermögen sowie

● Vermögensanlagen im Sinne des § 1 (2) des Vermögensanlagegesetzes

betreiben, nicht von den Regelungen des KWG erfasst. Vielmehr gelten für diese Unternehmen eigene gesetzliche Grundlagen. Diese sind in der folgenden Übersicht zusammengefasst.

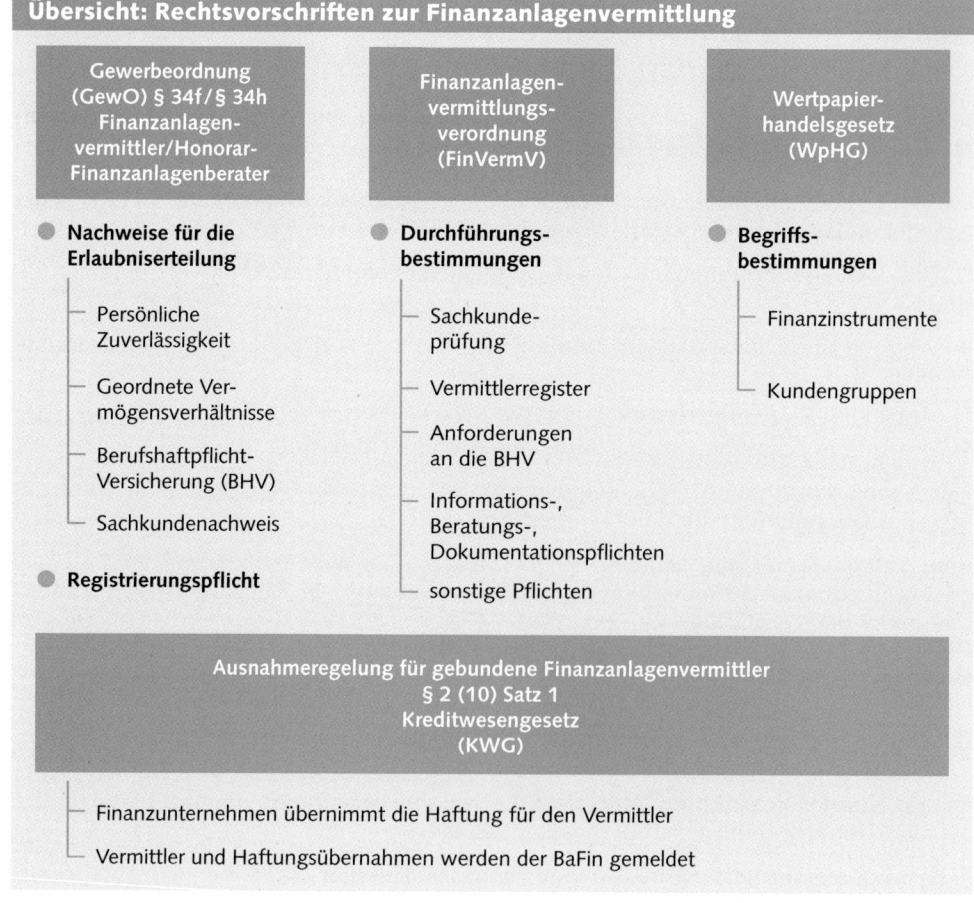

Übersicht: Rechtsvorschriften zur Finanzanlagenvermittlung

Gewerbeordnung (GewO) § 34f / § 34h Finanzanlagen-vermittler/Honorar-Finanzanlagenberater	Finanzanlagen-vermittlungs-verordnung (FinVermV)	Wertpapier-handelsgesetz (WpHG)
● **Nachweise für die Erlaubniserteilung**	● **Durchführungs-bestimmungen**	● **Begriffs-bestimmungen**
– Persönliche Zuverlässigkeit	– Sachkunde-prüfung	– Finanzinstrumente
– Geordnete Ver-mögensverhältnisse	– Vermittlerregister	– Kundengruppen
– Berufshaftpflicht-Versicherung (BHV)	– Anforderungen an die BHV	
– Sachkundenachweis	– Informations-, Beratungs-, Dokumentationspflichten	
● **Registrierungspflicht**	– sonstige Pflichten	

**Ausnahmeregelung für gebundene Finanzanlagenvermittler
§ 2 (10) Satz 1
Kreditwesengesetz
(KWG)**

– Finanzunternehmen übernimmt die Haftung für den Vermittler

– Vermittler und Haftungsübernahmen werden der BaFin gemeldet

1.3 Gewerbeordnung (GewO)

1.3.1 Erlaubnispflichtige Anlagevermittlung und -beratung

Zum Schutz der Anleger vor unqualifizierten Verkaufsgesprächen, die nur den Abschluss eines Vertrages ohne hinreichende Berücksichtigung der finanziellen Möglichkeiten, individuellen Kenntnisse und Anlageziele des Anlegers bezwecken, sieht die Gewerbeordnung seit dem 01.01.2013 vor, dass der **Finanzanlagenvermittler** einer Erlaubnis der zuständigen Behörde bedarf, wenn folgende Anlageformen Gegenstand der **gewerbsmäßigen** Anlagevermittlung oder -beratung sind:

GewO
§ 34f

- Anteile oder Aktien an offenen Investmentvermögen, die nach dem Kapitalanlagegesetzbuch vertrieben werden dürfen,
- Anteile oder Aktien an geschlossenen Investmentvermögen, die nach dem Kapitalanlagegesetzbuch (KAGB) vertrieben werden dürfen,
- Vermögensanlagen im Sinne des § 1 (2) des Vermögensanlagengesetzes.

Die Erlaubnis kann auf eine der vorstehend genannten Finanzanlagen beschränkt werden.

Gleiches gilt seit 01.08.2014 für Honorar-Finanzanlagenberater.

§ 34h

Im Unterschied zur Finanzanlagenvermittlung bietet der **Honorar-Finanzanlagenberater** nur die Anlageberatung und nicht die Anlagevermittlung an. Für die Anlageberatung erhält er ein festgelegtes Beratungshonorar, das unabhängig von Vertragsabschlüssen vom Kunden gezahlt wird. Der Honorar-Finanzanlagenberater darf keine Zuwendungen vom Produktgeber erhalten und auch sonst nicht abhängig vom Produktgeber sein. Die Honorar-Finanzanlagenberatung soll somit eine unabhängige bzw. neutrale Beratung ermöglichen.

1.3.2 Erlaubniserteilung

Bei der Antragstellung auf Erlaubnis nach § 34 f bzw. § 34 h GewO sind nachzuweisen:

- **Persönliche Zuverlässigkeit,**
- **Geordnete Vermögensverhältnisse,**
- **Berufshaftpflichtversicherung,**
- **Sachkundeprüfung.**

Die **persönliche Zuverlässigkeit** besitzt nicht, wer in den letzten 5 Jahren vor der Antragstellung wegen eines Verbrechens, wegen Diebstahls, Unterschlagung, Erpressung, Betrugs, Untreue, Geldwäsche, Urkundenfälschung, Hehlerei, Wuchers oder einer Insolvenzstraftat rechtskräftig verurteilt wurde.

Geordnete Vermögensverhältnisse sind dann nicht gegeben, wenn über das Vermögen des Antragstellers das Insolvenzverfahren eröffnet wurde oder wenn er in das vom zentralen Vollstreckungsgericht geführte Schuldnerverzeichnis eingetragen ist.

ZPO
§ 882b

Einzelheiten zur **Sachkundeprüfung** und zur **Berufshaftpflichtversicherung** sind in der Finanzanlagenvermittlerverordnung (FinVermV) geregelt (vgl. F 1.4).

Finanzanlagenvermittler bzw. Honorar-Finanzanlagenberater dürfen direkt bei der Beratung bzw. Vermittlung **mitwirkende Personen** nur beschäftigen, wenn sie sicherstellen, dass diese Personen ebenfalls über einen Sachkundenachweis sowie über die erforderliche Zuverlässigkeit verfügen. Anderenfalls kann eine Beschäftigung dieser Personen untersagt werden.

1.3.3 Registrierung

Für die Registrierung sind die Industrie- und Handelskammern (IHKs) in allen Bundesländern zuständig. Der Finanzanlagenvermittler sowie der Honorar-Finanzanlagenberater haben die Pflicht, sich unverzüglich nach Tätigkeitsaufnahme in das Vermittlerregister eintragen zu lassen.

Das Register ist abrufbar unter: www.vermittlerregister.info.

Der Registereintragungsantrag wird i.d.R. mit dem Erlaubnisantrag bei der zuständigen Behörde gestellt. Sofern der Finanzanlagenvermittler bzw. Honorar-Finanzanlagenberater auch als Versicherungsvermittler oder -berater tätig ist, erhält er eine weitere Registrierungsnummer. Der Inhalt der Eintragung ist in der FinVermV geregelt.

FinVermV § 6

Diese Registrierungspflicht gilt auch für die unmittelbar bei der Beratung und Vermittlung mitwirkenden Personen.

Die Registrierungspflicht besteht vor allem deshalb, um es Anlegern zu ermöglichen, die Zulassung und deren Umfang zu überprüfen. Dieses Vorgehen erhöht die Transparenz und stärkt damit den Verbraucherschutz sowie das Vertrauen der Anleger.

1.3.4 Ausnahmeregelung für gebundene Finanzanlagenvermittler

KWG § 2 (10)

Die vorgenannten Regelungen und Voraussetzungen gelten nicht für vertraglich **gebundene Finanzanlagenvermittler** (sogenannte **Ausschließlichkeitsvermittler**) von Finanzunternehmen, wenn diese die Haftung für die Vermittlungstätigkeit des vertraglich gebundenen Vermittlers übernehmen und diese Vermittler der BaFin anzeigen. Versicherungskonzerne, die auch Finanzprodukte anbieten, machen von dieser Möglichkeit regelmäßig Gebrauch, wenn die vorhandene Vertriebsstruktur auch für den Absatz der hauseigenen Finanzprodukte eingesetzt werden soll.

Beispiel:

Der Versicherungsvertreter Hilmar Krause, Kaufmann für Versicherungen und Finanzen, Fachrichtung Versicherung, ist als gebundener Versicherungsvermittler für die Proximus Versicherung AG tätig. Zur Konzernstruktur der Proximus Versicherung AG gehören u.a. die Süddeutsche Handelsbank AG und die Proximus Invest GmbH. Die Proximus Versicherung AG könnte Hilmar Krause auch mit dem Vertrieb der hauseigenen Finanzprodukte dieser beiden Gesellschaften betrauen, wenn sie die Haftung aus dieser Vermittlungstätigkeit übernimmt und die BaFin entsprechend informiert. Dass Hilmar Krause zuvor entsprechend geschult wird, ist eine Selbstverständlichkeit im Rahmen der angestrebten Beratungsqualität, nicht zuletzt aber auch wegen der übernommenen Haftung für die Beratung.

1.4 Finanzanlagenvermittlungsverordnung (FinVermV)

1.4.1 Regelungsumfang

Aufgrund der Verordnungsermächtigung gemäß § 34g GewO wurde die »Verordnung über die Finanzanlagenvermittlung« **(Finanzanlagenvermittlungsordnung – FinVermV)** erlassen, die am 2. Mai 2012 in Kraft getreten ist. Sie regelt detailliert die Anforderungen an die Erlaubnis nach § 34f GewO sowie die bei der Anlagevermittlung einzuhaltenden Informations,- Offenlegungs-, Beratungs- und Dokumentationspflichten, damit ein vergleichbares Anlegerschutzniveau realisiert wird, wie es das Wertpapierhandelsgesetz (WpHG) für die dort genannten Anlageformen kennt (vgl. F 1.5).

Die Vorschriften zu den Anforderungen für die Erlaubnis entsprechen weitgehend den Vorschriften, die schon nach § 34d GewO für den Versicherungsvermittler und der zugehörigen Versicherungsvermittlerverordnung bekannt sind (vgl. Band 1, C 1.2.2).

1.4.2 Sachkundenachweis

Um die Vertriebserlaubnis als selbständiger Finanzanlagenvermittler oder als Honorar-Finanzanlagenberater zu erhalten, muss ein **Sachkundenachweis** durch eine IHK-Prüfung oder der **Nachweis eines gleichgestellten Berufsabschlusses** (z. B. Bankfachwirt/-in/IHK, Fachwirt/-in für Versicherungen und Finanzen/IHK, Bankkaufmann/-frau, Kaufmann/-frau für Versicherungen und Finanzen »Fachrichtung Finanzberatung«) erbracht werden. $\quad$ FinVermV § 1 § 4

Eine Ausnahme besteht nur für Personen, die seit dem 01. Januar 2006 ununterbrochen als Anlagevermittler tätig waren (sogenannte **»Alte-Hasen-Regelung«**).

Gegenstand der Sachkundeprüfung sind $\quad$ § 1

fachliche Grundlagen, insbesondere:

- rechtliche Grundlagen zu Finanzanlagenberatung und -vermittlung,
- steuerliche Behandlung von Finanzanlagen,
- **offene Investmentvermögen** und Möglichkeiten der staatlichen Förderung **(Kategorie 1),**
- **geschlossene Investmentvermögen (Kategorie 2),**
- **Vermögensanlagen** im Sinne des § 1 (2) Vermögensanlagengesetz **(Kategorie 3),**

Grundlagen der Kundenberatung, insbesondere:

- Erstellung von Kundenprofilen und Bedarfsermittlung,
- Anbieten von Lösungsmöglichkeiten,
- Produktdarstellung und Information.

Die Sachkundeprüfung besteht aus einem schriftlichen und einem praktischen Teil. Die Teilnahme am praktischen Teil der Prüfung setzt das Bestehen der schriftlichen Prüfung voraus. $\quad$ § 3 (1)

Die Sachkundeprüfung kann hinsichtlich der fachlichen Grundlagen auf Antrag des Prüflings auf die **einzelnen Kategorien** von Finanzanlagen (siehe Kategorien 1 bis 3 unter fachliche Grundlagen) beschränkt werden. Die Erlaubnis nach § 34f bzw. § 34h GewO ist dann ebenfalls auf diese Kategorien von Finanzanlagen beschränkt. $\quad$ § 3 (2)

1.4.3 Vermittlerregister

FinVermV
§ 6

Die Registrierungspflicht nach § 34 f bzw. § 34 h GewO wird in der FinVermV durch die eintragungspflichtigen Informationen ergänzt. Demnach sind im Vermittlerregister einzutragen

- vollständiger Name und Geburtsdatum aller Eintragungspflichtigen (auch direkt mitwirkender Personen),
- Firma der Personenhandelsgesellschaft, bei der der Eintragungspflichtige geschäftsführender Gesellschafter ist,
- ob eine Erlaubnis nach § 34 f oder nach § 34 h GewO vorliegt,
- Umfang der Erlaubnis gemäß Sachkundenachweis (vgl. F 1.4.2),
- Bezeichnung und Anschrift der zuständigen Erlaubnis- sowie Registerbehörde,
- betriebliche Anschrift,
- Registrierungsnummer.

Änderungen sind der Registerbehörde unverzüglich mitzuteilen.

1.4.4 Berufshaftpflichtversicherung

Der Finanzanlagenvermittler ist für seine Tätigkeit verantwortlich und kann ggf. zum Schadenersatz verpflichtet sein (siehe hierzu auch F 2.6), wenn ihm Verletzungen seiner Pflichten nachgewiesen werden. Damit der Geschädigte nicht leer ausgeht, wird der Nachweis einer Berufshaftpflichtversicherung gefordert.
Eine Ausnahme gilt für gebundene Finanzanlagenvermittler (vgl. F 1.3.4).

§ 9

Die FinVermV schreibt **Mindestversicherungssummen** vor, die durch die Berufshaftpflichtversicherung abgedeckt sein müssen. Diese werden alle 5 Jahre an die Entwicklung des Europäischen Verbraucherpreisindex angepasst. Seit 15.01.2018 gelten die folgenden Beträge:

- 1 276 000,00 € pro Versicherungsfall,
- 1 919 000,00 € für alle Versicherungsfälle eines Jahres.

Die nächste Anpassung erfolgt zum 15.01.2023.

1.4.5 Pflichten im Rahmen der Finanzanlagenvermittlung und -beratung

➤ **Informations-, Beratungs- und Dokumentationspflichten**

Der Finanzanlagenvermittler bzw. Honorar-Finanzanlagenberater muss seine Tätigkeit mit der **erforderlichen Sachkenntnis, Sorgfalt und Gewissenhaftigkeit** im Interesse des Anlegers ausüben. Von ihm ausgegebene Informationen einschließlich Werbung müssen **klar, eindeutig und nicht irreführend** sein und dürfen keine allgemeinen Wettbewerbsgrundsätze verletzen.

Zu den **direkt im Prozess der Beratung** zu beachtenden Pflichten zählen

- die statusbezogenen Informationspflichten,
- Informationen über die Vergütung und über Zuwendungen,
- Informationen über Risiken, Kosten, Nebenkosten und Interessenkonflikte,
- die Aushändigung eines Informationsblatts,

- die Einholung von Informationen über den Anleger und die Überprüfung der Geeignetheit der Finanzanlage,
- die Offenlegung von Zuwendungen bzw. deren Weitergabe an den Kunden,
- die Anfertigung eines Beratungsprotokolls.

Diese Pflichten werden im Zusammenhang mit dem Kundengespräch im Abschnitt F 2 näher erläutert.

> **Sonstige Pflichten**

Hierzu zählen insbesondere die **Pflicht zur Aufzeichnung** von Angaben zum Kundengespräch sowie die entsprechenden **Aufbewahrungspflichten.** Zudem haben Finanzanlagenvermittler bzw. Honorar-Finanzanlagenberater die Pflicht, einmal jährlich die Einhaltung der Verpflichtungen nach der FinVermV **prüfen** zu lassen und einen Prüfungsbericht an die Erlaubnisbehörde zu übermitteln. Finanzanlagenvermittler bzw. Honorar-Finanzanlagenberater dürfen sich darüber hinaus **kein Eigentum oder keinen Besitz** an Geldern oder Anteilen von Kunden verschaffen.

1.5 Wertpapierhandelsgesetz (WpHG)

a) Begriffsbestimmungen

> **Finanzinstrumente**

Finanzinstrumente im Sinne des WpHG sind alle übertragbaren und auf Finanzmärkten handelbaren Wertpapiere, insbesondere

- Aktien,
- mit Aktien vergleichbare Anlagewerte und Zertifikate, die Aktien vertreten (Hinterlegungsscheine),
- Schuldtitel (z. B. Inhaberschuldverschreibungen, Genussscheine),

sowie

- Anteile an Investmentvermögen nach KAGB,
- Geldmarktinstrumente,
- derivative Geschäfte (z. B. Optionen, Futures).

> **Kundengruppen**

Das WpHG unterscheidet in **professionelle Kunden** und **Privatkunden.**

Professionelle Kunden sind danach in erster Linie institutionelle Anleger, d. h. insbesondere

- zulassungs- und aufsichtspflichtige Unternehmen, die selbst auf den Finanzmärkten tätig werden können (z. B. Banken, Versicherungsunternehmen, Fondsgesellschaften, Börsenhändler),
- andere Unternehmen, deren Haupttätigkeit in der Investition in Finanzinstrumente besteht,
- andere Unternehmen, sofern sie eine bestimmte Größenordnung überschreiten,
- Regierungen,
- Zentralbanken und internationale Institutionen (z. B. Internationaler Währungsfonds, Weltbank).

Kunden, die keine professionellen Kunden sind, sind **Privatkunden.** Ein Privatkunde kann als professioneller Kunde eingestuft werden, wenn er aufgrund seiner Erfahrungen und Kenntnisse Anlageentscheidungen unter angemessener Einschätzung des damit verbundenen Risikos treffen kann.

b) Anlagevermittlung und -beratung nach dem WpHG

Ziel des WpHG ist es, bei Beratungen über Finanzinstrumente einen angemessenen, den Belangen des Anlegerschutzes genügenden Ausgleich zwischen Kundeninteressen auf der einen Seite und Beraterinteressen auf der anderen Seite sicherzustellen. Zu diesem Zweck hat der Gesetzgeber Verhaltensregeln definiert. Die Einhaltung dieser gesetzlichen Verhaltensregeln wird durch die BaFin überwacht.

Das WpHG gilt für alle Kredit- und Finanzdienstleistungsinstitute, die gewerbsmäßig Wertpapierdienstleistungen für Kunden erbringen. **Wertpapierdienstleistungen** im Sinne des § 2 (8) WpHG sind demnach auch …

(…)

4. die Vermittlung von Geschäften über die Anschaffung und die Veräußerung von Finanzinstrumenten (**Anlagevermittlung**),

(…)

10. die Abgabe von persönlichen Empfehlungen (…) an Kunden oder deren Vertreter, die sich auf Geschäfte mit bestimmten Finanzinstrumenten beziehen, sofern die Empfehlung auf eine Prüfung der persönlichen Umstände des Anlegers gestützt oder als für ihn geeignet dargestellt wird und nicht ausschließlich über Informationsverbreitungskanäle oder für die Öffentlichkeit bekannt gegeben wird (**Anlageberatung**).

Finanzanlagenvermittler und Honorar-Finanzanlagenberater fallen jedoch unter die Bereichsausnahme des KWG und sind somit keine Finanzdienstleistungsinstitute (vgl. F 1.2) Sie werden deshalb **nicht direkt** von den Verpflichtungen des WpHG **erfasst** und stehen auch nicht unter der Aufsicht der BaFin.

Das WpHG diente jedoch hinsichtlich der im Rahmen der Beratung bzw. Vermittlung zu erfüllenden Pflichten als **Vorlage für die** seit 2012 geltende **FinVermV**. Ziel dieser Verordnung war es schon damals, ein dem WpHG vergleichbares Anlegerschutzniveau herzustellen. Bis heute bemängelt die Deutsche Kreditwirtschaft jedoch die **Ungleichbehandlung** von WpHG-Instituten und Finanzanlagenvermittlern bzw. Honorar-Finanzanlagenberatern und fordert die Abschaffung der Bereichsausnahme des § 2 (6) Nr. 8 KWG.

Auch bezüglich der Umsetzung von europäischen Vorgaben für die Verhaltensregeln bei der Anlageberatung und – vermittlung gibt es Unterschiede. Das WpHG wurde bereits mit Wirkung vom 03.01.2018 an die Vorgaben der **Europäischen Finanzmarktrichtlinie – Markets in Financial Instruments Directive II (MiFiD II)** angepasst. Eine Anpassung der FinVermV ist bislang nicht erfolgt. Dies soll jedoch noch in 2019 geschehen. Ein entsprechender **Referentenentwurf** – »Zweite Verordnung zur Änderung der Finanzanlagenvermittlungsverordnung (FinVermV-E) liegt bereits seit November 2018 vor. Der derzeitige Entwurf unterscheidet sich jedoch inhaltlich auch in einigen Punkten von den strengeren Regelungen im WpHG (vgl. F 2.4).

c) Abgrenzung Honorar-Anlageberater und Honorar-Finanzanlagenberater

Seit dem 1. August 2014 ist die Finanzberatung gegen Honorar gesetzlich geregelt **(Honoraranlagenberatungsgesetz)**. Für diese Art der Beratung bezahlt der Kunde ein Honorar unabhängig von den Verträgen, die er abschließt.

Der Gesetzgeber verfolgt mit diesem Gesetz das Ziel, neutrale Anlageberatung – also Beratung unabhängig vom Verkauf von Produkten, direkt bezahlt vom Anleger – neben der bisher üblichen Beratung gegen Provision aus dem Verkauf von Produkten zu fördern. Immer wieder wurde insbesondere von Verbraucherschützern moniert, dass Anleger zu Produkten überredet wurden, die nicht zu ihnen passen und in einigen Fällen zu Verlusten führten, aber dem Provisionsberater gutes Einkommen verschaffen. Bezahlen die Anbieter der Finanzprodukte die Berater, haben diese u. U. den Anreiz, Angebote zu empfehlen, die viel Provision abwerfen. Diese Versuchung entfällt bei Honorarberatern.

Honorarberater verlangen von Kunden Pauschalen, Stundensätze oder Prozentsätze des Umsatzes oder seines Vermögens, dürfen aber keine Provisionen von den Anbietern der Anlageprodukte erhalten. Ein Kreditinstitut muss sich daher für eine Beratung auf Honorar- oder Provisionsbasis entscheiden oder andernfalls eine organisatorische Aufteilung in provisions- und honorarbasierte Beratung vornehmen, was insbesondere kleine Häuser überfordern könnte.

Das Gesetz definiert den Begriff eines Honorarberaters konkreter und unterscheidet in **Honorar-Anlageberater** und **Honorar-Finanzanlageberater** nach § 34h GewO.

Der **Honorar-Anlageberater** muss hohe Qualitätsanforderungen erfüllen, unterliegt einer relativ strengen Überwachung durch die Bundesanstalt für Finanzdienstleistungsaufsicht (Bafin) und darf Beratung zu Aktien, Anleihen, Zertifikaten, Investmentfonds etc. anbieten. Die Bafin führt ein Register der Honorar-Anlageberater.

Der **Honorar-Finanzanlagenvermittler** unterliegt hingegen den weniger strengen Anforderungen der FinVermV und einer gewerberechtlichen Aufsicht. Zudem darf er nur Beratung zu bestimmten Finanzinstrumenten anbieten (vgl. F 1.3.1).

Wer gewerblich als **Honorar-Finanzanlageberater** beraten will braucht seit 1. August 2014 eine Erlaubnis nach § 34h Gewerbeordnung und ist in das bei der IHK geführte Vermittlerregister einzutragen.

Die Voraussetzungen für Erlaubnis und Registrierung sind in Abschnitt F 1.3 näher erläutert.

Viele Kunden sehen die honorarbasierte Beratung **kritisch** und können sich nicht vorstellen, das Honorar zu zahlen. Auch bei den meisten Banken scheint das Modell nicht gewollt zu sein. Kritiker betonen vor allem, dass sich einige Kunden die honorarbasierte Beratung nicht leisten können.

1.6 Datenschutzbestimmungen

➤ Datenschutz

Als Rechtsgrundlagen für die Erhebung, Speicherung und Verarbeitung von personenbezogenen Daten dienen das **Bundesdatenschutzgesetz (BDSG)** und die **EU-Datenschutz-Grundverordnung (EU-DSGVO).** Die EU-DSGVO ist seit 25.05.2018 als einheitlicher, datenschutzrechtlicher Rahmen innerhalb der EU in Kraft getreten. Das in diesem Zusammenhang geänderte BDSG gilt ergänzend zur EU-DSGVO in Bereichen, in denen den EU-Mitgliedsstaaten Gestaltungsspielräume eingeräumt wurden. Die

EU-DSGVO dient der Harmonisierung und Modernisierung des europäischen Datenschutzrechts. Vorrangiges Ziel ist die Stärkung des Grundrechts auf **Schutz der personenbezogenen Daten.**

Auch Finanzanlagenvermittler erheben, speichern und verarbeiten im Rahmen ihrer Tätigkeit personenbezogene Daten. Sie müssen somit die datenschutzrechtlichen Regelungen einhalten. Wie schon vor Einführung der EU-DSGVO gelten dabei die folgenden **Grundprinzipien:**

- **Zweckbindung,** d.h. die Erhebung von personenbezogenen Daten nur für einen zuvor festgelegten Zweck sowie

DSGVO Art. 5

- **Datensparsamkeit,** d.h. die Erhebung so weniger Daten wie möglich bzw. nur so vieler Daten wie für den Zweck wirklich nötig.

Die Verarbeitung personenbezogener Daten ist nur zulässig, wenn eine **legitimierende Grundlage** vorliegt. Für Finanzanlagenvermittler ist dies gegeben, wenn

- die Einwilligung des Kunden vorliegt (z.B. für die Verarbeitung zu Werbezwecken) oder

- die Verarbeitung der Kundendaten für die Vertragserfüllung notwendig ist (z.B. für den Kauf einer bestimmten Finanzanlage) oder

- mit der Verarbeitung der personenbezogenen Daten eine rechtliche Verpflichtung erfüllt wird (z.B. Geldwäschegesetz, Finanzanlagenvermittlerverordnung).

Art. 6

Vor Einführung der EU-DSGVO erteilte Einwilligungen sind nach wie vor gültig, wenn die Art der bereits erteilten Einwilligung den Bedingungen der EU-DSGVO entspricht.

Ein Kerninhalt der EU-DSGVO ist die **Stärkung der Verbraucherrechte** durch erhöhte Transparenz. Auch für Finanzanlagenvermittler haben sich dadurch **erweiterte Pflichten** ergeben.

➤ Rechte der Anleger

Art. 12

In erster Linie sind die Informationen über die Erfassung, Speicherung und Verarbeitung personenbezogener Daten **in übersichtlicher und verständlicher Form** an den Anleger zu übermitteln. Das gilt insbesondere für Datenschutzerklärungen. Der Anleger muss nachvollziehen können, welche Daten von ihm erfasst und gespeichert werden und in welcher Art und Weise und zu welchem Zweck diese verarbeitet werden. Dem Anleger ist auch mitzuteilen, welche Konsequenzen es hat, wenn er die erforderlichen Daten nicht zur Verfügung stellt (z.B. kein Vertragsabschluss möglich).

Art. 15

Der Anleger hat das Recht, **Auskunft** über die zu seiner Person gespeicherten Daten zu erhalten. Der Anleger kann eine unentgeltliche Kopie der verarbeiteten Daten verlangen. Sollten unrichtige personenbezogene Daten verarbeitet werden, steht dem

Art. 16
Art. 17, 18, 21

Anleger ein **Recht auf Berichtigung** der Daten zu. Wenn die gesetzlichen Voraussetzungen erfüllt sind, kann der Anleger die **Löschung oder Einschränkung der Verarbeitung** verlangen sowie **Widerspruch** gegen die Verarbeitung einlegen.

Art. 20

Anleger haben seit Einführung der EU-DSGVO nun auch erstmalig das **Recht auf Datenübertragbarkeit,** d.h. sie haben unter bestimmten Voraussetzungen das Recht, ihre Daten in einem strukturierten, gängigen und maschinenlesbaren Format ausgehändigt zu erhalten, um sie von einem Finanzanlagenvermittler ungehindert auf einen anderen Anbieter übertragen zu lassen. Dies gilt jedoch nur für Daten, die der Kunde selbst zur Verfügung gestellt hat und nicht für Daten, die der Finanzanlagenvermittler erzeugt hat.

Soweit der Kunde eine Einwilligung zur Datenverarbeitung erteilt hat, kann er jeder-zeit gegen die Verarbeitung seiner personenbezogenen Daten **Widerspruch** einlegen. Er kann auch gegen die Verarbeitung zu Werbezwecken Widerspruch einlegen. Der Kunde ist auf das Widerspruchsrecht hinzuweisen. DSGVO
Art. 21

Das seit 25. Mai 2018 geltende **BDSG** enthält **punktuelle Beschränkungen** der Betrof-fenenrechte (§§ 32–37).

➤ Pflichten der Finanzanlagenvermittler als datenverarbeitende Stelle

Viele Pflichten der EU-DSGVO sind grundsätzlich mit der vorher geltenden Rechtslage in Deutschland vergleichbar.

Am wichtigsten ist die Sicherstellung von Datenschutz und Datensicherheit durch **geeignete technische und organisatorische Maßnahmen** (z.B. Pseudonymisierung, Datenverschlüsselung). Eine Auftragsverarbeitung darf nur erfolgen, wenn der Ver-arbeiter des Auftrags hinreichende Garantien dafür bietet, dass die Verarbeitung im Einklang mit den Anforderungen der EU-DSGVO erfolgt. Art. 24, 25, 32
Art. 28

Erweiterte Pflichten gelten nur für größere Unternehmen mit einem höheren Risiko bei der Datenverarbeitung. Diese sind darüber hinaus verpflichtet,

- ein Verzeichnisses der Verarbeitungtätigkeiten zu führen, Art. 30
- Verletzungen des Schutzes personenbezogener Daten an die Aufsichtsbehörde zu melden und die betroffenen Personen zu benachrichtigen, Art. 33, 34
- einen Datenschutzbeauftragten zu benennen.

Für den Umfang der zu erfüllenden Pflichten gilt das Prinzip der **Risikoadäquanz,** d.h. je wahrscheinlicher oder schwerer das von der Datenverarbeitung ausgehende Risiko, desto umfangreicher und höher sind die Pflichten des Verantwortlichen.

Exkurs: Taping in der geplanten neuen FinVermV

Finanzanlagenvermittler werden mit Inkrafttreten der neuen FinVermV verpflichtet sein, zum Zwecke der Beweissicherung die **Inhalte von Telefongesprächen und elek-tronischer Kommunikation** aufzuzeichnen (= Taping), sobald sie die Vermittlung oder Beratung zu Finanzanlagen betreffen. Die Aufzeichnung hat insbesondere diejeni-gen Teile der Telefongespräche und der elektronischen Kommunikation zu umfassen, in welchen die angebotene Dienstleistung erörtert wird. Zu diesem Zweck darf der Finanzanlagenvermittler personenbezogene Daten verarbeiten. FinVermV-E
Nr. 17

Der Kunde ist über die Aufzeichnung im Vorfeld zu **informieren.** Ohne diese Informa-tion oder wenn der Kunde der Aufzeichnung widerspricht, ist keine Anlageberatung erlaubt. Selbst beratungsfreie Aufträge können dann nicht ausgeführt werden.

Die Aufzeichnungen sind 5 Jahre auf einem dauerhaften Datenträger **aufzubewahren** und vor einer missbräuchlichen Verwendung bzw. Verfälschung oder Löschung zu schützen. **Zugriff** auf die Aufzeichnungen haben auf Anfrage die BaFin, andere Auf-sichts- und Strafverfolgungsbehörden und der Kunde selbst.

---

2 Phasen und wesentliche Aspekte der Anlageberatung

Übersicht: Anforderungen an das Beratungsgespräch über Finanzanlagen

vor dem Gespräch

Gesprächs-vorbereitung	• Gesprächsanlass/Terminvereinbarung • vorhandene Informationen zusammenstellen

während des Gesprächs

	kommunikative/beratende Aspekte	gesetzliche Anforderungen
Gesprächs-eröffnung	• Begrüßung/Vorstellung • Bezugnahme zum Gesprächsanlass • Erzeugen eines angenehmen Gesprächsklimas	• statusbezogene Informations-pflichten • Hinweis auf Art der Beratung (provisions- oder honorarbasiert)
Analysephase	• viele offene Fragen • aktives Zuhören/Notizen • Kundensignale erfassen • Gesprächsstruktur (»Roter Faden«) • Ergebnisse vor Übergang zur nächsten Phase zusammenfassen	Einholung von Informationen über: • familiäre/berufliche Situation • finanzielle Verhältnisse • Kenntnisse/Erfahrungen mit Finanzanlagen • Anlageziele • Risikoneigung bzw. -toleranz des/der Kunden • Dokumentation
Angebotsphase	• kundenorientierte Sprache • Kundennutzen herausstellen • auf Kundensituation eingehen • Visualisierungen verwenden	• konkrete Produktempfehlung • Geeignetheitsprüfung • Dokumentation der Empfehlung • Informationen über Funktions-weise, Kosten, Nebenkosten und Risiken der empfohlenen Anlage
Prüfungsphase/Vertragsab-schluss	• eventuell Cross Selling bzw. Folge-termin vereinbaren • Kundeneinwände bzw. Fragen erfassen und darauf eingehen • Zusammenfassung des Gesprächs	• Einholen der Zustimmung des Kunden (Unterschrift) • Aushändigung der Vertragsunter-lagen und der Beratungsdokumen-tation
Verstärker	• Absicherung der Kunden-entscheidung • Kunden in seiner Entscheidung bestärken • Kunden mit einem »positiven Bauchgefühl« verabschieden	

nach dem Gespräch

Kunden-betreuung	• regelmäßige Überprüfung bei Änderungen (z. B. geänderte Anlageziele) • Information bei veränderten Marktbedingungen • Erreichbarkeit bei Fragen oder weiteren Anliegen

2.1 Gesprächsvorbereitung

➤ **Gesprächsanlass**

Die Initiative zum Gesprächstermin kann sowohl vom Kunden als auch vom Berater ausgehen. Der Terminwunsch des **Kunden** könnte z. B. durch folgende Anlässe entstehen:

- Weiterempfehlung durch einen anderen Kunden,
- Fälligkeit einer Geldanlage oder Versicherung,
- Erbschaft/Schenkung,
- Reaktion auf eine Werbeaktion.

Der **Berater** kann aber auch das Interesse für einen Gesprächstermin beim Kunden wecken, z. B. durch:

- aktuelle Ereignisse oder Gesetzesänderungen,
- Optimierung der vorhandenen Anlagen/Finanzcheck,
- Einladung zu einer persönlichen Vorstellung als neuer Ansprechpartner.

➤ **vorhandene Informationen**

Der Berater sollte im Vorfeld bereits vorhandene Informationen zum Kunden zusammentragen, z. B. Unterlagen zu bisherigen Geschäften oder Informationen, die der Kunde bereits am Telefon bei der Terminvereinbarung preisgegeben hat. Das wirkt zum einen **professionell** und **gut vorbereitet** auf den Kunden und kann zum anderen schon **erste Ansätze** für das spätere Gespräch liefern.

Mit den folgenden **Fragen** sollte sich der Berater in der Vorbereitung auf das Gespräch beschäftigen:

- Was weiß ich bereits über den Kunden (z. B. auch Hobbies, Interessen, weitere Bankverbindungen)?
- Welchen Gesprächseinstieg wähle ich?
- Welche Unterlagen benötige ich für das Gespräch (z. B. Prospekte, Depotauszug)?
- Welche Informationen benötige ich vom Kunden?

2.2 Gesprächseröffnung

Sehr wichtig ist zunächst die Begrüßung. Auf die folgenden Punkte sollte der Berater dabei achten:

- vom Platz aufstehen und die Hand reichen,
- kurze Vorstellung der eigenen Person und Erläuterung der Position,
- den Kunden mit seinem Namen ansprechen,
- einen Platz anbieten (nicht als erster hinsetzen),
- ein Getränk anbieten.

Nach der Begrüßung sollte als Eisbrecher zunächst ein »unverfängliches« Thema angeschnitten werden (»**Small Talk**«). Das Einstiegsthema soll den weiteren Gesprächsverlauf positiv beeinflussen und eine vertraute Atmosphäre schaffen. Es bieten sich vor allem Themen aus dem Wohn-, Lebens- und Geschäftsbereich an, wie beispielsweise:

- »Wie war Ihr Urlaub auf den Malediven?«
- »Wie läuft es beim Handball?«
- »Haben Sie gut hierher gefunden?«

Im Anschluss an die Begrüßung müssen die **gesetzlich erforderlichen Informationen** vor der Beratung erfolgen.

FinVermV
§ 12 (1)

Nach der FinVermV hat der Finanzanlagenvermittler bzw. der Honorar-Finanzanlagenberater dem Anleger vor der ersten Anlageberatung bzw. -vermittlung folgende Angaben klar und verständlich in Textform mitzuteilen (**statusbezogene Informationspflichten**):

- vollständiger Name, Firma der Personenhandelsgesellschaft, in der er geschäftsführender Gesellschafter ist,
- betriebliche Anschrift sowie Kontaktdaten für den Kunden für eine schnelle und unmittelbare Kontaktaufnahme (Telefonnummer, Mailadresse, Faxnummer),
- ob Registereintrag ins Vermittlerregister als Finanzanlagenvermittler oder als Honorar-Finanzanlagenberater, mit welchem Umfang und wie sich die Eintragung überprüfen lässt,
- die Emittenten und Anbieter, zu deren Finanzanlagen er Vermittlungs- oder Beratungsleistungen anbietet,
- Anschrift der Erlaubnisbehörde sowie Registrierungsnummer.

§ 12a

Außerdem muss der Finanzanlagenvermittler bzw. Honorar-Finanzanlagenberater den Anleger vor Beginn der Beratung bzw. Vermittlung in verständlicher Textform darüber informieren, ob die Beratung bzw. Vermittlung **auf Honorarbasis oder auf Provisionsbasis** durchgeführt wird. Im Fall einer Honorarberatung ist auch die Art und Weise der Berechnung des Honorars zu erläutern.

2.3 Analysephase

Wenn der Berater erkennt, dass die erste Kontaktphase weitgehend abgeschlossen ist, kann er zur nächsten Phase überleiten. Hierbei ist allerdings zu beachten, dass der Berater die Kontaktphase nicht zu abrupt beendet und die Überleitung dadurch erzwungen wirkt. Vielmehr sollte sich die Überleitung aus dem Zusammenhang ergeben. Es bieten sich vor allem offene Fragen oder die Bezugnahme auf den Gesprächsanlass an, wie beispielsweise:

- »Was kann ich denn heute für Sie tun?«
- »Wie kann ich Ihnen weiterhelfen?«
- »Sie sind ja heute hier, weil Ihre Lebensversicherung fällig geworden ist. Welche Erwartung haben Sie in Bezug auf das heutige Gespräch?«

Die Analysephase zur genauen **Ermittlung des Kundenbedarfs** ist die **Basis** für ein erfolgreiches Anlagegespräch. Die Aufgabe des Beraters ist es hierbei, so viele Informationen wie möglich vom Kunden zu erhalten. Damit der Kunde auch auskunftsbereit ist und keine Abwehrhaltung einnimmt, ist es sinnvoll, wenn der Berater vorab eine **Begründung** für die von ihm gestellten Fragen gibt und dem Kunden die **Wichtigkeit dieser Fragen** erläutert. Es bieten sich deshalb vor allem offene Fragen an, wie beispielsweise:

- »Um die passende Anlage für Sie zu finden, benötige ich von Ihnen ein paar Informationen. Ich würde mir dazu gern Notizen machen. Ist das für Sie in Ordnung?«
- »Ich möchte Ihnen zunächst ein paar Fragen stellen, um mir ein möglichst vollständiges Bild von Ihrer Situation zu machen. Nur so kann ich Sie optimal beraten.«

Die Analysephase umfasst die **Einholung von Informationen des Kunden** zu folgenden Themenbereichen, die überwiegend auch gesetzlich vorgeschrieben sind:

FinVermV
§ 16

- familiäre und berufliche Situation,
- finanzielle Verhältnisse,
- Kenntnisse und Erfahrungen mit Finanzanlagen,
- Anlageziele,
- Risikoneigung bzw. -toleranz.

2.3.1 Familiäre und berufliche Situation

Die persönliche und berufliche Situation des Kunden hat Auswirkungen auf die Anlageziele und die finanziellen Verhältnisse und ist somit ebenfalls im Rahmen einer individuellen Beratung zu erfassen. Folgende Fragen können hierzu z. B. gestellt werden:

- »Wie ist Ihre familiäre Situation? Sind Sie verheiratet? Haben Sie Kinder?«
- »Wie alt sind Ihre Kinder?«
- »Was machen Sie beruflich?«
- »In was für einem Arbeitsverhältnis befinden Sie sich (angestellt, selbständig, Ruhestand)?«

2.3.2 Finanzielle Verhältnisse

Die finanziellen Verhältnisse des Kunden bilden eine **wesentliche Grundlage** für eine Anlageempfehlung. Nur so kann der Berater einschätzen, ob der Anleger in der Lage ist, die finanziellen Risiken, die mit bestimmten Finanzanlagen verbunden sind, zu tragen. Darüber hinaus soll sich die empfohlene Neuanlage im Sinne einer geeigneten **Risikostreuung** in das Gesamtanlagekonzept einfügen. Der Berater sollte dazu z. B. die folgenden Fragen stellen:

- »Wie hoch ist das Einkommen?«
- »Ist das Einkommen regelmäßig?«
- »Über welche Vermögenswerte verfügen Sie bereits?«
- »Welche finanziellen Verpflichtungen haben Sie?«
- »Wie hoch ist Ihr monatlich frei verfügbarer Betrag, der für eine Anlage zur Verfügung steht?«
- »Wie ist Ihr Einkommen bzw. Vermögen abgesichert?«

2.3.3 Kenntnisse/Erfahrungen mit Finanzanlagen

Die bisherigen Kenntnisse bzw. Erfahrungen des Anlegers haben Einfluss auf die zu treffende Anlageentscheidung. So können sich Erfahrungen z. B. in der Risikoneigung des Kunden widerspiegeln. Aufgrund der Angaben hierüber kann der Berater zudem beurteilen, ob der Anleger über die erforderlichen Kenntnisse und Erfahrungen verfügt, um die **Funktionsweise der Anlageform** zu **verstehen** und die **Risiken** im Zusammenhang mit der entsprechenden Art der Finanzanlage **beurteilen** zu können.

Folgende Fragen können dem Kunden dazu z. B. gestellt werden:

● »In welche Anlageformen haben Sie bisher investiert?«

● »Seit wann haben Sie mit dieser Anlageform Erfahrungen gesammelt?«

● »Welche Erfahrungen haben Sie mit dieser Anlageform gemacht?«

● »Was hat Ihnen an dieser Anlageform gefallen/nicht gefallen?«

● »Welche Anlagesumme haben Sie in diese Anlageform investiert?«

2.3.4 Anlageziele des Kunden

Ein ganz wesentlicher Aspekt für die Auswahl der richtigen Anlageform sind die **Bedürfnisse des Kunden**. Oft kann der Kunde diese Bedürfnisse auf erste Nachfrage nicht klar äußern. Viele Kunden kommen mit der Erwartung in die Beratung, dass es lediglich darum geht, das Geld so gut wie möglich anzulegen, jedoch ohne ein konkretes Ziel. Die Aufgabe des Beraters liegt in diesen Fällen darin, die verborgenen Bedürfnisse zu wecken bzw. aufzudecken.

Es gibt **verschiedene Ansätze,** wie der Berater gemeinsam mit dem Kunden die Anlageziele ermitteln kann.

Aus Sicht einer ganzheitlichen Finanzplanung kann man die verschiedenen Bedürfnisse z. B. in Anlehnung an die **Themenpyramide der Finanzplanung,** veröffentlicht (Stand 11.07.2019) vom Arbeitskreis Beratungsprozesse unter www.beratungsprozesse.de (hier in abgewandelter Form), verdeutlichen.

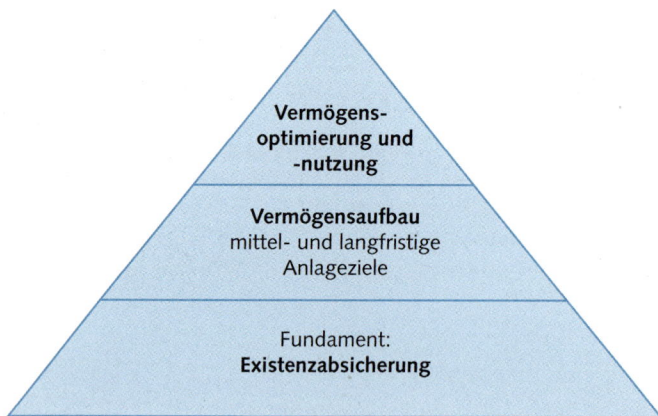

Danach steht für die Finanzplanung zunächst die **Existenzsicherung** im Vordergrund. Der Berater sollte zunächst mit dem Kunden klären, inwieweit dieser **Haftungsrisiken** und **Lebensrisiken** wie Tod, Arbeits- bzw. Berufsunfähigkeit, Unfallrisiken usw. bereits abgesichert hat. Da Finanzanlagenvermittler oft aus dem Versicherungsbereich kommen, können Sie diesen Bereich der Beratung ebenfalls gut abdecken.

Zur Existenzabsicherung gehört außerdem die **Sicherung der Rückzahlung** von aufgenommenen Krediten. Da die Kreditrückzahlung entscheidend von der Absicherung des Einkommens abhängig ist, ist auch dieses Thema mit der Risikoabsicherung durch Versicherungen verknüpft.

Wenn der Berater die Absicherung der Risiken mit dem Kunden geklärt hat, geht es um das für eine Anlage zur Verfügung stehende Vermögen. Für die eher kurzfristigen Anlageziele (z. B. Urlaub, kurzfristig anstehenden Anschaffungen wie Möbel, Haushaltsgeräte usw.) sowie für unvorhersehbare Notfälle sollte immer eine Liquiditäts-reserve eingeplant werden. Als »Notgroschen« sollte als Faustregel das Dreifache des Nettoeinkommens pro Monat zur Verfügung stehen. Die Liquiditätsreserve muss sicher und verfügbar angelegt sein, z. B. auf einem Tagesgeldkonto.

Nachdem das Fundament der Existenzabsicherung steht und abgeklärt wurde, kann der **mittel- und langfristige Vermögensaufbau** thematisiert werden. In der Regel wer-den mehrere Anlageziele gleichzeitig verfolgt:

- konkrete Ziele (z. B. Erwerb einer Immobilie, neues Auto in 2 Jahren, Ausbildung der Kinder),
- allgemeine Ziele (z. B. Vermögensbildung, Altersvorsorge).

Die Anlageziele des Kunden können in zeitlicher Hinsicht geordnet werden. Wichtig ist, dass für jedes Anlageziel ein realistischer Zeitrahmen für die Umsetzung gesetzt werden muss. Dazu ist es wiederum erforderlich, die persönlichen und finanziellen Verhältnisse des Kunden in die Planung mit einzubeziehen.

Ein sinnvolles Hilfsmittel kann die **Erstellung eines Lebensplanungsmodells** sein. Der Berater kann auf diese Weise mit dem Kunden gemeinsam seine finanzielle Lebens-planung visualisieren. Das abgebildete Modell[*] ist nur ein Beispiel. Die Altersangaben und individuellen Ziele sind von Kunde zu Kunde verschieden. Das Beispiel zeigt jedoch häufig genannte Anlageziele.

Lebens-phasen	Kindheit/ Jugend	Jugend/junger Erwachsener	Berufs-ausbildung	Haushalts-/ Familien-gründung	Familien-phase	Ruhe-stand
Alter	bis 18 Jahre	bis 25 Jahre	bis 30 Jahre	bis 40 Jahre	bis 66 Jahre	ab 67 Jahren
allgemeine Anlageziele	kein eigenes Einkommen bzw. Vermögen	Vermögensaufbau		Vermögensaufbau Anlage von vorhandenem Vermögen eventuell Nutzung von Vermögen		Vermögens-nutzung und -übertragung
		Vermögensaufbau für die Altersvorsorge				
konkrete, individuelle Ziele	erstes Auto Finanzierung der Ausbildung erste Wohnung	Finanzierung des Studiums Hochzeit Kinder größere Wohnung	eigene Immobilie Anschaffungen (z. B. Möbel, Auto) Versorgung der Familie Reisen	Entschul-dung Anschaffun-gen (z. B. Möbel, Auto) Ausbildung der Kinder Reisen	Reisen Regelung des Vermögens (z. B. Schenkung, Erbe regeln) Wohnen/ Betreuung im Alter	

Unabhängig davon, welchen Ansatz der Berater im Kundengespräch nutzt, ist es wich-tig, die Bedürfnisse des Kunden so klar wie möglich herauszustellen.

---

[*] in Anlehnung an: Götz, Ulrike »Sachkunde Finanzanlagen« (2018), Verlag Versiche-rungswirtschaft, Karlsruhe

2.3.5 Risikoneigung bzw. -toleranz

Ein weiterer wesentlicher Aspekt für die Anlageberatung ist die Risikoeinstellung des Kunden. Ein geeignetes Hilfsmittel bietet das **Magische Dreieck der Vermögensanlage** (vgl. dazu auch E 3.1). Nachdem die Verfügbarkeit der Geldanlage durch die berücksichtigte Liquiditätsreserve bereits abgedeckt ist, geht es bei den mittel- bis langfristigen Anlagezielen vor allem um den Zielkonflikt zwischen der Sicherheit und der Rentabilität bei der Geldanlage. Grundsätzlich gilt, dass höhere Renditechancen immer auch mit einem höheren Risiko verbunden sind.

Der Berater muss im Beratungsgespräch herausfinden, bei welchem Punkt der Kunde eher bereit ist, Abstriche zu machen und wie hoch seine Risikotoleranz ist, um die geeignete Anlageform zu finden. Oft hilft hierbei die Nutzung von sprachlichen Bildern oder Vergleichen.

> **Beispiel:**
>
> Der Anleger ist vielleicht selbst Autofahrer. Auch ein Autofahrer muss in Bezug auf sein Fahrverhalten auf der Autobahn eine Entscheidung treffen. Wählt er lieber ein schnelles Tempo und ist oft auf der Überholspur, so wird er schneller sein Ziel erreichen. Er geht dabei aber auch ein höheres Risiko ein, denn der Schaden wird bei einem Unfall bei höherem Tempo größer sein als bei einem vergleichsweise langsameren Tempo.
>
> Die sicherere Alternative wäre das Fahren bei Richtgeschwindigkeit mit gelegentlichen Überholmanövern. Das Ziel würde langsamer erreicht, aber auch mit einer größeren Wahrscheinlichkeit unbeschadet.

Alternativ kann man auch mit **geeigneten Fragestellungen** zum Ziel kommen. Teilweise sind derartige Fragestellungen schon in den Beratungsdokumentationen vorgegeben. Der Berater könnte z. B. fragen:

- »Können Sie geringe Verluste Ihres eingesetzten Kapitals tolerieren?«
- »Wie viel Prozent Verlust Ihres eingesetzten Kapitals könnten Sie im schlimmsten Fall verkraften?«
- »Wie tolerant sind Sie in Bezug auf zwischenzeitliche Kursschwankungen?«

In der Beratungspraxis findet sich auch die Einteilung in **Anlegertypen** mit entsprechenden Beschreibungen, aus denen der Kunde die zu ihm passende Risikomentalität heraussuchen kann.

Beispiel für die Risikoklassifizierung von Anlegern:	
Anlegertyp	**vorherrschende Motive**
risikoscheu	• Erhalt des eingesetzten Kapitals steht im Vordergrund • Renditeerwartung auf Marktzinsniveau für sichere Anlagen (z. B. Festgeld, Sparkonto)
konservativ	• Erwartung: langfristiger Vermögenszuwachs • Renditeerwartung auf Marktzinsniveau für Anlagen mit geringem Risiko, d. h. über dem Niveau von Festgeld, Sparkonto usw. • kurzfristige, leichte Kursschwankungen werden toleriert
ertragsorientiert/ wachstumsorientiert	• Erwartung: langfristig höhere Rendtite • Renditeerwartung über Marktzinsniveau • kurz- und mittelfristige, höhere Kursschwankungen werden toleriert

chancenorientiert/risikobereit	● Erwartung: langfristiger Vermögenszuwachs durch Nutzung von Marktchancen ● Renditeerwartung deutlich über Marktzinsniveau ● höhere Verlustrisiken werden toleriert
spekulativ/»Spieler«	● Nutzung der höchsten Marktchancen ● sehr hohe Renditeerwartung ● Risiko bis zum Totalverlust (oder darüber hinaus) wird toleriert

2.3.6 Dokumentation

Um alle erforderlichen Informationen zu erlangen, setzt der Berater üblicherweise einen Frage- bzw. Beratungsbogen ein. Die Einholung der Informationen muss dokumentiert werden. In einer erneuten Beratung ist zu prüfen, ob die vorliegenden Informationen noch aktuell sind. Gegebenenfalls müssen die erforderlichen Informationen neu eingeholt und dokumentiert werden.

2.3.7 Abschluss der Analysephase – Zusammenfassung

Nachdem der Kunde die Fragen des Beraters beantwortet hat, kann dieser als förderndes Kommunikationsmittel das »**Zusammenfassen**« anwenden und dabei die Kernaussagen des Kunden noch einmal hervorheben. Die Zusammenfassung zielt auf die **volle Zustimmung des Kunden** ab, so dass der Berater Fehlinterpretationen ausschließen kann. Ungenauigkeiten und Missverständnisse werden so frühzeitig ausgeräumt und führen in der nächsten Phase nicht zu einer falschen Empfehlung.

> **Beispiele:**
> - »Habe ich Sie richtig verstanden, dass Sie in zwei Monaten 50 000,00 € aus einer Lebensversicherung erhalten und diesen Betrag möglichst sicher und langfristig für Ihre Altersvorsorge anlegen möchten?«
> - »Sie möchten 50 000,00 € möglichst ertragreich anlegen und sind hierfür auch bereit, leichte Kursverluste in Kauf zu nehmen – ist das so korrekt?«

Wichtig: Sofern der Finanzanlagenvermittler die vorgenannten erforderlichen Informationen nicht erlangt, darf er dem Anleger im Rahmen der Anlageberatung keine Finanzanlage empfehlen.

2.4 Angebotsphase

2.4.1 Produktauswahl

➤ Geeignetheitsprüfung

In der Angebotsphase wählt der Berater aus der Vielzahl der Finanzprodukte die Produkte aus, die für den Kunden aufgrund seiner ermittelten Wünsche und Bedürfnisse **geeignet** sind. Hierbei zeigt sich, ob die Analysephase ausführlich genug war und der Berater alle erforderlichen Informationen erfragt hat.

FinVermV
§ 16 (1)

Maßgebend für die **Geeignetheit** ist, ob

- die empfohlene Finanzanlage den Anlagezielen des Anlegers entspricht,
- die aus der Anlage entstehenden Risiken für den Anleger entsprechend seinen Anlagezielen finanziell tragbar sind und
- der Anleger die Anlagerisiken aufgrund seiner Kenntnisse und Erfahrungen verstehen kann.

Anhand dieser Kriterien wählt der Berater ein einzelnes Anlageprodukt oder eine **Anlagestrategie** für den Anleger aus. Eine Anlagestrategie ist eine Vorgehensweise, nach der ein Investor (mit Unterstützung des Beraters) seine Anlageentscheidungen trifft. Sie basiert auf der Aufteilung des angelegten Geldes in verschiedene Anlageformen (**Asset Allocation**) und richtet sich nach den individuellen Angaben des Anlegers in Bezug auf seine Risikobereitschaft, Anlageziele und sein vorhandenes Vermögen.

Eine aus verschiedenen Anlageformen zusammengestellte Mischung nennt man auch **Portfolio**. Ein Portfolio basiert auf dem Grundsatz »Don't put all your eggs in one basket!«. Dieser Satz (»nicht alle Eier in einen Korb legen«) steht sinnbildlich für den Gedanken der Risikostreuung bei der Geldanlage.

Beispiel:

Die Stiftung Warentest empfiehlt sieben unterschiedlich zusammengesetzte Portfolios. Diese bestehen jeweils aus

- Fonds mit Euro-Staatsanleihen (sicherer Teil)
- Fonds mit Aktien bzw. Rohstoffen (riskanterer Teil).

Die Portfolios gibt es in sicherer, ausgewogener oder riskanter Ausprägung. Für die ausgewogene Variante ergeben sich beispielsweise die folgenden sieben Portfolios:

Deutschland	50 % Aktien Deutschland	
Wachstum	50 % Europäische Wachstumswerte	
Substanz	50 % Europäische Substanzwerte	
Europa	50 % Aktien Europa	50 % Euro-Staatsanleihen
Welt	50 % Aktien Welt	
Tiger	40 % Aktien Welt, 10 % Aktien Schwellenländer	
Rohstoff	40 % Aktien Welt, 10 % Rohstoffe	

➤ **Risikoeinstufungen**

Die Risikoneigung des Anlegers ist maßgeblich für die Auswahl der Finanzprodukte im Rahmen einer Anlageberatung. Üblich ist die Einteilung der Anleger sowie der Produkte in bestimmte **Risikoklassen.**

Beispiel:

Risikoklasse	Finanzinstrumente	Beispiele im Proximus
1	Tagesgeld, Spareinlagen, Festgeld	
2	Euro-Anleihen mit hoher Bonität, Rentenfonds, offene Immobilienfonds	PROXIMUS Bond Invest
3	Standardaktien (z. B. DAX-Werte), Misch- und Dachfonds (ausgewogen), Euro-Anleihen mit mittlerer Bonität	PROXIMUS Strategic Invest (Dachfonds ausgewogen)
4	Aktien-Nebenwerte, ausländische Aktien, Aktienfonds, Misch- und Dachfonds (wachstumsorientiert/ aggressiv)	PROXIMUS Balance Invest (Mischfonds wachstumsorientiert), PROXIMUS Global Invest
5	Aktien, Anleihen in Schwellenländer, High-Yield-Rentenfonds, Derivate (Optionen, Futures)	

Proximus 4, BE S. 430–433

BE S. 442–445

BE S. 438–441
BE S. 434–437

Bei Investmentfonds ist außerdem die Angabe des synthetischen Risiko-/Ertragsindikators (**Synthetic Risk Reward Indicator** = SRRI) in den Wesentlichen Anlegerinformationen eine mögliche Orientierungshilfe bei der Auswahl.

Der SRRI ist eine siebenstufige Risiko-Ertrags-Klassifizierung, die auf der Volatilität der Fondsrendite über die letzten 5 Jahre basiert. Kategorie 1 bedeutet hierbei zum Beispiel das geringste Risiko bei potentiell niedrigen Erträgen (max. 0,5 % Ertragsschwankungen).

Beispiel:

Der SRRI des PROXIMUS Strategic Invest liegt bei 4 und somit im mittleren Bereich. Er ist somit für Anleger mit einem ausgewogenen Risikoprofil geeignet (Inkaufnahme begrenzter Risiken bei mittlerer Ertragserwartung).

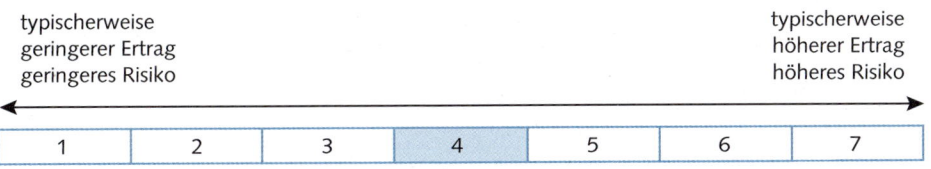

typischerweise geringerer Ertrag geringeres Risiko   typischerweise höherer Ertrag höheres Risiko

| 1 | 2 | 3 | 4 | 5 | 6 | 7 |

Im Zuge der Zweiten Europäischen Finanzmarktrichtlinie (MiFID II) soll künftig für Investmentfonds ein **Gesamtrisikoindikator** verpflichtend eingeführt werden, der in der Darstellung dem SRRI ähnelt, jedoch einer anderen Methodik folgt. Der Gesamtrisikoindikator soll neben der Kursentwicklung auch das Bonitätsrisiko sowie das Liquiditätsrisiko des Anlageprodukts erfassen.

▶ **Berücksichtigung des Zielmarkts**

Banken und Finanzdienstleister sind bereits seit der Änderung des Wertpapierhandelsgesetzes (WpHG) im Januar 2018 dazu verpflichtet, bei der Anlageempfehlung auch auf den vom Produktanbieter bzw. Produkthersteller zu ermittelnden **Zielmarkt**

WpHG
§ 80 (9)

zu achten. Durch die Bestimmung eines Zielmarkts soll sichergestellt werden, dass Finanzinstrumente nur den Kundengruppen angeboten werden, zu deren Bedürfnissen sie passen. Kriterien bei der Bestimmung eines Zielmarkts sind dabei vor allem:

- Kenntnisse/Erfahrungen,
- finanzielle Situation (Fokus: Verlusttragfähigkeit),
- Risikotoleranz,
- Ziele und Bedürfnisse.

Es wird für jedes Finanzinstrument ein positiver und ein negativer Zielmarkt bestimmt.

Beispiel:

positiver Zielmarkt:

»Dieses Produkt ist geeignet für professionelle Kunden. Es ist geeignet für Anleger mit erweiterten und umfangreichen Kenntnissen. Das Produkt ist geeignet für Anleger, die auch Verluste über ihr eingesetztes Kapital hinaus tragen können. Es eignet sich für Anleger, die überproportional an Kursveränderungen teilhaben wollen.«

negativer Zielmarkt:

»Dieses Produkt ist nicht geeignet für Privatkunden oder Anleger mit Basiskenntnissen. Es ist nicht geeignet für Anleger, die keine oder nur geringe Verluste tragen können. Dieses Produkt ist nicht geeignet zur Altersvorsorge.«

FinVermV-E
Nr. 14

Im Zuge der geplanten **Anpassung der Finanzanlagenvermittlerverordnung** (Fin-VermV) an die Vorgaben von MiFID II (vgl. F 1.5) sollen auch Finanzanlagenvermittler künftig bei der Anlageempfehlung den Zielmarkt beachten. Dazu müssen sie sich die entsprechenden Informationen vom Produktanbieter bzw. Emittenten verschaffen und sowohl die Finanzanlage als auch den Zielmarkt verstehen. Der Zielmarkt wird somit mit Inkrafttreten der neuen FinVermV als **zusätzliches Kriterium für die Geeignetheitsprüfung** herangezogen.

2.4.2 Information des Anlegers

Die vom Berater ausgewählten Finanzinstrumente müssen dem Kunden in der Angebotsphase erläutert werden. Die Erfahrungen und Kenntnisse, über die der Anleger bereits verfügt, sind bei der **Erläuterung** zu beachten. Je unerfahrener der Anleger ist, desto ausführlicher sollte die Erläuterung der Produkte ausfallen. In jedem Fall ist auf eine **kundenorientierte Formulierung** zu achten.

Anlageprodukte sind oft komplex und in der Regel körperlich nicht vorhanden. Aus diesem Grund ist der Nutzen für den Kunden nicht sofort ersichtlich. Dieser Nachteil sollte im Rahmen einer Anlageberatung durch geeignete **Veranschaulichungen** (z. B. Prospekte, Übersichten, Tabellen) bzw. **Visualisierungen** (z. B. einen Fonds als Topf aufzeichnen) ausgeräumt werden. Je plastischer ein Produkt dargestellt wird, desto verständlicher ist es für den Kunden.

Bestimmte Informationspflichten sind aus Gründen des Anlegerschutzes **gesetzlich geregelt.** Diese müssen unabhängig von den Erfahrungen und Kenntnissen des Kunden immer erfüllt werden. Das sind vor allem die Aufklärung über Risiken und Kosten der Finanzanlage sowie die Aushändigung eines Informationsblattes.

➤ Aufklärung über Risiken und Kosten

Der Finanzanlagenvermittler ist verpflichtet, dem Anleger rechtzeitig **vor Abschluss eines Geschäfts** Informationen über die **Risiken** der angebotenen Finanzanlage zur Verfügung zu stellen. FinVermV § 13 (1), (2)

Die Informationen müssen so verfasst sein, dass der Anleger in die Lage versetzt wird, die Art des Finanzprodukts und seine Risiken zu verstehen und darauf basierend eine Anlageentscheidung zu treffen. Sie können auch in standardisierter Form ausgegeben werden.

Die Informationen müssen vor allem Auskunft geben über

- die Arten von Risiken der empfohlenen Finanzanlage,
- das Risiko des Verlustes der gesamten Kapitalanlage,
- das Ausmaß der Schwankungen des Preises (Volatilität) sowie
- finanzielle oder sonstige Verpflichtungen, die mit der Finanzanlage verbunden sein können.

Im Entwurf zur Änderung der FinVermV sind darüber hinaus weitere Informationspflichten **bezogen auf den Zielmarkt** vorgesehen, z.B. geeignete Warnhinweise zu den Risiken bzw. für welche Anleger die jeweilige Art von Finanzanlage geeignet ist. FinVermV-E Nr. 12

Hinsichtlich der **Kosten** ist der Anleger zu informieren über:

- den Gesamtpreis einschließlich aller Provisionen, Gebühren, Entgelte, etc.,
- die Höhe der vom Berater bzw. Vermittler in Rechnung gestellten Provisionen,
- die Möglichkeit, dass weitere Kosten bzw. Steuern mit der Finanzanlage verbunden sein können,
- Bestimmungen in Bezug auf die Zahlung.

Bislang wird die Kosteninformation in der FinVermV nicht ausdrücklich vor dem Geschäftsabschluss verlangt. Dies soll sich jedoch im Zuge der Anpassung der FinVermV an MiFID II ändern. Dann wird die sogenannte »**Ex-ante-Kosteninformation**«, die bei Banken und Finanzdienstleistern gemäß KWG bereits verpflichtend ist, auch für Finanzanlagenvermittler bindend. Nr. 12

Diese Kosteninformation ist dann nicht nur zwingend vor dem Geschäftsabschluss zur Verfügung zu stellen, sondern sie stellt auch inhaltlich weitaus höhere Anforderungen an die beratenden Unternehmen. Die Ex-ante-Kosteninformation ist eine **zusammengefasste Darstellung** aller Kosten, die bislang auf verschiedene Informationsquellen wie z.B. die Wesentlichen Anlegerinformationen, den Beratervertrag und das Preis- und Leistungsverzeichnis verteilt sind. Im Einzelnen sind das vor allem

- Kosten bzw. Nebenkosten der Anlageberatung,
- Kosten der empfohlenen Finanzanlagen, sowie
- Zahlungsmöglichkeiten des Anlegers.

Zudem soll die Kosteninformation die kumulative Wirkung der Kosten auf die Rendite aufzeigen. Auf Verlangen des Kunden sind alle Kostenpositionen zusätzlich einzeln aufzustellen. Für den Anleger erhöht die Ex-ante-Kosteninformation die **Transparenz** und die **Vergleichbarkeit** mit anderen Finanzanlagen.

Nach dem Geschäftsabschluss muss eine solche Kosteninformation regelmäßig, mindestens einmal jährlich während der Laufzeit der Finanzanlage erfolgen.

➤ **Aushändigung eines Informationsblattes**

FinVermV
§ 15
VermAnlG
§ 13

Im Fall einer Anlageberatung über Vermögensanlagen im Sinne des § 1 Absatz 2 des Vermögensanlagengesetzes (VermAnlG) wie z.B. **Genossenschaftsanteile oder stille Beteiligungen,** muss der Finanzanlagenvermittler dem Anleger rechtzeitig vor Geschäftsabschluss ein **Vermögensanlagen-Informationsblatt,** aushändigen.

Im Fall einer Anlageberatung zu **Investmentvermögen** sind rechtzeitig vor dem Vertragsabschluss die folgenden Verkaufsunterlagen zur Verfügung zu stellen:

KAGB
§ 297

- **Wesentliche Anlegerinformationen** bzw. Key Investor Information Document (KIID),
- **Verkaufsprospekt,** letzter veröffentlichter **Jahres- und Halbjahresbericht** (auf Verlangen des Anlegers),
- **Anlagebedingungen,**
- gegebenenfalls: Satzung/Gesellschaftsvertrag und Treuhandvertrag (bei geschlossenen Investmentvermögen).

Proximus
4, BE
S. 424 ff.

Hinweis: im Proximus 4 Bedingungswerk sind die Allgemeinen Anlagebedingungen sowie die Wesentlichen Anlegerinformationen für die Proximus-Invest-Produkte abgedruckt.

➤ **Steuerliche Behandlung des empfohlenen Produkts**

Der Finanzanlagenvermittler kann Auskünfte über die steuerliche Behandlung der empfohlenen Finanzanlagen erteilen. In der Regel unterliegen die laufenden Erträge sowie die Veräußerungsgewinne aus Finanzanlagen der Abgeltungssteuer. Gegebenenfalls ist eine Verlustverrechnung möglich. Zudem gibt es verschiedene Möglichkeiten der Steuerfreistellung (vgl. dazu ausführlich F 5).

Wichtig: Eine Steuerberatung des Anlegers ist dem Finanzanlagenvermittler nicht gestattet.

2.4.3 Dokumentation der Empfehlung

➤ **Beratungsprotokoll**

FinVermV
§ 18

Der Finanzanlagenvermittler muss unverzüglich nach jeder Anlageberatung, aber noch vor Geschäftsabschluss ein **Beratungsprotokoll in Schriftform** anfertigen, es unterzeichnen und dem Anleger eine Abschrift zur Verfügung stellen. Eine elektronische Abschrift ist mit Zustimmung des Anlegers möglich. Ein Beratungsprotokoll ist auch bei jeder Anlageberatung ohne Geschäftsabschluss erforderlich.

Sollte die Aushändigung der Abschrift nicht unverzüglich nach der Beratung möglich sein (z.B. telefonische Beratung), so muss die Abschrift dem Anleger unverzüglich zugesandt werden. Der **Geschäftsabschluss** kann auf ausdrücklichen Kundenwunsch **vor Erhalt der Abschrift** des Beratungsprotokolls erfolgen. Dem Anleger ist dann ein **Rücktrittsrecht** von einer Woche nach Zugang des Protokolls für den Fall zu gewähren, dass der Inhalt des Beratungsprotokolls fehlerhaft oder unvollständig ist. Der Kundenwunsch sowie das Rücktrittsrecht sind im Protokoll zu vermerken.

Das Beratungsprotokoll muss **Angaben** enthalten über

- den Anlass der Anlageberatung,
- die Dauer des Gesprächs,
- die eingeholten Informationen des Kunden (siehe Analysephase),
- die erteilten Empfehlungen und die wesentlichen Gründe für diese Empfehlungen.

> **Geeignetheitserklärung**

Im Zuge der Anpassung der FinVermV an MiFID II wird das Beratungsprotokoll durch die **Geeignetheitserklärung** ersetzt. Zwar ähnelt sie dem Beratungsprotokoll, sie setzt jedoch andere Schwerpunkte. Während das Beratungsprotokoll mehr auf die Wiedergabe und Nachvollziehbarkeit des Ablaufs der Anlageberatung abzielt, liegt der Fokus der Geeignetheitserklärung auf der **Anlageempfehlung** und der dazu passenden, individuell auf den Kunden abgestimmten **Begründung.** Der Kunde soll anhand der Erklärung nachvollziehen können, warum das empfohlene Produkt genau zu ihm und seinen Anlagezielen passt.

FinVermV-E Nr. 16

Daneben gibt es einige **formale Erleichterungen.** So sind z. B. der Anlass und die Dauer des Anlagegesprächs zukünftig nicht mehr zu erfassen. Lediglich Datum und Uhrzeit der Beratung sind zu nennen. Auch eine Unterschrift des Beraters wird auf der Geeignetheitserklärung nicht mehr erforderlich sein.

Eine wesentliche Änderung betrifft den **Zeitpunkt der Aushändigung.** Die Geeignetheitserklärung muss nicht unverzüglich nach der Anlageberatung, sondern **vor dem Vertragsabschluss** zur Verfügung gestellt werden. Der Zeitpunkt der Übergabe ist auf der Erklärung zu vermerken, wenn der Kunde diese nicht direkt im Anschluss an die Beratung erhält.

Auch bei der Geeignetheitserklärung ist eine Ausnahme vorgesehen. Wenn der Kunde **per Fernkommunikationsmittel** beraten wird, kann die Geeignetheitserklärung auch unverzüglich nach dem Vertragsabschluss zugesandt werden, wenn der Kunde dem zustimmt. Der Finanzanlagenvermittler muss in einem solchen Fall anbieten, dass die **Ausführung des Geschäfts** solange zu **verschieben** ist, bis der Kunde die Erklärung erhalten hat. Das Rücktrittsrecht wird es dann nicht mehr geben.

Nachweise über das Beratungsprotokoll bzw. künftig die Geeignetheitserklärung sowie über deren Aushändigung an den Anleger sind jeweils **5 Jahre** auf einem dauerhaften Datenträger **aufzubewahren.** Die Frist beginnt mit dem Ende des Kalenderjahres, in dem der letzte aufzeichnungspflichtige Vorgang des jeweiligen Auftrags angefallen ist.

FinVermV § 23

2.5 Prüfung und Abschluss

2.5.1 Prüfungsphase

In der Prüfungsphase prüft der Berater zusammen mit dem Kunden, ob das gewählte Produkt den Kundenwünschen entspricht. Dazu stellt der Berater nach seiner Empfehlung entsprechende Fragen.

> **Beispiele:**
> »Was halten Sie von meinem Vorschlag?«
> »Entspricht dieses Produkt Ihren Wünschen?«

In dieser Phase können auch mögliche **Bedenken und Einwände** des Kunden beseitigt werden. Eventuell sind dem Kunden bestimmte Einzelheiten der Finanzanlage noch nicht ganz klar geworden. Möglicherweise ängstigt er sich aber auch vor einer Abschlussentscheidung. In jedem Fall sollte der Berater die Einwände des Kunden nicht als Zeichen der Ablehnung empfinden oder gar negativ darauf reagieren, da sonst die Dynamik des Beratungsgesprächs darunter leiden könnte.

Sinnvoll ist eher, noch einmal den **Kundennutzen** des empfohlenen Produkts herauszustellen und mit den Anlagezielen und Wünschen des Kunden in Verbindung zu bringen. Die Behandlung von Einwänden ist jedoch stark kunden- und situationsabhängig und daher oft eine Frage der Erfahrung des jeweiligen Beraters.

2.5.2 Abschlussphase

Die Abschlussphase wird eingeleitet, wenn das Produkt vom Berater ausreichend erläutert wurde und der Kunde verstärkt **Kaufsignale** zeigt bzw. letzte Einwände ausgeräumt werden konnten. Kaufsignale können verbal oder non-verbal sein. Der Kunde signalisiert damit seine **Abschlussbereitschaft.**

Beispiele:

verbal	non-verbal
● Wiederholung der Argumente des Beraters durch den Kunden	● veränderte Körperhaltung → Kunde entspannt sich, lehnt sich zurück
● Direkte Bestätigung wie z. B. »So machen wir das.«	● zustimmende Gestik
● Fragen, die erst nach dem Abschluss relevant werden, z. B. »Wann wird das Geld dann vom Konto abgebucht?«	● Kunde nimmt die Unterlagen in die Hand

Bei Erkennen der Kaufsignale sollte der Berater den **Abschluss** bzw. die **Vertragsunterzeichnung** durch den Kunden sofort einleiten. Wenn der Berater sich sicher ist, dass der Kunde Abschlussbereitschaft signalisiert, kann er dies mit direkten Fragen bzw. Aufforderungen tun.

Beispiele:

● »Wollen wir das dann so machen?«

● »Sind Sie damit einverstanden?«

● »Wenn alles soweit klar ist, dann bitte ich Sie noch um eine Unterschrift auf dem Auftrag.«

Nach dem Abschluss kann der Berater noch einen **Verstärker** einsetzen, um den Kunden in seiner Entscheidung zu bestärken.

Beispiele:

● »Damit haben Sie eine gute Entscheidung getroffen.«

● »Diese Anlage ist genau die richtige für Sie. Damit bleiben Sie liquide und erzielen hohe Erträge. Genau wie Sie es sich gewünscht haben.«

2.5.3 Depoteröffnung und Depotführung

Die Geldanlage in Wertpapieren erfordert die Eröffnung oder das Vorhandensein eines Depotkontos für die **Verwahrung und Verwaltung** der Wertpapierbestände und eines Girokontos für die Abrechnung von Käufen und Verkäufen und die Gutschrift von Erträgen (z. B. Zinsen, Dividenden, Ausschüttungen) sowie die Belastung von Gebühren.

➤ **Depoteröffnung**

Diese Konten werden bei einem Kreditinstitut eröffnet. Die Verwahrung und Verwaltung von Wertpapieren ist ein **Bankgeschäft gemäß § 1 KWG.** Bei der Depoteröffnung sind die gesetzlichen und vertraglichen Regelungen für eine Kontoeröffnung zu beachten (vgl. E 2.1.3). Zusätzlich muss bei einer Depoteröffnung ein **WpHG-Fragebogen** ausgefüllt werden, der die folgenden Anlegerinformationen umfasst:

- Bisherige Erfahrungen und Kenntnisse mit Wertpapiergeschäften,
- Finanzielle Verhältnisse des Anlegers/Verlusttragfähigkeit,
- Anlageziele (Zweck und Dauer der Anlage, Risikoeinstufung des Anlegers).

➤ Verwahrung der Wertpapiere

Praxisüblich ist die Girosammelverwahrung, d.h. die Wertpapiere werden in einem Sammelbestand zusammengefasst und zentral durch eine **Wertpapiersammelbank (Clearstream Banking AG)** verwahrt. Die **Buchungen der Wertpapierbestände** werden über diese Stelle zentral koordiniert. Somit erfolgt die gesamte Abwicklung von Wertpapierkäufen und -verkäufen in den meisten Fällen elektronisch, ohne dass die Wertpapierurkunden effektiv bewegt werden müssen (vgl. E 4.1).

➤ Verwaltung von Wertpapieren

Die depotführende Bank übernimmt diverse **Verwaltungstätigkeiten** im Zusammenhang mit einem Wertpapierdepot. Diese sind in den **Sonderbedingungen für Wertpapiergeschäfte** festgelegt.

So übernimmt die Bank unter anderem:
- die Gutschrift von Zinsen, Dividenden und anderen Erträgen,
- die Überwachung der Fälligkeitstermine bzw. Auslosungs- oder Kündigungstermine und die Einlösung von fälligen Wertpapieren (z.B. Rückzahlung von Anleihen),
- Benachrichtigungen bei Kapitalerhöhungen und Hauptversammlungen,
- Benachrichtigungen bei z.B. Umtausch-, Abfindungsangeboten und
- die Weiterleitung von Informationen des Emittenten (z.B. Rechenschaftsberichte)

Bestimmte Leistungen erbringt die Bank **nur auf ausdrücklichen Kundenwunsch** und gegebenenfalls gegen Zahlung von zusätzlichen Entgelten. Dazu gehören unter anderem
- Besorgen von Eintritts- oder Stimmkarten für Hauptversammlungen,
- Ausübung des Depotstimmrechts auf der Hauptversammlung,
- Erstellen von Jahressteuerbescheinigungen, Verlustbescheinigungen und Ertragnisaufstellungen.

Natürlich erfolgen auch die Beratung und der **Kauf und Verkauf von Wertpapieren** nur, wenn der Kunde dies ausdrücklich wünscht. Die mit der Erteilung und Abwicklung von Kauf- und Verkaufsaufträgen verbundenen Besonderheiten sind in Abschnitt F 4.2 erläutert.

➤ Kosten

Die Banken berechnen für die Führung eines Wertpapierdepots **Depotgebühren.** Die Höhe unterscheidet sich von Bank zu Bank teilweise sehr stark. Die Süddeutsche Handelsbank AG berechnet gemäß Preis- und Leistungsverzeichnis ein jährliches Depotentgelt von 25,00 €. Am günstigsten sind im Regelfall die Depotkonten der Direktbanken.

Für die Verwahrung von Investmentfondsanteilen kann auch direkt bei der jeweiligen KVG ein **Investmentkonto** eröffnet werden. Dieses ist im Regelfall kostengünstiger oder sogar kostenfrei.

2.6 Haftung

Erfüllen Finanzanlagenvermittler bei der Anlageberatung die gesetzlichen Vorgaben nicht oder nicht vollständig, so haften sie dem Anleger gegenüber, wenn diesem daraus ein Schaden entstanden ist. Der Anleger kann den Berater bzw. das Unternehmen, für das er tätig ist, auf **Schadenersatz** verklagen.

Ein wichtiges **Beweismittel** ist das Beratungsprotokoll bzw. nach Änderung der FinVermV die Geeignetheitserklärung. Der Berater sollte diese Dokumentation mit dem Kunden am Schluss der Beratung noch einmal durchgehen und sich die Richtigkeit vom Kunden bestätigen lassen, gegebenenfalls durch seine Unterschrift.

BGB §§ 195, 199

Schadenersatzansprüche verjähren nach **3 Jahren.** Die **Verjährungsfrist** beginnt am Ende des Kalenderjahres, in dem der Anleger von dem Schaden Kenntnis erlangt hat. Spätestens nach **10 Jahren** verjährt der Anspruch unabhängig vom Zeitpunkt der Kenntniserlangung.

FinVermV § 26 GewO § 144 (4)

Neben den Schadenersatzansprüchen des Kunden kann von der zuständigen Aufsichtsbehörde ein **Bußgeld** verhängt werden, da es sich bei einer fehlerhaften Beratung um eine Ordnungswidrigkeit handelt. Das Bußgeld kann **bis zu 5 000,00 €** betragen. In außergewöhnlichen Fällen, in denen die Zuverlässigkeit des Finanzanlagenvermittlers oder seiner Mitarbeiter nicht mehr gegeben ist, kann die Aufsichtsbehörde die **Erlaubnis** nach § 34 f GewO sogar **entziehen**.

Lernkontrollen zu F 2

Beratungs- und Verkaufsgespräche

1 Der Kunde Peter Stiller (60 Jahre alt, Beamter im Finanzamt) hat von Ihnen ein Schreiben erhalten, in dem Sie ihn darüber informiert haben, dass in zwei Wochen die Laufzeit eines Lebensversicherungsvertrages endet. Herr Stiller verfügt dann über einen Betrag von ca. 65 000,00 €. In dem verabredeten Beratungsgespräch interessiert sich Herr Stiller für den Erwerb von sehr rentablen aber auch spekulativen Finanzprodukten. Sie fragen Herrn Stiller nach seinen Vermögensverhältnissen und seinen Erfahrungen mit Finanzprodukten.

Herr Stiller ist überrascht und möchte von Ihnen wissen, warum Sie diese »indiskreten« Fragen stellen. Antworten Sie ihm sachgerecht.

2 Sie sind Mitarbeiter/in in einer Proximus-Agentur für Versicherungen und Finanzen und werden von Frau Erhard besucht. Frau Erhard will 40 000,00 € aus einer Erbschaft anlegen.

Bei der Ermittlung der Anlageziele erfahren Sie, dass Frau Erhard eine sichere und rentable Geldanlage wünscht, über die sie relativ kurzfristig wieder verfügen kann. Sie hat kürzlich von einer Kollegin erfahren, dass es auch in der gegenwärtigen Niedrigzinsphase Schuldverschreibungen mit einer jährlichen Verzinsung von 4 % und einer Laufzeit von 5 Jahren gibt.

Erläutern Sie Frau Erhard an dieser Anlageform die von ihr angestrebten Anlageziele.

Merkmale der Proximus Invest Produkte

3 Lothar Liepke ist mit durchschnittlichem Erfolg als selbständiger Handelsvertreter für Kosmetikprodukte tätig. Freudestrahlend berichtet ihm ein Kollege, der schon immer ein glückliches Händchen hatte, dass er mit der Anlage in das Finanzprodukt Proximus Global Invest einen beachtlichen Kapitalzuwachs erzielt hat.

Lothar Liepke möchte da nicht zurückstehen und hat einen Beratungstermin bei der Proximus Agentur für Versicherungen und Finanzen von Ursula Wolf vereinbart.

Vorab hat er folgende Fragen:

a) In welche Anlageformen investiert der Fonds?

b) Wie sicher ist die Geldanlage?

c) Kann die Anlage kurzfristig gekündigt werden, wenn er das Geld dringend braucht?

d) Muss er für die Anlage ein Wertpapierdepot eröffnen? Bei welcher Bank werden die Vermögenswerte des Fonds verwahrt?

e) Welchen Nachweis erhält er über die Geldanlage?

f) Welche zusätzlichen Kosten fallen beim Erwerb und während der Laufzeit an?

Beantworten Sie die Fragen von Herrn Liepke mit Hilfe der Wesentlichen Anlegerinformationen und der Besonderen Anlagebedingungen des Proximus Global Invest (Proximus 4, BE 434).

4　Anna Siepen wünscht ein Proximus Invest Produkt, das sich durch ein möglichst niedriges Kapitalverlustrisiko auszeichnet.

Prüfen Sie mit Hilfe des Proximus 4, welches Proximus Invest Produkt zur Erreichung dieses Anlageziels besonders geeignet ist und begründen Sie Ihre Auswahl anhand der Merkmale des gewählten Produkts.

3　Vertiefende Aspekte bei der Geldanlage in Wertpapieren

3.1　Anlage in Anleihen

3.1.1 Kauf und Verkauf von Anleihen

Neu ausgegebene Anleihen werden den Anlegern vom Emittenten zum Kauf angeboten. Den Preis bei **Emission der Anleihe** (= Emissionspreis) legt der Emittent in den Anlagebedingungen fest (vgl. E 4.2.2). Eine Rückgabe der Anleihe an den Emittenten durch den Gläubiger ist im Regelfall nicht möglich.

Anleihen werden jedoch oft **an der Börse gehandelt.** Der Anleger kann somit eine schon laufende Anleihe zum aktuellen Kurs an der Börse verkaufen. Käufer sind dabei in der Regel andere Anleger oder Kreditinstitute, selten der Emittent der Anleihe selbst. Auch ein Kauf von Anleihen ist während der Laufzeit über die Börse zum aktuellen Kurs möglich.

Der Kauf bzw. Verkauf von Anleihen wird meist durch Banken vermittelt. Die Banken berechnen für diese Dienstleistung eine **Provision**. Die Höhe der Provision ist von Bank zu Bank verschieden. Die Süddeutsche Handelsbank AG berechnet dafür gemäß Preisverzeichnis 0,5 % vom Kurswert, mindestens jedoch 15,00 €. Üblich ist auch z. B. die Angabe 0,5 % vom Kurswert, mindestens vom Nennwert. In diesem Fall legt die Bank den höheren der beiden Werte zugrunde.

Proximus 4, TA 462

Bei börsengehandelten Anleihen kommen dazu noch das **Börsenentgelt** sowie gegebenenfalls die Gebühr für den Börsenmakler (= **Courtage**). Sie liegt zwischen 0,4 und 0,8‰ vom Nennwert. Die Kosten werden sowohl dem Käufer als auch dem Verkäufer in Rechnung gestellt.

Die Angabe eines Preises oder eines Kurses für eine Anleihe erfolgt immer als Prozentnotierung vom Nennwert. Errechnet man diesen Wert in Euro, so ergibt sich der **Kurswert** der Anleihe.

> **Beispiel:**
>
> Ein Kunde kauft bei der Süddeutschen Handelsbank AG am Freitag, 08.02.2019 (= Handelstag) eine Anleihe der Deutschen Lufthansa mit einem Nominalzins von 2,30 % p. a. zu einem Kurs von 98,60 %.
>
> Nominalwert: 20 000,00 €, fällig in 2024, Zinstermin: 14.11. ganzjährig, Zinsmethode: actual/actual (act./act.).
>
> Die Courtage beträgt 0,75‰ vom Nennwert.
>
> Der Kurswert beträgt in diesem Fall 20 000,00 € · 0,9860 = 19 720,00 €

Der Preis bzw. Kurs der Anleihe kann **über dem Nennwert** (= über pari), **unter dem Nennwert** (= unter pari) oder **genauso hoch wie der Nennwert** (= pari) liegen.

➤ **Stückzinsen**

Wird eine Anleihe während der Laufzeit verkauft, erwirbt der Käufer das gesamte Wertpapier mit all seinen verbrieften Rechten. Er erwirbt somit auch den Zinsanspruch des Anlegers für die gesamte aktuelle Zinsperiode.

Er erhält dann zum nächsten Zinstermin die Zinsen für die gesamte Zinsperiode (im Regelfall 1 Jahr), obwohl er die Anleihe nicht während der gesamten Zinsperiode besessen hat. Aus diesem Grund werden die Zinsen, die dem Verkäufer für die laufende Zinsperiode noch zustehen (= **Stückzinsen**), bereits in der Kauf- bzw. Verkaufsabrechnung berücksichtigt. Sie werden dem Käufer belastet und dem Verkäufer gutgeschrieben.

Die Berechnung der Stückzinsen erfolgt in 3 Schritten und soll für das folgende bereits geschilderte Beispiel dargestellt werden:

1. Schritt: Berechnung der Stückzinsvaluta

Die Stückzinsvaluta ist der Tag, an dem der Zinsanspruch vom Verkäufer auf den Käufer wechselt. Der Verkäufer hat einen Zinsanspruch bis inklusive zur Stückzinsvaluta. Sie berechnet sich nach der folgenden Regel:

Handelstag	(Datum des Kaufs/Verkaufs = Verpflichtungsgeschäft)
+ 2 Börsentage	(= Erfüllungstag/Erfüllungsvaluta)
− 1 Kalendertag	= **Stückzinsvaluta**

Börsentage sind alle Wochentage mit Ausnahme von gesetzlichen Feiertagen.

> **im Beispiel:**
>
> Handelstag = Freitag, 08.02.2019
>
> + 2 Börsentage = Dienstag, 12.02.2019
> (Samstag und Sonntag sind keine Börsentage)
>
> − 1 Kalendertag = Montag, 11.02.2019
>
> Montag, 11.02.2019 ist die Stückzinsvaluta.

2. Schritt: Ermittlung der Stückzinstage

Die **Zinsperiode** beginnt mit dem Zinstermin und endet einen Kalendertag vor dem nächsten Zinstermin. Sie ist bei jährlicher Zinszahlung 365 Tage lang. Ausnahme sind Schaltjahre, da sich die Zinsperiode durch den 29.02. um einen Tag verlängert, d.h. auf 366 Tage.

Der **Anspruch des Verkäufers** auf Stückzinsen beginnt mit dem Zinstermin und endet mit der Stückzinsvaluta.

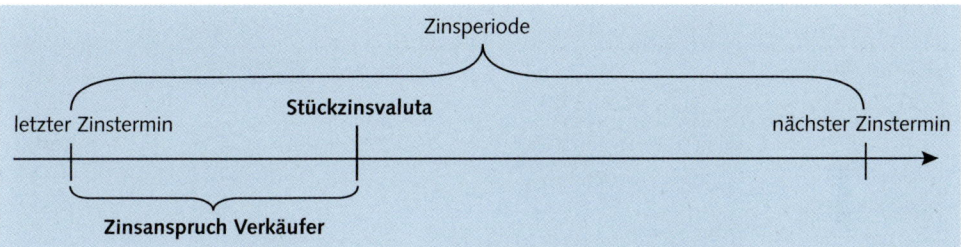

Für den angegebenen Zeitraum müssen die Zinstage gezählt werden. Da fest verzinste Euro-Anleihen mit der **actual-/actual-Methode** verzinst werden, müssen alle Monate mit den tatsächlichen Tagen gezählt werden.

> **im Beispiel:**
>
> Der Zinsanspruch des Verkäufers beginnt am 14.11.2018 und endet mit der Stückzinsvaluta am 11.02.2019.
>
> Es ergeben sich insgesamt 17 + 31 + 31 + 11 = 90 Stückzinstage.

3. Schritt: Berechnung der Stückzinsen

Für die Berechnung der Stückzinsen nutzt man die allgemeine Zinsformel (vgl. dazu Bd. 1, Anhang 4.1). Lediglich die Zinstage müssen auf die actual-/actual-Methode angepasst werden.

Die allgemeine Formel lautet somit:

$$\text{Zinsen} = \frac{K \cdot p \cdot t}{100 \cdot 365}$$

Wenn die Zinsperiode den 29.02. (Schaltjahr) enthält, steht im Nenner 366 Tage.

> **im Beispiel:**
>
> $$\text{Zinsen} = \frac{20\,000{,}00 \cdot 2{,}30 \cdot 90}{100 \cdot 365} = 113{,}42 \text{ €}$$
>
> Dem Verkäufer stehen 113,42 € Stückzinsen zu. Diese werden dem Käufer im Rahmen der Kaufabrechnung belastet und dem Verkäufer im Rahmen der Verkaufsabrechnung gutgeschrieben.

➤ Abrechnung bei Kauf bzw. Verkauf von Anleihen

Nachdem die Bank den Kauf- bzw. Verkaufsauftrag des Kunden angenommen hat, erstellt sie über die Ausführung eine Abrechnung, aus der der Kunde den **Belastungs- bzw. Gutschriftsbetrag** ablesen kann. Die Belastung bzw. Gutschrift auf dem Kundenkonto erfolgt zwei Börsentage nach dem Kauf- bzw. Verkaufstag (**Erfüllungsvaluta**).

im Beispiel:

Die **Abrechnung für den Käufer** der Lufthansa-Anleihe sieht wie folgt aus:

Kurswert	19 720,00 €
+ Stückzinsen	113,42 €
= ausmachender Betrag	19 833,42 €
+ Provision (0,5 % von 19 720,00 €)	98,60 €
+ Courtage (0,75 ‰ von 20 000,00 €)	15,00 €
= **Belastung**	**19 947,02 €**

Die **Abrechnung für den Verkäufer** sieht ähnlich aus:

Kurswert	19 720,00 €
+ Stückzinsen	113,42 €
= ausmachender Betrag	19 833,42 €
– Provision (0,5 % von 19 720,00 €)	98,60 €
– Courtage (0,75 ‰ von 20 000,00 €)	15,00 €
= **Gutschrift**	**19 719,82 €**

Beim **Verkäufer** sind gegebenenfalls noch **Steuern** zu berücksichtigen. Steuern können anfallen für Kursgewinne, die durch den Verkauf der Anleihe realisiert wurden und für die Stückzinsen, die der Verkäufer erhält. Sollte der Freistellungsauftrag des Kunden nicht ausreichend sein und sollten auch sonst keine Verlustverrechnungsmöglichkeiten mehr nutzbar sein, muss die Bank vor Gutschrift die Abgeltungssteuer und den Solidaritätszuschlag an das Finanzamt abführen (vgl. F 5.1). Die Gutschrift würde somit geringer ausfallen.

3.1.2 Rendite von Anleihen

Der Ertrag eines Anlegers besteht bei Anleihen aus zwei wesentlichen Komponenten: den **Zinserträgen** und den **Kursveränderungen** (= Differenz zwischen Kaufkurs und Rückzahlungskurs).

Behält der Anleger die Anleihe **bis zur Fälligkeit,** wird die Anleihe zum Nennwert, also zu 100 % zurückgezahlt. Verkauft der Anleger die Anleihe jedoch bereits **vor Fälligkeit der Anleihe,** so ist die Kursentwicklung nach dem Kauf von entscheidender Bedeutung.

Aufgrund von Veränderungen des Marktzinses sowie gegebenenfalls der Bonität des Emittenten verändert sich auch der Kurs der Anleihe (vgl. E 4.2.3). Es können sich somit Chancen auf Kursgewinne, aber auch Kursverlustrisiken für den Anleger ergeben. Bei Fremdwährungsanleihen kommen zudem noch mögliche Währungsgewinne bzw. -verluste hinzu.

Um die Erträge verschiedener Anleihen miteinander vergleichen zu können, wird die **jährliche Rendite (= Effektivverzinsung)** ermittelt. Die Rendite ist der jährliche Ertrag bezogen auf das eingesetzte Kapital.

An dieser Stelle werden unterschieden:

- die laufende Verzinsung,
- die Rendite/Effektivverzinsung ohne Berücksichtigung von Steuern (Bruttorendite).

In der Praxis müsste man zudem die steuerliche Belastung des Anlegers berücksichtigen. Auch die Kosten der Anlage (Provision und Courtage bei Kauf und Verkauf) wirken sich negativ auf die Rendite aus. Diese Aspekte werden in den folgenden Ausführungen vereinfachend weggelassen.

Es existieren verschiedene finanzmathematische Formeln zur Berechnung der Rendite. Diese Berechnungen erfordern jedoch den Einsatz von Computern oder programmierbaren Taschenrechnern. Daher bietet sich zur überschlagsartigen Berechnung der Rendite die **Verwendung einer vereinfachten Renditeformel** an.

a) Laufende Verzinsung von Anleihen

Vorbemerkung:

Aufgrund der gegenwärtigen extremen Niedrigzinsphase (für Bundesanleihen werden derzeit nur 0,25 % p. a. Zinsen geboten) wird in den nachstehenden Beispielen auf die Jahre 2009/2010 mit »normalen« Zinssätzen zurückgegriffen, die in Zukunft hoffentlich wieder erwartet werden können.

Bei fest verzinslichen Anleihen wird die Höhe der jährlichen Zinszahlungen durch den angegebenen Nominalzins bestimmt. Der Nominalzins bezieht sich immer auf den Nennwert. Demnach betragen die Zinsen für eine 5 %ige Bundesanleihe 5,00 € pro 100,00 € Nennwert.

Wird der jährliche Zinsertrag auf das eingesetzte Kapital bezogen, ergibt sich die **laufende Verzinsung.** Sie entspricht dem jährlichen Zinsertrag, ausgedrückt in Prozent des Kaufkurses.

$$\text{laufende Verzinsung} = \frac{\text{Nominalzins} \cdot 100}{\text{Kaufkurs}}$$

Beispiele:

- 5 % Bundesanleihe, Kaufkurs 97 %

$$\text{laufende Verzinsung} = \frac{5 \cdot 100}{97} = 5{,}15\,\% \text{ p. a.}$$

- 7 % Pfandbrief der Deutschen Pfandbriefbank, Kaufkurs 109 %

$$\text{laufende Verzinsung} = \frac{7 \cdot 100}{109} = 6{,}42\,\% \text{ p. a.}$$

Beträgt der Kaufkurs

- weniger als 100 % (siehe Bundesanleihe), ist die laufende Verzinsung höher als der Nominalzinssatz,
- mehr als 100 % (siehe Pfandbrief), ist die laufende Verzinsung niedriger als der Nominalzinssatz,
- genau 100 %, entspricht die laufende Verzinsung dem Nominalzinssatz.

b) Rendite/Effektivverzinsung ohne Berücksichtigung von Steuern (Bruttorendite)

Beispiel:

Kauf einer 5 % Bundesanleihe über nominal 10 000,00 €,
Erfüllungsvaluta 01.10.2009, Kaufkurs 97 %,
Fälligkeit 01.06.2016

Zur Berechnung der Rendite (Effektivverzinsung) kann vereinfachend die folgende Renditeformel verwendet werden.

$$\text{Rendite} = \frac{[\text{Nominalzins} + \frac{(100 - \text{Kaufkurs})}{\text{Restlaufzeit in Jahren}}]}{\text{Kaufkurs}} \cdot 100$$

Der Term in den runden Klammern stellt den **Rückzahlungserfolg** für den Anleger dar. Die 100 steht hierbei für die Rückzahlung zum Laufzeitende zu 100 %. Der Rückzahlungserfolg ist

- positiv, wenn Kaufkurs < 100 %,
- negativ, wenn Kaufkurs > 100 %,
- null, wenn Kaufkurs = 100 %.

---

im Beispiel:

Rückzahlungserfolg = 100 − 97 = 3 (positiv)

Um die Formel anwenden zu können, ist zunächst die **Restlaufzeit in Jahren** zu ermitteln, auf die sich der Rückzahlungserfolg verteilt. Diese ist in der Praxis taggenau zu ermitteln. Sie beginnt mit der Erfüllungsvaluta und endet mit dem Tag vor der Fälligkeit der Anleihe. Für die Abschlussprüfung wird im Regelfall von ganzen Monaten ausgegangen.

---

im Beispiel:

Die Restlaufzeit vom 01.10.2009 bis zum 01.06.2016 beträgt genau 6 Jahre und 8 Monate (letzter verzinster Tag = 31.05.2016).

In Jahren entspricht dies $6 + \frac{8}{12} = 6{,}6667$.

Setzt man diesen Wert zusammen mit allen gegebenen Größen in die Renditeformel ein, ergibt sich:

$$\text{Rendite} = \frac{[5 + \frac{(100 - 97)}{6{,}6667}]}{97} \cdot 100 = 5{,}62\,\% \text{ p.a.}$$

Der positive Rückzahlungserfolg bewirkt, dass die Rendite größer ist als der Nominalzinssatz der Anleihe.

Verkauft der Anleger die Anleihe **vor dem Laufzeitende,** kann man die Rendite rückwirkend für die Haltedauer berechnen. Man ersetzt die 100 in der Renditeformel durch den Verkaufskurs, da die 100 für die Rückzahlung am Laufzeitende zu 100 % steht. Anstelle der Restlaufzeit in Jahren verwendet man außerdem die Haltedauer der Anleihe.

Beispiel (Fortsetzung):

Verkauft der Anleger die Anleihe vorzeitig zum Verkaufskurs von 98,5 % nach 2 Jahren und 3 Monaten, würde sich die Berechnung wie folgt verändern:

$$\text{Rendite} = \frac{[5 + \frac{(98{,}5 - 97)}{2{,}25}]}{97} \cdot 100 = 5{,}84\,\% \text{ p.a.}$$

Die Rendite ist gestiegen, da sich der Rückzahlungserfolg auf einen deutlich kürzeren Zeitraum bezieht.

3.2 Anlage in Aktien

3.2.1 Kauf und Verkauf von Aktien

Die Aktien einer Aktiengesellschaft sind mit dem Zeitpunkt des Börsengangs für Anleger über die Börse (vgl. F 4) erhältlich. Nicht alle Aktiengesellschaften entscheiden sich jedoch für einen Börsengang, da dieser sehr aufwendig und mit hohen Kosten verbunden ist.

Für **neu ausgegebene Aktien aus einem Börsengang** wird im Vorfeld durch die Aktiengesellschaft in Zusammenarbeit mit den Banken, die den Börsengang begleiten, eine Preisspanne festgelegt. Ein erstmaliger Kauf der Aktien (Zeichnung) ist nur zu einem Preis möglich, der innerhalb dieser Preisspanne liegt.

Im Anschluss an den Börsengang werden die Aktien **an der Börse gehandelt.** Der Anleger kann somit Aktien zum aktuellen Kurs an der Börse kaufen oder verkaufen. Käufer sind dabei sowohl private Anleger als auch institutionelle Anleger wie z.B. Banken, Versicherungen oder Fondsgesellschaften.

Der Kauf bzw. Verkauf von börsengehandelten Aktien wird durch Banken vermittelt. Die Banken berechnen für diese Dienstleistung (wie bei Anleihen auch) eine **Provision**. Die Höhe der Provision ist von Bank zu Bank verschieden. Die Süddeutsche Handelsbank AG berechnet dafür gemäß Preisverzeichnis 0,5 % vom Kurswert, mindestens jedoch 15,00 €.

Dazu kommen noch die **Börsengebühren,** z. B. die Gebühr für den Börsenmakler (= **Courtage**), Transaktionsentgelte und andere Kosten. Die Kosten sind sehr unterschiedlich. In Prüfungs- und Übungsaufgaben betragen die Kosten (meist unter der Bezeichnung »Courtage« oder »Transaktionsentgelt«) zwischen 0,4 und 0,8‰ vom Kurswert. Die Kosten werden sowohl beim Kauf als auch beim Verkauf in Rechnung gestellt.

Beispiel:

Ein Kunde kauft über die Süddeutsche Handelsbank 100 Aktien der Pharma AG zum Kurs von 180,00 € je Stück. Die Courtage beträgt 0,8‰ vom Kurswert.

Abrechnung für den Käufer

Kurswert (100 Aktien · 180,00 €)	18 000,00 €
+ Provision (0,5 % von 18 000,00 €)	90,00 €
+ Courtage (0,8‰ von 18 000,00 €)	14,40 €
= **Belastung**	**18 104,40 €**

Wenn der Kunde die 100 Aktien der Pharma AG zu 192,00 € je Stück verkauft, sieht seine Abrechnung wie folgt aus.

Kurswert (100 Aktien · 192,00 €)	19 200,00 €
– Provision (0,5 % von 19 200,00 €)	96,00 €
– Courtage (0,8‰ von 19 200,00 €)	15,36 €
= **Gutschrift**	**19 088,64 €**

Die Belastung bzw. Gutschrift erfolgt zwei Börsentage nach dem Kauf bzw. Verkauf (= **Erfüllungsvaluta**).

Beim **Verkäufer** sind gegebenenfalls noch **Steuern** zu berücksichtigen. Steuern können anfallen für Kursgewinne, die durch den Verkauf der Aktie realisiert wurden. Sollte der Freistellungsauftrag des Kunden nicht ausreichend sein und sollten auch sonst keine Verlustverrechnungsmöglichkeiten mehr nutzbar sein, muss die Bank vor Gutschrift die Abgeltungssteuer und den Solidaritätszuschlag an das Finanzamt abführen (vgl. F 5.1). Die Gutschrift würde somit geringer ausfallen.

3.2.2 Rendite von Aktien

Der Gesamtertrag einer Aktienanlage ergibt sich aus zwei wesentlichen Komponenten: der **ausgeschütteten Dividende** (zuzüglich eventueller Zahlungen wie Sonderausschüttungen oder die Ausgabe von Bezugsrechten bei Kapitalerhöhungen) und der **Kursveränderungen** der Aktie (= Differenz zwischen Kaufkurs und Verkaufskurs).

AktG §§ 58–60

Die **Dividende** ist die Beteiligung des Aktionärs am Gewinn der Aktiengesellschaft. Ein Teil des Gewinns wird üblicherweise als Rücklagen im Unternehmen behalten, um z.B. Investitionen zu finanzieren. Der andere Teil wird im Regelfall als Dividende an die Aktionäre ausgezahlt. Wie der Gewinn verwendet werden darf, regelt das Aktiengesetz (AktG).

Kursveränderungen der Aktie ergeben sich durch die Veränderung von Angebot und Nachfrage in Bezug auf die Aktie. Aktien unterliegen dabei aufgrund einer Vielzahl von Einflussfaktoren teilweise sehr großen Schwankungen (vgl. dazu auch E 4.3.5).

Im Gegensatz zu fest verzinslichen Anleihen stehen die Ertragsbestandteile bei Aktien erst nach dem Verkauf der Aktien fest. Daher ist eine Berechnung der Rendite stets nur **im Nachhinein** möglich. Renditeberechnungen zum Kaufzeitpunkt basieren lediglich auf Erwartungen und können durch die tatsächliche Marktentwicklung komplett davon abweichen.

Ebenso wie bei Anleihen ergibt sich die **Rendite** aus dem Verhältnis zwischen dem Gesamtertrag verteilt auf die Haltedauer der Aktien und dem dafür eingesetzten Kapital.

Formal lässt sich dies wie folgt darstellen:

$$\text{Rendite} = \frac{\text{Jahresbetrag} \cdot 100}{\text{eingesetztes Kapital}}$$

Analog zur Vorgehensweise bei Anleihen (vgl. F 3.1.2) werden im folgenden Beispiel **Kosten und Steuern** im Rahmen der Berechnung des Jahresertrags **nicht berücksichtigt.** Diese Größen haben natürlich in der Praxis erhebliche Auswirkungen auf die Rendite. Die Auslassung erfolgt aus Vereinfachungsgründen und analog zur Vorgehensweise in den bisherigen Prüfungen.

> **Beispiel:**
>
> Ein Anleger hat am 15.02.2015 über die Süddeutsche Handelsbank AG 100 Aktien der Pharma AG zum Kurs von 180,00 € je Stück erworben. In den Jahren 2015 und 2016 hat die Pharma AG eine Dividende (vor Steuern) in Höhe von je 5,71 € ausgeschüttet. In den Jahren 2017 bis 2019 beträgt die Dividende (vor Steuern) je 7,14 €. Der Anleger möchte wissen, wie sich die Aktienanlage rentiert hat, wenn er diese am 14.08.2019 zum Kurs von 264,00 € je Stück verkaufen würde.
>
> Anlagedauer: 15.02.2015 – 14.08.2019 = 4 Jahre + 6 Monate = 4,5 Jahre
> Kapitaleinsatz = 100 Aktien · 180,00 € = 18 000,00 €
> Verkaufserlös = 100 Aktien · 264,00 € = 26 400,00 €
> Kursgewinn = 26 400,00 € – 18 000,00 € = 8 400,00 €

Dividendenerträge während der Anlagedauer

$5{,}71\ € + 5{,}71\ € + 7{,}14\ € + 7{,}14\ € + 7{,}14\ € = 32{,}84\ €$ je Aktie

100 Aktien $\cdot\ 32{,}84\ € = 3\,284{,}00\ €$

Gesamterfolg während der Anlagedauer

Kursgewinn	8 400,00 €
+ Dividendenerträge	3 284,00 €
= Gesamtertrag in 4,5 Jahren	**11 684,00 €**

Durchschnittlicher Jahresertrag

$$\text{Jahresertrag} = \frac{11\,684{,}00\ €}{4{,}5} = 2\,596{,}44\ € \text{ (gerundet)}$$

Anwendung der Renditeformel

$$\text{Rendite} = \frac{2\,596{,}44 \cdot 100}{18\,000{,}00} = 14{,}42\,\% \text{ p.\,a.}$$

Die Rendite (ohne Berücksichtigung von Kosten und Steuern) beträgt 14,42 % p. a.

3.2.3 Grundlagen der Aktienanalyse

3.2.3.1 Verfahren

Für die Beurteilung von Aktien gibt es grundsätzlich zwei Verfahren, die sich hinsichtlich der Annahmen, der Vorgehensweise sowie der Zielsetzung unterscheiden: die **Fundamentalanalyse** und die **Chartanalyse** (technische Analyse). Sie können auch kombiniert zum Einsatz kommen.

	Fundamentalanalyse	**Chartanalyse**
Annahmen	<ul><li>Aktien schwanken um ihren inneren Wert</li><li>der innere Wert wird in erster Linie von den künftigen Ertragsaussichten des Unternehmens beeinflusst</li><li>Berücksichtigung von anderen wirtschaftlichen Faktoren, die die Kursentwicklung beeinflussen (z. B. Konjunktur, Zinsniveau, Inflation)</li></ul>	<ul><li>Aktienkursentwicklungen entstehen durch ein gleichgerichtetes Verhalten der Marktteilnehmer</li><li>typische Verhaltensmuster und somit Kursverläufe wiederholen sich im Zeitablauf</li><li>aus dem Kursverlauf der Vergangenheit können Prognosen für den künftigen Kursverlauf abgeleitet werden</li></ul>
Vorgehensweise	<ul><li>Berechnung von Kennzahlen</li><li>Auswertung im Zeitvergleich und im Vergleich zu Unternehmen der gleichen Branche</li></ul>	<ul><li>Auswertung von Charts und technischen Daten (z. B. Börsenumsätze, Volatilität)</li><li>Erkennen von Trends und Trendumkehrungen</li></ul>
Zielsetzung	Auswahl der »richtigen« Aktie	Auswahl des »richtigen« Zeitpunkts (= Timing) für den Kauf bzw. Verkauf

3.2.3.2 Fundamentalanalyse

Die Fundamentalanalyse berücksichtigt die wesentlichen Faktoren, die auf die Preisbildung der Aktien Einfluss nehmen. Neben der Einschätzung der allgemeinen Wirtschaftslage sowie der aktuellen Kapitalmarktsituation liegt der Schwerpunkt der Analyse auf den **unternehmensinternen Faktoren.** Der Anleger richtet sein Hauptaugenmerk dabei vor allem auf den **inneren Wert** der Aktie.

Grundsätzlich gibt es zwei verschiedene Ansätze, um den Wert eines Unternehmens bzw. seiner Anteile (Aktien) zu ermitteln. Der eine Ansatz zielt auf den **Ertragswert,** der andere auf den **Substanzwert** ab.

➤ **Ertragswert**

Wer in ein Unternehmen investieren möchte, wird vor allem an künftigen Gewinnen interessiert sein. Damit ist der **Ertragswert** des Unternehmens angesprochen. Er ist definiert als der heutige Wert (= Barwert) aller für die Zukunft erwarteten Auszahlungen. Um den Barwert zu ermitteln, müssen die zukünftigen Ergebnisse geschätzt und anschließend abgezinst werden.

Der für die Abzinsung verwendete Zinssatz (**individueller Mindestzins**) richtet sich nach den Erwartungen desjenigen, der die Aktienanalyse durchführt bzw. der die Anlageentscheidung trifft. Vereinfacht wird oft ein vergleichbarer Kapitalmarktzins verwendet, d.h. der Zins einer nach Laufzeit vergleichbarer und individueller Risikoneigung entsprechender Alternativanlage am Kapitalmarkt. Die Beachtung individueller Aspekte bei der Wahl des Abzinsungszinssatzes führt dazu, dass es **keinen objektiven Ertragswert** für das bewertete Unternehmen geben kann.

Beispiel:

Der Anleger hat eine individuelle Ertragserwartung von 8 % p.a. Das erwartete Ergebnis je Aktie liegt bei 3,20 €. Der Ertragswert der Aktie liegt somit bei

$$\text{Ertragswert} = \frac{3,20\ €}{8} \cdot 100 = 40,00\ €$$

Die 40,00 € stellen für diesen Anleger den Höchstpreis dar, den er für die Aktie bereit ist zu zahlen. Der Ertragswert ist daher hilfreich für die Bestimmung eines individuellen Kauflimits.

➤ **Substanzwert**

Der Substanzwert gibt die Summe aller aktuellen Vermögenswerte abzüglich der Schulden eines Unternehmens an, allerdings bewertet zu Marktpreisen. Die in der Bilanz des Unternehmens angegebenen Werte des Vermögens (z.B. Immobilien) liegen teilweise weit unter ihrem tatsächlichen Marktwert. Aufgrund von Bilanzierungsvorschriften dürfen die tatsächlichen Marktwerte nicht angesetzt werden. Die Differenz zwischen dem in der Bilanz ausgewiesenen Wert und dem tatsächlichen Marktwert nennt man **stille Reserven.**

Beispiel:

Das Unternehmen besitzt seit vielen Jahren ein Grundstück, das ursprünglich zu 250 000,00 € gekauft wurde. Inzwischen hat das Grundstück einen tatsächlichen Marktwert von 450 000,00 €, da die Immobilienpreise stark gestiegen sind. In der Bilanz wird das Grundstück noch immer mit 250 000,00 € ausgewiesen. Es besteht somit eine stille Reserve in Höhe von 200 000,00 €.

Sind die Schulden in der Bilanz zu niedrig ausgewiesen, so spricht man von stillen Lasten.

Der Substanzwert errechnet sich wie folgt:

$$\text{Substanzwert} = \frac{(\text{Eigenkapital} + \text{stille Reserven} - \text{stille Lasten})}{\text{Anzahl der Aktien}}$$

Der **Substanzwert** ist der maximale Preis, der bei der Auflösung des Unternehmens pro Aktie aktuell zu erzielen wäre. Üblicherweise liegt der Aktienkurs deutlich über dem Substanzwert, da der Aktienkurs auch die künftigen Gewinnerwartungen der Anleger widerspiegelt. Ein Aktienkurs, der unter dem Substanzwert liegt, kann auf eine Unterbewertung der Aktie und somit auf mögliche Kursgewinne in der Zukunft hindeuten. Die Unterbewertung kann aber ebenso auf strukturelle Probleme im Unternehmen zurückzuführen sein, die näher zu hinterfragen sind.

Der **Bilanzwert (Buchwert)** ist der minimale Preis, der bei einer sofortigen Auflösung des Unternehmens zu erzielen wäre. Er basiert auf den in der Bilanz ausgewiesenen Wertangaben des Vermögens und der Schulden.

$$\text{Bilanzwert} = \frac{\text{Eigenkapital}}{\text{Anzahl der Aktien}}$$

Der Bilanzwert ist die rechnerische Untergrenze für den Börsenkurs einer Aktie. Sinkt der Börsenkurs eines grundsätzlich gesunden Unternehmens in schwachen Börsenphasen sogar unter den Bilanzwert, sollte man die Aktie in jedem Fall halten, eventuell sogar noch zusätzliche Aktien kaufen, da eine Unterbewertung vorliegt.

Bilanzwert und Substanzwert sind jedoch nur erste Anhaltspunkte für die Aktienbewertung. Sie legen den Wert des Unternehmens bei Auflösung zugrunde und berücksichtigen dadurch nicht zukünftige Gewinne bzw. Verluste des betrachteten Unternehmens. Da Aktienkurse jedoch stark von zukünftigen wirtschaftlichen Entwicklungen beeinflusst werden, weichen die tatsächlichen Börsenpreise oft stark von Bilanz- und Substanzwert ab. Ein Vergleich mit anderen Unternehmen der Branche oder mit der gesamten Branche ist hier nicht möglich.

➤ **weitere wichtige Kennzahlen**

Die gebräuchlichste Kennzahl der Fundamentalanalyse, die auch in vielen Börsenportalen veröffentlicht wird, ist das **Kurs-Gewinn-Verhältnis (KGV).**

$$\text{KGV} = \frac{\text{aktueller Aktienkurs}}{\text{(erwartetes) Ergebnis je Aktie}}$$

Das KGV sagt aus, wie viele Jahre es dauern wird, bis der aktuelle Aktienkurs (also der Kapitaleinsatz) durch das erwartete Ergebnis je Aktie (= künftiger Gewinn) wieder erwirtschaftet ist.

Das Kurs-Gewinn-Verhältnis (KGV) gibt an, ob eine Aktie im Vergleich zu anderen Aktien der Branche **günstig oder teuer** ist. Ein niedriges KGV deutet hierbei auf eine günstigere Bewertung der jeweiligen Aktie hin. Es gibt jedoch keine objektive Angabe, welches KGV für den Aktienkauf angemessen ist. Das KGV eines Unternehmens besitzt die größte Aussagekraft, wenn es mit denen anderer Unternehmen der Branche bzw. mit dem durchschnittlichen KGV der Branche verglichen wird.

Das KGV besitzt jedoch nur im Moment der Bewertung der Aktie Gültigkeit. Mit jeder Änderung des Aktienkurses verändert sich auch das KGV. Das künftig erwartete Ergebnis je Aktie kann hingegen nicht so schnell angepasst werden, da diese Größe nicht ständig neu berechnet und veröffentlicht wird.

Einen weiteren wichtigen Anhaltspunkt für die Bewertung einer Aktie bietet die **Dividendenrendite.**

$$\text{Dividendenrendite} = \frac{\text{(erwartete) Dividende} \cdot 100}{\text{aktueller Aktienkurs}}$$

Die **Dividendenrendite** gibt die Verzinsung des Kaufpreises (= aktueller Aktienkurs) durch die (erwartete) Dividende, also durch den ausgeschütteten Gewinnanteil an. Je höher die Dividendenrendite, desto höher ist die Verzinsung durch die Ausschüttung für den Aktionär auf sein eingesetztes Kapital.

Die Dividendenrendite ist zwar eine gebräuchliche Kennzahl, jedoch ist ihre **Aussagekraft begrenzt.** Zum einen kann sie nur für Aktiengesellschaften genutzt werden, die auch Dividende zahlen. Dies ist z.B. bei jüngeren, wachstumsorientierten Unternehmen oft nicht der Fall. Außerdem macht die Dividende im Vergleich zur möglichen Kurssteigerung oft nur den kleineren Teil des Ertrags aus, den ein Aktionär durch den Besitz der Aktie erzielen kann.

In der Praxis gibt es noch eine Vielzahl anderer Kennzahlen und Modelle, die hier jedoch nicht erläutert werden sollen.

3.3   Anlage in offene Investmentvermögen

3.3.1 Rendite von Investmentvermögen

Die Rendite einer Anlage in Investmentvermögen besteht wie bei den meisten der zugrunde liegenden Anlageprodukte (z.B. Aktien, Anleihen) aus den **erzielten Kursgewinnen** der enthaltenen Vermögensanlagen und aus den **erzielten Erträgen.** Die Kursentwicklung des Fonds (= Performance) hängt von Preisschwankungen der im Fonds enthaltenen Vermögenswerte ab und ist im Vorfeld nicht bestimmbar. Auch die Höhe der Erträge des Sondervermögens (z.B. durch Zinsen, Dividenden, Mieten oder Veräußerungsgewinne) ist nicht planbar und kann schwanken.

Der Anleger muss sich somit bei der Kaufentscheidung auf Vergangenheitswerte (z.B. historische Performance) und die Erwartung der zukünftigen Entwicklung beschränken. Eine genaue, individuelle Berechnung der Rendite ist erst **im Nachhinein** möglich.

➤ **Renditeberechnung (auf Ebene des Anlegers)**

Der Anlageerfolg für den einzelnen Anleger über mehrere Jahre errechnet sich aus der Addition aller erhaltenen Ausschüttungen zuzüglich (bzw. im Falle eines Kursverlustes abzüglich) der Preisdifferenz des Anteils. Dieser Betrag ist dann durch die Anlagedauer zu teilen, um die Rendite pro Jahr zu erhalten.

> **Beispiel:**
> Rücknahmepreis bei Kauf der Anteile: 54,50 € je Anteil
> Anlagedauer: 7 Jahre
> Rücknahmepreis bei Rückgabe der Anteile nach 7 Jahren: 62,30 € je Anteil
> Erhaltene Ausschüttungen für 7 Jahre insgesamt: 11,40 € je Anteil

Die Rendite kann wie folgt errechnet werden:

Der Anleger hat 54,50 € investiert. Er erhält insgesamt 62,30 € + 11,40 € zurück. Sein Gesamtgewinn je Anteil liegt somit bei 73,70 € – 54,50 € = 19,20 €. Bezogen auf seinen Kapitaleinsatz ergibt sich

$$\text{Rendite (gesamt)} = \frac{19,20 \ € \cdot 100}{54,50 \ €} = 35,23 \ \%$$

$$\text{Rendite (pro Jahr)} = \frac{35,23 \ \%}{7} = \mathbf{5,03 \ \% \ p.\,a.}$$

Bei **thesaurierenden Fonds** ist die Berechnung noch einfacher, da die Erträge nicht ausgeschüttet werden, sondern in voller Höhe im Fondsvermögen verbleiben und in weitere Vermögenswerte investiert werden (Wiederanlage). Man errechnet hier also nur die Differenz aus dem eingesetzten Kapital und dem Rücknahmepreis (Kursgewinn oder -verlust) und verteilt diesen Betrag auf die Anlagedauer.

Der Anleger muss diese **Bruttorendite** noch um die ihm entstandenen Kosten bereinigen. Zu diesen zählen insbesondere der gezahlte Ausgabeaufschlag und gegebenenfalls Depotgebühren, die er an seine Hausbank zahlt. Zusätzlich unterliegen Teile der Kapitalerträge, die mit einem Fonds erzielt werden, der Besteuerung (vgl. dazu F 5.2).

▶ Renditeberechnung (auf Ebene des Fonds)

Der Anlageerfolg der Vergangenheit ist ein wichtiger Indikator für die zukünftige Ertrags- und Wertentwicklung des Fonds. Der Bundesverband Investment und Asset Management (BVI) veröffentlicht laufend die Renditen der jeweiligen Fonds nach einer **einheitlichen Rechenmethode (= BVI-Methode).**

Die Standardisierung der Berechnungsmethode ist notwendig, da die Kapitalverwaltungsgesellschaften in den vergangenen Jahren völlig unterschiedliche Berechnungsmethoden angewendet haben, um so die Performance ihrer Fonds möglichst positiv darzustellen. Durch eine einheitliche Berechnung ist eine **Vergleichsmöglichkeit** zwischen verschiedenen Investmentvermögen gegeben.

Hinzu kommt, dass die BVI-Methode die **Unterschiede zwischen thesaurierenden und ausschüttenden Fonds ausgleichen** kann. Hierfür werden Erträge bei ausschüttenden Fonds rechnerisch so behandelt, als wenn diese am Tag der Ausschüttung sofort wieder in das Investmentvermögen reinvestiert werden.

Bei der BVI-Methode ist zudem klar definiert, welche **Kosten** in die Renditeberechnung einbezogen werden. So werden nur Kosten, die auf der Fondsebene entstehen, also z.B. Entgelte für die Verwahrstelle, die Management- und Verwaltungsgebühr sowie die Transaktionskosten für die Umschichtungen im Fondsvermögen berücksichtigt.

Exkurs: Leistungsbeurteilung von Fonds

Die absolut erzielte Performance gibt grundsätzlich nur Auskunft darüber, ob der Fonds eine positive oder negative Rendite erzielt hat. Um die Leistung des Fondsmanagements beurteilen zu können, wird die Performance an einer geeigneten **Vergleichsgröße (= Benchmark)** gemessen. Als Benchmark dienen in erster Linie Aktien-, Renten- oder Immobilienindizes, deren Zusammensetzung dem Anlageschwerpunkt der jeweiligen Fonds ähnelt (vgl. F 4.4). Der Fondsmanager hat nach diesem relativen Performance-Ansatz eine gute Leistung erzielt, wenn die Rendite des Fonds über der

Wertentwicklung des Vergleichsindex liegt bzw. wenn er in schlechten Jahren eine weniger stark negative Wertentwicklung als die Benchmark erreicht hat. In der Praxis zeigt sich oft, dass es nur wenigen Fondsmanagern gelingt, die Benchmark nachhaltig zu übertreffen.

Neben dem Vergleich mit einer Benchmark kann die Leistung eines Fondsmanagers auch durch den Vergleich mit anderen Fonds mit identischem oder ähnlichem Anlageprofil beurteilt werden. In Finanzzeitungen und auf Internetplattformen werden regelmäßig **Ranglisten** veröffentlicht, die Investmentfonds im Hinblick auf ihre historische Performance in eine Reihenfolge bringen. Diese Reihenfolge wird auch als **Ranking** bezeichnet. Die Aussagekraft solcher Rankings ist jedoch begrenzt, da sie kein zuverlässiger Indikator für die künftige Wertentwicklung eines Fonds sind.

Auch **Fondsratings** bieten Anhaltspunkte für die Bewertung von Fonds. Sie werden von Ratingagenturen wie Standard & Poor's und Morningstar erstellt und enthalten im Gegensatz zu Rankings auch qualitative Bewertungskriterien, z. B. die Qualität des Fondsmanagements. Die Initiative für ein Fondsrating geht im Regelfall von der KVG aus, da es grundsätzlich keine gesetzliche Verpflichtung zur Veröffentlichung von Fondsratings gibt. Somit werden oft nur Fonds geratet, die gute und sehr gute Beurteilungen erreichen können. Schlechtere Ergebnisse müssen hingegen nicht veröffentlicht werden. Außerdem gibt es keine einheitliche Vorgehensweise für das Rating, was die Vergleichbarkeit sowie die Aussagekraft deutlich einschränkt.

3.3.2 Anlegerschutzregelungen des KAGB

Da der Anleger bei Investmentfonds die konkreten Anlageentscheidungen an einen Dritten delegiert, muss ein hohes Maß an Vertrauen gegenüber der KVG gewährleistet sein. Der Gesetzgeber erreicht dieses Ziel durch **weitgehende Regelungen zum Schutz des Anlegers.** Die folgende Tabelle gibt dazu einen Überblick.

§ ... KAGB	Inhalte
20	**Erlaubniserteilung durch die BaFin** Der Geschäftsbetrieb einer Kapitalverwaltungsgesellschaft bedarf der schriftlichen Erlaubnis der Bundesanstalt.
23	Die Erlaubnis kann versagt werden, z. B. wenn Zweifel an der erforderlichen Zuverlässigkeit bestehen bzw. diese nicht gegeben ist.
68, 72, 76	**Verwahrstelle mit Kontrollfunktion** Die OGAW-Kapitalverwaltungsgesellschaft hat sicherzustellen, dass für jeden von ihr verwalteten OGAW eine Verwahrstelle beauftragt wird. Sie verwahrt die Vermögensgegenstände und Gelder in speziellen, gesperrten Konten und Depots. Sie hat diverse Kontrollfunktionen im Hinblick auf die Einhaltung gesetzlicher Vorschriften.
92	**Schutz im Insolvenzfall (Sondervermögen)** Das Sondervermögen ist von dem eigenen Vermögen der Kapitalverwaltungsgesellschaft getrennt zu halten.
98	**Recht auf Rücknahme der Anteile** Jeder Anleger kann mindestens zweimal im Monat die Fondsanteile an die KVG zurückgeben und sich seinen Anteil an dem Sondervermögen aus diesen Fondsanteilen auszahlen lassen. Die Einzelheiten sind in den Anlagebedingungen festzulegen (meist ist eine börsentägliche Rückgabe möglich). Im Anlegerinteresse kann die KVG die Rücknahme vorübergehend aussetzen, wenn besondere Umstände vorliegen.

§ … KAGB	Inhalte
101, 103 162 164 170	**Information des Anlegers** Die KVG muss ● Jahresberichte/Halbjahresberichte, ● Anlagebedingungen, ● ein Verkaufsprospekt sowie die Wesentlichen Anlegerinformationen (WAI) erstellen und veröffentlichen. Zudem sind die Ausgabe- und Rücknahmepreise zu veröffentlichen.
192–204	**Vorschriften über zulässige Vermögensgegenstände** Für OGAW-Investmentvermögen sind bestimmte Vermögensgegenstände nur begrenzt möglich oder gar nicht zugelassen (vgl. E 4.4.2).
206	**Sicherstellung der Risikostreuung** Maximal 10 % des Investmentvermögens dürfen in Wertpapiere eines Emittenten investiert werden. Der Gesamtwert der Wertpapiere der Emittenten, die mit mehr als 5 % des Investmentvermögens gewichtet sind, dürfen zusammen nicht mehr als 40 % des Investmentvermögens ausmachen.

3.4 Basisrisiken von Wertpapieren

Basisrisiken sind Risiken, die für alle Arten von Wertpapieren zutreffen können. Sie sind je nach Wertpapierart jedoch unterschiedlich stark ausgeprägt.

3.4.1 Konjunkturrisiko

Die Konjunktur beschreibt die **Schwankungen** im wirtschaftlichen Verlauf einer Volkswirtschaft. Diese treten in verschieden langen Intervallen auf (vgl. G 8.1).

Investiert ein Anleger in Wertpapiere, so werden deren Schwankungen im Kursverlauf unter anderem durch die Konjunktur beeinflusst. Berücksichtigt der Anleger die Konjunkturentwicklung nicht oder nicht richtig, so kann er Kursverluste erleiden. Das nennt man **Konjunkturrisiko.**

Im Zusammenhang mit dem Konjunkturrisiko ist vor allem das **Timing,** also der Zeitpunkt des Kaufs oder Verkaufs von Wertpapieren von Bedeutung. Auch die Anlageart ist relevant. Verschiedene Wertpapiere reagieren unterschiedlich auf Konjunkturschwankungen. So schwanken Aktienkurse oft mit dem Konjunkturverlauf, meist mit einem zeitlichen Vorlauf. Zudem ist zu beachten, in welches Land bzw. welche Länder investiert wird, da die Konjunkturverläufe der einzelnen Länder sich unterscheiden.

Staatliche Maßnahmen der Wirtschaftspolitik wie z.B. Steueränderungen, Konjunkturprogramme und Subventionen haben teilweise einen erheblichen Einfluss auf die Konjunktur.

3.4.2 Inflationsrisiko

Unter Inflation versteht man den Kaufkraftverlust des Geldes (vgl. G 7.3.1). Das **Inflationsrisiko** besteht für den Anleger bei Wertpapieren darin, dass das angelegte Geld und die daraus erzielten Erträge während der Anlagedauer einer Entwertung unterliegen, d.h. dass fällige Gelder eine geringere Kaufkraft besitzen als zum Zeitpunkt der Anlage des Geldes.

Die **Realverzinsung** gibt die tatsächliche Verzinsung nach Abzug der Inflationsrate an.

> **Beispiel:**
> Eine Anleihe hat eine Nominalverzinsung von 2,5 % p. a. Die Rendite bis zum Laufzeitende beträgt 2,34 % p. a. Bei einer Inflationsrate von 2 % bleibt dem Anleger eine Realverzinsung von 0,34 % p. a.

Aktien sind **Sachwerte** und bieten somit einen gewissen Schutz vor Inflation. Wenn das Preisniveau steigt, profitieren die Unternehmen davon durch steigende Gewinne. Dies wirkt sich positiv auf die Aktienkurse aus. Aber auch Aktien bieten keinen vollständigen Inflationsschutz, da die Inflation auf Anlegerebene dennoch dazu führt, dass die vom Anleger erzielten Erträge durch Inflation weniger Kaufkraft besitzen. Auch bei Aktien sollte der Anleger deshalb auf die Realverzinsung achten.

3.4.3 sonstige Basisrisiken

Sonstige Basisrisiken sind vor allem:

Länder- und Transferrisiko	Dieses Risiko betrifft Geldanlagen in Länder, in denen der Transfer von Geldern in andere Länder – meist aus politischen Gründen – eingeschränkt oder zeitweise unmöglich ist.
Währungsrisiko	Dieses Risiko betrifft Geldanlagen, die nicht in Euro getätigt werden, sondern in einer Fremdwährung. Das Währungsrisiko besteht darin, dass sich der Wechselkurs zwischen der anderen Währung und dem Euro im Anlagezeitraum zu Ungunsten des Anlegers verändern kann.
Volatilität (= Schwankungsintensität)	Das Risiko von Kursverlusten ist höher bei Wertpapieren mit einer höheren Volatilität.
Liquiditätsrisiko	Das Risiko besteht darin, dass der Anleger die Wertpapiere nicht jederzeit zu marktgerechten Preisen veräußern kann.
Psychologisches Marktrisiko	Irrationale Faktoren wie Stimmungen, Meinungen oder Gerüchte können die Kurse negativ beeinflussen, ohne dass es dafür einen rationalen Grund gibt. Dieses Risiko ist bei Aktien besonders ausgeprägt.

Lernkontrollen zu F 3

Verwenden Sie bei den nachfolgenden Aufgaben die folgenden Kosten:
Die Süddeutsche Handelsbank AG berechnet 0,5 % Provision vom Kurswert, mindestens jedoch 15,00 €. Die Courtage (Börsenentgelt) beträgt 0,75 ‰ vom Nennwert.

Anlage in Anleihen

1 Der Kunde Stefan Runiger kauft 15 000,00 € nominal der folgenden Pfandbriefe der Berlin-Hannoverschen Pfandbriefbank AG bei der Süddeutschen Handelsbank AG.

> 4,625 % Pfandbrief der Berlin-Hannoverschen Pfandbriefbank, Laufzeit bis 15.03.2022, Zinstermin: 15.03. ganzjährig (gzj.)

Der Kauf wird am Donnerstag, 12.09.2018 (Handelstag) zu einem Kaufkurs von 97,50 % über die Börse getätigt.

a) Erstellen Sie die Kaufabrechnung für Herrn Runiger.

b) Wie hoch ist die Zinszahlung, die Herr Runiger zum nächsten Zinstermin erhalten wird? Gehen Sie davon aus, dass sein Freistellungsauftrag ausreichend ist.

2 Ihr Kunde Stefan Eppers beauftragt Sie, am 03.12.2018 (Montag) die nachfolgende Anleihe im Nennwert von 20 000,00 € zu kaufen. Herr Eppers möchte wissen, welche Rendite das Wertpapier in der Restlaufzeit bringt. Folgende Informationen liegen vor:

> Daten zu der Anleihe:
>
> 2,75 % Hansa AG Anleihe 2007/2022, fällig am 05.06.2022
>
> Zinstermin 05.06., ganzjährig (gzj.)
>
> Stückzinsberechnung act/act
>
> aktueller Kurs 102,35 %

Berechnen Sie die Rendite für die Anleihe bis zum Laufzeitende (ohne Berücksichtigung der Kosten und Steuern).

3 Ihre Kundin Rosemarie Grünberg plant eine Anlage in Bundesanleihen. Sie möchte sich über die Höhe der Effektivverzinsung (Rendite) der folgenden Bundesanleihe informieren.

Nominalwert:	35 000,00 €	Kaufkurs:	98,45 %
Zinssatz:	1,25 % p. a.	Restlaufzeit:	5 Jahre

a) Berechnen Sie die Rendite. Kosten und steuerliche Aspekte bleiben unberücksichtigt.

b) Wie hoch ist die erzielte Rendite (ohne Berücksichtigung von Kosten und Steuern) für Frau Grünberg, wenn sie die Bundesanleihe nach 3 Jahren und 2 Monaten zu 96,30 % verkauft?

Anlage in Aktien

4 Ein Kunde kauft 100 Stück Chemie-Aktien zum Kurs von 530,00 €/Stück. Nach genau einem Jahr verkauft er die Aktien zum Kurs von 570,00 €/Stück. Während der Anlagedauer hat er eine Dividende von 12,00 € je Aktie erhalten.

Wie hoch war die Effektivverzinsung (Rendite) der Aktienanlage (ohne Berücksichtigung von Steuern und Kosten)?

5 Berechnen Sie die Effektivverzinsung (Rendite) der nachstehend aufgeführten Aktienanlagen (ohne Berücksichtigung von Steuern und Kosten).

Nr.	Stück	Kaufkurs	Verkaufs-kurs	Haltedauer	erhaltene Dividenden
a)	30	87,00	98,00	2,75 Jahre	5,00 / 4,00
b)	5	512,00	487,00	2,5 Jahre	12,00 / 12,00

6 Die Analysten der Proximus Finanzgruppe prognostizieren für die Chemie AG folgende Daten für das nächste Jahr:

– Ergebnis je Aktie (Gesamtertrag je Aktie)   2,60 €

– Dividende je Aktie (Gesamtausschüttung je Aktie)   1,00 €

Der aktuelle Aktienkurs beträgt 45,00 €. Berechnen Sie aus den obigen Zahlen für den Käufer der Aktie

a) die Dividendenrendite,

b) das Kurs-Gewinn-Verhältnis (KGV).

c) Erläutern Sie kurz, wie der Unterschied zwischen Gesamtertrag pro Aktie und Gesamtausschüttung je Aktie zu erklären ist.

7 Ihre Kundin Sabine Ellerbeck hat in der Zeitung gelesen, dass deutsche Aktien derzeit ein niedriges Kurs-Gewinn-Verhältnis aufweisen und eine relativ hohe Dividendenrendite erzielen. Da sie die mittelfristigen Perspektiven der Pharmabranche positiv einschätzt, erwägt sie, entweder Aktien der Vital AG oder der Medika AG zu erwerben.

Zahlen der Unternehmen (aus dem Internet):

	Vital AG	Medika AG
Kurs der Aktie	63,60 €	67,60 €
erwartete Dividende 2019	2,80 €	1,86 €
erwarteter Gewinn je Aktie für 2019	6,26 €	5,62 €

a) Ermitteln Sie für Frau Ellerbeck das Kurs-Gewinn-Verhältnis und die Dividendenrendite für beide Aktien.

b) Welche der beiden Aktien würden Sie Frau Ellerbeck aufgrund Ihrer berechneten Ergebnisse empfehlen? Begründen Sie Ihre Antwort.

c) Frau Ellerbeck wünscht bei der Anlage in Aktien eine Rendite von 10 %. Ermitteln Sie das maximale individuelle Kauflimit für die beiden Aktien.

Rendite von Investmentvermögen

8 Ihr Kunde Harald Köhn hat Investmentfondsanteile gekauft. Der Rücknahmepreis (Ausgabepreis abzüglich Ausgabeaufschlag) betrug zum Kaufzeitpunkt 26,35 €. Nach 6,75 Jahren hat er die Fondsanteile an die KVG zurückgegeben. Der Rücknahmepreis betrug 34,00 € je Anteil. Insgesamt erhielt Herr Köhn während der Besitzdauer Ausschüttungen in Höhe von 9,20 € je Anteil.

Berechnen Sie die Rendite (ohne Berücksichtigung von Kosten und Steuern).

9 Erläutern Sie zwei Gründe, warum die Rendite von Investmentfonds nach der BVI-Methode berechnet wird.

Basisrisiken von Wertpapieren

10 Erläutern Sie den Einfluss von Konjunktur und Inflation auf die Risiken von Wertpapieren.

4   Börsenhandel

4.1 Merkmale, Organisation und Funktionen von Effektenbörsen

Börsen sind öffentlich-rechtliche Anstalten. Als Dienstleistungsunternehmen bieten sie einen organisatorischen, technischen und rechtlichen Rahmen für die Ausgabe (**Primärmarkt**) und den Handel (**Sekundärmarkt**) von vertretbaren Kapitalwertpapieren (z.B. Aktien, Schuldverschreibungen, Investmentzertifikate, Optionsscheine).

Vertretbar sind Wertpapiere, sofern sie innerhalb einer Gattung (z.B. Aktien von SAP) die gleichen Rechte verbriefen und somit untereinander austauschbar sind. Man bezeichnet vertretbare Wertpapiere als **Effekten** und die Märkte, an denen sie gehandelt werden als **Effektenbörsen**.

a) Merkmale von Effektenbörsen

Effektenbörsen sind:

- räumlich und zeitlich konzentrierte Märkte,
- mit festen Regeln (Geschäftsbedingungen),
- unter staatlicher Aufsicht,
- mit einem begrenzten Teilnehmerkreis.

Die gehandelten Werte sind **nicht körperlich** vorhanden. An der Börse wird somit nur das Verpflichtungsgeschäft abgeschlossen.

b) Organisation der Effektenbörse

In Deutschland gibt es mehrere Effektenbörsen. **Börsenplätze** gibt es in Frankfurt am Main, Berlin, Stuttgart, Düsseldorf, Hannover, Hamburg und München. Der bedeutendste Börsenplatz ist die **Frankfurter Wertpapierbörse.**

Die jeweiligen Börsen setzen sich aus einem Träger und verschiedenen Organen zusammen. Als Beispiel ist im Folgenden die **Organisationsstruktur** der Frankfurter Wertpapierbörse dargestellt:

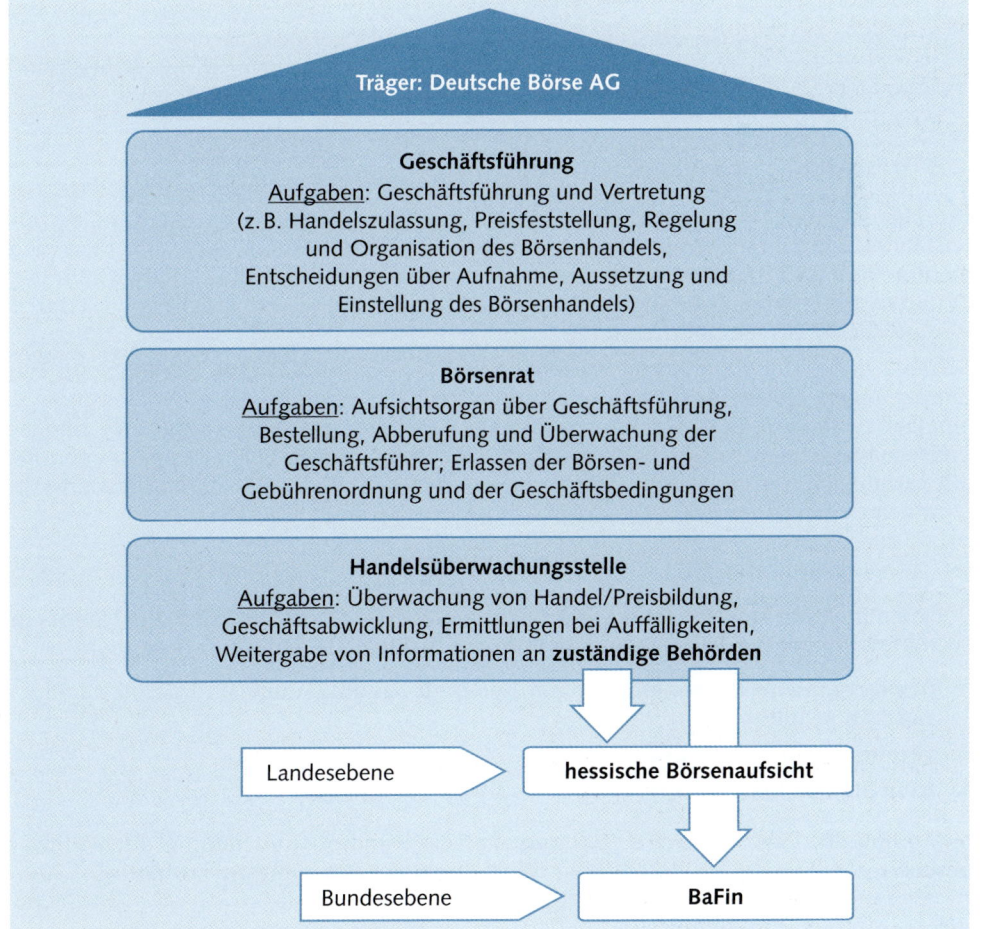

Neben der Handelsüberwachungsstelle haben auch staatliche Behörden die Möglichkeit, bei Auffälligkeiten bzw. Marktmanipulationen einzugreifen. Der **Anlegerschutz** sowie das **Vertrauen in den Marktmechanismus** stehen hierbei im Vordergrund.

➤ Handelssegmente und Handelsformen

Der Börsenhandel findet in bestimmten Teilbereichen (= Segmenten) statt. Man unterscheidet zwischen dem Regulierten Markt und dem Freiverkehr (Open Market).

	Regulierter Markt	**Freiverkehr (Open Market)**
Zulassung	durch öffentlich-rechtliches Verfahren	durch privatrechtliche Vereinbarung
Anforderungen	strenger (z. B. mind. 3 Jahresabschlüsse, mindestens 25 % der Aktien in Streubesitz)	weniger streng (z. B. 2 Jahre Existenz, mindestens 20 % der Aktien in Streubesitz)
Teilsegmente	**Prime Standard** (v. a. für große Unternehmen mit internationaler Ausrichtung) **General Standard** (v. a. für mittlere und kleinere Unternehmen mit nationaler Ausrichtung)	**Scale** (v. a. als Einstiegssegment für kleinere Unternehmen) **Quotation Board** (v. a. für Unternehmen, die bereits an einem anderen Börsenplatz notiert sind)
Preisbildung durch	vereidigte Börsenmakler	freie Börsenmakler

Der Handel ist in zwei verschiedenen Formen möglich. Dominierend ist der **Computerhandel,** wie z. B. in Frankfurt am Main über die Computerbörse **Xetra.** Mittlerweile werden über 90 Prozent aller deutschen Aktienumsätze über Xetra abgewickelt. Die Ordereingabe erfolgt über angeschlossene Terminals und die Preisbildung wird durch Computerprogramme übernommen.

Seltener findet der sogenannte **Präsenzhandel** (früher auch Parketthandel) statt. Die Orders gehen hierbei schriftlich oder mündlich, oder mittlerweile auch elektronisch ein. Der zuständige Börsenmakler rechnet aus den eingehenden Aufträgen Einheitspreise mit dem höchstmöglichen Umsatz (z. B. Eröffnungs- und Schlusskurs) oder ermittelt variable Notierungen auf Basis von einzelnen Geschäften. In Frankfurt am Main wurde der Präsenzhandel bereits 2011 komplett eingestellt.

➤ Börsenteilnehmer

Börsenteilnehmer sind Personen oder Institutionen, die eine **Zulassung** zum Handel in Wertpapieren von der Börsengeschäftsführung besitzen. Dies sind insbesondere

- gewerbsmäßige **Börsenhändler** (im Regelfall Kreditinstitute und deren zugelassene Angestellte),
- **vereidigte Börsenmakler** und
- **freie Makler** bzw. **Broker.**

Sie vermitteln Geschäfte (z. B. Banken für ihre Kunden) und tätigen auch Eigengeschäfte. Makler sind zudem für die Feststellung der Börsenpreise zuständig.

c) Funktionen von Effektenbörsen

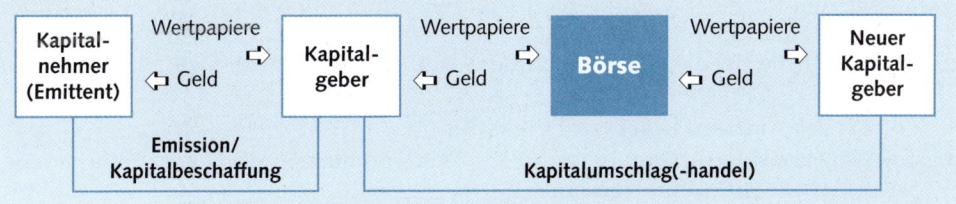

- Vermittlung des Kapitalumschlags (Angebot und Nachfrage zusammenführen),
- Preisbildung (»objektive« Kapitalbewertung und Preisveröffentlichung),
- indirekt: Erleichterung der Kapitalbeschaffung (der Emittent findet leichter Kapitalgeber, wenn später die Wertpapiere an einer Börse gehandelt werden),
- »Wirtschaftsbarometer«, d. h. Indikator für die wirtschaftliche Entwicklung eines Landes.

Exkurs: Börsengang einer AG

Nicht alle deutschen Aktiengesellschaften sind an der Börse notiert. Die Aktien liegen bei nicht börsennotierten Aktiengesellschaften oft in den Händen der Gründer oder späterer fester Gesellschafter. Die Aktien von diesen Unternehmen sind somit für die breite Masse der Anleger nicht zugänglich.

Viele Unternehmen scheuen den Gang an die Börse, weil damit in aller Regel ein **erheblicher zeitlicher und finanzieller Aufwand** verbunden ist und bestimmte **formelle Auflagen** zu erfüllen sind. Darüber hinaus muss jedes börsennotierte Unternehmen automatisch strengere Offenlegungspflichten erfüllen, z. B. häufiger Geschäftsberichte veröffentlichen und unverzüglich alle Tatsachen bekannt machen, die den Börsenkurs erheblich beeinflussen könnten (= Ad-hoc-Publizität). Insbesondere für kleine Unternehmen ist der Börsengang aus diesen Gründen oft keine sinnvolle Option.

Ein Börsengang kann jedoch auch mit vielen Vorteilen verbunden sein. Der Gang an die Börse ermöglicht vor allem den leichteren Zugang zu einer Vielzahl von Anlegern und somit zu mehr Kapital. Die Aktien können breit gestreut und somit das unternehmerische Risiko auf viele Schultern verteilt werden.

Der Börsengang wird durch mehrere Banken und andere Experten wie Wirtschaftsprüfer und spezielle Berater begleitet. Der erste veröffentlichte Börsenpreis richtet sich im Regelfall nach den Preisvorstellungen der potentiellen Anleger. Im Anschluss an die erste Preisveröffentlichung sind die Aktien handelbar, d. h. sie können über die Börse gekauft bzw. verkauft werden.

4.2 Erteilung und Abwicklung von Kundenaufträgen

Im Anschluss an die Anlageberatung erfolgt i. d. R.

- die Auftragserteilung,
- die Auftragsausführung,
- die Abrechnung des Kundenauftrags,
- die Auftragserfüllung.

a) Auftragerteilung

Voraussetzung für die Anlage in Wertpapieren ist ein Depotkonto (vgl. F 2.5.3). Den Auftrag zum Kauf oder Verkauf von Wertpapieren nennt man **Order.** Aus der Order müssen sämtliche für die spätere Auftragsausführung wichtigen Daten hervorgehen. Neben

- der **Art des Auftrags** (Kauf oder Verkauf),
- der **Wertpapierbezeichnung** (Wertpapierkennnummer = WKN oder International Securities Identification Number = ISIN),
- dem **Umfang des Auftrags** (Stück oder Nominalwert) sowie
- dem **Datum und** der **Uhrzeit** der Auftragserteilung sowie der **Unterschrift des Kunden**

sind noch andere Angaben notwendig.

➤ **Preislimit**

Eine Order kann mit einem bestimmten preislichen Limit versehen werden. Der Anleger kann auch auf die Angabe des Limits verzichten.

	Kaufaufträge	**Verkaufsaufträge**
limitierte Order (= Limit Order)	Limit = Höchstpreis	Limit = Mindestpreis
	Beispiel: Limit: 20,00 €	**Beispiel:** Limit: 23,00 €
	Der Käufer ist bereit, maximal 20,00 € zu zahlen. Er kauft auch zu einem niedrigeren Kurs.	Der Verkäufer möchte mindestens 23,00 € erzielen. Er verkauft auch zu einem höheren Kurs.
nicht limitierte Order (= Market Order)	**Billigst**-Order	**Bestens**-Order
	Der Käufer ist bereit, zu jedem Börsenpreis zu kaufen.	Der Verkäufer ist bereit, zu jedem Börsenpreis zu verkaufen.

➤ **Gültigkeit**

Grundsätzlich kann der Kunde die Gültigkeitsdauer fast beliebig bestimmen.

Eventuell wird diese Möglichkeit durch die Sonderbedingungen der depotführenden Bank eingeschränkt.

Der Anleger kann folgende Angaben zur Gültigkeit der Order tätigen:

- **good-for-day** (= gültig nur für einen Tag),
- **good-till-date** (= gültig bis zum angegebenen Datum),
- **good-till-cancelled** (= gültig bis zur Rücknahme der Order).

Hat der Kunde keine Weisung über die Gültigkeit erteilt, gelten die folgenden Bestimmungen:

Eine **limitierte Order** gilt immer bis zum letzten Handelstag des Monats. Am letzten Börsentag des Monats erteilte limitierte Aufträge gelten bis zum Ende des folgenden Monats.

Eine **unlimitierte Order** gilt nur für den aktuellen Börsentag.

➤ **andere Anweisungen**

Weitere Orderzusätze sind möglich, wie z.B.

- **Stop-loss-Order:** Die Verkaufsorder wird erst wirksam, wenn ein bestimmter, unterhalb des aktuellen Kurses liegender Kurs erreicht oder unterschritten wird.

- **Stop-buy-Order:** Die Kauforder wird erst wirksam, wenn ein bestimmter, oberhalb des aktuellen Kurses liegender Kurs erreicht oder überschritten wurde.
- **Fill-or-Kill-Order:** Die Order wird entweder sofort im vollen Umfang ausgeführt oder sie wird gelöscht.
- **Immediate-or-cancel:** Die Order wird entweder sofort in Teilen oder im vollen Umfang ausgeführt oder sie wird gelöscht.

Neben diesen Angaben kann die Order auf bestimmte **Handelsphasen** (vgl. F 4.3) beschränkt werden oder es kann der **Ausführungsplatz** angegeben werden, an dem gehandelt werden soll (z. B. ausschließlich in Xetra).

Bei **Erwerb oder Rückgabe von Investmentfondsanteilen über die KVG** erfolgt die Abrechnung zu dem von der Verwahrstelle börsentäglich ermittelten Ausgabe- bzw. Rückgabepreis. Ein Limit sowie die Festlegung der Gültigkeit sind daher nicht notwendig.

b) Auftragsausführung

Das Kreditinstitut prüft für die vorliegende Order, ob ausreichend **Kontodeckung** vorhanden ist (bei Kauf) oder ob der entsprechende **Depotbestand** vorhanden ist (bei Verkauf). Anschließend leitet das Kreditinstitut die Order online an die Börse weiter.

Das Kreditinstitut wickelt die Order als **Kommissionsgeschäft** ab, d. h. die Bank handelt im eigenen Namen für fremde Rechnung (des Kunden). Die Bank ist als Kommissionär **verpflichtet,**

- das Geschäft mit der erforderlichen Sorgfalt auszuführen,
- die Kundeninteressen zu wahren,
- die Weisungen des Kunden zu befolgen,
- den Abschluss des Ausführungsgeschäftes anzuzeigen und abzurechnen (= Bruttoabrechnung mit fremden Kosten und Provisionen).

Wenn das Ausführungsgeschäft nicht zustande kommt (keine Orderausführung an der Börse), so entfällt auch die Erfüllung des Kommissionsvertrages durch die Bank.

c) Abrechnung des Kundenauftrags

Der Kunde erhält eine Wertpapierabrechnung, in der alle Kosten und gegebenenfalls der Steuerabzug aufgeführt sind (vgl. F 3.1.1 und F 3.2.1).

d) Auftragserfüllung

Die Erfüllung der Wertpapieraufträge erfolgt **zwei Börsentage** nach dem Tag des Geschäftsabschlusses (= Erfüllungsvaluta). Die **Clearstream Banking AG** dient als Clearingstelle für die Abwicklung der Depotgutschriften und -belastungen zwischen den beteiligten Banken.

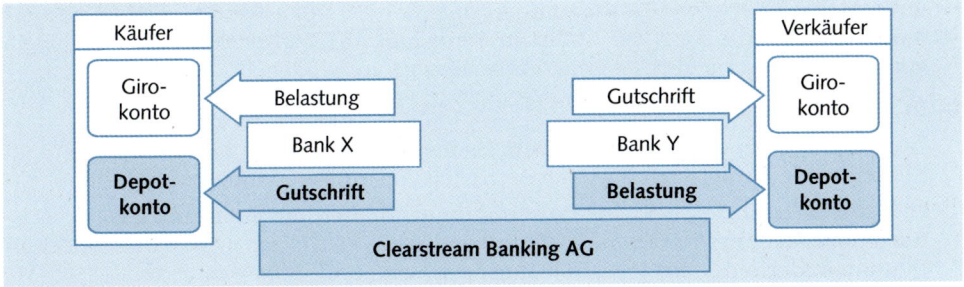

4.3 Preisbildung im Xetra-Handel

Xetra (**E**xchange **E**lectronic **Tra**ding) ist ein vollelektronisches System für den Handel mit Wertpapieren. Es wurde 1997 an der Frankfurter Wertpapierbörse eingeführt und mittlerweile werden in diesem System die meisten Umsätze in Deutschland getätigt. Die Preisbildung wird im Folgenden nur für diese Handelsform erläutert, da die Bedeutung des Präsenzhandels für den Wertpapierhandel mittlerweile verschwindend gering ist.

Nach der Börsenzulassung und der Einrichtung eines Terminals haben alle Marktteilnehmer einen gleichberechtigten, standortunabhängigen Zugang zu dieser Handelsplattform. Die Börsenhändler der Kreditinstitute geben die Kauf- und Verkaufsaufträge am Bildschirm in das System (**Orderbuch**) ein. Mit der Zusammenführung passender Orders durch den Zentralrechner (**Matching**) ist das Börsengeschäft geschlossen.

Die Preisbildung im Xetra-Handelssystem erfolgt

● durch **Auktionen** oder

● im **fortlaufenden Handel.**

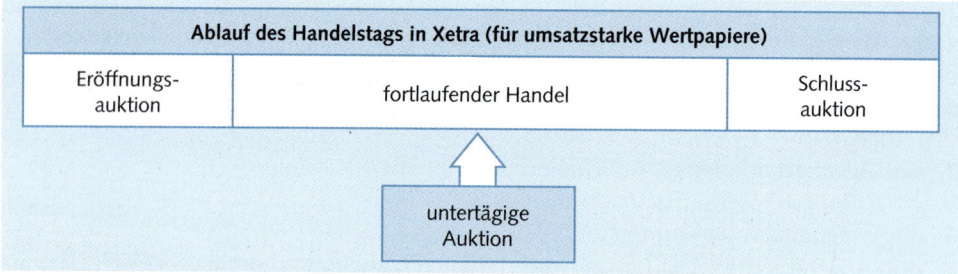

Die **Haupthandelsphase** findet börsentäglich von 8:50 Uhr bis 17:35 Uhr statt. Sie beginnt mit der Eröffnungsauktion und endet mit der Schlussauktion. Dazwischen findet der fortlaufende Handel statt, der mindestens einmal täglich durch eine weitere Auktion unterbrochen wird.

Vor 8:50 Uhr beginnt bereits der **Vorhandel** und nach 17:35 Uhr findet noch der **Nachhandel** statt. In diesen Phasen ist das Orderbuch geschlossen, also nicht einsehbar. Es können jedoch Orders eingegeben, geändert oder gelöscht werden.

a) Preisbildung durch Auktion

In der Auktion werden alle vorliegenden Orders der Händler berücksichtigt.

Die Auktion umfasst drei Phasen:

● **Aufrufphase**

Die Auktion beginnt mit der Aufrufphase. In dieser Phase können die Teilnehmer Orders eingeben sowie bestehende Orders ändern oder löschen. Dabei sind sie jederzeit über die aktuelle Ordersituation informiert. Die Aufrufphase hat ein zufälliges Ende, um eine Preisbeeinflussung zu vermeiden.

● **Preisermittlungsphase**

Auf der Basis der Orderbuchlage zum Ende der Aufrufphase wird binnen weniger Sekunden der Auktionspreis nach dem Meistausführungsprinzip ermittelt.

Unmittelbar nach der Auktionspreisermittlung erhalten alle Kontrahenten eine Ausführungsbestätigung über die zustande gekommenen Abschlüsse. Diese Bestätigungen informieren über Ausführungspreis, -zeit und -volumen.

● **Marktausgleichsphase**

Die Marktausgleichsphase wird nur durchgeführt, wenn ein Überhang vorhanden ist, d. h. ein Teil der ausführbaren Orders in der Preisermittlungsphase nicht ausgeführt werden konnte.

b) Fortlaufender Handel

Im fortlaufenden Handel kann der Händler sich jederzeit die Limits und die je Limit kumulierten Ordervolumina anzeigen lassen (offenes Orderbuch). Sobald eine neue Order erteilt wird, überprüft das System sofort die Ausführbarkeit mit den Orders auf der gegenüberliegenden Seite des Orderbuchs. Bei größeren Orders ist eine Teilausführung möglich. Über jede dieser Teilausführungen erhält der Verkäufer eine separate Abrechnung.

Das »**Matching**« (Zusammenführung von Kauf- und Verkaufsaufträgen) erfolgt nach folgenden Kriterien:

● **Preispriorität** (primäres Kriterium)

Kauforders mit einem höheren bzw. Verkaufsorders mit einem niedrigeren Limit haben Vorrang. Nicht limitierte Orders (Bestens-/Billigst-Orders) haben Priorität vor limitierten Orders.

Nicht limitierte Orders werden – sofern sie nicht mit einer anderen nicht limitierten Order zusammengeführt werden – mit dem jeweils höchsten Kauflimit (im Fall einer Bestens-Order) oder mit dem jeweils niedrigsten Verkaufslimit (im Fall einer Billigst-Order) zusammengeführt.

● **Zeitpriorität** (sekundäres Kriterium)

Nur bei Orders mit gleicher Limitierung hat die zuerst eingegebene Order Vorrang. Auch zwischen nicht limitierten Aufträgen (Market Orders) gilt die zeitliche Priorität.

Die Ausführung einer Order kann in einem oder mehreren Schritten, teilweise oder gar nicht erfolgen. Demnach können entweder kein, ein oder mehrere Abschlüsse durch eine Xetra-Order generiert werden. Die nicht ausgeführten Orders bzw. Teile werden dann ins Orderbuch gestellt und nach der Preis-/Zeitpriorität sortiert.

Liegt ein potentieller Handelspreis in einer Auktion oder im fortlaufenden Handel außerhalb eines (nicht veröffentlichten) Preiskorridors um den letzten davor festgestellten Kurs (z. B. 5 % oder 10 %), so findet eine Handelsunterbrechung statt **(Volatilitätsunterbrechung).** Orders können gestrichen/geändert werden; nach der Unterbrechung ist prinzipiell jeder Kurs möglich.

c) Preisbildung in Xetra (Auktion mit Überhang und fortlaufender Handel) an einem Beispiel

Die Preisbildung erfolgt nach folgenden Börsenregeln:

Regelungen:	**Meistausführungsprinzip** (bei geringstem möglichem Überhang)
	Preispriorität (Vorrang für Kauforders mit höherem und Verkaufsorders mit niedrigerem Limit)
	Zeitprinzip (die früher eingestellte Order mit gleichem Limit hat Priorität)
	Referenzpreisprinzip (bei mehreren gleichwertigen Auktionspreisen oder nur unlimitierten Orders wird der Referenzpreis (letzter bezahlter Preis) gewählt

1. Auktionsverfahren – Folgende Aufträge sind vor der Auktion eingegangen:

Kaufaufträge		Verkaufsaufträge	
Stück	**Limit €**	**Stück**	**Limit €**
200	billigst	200	bestens
100	202	200	197
200	201	400	198
200	200	100	200
300	198		

Ermittlung des Kurses nach dem Meistausführungsprinzip:

Kurs €	Käufe (Stück)	Verkäufe (Stück)	möglicher Umsatz (Stück)
198	1 000	800	**800**
199	700	800	700
200	700	900	700
201	500	900	500
202	300	900	300

Erklärung zur Lösung:

- Mit 800 Aktien ist zum Kurs von 198,00 € der höchstmögliche Umsatz in Stück möglich. Bei mehreren gleich hohen Umsätzen zählt der Kurs mit dem geringeren Überhang (Differenz zwischen Käufen und Verkäufen in Stück).

- Auf der **Kaufseite** werden folgende Orders (nach Preispriorität) **ausgeführt:**
  1. 200 Stück billigst,
  2. alle Orders mit Limit über 198,00 €, d. h. 200 Stück mit Limit 200,00 €, 200 Stück mit Limit 201,00 € und 100 Stück mit Limit 202,00 €,
  3. Orders mit Limit 198,00 € zumindest teilweise, d. h. von den 300 Stück mit Limit 198,00 € können nur noch 100 Stück ausgeführt werden, da der gesamte Umsatz nur 800 Stück beträgt.

- Auf der **Verkaufsseite** werden folgende Orders (nach Preispriorität) **ausgeführt:**
  1. 200 Stück bestens,
  2. alle Orders mit Limit unter 198,00 €, d. h. 200 Stück mit Limit 197,00 €,
  3. Orders mit Limit 198,00 € zumindest teilweise, hier können alle von den 400 Stück mit Limit 198,00 € ausgeführt werden, da der gesamte Umsatz 800 Stück beträgt.

- **Nicht ausgeführt** werden: Kauf 200 Stück mit Limit 198,00 € sowie Verkauf 100 Stück mit Limit 200,00 € (Preis zu niedrig).

Fortsetzung des Beispiels:

Das Orderbuch hat nach Abschluss der Auktion folgendes Aussehen:

Der Überhang wurde in der Marktausgleichsphase der Xetra-Auktion nicht ausgeglichen.

Xetra-Orderbuch					
Kauforder	**Stück**	**Limit €**	**Verkaufsorder**	**Stück**	**Limit €**
	200	198		100	200

Nach Abschluss der Auktion werden im fortlaufenden Handel in angegebener Reihenfolge in das Orderbuch eingestellt:

1. Eingabe: – Stück 350 Kaufauftrag mit Limit 199,00 €

2. Eingabe: – Stück 300 unlimitierter Kaufauftrag

3. Eingabe: – Stück 400 unlimitierter Verkaufsauftrag

Welche Matchings ergeben sich jeweils daraus und welche Aufträge bleiben im Orderbuch?

Lösung:

Nach der 1. Eingabe: Es ist kein Matching möglich, da der einzige Verkaufsauftrag ein Limit von 200,00 € hat. Diesen Preis ist der neue Käufer nicht bereit zu zahlen.

Nach der 2. Eingabe: Der unlimitierte Kaufauftrag wird mit dem Verkaufsauftrag mit dem niedrigsten Limit zusammengeführt, d. h. Matching 100 Stück (Kauf) billigst mit 100 Stück (Verkauf) mit Limit 200,00 €.

(Eine Teilausführung eines Auftrags ist in Xetra üblich.)

Xetra-Orderbuch nach Eingaben 1 und 2 und Matching					
Kauforder	Stück	Limit €	Verkaufsorder	Stück	Limit €
	200	billigst			
	350	199			
	200	198			

Nach 3. Eingabe: Der unlimitierte Verkaufsauftrag wird zunächst mit dem unlimitierten Kaufauftrag zusammengeführt, d. h. Matching 200 Stück (Kauf) billigst mit 200 Stück (Verkauf) bestens.

Der Rest des unlimitierten Verkaufsauftrags wird mit der Kauforder mit dem höchsten Limit zusammengeführt, d. h. Matching 200 Stück (Kauf) mit Limit 199,00 € mit 200 Stück (Verkauf) bestens.

Xetra-Orderbuch nach Eingabe 3 und Matchings					
Kauforder	Stück	Limit €	Verkaufsorder	Stück	Limit €
	150	199			
	200	198			

4.4 Börsenindizes

Börsenindizes bilden die Kursentwicklung einer bestimmten Gruppe von Wertpapieren ab. Der bedeutendste Index in Deutschland ist der **Deutsche Aktienindex (DAX).** Er wird seit 1987 berechnet und setzt sich aus den Kursen der 30 bedeutendsten Unternehmen zusammen. Die entscheidenden Kriterien hierbei sind:

●   die Marktkapitalisierung (= Börsenwert aller Aktien im Streubesitz),

●   der Börsenumsatz (= gehandeltes Volumen an der Börse).

➤   **Berechnung**

Am Basisdatum wird der Wert der im Index zusammengefassten Wertpapiere auf einen bestimmten Punktewert festgelegt. Der DAX startete **1987** bei **1 000 Punkten.** Zu allen nachfolgenden Zeitpunkten wird die Berechnung aufgrund der aktuellen Kurse wiederholt und ins Verhältnis zum Basiswert gesetzt. Der DAX hat 2018 den **bisherigen Höchststand von fast 13 500 Punkten** erreicht, d. h. zu diesem Zeitpunkt hatte sich der Wert der enthaltenen Aktien um das 13,5fache erhöht.

Die Berechnung kann entweder als Performance- oder Kursindex erfolgen. Bei der Berechnung eines **Performance-Index** werden die enthaltenen Kurse um kursverändernde Faktoren bereinigt (z. B. Dividenden- oder Bezugsrechtsabschläge). Ein **Kursindex** bereinigt diese Abschläge nicht. So sind z. B. die bereits ausgezahlten Dividenden nicht mehr Teil der Indexentwicklung.

Börsenindizes können sich auf bestimmte **Länder oder Regionen** beziehen, sie können aber auch die **weltweit** bedeutendsten Aktien abbilden oder sich auf eine bestimmte **Branche** fokussieren.

Die im jeweiligen Index enthaltenen Wertpapiere, ihre Gewichtung im Index, die Berechnungsart sowie die Regeln für den Austausch der Wertpapiere im Index werden vom jeweiligen Indexanbieter festgelegt. Führende **Indexanbieter** (international) sind:

- Deutsche Börse AG,
- Dow Jones & Company,
- STOXX Ltd.,
- Morgan Stanley Capital International (MSCI).

➤ **Funktionen**

Indizes erfüllen insbesondere die folgenden Funktionen:

- Informationsfunktion: sie geben einen Überblick über das allgemeine Marktgeschehen,
- Benchmarkfunktion: sie dienen als Vergleichsmaßstab für den Erfolg von Wertpapieranlagen (z. B. für den Erfolg von Investmentfonds),
- Produktfunktion: sie dienen zunehmend als Basis für bestimmte Finanzprodukte (z. B. ETFs, Indexzertifikate).

➤ **Wichtige Indizes**

In **Deutschland** sind neben dem DAX vor allem die folgenden Indizes relevant:

- **MDAX** = Mid-Cap-DAX unterhalb des DAX
- **SDAX** = Small-Cap-DAX unterhalb des MDAX
- **TecDAX**, beschränkt auf die bedeutendsten Unternehmen aus dem Technologie-Sektor, neben den anderen Indizes
- **CDAX** = Composite DAX, enthält alle Aktien im geregelten Markt in Frankfurt am Main.

Die nachfolgende Darstellung zeigt den Aufbau der DAX-Indexfamilie sowie die Anzahl der enthaltenen Unternehmen.

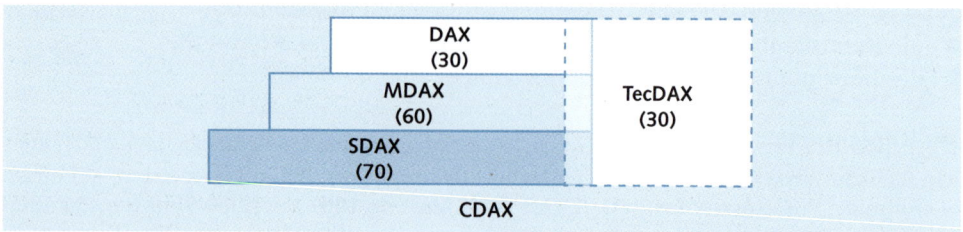

Alle von der Deutschen Börse AG ermittelten Indizes sind Performance-Indizes.

Wichtige **Indizes außerhalb Deutschlands** sind:

- Euro Stoxx 50 (Euro-Raum),
- Dow Jones 30 Industrial, NASDAQ, S&P 500 (USA),
- Nikkei 225 (Japan),
- Hang Seng (Hongkong),
- SCI (China),
- MSCI World (verschiedene Industrieländer weltweit).

Lernkontrollen zu F 4

Organisation und Funktion von Wertpapierbörsen

1 Erläutern Sie anhand der Merkmale von Wertpapierbörsen, was diese vom Markt für Güter unterscheidet.

2 Erläutern Sie, welche Funktionen die Wertpapierbörse erfüllt.

3 Wer kann an der Wertpapierbörse handeln?

Auftragserteilung und Ausführung

4 Erläutern Sie die folgenden Orderarten:

    a) Stop-Loss-Order

    b) Limitierte Order

    c) Good-till-cancelled-Order.

5 Welche Bestimmungen gelten für die Gültigkeit einer Order, wenn der Kunde dazu keine Weisung erteilt hat? Unterscheiden Sie bei Ihren Erläuterungen zwischen limitierter und unlimitierter Order.

Preisbildung im Xetra-Handel

6 Ihr Kunde Klaus Wunderlich hat einen Auftrag zum Kauf von 100 Stück der Maschinenbau AG-Aktien erteilt. Der Auftrag soll über Xetra ausgeführt werden.

Im elektronischen Orderbuch liegen zum Zeitpunkt der Auktion folgende Aufträge vor:

Kaufaufträge	Verkaufsaufträge
unlimitiert (billigst) Stück 250	unlimitiert (bestens) Stück 125
Limit 94,00 € Stück 230	Limit 96,00 € Stück 190
Limit 95,00 € Stück 100	Limit 95,00 € Stück 265
Limit 96,00 € Stück 60	Limit 94,00 € Stück 80
Limit 97,00 € Stück 80	Limit 93,00 € Stück 120

    a) Ermitteln Sie den Auktionspreis für diese Aktie aufgrund der Auftragslage.

    b) Erstellen Sie die Kaufabrechnung für Herrn Wunderlich. Berücksichtigen Sie dabei die Kosten gemäß Preisverzeichnis der Süddeutschen Handelsbank AG (0,5 % Provision vom Kurswert, mindestens jedoch 15,00 €). Das Börsenentgelt beträgt 0,75‰ vom Kurswert.

c) Erläutern Sie anhand der Börsenregeln für die Preisbildung im Xetra-Handel, wie der Auktionspreis festgestellt wurde und welche Orders in welcher Reihenfolge zum Auktionspreis ausgeführt wurden.

7 Im fortlaufenden Handel (Xetra) liegen aktuell die folgende Aufträge im elektronischen Orderbuch für die Stolz AG vor:

Kaufaufträge		Verkaufsaufträge	
Limit in €	Stückzahl	Limit in €	Stückzahl
58,00	160	59,00	60
57,00	190	60,00	130
56,00	200	61,00	300

a) Warum ist bei der aktuellen Orderbuchlage kein Matching möglich?

b) Als nächstes geht eine Kauforder über 100 Stück mit Limit 60,00 € ein. Erläutern Sie anhand der Regeln für den fortlaufenden Handel, welche Orders nun jeweils gematcht werden.

c) Als letztes geht noch eine unlimitierte Verkaufsorder über 200 Stück ein. Erläutern Sie anhand der Regeln für den fortlaufenden Handel, welche Orders nun jeweils gematcht werden.

d) Wie sieht das Orderbuch nach allen in b) und c) vorgenommenen Matchings aus?

5　Steuerliche Aspekte der Geldanlage

5.1　Besteuerung von Einkünften aus Kapitalvermögen

5.1.1 Abgeltungsteuer

EStG
§ 20

Kapitalerträge sind als sog. Einkünfte aus Kapitalvermögen steuerpflichtig und für die Anlageentscheidung spielt dieser Gesichtspunkt eine wichtige Rolle.

§ 32d

Derzeit gilt: Laufende Erträge und realisierte Kursgewinne werden pauschal mit 25 % Kapitalertragsteuer (KESt) zuzüglich 5,5 % Solidaritätszuschlag (SolZ) besteuert, wenn diese den Sparerpauschbetrag von 801,00 € (gemeinsam Veranlagte: 1 602,00 €) übersteigen. Der Solidaritätszuschlag wird dabei von der zu zahlenden Kapitalertragsteuer berechnet und nach der zweiten Nachkommastelle abgeschnitten.

Zusätzlich zahlt der Anleger gegebenenfalls **Kirchensteuer (KiSt)** in Höhe von 8 bzw. 9 % auf die gezahlte Kapitalertragsteuer. Der Kapitalertragsteuersatz vermindert sich in diesem Fall auf 24,51 % (bei 8 % Kirchensteuer) bzw. auf 24,45 % (bei 9 % Kirchensteuer). Der **Steuerabzug** erfolgt im Regelfall automatisch durch die Anlageinstitute (z. B. Bank, Versicherung).

Der Steuerabzug bei Kapitalerträgen hat **abgeltende Wirkung,** das heißt, es besteht grundsätzlich keine Pflicht mehr, diese Erträge in der Einkommensteuererklärung anzugeben. Rechtstechnisch heißt diese Art der Steuererhebung zwar **Kapitalertragsteuer,** wegen der abgeltenden Wirkung spricht man aber allgemein von der **Abgeltungsteuer.**

a) Steuerpflichtige Kapitalerträge

- Zinsen aus Kontoguthaben (z. B. Festgeld, Sparbuch) und Wertpapieren (z. B. Schuldverschreibungen)

- Gewinnanteile aus Beteiligungen an Körperschaften (Aktiengesellschaft, GmbH und Genossenschaft), z. B. Dividenden aus Aktien

- Verkaufserlös aus zugeteilten Bezugsrechten

- Investmenterträge nach Investmentsteuergesetz (vgl. F 5.2)

- Erhaltene Stillhalterprämien (abzüglich gezahlter Prämie bei Glattstellung) bei Optionsgeschäften

- Veräußerungsgewinne bei Wertpapieren, Optionen und Termingeschäften (unabhängig von der Besitzdauer), sofern die Papiere bzw. Rechte nach dem 31. Dez. 2008 erworben wurden.

- Erträge aus nicht steuerbegünstigten privaten Kapitallebens- und Rentenversicherungen mit Kapitalauszahlung (Vertragsabschluss ab 2005)

Tatsächliche Werbungskosten können steuerlich **nicht** geltend gemacht werden.

EStG
§ 20 (9)

Als Werbungskosten wird nur der Sparer-Pauschbetrag von 801,00 €, bei zusammen veranlagten Ehegatten von 1 602,00 €, angesetzt.

b) Ausnahmen von der Abgeltungsteuer

Folgende Kapitalanlageformen werden nicht von der Abgeltungsteuer sondern ggf. von anderen Besteuerungsformen erfasst:

- **Riester- und Rürup-Verträge**

  Leistungen aus diesen Verträgen unterliegen der **nachgelagerten Besteuerung** mit dem individuellen Steuersatz im Rahmen der Einkunftsart **Sonstige Einkünfte** (vgl. Band 2, C 2.2.3 und C 2.3.1).

- **Private Rentenversicherungen ohne Kapitalwahlrecht**

  Die Rentenleistungen sind mit dem sog. **Ertragsanteil** zu besteuern (vgl. Band 2, C 9.4).

- **Private Kapitallebensversicherungen** und **Rentenversicherungen mit Kapitalauszahlung**

  - **Kapitallebensversicherungen,** die **vor dem Jahr 2005** abgeschlossen wurden (sog. **Altverträge**), sind weiterhin steuerfrei, soweit bestimmte Voraussetzungen schon bei Vertragsabschluss erfüllt wurden (vgl. Band 2, C 9.2).

  - **Kapitallebensversicherungen,** die **nach dem 01. Januar 2005** (sog. **Neuverträge**) abgeschlossen wurden, werden unter bestimmten Voraussetzungen wie folgt besteuert:

    Der Unterschiedsbetrag (Versicherungsleistung minus Beitragssumme) wird zur Hälfte als Kapitalertrag im Rahmen der Einkommensteuer mit dem persönlichen Steuersatz versteuert (**Halbeinkünfteverfahren;** vgl. Band 2, C 9.3 b).

    Als Vorauszahlung auf diese Steuerschuld behält der Versicherer bei Fälligkeit der Leistung 25 % Kapitalertragsteuer ein und führt diese an das Finanzamt ab.

EStG
§ 23

- **Veräußerungsgewinne aus Immobilien und anderen Wirtschaftsgütern** als Kapitalanlagen (z. B. Edelmetalle, Kunstgegenstände)

  Die Besteuerung erfolgt wie bisher als **Sonstige Einkünfte,** wobei die Spekulationsfrist von 10 Jahren bei Immobilien und von einem Jahr bei anderen Wirtschaftsgütern zu beachten ist. Gewinne bis einschließlich 599,99 € (Freigrenze) bleiben steuerfrei.

c) Vermeidung des Steuerabzugs

Privatpersonen können bei ihrem Anlageinstitut einen **Freistellungsauftrag** stellen. Dieser ist maximal in Höhe des Sparer-Pauschbetrags, also **801,00 €** bzw. **1 602,00 €** für zusammen veranlagte Eheleute möglich. Wenn man bei mehreren Anlageinstituten einen Freistellungsauftrag stellt, darf die Summe der gestellten Aufträge den Sparer-Pauschbetrag nicht überschreiten. Die Anlageinstitute melden die Daten des Freistellungsauftrags und die Höhe der freigestellten Kapitalerträge im Kalenderjahr an das **Bundeszentralamt für Steuern (BZSt).**

Der Freistellungsauftrag gilt immer für ein Kalenderjahr und wird automatisch verlängert, wenn der Anleger keine andere Weisung erteilt. Der nicht ausgeschöpfte Teil des Freistellungsauftrages erlischt am Ende des Kalenderjahres.

Auch mit einer **Nichtveranlagungsbescheinigung (NV-Bescheinigung)** kann der Steuerabzug beim Anlageinstitut vermieden werden. Die Bescheinigung kann beim Finanzamt beantragt werden, wenn das jährliche zu versteuernde Einkommen voraussichtlich unter 9 168,00 € für Ledige bzw. unter 18 336,00 € (gültig für 2019) für zusammen veranlagte Verheiratete liegt. Unterschreitet man diesen einkommensteuerlichen Grundfreibetrag im Kalenderjahr, so ist man von der Einkommensteuer befreit.

In diesem Fall stellt das Wohnsitzfinanzamt auf Antrag des Steuerpflichtigen eine betragsmäßig nicht begrenzte NV-Bescheinigung **für das laufende sowie die zwei kommenden Jahre** aus. Reicht der Anleger diese Bescheinigung bei seinem Anlageinstitut ein, werden keine Steuern an das Finanzamt abgeführt.

Die Antragsteller sind meist **Rentner** oder **Kinder** ohne eigenes Einkommen.

d) Besonderheiten bei der Einkommensteuererklärung

- Im Fall der **Kirchensteuer** erfolgt der Abzug durch das Anlageinstitut nur dann automatisch, wenn der Anleger seine Religionszugehörigkeit gegenüber dem Anlageinstitut angegeben hat bzw. diese Information über das Bundeszentralamt für Steuern anhand der steuerlichen Identifikationsnummer abrufbar ist. Ist dies nicht der Fall, muss der Anleger seine gesamten Einkünfte aus Kapitalvermögen in der Einkommensteuererklärung angeben.

§ 23 d (6)
- Anleger mit einem **niedrigeren persönlichen Steuersatz als 25 %** können ihre Einkünfte aus Kapitalvermögen freiwillig in der Einkommensteuererklärung angeben. Das Finanzamt prüft dann automatisch, ob die Anwendung des persönlichen Steuersatzes günstiger ist als die Abgeltungsteuer (**Günstigerprüfung**). In diesem Fall erhält der Anleger eine Steuererstattung in Höhe der Differenz zwischen gezahlter Abgeltungsteuer und tatsächlicher Steuerschuld.

- **Ausländische Einkünfte aus Kapitalvermögen** müssen, soweit sie nicht über ein inländisches Anlageinstitut erzielt wurden, in der Einkommensteuererklärung angegeben werden.

5.1.2 Verlustverrechnung

Negative Kapitalerträge (z. B. Verluste aus der Veräußerung von Anleihen, gezahlte Stückzinsen, Veräußerungsverluste aus Termingeschäften oder aus GmbH-Anteilen) können unbegrenzt mit positiven Kapitaleinkünften verrechnet werden. Eine Ausnahme bilden die **Veräußerungsverluste aus Aktiengeschäften.** Diese dürfen ausschließlich mit Veräußerungsgewinnen aus Aktiengeschäften verrechnet werden.

Im Rahmen dieser Verlustverrechnung führt das Anlageinstitut für jeden Anleger zwei unterschiedliche **Verlustverrechnungstöpfe bzw. -dateien.** Die **Allgemeine Verlustverrechnungsdatei (AVVD)** erfasst alle negativen Kapitalerträge, die mit allen späteren positiven Kapitalerträgen verrechnet werden können. Die **Aktienverlustverrechnungsdatei (Aktien-VVD)** erfasst ausschließlich Veräußerungsverluste aus Aktiengeschäften, da diese nur mit späteren Veräußerungsgewinnen aus Aktienverkäufen zu verrechnen sind.

➤ Positive Kapitalerträge

Bei **Zufluss positiver Kapitalerträge** hat die Verlustverrechnung Vorrang vor der Belastung des Freistellungsauftrages. Erst wenn dieser auch nicht mehr ausreicht, kommt es zum Steuerabzug.

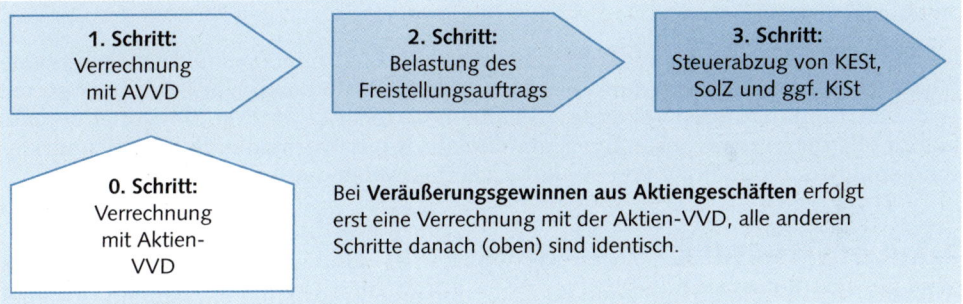

➤ Negative Kapitalerträge

Negative Kapitalerträge werden rückwirkend mit bereits zugeflossenen positiven Kapitalerträgen verrechnet. Die **rückwirkende Verrechnung** führt zuerst zu einer Erstattung zuvor gezahlter Steuern für positive Kapitalerträge (in diesem Kalenderjahr). Sollte dies nicht möglich sein oder nicht ausreichen, kommt es zu einem Wiederaufleben eines bereits in Anspruch genommenen Freistellungsauftrags bis maximal bis zur Höhe des erteilten Freistellungsauftrags. Ist auch das nicht mehr möglich oder nicht ausreichend, wird der Betrag in die AVVD eingestellt und kann dann mit späteren positiven Kapitalerträgen verrechnet werden.

Für Veräußerungsverluste aus Aktiengeschäften gilt die angegebene Reihenfolge ebenfalls, allerdings erfolgen die Schritte jeweils **zweckgebunden,** d. h. es werden nur Steuern erstattet, die im gleichen Kalenderjahr für Veräußerungsgewinne aus Aktiengeschäften angefallen sind. Gleiches gilt für den Freistellungsauftrag. Er lebt nur wieder auf, sofern er zuvor durch Veräußerungsgewinne aus Aktiengeschäften belastet wurde.

Für Finanzinstrumente, die **vor dem 01.01.2009** erworben wurden, gilt nach wie vor eine spezielle Regelung. Sie besagt, dass Veräußerungsgewinne nach einer mindestens 12-monatigen Spekulationsfrist steuerfrei vereinnahmt werden können. Dies gilt seit 01.01.2018 jedoch nicht mehr für Investmentfonds (vgl. F 5.2).

Nicht verrechnete Bestände in den Verlustverrechnungsdateien werden jeweils ins **Folgejahr** übernommen.

➤ **Verlustverrechnung zwischen verschiedenen Kreditinstituten**

Da die Erfassung der Verlustverrechnungsdateien jeweils bankintern erfolgt, ist eine bankübergreifende Verlustverrechnung nur über die Einkommensteuererklärung möglich. Dazu benötigt der Kunde eine Steuerbescheinigung und eine **Verlustbescheinigung** von seiner Bank. Letztere muss er bis zum **15.12.** des betreffenden Jahres beantragen. Mit Ausstellung der Verlustbescheinigung sind die Verlustverrechnungsdateien auf Null gesetzt und können nicht mehr ins Folgejahr übernommen werden.

Die Verlustbescheinigung wird zusammen mit der **Einkommensteuererklärung** beim Finanzamt eingereicht. Die darin bescheinigten Verluste können auf diesem Weg mit positiven Kapitalerträgen bei anderen Banken verrechnet werden. Der Anleger muss hierfür allerdings seine gesamten Einkünfte aus Kapitalvermögen in der Steuererklärung angeben und mithilfe von Steuerbescheinigungen der Banken nachweisen.

5.1.3 Besteuerung am Beispiel

Andreas Becker ist ledig und konfessionslos und erzielte im Jahr 20… folgende Kapitalerträge:

Datum	Art der Kapitalerträge	Betrag in €
15.01.	Zinsen aus einem Festgeld	200,00
30.03.	Veräußerungsgewinne aus Zertifikaten	780,00
15.06.	gezahlte Stückzinsen für Anleihen	1 215,00
25.06.	Veräußerungsgewinne aus Aktien	1 355,00
06.11.	Zinsen aus Anleihen	805,00
15.12.	Veräußerungsverluste aus Aktien	550,00

Andreas Becker hat der Süddeutschen Handelsbank AG zu Beginn des Jahres einen Freistellungsauftrag über 801,00 € erteilt. Aus dem Vorjahr sind folgende Verlustvorträge zu berücksichtigen:

● allgemeine Verlustverrechnungsdatei   100,00 €
● Aktien-Verlustverrechnungsdatei   1 000,00 €

Im Fall von Andreas Becker sieht die Berechnung seiner Gutschriften und Steuerbelastungen im Jahr 20… wie in der Tabelle angegeben aus:

Datum	Fall	Aktien-VVD in €		AVVD in €		Sparerpauschbetrag		Steuern		Gut-schrift in €	Erläu-terung
		Verände-rung	Bestand	Verände-rung	Bestand	Veränderung	Bestand	Bemessungs-grundlage	Steuern in €		
01.01.	**Anfangsbestände**		1000,00		100,00		801,00				
15.01.	Zinsen aus einem Festgeld (200,00 €)	–	1000,00	–100,00	0,00	–100,00	701,00	–	–	200,00	1
30.03.	Veräußerungsgewinne aus Zertifikaten (780,00 €)	–	1000,00	–	0,00	–701,00	0,00	79,00	–19,75 KESt –1,08 SolZ	759,17	2
15.06.	gezahlte Stückzinsen für Anleihen (1 215,00 €)	–	1000,00	+335,00	335,00	+801,00	801,00	79,00	+19,75 KESt +1,08 SolZ	Steuern 20,83	3
25.06.	Veräußerungsgewinne aus Aktien (1355,00 €)	–1 000,00	0,00	–335,00	0,00	–20,00	781,00	–	–	1355,00	4
06.11.	Zinsen aus Anleihen (805,00 €)	–	0,00	–	0,00	–781,00	0,00	24,00	–6,00 KESt –0,33 SolZ	798,67	5
15.12.	Veräußerungsverluste aus Aktien (550,00 €)	+530,00	530,00	–	0,00	+20,00	20,00	–	–	–	6

Erläuterungen:

1 Zinsen aus einem Festgeld können nicht mit der Aktien-VVD verrechnet werden. Es erfolgt zunächst eine Verrechnung mit der AVVD in Höhe von 100,00 €. Diese ist damit leer. Die restlichen 100,00 € können mit dem Sparerpauschbetrag verrechnet werden. Da dieser ausreichend ist, erfolgt kein Steuerabzug.

2 Auch Veräußerungsgewinne aus Zertifikaten können nicht mit der Aktien-VVD verrechnet werden. Die AVVD ist bereits leer. Somit bleibt nur eine Verrechnung mit dem Sparerpauschbetrag. Hier sind noch 701,00 € verfügbar. Da dieser Betrag nicht alles abdeckt, erfolgt auf den Restbetrag von 79,00 € der Steuerabzug durch die Bank.

3 Es handelt sich um einen negativen Kapitalertrag. Deshalb erhält der Anleger zunächst die 2 gezahlten Steuern zurück. Damit sind 79,00 € verrechnet worden. Im nächsten Schritt lebt der Sparerpauschbetrag wieder auf. Dadurch können weitere 801,00 € des negativen Kapitalertrags verrechnet werden. Es bleiben noch 1215,00 € – 79,00 € – 801,00 € = 335,00 €, die aktuell nicht mit positiven Kapitalerträgen verrechnet werden können. Dieser Betrag wird zunächst in der AVVD vermerkt.

4 Veräußerungsgewinne aus Aktien werden immer zuerst mit der Aktien-VVD verrechnet. Diese wird dadurch auf Null gesetzt. Im nächsten Schritt kann die AVVD zur Verrechnung genutzt werden. Auch diese ist somit wieder leer. Von den 1 355,00 € verbleiben nach Abzug von 1000,00 € (Aktien-VVD) und von 335,00 € (AVVD) noch 20,00 €. Diese werden mit dem Sparerpauschbetrag verrechnet. Ein Steuerabzug erfolgt somit nicht.

5 Beide Verlustverrechnungsdateien sind leer. Somit kann im nächsten Schritt nur noch der Sparerpauschbetrag zur Verrechnung genutzt werden. Da dieser aber nicht ausreicht, um den gesamten Zinsertrag abzudecken, muss der Anleger auf den Restbetrag von 24,00 € Steuern zahlen.

6 Eine Rückerstattung von bereits gezahlten Steuern ist nicht möglich, da die gezahlten Steuern nicht für Kursgewinne aus Aktien angefallen sind. Im nächsten Schritt lebt der Sparerpauschbetrag wieder auf, jedoch nur insoweit, wie er durch Aktienkursgewinne belastet wurde. Dies war in 4 in Höhe von 20,00 € der Fall. Der Restbetrag von 550,00 € – 20,00 € = 530,00 € muss in die Aktien-VVD eingestellt werden.

5.2 Besonderheiten bei der Besteuerung von Investmentvermögen

Am **01.01.2018** traten die Änderungen in der Besteuerung von Investmentvermögen in Kraft. Grundlage war das Gesetz zur Reform der Investmentbesteuerung, durch das das Investmentsteuergesetz (InvStG) an europäische Rechtsnormen angepasst wurde. Die wichtigste Neuerung ist die nunmehr geltende **Gleichbehandlung** von inländischen und ausländischen offenen Investmentvermögen.

a) Steuerpflichtige Investmenterträge

Durch die Investmentsteuerreform wurde das bis dahin geltende Transparenzprinzip aufgegeben, d. h. Investmenterträge werden nicht mehr ausschließlich auf Ebene des Anlegers besteuert, sondern zum Teil bereits auf Ebene des Investmentfonds.

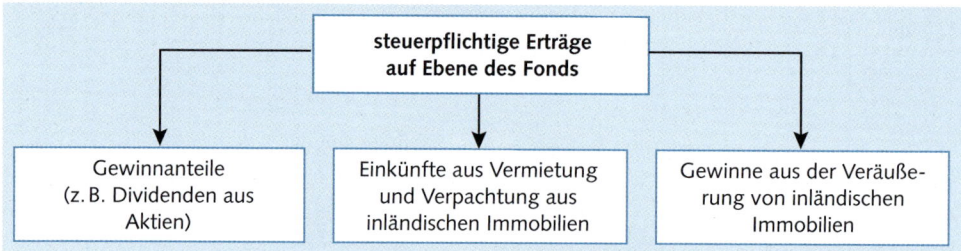

Ausnahme: Für Veräußerungsgewinne aus inländischen Immobilien gilt **Steuerfreiheit,** sofern die bisher geltende 10-jährige Haltefrist für die Immobilie vor dem 01.01.2018 bereits abgelaufen war. Für alle anderen Immobilien entfällt der vormals gültige steuerfreie Veräußerungsgewinn bei 10-jähriger Haltefrist.

InvStG
§ 6

Die genannten Erträge sind auf Fondsebene mit **15 % Körperschaftssteuer** zu versteuern.

§ 16

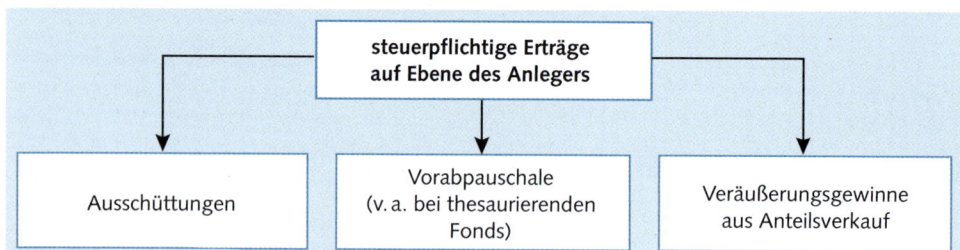

b) Regelungen zur Besteuerung

➤ Ausschüttungen

Es gilt das Zuflussprinzip. Ausschüttungen unterliegen bei Zufluss der Besteuerung durch die Abgeltungsteuer, sofern keine Freistellung bzw. Verlustverrechnungsmöglichkeit vorliegt (vgl. F 5.1).

➤ Vorabpauschale

§ 18

Für thesaurierende Fonds bzw. Fonds, die aus steuerrechtlicher Sicht nicht genügend ausschütten, wird jeweils zum Jahresbeginn eine Vorabpauschale berechnet, die der Besteuerung durch die Abgeltungsteuer unterliegt, sofern keine Freistellung bzw. Verlustverrechnungsmöglichkeit vorliegt (vgl. F 5.1).

Sie wird jährlich wie folgt ermittelt:

> Vorabpauschale = Rücknahmepreis (zu Jahresbeginn) · (0,7 · Basiszins)
>
> abzüglich Ausschüttungen des Kalenderjahres

Der Basiszins wird jährlich als langfristig erzielbare Rendite öffentlicher Anleihen errechnet und veröffentlicht. Für 2019 liegt der Basiszins bei 0,52 %.

Liegt die tatsächliche Wertentwicklung des Fonds unterhalb der Vorabpauschale, so gilt die tatsächliche Wertentwicklung als Basis für die Besteuerung. Sie kann wie folgt ermittelt werden:

> tatsächliche Wertsteigerung = Rücknahmepreis (Jahresende) − Rücknahmepreis (Jahresanfang) + Ausschüttungen des Kalenderjahres

Bei Kauf der Fondsanteile wird die Pauschale anteilig für das Jahr des Kaufs ermittelt. Kauft der Anleger die Anteile beispielsweise im März, so wird die Pauschale für dieses Kalenderjahr für 10 Monate (10/12) berechnet.

➤ **Veräußerungsgewinne**

Bei einem Verkauf von Fondsanteilen ist der gesamte Veräußerungsgewinn zu versteuern, sofern keine Freistellung bzw. Verlustverrechnungsmöglichkeit vorliegt (vgl. F 5.1).   InvStG § 19

Der Veräußerungsgewinn errechnet sich dabei wie folgt:

> Einnahmen aus der Veräußerung (abzüglich der Kosten des Verkaufs)
>
> − Anschaffungskosten (inkl. Kosten des Kaufs)
>
> = Veräußerungsgewinn
>
> − alle Vorabpauschalen während der Besitzdauer
>
> = steuerpflichtiger Veräußerungsgewinn

Für **vor dem 01.01.2009 angeschaffte Fondsanteile** galt bis zum 01.01.2018 die Regelung, dass die erzielten Veräußerungsgewinne komplett steuerfrei vereinnahmt werden konnten. Für diese Altbestände gilt nunmehr, dass die positive Wertentwicklung seit dem 01.01.2018 zu versteuern ist, sofern keine Freistellung bzw. Verlustverrechnungsmöglichkeit vorliegt (vgl. F 5.1). Dies gilt allerdings nur dann, wenn ein **Freibetrag von 100 000,00 €** überschritten wird.

c) Teilfreistellungen

Auf Ebene des Anlegers hat der Gesetzgeber als Ausgleich für die neu eingeführte Besteuerung auf Fondsebene **Teilfreistellungen** für bestimmte Fondsarten eingeräumt. Diese betragen bei: § 20

- Aktienfonds   30 %,
- Mischfonds (mind. 25 % Aktienanteil)   15 %,
- offenen Immobilienfonds

  mit überwiegend inländischen Immobilien   60 %,

  mit > 50 % ausländischen Immobilien   80 %.

Die Teilfreistellungen geben an, welcher Teil der Erträge auf Anlegerebene **steuerfrei** bleibt.

d) Besonderheiten bei bestimmten Anlageprodukten

Die beschriebenen Regelungen gelten nicht, wenn die Investmentanteile im Rahmen von **Altersvorsorge- oder Basisrentenverträgen** gehalten werden, die nach § 5 oder § 5a des Altersvorsorgeverträge-Zertifizierungsgesetzes zertifiziert wurden. Für diese Riester- bzw. Rürup-Verträge gelten besondere steuerliche Regelungen (vgl. Bd. 2, C 2.2.3 und C 2.3.1).

Die Fondserträge im Rahmen von **fondsgebundenen, nicht zertifizierten Lebens- oder Rentenversicherungen** werden erst bei Fälligkeit bzw. vorzeitiger Auflösung versteuert. Es werden also keine Vorabpauschalen berechnet und versteuert und auch Ausschüttungen bleiben zunächst ohne Steuerabzug. Bei Auszahlung bleiben als **Teilfreistellung 15 %** der Fondserträge steuerfrei, unabhängig davon, welche Art von Fonds der Versicherung zugrunde liegt. Je nachdem, wann der Vertrag geschlossen wurde und welche Bedingungen erfüllt sind, erfolgt bei Auszahlung eine Besteuerung der Erträge (vgl. Bd. 2, C 9.2 bis C 9.4).

5.3 Erbschaft- und Schenkungsteuer

5.3.1 Grundbegriffe des Erbrechts

BGB
§ 1922
§ 2032 ff.

Mit dem Tod einer Person (= **Erblasser**) geht deren Vermögen als Ganzes auf einen oder mehrere **Erben** über. Mehrere Erben bilden eine **Erbengemeinschaft.** Diese tritt als Gesamtrechtsnachfolger für den Erblasser ein, d. h. alle Erben haften gesamtschuldnerisch für die Verbindlichkeiten des Erblassers und treten in sämtliche Verträge des Erblassers ein. Die Erben tragen die Beerdigungskosten aus der Erbschaft.

➤ Testament

§ 1937
§ 2229

Der Erblasser kann durch eine **einseitige Willenserklärung** den oder die Erben bestimmen (gewillkürte Erbfolge), sofern er mindestens das 16. Lebensjahr vollendet hat.

§ 2064

Ein Testament kann ausschließlich durch den Erblasser selbst errichtet werden.

§ 2231

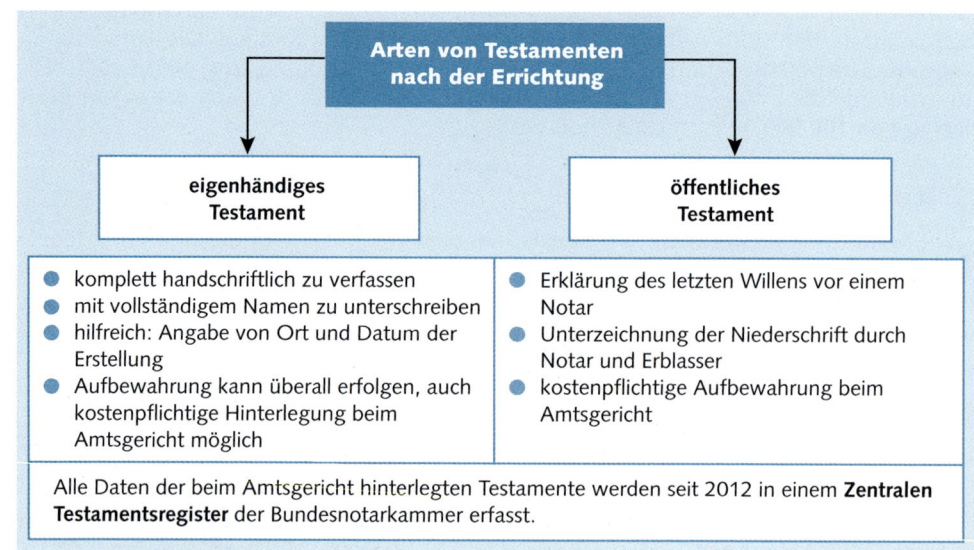

Arten von Testamenten nach der Errichtung		
eigenhändiges Testament		**öffentliches Testament**
• komplett handschriftlich zu verfassen • mit vollständigem Namen zu unterschreiben • hilfreich: Angabe von Ort und Datum der Erstellung • Aufbewahrung kann überall erfolgen, auch kostenpflichtige Hinterlegung beim Amtsgericht möglich		• Erklärung des letzten Willens vor einem Notar • Unterzeichnung der Niederschrift durch Notar und Erblasser • kostenpflichtige Aufbewahrung beim Amtsgericht
Alle Daten der beim Amtsgericht hinterlegten Testamente werden seit 2012 in einem **Zentralen Testamentsregister** der Bundesnotarkammer erfasst.		

Durch ein Testament können nicht nur Erben festgelegt werden. Es kann auch ein Vermächtnis formuliert werden. Ein **Vermächtnis** ist die Zuwendung eines einzelnen Gegenstandes ohne weitere Verpflichtungen für den Vermächtnisnehmer. Er wird nicht Erbe, er hat lediglich einen Herausgabeanspruch gegenüber den Erben.

➤ Erbvertrag

Alternativ zum Testament kann auch ein Erbvertrag die letztwilligen Verfügungen des Erblassers regeln. Ein Erbvertrag wird zwischen mindestens zwei Personen geschlossen. Mindestens eine der Personen trifft hierbei **letztwillige Verfügungen.** Für das Treffen solcher Verfügungen muss grundsätzlich eine unbeschränkte Geschäftsfähigkeit vorliegen. Um im Erbvertrag bedacht zu werden, genügt die beschränkte Geschäftsfähigkeit (vgl. Bd. 1, C 4.1.1).   BGB § 1941

Ein Erbvertrag wird **vor einem Notar** bei gleichzeitiger Anwesenheit aller Vertragsparteien geschlossen. Personen, die keine erbrechtlichen Verfügungen treffen wollen, können sich durch einen Bevollmächtigten vertreten lassen. Die **Verwahrung** des Erbvertrages kann durch den Notar oder durch das zuständige Amtsgericht erfolgen. Testamente mit abweichendem Inhalt sind ungültig.

➤ Gesetzliche Erbfolge

Trifft der Erblasser vor seinem Tod **keine letztwillige Verfügung,** so greift die gesetzliche Erbfolge. Diese ist im folgenden Schema dargestellt.   §§ 1924 ff.

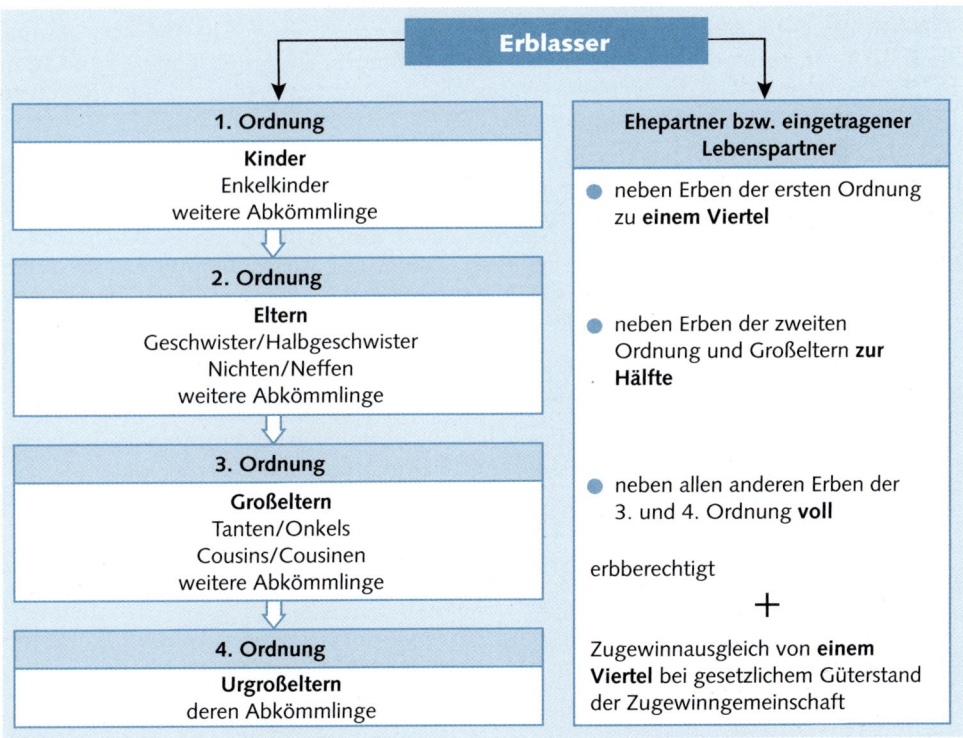

Solange Erben der vorherigen Ordnung vorhanden sind bzw. das Erbe nicht ausgeschlagen haben, ist die nächstfolgende Ordnung vom Erbe ausgeschlossen. Innerhalb der ersten bis dritten Ordnung erben jeweils die Kinder, Eltern bzw. Großeltern.   § 1930

Nur wenn diese selbst bereits tot sind bzw. das Erbe ausgeschlagen haben, folgen die Nachkömmlinge der jeweiligen Ordnung in der im Schema angegebenen Reihenfolge.

Ab der vierten Ordnung erben die Nachkömmlinge (z. B. die Urgroßeltern) nur, sofern gar keiner der zuerst angegebenen Erben (also z. B. gar kein Urgroßelternteil) mehr vorhanden ist oder das Erbe antritt.

BGB § 1936

Sind keine gesetzlichen Erben vorhanden oder ermittelbar, erbt der **Fiskus**.

> **Pflichtteil**

§ 2303

Werden nach der gesetzlichen Erbfolge erbberechtigte Kinder oder deren Abkömmlinge (z. B. Enkel, Urenkel usw.), Eltern oder der Ehepartner bzw. der eingetragene Lebenspartner des Erblassers durch Testament bzw. Erbvertrag **von der Erbschaft ausgeschlossen,** so haben sie einen Anspruch auf einen Pflichtteil.

Der Pflichtteil beträgt **die Hälfte** des Wertes des gesetzlichen Erbanteils. Pflichtteilsberechtigte sind nicht am Erbe beteiligt, d. h. sie können ihren **Geldanspruch** nur gegenüber den Erben geltend machen.

5.3.2 Erbschaft und Schenkung

a) Erbschaft

§ 2259

Verstirbt der Erblasser, so meldet das zuständige Standesamt den Todesfall an das Zentrale Testamentsregister. Auf diese Weise gelangen eventuell hinterlegte Daten zu Testamenten bzw. Erbverträgen an das **Nachlassgericht.** Anderweitig verwahrte Testamente sind dem Nachlassgericht unverzüglich zu übergeben.

Das Nachlassgericht **eröffnet** (sofern vorhanden) **das Testament** und informiert die Erben bzw. Pflichtteilsberechtigten.

§§ 1942 ff.

Die Erbschaft gilt als angenommen, sofern sie nicht innerhalb von **sechs Wochen nach Kenntnisnahme** des Erbfalls ausgeschlagen wurde. Die **Ausschlagung** erfolgt durch Erklärung gegenüber dem zuständigen Nachlassgericht oder gegenüber einem Notar. Eine Ausschlagung per Brief, Fax oder Mail ist nicht möglich.

Eine Ausschlagung ist z. B. sinnvoll, wenn der Erblasser mehr Schulden als Vermögen hinterlässt. Dies sollte im Vorfeld durch potentielle Erben stets geprüft werden.

Als Nachweis über eine Erbschaft kann sich der Erbe vom zuständigen Nachlassgericht einen **Erbschein** ausstellen lassen. Alternativ akzeptieren Behörden und andere Unternehmen (z. B. Banken) oft auch eine Abschrift des Testaments mit dem entsprechenden Eröffnungsprotokoll.

b) Schenkung

§ 516

Als Schenkung wird eine **unentgeltliche Zuwendung** bezeichnet, durch die jemand aus seinem Vermögen einen anderen bereichert. Der Beschenkte muss der Schenkung zustimmen.

Eine Schenkung kann auch aus dem Grund erfolgen, dass jemand bereits zu Lebzeiten Teile seines Vermögens auf z. B. Verwandte übertragen möchte. Das kann aus rein praktischen Gründen sinnvoll sein oder auch aus steuerlichen Gründen (vgl. F 5.3.3).

5.3.3 Erbschaft- und Schenkungsteuer

5.3.3.1 Steuerpflicht

Grundlage für die Berechnung der Erbschaft- und Schenkungsteuer sind die **Zuwendungen eines Erblassers** (Erbschaft, Pflichtteil, Vermächtnis etc.) oder **Schenkungen zu Lebzeiten** durch einen Dritten.

a) Persönliche Steuerpflicht

Zunächst ist die Frage zu klären, **für wen** überhaupt eine Erbschaft- und Schenkungsteuerpflicht nach deutschem Recht gilt. Das Erbschaft- und Schenkungsteuergesetz (ErbStG) unterscheidet hierbei in unbeschränkte und beschränkte Steuerpflicht.

ErbStG
§ 2

unbeschränkte Steuerpflicht	beschränkte Steuerpflicht
wenn **entweder** Geber **oder** Erwerber ● seinen gewöhnlichen Aufenthalt bzw. Wohnsitz in Deutschland hat (unabhängig von Staatsbürgerschaft) ● deutscher Staatsangehöriger ist, der sich vor dem Todesfall nicht länger als 5 Jahre dauernd im Ausland aufgehalten hat (ohne Wohnsitz in Deutschland) ● deutscher Staatsangehöriger ohne Wohnsitz oder gewöhnlichen Aufenthalt in Deutschland ist, aber von einer deutschen, öffentlich-rechtlichen, juristischen Person Arbeitsentgelt bezieht	● **weder** Geber **noch** Erwerber hat seinen gewöhnlichen Aufenthalt bzw. Wohnsitz in Deutschland
Steuerpflicht besteht für die **gesamten** Zuwendungen durch den Geber (unbeschränkt)	**nur in Deutschland befindliches Vermögen** unterliegt der deutschen Steuer

b) Entstehung der Steuerpflicht

Die **Steuerpflicht** entsteht bei Zuwendungen von Todes wegen und bei Schenkungen jeweils **im Zeitpunkt des Erwerbs.** Bei Schenkungen ist dies der Zeitpunkt, in dem die Schenkung vollzogen ist. Bei Zuwendungen von Todes wegen können es verschiedene Zeitpunkte sein.

Art der Zuwendung von Todes wegen	Zeitpunkt des Erwerbs
Erbschaft aufgrund gesetzlicher oder testamentarisch festgelegter Erbfolge/bei Erbvertrag	Tod des Erblassers
Pflichtteilsanspruch	bei Geltendmachung gegenüber den Erben
Vermächtnis	Tod des Erblassers

Fällt die Zuwendung von Todes wegen erst bei Erfüllung einer Bedingung (**Auflage**) an den Begünstigten, so entsteht die Steuerpflicht erst dann, wenn der Begünstigte die Zuwendung erhält.

> **Beispiel:**
> Die Großmutter hat zugunsten ihrer Enkelin im Testament ein Geldvermächtnis zu deren 18. Geburtstag festgelegt. Die Enkelin wird somit erst mit ihrem 18. Geburtstag steuerpflichtig.

c) Bewertung der steuerpflichtigen Zuwendungen

➤ **Bewertungsvorschriften für das erworbene Vermögen**

ErbStG
§ 11
§ 12

Maßgeblich ist hierbei der Zeitpunkt des Erwerbs. Es handelt sich somit um eine **Stichtagsbewertung.** In der nachfolgenden Tabelle finden Sie die anzusetzenden Werte für ausgewählte Vermögensgegenstände:

Art des Vermögenswerts	anzusetzender Wert
Bargeld/Kontoguthaben/Sparbriefe	Nominalwert (bei Kontoguthaben und Sparbriefen zuzüglich der bis zum Stichtag aufgelaufenen Zinsen)
Lebens- und Rentenversicherungen	Rückkaufwert
Antiquitäten/Gemälde/Schmuck	Wert gemäß Wertgutachten durch Sachverständige
Autos	Verkehrswert (z. B. Schwacke-Liste)
Anleihen/Aktien/ETFs	niedrigster Börsenpreis am Stichtag
andere Wertpapiere/Derivate	niedrigster Wert aus verschiedenen Geld-/Briefkursen
Investmentfondsanteile	Rücknahmepreis am Stichtag
Immobilien	Verkehrswert, d. h. für ● unbebaute Grundstücke = Bodenrichtwert gemäß Gutachterausschuss ● Ein- und Zweifamilienhäuser = Vergleichswert ● vermietete Mehrfamilienhäuser = Ertragswert

➤ **Steuerfreie Zuwendungen**

Unter bestimmten Bedingungen bleibt die **Erbschaft einer Immobilie** für die Erben steuerfrei. Zunächst müssen **zwei Voraussetzungen** erfüllt sein:

● der Erblasser hat die Wohnung bzw. das Haus selbst bewohnt oder er war aus zwingenden Gründen an der Nutzung gehindert (z. B. Unterbringung im Pflegeheim aufgrund von Betreuungsbedürftigkeit) und

● der Erbe nutzt die Wohnung bzw. das Haus selbst zu Wohnzwecken für mindestens 10 Jahre.

§ 13 (1)
Nr. 4b
Nr. 4c

Die **Steuerbefreiung** gilt unter diesen Umständen

● für den **Ehepartner bzw. eingetragenen Lebenspartner** des Erblassers uneingeschränkt,

● für **Kinder und Stiefkinder** des Erblassers nur bis zu einer Wohnfläche von 200 Quadratmetern,

● für **Enkelkinder** des Erblassers nur, wenn sein Elternteil (Kind des Erblassers) nicht mehr lebt.

§ 13 (1)
Nr. 4a

Die **Schenkung einer Immobilie** zu Lebzeiten ist nur an den Ehepartner bzw. den eingetragenen Lebenspartner steuerfrei möglich. Voraussetzung ist hierbei, dass die Immobilie zum Zeitpunkt der Schenkung von den Eheleuten selbst als Wohnsitz genutzt wird. Die 10-Jahresfrist für die Nutzung der Immobilie gibt es bei Schenkungen hingegen nicht.

Auch die Zuwendungen von **Hausrat** (z. B. Haushaltsgeräte, Möbel, Kleidung, Wäsche) und **anderen Gütern** (z. B. Auto, Motorrad, Boot) sind innerhalb bestimmter Grenzen steuerfrei möglich. Die Höhe dieser Freibeträge ist abhängig davon, zu welcher Steuerklasse (vgl. F 5.3.3.2) der Erwerber gehört.   ErbStG § 13 (1) Nr. 1

Steuerklasse	Freibetrag für Hausrat	Freibetrag für andere Güter
I	41 000,00 €	12 000,00 €
II + III	12 000,00 €	

Zu den **anderen Gütern** zählen hierbei explizit **nicht:** Wertpapiere, Münzen, Edelmetalle, Edelsteine etc.

Schenkungen im Rahmen von üblichen Gelegenheitsgeschenken (z. B. Geburtstags-, Weihnachtsgeschenke) sind steuerfrei. Eine festgelegte Grenze gibt es hierfür nicht.

➤ Abzug von Nachlassverbindlichkeiten

Im Fall von Zuwendungen von Todes wegen dürfen Nachlassverbindlichkeiten vom ermittelten Nachlassvermögen abgezogen werden. **Abziehbare Nachlassverbindlichkeiten** sind in erster Linie: § 10 (5)

- Schulden des Erblassers,
- Verbindlichkeiten aus Vermächtnissen, Auflagen und geltend gemachten Pflichtteilsansprüchen,
- Beerdigungskosten,
- Kosten für Abwicklung, Regelung und Verteilung des Nachlasses (z. B. Gutachterkosten, Kosten der Testamentseröffnung, Kosten des Erbscheins, Abfindungszahlungen).

Ohne Einzelnachweis können hierfür **10 300,00 € als Pauschale** abgezogen werden. Höhere Beträge sind durch Einzelbelege nachzuweisen. **Nicht abzugsfähig** sind die eigene zu entrichtende Erbschaftssteuer sowie Kosten für erbrechtliche Prozesse.

➤ Bemessungsgrundlage für die Steuerschuld

Zusammenfassend ergibt sich unter Berücksichtigung aller genannten Vorschriften das folgende Berechnungsschema für die Bemessungsgrundlage zur Berechnung der Erbschaft- bzw. Schenkungsteuer:

> anzusetzender Wert der Vermögensgegenstände
> – steuerfreie Zuwendungen
> – Nachlassverbindlichkeiten
> **= Bemessungsgrundlage (vor Abzug von möglichen Freibeträgen)**

5.3.3.2 Höhe der Erbschaft- und Schenkungsteuer

Die Höhe der zu entrichtenden Erbschaft- bzw. Schenkungsteuer richtet sich danach, in welche **Steuerklasse** der Begünstigte fällt, welche **Freibeträge** ihm zustehen und welcher **Steuersatz** für ihn gilt. Diese Faktoren richten sich jeweils nach dem Verwandtschaftsverhältnis zum Erblasser bzw. zum Schenkenden.

In der folgenden Tabelle sind zunächst die **Steuerklassenzugehörigkeit** sowie die **Freibeträge** aufgeführt, die von der in F 5.3.3.1 ermittelten Bemessungsgrundlage abgezogen werden können.   §§ 15, 16

Steuerklasse	Personenkreis	Freibetrag in €
I	Ehegatte, eingetragener Lebenspartner	500 000,00 €
	Kinder, Stiefkinder, Kinder der verstorbenen Kinder und Stiefkinder	400 000,00 €
	andere Enkel und Stiefenkel	200 000,00 €
	Eltern/Großeltern (bei Erbschaften); Urenkel	100 000,00 €
II	Eltern/Großeltern (bei Schenkungen); Geschwister; Nichten und Neffen; Stiefeltern; Schwiegereltern und Schwiegerkinder; geschiedene Ehegatten bzw. Partner aus einer aufgehobenen Lebenspartnerschaft	20 000,00 €
III	alle übrigen Beschenkten/Erben/Vermächtnisnehmer (z. B. Onkel, Tanten, Nachbarn, Freunde etc.)	20 000,00 €
I – III	Bei **beschränkter Steuerpflicht** in Deutschland gilt unabhängig vom Verwandtschaftsverhältnis für alle Gruppen ein individuell zu errechnender Abschlag vom Freibetrag.	

ErbStG
§ 17

Darüber hinaus können nahe Verwandte **besondere Versorgungsfreibeträge** geltend machen. Diese gelten jedoch nur im Todesfall, da sie den Einkommensausfall des Erblassers ausgleichen sollen.

Ehegatten, eingetragene Lebenspartner	256 000,00 €
Kinder/Stiefkinder bis 5 Jahre	52 000,00 €
Kinder/Stiefkinder von > 5 bis 10 Jahren	41 000,00 €
Kinder/Stiefkinder von > 10 bis 15 Jahren	30 700,00 €
Kinder/Stiefkinder von > 15 bis 20 Jahren	20 500,00 €
Kinder/Stiefkinder von > 20 bis 27 Jahren	10 300,00 €

Hinweis: Mit dem Tod des Erblassers zusammenhängende Versorgungsbezüge wie z. B. Hinterbliebenenrente verringern den Versorgungsfreibetrag entsprechend.

Die Bemessungsgrundlage abzüglich der anwendbaren Freibeträge wird in Abhängigkeit von der Steuerklasse mit dem folgenden **Erbschaft- bzw. Schenkungsteuersatz** belegt:

zu versteuernder Betrag in €	Steuerklasse I	Steuerklasse II	Steuerklasse III
bis 75 000,00	7 %	15 %	30 %
bis 300 000,00	11 %	20 %	30 %
bis 600 000,00	15 %	25 %	30 %
bis 6 000 000,00	19 %	30 %	30 %
bis 13 000 000,00	23 %	35 %	50 %
bis 26 000 000,00	27 %	40 %	50 %
über 26 000 000,00	30 %	43 %	50 %

Schenkungen und Erbschaften desselben Gebers werden **innerhalb von 10 Jahren** steuerrechtlich zusammengerechnet. Der persönliche Freibetrag kann also alle 10 Jahre neu genutzt werden. Durch geschickte Regelungen lässt sich die Höhe der anfallenden Steuern mitunter stark reduzieren. Im Beratungsgespräch sollten Finanzanlagenvermittler darauf hinweisen, dass eine vorherige Beratung durch einen Steuerberater sinnvoll ist.

5.3.3.3 Anzeigepflichten

Im Zusammenhang mit Zuwendungen von Todes wegen oder mit Schenkungen haben die verschiedenen Beteiligten bestimmte Anzeigepflichten.

Der **Erwerber** und bei Schenkungen auch der Geber müssen grundsätzliche binnen einer **Frist von drei Monaten** nach Kenntnis von der Zuwendung dem zuständigen Finanzamt die Zuwendung schriftlich anzeigen.

ErbStG
§ 30

Kreditinstitute sind verpflichtet, dem Finanzamt innerhalb eines Monats nach Kenntnis des Todesfalls die von ihr verwahrten Vermögenswerte des Erblassers schriftlich anzuzeigen, sofern ihr Gesamtwert 5 000,00 € übersteigt. Vorhandene Schließfächer sind unabhängig vom Inhalt immer zu melden.

§ 33

Versicherungsunternehmen haben, bevor sie Versicherungssummen oder Leibrenten einem anderen als dem Versicherungsnehmer auszahlen oder zur Verfügung stellen, hiervon dem Finanzamt schriftlich Anzeige zu erstatten.

Standesämter sind verpflichtet, jeden Todesfall unverzüglich dem Finanzamt zu melden. Auch **Gerichte, Notare und sonstige Behörden** haben dem zuständigen Finanzamt schriftlich Anzeige zu erstatten über diejenigen Beurkundungen, Zeugnisse und Anordnungen, die für die Festsetzung einer Erbschaftsteuer von Bedeutung sein können.

§ 34

Lernkontrollen zu F 5

Abgeltungsteuer

1 Erläutern Sie, was die Abgeltungsteuer ist und worauf sie erhoben wird.

2 Welche Rolle spielt der Sparerpauschbetrag bei der Versteuerung von Kapitalerträgen und wie hoch ist er? Gehen Sie bei Ihrer Antwort auch auf den Freistellungsauftrag ein.

3 Was ist eine Nichtveranlagungsbescheinigung? Erläutern Sie den Zweck sowie die Voraussetzungen, die für eine solche Bescheinigung erfüllt sein müssen.

Verrechnungsmöglichkeiten

4 Stellen Sie für die nachstehenden Geschäftsfälle der Anlegerin Britta Scholten (ledig) die möglichen Verrechnungen in der unteren Tabelle dar. Aus Vereinfachungsgründen soll die Kirchensteuer unberücksichtigt bleiben.

Anmerkung: Sie haben Frau Scholten darüber aufgeklärt, dass sie keine Steuerberatung vornehmen, sondern lediglich über die steuerlichen Verrechnungsverfahren informieren dürfen.

Datum	Art der Kapitalerträge	Betrag in €
25.02.	Zinsgutschrift	800,00
20.04.	Gutschrift von Dividenden	400,00
01.06.	gezahlte Stückzinsen für Anleihen	1 215,00
15.06.	Veräußerungsverluste aus Aktien	150,00
10.08.	Veräußerungsgewinne aus Aktien	2 000,00

Britta Scholten hat der Süddeutschen Handelsbank AG zu Beginn des Jahres einen Freistellungsauftrag über 801,00 € erteilt. Aus dem Vorjahr sind folgende Verlustvorträge zu berücksichtigen:

- allgemeine Verlustverrechnungsdatei   300,00 €
- Aktien-Verlustverrechnungsdatei   150,00 €.

Datum	Aktien-VVD	AVVD	Sparerpausch-betrag	Bemessungs-grundlage	Steuern	Gutschrift
AB						
25.02.						
20.04.						
01.06.						
15.06.						
10.08.						

Besteuerung von Investmentfonds

5 Wie werden Investmentfondserträge auf Ebene des Investmentfonds besteuert?

6 Erläutern Sie den Unterschied in der steuerlichen Behandlung zwischen ausschüttenden und thesaurierenden Fonds.

7 Was passiert aus steuerrechtlicher Sicht beim Verkauf von Fondsanteilen? Erläutern Sie die Vorgehensweise.

Grundlagen zum Erbrecht

8 Erläutern Sie Unterschiede und Gemeinsamkeiten zwischen einem Testament und einem Erbvertrag.

9 Was ist ein Vermächtnis? Geben Sie ein eigenes Beispiel.

Erbschaft- und Schenkungssteuer

10 Errechnen Sie den Betrag (ohne steuerfreie Immobilien), den ein überlebender Ehegatte bzw. eingetragener Lebenspartner maximal erben kann, ohne Erbschaft- und Schenkungsteuer zu zahlen. Berücksichtigen Sie dabei alle möglichen Freibeträge und Abzüge. Gehen Sie davon aus, dass die Erbschaft nicht mit Schulden belastet ist.

11 Welche Regelungen gelten in Bezug auf die Vererbung von selbst genutzten Wohnimmobilien?

12 Erläutern Sie die Meldepflichten von Kreditinstituten im Todesfall eines Kunden.

6 Ausgewählte weitere Anlageprodukte

6.1 Geschlossene Investmentvermögen

Situation:

Ihr Kunde, der Facharzt Dr. Peter Zabel, hat mit Ihnen telefonisch einen Beratungstermin vereinbart. Ein Kollege hat ihm von einer sehr erfolgreichen Geldanlage in geschlossene Immobilienfonds berichtet. Dr. Zabel möchte heute von Ihnen über die Möglichkeiten und Risiken einer Geldanlage in einen geschlossenen Immobilienfonds informiert werden.

Geschlossene Investmentvermögen sind

- Alternative Investment Funds (AIF) im Sinne des KAGB,
- die von einer Vielzahl von Anlegern Kapital einsammeln, um es in ein bestimmtes Investitionsobjekt zu investieren,
- in die nur innerhalb eines bestimmten Zeitraums (Platzierungszeitraum) angelegt werden kann.

Nach dem Platzierungszeitraum sind alle Anteile vergeben und der Fonds wird geschlossen.

Investitionsobjekte können z. B. sein:

- Immobilien,
- Infrastrukturobjekte/Wind- und Solarparks,
- Schiffe/Container/Flugzeuge,
- Medien (Filme, Spiele),
- Private Equity (nicht börsengehandelte Beteiligungen).

Betrachtet werden im Folgenden nur geschlossene Fonds in Form von **Publikums-AIF,** da diese öffentlich angeboten und von allen Anlegern (v. a. auch von Privatanlegern) erworben werden können.

Im Gegensatz zu offenen Publikumsinvestmentvermögen haben geschlossene Fonds eine **feste Laufzeit,** nach der das Investitionsobjekt wieder verkauft und der Fonds aufgelöst wird. Zudem beträgt die **Mindestanlagesumme zwischen 10 000,00 € und 25 000,00 €** je Anteil. Ein Verkauf der Anteile ist während der Laufzeit nur über den Zweitmarkt möglich, eine **Rückgabe** der Fondsanteile an die KVG ist **ausgeschlossen.**

Dennoch sind die Grundidee und Funktionsweise eines geschlossenen Investmentvermögens denen eines offenen Fonds ähnlich, wie auch die Übersicht auf der nächsten Seite zeigt.

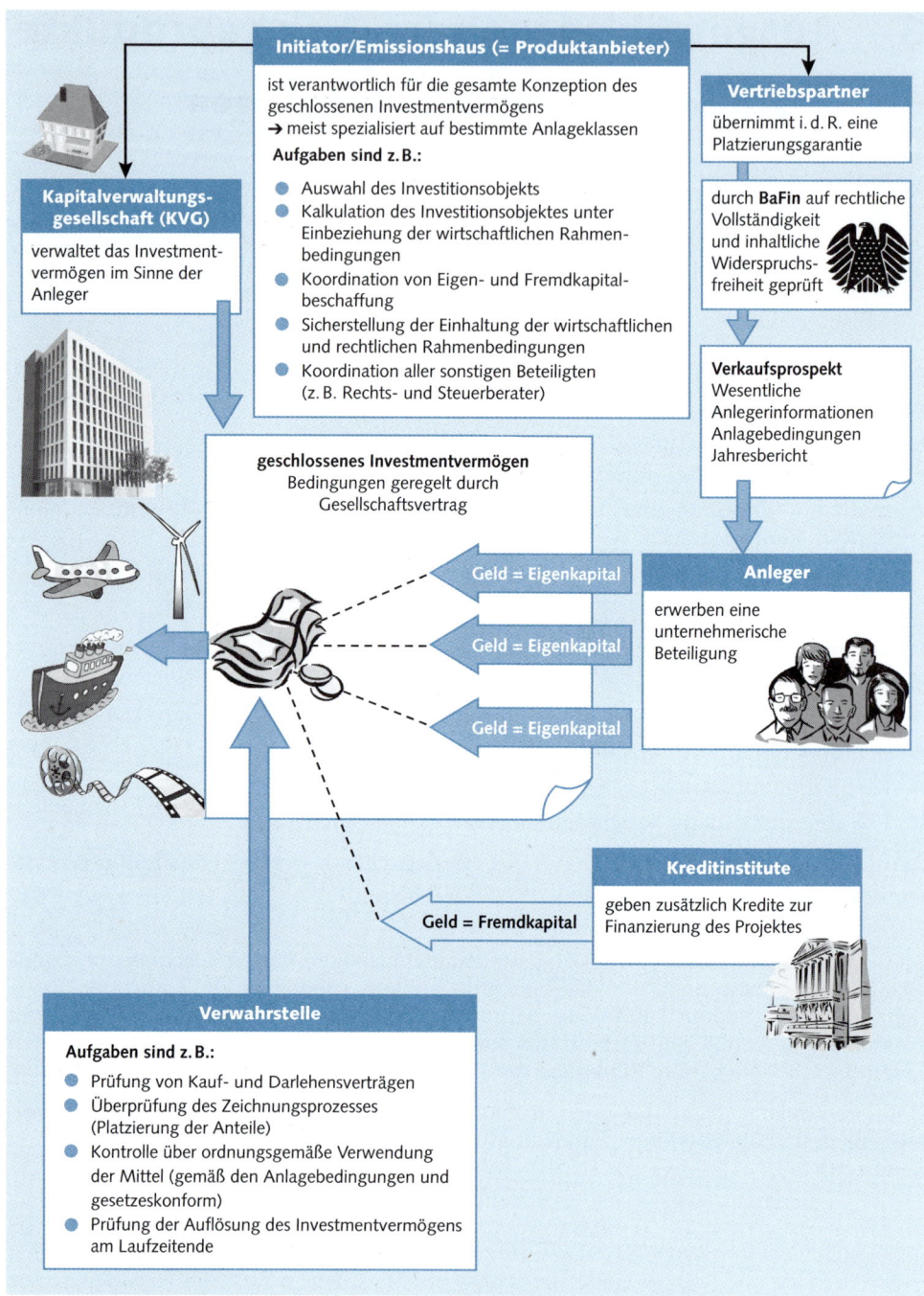

Initiator/Emissionshaus (= Produktanbieter)

ist verantwortlich für die gesamte Konzeption des geschlossenen Investmentvermögens
→ meist spezialisiert auf bestimmte Anlageklassen

Aufgaben sind z. B.:

- Auswahl des Investitionsobjekts
- Kalkulation des Investitionsobjektes unter Einbeziehung der wirtschaftlichen Rahmenbedingungen
- Koordination von Eigen- und Fremdkapitalbeschaffung
- Sicherstellung der Einhaltung der wirtschaftlichen und rechtlichen Rahmenbedingungen
- Koordination aller sonstigen Beteiligten (z. B. Rechts- und Steuerberater)

Kapitalverwaltungsgesellschaft (KVG)

verwaltet das Investmentvermögen im Sinne der Anleger

Vertriebspartner

übernimmt i. d. R. eine Platzierungsgarantie

durch **BaFin** auf rechtliche Vollständigkeit und inhaltliche Widerspruchsfreiheit geprüft

Verkaufsprospekt
Wesentliche Anlegerinformationen
Anlagebedingungen
Jahresbericht

geschlossenes Investmentvermögen
Bedingungen geregelt durch Gesellschaftsvertrag

Geld = Eigenkapital

Geld = Eigenkapital

Geld = Eigenkapital

Anleger

erwerben eine unternehmerische Beteiligung

Kreditinstitute

geben zusätzlich Kredite zur Finanzierung des Projektes

Geld = Fremdkapital

Verwahrstelle

Aufgaben sind z. B.:

- Prüfung von Kauf- und Darlehensverträgen
- Überprüfung des Zeichnungsprozesses (Platzierung der Anteile)
- Kontrolle über ordnungsgemäße Verwendung der Mittel (gemäß den Anlagebedingungen und gesetzeskonform)
- Prüfung der Auflösung des Investmentvermögens am Laufzeitende

Das **Volumen eines geschlossenen Fonds** setzt sich regelmäßig aus dem bei den Anlegern erworbenen Eigenkapital und dem Fremdkapital zusammen, das von Banken für die Finanzierung des jeweiligen Projekts zur Verfügung gestellt wird. Die Fremdkapitalquote darf maximal 60 % des Fondsvolumens betragen.

Die Gesamtkalkulation des Investitionsprojektes sowie die Prognoserechnungen basieren auf der Annahme, dass das **geplante Eigenkapital** von den Anlegern in voller Höhe eingesammelt wird. Der vom Initiator beauftragte Vertriebspartner gibt im Regelfall eine sogenannte **Platzierungsgarantie** ab, d. h. er garantiert den Verkauf aller Fondsanteile im Platzierungszeitraum. Anderenfalls ist er selbst zur Zahlung der Differenz verpflichtet.

Ein wesentlicher Unterschied von geschlossenen Publikums-Investmentvermögen im Vergleich zu offenen Fonds ist auch, dass es sich bei einem geschlossenen Fonds aus Sicht des Anlegers nicht um eine Kapitalanlage, sondern um eine **unternehmerische Beteiligung** handelt. Das Investmentvermögen kann entweder in Form einer geschlossenen Investment-Kommanditgesellschaft (KG) oder in Form einer Investment-AG mit fixem Kapital betrieben werden.

geschlossene Investment-KG	Investment-AG mit fixem Kapital
● Anleger beteiligt sich als Kommanditist	● Anleger erhält bestimmte Anzahl von Aktien
● auch mittelbare Beteiligung über Treuhandkommanditist möglich	● nur unmittelbare Beteiligung möglich
● es gelten die Regelungen des HGB, falls KAGB nichts anderes vorgibt	● es gelten die Regelungen des AktG, wenn KAGB nichts anderes vorgibt
● ggf. Bildung eines Beirates	● Kontrolle und Unterstützung durch einen Aufsichtsrat
● Satzung regelt Unternehmensgegenstand, Rechte und Pflichten der Beteiligten	
● Geschäftsführung: mindestens zwei natürliche Personen oder (bei KG) eine juristische Person mit zwei Geschäftsführern → handelt ausschließlich im Interesse der Anleger (unabhängig von der Verwahrstelle)	

Die unternehmerische Beteiligung führt zu anderen Chancen und Risiken als bei einer Kapitalanlage.

Chancen:
- direkte Ertragsbeteiligung
- Anlage in Sachwerten → Unabhängigkeit von Wertpapiermärkten und Zinsentwicklung
- eventuelle steuerliche Vorteile (ist individuell durch einen Steuerberater zu prüfen)

Risiken:
- unternehmerisches Risiko → fehlende bzw. nur geringe Streuung des Anlagekapitals erhöht Risiko des Totalverlusts
- stark eingeschränkte Liquidität → Veräußerung setzt Kaufinteresse eines Dritten voraus und ist eventuell nur mit Verlusten möglich
- während der Laufzeit können sich steuerrelevante Regelungen ändern → negative Auswirkung auf die erzielte Rendite ist möglich
- Hebelwirkung durch hohe Kreditfinanzierung

Da geschlossene Fonds in der Regel zusätzlich zu dem Beteiligungskapital einen Kredit aufnehmen, können sich Wertschwankungen des Investments stärker auf das investierte Eigenkapital auswirken (= **Hebelwirkung**). Je höher der Einsatz von Fremdkapital in Relation zum Eigenkapital ist, desto stärker wirken sich Abweichungen von der Prognose aus (z. B. ein Veräußerungsverlust), da das Fremdkapital nicht am Verlust teilnimmt.

6.2 Stille Beteiligungen

Situation:

Ihrer Kundin Elisabeth Müller (55 Jahre, angestellte Physiotherapeutin) wurde eine stille Beteiligung als rentable Geldanlage angeboten. Da Frau Müller bisher keine Erfahrungen mit Geldanlagen dieser Art gemacht hat, bittet sie Sie um Informationen zu stillen Beteiligungen.

a) Entstehung

Eine **stille Gesellschaft** entsteht, wenn sich eine natürliche oder juristische Person an der Handelsgesellschaft eines anderen mit einer Vermögenseinlage beteiligt. Der Investor wird bei dieser Form der **Unternehmensfinanzierung** als »stiller Gesellschafter« bezeichnet. Eine Beteiligung in dieser Form ist grundsätzlich an jeder Rechtsform möglich. Die Einlage kann entweder in Geld oder auch in Sach- oder Dienstleistungen bestehen.

HGB
§§ 230 ff.

Die **stille Beteiligung** ist gesetzlich im HGB geregelt. Da es jedoch relativ **wenige zwingende Regelungen** gibt, lässt das Gesetz einen großen Spielraum für eine individuelle Vertragsgestaltung.

b) Rechte und Pflichten des stillen Gesellschafters

§ 231

Gesetzlich festgelegt ist in jedem Fall, dass der stille Gesellschafter einen Anspruch auf eine **Gewinnbeteiligung** an der Handelsgesellschaft hat. Dieser kann vertraglich frei vereinbart, aber nicht ausgeschlossen werden. Ebenso kann im Vertrag festgelegt werden, dass der stille Gesellschafter nicht am Verlust beteiligt sein soll.

Die Rechte und Pflichten des stillen Gesellschafters beschränken sich ausschließlich auf das **Innenverhältnis.** Im Außenverhältnis ist der stille Gesellschafter **Gläubiger** der Gesellschaft mit Gewinnbeteiligung. Dies gilt auch im Fall einer Insolvenz der Handelsgesellschaft.

Da es sich bei der stillen Beteiligung um eine Mischform zwischen Eigen- und Fremdkapital handelt, spricht man auch von einer sogenannten **Mezzanine-Finanzierung** (ital.: mezzo = halb).

c) Rechtsform

Die stille Gesellschaft ist im deutschen Gesellschaftsrecht eine Sonderform einer Personalvereinigung. Ohne weitere Vereinbarung hat die stille Gesellschaft nach der gesetzlichen Konzeption eher den Charakter eines Schuldverhältnisses und weniger den eines Gesellschaftsverhältnisses im engeren Sinne.

Die stille Gesellschaft ist eine reine Innengesellschaft. Bei ihrer Gründung entsteht kein gemeinschaftliches Gesellschaftsvermögen, vielmehr geht die Einlage des stillen Gesellschafters über in das Vermögen des »tätigen Gesellschafters« (das Gesetz nennt ihn »Inhaber eines Handelsgeschäfts«; man spricht auch vom »Geschäftsinhaber«).

Als Innengesellschaft wird die stille Gesellschaft nicht in das Handelsregister eingetragen. Sie betreibt als solche auch kein Handelsgewerbe und führt keine Firma. Die
stille Gesellschaft ist **nicht rechtsfähig**, kann also unter ihrem Namen weder auftreten
noch Rechte erwerben oder Verbindlichkeiten eingehen.

Die stille Beteiligung ist nur **intern** von Bedeutung und auch nur dort bekannt. Nach
außen hin verbleibt es bei der Firma des tätigen Gesellschafters, der selbständig ein
Handelsgewerbe betreiben muss.

d) Arten der stillen Gesellschaft

Folgende Arten werden grundsätzlich unterschieden:

typische stille Beteiligung = handelsrechtlicher Grundtyp	**atypische stille Beteiligung** = besondere vertragliche Ausgestaltung
keine Mitbestimmungsrechte → lediglich Kontrollrecht bzw. Bucheinsichtsrecht	aktives Interesse am gemeinsamen Betrieb eines Handelsgewerbes → Beteiligung an der Geschäftsführung
Höhe und Verteilung des Gewinns sind vertraglich festgelegt, Verlustbeteiligung kann vertraglich ausgeschlossen werden	Gewinn- und Verlustbeteiligung, stiller Gesellschafter ist auch beteiligt am Vermögen der Handelsgesellschaft (d. h. auch an stillen Reserven usw.)
eher mittlere Laufzeit (ca. 5 Jahre), danach besteht ein Anspruch auf Kapitalrückzahlung in Form einer Abfindung	im Regelfall: langfristige Investition

e) Chancen und Risiken einer stillen Beteiligung als Kapitalanlage

➤ Chancen bzw. Vorteile

Die stille Beteiligung ist eine sehr **einfache und unkomplizierte Art** der Beteiligung,
da für die Vertragsschließung gesetzlich keine Formvorschriften (z. B. keine notarielle
Vertragsschließung) vorliegen. Zudem kann sie sehr **individuell** gestaltet werden. Die
stille Beteiligung ist zudem **anonym.**

Der Hauptgrund für eine stille Beteiligung ist jedoch die Möglichkeit, **Renditen weit
über dem Kapitalmarktniveau** erzielen zu können. Anders als bei anderen Beteili-
gungsformen besteht bei der (typischen) stillen Beteiligung ein **Anspruch auf Kapital-
rückzahlung bzw. Abfindung.**

➤ Risiken bzw. Nachteile

Wie bei jeder Form der Beteiligung besteht auch bei dieser Form das **Risiko eines Total-
verlustes,** da der stille Gesellschafter letztlich ein Darlehen ohne entsprechende Sicherheiten zur Verfügung stellt. Auch **teilweise Verluste** des eingesetzten Kapitals sind möglich, sofern der stille Gesellschafter am Verlust des Handelsunternehmens beteiligt ist.

Die Rendite kann durch **hohe Kosten** beeinträchtigt werden, die von der individuellen
Vertragsgestaltung abhängig sind. Häufig werden zusätzlich zur Einlage ein Aufschlag
(= Agio) und ggf. Verwaltungsgebühren verlangt.

Ein wesentlicher Nachteil ist auch die **stark eingeschränkte Liquidität** der Anlage.
Es gibt eine Mindestvertragsdauer, innerhalb derer keine Kündigung der Beteiligung
möglich ist. Ein vorzeitiger Zugriff wäre als vertragswidrige Beendigung des Beteili-
gungsverhältnisses mit einer Entschädigung verbunden. Ein vorzeitiger Verkauf der

Beteiligung ist mit Zustimmung der Handelsgesellschaft unter Umständen möglich, jedoch existiert kein Markt für den Handel mit stillen Beteiligungen. Somit könnte es schwierig sein, einen Interessenten für den Kauf zu finden.

Auch das bei der (typischen) stillen Beteiligung **fehlende Mitspracherecht** ist gegenüber anderen Formen der Beteiligung von Nachteil, da der stille Gesellschafter keinen Einfluss auf die Entwicklung der Handelsgesellschaft nehmen kann.

Insgesamt erfordert die Kapitalanlage in Form einer stillen Gesellschaft eine **hohe Risikobereitschaft** des Anlegers. Ein Privatanleger sollte vor einer Vertragsunterzeichnung eine Rechtsberatung in Anspruch nehmen.

f) Steuerliche Behandlung einer Geldanlage in eine stille Beteiligung

Die jährlichen Gewinnanteile an einer typischen stillen Gesellschaft gelten als Einkünfte aus Kapitalvermögen (§ 20 Abs. 1 Nr. 4 EStG) und werden nach Abzug von 25 % Kapitalertragsteuer und 5,5 % Solidaritätszuschlag gutgeschrieben. Eventuelle Verluste können nur mit anderen Erträgen aus Kapitalvermögen verrechnet werden (vgl. F 5.1).

Bei einer **Beteiligung an einer atypischen stillen Gesellschaft** erzielt der Anleger als Mitunternehmer Einkünfte aus Gewerbebetrieb (§ 15 Abs. 1 Nr. 2 EStG). Diese Einkünfte muss er in seiner jährlichen Einkommensteuererklärung angeben. Verluste kann er mit anderen Einkunftsarten verrechnen.

6.3   Anteile an Genossenschaften

Situation:

Ihr Kunde Herbert Winter (46 Jahre alt, ledig) hat von einem Sportfreund erfahren, dass er mit einer Beteiligung an einer Genossenschaft eine höhere Rendite erhalten kann, als wenn er Bundesanleihen erwirbt. Er bittet Sie um Informationen über Genossenschaften und den Erwerb von Genossenschaftsanteilen.

Für private (Klein-)Anleger besteht durch den Erwerb von Genossenschaftsanteilen eine weitere Möglichkeit zur Beteiligung an wirtschaftlich tätigen Unternehmen.

6.3.1 Rechtsform der eingetragenen Genossenschaft (eG)

Einzig relevant in Deutschland ist die Rechtsform der eingetragenen Genossenschaft (eG). Nicht eingetragene Genossenschaften sind zwar möglich, spielen in der Praxis aber so gut wie keine Rolle.

a) Rechtliche Grundlagen

Rechtliche Grundlage ist das Genossenschaftsgesetz (GenG).

GenG § 1 — Zweck der Genossenschaft ist die Förderung des Erwerbs oder der Wirtschaft ihrer Mitglieder, oder deren soziale oder kulturelle Belange durch den gemeinsamen Geschäftsbetrieb zu fördern.

§ 17 — Die eingetragene Genossenschaft ist eine juristische Person und Formkaufmann im Sinne des Handelsrechts, d.h. sie ist aufgrund der gewählten Gesellschaftsform automatisch Kaufmann. Die Haftung für getätigte Geschäfte der eG ist auf das Vermögen der eG begrenzt.

Bei Gründung einer Genossenschaft ist eine schriftliche Satzung zu verfassen. Zwingende Inhalte sind:

- Firma, Sitz und Gegenstand der Genossenschaft,
- Regelungen darüber, ob und inwieweit Nachschusspflichten der Mitglieder im Insolvenzfall bestehen,
- Regelungen zur Generalversammlung (Einberufung, Beurkundung von Beschlüssen, Vorsitz),
- Form der Bekanntmachungen des Unternehmens.

Genossenschaften wirken in Deutschland insbesondere im Einzelhandel, Großhandel, in der Finanzwirtschaft, im Wohnungsbau, in der Landwirtschaft und in der Energieversorgung.

Die Besonderheit der Genossenschaft gegenüber anderen Rechtsformen (z. B. der GmbH) liegt darin, dass sie die erwirtschafteten Leistungen an ihre Mitglieder weitergibt. Die Erzielung von Gewinnen ist jedoch auch für Genossenschaften eine notwendige Voraussetzung. In einem marktwirtschaftlichen System entscheidet allein der wirtschaftliche Erfolg über die Existenz von Unternehmen. Das Streben nach Gewinn kollidiert solange nicht mit dem Förderauftrag, als die Gewinne nicht um ihrer selbst willen, sondern als Mittel zur Erfüllung des Förderauftrages angestrebt werden.

b) Organe einer eingetragenen Genossenschaft

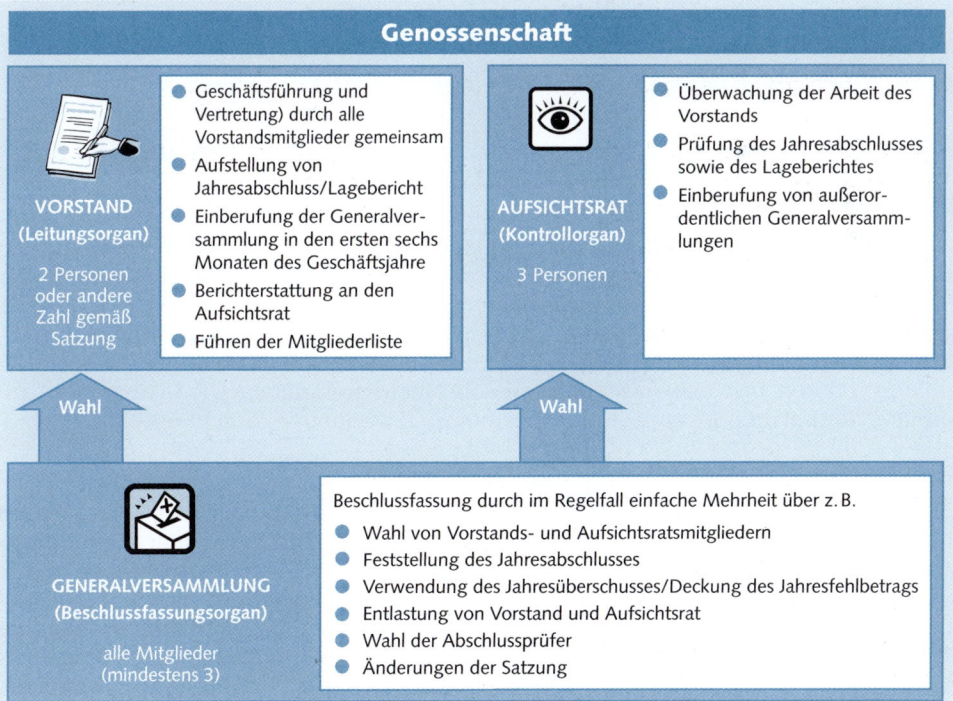

Bei Genossenschaften mit mehr als 1 500 Mitgliedern kann die Generalversammlung eine aus ihrem Kreis gewählte **Vertreterversammlung** mit der Beschlussfassung beauftragen, wenn die Satzung dies vorsieht. Die Vertreterversammlung besteht aus mindestens 50 Mitgliedern.

GenG
§ 43a

Die Genossenschaft muss einem **Prüfungsverband** angehören, der mindestens alle zwei Jahre die wirtschaftlichen Verhältnisse sowie die Ordnungsmäßigkeit der Genossenschaft überprüft.

§§ 53 ff.

6.3.2 Mitgliedschaft in einer Genossenschaft

Genossenschaften sind Vereinigungen von **nicht geschlossener Mitgliederzahl.** Der Mitgliederkreis kann sich demnach im Laufe des Bestandes der Genossenschaft durch Beitritt oder Ausscheiden von Genossenschaftern stetig und ohne rechtliche Auswirkung auf den Bestand der Genossenschaft verändern.

GenG
§ 15

Nach der Gründung entsteht die Mitgliedschaft durch schriftliche **Beitrittserklärung** und Aufnahmebeschluss des in der Satzung hierfür vorgesehenen Organs. Die Aufnahme in die Genossenschaft ist nicht erzwingbar. Die Mitglieder werden gleichzeitig mit der Aufnahme zu Miteigentümern der Genossenschaft.

Folgende **Rechte** sind mit der Mitgliedschaft an einer Genossenschaft verbunden:

- Inanspruchnahme der Förderleistungen der Genossenschaft (z. B. Wohnrecht bei Wohnungsbaugenossenschaften, Rabatte bei Einkaufsgenossenschaften),
- Mitbestimmungsrecht in Form von Stimmrecht in der Generalversammlung,
- Gewinnbeteiligung.

Beendet wird die Mitgliedschaft durch die folgenden Umstände:

§ 77
- bei Tod des Mitglieds zum Ende des Jahres des Todes, sofern die Satzung keine Fortführung der Mitgliedschaft durch die Erben vorsieht,

§ 65
- bei Kündigung des Mitglieds,

§ 68
- bei Ausschließung des Mitglieds,

§ 76
- bei Übertragung des Geschäftsguthabens auf ein anderes Mitglied.

6.3.3 Chancen und Risiken einer Genossenschaftsbeteiligung

➤ Unternehmerisches Risiko

Wer sich an einer Genossenschaft beteiligt, erwirbt eine unternehmerische Beteiligung mit allen Vorteilen und Risiken. Er wird an den Erträgen der Gesellschaft in Form der Dividende beteiligt. Diese ist bei Genossenschaften zwar vergleichsweise konstant, garantiert sind Dividendenzahlungen aber nicht. Sie können von Jahr zu Jahr schwanken, aber auch mal ganz ausfallen. Geht die Genossenschaft pleite, ist die Kapitaleinlage verloren, bisweilen besteht sogar eine Nachschusspflicht. Die ist aber meist auf einen in der Satzung festgelegten Höchstbetrag (Haftsumme) beschränkt.

➤ Liquidität der Anteile

Genossenschaftsanteile sind nicht handelbar. Wer aussteigen will, muss die Beteiligung kündigen. Das ist zwar jederzeit möglich, aber nur unter Einhaltung einer Kündigungsfrist. Die kann je nach Satzung zwischen drei Monaten zum Geschäftsjahresende bis hin zu fünf Jahren betragen. Auch nach Ablauf der Frist wird das Geld nicht sofort ausgezahlt, sondern erst nach der nächsten Generalversammlung. Im Schnitt dauert es daher neun bis 18 Monate, bis Genossen über ihre Einlage wieder verfügen können, manchmal auch länger. Genossenschaftsanteile sind daher in jedem Fall eine Langfristanlage.

Die Alternative zur Kündigung ist die Übertragung. Ein Mitglied kann jederzeit seine Genossenschaftsanteile an ein anderes Mitglied bzw. an eine andere Person übertragen (verkaufen).

Bei einer Übertragung des Geschäftsguthabens ist zu beachten:

- Die Satzung der eG kann die »Übertragung« regeln und begrenzen. Ist dort nichts Explizites vermerkt, gilt § 76 GenG.
- Der Vorstand der Genossenschaft muss der Übertragung zustimmen.

Mit der Übertragung endet das Genossenschaftsverhältnis und gewährte Leistungen, wie zum Beispiel das Wohnrecht bei einer Wohnungsbaugenossenschaft bzw. Rabatte bei Einkaufsgenossenschaften, verfallen.

➤ Einlagensicherung

Für Genossenschaftsanteile gibt es keine gesetzliche Einlagensicherung. Stattdessen sichern sich Genossenschaftsinstitute mit Einlagensicherungsfonds in Eigenregie ab. Bei den Banken ist das der Haftungsverbund des Verbands der Volks- und Raiffeisenbanken.

Die vergleichsweise gute Absicherung des Verlustrisikos gilt nur für Genossenschaften mit Bankerlaubnis. Bei allen anderen Beteiligungen, wie reinen Wohn- oder Energiegenossenschaften, gibt es den Schutz durch verstärkte staatliche Aufsicht und Selbsthilfefonds dagegen nicht.

Als Unternehmensbeteiligung mit Gewinn- und Verlustbeteiligung sollte sich der Anleger den mit dieser Anlage verbundenen Risiken bewusst sein und diese tragen können. Das Risiko ist u. a. abhängig von der Art der Genossenschaft.

6.3.4 Steuerliche Behandlung

Die Dividende wird nach Abzug von 25 % Kapitalertragsteuer und 5,5 % Solidaritätszuschlag gutgeschrieben.

Lernkontrollen zu F 6

Geschlossene Investmentvermögen

1 Ihr Kunde Gregor Hausmann interessiert sich für eine Geldanlage in einen geschlossenen Immobilienfonds. Er hat bereits Anteile an einem offenen Immobilienfonds. Erläutern Sie Herrn Hausmann die Unterschiede in Bezug auf die Liquidität und die Chancen und Risiken bei den beiden Anlageformen.

2 In welche Investitionsgegenstände bzw. -objekte investieren geschlossene Fonds üblicherweise?

3 Vergleichen Sie die Funktionsweise von offenen Fonds mit dem Prinzip von geschlossenen Investmentvermögen in Bezug auf die Grundidee sowie die Beteiligten. Finden Sie Unterschiede und Gemeinsamkeiten heraus. Nutzen Sie dazu die Übersichten über die Funktionsweise bei beiden Fondsarten (vgl. E 4.4.1).

Stille Beteiligungen

4 Was versteht man unter einer stillen Beteiligung und worin besteht der Unterschied zwischen einer typischen stillen Beteiligung und einer atypischen stillen Beteiligung?

5 Was ist im Zusammenhang mit stillen Beteiligungen mit »Mezzanine-Finanzierung« gemeint?

Anteile an Genossenschaften

6 Sie sind Finanzanlagenvermittler in der Proximus Gruppe und haben sich mit Ihrem Kunden Gernot Rohr zu einem Beratungsgespräch verabredet. Herr Rohr hat in einem Anlagemagazin gelesen, dass man mit Beteiligungen an Genossenschaften oder stillen Beteiligungen gute Renditechancen habe. Er möchte einen Teil seiner Erbschaft anlegen und sich heute über diese beiden Anlageformen informieren.

Stellen Sie Herrn Rohr die Beteiligung an einer Genossenschaft und die typische stille Beteiligung an einem Unternehmen kurz anhand der folgenden Kriterien vor:

a) Art der Geldanlage,　　　　　c) Liquidität der Anlage,

b) Rechte des Anlegers,　　　　　d) Risiken aus der Beteiligung.

7 Beispielfälle zur Anlage in Finanzprodukten

Dieser Abschnitt des Buches soll anhand von Beispielfällen verdeutlichen, welche Anforderungen im Rahmen der IHK-Abschlussprüfung zum Kaufmann/zur Kauffrau für Versicherungen und Finanzen, Fachrichtung Finanzberatung an Sie gestellt werden. Die Beispielfälle orientieren sich in Bezug auf Anspruchsniveau und Aufbau an den Prüfungsaufgaben. Sie sind jedoch länger und es werden mehr Fragen dazu gestellt, um die mögliche Bandbreite von Fragestellungen zu einem Fall aufzuzeigen.

7.1 Beispiefall 1

Situation:

Sie sind Mitarbeiter/-in der PROXIMUS Invest GmbH. Ihr Kunde Sven Dröger kommt heute mit einem Bezugsangebot der Sühle Windkraft AG zu Ihnen in die Beratung, das er per Post von der Süddeutschen Handelsbank AG erhalten hat. Er möchte von Ihnen ein paar Informationen darüber, welche Möglichkeiten sich für ihn durch das Bezugsangebot ergeben.

Folgende Angaben über die Kundenverbindung liegen Ihnen vor:

Angaben zu Herrn Dröger:
ledig, 42 Jahre, konfessionslos
Angestellter in einem mittelständischen Unternehmen

Angaben zum Depot bei der Süddeutschen Handelsbank AG:

450 Aktien	Automobil AG	aktueller Kurs: 25,45 €
260 Aktien	Sühle Windkraft AG	aktueller Kurs: 14,75 €
SUB AG Anleihe	Nennwert: 10 000,00 €	aktueller Kurs: 98,65 %

Sonstige Angaben:
Girokonto bei der Süddeutschen Handelsbank AG,
aktuelles Guthaben: 5 520,00 €

Angaben zum Bezugsangebot:
Kapitalerhöhung gegen Einlagen der Sühle Windkraft AG
Bezugsverhältnis: 5:1
Ausgabepreis der jungen Aktien: 10,25 €
Die jungen Aktien sind voll dividendenberechtigt.

Aufgabe 1.1

Erläutern Sie Herrn Dröger, aus welchem Grund er das Bezugsangebot der Sühle Windkraft AG erhalten hat.

Aufgabe 1.2

Erläutern Sie Herrn Dröger, welche Möglichkeiten er hat, auf das Bezugsangebot zu reagieren.

Aufgabe 1.3

Herr Dröger möchte wissen, wie und zu welchem Preis er die Bezugsrechte verkaufen kann. Berechnen Sie den rechnerischen Wert eines Bezugsrechts.

Aufgabe 1.4

Welche Auswirkung hat die Kapitalerhöhung auf den Aktienkurs der Sühle Windkraft AG? Berechnen Sie den voraussichtlichen neuen Kurs und erläutern Sie Herrn Sühle das Ergebnis.

Aufgabe 1.5

Herr Dröger möchte nach Ihren Ausführungen das Bezugsangebot nutzen und junge Aktien beziehen. Er möchte außerdem wissen, ob sein Guthaben auf dem Girokonto dafür ausreicht. Berechnen Sie, wie viele junge Aktien Herr Dröger aufgrund seiner Bezugsrechte insgesamt kaufen kann, ohne weitere Bezugsrechte zu kaufen. Berechnen Sie außerdem den Betrag, der seinem Girokonto für den Erwerb der jungen Aktien belastet wird.

Lösungen:

1.1

Im Fall einer Kapitalerhöhung steht den Altaktionären der Sühle Windkraft AG ein gesetzliches Bezugsrecht zu. Dabei handelt es sich um eine Art »Vorkaufsrecht« für die jungen Aktien. Herr Dröger hat somit die Möglichkeit, seinen prozentualen Anteil am Unternehmen aufrecht zu erhalten.

Im Depot von Herrn Dröger befinden sich derzeit 260 Aktien der Sühle Windkraft AG. Er bekommt für eine alte Aktie je ein Bezugsrecht, d. h. er verfügt über insgesamt 260 Bezugsrechte.

1.2

- Er kann die Bezugsrechte zum Kauf von jungen Aktien nutzen. Er benötigt dazu je 5 Bezugsrechte pro junge Aktie und muss den Ausgabepreis von 10,25 € pro junge Aktie bezahlen.
- Er kann die Bezugsrechte ganz verkaufen und keine jungen Aktien beziehen.
- Er kann weitere Bezugsrechte kaufen, um noch mehr junge Aktien beziehen zu können.
- Er kann aber auch Teile seiner Bezugsrechte verkaufen und weniger junge Aktien beziehen.

1.3

rechnerischer Wert eines Bezugsrechts $= \dfrac{(14,75\ \text{€} - 10,25\ \text{€})}{\left(\frac{5}{1} + 1\right)} = 0,75\ \text{€}$

Der rechnerische (faire) Wert eines Bezugsrechts beträgt 0,75 €. Für ungefähr diesen Preis kann Herr Dröger seine Bezugsrechte an der Börse im Rahmen des Bezugsrechtshandels verkaufen. Er muss dazu der Süddeutschen Handelsbank AG einen Verkaufsauftrag erteilen.

1.4

$$\text{voraussichtlicher neuer Kurs} = \frac{(5 \cdot 14{,}75 \text{ €} + 1 \cdot 10{,}25 \text{ €})}{(5 + 1)} = 14{,}00 \text{ €}$$

oder

$$\text{voraussichtlicher neuer Kurs} = 14{,}75 \text{ €} - 0{,}75 \text{ €} = 14{,}00 \text{ €}$$

Der Kurs wird nach der Kapitalerhöhung sinken, da sich der Wert des Unternehmens nun auf eine größere Anzahl von Aktien verteilt (Verwässerungseffekt). Der voraussichtlich neue Kurs ergibt sich als Mischwert zwischen den alten Aktien mit dem höheren Kurs und den jungen Aktien mit dem geringeren Ausgabepreis.

1.5

Bei einem Bezugsverhältnis von **5:1** benötigt er **5** Bezugsrechte zum Erwerb **einer** jungen Aktie. Somit kann er

$$\frac{260}{5} = 52 \text{ junge Aktien}$$

beziehen. Der Ausgabepreis einer jungen Aktie liegt bei 10,25 €. Somit muss er für den Erwerb insgesamt

$$52 \cdot 10{,}25 \text{ €} = 533{,}00 \text{ €}$$

bezahlen. Sein aktuelles Kontoguthaben reicht dazu also aus.

7.2 Beispielfall 2

Situation:

Sie sind Mitarbeiter/-in der Finanzagentur Henke im PROXIMUS-Konzern. Ihre Kundin Elke Freudenberg möchte einen Geldbetrag von 20 000,00 € anlegen, dabei aber kein sehr hohes Risiko eingehen. Sie hat von Ihrer Tante Bundesanleihen empfohlen bekommen, da diese sehr sicher sein sollen. Die Kundin möchte jedoch auch Informationen zum PROXIMUS Bond Invest. Sie möchte wissen, welche der beiden Anlageformen sie wählen sollte. Sie benötigt dazu von Ihnen Informationen bezüglich der Sicherheit, der Rentabilität und der Liquidität der genannten Anlageprodukte.

Aufgabe 2.1

Beraten Sie Frau Freudenberg.

Aufgabe 2.2

Vergleichen Sie die Bundesanleihe und den PROXIMUS Bond Invest in Bezug auf die Kosten der Anlage.

Lösungen:

2.1

➤ **Liquidität:**

Bundesanleihen haben eine feste Laufzeit von 10 oder 30 Jahren. Sie können jedoch während der Laufzeit jederzeit über die Börse verkauft werden. Beim **PROXIMUS Bond Invest** handelt es sich um einen Rentenfonds. Die Fondsanteile können bei diesem Fonds börsentäglich an die Fondsgesellschaft zurückgegeben werden.

➤ Sicherheit:

Beide Anlageformen sind grundsätzlich bezogen auf die geringe Risikobereitschaft von Frau Freudenberg geeignet.

Die **Bundesanleihe** gilt als sehr sicher in Bezug auf das Bonitätsrisiko, da der Bund aufgrund seiner hohen Zahlungsfähigkeit das beste Rating hat. Allerdings besteht ein hohes Zinsänderungsrisiko, vor allem in der derzeitigen Niedrigzinsphase. Steigt das Marktzinsniveau künftig an, würde die fest verzinste Bundesanleihe im Vergleich zum Marktzins an Attraktivität verlieren und der Kurs sinken. Das wäre vor allem bei einem vorzeitigen Verkauf der Bundesanleihe ein Risikofaktor. Ein Währungsrisiko besteht nicht, da eine Bundesanleihe ausschließlich in Euro gehandelt wird.

Der **PROXIMUS Bond Invest** hat ein höheres Bonitätsrisiko, da er in Unternehmens-anleihen investiert. Das Risiko ist jedoch nicht sehr hoch, da die Emittenten über eine gute bis sehr gute Bonität verfügen. Zudem ist das Risiko in einem Investmentfonds gestreut, so dass sich der Ausfall eines Emittenten nicht so stark auswirken würde. Das bei der Bundesanleihe geschilderte Zinsänderungsrisiko gilt auch für einen Renten-fonds. Es wirkt sich jedoch auf die verschiedenen enthaltenen Anleihen unterschied-lich stark aus, je nachdem welche Laufzeiten und Nominalverzinsungen sie haben. Es besteht beim PROXIMUS Bond Invest zudem ein zusätzliches Währungsrisiko, da der Fonds gemäß den Wesentlichen Anlegerinformationen bis zu 20 % in Anleihen mit anderer Währung investieren kann. Die Wertentwicklung der Vergangenheit zeigt, dass der maximale Verlust im schwächsten Jahr 7 % betrug.

➤ Rentabilität:

Die Rendite von **Bundesanleihen** ist derzeit aufgrund der Nullzinspolitik sehr niedrig. Grundsätzlich entspricht die Rendite von Bundesanleihen dem Marktzinsniveau. Sie kann für die gesamte Anlagedauer genau errechnet werden. Eine höhere Rendite wäre nur durch einen vorzeitigen Verkauf mit Kursgewinnen möglich. Dazu müsste das Marktzinsniveau jedoch sinken, was derzeit nicht möglich ist.

Die Renditechancen des **PROXIMUS Bond Invest** können vorher nicht genau voraus-gesagt werden. Man kann sich jedoch an der Wertentwicklung in der Vergangenheit orientieren. Die zu erzielende Rendite liegt aufgrund des höheren Risikos etwas über der Bundesanleihe.

2.2

Bei der Bundesanleihe entstehen jeweils beim Kauf und beim Verkauf Gebühren für die Bank (Provision) und gegebenenfalls für die Börse (Courtage/Börsenentgelt). Die Provision der Süddeutschen Handelsbank AG liegt gemäß Preisaushang bei 0,5 % vom Kurswert, mindestens jedoch bei 15,00 €.

Für den PROXIMUS Bond Invest fällt beim Kauf einmalig ein Ausgabeaufschlag von 3 % an. Dazu kommen laufende Kosten, die jährlich anfallen, in Höhe von ca. 0,86 %. Zusätzlich entstehen noch versteckte Kosten für die Käufe und Verkäufe von Anleihen durch den Fondsmanager. Diese sind nicht angegeben und erst im Nachhinein bezif-ferbar. Bei der Rückgabe der Fondsanteile fällt keine erneute Gebühr an.

Die Depotgebühren in Höhe von 25,00 € sind unabhängig von der Anlageform zu zahlen. Insgesamt zeigt sich, dass die Kosten für eine Anlage in den PROXIMUS Bond Invest deutlich höher sind als für die Bundesanleihe.

G   Versicherungsmarkt

1   Volkswirtschaftliche Grundbegriffe

1.1 Spannungsverhältnis zwischen Bedürfnissen und Gütern

Jeder Mensch hat vielfältige Wünsche, die er erfüllt sehen möchte. In solchen Wünschen kommt das Gefühl eines Mangels zum Ausdruck. Mangelgefühle, die mit dem Bestreben einhergehen, den empfundenen Mangel zu beseitigen, werden als **Bedürfnisse** bezeichnet.

> **Bedürfnisse** sind Mangelgefühle, die mit dem Wunsch verbunden sind, den Mangel zu beseitigen.

Die Wirtschaftswissenschaft befasst sich nur mit solchen Bedürfnissen, deren Befriedigung durch **Güter** erfolgen kann, die Ergebnis eines Leistungserstellungsprozesses sind (z. B. Nahrungsmittel, Versicherungsleistungen, Tageszeitungen).

> **Güter** sind Mittel, die direkt oder indirekt zur Befriedigung menschlicher Bedürfnisse dienen.

Beispiele:

Bedürfnis nach (bzw. Mangel an)	Befriedigung durch
Nahrung	Nahrungsmittel
Sicherheit	Versicherungsleistungen
Information	Tageszeitungen

Bedürfnispyramide nach A. H. Maslow[1]

Wachstums-bedürfnisse

Defizit-bedürfnisse

Selbst-verwirklichung — Talententfaltung, Individualität, Perfektion

Soziale Wertschätzung — Respekt, Anerkennung, Einfluss, Wohlstand, Geld, berufliche und private Erfolge, körperliche und mentale Stärke

Soziale Beziehungen — Freunde, Familie, Partnerschaft und Liebe, Intimität, Kommunikation

Sicherheit — Absicherung, Recht und Ordnung, gesicherter Arbeitsplatz, Schutz vor Gefahren

Körperliche Grundbedürfnisse — Schlaf, Wohnung, Nahrung, Gesundheit, Freiheit, Wärme, Sexualität

Dabei wird davon ausgegangen, dass Bedürfnisse in unbeschränktem Umfang vorhanden sind oder neu entstehen können. Dagegen sind die meisten Güter nicht von Natur aus im Überfluss und in nutzbarer Form vorhanden.

---

1   A. H. Maslow (amerikanischer Psychologe), Motivation und Persönlichkeit, Freiburg 1977

Bei Gütern,

- die nur begrenzt zur Verfügung stehen,
- deren Herstellung Kosten verursacht und
- die deswegen einen Preis haben,

handelt es sich um **wirtschaftliche Güter.**

> **Wirtschaftliche Güter** sind im Verhältnis zu den Bedürfnissen **knapp.**

Das Spannungsverhältnis zwischen den als unbegrenzt angenommenen Bedürfnissen und den knappen Gütern ist die Antriebskraft allen wirtschaftlichen Handelns und damit die Ursache für die Herstellung von Gütern. Um dieses Spannungsverhältnis so weit wie möglich zu entschärfen und ein höchstmögliches Maß an Bedürfnisbefriedigung zu erreichen, ist ein effizienter[1] Einsatz der knappen Güter nötig. Es muss gewirtschaftet werden.

> **Wirtschaften** bedeutet, planvolle Entscheidungen über die Herstellung und Verwendung knapper Güter zum **Zweck der Bedürfnisbefriedigung** zu treffen.

Nach der Maslow'schen Bedürfnispyramide folgt das Bedürfnis nach Sicherheit unmittelbar auf die Grundbedürfnisse wie Ernährung und Wohnen (vgl. G 1.1). Die Befriedigung von Sicherheitsbedürfnissen spielt somit eine wesentliche Rolle im menschlichen Leben. Versicherungen tragen zur Befriedigung derartiger Bedürfnisse bei, in dem sie ihren Kunden durch den Verkauf von entsprechendem Versicherungsschutz (finanzielle) Sicherheit bzw. Risikominderung bieten. Allerdings wird in der Bevölkerung der tatsächliche Bedarf an Versicherungsschutz häufig verkannt. Das macht in vielen Fällen Aufklärung durch die Schaffung eines Risikobewusstseins nötig.

> Aufgabe von **Versicherungsunternehmen** ist es, unterschiedliche Sicherheitsbedürfnisse ihrer Kunden durch entsprechende Versicherungsprodukte zu befriedigen **(= Risikotragung).**

1.2 Ökonomisches Prinzip

Bei vernünftigem Handeln erfolgt sowohl die Herstellung als auch die Verwendung der knappen Güter nach dem **ökonomischen Prinzip** (Wirtschaftlichkeitsprinzip, Rationalprinzip). Das ökonomische Prinzip tritt in zwei Formen auf:

Maximalprinzip	Minimalprinzip
Mit gegebenen Mitteln soll ein höchstmöglicher Nutzen (Erfolg) erreicht werden.	Ein bestimmter Nutzen (Erfolg) soll mit geringstmöglichem Mitteleinsatz erreicht werden.
Produzenten (Unternehmen) setzen Produktionsmittel so ein, dass ein höchstmöglicher Gewinn erzielt wird **(Gewinnmaximierung).**	Produzenten (Unternehmen) versuchen, ein bestimmtes Produktionsergebnis mit geringstmöglichen Kosten zu erzielen **(Kostenminimierung).**
Konsumenten (Haushalte) versuchen, mit gegebenem Einkommen einen höchstmöglichen Nutzen zu erzielen **(Nutzenmaximierung).**	Konsumenten (Haushalte) versuchen, durch Preis- und Qualitätsvergleiche für die benötigten Güter den geringstmöglichen Geldbetrag auszugeben **(Ausgabenminimierung).**

---

1   Effizienz *(lat.):* Wirksamkeit; optimales Verhältnis zwischen einem bestimmten Ziel (Nutzen) und dem Aufwand, der zu dessen Erreichung nötig ist.

Das **ökonomische Prinzip** kommt in zwei Ausprägungen vor:

(1) »Handle so, dass bei gegebenem Mitteleinsatz der Nutzen maximiert wird!« **(Maximalprinzip)**

(2) »Handle so, dass bei vorgegebenem Nutzen der Mitteleinsatz minimiert wird!« **(Minimalprinzip).**

Beispiel: Anwendung des ökonomischen Prinzips in einem Versicherungsunternehmen

Ein Versicherer will die Einführung eines neuen Versicherungsprodukts durch eine Werbekampagne unterstützen. Dazu werden folgende beiden Vorgehensweisen diskutiert:

Maximalprinzip	Minimalprinzip
Mit einem Werbebudget von 1 Mio. € (= gegebener Mitteleinsatz) soll ein möglichst hoher Bekanntheitsgrad des neuen Produkts (= Erfolg) erzielt werden.	Ein Bekanntheitsgrad von 60 % (bestimmter Erfolg) soll mit einem möglichst geringen Werbebudget (Mitteleinsatz) erreicht werden.

Das ökonomische Prinzip gilt in jeder Wirtschafts- und Gesellschaftsordnung. Andernfalls würde es zu einer Verschwendung knapper Mittel kommen. Diese Handlungsweise kommt aber nicht nur im wirtschaftlichen Bereich, sondern in nahezu allen menschlichen Lebensbereichen zur Anwendung. Das ökonomische Prinzip ist ein allgemein anerkannter und unbestrittener Grundsatz jeden vernünftigen menschlichen Handelns.

1.3 Arten von Gütern

Wirtschaftliche Güter lassen sich nach ihrer Beschaffenheit in materielle und immaterielle Güter unterteilen. Waren (Sachgüter) sind **materielle Güter.** Dienstleistungen (z. B. Versicherungen) sind dagegen **immaterielle Güter.** Nach ihrem Verwendungszweck lassen sich **Konsumgüter** und **Produktionsgüter** (Kapitalgüter) unterscheiden. Konsumgüter können die Bedürfnisse von Verbrauchern unmittelbar befriedigen. Sie werden von privaten Haushalten verwendet. Produktionsgüter dienen zur Herstellung anderer Güter. Sie werden von Unternehmen verwendet. Nach der Dauer bzw. der Wiederholbarkeit der Nutzung lassen sich **Verbrauchsgüter** und **Gebrauchsgüter** unterscheiden. Verbrauchsgüter verwandeln oder verzehren sich bei ihrer Verwendung. Gebrauchsgüter können über einen längeren Zeitraum genutzt werden und unterliegen der Abnutzung.

Wirtschaftliche Güter nach Beschaffenheit, Verwendungszweck und Nutzungsdauer					
Materielle Güter (Waren, Sachgüter)				Immaterielle Güter (Dienstleistungen)	
Konsumgüter		Produktionsgüter (Kapitalgüter)		Konsumgüter	Produktionsgüter
Gebrauchsgüter	Verbrauchsgüter	Gebrauchsgüter (Investitionsgüter)	Verbrauchsgüter	Konsumentenkredit, Schwimmbadbesuch	Haftpflichtversicherung für einen Geschäftswagen
Radiogerät in einem privaten Haushalt	Lebensmittel, Benzin für Urlaubsreise mit privatem Pkw	Büromöbel, Maschinen	Dieselkraftstoff für den Lkw einer Spedition		

Beim Versicherungsschutz handelt es sich um ein immaterielles Gut (Dienstleistung), das die Gefahr von Schäden in verschiedensten Lebensbereichen auf den Versicherer überträgt **(Risikotransfer).** Allerdings wird der Bedarf an Versicherungsschutz in der Bevölkerung nicht immer richtig erkannt und eingeschätzt, weil eine klare Vorstellung über die bestehenden Risiken fehlt. U. a. deswegen, weil sich der Bedarf an Versicherungsprodukten auf die Zukunft bezieht, handelt sich um ein Gut, dem allgemein ein geringes Interesse entgegengebracht wird **(low-interest-Produkt).**

> Bei **Versicherungsprodukten** handelt es sich um **Dienstleistungen** (Risikotragung). Dabei kann es sich sowohl um Konsumgüter (Versicherungsprodukte für Privatkunden) als auch um Produktionsgüter (Versicherungsprodukte für gewerbliche Kunden) handeln.

1.4 Investitionen

Für die Entwicklung einer Volkswirtschaft spielen die Produktionsgüter eine besonders große Rolle. Diese tragen in Form von **Investitionen** zur Erhöhung des Sachkapitalbestandes bei.

Das **Sachkapital** eines Unternehmens oder einer Volkswirtschaft setzt sich wie folgt zusammen:

Sachkapital	
Anlagegüter	**Vorräte**
betrieblich genutzte Gebäude, Maschinen, Werkzeuge usw.	Roh-, Hilfs- und Betriebsstoffe; unfertige und fertige Erzeugnisse

> **Anlageinvestitionen** bewirken eine Erhöhung des Bestandes an **dauerhaften Produktionsgütern** (= Anlagegüter wie Gebäude, Maschinen, Werkzeuge).

> **Vorratsinvestitionen** (Lagerinvestition) bewirken eine **Erhöhung der Lagerbestände an nicht dauerhaften Produktionsgütern** (Roh-, Hilfs- und Betriebsstoffe) sowie an halbfertigen und fertigen Erzeugnissen.

Der Bestand an Anlagegütern eines Unternehmens oder einer Volkswirtschaft wird auch als **Bruttoanlagevermögen** bezeichnet. Dieses im Produktionsprozess eingesetzte Sachkapital unterliegt einer ständigen Abnutzung. Die dadurch ausgelöste Wertminderung wird als **Abschreibung** bezeichnet. Soweit Investitionen die am Anlagevermögen eingetretenen Wertminderungen wieder ausgleichen, handelt es sich um **Ersatzinvestitionen.** Die **Bruttoinvestitionen** sind die gesamte Erhöhung an Anlagen und Vorräten. Wird von den Bruttoinvestitionen die durch Abnutzung entstehende Wertminderung in Höhe der Abschreibungen abgezogen, ergeben sich die **Nettoinvestitionen.**

> Nettoinvestition = Bruttoinvestition − Abschreibung

Beispiel: Investitionen in einer Versicherungsagentur

Eine Versicherungsagentur hat zu Beginn des Geschäftsjahres einen Bestand an Geschäftsfahrzeugen mit einem Restwert von insgesamt 50 000,00 €. Im Laufe des Geschäftsjahres wird ein neues Fahrzeug zusätzlich angeschafft. Die Anschaffungskosten betragen 30 000,00 €. Die Wertminderung aller Fahrzeuge während des Jahres wird mit 20 000,00 € angesetzt.	Bruttoinvestition (Neuanschaffung eines Fahrzeugs)	30 000,00 €
	– Abschreibung (Wertminderung aller Fahrzeuge)	20 000,00 €
	Nettoinvestition	10 000,00 €

Der Wert des Fahrzeugbestandes hat sich im Laufe des Geschäftsjahres um 10 000,00 € erhöht. Er beträgt am Ende des Geschäftsjahres 50 000,00 € + 10 000,00 € = 60 000,00 €.

Das Anlagevermögen der Versicherungsagentur ist durch die Nettoinvestition um 10 000,00 € gestiegen. Hätte die Agentur kein neues Fahrzeug angeschafft, wäre der Bestand an Fahrzeugen (= Anlagevermögen) wertmäßig in Höhe der Abschreibungen um 20 000,00 € auf 30 000,00 € gesunken.

Lernkontrollen zu G 1

Bedürfnisse – Versicherungsprodukte

1 Beschreiben Sie den Aufbau der Maslow'schen Bedürfnispyramide (siehe G 1.1) und erläutern Sie, welche Rolle Versicherungsprodukte für die Bedürfnisbefriedigung spielen.

Ökonomisches Prinzip

2 Einigen der folgenden Sachverhalte liegt das ökonomische Prinzip zugrunde. Prüfen Sie für diejenigen Fälle, in denen das ökonomische Prinzip zur Anwendung kommt, ob es sich dabei um das Maximal- oder das Minimalprinzip handelt.

   a) In der Konstruktionsabteilung einer Automobilfabrik wird erreicht, dass bei gleicher PS-Zahl (kW-Zahl) und unveränderten Beschleunigungswerten der Benzinverbrauch eines bestimmten Typs um 10 % gesenkt wird.

   b) Zur Unterstützung der Landwirtschaft kauft eine staatliche Vorratsstelle Pfirsiche auf, um einen Preisverfall zu verhindern. Die aufgekauften Pfirsiche werden vernichtet.

c) In einer Möbelfabrik, die Bücherwände herstellt, war ein Unternehmensberater tätig. Aufgrund einer von ihm vorgeschlagenen Änderung des Fertigungsablaufs war es möglich, ohne zusätzliche Investitionen und ohne zusätzliches Personal die Produktion um 6 % zu erhöhen.

d) Eine Organisation, die sich dem Schutz der Umwelt widmet, wirbt um Spenden mit dem Hinweis, dass bei gleichem Spendenaufkommen die Kosten für die Verwaltung von 0,8 % auf 0,5 % des Spendenaufkommens reduziert werden konnten.

e) In einem Weinanbaugebiet sind im Frühjahr die Blütenansätze der Trauben überwiegend erfroren. Wegen der geringen Erträge steigen die Preise für die Weine dieses Jahrgangs. Ein Weinbauer, dessen Weinberge in einer besonders geschützten Lage liegen, macht deshalb mit dem Verkauf des Weins dieses Jahrgangs einen viel höheren Gewinn als mit dem Verkauf früherer Jahrgänge.

3 Unterscheiden Sie das Maximal- und das Minimalprinzip am Beispiel des Zusammenhangs zwischen der Höhe des Benzinverbrauchs eines Autos und der Länge der zurückgelegten Strecke.

4 Zeigen Sie an je einem Beispiel die Anwendung des Maximal- und des Minimalprinzips aus Ihrem persönlichen Erfahrungsbereich auf.

Güterarten

5 Ordnen Sie die unter (1) bis (6) genannten Güter der folgenden Übersicht zu:

Materielle Güter (Waren, Sachgüter)				Immaterielle Güter (Dienstleistungen)	
Konsumgüter		Produktionsgüter (Kapitalgüter)		Konsumgüter	Produktionsgüter
Gebrauchsgüter	Verbrauchsgüter	Gebrauchsgüter (Investitionsgüter)	Verbrauchsgüter		

(1) Kinobesuch

(2) Staubsauger eines privaten Haushalts

(3) Holz in einer Schreinerei

(4) Strom für den Betrieb des Staubsaugers

(5) Hobelmaschine in einer Schreinerei

(6) Feuerversicherung für eine Schreinerei

(7) Private Haftpflichtversicherung

Investitionen

6 Das Statistische Amt einer Volkswirtschaft hat für das vergangene Jahr folgende Werte ermittelt:

(1) Neubauten für gewerbliche Zwecke (z. B. Büros, Produktionsstätten)   250 Mrd. €

(2) Neue Maschinen und andere Produktionsmittel   170 Mrd. €

(3) Erhöhung der Lagervorräte (Rohstoffe, halbfertige Erzeugnisse, ...)   11 Mrd. €

(4) Ersatz für in diesem Jahr verschlissene Produktionsmittel   350 Mrd. €

a) Erläutern Sie, um welche Art von Investition es sich in den Fällen (1) bis (4) jeweils handelt.

b) Ermitteln Sie die Höhe der Brutto- und Nettoinvestitionen.

2   Markt und Preis

2.1   Funktionen und Arten von Märkten

In einer Marktwirtschaft stellen die Unternehmer ihre Produktionspläne und die privaten Haushalte ihre Verbrauchspläne selbstständig und unabhängig voneinander unter Berücksichtigung ihrer eigenen Interessen auf. Die Anbieter wollen zu einem Preis verkaufen, bei dem ihr Gewinn möglichst groß ist, während die Nachfrager möglichst billig kaufen und dadurch einen möglichst großen Nutzen erzielen möchten. Die gegenseitige Abstimmung und Anpassung der Pläne von Anbietern und Nachfragern sowie der Ausgleich der gegensätzlichen Interessen erfolgt auf dem **Markt.**

> Der Markt ist der Ort, an dem Angebot und Nachfrage zusammentreffen.

> Der Markt hat die Funktion, die Pläne der Anbieter und die Pläne der Nachfrager durch den Preis zum Ausgleich zu bringen. Der Markt ist der Ort der Preisbildung.

2.1.1 Einteilung von Märkten nach der Art der gehandelten Güter

In Abhängigkeit davon, was auf dem jeweiligen Markt gehandelt wird, lassen sich Märkte wie in nachstehender Abbildung dargestellt einteilen.

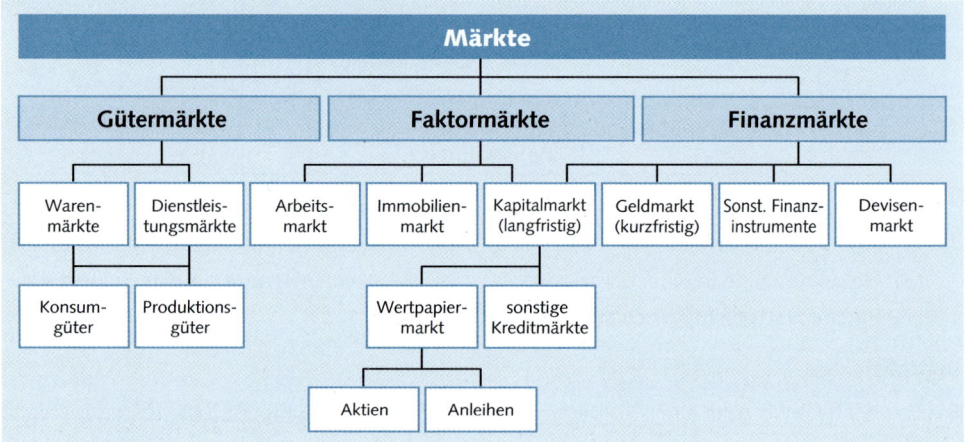

2.1.2 Einteilung von Märkten nach der Zahl der Marktteilnehmer (Marktformenschema)

Von großer Bedeutung für die Verhaltensweisen von Anbietern und Nachfragern ist die Zahl der Marktteilnehmer. Je größer die Zahl der Anbieter, umso stärker ist beispielsweise der zu erwartende Konkurrenzkampf. Ein Anbieter mit vielen Konkurrenten trifft andere Entscheidungen als ein alleiniger Anbieter, der die gesamte Nachfrage auf sich vereinigt. Die Preisbildung vollzieht sich daher anders, je nachdem ob es auf einem Markt viele, wenige oder nur einen Anbieter bzw. Nachfrager gibt. Um die Entscheidungen von Anbietern und Nachfragern auf Märkten, die sich hinsichtlich der Zahl der Marktteilnehmer unterscheiden, analysieren zu können, werden die Märkte üblicherweise nach folgendem Marktformenschema gegliedert:

Marktformen			
Anbieter \ Nachfrager	**viele**	**wenige**	**einer**
viele	zweiseitiges Polypol	Nachfrageoligopol	Nachfragemonopol
wenige	Angebotsoligopol	zweiseitiges Oligopol	beschränktes Nachfragemonopol
einer	Angebotsmonopol	beschränktes Angebotsmonopol	zweiseitiges Monopol

Ein **Polypol** ist durch viele Anbieter (Polypolisten) und viele Nachfrager gekennzeichnet. Der einzelne Marktteilnehmer hat nur einen geringen Anteil am Gesamtangebot bzw. an der Gesamtnachfrage. Die Marktform des Polypols wird auch als Wettbewerbsmarkt bezeichnet.

Beim **Angebotsoligopol** treten nur wenige Anbieter auf. Der einzelne **Oligopolist** hat einen großen Anteil am Gesamtangebot auf dem Markt.

Beim **Angebotsmonopol** tritt nur ein Anbieter auf. Er verfügt über große Marktmacht. Da er keine Konkurrenten hat, muss er bei seinen Entscheidungen nur die Reaktion der Nachfrager berücksichtigen.

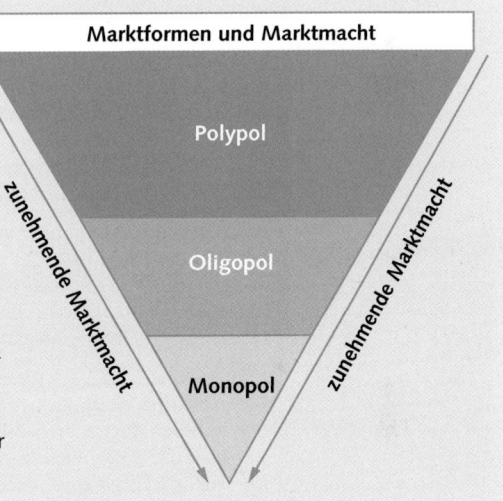

Marktformen und Marktmacht

zunehmende Marktmacht — Polypol — Oligopol — Monopol — zunehmende Marktmacht

2.1.3 Einteilung nach dem Grad der Vollkommenheit

Die Art und Weise des Zustandekommens von Preisen ist auch davon abhängig, wie vollkommen die Märkte sind. Ein **vollkommener Markt** liegt vor, wenn folgende drei Bedingungen erfüllt sind:

1. Die Güter weisen keine Qualitäts- oder sonstigen Unterschiede auf. Sie sind also völlig gleichartig **(Homogenität der Güter).**
2. Anbieter und Nachfrager bevorzugen nicht bestimmte Marktteilnehmer. Sie haben somit keine **Präferenzen.** Es ist für sie daher völlig unerheblich, mit welchem Käufer bzw. Verkäufer sie einen Kaufvertrag abschließen.
3. Die Marktteilnehmer verfügen für ihre Kauf- und Verkaufsentscheidungen über alle erforderlichen Marktinformationen **(vollständige Markttransparenz).**

Beim vollkommenen Markt handelt es sich um ein Modell, mit dem das Zustandekommen des Preises durch Angebot und Nachfrage nachvollzogen werden kann. Nur auf einem vollkommenen Markt bildet sich ein einheitlicher Preis **(Gleichgewichtspreis),** zu dem alle Käufe und Verkäufe getätigt werden. In der Realität kommt die **Marktform der Börse** (z. B. Getreidebörse, Aktienbörse) einem vollkommenen Markt sehr nahe.

Wenn mindestens eine der drei Bedingungen nicht erfüllt ist, handelt es sich um einen **unvollkommenen Markt.** Dies trifft für die meisten Märkte in der Realität zu. Insbesondere wegen fehlender Markttransparenz und/oder bestehender Präferenzen ergeben sich daher auch für gleichartige Güter unterschiedliche Preise (z. B. Kauf gleichartiger Schokolade am Bahnhofskiosk und im Supermarkt).

Vollkommene und unvollkommene Märkte		
	Markt für Backwaren als unvollkommener Markt	**Aktienbörse als vollkommener Markt** **Handel mit der Allianz Aktie** Wertpapierkennnummer 840 400
Homogenität der Güter	In der Bäckerei Lorenz werden Brötchen noch in der eigenen Backstube hergestellt. Die Brötchenpreise sind höher als beim Backwarenstand im Supermarkt, wo lediglich fremdbezogene »Teiglinge« ausgebacken werden. Trotz des Preisunterschiedes kauft Frau Schubert wegen des Qualitätsunterschieds regelmäßig in der Bäckerei Lorenz. Die beiden Brötchensorten sind nicht homogen.	Alle Allianz-Aktien sind völlig gleichartig und gleichwertig, weil jede Aktie die gleichen Rechte verbrieft (keine »Qualitätsunterschiede«). Es handelt sich um ein homogenes Gut.
Präferenzen · **Persönliche Präferenzen**	Frau Schäfer ist »Stammkundin« in der Bäckerei Küst. Trotz des höheren Preises kauft sie dort ein, weil sie mit der Inhaberin befreundet ist und immer besonders freundlich bedient wird.	Beim Kauf und Verkauf von Allianz-Aktien spielen persönliche Präferenzen keine Rolle. Anbieter und Nachfrager kennen sich nicht (Die Börse ist ein anonymer Markt).
Räumliche Präferenzen	Frau Ströttges kauft Backwaren trotz der höheren Preise in der Bäckerei Ruf »um die Ecke«, weil ihr der Weg bis zur nächsten preisgünstigeren Bäckerei zu weit ist.	Beim Kauf und Verkauf von Allianz-Aktien an einer bestimmten Börse (z. B. Börse Frankfurt oder Computerbörse Xetra) spielen räumliche Präferenzen keine Rolle. Es gibt keine Standortvorteile, keine Transportkosten o. Ä.
Zeitliche Präferenzen	Frau Haase kauft trotz der höheren Preise regelmäßig beim Bäcker Hüpperling ein, weil dort die Wartezeit geringer ist und sie schneller bedient wird als anderswo.	Beim Kauf und Verkauf von Allianz-Aktien spielen zeitliche Präferenzen keine Rolle. Alle zur Ausführung kommenden Kauf- und Verkaufsaufträge werden gleichzeitig ausgeführt.
Markttransparenz	Frau Brörmann kauft Backwaren regelmäßig beim Bäcker Steinhardt, da sie nicht darüber informiert ist, dass gleichwertige Produkte beim Konkurrenten Beck preisgünstiger angeboten werden. Ihr fehlt die Markttransparenz.	Beim Kauf und Verkauf von Allianz-Aktien kennen alle Marktteilnehmer die Handelsbedingungen. Börsenhändler (Börsenmakler) stellen die Kauf- und Verkaufsaufträge zusammen und ermitteln den amtlichen Börsenkurs. Es herrscht Markttransparenz.

Ein **vollkommener Markt** liegt vor, wenn folgende Bedingungen erfüllt sind:
- Homogene Güter
- Keine Präferenzen (keine persönlichen, räumlichen oder zeitlichen Präferenzen)
- Vollständige Markttransparenz

2.2 Verhalten der Marktteilnehmer unter Wettbewerbsbedingungen

2.2.1 Nachfrageverhalten der privaten Haushalte am Gütermarkt

a) Annahmen

Bei der Untersuchung, von welchen Zielsetzungen und Bestimmungsfaktoren das Nachfrageverhalten und die Kaufentscheidungen der privaten Haushalte (= Verbraucher, Konsumenten) abhängig sind, wird von folgender Annahme ausgegangen: Jeder private Haushalt hat das Ziel, sein Einkommen so zu verwenden, dass er seine individuellen Bedürfnisse möglichst weitgehend befriedigt und den größtmöglichen individuellen Nutzen erzielt **(Nutzenmaximierung).** Um dieses Ziel zu erreichen, muss ein Haushalt entscheiden, wie das für den Konsum verfügbare Einkommen möglichst nutzbringend auf die einzelnen Konsumgüterarten aufgeteilt werden soll (= optimaler Konsumplan).

Bei dieser Entscheidung spielen die Preise der Konsumgüter eine wichtige Rolle. Ein steigender Preis bewirkt in der Regel, dass bei gleichbleibendem Einkommen von diesem Gut weniger nachgefragt wird. Um weiterhin die gleiche Menge konsumieren zu können, müsste andernfalls der Konsum anderer Güter eingeschränkt werden. Bei einer Preissenkung können dagegen von diesem Gut größere Mengen konsumiert werden, so dass die nachgefragte Menge steigt.

b) Individuelle Nachfrage

Beispiel:

Bei einer Umfrage über das Konsumverhalten von Jugendlichen hat eine Schülerin auf die Frage »Wie viele Kugeln Eis zum Mitnehmen würdest du nachfragen, wenn der Preis soundso viel Euro betragen würde?« für unterschiedliche Preise die in der nebenstehenden Tabelle angegebenen Mengen genannt. Die Tabelle spiegelt den Verbrauchsplan für Eiskugeln für einen bestimmten Zeitraum (z. B. an einem heißen Sommertag im Juli) wider. Sie stellt den funktionalen Zusammenhang zwischen der geplanten Nachfragemenge an Eiskugeln (= abhängige Größe) und dem Preis für Eiskugeln (= unabhängige Größe) dar. Zu einem anderen Zeitpunkt könnte das Nachfrageverhalten der Schülerin völlig anders aussehen, weil sich beispielsweise ihre Einkommensverhältnisse oder die Preise für andere Süßigkeiten geändert haben oder weil sich an kalten und regnerischen Tagen ihre Bedürfnisse und Nutzeneinschätzungen hinsichtlich des Konsums von Eiskugeln ändern.

Individuelle Nachfrage-tabelle für Eiskugeln zum Mitnehmen	
Preis (€) je Kugel	Menge (Stück)
0,00	12
0,30	10
0,60	8
0,90	6
1,20	4
1,50	2
1,80	0

Werden die Preis-Mengen-Kombinationen der Tabelle in ein Koordinatensystem übertragen[1] und die einzelnen Punkte miteinander verbunden[2], ergibt sich eine von links oben nach rechts unten fallende **Nachfragekurve.** Da diese Kurve nur für einen bestimmten Konsumenten gilt, handelt es sich um eine **individuelle Nachfragekurve.**

---

[1]   Die Zuordnung der abhängigen Größe (Menge = Wirkung) und der unabhängigen Größe (Preis = Ursache) zu den Koordinatenachsen erfolgt in der Volkswirtschaftslehre anders als in der Mathematik üblich. An der Y-Achse steht der Preis, obwohl es sich dabei immer um die unabhängige Größe (= Ursache) handelt. An der X-Achse steht als abhängige Größe (= Wirkung) die Menge.

[2]   Die Tabelle kann in einem Koordinatensystem eigentlich nur durch Punkte, die bestimmte Preis-Mengen-Kombinationen wiedergeben, abgebildet werden. Jedoch wird der Einfachheit halber unterstellt, dass sich aus der Verbindung dieser Punkte eine Kurve mit konstanter Steigung (= linearer Verlauf) konstruieren lässt.

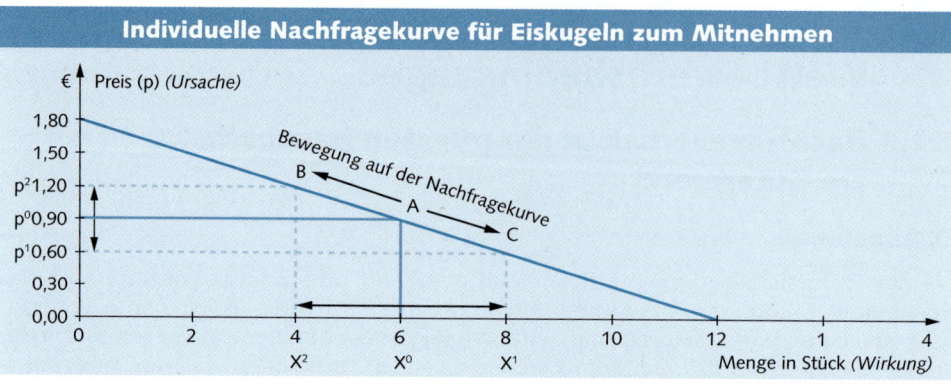

Individuelle Nachfragekurve für Eiskugeln zum Mitnehmen

Wenn der Preis von 0,90 € auf 1,20 € steigen würde, würde die nachgefragte Menge von 6 Stück auf 4 Stück sinken. Würde dagegen der Preis von 0,90 € auf 0,60 € sinken, würde die Schülerin 8 Stück statt 6 Stück nachfragen. Eine solche Preisveränderung löst somit eine Bewegung auf der Nachfragekurve von A nach B bzw. von A nach C aus.

> Die **individuelle Nachfragekurve** zeigt, wie viele Mengeneinheiten eines Gutes ein Konsument jeweils bei unterschiedlichen Preisen dieses Gutes in einer bestimmten Zeiteinheit nachzufragen plant.

Ob der Konsument allerdings seinen Verbrauchsplan verwirklichen und die geplanten Mengen tatsächlich kaufen kann, hängt u.a. davon ab, ob zu dem jeweiligen Preis überhaupt entsprechende Mengen angeboten werden.

c) Gesamtnachfrage (Marktnachfrage)

Werden die bei unterschiedlichen Preisen von den Konsumenten gewünschten individuellen Nachfragemengen für ein bestimmtes Gut addiert, ergibt sich die Gesamtnachfrage (Marktnachfrage) für dieses Gut.

Beispiel:

Ein Marktforschungsinstitut hat ermittelt, welche Gesamtnachfrage (Marktnachfrage) nach Eis in Abhängigkeit vom Preis sich in einer baden-württembergischen Kleinstadt ergibt. Der festgestellte Zusammenhang wird in ein Preis-Mengen-Diagramm übertragen.

Gesamtnachfragetabelle für Eiskugeln zum Mitnehmen	
Preis (€) je Kugel	**Menge (Stück)**
0,00	10 000
0,30	9 000
0,60	8 000
0,90	7 000
1,20	6 000
1,50	5 000
1,80	4 000
2,10	3 000
2,40	2 000
2,70	1 000
3,00	0

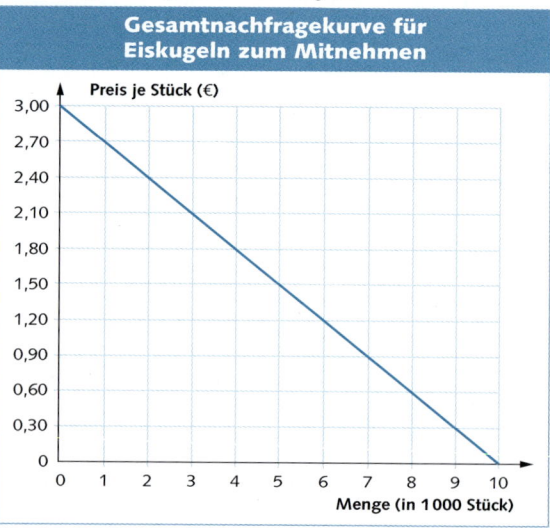

Gesamtnachfragekurve für Eiskugeln zum Mitnehmen

Bei normalem Verhalten der Konsumenten hat die Nachfragekurve eine negative Steigung. Da jede zusätzlich konsumierte Einheit eines Gutes einem Konsumenten im Normalfall einen geringeren Nutzenzuwachs stiftet, wird nur dann mehr von diesem Gut nachgefragt, wenn der Preis dieses Gutes sinkt.

Die normale **Nachfragekurve** hat eine negative Steigung, d. h.

- je höher der Preis ist, umso geringer ist die geplante Nachfragemenge,
- je niedriger der Preis ist, umso höher ist die geplante Nachfragemenge.

(»**Gesetz der Nachfrage**«)

Ändert sich der Preis des Gutes und bleiben alle anderen Bestimmungsfaktoren der Nachfrage (z. B. Einkommen) gleich, so ergibt sich eine neue Preis-Mengen-Kombination für dieses Gut. Dies löst eine **Bewegung auf der Nachfragekurve** aus.

d) Bestimmungsfaktoren der Gesamtnachfragekurve

Neben dem Preis wirken sich aber noch zahlreiche andere Faktoren auf die Nachfrage nach Konsumgütern aus. Die wichtigsten Einflussfaktoren sind in folgender Tabelle zusammengefasst.

Bestimmungsfaktoren der Gesamtnachfrage (Marktnachfrage)				
Preis des Gutes (p_1)	Preise anderer Güter $(p_2 \ldots p_n)$	Einkommen und Vermögen der einzelnen Haushalte	Bedürfnisstruktur der einzelnen Haushalte	Zahl der nachfragenden Haushalte

Wenn sich einzelne Einflussfaktoren der Nachfrage ändern, muss deutlich unterschieden werden, ob durch diese Änderung im Preis-Mengen-Diagramm eine **Bewegung auf einer gegebenen Nachfragekurve** (= Steigen oder Sinken der nachgefragten Menge) oder eine **Verschiebung der Nachfragekurve** (= Zunahme oder Abnahme der Nachfrage) ausgelöst wird.

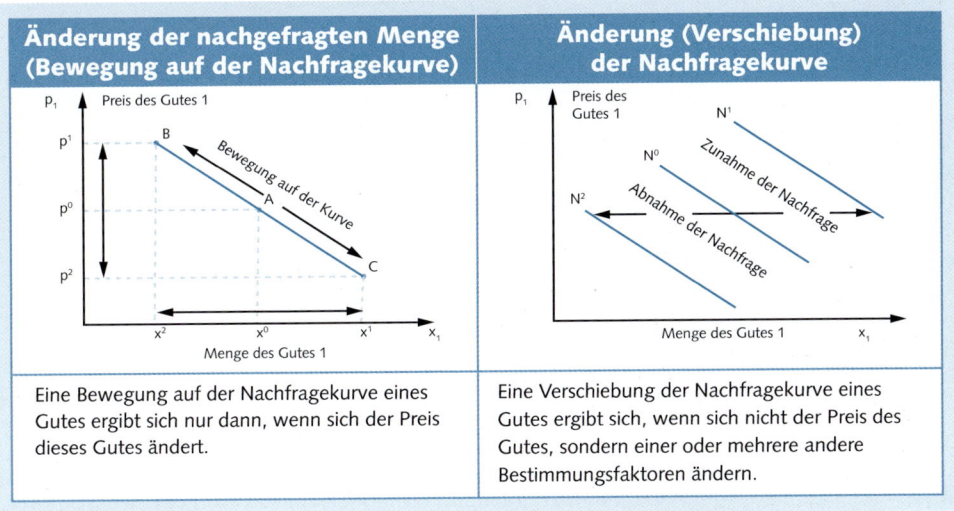

Eine Bewegung auf der Nachfragekurve eines Gutes ergibt sich nur dann, wenn sich der Preis dieses Gutes ändert.	Eine Verschiebung der Nachfragekurve eines Gutes ergibt sich, wenn sich nicht der Preis des Gutes, sondern einer oder mehrere andere Bestimmungsfaktoren ändern.

➤ **Bewegung auf der Nachfragekurve**

Ändert sich der Preis des Gutes, während alle anderen Einflussfaktoren unverändert bleiben, bewirkt das im Preis-Mengen-Diagramm eine Bewegung auf der Nachfragekurve.

➤ **Verschiebung der Nachfragekurve**

Ändert sich eine andere Einflussgrößen als der Preis des Gutes (p1), drückt sich das im Preis-Mengen-Diagramm in einer Verschiebung der Nachfragekurve aus. Eine Verschiebung der Nachfragekurve bedeutet, dass sich bei unverändertem Preis des Gutes die nachgefragte Menge nach diesem Gut geändert hat.

● Zu einer **Linksverschiebung der Nachfragekurve** kommt es dann, wenn nach dem auslösenden Ereignis zu jedem Preis weniger nachgefragt wird. Die Nachfrage nimmt ab (z.B. Werbeverbot für alkoholhaltige Limonade: Bei jedem denkbaren Preis werden weniger Alcopops nachgefragt als vorher).

● Zu einer **Rechtsverschiebung der Nachfragekurve** kommt es dann, wenn nach dem auslösenden Ereignis zu jedem Preis mehr nachgefragt wird als vorher. Die Nachfrage nimmt zu (z.B. Gesundheitskampagne für den Verzehr von Obst: Bei jedem denkbaren Preis wird mehr Obst nachgefragt als vorher).

Beispiele für eine Verschiebung der Nachfragekurve:

1. **Einkommen ändert sich:**
   Einkommenserhöhung der Bevölkerung
   → Rechtsverschiebung der Nachfragekurve für Autos

2. **Preise anderer Güter sich:**
   a) **Komplementärgüter** (sich gegenseitig ergänzende Güter) Preiserhöhung für Benzin
      → Linksverschiebung der Nachfragekurve für Autos
   b) **Substitutionsgüter** (sich gegenseitig ersetzende Güter) Preiserhöhung für Butter
      → Rechtsverschiebung der Nachfragekurve für Margarine

3. **Nutzeneinschätzung, Vorlieben, Geschmack, Mode:**
   Kampagne des Gesundheitsministeriums für gesündere Ernährung:
   → Rechtsverschiebung der Nachfragekurve für Obst

4. **Zahl der Nachfrager ändert sich:**
   Sinkende Geburtenrate in Deutschland
   → Linksverschiebung der Nachfragekurve für Babykleidung

Eine **Verschiebung der Nachfragekurve nach rechts** bedeutet, dass die Marktnachfrage bei jedem Preis größer ist als vorher. Eine **Verschiebung der Nachfragekurve nach links** bedeutet, dass die Marktnachfrage bei jedem Preis kleiner ist als vorher.

e) Preiselastizität der Nachfrage

Wird der Preis für einen bestimmten Autotyp von 20 000,00 € um 200,00 € auf 20 200,00 Euro erhöht, beeinflusst die Preisveränderung die nachgefragte Menge kaum. Wenn dagegen der Preis eines Mountainbikes ebenfalls um 200 Euro von bisher 400,00 € auf jetzt 600,00 € erhöht wird, wird die nachgefragte Menge spürbar sinken.

Aus dieser Beobachtung lässt sich aber nicht schließen, dass die Nachfrager nach Autos weniger stark auf Preisänderungen reagieren als die Nachfrager nach Mountainbikes. Der Preis für das Auto wurde nur um 1 %, der Preis für das Mountainbike dagegen um 50 % erhöht. Bei einer Erhöhung des Autopreises um 50 % würde die nachgefragte Menge bei Autos ebenfalls stark sinken.

Aussagen über **Nachfragereaktionen** bei verschiedenen Gütern lassen sich nur dann vergleichen, wenn sie die durch eine **prozentuale** Preisänderung ausgelöste **prozentuale** Änderung der nachgefragten Menge berücksichtigen. Dieser Zusammenhang kommt in der **Preiselastizität der Nachfrage** zum Ausdruck.

> Die Preiselastizität der Nachfrage (El_N) ist das Verhältnis der prozentualen Änderung der nachgefragten Menge eines Gutes zur prozentualen Preisänderung dieses Gutes. Sie gibt an, um wie viel Prozent sich die nachgefragte Menge eines Gutes ändert, wenn sich der Preis dieses Gutes um 1 % ändert.

$$\text{Preiselastizität der Nachfragen } (El_N) = \frac{\text{prozentuale Änderung der Nachfragemenge von Gut 1}}{\text{prozentuale Änderung des Preises von Gut 1}}$$

Ist die prozentuale Änderung der nachgefragten Menge größer als die prozentuale Preisänderung, so ergibt sich für die Elastizität ein Wert, der größer als 1 ist. In diesen Fällen wird von einer **elastischen Nachfrage** gesprochen. Dies trifft hier für alle Punkte der oberen Hälfte einer linearen Nachfragekurve zu (vgl. Abb. unten). Ist die prozentuale Änderung der nachgefragten Menge genauso hoch wie die prozentuale Preisänderung, so hat die Elastizität den Wert 1. Das trifft hier für den Halbierungspunkt einer die Achsen schneidenden linearen Nachfragekurve zu. Ist die prozentuale Änderung der nachgefragten Menge kleiner als die prozentuale Preisänderung, so ergibt sich für die Elastizität ein Wert, der kleiner als 1 ist. In diesen Fällen wird von einer **unelastischen Nachfrage** gesprochen. Das trifft hier für alle Punkte der unteren Hälfte einer linearen Nachfragekurve zu (vgl. Abb. unten).

Die folgenden Abbildungen zeigen Abschnitte von zwei Nachfragekurven, in denen gleiche Preisänderungen unterschiedliche Mengenänderungen nach sich ziehen. Die gleiche Preiserhöhung führt bei einem steileren Verlauf des Kurvenabschnitts zu einem geringeren Rückgang der nachgefragten Menge als bei einem flacheren Verlauf. Die Nachfrage ist in dem hier betrachteten Abschnitt der linken Nachfragekurve unelastisch, während die Nachfrage in dem hier betrachteten Abschnitt der rechten Nachfragekurve elastisch ist.

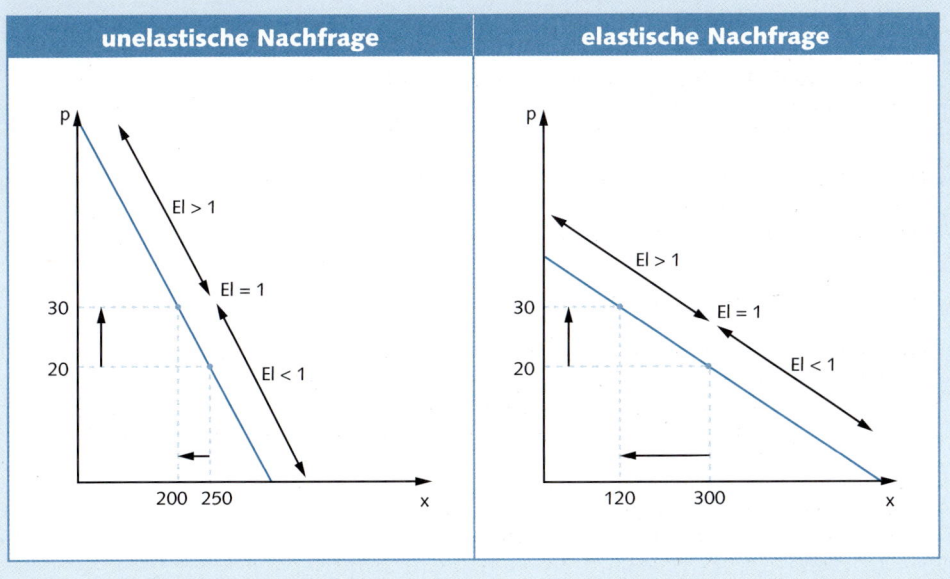

unelastische Nachfrage	elastische Nachfrage
Preiserhöhung von 20 GE auf 30 GE: 50 % Mengenänderung von 250 ME auf 200 ME: 20 %	Preiserhöhung von 20 GE auf 30 GE: 50 % Mengenänderung von 300 ME auf 120 ME: 60 %
$$El_N = \frac{\text{Mengenänderung in \%}}{\text{Preisänderung in \%}} = \frac{20}{50} = 0,4$$	$$El_N = \frac{\text{Mengenänderung in \%}}{\text{Preisänderung in \%}} = \frac{60}{50} = 1,2$$
Eine Preisänderung von 1 % führt zu einer Mengenänderung von 0,4 % (= unelastische Reaktion der Nachfrager)	Eine Preisänderung von 1 % führt zu einer Mengenänderung von 1,2 % (= elastische Reaktion der Nachfrager)
Unelastische Reaktion: Bei Preisänderungen verändert sich die nachgefragte Menge verhältnismäßig wenig (z.B. lebensnotwendige Güter).	**Elastische Reaktion:** Bei Preisänderungen verändert sich die nachgefragte Menge verhältnismäßig stark (z.B. Luxusgüter).

2.2.2 Angebotsverhalten der Unternehmen am Gütermarkt

a) Annahmen

Bei der Untersuchung, von welchen Zielsetzungen und Bestimmungsfaktoren das Angebotsverhalten der privaten Unternehmen abhängig ist, wird u.a. von folgenden Annahmen ausgegangen:

1. Jedes private Unternehmen hat das Ziel, einen größtmöglichen Gewinn zu erzielen **(Gewinnmaximierung).** Der Gewinn ergibt sich aus der Differenz zwischen den Erlösen (E) und den bei der Produktion entstehenden Kosten (K). Der Erlös ergibt sich aus der Multiplikation des für eine Einheit des produzierten Gutes erzielbaren Preises (p) mit der abgesetzten Menge (x).

$$\text{Erlös} = \text{Absatzpreis je Stück} \cdot \text{Absatzmenge}$$
$$E = p \cdot x$$

$$\text{Gewinn} = \text{Erlös} - \text{Kosten}$$
$$G = E - K$$

$$\text{Kosten} = \text{Fixkosten} + \text{variable Stückkosten} \cdot \text{Produktionsmenge}$$
$$K = K_{fix} + k_v \cdot x$$

Dabei wird unterstellt, dass jedes Unternehmen nur eine Produktart herstellt (Einproduktunternehmen) und die produzierte Menge tatsächlich auch abgesetzt werden kann (Produktionsmenge = Absatzmenge).

2. Der Marktanteil jedes einzelnen Unternehmens ist so gering, dass es keinen Einfluss auf den Güterpreis (p) hat, der sich am Markt ergibt. Dies entspricht einem Markt mit **vollständiger Konkurrenz** (= Polypol auf dem vollkommenen Markt). Der Marktpreis ist in diesem Fall für jedes Unternehmen eine unveränderbare Größe. Das Unternehmen kann seine Erlöse und Kosten (und damit seinen Gewinn) nur durch eine Veränderung der Produktions- und Absatzmenge (x) beeinflussen.

b) Gesamtangebot

Ob ein Unternehmen am Markt als Anbieter auftritt oder nicht, hängt davon ab, ob der für das angebotene Gut erzielbare Preis mindestens so hoch ist wie die Kosten, die für Produktion einer Mengeneinheit des Gutes entstehen **(= Stückkosten).** Nur wenn der Preis über den Stückkosten liegt, erzielt das Unternehmen einen Gewinn. Mit steigendem Preis können immer mehr Unternehmen ihre Stückkosten decken und als Anbieter am Markt auftreten. Somit wird bei steigendem Preis die angebotene Menge steigen. Sinkt dagegen der Preis, so scheiden immer mehr Unternehmen aus dem Markt aus, da ihre Stückkosten nicht mehr gedeckt sind und sie einen Verlust erzielen. Bei sinkendem Preis wird daher die angebotene Menge sinken.

Beispiel:
Für fünf landwirtschaftliche Betriebe, die ein gleichartiges Agrarprodukt anbieten, liegen folgende Daten vor:

Anbieter	A	B	C	D	E
Maximale Produktionsmenge (x) (Kapazitätsgrenze)	100 t	100 t	100 t	100 t	100 t
Fixkosten (K_{fix}) z. B. Pacht, Abschreibung auf Landmaschinen	1 500,00 €	2 000,00 €	3 000,00 €	2 500,00 €	2 000,00 €
Fixkosten je t (K_{fix}/x) bei maximaler Produktionsmenge	15,00 €	20,00 €	30,00 €	25,00 €	20,00 €
Variable Kosten je t (k_v), z. B. Kosten für Saatgut, Dünger	15,00 €	20,00 €	20,00 €	35,00 €	50,00 €
Gesamtkosten je Stück (Stückkosten) bei maximaler Produktionsmenge (Kapazitätsgrenze) $k = K_{fix} / x + k_v$	30,00 €	40,00 €	50,00 €	60,00 €	70,00 €

Wird angenommen, dass für die für die einzelnen Betriebe angegebenen variablen Kosten je t (k_v) bei jeder Produktionsmenge (x) gleich bleiben (= konstante variable Stückkosten)[1], so ergibt sich folgender Zusammenhang: Bei einer Produktionsausdehnung verteilen sich die gleich bleibenden Fixkosten (Kfix) auf eine größere Menge, so dass der Fixkostenanteil je Stück (Kfix/x) mit zunehmender Produktionsmenge sinkt **(= Fixkostendegression).** Da die variablen Stückkosten (k_v) unverändert bleiben, sind die gesamten Stückkosten ($k = K_{fix}/x + k_v$) bei der maximalen Produktionsmenge (= Kapazitätsgrenze) am niedrigsten. Ein Produzent wird somit nur dann als Anbieter am Markt auftreten, wenn der Preis mindestens so hoch ist wie die Stückkosten an der Kapazitätsgrenze. Andernfalls würde er einen Verlust erleiden.

---

1 Bei konstanten variablen Stückkosten (kv) verläuft die Gesamtkostenkurve $K = K_{fix} + k_v \cdot x$ linear.

Bei einem Preis von 60,00 € je t bieten langfristig nur die Betriebe A, B, C und D an. Bei diesen Betrieben sind die Stückkosten an der Kapazitätsgrenze nicht höher als der Preis. Betrieb E scheidet dagegen aus dem Markt aus, weil er einen Verlust erwirtschaftet. Betrieb A hat mit 30,00 € die geringsten Stückkosten an der Kapazitätsgrenze. Wenn der Preis unter 30,00 € sinkt, wird das Produkt langfristig von keinem der fünf Betriebe angeboten. Ein Anbieter, dessen Stückkosten durch den Preis gerade noch gedeckt sind und der somit weder Gewinn noch Verlust erzielt, wird als **Grenzanbieter** bezeichnet. Das trifft hier bei einem Preis von 60,00 € je t für Anbieter D zu. Bei einer Preissenkung stellen die jeweiligen Grenzbetriebe als Erste ihre Produktion ein, weil der niedrigere Preis zur Deckung der Stückkosten nicht mehr ausreicht. Sinkende Preise führen also dazu, dass nach und nach diejenigen Anbieter aus dem Markt ausscheiden, deren Stückkosten nicht mehr durch den Preis gedeckt sind. Durch das Ausscheiden dieser Anbieter sinkt die angebotene Menge. Bei steigendem Preis bieten dagegen zunehmend auch die Unternehmen an, deren Stückkosten bei niedrigeren Preisen nicht gedeckt sind. Außerdem dehnen die bisherigen Anbieter möglicherweise ihre Produktionskapazitäten aus. Durch die zunehmende Zahl der Anbieter und die Kapazitätserweiterungen erhöht sich bei steigendem Preis die angebotene Menge.

Ermittlung des Gesamtangebots bei unterschiedlichen Preisen						
Anbieter	A	B	C	D	E	Insgesamt
Preis in € je t	Angebotsmenge in t					
10,00	0	0	0	0	0	0
20,00	0	0	0	0	0	0
30,00	100	0	0	0	0	100
40,00	100	100	0	0	0	200
50,00	100	100	100	0	0	300
60,00	100	100	100	100	0	400
70,00	100	100	100	100	100	500

Werden die Preis-Mengen-Kombinationen der Tabelle in ein Koordinatensystem übertragen[1] und die einzelnen Punkte miteinander verbunden[2], ergibt sich eine von links unten nach rechts oben steigende **Angebotskurve.**

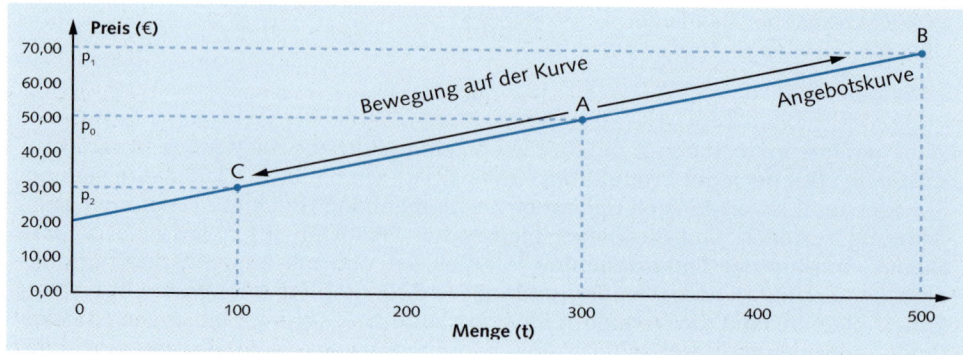

1　Die Zuordnung der abhängigen Größe (Menge = Wirkung) und der unabhängigen Größe (Preis = Ursache) zu den Koordinatenachsen erfolgt in der Volkswirtschaftslehre anders als in der Mathematik üblich.

2　Obwohl die Tabelle in einem Koordinatensystem eigentlich nur durch Punkte, die bestimmte Preis-Mengen-Kombinationen wiedergeben, abgebildet werden kann, wird der Einfachheit halber unterstellt, dass sich aus der Verbindung dieser Punkte eine Kurve mit konstanter Steigung (= linearer Verlauf) konstruieren lässt.

Wenn der Preis von 50,00 € auf 70,00 € steigen würde, würde die angebotene Menge von 300 t auf 500 t steigen. Würde dagegen der Preis von 50,00 € auf 30,00 € sinken, würden nur noch 100 t angeboten. Eine solche Preisveränderung löst somit eine Bewegung auf der Angebotskurve von A nach B bzw. von A nach C aus.

Die Angebotskurve zeigt, wie viele Mengeneinheiten eines Gutes die Produzenten jeweils bei unterschiedlichen Preisen dieses Gutes in einer bestimmten Zeiteinheit anzubieten planen.

Bei normalem Verhalten der Anbieter hat die Angebotskurve eine positive Steigung.

Die normale **Angebotskurve** hat eine positive Steigung, d. h.
- je höher der Preis ist, umso höher ist die geplante Angebotsmenge,
- je niedriger der Preis ist, umso niedriger ist die geplante Angebotsmenge.

(»**Gesetz des Angebots**«)

Ändert sich der Preis des Gutes und bleiben alle anderen Bestimmungsfaktoren des Angebots (z. B. Produktionskosten) gleich, so ergibt sich eine neue Preis-Mengen-Kombination für dieses Gut. Dies löst eine **Bewegung auf der Angebotskurve** aus.

Ob die Produzenten allerdings ihre Produktionspläne verwirklichen und die geplanten Mengen tatsächlich verkaufen können, hängt u. a. davon ab, ob zu dem jeweiligen Preis überhaupt entsprechende Mengen nachgefragt werden.

c) Bestimmungsfaktoren der Gesamtangebotskurve

Neben dem Preis wirken sich aber noch zahlreiche andere Faktoren auf das Angebot von Gütern aus. Die wichtigsten Einflussfaktoren sind in folgender Tabelle zusammengefasst.

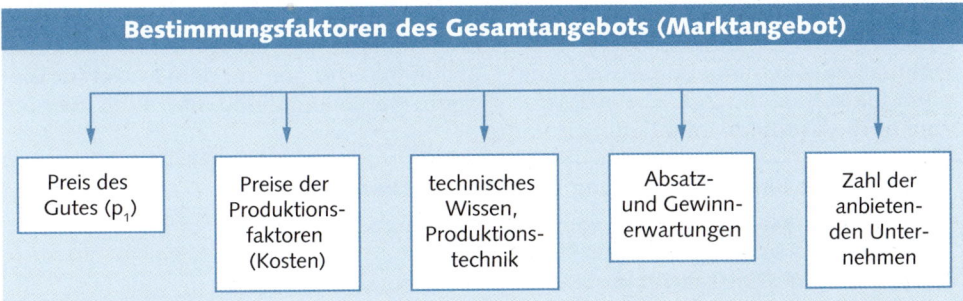

Bestimmungsfaktoren des Gesamtangebots (Marktangebot)				
Preis des Gutes (p_1)	Preise der Produktions-faktoren (Kosten)	technisches Wissen, Produktions-technik	Absatz- und Gewinn-erwartungen	Zahl der anbieten-den Unter-nehmen

Wenn sich einzelne Einflussfaktoren des Angebots ändern, muss deutlich unterschieden werden, ob durch diese Änderung im Preis-Mengen-Diagramm eine **Bewegung auf einer gegebenen Angebotskurve** (= Steigen oder Sinken der angebotenen Menge) oder eine **Verschiebung der Angebotskurve** (= Zunahme oder Abnahme des Angebots) ausgelöst wird.

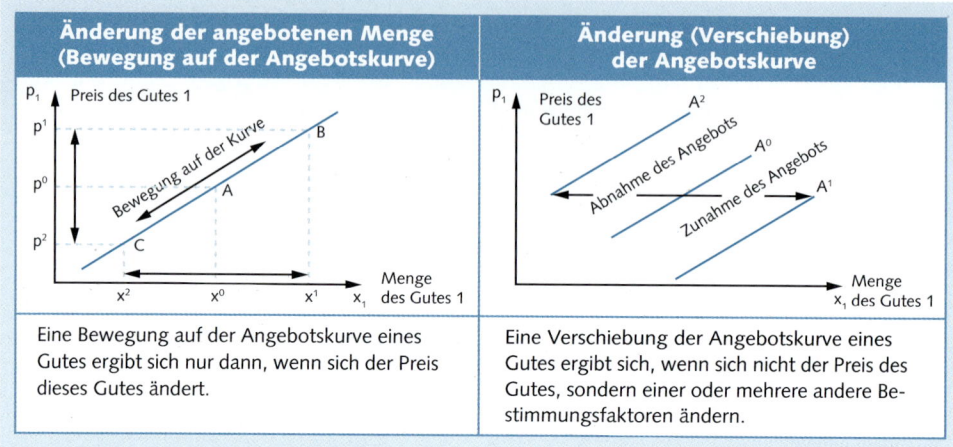

Änderung der angebotenen Menge (Bewegung auf der Angebotskurve)	Änderung (Verschiebung) der Angebotskurve
Eine Bewegung auf der Angebotskurve eines Gutes ergibt sich nur dann, wenn sich der Preis dieses Gutes ändert.	Eine Verschiebung der Angebotskurve eines Gutes ergibt sich, wenn sich nicht der Preis des Gutes, sondern einer oder mehrere andere Bestimmungsfaktoren ändern.

➤ Bewegung auf der Angebotskurve

Ändert sich der Preis des Gutes, während alle anderen Einflussfaktoren unverändert bleiben, bewirkt das im Preis-Mengen-Diagramm eine **Bewegung auf der Angebotskurve.**

➤ Verschiebung der Angebotskurve

Ändert sich eine andere Einflussgrößen als der Preis des Gutes (p1), drückt sich das im Preis-Mengen-Diagramm in einer Verschiebung der Angebotskurve aus (vgl. G 2.3.2.6). Eine Verschiebung der Angebotskurve bedeutet, dass sich bei unverändertem Preis des Gutes die angebotene Menge für dieses Gut geändert hat.

● Zu einer **Linksverschiebung der Angebotskurve** kommt es dann, wenn nach dem auslösenden Ereignis zu jedem Preis weniger angeboten wird. Das Angebot nimmt ab (z.B. Kostenerhöhung für Mastfutter: Bei jedem denkbaren Preis wird weniger Schweinefleisch angeboten als vorher, weil Anbieter wegen zu hoher Kosten für Futter aus dem Markt ausscheiden).

● Zu einer **Rechtsverschiebung der Angebotskurve** kommt es dann, wenn nach dem auslösenden Ereignis zu jedem Preis mehr angeboten wird als vorher. Das Angebot nimmt zu (z.B. steigende Absatz- und Gewinnerwartungen auf dem Markt für Bio-Produkte lässt die Zahl der Anbieter steigen: Bei jedem denkbaren Preis werden mehr Bio-Produkte angeboten als vorher).

Beispiele für eine Verschiebung der Angebotskurve:

1. **Produktionskosten ändern sich:** Kostenerhöhung
   → Linksverschiebung der Angebotskurve
2. **Technischer Fortschritt:** kostensenkende Technologien
   → Rechtsverschiebung der Angebotskurve
3. **Absatz- und Gewinnerwartungen ändern sich:**
   Steigende Absatz- und Gewinnerwartungen
   → Rechtsverschiebung der Angebotskurve
4. **Zahl der Anbieter ändert sich:** Zunahme der Zahl der Anbieter
   → Rechtsverschiebung der Angebotskurve

Eine **Verschiebung der Angebotskurve nach rechts** bedeutet, dass das Marktangebot bei jedem Preis größer ist als vorher. **Eine Verschiebung der Angebotskurve nach links** bedeutet, dass das Marktangebot bei jedem Preis kleiner ist als vorher.

2.3 Preisbildung auf Wettbewerbsmärkten: Vollständige Konkurrenz

2.3.1 Zustandekommen und Eigenschaften des Gleichgewichtspreises

a) Wettbewerbsmärkte

Ein **Wettbewerbsmarkt** liegt vor, wenn viele Anbieter miteinander in Konkurrenz stehen und somit keiner von ihnen über **Marktmacht** verfügt. Stehen dem auf der Nachfrageseite ebenfalls viele Marktteilnehmer gegenüber, handelt es sich um ein **zweiseitiges Polypol.**

Marktformen			
Anbieter \ **Nachfrager**	**viele**	**wenige**	**einer**
viele	zweiseitiges Polypol	Nachfrageoligopol	Nachfragemonopol
wenige	Angebotsoligopol	zweiseitiges Oligopol	beschränktes Nachfragemonopol
einer	Angebotsmonopol	beschränktes Angebotsmonopol	zweiseitiges Monopol

b) Preisbildung an einer Warenbörse

Die Funktion von Märkten, die Pläne von Anbietern und Nachfragern aufeinander abzustimmen und zum Ausgleich zu bringen, lässt sich am Beispiel einer **Börse** besonders gut veranschaulichen. Da an einer Börse viele Anbieter und viele Nachfrager auftreten, handelt es sich dabei um die **Preisbildung beim zweiseitigen Polypol.**

Die Marktform der Börse stellt zudem eine Besonderheit dar, da sie die in der Realität anzutreffende Marktform ist, die dem **Modell eines vollkommenen Marktes** sehr nahe kommt (vgl. G 2.1.3). Die Börsenpreisbildung kann daher als Beispiel für die Preisbildung beim **Polypol auf dem vollkommenen Markt** dienen.

> **Beispiel:**
> An der **Stuttgarter Waren- und Produktenbörse** werden u. a. verschiedene Getreidearten gehandelt. Eine Notierungskommission, die die Rolle eines Maklers übernimmt, sammelt die Verkaufsaufträge der Produzenten und die Kaufaufträge der Großhändler. Die Produzenten teilen mit, welchen Preis sie mindestens erzielen wollen (Mindestpreis) und welche Mengen (in t) sie zu diesem Preis anbieten. Die Händler nennen die Preise, die sie höchstens zu zahlen bereit sind (Höchstpreise), und die Mengen (in t), die sie zu diesem Preis abnehmen wollen. Aus den Kauf- und Verkaufsaufträgen ermittelt die Notierungskommission den **Börsenpreis.** Dabei ist es die Aufgabe der Notierungskommission, den Preis zu finden, bei dem die meisten Kauf- und Verkaufsaufträge ausgeführt werden können **(Meistausführungsprinzip).** Bei diesem Preis ist die umgesetzte Menge am größten.

Kauf- und Verkaufsaufträge

Angenommen, an einem bestimmten Börsentag liegen der Notierungskommission für eine bestimmte Getreideart, deren Qualität (z. B. Feuchtigkeitsgehalt) eindeutig festgelegt ist, folgende Aufträge vor:

Verkaufsaufträge (Angebot)			Kaufaufträge (Nachfrage)		
Name des Verkäufers	Mindestpreis je t in €	angebotene Menge t	Name des Käufers	Höchstpreis je t in €	nachgefragte Menge t
A	100,00	50	F	100,00	25
B	125,00	25	G	125,00	75
C	200,00	75	H	200,00	50
D	250,00	50	I	250,00	75
E	325,00	75	J	325,00	25

Ermittlung des Börsenpreises

Die Notierungkommission ordnet den unterschiedlichen Preisen die jeweils insgesamt angebotene und nachgefragte Menge zu und erstellt folgende Übersicht:

Preis in €	angebotene Menge in t						nachgefragte Menge in t					
	A	B	C	D	E	Summe	F	G	H	I	J	Summe
100,00	50	0	0	0	A	**50**	25	75	50	75	25	**250**
125,00	50	25	0	0	0	**75**	0	75	50	75	25	**225**
200,00	50	25	75	0	0	**150**	0	0	50	75	25	**150**
250,00	50	25	75	50	0	**200**	0	0	0	75	25	**100**
325,00	50	25	75	50	75	**275**	0	0	0	0	25	**25**

Würde die Notierungskommission einen Preis von 100,00 € je t festlegen, würden zwar 250 t nachgefragt, aber nur 50 t angeboten. Daher könnten nur 50 t zu diesem Preis verkauft werden. Es besteht ein **Nachfrageüberschuss** bzw. eine **Angebotslücke** in Höhe von 200 t. Würde die Notierungskommission dagegen einen Preis von 325,00 € je t festlegen, würden zwar 275 t angeboten, aber nur 25 t nachgefragt. Daher könnten nur 25 t Getreide zu diesem Preis verkauft werden. Es besteht ein **Angebotsüberschuss** bzw. eine **Nachfragelücke** in Höhe von 250 t.

Die tabellarische Darstellung der Angebots- und Nachfragesituation lässt sich auch in grafischer Form in einem Preis-Mengen-Diagramm abbilden. Werden die einzelnen Punkte miteinander verbunden, indem angenommen wird, dass auch zu jedem (nicht ganzzahligen) Zwischenpreis eine Angebots- und Nachfragemenge vorliegt, ergeben sich eine **Angebotskurve** und eine **Nachfragekurve.**

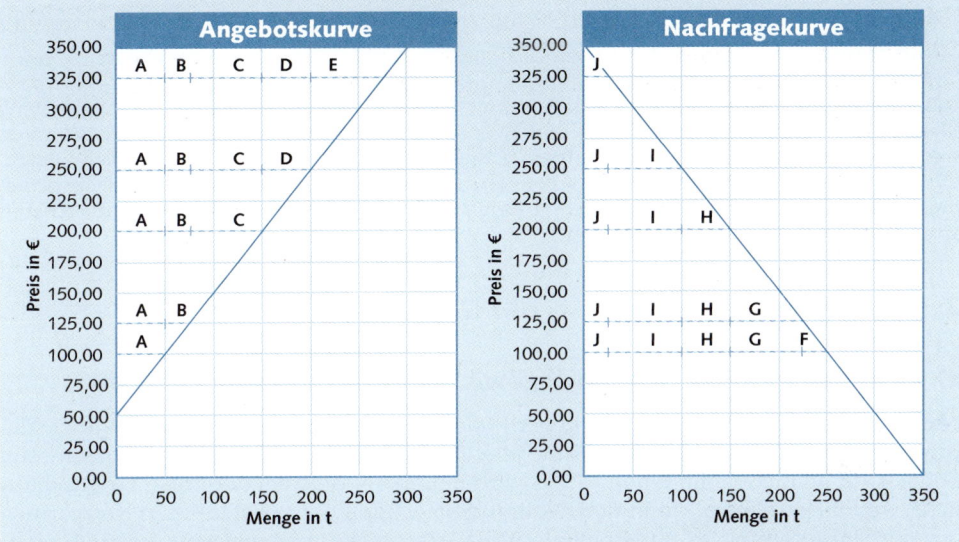

c) Zustandekommen und Eigenschaften des Gleichgewichtspreises

Werden Angebots- und Nachfragekurve in ein und demselben Preis-Mengen-Diagramm zusammengefasst, ergibt sich folgende Darstellung:

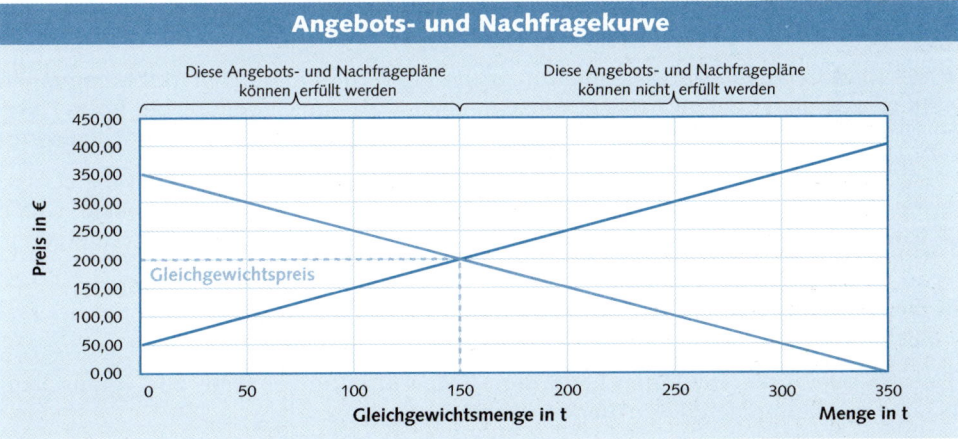

Die Notierungskommission wird an diesem Börsentag den Preis von 200,00 € je t Getreide festlegen. Bei diesem Preis planen die Anbieter 150 t zu verkaufen und die Nachfrager planen 150 t zu kaufen. Es besteht weder ein Angebots- noch ein Nachfrageüberhang. Dieser Preis »räumt den Markt«. Bei keinem anderen Preis kann eine größere Menge umgesetzt werden. Die unabhängig voneinander gebildeten Kauf- und Verkaufspläne entsprechen einander. Der Preis von 200,00 € je t ist der Gleichgewichtspreis. Die bei diesem Preis umgesetzte Menge (150 t) ist die Gleichgewichtsmenge.

> Der Schnittpunkt zwischen Angebots- und Nachfragekurve bestimmt den Gleichgewichtspreis und die Gleichgewichtsmenge.

> Beim **Gleichgewichtspreis** sind die geplanten Angebots- und Nachfragemengen gleich groß.

Alle Anbieter, die bereit sind zum Gleichgewichtspreis zu verkaufen, können die angebotene Menge auch tatsächlich absetzen. Ihre Verkaufspläne werden erfüllt. Alle Nachfrager, die bereit sind, den Gleichgewichtspreis zu bezahlen, können die gewünschte Menge tatsächlich kaufen. Ihre Kaufpläne werden erfüllt. Nur die Anbieter, die einen höheren Preis als den Gleichgewichtspreis verlangen und die Nachfrager, die nur weniger als den Gleichgewichtspreis zu zahlen bereit sind, können ihre Pläne nicht realisieren.

2.3.2 Anpassungsprozesse bei Ungleichgewichten

a) Zustandekommen des Gleichgewichtspreises: Preismechanismus

Nur auf einem vollkommenen Markt bildet sich ein einheitlicher Preis (Gleichgewichtspreis), zu dem alle Käufe und Verkäufe getätigt werden. Der Preisbildungsprozess beim Polypol auf dem vollkommenen Markt wird häufig am Beispiel der Börse veranschaulicht, weil diese Marktform in der Realität dem Modell der vollständigen Konkurrenz am nächsten kommt. In der Realität sind Marktpreise aber meistens keine Gleichgewichtspreise. Trotzdem lassen sich die grundsätzlichen Zusammenhänge auch auf solche Wettbewerbsmärkte übertragen.

Beispielsweise ergibt sich auf dem Markt für italienisches Speiseeis (Eiskugeln) in einer Stadt trotz des Wettbewerbs zwischen den Eisdielen erfahrungsgemäß kein einheitlicher Preis, zu dem sämtliche Käufe und Verkäufe getätigt werden. Das liegt u. a. daran, dass – anders als im Modell der vollständigen Konkurrenz –

- die Marktteilnehmer nicht genau über die Preise und andere Marktbedingungen informiert sind (fehlende Markttransparenz) und es – im Gegensatz zur Börse – keinen Makler gibt, der aus den Kauf- und Verkaufsaufträgen den Gleichgewichtspreis ermittelt,
- die Güter nicht völlig gleichartig (nicht homogen) in Geschmack, Aussehen, Größe usw. sind (z. B. Eissorten mit tropischen Früchten, besonders milch- und sahnehaltige Eissorten),
- die Nachfrager besondere Vorlieben (Präferenzen) haben (z. B. für Eis aus der Eisdiele Venezia).

Trotz dieser Einschränkungen kann der »Eismarkt« in einer Stadt zur Veranschaulichung der Zusammenhänge dienen.

> Solange die Gleichgewichtssituation nicht erreicht ist, lösen Anbieter und Nachfrager durch ihr Handeln und ihre Reaktionen Marktkräfte aus, die eine Entwicklung zum Gleichgewicht bewirken.

Die Marktteilnehmer versuchen durch »Versuch und Irrtum« herauszufinden, wo der Gleichgewichtspreis annähernd liegt. Diese Anpassungsprozesse lassen sich anhand des folgenden **Preis-Mengen-Diagramms nachvollziehen.**

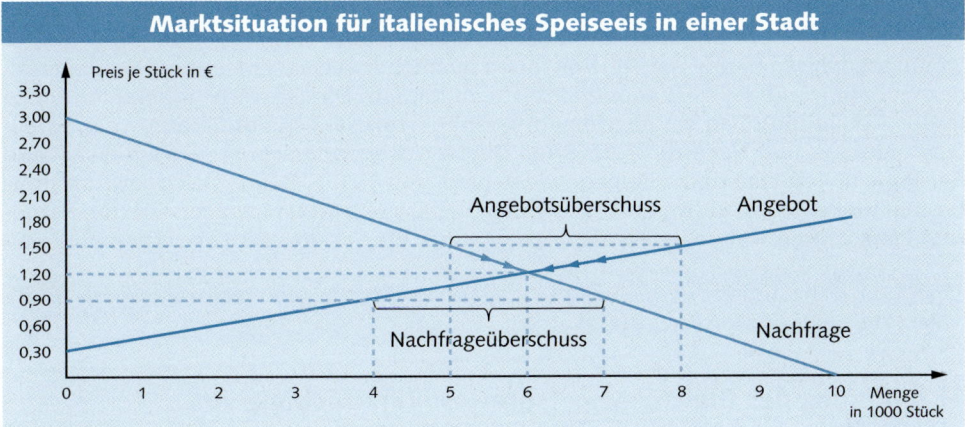

Marktsituation für italienisches Speiseeis in einer Stadt

> **Der aktuelle Preis liegt über dem Gleichgewichtspreis: Angebotsüberschuss**

Liegt der aktuelle Preis über dem Gleichgewichtspreis von 1,20 € (z. B. bei 1,50 €), können die Anbieter weniger absetzen als geplant. Geplant ist eine Absatzmenge von 8 000 Stück, die Nachfrager wollen zu diesem Preis aber nur 5 000 Stück kaufen. Es entsteht ein **Angebotsüberschuss** (Nachfragelücke) in Höhe von 3 000 Stück.

Die Anbieter werden bereit sein, den Preis zu senken. Ein einzelner Anbieter alleine könnte den Preis zwar nicht nachhaltig beeinflussen. Da aber bei diesem Preis viele Anbieter ihre Pläne nicht verwirklichen können, kommt es zu einer gegenseitigen Preisunterbietung der miteinander in Konkurrenz stehenden Anbieter. Aufgrund des sinkenden Preises verringert sich die angebotene Menge, da einige Anbieter aus dem Markt ausscheiden, weil der Preis unter ihre Stückkosten **(Preisuntergrenze)** gesunken ist. Gleichzeitig steigt die nachgefragte Menge, weil die bisherigen Käufer mehr nachfragen und möglicherweise neue Käuferschichten in der Lage sind, das Gut aufgrund des gesunkenen Preises zu kaufen. Die abwärts gerichteten Pfeile in der Abbildung oben zeigen den Anpassungsprozess, der sich als Bewegung auf der Angebots- und Nachfragekurve darstellen lässt. Der Angebotsüberschuss verringert sich allmählich und der Preis nähert sich dem Gleichgewichtspreis von 1,20 €. Wird der Gleichgewichtspreis erreicht, besteht für keinen Anbieter Anlass zu einer weiteren Preissenkung, da alle, die zu diesem Preis verkaufen wollen, tatsächlich ihre Produkte absetzen können.

Liegt der aktuelle Preis über dem Gleichgewichtspreis, entsteht ein **Angebotsüberschuss** (Nachfragelücke). **Der Preis sinkt.**

> **Der aktuelle Preis liegt unter dem Gleichgewichtspreis: Nachfrageüberschuss**

Liegt der aktuelle Preis unter dem Gleichgewichtspreis von 1,20 € (z. B. bei 0,90 €), entsteht ein **Nachfrageüberschuss** (Angebotslücke) in Höhe von 3 000 Stück. Ein Teil der Nachfrager kann seine Pläne nicht erfüllen, da er das Gut gar nicht oder nicht in der gewünschten Menge kaufen kann.

Die Nachfrager mit einer höheren Zahlungsbereitschaft werden daher bereit sein, einen höheren Preis zu bezahlen. Es kommt zu einer gegenseitigen Preisüberbietung. Als Folge davon steigt die angebotene Menge. Die Anbieter dehnen ihre Produktion aus und neue Anbieter, für die der Preis bisher nicht kostendeckend war, treten am Markt auf. Gleichzeitig sinkt die nachgefragte Menge, weil die bisherigen Käufer weniger nachfragen und ein Teil von ihnen möglicherweise nicht mehr in der Lage ist, das Gut aufgrund des gestiegenen Preises zu kaufen. Die aufwärts gerichteten Pfeile in der Abbildung oben zeigen den Anpassungsprozess. Es liegt eine Bewegung auf der Angebots- und Nachfragekurve vor. Der Nachfrageüberschuss verringert sich und der Preis nähert sich dem Gleichgewichtspreis von 1,20 €. Beim Gleichgewichtspreis besteht für keinen Nachfrager Anlass, einen höheren Preis zu bieten, da alle, die zu diesem Preis kaufen wollen, tatsächlich die gewünschte Gütermenge erwerben können.

> Liegt der Preis unter dem Gleichgewichtspreis, entsteht ein **Nachfrageüberschuss** (Angebotslücke). **Der Preis steigt.**

b) Änderung des Gleichgewichtspreises: Verschiebung von Angebots- und Nachfragekurve

Die Marktbedingungen können sich im Zeitablauf ändern, sodass es zu einer Abweichung vom bisherigen Gleichgewichtszustand kommt. Veränderungen bei den Bestimmungsfaktoren von Angebot und Nachfrage und sich daraus ergebende neue Pläne der Marktteilnehmer führen möglicherweise zu einer Verschiebung der Angebots- und/oder Nachfragekurven.

➤ Verschiebung der Nachfragekurve

Beispielsweise kann sich durch Geschmacksveränderungen und eine gesündere Lebensweise die Nutzeneinschätzung für Süßigkeiten verringern und die **Nachfrage** nach Speiseeis bei gleich bleibendem Angebot abnehmen. Das führt – sofern alle anderen Bestimmungsfaktoren von Angebot und Nachfrage unverändert bleiben – zu einer Linksverschiebung der Nachfragekurve.

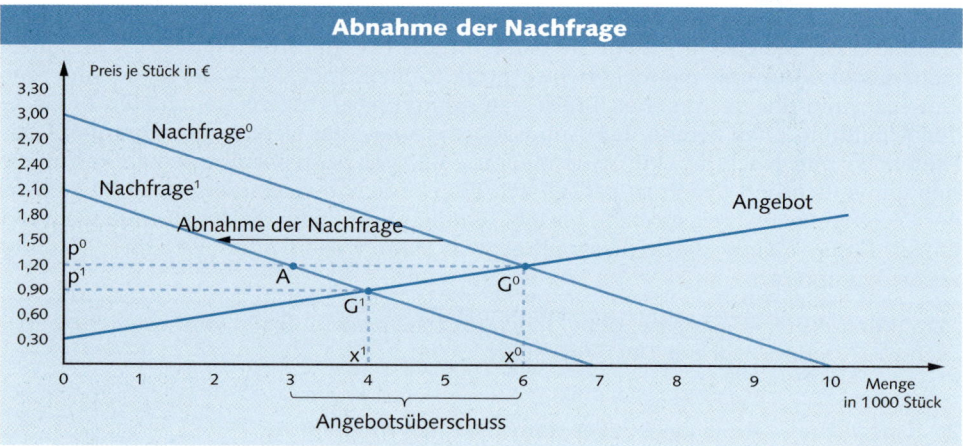

Beim bisherigen Gleichgewicht G^0 mit dem Gleichgewichtspreis $p^0 = 1,20$ € und der Gleichgewichtsmenge $x^0 = 6\,000$ Stück würde sich durch die Abnahme der Nachfrage ein **Angebotsüberschuss** von $3\,000$ Stück (Strecke G^0A) ergeben. Durch den Preisunterbietungsprozess der Anbieter sinkt der Preis, bis ein neues Gleichgewicht G^1 bei einem niedrigeren Preis ($p^1 = 0,90$ €) und einer geringeren Menge ($x^1 = 4\,000$ Stück) erreicht ist.

Entsprechend kommt es bei einer Zunahme der Nachfrage zu einer Rechtsverschiebung der Nachfragekurve. Beim bisherigen Gleichgewichtspreis würde sich dann ein **Nachfrageüberschuss** ergeben. Durch den Preisüberbietungsprozess der Nachfrager steigt der Preis, bis ein neues Gleichgewicht bei einem höheren Preis und einer größeren Menge erreicht ist.

➤ **Verschiebung der Angebotskurve**

Das **Angebot** an Eiskugeln kann beispielsweise durch eine Erhöhung der Milch- und Zuckerpreise (= Kostenerhöhung für die Hersteller von Speiseeis) abnehmen. Das führt zu einer Linksverschiebung der Angebotskurve.

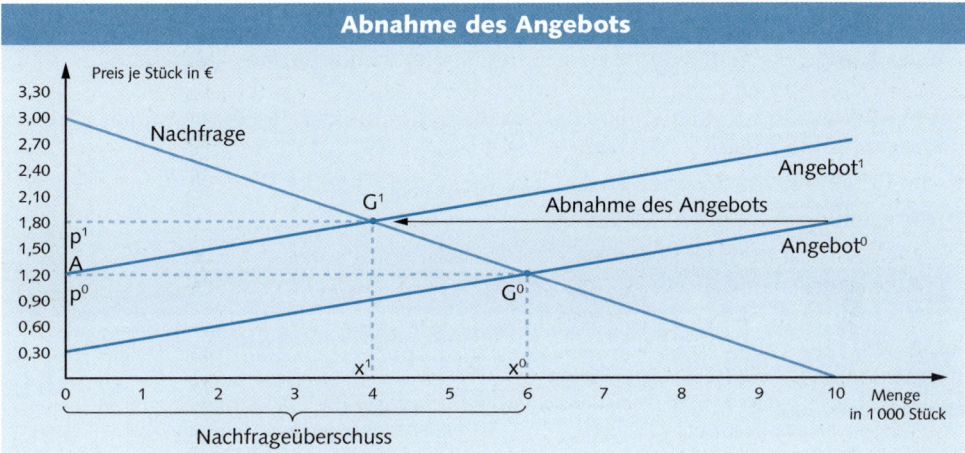

Bleibt die Nachfrage unverändert, würde sich beim bisherigen Gleichgewicht G^0 mit dem Gleichgewichtspreis $p^0 = 1{,}20$ € und der Gleichgewichtsmenge $x^0 = 6\,000$ Stück durch die Abnahme des Angebots ein **Nachfrageüberschuss** in Höhe von 6 000 Stück (Strecke G^0A) ergeben. Der Preisüberbietungsprozess der Nachfrager lässt den Preis steigen, bis ein neues Gleichgewicht G^1 bei einem höheren Preis ($p^1 = 1{,}80$) und einer geringeren Menge ($x^1 = 4\,000$) erreicht ist.

Entsprechend kommt es bei einer Zunahme des Angebots zu einer Rechtsverschiebung der Angebotskurve. Beim bisherigen Gleichgewichtspreis würde sich dann ein **Angebotsüberschuss** ergeben. Durch den Preisunterbietungsprozess der Anbieter sinkt der Preis, bis ein neues Gleichgewicht bei einem niedrigeren Preis und einer größeren Menge erreicht ist.

> Änderungen von Angebot oder Nachfrage (= Verschiebung der Kurven) führen zu einem Angebots- oder Nachfrageüberschuss. Dadurch werden Anpassungsprozesse in Form von Preis- und Mengenänderungen (= Bewegung auf den Kurven) ausgelöst, die zu einem neuen Gleichgewichtspreis und einer neuen Gleichgewichtsmenge führen **(= Preismechanismus).**

➤ **Auswirkungen einer Veränderung von Angebot und Nachfrage**

Auswirkungen einer Veränderung von Angebot und Nachfrage				
Änderung	Kurvenverschiebung	Art des entstehenden Überschusses	Gleichgewichtspreis	Gleichgewichtsmenge
Zunahme der Nachfrage	nach rechts	Nachfrageüberschuss	steigt	steigt
Abnahme der Nachfrage	nach links	Angebotsüberschuss	sinkt	sinkt
Zunahme des Angebots	nach rechts	Angebotsüberschuss	sinkt	steigt
Abnahme des Angebots	nach links	Nachfrageüberschuss	steigt	sinkt

2.3.3 Staatliche Eingriffe in die Preisbildung auf Wettbewerbsmärkten

a) Marktkonforme Maßnahmen

Greift der Staat in die Marktpreisbildung ein, **ohne jedoch den Preismechanismus außer Kraft zu setzen,** handelt es sich um eine **marktkonforme Maßnahme.**

Die marktkonformen Maßnahmen des Staates zur indirekten Beeinflussung des Preises umfassen insbesondere

- die Erhebung von Steuern, Zöllen und sonstigen Abgaben,
- die Zahlung von Subventionen.

Mengensteuer	Subvention
(z. B. Energiesteuer, Mineralölsteuer)	(z. B. Subventionierung landwirtschaftlicher Produkte)
Maßnahme: Die Anbieter müssen je Mengeneinheit (z. B. je kwh oder je Tonne) einen bestimmten Betrag an das Finanzamt abführen.	**Maßnahme:** Die Anbieter erhalten je Mengeneinheit (z. B. je produzierter Tonne Weizen) einen bestimmten Betrag als staatliche Subvention.
Wirkung: Kostenerhöhung für die Anbieter	**Wirkung:** Kostensenkung für die Anbieter
Folge: Linksverschiebung der Angebotskurve, Preis steigt	**Folge:** Rechtsverschiebung der Angebotskurve, Preis sinkt

b) Marktkonträre Maßnahmen

Wird durch staatliche Eingriffe in die Marktpreisbildung der **Preismechanismus außer Kraft gesetzt,** handelt es sich um eine **marktkonträre Maßnahme.**

Der Staat kann den Marktpreis behördlich festlegen, wenn die Höhe des Gleichgewichtspreises, der sich aus dem freien Zusammenwirken von Angebot und Nachfrage ergibt, nicht den wirtschafts- oder sozialpolitischen Zielvorstellungen entspricht. Folgende Möglichkeiten der Preisfestsetzung lassen sich unterscheiden:

- **Mindestpreis,** der nicht unterschritten werden darf,
- **Höchstpreis,** der nicht überschritten werden darf.

Mindestpreis	Höchstpreis
Maßnahme: Staat legt zur Sicherung der Einkommen in der Landwirtschaft für eine bestimmte Getreidesorte einen Preis pM fest, der über dem Gleichgewichtspreis liegt.	**Maßnahme:** Staat legt für ein bestimmtes Grundnahrungsmittel einen Preis pH fest, der unterhalb des Gleichgewichtspreises liegt.
Wirkung: Angebotsüberschuss	**Wirkung:** Nachfrageüberschuss
Folge: Staat muss den Überschuss aufkaufen und verwerten.	**Folge:** Unterversorgung, Schwarzmarkt

2.4 Verhalten von Anbietern auf Märkten mit Marktmacht

2.4.1 Preisbildung beim Angebotsmonopol

a) Besonderheiten von Monopolen

Marktformen			
Anbieter \\ Nachfrager	viele	wenige	einer
viele	zweiseitiges Polypol	Nachfrageoligopol	Nachfragemonopol
wenige	Angebotsoligopol	zweiseitiges Oligopol	beschränktes Nachfragemonopol
einer	Angebotsmonopol	beschränktes Angebotsmonopol	zweiseitiges Monopol

Gibt es auf einem Markt nur einen Anbieter, dem viele Nachfrager gegenüberstehen, liegt ein **Angebotsmonopol** vor.

Reine Angebotsmonopole sind in der Realität genauso selten zu finden wie vollkommene Polypole (vollständige Konkurrenz). Das ist u. a. dadurch bedingt, dass auf einem monopolistischen Markt

- im Laufe der Zeit Konkurrenten auftreten **(Imitation),**

- Substitutionsgüter entstehen, die in Konkurrenz zum Gut des Monopolisten stehen,

- der Gesetzgeber die Entstehung von Monopolen kontrollieren und bei Missbrauchsgefahr verhindern kann.

Die meisten Monopole befinden sich in öffentlicher Hand (Staat, Gemeinden) und/oder unterliegen einer öffentlichen Kontrolle. Öffentliche Monopole werden in der Regel nicht mit der Absicht der Gewinnmaximierung betrieben. Ihr Marktverhalten ist deshalb anders zu beurteilen als bei privaten Monopolen.

Private Angebotsmonopole in der Form von **Kollektivmonopolen** können entstehen, wenn sich konkurrierende Anbieter zu Kartellen (vgl. G 4.2) zusammenschließen, um durch gemeinsame Vereinbarungen den **Wettbewerb auszuschließen** (z. B. einheitliche Preisgestaltung, Aufteilung des Absatzgebietes). Solche Preis- und Gebietskartelle sind nach deutschem und europäischem Recht grundsätzlich verboten.

b) Monopolpreisbildung

Im Gegensatz zu einem Anbieter beim Polypol, der nur seine Produktionsmenge, nicht aber den Preis bestimmen kann, ist der Angebotsmonopolist wegen seiner Marktmacht in der Lage, den Marktpreis oder die Absatzmenge festzulegen. Der einzelne Nachfrager mit seinem verschwindend geringen Marktanteil muss in diesem Fall den vom Monopolisten geforderten Preis als Datum akzeptieren.

> Der Angebotsmonopolist kann für das von ihm angebotene Gut entweder den Preis oder die Absatzmenge festlegen.

Die entscheidende Frage lautet: **Bei welcher Preis-Mengen-Kombination maximiert der Monopolist seinen Gewinn?**

c) Gewinnmaximum des Angebotsmonopolisten

Der Gewinn (G) ist die Differenz zwischen Erlösen (E) und Kosten (K). Der Gesamterlös (E) ergibt sich aus der Multiplikation des für eine Einheit des Gutes erzielten Preises (p) mit der abgesetzten Menge (x).

Gewinn	=	Erlös	–	Kosten
G	=	E	–	K

Erlös	=	Absatzpreis je Stück	·	Absatzmenge
E	=	p	·	x

Die **Kosten (K)** setzen sich aus fixen und variablen Kosten zusammen. **Fixe Kosten (K_f)** ändern sich bei einer Änderung der Produktionsmenge nicht (z. B. Pacht für Betriebsgebäude). **Variable Kosten** ändern sich dagegen mit einer Änderung der Produktionsmenge (z. B. Energieverbrauch einer Maschine, Materialverbrauch). Die gesamten variablen Kosten (K_v) ergeben sich aus der Multiplikation der **variablen Kosten je Stück (k_v)** mit der Produktionsmenge (x).

Gesamtkosten	=	fixe Kosten	+	variable Kosten je Stück	·	Produktionsmenge
K	=	K_f	+	k_v	·	x

Mit zunehmender Produktionsmenge (x) steigen sowohl die Kosten als auch die Erlöse. Bei einer geringen Produktionsmenge sind aufgrund der Fixkosten die Gesamtkosten zunächst höher als die Erlöse. In diesem Fall entsteht ein Verlust. Sobald aber bei zunehmender Produktionsmenge die Erlöse die Gesamtkosten übersteigen, erzielt der Monopolist einen Gewinn. Das **Gewinnmaximum** liegt bei der Produktionsmenge, bei der die Differenz zwischen Erlös und Gesamtkosten am größten ist.

d) Marktversorgung beim Monopol

Für die gewinnmaximale Preis-Mengen-Kombination eines Monopolisten gilt immer:

Im Vergleich zu Wettbewerbsmärkten ist beim Monopol die abgesetzte Menge geringer und der Preis höher.

Der Monopolist erzielt seinen höchstmöglichen Gewinn, indem er durch absichtliche Angebotsverknappung einen Teil der Nachfrage unbefriedigt lässt und dadurch die Marktversorgung verschlechtert.

2.4.2 Preisbildung beim Polypol auf dem unvollkommenen Markt: Monopolistischer Preisspielraum

Häufig werden am Markt sehr ähnliche Güter angeboten, die aber nach Einschätzung der Nachfrager aus verschiedenen Gründen nicht gleichartig **(homogen)** sind. Möglicherweise werden diese Güter nur deswegen als andersartig **(heterogen)** angesehen, weil sie sich in der Verpackung oder durch eine Markenbezeichnung unterscheiden. Neben solchen **sachlichen Präferenzen** liegen Marktunvollkommenheiten beispielsweise auch dann vor, wenn sich aufgrund von besonders zuvorkommender Kundenbetreuung eine »Stammkundschaft« entwickelt **(= persönliche Präferenzen)**, der Anbieter einen günstigen Standort (z. B. gute Geschäftslage, genügend Parkraum, geringe Entfernung) hat **(= räumliche Präferenz)** oder eine besonders schnelle Lieferung zusagt **(= zeitliche Präferenz).** Auf einem solchen unvollkommenen Markt können für eigentlich gleichartige Güter dennoch unterschiedliche Preise entstehen.

Die **Marktform des Polypols** auf dem unvollkommenen Markt ist dadurch gekennzeichnet, dass sich viele Anbieter und viele Nachfrager mit jeweils geringen Marktanteilen gegenüberstehen. Ein einheitlicher Preis kommt deswegen nicht zustande, weil mindestens eine der Bedingungen des vollkommenen Marktes (Homogenität, keine Präferenzen, Markttransparenz) nicht erfüllt ist.

Die Anbieter beim Polypol auf dem unvollkommenen Markt können den Preis innerhalb gewisser Grenzen verändern, ohne dass sie bei einer kleinen Preiserhöhung befürchten müssen, Kunden an die Konkurrenz zu verlieren und ohne dass es ihnen bei einer kleinen Preissenkung gelingt, Käufer aus dem Kundenstamm eines anderen Anbieters abzuziehen. Sie können somit – anders als bei der Marktform der vollkommenen Konkurrenz – innerhalb eines bestimmten Preisbereichs Preispolitik wie ein Monopolist betreiben. Diese Marktform wird daher auch als **monopolistische Konkurrenz** bezeichnet.

Es gibt aber eine Ober- und eine Untergrenze für den preispolitischen Spielraum eines einzelnen Anbieters. Setzt der Anbieter den Preis zu hoch fest, ist für die Nachfrager der Preisnachteil im Vergleich zu den Konkurrenten so groß, dass die bisherigen Präferenzen gegenüber diesem Anbieter ihre Wirkung verlieren. Kunden wandern vermehrt zur Konkurrenz ab. Der Anbieter würde dann seinen Absatz teilweise oder sogar vollständig verlieren. Setzt der Anbieter dagegen den Preis zu niedrig fest, wollen viele oder sogar alle Nachfrager von der Konkurrenz zu ihm überwechseln. Aufgrund seines geringen Marktanteils kann er diese Nachfrage aber nicht befriedigen und keine zusätzlichen Kunden langfristig an sich binden.

Diese Überlegungen lassen sich anhand einer **Preis-Absatz-Kurve** verdeutlichen.

> Die Preis-Absatz-Kurve gibt an, welche Menge ein einzelner Anbieter jeweils zu einem von ihm festgesetzten Preis (Preisfixierung) absetzen kann.

Für ein Polypol auf dem unvollkommenen Markt ergibt sich für einen einzelnen Anbieter eine Preis-Absatz-Kurve, wie sie in der folgenden Abbildung dargestellt ist. Sie wird auch als doppelt geknickte Preis-Absatz-Kurve bezeichnet.

Doppelt geknickte Preis-Absatz-Kurve

Außerhalb des monopolistischen Bereichs lässt die Wirkung von Präferenzen und anderen Marktunvollkommenheiten deutlich nach. Die Nachfrager reagieren elastisch auf Preisänderungen. Die Preis-Absatz-Kurve verläuft in den beiden polypolistischen Bereichen flacher als im monopolistischen Bereich.

Außerhalb des monopolistischen Bereichs bestehen keine Präferenzen oder andere Marktunvollkommenheiten. Es liegt ein vollkommener Markt vor. Die Nachfrager reagieren unendlich elastisch auf Preisänderungen. Die Preis-Absatz-Kurve verläuft in den beiden polypolistischen Bereichen parallel zur Mengenachse.

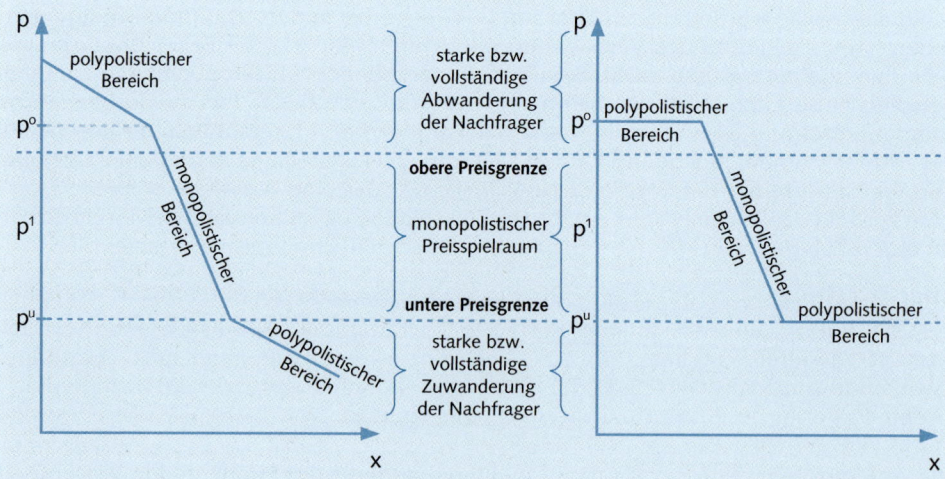

Die Preis-Absatz-Kurve eines Polypolisten auf dem unvollkommenen Markt weist zwei Knicke auf (doppelt geknickt) und ist dadurch in drei Abschnitte unterteilt. Sie gibt an, welche Menge dieser Anbieter jeweils absetzen kann, wenn er unterschiedlich hohe Preise festsetzt.

In dem Preisintervall zwischen der Obergrenze (p^o) und der Untergrenze (p^u) kann der Anbieter Preispolitik wie ein Angebotsmonopolist betreiben. Der entsprechende Abschnitt auf der Preis-Absatz-Kurve wird daher auch als **monopolistischer Bereich** bezeichnet.

2.4.3 Verhaltensweisen der Anbieter beim Oligopol

Gibt es auf einem Markt nur wenige Anbieter, denen viele Nachfrager gegenüberstehen, liegt ein Angebotsoligopol vor.

Marktformen			
Anbieter \ **Nachfrager**	**viele**	**wenige**	**einer**
viele	zweiseitiges Polypol	Nachfrageoligopol	Nachfragemonopol
wenige	Angebotsoligopol	zweiseitiges Oligopol	beschränktes Nachfragemonopol
einer	Angebotsmonopol	beschränktes Angebotsmonopol	zweiseitiges Monopol

Das Angebotsoligopol ist – neben dem Polypol auf dem unvollkommenen Markt – die am häufigsten in der Realität anzutreffende Marktform (z. B. Waschmittel, Zigaretten, Mineralöl, Automobile, Autoreifen).

a) Nichtkooperatives[1] Verhalten (Verdrängungswettbewerb)

Versucht jeder einzelne Oligopolist, seinen Gewinn zu maximieren, löst das üblicherweise einen Preisunterbietungsprozess aus, weil jeder Anbieter seine Absatzmenge zulasten des Marktanteils der Konkurrenten ausdehnen will. Wenn aber alle Anbieter ihre Preise senken, sinkt der Gewinn, ohne dass sich die Marktanteile wesentlich ändern. **Gewinnmaximierendes Verhalten des Einzelnen** bewirkt somit eine Gewinnminderung aller Anbieter und führt zu einer Preisvergünstigung für die Nachfrager. Oft endet dieser Preiswettbewerb mit einem **Verlust für alle beteiligten Unternehmen.** Der Prozess kann in einen **Preiskrieg** (ruinöse Konkurrenz) münden. Dabei senkt derjenige Oligopolist, der am kostengünstigsten produziert oder die höchsten finanziellen Rücklagen hat, den Preis sogar unter seine Selbstkosten und nimmt zeitweilige Verluste in Kauf. Auf diese Weise will er seine Konkurrenten ebenfalls in die Verlustzone treiben und sie zwingen aus dem Markt auszuscheiden **(Verdrängungswettbewerb).**

b) Kooperatives Verhalten (friedliche Strategie)

Weil auf oligopolistischen Märkten die Gefahr besteht, dass ein Preiswettbewerb für alle Anbieter Nachteile mit sich bringt, ist es nahe liegend, dass die Anbieter stillschweigend oder offen vereinbaren, den Preis als Wettbewerbsinstrument auszuschalten und stattdessen miteinander zu kooperieren. Anstelle der Preispolitik treten dann andere absatzpolitische Maßnahmen (z. B. Werbung, Qualität, Kundendienst) in den Vordergrund.

Auf oligopolistischen Märkten zeigt sich häufig kein Preiswettbewerb **(aggressive Strategie),** sondern ein auf Übereinkunft beruhendes kooperatives Verhalten **(friedliche Strategie).**

---

1   kooperativ *(lat.):* gemeinsam handelnd; gemeinschaftlich

Preisstarrheit

Da mit preispolitischen Maßnahmen erhebliche Risiken für einen Oligopolisten einhergehen, wird der Preiswettbewerb auf solchen Märkten häufig durch andere Wettbewerbsformen (z. B. Qualität, Werbung) ersetzt. Es kann daher vorkommen, dass auf oligopolistischen Märkten die Preise auffallend lange stabil bleiben **(Preisstarrheit).**

Preisführerschaft

Wenn auf oligopolistischen Märkten Preisänderungen vorgenommen werden, liegt dem häufig keine aggressive, sondern eine friedliche Strategie in Form der Preisführerschaft zugrunde. Dabei verändert ein Anbieter den Preis und gibt damit den übrigen Anbietern das Signal, ihrerseits ebenfalls die Preise zu verändern **(Parallelverhalten).**

Bei dem Preisführer kann es sich um den Anbieter mit dem größten Marktanteil handeln. Es ist aber auch möglich, dass die Preisführerschaft zwischen den Unternehmen wechselt. Letzteres ist beispielsweise bei Benzinpreiserhöhungen der Mineralölgesellschaften zu beobachten. Ein derartiges Parallelverhalten stellt zwar eine Wettbewerbsbeschränkung dar, die aber nicht gesetzlich verboten ist.

Preisabsprachen

Eine nahe liegende Verhaltensweise, um die Konkurrenz zwischen den Anbietern noch weiter zu mindern, ist die Preisabsprache. Diese kann einerseits als abgestimmte Verhaltensweise ohne vertragliche Vereinbarung erfolgen (»Frühstückskartell«, »Augenzwinkerkartell«,»gentlemen agreement«). Werden die Absprachen über Preise und/oder Produktionsmengen vertraglich festgelegt, liegt ein Preiskartell und/oder Quotenkartell vor (vgl. G 4.2). Sowohl abgestimmtes Verhalten als auch Preis- und Quotenkartelle sind als schwere Formen der Wettbewerbsbeschränkung nach deutschem und europäischem Recht verboten.

Im Rahmen eines Kartells können sich die beteiligten Unternehmen gemeinsam wie ein Monopolist verhalten **(Kollektivmonopol).** Die gemeinsame Gewinnmaximierung macht eine Einigung zwischen den beteiligten Unternehmen über die Aufteilung der künstlich verknappten Produktionsmengen und der Gewinnanteile notwendig. Sie gelingt so lange, wie der gemeinsam vereinbarte Monopolpreis von niemandem unterboten wird.

Je größer die Zahl der Kartellmitglieder ist, umso eher besteht aber die Gefahr, dass der vereinbarte Preis von einigen Mitgliedern unterlaufen wird. Sie steigern auf diese Weise ihren Absatz über die zugeteilte Produktionsmenge hinaus und erreichen eine individuelle Gewinnsteigerung zulasten der anderen Kartellmitglieder.

Mögliche Verhaltensweisen der Anbieter beim Oligopol			
kooperatives Verhalten (friedliche Strategie)			nichtkooperatives Verhalten (aggressive Strategie)
Preis-starrheit	Preis-führerschaft (Parallel-verhalten)	Preis-absprachen (Abge-stimmtes Verhalten, Preiskartell)	Verdrängungswettbewerb (Preiskrieg, ruinöse Konkurrenz)
Wettbewerbsmittel: Werbung, Qualität, Kundendienst			Wettbewerbsmittel: Preis

2.5 Besonderheiten des Versicherungsmarktes

2.5.1 Marktteilnehmer

Der Versicherungsmarkt ist der ökonomische Ort, an dem Angebot und Nachfrage für das Wirtschaftsgut **Versicherungsschutz** aufeinandertreffen.

Die Marktteilnehmer sind einerseits die Versicherer (Erst- und Rückversicherer) als Anbieter und andererseits die Versicherungsnehmer (Haushalte und Unternehmen) als Nachfrager. Die Herstellung des Kontakts zwischen Anbietern und Nachfragern erfolgt häufig durch Vermittler (Versicherungsvertreter, Versicherungsmakler).

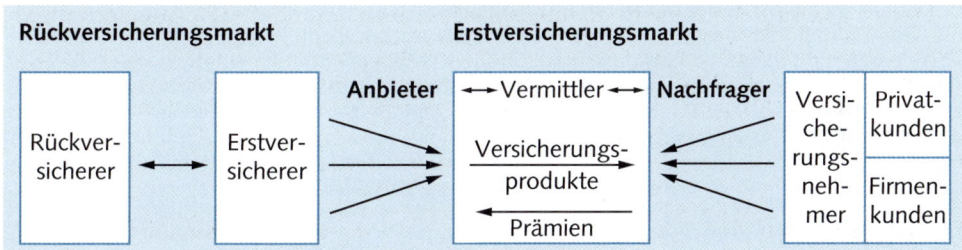

Quelle: In Anlehnung an D. Farny, Versicherungsmarkt, in: D. Farny u. a. (Hrsg.), Handwörterbuch der Versicherung, Karlsruhe 1988, S. 1053 ff.

Der Versicherungsmarkt lässt sich u. a. in verschiedene Teilmärkte entsprechend den einzelnen Versicherungszweigen gliedern (z. B. Sachversicherungen, Personenversicherungen, Vermögensversicherungen). Auf der Anbieterseite liegt insbesondere bei den großen Versicherungsmärkten Lebens-, Kranken- und Schaden-, Unfallversicherung eine hohe Konzentration des Prämienaufkommens auf wenige Anbieter vor, so dass vom Vorliegen oligopolistischer Marktstrukturen ausgegangen werden kann (vgl. G 2.4.3).

2.5.2 Entwicklungen auf dem Versicherungsmarkt im Zeitablauf

Bis zur Einführung des EU-Binnenmarktes im Jahr 1994 unterlag das deutsche Versicherungswesen einer umfassenden staatlichen Regulierung und Aufsicht. Im Rahmen der sog. »materiellen Staatsaufsicht« mussten beispielsweise Versicherungsbedingungen und Tarife durch die Aufsichtsbehörde (heute: BaFin, vgl. Band 2, G) genehmigt werden. Wenn nach Ansicht der Aufsichtsbehörde die Belange der Versicherten nicht ausdrücklich gewahrt schienen, konnte die Genehmigung versagt werden. Daher wurde großer Wert auf weitgehend einheitliche Versicherungsbedingungen und Tarife gelegt.

Der Vertrieb erfolgte überwiegend durch sog. Ausschließlichkeitsvertreter (vgl. Band 1, C 1.2), die dem Kunden nicht nur beratend sondern auch unterstützend, z. B. bei der Schadenregulierung, zur Seite standen (sog. Servicevertrieb). Die großen Versicherungsunternehmen konnten dabei auf ein weit verzweigtes Netz von Ausschließlichkeitsvertretern zurückgreifen, so dass zwischen ihnen ein Wettbewerb nach der **Marktform des Oligopols** entstehen konnte.

Mit der Einführung des EU-Binnenmarktes ist u. a. die aufsichtsbehördliche Genehmigungspflicht entfallen. An ihre Stelle ist eine Missbrauchsaufsicht getreten, um den Versicherungskunden zu schützen. Die Zielsetzung besteht in einem verstärkten

Leistungswettbewerb und einer größeren Produktvielfalt. Hierfür hat jeder Versicherer im europäischen Binnenmarkt die Möglichkeit, sich in den anderen EU-Ländern niederzulassen und dort seine Produkte anzubieten. Das führte zu einer Erhöhung der Zahl der Anbieter am Versicherungsmarkt und zu vielfältigeren Versicherungsangeboten. Bezeichnungen wie Basis-Paket, Sorglos-Paket oder Premium-Paket für bestimmte Versicherungen (z. B. Hausratversicherung) mit jeweils unterschiedlichem Versicherungsumfang sollen jetzt unterschiedliche Nachfragerschichten ansprechen. Um die potentielle neue Kundschaft schnell zu erreichen, wurde vor allem im Privatkundengeschäft der Direktvertrieb über Telefon, Post und Internet ausgebaut. Aufgrund der neuen Wettbewerbssituation im Privatkundengeschäft kann teilweise durchaus von einer **Marktform mit polypolistischen Strukturen** gesprochen werden.

Besonders umkämpft ist der Markt für die Kraftfahrtversicherung. Jeder Kfz-Halter benötigt eine Kfz-Versicherung, da hierfür die gesetzliche Versicherungspflicht besteht (vgl. C 2.1). Die Kfz-Versicherung gilt daher als Einstiegssparte für die Kundengewinnung, um diese dann über den Abschluss weiterer Versicherungen ausbauen zu können. Diesen Konkurrenzkampf haben die Kfz-Versicherer durch die Einführung individueller Tarifmerkmale, auch weiche Tarifmerkmale genannt (vgl. C 3.1.4), hauptsächlich über die Höhe der Versicherungsprämie geführt. Inzwischen besteht diesbezüglich aber mehr Zurückhaltung, da aufgrund der erforderlichen Schadenregulierung der Preiswettbewerb bei einigen Versicherern zu Verlusten geführt hat.

Der Wettbewerb in den Versicherungszweigen des Privatkundengeschäfts wird heute über Produktverbesserungen und insbesondere Ergänzungen des Versicherungsschutzes um sog. **Assistance-Leistungen** im Versicherungsfall geführt.

Die zunehmende Verflechtung der nationalen Volkswirtschaften schlägt sich bei den Erstversicherern vor allem im grenzüberschreitenden Geschäft über Töchterunternehmen, in der Bildung grenzüberschreitender regionaler oder globaler Versicherungsgruppen und in der zunehmenden internationalen Arbeitsteilung innerhalb dieser Gruppen nieder. Dies erfordert leistungsfähige Versicherer, die einer gewissen Größe bedürfen. Es besteht daher zunehmend die Tendenz, dass sich Versicherer zusammenschließen, um auf die neuen internationalen Herausforderungen (z. B. Auswirkungen des Klimawandels für die Versicherungswirtschaft) reagieren zu können. Damit geht zunehmend wieder eine Entwicklung zu **oligopolistischen Marktstrukturen** einher.

2.5.3 Versicherungsmarkt als unvollkommener Markt

Beim Versicherungsmarkt handelt es sich aus folgenden Gründen um einen in hohen Maße **unvollkommenen Markt** (vgl. G 2.1.3):

1. Die Versicherungsprodukte sind **nicht homogen.** Es liegen vielmehr große Qualitätsunterschiede zwischen einzelnen Produkten vor.

2. Der Versicherungsmarkt zeichnet sich durch **starke Präferenzen** der Versicherungsnehmer aus. Es besteht eine hohe Kundenbindung.

3. Anbieter und Nachfrager auf Versicherungsmärkten verfügen nur über unvollständige Informationen. Es liegt eine **hohe Marktintransparenz** vor.

Auf unvollkommenen Märkten kommt es zwangsläufig auch für annähernd gleichartige Produkte zu unterschiedlichen Preisen. Dies lässt sich u. a. anhand des Modells **der doppelt geknickten Preis-Absatz-Kurve** erläutern (vgl. G 2.4.2), das sich auch – wie im Folgenden beschrieben – auf den Versicherungsmarkt anwenden lässt.

Fehlende Marktransparenz führt dazu, dass Anbieter einen gewissen **monopolistischen Preisspielraum** haben (vgl. G 2.4.2). Die Behebung der Informationsdefizite ist für die Versicherungsnehmer mit Zeitaufwand und Kosten (z. B. Kauf und Lektüre von Sonderheften zum Vergleich von Versicherungen der Stiftung Warentest) verbunden. Verstärkt wird die Tendenz zu einem monopolistischen Preisspielraum der Anbieter durch die im Versicherungswesen besonders hohe Kundenbindung **(= Präferenzen).** Daher kann ein einzelner Anbieter seine Preise innerhalb seines monopolistischen Preisspielraums in gewissem Rahmen variieren, ohne befürchten zu müssen, dass er alle Versicherungsnehmer verliert. Oberhalb und unterhalb der Preisgrenzen sind die Präferenzen dagegen weniger stark ausgeprägt. Die Versicherungsnehmer reagieren in diesen Fällen sensibler auf Preisveränderungen.

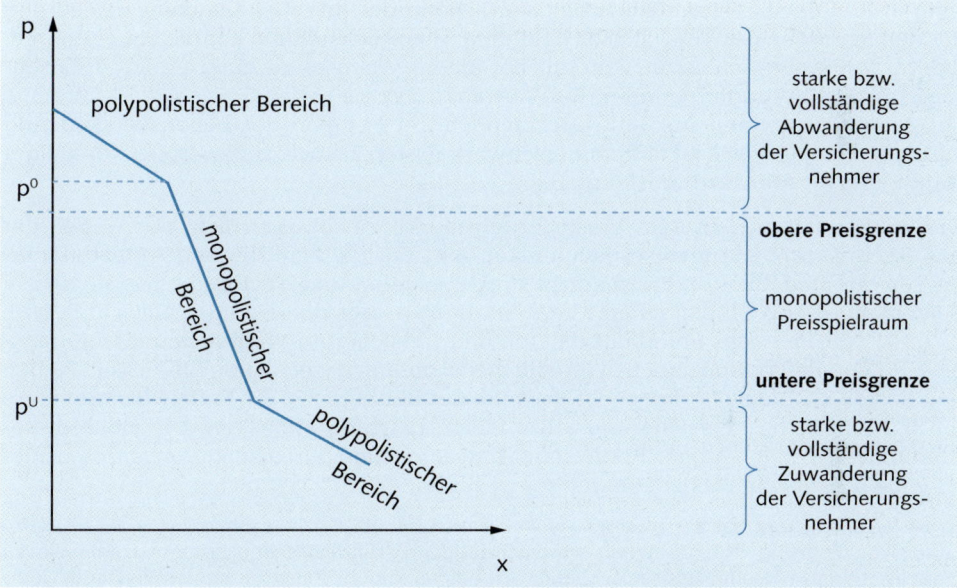

Der Versicherungsmarkt ist ein unvollkommener Markt. Der einzelne Anbieter verfügt über einen monopolistischen Preisspielraum, der sich mit Hilfe einer doppelt geknickten Preis-Absatz-Kurve erklären lässt.

Die Informationsdefizite auf Seiten der Versicherungsnehmer sind Anlass für staatliche Eingriffe (vgl. Band 1, B 3.2 und B 3.3). Allerdings ist festzustellen, dass in den letzten Jahren insbesondere durch Tarif- und Bedingungsvergleiche im Internet sowie durch eine erhöhte Nachfrage nach Diensten von unabhängigen Maklern und Beratern die Markttransparenz aus Sicht der Versicherten gestiegen ist.

Der Bedarf an Versicherungsschutz bezieht sich auf die Zukunft und wird von den Verbrauchern häufig nicht richtig eingeschätzt. Das führt dazu, dass Versicherungsprodukten seitens der Nachfrager häufig ein geringes Interesse entgegengebracht wird **(low-interest-Produkte).** Typisch für solche Güter ist ein sogenanntes **habituelles Kaufverhalten.** Damit ist gemeint, dass die Kaufentscheidungen auf verfestigten Gewohnheiten beruhen und sich an Entscheidungen orientieren, die sich in der Vergangenheit bewährt haben. Mit einem solchen Verhalten geht i.d.R. eine hohe Markentreue und Kundenbindung einher. Das trifft für die Versicherungswirtschaft tatsächlich in hohem Maße zu. Es lässt sich eine hohe Bindung der Versicherungsnehmer an »ihren« Anbieter beobachten. Trotz Kenntnis objektiv besserer Angebote von Konkurrenzunternehmen wechseln Versicherungsnehmer häufig nicht den Anbieter. Dieses Verhalten wird durch die sog. **Wechselkosten** verstärkt. Damit wird der Nutzenentgang bezeichnet, der einem Marktteilnehmer entsteht, wenn er von einem (möglicherweise langjährigen) Vertragspartner zu einem anderen wechselt. Für einen Versicherungsnehmer kann es beispielsweise bequem und vorteilhaft sein, wenn ein Versicherungsvermittler gut über die finanzielle, familiäre und berufliche Situation des Kunden informiert ist und vor diesem Hintergrund mögliche Versicherungslücken aufdeckt. Mit einem neuen Versicherungsvertreter eine solche enge Beziehung aufzubauen, kostet Zeit und erfordert Vertrauen. Daher kommt es in der Versicherungswirtschaft oft nur bei bedeutsamen Beitrags- bzw. Prämien- und Qualitätsunterschieden zu einem Anbieterwechsel.

Besonders hoch können die Anbieterwechselkosten in der privaten Krankenversicherung und in der Lebensversicherung sein. Die in der privaten Krankenversicherung aus den Beiträgen des Versicherten gebildete Altersrückstellung konnte bei Verträgen, die vor 2009 abgeschlossen wurden, bei einem Wechsel zu einer anderen Gesellschaft nicht übertragen werden. Bei Verträgen nach 2008 ist eine solche Mitnahme der Altersrückstellung nur teilweise möglich. Im Rahmen der Lebensversicherung wird ein Anbieterwechsel dadurch erschwert, dass der Rückkaufswert bei vorzeitiger Kündigung oft sehr niedrig ist (vgl. Band 2, C 6.4).

Die Preisgestaltung auf dem Versicherungsmarkt weicht aber nicht nur wegen der beschriebenen Marktunvollkommenheiten und der oligopolistischen Anbieterstruktur von der modellhaften Preisbildung durch Angebot und Nachfrage, wie sie für ein Polypol auf dem vollkommenen Markt am Beispiel der Börse dargestellt wurde (vgl. G 2.3.1), ab. Vielmehr unterliegt die von den Versicherern vorgenommene Beitrags- bzw. Prämienkalkulation auch in erheblichem Umfang gesetzlichen Einflüssen. Neben den Kosten des Versicherungsbetriebs muss der Beitrag bzw. die Prämie insbesondere die bei Eintritt des Versicherungsfalles fällige Leistung abdecken. Die Höhe dieser Leistungen ist aber häufig in Form einer Mindestleistung durch Rechtsvorschriften oder allgemeine Versicherungsbedingungen bestimmt.

So ist beispielsweise bei der Beitrags- bzw. Prämienkalkulation (vgl. Band 2, C 4.3.4.2) in der Lebensversicherung der gesetzlich vorgeschriebenen Mindestrechnungszinssatz ebenso zu berücksichtigen wie ein Mindestrückkaufswert bei vorzeitiger Beendigung des Vertrages. Rentenversicherer dürfen trotz der unterschiedlichen Lebenserwartungen für Männer und Frauen und des dadurch bedingten unterschiedlichen Leistungsrisikos nur einheitliche Tarife für Männer und Frauen (Unisextarife) anbieten. In der Kfz-Haftpflichtversicherung haben u. a. die gesetzlich vorgeschriebenen Mindestdeckungssummen Einfluss auf die Prämienhöhe.

2.5.4 Informationsdefizite auf dem Versicherungsmarkt und ihre Folgen

a) Asymmetrische Information

Versicherer und Versicherungsnehmer sind unterschiedlich gut über das Ausmaß der durch den Versicherungsvertrag abgedeckten Risiken informiert **(= asymmetrische Information).** Der ungleiche Informationsstand der Vertragspartner bezieht sich einerseits auf versteckte Eigenschaften (hidden characteristics) des Risikos **vor Vertragsabschluss** und anderseits auf das subjektive Verhalten der Versicherungsnehmer **nach Vertragsabschluss.** Der erste Fall wird als **adverse Selektion** (negative Risikoauslese) und der zweite Fall als **Moral Hazard** (moralisches Verhaltensänderungsrisiko) bezeichnet.

Als Folge asymmetrischer Informationen treten auf Versicherungsmärkten die Phänomene »Adverse Selektion« und »Moral-Hazard« auf.

b) Adverse Selektion (negative Risikoauslese)

Adverse Selektion beschreibt für den Versicherungsmarkt folgenden Sachverhalt: Für einen Versicherer kann es zu einer schlechten Risikoauswahl kommen kann, weil die Versicherungsnehmer bereits vor Vertragsabschluss besser als der Versicherer über die Höhe des zu versichernden Risikos und die Schadeneintrittswahrscheinlichkeit informiert sind und diese Informationen gegenüber dem Versicherer verschweigen. Ein Versicherungsnehmer weiß beispielsweise über seine Vorerkrankungen und seinen Gesundheitszustand besser Bescheid als der für ihn zuständige Versicherungsvermittler und täuscht möglicherweise eine niedrige Schadeneintrittswahrscheinlichkeit vor (= symmetrische Information). Ein Versicherer geht dagegen bei der Prämienkalkulation von einer durchschnittlichen Schadeneintrittswahrscheinlichkeit aus (Mischkalkulation). Das führt dazu, dass die Prämie für gesunde Personen (»gute Risiken«) zu hoch und für Versicherte mit verschwiegener Vorerkrankung o. Ä. (»schlechte Risiken«) zu niedrig ist. Gesunde Personen verzichten dann möglicherweise auf einen Vertragsabschluss bei diesem Versicherer. Wenn das in größerem Umfang passiert, führt das dazu, dass sich wegen der verbliebenen »schlechten Risiken« der durchschnittlich zu erwartende Schadeneintritt erhöht und die Prämie steigen muss. Das kann weitere relativ gesunde Versicherte veranlassen, den Vertrag zu kündigen usw. (= adverse Selektion).

> Adverse Selektion besagt: Ist es einem Versicherer nicht möglich, zwischen »guten« und »schlechten Risiken«, d. h. zwischen einer hohen und einer niedrigen Schadeneintrittswahrscheinlichkeit zu unterscheiden, kann es durch die Konzentration vieler »schlechter Risiken« auf diesen Anbieter zu einer Gefährdung des Unternehmens kommen.

Durch gestufte Selbstbeteiligung kann der Versicherer versuchen, Versicherungsnehmer zur Preisgabe von andernfalls verschwiegenen Informationen zu veranlassen. Versicherungsnehmer mit Vorerkrankungen o. Ä. zeigen üblicherweise wenig Interesse an einem Selbstbehalt gegen Preisabschlag. Dadurch offenbaren sie sich als »schlechte Risiken« denen der Versicherer eine Vollversicherung zu einem risiko- und kostendeckenden Tarif anbieten kann.

c) Moral Hazard (moralisches Verhaltensänderungsrisiko)

Ähnlich wie die adverse Selektion beruht auch das mit Moral Hazard beschriebene Phänomen auf einer asymmetrischen Informationsverteilung zwischen den Vertragsparteien. Allerdings tritt das damit verbundene mögliche Verhalten des Versicherungsnehmers erst **nach Vertragsabschluss** auf. Auf Versicherungsmärkten entsteht das Problem des Moral Hazard, wenn durch den Abschluss eines Versicherungsvertrages die Schadeneintrittswahrscheinlichkeit steigt, weil der Versicherungsnehmer seine Sorgfalt und Bemühungen zur Schadenvermeidung verringert.

> Moral Hazard in Bezug auf Versicherungsmärkte bedeutet, dass ein Versicherungsnehmer, weil er gut versichert ist, eigene Maßnahmen zur Schadenvermeidung vernachlässigt.

Beispielsweise kann der Versicherer bei Einschluss der Klausel PK 7110 (Fahrraddiebstahl) in die Hausratversicherung nicht kontrollieren, ob der Versicherungsnehmer sein Fahrrad tatsächlich mit einem geeigneten Schloss vor Diebstahl sichert oder ob er im Vertrauen auf den Versicherungsschutz nicht die erforderliche Sorgfalt walten lässt. Wenn der Versicherungsnehmer den Schaden selbst tragen müsste, würde er möglicherweise ein höherwertiges Schloss zum Anketten benutzen und sein Fahrrad nachts nicht außerhalb geschlossener Räume stehen lassen. Tritt eine solche durch den Versicherungsschutz bedingte Vernachlässigung von Maßnahmen zur Schadenvermeidung häufiger auf, muss der Versicherer die Prämie für den Einschluss der Klausel PK 7110 entsprechend anheben. Die Prämie liegt dann höher als es der durchschnittlichen Schadeneintrittswahrscheinlichkeit entspricht. Für sorgfältig handelnde Personen, die ihr Fahrrad unverändert gut sichern, wird sich der Einschluss der Klausel PK 7110 wegen der hohen Prämien möglicherweise nicht mehr lohnen.

Entscheidend für das Auftreten von Moral Hazard ist, dass die schädliche Verhaltensänderung vom Versicherer nicht genau vorhergesagt bzw. beobachtet werden kann. Andernfalls könnte er dem mit einer Prämienerhöhung für die entsprechenden Versicherungsnehmer begegnen.

Moral Hazard tritt deswegen auf, weil der Versicherte aufgrund des vorliegenden Versicherungsschutzes keinen Anreiz zum Ergreifen von Schadenverhütungsmaßnahmen hat. Zur Milderung dieses schädlichen Verhaltens bieten sich – wie auch bei der adversen Selektion – Versicherungstarife mit Selbstbeteiligung an: Je höher die Selbstbeteiligung ist, desto höher ist der Anreiz für den Versicherungsnehmer, durch geeignete Maßnahmen zur Schadenverhütung die Schadeneintrittswahrscheinlichkeit zu verringern. Auch Bonus-Malus-Tarife, wie sie in der Kfz-Versicherung zur Anwendung kommen, können zur Einschränkung des Moral-Hazard-Phänomens beitragen.

Lernkontrollen zu G 2

Nachfrage

1 Ein Haushalt wird im Rahmen einer Marktanalyse über den geplanten Verbrauch von Erfrischungsgetränken in Abhängigkeit vom Preis der Getränke befragt. Die Befragung ergibt folgendes Ergebnis:

Preis je Einheit (p)	10	9	8	7	6	5	4	3	2	1	0
Geplante Verbrauchsmengen in einem bestimmten Zeitraum (x^N)	0	1	2	3	4	5	6	7	8	9	10

a) Zeichnen Sie die durch die Befragung ermittelten Preis-Mengen-Kombinationen als Punkte in ein Koordinatensystem ein.

b) Welche Annahmen müssen getroffen werden, wenn die als Punkte dargestellten Preis-Mengen-Kombinationen zu einer stetigen Nachfragekurve verbunden werden sollen?

c) Erläutern Sie, warum eine Nachfragekurve normalerweise eine negative Steigung hat.

2 Welche der folgenden Faktoren können im Zeitablauf die Verschiebung der Gesamtnachfragekurve für das Gut 1 von N^1 nach N^2 verursacht haben? Begründen Sie Ihre Antworten.

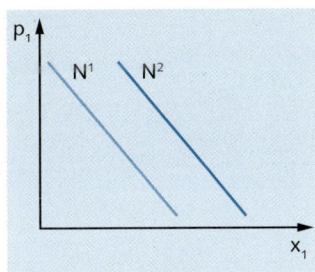

a) Der Preis des Gutes 1 ist gesunken.

b) Für das Gut 1 wurde verstärkt Werbung betrieben.

c) Das Einkommen der Konsumenten ist gestiegen.

d) Preissenkung des verwandten Gutes 2.

e) Preiserhöhung des verwandten Gutes 3.

f) Die Zahl der Konsumenten hat zugenommen.

g) Die Nutzeneinschätzung des Gutes durch die Haushalte hat sich verringert.

Preiselastizität der Nachfrage

3 Die mit dem Stückpreis multiplizierte Nachfragemenge stellt einerseits die Ausgaben der Nachfrager und andererseits den Erlös (Umsatz) der Anbieter dar.

Ausgaben der Nachfrager = Erlös der Anbieter = Preis · Menge

Prüfen Sie, ob die Ausgabensumme der Nachfrager und damit der Erlös der Anbieter in den Fällen a) bis d) der nebenstehenden Tabelle jeweils steigt oder fällt.

Begründen Sie Ihre Aussagen.

Fall	Preiselastizität der Nachfrage	Veränderung des Preises
a)	0,6	steigt
b)	1,8	fällt
c)	1,2	steigt
d)	0,8	fällt

Angebot

4 Für einen landwirtschaftlichen Betrieb wird durch eine Analyse der Produktionskosten folgender Zusammenhang zwischen dem Preis und der angebotenen Menge für Weizen festgestellt:

Preis je t in €	50	100	150	200	250	300	350	400
geplante Angebotsmenge in t	0	100	200	300	400	500	600	700

a) Zeichnen Sie die ermittelten Preis-Mengen-Kombinationen als Punkte in ein Koordinatensystem ein.

b) Welche Annahmen müssen getroffen werden, wenn die als Punkte dargestellten Preis-Mengen-Kombinationen zu einer stetigen Angebotskurve verbunden werden sollen?

c) Warum bietet der Betrieb bei einem Preis von 50,00 € je t keinen Weizen an?

d) Erläutern Sie, warum eine Angebotskurve normalerweise eine positive Steigung hat.

5 Welche der folgenden Faktoren können im Zeitablauf die Verschiebung der Gesamtangebotskurve für das Gut 1 von A^1 nach A^2 verursacht haben? Begründen Sie Ihre Antworten.

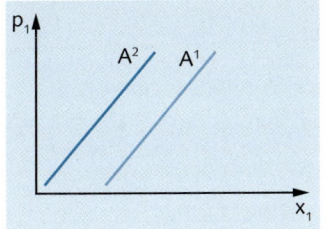

a) Der Preis des Gutes 1 ist gesunken.

b) Erhöhung der Faktorkosten.

c) Produktionsmenge ist wegen guter Ernte gestiegen.

d) Die Absatz- und Gewinnerwartungen der Produzenten haben sich verschlechtert.

e) Kostensenkung durch technischen Fortschritt.

f) Die Zahl der Anbieter hat zugenommen.

Vollkommene und unvollkommene Märkte

6 Die Stiftung Warentest hat in ihrer Zeitschrift test vom März 2013 u. a. folgende Testergebnisse über Zahnpasta veröffentlicht:

Produkt	mittlerer Preis pro 100 ml in €	Testergebnis
Dentalux Mint Fresh	0,39	sehr gut (1,4)
Colgate	2,20	sehr gut (1,5)
Elmex	4,00	sehr gut (1,5)
Priodent	0,32	sehr gut (1,5)
Lavera neutral	5,25	mangelhaft (5,0)
Sante Dental med	4,72	mangelhaft (5,0)

Quelle: Stiftung Warentest, test 3/2013, S. 32 f.

a) Wie ist es zu erklären, dass für Produkte mit den Test-Urteilen »mangelhaft« teilweise erheblich mehr bezahlt wurde als für Produkte mit dem Test-Urteil »sehr gut«?

b) Welche Wirkungen kann die Veröffentlichung derartiger Untersuchungen der Stiftung Warentest haben?

c) Wie wirkt sich die Möglichkeit, im Internet Produkt- und Preisvergleiche vornehmen zu können, auf die Marktunvollkommenheiten aus? Nennen Sie Beispiele.

d) Erläutern Sie die Besonderheit einer Börse im Hinblick auf die Vollkommenheit des Marktes. Begründen Sie, zu welchem Ergebnis die Börsenpreisbildung im Vergleich zu anderen Marktformen führt.

Preisbildung beim Polypol

7 a) Ordnen Sie die folgenden Begriffe den Buchstaben in der nebenstehenden Abbildung zu:

   (1) Preis

   (2) Menge

   (3) Angebotskurve

   (4) Nachfragekurve

   (5) Angebotsüberhang (Nachfragelücke)

   (6) Nachfrageüberhang (Angebotslücke)

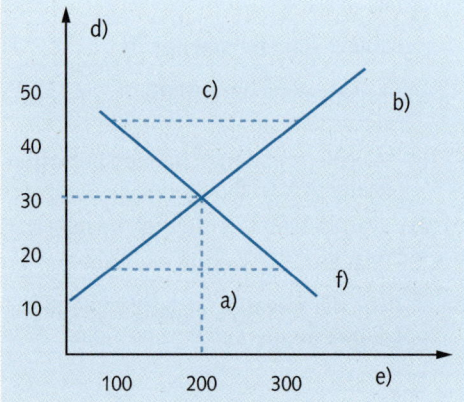

b) Bei welchem Preis

   (1) wird die größte Menge umgesetzt?

   (2) wird die Menge 100 angeboten?

   (3) wird die Menge 100 nachgefragt?

   (4) sind angebotene und nachgefragte Menge gleich?

   (5) ist die nachgefragte Menge geringer als die angebotene Menge?

   (6) ist die angebotene Menge geringer als die nachgefragte Menge?

   (7) liegt der Gleichgewichtspreis?

Preisbildung an einer Börse

8 An einer Rohstoffbörse erhält ein Makler folgende Aufträge:

Verkaufsaufträge			Kaufaufträge		
Verkäufer	Mindest-preis €	Menge (t)	Käufer	Höchstpreis €	Menge (t)
A	180,00	40	E	60,00	60
B	120,00	20	F	100,00	20
C	100,00	60	G	120,00	40
D	60,00	80	H	180,00	80

a) Welchen Preis legt der Makler fest?

b) Tragen Sie die Angebots- und Nachfragekurve in ein Koordinatensystem ein (x-Achse: 15 cm, 1 cm = 20 Mengeneinheiten; y-Achse: 10 cm, 1 cm = 20 Geldeinheiten)

c) Wodurch zeichnet sich die Gleichgewichtsmenge aus und wie hoch ist sie?

d) Warum ist ein Preis von 180,00 € nicht möglich?

e) Warum ist ein Preis von 60,00 € nicht möglich?

f) In welcher Höhe erzielt der Käufer G durch den Gleichgewichtspreis eine Ausgaben-ersparnis gegenüber seiner ursprünglichen Kaufabsicht?

g) In welcher Höhe erzielt der Verkäufer D durch den Gleichgewichtspreis Mehreinnah-men gegenüber seiner ursprünglichen Verkaufsabsicht?

h) Nachrichten über eine mögliche weltweite Verknappung des Rohstoffs lösen eine erhöhte Nachfrage aus. Der Makler stellt fest, dass alle Käufer zu den von ihnen gebo-tenen Höchstpreisen 20 t mehr kaufen wollen. Welchen neuen Preis legt der Makler fest?

i) Stellen Sie die veränderten Nachfrageverhältnisse im Koordinatensystem (vgl. b) dar.

Preisbildung auf dem Markt für Speiseeis

9 Auf dem Markt für italienisches Speiseeis in einer süddeutschen Kreisstadt liegt die in Abschnitt G 2.3.1 dargestellt Marktsituation vor.
Wie würden sich folgende Ereignisse auf die Angebots- und Nachfragekurve, den Gleich-gewichtspreis von 1,20 € und die Gleichgewichtsmenge von 6000 Kugeln auswirken? Begründen Sie Ihre Aussagen und erläutern Sie die Anpassungsprozesse (Preismechanis-mus).

a) Es wird ein neues Gymnasium eröffnet, sodass noch mehr Schülerinnen und Schüler aus dem Umland eine Schule in der Kreisstadt besuchen.

b) Der Preis für verpacktes »Eis am Stiel« sinkt.

c) Das Gewerbeaufsichtsamt lässt wegen Nichtbeachtung der Hygienevorschriften meh-rere Eisdielen schließen.

d) Die Pachten für Ladenlokale in der Innenstadt steigen kräftig. Das betrifft auch die meisten Eisdielen.

Preiskartell – Angebotsmonopol

10 Angenommen, die Eisdielen in einer Kleinstadt wollen versuchen den Wettbewerb untereinander zu beschränken. Die gemeinsame Marktmacht soll gestärkt werden, damit sie nicht mehr – wie beim Polypol – den vom Markt vorgegebenen Preis akzeptieren müssen, sondern selbst den gewinnmaximalen Preis festlegen können. Dazu schließen sie sich zu einem Preiskartell zusammen und könnte sich dadurch wie ein Angebotsmonopolist verhalten. Die Gesamtnachfrage nach Eiskugeln für einen bestimmten Zeitraum (z. B. einen Tag) ist gegenüber dem Wettbewerbsmarkt unverändert geblieben (vgl. G 6.2.4).

Preis (€) je Kugel	3,00	2,70	2,40	2,10	1,80	1,50	1,20	0,90	0,60	0,30	0,00
Menge in Stück	0	1000	2000	3000	4000	5000	6000	7000	8000	9000	10000
Erlös (€)	0	2700	4800	6300	7200	7500	7200	6300	4800	2700	0

Die in einem bestimmten Zeitraum (z. B. einen Tag) anfallenden Fixkosten belaufen sich für alle Betriebe zusammen auf 2 500,00 €. Die variablen Stückkosten aller Hersteller betragen im Durchschnitt 0,40 €.

a) Bei welchem Preis und bei welcher Menge liegt das Erlösmaximum des Eis-Kartells?

b) Bei welchem Preis und bei welcher Menge liegt das Gewinnmaximum des Eis-Kartells?

c) Vergleichen Sie den vom Eis-Kartell festgelegten Preis und die entsprechende Absatzmenge mit der bisher auf dem Wettbewerbsmarkt vorliegenden Marktsituation von 6 000 abgesetzten Eiskugeln zum Preis von 1,20 € je Stück.

Oligopol

11

Wal-Mart[1] und Aldi unterbieten sich gegenseitig

Das Bundeskartellamt hat sich in den neuen Preiskampf im Einzelhandel eingeschaltet. Prüfungen richten sich gegen die großen Lebensmittelketten Aldi, Lidl, Plus und Norma. Es geht dabei um die Preise für Grundnahrungsmittel und Getränke. Der US-Handelsriese Wal-Mart[1] hatte zuvor seine Preise drastisch gesenkt und soll angeblich zu Produktpreisen anbieten, die unter den Einstandspreisen liegen. Nach dem Kartellrecht sind solche Dumpingpreise aus Wettbewerbsgründen untersagt.

http://www.politikforum.de/forum

---

1 Der US-amerikanische Einzelhandelskonzern Wal-Mart Stores Inc. gehört zu den umsatzstärksten Unternehmen der Welt. 2006 hat sich das Unternehmen wegen Erfolglosigkeit aus Deutschland zurückgezogen und seine Warenhäuser an die Metro AG verkauft.

Benzinpreis steigt zu Pfingsten trotz sinkendem Ölpreis und schwachem Dollar

Pünktlich zur Pfingstreisewelle haben Mineralölkonzerne wie Aral/BP und Shell/DEA die Spritpreise kräftig angehoben, obwohl die Preise für Rohöl zuletzt kontinuierlich gesunken sind. Zudem müsste der schwache Dollar die Benzinpreise zusätzlich drücken. Unfaire Absprachen seitens der Ölmultis sieht das Bundeskartellamt derzeit aber nicht gegeben. Die Behörde werde erst einschreiten, wenn konkrete Hinweise für wettbewerbswidrige Preisabsprachen der Mineralölkonzerne vorliegen, sagte eine Sprecherin.

http://www.wdr.de/themen/verkehr/strasse/benzinpreise

Welche Zwecke verfolgen die Anbieter in den beiden beschriebenen Fällen? Welche Mittel setzten sie zur Erreichung ihrer Ziele ein?

12 Angenommen, auf dem Benzinmarkt gibt es nur die beiden Anbieter A und B. Jeder von beiden versucht eine Strategie zu wählen, bei der sein Gewinn möglichst groß ist.

Fall 1:

Setzt A einen hohen Preis (z. B. Monopolpreis) fest, so ist dies für ihn nur dann mit einem hohen Gewinnzuwachs verbunden, wenn auch B denselben hohen Preis verlangt. Setzt B dagegen einen niedrigeren Preis fest, erleidet A eine Gewinnminderung, weil seine Absatzmenge zurückgeht. Der Gewinnzuwachs des B ist in diesem Fall noch höher als wenn beide Anbieter die Hochpreisstrategie wählen. Wählen beide Anbieter die Niedrigpreisstrategie, ergibt sich keine Gewinnveränderung. Diese Zusammenhänge sind für die vier möglichen Strategiekombinationen in der folgenden Gewinnmatrix in Mio. Euro dargestellt (linke untere Ecke: Gewinnveränderungen für Unternehmen A; rechte obere Ecke: Gewinnveränderung für Unternehmen B).

Gewinnzuwächse bei		Anbieter B	
		Hochpreis (S_{B1})	Niedrigpreis (S_{B2})
Anbieter A	Hochpreis (S_{A1})	(B) 50 (A) 50	(B) 100 (A) – 50
	Niedrigpreis (S_{A2})	(B) – 50 (A) 100	(B) 0 (A) 0

Für beide Anbieter besteht nur die Wahl zwischen den beiden Strategien Hochpreis (S_1) und Niedrigpreis (S_2).

a) Welche Strategie wird Anbieter A voraussichtlich wählen? Begründen Sie Ihre Antwort.

b) Welche Strategie wird Anbieter B voraussichtlich wählen? Begründen Sie Ihre Antwort.

c) Welchen Einfluss haben die voraussichtlich gewählten Strategien auf die Gewinnsituation der beiden Anbieter?

d) Wie wirkt sich die voraussichtliche Strategiekombination für die Nachfrager aus?

Fall 2:

Die beiden Anbieter A und B haben ein Kartell gebildet, um gemeinsam ihren Gewinn zu maximieren. Der vereinbarte Kartellpreis (Monopolpreis) lässt sich aber nur durchsetzen, wenn die Angebotsmenge eingeschränkt wird. Die gewinnmaximale Menge wird daher zu gleichen Teilen auf die beiden Anbieter aufgeteilt. Beide Anbieter haben dadurch aber Leerkapazitäten. Jeder von ihnen überlegt daher, ob sich nicht ein individueller Zusatzgewinn erzielen lässt, wenn die Produktion unter Umgehung der Kartellvereinbarung heimlich erhöht wird.

Beiden Unternehmen stehen folgende Strategien zur Auswahl:
Strategie 1 (S1): Produktion nicht erhöhen (= Kartellvereinbarung einhalten)
Strategie 2 (S2): Produktion erhöhen (= Kartellvereinbarung umgehen)

Die sich bei jeder der vier Strategiekombinationen ergebenden Gewinne für A und B sind in der folgenden Gewinnmatrix dargestellt (linke untere Ecke: Gewinn für Unternehmen A; rechte obere Ecke: Gewinn für Unternehmen B).

		Anbieter B	
		Produktion nicht erhöhen (S_{B1})	Produktion erhöhen (S_{B2})
Anbieter A	Produktion nicht erhöhen (S_{A1})	(B) 110 (A) 110	(B) 120 (A) 80
	Produktion erhöhen (S_{A2})	(B) 80 (A) 120	(B) 100 (A) 100

a) Prüfen Sie, ob das Kartell längerfristig Bestand haben wird. Begründen Sie Ihre Antwort.

b) Wie wirkt sich die voraussichtliche Strategiekombination auf den Gewinn der beiden Anbieter aus?

c) Wie wirkt sich die voraussichtliche Strategiekombination für die Nachfrager aus?

Asymmetrische Information – Adverse Selektion – Moral Hazard

13 Angenommen, clevere Autofahrer haben ein Versicherungsunternehmen gegründet, dass die Verwarnungs- und Bußgelder bei Geschwindigkeitsübertretungen bis zu einer Höhe von 120,00 € übernimmt. Die 500 Versicherungsnehmer zahlen dem Versicherungsunternehmen eine Monatsprämie von 10,00 €.

a) Es wird behauptet: »Versicherer und Versicherungsnehmer sind unterschiedlich gut über das Ausmaß der durch den Versicherungsvertrag abgedeckten Risiken informiert (= asymmetrische Information).« Erläutern Sie diese Aussage anhand des vorliegenden Beispiels.

b) Erläutern Sie, was unter »adverser Selektion« zu verstehen ist. Begründen Sie, warum dieses Phänomen im vorliegenden Fall voraussichtlich auftritt.

c) Erläutern Sie, was unter »Moral Hazard« zu verstehen ist. Begründen Sie, warum dieses Verhalten im vorliegenden Fall voraussichtlich festzustellen ist.

d) Nach kurzer Zeit steht das Versicherungsunternehmen wegen der sich aus der asymmetrischen Information ergebenden Folgen vor der Insolvenz. Welche versicherungstypische Maßnahme könnte der Versicherer ergreifen, um voraussichtlich dennoch wirtschaftlich erfolgreich zu werden? Begründen Sie Ihre Antwort.

14 Wesentliche Probleme von Sozialversicherungssystemen sind auf das Verhalten der Versicherten zurückzuführen.

Moral Hazard (moralisches Verhaltensänderungsrisiko)	**Restaurantrechnungsproblem**
Erfahrungen aus der Versicherungswirtschaft zeigen, dass sich das Verhalten der Menschen ändert, wenn sie versichert sind. Sie verhalten sich einem Risiko gegenüber nachlässiger, wenn sie sich durch eine Versicherung abgesichert haben (z. B. Sicherung von gegen Diebstahl versicherten Fahrrädern). Dieser Mangel an Anreiz zur Sorgfalt wird als »Moral Hazard« bezeichnet. Dadurch erhöht sich der Bedarf an Versicherungsleistungen.	Die Alltagserfahrung belegt, dass beispielsweise die Rechnung in einem Restaurant erheblich höher ausfällt, wenn eine Gruppe vor dem Essen beschlossen hat, die Rechnung gemeinsam zu gleichen Teilen zu bezahlen. Jeder bestellt dann ein teureres Menü, als wenn er nur seinen eigenen Verzehr bezahlen müsste. Es liegt also eine Situation vor, bei der jeder jeden ausbeutet. Auf den Bereich der Versicherung übertragen erhöht sich dadurch die beanspruchte Versicherungsleistung.

a) Wie lassen sich die geschilderten Verhaltensweisen begründen? Wie würde Ihr eigenes Verhalten in ähnlichen Situationen aussehen?

b) Übertragen Sie die Ergebnisse dieser Verhaltensweisen auf das System einer gesetzlichen Krankenversicherung. Wieso kann es dadurch zu einer Überbeanspruchung der Leistungen kommen?

c) Welche Konsequenzen müsste die Versichertengemeinschaft daraus für Personen, die nicht sorgsam mit ihrer Gesundheit umgehen und ein erhöhtes gesundheitliches Risiko eingehen (z. B. Rauchen, Ausübung von Extremsportarten, wegen Bewegungsmangels und falscher Ernährung Übergewichtige) ziehen?

15 Zehn Bewohner eines Landes vereinbaren, zur Abdeckung des Krankheitskostenrisikos eine Versicherung einzurichten. Die Krankheitskosten jedes Einzelnen sollen von allen Versicherten gemeinsam zu gleichen Teilen getragen werden.

Das Versicherungsmitglied E würde, wenn es die Kosten in vollem Umfang selbst zu tragen hätte, normalerweise medizinische Leistungen im Wert von 100 Nutzeneinheiten pro Periode in Anspruch nehmen und bezahlen. Alle übrigen Versicherten (Ü) würden genauso handeln. Wenn dagegen alle in diesem Land vorhandenen medizinischen Versorgungs- und Betreuungsangebote über das gesundheitlich unbedingt notwendige Maß hinaus in Anspruch genommen werden, könnten die Bewohner ihren medizinischen Nutzen von 100 Einheiten auf 120 Einheiten pro Periode erhöhen. Diese erhöhte Inanspruchnahme würde aber wegen der durch die Nachfragesteigerung ausgelöste Preiserhöhung 150 Geldeinheiten pro Person und Periode kosten. Der durch die erhöhte Inanspruchnahme entstehende zusätzliche Nutzen (20) ist für den Einzelnen also geringer als die ihm dadurch entstehenden zusätzlichen Kosten (50).

Jeder Versicherte hat zwei Strategien zur Auswahl:
Strategie 1 (S1): normale Inanspruchnahme der medizinischen Versorgung
Strategie 2 (S2): erhöhte Inanspruchnahme der medizinischen Versorgung
Es ergeben sich somit vier mögliche Strategiekombinationen. Die jeweiligen Nutzensituationen werden für E (= Einzelner) in die linke untere Ecke und für Ü (= Übrige) in die rechte obere Ecke der vier Felder eingetragen.

Bei Strategiekombination ($SE_1/SÜ_2$) beträgt die Nutzenminderung von E 45 und die von Ü 25. Die Gesamtkosten betragen 1 450 ($9 \cdot 150 + 1 \cdot 100$). Jedes der 10 Versicherungsmitglieder muss davon vereinbarungsgemäß 1/10, also 145 zahlen. Der Nutzen des E beträgt aber nur 100, d. h., er hat einen Nutzenverlust von 45. Der Nutzen von Ü beträgt jeweils 120, d. h. alle übrigen Versicherungsmitglieder haben jeweils einen Nutzenverlust von 25.

		Inanspruchnahme der medizinischen Versorgung durch die übrigen Versicherten Ü (= Übrige)	
		normal ($S_{Ü1}$)	erhöht ($S_{Ü2}$)
Inanspruchnahme der medizinischen Versorgung durch den Versicherten E (= Einzelner)	**normal (S_{E1})**	0 0	−25 −45
	erhöht (S_{E2})		

a) Ermitteln Sie für die übrigen Strategiekombinationen die Nutzenänderungen für den Einzelnen E und die Übrigen Ü nach obigem Muster.

b) Erläutern Sie die Strategiekombination, die aus Sicht der Allgemeinheit am günstigsten ist.

c) Erläutern Sie die Strategiekombination, die aus Sicht des Einzelnen E am günstigsten ist.

d) Zu welcher Strategiekombination wird das Verhalten der Versicherungsmitglieder führen, wenn alle die für sie persönlich günstigste Lösung verfolgen? Begründen Sie dieses Verhalten und erläutern Sie das Ergebnis.

e) Das zu erwartende Verhalten der Versicherten wird auch als Moral Hazard bezeichnet Erläutern Sie diesen Begriff anhand des vorliegenden Beispiels und der folgenden Abbildung:

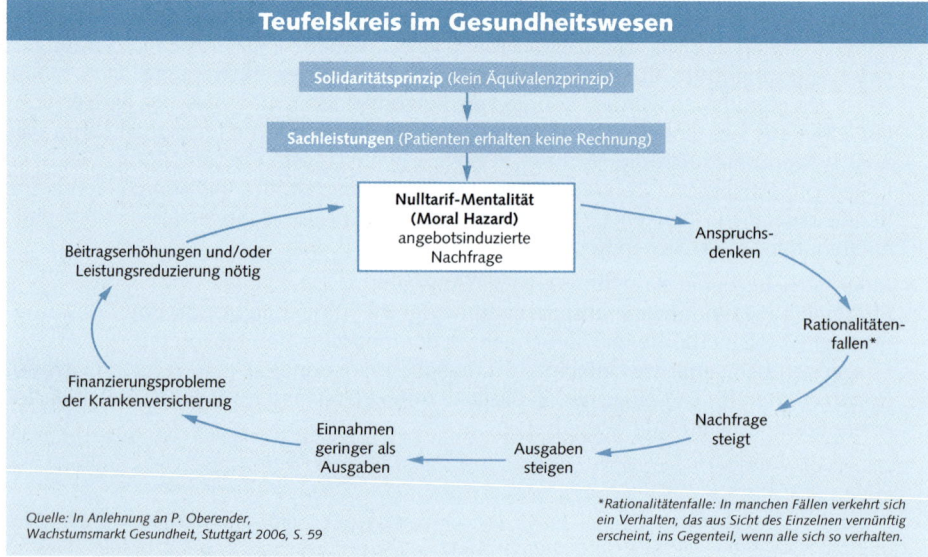

Quelle: In Anlehnung an P. Oberender, Wachstumsmarkt Gesundheit, Stuttgart 2006, S. 59

*Rationalitätenfalle: In manchen Fällen verkehrt sich ein Verhalten, das aus Sicht des Einzelnen vernünftig erscheint, ins Gegenteil, wenn sich alle so verhalten.

3 Wirtschaftsordnung: Koordination wirtschaftlichen Handelns

3.1 Grundelemente einer Wirtschaftsordnung

➤ Begriff der Wirtschaftsordnung

In einer arbeitsteiligen Wirtschaft müssen die Regeln für das Zusammenwirken der Wirtschaftssubjekte dauerhaft vereinbart werden. Nur so können die wirtschaftlichen Aktivitäten von Unternehmen, Haushalten und Staat aufeinander abgestimmt und die **Grundfragen jeder Volkswirtschaft: Was, wie und für wen wird produziert?** erfolgreich gelöst werden. Es gehört zu den Aufgaben **staatlicher Wirtschaftspolitik,** ein solches Regelsystem, das aus Grundsätzen, Vereinbarungen und Vorschriften für wirtschaftliches Handeln besteht, festzulegen.

Warum benötigen wir eine Wirtschaftsordnung?

In Deutschland leben rund 80 Mio. Menschen in ca. 39 Mio. Haushalten. Sie wollen essen, trinken, benötigen Kleidung, der eine will eine Jeans, … Frau Meyer möchte Kinderkleidung, … Herr Wenger kauft sich eine CD, … Jenny kauft eine Zeitschrift, um endlich die Reportage über ihre Lieblingsgruppe zu lesen. Eine Unternehmerin besucht eine Messe, um sich dort über die neueste technische Ausstattung für ihren Druckereibetrieb zu informieren. Morgens gehen wir zum Bäcker, um Brötchen zu holen. Diese Reihe ließe sich beliebig fortsetzen.

Hunderttausende unterschiedlicher Produkte und Dienstleistungen werden von den 80 Millionen Menschen benötigt. Zählt man die vielen Rohstoffe und Betriebsstoffe hinzu, die Unternehmer für ihre Produktion benötigen, sind es noch wesentlich mehr. Diese werden in den zahlreichen Betrieben hergestellt. Allein in Deutschland sind ca. 3 Mio. steuerpflichtige Unternehmen registriert. Es herrscht Arbeitsteilung: Wer etwas haben will, muss tauschen, z.B. Arbeitskraft gegen Einkommen, Werkzeugmaschinen oder Brötchen gegen Geld.

Woher aber weiß z.B. ein Bäcker, wie viele Leute seine Brötchen kaufen wollen, woher ein Müller, dass der Bäcker ihm Mehl von einer bestimmten Qualität abkaufen wird?

Güter müssen produziert, verkauft, transportiert und immer zur richtigen Zeit am richtigen Ort zu Verfügung stehen, damit Menschen ihre Bedürfnisse befriedigen oder Unternehmen z.B. die benötigten Maschinen kaufen können. Wie ärgerlich jemand sein kann, der das, was er benötigt, nicht findet und darauf warten muss, weiß jeder aus eigener Erfahrung.

In Anlehnung an: Institut für Ökonomisches Bildung Oldenburg, Unterrichtseinheit »Wirtschaftsordnung«, S. 31

Die **Wirtschaftsordnung** ist die Gesamtheit aller Rahmenbedingungen (z.B. geschriebene und ungeschriebene Regeln, öffentliche und private Einrichtungen zur Ordnung des Wirtschaftsgeschehens) innerhalb derer die Wirtschaftsbeziehungen und wirtschaftlichen Veränderungen in einer Volkswirtschaft ablaufen.

Die **Wirtschaftsordnung** ist neben der Rechts- und Sozialordnung das wichtigste Element der Gesellschaftsordnung, die alle Bereiche des menschlichen Zusammenlebens umfasst. Das in der jeweiligen **Gesellschaftsordnung** vorherrschende **gesellschaftspolitische Leitbild** hat entscheidenden Einfluss auf die Wirtschaftsordnung. Eines dieser Leitbilder ist der **Individualismus**[1].

Der **Individualismus** sieht den Menschen als Ausgangs- und Mittelpunkt allen gesellschaftlichen Lebens. Sein oberstes Ideal ist die freie Entfaltung aller Anlagen, Kräfte und Interessen des Einzelnen. Diesem Menschenbild entspricht als Staats- und Gesellschaftsauffassung der **Liberalismus**[2]. Das auf dem Individualismus beruhende gedankliche **Modell** einer Wirtschaftsordnung ist die **freie Marktwirtschaft.**

3.2 Funktionsweise einer Marktwirtschaft: Preisfunktionen und Ordnungsrahmen

➤ Kernelemente einer Marktwirtschaft

In jeder Wirtschaftsordnung müssen die wirtschaftlichen Aktivitäten von Unternehmen und Haushalten geplant, koordiniert und kontrolliert werden. Außerdem sind Anreize nötig, damit die Entscheidungen der am Wirtschaftsleben Beteiligten unter Beachtung des ökonomischen Prinzips getroffen werden.

> Jede Wirtschaftsordnung benötigt ein Planungs-, Koordinations-, Anreiz- und Kontrollsystem.

In einer Marktwirtschaft werden diese Aufgaben mithilfe von Märkten, Preisen und Wettbewerb gelöst.

Die wesentlichen Merkmale einer Marktwirtschaft wurden erstmals von **Adam Smith** (1723–1790) systematisch untersucht und beschrieben[3]. Entsprechend der Staats- und Gesellschaftsauffassung des **Liberalismus** soll der Staat demnach auf Eingriffe in das Wirtschaftsgeschehen verzichten und die Wirtschaftsentwicklung dem freien Spiel der Marktkräfte überlassen.

In einer **Marktwirtschaft** stellen die Unternehmer ihre Produktionspläne und die privaten Haushalte ihre Verbrauchspläne selbstständig und unabhängig voneinander unter Berücksichtigung ihrer eigenen Interessen auf. Die Anbieter wollen zu einem Preis verkaufen, bei dem ihr Gewinn möglichst groß ist, während die Nachfrager möglichst billig kaufen und dadurch einen möglichst großen Nutzen erzielen möchten. Die gegenseitige Abstimmung und Anpassung der Pläne von Anbietern und Nachfragern sowie der Ausgleich der gegensätzlichen Interessen erfolgt auf dem **Markt** (vgl. G 2.1)

Dabei ist unterstellt, dass die Anbieter in Wettbewerb miteinander stehen und weder auf der Nachfrage- noch auf der Angebotsseite marktmächtige Gruppen oder der Staat die Marktpreisbildung beeinflussen. Unter diesen Voraussetzungen werden Planung, Koordination, Anreiz und Kontrolle der wirtschaftlichen Aktivitäten im Rahmen einer Marktwirtschaft wie folgt vorgenommen:

Planungssystem	Koordinationssystem	Anreizsystem	Kontrollsystem
Dezentrale Konsum- und Produktionsplanung durch Haushalte und Unternehmen	Abstimmung der Konsum- und Produktionspläne durch den Markt	Leistungsanreiz durch Einkommenschancen (Gewinn, Lohnerhöhung)	Leistungskontrolle durch Wettbewerb

---

1 Individuum *(lat.):* der einzelne Mensch

2 liberal *(lat.):* freiheitlich

3 A. Smith, An Inquiry into the Nature and Causes of the Wealth of Nations, 1776; deutsche Übersetzung von H.C. Recktenwald, Der Wohlstand der Nationen, Eine Untersuchung seiner Natur und seiner Ursachen 7. Aufl. München 1996

➤ Funktionen des Preises im Überblick

Funktionen des Preises in einer freien Marktwirtschaft					
Signal-/ Informations- funktion	Lenkungs-/ Allokations- funktion	Ausgleichs-/ Planabstim- mungsfunk- tion	Verteilungs- und Zuteilungs- funktion	Anreiz- funktion	Auslese- funktion
Der Preis informiert über die Knappheit eines Gutes (Knappheits- indikator).	Der Preis lenkt die Produktions- faktoren in die Bereiche, in denen sie am produktivsten eingesetzt werden kön- nen.	Der Preis stimmt die Pläne von Unterneh- men und Haushalten aufeinander ab und bringt Angebot und Nachfrage zum Aus- gleich.	Verände- rungen von Güter- und Faktorprei- sen wirken sich auf die Einkommens- verteilung aus. Über den Preis wird das Angebot den Nachfragern zugeteilt.	Der Preis bietet einen Anreiz, mit knappen Gütern spar- sam umzu- gehen.	Der Preis sanktioniert leistungsunfä- hige Unter- nehmen und sorgt dafür, dass sie aus dem Markt ausscheiden.

Wettbewerb ist die Voraussetzung für das Wirksamwerden des Preismechanismus und die Erfüllung der Preisfunktionen.

➤ Ordnungsrahmen einer freien Marktwirtschaft

1 Diese polemische Bezeichnung für die Rolle des Staates, sich auf den Schutz des Privateigentums zu beschränken, stammt von Ferdinand Lassalle (1825–1864). F. Lassalle war ein deutscher Politiker. Er gründete 1893 den »Allgemeinen Deutschen Arbeiterverein«, die Vorläuferorganisation der SPD.

- Das **Privateigentum an den Produktionsmitteln** (z. B. Maschinen, Transportmittel, Boden) ist Voraussetzung dafür, dass sich die Unternehmen bei der Aufstellung und Verwirklichung ihrer Produktionspläne frei entscheiden können.

- Die **Vertragsfreiheit** ermöglicht es den Wirtschaftssubjekten, beliebige Verträge abzuschließen und deren Inhalt selbst zu bestimmen. Ohne Vertragsfreiheit kann es keinen freien Austausch von Sachgütern und Leistungen am Markt geben. Der Staat muss Rechtssicherheit garantieren, damit die Vertragspartner ihre Ansprüche notfalls mit staatlicher Hilfe (z. B. Gerichte, Polizei) durchsetzen können.

- Die **Konsumfreiheit** ermöglicht es jedem Konsumenten, selbst darüber zu entscheiden, wie er sein Einkommen verwenden und was er in welchem Umfang kaufen will. Die Impulse für die Güterherstellung gehen vom Verbraucher aus, indem sich die Anbieter mit ihrer Produktion nach den Konsumentenwünschen richten.

- Die **Produktionsfreiheit** ermöglicht es jedem Produzenten, selbst darüber zu entscheiden, was und wie viel er produzieren will.

- Die **Gewerbefreiheit** ermöglicht es jedem Produzenten, ein beliebiges Gewerbe zu betreiben und sich am Markt frei zu betätigen. Staatliche Kontrollen und Zulassungsbeschränkungen sind damit nicht zu vereinbaren. Marktzutrittsschranken würden zu einer Verringerung des Wettbewerbs führen und die Entstehung marktbeherrschender Unternehmen fördern. Die Gewerbefreiheit umfasst auch die **freie Wahl von Beruf und Arbeitsplatz.**

3.3 Wirtschaftsordnung in der Bundesrepublik Deutschland: Soziale Marktwirtschaft

3.3.1 Ordnungspolitisches Leitbild der Sozialen Marktwirtschaft

➤ **Die »Väter« der Sozialen Marktwirtschaft**

Die theoretischen Grundlagen der in der Bundesrepublik Deutschland seit ihrer Gründung im Jahr 1949 bestehenden Wirtschaftsordnung gehen auf die als **Ordoliberalismus** bezeichnete Denkrichtung der sog. Freiburger Schule um **Walter Eucken** zurück. Ihre konkrete Ausgestaltung in der Realität erfuhr diese Wirtschaftsordnung durch den ersten Wirtschaftsminister der Bundesrepublik Deutschland, **Ludwig Erhard**[1], und seinen Mitarbeiter **Alfred Müller-Armack**[2]. Grundlage ist die ordnungspolitische Konzeption der **Sozialen Marktwirtschaft,** die das marktwirtschaftliche Prinzip mit dem des sozialen Ausgleichs zu verbinden versucht.

Die Vertreter einer Sozialen Marktwirtschaft sehen das vorrangige Ziel staatlicher Wirtschaftspolitik in der Schaffung und Sicherung einer **Wettbewerbsordnung.**

---

1 Ludwig Erhard (1897–1977), Professor für Volkswirtschaftslehre; 1949–1963 Bundeswirtschaftsminister; 1963–1966 Bundeskanzler

2 Alfred Müller-Armack (1901–1978), Professor für Volkswirtschaftslehre in Köln; 1958–1963 Staatssekretär im Bundeswirtschaftsministerium

Soziale Marktwirtschaft

»Der Begriff der Sozialen Marktwirtschaft kann … als eine ordnungspolitische Idee definiert werden, deren Ziel es ist, auf der Basis der Wettbewerbswirtschaft die freie Initiative mit einem gerade durch die marktwirtschaftliche Leistung gesicherten sozialen Fortschritt zu verbinden …

Sinn der Sozialen Marktwirtschaft ist es, das Prinzip der Freiheit auf dem Markte mit dem des sozialen Ausgleichs zu verbinden.«

A. Müller-Armack, Artikel »Soziale Marktwirtschaft«, in: V. Beckerath u. a. (Hrsg.), Handwörterbuch der Sozialwissenschaften, Bd. 9, Stuttgart 1956, S. 390

➤ Merkmale der Sozialen Marktwirtschaft

Von den Vertretern der Sozialen Marktwirtschaft wird ausdrücklich anerkannt, dass der **Leistungswettbewerb** wegen fehlender Start- und Chancengleichheit zwangsläufig zu einer **ungleichen Einkommens- und Vermögensverteilung** führt. Dadurch sind auch die Möglichkeiten ungleich verteilt, sich selbst gegen bestimmte Lebensrisiken (z. B. Alter, Krankheit, Invalidität, unverschuldete Arbeitslosigkeit) ausreichend abzusichern. Daher wird über die staatlichen Maßnahmen zur Gestaltung der Wettbewerbsordnung hinaus auch eine »Spezielle Sozialpolitik« zur Schließung dieser »Gerechtigkeitslücke« als notwendig angesehen[1]. Die Konzeption der Sozialen Marktwirtschaft sieht also **ergänzend** zur staatlich garantierten **Wettbewerbsordnung** eine **Sozialordnung** vor, die auch die **Korrektur der Marktergebnisse** nach sozialen Gerechtigkeitsvorstellung durch spezielle Maßnahmen zur Einkommensumverteilung und sozialen Sicherung umfasst.

In einer am Leitbild der Sozialen Marktwirtschaft orientierten Wirtschaftsordnung erfolgt die Lenkung des Wirtschaftsprozesses durch den freien Markt und Wettbewerb. Wenn das Marktergebnis sozial unerwünscht ist oder als ungerecht angesehen wird, greift der Staat korrigierend ein.

3.3.2 Ordnungsmerkmale der Sozialen Marktwirtschaft

➤ Soziale Marktwirtschaft und Grundgesetz

Die Soziale Marktwirtschaft ist das Leitbild einer Wirtschaftsordnung, die bei ihrer konkreten Ausgestaltung in der Bundesrepublik Deutschland im Laufe der Zeit Wandlungen unterlag und für künftige Gestaltungsaufgaben offen ist. Im **Grundgesetz** der Bundesrepublik ist **keine bestimmte Wirtschaftsordnung** verankert. Vielmehr lässt das Grundgesetz verschieden ausgestaltete reale Wirtschaftsordnungen zu. Allerdings ist das Grundgesetz weder mit einer Zentralverwaltungswirtschaft noch mit einer freien Marktwirtschaft zu vereinbaren.

»Die gegenwärtige Wirtschafts- und Sozialordnung ist zwar eine nach dem Grundgesetz mögliche, keineswegs aber die allein mögliche.«

Urteil des BVerfG vom 20.07.1954

Mit dem **Grundgesetz** der Bundesrepublik Deutschland ist weder eine freie Marktwirtschaft noch eine Zentralverwaltungswirtschaft zu vereinbaren. Das Grundgesetz schreibt keine bestimmte Wirtschaftsordnung vor. Es lässt vielmehr verschiedene Ausgestaltungsmöglichkeiten zu.

---

1   Vgl. W. Eucken, Grundlagen der Wirtschaftspolitik, (1952), 6. Aufl. Stuttgart 1990, S. 318 ff.

➤ **Freie Marktwirtschaft und Soziale Marktwirtschaft im Vergleich**

Die folgenden Ausprägungen der **Ordnungsmerkmale** können als systembestimmende Elemente einer Sozialen Marktwirtschaft angesehen werden:

Freie Marktwirtschaft	Merkmale	Soziale Marktwirtschaft
keine Eingriffe in das Wirtschaftsgeschehen, nur Schutz- und Ordnungsmaßnahmen (»Nachtwächterstaat«)	Rolle des Staates	**Eingriffe des Staates in das Wirtschaftsgeschehen zur** ● Sicherung des Wettbewerbs (Wettbewerbspolitik) ● Wahrung sozialer Gerechtigkeit (Sozial- und Einkommenspolitik) ● Erreichung des gesamtwirtschaftlichen Gleichgewichts (Wachstums-, Konjunktur- und Strukturpolitik)
uneingeschränktes Privateigentum an Produktionsmitteln, keine Sozialbindung des Eigentums	Eigentumsform	**Einschränkung der Eigentumsgarantie:** Grundsätzlich wird das Privateigentum garantiert. Zugunsten des Allgemeinwohls sind aber Enteignungen gegen Entschädigung zulässig (z. B. Grundstücksenteignung für den Bau von Straßen). Auch Staatseigentum ist möglich (z. B. öffentliche Unternehmen für Verkehr, Energieversorgung usw.). Zweckentfremdungsverbot: Vermieter dürfen Wohnraum nicht ohne Genehmigung anderweitig nutzen (z. B. für Gewerbebetrieb) und können u. U. verpflichtet werden, leer stehenden Wohnraum zu vermieten. Mitbestimmung von Arbeitnehmern im Aufsichtsrat von Kapitalgesellschaften
freie Preisbildung auf allen Märkten, nur der Preismechanismus soll das Wirtschaftsgeschehen steuern	Wettbewerb und Preisbildung	**Einschränkung des freien Wettbewerbs und der freien Preisbildung:** Wettbewerb und freie Preisbildung sind die Grundprinzipien. Auf Teilmärkten greift der Staat aber in die Preisbildung ein oder tritt selbst als Anbieter auf (z. B. Preisregulierung auf dem Agrarmarkt, staatliche Monopole bei Wasser- und Energieversorgung, Bereitstellung öffentlicher Güter).
weitgehende Vertragsfreiheit (einschließlich Kartellverträgen), Formfreiheit von Verträgen	Verträge	**Einschränkung der Vertragsfreiheit:** Verträge zur Bildung von Kartellen und anderen wettbewerbsbeschränkende Vereinbarungen sind nichtig. Das gilt auch für Verträge, bei denen schwächere Vertragspartner übervorteilt werden (z. B. Wucher, Ausnutzung einer Notlage). Schutzgesetze (z. B. Verbraucherschutz, Arbeitsschutz) schränken die Vertragsfreiheit zugunsten des schwächeren Vertragspartners ein.
weitgehende Produktions- und Gewerbefreiheit	Produktion/ Handel	**Einschränkung der Produktions- und Gewerbefreiheit:** Betriebe, von denen eine Gefährdung der Gesundheit und/ oder der Sicherheit der Bevölkerung ausgehen kann, sind genehmigungspflichtig und unterstehen staatlicher Kontrolle (z. B. Gaststätten, Apotheken, Kernkraftwerke).
Freihandel (freie Im- und Exporte ohne Zölle)	Außenhandel	**Einschränkung des Freihandels:** Staatliche Genehmigung für bestimmte Exportgüter (z. B. Waffenexporte), Importzölle für bestimmten Produkte zum Schutz der inländischen Produzenten (z. B. Agrarprodukte, Textilien).
weitgehende Konsumfreiheit	Konsum	**Einschränkung der Konsumfreiheit:** Güter, die Gesundheitsgefährdungen mit sich bringen können, sind nicht frei verkäuflich (z. B. Medikamente, Rauschgift, Waffen).

Freie Marktwirtschaft	Merkmale	Soziale Marktwirtschaft
freie Berufs- und Arbeitsplatzwahl, Freizügigkeit	**Beruf/ Arbeitsplatz**	**Einschränkung der Berufs- und Arbeitsplatzwahl:** Bestimmte Berufsgruppen müssen sich staatlichen Prüfungen unterziehen (z. B. Ärzte, Lehrer, Juristen) und benötigen für ihre Niederlassung eine staatliche Zulassung (z. B. Notare).
freie Lohnbildung am Arbeitsmarkt, keine Gewerkschaften, keine Mindestlöhne	**Arbeitsmarkt**	**Koalitionsfreiheit und Tarifverhandlungen:** Gewerkschaften und Arbeitgeberverbände handeln Löhne und Arbeitsbedingungen aus. Der Staat greift in diese Verhandlungen nicht ein (Tarifautonomie). Staatliche Maßnahmen zur Einkommensumverteilung (z. B. Kindergeld, Wohngeld, progressiver Einkommensteuertarif, gesetzlicher Mindestlohn).

➤ Wettbewerbsordnung: Wettbewerbssicherung als staatliche Aufgabe

Siehe hierzu Abschnitte G 4.4.1 bis G 4.4.3

➤ Sozialordnung: Korrektur von unerwünschten Marktergebnissen

Die Konzeption der Sozialen Marktwirtschaft sieht **ergänzend** zur staatlichen Wettbewerbssicherung eine **Sozialordnung** vor, die auch die **Korrektur von Marktergebnissen** nach sozialen Gerechtigkeitsvorstellung durch spezielle Maßnahmen zur Einkommensumverteilung und sozialen Sicherung umfasst.

Da nicht alle Mitglieder der Gesellschaft gleichermaßen leistungsfähig sind, um als Wettbewerbsteilnehmer am Arbeits- oder Gütermarkt Leistungseinkommen zu erzielen (z. B. Alte, Kranke, Kinder), gehört zur Sozialen Marktwirtschafts neben der Wettbewerbsordnung zwingend des Prinzip des sozialen Ausgleichs **(Sozialprinzip)** als gleichrangiges Kernelement. Neben der Schaffung von Chancengleichheit steht die Korrektur der zwangsläufig durch den Marktmechanismus entstehenden ungleichen Einkommens- und Vermögensverteilung im Vordergrund (Korrektur der Marktergebnisse). Darüber hinaus ist für die Fälle, in denen der Markt versagt, eine Absicherung der sozial Schwachen vorgesehen.

Prinzipien der sozialen Sicherung

Leistungen nach dem …	Versicherungsprinzip	Versorgungsprinzip	Fürsorgeprinzip
durch die …	Sozialversicherung	öffentliche Versorgung	Grundsicherung, Sozialhilfe
erhalten …	Mitglieder der Sozialversicherung, wenn sie Versicherungsbeiträge gezahlt haben	bestimmte Bevölkerungsgruppen, wenn sie besondere Opfer oder Leistungen für die Gemeinschaft erbracht haben	alle Bürgerinnen und Bürger, wenn sie bedürftig sind
finanziert durch …	Versicherungsbeiträge und Staatszuschüsse	Steuermittel	Steuermittel

ZAHLENBILDER

141 050

3.3.3 Soziale Marktwirtschaft und Versicherung

a) Marktunvollkommenheiten als Anlass für staatliche Eingriffe in den Versicherungsmarkt

Die Marktunvollkommenheiten auf dem Versicherungsmarkt (vgl. G 2.5.2) sind Anlass für staatliche Eingriffe. Marktunvollkommenheiten können zu einem Marktversagen führen. In Deutschland gehört der Versicherungsmarkt zu den am stärksten regulierten Märkten der Volkswirtschaft.

Versicherungsprodukte sind keine homogenen Güter. Vielmehr besteht bei den Nachfragern erhebliche Unsicherheit bezüglich der Qualität. Versicherungsverträge sind nämlich insbesondere im Hinblick auf die gedeckten und ausgeschlossenen Risiken äußerst erklärungsbedürftig. Auch die geringe Markttransparenz und die damit zusammenhängenden hohen Informations- und Anbieterwechselkosten für die Nachfrager sind Anlass für den Staat, den Nachfragern von Versicherungsprodukten einen besonderen Verbraucherschutz zu gewähren. Verbraucherschutz gehört neben der Wettbewerbspolitik zu den wesentlichen Maßnahmen des Staats im Rahmen der Ordnungspolitik.

Die Anbieter unterliegen besonderen Wettbewerbsregeln und einer staatlichen Überwachung **(Versicherungsaufsicht).** Die staatliche Versicherungsaufsicht gilt sowohl für die Zulassung zum Geschäftsbetrieb als auch hinsichtlich der laufenden Kontrollen. Ziel dieser staatlichen Regulierung ist einerseits die Garantie der Erfüllbarkeit der Verträge und anderseits die Verhinderung des Missbrauchs von Marktmacht (vgl. Band 2, G). Auch die asymmetrische Informationsverteilung zulasten der Anbieter (vgl. G 2.5.3) kann als Begründung für staatliche Eingriffe dienen.

Als regulierende Markteingriffe des Staates kommen Informationspflichten, Schutzvorschriften (z. B. zwingende Vorschriften im Versicherungsvertragsgesetz) sowie Preisregulierungen und Überschussverwendungsrichtlinien in Frage.

> Wegen der Marktunvollkommenheiten auf dem Versicherungsmarkt greift der Staat in der Sozialen Marktwirtschaft in vielfältiger Weise in das Marktgeschehen ein.

b) Eingriffe des Staates in die individuelle Risikovorsorge im Rahmen der Sozialen Marktwirtschaft[1]

Wegen der Besonderheiten der Versicherungsprodukte (u. a. immaterielle Konsumgüter, auf die Zukunft bezogener Bedarfs, low-interest-Produkt, vgl. G 2.5.2) kann es dazu kommen, dass allgemein als notwendig erachtete Versicherungen von der Bevölkerung nicht freiwillig abgeschlossen werden. Das kann Anlass für staatliche Eingriffe sein, um den als sozial notwendigen Grundbedarf an Versicherungsschutz zu decken. In der Sozialen Marktwirtschaft der Bundesrepublik Deutschland bedient sich der Staat verschiedener Instrumente, um auf die individuelle Risikovorsorge Einfluss zu nehmen. Von besonderer Bedeutung sind hierbei:

- Versicherungspflicht
- Sozialversicherung
- Steuerliche Begünstigung von Beiträgen und Leistungen bestimmter Versicherungen

> In der Sozialen Marktwirtschaft beeinflusst der Staat die individuelle Risikovorsorge u. a. durch die Pflicht zum Abschluss bestimmter Privatversicherungen, durch die Versicherungspflicht im Rahmen der gesetzlichen Sozialversicherung und durch die steuerliche Begünstigung der Beiträge zu bestimmten Versicherungen.

---

1   Vgl. dazu Graf von der Schulenburg, J.M., Versicherungsökonomik, Karlsruhe 2004, S. 311 ff.

➤ Versicherungspflicht

Für viele Risiken besteht in Deutschland eine **Versicherungspflicht.** Dadurch werden die Vertrags- und Abschlussfreiheit, die ein wesentliches Merkmal einer freien Marktwirtschaft darstellt, eingeschränkt.

> Versicherungspflicht bedeutet, dass sich ein Wirtschaftssubjekt, wenn es bestimmte Merkmale erfüllt, versichern muss, wobei der Mindestdeckungsumfang vorgegeben ist.

Beispiele:
- Kfz-Halter → Kfz-Haftpflichtversicherung
- Jäger → Jagd-Haftpflichtversicherung
- bestimmte Berufsgruppen (z. B. Ärzte, Notare, Steuerberater) → Berufs-Haftpflichtversicherungen
- Arzneimittelhersteller → Produkt-Haftpflichtversicherung

Am Beispiel der Kfz-Haftpflichtversicherung wird deutlich, welche Bedeutung eine Versicherungspflicht für die wirtschaftliche Entwicklung eines Landes haben kann. Ohne die Pflicht zum Abschluss einer Kfz-Haftpflichtversicherung würden die Mobilität von Menschen und Gütern und der damit einhergehende wirtschaftliche Fortschritt entscheidend gehemmt. Wegen der Haftung bei einer Schadenverursachung wären Autofahrer gezwungen, hohe Rücklagen zu bilden, um im Falle der Haftung zahlungsfähig zu sein.

Im internationalen Vergleich lässt sich feststellen, dass die Versicherungspflicht in Europa und speziell in Deutschland weiter verbreitet ist als beispielsweise in den USA. Aus der Sicht liberaler Ökonomen und Politiker stellen Pflichtversicherungen Elemente dar, die mit einer Marktwirtschaft nicht zu vereinbaren und daher systemwidrig sind[1].

➤ Sozialversicherung

Im Rahmen der **gesetzlichen Sozialversicherung** lassen sich folgende **Pflichtversicherungen** unterscheiden:

Gesetzliche Krankenversicherung (GKV) seit 1883 SGB V	Soziale Pflegeversicherung (PflV) seit 1995 SGB XI	Gesetzliche Unfallversicherung (GUV) seit 1884 SGB VII	Gesetzliche Rentenversicherung (GRV) seit 1889 SGB VI	Arbeitslosenversicherung (ALV) seit 1927 SGB III
Wichtige Leistungen				
Förderung der Gesundheit, Verhütung und Früherkennung von Krankheiten, im Krankheitsfall: ärztliche Behandlung, Medikamente, Krankenhausbehandlung, … Krankengeld	Häusliche Pflege, Pflegegeld für Pflegehilfen, vollstationäre Pflege, …	Verhütung von Arbeitsunfällen und Berufskrankheiten, im Versicherungsfall: Heilbehandlung, Rehabilitation, Geldleistungen (Verletztengeld, Rente bei geminderter Erwerbsfähigkeit, Hinterbliebenenrente)	Rehabilitation (Erhaltung und Besserung der Erwerbsfähigkeit), Rente wegen Erwerbsminderung, Altersrente, Witwen-/Witwerrente, Waisenrente	Arbeitslosengeld höchstens 12 Monate (für über 55-jährige höchstens 18 Monate und über 58-jährige höchstens 24 Monate) 60% (mit Kind 67%) des Nettolohns (Durchschnitt der letzten 52 versicherungspflichtigen Wochen)

---

1   Das zeigt sich beispielsweise an den politischen Auseinandersetzungen und Widerständen hinsichtlich der von Präsident Obama eingeführten Krankenversicherungspflicht in den USA.

Im Mittelpunkt der sozialen Sicherung in Deutschland steht das aus Renten-, Arbeitslosen-, Kranken-, Pflege- und Unfallversicherung bestehende Sozialversicherungssystem.

➤ Steuerliche Begünstigung von Versicherungsbeiträgen

Individuelle Risikovorsorge wird z.T. steuerlich gefördert (z.B. steuermindernde Geltendmachung von Vorsorgeaufwendungen im Rahmen der Einkommensteuer, vgl. Band 2 C 9).

Lernkontrollen zu G 3

Wirtschaftsordnung

1 Jede Wirtschaftsordnung benötigt ein Planungs-, Koordinations-, Anreiz- und Kontrollsystem«.

Erläutern Sie, wie diese Aufgaben in einer Marktwirtschaft erfüllt werden.

2 Erläutern Sie sechs Funktionen des Preises in einer Marktwirtschaft.

Welche Voraussetzungen müssen vorliegen, damit die Preise ihre Funktionen erfüllen können?

Freie Marktwirtschaft – Soziale Marktwirtschaft

3 Zeigen Sie anhand ausgewählter Ordnungsmerkmale Unterschiede zwischen einer freien Marktwirtschaft und der Sozialen Marktwirtschaft auf.

Staatliche Eingriffe in den Versicherungsmarkt

4 Aus welchen Gründen greift der Staat in der Sozialen Marktwirtschaft in den Versicherungsmarkt ein? Nennen Sie Beispiele für derartige Staatseingriffe.

4 Kooperation und Konzentration von Unternehmen – Wettbewerbspolitik

4.1 Überblick

Unternehmen können unterschiedliche Formen von **Unternehmenszusammenschlüssen** eingehen. Dieser Vorgang wird auch als **Mergers and Acquisitions (M&A)** bezeichnet. Je nach Intensität und Zielsetzung des Zusammenschlusses, lassen sich verschiedene **Kooperations-** und **Konzentrationsformen** unterscheiden.

> Eine **Kooperation** zwischen Unternehmen liegt dann vor, wenn sich die beteiligten Unternehmen **vertraglich zur Zusammenarbeit** verpflichten und dabei ihre rechtliche und wirtschaftliche **Selbstständigkeit in den Bereichen bewahren,** die nicht dem Kooperationsvertrag unterworfen sind.

> Bei einer **Konzentration** geben die beteiligten Unternehmen ihre **wirtschaftliche Selbstständigkeit** auf und unterstellen ihre Funktionsbereiche einer **einheitlichen Leitung.**

Unternehmenszusammenschlüsse nach der Intensität der Bindung	
Kooperation	**Konzentration**
Interessengemeinschaft, Konsortium	Beteiligung, Konzern, Holding
Kartell	Fusion

Je nachdem, auf welche Wirtschaftsstufen sich die Unternehmenszusammenschlüsse beziehen, lassen sich folgende Formen unterscheiden:

Unternehmenszusammenschlüsse nach Wirtschaftsstufen			
Bezeichnung	**Horizontale Zusammenschlüsse**	**Vertikale Zusammenschlüsse**	**Diagonale / anorganische Zusammenschlüsse**
Merkmal	Unternehmen der gleichen Produktions- oder Handelsstufe	Unternehmen aus aufeinanderfolgenden Produktions- oder Handelsstufen	Unternehmen aus verschiedenen Produktionsstufen oder Brachen
Ziele	Stärkung der Marktposition	Sicherung von Beschaffung und Absatz	Risikoausgleich zwischen verschiedenen Branchen
Beispiele	Zusammenschluss von zwei Automobilherstellern	Zusammenschluss von Automobilhersteller und Zulieferer	Zusammenschluss von Bank, Brauerei und Touristikunternehmen

4.2 Kartelle: Kooperation zwischen Unternehmen

Ein **Kartell** ist ein Zusammenschluss von **rechtlich selbstständig bleibenden** Unternehmen der gleichen Wirtschaftsstufe, die durch Vertrag oder Absprache ihre **wirtschaftliche Handlungsfreiheit teilweise aufgeben,** um den Wettbewerb einzuschränken oder aufzuheben.

GWB §§ 1, 2, 3

In Deutschland sind Kartelle aufgrund des Gesetzes gegen Wettbewerbsbeschränkungen (GWB) grundsätzlich verboten. Allerdings gibt es von diesem Verbot einige Ausnahmen (vgl. G 4.4.2).

Wichtige Kartellarten		
Name des Kartells	**Kartellvereinbarung**	**gesetzliche Regelung**
Preiskartell	Festlegung eines einheitlichen (Mindest-)preises	verboten § 1 GWB
Konditionenkartell	Vereinbarung einheitlicher Geschäfts-, Liefer- und Zahlungsbedingungen	Freistellung vom Kartellverbot möglich § 2 GWB
Produktions-/ Quotenkartell	Festlegung der Produktions-/ Absatzmenge und Zuteilung von Quoten	verboten § 1 GWB
Gebietskartell	Aufteilung eines Absatzgebietes	verboten § 1 GWB

4.3 Formen der Konzentration

4.3.1 Konzern

Bei einem **Konzern** sind ein herrschendes und ein oder mehrere abhängige – aber rechtlich selbständige – Unternehmen unter **der einheitlichen Leitung des herrschenden Unternehmens** zusammengefasst. Die beteiligten Konzernunternehmen geben durch die Beteiligung die wirtschaftliche Selbstständigkeit auf.

Damit die Geschäftspolitik von beteiligten Unternehmen einheitlich ausgerichtet werden kann, ist zuvor die Regelung einer einheitlichen Leitung der rechtlich selbstständigen Unternehmen erforderlich.

Eine einheitliche Leitung liegt vor, wenn ein Unternehmen ein anderes Unternehmen tatsächlich beherrscht. Das kann durch einen **Beherrschungsvertrag** oder durch eine **kapitalmäßige Bindung** geregelt werden:

(1) Ein Beherrschungsvertrag berechtigt das herrschende Unternehmen, dem Vorstand der abhängigen Gesellschaft hinsichtlich der Leitung der Gesellschaft Weisungen zu erteilen. Durch dieses Weisungsrecht erlangt das herrschende Unternehmen die volle unternehmerische Leitung der abhängigen Gesellschaft.

(2) Im Rahmen einer **kapitalmäßigen Bindung** werden Aktien der Konzernunternehmen auf eine übergeordnete Gesellschaft (Dachgesellschaft, Holdinggesellschaft) übertragen. Die Dachgesellschaft übernimmt lediglich Aufgaben der Verwaltung (Leitung) und Finanzierung.

➤ Unterscheidung nach der Struktur

Nach der Struktur eines Konzerns lassen sich folgende **Konzernarten** unterscheiden:

Konzernarten		
Vertikaler Konzern	**Horizontaler Konzern**	**Diagonaler/ Anorganischer Konzern**
Konzern umfasst vor- und nachgelagerte Stufen der Wertschöpfung bzw. Leistungserstellung	Konzernunternehmen sind im gleichen Wirtschaftsbereich tätig.	Mischkonzern, der in unterschiedlichen Wirtschaftsbereichen tätig ist.
Beispiel: Unternehmensgruppe der Montanindustrie, die sowohl Kohle und Eisenerz abbaut als auch Stahl produziert und evtl. auch vermarktet.	**Beispiel:** Allianz-Konzern (weltweite Tätigkeit in nahezu allen Versicherungssparten, Kapitalanlagegesellschaften, Finanzdienstleistungen)	**Beispiele:** E.ON Konzern (Kraftwerk, Immobilien), Oetker-Gruppe (Puddingpulver, Banken, Werften, Arzneimittel).

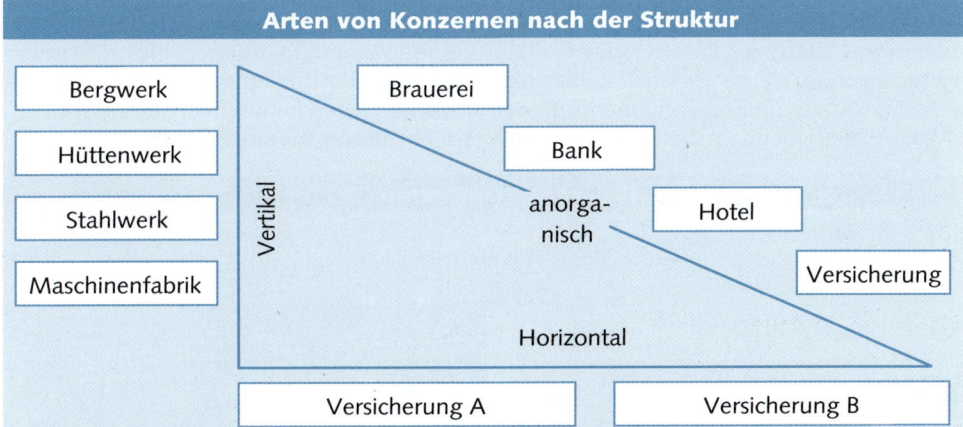

Arten von Konzernen nach der Struktur

➤ Unterscheidung nach der Stellung der Konzernunternehmen

Konzerne nach der Stellung der Konzernunternehmen	
Gleichordnungskonzern	**Unterordnungskonzern**

Bei einem **Gleichordnungskonzern** haben alle Konzernunternehmen eine gleichrangige Stellung.

AktG § 18 (2)

Daher gibt es bei dieser Konzernart **kein herrschendes Unternehmen.** Vielmehr werden die Konzernunternehmen aufgrund von vertraglichen Regelungen unter **einheitlicher Leitung** zusammengefasst. Die einheitliche Leitung kann in Form eines Beirates oder einer personellen Verflechtung der Unternehmensleitungen der beteiligten Unternehmen geregelt werden.

Um einen **Unterordnungskonzern** handelt es sich, wenn mehrere rechtlich selbstständige Unternehmen **(Tochtergesellschaften)** der einheitlichen Leitung eines herrschenden Unternehmens (Ober- oder **Muttergesellschaft**) unterstellt sind.

Eine Abhängigkeit der untergeordneten Unternehmen liegt vor, wenn das herrschende Unternehmen auf die Tochtergesellschaften unmittelbar oder mittelbar einen beherrschenden Einfluss ausüben kann, wobei diese Machtstellung nicht unbedingt ausgeübt werden muss. Vielmehr reicht es aus, wenn allein die Möglichkeit zur Machtausübung besteht.

AktG
§ 291
§ 308

Voraussetzung einer Beherrschung der Konzernunternehmen durch die Muttergesellschaft ist entweder ein **Beherrschungsvertrag** oder eine **kapitalmäßige Bindung** zwischen den Unternehmen.

§ 291

Häufig geht damit auch ein **Gewinnabführungsvertrag** einher. Dadurch wird das abhängige Unternehmen verpflichtet, seinen gesamten Gewinn an das beherrschende Unternehmen abzuführen.

➤ Versicherungskonzern

In einem Versicherungskonzern sind mehrere Versicherungsunternehmen meist aus unterschiedlichen Versicherungssparten unter einer einheitlichen Führung zu einer Wirtschaftseinheit zusammengefasst. Ein wesentlicher Grund für die Entstehung von Versicherungskonzernen ist die vom VAG verlangte **Spartentrennung** (vgl. Band 2, G 4.1 b). Danach dürfen Versicherer, die im Lebens- oder Krankenversicherungsgeschäft tätig sind, keine anderen Versicherungssparten (also kein Schaden- und Unfallversicherungsgeschäft) betreiben. Vielmehr müssen die genannten Versicherungszweige rechtlich selbstständigen Versicherungsunternehmen zugeordnet sein. Durch die Zusammenfassung der einzelnen Unternehmen zu einem Konzern ist es trotzdem möglich, den Kunden »alle Versicherungen aus einer Hand« anzubieten.

VAG
§ 8 (4)

Quelle: Berufsbildungswerk der Deutschen Versicherungsgesellschaft (BWV) e.V., München

Die Konzernstruktur der **Proximus Versicherung AG** zeigt: Wie bei den meisten Versicherungskonzernen handelt es sich auch bei der **Proximus Versicherung AG** und ihren **Tochtergesellschaften** um einen **horizontalen Konzern** aus der Finanzbranche (Versicherung, Bank, Bausparkasse, Anlage in Finanzprodukten). Da die Konzernunternehmen unter einheitlicher Leitung der **Muttergesellschaft** zusammengefasst sind, handelt es sich gleichzeitig um einen **Unterordnungskonzern.** Die Konzernstruktur der Proximus Versicherung AG ist im **Proximus 4 Bedingungswerk** abgedruckt (siehe dort unter Profil).

4.3.2 Fusion

Bei einer **Fusion (Merger)** erfolgt die **Verschmelzung** von mindestens zwei Unternehmen zu einer wirtschaftlichen und rechtlichen Einheit.

Eine durch Zusammenfassung mehrerer Unternehmen entstandene Wirtschaftseinheit wird auch als **Trust** bezeichnet.

➤ Verschmelzung durch Aufnahme

Bei einer Verschmelzung durch Aufnahme gehen das Vermögen und die Schulden des übertragenden Unternehmens in voller Höhe auf das übernehmende Unternehmen über.

---

07. Jan. 2009

Fusion der Generali und Volksfürsorge abgeschlossen
Zwei leistungsstarke Unternehmen schließen sich zusammen.

Die im Jahr 2007 begonnene Fusion von Generali und Volksfürsorge ist nun abgeschlossen und Sie als Kunde können sich freuen, Produkte und Leistungen unter dem gemeinsamen neuen Dach der Marke Generali zu erhalten.

Alles Wichtige auf einen Blick:
- Generali übernimmt alle Leistungen der Volksfürsorge.
- Die Marke Volksfürsorge wird durch die Marke Generali abgelöst.
- Produkte und Services bleiben unverändert
- Generali gibt es seit 1824 und ist mit den Generali Versicherungen heute einer der größten Versicherer in Deutschland

Was ändert sich für mich als Kunde der Volksfürsorge?
Gute Nachrichten für Sie: Als Kunde der ehemaligen Volksfürsorge ändert sich für Sie nichts.

➤ Verschmelzung durch Neubildung

Bei einer Verschmelzung durch Neubildung wird ein neues Unternehmen gegründet, das das Vermögen und die Schulden der verschmolzenen Unternehmen übernimmt.

DIE WELT 05. Juli 1997

Mega-Fusion in der Assekuranz

Victoria, Hamburg-Mannheimer und DKV verschmelzen zu Ergo – Neue Nummer zwei der Branche

---

4.3.3 Gesamtwirtschaftliche Bedeutung der Konzentration

Aus gesamtwirtschaftlicher Sicht kann der Zusammenschluss von Unternehmen **(Unternehmenskonzentration)** u. a. folgende Auswirkungen haben:

- **Überhöhte Preisfestsetzung**
  Ein Zusammenschluss von Unternehmen z. B. derselben Branche führt dazu, dass zwischen diesen Unternehmen kein Preiswettbewerb mehr stattfindet. Das kann gegebenenfalls dazu führen, dass sich der Marktpreis nicht allein aufgrund von Güterknappheiten bildet, sondern von der Marktmacht der beteiligten Unternehmen bestimmt wird. Ob die Unternehmenskonzentration tatsächlich zu überhöhten Preisen führt, hängt von den jeweiligen Marktverhältnissen (Konkurrenzverhältnissen) ab. Oft ist die Konkurrenz auf **oligopolistischen Märkten** (wenige Anbieter, viele Nachfrager) wesentlich härter als auf polypolistischen Märkten (viele Anbieter,

viele Nachfrager). In diesem Fall kann die Unternehmenskonzentration sogar zu sinkenden Preisen führen. Eine **monopolistische Marktstruktur** (ein Anbieter, viele Nachfrager) hingegen führt im Regelfall zu einer überhöhten Preisfestsetzung.

● **Verhinderung von Investitionen**
Führt die Konzentration zu einer Verringerung des Wettbewerbs, so ist der **Zwang zur Kostensenkung** und damit zur **Rationalisierung der Produktion** geringer als bei einem intensiven Wettbewerb. Das kann dazu führen, dass notwendige Investitionen nicht oder nur verzögert vorgenommen werden.

● **Entstehung von politischer Macht**
Wirtschaftliche Macht bedeutet gleichzeitig auch politische Macht, die möglicherweise missbraucht wird.

4.4 Ziele und Maßnahmen staatlicher Wettbewerbspolitik

4.4.1 Wettbewerbssicherung als staatliche Aufgabe

Wettbewerb ist das Grundelement jeder Marktwirtschaft. Ohne **Wettbewerb** kann der **Preis** seine für die **Steuerung** und **Koordination** des Wirtschaftsprozesses unerlässlichen Funktionen nicht erfüllen. Die geschichtlichen Erfahrungen zeigen aber, dass in einer Marktwirtschaft Tendenzen zur Einschränkung des Wettbewerbs und damit zur Selbstauflösung dieser Wirtschaftsordnung bestehen, wenn der Wettbewerb nicht durch staatliche Maßnahmen gesichert wird. Unternehmen haben nämlich das Bestreben, sich den Zwängen und Kontrollen des Wettbewerbs zu entziehen und sich vor Konkurrenten zu schützen, indem sie z.B.

● untereinander wettbewerbsbeschränkende Vereinbarungen treffen (Kartell),
● ihre Marktmacht durch Unternehmenszusammenschlüsse erhöhen (Fusion),
● ihre Marktmacht dazu benutzen, andere Wettbewerber vom Markt auszuschließen (Missbrauch marktbeherrschender Stellung).

Unbegrenzte Vertragsfreiheit und weit gehender Verzicht auf Staatseingriffe sind Ursache für eine zunehmende Ausschaltung des Wettbewerbs durch Unternehmenskonzentration und Monopolisierung.

4.4.2 Wettbewerbspolitik

Zur Vermeidung nachteiliger Wirkungen, die sich gegebenenfalls bei abgeschwächtem oder ausbleibendem Wettbewerb auf die Funktionsweise einer **Marktwirtschaft** ergeben können, betreibt der Staat eine aktive **Wettbewerbspolitik (Ordnungspolitik).** Die Wettbewerbspolitik in Deutschland bedient sich verschiedener gesetzlicher Regelungen:

Gesetz gegen Wettbewerbs-beschränkungen (GWB, Kartellgesetz)	Gesetz gegen den unlauteren Wettbewerb (UWG)
● Kartellverbot (z.B. Kartelle, die Preise absprechen) ● Missbrauchsaufsicht über marktbeherr-schende Unternehmen ● Fusionskontrolle	z.B. Verbot unwahrer Werbung, Vorschriften über Sonderverkäufe

Das 1958 gegen heftigen Widerstand des Bundesverbandes der Deutschen Industrie (BDI) in Kraft getretene **Gesetz gegen Wettbewerbsbeschränkungen (GWB)** wurde vom damalige Wirtschaftsminister **Ludwig Erhard** als »**Grundgesetz der Marktwirtschaft**« bezeichnet.

Die Wettbewerbspolitik stützt sich auf folgende Strategien:

Wettbewerbspolitische Strategien		
Wettbewerbsschutz		**Wettbewerbsförderung**
durch Unterbindung wettbewerbsbeschränkenden Verhaltens	durch Verhinderung wettbewerbsbeschränkender Marktstrukturen	durch Marktöffnung, Privatisierung, Abbau wettbewerbshemmender Vorschriften (Deregulierung)

Zuständig für die im **GWB** vorgesehenen Kontrollen und Maßnahmen ist i.d.R. das **Bundeskartellamt,** das seinen Sitz in Bonn hat. Auf europäischer Ebene werden die Maßnahmen durch die **Wettbewerbspolitik der Europäischen Kommission** ergänzt.

Verstöße gegen die gesetzlichen Vorschriften werden mit hohen **Geldbußen** bestraft. Folgende **Vorschriften** sind besonders bedeutsam:

a) Wettbewerbsbeschränkende Vereinbarungen

Wettbewerbsbeschränkende Vereinbarungen sind nach dem GWB grundsätzlich verboten). Ausnahmen von dieser Grundregel sind in den §§ 2 und 3 geregelt.

GWB § 1

Verbot wettbewerbsbeschränkender Vereinbarungen § 1	Vereinbarungen zur Verhinderung, Einschränkung oder Verfälschung des Wettbewerbs	z. B. Preisabsprachen, Absprachen über Produktionsmengen, Zuweisung von Absatzgebieten, abgestimmte Verhaltensweisen
Freigestellte Vereinbarungen § 2	Bestimmte Vereinbarungen sind vom Verbot des § 1 freigestellt.	»Vereinbarungen zwischen Unternehmen, die unter angemessener Beteiligung der Verbraucher an dem entstehenden Gewinn zur Verbesserung der Warenerzeugung oder -verteilung oder zur Förderung des technischen oder wirtschaftlichen Fortschritts beitragen, ohne dass den Unternehmen Möglichkeiten eröffnet werden, für einen wesentlichen Teil der betreffenden Waren den Wettbewerb auszuschalten.« Dazu gehören u. a. Forschungs- und Entwicklungsvereinbarungen, Spezialisierungsvereinbarungen zum Technologietransfer und Vertriebsvereinbarungen.
Mittelstandskartelle § 3	Rationalisierungskartelle und ähnliche Vereinbarungen können vom Verbot freigestellt werden.	Vereinbarungen, die der Rationalisierung wirtschaftlicher Vorgänge dienen, die Leistungsfähigkeit der Unternehmen technisch, betriebswirtschaftlich oder organisatorisch wesentlich steigern und dadurch die Nachfrage besser decken.

Vom Kartellverbot können u. a. sogenannte **Mittelstandskartelle** ausgenommen werden. Dabei handelt es sich um Absprachen zwischen kleinen und mittleren Unternehmen, die der Verbesserung der Wettbewerbsfähigkeit der beteiligten Unternehmen dienen (z. B. Absprachen über den gemeinsamen Wareneinkauf).

GWB
§§ 35–43

b) Zusammenschlusskontrolle

Zusammen-schluss § 37	Ein Zusammenschluss liegt in folgenden Fällen vor: ● Erwerb des Vermögens eines anderen Unternehmens ganz oder zu einem wesentlichen Teil ● Erwerb der Kontrolle über andere Unternehmen durch Rechte, Verträge oder andere Mittel ● Erwerb von Anteilen, wenn sie 50 % oder 25 % des Kapitals oder der Stimmrechte erreichen
Anwendungs-bereich der Zusammen-schlusskontrolle § 35	Anwendung, wenn im letzten Geschäftsjahr vor dem Zusammenschluss ● die beteiligten Unternehmen insgesamt weltweit Umsatzerlöse von mehr als 500 Mio. € und ● mindestens ein beteiligtes Unternehmen im Inland Umsatzerlöse von mehr als 25 Mio. € erzielt haben.
Beurteilung von Zusammen-schlüssen § 36	Ein Zusammenschluss, von dem zu erwarten ist, dass er eine marktbeherrschende Stellung begründet oder verstärkt, ist vom Bundeskartellamt zu versagen, es sei denn, die Unternehmen weisen nach, dass durch den Zusammenschluss auch Verbesserungen der Wettbewerbsbedingungen eintreten und dass diese Verbesserungen die Nachteile der Marktbeherrschung überwiegen.
Anmelde- und Anzeigepflicht § 39	Zusammenschlüsse müssen vorher beim Bundeskartellamt angemeldet werden.

Das **Bundeskartellamt** kann Zusammenschlüsse von Unternehmen verbieten, wenn zu erwarten ist, dass durch den Zusammenschluss eine **marktbeherrschende Stellung** entsteht oder verstärkt wird.

§§ 19 – 23

c) Verbot des Missbrauchs einer marktbeherrschenden Stellung, Verbot wettbewerbsbeschränkenden Verhaltens

Markt-beherrschung § 19 (1)	Marktbeherrschung liegt vor, wenn …	Marktbeherrschung wird vermutet, wenn …
	● ein Unternehmen keinem wesentlichen Wettbewerb ausgesetzt ist oder eine überragende Marktstellung hat oder ● zwischen zwei oder mehr Unternehmen kein wesentlicher Wettbewerb besteht und sie eine überragende Marktstellung haben.	● ein Unternehmen einen Marktanteil von mindestens $33\frac{1}{3}$ % hat oder ● bis zu 3 Unternehmen zusammen einen Marktanteil von mindestens 50 % haben oder ● bis zu 5 Unternehmen zusammen einen Marktanteil von mindestens $66\frac{2}{3}$ % haben.
Verbot des Missbrauchs der Marktbe-herrschung § 19 (1) u. (4)	Die missbräuchliche Ausnutzung einer marktbeherrschenden Stellung ist verboten. Ein Missbrauch liegt vor, wenn ein marktbeherrschendes Unternehmen, ● die Wettbewerbsmöglichkeiten anderer Unternehmen ohne sachlich gerechtfertigten Grund beeinträchtigt, ● Entgelte oder Geschäftsbedingungen fordert, die sich bei wirksamem Wettbewerb wahrscheinlich nicht ergeben würden,	

	● ungünstigere Entgelte oder Geschäftsbedingungen fordert, als es auf vergleichbaren Märkten verlangt,
	● sich weigert, einem anderen Unternehmen gegen angemessenes Entgelt Zugang zu den eigenen Netzen oder anderen Infrastruktureinrichtungen zu gewähren, wenn es dem anderen Unternehmen sonst nicht möglich ist, auf dem vor- oder nachgelagerten Markt als Wettbewerber des marktbeherrschenden Unternehmens tätig zu werden, …
Verbot sonstiger wettbewerbs- beschränkenden Verhaltens §§ 20 bis 23	Diskriminierungsverbot, Verbot unbilliger Behinderung (§ 20) Marktbeherrschende Unternehmen dürfen ● andere Unternehmen nicht unbillig behindern oder gegenüber gleichartigen Unternehmen ohne sachlichen Grund unterschiedlich behandeln, ● ihre Marktstellung nicht dazu ausnutzen, andere Unternehmen zu veranlassen, ohne sachlichen Grund Vorzugsbedingungen zu gewähren **(Boykottverbot)** ● Unternehmen dürfen nicht zu Liefer- oder Bezugssperren aufrufen.

> Marktherrschenden Unternehmen ist der **Missbrauch** ihrer Marktstellung verboten. Sie unterliegen der **Missbrauchsaufsicht durch das Bundeskartellamt.**

d) Wettbewerbspolitik der Europäischen Kommission

Die Wettbewerbspolitik des Bundeskartellamtes wird auf europäischer Ebene durch die **Wettbewerbspolitik der Europäischen Kommission** ergänzt und unterstützt.

Tätigkeitsfelder der Europäischen Wettbewerbspolitik		
Prüfung von Unternehmens- zusammenschlüssen	**Öffnung von Märkten für den Wettbewerb**	**Überwachung staatlicher Beihilfen**
Prüfung von Zusammenschlüssen, die »gemeinschaftsweite« Bedeutung haben (weltweiter Gesamtumsatz der sich zusammenschließenden Unternehmen von mehr als 5 Mrd. € und einem Gesamtumsatz in der EU von mehr als 250 Mio. €).	Öffnung der Dienstleistungsmärkte (Verkehr, Energie, Post, Telekommunikation) für den Wettbewerb (= Liberalisierung)	Die Förderung von Unternehmen durch EU-Mitgliedsländer (z. B. Förderung der Industrieansiedlung in Ostdeutschland durch Zuschüsse, Zinsvergütungen, Steuerbefreiungen) wird überwacht, um Wettbewerbsverzerrungen zu verhindern.

4.4.3 Wettbewerbsrichtlinien der Deutschen Versicherungswirtschaft

Für die Versicherungswirtschaft gelten Wettbewerbsgrundsätze, die zwischen verschiedenen Verbänden der Branche vereinbart wurden (vgl. Band 1, C 3.3). Die Vereinbarungen basieren auf § 24 GWB. Ziel ist es, den Leistungswettbewerb zwischen den Versicherungsunternehmen und zwischen den Versicherungsvermittlern zu fördern und zu sichern. Es handelt sich dabei nicht um ein Gesetz, sondern um Regeln, die den Versicherern und Vermittlern unverbindlich zur Verwendung empfohlen werden. Die rechtliche Bindungswirkung und die Verpflichtung zur Einhaltung derselben muss vom Versicherer mit dem einzelnen Vermittler vertraglich vereinbart werden.

Lernkontrollen zu G 4

Konzern – Fusion – Trust

1 Nachstehende Übersicht zeigt die Beteiligungen der Badischen Chemiewerke AG an verschiedenen Unternehmen:

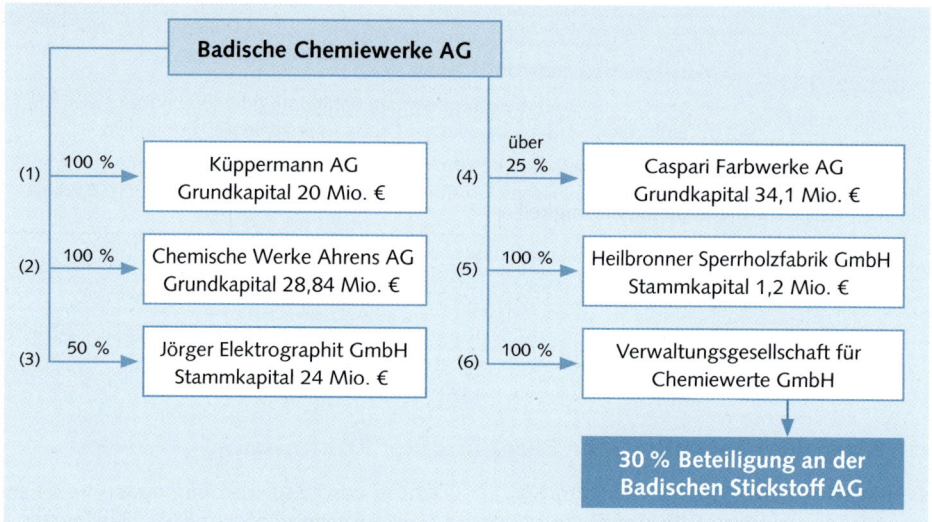

Angaben zu einzelnen Beteiligungen:

zu 1) Produktion und Vertrieb sowie Forschung und Entwicklung der im Werk Küppermann AG hergestellten Erzeugnisse. Es besteht ein Beherrschungsvertrag mit der Badischen Chemiewerke AG, in dem geregelt ist, dass die Leitung der Küppermann AG bei der Badischen Chemiewerke AG liegt.

zu 2) Produktion von Kunstharzen und Arzneimitteln. Das Unternehmen ist in die Badische Chemiewerke eingegliedert. Es besteht ein Beherrschungsvertrag, in dem die Gewinnabführung geregelt ist.

zu 3) Bedeutender Produzent von Graphit- und Kohleerzeugnissen.

zu 4) Herstellung von Farben, Farbstoffen und Arzneimitteln.

Produktionsprogramm der Badischen Chemiewerke (stark gekürzt):
Chemikalien, Farbstoffe, Düngemittel, Arzneimittel

a) Die Badische Chemiewerke AG führt folgende Unternehmen als Konzernunternehmen auf: Küppermann AG, Chemische Werke Ahrens AG.
Warum handelt es sich bei dieser Unternehmensverbindung um einen Konzern nach § 18 Abs. 1 AktG?

b) Geben Sie für den vorliegenden Fall jeweils ein Beispiel für Mutter-, Tocher- und Schwestergesellschaften an. In welchem Fall lässt sich von einer »Verschachtelung« sprechen?

c) Worin besteht das Wesen einer Holdinggesellschaft?
Welches Unternehmen übernimmt in obiger Struktur die Funktion einer Holdinggesellschaft?

d) Nennen Sie für den vorliegenden Fall je ein Beispiel für einen horizontalen, vertikalen und anorganischen Zusammenschluss.

e) Nennen Sie drei gesamtwirtschaftliche Folgen, die sich aus dem Zusammenschluss von Unternehmen (Konzentration) ergeben können.

2 In der Hauptversammlung der Badischen Chemiewerke AG schlägt ein Aktionär vor, die Chemieunternehmen des Konzerns (Aktiengesellschaften und GmbHs) zu einem einzigen Unternehmen (Trust) zu verschmelzen. Das neue Unternehmen soll in der Rechtsform einer Aktiengesellschaft geführt werden. Der Aktionär begründet seinen Vorschlag u. a. mit dem Argument des Wegfalls von Verwaltungskosten für die Organe.

a) Welche Organe würden im Falle der vorgeschlagenen Verschmelzung entfallen?

b) Vergleichen Sie in nachstehender Übersicht, welcher Verlust an Selbstständigkeit für die einzelnen Unternehmen durch die Verbindung jeweils eintreten würde.

	Trust	Konzern
rechtliche Selbstständigkeit		
wirtschaftliche Selbstständigkeit		

c) Prüfen Sie, unter welchen Voraussetzungen das in der beschriebenen Verschmelzung aufgehende Unternehmen als marktbeherrschend anzusehen ist (§ 19 GWB).

d) Stellen Sie fest, ob es sich bei dem vorliegenden Fall um einen Zusammenschluss im Sinne des Kartellgesetzes handelt und welchen Pflichten die beteiligten Unternehmen gegebenenfalls nachkommen müssten (§§ 37, 39 GWB).

Kartellarten

3 Geben Sie an, um welche Art von Kartell es sich bei den folgenden Vereinbarungen handelt und stellen Sie fest, welche kartellrechtliche Regelung das Gesetz gegen Wettbewerbsbeschränkungen dafür jeweils vorschreibt.

a) Drei Hersteller von Teerfarben beschließen, für ihre Produkte einheitliche Preise zu verlangen.

b) Die Hersteller von Kunstdünger vereinbaren, bei Lieferungen an den Großhandel einheitlich 20 % Rabatt zu gewähren.

c) Zwei Straßenbauunternehmen treffen eine Vereinbarung, wonach sich jedes Unternehmen nur in einem ihm zugewiesenen Gebiet an öffentlichen Ausschreibungen beteiligt.

d) Hersteller von Büromöbeln vereinbaren einheitliche Lieferbedingungen.

e) Die Hersteller von Läufern aus Kokosmaterial vereinbaren, dass nur noch Punktmustergewebe mit einem Gewicht von 2 000 g je m^2 mit einer Toleranz von ± 5 % hergestellt werden sollen.

f) Sechs Energieversorgungsunternehmen, die auf dem Gebiet der Windenergie tätig sind, wollen sich gemeinsam an einem Windpark beteiligen sowie Stromvorräte zentral lagern.

g) Zwei Hersteller von Stromkabeln treffen eine Vereinbarung, wonach sich jedes Unternehmen auf die Herstellung von Kabeln bestimmter Stärke spezialisiert. Die Unternehmen beliefern sich jedoch gegenseitig mit den Kabelstärken, die sie nicht selbst produzieren.

h) Die beiden Hersteller von Stromkabeln (vgl. g) beabsichtigen, zum Vertrieb ihrer Produkte eine Absatz-GmbH zu gründen, an der beide je zur Hälfte beteiligt sind.

i) Deutsche Hersteller von Herrenoberhemden klagen zunehmend über rückläufige Umsätze.

Als Ursache dafür nennen sie Billigprodukte aus Südasien. Sie beabsichtigen daher, ihre Kapazitäten innerhalb der nächsten 2 Jahre um 20 % zu reduzieren. Gleichzeitig soll eine Umstellung ihrer Produktion auf andere Produkte bzw. auf höhere Qualitäten vorgenommen werden.

j) Vier Hersteller von Leichtbauplatten (alles kleinere und mittlere Unternehmen) haben eine Vereinbarung getroffen, wonach Aluminiumschienen gemeinsam beschafft werden können. Ziel dieser Vereinbarung ist die Ausnutzung von Mengenrabatt.

Wettbewerbspolitik

4 Ludwig Erhard (erster Wirtschaftsminister der Bundesrepublik Deutschland von 1949–1963), auf den die konkrete Ausgestaltung der Sozialen Marktwirtschaft zurückgeht, hat das 1957 erlassene Gesetz gegen Wettbewerbsbeschränkungen als »Grundgesetz der Marktwirtschaft« bezeichnet.

Erläutern Sie diese Aussage.

5 Die Chemiekonzerne BASF, Roche und Rhone-Poulenc haben Preisabsprachen für den Verkauf von Vitaminpräparaten getroffen. Die drei Unternehmen beherrschten über 90 % des Weltmarktes für die Vitamine A und E. Die Europäische Kommission verhängte gegen acht am Vitaminkartell beteiligte Unternehmen Geldbußen in Höhe von mehr als 800 Mio. €.

a) Welche Absichten haben die drei Unternehmen mit dieser Maßnahme verfolgt?

b) Legen Sie dar, welche Funktionen des Preises durch eine solche Absprache beeinträchtigt oder außer Kraft gesetzt werden.

c) Warum bleiben Preisabsprachen zwischen Unternehmen langfristig oft erfolglos?

d) Den drei Unternehmen wird auch vorgeworfen, Weiterverarbeitungsbetriebe mit Lieferstopps bedroht sowie Konkurrenten aufgekauft und die Betriebe danach geschlossen zu haben.

Welche Absichten wurden mit diesen Maßnahmen verfolgt?

e) Halten Sie eine Bestrafung der beteiligten Unternehmen durch Bußgelder in der angegebenen Höhe für gerechtfertigt?

6 Für die deutsche Lebensmittelbranche liegen folgende Zahlen vor: Auf die zehn größten Handelsketten entfallen 80 % des Lebensmittelumsatzes. Auf die zehn größten Lebensmittelhersteller entfallen 11 % des Umsatzes.

a) Welche Probleme können sich aus dieser Marktsituation ergeben?

b) Begründen Sie, ob ein hoher Konzentrationsgrad gleichzeitig bedeutet, dass der Wettbewerb in dieser Branche gering ist.

7 Jedes Jahr wurden beim Bundeskartellamt durchschnittlich fast 2 000 Unternehmenszusammenschlüsse angemeldet.

a) Welche Vorteile können mit Unternehmenszusammenschlüssen einhergehen?

b) In welchen Fällen untersagt das Bundeskartellamt geplante Zusammenschlüsse?

5 Wirtschaftskreislauf und volkswirtschaftliche Gesamtrechnung

5.1 Einfacher Wirtschaftskreislauf

In einer arbeitsteiligen Geldwirtschaft beziehen die **Unternehmen** von anderen Unternehmen **Vorleistungen** (Waren und Dienstleistungen). Außerdem nehmen sie die von den privaten **Haushalten** zur Verfügung gestellten **Produktionsfaktoren** (insbesondere den Faktor Arbeit, aber auch Boden und Geldkapital) in Anspruch.

> Um die Bedeutung der von den Inhabern der Produktionsfaktoren im Produktionsprozess erzielten Einkommen besser analysieren zu können, wird angenommen, dass die Unternehmen nicht Eigentümer der Produktionsmittel sind. Vielmehr werden ihnen von den Haushalten, die sich in Arbeitnehmer- und Unternehmerhaushalte gliedern lassen, neben der Arbeitsleistung auch die Produktionsfaktoren Boden und Kapital zur Verfügung gestellt.

Für die erbrachte Arbeitsleistung und die Nutzung der anderen zur Verfügung gestellten Produktionsfaktoren erhalten die privaten Haushalte von den Unternehmen Geldeinkommen, das sie wiederum für den Kauf von Waren und Dienstleistungen verwenden.

Um die verwirrenden Verflechtungen im Wirtschaftsprozess einer Volkswirtschaft übersichtlicher zu machen, werden für volkswirtschaftliche Modellanalysen und statistische Zwecke Wirtschaftseinheiten mit gleichartigen Aktivitäten zu **Sektoren** zusammengefasst **(Aggregation).** Üblicherweise wird beim **Wirtschaftskreislauf** zwischen den **Sektoren Unternehmen, Haushalte, Staat und Ausland** unterschieden. Zunächst werden nur die Kreislaufbeziehungen zwischen den beiden Sektoren **Unternehmen** und **Haushalte** betrachtet. Es handelt sich dabei um die einfachste Form des Wirtschaftskreislaufs.

> Bei der **einfachsten Form des Wirtschaftskreislaufs** werden nur die wirtschaftlichen Beziehungen zwischen den beiden Sektoren **Unternehmen** und **Haushalte** betrachtet.

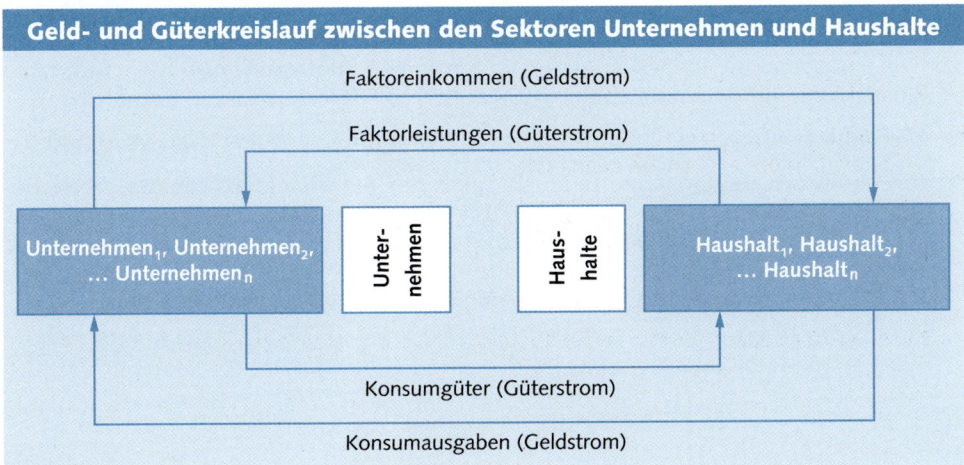

Geld- und Güterkreislauf zwischen den Sektoren Unternehmen und Haushalte

Durch die Zusammenfassung zu Sektoren werden die Ströme **innerhalb** eines Sektors (z. B. Kauf von Investitionsgütern und Vorleistungen innerhalb des Sektors Unternehmen) nicht mehr sichtbar. Es werden nur noch die Ströme **zwischen** den Sektoren berücksichtigt.

> Der einfache Wirtschaftskreislauf ist eine modellhafte Darstellung der zusammengefassten Wirtschaftsbeziehungen zwischen den beiden Sektoren Unternehmen und Haushalte einer Volkswirtschaft.

Der **einfache Wirtschaftskreislauf** ist durch zwei Güterströme (Waren und Faktorleistungen) und zwei den Güterströmen entgegen laufende Geldströme (Einkommen und Konsumausgaben) gekennzeichnet. Da die Güterströme und die ihnen entgegen fließenden Geldströme wertmäßig gleich groß sind, kann zur Vereinfachung auf die Darstellung eines der beiden Ströme verzichtet werden. Üblicherweise wird im Rahmen der Analyse des Wirtschaftskreislaufs nur der Geldstrom betrachtet.

5.2 Erweiterter Wirtschaftskreislauf

> Beim **erweiterten Wirtschaftskreislauf** werden neben den Sektoren **Unternehmen** und **Haushalte** auch die Sektoren **Staat** und **Ausland** berücksichtigt.

Diese vier Sektoren der Volkswirtschaft sind durch drei verschiedene Arten von Märkten miteinander verbunden: Faktormärkte, Gütermärkte (= Märkte für Waren und Dienstleistungen) und Finanzmärkte.

Vereinfachend lassen sich folgende Beziehungen darstellen:

- Die Unternehmen zahlen an die Haushalte Faktoreinkommen in Form von Löhnen, Zinsen, Pachten und Gewinnen. Sie führen Steuern an den Staat ab und erhalten von diesem ggf. Subventionen.

- Die Haushalte verwenden das nach Zahlung von Abgaben (Steuern, Sozialversicherungsbeiträge) und dem Bezug staatlicher Transferleistungen verfügbare Einkommen für Konsumausgaben und Ersparnisse.

- Über die Finanzmärkte werden die Geldanlagen der Haushalt (und ggf. auch die von Unternehmen und Staat) sowie der Mittelzufluss aus dem Ausland in verschiedene Anlageformen gelenkt (z. B. Beteiligungskapital und Kredite für den Unternehmenssektor, Konsumentenkredite, Kredite zum Ausgleich des Staatsdefizits und Kapitalexport).

- Den Unternehmen fließen über den Gütermarkt Mittel von Haushalten, Staat und Ausland zu, mit denen der Kauf von Waren und Dienstleistungen bezahlt wird.

- Die Importe führen zu einem Abfluss von Geldmitteln aus der Volkswirtschaft.

- Innerhalb des Sektors Unternehmen spielt der Finanzsektor (Banken, Versicherungen, Pensionskassen, Fonds, …) eine besondere Rolle. Die Institutionen des Finanzsektors sammeln u. a. das Geldvermögen einzelner Wirtschaftsteilnehmer, decken damit den Finanzierungsbedarf anderer Wirtschaftsteilnehmer und/oder legen die finanziellen Mittel anderweitig produktiv oder spekulativ an.

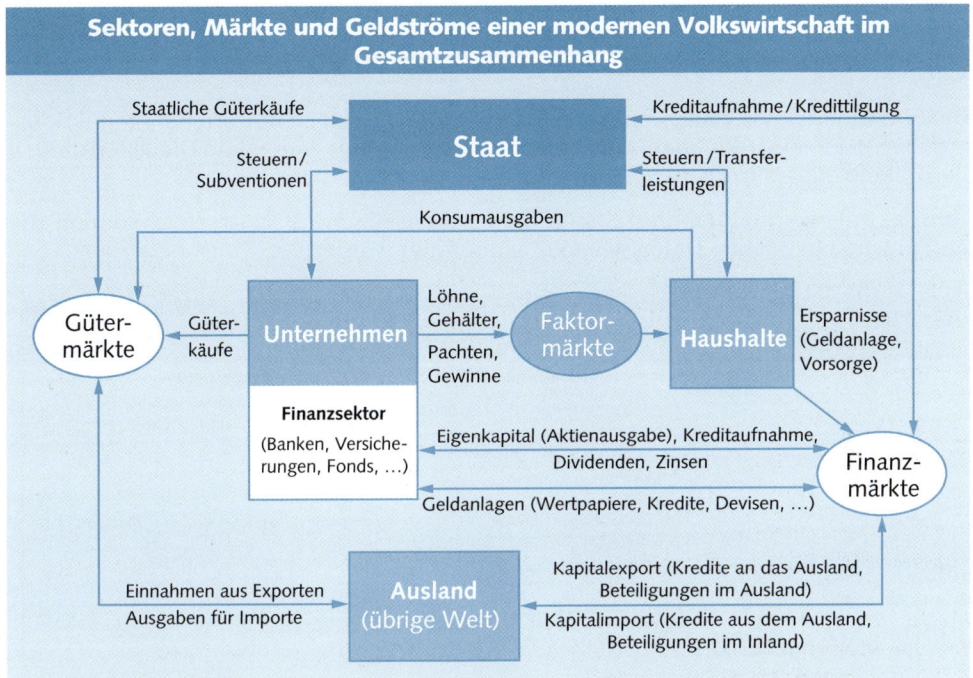

Sektoren, Märkte und Geldströme einer modernen Volkswirtschaft im Gesamtzusammenhang

5.3 Messgrößen der gesamtwirtschaftlichen Leistung: Das Inlandsprodukt

5.3.1 Grundbegriffe der Volkswirtschaftlichen Gesamtrechnung

In der Volkswirtschaftlichen Gesamtrechnung (VGR) werden die Ergebnisse des Wirtschaftsprozesses einer Volkswirtschaft, soweit sie zahlenmäßig erfassbar sind, für eine vergangene Periode (in der Regel ein Jahr) dargestellt. Die statistischen Zahlen der VGR liefern u. a. den Trägern der Wirtschaftspolitik (z. B. Bundes- und Landesregierungen, Zentralbank, Tarifpartner, Wirtschaftsverbände) und den Wirtschaftsforschungsinstituten wichtige Informationen für gesamtwirtschaftliche Analysen und Prognosen. Auf der Grundlage der Ergebnisse der Vorperiode kann rückblickend festgestellt werden, welche Wirkungen die wirtschaftspolitischen Maßnahmen gehabt haben und inwieweit die zahlenmäßig formulierten Ziele tatsächlich erreicht wurden. Für die Wirtschaftswissenschaft ist das Zahlenwerk der VGR ein unverzichtbares Mittel, um Theorien über Wirkungszusammenhänge in der Volkswirtschaft (z. B. gesamtwirtschaftliche Auswirkungen von Konsum und Investition) zu überprüfen. Eine Hauptaufgabe der VGR ist die Berechnung des Inlandsprodukts.

Das **Inlandsprodukt** ist der Wert aller Waren (Sachgüter) und Dienstleistungen, der in einer bestimmten Periode im Inland (von In- und Ausländern) produziert wird. Die Vorleistungen, die bei der Produktion verbraucht wurden, bleiben dabei unberücksichtigt.

Das **Inlandsprodukt** wird als **Maß für die wirtschaftliche Leistung** und den Wohlstand einer Volkswirtschaft verwendet.

Wird von **Wirtschaftswachstum** gesprochen, ist damit der Anstieg des Inlands-produkts gemeint.

Die Ermittlung des Inlandsprodukts erfolgt, indem die in Geld bewerteten Produktions-ergebnisse aller Institutionen, die in einer Volkswirtschaft Waren und Dienstleistungen herstellen, addiert werden.

Um das Inlandsprodukt und dessen Zusammensetzung auszuweisen, können die gesamtwirtschaftlichen Daten wie folgt aufbereitet werden:

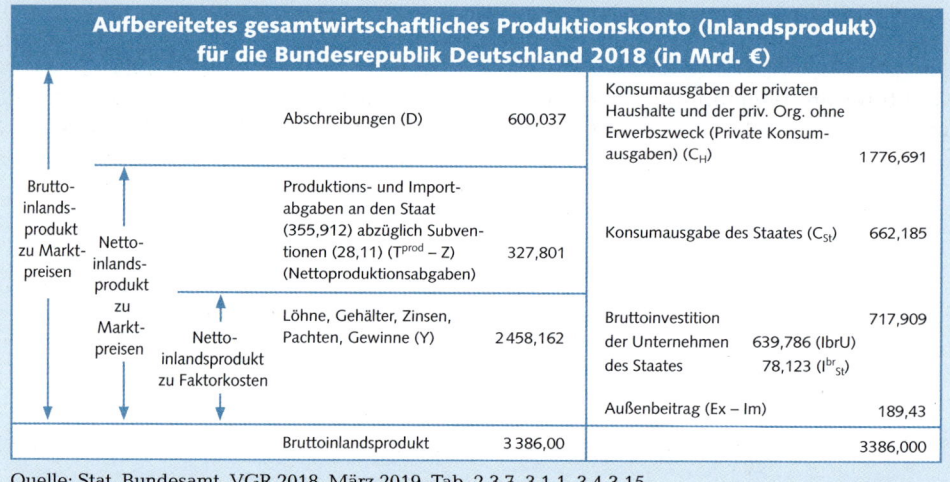

Aufbereitetes gesamtwirtschaftliches Produktionskonto (Inlandsprodukt) für die Bundesrepublik Deutschland 2018 (in Mrd. €)

Brutto-inlands-produkt zu Markt-preisen		Abschreibungen (D)	600,037	Konsumausgaben der privaten Haushalte und der priv. Org. ohne Erwerbszweck (Private Konsum-ausgaben) (C_H) — 1 776,691
	Netto-inlands-produkt zu Markt-preisen	Produktions- und Import-abgaben an den Staat (355,912) abzüglich Subven-tionen (28,11) ($T^{prod} - Z$) (Nettoproduktionsabgaben) — 327,801		Konsumausgabe des Staates (C_St) — 662,185
		Netto-inlandsprodukt zu Faktorkosten — Löhne, Gehälter, Zinsen, Pachten, Gewinne (Y) — 2 458,162		Bruttoinvestition der Unternehmen 639,786 (IbrU) des Staates 78,123 (I^{br}_{St}) — 717,909
				Außenbeitrag (Ex – Im) — 189,43
		Bruttoinlandsprodukt	3 386,00	3386,000

Quelle: Stat. Bundesamt, VGR 2018, März 2019, Tab. 2.3.7, 3.1.1, 3.4.3.15

Erläuterungen zum aufbereiteten gesamtwirtschaftlichen Produktionskonto:

● Auf der rechten Seite des Produktionskontos werden die erbrachten Leistungen der Volks-wirtschaft ausgewiesen und wie folgt unterteilt: Konsumgüter, Konsumausgaben des Staates (= Wert der vom Staat zur Verfügung gestellten Güter wie öffentliche Verwaltung, öffent-liches Bildungs- und Gesundheitswesen u. Ä.), Investitionsgüter (einschließlich der Lager-bestandsveränderungen) und Exportgüter.

● Auf der linken Seite werden die bei der Produktion angefallenen Kosten berücksichtigt: Abschreibungen, Produktions- und Importabgaben (z. B. Tabaksteuer, Zölle und andere betriebliche Steuern und Abgaben an den Staat) sowie die Kosten für die eingesetzten Produktionsfaktoren (= Faktorkosten wie Löhne, Zinsen, Pachten).

● Subventionszahlungen des Staates an die Unternehmen werden auf der linken Seite direkt mit den Produktions- und Importabgaben verrechnet. Es wird unterstellt, dass die Unterneh-men einerseits die Produktions- und Importabgaben in die Verkaufspreise einkalkulieren und andererseits die Verkaufspreise um die als Steuererstattung anzusehenden Subventi-onen verringern. Die Verkaufspreise beinhalten somit die Differenz aus Produktions- bzw. Importabgaben und Subventionen (= Nettoproduktionsabgaben).

● Die importierten Vorleistungen (z. B. Öleinfuhr) und andere Importe (z. B. Südfrüchte) sind in den auf der rechten Seite ausgewiesenen Gütern enthalten. Da sie aber nicht zum Pro-duktionsergebnis des Importlandes gehören, müssen sie abgezogen werden. Daher wird nur die Differenz zwischen Exporten und Importen (= Außenbeitrag) auf der rechten Seite erfasst.

Aus diesem aufbereiteten gesamtwirtschaftlichen Produktionskonto lassen sich wichtige Größen und Zusammenhänge der Volkswirtschaftlichen Gesamtrechnung ableiten:

Das **Bruttoinlandsprodukt zu Marktpreisen (BIP)** entspricht dem Wert aller in einem bestimmten Zeitraum im Inland hergestellten Güter.

Für die Ermittlung des BIP werden die Güter zu ihren Verkaufspreisen bewertet. Für Güter, die keinen Verkaufspreis haben, werden ersatzweise die bei ihrer Herstellung entstandenen Kosten angesetzt. Dazu gehören auch die vom Staat kostenlos zur Verfügung gestellten Leistungen (= Konsumausgaben des Staates).

Werden vom Bruttoinlandprodukt zu Marktpreisen die Abschreibungen abgezogen, ergibt sich das **Nettoinlandsprodukt zu Marktpreisen.** Dieses beinhaltet gegenüber dem Bruttoinlandsprodukt nicht mehr die Bruttoinvestition, sondern nur noch die Nettoinvestition.

Werden vom Nettoinlandsprodukt zu Marktpreisen die in den Marktpreisen enthaltenen Produktions- und Importabgaben abgezogen und die Subventionen hinzugezählt, ergibt sich das **Nettoinlandsprodukt zu Faktorkosten.** Bei dieser Größe erfolgt die Bewertung des gesamtwirtschaftlichen Produktionsergebnisses nicht mehr zu Marktpreisen. Vielmehr dienen die Kosten, die bei der Herstellung durch den Einsatz der Produktionsfaktoren entstanden sind, als Wertmaßstab. Dabei gelten auch die Gewinne als Faktorkosten. Da neben den im Produktionsprozess angefallenen **Faktorkosten** in gleicher Höhe auch **Faktoreinkommen** entstanden sind, ist diese Größe identisch mit den im Inland entstandenen Faktoreinkommen (Löhne, Gehälter, Zinsen, Pachten, Gewinne).

Während das **Inlandsprodukt** den Wert der im **Inland** produzierten Güter angibt, stellt das **Nationaleinkommen** auf die bei der Güterproduktion entstandenen **Einkommen aller Inländer** ab. Um das Nationaleinkommen zu berechnen, müssen demzufolge

- die Faktoreinkommen, die Inländer aus dem Ausland beziehen, zum Inlandsprodukt hinzugezählt und
- die Faktoreinkommen, die Ausländer aus dem Inland beziehen, vom Inlandsprodukt abgezogen werden.

Inlandsprodukt und Volkseinkommen, Deutschland 2018 (in Mrd. €)		
Inlandsprodukt		**Nationaleinkommen**
Bruttoinlandsprodukt zu Marktpreisen 3 386,000	+ Erwerbs- und Vermögenseinkommen, die Inländer aus dem Ausland beziehen + 72,382 − Erwerbs- und Vermögenseinkommen, die Ausländer im Inland beziehen	**= Bruttonational-einkommen** (BNE) 3 458,382
− Abschreibungen 600,037		− Abschreibungen 600,037
= Nettoinlandsprodukt zu Marktpreisen 2 785,936	+ Erwerbs- und Vermögenseinkommen, die Inländer aus dem Ausland beziehen + 72,382 − Erwerbs- und Vermögenseinkommen, die Ausländer im Inland beziehen	**= Nettonational-einkommen** 2 858,345
− Produktionssteuern + Subventionen 327,001		− Produktionssteuern + Subventionen 327,001
= Nettoinlandsprodukt zu Faktorkosten 2 458,962	+ Erwerbs- und Vermögenseinkommen, die Inländer aus dem Ausland beziehen + 72,382 − Erwerbs- und Vermögenseinkommen, die Ausländer im Inland beziehen	**= Volkseinkommen** 2 531,344

Quelle: Stat. Bundesamt, VGR 2018, März 2019, Tab. 2.1.3, 2.1.4

Das **Volkseinkommen** ist die Summe der Erwerbs- und Vermögenseinkommen, die Inländern für die Zurverfügungstellung von Produktionsfaktoren aus dem In- und Ausland zugeflossen sind **(Faktoreinkommen).**

5.3.2 Entstehungs-, Verwendungs- und Verteilungsrechnung

In der volkswirtschaftlichen Gesamtrechnung gibt es drei verschiedene Berechnungs-
ansätze zur Ermittlung des Inlandsprodukts, nämlich die **Entstehungsrechnung,** die
Verwendungsrechnung und die **Verteilungsrechnung.**

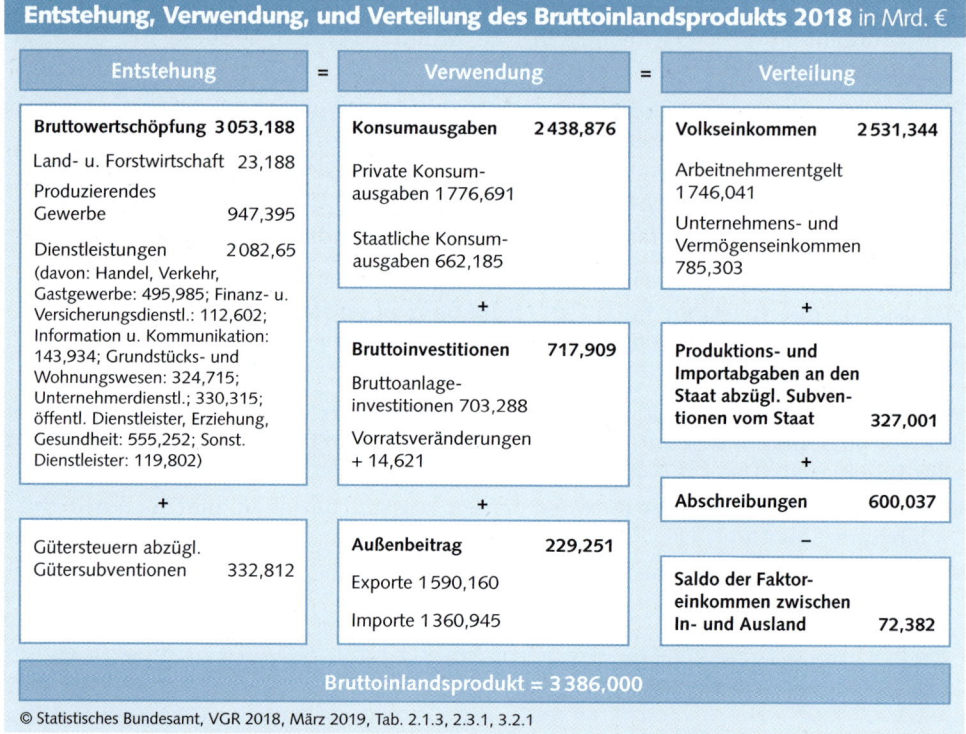

Entstehung, Verwendung, und Verteilung des Bruttoinlandsprodukts 2018 in Mrd. €		
Entstehung =	**Verwendung** =	**Verteilung**
Bruttowertschöpfung 3 053,188	**Konsumausgaben** 2 438,876	**Volkseinkommen** 2 531,344
Land- u. Forstwirtschaft 23,188	Private Konsum-	Arbeitnehmerentgelt
Produzierendes	ausgaben 1 776,691	1 746,041
Gewerbe 947,395		Unternehmens- und
Dienstleistungen 2 082,65	Staatliche Konsum-	Vermögenseinkommen
(davon: Handel, Verkehr,	ausgaben 662,185	785,303
Gastgewerbe: 495,985; Finanz- u.		
Versicherungsdienstl.: 112,602;	+	+
Information u. Kommunikation:	**Bruttoinvestitionen** 717,909	**Produktions- und**
143,934; Grundstücks- und	Bruttoanlage-	**Importabgaben an den**
Wohnungswesen: 324,715;	investitionen 703,288	**Staat abzügl. Subven-**
Unternehmerdienstl.; 330,315;	Vorratsveränderungen	**tionen vom Staat** 327,001
öffentl. Dienstleister, Erziehung,	+ 14,621	
Gesundheit: 555,252; Sonst.		+
Dienstleister: 119,802)		**Abschreibungen** 600,037
+	+	−
Gütersteuern abzügl.	**Außenbeitrag** 229,251	**Saldo der Faktor-**
Gütersubventionen 332,812	Exporte 1 590,160	**einkommen zwischen**
	Importe 1 360,945	**In- und Ausland** 72,382
Bruttoinlandsprodukt = 3 386,000		

© Statistisches Bundesamt, VGR 2018, März 2019, Tab. 2.1.3, 2.3.1, 3.2.1

a) Entstehungsrechnung

Die Entstehungsrechnung gibt für eine abgeschlossene Wirtschaftsperiode Auskunft
darüber, welche Wirtschaftsbereiche in welchem Umfang zur Entstehung des Bruttoinlandsprodukts beigetragen haben. Dazu werden alle Wirtschaftseinheiten, die Güter
produzieren, einem der folgenden Bereiche zugeordnet:

● Land- und Forstwirtschaft, Fischerei (Primärer Sektor)

● produzierendes Gewerbe (Sekundärer Sektor)

● Dienstleistungen (Tertiärer Sektor) mit den Bereichen Handel, Gastgewerbe und
   Verkehr, Finanzierung, Vermietung und Unternehmensdienstleister sowie öffentliche und private Dienstleister.

Jeder dieser Bereiche trägt – abgesehen von bewertungsbedingten Korrekturen –
annähernd in Höhe seiner Bruttowertschöpfung zum Bruttoinlandsprodukt bei.

> Der Wert, den ein Unternehmen im Rahmen des Produktionsprozesses den von
> anderen Unternehmen bezogenen Vorleistungen hinzufügt, wird als **Bruttowert-
> schöpfung** bezeichnet

Die Entstehungsrechnung gibt Einblick in die sektorale Produktionsstruktur einer
Volkswirtschaft, indem sie die Beiträge der einzelnen Wirtschaftsbereiche zum Bruttoinlandsprodukt deutlich macht. Durch einen Zeitvergleich lassen sich Veränderungen

der Produktionsstruktur (z. B. abnehmende Bedeutung des landwirtschaftlichen und gewerblichen Bereichs bei gleichzeitig stark zunehmender Bedeutung des Dienstleistungssektors) erkennen.

Der größte Teil der Bruttowertschöpfung wird derzeit im Dienstleistungssektor erbracht (ca. 70 %). Seit Gründung der Bundesrepublik Deutschland hat die Bedeutung dieses Sektors laufend zugenommen. Demgegenüber ist der Anteil des Industriesektors (produzierendes Gewerbe) zunächst gestiegen, seit ca. 1970 aber ständig gesunken. Diese in allen industrialisierten Ländern zu beobachtende Entwicklung wird als **Weg in die Dienstleistungsgesellschaft** bezeichnet.

➤ Beitrag der Versicherungswirtschaft zum BIP

Die wichtige Rolle der Versicherungswirtschaft bei der Absicherung von Risiken wird in der sogenannten **Versicherungsdurchdringung** (= Verhältnis des Prämienaufkommens zum Bruttoinlandsprodukt) deutlich. In den letzten Jahren entsprachen die Prämieneinnahmen der Versicherer fast 7 Prozent des Bruttoinlandsprodukts. Noch Anfang der 60er Jahre hatten die Prämieneinnahmen nur knapp 3 Prozent des Bruttoinlandsprodukts ausgemacht. Darin zeigt sich, dass die Bedeutung von privatem Versicherungsschutz in Deutschland über die letzten Jahrzehnte deutlich zugenommen hat.

Anteile der Versicherungsprämien am BIP in % (Versicherungsdurchdringung) 2014 – 2017				
Jahr	**Insgesamt**	**Leben**	**Kranken**	**Schaden/ Unfall**
2014	6,57	3,19	1,24	2,13
2015	6,37	3,04	1,21	2,12
2016	6,18	2,89	1,19	2,11
2017	6,07	2,78	1,20	2,09

Quelle: http://www.gdv.de/zahlen-fakten/branchendaten/ueberblick

b) Verwendungsrechnung

Die Verwendungsrechnung zeigt, wofür die Güter, aus denen sich das Bruttoinlandsprodukt zusammensetzt, verwendet werden. Die Aufteilung entspricht der rechten Seite des gesamtwirtschaftlichen Produktionskontos (vgl. G 5.3.1). Demzufolge lassen sich folgende Verwendungszwecke, unterscheiden (siehe Abb. vor G 5.3.2 a):

- Private Konsumausgaben (C_{pr})
- Konsumausgaben des Staates (C_{St})
  Auch der Staat erbringt Leistungen, die in das BIP eingehen. Diese den anderen Wirtschaftssektoren meist kostenlos zur Verfügung gestellten Sachgüter und Dienstleistungen, werden als Konsumausgaben des Staates bezeichnet. Dazu gehören u. a. die vom Staat getragenen Kosten für öffentliche Verwaltung, Straßen und Bildungseinrichtungen sowie die sog. sozialen Sachleistungen (z. B. Arzt- und Krankenhausleistungen, Medikamente).
- Bruttoinvestitionen (I_{br})
  Die Bruttoinvestitionen bestehen aus Ausrüstungsinvestitionen (z. B. Maschinen), Bauinvestitionen, sonstige Anlagen (z. B. immaterielle Anlageinvestitionen wie Software) und Vorratsinvestitionen (Lagerbestandsveränderungen).
- Außenbeitrag (Exporte – Importe)
  Da die importierten Güter (Waren und Dienstleistungen) nicht Teil des gesamtwirtschaftlichen Produktionsergebnisses des Inlandes sind, werden sie von den Exporten abgezogen. Die Differenz aus Exporten und Importen wird als Außenbeitrag bezeichnet.

Verwendungsrechnung: BIP = C_{pr} + C_{St} + I_{br} + (Ex-Im)

Für jede dieser Größen wird der prozentuale Anteil am Bruttoinlandsprodukt ermittelt.

Verwendung des Bruttoinlandsprodukts 2018				
Bruttoinlands-produkt	Private Konsum-ausgaben	Konsumausga-ben des Staates	Bruttoinvesti-tionen	Außenbeitrag (Ex – Im)
3 386,000 Mrd. €	1 776,691 Mrd. €	662,185 Mrd. €	717,909 Mrd. €	229,215 Mrd. €
100 %	52,4 %	19,6 %	21,2 %	6,8 %

Quelle: Statistisches Bundesamt, VGR 2018, März 2019, Tab. 2.3.1

Die Entwicklung der Prozentanteile im Zeitvergleich kann Auskunft über wichtige Veränderungen in der Volkswirtschaft geben. So könnte eine Abnahme des prozentualen Anteils des privaten Konsums (= Binnennachfrage) auf eine Konsumschwäche hindeuten.

c) Verteilungsrechnung

Entsprechend der Art der erzielten Faktoreinkommen lassen sich Arbeitnehmerhaushalte (Lohn- und Gehaltseinkommen) und Unternehmerhaushalte (Gewinn- und Vermögenseinkommen wie Zinsen und Pachten) unterscheiden. Werden alle Einkommen, die während eines Jahres von Inländern (im In- und Ausland) als Entlohnung für die Bereitstellung von Produktionsfaktoren erzielt werden, zusammengezählt, ergibt sich das **Volkseinkommen.**

Das **Volkseinkommen** ist die Summe der Erwerbs- und Vermögenseinkommen, die Inländern für die Bereitstellung von Produktionsfaktoren zufließt (Faktoreinkommen).

Die Verteilungsrechnung (siehe Abb. vor G 5.3.2 a) zeigt die Aufteilung des Volkseinkommens auf die beiden Einkommensarten

● Arbeitnehmerentgelt (Bruttolöhne/-gehälter und Sozialbeiträge der Arbeitgeber)

● Unternehmens- und Vermögenseinkommen (Gewinne, Zinsen, Mieten, Pachten)

Der prozentuale Anteil der Arbeitnehmerentgelte am Volkseinkommen wird als **Lohnquote** bezeichnet.

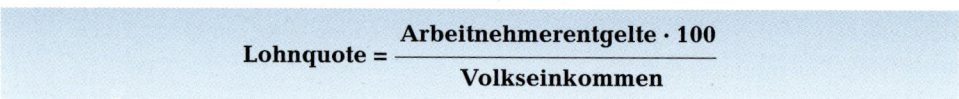

$$\text{Lohnquote} = \frac{\text{Arbeitnehmerentgelte} \cdot 100}{\text{Volkseinkommen}}$$

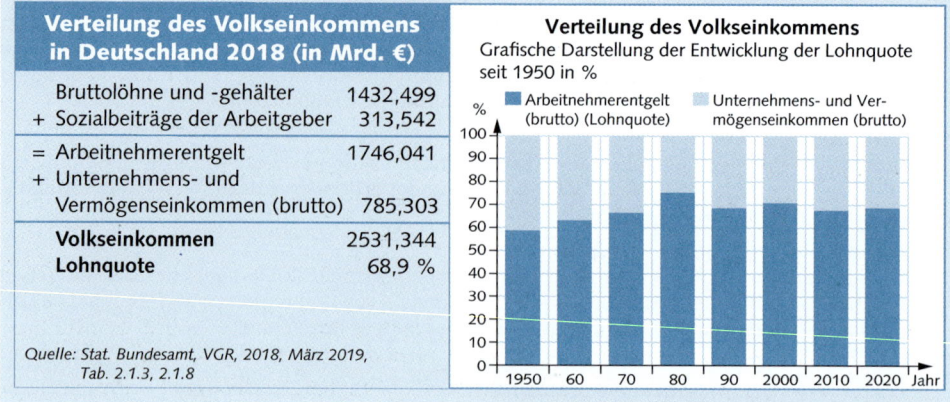

Verteilung des Volkseinkommens in Deutschland 2018 (in Mrd. €)	
Bruttolöhne und -gehälter	1432,499
+ Sozialbeiträge der Arbeitgeber	313,542
= Arbeitnehmerentgelt	1746,041
+ Unternehmens- und Vermögenseinkommen (brutto)	785,303
Volkseinkommen	**2531,344**
Lohnquote	**68,9 %**

Quelle: Stat. Bundesamt, VGR, 2018, März 2019, Tab. 2.1.3, 2.1.8

Verteilung des Volkseinkommens
Grafische Darstellung der Entwicklung der Lohnquote seit 1950 in %

■ Arbeitnehmerentgelt (brutto) (Lohnquote) ■ Unternehmens- und Vermögenseinkommen (brutto)

5.3.3 Nominales und reales Inlandsprodukt

> Das **nominale Bruttoinlandsprodukt zu Marktpreisen** bewertet die in einer Periode hergestellten Güter mit den **aktuellen Preisen.**

Eine Veränderung des nominalen Bruttoinlandsprodukts beruht im Normalfall auf der gleichzeitigen Veränderung von zwei Größen:

1. **Mengenbedingte Veränderung,** d. h. es wurde eine andere Menge (mehr/weniger) Güter produziert.

2. **Preisbedingte Veränderung,** d. h. die Preise für die im Inlandsprodukt erfassten Güter haben sich verändert.

Sollen die Produktionsergebnisse mehrerer Jahre miteinander verglichen werden, um Aussagen über die Güterversorgung der Bevölkerung und die wirtschaftliche Leistungsfähigkeit der Volkswirtschaft machen zu können, sind aber nicht die wertmäßigen, sondern nur die mengenmäßigen Veränderungen des Inlandsprodukts von Interesse. Um diese Entwicklung zu erfassen, muss das nominale Inlandsprodukt um die in diesem Zeitraum eingetretene Preissteigerung korrigiert und so das reale Inlandsprodukt berechnet werden.

Berechnung des Bruttoinlandsprodukts (BIP) zu konstanten Preisen für die Bundesrepublik Deutschland		
Jahr	**Nominales Bruttoinlandsprodukt (BIP$_n$) in Mrd. x**	**Preisindex[1] (Deflator)**
2010	2 580,1	100,00
2018	3 386,0	113,84

Berechnung der nominalen Steigerung in Prozent

2 580,1 Mrd. x = 100 %   Das BIP ist nominal um ca. 31,24 % gestiegen.

3 386,0 Mrd. x = x %   x = 131,24 %

Berechnung des realen Bruttoinlandsprodukts (BIP$_r$)[2]

$$BIPr = \frac{BIP_n}{Preisindex} \cdot 100 = \frac{3\,386,0 \cdot 100}{113,84} = 2974,3$$

Im Jahr 2018 betrug das reale BIP (in Preisen von 2010) 2 974,3 Mrd. x.

Berechnung der realen Steigerung in Prozent

2 580,1 Mrd. x = 100 %   x = 115,3 %

2 974,3 Mrd. x = x %   Das BIP ist real um ca. 15,3 % gestiegen.

Quelle: Stat. Bundesamt, VGR 2018, März 2019, Tab. 2.3.1, 2.3.3

$$BIP_r = \frac{BIP_n \cdot 100}{Preisindex \, (= BIP\text{-}Deflator)}$$

> Das nominale Inlandsprodukt beruht auf den Marktpreisen des Berechnungszeitraumes. Das reale Inlandsprodukt ist um die Preisveränderung korrigiert. Es ist ein Maßstab für die wirtschaftliche Entwicklung einer Volkswirtschaft unter Ausschaltung der Preissteigerungen.

---

1   Für die Berechnung des realen BIP wird ein spezieller Preisindex (Preisindex für das Bruttoinlandsprodukt, BIP-Deflator) verwendet, der nicht mit dem Verbraucherpreisindex identisch ist.

2   Seit 2005 weist das Statistische Bundesamt das reale BIP nur noch als Indexzahl und nicht mehr in Euro aus.

5.3.4 Kritik am Inlandsprodukt als Wohlstandsindikator

Die Veränderung des realen Bruttoinlandsprodukts wird zuweilen als Maßstab für die Wohlstandsentwicklung einer Volkswirtschaft verwendet. Bei der Ermittlung des Inlandsprodukts kommt es aber zu erheblichen Erfassungs-, Bewertungs- und Zurechnungsproblemen, wie z. B.:

- Viele Güter werden im Inlandsprodukt nicht erfasst, weil sie nicht auf Märkten gehandelt werden und daher keinen Marktpreis haben.
  Beispiele: Hausfrauenarbeit, Nachbarschaftshilfe oder ehrenamtliche Tätigkeiten.

- Die in der offiziellen Wirtschaftsstatistik nicht erfasste Schattenwirtschaft (z. B. Schwarzarbeit) trägt zwar zum gesamtwirtschaftlichen Produktionsergebnis bei, geht aber nur als Schätzgröße in die Inlandsproduktberechnung ein.

- In das Inlandsprodukt gehen nur Gütermengen und Güterpreise ein. Die Qualität der Produkte (z. B. Lebensdauer) wird nicht gesondert erfasst.

- Beseitigungen von Umweltschäden (z. B. Gewässerreinigung) erhöhen das Inlandsprodukt.
  Werden die Umweltschäden nicht oder nicht in vollem Umfang behoben, liegt eine Vermögensminderung vor, um die der Wert des Inlandsprodukts verringert werden müsste. Es wird versucht, diese Zusammenhänge durch die Berechnung eines Ökoinlandsprodukts im Rahmen einer Umweltökonomischen Gesamtrechnung des Statistischen Bundesamtes zu berücksichtigen.

- Soziale Kosten bleiben unberücksichtigt.
  Beispiel: Umweltschäden wie Luftverschmutzung und Gewässerverunreinigung sowie dadurch bedingte Gesundheitsschäden stellen soziale Kosten da. Solche Kosten werden nicht von den Verursachern, sondern von der Allgemeinheit getragen. Sie werden bei der Inlandsproduktberechnung nicht berücksichtigt.

- Die Höhe des Inlandsprodukts sagt nichts über die Einkommensverteilung aus.

- Staatliche Leistungen (z. B. Schulbildung) werden lediglich mit den angefallenen Kosten bewertet, da es für sie keinen Marktwert gibt.

Diese und andere Probleme führen dazu, dass das Inlandsprodukt als alleiniger Wohlstandsindikator nicht verwendbar ist. Es fehlen beispielsweise auch Aussagen über die in der Bevölkerung empfundene Lebensqualität, die durch zusätzliche soziale Indikatoren wie z. B. allgemeine Zufriedenheit und soziale Sicherheit berücksichtigt werden müsste.

Statistische **Erfassungs-, Bewertungs- und Zurechnungsprobleme** führen dazu, dass das ausgewiesene Inlandsprodukt teilweise zu hoch und teilweise zu gering ist.

Da das **Inlandsprodukt** lediglich quantitative Aussagen über die materielle Güterversorgung zulässt, ist es als **Wohlstandsindikator nicht geeignet.** Dazu müsste es um soziale Indikatoren (z. B. Lebenserwartung, Bildungsstand, Freizeit, Umweltbedingungen) ergänzt werden.

Lernkontrollen zu G 5

Wirtschaftskreislauf

1 Für eine Modellvolkswirtschaft gelten folgende Daten:

a) Die Unternehmen produzieren Güter im Wert von 500 GE.

b) Als Entgelt für die dabei eingesetzten Produktionsfaktoren sind den Haushalten Einkommen in gleicher Höhe in Form von Löhnen, Gehältern, Zinsen, Mieten und Gewinnen zugeflossen.

c) Die Unternehmen führen Produktionsabgaben (z. B. Gewerbesteuern) in Höhe von 75 GE an den Staat ab.

d) Die Haushalte zahlen aus ihrem Bruttoeinkommen direkte Steuern (Einkommensteuer) in Höhe von 100 GE an den Staat.

e) Der Staat zahlt an die Haushalte 120 GE (z. B. als Gehälter für Angehörige des öffentlichen Dienstes, Pensionen, Renten und Transfereinkommen wie Kindergeld, Wohngeld, Sozialhilfe).

f) Die Haushalte verwenden das gesamte verfügbare Einkommen für Konsumausgaben.

g) Der Staat zahlt Subventionen an die Unternehmen in Höhe von 55 GE.

Stellen Sie für diese Volkswirtschaft die Kreislaufbeziehungen zwischen den Sektoren Unternehmen, private Haushalte und Staat grafisch dar. Benennen Sie die dargestellten Geldströme und geben Sie die zugehörigen Werte an.

Ermittlung des Inlandsprodukts

2 Für eine Volkswirtschaft liegen für das vergangene Jahr (Jahr 01) folgende Daten vor (Wertangaben in Preisen des Jahres 01):

(1) Verkäufe von Konsumgütern an private Haushalte 1 500 GE

(2) Abschreibungen 350 GE

(3) Bruttoinvestitionen 450 GE

(4) Staatliche Subventionen an Unternehmen 30 GE

(5) Produktions- und Importabgaben an den Staat 300 GE

(6) Vorleistungen aus dem Ausland (Importe) 1 000 GE

(7) Faktorkosten für den Produktionsfaktor Arbeit (= Arbeitnehmereinkommen: Löhne und Gehälter) 1 300 GE

(8) Unternehmergewinne 230 GE

(9) Faktorkosten für die Produktionsfaktoren Kapital und Boden (= Vermögenseinkommen: Zinsen und Pachten) 400 GE

(10) Wert der unentgeltlich abgegebenen Leistungen des Staates 500 GE (Konsumausgaben des Staates)

(11) Verkäufe von Gütern an das Ausland (Exporte) 1 100 GE

a) Erstellen Sie das gesamtwirtschaftliche Produktionskonto (vgl. Muster in G 5.3.1).

b) Ermitteln Sie die Höhe folgender Größen: Bruttoinlandsprodukt zu Marktpreisen, Nettoinlandsprodukt zu Marktpreisen, Nettoinlandsprodukt zu Faktorkosten.

c) Drücken Sie die Berechnung des Bruttoinlandsprodukts zu Marktpreisen von der Verwendungsseite in einer allgemeinen Formel aus.

d) Drücken Sie den Zusammenhang zwischen Bruttoinlandsprodukt zu Marktpreisen, Nettoinlandsprodukt zu Marktpreisen und Nettoinlandsprodukt zu Faktorkosten in einer allgemeinen Formel aus.

e) Im Jahr zuvor (Jahr 00) betrug das Bruttoinlandsprodukt 2 500 GE (in Preisen des Jahres 00). Lässt sich daraus schließen, dass die Güterversorgung der Bevölkerung im Jahr 01 gegenüber 00 verbessert hat? Begründen Sie Ihre Aussage.

Ermittlung des Volkseinkommens

3 Für eine Volkswirtschaft liegen folgende Angaben vor (in Mio. GE):

Bruttoinlandsprodukt zu Marktpreisen 3 600

Erwerbs- und Vermögenseinkommen, die Inländer aus dem Ausland beziehen........... 400

Erwerbs- und Vermögenseinkommen, die Ausländer aus dem Inland beziehen........... 450

Nettoinlandsprodukt zu Faktorkosten 3 000

Abschreibungen.. 330

Orientieren Sie sich zur Lösung der folgenden Aufgaben an der Abbildung vor G 5.3.2.

a) Ermitteln Sie den Saldo der Erwerbs- und Vermögenseinkommen und erläutern Sie die Aussagekraft dieser Größe.

b) Ermitteln Sie das Bruttonationaleinkommen.

c) Ermitteln Sie das Nettoinlandsprodukt zu Marktpreisen.

d) Ermitteln Sie das Volkseinkommen und erläutern Sie die Aussagekraft dieser Größe.

Entstehungs-, Verwendungs- und Verteilungsrechnung

4 Erläutern Sie Aufgaben und Aussagen der Entstehungs-, Verwendungs- und Verteilungs-rechnung.

5 Ermitteln Sie anhand der Abbildung vor G 5.3.2. a)

a) den prozentualen Beitrag der einzelnen Wirtschaftssektoren zur Bruttowertschöpfung,

b) den prozentualen Anteil der privaten und staatlichen Konsumausgaben, der Investi-tionen und des Außenbeitrags am BIP,

c) die Lohnquote.

Nominales und reales Bruttoinlandsprodukt

6 Für eine Volkswirtschaft liegen folgende Daten vor:

Jahr	Nominales BIP in Mrd. €	Preisindex für die Güter des BIP
1	2 576,2	100,00
2	2 699,1	101,14
3	2 749,9	102,65
4	2 809,5	104,77
5	2 903,8	106,58

a) Ermitteln Sie für die einzelnen Jahre das reale Bruttoinlandsprodukt.

b) Um wie viel Prozent hat sich das reale BIP in den einzelnen Jahren verändert (= Wirt-schaftswachstum)?

7

Land	Nominales BIP in Mrd. €	Preissteigerung gegenüber Vorjahr	Einwohnerzahl
A	2 968 US-$	+ 6 %	1,2 Mio.
B	8 568 US-$	+ 2 %	5,0 Mio.

a) Vergleichen Sie die Leistungsfähigkeit der beiden Länder und begründen Sie Ihr Ergebnis.

b) Begründen Sie, warum die Zahlen nur einen eingeschränkten Wohlstandsvergleich zwischen den beiden Ländern zulassen.

Kritik am Inlandsprodukt als Wohlstandsindikator

8 Stellen Sie fest, ob das Inlandsprodukt im laufenden Jahr aufgrund folgender Vorgänge steigt, sinkt oder unverändert bleibt. Begründen Sie Ihre Antworten.

a) Ein Junggeselle stellt eine Haushälterin ein. Es werden ordnungsgemäß Lohnsteuer und Sozialversicherungsbeiträge abgeführt.

b) Der Junggeselle heiratet seine bisherige Haushälterin. Auch nach der Heirat führt sie den Haushalt weiter.

c) Einer der bisherigen gesetzlichen Feiertage wird gestrichen. Die Arbeitnehmer müssen jetzt bei gleichem Monatslohn einen Tag mehr arbeiten.

d) Ein Hobbygärtner versorgt seine Familie regelmäßig mit Obst und frischem Gemüse.

e) Ein kranker Familienvater wird zu Hause von seinen Familienangehörigen gepflegt.

f) Der Kranke (Fall e) wird vom Arzt in ein Krankenhaus eingewiesen.

g) Ein Bauherr erstellt einen Teil des Rohbaus durch Eigenleistung und Nachbarschaftshilfe.

h) Ein Malergeselle tapeziert nach Feierabend die Wohnung des Nachbarn gegen Entgelt.

i) Nach einem Unfall müssen mehrere Personen im Krankenhaus behandelt werden. Eine Person stirbt an den Folgen des Unfalls.

j) Die Außenmauern einer denkmalgeschützten Kirche werden durch Luftschadstoffe beschädigt und müssen restauriert werden.

k) Die Regierung genehmigt den Verkauf von U-Booten an ein Entwicklungsland.

l) Wegen hoher Gefährdung durch den Straßenverkehr bringen Eltern ihre Kinder mit dem Pkw zum Kindergarten, statt sie zu Fuß laufen zu lassen.

m) Durch Überdüngung der Böden mit Gülle aus der Massentierhaltung wird das Grundwasser mit Nitrat belastet.

6   Grundlagen der Wirtschaftspolitik

6.1 Ziele der Wirtschaftspolitik

6.1.1 Wirtschaftspolitik als Bestandteil der Gesellschaftspolitik

Die möglichen Fehlentwicklungen einer freien Marktwirtschaft zeigen, dass wirtschaftlicher Wohlstand in einem Land nicht automatisch durch den Marktmechanismus entsteht. Vielmehr sind dazu auch Eingriffe des Staates und anderer Institutionen (z. B. Zentralbank, Tarifpartner) in das Wirtschaftsgeschehen nötig.

> **Wirtschaftspolitik** ist die Gesamtheit aller Maßnahmen, die darauf abzielen, das Wirtschaftsgeschehen in einer Volkswirtschaft zu ordnen, zu beeinflussen, zu gestalten oder unmittelbar festzulegen.

Alle wirtschaftspolitischen Maßnahmen haben das gemeinsame **Ziel,** der Förderung des Wohlstands zu dienen. Diese Wohlstandssteigerung ist ihrerseits wiederum ein **Mittel,** zur Verwirklichung **übergeordneter** gesellschaftlicher **Ziele** wie z. B. Freiheit, Gerechtigkeit und Sicherheit. Im Rahmen einer solchen Hierarchie von Ober- und Unterzielen trägt die Wirtschaftspolitik als Teil der Gesellschaftspolitik zur Erreichung höherrangiger gesellschaftlicher Grundwerte bei.

6.1.2 Ziele des Stabilitätsgesetzes von 1967

Mit dem 1967 erlassenen »Gesetz zur Förderung der Stabilität und des Wachstums der Wirtschaft« **(Stabilitätsgesetz)** werden **vier wirtschaftspolitische Ziele** vorgegeben.

Gesamtwirtschaftliches Gleichgewicht			
Stabilität des Preisniveaus	Hoher Beschäftigungsstand	Außenwirtschaftliches Gleichgewicht	Stetiges und angemessenes Wirtschaftswachstum

Um überprüfen zu können, ob die Ziele erreicht wurden, muss jedes Ziel **operationalisiert**, d. h. in folgender Hinsicht konkretisiert und präzisiert werden:

- Zuordnung von **Indikatoren** (messbare Ereignisse), die den Zielerreichungsgrad anzeigen
- Formulierung des Ziels in **zahlenmäßiger** Form
- Festlegung des **Zeitraums,** innerhalb dessen das Ziel erreicht werden soll.

Gesetz zur Förderung der Stabilität und des Wachstums der Wirtschaft v. 8. Juni 1967 (Stabilitätsgesetz)

§ 1 (Erfordernisse der Wirtschaftspolitik)

Bund und Länder haben bei ihren wirtschafts- und finanzpolitischen Maßnahmen die Erfordernisse des gesamtwirtschaftlichen Gleichgewichts zu beachten. Die Maßnahmen sind so zu treffen, dass sie im Rahmen der marktwirtschaftlichen Ordnung gleichzeitig zur Stabilität des Preisniveaus, zu einem hohen Beschäftigungsstand und außenwirtschaftlichem Gleichgewicht bei stetigem und angemessenem Wirtschaftswachstum beitragen.

1967 wurde das Grundgesetz (GG) wie folgt ergänzt:

Art. 109 (2) Bund und Länder haben bei ihrer Haushaltswirtschaft den Erfordernissen des gesamtwirtschaftlichen Gleichgewichts Rechnung zu tragen.

Ziel	Indikator (Messgröße)	Ziel gilt als erreicht, wenn ...	Ziel der Regierung für 2015–2019	Zielerreichung im Jahr 2015–2018
Stabilität des Preisniveaus	Verbraucherpreisindex	am Verbraucherpreisindex gemessene Preisniveausteigerung (Inflationsrate) unter, aber nahe bei 2 %	2015 < 2 % 2016 < 2 % 2017 < 2 % 2018 < 2 % 2019 < 2 %	0,1 % 0,4 % 1,7 % 1,9 %
Hoher Beschäftigungsstand	Arbeitslosenquote	Arbeitslosenquote ≤ 3 %	2015 6,6 % 2016 6,4 % 2017 6,0 % 2018 5,3 % 2019 4,9 %	6,4 % 6,1 % 5,7 % 5,2 %
Außenwirtschaftliches Gleichgewicht	Anteil des Außenbeitrags (Exporte – Importe) am BIP in %	positiver Außenbeitrag 1,5 % bis 2 % des nominalen BIP (siehe Erläuterung)	2015 6,8 % 2016 7,6 % 2017 7,2 % 2018 7,6 % 2019 6,6 %	7,8 % 7,6 % 8,0 % 6,9 %
Stetiges und angemessenes Wirtschaftswachstum	Zuwachsrate des realen BIP	gleichmäßiges Wachstum in angemessener Höhe (für deutliche Beschäftigungseffekte gelten 3 % als nötig)	2015 1,5 % 2016 1,7 % 2017 1,4 % 2018 2,4 % 2019 1,0 %	1,7 % 2,2 % 2,2 % 1,5 %

Aktuelle Zahlen: www.destatis.de

Erläuterungen zu einzelnen wirtschaftspolitischen Zielen

1. Stabilität des Preisniveaus

Die wirtschaftspolitisch wichtige Kennzahl zur Messung der Preisniveauänderung ist der vom Statistischen Bundesamt ermittelte **Verbraucherpreisindex.** Er bringt die Preisentwicklung typischer Güter der privaten Lebenshaltung zum Ausdruck (vgl. G 7.2.2). Dazu wird die durchschnittliche Ausgabenstruktur der privaten Haushalte in einem für Durchschnittshaushalte typischen Warenkorb abgebildet.

2. Hoher Beschäftigungsstand

Der Beschäftigungsstand bezogen auf den Produktionsfaktor Arbeit wird mit Hilfe der **Arbeitslosenquote** gemessen. Die Arbeitslosenquote (ALQ) ergibt sich als prozentualer Anteil der registrierten Arbeitslosen an der Gesamtzahl der Erwerbspersonen (vgl. G 8.4.1). Die Zahl der Erwerbspersonen **(= Arbeitskräftepotenzial)** setzt sich aus den Erwerbstätigen (Selbstständige und Arbeitnehmer) einerseits und den Erwerbslosen andererseits zusammen. Nach heutiger Interpretation wird eine Arbeitslosenquote, die sich zwischen 3 % und 5 % bewegt, als weitgehende Erfüllung des Beschäftigungsziels angesehen.

3. Außenwirtschaftliches Gleichgewicht

Der Maßstab für dieses Ziel ist der Anteil des Außenbeitrags (Exporte – Importe) am BIP. Das Ziel stammt aus der Zeit, als die Wechselkurse (z. B. Preis für 1 € ausgedrückt in US-$: 1,20) zwischen einzelnen Ländern nicht von Angebot und Nachfrage auf dem Devisenmarkt bestimmt wurden (= freie Wechselkurse), sondern zwischen einzelnen Ländern fest vereinbart waren (= feste Wechselkurse).

Durch erhebliche Exportüberschüsse wurde nämlich in den 1950er und 1960er Jahren die Konjunktur zeitweise überhitzt und ein Dollarzufluss ausgelöst, der durch Umtausch in DM zu einer unerwünschten Erhöhung der inländischen Geldmenge führte.

Seit der Aufhebung der festen Wechselkursbindung an den Dollar (1973) besteht für feste Zielvorgaben bezüglich des Außenbeitrags aber keine Notwendigkeit mehr, da unerwünschte Devisenzuflüsse durch eine sich am Devisenmarkt ergebenden Erhöhung des Wechselkurses unterbunden werden (vgl. G 10.3). Das Ziel des außenwirtschaftlichen Gleichgewichts gilt daher heutzutage dann als erreicht, wenn von außenwirtschaftlichen Beziehungen keine nachteiligen Wirkungen auf die Binnenwirtschaft (Preisniveaustabilität, hoher Beschäftigungsstand und angemessenes Wirtschaftswachstum) ausgehen.[1]

4. Stetiges und angemessenes Wirtschaftswachstum

Ein stetiges Wirtschaftswachstum, das sich in einer Erhöhung des realen BIP ausdrückt, ist u. a. wegen der andernfalls eintretenden Schwankungen im Auslastungsgrad des Produktionspotenzials und damit zur Vermeidung von Arbeitslosigkeit und Inflation sinnvoll. Was unter »angemessenem« Wirtschaftswachstum zu verstehen ist, ist schwer zu definieren. In den 70erJahren galten jährliche Wachstumsraten von 4 % als angemessen. Heute erscheinen schon allein aus beschäftigungspolitischen Gründen mindestens 2,5 % bis 3 % als nötig, aber kaum erreichbar. Zu berücksichtigen ist, dass sich bei einem jährlichen Wachstum von 4 % die Produktionsmenge in 17 Jahren und bei 2 % in 35 Jahren verdoppeln würde.

> Das **Stabilitätsgesetz** von 1967 nennt **vier wirtschaftspolitische Ziele:** Stabilität des Preisniveaus, hoher Beschäftigungsstand, außenwirtschaftliches Gleichgewicht, stetiges und angemessenes Wirtschaftswachstum.

6.1.3 Weitere wirtschaftspolitische Ziele

Neben den vier im Stabilitätsgesetz enthaltenen **quantitativen**[2] **Zielen,** die sich zahlenmäßig formulieren und überprüfen lassen, sind an anderer Stelle auch die **qualitativen Ziele** »Gerechte Einkommens- und Vermögensverteilung«. und »Erhalt einer lebenswerten Umwelt« (Umweltschutz Art. 20a GG). genannt. Für diese Ziele kann lediglich die Zielrichtung, nicht aber eine messbare Beschreibung des derzeitigen und des angestrebten Zustands angegeben werden.

> Weitere wirtschaftspolitische Ziele sind: **gerechte Einkommens- und Vermögensverteilung** sowie Erhalt einer **lebenswerten Umwelt (Umweltschutz).**

---

1 In der EU gilt ein Leistungsbilanzsaldo von 6 % des nominalen BIP als Grenzwert. Bei höheren Leistungsbilanzsalden werden zu große wirtschaftliche Ungleichgewichte zwischen den EU-Mitgliedsstaaten befürchtet.

2 quantitativ *(lat.):* mengenmäßig

6.1.4 Ziele des Europäischen Stabilitäts- und Wachstumspakts

Von den 28 EU-Mitgliedern nehmen bisher (2019) 19 an der Europäischen Währungs-union mit der gemeinsamen Euro-Währung teil. Voraussetzung für die Aufnahme in die Währungsunion ist die Erfüllung der sogenannten **Konvergenzkriterien[1]**, die 1992 im Vertrag von Maastricht vereinbart wurden.

Konvergenzkriterien für den Beitritt zur Europäischen Währungsunion (EWU)			
stabiles Preisniveau	gesunde Staatsfinanzen	stabile Wechselkurse	Zinsniveau
Die **Inflationsrate** darf höchstens 1,5 Prozentpunkte über dem Durchschnitt der drei preisstabilsten Mitgliedsstaaten liegen.	Die jährliche **Neuver-schuldung** des Staates (Defizit der öffent-lichen Haushalte) darf höchstens 3 %, die **Gesamtverschuldung** höchstens 60 % des BIP betragen.	Teilnahme in den letz-ten zwei Jahren am **Europäischen Wäh-rungssystem** (EWS) ohne starke **Kurs-schwankungen.**	**langfristige Zinsen** höchstens 2 Prozent-punkte über dem Zinssatz der drei preis-stabilsten Mitglieds-staaten

Überschreitet ein Land **nach Aufnahme in die Währungsunion** beispielsweise die Vorgaben für die Staatsverschuldung **(Defizitkriterium),** drohen ihm seitens der EU-Kommission Abmahnungen (»blaue Briefe«), Defizitverfahren (= Verpflichtung, Spar-beschlüsse vorzulegen und einzuhalten) und letztlich Geldbußen bis zu 0,5 % des jeweiligen BIP.

Hauptziel dieser Regelung ist es, durch Eindämmung der Staatsausgaben und der **Staatsverschuldung** zu verhindern, dass das Preisniveau und damit die **Inflationsrate** im Euro-Währungsgebiet übermäßig steigen.

Deutschland hat aufgrund der hohen Staatsverschuldung von 2002 bis 2005 ständig sowohl gegen das Defizitkriterium als auch gegen die Schuldenstandsquote verstoßen. Die vorgegebene Ziel-größe der Schuldenstandsquote von ≤ 60 % des BIP wurde in Deutschland seit 2001 nicht mehr erreicht. Auch die meisten anderen Euro-Länder haben dieses Ziel nicht erreicht **(Staatsschul-denkrise).**

Entwicklung des Defizits des Staatshaushalts und des Schuldenstands in Deutschland entsprechend den »Maastricht-Kriterien«										
Jahr	2009	2010	2011	2012	2013	2014	2015	2016	2017	2018
Defizit des Staats-haushalts in % des BIP	– 3,0	– 4,1	– 0,9	0,0	– 0,1	+ 0,6	+ 0,8	+ 0,9	+ 1,0	+ 1,7
Schulden-stand in % des BIP	72,6	80,5	77,9	79,8	77,4	74,5	70,5	67,9	63,9	61,5
Schulden-stand in Mrd. €	1784,1	2037,7	2202,9	2188,1	2188,1	2189,6	2159,7	2143,9	2092,8	2052,2

Quelle: Deutsche Bundesbank, Monatsbericht März 2019, Tab. X.1
Die Höhe der Staatsverschuldung weicht wegen unterschiedlicher Berechnungsweisen teilweise von den in der volkswirtschaftlichen Gesamtrechnung ausgewiesenen Zahlen ab.

---

1 Konvergenz *(lat.):* Annährung, Übereinstimmung

Exkurs: Verfassungsgemäßer Haushalt nach Art. 115 des Grundgesetzes

Nach Art. 115 GG darf die Kreditaufnahme des Bundes die Summe der im Haushaltsplan veranschlagten Investitionen nicht überschreiten. Ausnahmen von dieser Vorschrift sind nur dann zulässig, wenn durch erhöhte Kreditaufnahme eine Störung des »gesamtwirtschaftlichen Gleichgewichts« abgewendet werden kann. Es ist aber weder eindeutig definiert, welche staatlichen Ausgaben als »öffentliche Investitionen« gelten, noch wann eine Störung des gesamtwirtschaftlichen Gleichgewichts vorliegt. Angesichts der enormen staatlichen Kreditaufnahme zur Rezessionsbekämpfung im Jahr 2009 haben Bundestag und Bundesrat durch Änderung des Art. 115 GG künftig eine Schuldenbegrenzung **(Schuldenbremse)** für Bund und Länder beschlossen. Ab 2016 ist dem Bund und ab 2020 den Ländern die Aufnahme neuer Schulden verboten, außer bei einer besonders schweren Rezession und bei Katastrophen. Außerdem sollen konjunkturbedingte Haushaltsdefizite über 1,5 % des BIP hinaus nur zulässig sein, wenn sie an einen Tilgungsplan gebunden sind.

6.2 Beziehungen zwischen den wirtschaftspolitischen Zielen

6.2.1 Magisches Vieleck als Problem der Wirtschaftspolitik

Die vielfältigen Zielbeziehungen lassen es nicht zu, dass alle Ziele – wie im Stabilitätsgesetz gefordert – **gleichzeitig** erreicht werden. Zwischen einigen **Zielen** bestehen **Konflikte,** da Maßnahmen zur Erreichung eines Ziels gleichzeitig die Erreichung eines anderen Ziels behindern.

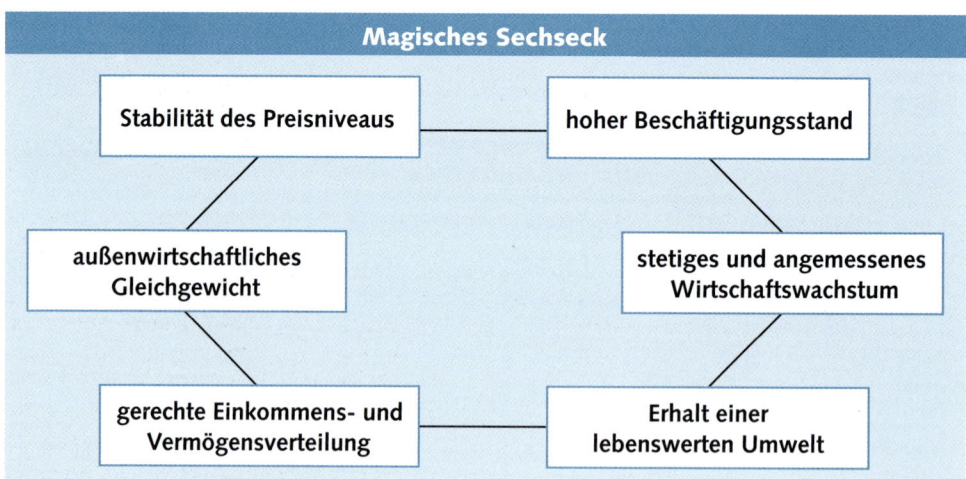

Beispielsweise können in bestimmten Fällen

- **Maßnahmen** zur **Beschäftigungsförderung** (Ziel: Hoher Beschäftigungsstand) zu Preissteigerungen führen (Ziel: Stabilität des Preisniveaus)

- **Maßnahmen** zur **Wachstumsförderung** (Ziel: Stetiges und angemessenes Wirtschaftswachstum) die Kluft zwischen Armen und Reichen verstärken (Ziel: Gerechte Einkommens- und Vermögensteilung) und/oder die Umweltbelastung erhöhen (Ziel: Erhalt einer lebenswerten Umwelt).

Wenn dagegen Maßnahmen zur Erreichung eines Ziels gleichzeitig auch die Erreichung eines anderen Ziels fördern, liegt eine **Zielharmonie** vor. Bezogen auf mögliche Konflikte zwischen den vier Zielen des Stabilitätsgesetzes wird das Zielbündel daher auch als **magisches Viereck** bezeichnet. Die Berücksichtigung weiterer Ziele führt zu einem **magischen Vieleck.**

Zielkonflikte machen es nötig, dass die Wirtschaftspolitik **Prioritäten** setzt. Die Entscheidung der Politiker über die Gewichtung und Rangfolge der anzustrebenden Ziele ist von Interessenstandpunkten abhängig und damit ein politisches **Werturteil.** In der Praxis wird meistens das Ziel am nachdrücklichsten verfolgt, das in der jeweiligen wirtschaftlichen Situation und der vermuteten künftigen Entwicklung am stärksten gefährdet ist. Das ist gegenwärtig in den meisten Ländern das Beschäftigungsziel.

> Zwischen verschiedenen wirtschaftspolitischen Zielen kann **Harmonie, Konflikt** oder **Indifferenz** bestehen. Werden miteinander in Konflikt stehende Ziele verfolgt, wird von einem magischen **Vieleck** gesprochen.

Zielharmonie (Kompatibilität, Komplementarität)	**Zielkonflikt** (Inkompatibilität, Konkurrenz)	**Zielindifferenz** (Neutralität)
Maßnahmen zur Erreichung eines Ziels begünstigen gleichzeitig auch die Erreichung eines anderen Ziels.	Maßnahmen zur Erreichung eines Ziels behindern gleichzeitig auch die Erreichung eines anderen Ziels.	Maßnahmen zur Erreichung eines Ziels beeinflussen die Erreichung eines anderen Ziels nicht.

6.2.2 Zusammenhang zwischen Beschäftigung und Wirtschaftswachstum

Die Beziehung zwischen den Zielen **Wirtschaftswachstum** und **Vollbeschäftigung** gilt grundsätzlich als **harmonisch.** Mit der Ausweitung der Produktion und der dadurch bedingten Zunahme des realen Bruttoinlandsprodukts (BIP) steigt tendenziell auch die Beschäftigung und umgekehrt.

Es besteht jedoch kein direkter Zusammenhang zwischen Wirtschaftswachstum und Beschäftigung in dem Sinne, dass z. B. 1 % Wachstum zu 1 % mehr Beschäftigung führt. Für die USA wurde vielmehr empirisch nachgewiesen, dass im Durchschnitt das reale BIP um 3,2 % steigt, wenn die Arbeitslosenquote um einen Prozentpunkt abnimmt. Dies ist u. a. dadurch bedingt, dass die Produktionssteigerung nach einer Phase der Unterbeschäftigung zunächst durch Abbau von Kurzarbeit, Erhöhung der Arbeitsproduktivität und Einführung von Überstunden bewältigt wird. Je nach Art und Ursache der Arbeitslosigkeit kann aber trotz eines stetigen Wirtschaftswachstums eine hohe »Sockelarbeitslosigkeit« bestehen bleiben (jobless growth).

In Deutschland muss das Wirtschaftswachstum mehr als 2 % betragen, um neue Arbeitsplätze zu schaffen. Die Ursache wird in den »strukturellen« Arbeitsmarkthemmnissen gesehen. Damit ist u. a. der Kündigungsschutz gemeint: Trotz verbesserter Auftragslage stellen die Unternehmen keine neuen Mitarbeiter ein, weil sie befürchten, diese bei schlechterer Auftragslage nicht mehr entlassen zu können. Andererseits werden auch die unflexiblen Tarifverträge kritisiert: Es besteht bei den Lohnverhandlungen wenig Spielraum, um auf regionale und branchenbedingte Unterschiede mit niedrigeren Lohnabschlüssen zu reagieren.

6.2.3 Zusammenhang zwischen Beschäftigung und Preisniveaustabilität

In der wirtschaftspolitischen Diskussion wird manchmal ein Zielkonflikt zwischen **Beschäftigung** und **Preisniveaustabilität** behauptet. Dabei wird wie folgt argumentiert:

● Bei hohem Beschäftigungsstand können die Arbeitnehmer Lohnsteigerungen leichter durchsetzen als bei Unterbeschäftigung. Werden diese Lohnsteigerungen von den Unternehmen in Form höherer Preise an die Konsumenten überwälzt, kommt es zu Preissteigerungen. Ein höherer Beschäftigungsstand (d. h. eine geringere Arbeitslosenquote) kann demnach nur durch eine höhere Inflationsrate erkauft werden.

● Ein anderer Erklärungsansatz besagt, dass ein hoher Beschäftigungsstand mit einer hohen gesamtwirtschaftlichen Nachfrage einhergeht, die wiederum eine Sogwirkung auf die Preise entfaltet (vgl. G 7.3.1 a).

Der behauptete Konflikt zwischen Beschäftigung und Preisniveaustabilität ist kurzfristig für den Fall einer konjunkturellen Arbeitslosigkeit durchaus plausibel und empirisch nachweisbar.

Auf Dauer besteht für die Wirtschaftspolitik aber keine Wahlmöglichkeit zwischen Inflation und Arbeitslosigkeit, da eine Verbesserung der Beschäftigungssituation langfristig nicht durch eine höhere Inflationsrate erkauft werden kann. Vielmehr lassen sich auch gesamtwirtschaftliche Zustände nachweisen, in denen weder Preisniveaustabilität noch Vollbeschäftigung herrschen. Eine solche durch **Inflation und Arbeitslosigkeit** gekennzeichnete Situation wird als **Stagflation** bezeichnet.

6.2.4 Weitere Zusammenhänge zwischen wirtschaftspolitischen Zielen

Sonstige Zielbeziehungen			
Wirtschafts- wachstum – Preisniveaustabilität	Wirtschaftswachs- tum – gerechte Ein- kommensverteilung	Wirtschafts- wachstum – Umweltschutz	Preisniveaustabilität – gerechte Ein- kommensverteilung
Ein Konflikt zwischen Wirtschaftswachstum und Preisniveausta- bilität lässt sich nicht empirisch nachweisen. Vielmehr gibt es im internationalen Ver- gleich zahlreiche Bei- spiele, mit denen sich sowohl eine harmo- nische als auch eine konkurrierende Ziel- beziehung belegen lässt.	Eine Verminderung von Einkommensun- terschieden ist leichter, wenn in einer wach- senden Wirtschaft keine gesellschaftliche Gruppe eine Verrin- gerung ihres bishe- rigen Einkommens durch Umverteilung befürchten muss, sondern Besserver- dienende lediglich geringere prozentu- ale Einkommenszu- wächse erhalten als die Bezieher niedrigerer Einkommen.	Wirtschaftswachstum erhöht die Umweltbe- lastung, da grundsätz- lich jede Mehrproduk- tion zu einem erhöhten Ressourcenverbrauch, zu vermehrten Emis- sionen und zu einem zusätzlichen Verkehrs- aufkommen führt. Andererseits können Maßnahmen zum Umweltschutz umso leichter finanziert werden, je höher das Wirtschaftswachstum und damit das Volks- einkommen ist.	Zwischen Preisniveau- stabilität und gerechter Einkommens- und Vermögensverteilung besteht Zielharmonie, weil durch eine Min- derung des Geldwertes die Einkommens- und Vermögensverteilung negativ beeinflusst wird (vgl. G 7.3.1 b).

6.3 Bereiche und Träger der Wirtschaftspolitik

Die Maßnahmen zur Erreichung der wirtschaftspolitischen Ziele lassen sich für eine Marktwirtschaft, wie sie in Deutschland existiert, in verschiedene Teilbereiche gliedern.

Wirtschaftspolitische Maßnahmen lassen sich in die Bereiche **Ordnungspolitik** und **Ablaufpolitik (Prozesspolitik)** gliedern.

Ordnungspolitik		Ablaufpolitik (Prozesspolitik)		
Festlegung der Rahmenbedingungen der Wirtschaftsordnung (= rechtliche Ausgestaltung der Eigentums-, Markt-, Wettbewerbs-, Unternehmens-, Geld-, Finanz-, Außenwirtschafts- und Sozialordnung)		Ergänzungs- und Korrekturmaßnahmen bei Marktversagen (= zielgerichtete Beeinflussung des Wirtschaftsgeschehens)		
Beispiele		**Beispiele**		
Verbraucherpolitik	**Wettbewerbspolitik**	**Infrastruktur- und Umweltpolitik**	**Stabilitäts-politik**	**Verteilungs-politik**
Stärkung der Marktposition der Verbraucher gegenüber Produzenten durch ● Verbraucherinformation ● Rechtsschutz ● Verbrauchererziehung	(Kern der Ordnungspolitik) Sicherung eines funktionsfähigen Wettbewerbs durch ● Wettbewerbsschutzpolitik (z. B. GWB) ● Wettbewerbsförderpolitik (z. B. Privatisierung, Beseitigung wettbewerbsverzerrender Vorschriften)	Bereitstellung und Regelung der Nutzung öffentlicher Güter	Vermeidung und Behebung von Konjunkturschwankungen (z. B. Preisniveau-, Beschäftigungs- und Wachstumsschwankungen)	Einkommens- und Vermögensumverteilung entsprechend den herrschenden Vorstellungen von sozialer Gerechtigkeit

Kombination von Ordnungs- und Ablaufpolitik			
Beispiele			
Strukturpolitik Beeinflussung des wirtschaftlichen Strukturwandels		**Außenwirtschaftspolitik** u. a. Beeinflussung des Außenhandels, des Kapitalverkehrs und der internationalen Währungsbeziehungen	**Wachstumspolitik** Erhöhung des realen Inlandsprodukts durch Förderung von ● Investitionen, ● Qualifikation der Arbeitskräfte, ● Forschung/Entwicklung (technischer Fortschritt), ● Wettbewerb
Sektorale Strukturpolitik (z. B. Industrie-, Agrarpolitik)	**Regionale Strukturpolitik** (z. B. Förderung des ländliches Raums)		

Die **Träger der Wirtschaftspolitik,** d. h. die für die wirtschaftspolitischen Maßnahmen zuständigen Institutionen, lassen sich wie folgt einteilen:

Träger der Wirtschaftspolitik					
Entscheidungsträger				Einflussträger (Beeinflussung und Beratung der Entscheidungsträger)	
Staatliche Institutionen	Institutionen unter staatlicher Aufsicht	Autonome (= vom Staat unabhängige) Institutionen	Internationale Institutionen	öffentlich-rechtliche Institutionen	private Institutionen
Beispiele					
Legislative Parlamente (Bund, Länder, Kommunen) **Exekutive** Regierungen (Bund, Länder, Verwaltungen, Behörden) **Judikative** u. a. Bundesverfassungsgericht, Arbeits- und Sozialgerichte	**Bundeskartellamt** (Wettbewerbspolitik) **Bundesagentur für Arbeit** (Arbeitsmarktpolitik)	**Europ. System der Zentralbanken (ESZB)** (Geldpolitik) **Selbstverwaltungsorgane** Landwirtschafts-, Handwerks-, Industrie- u. Handelskammern **Tarifparteien** Gewerkschaften und Arbeitgeberverbände (Lohnpolitik)	**Europäische Union** (EU) **Internationaler Währungsfonds** (IWF) **Welthandelsorganisation** (WTO)	**Beratungsgremien** Sachverständigenrat (»Rat der fünf Weisen«), Monopolkommission, wirtschaftliche Beiräte	**Interessengruppen** Verbände, Parteien

Zu den Trägern der Wirtschaftspolitik gehören Bund, Länder und Gemeinden, andere öffentlich-rechtliche Institutionen, internationale Organisationen sowie nichtstaatliche Interessenverbände.

Lernkontrollen zu G 6

Magisches Viereck

1 Untersuchen Sie anhand der folgenden Abbildung, in welchen Jahren seit 1967 mindestens zwei der Ziele des magischen Vierecks gleichzeitig erreicht waren.

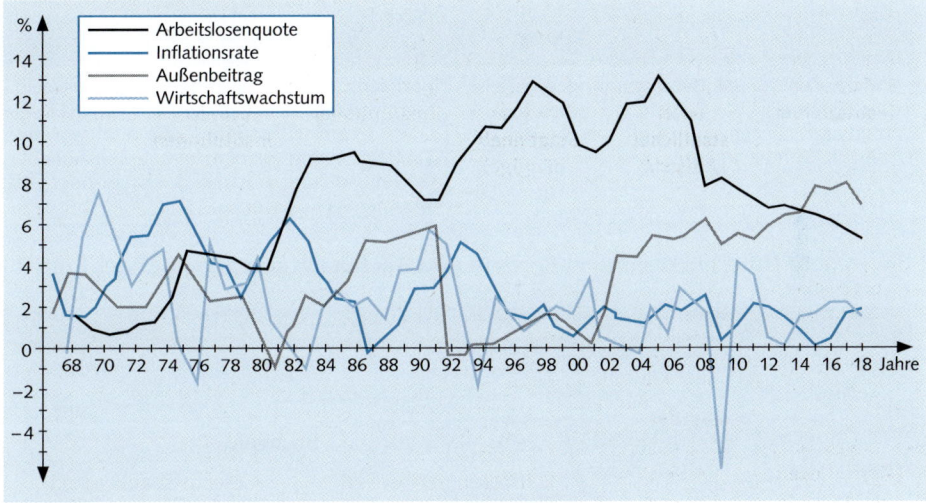

- Arbeitslosenquote: Arbeitslose in % aller Erwerbspersonen (ohne Soldaten)
- Wirtschaftswachstum: Wachstumsraten des realen BIP
- Inflationsrate: Veränderung des Verbraucherpreisindex
- Außenbeitragsquote: Anteil des Außenbeitrags (Exporte-Importe) am nominalen BIP

Aktuelle Zahlen: www.destatis.de

2 Welche Rückschlüsse lassen sich aus dem Ergebnis von 1. ziehen?

Zielbeziehungen

3 Prüfen Sie mögliche Zielbeziehungen zwischen den folgenden gesamtwirtschaftlichen Zielen. Begründen Sie die Zusammenhänge.

a) Beschäftigung – Wirtschaftswachstum

b) Beschäftigung – Preisniveaustabilität

c) Wirtschaftswachstum – Umweltschutz

d) Wirtschaftswachstum – gerechte Einkommens- und Vermögensverteilung

e) Preisniveaustabilität – gerechte Einkommens- und Vermögensverteilung

7 Geldpolitik und Preisniveau

7.1 Geldarten

In einer modernen Volkswirtschaft kann zwischen dem von der Zentralbank und dem von den Geschäftsbanken geschaffenen Geld wie folgt unterschieden werden:

Zentralbankgeld	Geschäftsbankengeld (Buch- und Giralgeld)
Von der Zentralbank (Notenbank) geschaffenes Geld. Es umfasst das Bargeld in Form von Banknoten und Münzen sowie Guthaben bei der Zentralbank (Sichteinlagen[1]).	Von den Geschäftsbanken geschaffenes Geld in Form von Sichteinlagen der Nichtbanken[2]. Über derartige Guthaben, die dem laufenden Zahlungsverkehr dienen, kann durch Abhebung (= Umwandlung in Bargeld), Scheck oder Überweisung verfügt werden.

Eine weitere Untergliederung in **Bargeld** und **Buchgeld** führt zu folgender Einteilung:

Geldarten in der Europäischen Währungsunion		
Münzen 28,9 Mrd. €	Banknoten 1 208,7 Mrd. €	
		Buchgeld
Bargeld 1 237,6 Mrd. €	Guthaben bei der EZB (Einlagen von Banken und öffentlichen Haushalten) 2 292,9 Mrd. €	Geschäftsbankengeld (täglich fällige Sichteinlagen von Nichtbanken) 7 127,1 Mrd. €
Zentralbankgeld (Geldbasis) 3 530,5 Mrd. €		
Geld 10 657,6 Mrd. €		

Stand: Januar 2019

> Die **Zentralbank** ist die zentrale geldpolitische Institution einer Volkswirtschaft, die für die Erreichung der geldpolitischen Ziele (insbesondere der Preisniveaustabilität) verantwortlich ist und den Zahlungsverkehr sicherstellt. Sie hat das alleinige Recht zur Ausgabe von Banknoten **(Notenbank).**

Im Euro-Währungsgebiet (Europäische Währungsunion) werden die Aufgaben der Zentralbank von der **Europäischen Zentralbank (EZB)** und den **nationalen Zentralbanken** der Euro-Teilnehmerstaaten übernommen, die zusammen das **Eurosystem** bilden.

> **Geschäftsbanken** (Kreditinstitute) sind Unternehmen, die Bankgeschäfte (z. B. Annahme von Geldern als Einlage, Kreditgewährung, Verwaltung von Wertpapieren, Abwicklung des bargeldlosen Zahlungsverkehrs) betreiben.

Die Summe aus dem im Geschäftsbankensektor befindlichen Zentralbankgeld (Bargeldbestand der Geschäftsbanken und Guthaben bei der Zentralbank) und dem Bargeldbestand der Nichtbanken **(= Bargeldumlauf)** wird auch als **Geldbasis (M0)** bezeichnet.

---

1 Sichteinlagen sind Guthaben auf einem Bankkonto, die »bei Sicht« fällig sind, d. h., über diese Beträge kann (ohne Kündigungsfrist) sofort verfügt werden (= Guthaben auf Girokonten).

2 Nichtbanken sind private Haushalte und Organisationen (z. B. Vereine), Unternehmen (ohne Banken) und staatliche Institutionen.

7.2 Binnenwert des Geldes

7.2.1 Kaufkraft und Preisniveau

Geld ist ein Tauschmittel. Sein Tauschwert hängt von der Gütermenge ab, die mit einer Geldeinheit erworben werden kann. Dieser Tauschwert wird auch als Kaufkraft des Geldes bezeichnet.

> Der **Geldwert** wird durch die Kaufkraft des Geldes bestimmt. Ausdruck für die **Kaufkraft** des Geldes ist die Gütermenge, die mit einer Geldeinheit erworben werden kann.

Wird die Kaufkraft des Geldes auf die Menge inländischer Güter bezogen, die für eine Einheit inländischen Geldes erworben werden kann, handelt es sich um den **Binnenwert des Geldes** (innerer Geldwert). Der **Außenwert des Geldes** (äußerer Geldwert) gibt demgegenüber an, wie viele ausländische Güter je inländischer Geldeinheit gekauft werden können. Der Außenwert des Geldes ist vom Wechselkurs abhängig (vgl. G 10.3).

Die **Kaufkraft des Geldes** ist von den Güterpreisen abhängig. Je höher die Güterpreise sind, desto weniger Mengeneinheiten können mit einer Geldeinheit erworben werden.

Um ermitteln zu können, ob sich die Kaufkraft des Geldes in einer Volkswirtschaft verändert hat, ist nicht die Preisentwicklung einzelner Güter entscheidend. Preiserhöhungen bei einzelnen Gütern können nämlich durch Preissenkungen bei anderen Gütern wieder ausgeglichen werden. Für die Messung der Kaufkraft kommt es vielmehr auf die Veränderung des Durchschnitts aller wichtigen Güterpreise in einer Volkswirtschaft an. Der Durchschnittspreis einer bestimmten Menge unterschiedlicher Güter ist das Preisniveau.

> Das **Preisniveau** ist der Durchschnitt aller wichtigen Güterpreise in einer Volkswirtschaft.

Kaufkraft des Geldes

Erhält ein Käufer zu einem bestimmten Zeitpunkt für einen Euro fünf Brötchen und zu einem späteren Zeitpunkt nur noch vier Brötchen, so ist die Kaufkraft des Geldes in Bezug auf die Brötchen gesunken. Ursache dafür ist die Preissteigerung je Brötchen von 0,20 € auf 0,25 €. Die Preissteigerung in Höhe von 25 % (von 0,20 € auf 0,25 €) bewirkt einen Kaufkraftverlust in Höhe von 20 % (von fünf Brötchen auf vier Brötchen).

Die Kaufkraft des Geldes und das Preisniveau stehen in umgekehrtem Verhältnis zueinander:

> Wenn das Preisniveau steigt, sinkt die Kaufkraft des Geldes, und umgekehrt. Die **Kaufkraft des Geldes** ist der **Kehrwert des Preisniveaus:**
>
> $$\text{Kaufkraft des Geldes} = \frac{1}{\text{Preisniveau}}$$

7.2.2 Messung des Preisniveaus: Verbraucherpreisindex

Die wirtschaftspolitisch wichtigste Kennzahl zur Messung der durchschnittlichen Preisveränderung ist der vom Statistischen Bundesamt ermittelte **Verbraucherpreisindex** (VPI). Er bringt die Preisentwicklung typischer Güter der Lebenshaltung von Durchschnittshaushalten zum Ausdruck und wird üblicherweise als Maßstab für die Veränderung des Preisniveaus und der Kaufkraft des Geldes in Deutschland benutzt.

> Der Verbraucherpreisindex misst die durchschnittlichen Preisveränderungen aller Waren und Dienstleistungen, die von privaten Haushalten für Konsumzwecke gekauft werden. Er dient als Maßstab für die Veränderung von Preisniveau und Kaufkraft in einer Volkswirtschaft.

Ein Maßstab für die Preisniveauentwicklung im gesamten Euro-Währungsraum ist der vom Europäischen Statistischen Amt ermittelte **Harmonisierte Verbraucherpreisindex** (HVPI).

a) Vorgehensweise zur Berechnung eines Verbraucherpreisindex

> Das **Basisjahr** ist ein ausgewähltes Kalenderjahr, das als Vergleichsmaßstab für die Folgejahre **(Berichtsjahre)** dienen soll.

● **Zusammenfassung typischer Konsumgüter zu einem Warenkorb**

Wegen ihrer Vielzahl und ihrer unterschiedlichen Bedeutung können und sollen nicht alle Konsumgüter in die Preisbeobachtung einbezogen werden. Durch gezielte Marktbeobachtung werden daher zunächst solche Konsumgüter, die besonders typisch sind und häufig gekauft werden, ausgewählt und zu einem Warenkorb zusammengestellt.

● **Bewertung der Güter des Warenkorbs mit den Preisen des Basisjahres**

Die Güter des Warenkorbes werden mit den durchschnittlichen Preisen des Basisjahres bewertet und mit den Verbrauchsmengen gewichtet. Für den Wert dieses Warenkorbs im Basisjahr wird ein Preisindex von 100 festgesetzt.

● **Bewertung der Güter des Warenkorbs mit den Preisen des Berichtsjahres**

In den auf das Basisjahr folgenden Jahren werden dieselben Güter, die den Warenkorb des Basisjahres bilden, mit den aktuellen Preisen des Berichtsjahres bewertet, aber weiterhin mit den durchschnittlich verbrauchten Mengen des Basisjahres gewichtet. Auf diese Weise lässt sich der Wert der Güter des Warenkorbs im Berichtsjahr ermitteln.

● **Vergleich zwischen Basisjahr und Berichtsjahr**

Der Wert der Güter des Warenkorbs im Basisjahr wird mit dem Wert des Warenkorbs im Berichtsjahr verglichen. Die in Prozent ausgedrückte Wertänderung gibt die Veränderung der Lebenshaltungskosten **(Inflationsrate)** an, um die sich der Preisindex gegenüber dem Basisjahr erhöht.

	Basisjahr 2010			Berichtsjahr 2018		Berechnung
Güter	Preise p_0	Menge q_0	Ausgaben $p_0 \cdot q_0$	Preise p_1	Ausgaben $p_1 \cdot q_0$	
A	12,50 €/kg	16 kg	200,00 €	13,50 €/kg	216,00 €	$p = \dfrac{\Sigma\, p_1 \cdot q_0}{\Sigma\, p_0 \cdot q_0} \cdot 100$
B	4,00 €/kg	75 kg	300,00 €	5,00 €/kg	375,00 €	
C	2,00 €/kg	250 kg	500,00 €	2,50 €/kg	625,00 €	$= \dfrac{1216}{1000} \cdot 100 = 121,6$
Σ			1 000,00 €		1 216,00 €	

Berechnungsbeispiel für einen Warenkorb mit drei Gütern

Im vorliegenden Beispiel beträgt der Preisindex im Berichtsjahr 121,6, d. h., im Berichtsjahr mussten für den gleichen Warenkorb 21,60 % mehr bezahlt werden als im Basisjahr. Von 2010 (Basisjahr) bis 2018 (Berichtsjahr) haben sich die Lebenshaltungskosten somit um 21,6 %erhöht. Dieser Berechnung liegt folgende Formel zugrunde, die häufig bei Preisindexermittlungen angewandt wird **(Laspeyres-Index)**[1]:

$$p = \frac{\Sigma\, p_1 \cdot q_0}{\Sigma\, p_0 \cdot q_0} \cdot 100$$

p_0 = Preis im Basisjahr
q_0 = Menge im Basisjahr
p_1 = Preis im Berichtsjahr

b) Ermittlung des Verbraucherpreisindex für Deutschland durch das Statistische Bundesamt

● **Warenkorb**

Die Auswahl der **Güter des Warenkorbs** durch das Statistische Bundesamt erfolgt in Form von repräsentativen[2] Stichproben.

● **Preiserfassung**

Für die Messung der Preisentwicklung werden in ca. 190 Gemeinden jeden Monat die Preise der gleichen Produkte in denselben Geschäften notiert. Zusätzlich erfolgt für viele Güterarten eine zentrale Preiserhebung, beispielsweise im Internet oder in Versandhauskatalogen.

● **Gewichtung der Güterarten des Warenkorbs (Wägungsschema)**

Anstelle der nur schwer zu ermittelnden Verbrauchsmengen werden die ermittelten Preise aller Güterarten des Warenkorbs mit den jeweiligen **Ausgabenanteilen,** die die privaten Haushalte im Durchschnitt für diese Güterart ausgeben, gewichtet. Die Informationen werden insbesondere von Haushalten, die auf freiwilliger Basis ein Haushaltsbuch führen, gewonnen.

Durch Zusammenfassung der ca. 700 Güterarten des Warenkorbs und deren **Ausgabenanteile** (in Promille) ergibt sich das **Wägungsschema.**

---

1   Die Formel wurde 1871 erstmals von dem Statistiker Etienne Laspeyres (1834–1913) für Indexberechnungen aufgestellt und angewandt.

2   repräsentativ *(lat.):* stellvertretend, typisch, charakteristisch

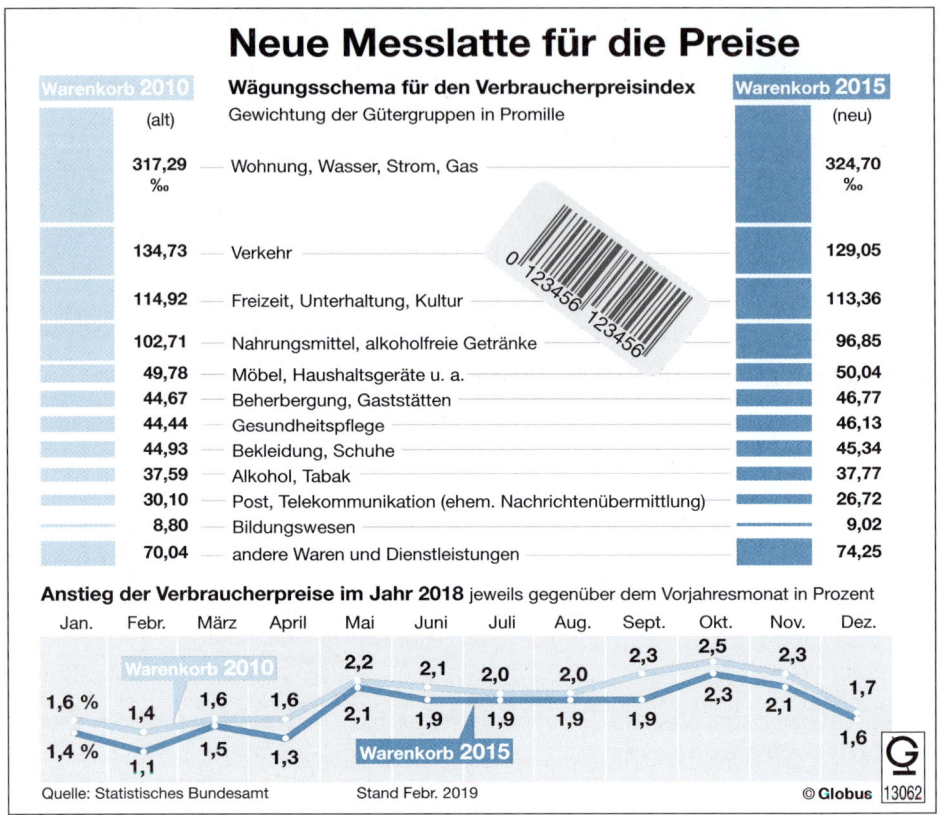

Neue Messlatte für die Preise

Wägungsschema für den Verbraucherpreisindex
Gewichtung der Gütergruppen in Promille

Warenkorb 2010 (alt)	Gütergruppe	Warenkorb 2015 (neu)
317,29 ‰	Wohnung, Wasser, Strom, Gas	324,70 ‰
134,73	Verkehr	129,05
114,92	Freizeit, Unterhaltung, Kultur	113,36
102,71	Nahrungsmittel, alkoholfreie Getränke	96,85
49,78	Möbel, Haushaltsgeräte u. a.	50,04
44,67	Beherbergung, Gaststätten	46,77
44,44	Gesundheitspflege	46,13
44,93	Bekleidung, Schuhe	45,34
37,59	Alkohol, Tabak	37,77
30,10	Post, Telekommunikation (ehem. Nachrichtenübermittlung)	26,72
8,80	Bildungswesen	9,02
70,04	andere Waren und Dienstleistungen	74,25

Anstieg der Verbraucherpreise im Jahr 2018 jeweils gegenüber dem Vorjahresmonat in Prozent

	Jan.	Febr.	März	April	Mai	Juni	Juli	Aug.	Sept.	Okt.	Nov.	Dez.
Warenkorb 2010	1,6 %	1,4	1,6	1,6	2,2	2,1	2,0	2,0	2,3	2,5	2,3	1,7
Warenkorb 2015	1,4 %	1,1	1,5	1,3	2,1	1,9	1,9	1,9	1,9	2,3	2,1	1,6

Quelle: Statistisches Bundesamt   Stand Febr. 2019   © Globus 13062

Das **Wägungsschema** gibt an, welchen Anteil die einzelnen Güterarten an den gesamten Konsumausgaben der privaten Haushalte haben.

- **Aktualisierung des Wägungsschemas**

  Der Preisindex wird alle fünf Jahre auf ein neues Basisjahr umgestellt. Bei dieser regelmäßigen Umstellung erfolgt jedes Mal eine Aktualisierung des Wägungsschemas. Dadurch lassen sich auf der Basis neuer Daten über die Verbrauchsgewohnheiten Änderungen des Konsumverhaltens der privaten Haushalte im Zeitablauf berücksichtigen.

c) Entwicklung des Verbraucherpreisindex

Verbraucherpreisindex in Deutschland, Basisjahr 2010									
Jahr		2011	2012	2013	2014	2015	2016	2017	2018
Preisindex		102,1	104,1	105,7	106,6	106,9	107,4	109,3	111,4
Veränderung zum Vorjahr	Indexpunkte	2,1	2,0	1,6	0,9	0,3	0,5	1,9	2,1
	in %	2,10	1,96	1,54	0,85	0,28	0,47	1,77	1,92

Quelle: Deutsche Bundesbank, Monatsberichte

Die Veränderung des Preisindex kann in **Indexpunkten** oder in **Prozent (Inflationsrate)** angegeben werden.

Der Preisindex ist von 2010 (100) bis 2018 (111,4) um 11,4 Indexpunkte gestiegen. Das entspricht einer Erhöhung um 11,4 %.

Der Preisindex ist 2018 (111,4) gegenüber 2017 (109,3) um 2,1 Indexpunkte gestiegen. Als prozentuale Veränderung (Inflationsrate) ausgedrückt, ergibt das eine Erhöhung von 1,92 % (111,4 · 100/109,3 = 101,92).

$$\text{Inflationsrate} = \frac{\text{neuer Preisindex} - \text{alter Preisindex}}{\text{alter Preisindex}} \cdot 100$$

d) Entwicklung der Kaufkraft (Geldwertentwicklung für die Verbraucher)

Die Kaufkraft ist der Kehrwert des Preisniveaus (Kaufkraft = 1/p), d.h.:

Je höher das Preisniveau, desto niedriger die Kaufkraft.

Wird das Preisniveau (P) durch einen Preisindex ausgedrückt, lässt sich die Kaufkraft im Vergleich zu einem anderen Jahr wie folgt berechnen:

$$\text{Kaufkraft} = \frac{\text{Preisindex des Vergleichsjahres (z.\,B. Basisjahr 2010): Index 100}}{\text{Preisindex des Berichtsjahres (z.\,B. Berichtsjahr 2018): Index 111,4}} \cdot 100$$

Der sich bei der Kaufkraftberechnung ergebende Wert gibt an, wie hoch die Kaufkraft im **Berichtsjahr** gegenüber dem **Vergleichsjahr (z.\,B. Basisjahr)** ist.

Preisindex $_{alt}$ Basisjahr	100	Kaufkraftindex$_{alt}$ 100	
Preisniveauänderung	+ 11,4 %		
Preisindex $_{neu}$ (2018)	111,4	$\text{Kaufkraftindex}_{neu} = \dfrac{100}{111,4} \cdot 100 = \mathbf{89,8}$	

$$\text{Kaufkraftänderung} = \frac{\text{alter Preisindex } 100 - \text{neuer Preisindex } 111,4}{\text{neuer Preisindex } 111,4} \cdot 100 = -10,23\,\%$$

Die Kaufkraft ist 2018 gegenüber 2010 um 10,23 % gesunken **(Kaufkraftverlust).**

e) Realeinkommen

Eine Erhöhung des Preisniveaus und die damit einhergehende Minderung der Kaufkraft des Geldes bedeutet für die privaten Haushalte nicht zwangsläufig eine Verringerung ihres Wohlstands. Entscheidend ist, wie sich die **Einkommen der Haushalte** entwickeln. Das **Nominaleinkommen** ist der dem Einkommen entsprechende Geldbetrag. Beim **Realeinkommen** wird dagegen auch berücksichtigt, welche Gütermenge mit einem bestimmten Nominaleinkommen gekauft werden kann.

Das Realeinkommen berücksichtigt die Kaufkraft des Einkommens. Es gibt die Gütermenge an, die mit einem bestimmten Nominaleinkommen gekauft werden kann.

$$\text{Realeinkommen} = \frac{\text{Nominaleinkommen}}{\text{Verbraucherpreisindex}} \cdot 100$$

f) Aussagekraft des Verbraucherpreisindex

Die Aussagekraft des Verbraucherpreisindex als Maßstab für Preisniveauänderungen ist u. a. aus folgenden Gründen eingeschränkt:

● Die **Auswahl der Güter** für den Warenkorb und ihre Gewichtung mit dem jeweiligen Ausgabenanteil stimmen nicht für alle Haushalte mit den Konsumgewohnheiten überein. Es wird nicht nach einzelnen sozialen Gruppen der Bevölkerung unterschieden.

● **Neue Konsumgüter** sind typischerweise zunächst teuer und werden dann immer preisgünstiger. Durch die **verspätete Aktualisierung** des Warenkorbs bleiben die anfänglich hohen Preise dieser Güter unberücksichtigt.

● Eingetretene Änderungen der Konsumgewohnheiten, durch die sich die Ausgabenanteile für einzelne Gütergruppen ändern, werden durch die Aktualisierung des Wägungsschemas im Rhythmus von fünf Jahren nur verspätet berücksichtigt.

● **Preissteigerungen aufgrund besserer Qualität** werden nicht oder nur unzureichend erfasst. Wenn beispielsweise Autos teurer werden, lässt sich statistisch der Teil der Preissteigerung, der auf besserer Qualität und Ausstattung beruht, nicht von den anderen Ursachen der Preissteigerung trennen. Die tatsächliche Preissteigerung ist daher geringer als die für den Preisindex zugrunde gelegte.

Durch die sogenannte **hedonische Preismessung**[1] wird seit einiger Zeit versucht diesen Mangel zu beheben. Bleibt z.B. der Preis eines Computers trotz Qualitätsverbesserungen konstant, ergibt sich bei diesem Verfahren, dass ein Computer mit gleicher Qualität billiger geworden sein muss. Es wird geschätzt, dass insbesondere wegen der nicht erfassten Qualitätsänderungen die in Deutschland gemessene Preisniveauänderung um ca. ¾ Prozentpunkte zu hoch ausfällt.

● Preisgünstige **neue Vertriebsformen** (z. B. Telefon- und Internet-Shopping) können nur mit zeitlicher Verzögerung berücksichtigt werden. Daher fällt die gemessene Teuerung zu hoch aus.

Konsumenten empfinden die Inflation in der Regel als etwa dreimal so hoch wie die von den Statistikern ermittelte Erhöhung des Verbraucherpreisindex (»**gefühlte Inflation**«). Das hat u. a. folgende Gründe:

● Preissteigerungen werden von den Verbrauchern intensiver wahrgenommen und höher bewertet als Preissenkungen.

● Wenn häufig gekaufte Produkte teurer werden, geht dies besonders stark in das Bewusstsein der Konsumenten ein. Preissenkungen bei Gütern, die selten gekauft werden oder bei denen die Ausgaben vom Konto abgebucht werden (z. B. Telefon), werden kaum wahrgenommen.

---

1 hedonisch (gr.): lust-, genussvoll. Als hedonisch wird eine Bewertungsmethode bezeichnet, die ein Objekt nicht nur nach seinen äußeren, sondern auch nach seinen inneren Werten beurteilt.

7.3 Ursachen und Auswirkungen von Geldwertveränderungen

7.3.1 Inflation

> **Inflation** ist ein anhaltender Prozess allgemeiner Preiserhöhungen. Er führt zu einem **Anstieg des Preisniveaus** und damit zu einer **Minderung der Kaufkraft des Geldes.** Als Inflationsmaßstab dient üblicherweise der Verbraucherpreisindex.

a) Inflationsursachen

Inflationstheorien liefern insbesondere folgende **drei Erklärungsansätze** für die Entstehung von Inflation:

Inflationsursachen		
Geldmengenbedingte Inflation	**Nachfragebedingte Inflation**	**Angebotsbedingte Inflation**
Zu starke Ausdehnung der (nachfragewirksamen) Geldmenge im Verhältnis zur Güterproduktion.	Die gesamtwirtschaftliche Nachfrage ist größer als das mit den bestehenden Produktionskapazitäten zu erstellende gesamtwirtschaftliche Angebot (Nachfrageüberschuss). Die gesamtwirtschaftliche Nachfrage kann steigen, durch erhöhte ● Konsumgüternachfrage (C) ● Investitionsgüternachfrage (I) ● Staatsnachfrage (G) ● Exportgüternachfrage (Ex)	Marktmächtige Unternehmen sind in der Lage, Kostensteigerungen in Form von Preiserhöhungen an die Verbraucher zu überwälzten **(Kostendruckinflation).** Wenn der Grund für die von den Unternehmen durchgesetzten Preiserhöhung in einer Erhöhung der Gewinnmargen liegt, wird von einer **Gewinninflation** gesprochen.

In der Realität bestehen Wechselwirkungen zwischen den verschiedenen Inflationsursachen. In jedem Fall geht eine Inflation mit einer Erhöhung der Geldmenge einher. Andernfalls kann das Preisniveau nicht steigen.

Aus dem Zusammenspiel von angebotsbedingter und nachfragebedingter Inflation kann wie folgt eine sog. **Lohn-Preis-Spirale** entstehen: Lohnerhöhungen werden von den Unternehmen in die Preise einkalkuliert und an die Verbraucher überwälzt. Die Lohnerhöhungen führen aber gleichzeitig zu einem Anstieg der Konsumgüternachfrage und damit der gesamtwirtschaftlichen Nachfrage. Daraus ergibt sich ein zusätzlicher Preisauftrieb, der wiederum zu erhöhten Lohnforderungen führt usw.

b) Inflationswirkungen

Inflation kann zu einer erheblichen Beeinträchtigung wirtschafts- und gesellschafts-politischer Ziele führen. Deshalb ist die Inflationsvermeidung und -bekämpfung ein wesentlicher Bereich der Wirtschaftspolitik.

▶ Negative Wirkungen auf die wirtschaftliche Entwicklung

In einer Marktwirtschaft übernehmen die Preise u. a. eine Steuerungs- und Signalfunk-tion (vgl. G 3.2). Ein funktionierender Preismechanismus sorgt nach marktwirtschaft-licher Auffassung dafür, dass bedarfsgerechte Güter produziert und die Produktions-faktoren einer effizienten Verwendung zugeführt werden **(= optimale Allokation der Produktionsfaktoren).**

Im Fall einer Inflation ist die reibungslose Erfüllung dieser Preisfunktionen aber nicht mehr gewährleistet. Bei einer fortwährenden allgemeinen Preissteigerung können die Preise beispielsweise nicht mehr die Knappheit einzelner Güter signalisieren. Die **Signalfunktion des Preises** (= Preis als Knappheitsindikator) ist beeinträchtigt. Daraus können sich **fehlerhafte Investitions- und Produktionsentscheidungen** mit der Folge eines uneffizienten Einsatzes der Produktionsfaktoren **(= Fehlallokation)** ergeben.

Außerdem sorgt ein stabiles Preisniveau dafür, dass die in die langfristigen Zinssätze einkalku-lierte Inflationsrisikoprämie gering ist. Das führt zu einem niedrigen Niveau der langfristigen Zinsen und kann stimulierend auf Investitionen und Wachstum wirken. Hohe Inflationsraten können zudem die internationale Wettbewerbsfähigkeit einer Volkswirtschaft beeinträchtigen. Ein Rückgang der Exporte mit negativen Auswirkungen für Wachstum und Beschäftigung kann die Folge sein.

▶ Negative Verteilungswirkungen

Negative Wirkungen einer Inflation ergeben sich insbesondere für die Einkommens- und Vermögensverteilung in einer Volkswirtschaft.

Umverteilungseffekte einer Inflation	
Benachteiligte Gruppen einer Inflation	**Begünstigte Gruppen einer Inflation**
Arbeitnehmer: Die Realeinkommen der Arbeitnehmer sinken, wenn die Preissteigerungen nicht oder erst mit zeitlichem Abstand durch höhere Löhne ausgeglichen werden. Die Arbeitnehmer sind in diesem Fall zumindest zeitweise Inflations-verlierer. **Bezieher von Transfereinkommen:** Wenn Renten und andere staatliche Transfer-zahlungen (z. B. Kindergeld, Sozialhilfe) nicht oder nur verspätet in gleichem Maße erhöht werden, wie die Preise steigen, sinkt die reale Kaufkraft dieser Einkommensbezieher.	**Unternehmer:** Die Bezieher von Gewinneinkommen sind gegenüber den Lohnempfängern im Vorteil, wenn die Erhöhung der Güterpreise einer Lohn- und Zinserhöhung vorausgeht. Da sich der Realwert von Sachvermögen durch die Inflation nicht ändert und betriebliches Vermögen großenteils aus Sachvermögen besteht, gehören die Unternehmer zu den Inflationsgewinnern.

Fortsetzung der Tabelle aus der nächsten Seite

Umverteilungseffekte einer Inflation	
Benachteiligte Gruppen einer Inflation	**Begünstigte Gruppen einer Inflation**
Gläubiger (Sparer): Die Inflation wirkt sich auf Geldvermögen (Bankguthaben, Schuldverschreibungen usw.) anders als auf Sachvermögen (Immobilien, Maschinen usw.) aus. Der Realwert von Geldforderungen sinkt durch die Inflation. Nur wenn der Nominalzinssatz höher als die Inflationsrate ist, ist auch die Realverzinsung positiv. Andernfalls gehören die Gläubiger (Sparer) zu den Inflationsverlierern. Wenn das Geld seine Funktion als Wertaufbewahrungsmittel verliert, kommt es zu einer »Flucht in die Sachwerte (Betongold)«, d. h., die Nachfrage nach Sachvermögen (Grundstücke, Häuser, Edelmetalle) steigt. Dadurch werden zusätzliche Preissteigerungen ausgelöst.	**Schuldner:** Wenn die Höhe der zu tilgenden Schuld in einem festen Geldbetrag besteht und nicht durch Inflationsgleitklauseln an die tatsächliche Kaufkraftentwicklung angepasst wird, gehören die Schuldner zu den Inflationsgewinnern. Der Realwert ihrer Schulden wird durch die Inflation geringer. Das gilt auch für die Staatsverschuldung. Angesichts der hohen Verschuldung mancher Staaten können Politiker daher durchaus ein Interesse an höheren Inflationsraten haben, um so die reale Staatsverschuldung zu senken und zur Lösung der Finanzierungsprobleme des Staates beizutragen.
Steuerzahler: Aufgrund des progressiven Einkommensteuertarifs in Deutschland werden höhere Einkommen infolge der Progression mit einem höheren Steuersatz belegt. Sind die Einkommenssteigerungen lediglich Ausgleich für Preissteigerungen, liegt für die Steuerzahler kein realer Kaufkraftzuwachs vor. Trotzdem steigt die Einkommensteuerbelastung absolut und prozentual **(kalte Progression).** Bei Preissteigerungen erhöhen sich auch die von den Endverbrauchern zu tragenden Verbrauchsteuern (z. B. Umsatzsteuer). Die Steuerzahler gehören daher zu den Inflationsverlierern.	**Staat:** Wenn es als Ausgleich für Preissteigerungen zu Einkommenssteigerungen kommt, steigen auch die Steuereinnahmen des Staates aus der Einkommensteuer. Daneben erhöhen Preissteigerungen das Umsatzsteueraufkommen. Außerdem nimmt der Realwert der enormen Staatsschulden durch die Inflation ab. Der Staat gehört daher zunächst zu den Inflationsgewinnern. Wenn aber die Staatsausgaben aufgrund der Inflation ansteigen (z. B. höhere Gehälter im öffentlichen Dienst, höhere Preise für staatliche Bauaufträge usw.), kann der Staat mittel- bis langfristig auch zu den Inflationsverlierern gehören.

7.3.2 Deflation

> **Deflation** ist ein Prozess anhaltender **Preisniveausenkung** bzw. anhaltender **Geldwertsteigerung.**

Ein Ungleichgewicht zwischen nachfragewirksamer Geldmenge und güterwirtschaftlichem Gesamtangebot kann sowohl Ursache einer Inflation als auch Ursache einer Deflation sein.

Wenn das Wachstum der gesamtwirtschaftlichen Nachfrage nachhaltig hinter dem Anstieg des realen Inlandprodukts (= gesamtwirtschaftliches Angebot) zurückbleibt, kommt es zu einer **Nachfragelücke.** Die Preissenkungen und die dadurch ausgelösten Lohnsenkungen führen zu Gewinn- und Einkommensminderungen, die wiederum weitere Nachfragerückgänge auslösen. Ein solches gesamtwirtschaftliches Missverhältnis zwischen Angebot und Nachfrage, das auch als **deflatorische Lücke** bezeichnet wird, kann binnenwirtschaftlich bedingt sein durch

- pessimistische Zukunftserwartungen mit abnehmender Konsum- und Investitionsneigung, zunehmender Ersparnisbildung, abnehmender Kreditnachfrage, sinkenden Zinsen und sinkender Umlaufgeschwindigkeit des Geldes,

- Kürzungen der Staatsausgaben zum Ausgleich von Defiziten öffentlicher Haushalte.

Auslöser einer deflationären Entwicklung kann ein Börsenkrach sein. So leiteten beispielsweise die als »Schwarzer Freitag« bekannten Kursverluste an der New Yorker Aktienbörse vom 25. Oktober 1929 eine weltweite Deflation (Weltwirtschaftskrise 1929–1933) ein. In Japan war das Platzen einer »Spekulationsblase« Ende der 1980er-Jahre der Beginn einer über ein Jahrzehnt dauernden Deflation. Auch in der Euro-Zone sind seit der internationalen Bankenkrise (2009) die Preissteigerungsraten auf ein Niveau gesunken, das von einigen Wirtschaftswissenschaftlern als Deflationsgefahr angesehen wird.

200 360 © Bergmoser + Höller Verlag AG

7.4 Geldpolitik

7.4.1 Das Europäische System der Zentralbanken (ESZB) und seine Aufgaben

Inflation ist auf Dauer ohne Ausweitung der **Geldmenge** nicht möglich. Daher ist die Beeinflussung der Geldmenge ein wesentlicher Ansatzpunkt, um Inflation und Deflation zu vermeiden und zur Erreichung wirtschaftspolitischer Ziele beizutragen. In den meisten Ländern wird die Aufgabe der Geldmengenregulierung von einer **Zentralbank** als **Träger der Geldpolitik** wahrgenommen. Seit Beginn der Europäischen Währungsunion (EWU) zum 1. Januar 1999 gibt es für das gesamte Euro-Währungsgebiet nur noch eine **gemeinsame Geldpolitik.** Zuständig dafür ist das »**Europäische System der Zentralbanken**« (ESZB).

Das ESZB besteht aus der Europäischen Zentralbank (EZB) und den rechtlich selbstständigen nationalen Zentralbanken (NZB) der EU-Mitgliedsstaaten. Die EZB und die NZBen der Euro-Teilnehmerstaaten werden als **Eurosystem** bezeichnet.

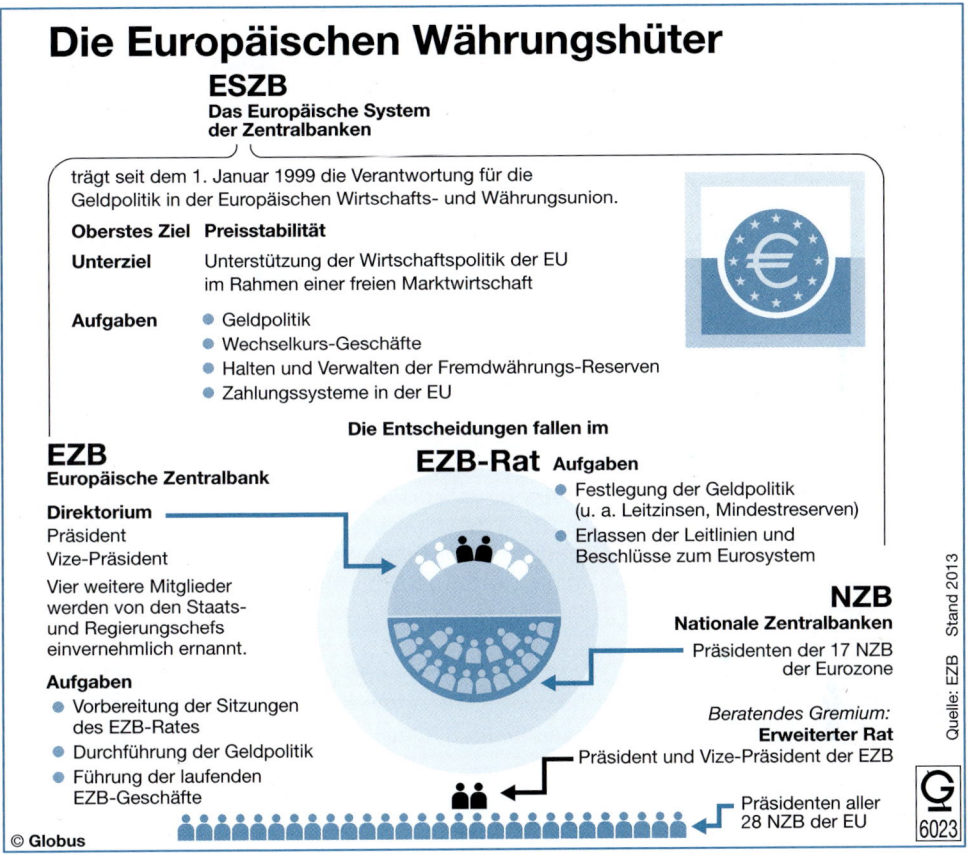

Die Europäischen Währungshüter

ESZB
Das Europäische System
der Zentralbanken

trägt seit dem 1. Januar 1999 die Verantwortung für die
Geldpolitik in der Europäischen Wirtschafts- und Währungsunion.

Oberstes Ziel   **Preisstabilität**

Unterziel   Unterstützung der Wirtschaftspolitik der EU
im Rahmen einer freien Marktwirtschaft

Aufgaben   ● Geldpolitik
● Wechselkurs-Geschäfte
● Halten und Verwalten der Fremdwährungs-Reserven
● Zahlungssysteme in der EU

Die Entscheidungen fallen im

EZB
Europäische Zentralbank

Direktorium
Präsident
Vize-Präsident

Vier weitere Mitglieder
werden von den Staats-
und Regierungschefs
einvernehmlich ernannt.

Aufgaben
● Vorbereitung der Sitzungen
des EZB-Rates
● Durchführung der Geldpolitik
● Führung der laufenden
EZB-Geschäfte

EZB-Rat   **Aufgaben**
● Festlegung der Geldpolitik
(u. a. Leitzinsen, Mindestreserven)
● Erlassen der Leitlinien und
Beschlüsse zum Eurosystem

NZB
Nationale Zentralbanken

Präsidenten der 17 NZB
der Eurozone

Beratendes Gremium:
Erweiterter Rat
Präsident und Vize-Präsident der EZB

Präsidenten aller
28 NZB der EU

Quelle: EZB   Stand 2013

© Globus

6023

Bundesbankgesetz § 3:	**ESZB-Satzung Art. 2:**
Die Deutsche Bundesbank ist als Zentralbank der Bundesrepublik Deutschland integraler Bestandteil des Europäischen Systems der Zentralbanken.	Ziele … ist es das vorrangige Ziel des ESZB, die Preisstabilität zu gewährleisten. Soweit dies ohne Beeinträchtigung des Zieles der Preisstabilität möglich ist, unterstützt das ESZB die allgemeine Wirtschaftspolitik in der Gemeinschaft … Das ESZB handelt in Einklang mit dem Grundsatz einer offenen Marktwirtschaft mit freiem Wettbewerb, …

Die EZB hat ihren Sitz in Frankfurt a. M. **Vorrangiges Ziel des ESZB ist die Sicherung der Preisniveaustabilität** in dem gemeinsamen Währungsraum. Dieses Ziel wird als erreicht angesehen, wenn die Preissteigerungsrate gegenüber dem Vorjahr mittelfristig unter, aber nahe bei 2 % liegt. Diese Grenze wurde einerseits wegen der Ungenauigkeiten bei der Berechnung des Preisindex gewählt. Andererseits soll dadurch auch dem bei sehr niedrigen Inflationsraten auftretenden Deflationsrisiko entgegengewirkt sowie die unterschiedliche Höhe der Inflationsraten in den Mitgliedsländern berücksichtigt werden.

Maßstab ist die Veränderung des sog. **Harmonisierten Verbraucherpreisindex (HVPI)** für das Euro-Währungsgebiet, der aus den Preisindizes für die Lebenshaltung in den Mitgliedsländern ermittelt wird. Darüber hinaus unterstützt das ESZB die allgemeine Wirtschaftspolitik in der EU, soweit dies ohne Beeinträchtigung des Ziels der Preisniveaustabilität möglich erscheint.

> Die **Geldpolitik des ESZB** ist darauf gerichtet, durch **Regulierung der Geldmenge** ein **stabiles Preisniveau** im Euro-Währungsgebiet zu gewährleisten. Das ESZB ist bei seinen Entscheidungen von Weisungen der Regierungen und anderer Träger der Wirtschaftspolitik unabhängig.

7.4.2 Geldpolitische Instrumente im Überblick

Mit den geldpolitischen Instrumenten, wie sie in der folgenden Übersicht dargestellt sind, will das ESZB zunächst **direkt** den **Geldmarkt,** der im engeren Sinne den Handel mit Zentralbankgeld zwischen den Geschäftsbanken umfasst, beeinflussen.

Indirekt soll durch die Veränderung der **Bankenliquidität** (= Versorgung der Geschäftsbanken wie z. B. Sparkassen, Volksbanken mit Geld) und die Beeinflussung des **Zinsniveaus** auf dem Geldmarkt **Einfluss auf die Kreditbedingungen** ausgeübt werden, die die Geschäftsbanken ihren Kunden (Unternehmen, Haushalte, Staat) einräumen. Nur wenn die veränderten Bedingungen, unter denen sich die Geschäftsbanken bei der Zentralbank verschulden können, von den Geschäftsbanken an ihre Kreditkunden weitergegeben werden, kann es zu einer Beeinflussung der kreditfinanzierten Nachfrage auf den Gütermärkten und damit zu einer Beeinflussung von Preisniveau und Beschäftigung kommen.

Geldpolitisches Instrumentarium des ESZB		
Offenmarktpolitik[1]	**Ständige Fazilitäten[2]**	**Mindestreservepolitik**
Kreditvergabe an Geschäftsbanken, Kauf und Verkauf von Wertpapieren zwischen ESZB und Geschäftsbanken sowie Ausgabe von EZB-Schuldverschreibungen.	Gewährung von Tagesgeldkrediten an die Geschäftsbanken bzw. Anlage überschüssiger Liquidität als Tagesgeld beim ESZB; Festlegung von Ober- und Untergrenzen der Zinssätze für täglich fällige Geldanlagen.	Die Geschäftsbanken sind verpflichtet, in Höhe eines bestimmten Anteils ihrer Verbindlichkeiten Guthaben bei der Zentralbank zu unterhalten. Die Mindestreserveguthaben werden verzinst.

---

1 Der Begriff »offener Markt« bringt zum Ausdruck, dass das ESZB die Wertpapiere nicht direkt vom Emittenten (z. B. dem Staat) übernehmen darf, sondern auf dem Geld bzw. Kapitalmarkt kaufen bzw. verkaufen muss. Inzwischen wird der Begriff Offenmarktpolitik aber für alle Maßnahmen benutzt, die von der Zentralbank als Offenmarktgeschäfte bezeichnet werden. Es muss sich dabei nicht unbedingt um Käufe und Verkäufe von Wertpapieren am offenen Markt handeln.

2 Fazilität (*lat./engl.*) ist die Möglichkeit, Kredite oder Geldanlagen bei Bedarf in Anspruch nehmen zu können.

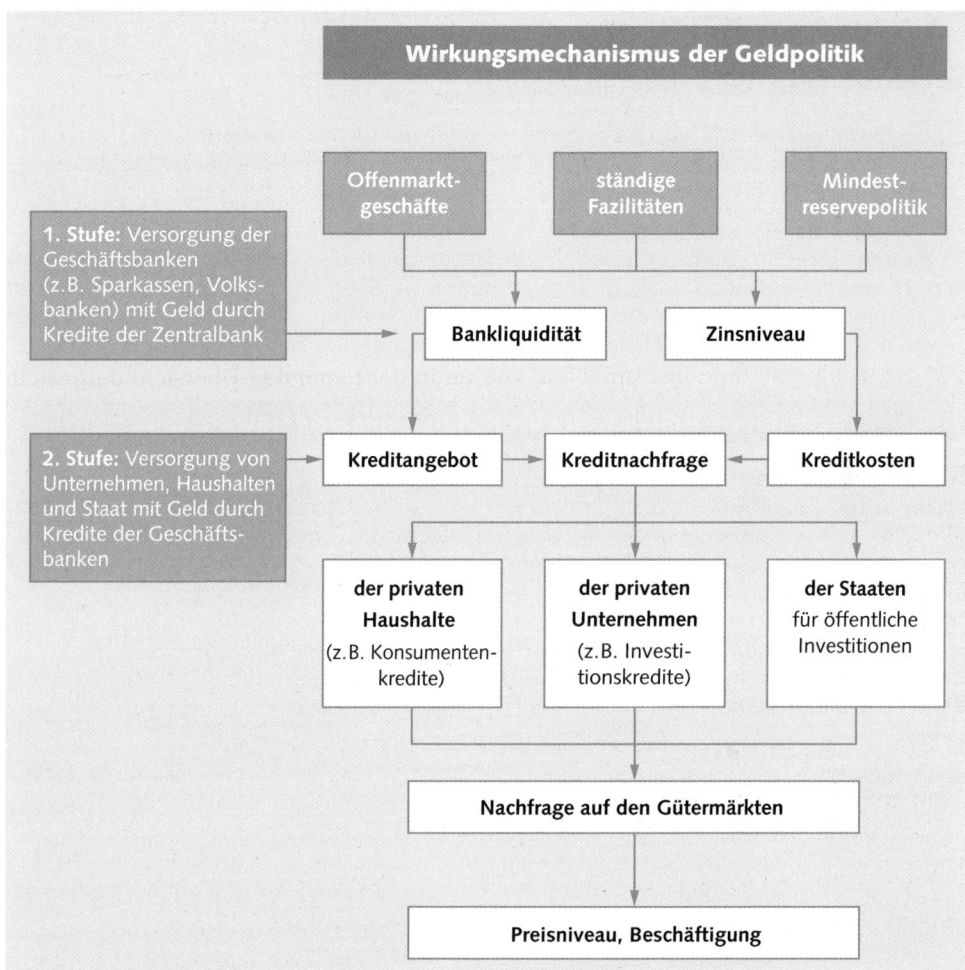

Es ist die Aufgabe der EZB, die geldpolitischen Instrumente so einzusetzen, dass durch Vermittlung der Geschäftsbanken (Kreditvergabe) der Wirtschaft die »**optimale**« **Liquidität** zugeführt werden kann:

● **Zu viel Liquidität** in der Wirtschaft gefährdet die **Preisniveaustabilität.** Die nachfragewirksame Geldmenge könnte stärker zunehmen als das gesamtwirtschaftliche Angebot, so dass ein Preisdruck nach oben entsteht.

● **Zu wenig Liquidität** in der Wirtschaft könnte **Wachstumschancen** beeinträchtigen und zu **Unterbeschäftigung** führen. In diesem Fall läge eine Unterversorgung der Wirtschaft mit Geld vor und die Nachfrage kann sich nicht voll entfalten.

Die Geschäftsbanken müssen der Europäischen Zentralbank für die Bereitstellung von Liquidität **Zinsen** bezahlen. Der EZB-Rat legt die Höhe dieser Zinssätze fest.

Die Zinssätze, die die EZB den Geschäftsbanken bei der Kreditvergabe in Rechnung stellt, werden als **Leitzinsen** bezeichnet. Diese Leitzinssätze beeinflussen wiederum das Zinsniveau für die von den Geschäftsbanken an Unternehmen, Haushalte und Staat vergebenen Kredite.

7.4.3 Offenmarktpolitik

a) Instrumente der Offenmarktpolitik

Die **Offenmarktpolitik** ist das wichtigste Instrument der Geldpolitik. Sie umfasst verschiedene Maßnahmen, mit denen die Europäische Zentralbank die Geldmenge in der Wirtschaft beeinflussen kann.

Im Rahmen der Offenmarktpolitik legt die Europäische Zentralbank die Bedingungen (Art, Laufzeit, Volumen, Zinssatz) fest, zu denen sie Kredite (gegen Hinterlegung von Wertpapieren als Pfand) an die Geschäftsbanken vergibt[1]. Die Geldbeschaffung der Geschäftsbanken bei der EZB wird als **Refinanzierung** bezeichnet.

Befristete Geldgeschäfte im Rahmen der Offenmarktpolitik		
Bezeichnung	**Haupt-refinanzierungsgeschäft**	**Längerfristige Refinanzierungsgeschäfte**
Ziel	kurzfristige Versorgung der Geschäftsbanken mit Liquidität (Refinanzierung)	längerfristige Versorgung der Geschäftsbanken mit Liquidität (Refinanzierung)
Instrumente zur Bereitstellung von Zentralbankgeld	befristete Geldgeschäfte z. B. in Form von Pfandkrediten	befristete Geldgeschäfte z. B. in Form von Pfandkrediten
Laufzeit	eine Woche	drei Monate
Rhythmus	wöchentlich auf Initiative des ESZB	monatlich auf Initiative des ESZB

Bei den bisher von der ESZB im Rahmen der Offenmarktpolitik angewandten Maßnahmen handelt es sich vornehmlich um die Vergabe von Krediten mit einwöchiger und dreimonatiger Laufzeit an die Geschäftsbanken.

Das **Hauptrefinanzierungsgeschäft** wird allgemein als das wichtigste Offenmarktgeschäft eingestuft, weil die Geschäftsbanken sehr kurzfristig mit Liquidität versorgt werden können. Wegen der kurzen Laufzeit von einer Woche und der wöchentlichen Ausschreibung kann die Europäische Zentralbank flexibel auf zwischenzeitlich eingetretene Veränderungen reagieren. Der Zinssatz für die Hauptrefinanzierungsgeschäfte (**= Hauptrefinanzierungssatz**) ist der **erste Leitzinssatz** der Europäischen Zentralbank.

Hauptrefinanzierungsgeschäfte und längerfristige Refinanzierungsgeschäfte der EZB werden von den nationalen Zentralbanken (in Deutschland also von der Deutschen Bundesbank) in einem **Bieterverfahren** abgewickelt, bei dem die an einer Kreditaufnahme interessierten Geschäftsbanken im Voraus angeben können, zu welchem Zinssatz sie welches Kreditvolumen in Anspruch nehmen wollen (**= Tenderverfahren**[2]). Ein solches Verfahren, bei dem die Geschäftsbanken ent-

---

1 Neben der Kreditvergabe umfasst die Offenmarktpolitik noch weitere Instrumente zur Versorgung der Geschäftsbanken mit Liquidität (z. B. Kauf und Verkauf von Wertpapieren zwischen EZB und Geschäftsbanken), die aber von geringer Bedeutung sind und bisher selten oder noch nie angewandt wurden.

2 tender *(engl.):* Zahlungsangebot, Ausschreibung

sprechend des von ihnen gebotenen Zinssatzes zum Zuge kommen, ist erforderlich, da im Normalfall die Nachfrage der Geschäftsbanken nach Zentralbankkrediten **(= Gesamtbietungsaufkommen)** den insgesamt von der EZB angebotenen Zuteilungsbetrag übersteigt.

b) Wirkungen der Offenmarktpolitik

Befristete Offenmarktgeschäfte, wie z. B. Kreditgewährung gegen Verpfändung von Wertpapieren (Pfandkredit), führen zu Beginn der Laufzeit zu einer Geldmengenerhöhung **(= expansive[1] Wirkung)** und am Ende der Laufzeit zu einer Geldmengenverringern **(= restriktive[2] Wirkung).**

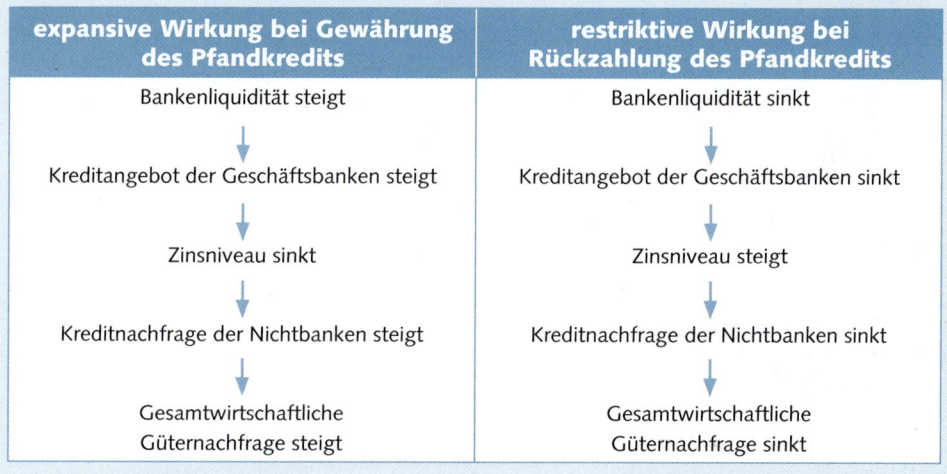

expansive Wirkung bei Gewährung des Pfandkredits	restriktive Wirkung bei Rückzahlung des Pfandkredits
Bankenliquidität steigt	Bankenliquidität sinkt
↓	↓
Kreditangebot der Geschäftsbanken steigt	Kreditangebot der Geschäftsbanken sinkt
↓	↓
Zinsniveau sinkt	Zinsniveau steigt
↓	↓
Kreditnachfrage der Nichtbanken steigt	Kreditnachfrage der Nichtbanken sinkt
↓	↓
Gesamtwirtschaftliche Güternachfrage steigt	Gesamtwirtschaftliche Güternachfrage sinkt

Die Kreditvergabe der EZB an die Geschäftsbanken wird dann als Instrument zur Inflationsbekämpfung wirksam, wenn der EZB-Rat die Bedingungen entsprechend gestaltet:

● Welches **Zuteilungsvolumen** wird den Geschäftsbanken bereitgestellt?

● Zu welchem **Hauptrefinanzierungssatz (= erster Leitzinssatz)** erhalten die Geschäftsbanken die Zuteilung?

Wenn nach Einschätzung des EZB-Rates ein **Inflationsrisiko** vorliegt, wird der EZB-Rat bei der nächsten Ausschreibung das Zuteilungsvolumen verringern und/oder den Hauptrefinanzierungssatz erhöhen. Die Bankenliquidität verringert sich und die Zinsen für die von den Geschäftsbanken an ihre Kunden vergebenen Kredite steigen. Diese **restriktive Wirkung** bremst die gesamtwirtschaftliche Nachfrage und verringert das Inflationsrisiko. Wenn umgekehrt die Inflationsrisiken gering sind, kann der EZB-Rat das Zuteilungsvolumen erhöhen und/oder den Hauptrefinanzierungssatz senken. Eine **expansive Wirkung** kann dann zu einer positiven Beeinflussung der allgemeinen Wirtschaftslage durch Erhöhung der gesamtwirtschaftlichen Nachfrage führen.

---

1   expansiv *(lat.):* sich ausdehnend

2   restriktiv *(lat.):* einschränkend

7.4.4 Ständige Fazilitäten

Die EZB gewährt den Geschäftsbanken auf deren Initiative bei Bedarf in **unbeschränkter Höhe Kredit- und Geldanlagemöglichkeiten für einen Tag (= ständige Fazilitäten).** Es lassen sich folgende beiden Arten von ständigen Fazilitäten unterscheiden:

Ständige Fazilitäten		
Maßnahme	Spitzenrefinanzierungsfazilität Gewährung von Tagesgeldkrediten des ESZB gegen Verpfändung von Wertpapieren	Einlagefazilitäten Verzinsliche Anlage von Tagesgeld beim ESZB
Ziel	Kurzfristige Bereitstellung von Zentralbankgeld (Liquidität) für die Geschäftsbanken. Der Zinssatz bildet die Obergrenze des Tagesgeldsatzes.	Kurzfristige Abschöpfung von Zentralbankgeld (Liquidität) für die Geschäftsbanken. Der Zinssatz bildet die Untergrenze des Tagesgeldsatzes.
Laufzeit	ein Tag (Übernachtkredit)	ein Tag (Übernachtanlage)
Inanspruchnahme	auf Initiative der Geschäftsbanken bei Bedarf	auf Initiative der Geschäftsbanken bei Bedarf

Der Zinssatz für die **Spitzenrefinanzierungsfazilität** (= Kreditaufnahme für einen Tag) liegt normalerweise 1 Prozentpunkt über dem Hauptrefinanzierungssatz (= erster Leitzins). Der Zinssatz für die **Einlagefazilität** (= verzinsliche Geldanlage für einen Tag) liegt normalerweise 1 Prozentpunkt unter dem Hauptrefinanzierungssatz. Der Unterschied zwischen dem Spitzenrefinanzierungssatz und dem Einlagesatz beträgt somit 2 Prozentpunkte. Wenn die EZB die Leitzinsen verändert, werden alle drei **Leitzinsen** (Hauptrefinanzierungssatz, Spitzenrefinanzierungssatz und Einlagesatz) im selben Verhältnis erhöht oder gesenkt, so dass der Abstand zwischen den Leitzinssätzen unverändert bleibt.

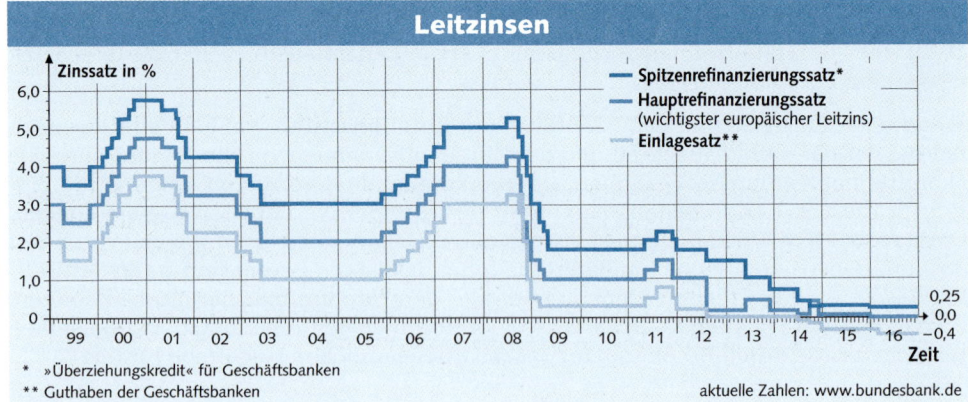

Leitzinsen

* »Überziehungskredit« für Geschäftsbanken
** Guthaben der Geschäftsbanken

aktuelle Zahlen: www.bundesbank.de

Der Spitzenrefinanzierungssatz ist in der Regel deutlich höher und der Einlagesatz deutlich niedriger als die entsprechenden Zinssätze für Tagesgeld am Geldmarkt, zu denen **Banken untereinander** kurzfristig Geld ausleihen und anlegen **(Interbankenmarkt).** Daher nutzen die Geschäftsbanken die ständigen Fazilitäten normalerweise nur, wenn sie keine günstigeren Geldbeschaffungs- oder Geldanlagemöglichkeiten haben. Da der Zugang zu diesen Kredit- und Geldanlagemöglichkeiten – abgesehen von den geforderten Sicherheiten bei der Spitzenrefinanzierungsfazilität – keinen Beschränkungen unterliegt, bilden ihre Zinssätze im Allgemeinen eine Ober- und Untergrenze des Tagesgeldsatzes am Geldmarkt. Die geldpolitische Funktion dieses Instruments besteht somit darin, die Schwankungsbreite des (Tages-)Geldmarktsatzes **(Zinskanal)** zu begrenzen.

> Die Geschäftsbanken können beim ESZB Tagesgeldkredite aufnehmen **(Spitzenrefinanzierungsfazilität)** und überschüssige Liquidität als Tagesgeld verzinslich anlegen (Einlagefazilität).

7.4.5 Mindestreservepolitik

> **Mindestreserven** sind Guthaben, die die Geschäftsbanken bei den nationalen Zentralbanken zwangsweise hinterlegen müssen.

Die Geldeinlagen, die Bankkunden bei den Geschäftsbanken in Form von Kontoguthaben (z.B. Girokonto, Sparkonto) unterhalten, stellen aus der Sicht der Geschäftsbanken Verbindlichkeiten gegenüber den Bankkunden dar. Die Geschäftsbanken sind ihrerseits verpflichtet, in Höhe eines bestimmten Anteils dieser Verbindlichkeiten Guthaben bei den nationalen Zentralbanken zu unterhalten **(= Mindestreserven).** Die Höhe der Mindestreserve richtet sich nach

- Art und Höhe der **mindestreservepflichtigen Verbindlichkeiten** einer Geschäftsbank sowie

- dem von der EZB festgelegten **Mindestreservesatz.**

Das Mindestreserve-Soll wird monatlich für jede Geschäftsbank neu berechnet. Der je nach Art und Laufzeit der Verbindlichkeit unterschiedliche **Mindestreservesatz** kann jederzeit von der EZB geändert werden. Das zur Erfüllung der Mindestreservepflicht notwendige Guthaben wird mit dem Durchschnittssatz der letzten Hauptrefinanzierungsgeschäfte verzinst.

Mit der Mindestreservepolitik verfolgt die EZB im Wesentlichen zwei geldpolitische Ziele:

- Die Reservepflicht soll im Bedarfsfall eine **Liquiditätsverknappung** bei den Geschäftsbanken herbeiführen.

- Das zur Erfüllung der Mindestreservepflicht nötige Guthaben bei der Zentralbank muss nicht während des ganzen Monats eine einheitliche Höhe aufweisen, sondern lediglich im Monats**durchschnitt** dem Mindestreserve-Soll entsprechen.

  Durch die Möglichkeit, das Mindestreserve-Soll vorübergehend zu über- oder unterschreiten, entsteht ein **Liquiditätspuffer,** durch den zeitweilige Schwankungen des Liquiditätsbedarfs auch ohne Eingriff der Notenbank aufgefangen werden können.

Die Tatsache, dass der Mindestreservesatz im Euro-Währungsgebiet von 1999 bis Dezember 2011 unverändert bei 2 % lag, zeigt die bisherige geringe Bedeutung dieses Instruments für die Geldpolitik der EZB.

MR-Satz seit 1. Jan. 1999	Mindestreservepflichtige Verbindlichkeiten der Geschäftsbanken
Jan. 1999 bis Dez. 2011 2 % seit 8. Dez. 2011 1 %	● Täglich fällige Einlagen (Buchgeld) ● Einlagen mit einer vereinbarten Laufzeit von bis zu zwei Jahren ● Einlagen mit einer vereinbarten Kündigungsfrist von bis zu zwei Jahren ● Ausgegebene Schuldverschreibungen mit vereinbarter Laufzeit von bis zu zwei Jahren ● Geldmarktpapiere
0 %	● Einlagen mit einer vereinbarten Laufzeit von über zwei Jahren ● Einlagen mit einer vereinbarten Kündigungsfrist von über zwei Jahren ● Ausgegebene Schuldverschreibungen mit vereinbarter Laufzeit von über zwei Jahren

Bei Änderung des Mindestreservesatzes ist folgende Wirkungskette beabsichtigt (**Transmissionsmechanismus**).

Mindestreservepolitik		
Maßnahme	Senkung des Mindestreservesatzes	Erhöhung des Mindestreservesatzes
Ziel	Erhöhung der Liquidität der Geschäftsbanken	Verringerung der Liquidität der Geschäftsbanken
beabsichtigte Wirkung	Kreditschöpfungsspielraum der Geschäftsbanken steigt ↓ Kreditzinssatz sinkt ↓ Kreditnachfrage der Wirtschaft steigt	Kreditschöpfungsspielraum der Geschäftsbanken sinkt ↓ Kreditzinssatz steigt ↓ Kreditnachfrage der Wirtschaft sinkt

7.5 Geldpolitische Maßnahmen zur Erreichung wirtschaftspolitischer Ziele

Der Einsatz der geldpolitischen Instrumente richtet sich nach der Zielsetzung der Europäischen Zentralbank:

● Im Falle einer **Inflationsgefahr** ist die EZB verpflichtet, mithilfe einer **restriktiven Geldpolitik** (z. B. Leitzinserhöhung) zu versuchen, den Preisauftrieb zu bremsen.

● Besteht dagegen keine Gefahr für die Preisniveaustabilität, kann die EZB die staatliche Wirtschaftspolitik der EWWU[1]-Mitgliedsländer unterstützen und versuchen, mit einer **expansiven Geldpolitik** (z. B. Leitzinssenkung) eine **Ankurbelung der Wirtschaft** zu erreichen.

Einer Veränderung der Leitzinsen kommt über die beabsichtigten Auswirkungen auf das Zinsniveau hinaus insofern eine große Bedeutung zu, als der EZB-Rat damit seine Einschätzung der wirtschaftlichen Lage und den seiner Meinung nach nötigen geldpolitischen Kurs deutlich macht **(Signalfunktion der Leitzinsen).**

a) Probleme geldpolitischer Maßnahmen

Die EZB muss den Einsatz der geldpolitischen Instrumente wegen folgender Probleme sehr sorgfältig abwägen:

● Zu welchem **Zeitpunkt** sollen die beabsichtigten Maßnahmen wirksam werden?
Ein wesentliches Problem der Geldpolitik sind die **zeitlichen Verzögerungen (time lags)** bis zum Wirksamwerden der Maßnahmen. Das Problem der **Wirkungsverzögerungen** kann besonders bedeutsam werden, wenn die Geldpolitik als Mittel zur Konjunktursteuerung eingesetzt wird.

Eine expansive Geldpolitik (Geldmengenerhöhungen und/oder Zinssenkung), die das Ziel hat, die gesamtwirtschaftliche Güternachfrage anzukurbeln, entfaltet möglicherweise außerhalb des Banksektors erst dann ihre Wirkung, wenn sich die Wirtschaftslage bereits aufgrund anderer Faktoren so verändert hat, dass statt einer Ausdehnung eine Dämpfung der Güternachfrage nötig wäre. Aufgrund der Wirkungsverzögerungen kann es also dazu kommen, dass gesamtwirtschaftliche Ungleichgewichte noch verstärkt statt behoben werden.

● Welche Stärke des Impulses ist erforderlich, um das angestrebte Ziel zu erreichen **(Dosierungsproblem)?**
Die Frage, wie stark in der jeweiligen Situation der geldpolitische Impuls in Form von Zins- und/oder Geldmengenänderung (z. B. Erhöhung der Leitzinsen um 0,25 Prozentpunkte oder um 0,5 Prozentpunkte) sein muss, um das beabsichtige Ziel zu erreichen, ist nicht eindeutig zu beantworten. Die Dosierung kann zu schwach oder zu stark sein.

b) Ausweichreaktionen und Nebeneffekte

Die beabsichtigte Wirkung der von der Zentralbank ergriffenen geldpolitischen Maßnahmen kann durch das Verhalten der Geschäftsbanken und des Nichtbankensektors (Unternehmen, Haushalte, Staat) unterlaufen und durch geldpolitische Nebeneffekte eingeschränkt werden.

---

1 EWWU: Europäische Wirtschafts- und Währungsunion, Euro-Währungsgebiet

Ziel: Inflationsbekämpfung durch Geldmengensenkung und Zinserhöhung zur Minderung der gesamtwirtschaftlichen Güternachfrage	Ziel: Ankurbelung der Wirtschaft durch Geldmengenerhöhung und Zinssenkung zur Steigerung der gesamtwirtschaftlichen Güternachfrage
● Da nur die kreditfinanzierte Güternachfrage von diesen Maßnahmen betroffen ist, sinkt die gesamtwirtschaftliche Güternachfrage möglicherweise nicht in dem notwendigen Ausmaß.	● Alle Maßnahmen haben nur Angebotscharakter, d. h., weder die Banken noch die Nichtbanken können zur Kreditaufnahme gezwungen werden.
● Wegen der hohen Zinsen fließt Geld aus dem Ausland (z. B. US-$) zu und erhöht die inländische Geldmenge. Bei freien Wechselkursen steigt dadurch allerdings der Kurs der Inlandswährung (z. B. €). Dadurch wird der Zinsvorteil für ausländische Geldanleger wieder eingeschränkt. Die Kurserhöhung der Inlandswährung (Aufwertung) verteuert gleichzeitig die Exporte und verbilligt die Importe.	● Trotz niedriger Zinsen kann die Konsumneigung wegen pessimistischer Zukunftserwartungen gering sein.
	● Die Investitionsgüternachfrage kann trotz niedriger Zinsen gering sein, da Investitionsentscheidungen mehr von den Gewinnerwartungen als von der Höhe des Zinssatzes abhängig sind.
● Unternehmen und Banken können sich möglicherweise (zinsgünstiger) im Ausland refinanzieren.	● Die Geschäftsbanken legen möglicherweise die zusätzlich erhaltene Liquidität in Wertpapieren an, statt das Kreditangebot zu erhöhen (Umschichtung von Primär- in Sekundärliquidität).

c) Umstrittener Ankauf von Staatsanleihen

Seit 2010 hat die EZB im Rahmen der Staatsschuldenkrise Staatsanleihen einiger der betroffenen Euro-Länder auf dem Kapitalmarkt bzw. von Geschäftsbanken gekauft. Damit sollte u. a. die Zahlungsunfähigkeit dieser Länder verhindert und ihre Kreditwürdigkeit für die notwendige Aufnahme neuer Schulden verbessert werden. Dieses Vorgehen ist aber höchst umstritten. Der direkte Erwerb solcher Anleihen von den Staaten selbst ist der EZB nämlich eindeutig verboten (Art. 21 der ESZB-Satzung). Kritiker sehen auch in dem Erwerb solcher Anleihen auf dem Kapitalmarkt einen Verstoß gegen dieses Verbot. Indem Geschäftsbanken und andere Anleger solche Anleihen, deren Rückzahlung durch die Schuldnerstaaten gefährdet ist, an die EZB verkaufen, geht einerseits das Risiko einer Staatsinsolvenz in erheblichem Maße an die EZB (und damit letztlich an die Bürger der Mitgliedsstaaten) über. Andererseits steigt durch die damit einhergehende Erhöhung der Zentralbankgeldmenge die Inflationsgefahr.

Im Hinblick auf die sich 2014 in der Euro-Zone abzeichnende Deflationsgefahr (die Inflationsrate war im Dezember 2014 mit − 0,2 % erstmals seit fünf Jahren negativ) plant die EZB als Gegenmaßnahme den Aufkauf weiterer Staatsanleihen von Mitgliedsstaaten. Dabei geht es nicht um die Verbesserung der Kreditwürdigkeit von Krisenländern, sondern um die Erhöhung der Geldmenge zur Ankurbelung der Konjunktur und Inflationsförderung. Diese als »Quantitative Lockerung« (quantitive easing) bezeichnete Art der expansiven Geldpolitik, die dann zur Anwendung kommt, wenn keine weiteren Leitzinssenkungen mehr möglich sind, ist unter Wirtschaftswissenschaftlern und Politikern der Euro-Zone höchst umstritten.

7.6 Niedrigzinspolitik der EZB und ihre Folgen für die Versicherungswirtschaft

Die von der EZB zur Bekämpfung der Staatschuldenkrise im Euro-Raum und zur Ankurbelung der Wirtschaft seit 2009 betriebene »lockere Geldpolitik« mit der Folge extrem niedriger Zinsen ist höchst umstritten. Insbesondere auch die Versicherungswirtschaft übt massive Kritik an diesem Vorgehen der EZB.

a) Argumente für und gegen eine »lockere Geldpolitik«

Argumente	
für eine expansive Geldpolitik	**gegen eine expansive Geldpolitik**
Die Inflationsrate im Euro-Raum war 2014 mit weniger als 1 % extrem niedrig. In den ersten Monaten des Jahres 2015 ist der Verbraucherpreisindex sogar gesunken. Sinkende Preise sind Vorboten einer Deflation (vgl. G 7.3.2), der die EZB entgegensteuern muss.	Die niedrigen Zinsen bestrafen Sparer. Bei länger anhaltenden negativen Realzinsen (Nominalzins < Preissteigerungsrate) wird das Geldvermögen geschmälert. Sparer und Kreditgeber werden durch niedrige Zinsen benachteiligt, während Kreditnehmer davon profitieren.
Die maßgebliche Geldmenge außerhalb des Bankensektors (Geldmenge M3) wächst weniger stark als gewünscht. Das Geldmengenwachstum birgt keine Inflationsgefahr.	In der Realwirtschaft kommt es zu Fehlinvestitionen, da wegen der niedrigen Zinsen Investitionsprojekte finanziert werden, die normalerweise unrentabel sind.
In vielen Euro-Staaten sind Privathaushalte, Unternehmen und die Staaten selbst nach wie vor so hoch verschuldet, so dass ein Zinsanstieg eine neue Schuldenkrise auslösen würde.	Die Kombination von niedrigen Zinsen und einer hohen nach Anlagemöglichkeiten suchenden Geldmenge begünstigt die Bildung von Spekulationsblasen insbesondere am Immobilien- und Aktienmarkt.
Die lockeren Geldpolitik und das damit einhergehende niedrige Zinsniveau führt zu einer (beabsichtigten) Schwächung des Außenwertes des Euro (= Abwertung). Das unterstützt die Exportwirtschaft im Euro-Raum (vgl. G 10.3).	Der Anreiz zum Schuldenabbau ist für hochverschuldete Euro-Länder gering, solange das Zinsniveau niedrig ist und die EZB Staatsanleihen kauft. Daher ist es zweifelhaft, ob mit einer Niedrigzinspolitik die Entschuldung der öffentlichen Haushalte gelingt.

b) Folgen der Niedrigzinspolitik für die Versicherungswirtschaft

Während die Versicherungswirtschaft – im Gegensatz zum Bankensektor – weder Auslöser der Finanzkrise noch anfänglich direkt davon betroffen war, wächst durch die Niedrigpolitik die Gefahr, dass wesentliche Geschäftsbereiche der Versicherungswirtschaft (insbesondere die traditionelle Lebensversicherung) nicht mehr tragfähig sind.

Die Niedrigzinspolitik führt dazu, dass kaum noch langfristige Garantien gegenüber den Versicherten gegeben werden können. Die Anlagerisiken werden immer weniger von den Versicherern übernommen, sondern zunehmend auf die Versicherten überwälzt. Das bedeutet beispielsweise, dass statt fester Leistungszusagen für die Zukunft nur noch kapitalmarktabhängige »flexible« Zusagen bei festen Beiträgen vereinbart werden können. Während der Wandel der Bevölkerungsstruktur erhebliche Finanzierungsprobleme für die umlagefinanzierte gesetzlichen Rentenversicherung mit sich bringt, wird durch die Niedrigzinspolitik zusätzlich noch die als unabdingbare Ergänzung angesehene private und betriebliche Altersvorsorge in Mitleidenschaft gezogen.

Die für die Altersvorsorge wichtigen Anlageformen (Lebensversicherungen, Pensionsfonds) werden aus folgenden Gründen unattraktiv:

- Lebensversicherungen haben Schwierigkeiten, mit dem ihnen anvertrauten Kapital den gesetzlichen Garantiezins (Höchstrechnungszins) zu erwirtschaften. Darüber hinausgehende Renditen sind nahezu unmöglich.

- Die betriebliche Altersversorgung in Form von Pensionszusagen wird für die Unternehmen immer schwieriger, da der Umfang der notwendigen Pensionsrückstellungen durch die niedrigen Abzinsungssätze erheblich steigen müsste

Vor dem Hintergrund der sich abzeichnenden Finanzierungsprobleme hat der Gesetzgeber im August 2014 das **Lebensversicherungsreformgesetz** (LVRG) erlassen, das u. a. eine Absenkung des Höchstrechnungszinses (Garantiezinses) in der Lebensversicherung auf nur noch 1,25 % sowie die Absenkung der Beteiligung der Versicherten an den Bewertungsreserven festverzinslicher Wertpapiere vorsieht. Ab 2017 wurde der Höchstrechnungszins auf nur noch 0,9 % abgesenkt.

Inzwischen bieten mehrere VR Tarife für kapitalbildende **Lebensversicherungen ohne Garantiezins** an. Den Kunden wird lediglich garantiert, dass die eingezahlten Beträge wieder ausgezahlt und eine lebenslange Rente gewährt wird. Die Höhe dieser Rente wird erst zu Beginn der Auszahlungsphase auf der Basis des dann geltenden (und möglicherweise höheren) Zinsniveaus ermittelt. Die VR stellen aufgrund der höheren Flexibilität solcher Tarife höhere Renditen in Aussicht. Andere VR haben aufgrund der Niedrigzinsphase bestimmte LV-Produkte inzwischen ganz vom Markt genommen (z. B. Gewährung einer lebenslangen garantierten Rente gegen Einmalzahlung).

Lernkontrollen zu G 7

Preisindex

1 Es soll ein Preisindex für Jugendliche ermittelt werden. Dazu wird im Basisjahr 00 ein Warenkorb für Jugendliche mit den folgenden Güterarten und Gütermengen erstellt.

Güter	Menge je Monat	Preis je Einheit (€)	Ausgaben je Monat (€)
Pizza	4 Stück	4,00	16,00
Kinobesuch	2 Besuche	5,00	10,00
Transport	8 Fahrten	1,50	12,00
Jeans (Nutzungsdauer 1 Jahr)	1/12	60,00	5,00
Kosmetikartikel	4 Einheiten	2,50	10,00

Für die folgenden Jahre 01 und 02 liegen folgende Preise vor.

Güter	Preis je Einheit (€)	
	Jahr 01	Jahr 02
Pizza	4,50	4,50
Kinobesuch	5,50	6,00
Transport	1,50	2,00
Jeans	60,00	66,00
Kosmetikartikel	3,00	3,00

Ermitteln Sie die Preisindizes für 01 und 02.

2 Für die Ermittlung eines anderen Preisindex liegen folgende Daten vor:

Güter	Preis je Einheit (€)		Menge der Güter	
	Basisjahr (p_0)	Berichtsjahr 01 (p_1)	Basisjahr (q_0)	Berichtsjahr 01 (q_1)
Nahrungsmittel	16,00	21,00	300	260
Bekleidung	150,00	180,00	24	36
Wohnung	800,00	960,00	12	12

a) Ermitteln Sie den Preisindex für das Berichtsjahr 01 und erläutern Sie das Ergebnis.

b) Im Jahr 02 steigen nur die Wohnungspreise (Preiserhöhung um 25 %). Ermitteln Sie den Preisindex für das Jahr 02 und die prozentuale Preisniveauerhöhung (Inflationsrate) gegenüber dem Vorjahr.

3 Berechnen Sie die fehlenden Größen in der folgenden Tabelle (mit einer Nachkommastelle):

Jahr		2011	2012	2013	2014	2015	2016	2017	2018
Preisindex		102,1	104,1	105,7	106,6	106,9	107,4	109,3	111,4
Veränderung zum Vorjahr	Indexpunkte	2,1	2,0	1,6	0,9	0,3	0,5		
	in %	2,1	1,96	1,54	0,85	0,28	0,47		
Kaufkraftindex		97,94	96,06	94,61	93,81	93,55	93,11		
Veränderung zum Vorjahr	Indexpunkte	2,06	1,88	1,45	0,80	0,26	0,44		
	in %	− 2,06	− 1,92	− 1,51	− 0,84	− 0,28	− 0,47		

4   Welchen Folgen hätte es für die Ermittlung des Preisniveaus, wenn das Wägungsschema nicht regelmäßig neu festgelegt würde? Begründen Sie Ihre Aussage, indem Sie das in G 7.2.2 b) dargestellte Wägungsschema erläutern.

5   Warum kann der Verbraucherpreisindex die tatsächlichen Lebenshaltungskosten nur unzureichend widerspiegeln?

6   Die 12 Hauptgruppenindizes für die Ermittlung des Verbraucherpreisindex wiesen Ende 2018 folgende Werte auf (Basisjahr 2018):

1. Nahrungsmittel	106,1	5. Haushaltsein-richtung	102,2	9. Freizeit, Kultur	102,1
2. Alkohol, Tabak	108,7	6. Gesundheit	103,7	10. Bildung	102,6
3. Kleidung, Schuhe	103,1	7. Verkehr	106,4	11. Gaststätten, Hotel	107,4
4. Wohnung, Gas etc.	103,7	8. Nachrichten-übermittlung	96,3	12. Sonstiges	104,1

a)   Ermitteln Sie unter Verwendung des Wägungsschemas in G 7.2.2 b) den Gesamtindex.

b)   Angenommen, im folgenden Jahr erhöhen sich die Preise für Nahrungsmittel um 10 % und die für Wohnungsnebenkosten (Gas, Strom, Wasser) um 20 %. Alle anderen Preise bleiben unverändert.

Wie hoch ist in diesem Fall der Verbraucherpreisindex im Folgejahr?

c)   Wie hoch war unter den Annahmen von b) die prozentuale Veränderung des Preisniveaus gegenüber dem Vorjahr?

Europäische Wirtschafts- und Währungsunion

7   Beantworten Sie mithilfe einer Internetrecherche folgende Fragen:

a)   Welche Staaten gehören zur Europäischen Union?

b)   Welche Staaten der Europäischen Union nehmen an der Währungsunion (EWWU = Europäische Wirtschafts- und Währungsunion = Euro-Länder) teil?

c)   Welche Aufgaben haben das »Europäische System der Zentralbanken« (ESZB), das »Euro-System« und der EZB-Rat?

d)   Wie heißen die gegenwärtigen Präsidenten der EZB und der Deutschen Bundesbank?

e)   Wie groß ist der Banknoten-Umlauf im Euro-Währungsgebiet?

f)   Um wie viel Prozent ist die Geldmenge M3 in den beiden letzten Jahren gestiegen?

g)   Welche Themen werden in aktuellen Monatsberichten der Deutschen Bundesbank behandelt?

Quellen: www.bundesbank.de, www.ecb.de

Geldpolitische Maßnahmen

8 Angenommen, im Euro-Währungsgebiet besteht die Gefahr einer Inflation.

a) Welche Maßnahmen könnte das ESZB in dieser Situation ergreifen?

b) Erläutern Sie den beabsichtigten Wirkungsmechanismus der bei a) genannten Maßnahmen.

c) Erläutern Sie Wirkungshemmnisse, die dazu führen können, dass die beabsichtigten kontraktiven Wirkungen der geldpolitischen Maßnahmen nicht eintreten.

d) Welche Probleme ergeben sich dadurch, dass die Inflationsraten in den einzelnen EWWU-Mitgliedsstaaten möglicherweise stark voneinander abweichen, die unter a) beschriebenen Maßnahmen aber für alle Mitgliedsstaaten gleichermaßen gelten?

9 Angenommen, im Euro-Währungsgebiet herrscht hohe Arbeitslosigkeit. Die Inflationsraten sind niedrig.

a) Welche Maßnahmen könnte das ESZB in dieser Situation zur Unterstützung der Beschäftigungspolitik der EWU-Mitgliedsstaaten ergreifen?

b) Die Wirksamkeit der geldpolitischen Maßnahmen in einer Situation der Unterbeschäftigung wird zuweilen mit dem Satz: »Man kann die Pferde zur Tränke führen, aber saufen müssen sie selbst.« umschrieben. Was soll damit ausgesagt werden?

c) Erläutern Sie Wirkungshemmnisse, die dazu führen können, dass die beabsichtigten expansiven Wirkungen der geldpolitischen Maßnahmen nicht eintreten.

Niedrigzinspolitik der EZB

10 Erläutern Sie die Gründe für die seit 2010 andauernde Niedrigzinspolitik der EZB und die mit dieser Politik beabsichtigten Wirkungen.

11 Erläutern Sie die Probleme, die mit der Niedrigzinspolitik der EZB einhergehen. Berücksichtigen Sie dabei insbesondere auch die Auswirkungen für die Versicherungswirtschaft.

8   Konjunktur- und Beschäftigungspolitik

8.1   Konjunkturelle Schwankungen

8.1.1 Konjunkturzyklen

Die wirtschaftliche Entwicklung der meisten Volkswirtschaften verläuft nicht stetig, sondern im Wechsel zwischen Wirtschaftskrisen und Phasen der Wohlstandssteigerung.

Neben den jahreszeitlich bedingten **Saisonschwankungen** (z. B. im Baugewerbe, in der Landwirtschaft und im Einzelhandel) lassen sich auch mittelfristige Schwankungen feststellen, die sich über mehrere Jahre erstrecken und die gesamte Volkswirtschaft erfassen. Diese Schwankungen werden als **konjunkturelle Schwankungen** bezeichnet.

> Die in gewisser Regelmäßigkeit auftretenden mehrjährigen **Auf- und Abwärtsbewegungen der gesamtwirtschaftlichen Aktivitäten** einer Volkswirtschaft werden als **Konjunktur** bezeichnet.

Als **Messgrößen** für die gesamtwirtschaftlichen Aktivitäten einer Volkswirtschaft dient in erster Linie das **reale Bruttoinlandsprodukt** und seine Veränderung (Wachstumsraten).

Obwohl in der Realität keine strenge Abfolge der konjunkturellen Schwankungen feststellbar ist, wird in der **Konjunkturtheorie** häufig von einem idealtypischen **Konjunkturzyklus** (von Punkt A bis E in der Abbildung auf der folgenden Seite) ausgegangen, der aus vier **Konjunkturphasen** besteht:

- **Boom** (Hochkonjunktur)
  Das Produktionspotenzial wird über das normale Maß hinaus ausgelastet (Überbeschäftigung mit Überstunden, Sonderschichten u. Ä.). In einigen Wirtschaftsbereichen kommt es zu Produktionsengpässen. Die Zuwachsraten des BIP werden geringer. Die zu Beginn noch optimistischen Zukunftserwartungen verschlechtern sich zunehmend.

- **Abschwung** (Abschwächung/Entspannung)
  Nach Überschreiten des Hochpunktes sinken der Auslastungsgrad des Produktionspotenzials und die Investitionstätigkeit. Der Auslastungsgrad des Produktionspotenzials liegt aber immer noch über dem Durchschnitt. Das BIP wächst nicht mehr. Die Zukunftsaussichten werden pessimistisch beurteilt.

- **Rezession**[1] (Depression)
  Die Produktionskapazitäten sind nur unterdurchschnittlich ausgelastet (Unterbeschäftigung). Die Investitionstätigkeit nimmt weiter ab. Nach einer groben Definition liegt eine Rezession dann vor, wenn das reale BIP (kalender- und saisonbereinigt)[2] in mindestens zwei aufeinanderfolgenden Quartalen im Vergleich zum Vorquartal sinkt. Eine besonders lange und schwere Rezession wird als **Depression** bezeichnet.

- **Aufschwung** (Erholung)
  Diese Phase folgt nach der Überwindung einer vorangegangenen Krise (Tiefpunkt). Der Auslastungsgrad des Produktionspotenzials und die Investitionstätigkeit nehmen zu, liegen aber noch unter dem Durchschnitt. Die Wachstumsraten des BIP steigen. Die Zukunftsaussichten werden optimistisch beurteilt.

---

1   Zuweilen wird auch die Abschwungphase bereits als Rezession bezeichnet.

2   Unter Berücksichtigung der unterschiedlichen Zahl von Arbeitstagen in den einzelnen Quartalen und saisonaler Besonderheiten (z. B. saisonaler Produktionsrückgang im Winter).

Idealtypischer Konjunturzyklus

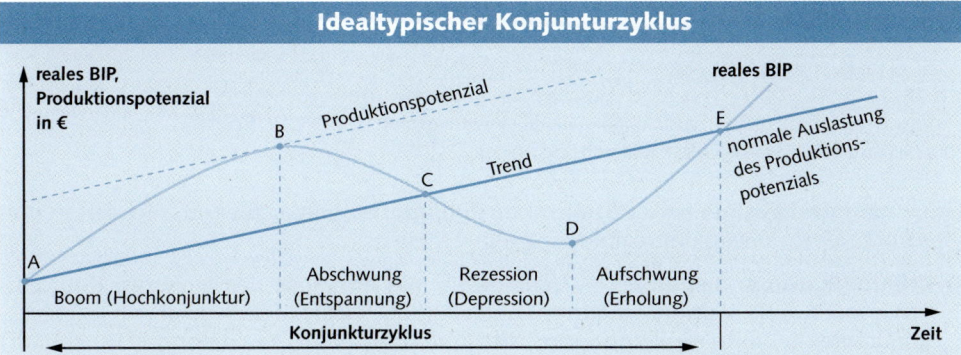

reales BIP, Produktionspotenzial in €

reales BIP

B

Produktionspotenzial

C

Trend

D

E

normale Auslastung des Produktionspotenzials

A

Boom (Hochkonjunktur) | Abschwung (Entspannung) | Rezession (Depression) | Aufschwung (Erholung)

Konjunkturzyklus

Zeit

Die Dauer eines Konjunkturzyklus in der Bundesrepublik Deutschland schwankt erheblich. Auffallend ist, dass in allen Konjunkturzyklen seit 1950 die Höhe der Wachstumsraten des Inlandsprodukts jeweils niedriger ist als in den vorhergehenden Zyklen.

Aufgrund empirischer Untersuchungen wurden für die Vergangenheit Konjunktur- und Wachstumszyklen mit unterschiedlicher Dauer festgestellt, die sich teilweise gegenseitig überlagern.

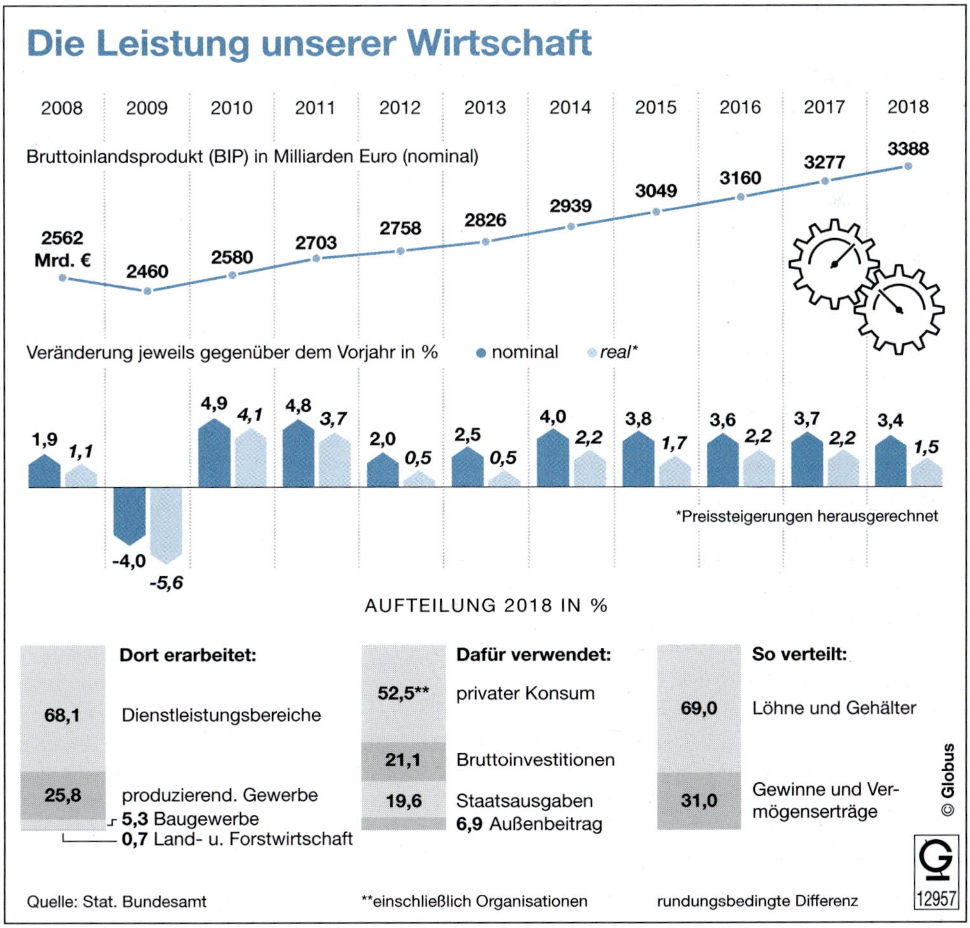

Die Leistung unserer Wirtschaft

| 2008 | 2009 | 2010 | 2011 | 2012 | 2013 | 2014 | 2015 | 2016 | 2017 | 2018 |

Bruttoinlandsprodukt (BIP) in Milliarden Euro (nominal)

2562 Mrd. € — 2460 — 2580 — 2703 — 2758 — 2826 — 2939 — 3049 — 3160 — 3277 — 3388

Veränderung jeweils gegenüber dem Vorjahr in %   ● nominal   ● real*

	nominal	real*
2008	1,9	1,1
2009	-4,0	-5,6
2010	4,9	4,1
2011	4,8	3,7
2012	2,0	0,5
2013	2,5	0,5
2014	4,0	2,2
2015	3,8	1,7
2016	3,6	2,2
2017	3,7	2,2
2018	3,4	1,5

*Preissteigerungen herausgerechnet

AUFTEILUNG 2018 IN %

Dort erarbeitet:
68,1 Dienstleistungsbereiche
25,8 produzierend. Gewerbe
5,3 Baugewerbe
0,7 Land- u. Forstwirtschaft

Dafür verwendet:
52,5** privater Konsum
21,1 Bruttoinvestitionen
19,6 Staatsausgaben
6,9 Außenbeitrag

So verteilt:
69,0 Löhne und Gehälter
31,0 Gewinne und Vermögenserträge

© Globus

Quelle: Stat. Bundesamt   **einschließlich Organisationen   rundungsbedingte Differenz

12957

8.1.2 Konjunkturindikatoren

Konjunkturindikatoren sind **Messgrößen,** die die gegenwärtige Konjunkturphase anzeigen (Konjunkturdiagnose) und Voraussagen über die voraussichtliche Entwicklung zulassen **(Konjunkturprognose).**

Es werden **drei Gruppen von Konjunkturindikatoren** unterschieden, die sich in den vier Konjunkturphasen unterschiedlich entwickeln.

- **Frühindikatoren:** dienen als Grundlage für die Prognose des weiteren Konjunkturverlaufs, z.B. Auftragseingang, Lagerhaltung, Geschäftserwartung (Geschäftsklimaindex), Baugenehmigungen, Konsumbereitschaft, Geldmenge, Einzelhandelsumsätze, Zinsstruktur (= Differenz zwischen kurz und langfristigen Zinsen), Börsenkurse

- **Gegenwartsindikatoren:** reagieren ohne zeitliche Verzögerung auf Konjunkturänderungen, z.B. reales BIP (insbesondere die Produktion von Konsum- und Investitionsgütern), Kapazitätsauslastung, Produktivität, Kreditnachfrage

- **Spätindikatoren:** reagieren mit zeitlicher Verzögerung auf Konjunkturänderungen, z.B. Preise, Beschäftigung (Arbeitslosenquote, offene Stellen), Löhne, Zahl der Insolvenzen

Beschreibung der Konjunkturphasen anhand von ausgewählten Konjunkturindikatoren

Konjunktur-indikator	Konjunkturphasen			
	Aufschwung	**Boom**	**Abschwung**	**Rezession**
Frühindikatoren				
Auftrags-eingänge	steigend	hohes Niveau, stagnierend	stark fallend	niedriges Niveau, stagnierend
Unternehmer-erwartungen (Geschäfts-klima)	optimistisch	optimistisch/ abwartend	pessimistisch	pessimistisch/ abwartend
Investitionen	steigend	abschwächend	stark fallend	sehr gering
Gegenwartsindikatoren				
Kapazitäts-auslastung/ Produktion	zunehmend/ Kapazitäts-ausweitung	hoher Auslastungsgrad	abnehmend/ frei werdende Kapazitäten	niedrig/ Kapazitätsabbau
Veränderung des BIP in %	langsam steigende Wachstums-raten	stark zu-nehmende Wachstums-raten	abnehmende Wachstums-raten	stagnierend/ negative Wachstums-raten
Konsum	steigend	hoch	sinkend	niedrig
Preisniveau	zunächst konstant, dann ansteigend	stark zu-nehmende Inflationsraten	langsam sinkend	niedriges Preisniveau

Konjunktur-indikator	Konjunkturphasen			
	Aufschwung	Boom	Abschwung	Rezession
Arbeits-losenquote	abnehmend ● Einstellung von Mitarbeitern	niedrig ● Fachkräfte-mangel ● Aufbau von Überstunden	steigend ● Abbau von Überstunden ● Kurzarbeit, erste Ent-lassungen	hoch ● zunehmend Entlassungen ● Gefahr von Massen-arbeits-losigkeit
Lohn-zuwächse	mäßig zunehmend	kräftig steigend	mäßig steigend	stagnierend
Zinsen	niedriges Zinsniveau	steigende Zinssätze	stark fallende Zinssätze	niedriges Zinsniveau
Zahl der Insolvenzen	sinkend	niedrig	steigend	hoch

(Zeilenüberschrift seitlich: Spätindikatoren)

8.1.3 Ziele der Konjunkturpolitik

Aufgabe der **Wachstumspolitik** ist es, die Entwicklung des **Produktionspotenzials** zu steuern.

Konjunkturpolitik hat dagegen das Ziel, die **Schwankungen im Auslastungsgrad** des Produktionspotenzials zu dämpfen.

> Unter **Konjunkturpolitik** sind alle **wirtschaftspolitischen Maßnahmen** zu verstehen, die darauf gerichtet sind, die **Wirtschaftsschwankungen zu glätten** und eine stabile wirtschaftliche Entwicklung bei Vollbeschäftigung zu ermöglichen.

Konkrete Ziele der Konjunkturpolitik sind solche, wie sie beispielsweise im **Stabilitätsgesetz** von 1967 genannt (vgl. G 6.1.2) sind: hoher Beschäftigungsstand, Preisniveaustabilität, angemessenes und stetiges Wirtschaftswachstum und außenwirtschaftliches Gleichgewicht.

Weil mit der Konjunkturpolitik direkte Eingriffe des Staates in den Wirtschaftsprozess verbunden sind, handelt es sich um ein typisches Beispiel für staatliche **Ablaufpolitik** (Prozesspolitik) (im Gegensatz zur Ordnungspolitik). Zu den Politikbereichen der Konjunkturpolitik zählen insbesondere die **Fiskalpolitik** (Einnahmen- und Ausgabenpolitik des Staates), aber auch die **Geldpolitik** (vgl. G 7.4.2), die **Lohnpolitik** und die **Außenwirtschaftspolitik.**

8.2   Wirtschaftspolitische Grundpositionen im Vergleich: Angebotsorientierte Wirtschaftspolitik – Nachfrageorientierte Wirtschaftspolitik

Die wirtschaftspolitischen Vorschläge zur Förderung von Wirtschaftswachstum und Beschäftigung sind von einer Kontroverse zwischen Vertretern einer **angebotsorientierten** und einer **nachfrageorientierten Wirtschaftspolitik** geprägt.

Die **Vertreter einer angebotsorientierten Wirtschaftspolitik** sehen die Lösung der gesamtwirtschaftlichen Probleme in der Verbesserung der Produktionsbedingungen und der Gewinnaussichten für die Unternehmen. Sie gehen davon aus, dass die Unternehmen bei positiven Gewinnerwartungen investieren und damit Arbeitsplätze schaffen. Der Staat soll daher lediglich für günstige Rahmenbedingungen sorgen (z. B. Senkung der Unternehmenssteuern, Abbau von gesetzlichen Hemmnissen) und nicht durch eine aktive Wirtschaftspolitik in das Wirtschaftsgeschehen eingreifen.

Die **Vertreter einer nachfrageorientierten Wirtschaftspolitik** setzen dagegen auf eine aktive Konjunktur- und Beschäftigungspolitik des Staates. Durch Maßnahmen zur Erhöhung der gesamtwirtschaftlichen Nachfrage soll die wirtschaftliche Entwicklung gestützt und gefördert werden. Sie gehen davon aus, dass Unternehmen nur dann investieren und Arbeitsplätze schaffen, wenn die erzeugten Güter (= Angebot) absetzbar sind. Voraussetzung dafür ist eine genügend große Nachfrage.

Bezeichnung der wirtschaftpolitischen Konzeption	Angebotsorientierte Wirtschaftspolitik	Nachfrageorientierte Wirtschaftspolitik
Grundannahmen über den Zusammenhang zwischen Wirtschaft und Staat	● Staat soll möglichst wenig in die Wirtschaft eingreifen, da marktwirtschaftliche Systeme **stabil** sind.	● Staat muss in die Wirtschaft eingreifen, da marktwirtschaftliche Systeme aufgrund von Marktversagen **instabil** sind.
Vorrangiges wirtschaftspolitisches Ziel	● Sicherung der Preisniveaustabilität.	● Sicherung der Vollbeschäftigung
Ursachen für Konjunkturschwankungen	● Konjunkturelle Schwankungen sind auf Schwankungen des gesamtwirtschaftlichen Angebots zurückzuführen.	● Konjunkturelle Schwankungen sind auf Schwankungen der gesamtwirtschaftlichen **Nachfrage** zurückzuführen.
Ansatzpunkte der Wirtschaftspolitik	● Staatliche Eingriffe in die Wirtschaft zur Steuerung des **gesamtwirtschaftlichen Angebots** (Rentabilität positiv beeinflussen).	● Staatliche Eingriffe in die Wirtschaft zur Steuerung der **gesamtwirtschaftlichen Nachfrage** (Angleichung der gesamtwirtschaftlichen Nachfrage an das gesamtwirtschaftliche Produktionspotenzial).

Fortsetzung der Tabelle auf der nächsten Seite

Bezeichnung der wirtschaftspolitischen Konzeption	Angebotsorientierte Wirtschaftspolitik	Nachfrageorientierte Wirtschaftspolitik
Ordnungs-politik oder Ablaufpolitik (Prozesspolitik)	● Staat soll mithilfe von ordnungs-politischen Maßnahmen die Rahmenbedingungen für ein optimales Funktionieren des Marktsystems schaffen. (Ordnungspolitik)	● Staat soll mit ablaufpolitischen (prozesspolitischen) Maßnahmen in das Wirtschaftsgeschehen eingreifen. (Ablaufpolitik, Prozesspolitik)
Aufgaben der staatlichen Einnahmen und Ausgabenpolitik (= Finanzpolitik)	● Staatliche Finanzpolitik soll am Wachstum der Volkswirtschaft ausgerichtet werden, also konjunkturneutral wirken.	● Wichtigstes Instrument ist die staatliche Finanzpolitik, also die staatliche Einnahmen- und Ausgabenpolitik (= Fiskalismus).
Aufgaben der Geldpolitik	● Zentrale Bedeutung der Geld-politik (= Monetarismus). Das Geldmengenwachstum ist am Wachstum der Volkswirtschaft auszurichten.	● Geldpolitik soll Finanzpolitik unterstützen. In einer Rezession: »Politik des billigen Geldes«. Im Boom: »Politik des knappen Geldes«.
Wirtschaftswissenschaftliche Grundlagen	**Milton Friedman** (1912–2006) Professor für Geldtheorie in Chicago (»Chicagoer Schule«) Nobelpreisträger 1976, **(Monetarismus).**	**John Maynard Keynes** (1883–1946), berühmter engl. Volkswirt, der nach der Weltwirtschaftskrise (1929–1933) durch bahnbrechende Erkenntnisse das ökonomische Denken revolutioniert hat **(Keynesianismus).**

8.3 Ansatzpunkte nachfrageorientierter Wirtschaftspolitik: Fiskalpolitik

8.3.1 Gesamtwirtschaftliche Nachfrage

Die gesamtwirtschaftliche Nachfrage setzt sich aus der Konsumgüternachfrage der privaten Haushalte (C_{pr}), der Investitionsgüternachfrage der Unternehmen (I), der Nachfrage des Staates nach Waren und Dienstleistungen (G) sowie der Nachfrage des Auslandes (Exportüberschuss: Ex – Im) zusammen.

$$\text{Gesamtwirtschaftliche Nachfrage} = C_{pr} + I + G + (\text{Ex} - \text{Im})$$

Ursache von Konjunkturschwankungen ist nach Auffassung nachfrageorientierter Wirtschaftswissenschaftler das Abweichen der **gesamtwirtschaftlichen Nachfrage** vom **Produktionspotenzial** (= gesamtwirtschaftliches Angebot). Diese Abweichungen soll der Staat durch ein **antizyklisches Gegensteuern** zum Konjunkturverlauf korrigieren.

8.3.2 Antizyklische Fiskalpolitik

Fiskalpolitik ist der **Einsatz der Staatseinnahmen und Staatsausgaben** zur Abmilderung oder Beseitigung von Konjunkturschwankungen.

In der **Hochkonjunktur** ist die gesamtwirtschaftliche Nachfrage im Verhältnis zum Produktionspotenzial zu hoch. Der Staat soll in dieser Situation zu einer Drosselung der gesamtwirtschaftlichen Nachfrage beitragen, indem er einerseits seine Ausgaben verringert (= Verringerung der Staatsnachfrage) und andererseits seine Einnahmen erhöht (z. B. Steuererhöhungen zur Abschöpfung von Kaufkraft und Minderung der Konsumgüternachfrage). Die sich dadurch für den Staatshaushalt ergebenden Überschüsse sollen vorübergehend stillgelegt **(Konjunkturausgleichsrücklage)** oder zur **Schuldentilgung** verwendet werden.

In der **Hochkonjunktur** bedeutet antizyklische Fiskalpolitik, die gesamtwirtschaftliche Nachfrage durch Verringerung der Staatsausgaben und Erhöhung der Staatseinnahmen zu **dämpfen.**

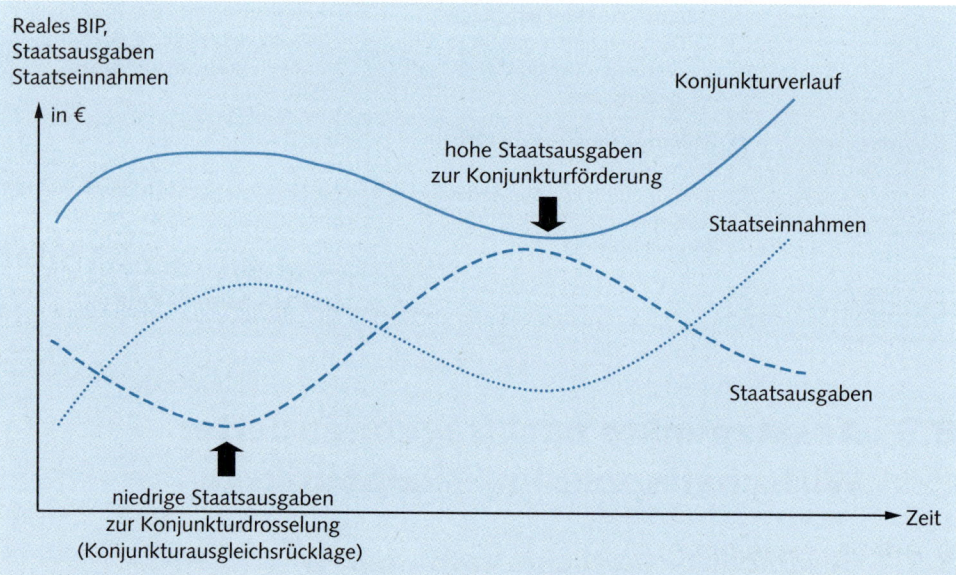

In der **Rezession** ist die gesamtwirtschaftliche Nachfrage im Verhältnis zum Produktionspotenzial zu gering. Der Staat soll in dieser Situation zu einer Erhöhung der gesamtwirtschaftlichen Nachfrage beitragen, indem er seine Ausgaben erhöht **(= Erhöhung der Staatsnachfrage)** und seine Einnahmen verringert (z. B. **Steuererleichterungen** als Investitionsanreiz). Das sich für den Staatshaushalt ergebende Defizit soll aus Mitteln einer Konjunkturausgleichsrücklage oder durch Kreditaufnahme **(deficitspending)** finanziert werden.

In der **Rezession** bedeutet antizyklische Fiskalpolitik, die gesamtwirtschaftliche Nachfrage durch Erhöhung der Staatsausgaben und Verringerung der Staatseinnahmen **anzukurbeln.**

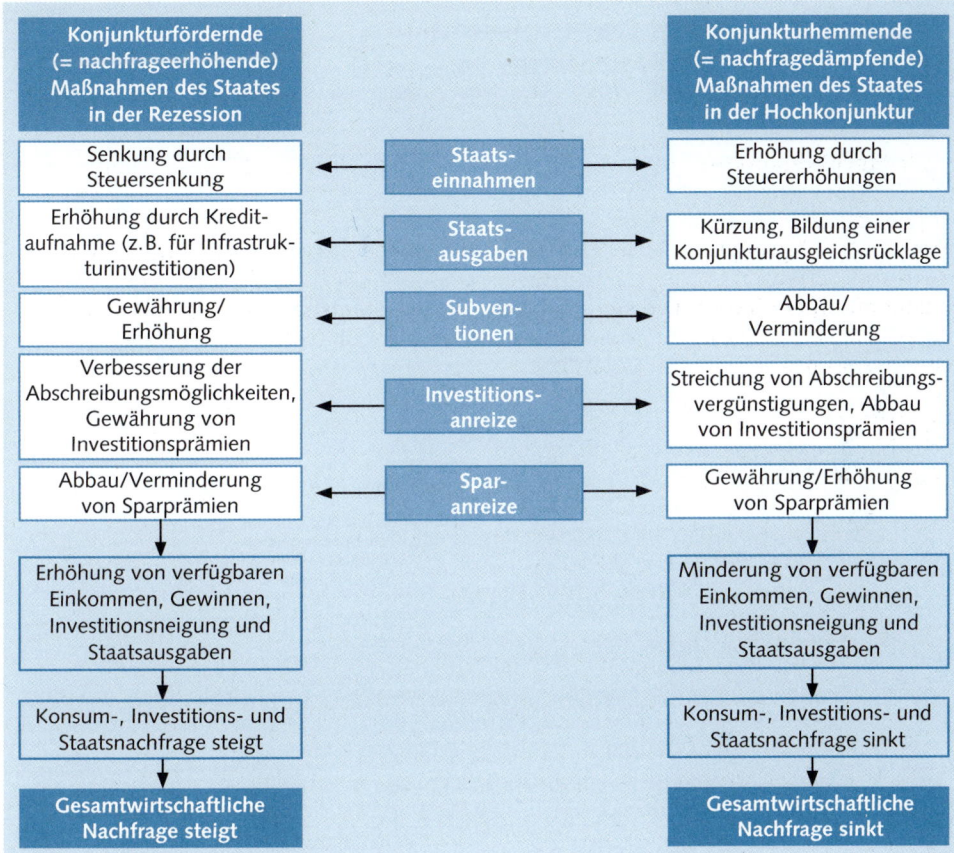

8.4 Arbeitslosigkeit

8.4.1 Ausmaß und Struktur der Arbeitslosigkeit

a) Arbeitslosenquote

Ein nur teilweise ausgelastetes Produktionspotenzial einer Volkswirtschaft bedeutet, dass nicht alle Produktionsfaktoren voll beschäftigt sind. Bezogen auf den Faktor Arbeit wird der Beschäftigungsstand durch die Arbeitslosenquote gemessen.

Arbeitslos sind Personen, die – obwohl sie arbeitsfähig und arbeitswillig sind – keine Beschäftigung finden. **Statistisch erfasst** werden aber **nur** die bei den Agenturen für Arbeit **registrierten Arbeitsuchenden.** Unter den registrierten Arbeitsuchenden können sich aber auch Personen befinden, die lediglich die finanzielle Unterstützung der Agentur für Arbeit in Anspruch nehmen wollen und zu den herrschenden Bedingungen nicht ernsthaft an einer Arbeitsaufnahme interessiert sind **(= freiwillig Arbeitslose).** Andererseits gehen Arbeitslose, die sich nicht bei den Agenturen für Arbeit melden, weil sie keine Vermittlungschancen sehen oder keinen Anspruch auf Unterstützungszahlungen haben, sowie die Personen, die Kurzarbeit leisten müssen, an Arbeitsbeschaffungsmaßnahmen (ABM) teilnehmen oder unfreiwillig in den Vorruhestand gegangen sind, nicht in die Arbeitslosenstatistik ein **(= verdeckt Arbeitslose).**

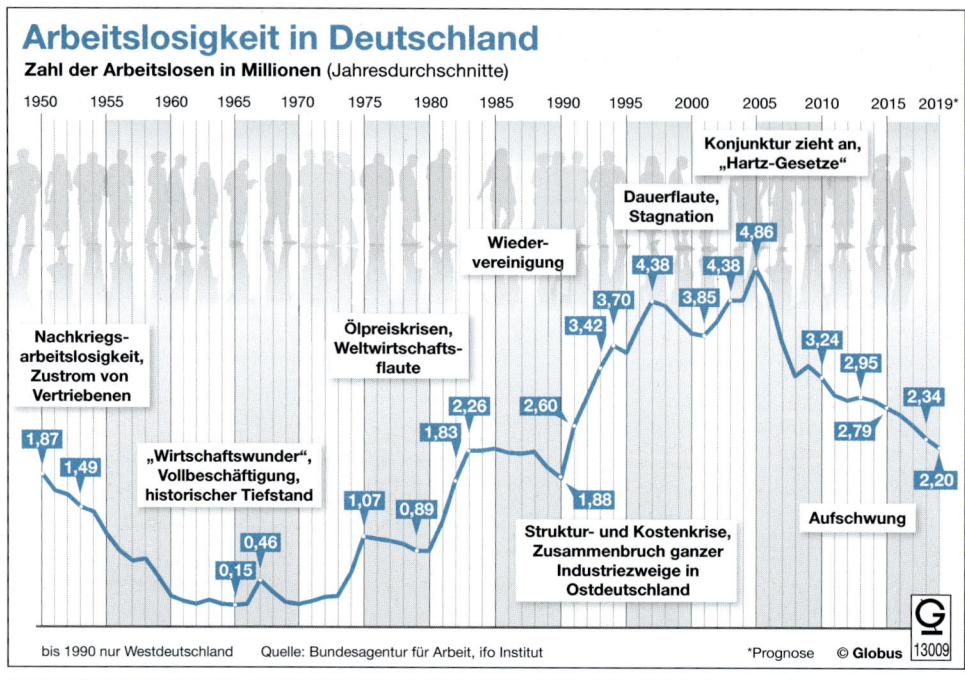

Arbeitslosigkeit in Deutschland

Zahl der Arbeitslosen in Millionen (Jahresdurchschnitte)

1950   1955   1960   1965   1970   1975   1980   1985   1990   1995   2000   2005   2010   2015 2019*

Konjunktur zieht an, „Hartz-Gesetze"

Dauerflaute, Stagnation

Wiedervereinigung

Nachkriegsarbeitslosigkeit, Zustrom von Vertriebenen

Ölpreiskrisen, Weltwirtschaftsflaute

„Wirtschaftswunder", Vollbeschäftigung, historischer Tiefstand

Struktur- und Kostenkrise, Zusammenbruch ganzer Industriezweige in Ostdeutschland

Aufschwung

1,87   1,49   0,15   0,46   1,07   0,89   1,83   2,26   2,60   1,88   3,42   3,70   3,85   4,38   4,38   4,86   3,24   2,95   2,79   2,34   2,20

bis 1990 nur Westdeutschland   Quelle: Bundesagentur für Arbeit, ifo Institut   *Prognose   © **Globus** 13009

Bevölkerung, Erwerbstätigkeit und Arbeitslosigkeit (Deutschland 2018)			
Einwohner (Wohnbevölkerung) 82,9 Mio.			
Erwerbspersonen (Arbeitskräftepotenzial) 46,2 Mio. (davon zivile Erwerbspersonen: 45,0 Mio.)			Nicht-Erwerbspersonen 36,7 Mio.
Erwerbstätige (Inländer) 44,7 Mio.		Erwerbslose 1,6 Mio.[1]	
Arbeitnehmer (Inländer) 40,5 Mio.	Selbstständige 4,2 Mio.		
		verdeckt Arbeitslose ca. 1 Mio.	registrierte Arbeitslose 2,34 Mio.[1]

Quelle: Stat. Bundesamt, VGR 2018, März 2019

$$\text{Arbeitslosenquote (ALQ)} = \frac{\text{registrierte Arbeitslose} \cdot 100}{\text{zivile}^2 \text{ Erwerbspersonen}}$$

$$\text{ALQ 2018} = \frac{2{,}34 \cdot 100}{45{,}0} = 5{,}2\,\%$$

1   Nach der internationalen Statistik üben Erwerbslose keinerlei Erwerbstätigkeit aus. Registrierte Arbeitslose in Deutschland dürfen aber eine Beschäftigung bis zu 15 Wochenstunden ausüben und gelten trotzdem als arbeitslos. Daher ist die ausgewiesene Zahl der Arbeitslosen größer als die Zahl der Erwerbslosen.

2   »Zivil« bedeutet in diesem Zusammenhang, dass nur Erwerbspersonen aus Privathaushalten berücksichtigt werden. Erwerbspersonen aus sogenannten Anstaltshaushalten (z.B. Soldaten, Gefangene, Mönche) sind dagegen nicht erfasst. Die relativ hohe Abweichung zwischen der Gesamtzahl der Erwerbspersonen und den zivilen Erwerbspersonen kommt wegen der unterschiedlichen und sich teils widersprechenden Datenquellen (Arbeitsagentur und Stat. Bundesamt) zustande.

> Die **Arbeitslosenquote** gibt an, wie viel Prozent der (zivilen) Erwerbspersonen (Erwerbstätige plus Erwerbslose) als arbeitslos registriert sind.

b) Struktur der Arbeitslosigkeit

Die Analyse der Arbeitslosenstruktur in Deutschland zeigt u. a. folgende Besonderheiten:

● In Ostdeutschland ist die Arbeitslosenquote als Folge des wirtschaftlichen Umbruchs nach der Wiedervereinigung bedeutend höher als in Westdeutschland.

● Unter den Arbeitslosen in Westdeutschland hat fast die Hälfte keine abgeschlossene Berufsausbildung.

● Die unterschiedlich hohe Arbeitslosigkeit bei Personen ohne Berufsausbildung und solchen mit Ausbildung vergrößert sich sowohl in den neuen als auch in den alten Bundesländern erheblich. Insgesamt ist in Deutschland das Problem der Arbeitslosigkeit unter Geringqualifizierten deutlich stärker ausgeprägt als in anderen Ländern.

● Ältere Arbeitnehmer sind von Arbeitslosigkeit besonders stark betroffen (ca. 45 % aller Arbeitslosen sind älter als 45 Jahre).

● Über ein Drittel aller Arbeitslosen ist bereits mehr als ein Jahr ohne Beschäftigung (Langzeitarbeitslose).

8.4.2 Arten und Ursachen der Arbeitslosigkeit

Arbeitslosigkeit tritt in verschiedenen Formen auf, die Unterschiede hinsichtlich ihrer Ursachen, der gesamtwirtschaftlichen Bedeutung und der Bekämpfungsmöglichkeiten aufweisen. In der Arbeitsmarktpolitik werden vornehmlich folgende vier Formen der Arbeitslosigkeit unterschieden:

Formen der Arbeitslosigkeit		
	Saisonale Arbeitslosigkeit	Saisonale Arbeitslosigkeit tritt als Folge von jahreszeitlich bedingten Nachfrageschwankungen in bestimmten Sektoren (z. B. Landwirtschaft, Bauindustrie, Fremdenverkehrsgewerbe) und Regionen auf.
	Friktionelle Arbeitslosigkeit	Friktionelle Arbeitslosigkeit entsteht, wenn Arbeitskräfte (freiwillig oder unfreiwillig) ihren Arbeitsplatz wechseln und während der Suche nach einer neuen Beschäftigung arbeitslos sind (Sucharbeitslosigkeit, natürliche Arbeitslosigkeit). Sie wird u. a. durch die Unvollkommenheit des Arbeitsmarktes (z. B. fehlende Markttransparenz) und die mangelnde Mobilität der Arbeitskräfte verursacht.
	Konjunkturelle Arbeitslosigkeit	Konjunkturelle Arbeitslosigkeit entsteht durch Schwankungen in der Auslastung des Produktionspotenzials. In der Rezession wird von den Unternehmen weniger und im Boom mehr Arbeit nachgefragt.
	Strukturelle Arbeitslosigkeit	Strukturelle Arbeitslosigkeit beruht auf Strukturwandlungen in der Volkswirtschaft, die auch Änderungen hinsichtlich der Zahl der Arbeitsplätze und der Qualifikationsanforderungen mit sich bringen. Die Arbeitsnachfrage bleibt insbesondere in einzelnen Teilbereichen des Arbeitsmarktes hinter dem Arbeitsangebot zurück, weil in diesen Bereichen im Verhältnis zur Zahl der Erwerbspersonen nicht (mehr) genügend Arbeitsplätze vorhanden sind oder die Arbeitslosen wegen Alters, Qualifikation oder geringer räumlicher Mobilität nicht für die Besetzung der freien Stellen infrage kommen.

Als **Unterformen der strukturellen Arbeitslosigkeit,** die alle in unmittelbarem Zusammenhang miteinander stehen und sich gegenseitig überlagern, lassen sich unterscheiden:

● **Regionale Arbeitslosigkeit** in Form vermehrter Arbeitslosigkeit in strukturschwachen Gebieten (z. B. neue Bundesländer, Ostfriesland).

● **Berufs- und qualifikationsspezifische Arbeitslosigkeit** durch Wegfall bestimmter Berufsgruppen und Änderung der Produktionsweise (z. B. Bergleute, Schriftsetzer).

● **Branchenspezifische Arbeitslosigkeit** als Folge eines – teilweise durch den internationalen Konkurrenzkampf ausgelösten – Strukturwandels, von dem einzelne Branchen betroffen sind (z. B. Kohle, Stahl, Werften, Textil).

● **Geschlechts- und altersspezifische Arbeitslosigkeit,** da beispielsweise jugendliche Berufsanfänger und ältere Arbeitslose von den Agenturen für Arbeit besonders schwer vermittelbar sind. Innerhalb aller Altersgruppen ist der Anteil arbeitsloser Frauen besonders hoch.

● **Technologische Arbeitslosigkeit** liegt dann vor, wenn durch neue Fertigungsverfahren (Rationalisierung) Arbeitskräfte freigesetzt werden.

Der Arbeitsmarkt in Deutschland ist in mehrfacher Hinsicht gespalten. Für die Unterschiede in West und Ost ist der Mangel an Arbeitsplätzen in den neuen Bundesländern ursächlich. Daneben besteht aber auch im Westen eine Spaltung: Arbeitslosigkeit auf der einen Seite und zahlreiche offene Stellen auf der anderen Seite. Angebot und Nachfrage auf dem Arbeitsmarkt können also nicht in Einklang gebracht werden. Diese Form der strukturellen Arbeitslosigkeit wird als **Mismatch-Arbeitslosigkeit**[1] bezeichnet. Es wird geschätzt, dass derzeit 60 % der Arbeitslosigkeit in Westdeutschland auf solche Ungleichgewichte am Arbeitsmarkt zurückzuführen sind. Entweder passen die Qualifikationsanforderungen der offenen Stellen und die Qualifikation der Arbeitsuchenden nicht zusammen **(qualifikatorischer Mismatch in Form von Fachkräftemangel)** und/oder Arbeitgeber und Arbeitsuchende befinden sich an verschiedenen Orten und sind nicht mobil **(regionaler Mismatch).**

Arbeitslosenquote	2010	2011	2012	2013	2014	2015	2016	2017	2018
registrierte Arbeitslose in Tsd.	3 415	3 238	2 976	2 897	2 898	2 795	2 691	2 533	2 340
gemeldete offene Stellen in Tsd.	301	359	466	478	490	569	655	731	796

Quelle: Deutsche Bundesbank, Monatsbericht März 2019

8.4.3 Instrumente und Maßnahmen zur Beschäftigungsförderung

Unterschiedliche Ursachen der Arbeitslosigkeit erfordern unterschiedliche Maßnahmen zu ihrer Bekämpfung. Die Abbildung auf der folgenden Seite gibt einen Überblick über mögliche Ansatzpunkte.

➤ **Unterscheidung zwischen Beschäftigungspolitik und Arbeitsmarktpolitik**

Die Beschäftigungspolitik setzt an gesamtwirtschaftlichen Größen (z. B. gesamtwirtschaftliche Nachfrage und gesamtwirtschaftliches Angebot, Wirtschaftswachstum) an. Sie umfasst u. a. fiskalpolitische Maßnahmen des Staates im Rahmen der Konjunktur- und Wachstumspolitik sowie geldpolitische Maßnahmen der Zentralbank. Die Maßnahmen greifen – im Gegensatz zur Arbeitsmarktpolitik – nicht in einzelwirtschaftliche Entscheidungen einzelner Unternehmen und Haushalte ein. Im Rahmen der Arbeitsmarktpolitik geht es dagegen beispielsweise um Qualifizierungsmaßnahmen für Arbeitslose, Lohnkostenzuschüsse, Kurzarbeitergeld u. a. m.

---

1 to match *(engl.):* zusammenpassen

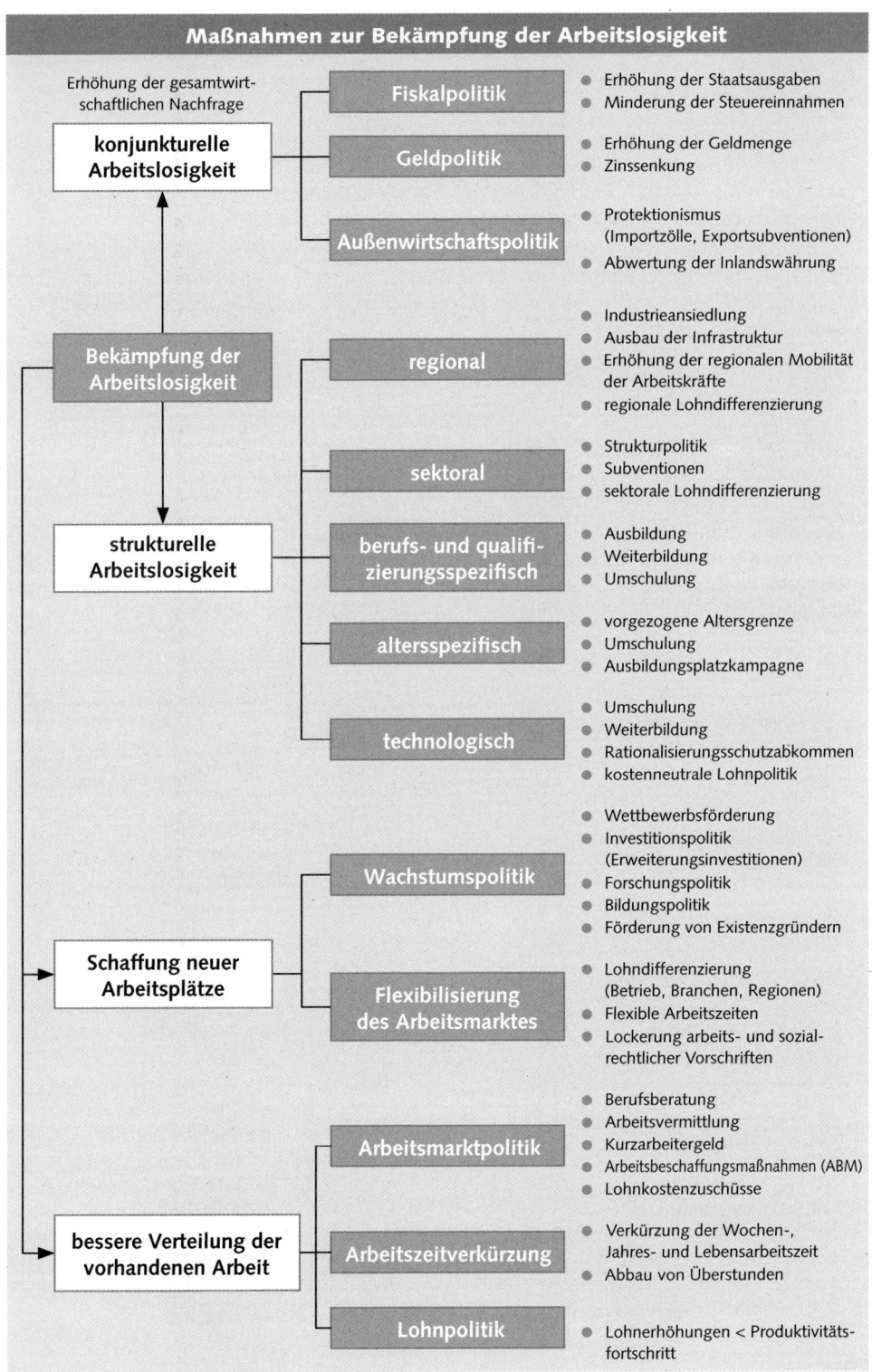

Maßnahmen zur Bekämpfung der Arbeitslosigkeit

Erhöhung der gesamtwirt-
schaftlichen Nachfrage

**konjunkturelle
Arbeitslosigkeit**

Fiskalpolitik
- Erhöhung der Staatsausgaben
- Minderung der Steuereinnahmen

Geldpolitik
- Erhöhung der Geldmenge
- Zinssenkung

Außenwirtschaftspolitik
- Protektionismus
  (Importzölle, Exportsubventionen)
- Abwertung der Inlandswährung

**Bekämpfung der
Arbeitslosigkeit**

regional
- Industrieansiedlung
- Ausbau der Infrastruktur
- Erhöhung der regionalen Mobilität
  der Arbeitskräfte
- regionale Lohndifferenzierung

sektoral
- Strukturpolitik
- Subventionen
- sektorale Lohndifferenzierung

**strukturelle
Arbeitslosigkeit**

**berufs- und qualifi-
zierungsspezifisch**
- Ausbildung
- Weiterbildung
- Umschulung

altersspezifisch
- vorgezogene Altersgrenze
- Umschulung
- Ausbildungsplatzkampagne

technologisch
- Umschulung
- Weiterbildung
- Rationalisierungsschutzabkommen
- kostenneutrale Lohnpolitik

Wachstumspolitik
- Wettbewerbsförderung
- Investitionspolitik
  (Erweiterungsinvestitionen)
- Forschungspolitik
- Bildungspolitik
- Förderung von Existenzgründern

**Schaffung neuer
Arbeitsplätze**

**Flexibilisierung
des Arbeitsmarktes**
- Lohndifferenzierung
  (Betrieb, Branchen, Regionen)
- Flexible Arbeitszeiten
- Lockerung arbeits- und sozial-
  rechtlicher Vorschriften

Arbeitsmarktpolitik
- Berufsberatung
- Arbeitsvermittlung
- Kurzarbeitergeld
- Arbeitsbeschaffungsmaßnahmen (ABM)
- Lohnkostenzuschüsse

**bessere Verteilung der
vorhandenen Arbeit**

Arbeitszeitverkürzung
- Verkürzung der Wochen-,
  Jahres- und Lebensarbeitszeit
- Abbau von Überstunden

Lohnpolitik
- Lohnerhöhungen < Produktivitäts-
  fortschritt

Lernkontrollen zu G 8

Konjunkturindikatoren

1 Stellen Sie in einer Tabelle die Entwicklung der folgenden Konjunkturindikatoren in den einzelnen Phasen eines idealtypischen Konjunkturverlaufs dar. Verwenden Sie zur Charakterisierung folgende Begriffe: niedrig, hoch, steigend, stark steigend, sinkend, stark sinkend, (etwas oder sehr) optimistisch, (etwas oder sehr) pessimistisch.

Konjunkturindikatoren: Auftragseingang, Lagerbestände, Kapazitätsauslastung, Produktion, Gewinne, Investitionen, Konsumneigung, Sparneigung, Preisniveau, Lohn- und Gehaltszuwächse, Arbeitslosenquote, offene Stellen, Zinsen, Aktienkurse, Steueraufkommen, Zukunftserwartungen.

Konjunkturindikatoren	Aufschwung	Boom	Abschwung	Rezession
Auftragseingang				
usw.				

2 Ordnen Sie folgende Konjunkturindikatoren jeweils einer der drei Gruppen Früh-, Gegenwarts- und Spätindikatoren zu.

Konjunkturindikatoren: Geschäftsklima, Arbeitslosenzahl, volkswirtschaftliche Lohnsumme, Kapazitätsauslastung, Gewinnerwartungen, Geldmenge, Konsumklima, Lagerbestand, Auftragseingang, Produktion, Produktivität, Preise, Investitionen, Konsum, Auftragsbestand

Angebots- und nachfrageorientierte Wirtschaftspolitik

3

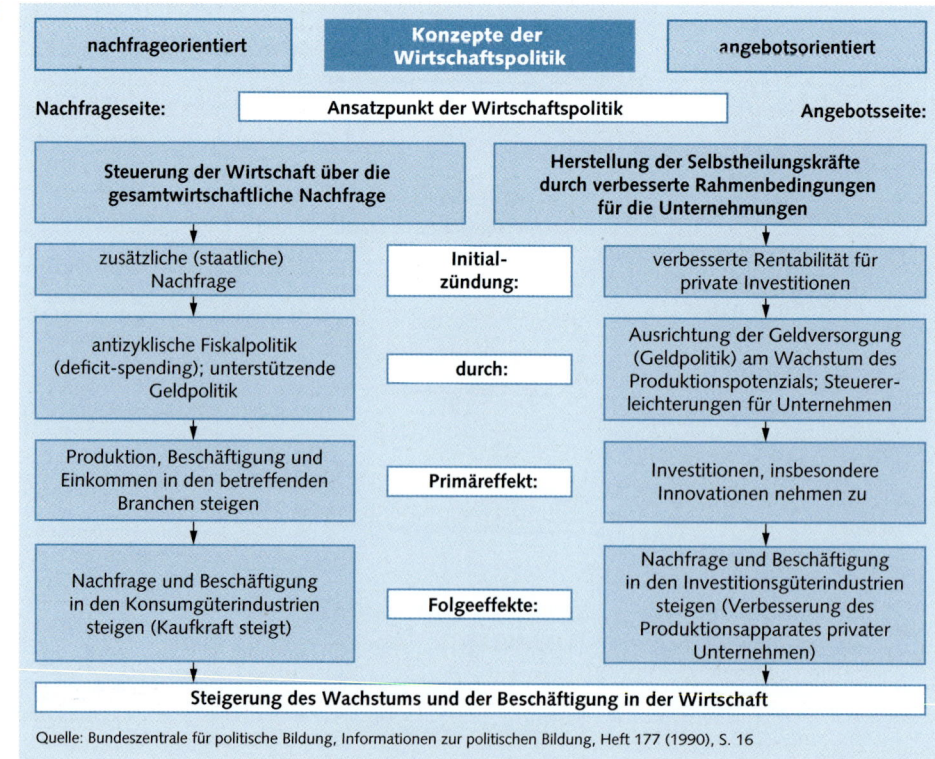

Quelle: Bundeszentrale für politische Bildung, Informationen zur politischen Bildung, Heft 177 (1990), S. 16

a) Was ist aus nachfragetheoretischer Sicht die Hauptursache einer Unterbeschäftigung?

b) Welche Maßnahmen sollen aus nachfragetheoretischer Sicht ergriffen werden, um eine Unterbeschäftigung abzubauen?

c) Was ist aus angebotstheoretischer Sicht die Hauptursache einer Unterbeschäftigung?

d) Welche Maßnahmen sollen aus angebotstheoretischer Sicht ergriffen werden, um eine Unterbeschäftigung abzubauen?

Konjunkturpolitik in der Rezession

4   Für eine Volkswirtschaft liegen die in der folgenden Tabelle dargestellten Zahlen vor.

Analysieren Sie die Situation und prüfen Sie die Erfolgschancen der vorgeschlagenen Maßnahmen im Hinblick auf die Ziele Preisniveaustabilität, hoher Beschäftigungsstand und angemessenes Wirtschaftswachstum. Folgende stabilitätspolitischen Vorschläge liegen für das kommende Jahr vor:

a) Senkung der Leitzinsen auf 2,5 % bei gleichzeitiger Verringerung der Mindestreservesätze

b) zusätzliche staatliche Investitionen im Infrastrukturbereich, die durch Kreditaufnahme im Inland finanziert werden sollen

c) expansive Lohnpolitik (Erhöhung der Nominallöhne um 4,5 %)

d) Lohnzurückhaltung (reale Nullrunden für zwei Jahre)

Indikatoren	Vorjahr	laufendes Jahr
Veränderung des realen BIP	+ 2,5 %	+ 2,0 % (= + 6 Mrd. GE)
Veränderung des Preisniveaus	+ 2,5 %	+ 2,5 %
Veränderung der Nominallöhne	+ 2,5 %	+ 2,0 %
Veränderung der Gewinneinkommen (nominal)	10,0 %	+ 8,0 %
Zahl der Arbeitslosen	2,3 Mio.	2,5 Mio.
Erwerbspersonen	30,0 Mio.	29,0 Mio.
Kapitalmarkt-Zinssatz	6,5 %	6,0 %
Veränderung der Geldmenge M3	+ 6,0 %	+ 7,0 %
Veränderung der Staatsausgaben		+ 2,0 %
Veränderung der Staatseinnahmen		+ 5,0 %
Leitzinsen der Zentralbank		3,5 %
Kapazitätsauslastung		Investitionsgüter schwach Konsumgüter sehr schwach
private Investitionen (real)	+ 3,5 %	+ 3,0 %
Haushaltslage des Staates		zurückgehende Nettokreditaufnahme

Arbeitslosigkeit

5

	2013	2014	2015	2016	2017	2018
zivile Erwerbs-personen (Tsd.)	42 910	42 000	43 671	44 114	44 438	45 000
regisitrierte Arbeitslose (Tsd.)	2 950	2 898	2 795	2 691	2 533	2 340
offene Stellen (Tsd.)	434	490	569	655	731	796
Erwerbstätige im Baugewerbe (Tsd.)	2 427	2 436	2 427	2 451	2 490	2 529
Erwerbstätige im Dienstleis-tungsgewerbe (Tsd.)	30 869	31 289	31 886	32 461	33 011	33 356
Langzeitarbeits-lose in % aller AL	35,9	36,6	37,2	36,9	35,6	34,8
ALQ bei Erwerbsper-sonen ohne Beruf in %	20,0	19,9	20,0	19,1	19,0	17,9
ALQ neue Bun-desländer	11,6	11,0	10,3	9,0	8,4	6,7
Bruttolöhne/ -gehälter je Arbeitnehmer-stunde in €	23,82	24,36	24 ,95	25,67	26,27	26,99
Arbeits-produktivität je Erwerbs-tätigenstunde (2010 = 100)	103,5	104,3	105,0	106,4	107,6	107,6

Quelle: Statistisches Bundesamt, VGR 2013, März 2019, div. Tabellen; Deutsche Bundesbank, Monatsbericht März 2019, Tab. XI.6; Sozialpolitik aktuell, div. Tabellen und Grafiken

a) Ermitteln Sie die Quoten der registrierten Arbeitslosen für die Jahre 2013 bis 2018.

b) Wodurch ist die Abweichung zur Quote der offenen und verdeckten Arbeitslosigkeit bedingt?

c) Warum hat sich trotz steigender Arbeitslosigkeit gleichzeitig die Zahl der offenen Stellen erhöht?

d) Prüfen Sie anhand der Zahlen aus der obigen Tabelle, inwieweit verschiedene Arten der Arbeitslosigkeit erkennbar sind.

e) Analysieren Sie die aktuelle Situation und Entwicklung auf dem Arbeitsmarkt (Arbeitslosenquoten der einzelnen Bundesländer, Zugang und Abgang an Arbeitslosen während der letzten Monate, Bestand an Arbeitslosen):

http://statistik.arbeitsagentur.de   www.sozialpolitik-aktuell.de

6 Ordnen Sie den folgenden 20 Maßnahmen a) bis t) die verschiedenen Zuständigkeits- und Interessenbereiche (1) bis (5) zu:

(1) Bundesagentur für Arbeit

(2) Bundesregierung

(3) Tarifpolitik

(4) arbeitgeberfreundlich

(5) arbeitnehmerfreundlich

a) Lohnerhöhung zur Steigerung der Konsumgüternachfrage (expansive Lohnpolitik)

b) Senkung der Lohnnebenkosten durch Streichung des Arbeitgeberanteils zur Sozialversicherung

c) Beschäftigung unter Tariflohn (Niedriglohnsektor)

d) Senkung der Unternehmenssteuern und der Lohnnebenkosten

e) Lockerung des Kündigungsschutzes

f) bessere Qualifizierung der Arbeitskräfte

g) keine Lohnerhöhungen (Nullrunde)

h) Flexibilisierung der Arbeitszeit, längere Maschinenlaufzeiten

i) Teilzeitarbeit

j) Abschaffung der Flächentarifverträge

k) Kürzung von Arbeitslosengeld, Arbeitslosenhilfe und Sozialhilfe als Anreiz zur Arbeitsaufnahme

l) Verlängerung der Arbeitszeit ohne Lohnausgleich

m) befristete Arbeitsverträge

n) kreditfinanzierte staatliche Bildungs-, Forschungs-, Umwelt- und Infrastrukturinvestitionen

o) Verhinderung/Abschaffung von Mindestlöhnen

p) Öffnungsklauseln bei Tarifverträgen (»Einsteigertarife«), aufgrund derer auch Arbeitskräfte zu niedrigeren als den tarifvertraglich vereinbarten Löhnen beschäftigt werden dürfen

q) Verringerung der Wochenarbeitszeit (z. B. 35-Stunden-Woche) und der Lebensarbeitszeit (z. B. Beginn des Renteneintrittsalters mit 60 Jahren)

r) staatlich subventionierte Nachfrage nach Arbeitskräften (z. B. Kombilohn)

s) Senkungen der Einkommen- und Körperschaftsteuern zur Erhöhung der Investitions- und Konsumgüternachfrage

t) Neueinstellungen durch Abbau/Vermeidung von Überstunden

9   Wachstum und Wachstumspolitik

9.1   Ziele und Maßnahmen der Wachstumspolitik

a) Begriff und Bedeutung des Wirtschaftswachstums

> Unter **Wirtschaftswachstum** ist die **Zunahme des gesamtwirtschaftlichen Produktionsergebnisses** zu verstehen. Als Messgröße dient dabei das **reale Bruttoinlandsprodukt.**

Die in Prozent ausgedrückte Veränderung des Bruttoinlandsprodukts innerhalb eines bestimmten Zeitraums wird als **Wachstumsrate** bezeichnet (vgl. G 5.3.1).

> **Maßstab** des Wirtschaftswachstums ist das **reale Bruttoinlandsprodukt**. Die Wachstumsrate gibt die prozentuale Veränderung des realen Bruttoinlandsprodukts im Vergleich zur Vorperiode an.

Wirtschaftswachstum ist kein Selbstzweck. Es dient vielmehr der **Erreichung anderer (übergeordneter) Ziele**. Wirtschaftswachstum bewirkt, dass

- sich die Güterversorgung verbessert und der Wohlstand der Bevölkerung steigt,
- bestehende Arbeitsplätze gesichert und neue Beschäftigungsmöglichkeiten geschaffen werden,
- Einkommenszuwächse entstehen, sodass ohne Eingriff in die bestehenden Einkommens- und Vermögensverhältnisse eine Begünstigung niedriger Einkommensbezieher durch eine Umverteilung der Einkommenszuwächse erleichtert und Verteilungskonflikte gemildert werden,
- aufgrund höherer Einkommen die Steuereinnahmen des Staates steigen. Dadurch kann die Versorgung mit öffentlichen Gütern verbessert, die Finanzierung staatlicher Sozialpolitik erleichtert und insgesamt der Wohlstand der Bevölkerung erhöht werden.

b) Ansatzpunkte der Wachstumspolitik

> **Wachstumspolitik** umfasst alle **wirtschaftspolitischen Maßnahmen** zur **Erhöhung** des **Produktionspotenzials** bzw. des am realen Inlandsprodukt gemessenen langfristigen Wirtschaftswachstums.

Ansatzpunkte der Wachstumspolitik sind die Erhöhung von Menge und Qualität der Produktionsfaktoren. Zu den wichtigsten wachstumspolitischen Maßnahmen gehören die

- Förderung von Investitionen durch Verbesserung des Investitionsklimas und der Gewinnerwartungen **(Investitionspolitik)**,
- Förderung von am Bedarf der Wirtschaft orientierter Bildung und Forschung **(Bildungs- und Forschungspolitik)**,
- Förderung des Wettbewerbs zur Begünstigung und Verbreitung von Innovationen **(Wettbewerbspolitik)**,
- Förderung der Arbeitsproduktivität durch Weiterbildung und Umschulung **(Arbeitsmarktpolitik)**,
- **Bereitstellung von Infrastruktur** und anderen öffentlichen Gütern für einen effizienten Einsatz der Produktionsfaktoren.

9.2　Grenzen des Wirtschaftswachstums

a) Auswirkungen auf die Umwelt

Mit einer zunehmenden mengenmäßigen Güterproduktion (= quantitatives Wachstum) gehen ein zusätzlicher Rohstoffverbrauch, vermehrte Emissionen und ein steigendes Verkehrsaufkommen einher. Dies führt zu einer erhöhten Umweltbelastung. Die Beseitigung dieser wachstumsbedingten Umweltschäden erfordert und bewirkt ihrerseits wiederum Wirtschaftswachstum. Wie in einem »Teufelskreis« ist somit Wachstum nötig, um die Probleme zu beheben, die durch eben dieses Wachstum entstanden sind und weiterhin entstehen.

Die Aufwendungen zur Umweltsanierung gehen wachstumssteigernd in das Bruttoinlandsprodukt ein, obwohl sie eigentlich nur Reparaturen am Produktionspotenzial (Behebung der am Produktionsfaktor Natur eingetretenen Schäden) darstellen. Daran wird die Unzulänglichkeit des Inlandsprodukts als Messgröße für Wirtschaftswachstum deutlich.

Nicht nur vor dem Hintergrund der wachstumsbedingten Umweltzerstörung wird von Kritikern auf die **Begrenzung weiteren Wirtschaftswachstums** hingewiesen.

b) Natürliche und soziale Grenzen

Auch in anderen Bereichen zeichnet sich ab, dass wirtschaftliches Wachstum an natürliche und soziale Grenzen stößt: Ressourcen- und Flächenverbrauch, industrielle Massenproduktion mit der Suche nach immer neuen Konsumentenbedürfnissen und Absatzmärkten, Energieverschwendung, Verstädterung, Massenverkehr, Abfall, Sondermüll usw. lassen erahnen, dass die Belastbarkeit des Erdplaneten nicht unendlich ist.

Wachstumsbefürworter bestreiten dagegen solche Wachstumsgrenzen. Sie verweisen auf immer neuere Entwicklungen, Technologien und Erfindungen zur Eindämmung der negativen Folgeerscheinungen des Wirtschaftswachstums.

Dass sich die auf der Basis von Computersimulationen entstandenen pessimistischen Vorhersagen über den Zusammenbruch der ökonomischen und ökologischen Systeme bisher tatsächlich nicht erfüllt haben, liegt ausschließlich an der nicht vorhersehbaren und daher in den Berechnungen nicht berücksichtigungsfähigen Entwicklung von Wissen und technischem Fortschritt.

c) Probleme des exponentiellen Wirtschaftswachstums

Dass ein weiteres Wirtschaftswachstum in dem Umfang, wie es beispielsweise in Deutschland zur Lösung des Beschäftigungsproblems für nötig gehalten wird (mehr als 2 % jährlich), auf Dauer kaum vorstellbar ist, zeigen folgende Überlegungen: Da es sich beim Wirtschaftswachstum um ein exponentielles Wachstum (wie beim Zinseszinseffekt) handelt, würde sich bei einer jährlichen Wachstumsrate von 2 % die Güterproduktion innerhalb von 35 Jahren verdoppeln. Bei einer Wachstumsrate von 4 % (wie sie in den 1970er-Jahren angestrebt wurde) würde die Verdoppelung bereits nach knapp 18 Jahren eintreten. Nach knapp 59 Jahren wäre die Güterproduktion zehnmal so groß wie heute. Die von der Natur gesetzten Grenzen würden noch viel schneller erreicht, wenn sich in den Entwicklungsländern tatsächlich die noch wesentlich höheren Wachstumsraten einstellen würden, die langfristig nötig wären, um den Rückstand gegenüber den Industrieländern aufzuholen.

Während im ersten Bericht des Club of Rome[1] 1972 der entscheidende Begrenzungsfaktor des Wachstums noch in den erschöpfbaren Rohstoffen gesehen wurde, zeigt sich inzwischen, dass weltweit die Beeinträchtigung der Erdatmosphäre durch den Ausstoß von Klimagasen von wesentlich größerer Bedeutung ist.

9.3   Qualitatives Wachstum

Ein Wirtschaftswachstum, das auch **ökologische Ziele** berücksichtigt, wird als qualitatives Wachstum bezeichnet. Durch ökologisch-technischen Fortschritt und umweltfreundliche Produktionsverfahren soll eine Entkoppelung zwischen Wirtschaftswachstum einerseits und dem Verbrauch an Rohstoffen und Energie andererseits ermöglicht werden.

> **Qualitatives Wachstum** umfasst neben einer auf **umweltschonender Technologie** beruhenden Produktion **umweltfreundlicher Güter** auch eine **Ausdehnung der Dienstleistungen** zulasten der herkömmlichen Industrieproduktion. Durch entsprechende Produktionsverfahren (Technologie) und Zusammensetzung des Inlandsprodukts (Struktur) sollen auf diese Weise trotz weiterer Wirtschaftswachstums Ressourcenverbrauch und Umweltbelastung eingeschränkt werden.

Auch die Zielsetzung des qualitativen Wachstums beinhaltet also die Produktion einer sich jedes Jahr erhöhenden Gütermenge (exponentielles Wachstum). Qualitatives Wachstum ist also nicht zu verwechseln mit einem sogenannten »Nullwachstum«.

Trotz der bisher erzielten Fortschritte bei der Reduzierung von Schadstoffemissionen und Ressourcenverbrauch ist aber nicht zu übersehen, dass

- das Potenzial umweltschonender Produktionsmöglichkeiten begrenzt ist,

- Güterproduktion (trotz Recycling[2] und Konzentration auf die Dienstleistungsbranche) nie ohne Rohstoff- und Energieverbrauch auskommt,

- die Endlichkeit der Natur im Gegensatz zu einem auf Unendlichkeit ausgerichteten (exponentiellen) Wirtschaftswachstum[3] steht.

---

1 Der Club of Rome ist ein Zusammenschluss von Persönlichkeiten aus Wirtschaft, Wissenschaft und Kultur. Er veranstaltet Konferenzen und finanziert Berichte zu aktuellen Fragen von globaler Bedeutung. So z.B. Meadows, D., u.a., Die Grenzen des Wachstums, Reinbeck bei Hamburg (rororo) 1973 bzw. Meadows, D., u.a., Die neuen Grenzen des Wachstums, Stuttgart (DVA) 1992.

2 Recycling *(engl.):* Wiederverwendung/Wiederverwertung von Rohstoffen

3 Beim exponentiellen Wachstum bleibt die jährliche Zunahme nicht gleich. Sie steigt vielmehr ständig in Abhängigkeit von dem sich laufend vermehrenden jährlichen Anfangsbestand (z.B. Zinseszinsen, Bevölkerungswachstum).

9.4 Auswirkungen des Klimawandels für die Versicherungswirtschaft[1]

Viele versicherte Risiken sind direkt oder indirekt vom Klimawandel beeinflusst. Dabei ist die **Zunahme von Extremereignissen** besonders bedeutsam. In den letzten Jahrzehnten stiegen Schadenhäufigkeit und Schadenbelastungen durch atmosphärisch bedingte Ereignisse wie Stürme, Überschwemmungen und Unwetter deutlich an. Dieser klimawandelbedingte Trend zu häufigeren und intensiveren Extremereignissen dürfte sich auch in Zukunft fortsetzen.

Allerdings liegt die Herausforderung für die Branche nicht allein in der Erhöhung von Schäden durch Wetterereignisse, sondern vor allem auch in der steigenden Unsicherheit ihrer Vorhersagbarkeit. Ein Hauptproblem für die Versicherer besteht daher darin, dass die Unsicherheiten bezüglich des Eintreffens von Schadenereignissen zunehmen. Dies erschwert die Berechnung adäquater Prämien.

Eine weitere zentrale Herausforderung liegt darin, die Bevölkerung auf die veränderten Gefährdungslagen aufmerksam zu machen und sie vom dadurch entstehenden Vorsorge- bzw. Versicherungsbedarf zu überzeugen. Bisher ist der Zusammenhang zwischen Klimawandel, Schäden durch Naturgefahren sowie angemessenem Versicherungsschutz bei der Bevölkerung, in der Politik und bei anderen Entscheidungspersonen nicht ausreichend deutlich. Dementsprechend mangelt es häufig an Bewusstsein für den Bedarf an Anpassungsmaßnahmen. Beispielsweise stoßen Versicherer bei ihren Kunden oft auf wenig Verständnis, wenn sie eine Begrenzung der Risikodeckung oder eine Selbstbeteiligung einführen wollen.

Für die Versicherer eröffnen sich mit der Notwendigkeit zur Anpassung an den Klimawandel neue Märkte und Absatzchancen. Dazu zählen neben Beratungsdienstleistungen auch die Versicherung neuer Produkte, wie z. B. Photovoltaik-, Solarthermie- und Windkraftanlagen.

---

1   Vgl. dazu Umweltbundesamt, Themenblatt: Anpassung an den Klimawandel: Versicherungen, Dessau-Roßlau, 2011

Lernkontrollen zu G 9

Grenzen des Wachstums

1

> Unser Vorstellungsvermögen kann bei bestimmten mathematischen Sachverhalten nicht lange mithalten. Besonders deutlich wird das bei der Unfähigkeit, exponentielles Wachstum zu verstehen. Viele kennen die Parabel vom Reiskorn: Wenn man auf das erste Feld eines Schachbretts ein Reiskorn legt und auf das jeweils nächste Feld die doppelte Anzahl, so ergibt sich die Folge 1, 2, 4, 8, … Nach 64 Schritten ist man bei so vielen Körnern angelangt, dass die Weltjahresproduktion an Reis längst überschritten ist. Das hört sich unrealistisch an, doch Kettenbriefe sind im Prinzip nichts anderes: Man erhält einen Brief, der schon einige Stationen hinter sich hat und soll zehn Kopien an Freunde schicken, die dies ebenfalls tun. Alle, für die sich das Spiel über fünf Runden erhalten hat, erhalten von den dann aktiven Schreibern eine Postkarte. Man schreibt ein paar Karten und bekommt nach einiger Zeit angeblich einen Waschkorb voll Post. Ein Waschkorb würde aber gar nicht reichen: Wenn wirklich alle Mitspieler pflichtbewusst wären, könnte man mit 100 000 Karten rechnen. So ein Spiel bricht daher früh zusammen, weil zu viele Leute von zu vielen Freunden gebeten werden, Karten zu schreiben.

a) Welche Besonderheiten weist ein exponentielles Wachstum gegenüber einem linearen Wachstum auf?

b) In Deutschland wird ein Wirtschaftswachstum von mindestens 3 % jährlich für nötig gehalten, um positive Beschäftigungseffekte auf dem Arbeitsmarkt auszulösen. Ermitteln Sie mit folgender Faustformel, wann sich bei dieser jährlichen Wachstumsrate die Güterproduktion verdoppeln würde.

> **»Regel 70«: Wenn eine Größe mit € % pro Jahr wächst, dauert es etwa 70/€ Jahre, bis sich diese Größe verdoppelt hat.**

c) Überprüfen Sie das bei Aufgabe b) ermittelte Ergebnis mithilfe der exakten Formel für das exponentielle Wachstum (Summenformel einer geometrischen Reihe, »Zinseszinsformel«):

$K_n = K_0 \cdot (1 + p/100)^n$

K_n = Endwert (Endkapital), K_0 = Ausgangswert (Anfangskapital), p = Wachstumsrate (Zinssatz), n = Laufzeit

d) Welche Folgen sind bei einem derartigen Wirtschaftswachstum zu erwarten?

2 Es wird behauptet, wirtschaftliches Wachstum sei keine Selbstzweck, sondern Mittel zur Erreichung übergeordneter Ziele.

a) Erläutern Sie, was unter Wirtschaftswachstum zu verstehen ist.

b) Nennen Sie wirtschaftspolitische Ziele, die mit Hilfe der Förderung von Wirtschaftswachstum erreicht werden können.

c) Erläutern Sie, welche Kritik am Wirtschaftswachstum geübt wird.

10 Außenwirtschaft

10.1 Bedeutung des deutschen Außenhandels

> **Außenhandel** ist der **grenzüberschreitende Waren- und Dienstleistungsverkehr** einer Volkswirtschaft. Er umfasst den Kauf ausländischer Güter **(Import)** und den Auslandsabsatz inländischer Güter **(Export)**.

Deutschland gehört neben China, den USA und Japan zu den exportstärksten Volkswirtschaften der Welt. Annähernd jeder vierte Arbeitsplatz in Deutschland ist exportabhängig. Die Absatzmärkte deutscher Güter im Ausland konzentrieren sich auf die Mitgliedsstaaten der Europäischen Union und die USA. Andererseits ist Deutschland als dicht besiedeltes Industrieland mit geringen Rohstoffvorkommen auf die Einfuhr vieler Güter angewiesen.

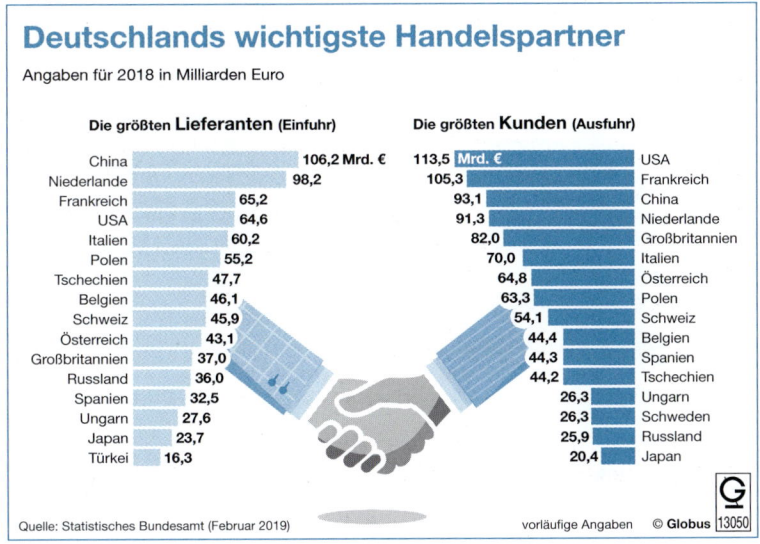

Deutschlands wichtigste Handelspartner

Angaben für 2018 in Milliarden Euro

Die größten **Lieferanten** (Einfuhr)

Land	Mrd. €
China	106,2 Mrd. €
Niederlande	98,2
Frankreich	65,2
USA	64,6
Italien	60,2
Polen	55,2
Tschechien	47,7
Belgien	46,1
Schweiz	45,9
Österreich	43,1
Großbritannien	37,0
Russland	36,0
Spanien	32,5
Ungarn	27,6
Japan	23,7
Türkei	16,3

Die größten **Kunden** (Ausfuhr)

113,5 Mrd. €	USA
105,3	Frankreich
93,1	China
91,3	Niederlande
82,0	Großbritannien
70,0	Italien
64,8	Österreich
63,3	Polen
54,1	Schweiz
44,4	Belgien
44,3	Spanien
44,2	Tschechien
26,3	Ungarn
26,3	Schweden
25,9	Russland
20,4	Japan

Quelle: Statistisches Bundesamt (Februar 2019)   vorläufige Angaben   © Globus 13050

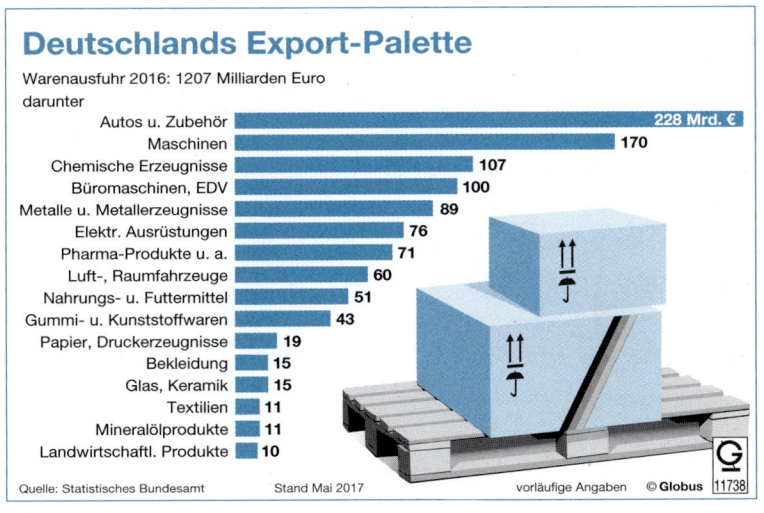

Deutschlands Export-Palette

Warenausfuhr 2016: 1207 Milliarden Euro
darunter

Warengruppe	Mrd. €
Autos u. Zubehör	228 Mrd. €
Maschinen	170
Chemische Erzeugnisse	107
Büromaschinen, EDV	100
Metalle u. Metallerzeugnisse	89
Elektr. Ausrüstungen	76
Pharma-Produkte u. a.	71
Luft-, Raumfahrzeuge	60
Nahrungs- u. Futtermittel	51
Gummi- u. Kunststoffwaren	43
Papier, Druckerzeugnisse	19
Bekleidung	15
Glas, Keramik	15
Textilien	11
Mineralölprodukte	11
Landwirtschaftl. Produkte	10

Quelle: Statistisches Bundesamt   Stand Mai 2017   vorläufige Angaben   © Globus 11738

10.2 Zahlungsbilanz

In der **Zahlungsbilanz** werden die wirtschaftlichen Vorgänge **(Transaktionen),** die während eines bestimmten Zeitraums zwischen Inländern und Ausländern stattfinden, erfasst.

Der Begriff »Bilanz« ist in diesem Zusammenhang missverständlich, weil – anders als beim üblichen Bilanzbegriff – keine Bestände zu einem bestimmten Zeitpunkt, sondern Geldströme während eines bestimmten Zeitraums dargestellt werden.

Die **Zahlungsbilanz** besteht aus mehreren **Teilbilanzen** (Leistungsbilanz mit mehreren Unterbilanzen, Vermögensübertragungsbilanz, Kapitalbilanz, Devisenbilanz, Restposten).

		Zahlungsbilanz	
Leistungsbilanz	Handelsbilanz	Warenexporte	Warenimporte
	Dienstleistungsbilanz	Dienstleistungsexporte	Dienstleistungsimporte
	Bilanz der Erwerbs- und Vermögenseinkommen (Primäreinkommen)	erhaltene Erwerbs- und Vermögenseinkommen	geleistete Erwerbs- und Vermögenseinkommen
	Bilanz der laufenden Übertragungen (Sekundäreinkommen)	empfangene Übertragungen	geleistete Übertragungen
Vermögensbilanz		empfangene Schenkungen, Erbschaften	geleistete Schenkungen, Erbschaften
Kapitalbilanz		Kapitalimporte • Zunahme von Verbindlichkeiten • Verringerung von Forderungen	Kapitalexporte • Zunahme von Forderungen • Verringerung von Verbindlichkeiten
Devisenbilanz		Verringerung des Devisenbestandes der Zentralbank	Erhöhung des Devisenbestandes der Zentralbank
		Summe	Summe

➤ Leistungsbilanz

Handelsbilanz: Die Warenexporte sind in Deutschland üblicherweise höher als die Warenimporte **(= aktive Handelsbilanz).**

Dienstleistungsbilanz: Exporte und Importe von Dienstleistungen (u. a. Transport- und Versicherungsleistungen, Auslandsreisen). Auslandsreisen bedeuten einen Dienstleistungsimport. Der Saldo der deutschen Dienstleistungsbilanz ist wegen der zahlreichen Auslandsreisen der deutschen Bevölkerung traditionell negativ **(= Importüberschuss).**

Bilanz der Erwerbs- und Vermögenseinkommen (Primäreinkommen): grenzüberschreitendes Faktoreinkommen (Kapitalerträge und Arbeitseinkommen).

Bilanz der laufenden Übertragungen (Sekundäreinkommen): Beiträge an Internationale Organisationen (z. B. EU), grenzüberschreitende Renten, Pensionen und Unterstützungszahlungen (z. B. die Überweisungen der in Deutschland lebenden ausländischen Arbeitnehmer in ihre Heimatländer) sowie Zahlungen im Rahmen der Entwicklungshilfe, sofern es sich nicht um Kredite handelt. Der Saldo der deutschen Übertragungsbilanz ist insbesondere wegen der hohen Leistungen an die EU üblicherweise negativ.

➤ Kapitalbilanz

Kapitalexporte und **Kapitalimporte** wie z. B. grenzüberschreitende Kreditgeschäfte, Wertpapierkäufe oder Direktinvestitionen (= Unternehmensgründung oder Kapitalbeteiligung an Unternehmen). Kapitalimporte führen zu einer Zunahme der Verbindlichkeiten gegenüber dem Ausland oder zu einer Abnahme der Forderungen an das Ausland. Kauft ein deutscher Importeur Waren aus dem Ausland auf Kredit, so liegt ein Kapitalimport in Höhe der Verbindlichkeit vor. Ebenso stellen der Erwerb von deutschen Wertpapieren durch Ausländer und die Auflösung von Beteiligungen inländischer Unternehmen an ausländischen Unternehmen Kapitalimporte dar. Kapitalexporte führen zu einer Zunahme der Forderungen an das Ausland oder zu einer Abnahme der Verbindlichkeiten gegenüber dem Ausland. Dazu gehören z. B. Lieferantenkredite, die inländische Exporteure ihren Kunden einräumen, der Erwerb von Wertpapieren im Ausland sowie Kapitalbeteiligungen an ausländischen Unternehmen.

➤ Restposten (Saldo der statistisch nicht aufgliederbaren Transaktionen)

Da nicht alle außenwirtschaftlichen Vorgänge genau erfasst werden können (z. B. nicht oder falsch deklarierte Auslandsgeschäfte, Schmuggel, Kapitalflucht), enthält die Zahlungsbilanz die Position »Saldo der statistisch nicht aufgliederbaren Transaktionen«. Dabei handelt es sich um einen Restposten, der ungeklärte Beträge umfasst.

> **Die Zahlungsbilanz ist statistisch immer ausgeglichen.** Die **Teilbilanzen** weisen jedoch üblicherweise **Ungleichgewichte** und damit positive oder negative Salden auf.

Zahlungsbilanz für Deutschland 2016 – 2018 in Mrd. €	2016	2017	2018
I. Leistungsbilanz			
1. Außenhandel			
Ausfuhr	1 178,6	1 256,3	1 292,8
Einfuhr	926,0	1 003,2	1 070,9
Saldo	252,6	253,1	221,9
2. Dienstleistungen			
Einnahmen	263,8	281,8	290,6
Ausgaben	284,8	303,7	310,2
Saldo	−21,0	−21,9	−19,6
3. Erwerbs- und Vermögenseinkommen (Saldo der Primäreinkommen)	74,7	80,3	91,7
4. Laufende Übertragungen (Saldo der Sekundäreinkommen)	−40,9	−49,6	−47,6
Saldo der Leistungsbilanz	**265,5**	**261,9**	**246,4**
II. Vermögensübertragungen (Saldo)	**2,1**	**−1,9**	**1,9**
III. Kapitalbilanz (Export +, Import −)			
Direktinvestitionen	43,2	48,7	43,5
Wertpapiere	199,0	196,6	113,1
Finanzderivate u. Mitarbeiteroptionen	29,1	11,6	23,3
Übriger Kapitalverkehr	−13,2	27,3	45,4
Saldo der Kapitalbilanz (Export +, Import −)	**258,0**	**284,2**	**225,2**
IV. Restposten (statistisch nicht aufgliederbar)	8,0	−22,9	22,3
V. Veränderung der Währungsreserven (Devisenbilanz)	**1,7**	**−1,3**	**0,8**
Bilanzgleichung: I. + II. = III. + IV. + V.			
I. Saldo der Leistungsbilanz	265,5	261,9	246,4
+ II. Saldo der Vermögensübertragungen	2,1	−1,9	1,9
= Saldo insgesamt	**267,6**	**259,9**	**248,2**
III. Saldo der Kapitalbilanz	258,0	284,2	225,2
+ IV. Saldo Restposten	8,0	−22,9	22,3
+ V. Saldo der Devisenbilanz	1,7	−1,3	0,8
= Saldo insgesamt	**267,6**	**259,9**	**248,2**
Volkswirtschaftliche Gesamtrechnung			
Exporte von Waren und Dienstleistungen	1 450,2	1 541,9	1 590,2
Importe von Waren und Dienstleistungen	1 202,8	1 294,1	1 360,9
Außenbeitrag	**247,5**	**247,8**	**229,2**
Terms of Trade (2010 = 100)	**103,88**	**102,84**	**102,1**

Hinweis: Die Vorzeichen bei Kapital- und Devisenbilanz entsprechen – abweichend von der Systematik der Bundesbank – der Darstellung im statistischen Jahrbuch.

Quelle: Deutsche Bundesbank, Zahlungsbilanzstatistik März 2019, Tab. I.1 u. Monatsbericht März 2019, Tab.XII.2

10.3 Flexible Wechselkurse

Der **Wechselkurs** gibt den Preis für eine bestimmte Menge einer Währung (z.B. 1 €) ausgedrückt in einer anderen Währung (z.B. US-$) an. Er ist Maßstab für den Außenwert des Geldes.

Gleichbedeutend wird auch der Begriff **Devisenkurs** benutzt. Devisen sind kurzfristige Forderungen (Sichtguthaben, Schecks und Wechsel) in fremder Währung. Ausländische Noten und Münzen werden dagegen als **Sorten** bezeichnet.

Ein **System freier Wechselkurse** liegt vor, wenn sich der Wechselkurs als Gleichgewichtspreis durch Angebot und Nachfrage auf dem Devisenmarkt bildet.

Die **Preisbildung auf dem Devisenmarkt** vollzieht sich wie beim Polypol auf dem vollkommenen Markt. Es werden aber keine Waren und Dienstleistungen gehandelt.

Auf dem Devisenmarkt werden Guthaben in Inlandswährung (z.B. €) gehandelt, deren Preis in Auslandswährung (z.B. US-$) ausgedrückt wird.

Die Grafik stellt im üblichen Preis-Mengen-Diagramm das Zustandekommen des Wechselkurses (w_0 = Gleichgewichtspreis) zwischen US-$ und Euro dar.

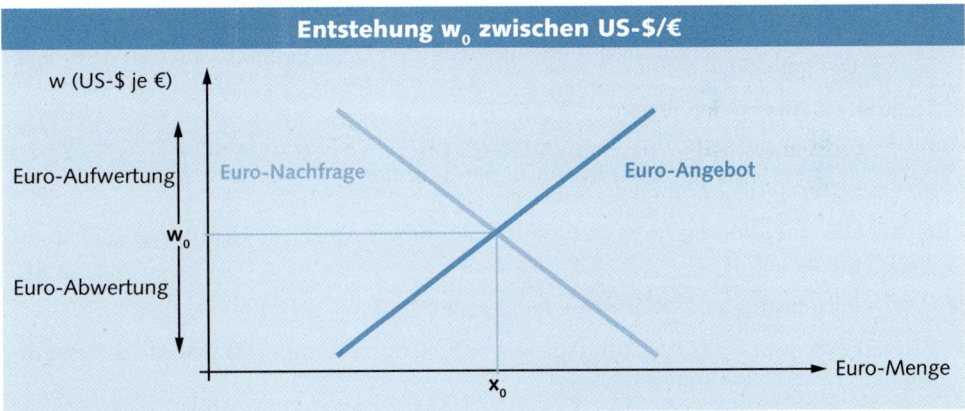

Der Schnittpunkt zwischen Euro-Angebots- und Euro-Nachfragekurve bestimmt den Gleichgewichtskurs und die Gleichgewichtsmenge.

Beispiel 1: Wirkung einer Kurssteigerung (= Aufwertung des Euro)

Würde der Kurs steigen (z.B. von 1,20 US-$ je € auf 1,30 US-$ je €), müssten je € mehr US-$ bezahlt werden. Wenn deutsche Exporteure nach wie vor denselben Gegenwert in € erlösen wollen, müssen die US-$ ausgedrückten Preise für deutsche Exportgüter in den USA erhöht werden. In den USA würden durch diese Verteuerung weniger deutsche Exportgüter nachgefragt. Daher benötigen die amerikanischen Importeure weniger € zur Bezahlung der Importe. Da sie weniger US-$ gegen € tauschen, würde die angebotene Menge an US-$ und damit die angebotene Menge an € sinken.

Beispiel 2: Wirkung einer Kurssenkung (= Abwertung des Euro)

Würde der Kurs sinken (z. B. von 1,30 US-$ je € auf 1,20 US-$ je €), müssten je € weniger US-$ bezahlt werden. Wenn Exporteure aus den USA nach wie vor denselben Gegenwert in US-$ erlösen wollen, müssen die Euro-Preise für amerikanische Exportgüter in Deutschland erhöht werden. In Deutschland würden durch diese Verteuerung weniger amerikanische Exportgüter nachgefragt. Daher benötigen die deutschen Importeure weniger US-$ zur Bezahlung der Importe. Da sie weniger € gegen US-$ tauschen, würde die nachgefragte Menge nach US-$ und damit die angebotene Menge an € sinken.

Auch die übrigen Gesetzmäßigkeiten der Preisbildung bei vollständiger Konkurrenz (vgl. G 2.3) gelten für den Devisenmarkt.

> Eine **Verschiebung der Euro-Nachfragekurve** ergibt sich, wenn sich nicht der Wechselkurs, sondern ein anderer Bestimmungsfaktor der Euro-Nachfrage ändert.

Eine **Rechtsverschiebung** (= Zunahme der Nachfrage nach Euro) ergibt sich z. B. in folgenden Fällen:

● Wert der Exporte in die USA steigt.

● Kapital aus dem außereuropäischen Ausland wird im Euro-Währungsgebiet wegen hoher Zinsen angelegt.

● Das ESZB verkauft aus seinen Währungsreserven US-$ gegen €, um den Euro-Kurs zu stützen.

> Eine **Verschiebung der Euro-Angebotskurve** ergibt sich, wenn sich nicht der Wechselkurs, sondern ein anderer Bestimmungsfaktor des Euro-Angebots ändert.

Eine **Rechtsverschiebung** (= Zunahme des Angebots an Euro) ergibt sich z. B. in folgenden Fällen:

● Wert der Importe, die in US-$ bezahlt werden müssen (z. B. Rohöl), steigt.

● Kapital aus dem Euro-Währungsgebiet wird wegen höherer Zinsen im außereuropäischen Ausland angelegt.

● Eine ausländische Zentralbank verkauft aus ihren Devisenreserven Euro, um den Kurs der eigenen Währung zu stützen.

Lernkontrollen zu G 10

Außenhandel – Zahlungsbilanz

1 a) Deutschland galt in den letzten Jahren als Exportweltmeister. Stellen Sie anhand der Abbildungen in G 10.1 fest, welches die wichtigsten Exportgüter waren und in welche Länder vornehmlich exportiert wurde.

b) Stellen Sie anhand der Zahlungsbilanz in G 10.2 fest, in welchen Teilbilanzen der Zahlungsbilanz sich der Außenhandel niederschlägt. In welchen Teilbilanzen werden folgende Vorgänge erfasst?

    1) Export von Maschinen   2) Import von Südfrüchten

    3) Ausgaben für Auslandsurlaub   4) Erwerb ausländischer Wertpapiere

c) Wie hoch war der Außenbeitrag (= Beitrag des Ex- und Imports von Waren und Dienstleistungen zum BIP) in den angegebenen Jahren in Euro und in % des BIP (siehe auch G 6.1.2)?

Wechselkurs

2 Ein deutscher Werkzeugmaschinenhersteller exportiert den größten Teil seiner Produkte in Länder, in denen die Kunden eine Rechnungsstellung in US-$ wünschen. Die großenteils importierten Rohstoffe muss der Maschinenhersteller ebenfalls in US-$ bezahlen.

Wie wirken sich folgende Entwicklungen auf die Wettbewerbssituation des Maschinenherstellers aus?

a) Der Wechselkurs zwischen € und US-$ hat sich verändert. Bisher mussten für 1,00 € 1,10 US-$ bezahlt werden. Der neue Wechselkurs ist 1,25.

b) Der Wechselkurs zwischen € und US-$ hat sich verändert. Bisher mussten für 1,00 € 1,10 US-$ bezahlt werden. Der neue Wechselkurs ist 0,90.

c) Wegen weltweit abnehmender Nachfrage sinken die Preise der in Dollar bewerteten Rohstoffe.

Abkürzungsverzeichnis

5. VermBG	Fünftes Vermögensbildungsgesetz
a. F.	alte Fassung
Abb.	Abbildung
Abs.	Absatz
AG	Amtsgericht
AG	Aktiengesellschaft
AGB	Allgemeine Geschäftsbedingungen
AGG	Allgemeines Gleichbehandlungsgesetz
AHB	Allgemeine Versicherungsbedingungen für die Haftpflichtversicherung
AHB PR	Allgemeine Versicherungsbedingungen für die Haftpflichtversicherung privater Risiken
AIF	Alternative Investment Funds
AKB	Allgemeine Bedingungen für die Kraftfahrtversicherung
AktG	Aktiengesetz
Aktien-VVD	Aktien-Verlustverrechnungsdatei
ALQ	Arbeitslosenquote
AO	Abgabenordnung
ARB	Allgemeine Bedingungen für die Rechtsschutzversicherung
Art.	Artikel
AtG	Atomgesetz
AUB	Allgemeine Versicherungsbedingungen für die Unfallversicherung
AuslPflVG	Gesetz über Haftpflichtversicherung für ausländische Kraftfahrzeuge und Kraftfahrzeuganhänger (Ausländer-Pflichtversicherungsgesetz)
AVB	Allgemeine Versicherungsbedingungen
AVmG	Altersvermögensgesetz
AVVD	Allgemeine Verlustverrechnungsdatei
BaFin	Bundesanstalt für Finanzdienstleistungsaufsicht
Bd.	Band
BDSG	Bundesdatenschutzgesetz
BFH	Bundesfinanzhof
BGB	Bürgerliches Gesetzbuch
BGH	Bundesgerichtshof
BGHZ	Sammlung der Entscheidungen des BGH in Zivilsachen
BIC	Bank Identifier Code
BIP	Bruttoinlandsprodukt zu Marktpreisen
BJagdG	Bundesjagdgesetz
BLZ	Bankleitzahl
BMF	Bundesfinanzministerium
BNatSchG	Bundesnaturschutzgesetz
BStBl	Bundessteuerblatt
BV	Bezugsverhältnis
BVerfG	Bundesverfassungsgericht
BVerwG	Bundesverwaltungsgericht
BVI	Bundesverband Investment
bzw.	beziehungsweise
c. i. c.	culpa in contrahendo
ca.	zirka
CD	Compact Disk

d. h.	das heißt
d. J.	des Jahres
DAX	Deutscher Aktienindex
DBGK	Deutsches Büro Grüne Karte e.V.
Dez.	Dezember
dgl.	dergleichen
DM	Deutsche Mark
Dr.	Doktor
DV	Durchführungsverordnung
ec	electronic cash
ED	Einbruchdiebstahl
EDV	Elektronische Datenverarbeitung
EG	Europäische Gemeinschaft
eG	eingetragene Genossenschaft
EG-BGB	Einführungsgesetz zum Bürgerlichen Gesetzbuch
einschl.	einschließlich
ELV	Elektronisches Lastschriftverfahren
EMZ	Elektronischer Massenzahlungsverkehr
engl.	engl.
EntgFG	Entgeltfortzahlungsgesetz
ESt	Einkommensteuer
EStG	Einkommensteuergesetz
ESZB	Europäisches System der Zentralbanken
etc.	et cetera
ETF	Exchange Traded Funds
EU	Europäische Union
EU-DSGVO	Europäische Datenschutz-Grundverordnung
EuGH	Europäischer Gerichtshof
EUR	Euro
Eurex	European Exchange
EURIBOR	European Interbank Offered Rate
EURO STOXX	Warenzeichen der US-Firma Dow Jones
eVB	elektronische Versicherungsbestätigung
evtl.	eventuell
EWR	Europäischer Wirtschaftsraum
EWWU	Europäische Wirtschafts- und Währungsunion
EZB	Europäische Zentralbank
Fass.	Fassung
Ffm	Frankfurt am Main
FHB	Bedingungen für die Feuerhaftungsversicherung
FIFO	First In First Out
FinTS	Financial Transaction Services
FinVermV	Finanzanlagenvermittlungsverordnung
FinVermV-E	Referentenentwurf „Zweite Verordnung zur Änderung der Finanzanlagen-vermittlerverordnung"
FTAM	File Transfer and Access Management
FWB	Frankfurter Wertpapierbörse
FZV	Fahrzeug-Zulassungsverordnung
G	Gesetz
GA	Geldautomat

GBA	Gemeinsamer Bundesausschuss
GBP	Britische Pfund
GbR	Gesellschaft bürgerlichen Rechts
GDV	Gesamtverband der Deutschen Versicherungswirtschaft
GE	Geldeinheiten
GenG	Genossenschaftsgesetz
GewO	Gewerbeordnung
GG	Grundgesetz
ggf.	gegebenenfalls
GIS	Geographisches Informationssystem
GKV	Gesetzliche Krankenversicherung
GmbH	Gesellschaft mit beschränkter Haftung
gr.	griechisch
GWB	Gesetz gegen Wettbewerbsbeschränkungen
GWG	Geldwäschegesetz
ha	Hektar
HaftPflG	Haftpflichtgesetz
HBCI	Homebanking Computer Interface
HGB	Handelsgesetzbuch
HIS	Hinweis- und Informationssystem
Hrsg.	Herausgeber
HSN	Herstellernummer
HUKR	Haftpflicht, Unfall, Kraftfahrt, Rechtsschutz
HV	Haftpflichtversicherung
HVPI	Harmonisierter Verbraucherpreisindex
HWS	Hals-Wirbel-Schleudertrauma
i. d. R.	in der Regel
i. S.	im Sinne
i. V. m.	in Verbindung mit
i.S.v.	im Sinne von
IBAN	International Bank Account Number
IHK	Industrie- und Handelskammer
IIRFP	informa Insurance Risk and Fraud Prevention GmbH
iNAV	indikativer Nettoinventarwert
inkl.	inklusive (einschließlich)
InvG	Investmentgesetz
InvStG	Investmentsteuergesetz
InvV	Investmentvermögen
ISIN	International Securities Identification Number
ISP	Internet-Service-Provider
ital.	italienisch
IWF	Internationaler Währungsfonds
Jan.	Januar
JGG	Jugendgerichtsgesetz
KAG	Kapitalanlagegesellschaft (jetzt: KVG)
KAGB	Kapitalanlagegesetzbuch
KESt	Kapitalertragsteuer
Kfz	Kraftfahrzeug
KfzPflVV	Kraftfahrzeug-Pflichtversicherungsverordnung

KfzUnfEntschV	Verordnung über den Entschädigungsfonds für Schäden aus Kraftfahrzeug-unfällen
KGV	Kurs-Gewinn-Verhältnis
KH	Kraftfahrzeug-Haftpflicht
KH-VR	siehe KH und VR
KI	Kreditinstitut
KIID	Key Investor Information Document
KIV	Kontakt-, Informations-, Verkaufsphase
KSt	Körperschaftsteuer
KVG	Kapitalverwaltungsgesellschaft
kW	Kilowatt
KWG	Kreditwesengesetz
lat.	lateinisch
LG	Landgericht
Lkw	Lastkraftwagen
LSV	Lastschriftverfahren
lt.	laut
Ltd.	Limited (für: Limited Company)
LuftVG	Luftverkehrsgesetz
LVRG	Lebensversicherungsreformgesetz
M&A	Mergers and Acquisitions
max.	maximal
MDAX	Midcap-Index der Deutschen Börse
MEAG	MUNICH ERGO AssetManagement GmbH
MiFiD II	Markets in Financial Instruments Directive II (Zweite Europäische Finanz-marktrichtlinie)
Mio.	Millionen
Mrd.	Milliarden
MSCI	Morgan Stanley Capital International
MwSt.	Mehrwertsteuer
n. J.	nächsten Jahres
NFC	Near Field Communication
NJW	Neue Juristische Wochenschrift
Nr.	Nummer
NRW	Nordrhein-Westfalen
NV	Nichtveranlagung
NZB	Nationale Zentralbank
o. g.	oben genannt
o. Ä.	oder Ähnliches
OEG	Opferentschädigungsgesetz
OGAW	Organismus für gemeinsame Anlagen in Wertpapieren
OLG	Oberlandesgericht
OLV	Online-Lastschriftverfahren
OPUV	Obligatorische Passagier-Unfallversicherung
P-Konto	Pfändungsschutzkonto
p. a.	pro anno
p. r. t.	pro rata temporis
PAngV	Preisangabenverordnung
PC	Personalcomputer
PflVG	Pflichtversicherungsgesetz

PIN	Persönliche Identifikationsnummer
PK	Proximus Klausel
PKV	Private Krankenversicherung
PKW	Personenkraftwagen
POS	Point of Sale
Pos.	Position
ProdHaftG	Produkthaftungsgesetz
Prof.	Professor
PS	Pferdestärken
PSD	Payment Service Directive (Zahlungsdiensterichtlinie)
PVA	Photovoltaikanlage
PVV	Positive Vertragsverletzung
QR	Quick Response
RBE	Besondere Bedingungen und Risikobeschreibungen für die Haftpflichtversicherung
RechKredV	Verordnung über die Rechnungslegung der Kreditinstitute und Finanzdienstleistungsinstitute
ROI	Return On Investment
RS	Rechtsschutz
RSA-Algorithmus	Rivest, Shamir und Adleman-Algorithmus
RVG	Rechtsanwaltsvergütungsgesetz
RVO	Reichsversicherungsordnung
RWB	Rechts- und wirtschaftsberatende Berufe (Haftpflichtversicherung)
s. o.	siehe oben
SB	Selbstbeteiligung
SchG	Schutzgesetz
SCHUFA	Schutzgemeinschaft für allgemeine Kreditsicherung
SE	Societas Europaea (Europäische Gesellschaft)
SEPA	Single Euro Payment Area
SF	Schadenfreiheit
SFR	Schadenfreiheitsrabatt
sog.	so genannt
SolZ	Solidaritätszuschlag
SPD	Sozialdemokratische Partei Deutschland
SRRI	Synthetic Risk Reward Indicator
StGB	Strafgesetzbuch
STOXX	Warenzeichen der US-Firma Dow Jones
StVG	Straßenverkehrsgesetz
StVO	Straßenverkehrsordnung
StVZO	Straßenverkehrs-Zulassungs-Ordnung
TAN	Transaktionsnummer
TB	Tarifbestimmungen
Tsd.	Tausend
TSN	Typschlüsselnummer
u. a.	unter anderem
u. Ä.	und Ähnliches
u. dgl.	und dergleichen
u. U.	unter Umständen
u.a.m.	und anderes mehr
UmwHaftG	Umwelthaftungsgesetz

USA	Vereinigte Staaten von Amerika
USB	Universal Serial Bus
USD	US-Dollar
USchadG	Umweltschadengesetz
usw.	und so weiter
UWG	Gesetz gegen den unlauteren Wettbewerb
v. a.	vor allem
VAG	Versicherungsaufsichtsgesetz
VB	Versicherungsbestätigung
VB-Nummer	Versicherungsbestätigungsnummer
VdS	Verband der Schadenversicherer (jetzt: GDV)
VermAnlG	Vermögensanlagegesetz
VermBDV	Verordnung zur Durchführung des Fünften Vermögensbildungsgesetzes
VermBG	Vermögensbildungsgesetz
VermBG-DV	Durchführungsverordnung zum VermBG
VersR	Versicherungsrecht
VersSt	Versicherungsteuer
VGB	Allgemeine Wohngebäude-Versicherungsbedingungen
vgl.	vergleiche
VGR	Volkswirtschaftliche Gesamtrechnung
VHB	Allgemeine Hausrat-Versicherungsbedingungen
VIB	Vermögensanlagen-Informationsblatt
VL	Vermögenswirksame Leistung
VN	Versicherungsnehmer
VO	Verordnung
VR	Versicherer
VS	Versicherungssumme
VU	Versicherungsunternehmen
VVaG	Versicherungsverein auf Gegenseitigkeit
VVG	Gesetz über den Versicherungsvertrag
VVG-Info	VVG-Informationspflichtenverordnung
VW	Versicherungswert
WAI	Wesentliche Anlegerinformationen
WettbRili	Wettbewerbsrichtlinien
WHG	Wasserhaushaltsgesetz
WKN	Wertpapierkennnummer
WKZ	Wagniskennziffer
WoPG	Wohnungsbauprämiengesetz
WoPG-DV	Durchführungsverordnung zum WoPG
WpHG	Wertpapierhandelsgesetz
WTO	Welthandelsorganisation
Xetra	Elektronisches Börsenhandelssystem
z. B.	zum Beispiel
z. T.	zum Teil
z.Zt.	zur Zeit
Ziff.	Ziffer
ZKA	Zentraler Kreditausschuss
ZKG	Zahlungskontengesetz
ZPO	Zivilprozessordnung
ZÜRS	Zonierungssystem für Überschwemmung, Rückstau und Starkregen

Sachwortverzeichnis